D1721892

Liebe Leser

„Vino Grappa Olio" scheint eine wirkliche Nachfrage zu treffen. Mit der Erstausgabe von 2007 haben wir es auf Anhieb in die schwarzen Zahlen geschafft: Ein toller Erfolg!

Ich habe mir schon lange aus dem Kopf geschlagen, Weine objektiv bewerten und dem Qualitätsehrgeiz der Winzer in jedem Falle gerecht werden zu wollen. Nein, „Vino Grappa Olio" ist kein Weinführer im herkömmlichen Sinne, sondern ein ziemlich egoistischer, aus der Reihe fallender: Schmeckt mir der Wein? Ist er typisch für seine Appellation? Dann wird er empfohlen! Nur dann. Wein ist zum Trinken da. Genuss durch Trinken. Einen Wein, der nicht eine gewisse Eleganz – und damit Trinkigkeit – aufweist, kann ich vielleicht bewundern, beschnüffeln und benippen, aber trinken kann ich ihn nicht. Die Flasche bleibt voll: Ziel nicht erreicht!

Da jedoch Wohlgeschmack allein rasch langweilt, erwarte ich mehr von Wein. Wohlgeschmack allein ist gut für flüchtigen Genuss. Erst die Kenntnis der Identität eines Genuss- oder Lebensmittels erlaubt jene Empfindungstiefe, die für unvergessliche Emotionen sorgt. Die Olivenöle, vor allem aber die Weine und Grappa, die hier vorgestellt werden, wurden deshalb nicht allein auf Grund ihrer sensorischen Qualität bewertet, sondern ebenso bezüglich ihrer Authentizität und Typizität.

Das handliche Format von „Vino Grappa Olio" sowie die übersichtliche Gliederung erlauben die schnelle Konsultation auf der Reise, im Restaurant und im Weingeschäft. Das Büchlein will Ihnen ein freundschaftlicher Ratgeber sein und Ihnen – falls Sie bei Ihrer Wahl unsicher sind – mit den Erfahrungen der Merum-Redaktion aushelfen.

„Vino Grappa Olio" ist eine Merum-Essenz. Die hier veröffentlichten Bewertungen von Weinen, Olivenölen und Grappa sind in den vergangenen Merum-Ausgaben alle bereits publiziert worden. Der Vorteil dieses kleinen Führers ist, dass die auf zahlreiche Ausgaben verteilten Informationen thematisch geordnet sind und mit einem Blick erfasst werden können.

„Vino Grappa Olio" will Ihnen nicht sagen, was Sie kaufen müssen, sondern was Sie probieren sollten! Das Merum-Motto gilt auch für die Tipps auf den folgenden Seiten: „Selber testen oder selber schuld!"

Andreas März

Nota bene: Genau wie für die „Selezione Merum" ist die Aufnahme in „Vino Grappa Olio" für die Produzenten kostenlos.

Inhaltsverzeichnis

Die Weine Italiens
…nach Merum

Auf die Frage, was ein guter Wein ist, gibt jeder seine eigene Antwort. Es ist deshalb unverzichtbar, dass die Autoren eines Weinführers Stellung nehmen und darlegen, was für sie Qualität bedeutet, welche Weineigenschaften sie also positiv bewerten. „Vino Grappa Olio" und Merum stehen diesbezüglich völlig abseits modischer Vorstellungen: Ein Wein ist für uns um so wertvoller, je deutlicher er seine Appellation repräsentiert und je harmonischer und trinkiger er ist.

In „Vino Grappa Olio" stehen alle Appellationen gleichberechtigt nebeneinander. Ein Barolo ist nicht besser als ein Lambrusco, ein Montefalco Sagrantino nicht besser als ein Bardolino – sie sind nur anders! Verglichen wird nur Vergleichbares: Bardolino wird an Bardolino, Barolo an Barolo gemessen und Lambrusco an Lambrusco. Jeder Wein wird anhand seines Appellations-Potentials beurteilt. Spielen bei der Beurteilung eines Sagrantino die dunkle Farbe, die Konzentration, die Tanninpotenz eine wichtige Rolle, werden von einem Bardolino Classico eine helle Farbe, ein zarter, eleganter Körper, eine vegetale Frucht und ein feines, leicht bitteres Tannin erwartet.

Die Bedeutung der Symbole:

Keine Wertung	erhält ein Wein, wenn er im Moment der Verkostung nicht gefiel.
★★–★★★	Wein mit besonderen Qualitäten, im Moment der Verkostung aber nicht exzellent.
★★★	Sehr guter Wein und würdiger Vertreter seiner Appellation.
★★★★	Begeisternder Wein, gehört zur Spitze seiner Appellation.
★★★★★	Unvergessliches Weinerlebnis.
🦫	Biberwein (für Holzliebhaber).
JLF	Wein, von dem wir ein gutes Abschneiden beim JLF-Wein-„Test" erwarten (lesen Sie mehr über JLF auf Seite 454).

Weine mit entstellenden Fehlern sowie Fassmuster werden nicht bewertet und nicht publiziert.

„Vino Grappa Olio" bietet außer den Weinbewertungen eine Fülle wissenswerter Informationen zu den einzelnen Appellationen, den getesteten Weinen und ihren Erzeugern.

Informationen zum Erzeuger: Name, Ort, Provinz, Telefonnummer, Faxnummer, E-Mail- und Internetadresse, Anzahl der vom Betrieb erzeugten Flaschen sowie die direkt bearbeitete Rebfläche (Besitz und Miete).

Informationen zum getesteten Wein: Weinbezeichnung, Jahrgang, unsere Degustationsnotizen und, wo nicht selbstverständlich, die Traubensorten, die Anzahl der von diesem Wein erzeugten Flaschen, die Chargennummer des verkosteten Weins (L.), die Zahl der Abfüllungen (bei Spumante «Metodo Classico» das Datum des Dégorgement/Sboccatura) und die Merum-Ausgabe, in der dieser Wein bewertet wurde. Die Nummer der Charge entnehmen wir dem Aufdruck auf der Flasche, sie ist authentisch und kann nicht vom Produzenten mitgeteilt werden. Die Chargennummer soll die Aussagekraft einer Bewertung vor allem dann relativieren, wenn von einer Weinsorte mehr als eine Abfüllung besteht.

Preis: Wo der Produzent uns diese Information zur Verfügung gestellt hat, sind bei den Kommentaren zum Wein auch die Verkaufspreise ab Hof oder im lokalen Weingeschäft angegeben.

Die Angaben zu den erzeugten Flaschenmengen, zur Anzahl Abfüllungen und zur vom Betrieb bewirtschafteten Rebfläche werden von den Produzenten geliefert und von der Redaktion nicht nachgeprüft. Mit # sind vom Erzeuger nicht mitgeteilte Informationen gekennzeichnet.

Welche Weine finden Sie in „Vino Grappa Olio"?

Vollständigkeit ist nicht das Ziel dieses Ratgebers. So wie die Bewertungen der Weine von erklärter und betonter Subjektivität sind, ist die Wahl der Appellationen Ausdruck der Priorität der Merum-Redaktion. Weingebiete, in der eine Mehrzahl von Weinen dem Weingeschmack der Merum-Redakteure nicht entsprechen, werden nur in großen zeitlichen Abständen verkostet und können daher in diesem Büchlein fehlen.

In „Vino Grappa Olio" finden Sie alle Jahrgänge eines Weins, von denen angenommen werden kann, dass sie in Restaurants und Önotheken noch anzutreffen sind. Weine, die bereits getrunken sein sollten, wurden weggelassen.

Wie verkostet wird

Die nachfolgenden Weinbewertungen wurden bereits in der Merum Selezione publiziert. Verkostet wird in der Regel im Zweierteam (Andreas März und Jobst von Volckamer). Die Weinbewertungen von Merum sind nach bestem Wissen und Gewissen erarbeitet, wollen aber nicht mehr als eine subjektive, persönliche Meinung sein, ohne jeglichen Anspruch auf Objektivität.

Abgehalten werden die Degustationen in den Räumen der Redaktion in der Toskana. Die Probeflaschen werden uns in der Regel von den Produzenten zugeschickt. Verkostet wird ausnahmslos mit verdeckten Flaschen. (Alles andere würde weder Sinn noch Spaß machen.) Bekannt sind jeweils nur die Weinsorte und der Jahrgang, alles andere muss errochen und erschmeckt werden. Erst wenn Kommentare und Bewertungen im Computer sind, wird aufgedeckt und die Namen der Produzenten und der Weine werden zu den Kommentaren getippt.

Innerhalb von 6 bis 24 Stunden werden alle Flaschen ein zweites Mal verkostet. Diesmal sind die nun unverdeckten Weine in bewertungsgleiche Gruppen geordnet. Es geht in dieser zweiten Runde darum, eventuelle Fehlurteile der ersten Verkostung zu korrigieren, also festzustellen, ob sich in eine bestimmte Bewertungsgruppe vielleicht ein schlechterer oder ein besserer Wein verirrt hat. Zudem gibt dieser zweite Durchgang nützliche Informationen zur Stabilität eines Weins.

Was geschieht mit nicht verwendeten Musterflaschen?

Musterflaschen, die nicht für die Verkostung gebraucht werden, nicht von den Mitgliedern der Redaktion privat getrunken werden und nicht für die Merum-Sammlung von Interesse sind, werden verkauft. Der Erlös wird bis auf den letzten Cent der Organisation „Ärzte ohne Grenzen" überwiesen. Seit April 1997 konnte Merum die Institution mit EUR 37 493,49 unterstützen.

Apulien

Hatte man den apulischen Weinproduzenten bis Ende der 90er Jahre Immobilität und Lethargie vorwerfen müssen, setzte in den letzten Jahren eine plötzliche, fast stürmische Bewegung ein. Die Qualität der Weine wurde auf breiter Ebene besser und die Zahl der Weingüter, die ihre Trauben selber keltern und den Wein abfüllen, vervielfachte sich in kürzester Zeit. Mit Sicherheit wird Apulien in den kommenden Jahren noch mehr zulegen. Immer mehr Produzenten befreien ihre Weine vom schweren „Südwein"-Image, indem sie mittels verbesserter Kellertechnologie den Sortencharakter herausarbeiten, ohne die Aromen durch zu hohe Temperaturen bei der Vergärung und bei der Lagerung zu verkochen. Dank der größeren Sorgfalt sind die Weine frischer und ausgewogener geworden.

Apulien, der „Stiefelabsatz" im tiefsten Süden Italiens, ist ein 360 Kilometer langes Gebiet mit sehr verschiedenartigen Anbaubedingungen und einer großen Vielfalt von Traubensorten. Will man diese vom Adriatischen und Ionischen Meer umspülte, im Westen an die Basilikata und Kampanien und im Norden an die Abruzzen angrenzende Weinregion auf einen Blick erfassen, sind Vereinfachungen unerlässlich. Die interessantesten Rotweingebiete lassen sich in einem Satz zusammenfassen: Castel del Monte, Primitivo di Gioia del Colle, Primitivo di Manduria und die Negroamaro-Weine des Salento.

Die Rotweine Apuliens

Negroamaro-Reben gedeihen nur im heißen Salento in den Provinzen Lecce, Brindisi und Taranto. Abhängig von der Kellertechnologie und dem Temperaturmanagement können sie sehr verschiedenartige Weine ergeben. Die traditionell, ohne Temperaturkontrolle erzeugten Negroamaro-Weine mögen mit ihren überreifen Aromen, ihrer Süße, ihrer verkochten Frucht zwar als „typisch" gelten, für verwöhnte Nasen und Gaumen bieten sie jedoch wenig Verlockendes. Wo Negroamaro sofort nach der Traubenlese bei kontrollierten Temperaturen verarbeitet (Vinifikation und Lagerung) wird, entstehen Weine mit Aromen, die nicht mehr an die früher typischen Noten von Trockenfrüchten, Kompott, von frisch gelöschter Wachskerze und dickgekochter Beerenmarmelade erinnern, sondern frisch und erstaunlich varietal sein können.

Negroamaro besitzt eine vergleichsweise hohe Säure und ein zu Bitterkeit neigendes Tannin. Wie das in den letzten Jahren in ganz Italien geschah, verlieben sich derzeit auch die Winzer des Salento zunehmend in die Barriques. Und da seit einigen Jahren viele Betriebe die Hilfe toskanischer Önologen in Anspruch nehmen, nimmt auch hier die Parfümierung mit Röstaromen und Vanille zu. Manche „Winemaker" gehen noch weiter und kaschieren die Herbe des Negroamaro, hervorgehoben durch neues Eichenholz, mit ein paar Gramm Restzucker.

Vor nur zehn Jahren befand sich der Primitivo in einer aussichtslosen Situation: Niemand fragte nach diesen Weinen. Die Rebstöcke wurden sogar in den besten Lagen gerodet. In der Zwischenzeit ist dieser alkoholstarke Wein mit dem queren Namen in Mode gekommen und die Rebschulen kommen mit der Produktion von Stecklingen kaum mehr nach. Konnten wir für Merum 1996 lediglich einen einzigen Primitivo verkosten, waren es 1998 acht, im Jahr 2000 dann 17, 2004 schon 43 und 2006 gar 88 Primitivo-Weine!

Primitivo wird im ganzen Salento angebaut, seine Heimatgebiete sind jedoch der Landstrich bei Sava und Manduria sowie die Appellation Gioia del Colle. Heute verzichtet im südlichen Apulien kaum ein Produzent mehr darauf, einen Primitivo anzubieten.

Wie das bei jedem Boom der Fall ist, steht nun zwar ein breites Angebot zur Verfügung, aber natürlich ist längst nicht jeder Wein, der als Primitivo verkauft wird, ein würdiger Vertreter seiner Kategorie. Immerhin ein gutes Drittel der heute angebotenen Primitivo erfüllt bezüglich Sortentypizität und Ausgewogenheit die Erwartungen. Holzliebhaber werden sogar noch weit mehr Weine finden, die ihrem Geschmack entsprechen. Wenn der Primitivo in den letzten paar Jahren die Herzen der mitteleuropäischen Weinfreunde erobert hat, dann kann das nicht verwundern. Dem Primitivo wurden viele der modischen Geschmackselemente, die andernorts nur mit Schwierigkeiten und hohem Aufwand erzielt werden können – dunkle Farbe, Konzentration, Alkohol, dichte Frucht –, geradezu in die Wiege gelegt.

In Nordapulien entsteht eine ganz andere Art von Wein als im Salento. Hier herrschen Uva di Troia, Aglianico und Montepulciano vor. Vor allem die Tanninqualität macht diese Unterschiedlichkeit zwischen Salento und dem Norden deutlich.

Aus der Appellation Castel del Monte bei Andria kommen Weine mit kühleren, herberen, aber auch nobleren Tanninen.

Auch Nordapulien ist in Bewegung. Erstaunlicherweise ist in dieser Gegend nicht nur die Uva di Troia, sondern auch der Aglianico (in der Basilikata: Aglianico del Vulture, in Kampanien: Taurasi) in der Lage, Weine von großem Format hervorzubringen. Das Qualitätspotential der Appellation Castel del Monte ist beeindruckend und steht bekannteren Appellationen in Mittel- und Norditalien nicht nach, der Unterschied liegt nur darin, dass lediglich eine Handvoll Winzer diesen Wein mit der angebrachten Sorgfalt produzieren.

Was für fast alle Weine Italiens gilt, gilt für Apulien ganz besonders: Je jünger man die Weine trinkt, desto geringer ist die Wahrscheinlichkeit von Enttäuschungen!

Produktionsregeln Salice Salentino DOC

Traubensorten: Negroamaro (80–100 %), Malvasia nera (bis 20 %); Höchstertrag: 12 000 kg Trauben/ha; Mindestalkohol: 12 Vol.-% (Riserva: 12,5 Vol.-%, zwei Jahre Lagerung).

Produktionsregeln Copertino DOC

Traubensorten: Negroamaro (70–100 %), Malvasia nera, Montepulciano, Sangiovese (bis 30 %); Höchstertrag: 14 000 kg Trauben/ha; Mindestalkohol: 12 Vol.-% (Riserva: 12,5 Vol.-%, zwei Jahre Lagerung).

Produktionsregeln Primitivo di Manduria DOC

Traubensorte: Primitivo (100 %); Höchstertrag: 13 500 kg Trauben/ha; Mindestalkohol: 14 Vol.-%.

Produktionsregeln Gioia del Colle Primitivo DOC

Traubensorte: Primitivo (100 %); Höchstertrag: 8000 kg Trauben/ha; Mindestalkohol: 13 Vol.-% (Riserva: 14 Vol.-%, zwei Jahre Lagerung).

Produktionsregeln Castel del Monte DOC

Traubensorten: Aglianico (bis 100 %), Nero di Troia (bis 100 %), Montepulciano (bis 100 %), andere Sorten (bis 35 %); Höchstertrag: 13 000 kg Trauben/ha; Mindestalkohol: 12 Vol.-% (Riserva: zwei Jahre Lagerung).

Accademia dei Racemi, Manduria (TA) 560 000 Fl./32 Hektar

Tel. 099 9711660; Fax 099 9711530; www.accademiadeiracemi.it;
export@accademiadeiracemi.it

Dédalo Salento IGT 2003 ★★★

Recht dunkles Rot; Holunder, gewisse Frucht; kräftiges Mittelgewicht, gewisse Frucht, warm, rund, sehr ausgewogen, Holunder, Süße, gefällt. (100% Ottavianello.) (35 000 Fl.; L.04.028; mehr als eine Abfüllung; Merum 2006-1) Privatpreis ab Hof: Euro #

Primitivo di Manduria DOC Felline 2004

Dunkelrot; intensiv, dicht, Holz- und Himbeernoten; auch im Gaumen dicht, viel Süße und Säure, störende Vanille, flacht gegen hinten ab und geht in Holzgeschmack über, schade, Vanille bleibt hängen. (90 000 Fl.; L.05.244; mehr als eine Abfüllung; Merum 2006-1) Privatpreis ab Hof: Euro #

Primitivo di Manduria DOC Pervini Archidamo 2004

Dunkles Rot; röstig-würzige, aber nicht fruchtige Noten; im Gaumen viel Vanille, Frucht geht unter, Vanille bis in den Abgang, zu einseitig und abgeschliffen. (60 000 Fl.; L.05.265; mehr als eine Abfüllung; Merum 2006-1) Privatpreis ab Hof: Euro #

Sum Torreguaceto VDT 2004 ★★★

Dunkelrot; intensive Noten von Kaffee, dunkle Beerenmarmelade; konzentriert, Fülle, saftige Säure, fruchtig, etwas Vanille und Milchschokolade, fein, rund, tief, lang. (# Fl.; L.#; # Abfüllungen; Merum 2006-1) Privatpreis ab Hof: Euro #

Albano Carrisi, Cellino San Marco (BR) 350 000 Fl./65 Hektar

Tel. 0831 619211; Fax 0831 619276; www.albanocarrisi.com;
tenuta@albanocarrisi.com

Platone Salento IGT 2001

Mittelintensives Rubin; Noten von Ruß, Marmelade, Vanille, Jod; kräftig, Süße, Kompottfrucht, Jod, herb, im Abgang bitter. (50% Negroamaro, 50% Primitivo.) (20 000 Fl.; L.05PO1; mehr als eine Abfüllung; Merum 2006-1) Privatpreis ab Hof: Euro #

Taras Salento IGT Primitivo 2003 ★★ – ★★★

Mittelhelles Rubin; verhaltene Fruchtnoten; recht kräftig, saftig, ausgewogen, Frucht, gutes Tannin, recht lang. (25 000 Fl.; L.05 T 01; mehr als eine Abfüllung; Merum 2006-1) Privatpreis ab Hof: Euro #

Antica Enotria/Raffaele Di Tuccio, Cerignola (FG) 90 000 Fl./10 Hektar

Tel. 0885 418462; Fax 0885 424688; www.anticaenotria.it; info@anticaenotria.it

Aufidus Del Vento Puglia IGT 2002 ★★ – ★★★

Recht dunkles Rubin; intensive Noten von Holunderblüten; recht dicht, starke Holunderaromen, recht ausgewogen, Charakter, rund, mittlere Länge. (# Fl.; L.99; # Abfüllungen; Merum 2006-1) Privatpreis ab Hof: Euro #

Falù Puglia IGT 2003 ★★ – ★★★

Mittleres Rot; verhaltene Nase, kompottig; Mittelgewicht, gewisse Frucht, recht angenehm, gute Länge. (100% Montepulciano.) (20 000 Fl.; L.101; mehr als eine Abfüllung; Merum 2006-1) Privatpreis ab Hof: Euro #

Puglia IGT Aglianico 2003

Mittelhelles Rot; Holz-, Holunder- und Fruchtnoten, auch Leder; Süße und Tannin, allerdings wenig Frucht, herb-bitter, etwas Kohlensäure. (10 000 Fl.; L.101; mehr als eine Abfüllung; Merum 2006-1) Privatpreis ab Hof: Euro #

Puglia IGT Nero di Troia 2003 ★★ – ★★★ JLF

Mittelhelles Rot; Noten von Holunder, Gummi; rund, feine Süße, saftig, frisch, feine Frucht, Holunder, fast geschmeidig, gutes Tannin, recht lang. (Biowein.) (15 000 Fl.; L.103; mehr als eine Abfüllung; Merum 2006-1) Privatpreis ab Hof: Euro #

Antica Masseria del Sigillo, Guagnano (LE) 200 000 Fl./10 Hektar

Tel. 0832 705331; Fax 0832 709084; www.vinisigillo.net; info@vinisigillo.net

Bricco Salento IGT Primitivo 2004 ★★ – ★★★

Mittelintensives Rot; würzige-fruchtige Nase; Mittelgewicht, Frucht, viel Süße, feinherbes Tannin, etwas unflüssig, angenehm mit Frucht im Abgang. (20 000 Fl.; L.0527807; mehr als eine Abfüllung; Merum 2006-1) Privatpreis ab Hof: Euro #

Salice Salentino DOC Il Secondo 2003 ★★★ – ★★★★ JLF

Dunkelrot; intensive Noten von Holunder, tief, einladend; kraftvoll, Holunderfrucht, Fülle, saftig, dicht, Süße, lang. (20 000 Fl.; L.#; mehr als eine Abfüllung; Merum 2006-1) Privatpreis ab Hof: Euro #

Sigillo Primo Salento IGT Primitivo 2003 ★★★

Mittelintensives Rot; süße, einladende Primitivo-Nase; Kraft, Fülle, Süße, reife Frucht, saftig, recht lang, feinherb. (30 000 Fl.; L.0515401; mehr als eine Abfüllung; Merum 2006-1) Privatpreis ab Hof: Euro #

Apollonio, Monteroni di Lecce (LE) 1 200 000 Fl./50 Hektar

Tel. 0832 327182; Fax 0832 325238; www.apolloniovini.it; info@apolloniovini.it

Copertino DOC 2001

Dunkles Rubin; mostige Holznoten, müde; müde-unfertig auch im Gaumen, ungeschmeidig, trocknend-bitter. (200 000 Fl.; L.#; mehr als eine Abfüllung; Merum 2006-1) Privatpreis ab Hof: Euro #

Elfo Salento IGT 2002

Dunkles Rubin; müde Holznoten, Brot; opulenter Ansatz, Holz, Holztannin, Jod, trocknet. (100% Negroamaro.) (150 000 Fl.; L.#; mehr als eine Abfüllung; Merum 2006-1) Privatpreis ab Hof: Euro #

Vigna Vitrilli Grande Salento IGT 1997

Dunkelrot; würzige Nase, Noten von Eukalyptus, Holz; Aroma von Magenbitter, würzig, viel Holz, gereift. (30% Negroamaro, 20% Aleatico, 50% Primitivo.) (10 000 Fl.; L.11905; eine Abfüllung; Merum 2006-1) Privatpreis ab Hof: Euro #

Attanasio Giuseppe, Manduria (TA) 10 000 Fl./5 Hektar

Tel. 099 9737121; Fax 099 9737121; www.primitivo-attanasio.com; info@primitivo-attanasio.com

Primitivo di Manduria DOC 2003 ★★★★

Dunkles Rubin; tiefe Noten von getrockneten Beeren, vielschichtig, Amarone-Nase; sehr konzentriert und kraftvoll, reiche, großzügige Frucht, gewisse Süße, sehr komplett und tief, außerordentlicher Primitivo. (10 000 Fl.; L.05 315; mehr als eine Abfüllung; Merum 2006-1) Privatpreis ab Hof: Euro #

Barsento, Noci (BA) 1 300 000 Fl./60 Hektar

Tel. 080 4979657; Fax 080 4976126; www.cantinebarsento.it; info@cantinebarsento.it

Casaboli Puglia IGT Primitivo 2001

Purpurnes, mittelintensives Rubin; eher schalige als fruchtige Noten, Ruß; im Gaumen Röstung, keine Frucht, ungeschmeidig. (20 000 Fl.; L.BAR0044; eine Abfüllung; Merum 2006-1) Privatpreis ab Hof: Euro #

Il Paturno Puglia IGT Primitivo 2001

Dunkelrot; Frucht- und Holznoten; Süße, Fülle, nicht klare Frucht, fehlen Klarheit und Frische, nicht lang. (60 000 Fl.; L.BAR0013; eine Abfüllung; Merum 2006-1) Privatpreis ab Hof: Euro #

Botromagno, Gravina in Puglia (BA) 500 000 Fl./100 Hektar

Tel. 080 3265865; Fax 080 3269026; www.botromagno.it; info@botromagno.it

Puglia IGT Primitivo 2004

Helles Rubin; intensive, speckige Holznoten; runder Ansatz, nicht konzentriert, herb. (45 000 Fl.; L.unleserlich; eine Abfüllung; Merum 2006-1) Privatpreis ab Hof: Euro #

Bozzi-Corso, Lecce (LE) 70 000 Fl./25 Hektar

Tel. 0832 303009; Fax 0832 306198; www.bozzi-corso.it; info@bozzi-corso.it

Tenuta Benefici Salento IGT 2001 ★★ – ★★★

Mittelintensives Rot; angenehme, einfache Frucht; Süße, Mittelgewicht, gewisse Frucht, gute Länge. (40% Negroamaro, 60% Primitivo.) (15 000 Fl.; L.05 25 RS; eine Abfüllung; Merum 2006-1) Privatpreis ab Hof: Euro #

Tenuta Benefici Salento IGT 2000

Mittleres Rot; nicht klare Nase, Pilze und Erdnüsse; Kraft, Süße, Reife, fehlen Temperament und Frische, fortgeschritten, aber nicht rund. (60 % Montepulciano, 40 % Primitivo.) (10 000 Fl.; L.05 235 RB; eine Abfüllung; Merum 2006-1) Privatpreis ab Hof: Euro #

Calatrasi, Sancipirello (PA) · 9 000 000 Fl./1120 Hektar

Tel. 091 8576767; Fax 091 8576041; www.calatrasi.it; info@calatrasi.it

Allora Puglia IGT Primitivo 2003

Helles Rubin; Gumminoten, Speck; Mittelgewicht, nicht fruchtig, trocknet. (270 000 Fl.; L.05321A125; mehr als eine Abfüllung; Merum 2006-1) Privatpreis ab Hof: Euro #

Allora Puglia IGT Negroamaro 2003 ★★ – ★★★

Mittelhelles Rot; Noten roter Beeren, Holunder, Röstnoten; kraftvoll, etwas Holz, Zitrus, Butter, fruchtig, spürbares Tannin, saftig, lang, ganz hinten herbes Tannin. (120 000 Fl.; L.05300B125; mehr als eine Abfüllung; Merum 2006-1) Privatpreis ab Hof: Euro #

D'Istinto Puglia IGT Primitivo 2003

Kirschiges Hellrot; Röstnoten; auch im Gaumen Röstung, die die Frucht überdeckt, einseitig. (68 000 Fl.; L.05252A100; mehr als eine Abfüllung; Merum 2006-1) Privatpreis ab Hof: Euro #

Terrale Puglia IGT Primitivo 2003 ★★ – ★★★

Mittelhelles Rot; Noten von Gummi und Trockenfrüchten, nicht tief, aber ansprechend; Mittelgewicht, nicht konzentriert, Süße, nicht fruchtig. (90 000 Fl.; L.05263B070; mehr als eine Abfüllung; Merum 2006-1) Privatpreis ab Hof: Euro #

Candido, Sandonaci (BR) · 2 000 000 Fl./160 Hektar

Tel. 0831 635674; Fax 0831 634695; www.candidowines.it; candido@candidowines.it

Cappello di Prete Salento IGT 2000

Mittelintensives Rot; Holznoten, kaum Frucht; unflüssig, nicht elegant, gewisse Frucht, herbes Tannin. (100% Negroamaro.) (200 000 Fl.; L.P-326; mehr als eine Abfüllung; Merum 2006-1) Privatpreis ab Hof: Euro #

Devinis Salento IGT Primitivo 2004 ★★ – ★★★

Dunkelrot; gewisse Frucht, Steinfrüchte; kraftvoll, auch im Gaumen Primitivo-Frucht, recht rund, mittlere Länge. (50 000 Fl.; L.P-196; mehr als eine Abfüllung; Merum 2006-1) Privatpreis ab Hof: Euro #

Duca d'Aragona Salento IGT 1998 ★★ – ★★★

Dunkelrot; Noten von Frucht, Teer, Minze, macht neugierig; kraftvoll, eher knappe Frucht, balsamische Aromen, pfeffrig, etwas zu herb. (80% Negroamaro, 20% Montepulciano.) (100 000 Fl.; L.P-258; mehr als eine Abfüllung; Merum 2006-1) Privatpreis ab Hof: Euro #

Immensum Salento IGT 2003 ★★ – ★★★

Mittleres Rot; fruchtige Nase, Cassisnoten; Mittelgewicht, Süße, knappe Struktur, Frucht, dürfte fruchtfrischer sein. (70% Negroamaro, 30% Cabernet Sauvignon.) (50 000 Fl.; L.P-031; mehr als eine Abfüllung; Merum 2006-1) Privatpreis ab Hof: Euro #

Salice Salentino DOC Riserva 2001 ★★ – ★★★

Recht intensives, reifendes Rot; gereifte Nase; im Gaumen angenehmer, Süße, reif, Trockenfrüchte, rund, dann angenehmes Tannin. (1 400 000 Fl.; L.P-339; mehr als eine Abfüllung; Merum 2006-1) Privatpreis ab Hof: Euro #

Canosine, Canosa di Puglia (BA) · 80 000 Fl./30 Hektar

Tel. 328 9258179; Fax # ; www.vignetidipuglia.it; info@vignetidipuglia.it

Khanus Puglia IGT Nero di Troia 2004

Recht dunkles Rubin; müde Nase, gekochte Frucht; im Gaumen dumpf, keine Frucht, leicht bitter. (22 000 Fl.; L.#; mehr als eine Abfüllung; Merum 2006-1) Privatpreis ab Hof: Euro #

Mherum Puglia IGT 2004 ★★ – ★★★

Recht dunkles Rubin; erdig-vegetale Nase, Holunderblüten; Kraft, Süße, Holunder, herbes, etwas bitteres Tannin, eigenartiger, origineller Wein. (35% Sangiovese, 15% Nero di Troia, 35% Cabernet Sauvignon, 15% Montepulciano.) (22 000 Fl.; L.#; mehr als eine Abfüllung; Merum 2006-1) Privatpreis ab Hof: Euro #

Primis VDT s. a.

Recht intensives Rubin; Zwetschgenmarmelade- und Gumminoten; auch im Gaumen Gummi und Leder, viel Säure und viel Süße, dadurch unausgewogen. (90 % Montepulciano, 10 % Nero di Troia.) (120 000 Fl.; L.#; mehr als eine Abfüllung; Merum 2006-1) Privatpreis ab Hof: Euro #

Càntele, Guagnano (LE) 2 000 000 Fl./70 Hektar

Tel. 0832 705010; Fax 0832 705003; www.cantele.it; cantele@cantele.it

Amativo Salento IGT 2003 ★★★

Recht dunkles Rot; intensive, fruchtige Nase, tief und einladend; kraftvoll, saftig, feines Tannin, gekochte Früchte, frische Säure, herb, Länge. (40% Negroamaro, 60% Primitivo.) (30 000 Fl.; L.53201; # Abfüllungen; Merum 2006-1) Privatpreis ab Hof: Euro #

Salento IGT Primitivo 2004 ★★ – ★★★

Mittelhelles Rubin; Noten von Kirschen, Trockenbeeren, feiner Gummi; saftig, kernig, mittlere Kraft, Tannin, recht saftig, etwas Butter, frisch, angenehm. (300 000 Fl.; L.#; # Abfüllungen; Merum 2006-1) Privatpreis ab Hof: Euro #

Salice Salentino DOC Riserva 2002 ★★★ – ★★★★ JLF

Recht dunkles Rot, intensive Papaya- und Himbeernoten; saftig, ausgewogen, fruchtig, Säure, flüssig, trinkig, gute Länge, herbes Tannin. (300 000 Fl.; L.#; # Abfüllungen; Merum 2006-1) Privatpreis ab Hof: Euro #

Tèlero Salento IGT 2004 ★★ – ★★★

Mittleres Rubin; präsente, leicht vegetale Frucht; Süße im Ansatz, dann Säure, gewisse Frucht, nicht vielschichtig, einfach, angenehm. (50% Negroamaro, 30% Malvasia nera, 20% Cabernet Sauvignon.) (# Fl.; L.#; # Abfüllungen; Merum 2006-1) Privatpreis ab Hof: Euro #

Teresa Manara Salento IGT Negroamaro 2002 ★★★

Recht intensives Rot; recht tiefe, fruchtige Nase; rund, saftige Negroamaro-Säure, feines Holz, recht dicht, Tannin, recht lang. (20 000 Fl.; L.52521; # Abfüllungen; Merum 2006-1) Privatpreis ab Hof: Euro #

Varius Salento IGT 2003 ★★ – ★★★

Mittelhelles Rubin; kompottige Frucht; Süße, gewisse Frucht, feine Säure, einfach, angenehm. (50% Negroamaro, 30% Cabernet Sauvignon, 20% Montepulciano.) (50 000 Fl.; L.53041; # Abfüllungen; Merum 2006-1) Privatpreis ab Hof: Euro #

Cantine de Falco, Novoli (LE) 180 000 Fl./10 Hektar

Tel. 0832 711597; Fax 0832 715070; www.cantinedefalco.it; defalcovini@tiscali.it

Bocca della Verità Salento IGT Primitivo 2003

Dunkelrot; verhaltene, müde Fruchtnoten; im Gaumen zwar kraftvoll, aber herbes Tannin, zu müde und zu trocken. (30 000 Fl.; L.802/05; eine Abfüllung; Merum 2006-1) Privatpreis ab Hof: Euro #

Salice Salentino DOC Riserva Falco nero 2001

Dunkelrot; nicht frische, nicht klare Nase; auch im Mund fehlt Frische, man spürt Säure und Tannin, ungeschmeidig. (20 000 Fl.; L.50/03; eine Abfüllung; Merum 2006-1) Privatpreis ab Hof: Euro #

Squinzano DOC Serre di Sant'Elia 2003

Dunkelrot; nicht frische Nase, unklar; im Gaumen besser als in der Nase, Fülle, Süße, Zwetschgenfrucht, herbes Tannin. (# Fl.; L.801/05; # Abfüllungen; Merum 2006-1) Privatpreis ab Hof: Euro #

Cantine De Quarto, Lizzano (TA) 50 000 Fl./20 Hektar

Tel. 099 9556199; Fax 099 9556199; www.cantinedequarto.com; info@cantinedequarto.com

Pozzella Tarantino IGT 2004 ★★★

Ziemlich dunkles Rubin; Holundersaft- und Marmeladenoten; dicht, Holundersaft, recht tief, viel Tannin, saftig, lang. (60% Negroamaro, 20% Malvasia nera, 20% Primitivo.) (10 000 Fl.; L.05/290; mehr als eine Abfüllung; Merum 2006-1) Privatpreis ab Hof: Euro #

Primitivo di Manduria DOC Dioniso 2003

Recht dunkles Rubin; nicht frische Nase, Noten aufgeschnittener Früchte; auch im Gaumen fehlt Frische, keine Kraft, keine Frucht, kurz. (10 000 Fl.; L.05/59; mehr als eine Abfüllung; Merum 2006-1) Privatpreis ab Hof: Euro #

Primitivo di Manduria DOC Mucchio 2003

Mittleres Rot; Apfelmusnoten, fehlen Frische und Tiefe; im Gaumen Apfelmus, nicht tief. (10 000 Fl.; L.05/290; mehr als eine Abfüllung; Merum 2006-1) Privatpreis ab Hof: Euro #

Tarantola Tarantino IGT 2004   ★★★

Recht dunkles Rubin; Noten von gekochten schwarzen Johannisbeeren; gleiche Frucht auch im Gaumen, herbes Tannin, Tiefe, lang. (50% Merlot, 50% Primitivo.) (10 000 Fl.; L.05/59; eine Abfüllung; Merum 2006-1) Privatpreis ab Hof: Euro #

Varziano Tarantino IGT Primitivo 2004

Dunkles Rubin; müde Nase, nicht frische Frucht; auch im Gaumen ohne Frische, trocknendes Tannin. (10 000 Fl.; L.05/140; mehr als eine Abfüllung; Merum 2006-1) Privatpreis ab Hof: Euro #

Cantine di Marco, Martina Franca (TA)   800 000 Fl./235 Hektar

Tel. 080 4801193; Fax 080 4805427; www.cantinedimarco.it; info@cantinedimarco.it

Malvanegra Salento IGT 2003   ★★ – ★★★ JLF

Mittelhelles Rot; einfache fruchtige Nase, Kirschen- und Himbeernoten; kerniger Ansatz, saftig, dann Frucht, unverschnörkelt und trinkig. (70% Negroamaro, 30% Malvasia nera.) (120 000 Fl.; L.05 034; eine Abfüllung; Merum 2006-1) Privatpreis ab Hof: Euro #

Primitivo di Manduria DOC Selezione Aura 2001

Mittleres Rot; nicht klare Erdnussnoten stehen vor der Frucht; Mittelgewicht, kaum Frucht, Vanille, Süße, herbes Tannin. (80 000 Fl.; L.04 135; eine Abfüllung; Merum 2006-1) Privatpreis ab Hof: Euro #

Primitivo di Manduria DOC Tenuta Le Grottaglie 2002

Recht dunkles Rot; Neuholznoten, kaum Frucht; im Gaumen von balsamisch-harzigen Aromen geprägt, Primitivo unkenntlich, trocknet. (20 000 Fl.; L.4 272; eine Abfüllung; Merum 2006-1) Privatpreis ab Hof: Euro #

Zinfandel Selezione Aura Salento IGT Primitivo 2002 ★★ – ★★★

Mittleres, frisches Rot; Frucht mit Karkade- und Zitrusnoten; auch im Gaumen Karkade, recht angenehm, Mittelgewicht. (45 000 Fl.; L.05 119; eine Abfüllung; Merum 2006-1) Privatpreis ab Hof: Euro #

Cantine Manduriane Gennari, Manduria (TA)   250 000 Fl./20 Hektar

Tel. 099 9794446; Fax 099 9734261; www.cantinemanduriane.com; #

Primitivo di Manduria DOC 2003

Mittleres Rubin; Holz- und Fruchtnoten; im Gaumen Mittelgewicht, Holz bedrängt den Wein, endet zu abgeschliffen und fruchtlos, trocknet. (80 000 Fl.; L.05 93; mehr als eine Abfüllung; Merum 2006-1) Privatpreis ab Hof: Euro #

Salento IGT Primitivo 2004   ★★ – ★★★

Recht intensives Rubin; Noten von Trockenfrüchten; recht konzentriert, saftig, gewisse Frucht, Karamell, herbes Tannin. (85 000 Fl.; L.05 94; mehr als eine Abfüllung; Merum 2006-1) Privatpreis ab Hof: Euro #

Cantine Paradiso, Cerignola (FG)   110 000 Fl./35 Hektar

Tel. 0885 428720; Fax 0885 428593; www.cantineparadiso.it; info@cantineparadiso.it

Angelo Primo Puglia IGT 2003

Dunkelrot; Röst- und Cassisnoten; Röstung auch im Gaumen, Nullfrucht, herb und kurz. (60% Negroamaro, 40% Uva di Troia.) (3000 Fl.; L.230/05; eine Abfüllung; Merum 2006-1) Privatpreis ab Hof: Euro #

Belmantello Puglia IGT Uva di Troia 2003

Mittleres Rot; gewisse Holznoten, Kirschenfrucht; gewisse Frucht, dann trockenes Tannin. (18 000 Fl.; L.348/04; eine Abfüllung; Merum 2006-1) Privatpreis ab Hof: Euro #

Neramaro Puglia IGT Negroamaro 2003

Mittleres Rot; Kompottnoten, etwas Ruß; eher schlank, im Gaumen Vanille, kompottige Frucht, nicht unangenehm, aber Vanille stört, bitter. (15 000 Fl.; L.244-05; eine Abfüllung; Merum 2006-1) Privatpreis ab Hof: Euro #

Puglia IGT Primitivo 2003

Dunkelrot; süße, überreife Primitivo-Noten; enttäuscht leider im Gaumen, Holzwürze, gereift, keine Frucht, trocknendes Tannin. (18 000 Fl.; L.324/04; eine Abfüllung; Merum 2006-1) Privatpreis ab Hof: Euro #

Sant'Andrea Puglia IGT Primitivo 2004

Mittleres Rubin; kompottige, nicht klare Nase, etwas müde; im Gaumen fehlen Fülle und Frische, zu schmal. (20 000 Fl.; L.113/05; eine Abfüllung; Merum 2006-1) Privatpreis ab Hof: Euro #

Solace Daunia IGT Merlot 2003

Dunkelrot; Noten von Cassis, Tabak, Holunder; rund, Efeuaroma, Vanille, herbes Tannin, Vanille hängt unangenehm nach. (5000 Fl.; L.245/05; eine Abfüllung; Merum 2006-1) Privatpreis ab Hof: Euro #

Carparelli/I Pàstini, Locorotondo (BA)   120 000 Fl./10 Hektar

Tel. 080 8980923; Fax 080 8980944; www.torrevento.it; torrevento@libero.it

Tarantino IGT Primitivo 2004   ★★ – ★★★

Mittelintensives Rubin; Noten von Trockenfrüchten, auch vegetale Noten; Mittelgewicht, Säure, Süße, recht angenehm. (60 000 Fl.; L.05/263/PR; mehr als eine Abfüllung; Merum 2006-1) Privatpreis ab Hof: Euro #

Castel di Salve, Tricase (LE)   160 000 Fl./48 Hektar

Tel. 0833 771041; Fax 0833 771012; www.casteldisalve.com; info@casteldisalve.com

Armécolo Salento IGT 2004

Helles Rubin; Kompottnoten, gekochte Beeren; Kompottaroma, matt, fehlen Fruchtfrische und Temperament. (80% Negroamaro, 20% Malvasia nera.) (36 000 Fl.; L.26705; mehr als eine Abfüllung; Merum 2006-1) Privatpreis ab Hof: Euro #

Lama del Tenente Salento IGT 2001

Dunkelrot; nicht fruchtig, Holznoten; Süße, marmeladige Frucht, Holz, herbes Tannin, etwas bitter. (45% Montepulciano, 10% Malvasia nera, 45% Primitivo.) (# Fl.; L.04 04; # Abfüllungen; Merum 2006-1) Privatpreis ab Hof: Euro #

Priante Salento IGT 2003   ★★ – ★★★

Helles, purpurnes Rubin; verhaltene, fruchtschalige Noten; gewisse Frucht, herb, dicht, etwas streng, herbes Tannin. (50% Negroamaro, 50% Montepulciano.) (27 000 Fl.; L.0305; mehr als eine Abfüllung; Merum 2006-1) Privatpreis ab Hof: Euro #

Castello Monaci/GIV, Calmasino (VR)   2 000 000 Fl./150 Hektar

Tel. 045 6269600; Fax 045 7235772; www.giv.it; j.olsson@giv.it

Artas Salento IGT Primitivo 2002

Dunkelrot; Noten von Ruß, Röstung; Rauchgeschmack, keine Frucht, Geräuchertes. (12 000 Fl.; L.4.335; eine Abfüllung; Merum 2006-1) Privatpreis ab Hof: Euro #

Salento IGT Negroamaro 2004   ★★★ JLF

Mittleres Rot; ansprechende Holundernoten, Cassis, Waldfrüchte; Mittelgewicht, saftig, rote Frucht, etwas Butter, trinkig. (60 000 Fl.; L.5.200; mehr als eine Abfüllung; Merum 2006-1) Privatpreis ab Hof: Euro #

Salento IGT Primitivo 2004   ★★ – ★★★

Mittleres Rot; fruchtige Noten, Holunder; kräftig, präsente Frucht, ausgewogen, viel Süße, dann herbes Tannin, recht lang. (270 000 Fl.; L.5.179; mehr als eine Abfüllung; Merum 2006-1) Privatpreis ab Hof: Euro #

Salice Salentino DOC 2004   ★★★

Mittelhelles, warmes Rot; Grenadine-Noten, originell, einladend; Mittelgewicht, sehr saftig, Frucht, Granatapfel, viel Süße, lang auf Frucht. (12 000 Fl.; L.5.173; eine Abfüllung; Merum 2006-1) Privatpreis ab Hof: Euro #

Consorzio Produttori Vini, Manduria (TA)   800 000 Fl./830 Hektar

Tel. 099 9735332; Fax 099 9701021; www.cpvini.com; info@cpvini.com

Aulente Salento IGT 2004   ★★ – ★★★

Mittleres Rot; Noten roter Beeren, auch ausgeprägt vegetale Noten; vegetaler Efeu-Geschmack, nicht sehr konzentriert, viel Süße, angenehm. (30% Merlot, 30% Cabernet Sauvignon, 40% Primitivo.) (4000 Fl.; L.05260; mehr als eine Abfüllung; Merum 2006-1) Privatpreis ab Hof: Euro #

Primitivo di Manduria DOC Elegia 2002

Mittleres Rubin; nicht komplett klare, etwas rustikale Nase, Kompottnoten; kraftvoll, Frucht und Süße, nicht trinkig, herbes Tannin. (25 000 Fl.; L.05341; mehr als eine Abfüllung; Merum 2006-1) Privatpreis ab Hof: Euro #

Primitivo di Manduria DOC Lirica 2003

Mittelintensives Rubin; Röstnoten, gewisse Frucht; Kraft und Süße, allerdings störende Röstung, Frucht ist verdeckt, dann herb-trockenes Holztannin. (174 000 Fl.; L.05311; mehr als eine Abfüllung; Merum 2006-1) Privatpreis ab Hof: Euro #

Primitivo di Manduria DOC Memoria 2003   ★★★★ JLF

Mittelhelles Rubin; intakte Primitivo-Frucht; Kraft, dicht, gutes Tannin, sehr saftig, Erdbeermarmelade, Butter, lang, hinterlässt guten, fruchtigen Nachgeschmack, lang. (72 000 Fl.; L.05341; mehr als eine Abfüllung; Merum 2006-1) Privatpreis ab Hof: Euro #

Conte Spagnoletti Zeuli, Andria (BA)   500 000 Fl./120 Hektar

Tel. 0883 569511; Fax 0883 559560; www.cantinespagnolettizeuli.it; c.szo@contespagnolettizeuli.it

Castel del Monte DOC Pezzaruca 2003   ★★★★ JLF

Mittleres Rubin; Holunder-, Schokolade- und Gumminoten; Mittelgewicht, Gummi, vegetale Frucht, recht tief, saftig, elegant und trinkig, eingepasste Süße, lang auf Frucht. (50% Uva di Troia, 50% Montepulciano.) (100 000 Fl.; L.PLR2005186RO; mehr als eine Abfüllung; Merum 2006-1) Privatpreis ab Hof: Euro #

Castel del Monte DOC Riserva del
Conte Terranera 2002   ★★★ JLF

Recht intensives Rubin; Noten von Schokolade, Kirschenfrucht, vegetale Note; saftige Säure, Süße, fruchtig, etwas Teer und Holz, angenehm, recht lang. (40% Uva di Troia, 20% Cabernet Sauvignon, 40 % Montepulciano.) (28 865 Fl.; L.194/4R; eine Abfüllung; Merum 2006-1) Privatpreis ab Hof: Euro #

Castel del Monte DOC Uva di Troia Rinzacco 2003   ★★ – ★★★

Mittelhelles Rot; vegetale Fruchtnoten, frisch; kirschige Frucht, angenehm, saftig, leicht, nicht sehr tief, eher einfach. (12 693 Fl.; L.ILR2005298RO; eine Abfüllung; Merum 2006-1) Privatpreis ab Hof: Euro #

Castel del Monte DOC Uva di Troia Vigna
Grande Tenuta Zagaria 2004   ★★ – ★★★

Helles Rot; Kirschennoten, auch vegetale Noten; herb-vegetale Frucht, angenehm, Süße, viel Tannin, saftig, ausgewogen, gefällt. (35 000 Fl.; L.#; mehr als eine Abfüllung; Merum 2006-1) Privatpreis ab Hof: Euro #

Conti Zecca, Leverano (LE)   1 800 000 Fl./320 Hektar

Tel. 0832 925613; Fax 0832 922606; www.contizecca.it; info@contizecca.it

Cantalupi Salento IGT Primitivo 2003

Mittelintensives Rot; müde Nase; auch im Gaumen müde, fehlen Frucht und Tiefe, trocknet, temperamentlos. (30 000 Fl.; L.30105; mehr als eine Abfüllung; Merum 2006-1) Privatpreis ab Hof: Euro #

Donna Marza Salento IGT 2003   ★★ – ★★★

Dunkelrot; vegetale Noten, Kräuter; rund, saftig, etwas Butter, vegetale Frucht, etwas Leder, angenehm, herbes Tannin. (70% Negroamaro, 20% Malvasia nera, 5% Sangiovese, 5% Montepulciano.) (360 000 Fl.; L.31905; mehr als eine Abfüllung; Merum 2006-1) Privatpreis ab Hof: Euro #

Leverano DOC Riserva Terra 2002

Dunkelrot; intensive fruchtig-holzige Nase, Algen, Marmelade, macht neugierig; herb, Frucht, wäre angenehm, aber trocknet leider zu stark. (25 000 Fl.; L.05 305A; mehr als eine Abfüllung; Merum 2006-1) Privatpreis ab Hof: Euro #

Leverano DOC Saraceno 2003   ★★★ – ★★★★ JLF

Recht intensives Rot; frische, beerige Nase, einladend; Mittelgewicht, Süße, herzhaftes bitteres Tannin, Frucht, sehr angenehm, lang. (100 000 Fl.; L.33205; mehr als eine Abfüllung; Merum 2006-1) Privatpreis ab Hof: Euro #

Nero Salento IGT 2003
Recht intensives Rubin; intensive Fruchtnoten, Cassis; Frucht, sehr holzgeprägt, viel Butter und Röstung, dann trocknendes Tannin. (70% Negroamaro, 30% Cabernet Sauvignon.) (45 000 Fl.; L.06905; eine Abfüllung; Merum 2006-1) Privatpreis ab Hof: Euro #

Salento IGT Primitivo 2003
Dunkelrot; holzwürzige Frucht; dicht, konzentriert, viel Holz, kaum Frucht, müde, dann trocknendes Tannin. (70 000 Fl.; L.31305; mehr als eine Abfüllung; Merum 2006-1) Privatpreis ab Hof: Euro #

Salice Salentino DOC Riserva Cantalupi 2002 ★★ – ★★★
Recht dunkles Rot; tiefe, einladende Holundernoten, Hagebutten, Himbeermarmelade; dichter Ansatz, Tannin bremst, Vorfreude wird durch Holzaromen leider enttäuscht, schade. (80 000 Fl.; L.14105; mehr als eine Abfüllung; Merum 2006-1) Privatpreis ab Hof: Euro #

CS Copertino, Copertino (LE) 1 000 000 Fl./# Hektar
Tel. 0832 947031; Fax 0832 930860; cantinacopertino@libero.it

Copertino DOC Riserva 2001 ★★ – ★★★
Mittleres Rot; Noten von Trockenfrüchten und Stroh, reife Fruchtnoten; entwickelt, gewisse Saftigkeit, reif-fruchtig, herb. (400 000 Fl.; L.#; mehr als eine Abfüllung; Merum 2006-1) Privatpreis ab Hof: Euro #

CS Crifo, Ruvo di Puglia (BA) 2 500 000 Fl./1600 Hektar
Tel. 080 3601611; Fax 080 3614281; www.cantinacrifo.it; info@cantinacrifo.it

Due Carri Murgia IGT Sangiovese 2003
Helles Rot; müde Noten von roter Beerenmarmelade; auch im Gaumen Beerenmarmelade, einfache Struktur, müsste etwas vielschichtiger und frischer sein, herb. (50 000 Fl.; L.5-140; mehr als eine Abfüllung; Merum 2006-1) Privatpreis ab Hof: Euro #

Le Carraie Murgia IGT 2003
Mittleres Rot; müde Nase; im Gaumen gewisse Frucht, Süße, fehlt Frische. (100% Negroamaro.) (20 000 Fl.; L.5 290; mehr als eine Abfüllung; Merum 2006-1) Privatpreis ab Hof: Euro #

CS Due Palme, Cellino San Marco (BR) 3 500 000 Fl./2000 Hektar
Tel. 0831 617909; Fax 0831 617909; www.cantineduepalme.it; info@cantineduepalme.it

Canonico Salento IGT Negroamaro 2004
Purpurrot; unfertige Kirschennoten; Süße, Säure, Kirschen, unausgewogen, unfertig. (650 000 Fl.; L.#; mehr als eine Abfüllung; Merum 2006-1) Privatpreis ab Hof: Euro #

Ettamiano Salento IGT Primitivo 2001
Purpurnes, ziemlich dunkles Rubin; unfertige, nicht fruchtige, vielmehr schalige Noten; restsüß, Fruchtsaft, herbes Tannin, Säure, nicht ausgewogen, trocknet nach. (100 000 Fl.; L.51873/A; mehr als eine Abfüllung; Merum 2006-1) Privatpreis ab Hof: Euro #

Salice Salentino DOC Riserva Selvarossa 2001
Purpurnes Rubin; mostige Kirschennase; aufgesetzte Restsüße überdeckt andere Eindrücke. (90% Negroamaro, 10% Malvasia nera.) (100 000 Fl.; L.#; mehr als eine Abfüllung; Merum 2006-1) Privatpreis ab Hof: Euro #

Tenuta Albrizzi Salento IGT 2004
Recht intensives, purpurnes Rubin; gewisse Marmelade- und Holznoten, nicht sehr definierte Nase; kompottige Frucht, viel Säure, aufgesetzte Restsüße, fehlt Struktur, unausgewogen. (50% Cabernet Sauvignon, 50% Primitivo.) (250 000 Fl.; L.50353/I; mehr als eine Abfüllung; Merum 2006-1) Privatpreis ab Hof: Euro #

CS Lizzano, Lizzano (TA) 600 000 Fl./450 Hektar
Tel. 099 9552013; Fax 099 9558326; www.cantinelizzano.it; lizzano@cantinelizzano.it

Lizzano DOC Selezione Masserie Belvedere 1999
Mittelhelles Rot; nicht klar; kraftvoll, saftig, Frucht, etwas Butter, feinbitter. (40% Montepulciano, 60% Negroamaro.) (150 000 Fl.; L.#; mehr als eine Abfüllung; Merum 2006-1) Privatpreis ab Hof: Euro #

Salento IGT Negroamaro 2004

Dunkelrot; Marmeladenoten, Jod; konzentriert, marmeladig, gute Säure, viel Süße, nicht ausgewogen. (100 000 Fl.; L.04L4A; mehr als eine Abfüllung; Merum 2006-1) Privatpreis ab Hof: Euro #

Tarantino IGT Primitivo 2000

Mittelintensives Rot; verhaltene Nase, etwas Heu- und Trockenfruchtnoten; mittlere Konzentration, sehr herb, zu wenig Temperament, wenig Frucht, trocknet. (100 000 Fl.; L.05I5A; mehr als eine Abfüllung; Merum 2006-1) Privatpreis ab Hof: Euro #

CS Salentina, Taviano (LE)   170 000 Fl./40 Hektar

Tel. 0833 911025; Fax 0833 919222; www.tenuta.palese.it; coop.salentina@libero.it

Hucumé Salento IGT Negroamaro 2003

Mittleres Rot; rußig-würzig, auch beerige Noten; viel Süße, Röstung deckt den Wein etwas zu, Abgang wegen Holz kurz und trocken. (10 000 Fl.; L.05-260705; eine Abfüllung; Merum 2006-1) Privatpreis ab Hof: Euro #

Morgano Salento IGT 2003

Recht intensives Rot; gewisse Frucht, Karamell; etwas müde im Gaumen, leicht bitter, gewisse Frucht, trocknet. (100% Negroamaro.) (15 000 Fl.; L.05-200305; eine Abfüllung; Merum 2006-1) Privatpreis ab Hof: Euro #

Tenuta Palese Salento IGT Primitivo 2003

Mittelhelles Rot; süßliche Noten von Gewürzen und Rauchspeck; Mittelgewicht, Geräuchertes auch im Gaumen, recht rund, nicht sehr tief. (18 000 Fl.; L.05-300505; eine Abfüllung; Merum 2006-1) Privatpreis ab Hof: Euro #

CS San Donaci, San Donaci (BR)   300 000 Fl./582 Hektar

Tel. 0831 681085; Fax 0831 681839; www.cantinasandonaci.it; cantina.sandonaci@tiscali.it

Anticaia Salento IGT Primitivo 2001

Mittleres, frisches Rot; verhaltene Erdbeernoten, dann immer deutlicher Holz; konzentriert, kraftvoll, allerdings kaum Frucht, Holzaromen, herbes Tannin, trocken und kurz. (10 000 Fl.; L.05 052; mehr als eine Abfüllung; Merum 2006-1) Privatpreis ab Hof: Euro #

Duca del Salento Salento IGT Primitivo 2002

Kirschiges Rot; holzwürzige Noten, Leder, keine Frucht; Holz, Säure, keine Frucht. (90% Negroamaro, 10% Malvasia.) (15 000 Fl.; L.#; mehr als eine Abfüllung; Merum 2006-1) Privatpreis ab Hof: Euro #

Salice Salentino DOC Anticaia 2003

Recht dunkles Rot; nicht klar, auch gereifte Noten; Süße, unfrisch, trocken, kurz. (40 000 Fl.; L.05 334; mehr als eine Abfüllung; Merum 2006-1) Privatpreis ab Hof: Euro #

Salice Salentino DOC Duca del Salento 2002

Dunkelrot; balsamische Marmeladenoten; recht dicht und konzentriert, Süße, gewisse Frucht, auch Säure, aber ungeschmeidig, trocken. (15 000 Fl.; L.#; mehr als eine Abfüllung; Merum 2006-1) Privatpreis ab Hof: Euro #

Salice Salentino DOC Duca del Salento Riserva 2002

Recht dunkles Rot; nicht frische Nase; Süße, Säure, auch im Gaumen fehlt Frische, trocken. (10 000 Fl.; L.05; mehr als eine Abfüllung; Merum 2006-1) Privatpreis ab Hof: Euro #

Salice Salentino DOC Riserva Anticaia 2002

Recht dunkles Rot; nicht intensive Erdbeernoten, klar und recht tief; Mittelgewicht, etwas Vanille, trockenes Tannin. (30 000 Fl.; L.#; mehr als eine Abfüllung; Merum 2006-1) Privatpreis ab Hof: Euro #

CS San Pancrazio Salentino, San Pancrazio Salentino (BR)   100 000 Fl./900 Hektar

Tel. 0831 666064; Fax 0831 666063; www.cantina.sanpancrazio.it; info@cantinasanpancrazio.it

Campo Appio Salento IGT Primitivo 2001

Mittleres Rot; müde Frucht; auch im Gaumen müde, zu temperamentlos, kaum Tiefe. (15 000 Fl.; L.A2; mehr als eine Abfüllung; Merum 2006-1) Privatpreis ab Hof: Euro #

Campoappio Salento IGT Negroamaro 2001

Dunkelrot; verhalten; keine Frucht, äußert sich nicht, ungeschmeidig, keine Tiefe, herb. (15 000 Fl.; L.B2; mehr als eine Abfüllung; Merum 2006-1) Privatpreis ab Hof: Euro #

Salice Salentino DOC Rivo di Liandro 2002

Mittelintensives Rot; nicht klare Eukalyptusnoten; Eukalyptusaromen auch im Gaumen, temperamentlos. (15 000 Fl.; L.C2; mehr als eine Abfüllung; Merum 2006-1) Privatpreis ab Hof: Euro #

CS Santa Barbara, San Pietro Vernotico (BR)   2 000 000 Fl./150 Hektar

Tel. 0831 652749; Fax 0831 652749; cantinesantabarbara@virgilio.it

Barbaglio Salento IGT 2000   ★★ – ★★★

Reifendes, mittelintensives Rot; nicht intensive Noten von Trockenbeeren, etwas Leder; recht konzentriert, herbes Tannin, Süße, saftig, reif. (80% Negroamaro, 20% Primitivo.) (100 000 Fl.; L.50270; mehr als eine Abfüllung; Merum 2006-1) Privatpreis ab Hof: Euro #

Sumanero Salento IGT 2002

Recht dunkles Rot; holzwürzige Nase, gewisse Fruchtnoten, Tabak; Süße, Butter, Frucht und Holz, herbes Tannin, etwas unausgewogen, zu holzgeprägt. (20% Malvasia nera, 20% Negroamaro, 60% Susumaniello.) (6000 Fl.; L.50450; eine Abfüllung; Merum 2006-1) Privatpreis ab Hof: Euro #

CS Veglie, Veglie (LE)   800 000 Fl./400 Hektar

Tel. 0832 969057; Fax 0832 971371; www.cva.it; cantina@cva.it

Salento IGT Primitivo 2004   ★★ – ★★★

Recht dunkles Rot; fruchtige Nase; saftige Säure, nicht sehr konzentriert, herb, Primitivo-Frucht, Trockenfrüchte, eher einfach. (30 000 Fl.; L.151 05; mehr als eine Abfüllung; Merum 2006-1) Privatpreis ab Hof: Euro #

Salice Salentino DOC Crance 2004

Mittelhelles, frisches Rot; einfache Apfelnoten; einfach, schlank, gewisse Säure, korrekt. (400 000 Fl.; L.#; mehr als eine Abfüllung; Merum 2006-1) Privatpreis ab Hof: Euro #

D'Alfonso del Sordo, San Severo (FG)   350 000 Fl./90 Hektar

Tel. 0882 221444; Fax 0882 241234; www.dalfonsodelsordo.it; info@dalfonsodelsordo.it

Casteldrione Daunia IGT 2003

Mittelhelles Rot; kompottige Nase, fehlt Fruchtfrische; streng, trocknendes Tannin, gewisse Frucht. (50% Uva di Troia, 40% Montepulciano, 10% Sangiovese.) (50 000 Fl.; L.5/199; mehr als eine Abfüllung; Merum 2006-1) Privatpreis ab Hof: Euro #

Cava del Re Daunia IGT Cabernet Sauvignon 2003   ★★ – ★★★

Recht dunkles Rubin; Cassisnoten; Kraft, Süße, Frucht und Holz, dann etwas herb. (10 000 Fl.; L.4/299; eine Abfüllung; Merum 2006-1) Privatpreis ab Hof: Euro #

DogaNera Daunia IGT Merlot 2003

Recht dunkles Rubin; Holzaroma und süße Kirschenfrucht; viel Süße, Holz, gewisse Frucht, etwas Butter, trocknendes Tannin. (8000 Fl.; L.4/299; eine Abfüllung; Merum 2006-1) Privatpreis ab Hof: Euro #

Guado San Leo Daunia IGT Uva di Troia 2003

Recht dunkles Rubin; müde Noten von Holz, keine Frucht; geschmacklich stark von Holz geprägt, trocknendes Tannin. (8000 Fl.; L.4/299; eine Abfüllung; Merum 2006-1) Privatpreis ab Hof: Euro #

Montero Puglia IGT 2004

Dunkelrot; Noten getrockneter Früchte, Kompott, fehlt Frische; kompottige Frucht, müde, trocknet. (20% Cabernet Sauvignon, 80% Montepulciano.) (30 000 Fl.; L.5/185; eine Abfüllung; Merum 2006-1) Privatpreis ab Hof: Euro #

Posta Arignano San Severo DOC 2004   ★★ – ★★★

Mittelhelles Rot; Erdbeernoten, Vanille; Beerennoten, viel Süße, dann etwas herb. (80 000 Fl.; L.5/307; mehr als eine Abfüllung; Merum 2006-1) Privatpreis ab Hof: Euro #

Duca Carlo Guarini, Scorrano (LE) 150 000 Fl./70 Hektar

Tel. 0836 460288; Fax 0836 460288; ducaguarini@tin.it

Accardo Salento IGT 2001

Bräunliches Rot; nicht frische Holznoten, müde; Holz auch im Gaumen, keine Frucht, müde. (33% Montepulciano, 33% Negroamaro, 33% Cabernet Sauvignon.) (8000 Fl.; L.ac105; mehr als eine Abfüllung; Merum 2006-1) Privatpreis ab Hof: Euro #

Boemondo Salento IGT Primitivo 2001

Recht dunkles, reifes Rubin; Reifenoten, Teer, Holz; Reife auch im Gaumen, herzhafte Säure, Süße, zu fortgeschritten. (5000 Fl.; L.BO 205; mehr als eine Abfüllung; Merum 2006-1) Privatpreis ab Hof: Euro #

Piutri Salento IGT Negroamaro 2002 ★★ – ★★★

Mittelhelles, reifendes Rot; verhalten, reifende Frucht; herber Ansatz, recht saftig, reifend, einfach, angenehm. (25 000 Fl.; L.P205; mehr als eine Abfüllung; Merum 2006-1) Privatpreis ab Hof: Euro #

VigneVecchie Salento IGT Primitivo 2002 ★★ – ★★★

Mittleres, reifendes Rot; reife, würzige Noten, Leder; auch im Gaumen Leder, gewisse Frucht, reif, recht fein, aber dürfte fruchtiger und lebhafter sein. (# Fl.; L.VV205; mehr als eine Abfüllung; Merum 2006-1) Privatpreis ab Hof: Euro #

Fatalone/Pasquale Petrera, Gioia del Colle (BA) 55 000 Fl./8 Hektar

Tel. 080 3448037; Fax 080 3448037; www.fatalone.it; info@fatalone.it

Primitivo Gioia del Colle DOC 2003 ★★★

Mittelhelles Rot; balsamisch, fruchtig und tief, Eukalyptus; fruchtig, saftig, geschmeidig, Süße, ausgewogen, eleganter, viel mehr würziger als fruchtiger Primitivo. (12 000 Fl.; L.51541; mehr als eine Abfüllung; Merum 2006-1) Privatpreis ab Hof: Euro #

Feudi di Guagnano, Guagnano (LE) 60 000 Fl./10 Hektar

Tel. 0832 705422; Fax 0832 395742; www.feudiguagnano.it; gvrizzo@feudiguagnano.it

Miralde Salento IGT 2003

Mittelhelles Rot; Noten von gekochten Beeren; einfach, Beerenkompott, nicht tief, ziemlich kurz, zu einfach. (80% Negroamaro, 20% Primitivo.) (19 000 Fl.; L.05 36; mehr als eine Abfüllung; Merum 2006-1) Privatpreis ab Hof: Euro #

Salice Salentino DOC 2003

Mittelintensives Rot; Frucht und Holz, nicht frisch; nicht ausgewogen, Holzgeschmack, keine Frische. (15 000 Fl.; L.05 32; mehr als eine Abfüllung; Merum 2006-1) Privatpreis ab Hof: Euro #

Feudi di San Marzano, San Marzano (TA) 1 700 000 Fl./500 Hektar

Tel. 099 9576100; Fax 099 9577283; info@cantinesanmarzano.com

Primitivo di Manduria DOC Sessantanni 2002

Purpurnes, intensives Rubin; parfümierte, intensive Fruchtnoten, macht neugierig; im Gaumen legt sich Restsüße über den Wein, man spürt Säure und gewisse Frucht, aber die Süße deckt alles zu. (25 000 Fl.; L.0530601; eine Abfüllung; Merum 2006-1) Privatpreis ab Hof: Euro #

Puglia IGT Negroamaro 2003 ★★ – ★★★

Mittelhelles Rubin; verhalten fruchtige Nase; saftiger Wein, gute Säure, auch Süße, nicht sehr präsente Frucht. (200 000 Fl.; L.0527402; mehr als eine Abfüllung; Merum 2006-1) Privatpreis ab Hof: Euro #

Puglia IGT Primitivo 2004 ★★★

Recht intensives Rubin; recht tiefe Brombeerfrucht; konzentriert, Süße und Säure, saftig, fruchttief, gutes Tannin, recht lang. (250 000 Fl.; L.0532103; mehr als eine Abfüllung; Merum 2006-1) Privatpreis ab Hof: Euro #

Salento IGT Malvasia nera 2004 ★★★

Mittleres Rubin; frische Frucht- und Kompottnoten, süß und einladend; saftige Säure, fruchtig, jung und ungestüm mit viel Süße, originell. (100% Malvasia nera.) (50 000 Fl.; L.0527104; mehr als eine Abfüllung; Merum 2006-1) Privatpreis ab Hof: Euro #

Sud Tarantino IGT Primitivo Merlot 2004 ★★ – ★★★

Mittleres Rubin; Kompott- und Marmeladenoten; saftiger Ansatz, gute Konzentration, frischer Wein, sehr angenehm, etwas viel Süße, angenehmes Tannin. (50% Primitivo, 50% Merlot.) (50 000 Fl.; L.0531501; mehr als eine Abfüllung; Merum 2006-1) Privatpreis ab Hof: Euro #

Giuliani Raffaele, Turi (BA) 80 000 Fl./16 Hektar

Tel. 080 8915335; Fax 080 8915335; www.vitivinicolagiuliani.com;
info@vitivinicolagiuliani.com

Primitivo Gioia del Colle DOC 2003

Mittleres Rot; marmeladige, etwas holzgeprägte Frucht; Mittelgewicht, parfümiertes Holz, herbes Tannin. (26 000 Fl.; L.164 05; mehr als eine Abfüllung; Merum 2006-1) Privatpreis ab Hof: Euro #

Primitivo Gioia del Colle DOC Riserva 2002

Dunkelrot; Noten von Karamell; im Gaumen parfümierte Holzaromen, recht rund, allerdings kürzt das Holz den Wein ab. (10 000 Fl.; L.#; mehr als eine Abfüllung; Merum 2006-1) Privatpreis ab Hof: Euro #

La Corte/Poggio il Pino, Novoli (LE) 236 000 Fl./12 Hektar

Tel. 055 9707594; Fax 055 9707597; www.renideo.com; tanya@renideo.com

Anfora Puglia IGT Primitivo 2004

Mittelintensives Rubin; nicht klar; unklare Frucht, nicht sehr dicht, wirkt dumpf, nicht lang. (93 000 Fl.; L.unleserlich; mehr als eine Abfüllung; Merum 2006-1) Privatpreis ab Hof: Euro #

Ré Salento IGT 2003

Mittleres Rot; Holznoten, Rauch, Frucht, Gummi; kraftvoll, Holz, viel Süße, etwas Frucht und Röstung, dann trockenes Tannin. (65% Negroamaro, 35% Primitivo.) (20 800 Fl.; L.unleserlich; mehr als eine Abfüllung; Merum 2006-1) Privatpreis ab Hof: Euro #

Solyss Puglia IGT Negroamaro 2004 ★★ – ★★★

Dunkelrot; Marmelade- und Holznoten; recht kraftvoll, wenig Frucht, strukturiert, eingebautes Holz, recht lang. (100 000 Fl.; L.unleserlich; mehr als eine Abfüllung; Merum 2006-1) Privatpreis ab Hof: Euro #

Vigne Vecchie Puglia IGT Negroamaro 2003 ★★ – ★★★

Recht dunkles, reifendes Rot; nicht intensive, recht tiefe Nase mit Frucht; kraftvoll, saftig, recht lang, etwas trocken im Finale. (22 500 Fl.; L.unleserlich; mehr als eine Abfüllung; Merum 2006-1) Privatpreis ab Hof: Euro #

Le Fabriche, Maruggio (TA) 50 000 Fl./15 Hektar

Tel. 099 9738284; Fax 099 9738284; www.lefabriche.it; lefabriche@lefabriche.it

Medì Salento IGT Primitivo 2003

Mittleres Rot; nicht klare Holznoten, keine Frucht; im Gaumen Eukalyptus, keine Frucht, müde Holzaromen im Abgang. (15 000 Fl.; L.0105; mehr als eine Abfüllung; Merum 2006-1) Privatpreis ab Hof: Euro #

Primitivo di Manduria DOC 2003

Purpurnes Rubin; nicht sehr klare Noten von Kompott und Holz, gewisse Tiefe; kraftvoll, wirkt etwas komprimiert, geht nicht auf im Gaumen, nicht lang, trocken. (15 000 Fl.; L.06 05; mehr als eine Abfüllung; Merum 2006-1) Privatpreis ab Hof: Euro #

Puglia IGT 2003

Dunkelrot; Holz- und Kompottnoten; Mittelgewicht, etwas Holz, müde Frucht, trocknendes Tannin. (40% Negroamaro, 30% Malvasia nera, 30% Primitivo.) (20 000 Fl.; L.03 05; mehr als eine Abfüllung; Merum 2006-1) Privatpreis ab Hof: Euro #

Leone de Castris, Salice Salentino (LE) 2 300 000 Fl./150 Hektar

Tel. 0832 731112; Fax 0832 731114; www.leonedecastris.com;
info@leonedecastris.com

Illemos Salento IGT 2001

Mittleres Rubin; Noten von Vanille, rote Frucht; im Gaumen Süße und Holz, etwas Butter, trocknet stark. (50% Primitivo, 20% Montepulciano, 20% Merlot, 10% Negroamaro.) (28 000 Fl.; L.145/05; eine Abfüllung; Merum 2006-1) Privatpreis ab Hof: Euro #

Messere Andrea Salento IGT 2002

Mittelhelles, frisches Rubin; Noten von Fruchtschalen; auch im Gaumen etwas schalige Frucht, gewisse Tiefe, endet bitter und trocknend. (85% Negroamaro, 15% Cabernet Sauvignon.) (16 000 Fl.; L.322/05; mehr als eine Abfüllung; Merum 2006-1) Privatpreis ab Hof: Euro #

Primitivo di Manduria DOC Villa Santera 2004

Mittleres Rubin; Holznoten, Röstung; wirkt abgeschliffen, etwas Holz, fehlen Frucht und Temperament, trocknet nach. (270 000 Fl.; L.301/05; mehr als eine Abfüllung; Merum 2006-1) Privatpreis ab Hof: Euro #

Salice Salentino DOC Maiana 2004

Recht intensives Rot; Noten von roher Eiche; Eiche auch im Gaumen, Süße, einseitig, uncharmant. (230 000 Fl.; L.328/05; mehr als eine Abfüllung; Merum 2006-1) Privatpreis ab Hof: Euro #

Salice Salentino DOC Riserva 2002

Mittleres Rubin; staubige Nase, Holznoten, Gummi, knappe Frucht; recht kraftvoll, herbes Tannin, nicht geschmeidig, bitter. (570 000 Fl.; L.293/05/2; mehr als eine Abfüllung; Merum 2006-1) Privatpreis ab Hof: Euro #

Salice Salentino DOC Riserva Donna Lisa 2001

Recht dunkles Rot; rote Fruchtnoten, Neuholz; kraftvoll, herbes Tannin vom Holz, dann müder Holzgeschmack, trocknet. (48 000 Fl.; L.144/05; mehr als eine Abfüllung; Merum 2006-1) Privatpreis ab Hof: Euro #

Villa Larena Salento IGT Primitivo 2004

Mittleres Rot; Noten von Gummi, Primitivo-Frucht; trocknendes Tannin, saftige Säure, nicht sehr tief. (130 000 Fl.; L.182/05/2; mehr als eine Abfüllung; Merum 2006-1) Privatpreis ab Hof: Euro #

Lolli, Sandonaci (BR)   20 000 Fl./15 Hektar

Tel. 0831 681255; Fax 0831 681255; vincenzo.lolli@tin.it

Akros Salento IGT 2003   ★★ – ★★★

Mittleres Rubin; einladende Nase mit frischer Frucht; recht konzentriert, fruchtig, dann herbes Tannin. (90% Negroamaro, 10% Montepulciano.) (3000 Fl.; L.2 04; eine Abfüllung; Merum 2006-1) Privatpreis ab Hof: Euro #

Klèos Salento IGT 2003

Mittelintensives, frisches Rot; Röstnoten, Frucht; Röstung dominiert den Gaumen, Süße, bitter im Abgang. (80% Negroamaro, 20% Montepulciano.) (3000 Fl.; L.3 04; eine Abfüllung; Merum 2006-1) Privatpreis ab Hof: Euro #

Nicò Salento IGT Primitivo 2004   ★★★★ JLF

Mittelhelles Rot; helle Noten roter Früchte, Trockenblumen, typische Primitivo-Noten; würzige Pfirsichfrucht, Säure, saftig, Mittelgewicht, Süße, saftig, feinherb, sehr angenehm und lang. (3000 Fl.; L.05 69; eine Abfüllung; Merum 2006-1) Privatpreis ab Hof: Euro #

Maglione Francesco, Torremaggiore (FG)   15 000 Fl./20 Hektar

Tel. 0882 392389; Fax 0882 392389; maglionef@virgilio.it

Aleo Daunia IGT Merlot-Cabernet Sauvignon 2004   ★★ – ★★★

Recht dunkles Rot; intensive, vegetale Fruchtnoten; schmeichlerische, stark parfümierte Frucht, sehr weich und rund, müsste strukturierter sein; zu parfümiert. (35% Cabernet Sauvignon, 65% Merlot.) (4400 Fl.; L.03-05; eine Abfüllung; Merum 2006-1) Privatpreis ab Hof: Euro #

L'altro Daunia IGT Merlot 2004   ★★ – ★★★

Mittelintensives, reifendes Rot; intensive Nase, Noten von Cassis und Röstung; viel Süße, ausgeprägte, parfümierte Frucht, Schmeichler, rund, nicht sehr strukturiert, gute Länge; zu parfümiert. (4200 Fl.; L.02-05; eine Abfüllung; Merum 2006-1) Privatpreis ab Hof: Euro #

Principio Daunia IGT Cabernet Sauvignon 2003   ★★ – ★★★

Mittleres Rubin; Röstnoten und süße Fruchtnoten von Cassis und Kirschen; rund, ausgeprägte Frucht, saftig, viel Süße, angenehmes Tannin, recht lang. (9000 Fl.; L.0104; eine Abfüllung; Merum 2006-1) Privatpreis ab Hof: Euro #

Marco Maci, Cellino San Marco (BR)   600 000 Fl./40 Hektar
Tel. 0831 617689; Fax 0831 616810; www.macimarco.it;
produzione@macimarco.it

Copertino DOC Duca d'Atene 2000
Mittleres Rubin; Noten von Stroh und Jod, Ruß, Röstung, Nullfrucht; recht kraftvoll, viel Süße, Rußgeschmack, Rauchspeck, keine Frucht. (10 000 Fl.; L.52550; eine Abfüllung; Merum 2006-1) Privatpreis ab Hof: Euro #

Frà Diavolo Salento IGT Primitivo 2004
Recht dunkles Rubin; etwas fette, reife Noten von Marmelade, Rauchspeck; kraftvoll, fast stark, nicht viel Süße, knappe Frucht, herb, etwas Holz im Abgang. (20 000 Fl.; L.52490; mehr als eine Abfüllung; Merum 2006-1) Privatpreis ab Hof: Euro #

Lume di Candela Salento IGT 2004   ★★ – ★★★
Mittleres Rot; Noten von Heu, Trockenfrüchten, Holz; runder, flüssiger Ansatz, saftig, gewisse Frucht und Butter, Vanille, etwas Holz, gute Länge. (70% Negroamaro, 30% Malvasia nera.) (20 000 Fl.; L.53480; mehr als eine Abfüllung; Merum 2006-1) Privatpreis ab Hof: Euro #

Salice Salentino DOC Ribò 2002
Dunkelrot; nicht frische Nase, Jodnoten; konzentriert, Süße, nicht trinkig, zu opulent, Holzgeschmack. (15 000 Fl.; L.52550; mehr als eine Abfüllung; Merum 2006-1) Privatpreis ab Hof: Euro #

Marubium, Maruggio (TA)   100 000 Fl./20 Hektar
Tel. 099 676039; Fax 099 676039; enogeamarubium@tiscali.it

Marubium Salento IGT Primitivo 2003   ★★ – ★★★
Recht dunkles Rot; verhaltene, aber ansprechende Frucht; im Gaumen fruchtig und kraftvoll, recht dicht, gewisse Frucht, etwas herb im Abgang. (25 000 Fl.; L.05323; mehr als eine Abfüllung; Merum 2006-1) Privatpreis ab Hof: Euro #

**Masseria Altemura/Zonin,
Torre Santa Susanna (BR)**   90 000 Fl./98 Hektar
Tel. 0831 740485; Fax 0831 740485; www.masseriaaltemura.it;
info@masseriaaltemura.it

Salento IGT Negroamaro 2004   ★★ – ★★★
Mittleres Rubin; verhalten; Frucht und Süße, recht saftig, nicht sehr großzügig, recht angenehm, nicht lang. (45 000 Fl.; L.A5335; # Abfüllungen; Merum 2006-1) Privatpreis ab Hof: Euro 5,50

Masseria Monaci, Copertino (LE)   600 000 Fl./36 Hektar
Tel. 0832 947512; Fax 0832 947512; www.masseriamonaci.com;
vini@masseriamonaci.com

Copertino DOC Eloquenzia 2002   ★★★ JLF
Mittelintensives Rot; Noten von Laub, Holz, Frucht; im Gaumen gutes Format, saftige Säure, rauchig-fruchtig, ausgewogen, gute Länge. (400 000 Fl.; L.#; mehr als eine Abfüllung; Merum 2006-1) Privatpreis ab Hof: Euro #

Simpotica Salento IGT 2001   ★★ – ★★★
Mittelintensives, reifendes Rot; Holz und Frucht; im Gaumen Holz und Frucht, dicht, etwas streng, saftig, Süße, herb, aber nicht trocken im Abgang. (85% Negroamaro, 2% Malvasia nera, 13% Montepulciano.) (80 000 Fl.; L.#; mehr als eine Abfüllung; Merum 2006-1) Privatpreis ab Hof: Euro #

Sine Pari Puglia IGT Nero di Troia 2003
Mittleres Rot; kompottige, nicht frische Nase; Süße, Mittelgewicht, nicht definierte Frucht, einfach. (30 000 Fl.; L.#; mehr als eine Abfüllung; Merum 2006-1) Privatpreis ab Hof: Euro #

Mille Una, Lizzano (TA)   70 000 Fl./33 Hektar
Tel. 099 9552638; Fax 099 9552638; www.milleuna.it; milleuna2002@supereva.it

Bacmione Salento IGT Primitivo 2003
Dunkelrot; würzige Noten, Rumtopf, Trockenblumen; Restsüße, reife Frucht, trocknendes Tannin; origineller Süßwein. (6000 Fl.; L.#; eine Abfüllung; Merum 2006-1) Privatpreis ab Hof: Euro #

Galvano Salento IGT Negroamaro 2002 ★★ – ★★★ JLF

Mittleres Rot; Noten von Hagebuttenmarmelade, recht tief und einladend; Süße, Säure, etwas ungestüm, recht trinkig, saftig und angenehm. (8000 Fl.; L.05 150; eine Abfüllung; Merum 2006-1) Privatpreis ab Hof: Euro #

Mamone Primitivo IGT (ohne „IG") 2002 ★★★

Mittleres Rot; einladende Fruchtnoten; rund, intakte Frucht, saftige Säure, viel Süße, angenehm, fruchtige Länge. (18 000 Fl.; L.05 213; mehr als eine Abfüllung; Merum 2006-1) Privatpreis ab Hof: Euro #

Mantonero Salento IGT 2003

Mittleres, reifendes Rubin; reifende Nase, Fruchtnoten; Frucht, recht kraftvoll, endet dann zu trocken. (45% Negroamaro, 20% Cabernet Sauvignon, 35% Primitivo.) (9000 Fl.; L.#; eine Abfüllung; Merum 2006-1) Privatpreis ab Hof: Euro #

Ori di Taranto Salento IGT Primitivo 2003

Mittelintensives Rubin; Gewürznoten, Koriander, Holz; Restsüße, Holz, trocknendes Holztannin; eigenartiger Süßwein. (13 000 Fl.; L.#; eine Abfüllung; Merum 2006-1) Privatpreis ab Hof: Euro #

Rosso dei Cavalieri Salento IGT Negroamaro 2002 ★★★★

Helles Rot; süße Noten von Fruchtmus; frisch, ausgesprochen süße Negroamaro-Frucht auch im Gaumen, herb und angenehm, saftige Säure, endet sehr klar und fruchtig lang. (3000 Fl.; L.05 140; eine Abfüllung; Merum 2006-1) Privatpreis ab Hof: Euro #

Mocavero, Arnesano (LE) 580 000 Fl./35 Hektar

Tel. 0832 327194; Fax 0832 327194; www.mocaverovini.it; info@mocaverovini.it

Salento IGT Negroamaro 2003

Mittelintensives Rot; Noten von Äpfeln und Bananen; Apfelaroma auch im Gaumen, zu fremd, nicht tief, seltsam. (50 000 Fl.; L.050867; mehr als eine Abfüllung; Merum 2006-1) Privatpreis ab Hof: Euro #

Salice Salentino DOC Riserva Puteus 2001

Mittelintensives Rot; Kompottnoten, Reife; viel Süße, reife Frucht, müsste frischer sein. (250 000 Fl.; L.051308; mehr als eine Abfüllung; Merum 2006-1) Privatpreis ab Hof: Euro #

Santufili Primitivo IGT (ohne „IG") 2000 ★★★

Mittelintensives Rubin; Noten von Holunder, auch Cassis; sehr konzentriert, kraftvoll, grüne Kaffeenoten, Süße, Primitivo-Frucht, herbes Tannin, lang. (100 000 Fl.; L.0512511; mehr als eine Abfüllung; Merum 2006-1) Privatpreis ab Hof: Euro #

Tela di Ragno Salento IGT 2000

Recht intensives Rubin; Holz, Zitrusnoten; Restsüße, keine Frucht, bitter. (50% Aglianico, 50% Cabernet Sauvignon.) (25 000 Fl.; L.0327212; eine Abfüllung; Merum 2006-1) Privatpreis ab Hof: Euro #

Nappi/Spelonga, Stornara (FG) 60 000 Fl./15 Hektar

Tel. 0885 431048; Fax 0885 434224; spelonga@libero.it

Rosso Austero Donna Maria Franca Puglia IGT 2003 ★★ – ★★★

Mittelintensives Rubin; nicht komplett klare Nase, etwas schwitzig; gute Dichte, angenehmes Tannin, Frucht und Butter, saftig, gefällt im Gaumen gut. (Biowein; 100% Montepulciano.) (10 000 Fl.; L.80605; mehr als eine Abfüllung; Merum 2006-1) Privatpreis ab Hof: Euro #

Spelonga Puglia IGT Cabernet 2001 ★★ – ★★★

Recht dunkles Rubin; süßliche Fruchtnoten, etwas Gummi und Röstung; gewisse Frucht, Gummi, Mittelgewicht, herb im Abgang. (Biowein.) (10 000 Fl.; L.80805; mehr als eine Abfüllung; Merum 2006-1) Privatpreis ab Hof: Euro #

Spelonga Puglia IGT Nero di Troia 2004 ★★★ – ★★★★ JLF

Dunkles Rubin; tiefe, fruchtige Nase, Brombeermarmelade, einladend; im Gaumen blumigfruchtig, typisch kerniges Tannin, fruchtige Länge. (10 000 Fl.; L.131005; mehr als eine Abfüllung; Merum 2006-1) Privatpreis ab Hof: Euro #

Spelonga Puglia IGT Primitivo 2001 ★★ – ★★★

Mittleres, warmes Rubin; Noten von Erdnüssen, Kompott, Holunder; Kraft, viel Süße, recht dicht, reif, Butter, präsente Frucht, gute Länge. (Biowein.) (10 000 Fl.; L.20505; mehr als eine Abfüllung; Merum 2006-1) Privatpreis ab Hof: Euro #

Palamà, Cutrofiano (LE)
200 000 Fl./6 Hektar

Tel. 0836 542865; Fax 0836 542865; www.vinicolapalama.com;
info@vinicolapalama.com

Albarossa Salento IGT Primitivo 2003

Eher helles Rot; einfache Frucht, Leder; Süße, schlank, einfach, schlank, Butter, einfache Frucht, im Abgang etwas holzwürzig. (15 000 Fl.; L.05220; mehr als eine Abfüllung; Merum 2006-1) Privatpreis ab Hof: Euro #

Fregi Barocchi Salento IGT 2003 ★★ – ★★★ JLF

Mittleres, reifendes Rot; Gebäcknoten, Weihrauch; saftiger Ansatz, präsente Frucht, etwas Leder, Butter, ausgewogen und rund, recht lang. (100% Negroamaro.) (40 000 Fl.; L.05276; mehr als eine Abfüllung; Merum 2006-1) Privatpreis ab Hof: Euro #

Mavro Salento IGT 2002 ★★ – ★★★

Mittelhelles Rot; schwitzige Holundernoten, Cassisgelee, Holz; würzig auch im Gaumen, Butter, Cassis, saftig, etwas Holz, etwas viel Süße, sonst sehr angenehm. (80% Negroamaro, 20% Malvasia nera.) (10 000 Fl.; L.05220; eine Abfüllung; Merum 2006-1) Privatpreis ab Hof: Euro #

Metiusco Salento IGT 2004 ★★★★ JLF

Mittelhelles Rot; Noten von verblühenden Rosen, Holunderblüten, sehr einladend; auch im Gaumen Rosen und Hagebutten, sehr fein und super-geschmeidig, saftig, herrlich fruchtige Tiefe und Länge. (40% Negroamaro, 30% Malvasia nera, 10% Primitivo, 20% Montepulciano.) (20 000 Fl.; L.05276; mehr als eine Abfüllung; Merum 2006-1) Privatpreis ab Hof: Euro #

Salice Salentino DOC Albarossa 2003 ★★ – ★★★

Mittleres Rot; beerige Nase, einladend; leicht, gewisse Frucht, auch Butter, frisch, korrekt. (30 000 Fl.; L.05320; mehr als eine Abfüllung; Merum 2006-1) Privatpreis ab Hof: Euro #

Pasqua, Verona (VR)
18 000 000 Fl./200 Hektar

Tel. 045 8432111; Fax 045 8432211; www.pasqua.it; info@pasqua.it

Lapaccio Salento IGT Primitivo 2004 ★★ – ★★★

Dunkelrot; nicht intensive Frucht- und Röstnoten; Mittelgewicht, fruchtig, saftig, herbes Tannin, etwas Holz im Abgang. (100 000 Fl.; L.05-319B; mehr als eine Abfüllung; Merum 2006-1) Privatpreis ab Hof: Euro #

Surani Salento IGT Negroamaro 2004 ★★ – ★★★

Mittleres Rot; verhaltene Kompottnoten; im Gaumen gewisse Frucht, recht saftig und angenehm. (80 000 Fl.; L.05-335A; mehr als eine Abfüllung; Merum 2006-1) Privatpreis ab Hof: Euro #

Perrini, Castellaneta (TA)
800 000 Fl./50 Hektar

Tel. 099 8433833; Fax 099 8433833; www.perrini.it; perrini@perrini.it

Prymus Salento IGT 2003 ★★ – ★★★

Recht dunkles Rot; aromatische Holz- und Fruchtnoten; rund, saftig, balsamisch, aber recht rund und angenehm. (85% Negroamaro, 15% Primitivo.) (250 000 Fl.; L.05262; mehr als eine Abfüllung; Merum 2006-1) Privatpreis ab Hof: Euro #

Salento IGT 2003

Purpurnes Rubin; Noten von Apfel, Vanille, Pfeffer, Zimt; Mittelgewicht, Würzaromen, nicht weinig, etwas kurz. (50% Negroamaro, 50% Primitivo.) (180 000 Fl.; L.05332; mehr als eine Abfüllung; Merum 2006-1) Privatpreis ab Hof: Euro #

Salento IGT Primitivo 2003

Mittelhelles Rubin; herb-fruchtige Nase; im Gaumen Vanille, schade, fehlt Charakter, herb. (220 000 Fl.; L.05253; mehr als eine Abfüllung; Merum 2006-1) Privatpreis ab Hof: Euro #

Petrelli Giovanni, Carmiano (LE)
75 000 Fl./15 Hektar

Tel. 0832 603051; Fax 0832 603051; www.puglia.org/cantinapetrelli;
cantinapetrelli@puglia.org

Copertino DOC Tre Archi 2001

Recht dunkles Rot; nicht klar, Holz, Bouillon; keine Frucht, nicht rund, nicht klar, trocken. (# Fl.; L.#; # Abfüllungen; Merum 2006-1) Privatpreis ab Hof: Euro #

Primo Salento IGT Primitivo 2003   ★★ – ★★★

Dunkelrot; breite Kompottnoten; im Gaumen gute Persönlichkeit, Primitivo-Frucht, recht konzentriert, herb, saftig, dürfte fruchtfrischer sein. (12 000 Fl.; L.#; eine Abfüllung; Merum 2006-1) Privatpreis ab Hof: Euro #

Salice Salentino DOC Centopietre 2002   ★★ – ★★★

Mittelhelles Rot; Reifenoten, beerig, Kaffee; Mittelgewicht, viel Säure, reif, saftig, einfach, recht angenehm. (13 000 Fl.; L.03.04; eine Abfüllung; Merum 2006-1) Privatpreis ab Hof: Euro #

Tenuta Scozzi 10 000 Salento IGT 2004

Mittleres Rot; nicht sehr frische Frucht; im Gaumen besser als in der Nase, vegetales Aroma im Gaumen, gewisse Frucht, Süße, saftige Säure. (50% Cabernet Sauvignon, 50% Montepulciano.) (10 000 Fl.; L.1505; eine Abfüllung; Merum 2006-1) Privatpreis ab Hof: Euro #

Piarulli, Corato (BA)   100 000 Fl./# Hektar

Tel. 080 8980918; Fax 080 8980918; www.vinicolapiarulli.com; info@vinicolapiarulli.com

Castel del Monte DOC 2004

Mittelhelles Rubin; marmeladige Nase, müde; Süße, recht einfach, fehlt Fruchtfrische. (60% Nero di Troia, 20% Montepulciano, 20% Bombino nero.) (30 000 Fl.; L.05102; eine Abfüllung; Merum 2006-1) Privatpreis ab Hof: Euro #

Castel del Monte DOC Riserva Baluardo 2002   ★★ – ★★★

Mittelintensives Rubin; pflanzliche Noten, nicht komplett frisch; auch im Gaumen pflanzliche Aromen, Süße, einfach, angenehm. (70% Montepulciano, 30% Nero di Troia.) (15 000 Fl.; L.05300; eine Abfüllung; Merum 2006-1) Privatpreis ab Hof: Euro #

Resta, San Pietro Vernotico (BR)   300 000 Fl./10 Hektar

Tel. 0831 671182; Fax 0831 671182; www.vinicolaresta.it; vinicolaresta@libero.it

Gelso Moro Salento IGT Negroamaro 2003   ★★ – ★★★

Dunkelrot; Kompottnoten; fehlt Temperament, Säure, herbes Tannin, kompottig. (100 000 Fl.; L.50550; mehr als eine Abfüllung; Merum 2006-1) Privatpreis ab Hof: Euro #

Primitivo di Manduria DOC 2003   ★★ – ★★★

Mittelintensives Rubin; Holz- und Primitivo-Noten; Kraft, Süße, Frucht, saftig, etwas herbes Tannin. (40 000 Fl.; L.50554; mehr als eine Abfüllung; Merum 2006-1) Privatpreis ab Hof: Euro #

Salice Salentino DOC 2003

Dunkelrot; verhalten, staubige Nase, keine Frucht; Säure, Süße, nicht ausgewogen, etwas Holz. (80 000 Fl.; L.50552; mehr als eine Abfüllung; Merum 2006-1) Privatpreis ab Hof: Euro #

Salice Salentino DOC Riserva Torre Saracena 2002

Dunkelrot; Heu- und Fruchtnoten; etwas Holz, Frucht, Säure, nicht ausgewogen, hart, nicht trinkig. (20 000 Fl.; L.50553; mehr als eine Abfüllung; Merum 2006-1) Privatpreis ab Hof: Euro #

Squinzano DOC 2003

Dunkelrot; verhalten, nicht einladend, Leder; nicht fruchtig, Säure, nicht geschmeidig, Butter, dann trocken. (60 000 Fl.; L.50551; mehr als eine Abfüllung; Merum 2006-1) Privatpreis ab Hof: Euro #

Rivera, Andria (BA)   1 500 000 Fl./85 Hektar

Tel. 0883 569501; Fax 0883 569575; www.rivera.it; info@rivera.it

Castel del Monte DOC
Aglianico Riserva Cappellaccio 2002   ★★ – ★★★

Dunkles Rubin; Holundernoten, mit Belüftung dann immer mehr Holz; Süße, gute Säure, dann auch Holunder, dunkle Frucht, dicht, fast streng, auch etwas störendes Holz, lang. (90 000 Fl.; L.E291C; mehr als eine Abfüllung; Merum 2006-1) Privatpreis ab Hof: Euro #

Castel del Monte DOC Nero di Troia Puer Apuliae 2003

Dunkles Rubin; Noten von Leder und Jod, keine Frucht; streng, keine Frucht, trocken, kurz. (9000 Fl.; L.E08; eine Abfüllung; Merum 2006-1) Privatpreis ab Hof: Euro #

Castel del Monte DOC Nero di Troia Puer Apuliae '02   ★★ – ★★★

Ziemlich dunkles Rubin; dunkle Nase, Holunder, Reife; im Gaumen dicht, aber knappe Frucht, Holunder, viel Tannin, gewisse Saftigkeit. (9000 Fl.; L./4002; eine Abfüllung; Merum 2006-1) Privatpreis ab Hof: Euro #

Castel del Monte DOC Nero di Troia Violante 2004

Recht dunkles Rubin; Noten von gekochten, dunklen Beeren, Banane, riecht unfertig; kon-
zentriert, herb, dicht, gewisse Frucht, saftig, mittlere Länge, nicht weinig. (40 000 Fl.; L.#;
eine Abfüllung; Merum 2006-1) Privatpreis ab Hof: Euro #

Castel del Monte DOC Riserva Il Falcone 2002 ★★ – ★★★

Recht dunkles Rubin; Holznoten, kaum Frucht; im Gaumen komplexer, frische Säure, spür-
bar Charakter, aber Holz ist zu präsent. (70% Nero di Troia, 30% Montepulciano.)
(150 000 Fl.; L.E281E; mehr als eine Abfüllung; Merum 2006-1) Privatpreis ab Hof: Euro #

Castel del Monte DOC Rupicolo 2004 ★★ – ★★★

Mittleres Rubin; vegetale Fruchtnoten, Noten von frisch geschnittenem Efeu; erdig-pflanzli-
che Frucht auch im Gaumen, grüner Kaffee, frisch, mittlere Länge, angenehm. (70% Montepulciano, 30% Nero di Troia.) (320 000 Fl.; L.E542A; mehr als eine Abfüllung; Merum 2006-1)
Privatpreis ab Hof: Euro #

Salice Salentino DOC 2004 ★★ – ★★★

Mittleres Rubin; nicht intensive Kirschnoten, etwas Leder, schöne Tiefe; recht kraftvoll,
kernig, saftig, präsente Frucht, Länge, herbes Finale. (40 000 Fl.; L.E562D; eine Abfüllung;
Merum 2006-1) Privatpreis ab Hof: Euro #

Rosa del Golfo/Calò, Alezio (LE) 250 000 Fl./35 Hektar

Tel. 0331 993198; Fax 0331 992365; www.rosadelgolfo.com;
calo@rosadelgolfo.com

Portulano Salento IGT Negroamaro 2003

Mittelhelles Rot; holzgeprägte Marmeladenase; Frucht auch im Gaumen, marmeladig, Holz-
geschmack, Holz bremst im Abgang, trocknet nach. (90% Negroamaro, 10% Malvasia nera.)
(30 000 Fl.; L.30 05; mehr als eine Abfüllung; Merum 2006-1) Privatpreis ab Hof: Euro #

Salento IGT Primitivo 2003

Mittleres Rot; laute, würzige, parfümierte Holznoten dominieren die Nase; parfümiertes Holz,
Restsüße, eigenartiger Wein. (90% Primitivo, 10% Negroamaro.) (50 000 Fl.; L.unleserlich;
mehr als eine Abfüllung; Merum 2006-1) Privatpreis ab Hof: Euro #

Santa Lucia, Corato (BA) 70 000 Fl./15 Hektar

Tel. 081 7642888; Fax 081 7643760; www.vinisantalucia.com;
info@vinisantalucia.com

Castel del Monte DOC Riserva Le More 2003 ★★ – ★★★

Recht dunkles Rubin; Holunder- und Holznoten; Kraft, Holunder, saftig, sehr viel Tannin,
Holz, auch im Abgang Frucht, trocknet etwas zu stark. (100% Uva di Troia.) (4000 Fl.; L.#; eine
Abfüllung; Merum 2006-1) Privatpreis ab Hof: Euro #

Castel del Monte DOC Uva di Troia Vigna Melograno 2003

★★★★

Recht dunkles Rubin; Noten von Holunder, Cassis; konzentriert, fruchtig, eingepasste Süße,
Holunder, gewaltiges, monumentales Tannin, lang (nur für Tannin-Liebhaber). (30 000 Fl.;
L.I-05; mehr als eine Abfüllung; Merum 2006-1) Privatpreis ab Hof: Euro #

Santi Dimitri, Galatina (LE) 80 000 Fl./60 Hektar

Tel. 0836 565866; Fax 0836 565867; www.santidimitri.it; info@santidimitri.it

Aruca Salento IGT 2003 ★★ – ★★★

Mittelhelles Rot; Noten von Holunder, Gummi, Frucht; runder Ansatz, Mittelgewicht,
Negroamaro-Frucht, auch Harz, Gummi, geschmeidig, angenehm. (100% Negroamaro.)
(25 000 Fl.; L.C0105; eine Abfüllung; Merum 2006-1) Privatpreis ab Hof: Euro #

Soloperto Giovanni, Manduria (TA) 1 500 000 Fl./50 Hektar

Tel. 099 9794286; Fax 099 9734205; www.soloperto.it; soloperto@soloperto.it

Primitivo di Manduria DOC Bagnolo 2000

Recht dunkles Rot; Noten von Gummi und Schokolade, Reife; runder Ansatz, dann viel Säure,
getrocknete Steinpilze, unausgewogen, gereift. (30 000 Fl.; L.1235; mehr als eine Abfüllung;
Merum 2006-1) Privatpreis ab Hof: Euro #

Taurino, Guagnano (LE)   1 500 000 Fl./130 Hektar

Tel. 0832 706490; Fax 0832 706242; www.taurinovini.it; info@taurinovini.it

A Cosimo Salento IGT 2002   ❦

Mittleres Rot; Holznoten, Holunder; auch im Gaumen Holz, Mittelgewicht, etwas viel Süße, kaum Frucht. (85% Negroamaro, 15% Cabernet Sauvignon.) (15 000 Fl.; L.179.05; eine Abfüllung; Merum 2006-1) Privatpreis ab Hof: Euro #

Patriglione Salento IGT 1999

Mittleres, reifendes Rot; Holznoten und Marmelade, gereift; Süße, Holz-Marmelade- geschmack, herbes Tannin, ungeschmeidig und trocken, Süße bleibt zurück. (100 % Negroamaro.) (26 000 Fl.; L.322.05; eine Abfüllung; Merum 2006-1) Privatpreis ab Hof: Euro #

Tenuta Zicari, Taranto (TA)   200 000 Fl./60 Hektar

Tel. 099 4534510; Fax 099 4534510; www.tenutazicari.it; info@tenutazicari.it

Diago Salento IGT 2004   ★★ – ★★★

Mittelhelles Rot; fast stechende Holundernoten, Trockenfrüchte; angenehme Frucht, recht saftig, etwas herb, recht angenehm. (100% Negroamaro.) (20 000 Fl.; L.05-181-03; eine Abfüllung; Merum 2006-1) Privatpreis ab Hof: Euro #

Pezzapetrosa Puglia IGT 2003   ★★ – ★★★

Mittleres Rot; einfache, kompottige Fruchtnoten; auch im Gaumen Zwetschgenkompott, recht saftig, angenehm, gute Länge. (15% Cabernet Sauvignon, 85% Primitivo.) (20 000 Fl.; L.05-183-01; eine Abfüllung; Merum 2006-1) Privatpreis ab Hof: Euro #

Primitivo di Manduria DOC Apulus 2004   ★★★ JLF

Mittelhelles Rubin; Kirschennoten, Karamell; konzentriert, dicht, saftig, Frucht, feine Butter, Süße, nicht sehr konzentriert, angenehm, recht lang. (20 000 Fl.; L.05-199-05; eine Abfüllung; Merum 2006-1) Privatpreis ab Hof: Euro #

Solicato Puglia IGT 2004   ★★ – ★★★

Mittleres Rot; flüchtig-fruchtige Nase, auch Noten von Rinde, roter Beerenmarmelade; saftiger Ansatz, fruchtig, herbes Tannin, recht lang, rustikaler, angenehmer Wein. (50% Merlot, 50% Primitivo.) (20 000 Fl.; L.05-181-02; mehr als eine Abfüllung; Merum 2006-1) Privatpreis ab Hof: Euro #

Tenute Rubino, Brindisi (BR)   700 000 Fl./200 Hektar

Tel. 0831 575717; Fax 0831 571655; www.tenuterubino.it; info@tenuterubino.it

Marmorelle Salento IGT 2004

Mittelintensives Rubin; Röst- und Holznoten, Cassis; konzentriert, Röstung, Cassis, opulent, Röstgeschmack, trocken-bitteres Tannin im Abgang. (85% Negroamaro, 15% Malvasia nera.) (250 000 Fl.; L.05253; mehr als eine Abfüllung; Merum 2006-1) Privatpreis ab Hof: Euro #

Punta Aquila Salento IGT Primitivo 2003   ❦

Dunkles Rubin; dichte Röstnoten, Cassis, süß; Röstung, Nullfrucht, schmeckt verbrannt. (80 000 Fl.; L.05042; mehr als eine Abfüllung; Merum 2006-1) Privatpreis ab Hof: Euro #

Terra del Galeso, Taranto (TA)   60 000 Fl./14 Hektar

Tel. 099 7729070; Fax 099 7728805; www.terradelgaleso.it; info@terradelgaleso.it

Almagesto Salento IGT 2003   ★★★

Recht dunkles Rot; einladende Noten von Holunder, Blüten; fruchtiger Ansatz, saftig, Süße, rund, angenehm, recht tief, gute Länge. (25% Negroamaro, 25% Malvasia nera, 50% Primitivo.) (# Fl.; L.0905; mehr als eine Abfüllung; Merum 2006-1) Privatpreis ab Hof: Euro #

Chierico Salento IGT Primitivo 2004   ★★ – ★★★

Mittleres Rubin; einladende Primitivo-Noten, Himbeeren, etwas Gummi; Kraft und Süße, Tannin, Butter, saftig, im Nachgeschmack etwas Holz. (12 500 Fl.; L.#; eine Abfüllung; Merum 2006-1) Privatpreis ab Hof: Euro #

Primonero Salento IGT Primitivo 2003

Dunkelrot; Noten von Röstung und Gummi, Frucht; Mittelgewicht, viel Süße, Röstung, herbes Tannin. (8000 Fl.; L.0405; eine Abfüllung; Merum 2006-1) Privatpreis ab Hof: Euro #

Salento IGT Primitivo s. a.   ★★★ JLF

Mittleres Rot; kräuterige Primitivo-Nase, Trockenbeeren; Mittelgewicht, saftig, fruchtig, rund, einfach, angenehm, recht lang. (20 000 Fl.; L.0105; mehr als eine Abfüllung; Merum 2006-1) Privatpreis ab Hof: Euro #

Terre del Grico, Monteroni di Lecce (LE)   200 000 Fl./10 Hektar

Tel. 0832 327182; Fax 0832 325238; info@terredelgrico.it

Copertino DOC 2001

Dunkles Rubin; holzig-marmeladige Nase, müde; müde auch im Gaumen, ungeschmeidig, kurz. (35 000 Fl.; L.#; mehr als eine Abfüllung; Merum 2006-1) Privatpreis ab Hof: Euro #

Don Felice Salento IGT 2000

Dunkles Rubin; nicht klare Noten von gekochten Früchten; viel Süße, viel Säure, trockenes Tannin, unfertig, unausgewogen. (50% Negroamaro, 50% Primitivo.) (35 000 Fl.; L.#; mehr als eine Abfüllung; Merum 2006-1) Privatpreis ab Hof: Euro #

Monstyronum Salento IGT 1997

Dunkelrot; Magenbitternoten, gereift, keine Frucht; konzentriert, viel Süße, viel Säure, Holz, reif, aber immer noch unausgewogen. (20% Negroamaro, 30% Aleatico, 50% Primitivo.) (30 000 Fl.; L.#; eine Abfüllung; Merum 2006-1) Privatpreis ab Hof: Euro #

Salento IGT Primitivo 2001

Dunkles Rubin; Noten von Trockenbeeren, Röstung, fehlt Frische; dickflüssig, tanninherb, ungeschmeidig, unfertig. (40 000 Fl.; L.#; mehr als eine Abfüllung; Merum 2006-1) Privatpreis ab Hof: Euro #

Salice Salentino DOC 2001

Dunkles, purpurnes Rubin; müde Marmelade-Holz-Nase, keine Tiefe, kein Leben; gleich müde im Gaumen, holzbetont, trocken, ungeschmeidig. (40 000 Fl.; L.#; mehr als eine Abfüllung; Merum 2006-1) Privatpreis ab Hof: Euro #

Tormaresca/Antinori, San Pietro Vernotico (BR)   1 000 000 Fl./450 Hektar

Tel. 080 5486943; Fax 080 5529498; www.tormaresca.it; tormaresca@tormaresca.it

Castel del Monte DOC Aglianico Bocca di Lupo 2002   🌣🌣

Dunkles Rubin; würzig-röstig-speckige Nase, Nullfrucht; im Gaumen dominiert Holzwürze, dann trocken-bitteres Tannin. (38 000 Fl.; L.05126; eine Abfüllung; Merum 2006-1) Privatpreis ab Hof: Euro #

Maime Salento IGT Negroamaro 2003   🌣🌣

Dunkelrot; ziemlich rohe Holznoten, Ruß; Kraft, Süße, streng, Holzgeschmack, Holztannin, bitter. (40 000 Fl.; L.05139; eine Abfüllung; Merum 2006-1) Privatpreis ab Hof: Euro #

Torcicoda Salento IGT Primitivo 2003   🌣🌣

Dunkles Rubin; nicht klare Nase, Holz, Röstung; müde, keine Frucht, trocknendes Holztannin. (120 000 Fl.; L.0555; mehr als eine Abfüllung; Merum 2006-1) Privatpreis ab Hof: Euro #

Torrevento, Corato (BA)   2 000 000 Fl./150 Hektar

Tel. 080 8980923; Fax 080 8980944; www.torrevento.it; torrevento@libero.it

Castel del Monte DOC 2003   ★★ – ★★★

Recht dunkles Rot; vegetale Fruchtnoten; Mittelgewicht, vegetale Frucht, Kirschen, angenehm. (80% Nero di Troia, 20% Aglianico.) (300 000 Fl.; L.05/328/RO; mehr als eine Abfüllung; Merum 2006-1) Privatpreis ab Hof: Euro #

Castel del Monte DOC Riserva Vigna Pedale 2002   ★★ – ★★★

Mittelintensives Rubin; Noten gekochter Früchte, auch vegetale Noten; Fülle und Süße, auch im Gaumen gekochte Beeren, rund, viel gutes Tannin, schöne Länge. (100% Nero di Troia.) (100 000 Fl.; L.05/248/VP; mehr als eine Abfüllung; Merum 2006-1) Privatpreis ab Hof: Euro #

Kebir Puglia IGT 2001

Recht dunkles Rubin; Noten von Verbranntem, Brot, nicht klar; auch im Gaumen nicht frisch, keine Frucht, herb. (50% Nero di Troia, 50% Cabernet Sauvignon.) (30 000 Fl.; L.04 054; eine Abfüllung; Merum 2006-1) Privatpreis ab Hof: Euro #

Salice Salentino DOC 2003   ★★ – ★★★

Mittleres Rot; fruchtige, vegetale Nase, frisch, angenehm; kühl, Frucht erinnert an Cabernet, recht angenehm, frisch, aber nicht typisch für Salice. (150 000 Fl.; L.05/307/SS; mehr als eine Abfüllung; Merum 2006-1) Privatpreis ab Hof: Euro #

Salice Salentino DOC Riserva Sine Nomine 2001

Recht dunkles Rubin; nicht frisch; Kraft, herbes Tannin, fehlt Frische, trocknet. (50 000 Fl.; L.05-035-SSR; eine Abfüllung; Merum 2006-1) Privatpreis ab Hof: Euro #

Valle dell'Asso, Galatina (LE)   250 000 Fl./57 Hektar

Tel. 0836 561470; Fax 0836 561473; www.valleasso.it; valleasso@valleasso.it

Galatina DOC 2001   ★★ – ★★★

Mittelhelles Rot; reifende Nase, etwas laute Holunder-Noten, macht neugierig; angenehm, kräftige Säure, Butter, rund, recht lang. (50 000 Fl.; L.531 DA; mehr als eine Abfüllung; Merum 2006-1) Privatpreis ab Hof: Euro #

Galatina DOC Negroamaro 2003   ★★★ JLF

Warmes, mittleres Rot; warme, rauchige Nase, Holunder; auch im Gaumen beerige Frucht, saftig, ausgewogen, rund, Butter, recht lang, etwas rustikal und herb, aber angenehm. (12 000 Fl.; L.543 DAN; mehr als eine Abfüllung; Merum 2006-1) Privatpreis ab Hof: Euro #

Piromàfo Salento IGT Negroamaro 2001   ★★ – ★★★

Mittleres Rot; intensive, fruchtige, harzige Nase, Himbeermarmelade; fruchtig, saftig, eingepasste Säure, Süße, Harz, reif, rund, angenehm, im Abgang etwas Holz. (30 000 Fl.; L.524 IA; mehr als eine Abfüllung; Merum 2006-1) Privatpreis ab Hof: Euro #

Terra S. Giovanni Salento IGT Primitivo 2001

Hellrot; Röstung und Erdnüsse; auch im Gaumen Röstung, Säure, dann bitter im Abgang. (30 000 Fl.; L.410 IA; mehr als eine Abfüllung; Merum 2006-1) Privatpreis ab Hof: Euro #

Vallone, Lecce (LE)   620 000 Fl./170 Hektar

Tel. 0832 308041; Fax 0832 243108; www.agricolevallone.com; info@agrivallone.it

Brindisi DOC Vigna Flaminio 2003   ★★ – ★★★

Helles, gereiftes Rot; gereifte Fruchtnoten; reif auch im Gaumen, trotzdem recht angenehm, Säure, gute Fülle, dürfte aber etwas jünger sein. (215 000 Fl.; L.1251; mehr als eine Abfüllung; Merum 2006-1) Privatpreis ab Hof: Euro #

Salice Salentino DOC Vereto 2003   ★★★ JLF

Mittleres, reifendes Rot; reife Beerennase, gute Tiefe, macht neugierig; kraftvoll, viel Süße, saftig, intakte Frucht, sehr trinkig, gute Länge. (265 000 Fl.; L.1255; mehr als eine Abfüllung; Merum 2006-1) Privatpreis ab Hof: Euro #

Vigne & Vini, Leporano (TA)   500 000 Fl./20 Hektar

Tel. 099 5315370; Fax 099 5316828; www.vigneevini.it; estero@vigneevini.it

Primitivo di Manduria DOC Papale 2002   ★★ – ★★★

Dunkelrot; Primitivo-Frucht; Süße, Frucht, Karamell, saftig, recht lang, ganz hinten dann etwas Holz und Honig. (60 000 Fl.; L.5392-1; eine Abfüllung; Merum 2006-1) Privatpreis ab Hof: Euro #

Puglia IGT 2003

Mittelhelles Rubin; nicht sehr klare, kompottige Frucht; gewisse Frucht, recht saftig, einfach, korrekt. (10% Malvasia nera, 90% Sangiovese.) (50 000 Fl.; L.526629-7; eine Abfüllung; Merum 2006-1) Privatpreis ab Hof: Euro #

Schiaccianoci Salento IGT Negroamaro 2003   ★★★

Mittelhelles Rubin; beerige Nase, einladend vegetale Noten; Süße, Säure, fruchtig, frisches Heu, gute Länge. (85% Negroamaro, 15% Malvasia.) (70 000 Fl.; L.53 72-3; eine Abfüllung; Merum 2006-1) Privatpreis ab Hof: Euro #

Tatu Tarantino IGT Primitivo 2003   ★★★

Mittleres Rubin; fruchtige Primitivo-Nase, einladend; frische Frucht, saftig, gutes Tannin, lang auf Frucht. (90 % Primitivo, 10 % Aglianico.) (70 000 Fl.; L.5382-2; eine Abfüllung; Merum 2006-1) Privatpreis ab Hof: Euro #

Zinfandel Salento IGT Primitivo 2003   ★★ – ★★★

Recht dunkles Rot; Primitivo-Frucht, Trockenbeeren; kraftvoll, viel Süße, dicht, gutes Tannin, Himbeermarmelade, dürfte fruchtfrischer sein und lebendiger. (70 000 Fl.; L.5402-10; eine Abfüllung; Merum 2006-1) Privatpreis ab Hof: Euro #

Vinicola Savese/Pichierri, Sava (TA) 300 000 Fl./11 Hektar

Tel. 099 9726232; Fax 099 9721964; www.vinipichierri.com;
vinicolasavese@vinipichierri.com

Le Petrose Tarantino IGT Primitivo 2003

Recht dunkles Rot; etwas staubig-rindige Frucht; viel Frucht, Karamell, reif, saftig, herbes Tannin, Abzug für die Nase. (70 000 Fl.; L.41311; mehr als eine Abfüllung; Merum 2006-1) Privatpreis ab Hof: Euro #

Primitivo di Manduria DOC Terrarossa 2003 ★★ – ★★★

Mittleres Rubin; intensive Nase mit Noten von Trockenfrüchten, etwas Holz, Tiefe; Kraft, Frucht, Säure, trocknet etwas, mittlere Länge. (8000 Fl.; L.50801; eine Abfüllung; Merum 2006-1) Privatpreis ab Hof: Euro #

Primitivo di Manduria DOC Tradizione del Nonno 2003 ★★★

Recht intensives Rubin; intensive Nase mit Noten von Backpflaumen, Gebäck; Kraft, konzentriert, spürbare Restsüße, Kaffee, wuchtiger, beeindruckender Wein. (12 000 Fl.; L.50731; eine Abfüllung; Merum 2006-1) Privatpreis ab Hof: Euro #

Basilikata

In klimatischer Hinsicht scheint die raue Basilikata aus reinem
Versehen nach Süditalien geraten zu sein. Die Region erbringt
einen der edelsten Rotweine des Südens, den Aglianico del
Vulture. Leider gibt es nur sehr wenige Produzenten, die diesen Wein abfüllen, und noch weniger, die das derart tun, dass
die Feinheiten des Terroirs optimal zum Ausdruck kommen.

Aglianico del Vulture

Man behauptet, der Aglianico sei nach dem Nebbiolo die
nobelste Traubensorte Italiens. Tatsächlich kann der Aglianico,
besonders in den hohen Lagen des Vulture, einen Charakter
aufweisen, der ihn zum Klassiker prädestiniert. Das Außerordentliche am Aglianico sind nicht eine große Fülle, eine
besondere Süße, eine markante Frucht oder hohe Tanninkon-
zentrationen, sondern die Eleganz, zu der er imstande ist. Ein
großer Aglianico zeichnet sich durch unvergleichliche Feinheit
und Harmonie aus, ein überaus wohltuendes, der Trinkigkeit
förderliches Zusammenspiel von Süße, dezenter Frucht, stets
markanter Säure und einem ausgeprägten, aber noblen Traubentannin. Der Aglianico vereint im besten Falle süditalieni-
sches Temperament mit norditalienischer Eleganz!

Bei allen Weinen, die nicht über außerordentliche Tannin-
konzentrationen und gleichzeitig eine ausgeprägte Sorten-
aromatik verfügen – dazu gehören fast alle italienischen Sorten –, schlägt sich die Verwendung von neuem oder geröstetem
Holz beim Ausbau ziemlich unverändert in den Aromen des
Weins nieder. Bei der Verkostung älterer Jahrgänge zeigte sich
deutlich, dass Aglianico, die jung eine gewisse Holzprägung
aufwiesen, diese bis ins hohe Alter mitschleppen. Wie in anderen klassischen Appellationen feiert der önologische Karneval
leider auch in der Basilikata seine Feste: Man verkleidet die
Weine, macht sie dick und fett, parfümiert und maskiert sie. Da
gibt es Aglianico, die so cremig-süß nach Röstung riechen,
dass man sie mit verbundenen Augen für duftenden Espresso
halten könnte. Naturbelassene, typische Aglianico sind leider
selten geworden.

Produktionsregeln Aglianico del Vulture DOC

Traubensorten: Aglianico (100 %); Höchstertrag: 10 000 kg
Trauben/ha; Mindestalkohol: 11,5 Vol.-% (Vecchio und Riserva: 12,5 Vol.-%); vorgeschriebene Lagerzeit Annata: ein Jahr
(Vecchio: 3 Jahre; Riserva: 5 Jahre).

Alovini, Genzana di Lucania (PZ) · 100 000 Fl./7 Hektar
Tel. 0971 776372; Fax 0971 776719; www.alovini.it; info@alovini.it

Aglianico del Vulture DOC al Volo 2000
Dunkles Rubin; Gumminoten, Röstung; Kraft, Süße, buttrig-röstige Frucht, herbes Holztannin. (16 000 Fl.; L.04 A 01; eine Abfüllung; Merum 2006-1) Privatpreis ab Hof: Euro #

Aglianico del Vulture DOC Armànd 2001 ★★ – ★★★
Dunkles, purpurnes Rubin; vegetale Noten, Röstung; im Gaumen ausgeprägt vegetale Frucht, Butter, herbes Tannin, Röstung; recht guter Wein, aber Frucht ist etwas untypisch für Aglianico. (11 000 Fl.; L.05 K 01; eine Abfüllung; Merum 2006-1) Privatpreis ab Hof: Euro #

Aglianico del Vulture DOC Le Ralle 2003 ★★★ JLF
Mittelintensives, junges Rubin; zwetschgenkompottige Frucht, Gummi, macht neugierig; fruchtig, saftige Säure, herbes, angenehmes Tannin, ausgewogen, angenehmer Wein, recht lang. (38 000 Fl.; L.04 C 01; mehr als eine Abfüllung; Merum 2006-1) Privatpreis ab Hof: Euro #

CA.VI.DA., Barile (PZ) · 100 000 Fl./10 Hektar
Tel. 0972 724691; Fax 0972 725768; tenutadelportale@tiscali.it

Aglianico del Vulture DOC Tenuta del Portale 2001 ★★★
Mittleres Rubin; würzige Nase, nicht intensive, aber tiefe Fruchtnoten, Zwetschgenkompott; Mittelgewicht, rund, frische Frucht, saftig, angenehm herbes Tannin, recht lang. (# Fl.; L.170-04; # Abfüllungen; Merum 2006-1) Privatpreis ab Hof: Euro #

Aglianico del Vulture DOC Tenuta del Portale Riserva 2000
Mittleres Rubin; müde Nase, Holz, apfelig; Süße, auch im Gaumen müde, fehlen Frucht und Frische. (# Fl.; L.60-05; # Abfüllungen; Merum 2006-1) Privatpreis ab Hof: Euro #

Cantine di Palma, Rionero in Vulture (PZ) · 130 000 Fl./13 Hektar
Tel. 0972 722891; Fax 0972 724884; www.cantinedipalma.com;
info@cantinedipalma.com

Aglianico del Vulture DOC Il Nibbio Grigio 2002
Dunkles Rubin; Noten von Gebäck und Kompott; konzentriert, dicht, saftige Säure, Holz und Leder, gewisse Länge, Tannin bleibt aber trocken. (12 000 Fl.; L.04-036; mehr als eine Abfüllung; Merum 2006-1) Privatpreis ab Hof: Euro #

Aglianico del Vulture DOC Tenute Piano Regio 2003 ★★★
Ziemlich dunkles Rubin; Noten von Lakritze, Bittermandeln, Beeren, dunkle Frucht; Kraft, dunkle Frucht, dicht, herbes Tannin, herb, im Abgang fein schoko-bitter, saftig, lang. (40 000 Fl.; L.04-132; mehr als eine Abfüllung; Merum 2006-1) Privatpreis ab Hof: Euro #

CS Venosa, Venosa (PZ) · 600 000 Fl./900 Hektar
Tel. 0972 36702; Fax 0972 35891; www.cantinadivenosa.it;
info@cantinadivenosa.it

Aglianico del Vulture DOC Vignali 2003 ★★ – ★★★
Mittelhelles Rubin; fruchtige Nase, Noten von roten Beeren; Mittelgewicht, saftig, fruchtig, ausgewogen, trinkig, eingepasstes Holz, gute Länge. (150 000 Fl.; L.05A02; mehr als eine Abfüllung; Merum 2006-1) Privatpreis ab Hof: Euro #

Aglianico del Vulture DOCG Terre di Orazio 2003 ★★ – ★★★
Mittleres Rubin; einladende, dunkle Fruchtnoten; viel Süße im Ansatz, dann beerige Frucht, frische Säure, saftig, gute Länge. (150 000 Fl.; L.05B235; mehr als eine Abfüllung; Merum 2006-1) Privatpreis ab Hof: Euro #

D'Angelo, Rionero in Vulture (PZ) 350 000 Fl./50 Hektar
Tel. 0972 721517; Fax 0972 723495; dangelowine@tiscalinet.it

Aglianico del Vulture DOC 2003

Mittelintensives Rubin; erst einladende, dann im Glas rasch ermüdende Frucht; auch im Gaumen Frucht, rund, saftig, feines Tannin, viel Süße, lang, aber rasch verblassend. (180 000 Fl.; L.150-05; mehr als eine Abfüllung; Merum 2006-1) Privatpreis ab Hof: Euro #

Aglianico del Vulture DOC Donato d'Angelo 2003   ★★ – ★★★

Mittelintensives Rubin; mit Belüftung entwickelt sich Frucht; Süße, gewisse Frucht, herbes Tannin, feines Leder, gute Säure, müsste fruchtfrischer sein. (60 000 Fl.; L.153-05; mehr als eine Abfüllung; Merum 2006-1) Privatpreis ab Hof: Euro #

Aglianico del Vulture DOC
Vigna Caselle Riserva 2000   ★★ – ★★★

Mittelintensives Rubin; nicht intensiv, Pfirsich, etwas Holz; Mittelgewicht, Süße, prägnante Säure, gewisse Frucht, auch Holz, etwas zu herbes Tannin. (50 000 Fl.; L.60-05; mehr als eine Abfüllung; Merum 2006-1) Privatpreis ab Hof: Euro #

Fontanarosa, Scanzano Jonico (MT) 30 000 Fl./3 Hektar
Tel. 0835 971368; Fax 0835 971368; www.fontanarosavini.it;
fontanarosavini@libero.it

Portogreco Basilicata IGT 2004

Dunkles Rubin; Noten von Schokolade, Röstung; Röstgeschmack, recht konzentriert, bitter, Kirschenaroma, Tannin von rekordverdächtiger Trockenheit. (7000 Fl.; L.05 211; eine Abfüllung; Merum 2006-1) Privatpreis ab Hof: Euro #

Paternoster, Barile (PZ) 130 000 Fl./20 Hektar
Tel. 0972 770224; Fax 0972 770658; www.paternostervini.it;
info@paternostervini.it

Aglianico del Vulture DOC Don Anselmo 2001

Dunkles Rubin; verhalten, röstig, nicht fruchtig; konzentriert, dicht, cremig, Süße, Säure, bleibt verschlossen, herbes, bitteres Tannin; der Don Anselmo war einmal einer meiner Lieblingsweine... (12 000 Fl.; L.1/DA; eine Abfüllung; Merum 2006-1) Privatpreis ab Hof: Euro #

Aglianico del Vulture DOC Rotondo 2003

Dunkles Rubin; dunkle Holz-Marmeladenase; im Gaumen dicht, cremige Textur, fette, röstige Frucht, schmeckt verbrannt, ungeschmeidig, trocknet dann heftig nach. (12 000 Fl.; L.1/RO; eine Abfüllung; Merum 2006-1) Privatpreis ab Hof: Euro #

Aglianico del Vulture DOC Synthesi 2003

Dunkles Rubin; Röst- und Marzipannoten; viel Süße, leichtes Pfirsicharoma, Kraft, trockenes Tannin, trocknet zu stark nach. (90 000 Fl.; L.03/02; mehr als eine Abfüllung; Merum 2006-1) Privatpreis ab Hof: Euro #

Taverna, Nova Siri (MT) 135 000 Fl./24 Hektar
Tel. 0835 877083; Fax 0835 877422; www.vignaalta.it; info@vignaalta.it

Aglianico del Vulture DOC 2003   ★★★ JLF

Mittleres Rubin; Noten gekochter dunkler Beeren, etwas Holz; im Gaumen neben der Frucht auch Butter, gute Säure, saftig, recht lang. (35 000 Fl.; L.05 AT 05; mehr als eine Abfüllung; Merum 2006-1) Privatpreis ab Hof: Euro #

Terre degli Svevi/GIV, Venosa (PZ) 180 000 Fl./95 Hektar
Tel. 0972 31263; Fax 0972 35253; www.giv.it; terredeglisvevi@giv.it

Aglianico del Vulture DOC Re Manfredi 2001   ★★ – ★★★

Mittleres Rubin; ausgeprägte Fruchtnoten, Laub, Minze, etwas vegetal, angenehm; runder Ansatz, Süße, herbes Tannin, fein vegetale, minzige, etwas untypische Frucht, angenehm und lang. (145 000 Fl.; L.05-288; mehr als eine Abfüllung; Merum 2006-1) Privatpreis ab Hof: Euro #

Aglianico del Vulture DOC
Re Manfredi Serpara 2000   ★★ – ★★★

Mittleres Rubin; einladende Frucht, Noten von Laub, Tabak, Efeu, riecht gut, aber etwas vegetal; rund, ausgewogen, vegetale Frucht, guter Wein, aber ziemlich untypisch, angenehm-herbes Tannin. (15 000 Fl.; L.05-250; mehr als eine Abfüllung; Merum 2006-1) Privatpreis ab Hof: Euro #

Emilia

In der Ebene südlich des Po und den im Süden anschließenden Hügeln des Apennins entstehen traditionell preisgünstige, perlende und stets leicht süßliche Weine. Neben den weißen Pignoletto der Colli Bolognesi (Hügel südwestlich von Bologna) und den perlenden Rotweinen der Colli Piacentini (Hügel südwestlich Piacenza) sind vor allem die Lambrusco von Modena und Reggio Emilia bekannt.

Lambrusco

Auch wenn von den insgesamt 160 Millionen Flaschen Lambrusco nur vielleicht zwei Prozent der Rede wert sind, sind gute Lambrusco echte Freudespender. Lambrusco ist ein aromatischer Wein, von anderen roten Perlweinen – Bonarda beispielsweise – bereits durch seine intensiven Aromen unterscheidbar. Am ausgeprägtesten ist die Nase des Lambrusco di Sorbara: Diese Aromen von zerdrückten Himbeeren des hellroten, säurereichen Weins machen ihn für Insider zum typischsten der Lambrusco. Aus demselben Grund ist er aber sicher auch der „gewöhnungsbedürftigste": Sein schlanker Körper, sein Aroma, seine hohe Säure und seine nur sehr dezente Restsüße sind für ungewohnte Gaumen eine Herausforderung, machen ihn aber zum perfekten Begleiter der deftigen, emilianischen Mortadella-Diät.

Genau gegensätzlich schmeckt der Lambrusco Grasparossa di Castelvetro aus den Hügeln südlich von Modena: Er ist kräftig, brombeerfruchtig, tanninreich und stets mehr oder weniger restsüß. Ist es die Säure, die den Sorbara zum tauglichen Essensbegleiter macht, ist es beim Grasparossa das knackige Traubentannin. Wenig Positives gibt es über den Lambrusco Salamino di Santa Croce zu berichten. Obschon mit seiner Kirschenfrucht ein toller Lambrusco, gibt es heute nur einen oder zwei Produzenten, die sich des Salamino mit der gebührenden Sorgfalt annehmen.

Nördlich der drei Lambrusco-Appellationen in der Provinz Modena liegt das mengenmäßig bedeutendste Lambrusco-Anbaugebiet des Reggiano Lambrusco DOC. Hier überwiegen Cuvées aus verschiedenen Lambrusco-Sorten, in denen in der Regel der Salamino das Sagen hat. Die im Reggiano-Gebiet heimische Sorte Ancellotta, besser bekannt als Rossissimo (eine hochbezahlte Färbertraube), ist ebenfalls zugelassen und sorgt für die ausgesprochen dunkle Farbe der meisten Reggiano.

Neben Modena und Reggio wird auch in der Provinz Parma und in der lombardischen Provinz Mantua manchmal hervorragender Lambrusco erzeugt.

Leider ist die Verfügbarkeit von gutem Lambrusco außerhalb der Emilia dürftig. Nur sehr selbstsichere Weinhändler leisten sich die Zivilcourage, einen Lambrusco zu importieren. Nach wie vor genießen Weine dieses Namens einen schlechten Ruf. Zu Recht, denn der meiste Stoff dieses Namens ist wirklich nicht gut. Umso lobenswerter sind deshalb die Anstrengungen einiger weniger Produzenten, mit Qualitäts-Lambrusco in dessen guten Ruf zu investieren.

Produktionsregeln Lambrusco di Sorbara DOC

Traubensorten: Lambrusco Sorbara (60–100 %), Lambrusco Salamino (bis 40 %); Höchstertrag: 18 000 kg Trauben/ha; Mindestalkohol: 10,5 Vol.-%.

Produktionsregeln Lambrusco Grasparossa di Castelvetro DOC

Traubensorten: Lambrusco Grasparossa (85–100 %), andere lokale Sorten (bis 15 %); Höchstertrag: 18 000 kg Trauben/ha; Mindestalkohol: 10,5 Vol.-%.

Produktionsregeln Lambrusco Salamino di Santa Croce DOC

Traubensorten: Lambrusco Salamino (90–100 %), andere lokale Sorten (bis 10 %); Höchstertrag: 19 000 kg Trauben/ha; Mindestalkohol: 10,5 Vol.-%.

Produktionsregeln Reggiano Lambrusco DOC

Traubensorten: Verschiedene Vertreter der Lambrusco-Familie (85–100 %), Ancellotta und andere (bis 15 %); Höchstertrag: 18 000 kg Trauben/ha; Mindestalkohol: 10,5 Vol.-%.

Produktionsregeln Lambrusco Mantovano DOC

Traubensorten: Verschiedene Vertreter der Lambrusco-Familie; Höchstertrag: 17 000 kg Trauben/ha; Mindestalkohol: 10,5 Vol.-%.

Bellei Francesco, Bomporto (MO)   60 000 Fl./5 Hektar

Tel. 059 812449; Fax 059 812448; www.francescobellei.it; info@francescobellei.it

Extra Cuvée Metodo Classico Brut 2004   ★★ – ★★★

Helles Himbeerrot; fruchtig-hefige Noten, macht neugierig; eine Spur zu viel Alkohol, gute Tiefe, etwas bitter. (12 000 Fl.; L.4553; # Abfüllungen; Merum 2007-3) Privatpreis ab Hof: Euro #

Cà De' Medici, Reggio Emilia (RE)   # Fl./10 Hektar

Tel. 0522 942141; Fax 0522 941900; www.cademedici.it;
cademedici@cademedici.it

Terra Calda Frizzante Rosso s. a.   ★★★

Schwarzviolett; verhaltene, dunkle Nase; kraftvoll, viel Tannin, herb, dann Süße, brombeerige Frucht, saftig, lang. (Lambrusco.) (60 000 Fl.; L.117.07; mehr als eine Abfüllung; Merum 2007-3) Privatpreis ab Hof: Euro 4,30

Ca'Berti/Fratelli Vandelli, Castelvetro (MO)   80 000 Fl./15 Hektar

Tel. 059 741025; Fax 059 791712; www.caberti.com; info@caberti.com

Lambrusco Grasparossa di Castelvetro DOC amabile s. a.

Recht intensives, purpurnes Rubin; kompottige Nase; kompottig auch im Gaumen, herzhaftes Tannin, viel Süße, Bitterkeit hängt nach. (5000 Fl.; L.02.06; Mai 2007; Merum 2007-3) Privatpreis ab Hof: Euro 3,60

**Lambrusco Grasparossa di Castelvetro DOC
Classico semisecco s. a.**

Dunkles purpurnes Rubin; kompottige Noten, fehlt Frische; konzentriert, herbes Tannin, unreife Birne, viel Süße, müsste fruchtfrischer sein. (35 000 Fl.; L.09.06; Mai 2007; Merum 2007-3) Privatpreis ab Hof: Euro 3,60

Cantina di Santa Croce, Carpi (MO)   370 000 Fl./# Hektar

Tel. 059 664007; Fax 059 664608; www.cantinasantacroce.it;
info@cantinasantacroce.it

Lambrusco di Modena IGT s. a.   ★★ – ★★★

Mittleres purpurnes Rot; frische Kaltgärnoten, auch Frucht; frisch, gute Säure, etwas Süße, nicht sehr fruchtig, einfach, aber korrekt. (11 000 Fl.; L.07032709:57; März 2007; Merum 2007-3) Privatpreis ab Hof: Euro 4,20

Lambrusco Salamino di Santo Croce DOC secco s. a.   ★★ – ★★★

Mittleres purpurnes Zwetschgenrot; recht angenehme, kompottig-pfeffrige Fruchtnoten; feiner Schaum, Säure und Tannin, saftig, recht ausgewogen, müsste temperamentvoller sein. (11 000 Fl.; L.B602 LH12M1C; März 2007; Merum 2007-3) Privatpreis ab Hof: Euro 4,30

Cavicchioli, San Prospero (MO)   18 000 000 Fl./100 Hektar

Tel. 059 812411; Fax 059 812424; www.cavicchioli.it; cantine@cavicchioli.it

Lambrusco di Sorbara DOC Contessa Matilde secco 2006

     ★★★ – ★★★★ JLF

Himbeerrosa; feine Noten von roten Johannisbeeren und Holunder; zart, schlank, feine, tiefe Frucht, trocken, trinkig, lang. (# Fl.; L.A9F8 LH09F3B; # Abfüllungen; Merum 2007-3) Privatpreis ab Hof: Euro #

Lambrusco di Sorbara DOC secco s. a.   ★★★ – ★★★★ JLF

Helles Himbeerrot; himbeerfruchtige Noten, typische Sorbara-Nase; fruchtig, Johannisbeeren, Holunder, schlank, trocken, trinkig, sehr schöner Sorbara. (250 000 Fl.; L.B1A0 LH15A5A; # Abfüllungen; Merum 2007-3) Privatpreis ab Hof: Euro #

Lambrusco di Sorbara DOC Vigna del Cristo 2006   ★★★

Helles Himbeerrot; himbeer-kompottige Noten; recht frisch, angenehme Frucht, ausgeprägte Sorbara-Säure. (80 000 Fl.; L.B1B6 LH11M5B; # Abfüllungen; Merum 2007-3) Privatpreis ab Hof: Euro #

Lambrusco Grasparossa di Castelvetro DOC amabile s. a.

     ★★★ – ★★★★ JLF

Dunkles Purpurrubin; fruchtige, fein holundrige Noten; Holunderfrucht, herbes Tannin, spürbare Süße, tolle Frische, saftig, trinkig, lang. (200 000 Fl.; L.B7F1 LH15A4C; # Abfüllungen; Merum 2007-3) Privatpreis ab Hof: Euro #

Lambrusco Grasparossa di Castelvetro DOC
Col Sassoso 2006   ★★★ JLF

Dunkles, purpurnes Rubin; hefegeprägte Nase; feiner Ansatz, dann heftiges Grasparossa-Tannin, saftig, praktisch trocken, trinkig. (30 000 Fl.; L.B1B0 LH04G5B; # Abfüllungen; Merum 2007-3) Privatpreis ab Hof: Euro #

Lambrusco Grasparossa di Castelvetro DOC
Contessa Matilde 2006   ★★★ JLF

Dunkles Rubin; intensive, lakritzige Holunderfrucht; intensive Frucht, lakritzig, holundrig, saftig, praktisch trocken, gute Länge, recht fein für Grasparossa. (# Fl.; L.B4B3 LH09F3C; # Abfüllungen; Merum 2007-3) Privatpreis ab Hof: Euro #

Lambrusco Grasparossa di Castelvetro DOC
Contessa Matilde amabile 2006   ★★★

Dunkles Rubin; verhaltene, frische Holunder- und Beerennoten; feiner Schaum, gewisse Frucht, herbes Tannin, recht viel Süße, recht lang. (# Fl.; L.B5A2 LH09F3D; # Abfüllungen; Merum 2007-3) Privatpreis ab Hof: Euro #

Lambrusco Grasparossa di Castelvetro DOC secco s. a.   ★★★

Dunkles Purpurrot; fruchtig-holundrige Nase; kraftvoll, konzentriert, viel herbes Tannin, fast trocken, unreife Birne, saftig, Lakritze. (100 000 Fl.; L.B5E9 LH11M2B; # Abfüllungen; Merum 2007-3) Privatpreis ab Hof: Euro #

Lambrusco Salamino di Santa Croce DOC
semisecco s. a.   ★★★ – ★★★★ JLF

Dunkles, purpurnes Rubin; frische, holundrige Noten; betont holundrige Frucht, feinherb, passende Süße, toll, trinkig. (160 000 Fl.; L.B3E2 LH15A4B; # Abfüllungen; Merum 2007-3) Privatpreis ab Hof: Euro #

Ceci, Torrile (PR)   600 000 Fl./# Hektar
Tel. 0521 810252; Fax 0521 810134; www.lambrusco.it; info@lambrusco.it

Antico Bruscone Emilia IGT Lambrusco
Collezione Maria Luigia s. a.   ★★★ – ★★★★ JLF

Schwarzpurpur; Noten von schwarzen Johannisbeeren; Cassis auch im Gaumen, saftig, praktisch trocken, imposantes Tannin, gefällt gut. (60 000 Fl.; L.200407; April 2007; Merum 2007-3) Privatpreis ab Hof: Euro 4,00

Otello Emilia Lambrusco IGT s. a.   ★★★ – ★★★★ JLF

Dunkles Purpurrot; frische Kaltgär- und Zwetschgenfruchtnoten; saftig, schaumig, fruchtig, herbes Tannin, ausgewogen, kirschig, süß, trinkig. (50 000 Fl.; L.60407; April 2007; Merum 2007-3) Privatpreis ab Hof: Euro 6,00

Otello Nero di Lambrusco Emilia IGT s. a.   ★★★

Schwarzpurpur; nicht intensive, recht tiefe Zwetschgen- und Holundernoten; kraftvoll, süß und bitter, fruchtig, gute Tiefe, Charakter. (40 000 Fl.; L.200307; März 2007; Merum 2007-3) Privatpreis ab Hof: Euro 8,00

Otello Spumante Rosé Extra Dry s. a.   ★★ – ★★★

Altrosa; recht tiefe, brotig-fruchtig-reifende Nase, einladend; recht kraftvoll, Geschmackstiefe, feinbitter, zu restsüß und dadurch untrinkig. (Lambrusco und Pinot Nero.) (20 000 Fl.; L.051206; Dezember 2006; Merum 2007-3) Privatpreis ab Hof: Euro 9,50

Terre Verdiane Emilia Lambrusco IGT s. a.   ★★★

Schwarzpurpur; frische Frucht; Fülle, feiner Schaum, rundende Süße, herbes Tannin, recht lange Frucht. (70 000 Fl.; L.060407; April 2007; Merum 2007-3) Privatpreis ab Hof: Euro 6,50

Chiarli, Modena (MO)   25 000 000 Fl./140 Hektar
Tel. 059 3163311; Fax 059 310868; www.chiarli.com; rico@chiarli.com

Lambrusco di Sorbara DOC
Vecchia Modena Premium 2006   ★★★ – ★★★★ JLF

Himbeerrot; feine, frische, rotbeerige Nase, Holunder, recht tief; tiefe, frische Frucht, feine Säure, sehr feiner Schaum, harmonisch und lang. (60 000 Fl.; L.07081/CV; März 2007; Merum 2007-3) Privatpreis ab Hof: Euro 6,00

Lambrusco Grasparossa di Castelvetro DOC Centenario amabile s. a.
Mittelintensives Purpurrubin; kompottig-fruchtige Nase; Süße, kompottige Frucht, etwas matt, zu süß. (300 000 Fl.; L.07064 I R48; März 2007; Merum 2007-3) Privatpreis ab Hof: Euro 4,50

**Lambrusco Grasparossa di Castelvetro DOC
Enrico Cialdini 2006** ★★★ – ★★★★ JLF
Brombeeriges Rot; holundrige Nase, frisch und einladend; saftig, frisch, Holunderfrucht, Säure, leicht bitteres Tannin, feine Süße, trinkig, Länge. (60 000 Fl.; L.07114/CV; April 2007; Merum 2007-3) Privatpreis ab Hof: Euro 6,00

Nivola Lambrusco dell'Emilia IGT scuro s. a. ★★★ – ★★★★ JLF
Dunkelpurpur; Cassisnoten; auch im Gaumen intensive Frucht mir Cassis, Holunder, fast trocken, herbes Tannin, saftig, lang, begeisternder Lambrusco. (100 000 Fl.; L.07114/CV; April 2007; Merum 2007-3) Privatpreis ab Hof: Euro 4,50

Coltiva, Modena (MO) 40 000 000 Fl./2300 Hektar
Tel. 059 413557; Fax 059 346084; www.coltiva.com; export@coltiva.com

Lambrusco di Sorbara DOC Righi secco s. a. ★★ – ★★★
Helles Purpurrot; kompottige-beerige Frucht; etwas breit, nicht fein, Süße, etwas unausge-wogen. (200 000 Fl.; L.7103 a; April 2007; Merum 2007-3) Privatpreis ab Hof: Euro 1,96

Lambrusco di Sorbara DOC secco CIV & CIV s. a.
Himbeerrot; kompottige Beerennoten; kompottig, nicht fein, recht trocken. (300 000 Fl.; L.7073 c; März 2007; Merum 2007-3) Privatpreis ab Hof: Euro 1,81

**Lambrusco Grasparossa di Castelvetro DOC
CIV & CIV Fratello Sole s. a.** ★★ – ★★★
Mittleres Rubin; gewisse Himbeernoten; etwas schlank als Grasparossa, Tannin, gewisse Frucht. (Biowein.) (37 000 Fl.; L.7075 a; März 2007; Merum 2007-3) Privatpreis ab Hof: Euro 2,51

**Lambrusco Grasparossa di Castelvetro DOC
Righi amabile s. a.** ★★ – ★★★
Mittleres Purpurrubin; Noten von Zwetschgenkompott, etwas Holunder; gewisse Holunder-frucht, viel Süße, herbes Tannin, dürfte fruchtfrischer sein. (120 000 Fl.; L.7103 c; April 2007; Merum 2007-3) Privatpreis ab Hof: Euro 2,10

**Lambrusco Grasparossa di Castelvetro DOC
secco CIV & CIV s. a.** ★★ – ★★★
Mittelintensives Purpurrot; kompottige Nase; rund, kompottige Frucht, recht ausgewogen, ungestümes Grasparossa-Tannin, müsste fruchtfrischer sein. (100 000 Fl.; L.7060 b; März 2007; Merum 2007-3) Privatpreis ab Hof: Euro 1,96

**Lambrusco Salamino di Santo Croce DOC
CIV & CIV secco s. a.** ★★ – ★★★
Mittleres Rubin; verhaltene, zwetschgenkompottige Fruchtnoten; feiner Schaum, dann eher bitter, kompottige Frucht, trocken. (100 000 Fl.; L.102 d; April 2007; Merum 2007-3) Privatpreis ab Hof: Euro 1,81

**Lambrusco Salamino di Santo Croce DOC
Righi secco s. a.** ★★ – ★★★
Mittelhelles Rubin; zwetschgenfruchtige Nase; saftig, etwas breit, gewisse Frucht, recht trocken und angenehm. (20 000 Fl.; L.7032 b; Februar 2007; Merum 2007-3) Privatpreis ab Hof: Euro 1,96

Righi scuro Lambrusco di Modena IGT s. a. ★★ – ★★★
Dunkles Purpurrot; etwas kompottige Zwetschgennoten; saftig, ausgewogen, feine Süße wiegt Säure und Tannin auf. (200 000 Fl.; L.7093; April 2007; Merum 2007-3) Privatpreis ab Hof: Euro 2,10

Corte Manzini, Castelvetro (MO) 80 000 Fl./10 Hektar
Tel. 059 702658; Fax 059 701591; www.cortemanzini.it; cortemanzini@cortemanzini.it

Lambrusco Grasparossa di Castelvetro DOC amabile s. a. ★★★
Mittleres Brombeerrot; intensive, dunkle Beerennoten; frische Frucht, gute Säure, feiner Schaum, fruchtige Süße, angenehmes Tannin, lang. (4000 Fl.; L.0807; Januar 2007; Merum 2007-3) Privatpreis ab Hof: Euro 5,60

Lambrusco Grasparossa di Castelvetro DOC
Bolla Rossa secco s. a. ★★★

Mittleres Brombeerrot; Noten dunkler Beeren; Frucht, gute Säure, feiner Schaum, trocken, ausgewogen. (12 000 Fl.; L.1017; April 2007; Merum 2007-3) Privatpreis ab Hof: Euro 7,10

Lambrusco Grasparossa di Castelvetro DOC
Fior di Lambrusco Rosato secco s. a. ★★ – ★★★

Helles Himbeerrosa; Noten von Marzipan, Pflaumen; feiner Schaum, Säure, frisch, spürbare Süße, angenehm. (50 000 Fl.; L.0297; März 2007; Merum 2007-3) Privatpreis ab Hof: Euro 6,10

Lambrusco Grasparossa di Castelvetro DOC
L'Acino secco s. a. ★★★

Dunkles Brombeerrot; feine Noten von Cassis, Beerennoten; fruchtig, gute Säure, gewisse Süße, konzentriert, saftig. (4400 Fl.; L.1007; Januar 2007; Merum 2007-3) Privatpreis ab Hof: Euro 6,60

Lambrusco Grasparossa di Castelvetro DOC secco s. a.   ★★★

Recht dunkles Brombeerrot; fruchtig, dunkle Beerengrütze; kraftvoll, dunkle Frucht, Beeren, Holunder, saftig, Struktur, praktisch trocken, recht lang, dürfte noch tanninreicher sein. (4000 Fl.; L.0757; April 2007; Merum 2007-3) Privatpreis ab Hof: Euro 4,80

Spumante VSQ Rosé Brut Bollicine s. a.   ★★★

Helles Himbeerrosa; Noten von zerdrückten Himbeeren; schlank, Säure, frische Frucht, feiner Schaum, saftig, recht trocken. (4000 Fl.; L.0307; Januar 2007; Merum 2007-3) Privatpreis ab Hof: Euro 4,80

CS Rolo, Rolo (RE)   200 000 Fl./# Hektar
Tel. 0522 666139; Fax 0522 1718565; www.cantinarolo.it; info@cantinarolo.it

Cento Vigne Lambrusco Emilia IGT s. a.

Schwarzrubin; würzige, reifende Noten; viel Schaum, rund, Süße, herbbitteres Tannin, dunkle Frucht, Pappe, etwas streng und in sich gekehrt. (25 000 Fl.; L.0607; März 2007; Merum 2007-3) Privatpreis ab Hof: Euro 3,00

Fiorini, Ganaceto (MO)   100 000 Fl./4 Hektar
Tel. 059 386028; Fax 059 386028; www.fiorini1919.com; fiorini@fiorini1919.com

Lambrusco Grasparossa di Castelvetro DOC
Terre al Sole 2006 ★★ – ★★★

Mittleres Rubin; Noten von Zwetschgenkompott; rund, etwas kompottig, angenehm, saftig, ausgewogen. (20 000 Fl.; L.67 06; Februar 2007; Merum 2007-3) Privatpreis ab Hof: Euro #

Il Cortile/Cantina dall'Asta, Casatico (PC)   # Fl./# Hektar
Tel. 0521 863576; Fax 0521 853106; cantinedallasta@libero.it

Le Viole Lambrusco dell'Emilia IGT 2006 ★★ – ★★★

Mittleres, purpurnes Rubin; fruchtige Nase; rund, ausgewogen, einfach, recht saftig. (36 000 Fl.; L.790; Februar 2007; Merum 2007-3) Privatpreis ab Hof: Euro 4,50

Mefistofele Lambrusco dell'Emilia IGT s. a. ★★ – ★★★

Schwarzviolett; etwas apfelige Fruchtnoten, verhalten; im Gaumen sehr konzentriert, herbes Tannin, Süße, auch Frucht, Charakter, müsste jedoch fruchtfrischer sein. (15 000 Fl.; L.795; März 2007; Merum 2007-3) Privatpreis ab Hof: Euro 4,50

Lini, Correggio (RE)   900 000 Fl./15 Hektar
Tel. 0522 690162; Fax 0522 690208; www.vinilini.it; info@vinilini.it

Contea Regia Emilia Lambrusco IGT s. a.

Recht intensives Rubin; kompottige Nase, fehlt Frische; einfache Struktur, herbes Tannin, gewisse Säure und Süße. (20 000 Fl.; L.7017; Januar 2007; Merum 2007-3) Privatpreis ab Hof: Euro 5,20

Corrigia Metodo Classico Rosso Brut s. a.

Mittleres Rubin; Cola- und Reifenoten; gewisse Frucht; kraftvoll, recht feiner Schaum, Reife, Butter, saftig, süßlich, nicht überaus fein. (10 000 Fl.; L.6082; März 2006; Merum 2007-3) Privatpreis ab Hof: Euro 11,15

Reggiano Lambrusco DOC Corrigia Cerasa Rosé s. a.

Helles Himbeerrot; verhaltene, rotbeerige Noten; etwas alkoholisch, unreife Birnen, Säure, dürfte ausgewogener und feiner sein. (10 000 Fl.; L.7022; Januar 2007; Merum 2007-3) Privatpreis ab Hof: Euro 5,20

Reggiano Lambrusco DOC Corrigia Ruberrimum s. a.

Intensives, purpurnes Rubin; kompottig-ledrige Nase; ledrig-fruchtig, breit, fehlt Fruchtfrische, süßlich. (20 000 Fl.; L.7015; Januar 2007; Merum 2007-3) Privatpreis ab Hof: Euro 5,20

Lombardini, Novellara (RE)   900 000 Fl./# Hektar

Tel. 0522 654224; Fax 0522 654545; www.lombardinivini.it; info@lombardinivini.it

Reggiano Lambrusco DOC Il Portico Rosato s. a.

Himbeerrot; nicht intensiv, beerenkompottige Noten; nicht fein, gewisse Süße, zu kompottig. (6000 Fl.; L.61116 16-01; Januar 2007; Merum 2007-3) Privatpreis ab Hof: Euro #

Reggiano Lambrusco DOC Il Campanone s. a.

Mittleres Rubin; kompottige Frucht, nicht klar; wenig Frucht, Säure, fast trocken, fehlt Temperament. (300 000 Fl.; L.7038 14-05; März 2007; Merum 2007-3) Privatpreis ab Hof: Euro 3,30

Medici Ermete, Reggio Emilia (RE)   800 000 Fl./60 Hektar

Tel. 0522 942135; Fax 0522 941641; www.medici.it; medici@medici.it

Lambrusco Colli di Scandiano e di Canossa DOC Grasparossa Bocciolo dolce 2006   ★★ – ★★★

Dunkles, purpurnes Rubin; brombeerfruchtige Nase; ausgesprochen fruchtig, feiner Schaum, süß, dadurch etwas opulent, herbes Tannin macht wieder sauber. (24 000 Fl.; L.15/07; Mai 2007; Merum 2007-3) Privatpreis ab Hof: Euro 3,50

Reggiano Lambrusco DOC Concerto 2006   ★★★

Mittelintensives Purpur; frische Beerennoten, Blüten; kräftig, saftig, fruchtig, auch Süße, ausgewogen, angenehm. (149 000 Fl.; L.37/07; März 2007; Merum 2007-3) Privatpreis ab Hof: Euro 4,00

Reggiano Lambrusco DOC Quercioli secco s. a.   ★★★ – ★★★★

Recht dunkles, purpurnes Rubin; frische, holundrige Nase; saftig, frische Säure, anhaltende Frucht, gewisses bitteres Tannin, frisch, gefällt. (60 000 Fl.; L.17/07; April 2007; Merum 2007-3) Privatpreis ab Hof: Euro 3,20

Unique Rosé Brut Metodo Classico Brut s. a.   ★★ – ★★★

Hellrosé; Himbeer- und Gebäcknoten, kandierte Früchte, einladend; rund, feiner Schaum, recht kräftig, Birne, saftig, Süße, schlank, recht lang, feinbitter. (3400 Fl.; L.1728; Mai 2007; Merum 2007-3) Privatpreis ab Hof: Euro 7,00

Moro/Rinaldini Paola, Sant'Ilario d'Enza (RE)   120 000 Fl./16 Hektar

Tel. 0522 679190; Fax 0522 679964; www.rinaldinivini.it; info@rinaldinivini.it

Lambrusco Colli di Scandiano e di Canossa DOC Vecchio Moro s. a.   ★★★

Dunkles Rubin; teerig-fruchtige Nase; auch im Gaumen teergeprägt, ledrig, konzentriert, Extremwein mit viel, lakritzebitterem Tannin, Charakter-Lambrusco, lang. (20 000 Fl.; L.7166; Mai 2007; Merum 2007-3) Privatpreis ab Hof: Euro 3,85

Picol Ross Lambrusco Spumante Brut s. a.   ★★ – ★★★

Schwarzrubin; ledrig-teerige Brombeerfrucht; auch im Gaumen animalisch-teerig-fruchtige Aromen, etwas bitter, interessant, aber „gewöhnungsbedürftig". (20 000 Fl.; L.7106; Januar 2006; Merum 2007-3) Privatpreis ab Hof: Euro 3,85

Reggiano Lambrusco DOC Rosato s. a.   ★★★

Himbeerrot; traditionelle Lambrusco-Nase mit Noten von Zwetschgenkompott und Beeren; fruchtig, sehr feiner Schaum, ausgewogen, recht lang. (5000 Fl.; L.7096; März 2007; Merum 2007-3) Privatpreis ab Hof: Euro 3,35

Paltrinieri, Bomporto (MO)   70 000 Fl./12 Hektar

Tel. 059 902047; Fax 059 902047; www.cantinapaltrinieri.it; cantina.paltrinieri@tiscalinet.it

Lambrusco di Sorbara DOC (gelbes Etikett) s. a.

Helles Rubin; kompottige Noten, Rhabarber, nicht frisch; recht feiner Schaum, kompottig, fehlt Fruchtfrische, trocken. (30 000 Fl.; L.1067; April 2007; Merum 2007-3) Privatpreis ab Hof: Euro 2,50

Lambrusco di Sorbara DOC (weißes Etikett) s. a.   ★★ – ★★★

Himbeerrot; kompottige Sorbara-Frucht; fruchtig, spürbare Säure, gewisse Süße, recht angenehm. (20 000 Fl.; L.0596; März 2007; Merum 2007-3) Privatpreis ab Hof: Euro 3,50

Puianello, Quattro Castella (RE)
1 000 000 Fl./436 Hektar

Tel. 0522 889120; Fax 0522 880280; www.cantina.puianello.it;
cantina.puianello@virgilio.it

Lambrusco Colli di Scandiano e di Canossa DOC Amarcord s. a.

Mittleres Purpurviolett; kompottige Nase; kompottig, süßlich, nicht frisch, nicht trinkig.
(36 000 Fl.; L.7 110; April 2007; Merum 2007-3) Privatpreis ab Hof: Euro 3,55

Lambrusco Colli di Scandiano e di Canossa DOC Grasparossa Luceria s. a.

Mittelhelles, purpurnes Rubin; würzig-kompottige Nase, nicht klar; süßlich, herbes Tannin,
nicht ausgewogen, endet bitter. (20 000 Fl.; L.#; November 2006; Merum 2007-3) Privatpreis ab
Hof: Euro 5,50

Lambrusco Grasparossa di Castelvetro DOC secco Contrada Monticelli s. a.

Recht intensives Rubin; ledrige Fruchtnoten; ledrig auch im Gaumen, Säure, herbes Tannin,
dann viel Süße, nicht klar und nicht ausgewogen. (20 000 Fl.; L.#; November 2006; Merum
2007-3) Privatpreis ab Hof: Euro 4,35

Riunite, Campegine (RE)
60 000 000 Fl./1700 Hektar

Tel. 0522 905711; Fax 0522 905777; www.riunite.it; elottici@riunite.it

Lambrusco Colli di Scandiano e di Canossa DOC Albinea Canali Codarossa s. a.
★★ – ★★★

Mittelintensives, frisches Rubin; verhaltene Noten von Beerengrütze; rund, gewisse Frucht,
saftig, herbbitteres Tannin, viel Süße. (# Fl.; L.7059 1254; Februar 2007; Merum 2007-3) Privatpreis ab Hof: Euro 4,40

Lambrusco Grasparossa di Castelvetro DOC Cuvée del Fondatore amabile s. a.
★★ – ★★★

Mittleres, purpurnes Rubin; einladende, frische Noten dunkler Früchte; feiner Schaum, rund,
frische Frucht, viel Süße, angenehm. (150 000 Fl.; L.7087 0605; März 2007; Merum 2007-3)
Privatpreis ab Hof: Euro 3,30

Ottocentonero Albinea Canali
Lambrusco dell'Emilia IGT s. a.
★★★ – ★★★★ JLF

Ziemlich dunkles, purpurnes Rubin; frische Nase, fruchtig-vegetale Noten, Holunder; dicht,
saftig, fruchtig, ausgewogen, trinkig, recht lang. (80 000 Fl.; L.7072 0824; März 2007; Merum
2007-3) Privatpreis ab Hof: Euro 4,30

Reggiano Lambrusco DOC Albinea Canali
Foglie Rosse s. a.
★★★ JLF

Mittleres, purpurnes Rot; Zwetschgennoten; Süße und Säure, recht saftig, feinbitter, ausge-
wogen. (60 000 Fl.; L.7059 0947; Februar 2007; Merum 2007-3) Privatpreis ab Hof: Euro 3,50

Reggiano Lambrusco DOC
Cuvée del Fondatore s. a.
★★ – ★★★

Mittelintensives Purpurrot; nicht intensiv, Noten von Zwetschgen; frisch, saftig, süß und sauer,
angenehm. (300 000 Fl.; L.7086 1449; März 2007; Merum 2007-3) Privatpreis ab Hof: Euro 3,30

Vivante Lambrusco dell'Emilia IGT secco s. a.
★★ – ★★★

Mittleres Rubin; pflaumig-kräuterig-blütige Noten; recht rund, saftig, praktisch trocken,
einfach, angenehm. (300 000 Fl.; L.7093 1028; April 2007; Merum 2007-3) Privatpreis ab Hof:
Euro 3,50

Tenuta Pederzana, Castelvetro (MO)
70 000 Fl./7 Hektar

Tel. 059 778072; Fax 059 778072; francesco.gibellini@tin.it

Lambrusco Grasparossa di Castelvetro DOC
semisecco s. a.
★★ – ★★★

Dunkles, purpurnes Rubin, Noten von Lorbeer, Reife; teerig, pfeffrig, enorm viel herbes
Tannin, Süße, schwer zu bewertender Charakterwein. (50 000 Fl.; L.0107; März 2007; Merum
2007-3) Privatpreis ab Hof: Euro 10,00

Puntamora VDT dolce 2005

Dunkles Rubin; Holznoten, Schiefer, Tinte; äußerst herbes Tannin, sehr konzentriert, Süße, Extremwein, an Charakter fehlts nicht, aber an Trinkigkeit schon, bittert nach. (12 000 Fl.; L.0806; Juli 2006; Merum 2007-3) Privatpreis ab Hof: Euro 12,00

Venturini Baldini, Quattro Castella (RE)　　　300 000 Fl./50 Hektar

Tel. 0522 249011; Fax 0522 888141; www.venturinibaldini.it;
info@venturinibaldini.it

Reggiano Lambrusco DOC secco 2006

Mittleres Purpurrot; nicht sehr klare Kompottnoten; saftiges Tannin, leider matte Frucht. (Biowein.) (35 000 Fl.; L.7061; Februar 2007; Merum 2007-3) Privatpreis ab Hof: Euro 4,50

Reggiano Lambrusco DOC secco Tenuta Roncolo 2006

Recht dunkles Purpurrot; kompottige Nase, müsste frischer sein; kompottig, matt, temperamentlos. (45 000 Fl.; L.7031; Januar 2007; Merum 2007-3) Privatpreis ab Hof: Euro 4,50

Vezzelli Francesco, Modena (MO)　　　115 000 Fl./10,5 Hektar

Tel. 059 318695; Fax 059 318695; aavezzelli@libero.it

Lambrusco di Sorbara DOC 2006　　　★★ – ★★★

Helles Purpurrot; recht frische Himbeernoten; im Gaumen recht fein, Himbeerfrucht, unreife Birnen, ausgewogen, recht trocken, bitteres Schwänzchen. (55 000 Fl.; L.11307; April 2007; Merum 2007-3) Privatpreis ab Hof: Euro 3,75

Lambrusco Grasparossa di Castelvetro DOC 2006　　　★★★ JLF

Mittelintensives Purpurrot; Zwetschgen- und Brotnoten; saftig, Zwetschgen, etwas Gummi, voll, eingepasste Süße, feinherbes Grasparossa-Tannin. (25 000 Fl.; L.07407; März 2007; Merum 2007-3) Privatpreis ab Hof: Euro 3,30

Villa di Corlo, Baggiovara (MO)　　　85 000 Fl./25 Hektar

Tel. 059 510736; Fax 059 510736; www.villadicorlo.com; info@villadicorlo.com

Corleto Emilia Lambrusco IGT 2006

Recht dunkles Rubin; würzig-balsamisch-kräuterige Noten; konzentriert, streng, viel herbes Tannin, saftig, fast trocken, endet ziemlich bitter und trocknend. (24 000 Fl.; L.18; Mai 2007; Merum 2007-3) Privatpreis ab Hof: Euro 4,50

Lambrusco di Sorbara DOC 2006

Himbeerrot; leicht kompottige Noten, aufgeschnittener Apfel, müsste fruchtfrischer sein; im Gaumen Aroma unreifer Birnen, recht trocken, müsste fruchtfrischer sein. (24 000 Fl.; L.21; April 2007; Merum 2007-3) Privatpreis ab Hof: Euro 3,90

Rosso Estella Emilia Lambrusco IGT s. a.

Helles Rubin; nicht klare Zwetschgennoten; rund, einfach, korrekt, aber in keiner Weise aufregend. (6500 Fl.; L.19; März 2007; Merum 2007-3) Privatpreis ab Hof: Euro 3,90

Zucchi, San Prospero (MO)　　　120 000 Fl./9 Hektar

Tel. 059 908934; Fax 059 908934; www.vinizucchi.it; info@vinizucchi.it

Lambrusco di Sorbara DOC s. a.　　　★★ – ★★★

Recht intensives Himbeerrot; Noten von unreifen Birnen, Himbeeren; fruchtig, saftig, Säure, etwas breit, soweit angenehm. (6000 Fl.; L.06326; Dezember 2006; Merum 2007-3) Privatpreis ab Hof: Euro 3,20

Lambrusco di Sorbara DOC Rosato s. a.　　　★★ – ★★★

Helles Himbeerrosa; eher verhaltene Himbeer-Nase; nicht ausgeprägte Frucht, schlank, Säure, dürfte aromatischer sein. (12 000 Fl.; L.06345; Dezember 2006; Merum 2007-3) Privatpreis ab Hof: Euro 3,50

Kampanien

Im fruchtbaren Kampanien werden fast 200 Millionen Liter Wein erzeugt, aber nur sechs Prozent davon tragen eine Ursprungsbezeichnung. König der kampanischen Weine ist der DOCG-Wein Taurasi aus der Aglianico-Traube. Auch die Weißen Fiano di Avellino und Greco di Tufo sind über die Grenzen hinaus bekannt. Allerdings ist die Zahl der Weine, die wirklich gut sind, noch gering.

Taurasi

Leider macht dieser potentiell hochwertige Wein eine önologische Modewelle durch, die eine bedenkliche Verunstaltung der Weine mit sich bringt. Die Verkostung des Taurasi war eine große Enttäuschung und erweckte den Eindruck, als ob die Taurasi-Winzer den Super tuscans der 90er Jahre nacheifern wollten. Daneben präsentieren manche Neu-Winzer auch ziemlich rustikale Weine und einige sogar solche mit unzumutbaren Fehlern. Es gibt derzeit leider keinen einzigen Vertreter dieser wichtigen italienischen Appellation, den man als Ideal-Taurasi vorzeigen könnte. Das ist umso bedenklicher, als es sich um vergleichsweise kostspielige Weine handelt.

Produktionsregeln Taurasi DOCG

Traubensorten: Aglianico (85 %), andere Sorten (bis 15 %); Höchstertrag: 10 000 kg Trauben/ha; Mindestalkohol: 12,0 Vol.-% (Riserva: 12,5 Vol.-%); vorgeschriebene Lagerzeit: 36 Monate, davon mindestens 12 Monate im Holz (Riserva: 48 Monate, davon mindestens 18 Monate im Holz).

Caggiano, Taurasi (AV)
130 000 Fl./15 Hektar

Tel. 0827 74723; Fax 0827 74723; www.cantinecaggiano.it; info@cantinecaggiano.it

Taurasi DOCG Macchia dei Goti 2001 ★★★

Ziemlich dunkles Rubin; süße Noten von Kirschenmarmelade, feines Leder, recht warm; Süße, Frucht, saftig, kraftvoll, viel, recht gutes Tannin. (26 000 Fl.; L.01; eine Abfüllung; Merum 2006-1) Privatpreis ab Hof: Euro #

Colli di Castelfranci, Castelfranci (AV)
85 000 Fl./15 Hektar

Tel. 0827 72392; Fax 0827 72392; www.collidicastelfranci.com; collidicastelfranci@virgilio.it

Taurasi DOCG Gagliardo 2002

Mittelintensives, purpurnes Rubin; nicht klare, kompottige Frucht; gewisse Frucht, Röstung, anonym, Säure, glattgeschliffen, fehlt Charakter, trocken. (6400 Fl.; L.2945; eine Abfüllung; Merum 2006-1) Privatpreis ab Hof: Euro #

Contrade di Taurasi/Lonardo, Taurasi (AV)
20 000 Fl./5 Hektar

Tel. 0815 442457; Fax 0815 442457; www.contradeditaurasi.it; lonardos@libero.it

Taurasi DOCG 2000

Recht dunkles Rubin; Holz und Röstung; im Gaumen prägt das Holz stark, mittlere Konzentration, keine Fruchttiefe, trocknet. (12 000 Fl.; L.15.01.03; eine Abfüllung; Merum 2006-1) Privatpreis ab Hof: Euro #

Taurasi DOCG 1999

Recht intensives Rubin; warme Noten von Reife, Holz, Frucht; saftige Säure, Süße, gewisse Frucht, etwas Holz, Reife, recht lang, herbes Tannin. (9000 Fl.; L.100102; eine Abfüllung; Merum 2006-1) Privatpreis ab Hof: Euro #

Taurasi DOCG Riserva 2000 ★★ – ★★★

Recht intensives Rubin; nicht intensiv, würzige Noten, etwas rauchig, Holunder, Kompott; im Gaumen strenger Wein, recht tiefe Frucht, gewisse Saftigkeit, viel strenges Tannin, lang. (2500 Fl.; L.15.01.03; eine Abfüllung; Merum 2006-1) Privatpreis ab Hof: Euro #

Di Meo, Salta Irpina (AV)
500 000 Fl./30 Hektar

Tel. 0825 981419; Fax 0825 986333; www.dimeo.it; info@dimeo.it

Taurasi DOCG Riserva 1999

Recht dunkles Rubin; würziges Holz-Fruchtaroma, italienische Standardnase; Säure, Holzgeschmack, Röstung, trocken und unausgewogen. (40 000 Fl.; L.050101; eine Abfüllung; Merum 2006-1) Privatpreis ab Hof: Euro #

Di Prisco, Fontanarosa (AV)
100 000 Fl./10 Hektar

Tel. 0825 475738; Fax 0825 475738; cantinadiprisco@libero.it

Taurasi DOCG 2001

Dunkles Rubin; mit Belüftung Noten von Frucht, Holz; abstehende Süße überdeckt den Wein, Holz, gewisse Frucht, herbes Tannin. (7000 Fl.; L.10904; eine Abfüllung; Merum 2006-1) Privatpreis ab Hof: Euro #

Taurasi DOCG 2000

Recht dunkles Rubin; Holznoten, nicht klar; flüssiger Ansatz, Altersnoten, trockenes Tannin, keinerlei Geschmeidigkeit, auch nicht tief. (5000 Fl.; L.M1; eine Abfüllung; Merum 2006-1) Privatpreis ab Hof: Euro #

Feudi di San Gregorio, Sorbo Serpico (AV)
3 450 000 Fl./300 Hektar

Tel. 0825 886611; Fax 0825 886230; www.feudi.it; feudi@feudi.it

Taurasi DOCG 2002

Dunkles Rubin; einseitige Röstnoten; auch im Gaumen stark von gerösteter Eiche geprägt, Säure, austauschbar, bitter und trocken im Finale. (# Fl.; L.#; # Abfüllungen; Merum 2006-1) Privatpreis ab Hof: Euro #

Taurasi DOCG 2001

Dunkles Rubin; üppige Noten von Kirschenmarmelade; Süße, Röstung, austauschbar, im Abgang trocknet Holztannin. (80 000 Fl.; L.AO 427; # Abfüllungen; Merum 2006-1) Privatpreis ab Hof: Euro #

Taurasi DOCG Piano di Montevergine 1999

Dunkles Rubin; Noten von schwarzer Kirschenmarmelade und Röstung; rund, Süße, Röstung und schalige Frucht, trocknendes Holztannin, im Abgang wieder Röstung. (# Fl.; L.3016UP0520000; # Abfüllungen; Merum 2006-1) Privatpreis ab Hof: Euro #

GMG Vinicola Taurasi, Taurasi (AV)   100 000 Fl./7 Hektar

Tel. 0827 74061; Fax 0827 74061; gmgvinicolataurasi@tiscali.it

Taurasi DOCG 1999

Recht intensives Rubin; ältliche Holznoten; streng, holzgeprägt, trocken, keine Fülle, keine Frucht. (7000 Fl.; L.4 190; eine Abfüllung; Merum 2006-1) Privatpreis ab Hof: Euro #

Taurasi DOCG 1998

Mittelhelles Rubin; nicht klare Noten von Eukalyptus, Leder; auch im Gaumen herrschen balsamische Aromen vor, keine Frucht, nicht tief, einseitig. (10 000 Fl.; L.2 031; eine Abfüllung; Merum 2006-1) Privatpreis ab Hof: Euro #

I Capitani, Torre Le Mobelle (AV)   30 000 Fl./5 Hektar

Tel. 0825 969182; Fax 0825 682542; www.icapitani.com; icapitani@icapitani.com

Taurasi DOCG Bosco Faiano 2000

Mittleres Rubin; Noten von Apfelmus, Holz; im Gaumen Vanille, Holzgeschmack, ohne Frucht und Profil, ziemlich bitter. (10 000 Fl.; L.1100; eine Abfüllung; Merum 2006-1) Privatpreis ab Hof: Euro #

Taurasi DOCG Bosco Faiano 1999

Recht dunkles Rubin; nicht klare, gereifte Holznoten, Kompott; Süße, gewisse Säure, dann leider Holzgeschmack statt Frucht. (10 000 Fl.; L.010199; eine Abfüllung; Merum 2006-1) Privatpreis ab Hof: Euro #

Mastroberardino, Atripalda (AV)   2 400 000 Fl./150 Hektar

Tel. 0825 614111; Fax 0825 614231; www.mastroberardino.com; mastro@mastroberardino.com

Taurasi DOCG Radici 2000   ★★★

Dunkelrot; Noten von Holunder, Holz, Frucht, Laub, gute Tiefe; recht ausgewogen, Süße, saftig, Frucht, Lakritze, Butter, dicht, strenges Tannin, recht tief, gute Länge. (85 000 Fl.; L.1865A5843; # Abfüllungen; Merum 2006-1) Privatpreis ab Hof: Euro #

Perillo, Castelfranco (AV)   15 000 Fl./4 Hektar

Tel. 0827 72252; Fax 0827 72252; #

Taurasi DOCG 2001   ★★★

Mittelintensives Rubin; nicht intensive Kompottnoten; Süße, saftig, lebendige Frucht, herbes, aber angenehmes Tannin. (4300 Fl.; L.#; eine Abfüllung; Merum 2006-1) Privatpreis ab Hof: Euro #

Terredora, Montefusco (AV)   1 000 000 Fl./130 Hektar

Tel. 0825 968215; Fax 0825 963022; www.terredora.com; info@terredora.com

Taurasi DOCG 2001

Recht dunkles Rubin; Vanille; im Gaumen überdeckt die Vanille den Wein, endet auf trocknendem Tannin. (# Fl.; L.#; # Abfüllungen; Merum 2006-1) Privatpreis ab Hof: Euro #

Taurasi DOCG 2000

Mittelintensives Rubin; intensiv, Noten von Erdnüssen, Holz; Holzgeschmack, Butter, Nullfrucht, arg trocknend. (# Fl.; L.44/04.1; # Abfüllungen; Merum 2006-1) Privatpreis ab Hof: Euro #

Taurasi DOCG 1999

Mittleres Rubin; gereifte Holznoten; viel Säure, reif, würzig, gewisse Leder- und Holzaromen, recht rund, allerdings nur Tertiäraromen und keine Aglianico-Frucht mehr. (# Fl.; L.70/03; # Abfüllungen; Merum 2006-1) Privatpreis ab Hof: Euro #

Taurasi DOCG Campore 2001

Dunkles Rubin; Ruß- und Colanoten; Ruß, Kaffee und Cola auch im Gaumen, dazu viel Süße, schmeckt wie Cappuccino. (13 000 Fl.; L.#; eine Abfüllung; Merum 2006-1) Privatpreis ab: Euro #

Taurasi DOCG Campore 2000

Mittelintensives Rubin; Noten von Röstung, Holz; Holzwürze und Röstung prägen den Geschmack, absolut austauschbarer Wein. (# Fl.; L.234/04.1; # Abfüllungen; Merum 2006-1) Privatpreis ab Hof: Euro #

Urciolo, Forino (AV)   120 000 Fl./20 Hektar

Tel. 0825 761649; Fax 0825 762956; www.fratelliurciolo.it; info@fratelliurciolo.it

Taurasi DOCG 2002   ★★ – ★★★

Recht dunkles Rubin; Noten von Zitrus, gewisse Frucht; Süße, Säure, Mittelgewicht, recht saftig, herbes Tannin. (6660 Fl.; L.01.330; eine Abfüllung; Merum 2006-1) Privatpreis ab Hof: Euro #

Taurasi DOCG 1999   ★★ – ★★★

Recht dunkles Rubin; mit Belüftung Noten von Holunder, dunkle Frucht; Süße, Säure, saftig, viel Tannin, herb. (# Fl.; L.01.330; # Abfüllungen; Merum 2006-1) Privatpreis ab Hof: Euro #

Villa Raiano, Serino (AV)   150 000 Fl./10 Hektar

Tel. 0825 502826; Fax 0825 542033; www.villaraiano.it; info@villaraiano.it

Taurasi DOCG 2001   ⚜️

Dunkles Rubin; Holz, Röstung, Kompott; runder Ansatz, dann holzgeprägt, endet auf trocknendem Holztannin, etwas müde. (14 000 Fl.; L.3122; # Abfüllungen; Merum 2006-1) Privatpreis ab Hof: Euro #

Taurasi DOCG Riserva Cretanera 2001   ⚜️

Dunkles Rubin; süße Noten von Cola und Ruß; viel Süße, penetranter Röstgeschmack, trocken-bitter im Abgang, schmeckt eigentlich nicht nach Wein. (3500 Fl.; L.3.148; eine Abfüllung; Merum 2006-1) Privatpreis ab Hof: Euro #

Metodo Classico Schaumweine

Grotta del Sole, Quarto (NA)   928 000 Fl./18 Hektar

Tel. 081 8762566; Fax 081 8769470; www.grottadelsole.it; info@grottadelsole.it

Asprinio d'Aversa DOC Metodo Classico Extra Brut 1997

Intensives, reifendes Gelb; laute Noten von Erdnüssen, keine Frucht; Fülle, nicht fein, breit, Pilze, kaum Frucht. (100% Asprinio.) (10 000 Fl.; L.#; Oktober 2006; Merum 2007-1) Privatpreis ab Hof: Euro 15,00

Ligurien

In der von Verkehrsadern durchpflügten und vom Tourismus
geprägten langgestreckten, schmalen Region spielt der Wein
heute nur noch eine sehr untergeordnete Rolle. Vor dem Auf-
kommen des von 300 Kilometer Küste angezogenen Massen-
tourismus und neuen Arbeitsplätzen im Dienstleistungssektor
lebten die Ligurier vom Wein, Olivenöl und Fischfang. Wer die
steilen Hänge kennt, kann nachvollziehen, weshalb die Land-
flucht hier bereits früh einsetzte und das Land der Verwilde-
rung, Erdrutschen und Feuersbrünsten anheimfiel. Nur wenige
idealistische Winzer harren noch heute aus und bearbeiten
Parzellen, in denen die Weinproduktion ein Mehrfaches kostet
als in „normalen" Weingebieten. Ohne nennenswerte öffentli-
che Hilfe muss der Unterhalt von einzigartigen Kulturland-
schaften wie Cinqueterre oder Dolceacqua von den Bauern
bestritten werden.

Rossese di Dolceacqua

Der Rotwein aus Rossese-Trauben gehört nicht zu den über-
konzentrierten, schwarzroten, heute modischen Gewächsen,
vielmehr ist er hell, verfügt über eine feine, pfeffrige, an den
Pelaverga di Verduno (Piemont) erinnernde Frucht und weist
in den besten Ausführungen nur knapp 13 Volumenprozent
Alkohol auf. Obschon die Winzer gerne exportieren würden,
ist dieser Wein außerhalb Liguriens nicht erhältlich. Das ist
deshalb schade, als der Rossese vieler Produzenten wirklich
gut ist und einen eigenständigen Charakter aufweist. Dank einer Gruppe von Winzern, die mit viel Enthusiasmus auf den
Rossese setzen, ist sichergestellt, dass die Rarität den Wein-
liebhabern auch in Zukunft erhalten bleibt.

Produktionsregeln Rossese di Dolceacqua DOC
Traubensorten: Rossese (95–100 %), andere Sorten (bis 5 %);
Höchstertrag: 9000 kg Trauben/ha; Mindestalkohol: 12,0 Vol.-
% (Superiore: 13 Vol.-%; Verkauf ein Jahr nach der Ernte).

Anfossi, Bastia di Albenga (SV)
Fl./# Hektar

Tel. 0182 20024; Fax 0182 21457; www.aziendaagrariaanfossi.it;
anfossi@aziendaagrariaanfossi.it

Riviera Ligure di Ponente Rossese DOC 2006
★★ – ★★★

Hellrot; marmeladig-pfeffrige Nase; rund, recht fein, viel Süße, angenehme Säure, Frucht dürfte temperamentvoller sein, feinbitter. (# Fl.; L.058 07; # Abfüllungen; Merum 2007-4) Privatpreis ab Hof: Euro 7,00

Cascina Fèipu dei Massaretti, Albenga (SV)
Fl./# Hektar

Tel. 0182 20131; Fax 0182 20131; www.aziendamassaretti.it;
info@aziendamassaretti.it

Riviera Ligure di Ponente DOC
Rossese di Albenga 2006
★★ – ★★★

Hellrot; fruchtschalig-pfeffrige Noten; fruchtig, kraftvoll, Säure, dürfte eleganter sein, feinbitter. (# Fl.; L.7 07; # Abfüllungen; Merum 2007-4) Privatpreis ab Hof: Euro #

Durin, Ortovero (SV)
145 000 Fl./15 Hektar

Tel. 0182 547007; Fax 0182 587514; www.durin.it; info@durin.it

Riviera Ligure di Ponente Rossese DOC 2006
★★★ JLF

Hellrot; leicht reduzierte, angenehm beerig-fruchtige Nase; frisch, fruchtig, gute Säure, saftig, lang. (6000 Fl.; L.1R 07; mehr als eine Abfüllung; Merum 2007-4) Privatpreis ab Hof: Euro 7,50

Foresti, Camporosso Mare (IM)
90 000 Fl./15 Hektar

Tel. 0184 292377; Fax 0184 250922; www.forestiwine.it; info@forestiwine.it

Rossese di Dolceacqua DOC 2006
★★★

Hellrot; erst leicht reduzierte, dann recht tiefe Fruchtnoten, Rosen, einladend; kraftvoll, gute Süße, präsente Frucht, feines Tannin, gute Länge. (30 000 Fl.; L.701; mehr als eine Abfüllung; Merum 2007-4) Privatpreis ab Hof: Euro #

Rossese di Dolceacqua DOC Luvaira di Bertú 2005

Mittleres Rot; matte Holznoten, nicht frisch; Süße, etwas Holz, keine Feinheit, nicht fruchtig. (3000 Fl.; L.601; eine Abfüllung; Merum 2007-4) Privatpreis ab Hof: Euro 13,00

Rossese di Dolceacqua DOC Superiore 2005
★★★

Ziemlich helles Rot; frische, tiefe Fruchtnoten, Teer; Kraft, fruchtig, saftig, mittlere Länge. (12 000 Fl.; L.601; eine Abfüllung; Merum 2007-4) Privatpreis ab Hof: Euro #

Gajaudo, Isolabona (IM)
150 000 Fl./3 Hektar

Tel. 0184 208095; Fax 0184 208095; www.cantinagajaudo.com;
info@cantinagajaudo.com

Rossese di Dolceacqua DOC 2006
★★★ JLF

Frisches Hellrot; frische, pfeffrige Beerennoten; fruchtig, saftige Säure, eher schlankes Mittelgewicht, ausgewogen, angenehm, gute Länge. (45 000 Fl.; L.705; mehr als eine Abfüllung; Merum 2007-4) Privatpreis ab Hof: Euro 8,90

Rossese di Dolceacqua DOC Luvaira 2005
★★★

Hellrot; schwitzig-pfeffrige Frucht, einladend; saftig, rund, würzig, fruchtig. (3500 Fl.; L.624; eine Abfüllung; Merum 2007-4) Privatpreis ab Hof: Euro 11,90

Ka' Manciné, San Martino Soldano (IM)
1500 Fl./2 Hektar

Tel. 339 3965477; Fax 0184 31230; kamancine@libero.it

Rossese di Dolceacqua DOC Beragna 2006
★★★

Helles Rot; Noten von weißem Pfeffer, Pilzen; auch im Gaumen ausgesprochen pfeffrig, kraftvoll, viel Süße, lang. (# Fl.; L.02/07; eine Abfüllung; Merum 2007-4) Privatpreis ab Hof: Euro 10,00

Rossese di Dolceacqua DOC Galeae 2006
★★ – ★★★

Frisches, helles Rot; Noten von Fruchtschalen, Birnen, auch pfeffrig; Süße, eher überreife Frucht, Pflaumen, konzentriert, saftig, lang. (# Fl.; L.01/07; eine Abfüllung; Merum 2007-4) Privatpreis ab Hof: Euro 11,00

Rupeno Simona Stefania, Soldano (IM)   1000 Fl./0,8 Hektar

Tel. 0184 284025; Fax 0184 284025

Rossese di Dolceacqua DOC Poggio Marino Lovaira 2006

Helles, purpurnes Rot; nicht frische Frucht, etwas apflig; Säure, Frucht müsste präziser sein. (1000 Fl.; L.#; eine Abfüllung; Merum 2007-4) Privatpreis ab Hof: Euro 9,00

Tenuta Anfosso, Soldano (IM)   25 000 Fl./35 Hektar

Tel. 0184 289906; Fax 0184 289906; www.tenutaanfosso.it;
tenutaanfosso@libero.it

Rossese di Dolceacqua DOC 2006   ★★★ – ★★★★ JLF

Frisches Hellrot; erst reduzierte, aber vielversprechende, tiefe Fruchtnoten, feiner Gummi; saftig, ausgesprochen fruchtig, Süße, trinkig, lang. (17 000 Fl.; L.06/1; mehr als eine Abfüllung; Merum 2007-4) Privatpreis ab Hof: Euro 8,50

**Rossese di Dolceacqua DOC
Superiore Poggio Pini 2005**   ★★ – ★★★

Eher helles Rot; würzig-marmeladige und etwas reifende Noten; kraftvoll, konzentriert, fast etwas breit, viel Süße. (1300 Fl.; L.0/1; eine Abfüllung; Merum 2007-4) Privatpreis ab Hof: Euro 11,00

Terre Bianche, Dolceacqua (IM)   55 000 Fl./8 Hektar

Tel. 0184 31426; Fax 0184 31230; www.terrebianche.com;
terrebianche@terrebianche.com

Rossese di Dolceacqua DOC 2006   ★★★ – ★★★★ JLF

Mittelhelles, purpurnes Rot; frische, pfeffrig-fruchtige Nase; frischfruchtig und pfeffrig auch im Gaumen, sehr angenehm, gute Säure, trinkig, lang. (11 000 Fl.; L.A 207 R; mehr als eine Abfüllung; Merum 2007-4) Privatpreis ab Hof: Euro 11,00

Rossese di Dolceacqua DOC Bricco Arcagna 2005   ★★ – ★★★

Rubiniges Rot; Noten von grüner Paprika, Pfeffer; rund, ausgewogen, sehr angenehm, aber mit dem Paprika-Aroma etwas ungewohnt, herbes Tannin. (4000 Fl.; L.A 106 BA; eine Abfüllung; Merum 2007-4) Privatpreis ab Hof: Euro 16,00

Lombardei

Mit der Lombardei bringt man weniger Wein als Industrie- und Wirtschaftsmetropolen wie Milano oder Brescia in Verbindung. In Wirklichkeit erzeugt die Region mit über 100 Millionen Liter aber gleich viel Wein wie Umbrien oder Sardinien. Zur Region gehören – unter anderen – drei Weingebiete mit Weinen, wie sie unterschiedlicher nicht sein könnten: Valtellina mit Rotweinen aus der Nebbiolo-Traube, Franciacorta mit Schaumweinen auf Chardonnay- und Weißburgunder-Basis, Oltrepò Pavese mit Pinot-nero-Rot- und Schaumweinen sowie verschiedenen roten Weintypen aus Croatina- und Barbera-Trauben.

Oltrepò Pavese

Das „Pavia-Land jenseits des Po" – italienisch: Oltrepò Pavese – bildet den südlichsten Zipfel der Lombardei, eingezwängt zwischen Piemont und Emilia. In diesem grünen Hügelland ließen die Spumantefabrikanten des Piemont – als der piemontesische Schaumwein noch Glanz hatte – große Flächen mit Pinot noir für die Produktion ihrer Grundweine anpflanzen. Für den Eigenbedarf und den Direktverkauf erzeugten die Winzer aber immer auch Wein aus Croatina- und Barbera-Trauben. Auch der Welschriesling war und ist im Oltrepò eine beliebte Sorte.

Wie fast überall in Norditalien besteht hier eine alte Tradition für perlende Weine. Die in der Winterkälte in ihrer Gärung steckengebliebenen oder abgestoppten Weinmoste kamen im Frühjahr wieder in Bewegung und wiesen neben einer gewissen Restsüße eine erfrischende Kohlensäure auf.

Ein überaus origineller Wein aus den lokalen Sorten Croatina und Barbera ist der rote, süße, perlende Sangue di Giuda. Diese Köstlichkeit trinken die Lombarden am liebsten zu kellergereiftem Oltrepò-Salami. Natürlich passt das „Judasblut" auch zu trockenem Gebäck und Käse. Die Süße darf allerdings in solchen Weinen nie Selbstzweck sein, sondern muss in einer kernigen Säure, in Frucht und einer satten Portion rustikal-bitterer Croatina-Tannins drei charaktervolle Gegenpole finden.

Der überzeugendste, weil eigenständigste und trinkigste Wein des Oltrepò ist der kirschenfruchtige Bonarda. Bonarda wird aus der dunkelfarbenen Sorte Croatina gekeltert und besitzt viel herbes Tannin. Wie in früheren Zeiten die meisten Weine Norditaliens, ist der Bonarda leicht perlend. Und da die Lombar-

53

den und die Emilianer die Weine nicht zu herb, sondern etwas süßlich mögen, wird die ausgesprochene Herbe des Bonarda-Tannins mit etwas Restsüße abgerundet.

Wer die großen Weine des Burgunds und die eleganten Sortenweine Südtirols im Kopf hat, wird von den meisten Pinot noir des Oltrepò enttäuscht sein. Oft sind sie zu dunkel, mit zu herben Tanninen ohne große Frucht. Man hat das Gefühl, dass es in manchen Fällen an den Klonen liegt, die oft aus der Champagne und nicht aus dem Burgund stammen. In anderen Fällen ist der Grund für mangelnde Feinheit die mangelnde Sensibilität der Kellermeister gegenüber dieser Sorte. Die derzeitige Bewegung im Oltrepò lässt aber hoffen, dass auch die Pinot nero einen Aufschwung nehmen werden. Das ist umso wünschbarer, als die Anbaufläche für diese Sorte immerhin 2000 Hektar groß ist.

Produktionsregeln OP Bonarda DOC Frizzante

Traubensorten: Croatina (85–100 %); Barbera, Uva rara, Pinot nero, Ughetta (bis 15 %); Höchstertrag: 12 500 kg Trauben/ha; Mindestalkohol: 11,0 Vol.-%; fast trocken bis süßlich, perlend. Gemäß neuem Produktionsreglement von 2007 muss auf der Bonarda-Etikette fortan vermerkt sein, wenn er „frizzante" ist.

Produktionsregeln OP Pinot Nero DOC

Traubensorten: Pinot noir (100 %); Höchstertrag: 12 000 kg Trauben/ha; Mindestalkohol: 12,5 Vol.-% (weiß: 12 Vol.-%). (Nur ein kleiner Teil der Pinot-noir-Trauben des Oltrepò wird rot vinifiziert, das meiste wird weiß gekeltert und als Weißwein, Frizzante oder Spumante verarbeitet.)

Produktionsregeln OP Rosso DOC

Traubensorten: Barbera (25–65 %); Croatina (25–65 %); Uva Rara, Pinot noir, Ughetta (bis 45 %); Höchstertrag: 11 000 kg Trauben/ha; Mindestalkohol: 11,5 Vol.-% (Riserva: 12,0 Vol.-%); Restzucker: bis 12 g/l; still oder perlend.

Produktionsregeln OP Buttafuoco DOC

Traubensorten: Barbera (25–65 %); Croatina (25–65 %); Uva Rara, Pinot noir, Ughetta (bis 45 %); Höchstertrag: 10 500 kg Trauben/ha; Mindestalkohol: 12,0 Vol.-%; Restzucker: bis 12 g/l; still oder perlend.

Produktionsregeln OP Sangue di Giuda DOC Frizzante

Traubensorten: Barbera (25–65 %); Croatina (25–65 %); Uva Rara, Pinot noir, Ughetta (bis 45 %); Höchstertrag: 10 500 kg Trauben/ha; Mindestalkohol: 7,0 Vol.-%; süß (mindestens 90 g/l Restzucker), perlend.

Produktionsregeln OP Spumante Metodo Classico DOC (seit 2007 DOCG)

Traubensorten: Pinot nero (70–100 %); Chardonnay, Pinot grigio, Pinot bianco (bis 30 %); Höchstertrag: 10 000 kg Trauben/ha; Mindestalkohol: 10,5 Vol.-%; vorgeschriebene Lagerzeit auf der Hefe: 15 Monate (Millesimato: 24 Monate).

Produktionsregeln OP Spumante Metodo Classico Rosé DOC (seit 2007 DOCG)

Traubensorten: Pinot nero (85–100 %); Chardonnay, Pinot grigio, Pinot bianco (bis 15 %); Höchstertrag: 10 000 kg Trauben/ha; Mindestalkohol: 10,5 Vol.-%; vorgeschriebene Lagerzeit auf der Hefe: 15 Monate (Millesimato: 24 Monate).

Agnes, Rovescala (PV)   80 000 Fl./15 Hektar
Tel. 0385 75206; Fax 0385 75206; www.fratelliagnes.it; info@fratelliagnes.it

Oltrepò Pavese Bonarda DOC Antiquo more 2006   ★★★
Recht intensives, violettes Rubin; Beerenkompottnoten; im Gaumen recht fruchtig, Süße wiegt das heftige Tannin auf, feine Kohlensäure. (13 000 Fl.; L.7126; eine Abfüllung; Merum 2007-3) Privatpreis ab Hof: Euro 4,20

**Oltrepò Pavese Bonarda DOC
Campo del Monte 2006**   ★★★ – ★★★★
Dunkles, violettes Rubin; dunkle, lakritzige Kirschenfrucht; viel Tannin, saftige Säure, intakte Frucht, eingepasste Süße. (6600 Fl.; L.7125; eine Abfüllung; Merum 2007-3) Privatpreis ab Hof: Euro 6,00

Oltrepò Pavese Bonarda DOC Cresta del Ghiffi 2006 ★★ – ★★★
Mittelintensives Rubin; marmeladige Fruchtnoten; viel Süße, Säure, viel Tannin, Kohlensäure, nicht ganz ausgewogen, müsste fruchtiger sein. (24 000 Fl.; L.7055; mehr als eine Abfüllung; Merum 2007-3) Privatpreis ab Hof: Euro 5,40

Oltrepò Pavese Bonarda DOC Millennium 2004
Schwarzrubin; Noten von Schokolade, Rumtopf, Tabak; kraftvoll, viel Tannin, Säure, Tabak und Holunderfrucht, Holz, trocken; ist nicht das, was man sich unter Bonarda vorstellt. (3500 Fl.; L.5054; eine Abfüllung; Merum 2007-3) Privatpreis ab Hof: Euro 12,50

Anteo, Rocca de' Giorgi (PV)   220 000 Fl./27 Hektar
Tel. 0385 99073; Fax 0385 951814; www.anteovini.it; info@anteovini.it

Oltrepò Pavese Bonarda DOC Staffolo 2006
Recht dunkles, violettes Rubin; Noten von nicht mehr ganz frischem Beerenkompott und aufgeschnittenem Apfel; feine Süße, Mittelgewicht, kompottige Frucht, gutes Tannin. (25 000 Fl.; L.6007; mehr als eine Abfüllung; Merum 2007-3) Privatpreis ab Hof: Euro 5,50

Oltrepò Pavese Pinot Nero DOC Cà dell'Oca 2004
Ziemlich dunkles Rot; müde, Vanille, Holz; saftige Säure, gewisse Frucht, Rauchspeck, nicht geschmeidig. (5000 Fl.; L.200/06; eine Abfüllung; Merum 2007-4) Privatpreis ab Hof: Euro 12,00

Bisi, San Damiano al Colle (PV)   100 000 Fl./30 Hektar
Tel. 0385 75037; Fax 0385 75037; www.aziendagricolabisi.it;
info@aziendagricolabisi.it

**Oltrepò Pavese Bonarda DOC
La Peccatrice 2006**   ★★★ – ★★★★ JLF
Dunkles Violettrot; dunkle Beerennoten; Kraft, viel Tannin, sehr saftig, frische Säure, tolles Tannin, eingepasste Süße, lang. (40 000 Fl.; L.7015; mehr als eine Abfüllung; Merum 2007-3) Privatpreis ab Hof: Euro 7,50

Ca' del Ré, Montecalvo Versiggia (PV)   120 000 Fl./13 Hektar
Tel. 0385 99986; Fax 0385 99300; www.casare.com; info@casare.com
Oltrepò Pavese Bonarda DOC Cà Bella 2004
Mittleres Rubin; nicht klar, holundrig; recht rund, Holunder, keine Frucht, etwas bitter, trocken, ohne Kohlensäure. (36 000 Fl.; L.5.202; mehr als eine Abfüllung; Merum 2007-3) Privatpreis ab Hof: Euro 6,50

Calvi Andrea, Canneto Pavese (PV)   80 000 Fl./30 Hektar
Tel. 0385 60034; Fax 0385 60294; www.andreacalvi.it; andrea@andreacalvi.it
Oltrepò Pavese Bonarda DOC 2005
Helles Rubin; staubig, gereifte Nase, fehlt Frische; viel Süße, säuerlich, nicht klar. (20 000 Fl.; L.05309; eine Abfüllung; Merum 2007-3) Privatpreis ab Hof: Euro 3,50

Calvi Valter, Castana (PV)   40 000 Fl./6 Hektar
Tel. 0385 82136; Fax 0385 82136; www.buttafuocostorico.it; valtcal@tin.it
Oltrepò Pavese Buttafuoco DOC Montarzolo 2001
Mittleres Rubin; reifende Nase, Schokolade; Süße, Kraft, herbes Tannin, trocknet etwas nach. (2245 Fl.; L.2905; eine Abfüllung; Merum 2007-4) Privatpreis ab Hof: Euro 15,00

Oltrepò Pavese Pinot Nero DOC Marion 2005
Dunkelrot; holzgeprägte Frucht, breit, macht nicht neugierig; breit auch im Gaumen, nicht fruchtig, holzgeprägt, Cola. (2000 Fl.; L.1207; eine Abfüllung; Merum 2007-4) Privatpreis ab Hof: Euro 7,00

Casa Re, Montecalvo (PV)   120 000 Fl./13 Hektar
Tel. 0385 99986; Fax 0385 99300; www.casare.com; info@casare.com
Oltrepò Pavese Pinot Nero DOC 2001
Mittleres, reifes Rot; balsamische Noten, Heu, Beerenkompott, macht neugierig; im Gaumen dann ziemlich holzgeprägt, kaum Frucht, trocknet. (3800 Fl.; L.2.170; eine Abfüllung; Merum 2007-4) Privatpreis ab Hof: Euro 9,00

Cascina Gnocco, Mornico Losana (PV)   80 000 Fl./15 Hektar
Tel. 0383 892280; Fax 0383 892296; www.cascinagnocco.it; info@cascinagnocco.it
Oltrepò Pavese Rosso DOC Riserva Donna Cecilia 2004
Mittelintensives Rubin; trockenfruchtige und pfeffrige Holznoten; Holzprägung auch im Gaumen, Säure, herb, nicht fruchtig. (2500 Fl.; L.019.7; eine Abfüllung; Merum 2007-4) Privatpreis ab Hof: Euro 8,50

Oltrepò Pavese Rosso DOC Riserva Donna Cecilia 2000
Dunkles, gereiftes Rubin; ältliche Holznoten, Eukalyptus; gereiftes Holz auch im Gaumen, Säure, Süße. (6600 Fl.; L.191/2; eine Abfüllung; Merum 2007-4) Privatpreis ab Hof: Euro 9,00

Castello di Luzzano, Rovescala (PV)   120 000 Fl./80 Hektar
Tel. 0523 863277; Fax 0523 865909; www.castelloluzzano.it; info@castelloluzzano.it
Oltrepò Pavese Bonarda DOC 2006   ★★ – ★★★
Mittleres Rubin; würzige Nase; Süße, Mittelgewicht, feiner Schaum, recht angenehm, recht fruchtig, recht lang. (20 000 Fl.; L.7117; mehr als eine Abfüllung; Merum 2007-3) Privatpreis ab Hof: Euro 5,20

Oltrepò Pavese Bonarda DOC Carlino 2006
Mittelintensives, violettes Rubin; Reifenoten; wirkt gereift, kaum Kohlensäure, trocken, etwas Butter, herbbitteres Tannin. (7000 Fl.; L.7073; eine Abfüllung; Merum 2007-3) Privatpreis ab Hof: Euro 9,00

Cebrelli 1887, Codevilla (PV)   23 000 Fl./7 Hektar
Tel. 0383 373156; Fax 0383 940370; cebrelli1887@ciaoweb.it
Oltrepò Pavese Rosso DOC Surgìa 2004
Mittleres Rubin; Reifenoten, kompottig, nicht frisch; holzwürzig, keine Frucht, austauschbar. (3500 Fl.; L.25 07; eine Abfüllung; Merum 2007-4) Privatpreis ab Hof: Euro #

Conte Vistarino, Pietra de Giorgi (PV)　　　550 000 Fl./180 Hektar

Tel. 0385 85117; Fax 0385 85530; www.contevistarino.it; info@contevistarino.it

Oltrepò Pavese Bonarda DOC L'Alcova 2006

Mittelhelles Rubin; kompottige Frucht; im Gaumen breit, kompottig, nicht trinkig. (6600 Fl.; L.7-071; eine Abfüllung; Merum 2007-3) Privatpreis ab Hof: Euro 6,00

Oltrepò Pavese Buttafuoco DOC Monte Selva 2005　★★ – ★★★

Mittelhelles Rubin; kompottig-pfeffrige Noten; rund, butterig, angenehm, für Buttafuoco fast etwas zu brav. (4000 Fl.; L.7-108; eine Abfüllung; Merum 2007-4) Privatpreis ab Hof: Euro 7,50

Oltrepò Pavese Pinot Nero DOC Costa del Nero 2004 ★★ – ★★★

Eher helles, reifendes Rot; verhaltene Beerenkompottnoten; recht fein im Ansatz, feine Frucht, Säure und ziemlich herb, gewisse Länge. (3000 Fl.; L.#; eine Abfüllung; Merum 2007-4) Privatpreis ab Hof: Euro 6,70

Oltrepò Pavese Pinot Nero DOC Pernice 2003

Ziemlich dunkles Rot; nicht klare, holz-marmeladige Nase; breitfruchtig, dann trocken und bitter. (3300 Fl.; L.05/330; eine Abfüllung; Merum 2007-4) Privatpreis ab Hof: Euro 14,00

Oltrepò Pavese Sangue di Giuda DOC Costiolo 2006　★★ – ★★★

Helles Rubin; Noten von Aprikosen und weißem Pfeffer; viel Süße, Himbeerfrucht, Johannisbrot, wenig Tannin, Süße steht etwas einsam da. (6000 Fl.; L.6-327; mehr als eine Abfüllung; Merum 2007-3) Privatpreis ab Hof: Euro 5,90

Fiamberti, Canneto Pavese (PV)　　　200 000 Fl./20 Hektar

Tel. 0385 88019; Fax 0385 88414; www.fiambertivini.it; info@fiambertivini.it

Oltrepò Pavese Bonarda DOC Bricco della Sacca 2006

Dunkles, frisches Rubin; ledrig-fruchtige Noten; Süße, angenehmes, herbes Tannin, etwas Leder, knappe Frucht. (8100 Fl.; L.29/7; eine Abfüllung; Merum 2007-3) Privatpreis ab Hof: Euro 5,00

Oltrepò Pavese Buttafuoco DOC 2003　　　★★ – ★★★

Mittelhelles Rubin; verhalten; Mittelgewicht, angenehm salzig, gewisse Frucht, etwas Leder, herbes Tannin. (3500 Fl.; L.75/7; eine Abfüllung; Merum 2007-4) Privatpreis ab Hof: Euro #

Oltrepò Pavese Buttafuoco DOC Solenga 2003

Mittelintensives Rubin; holzwürzige Nase; holzwürzig auch im Mund, ungeschmeidig, trocknet nach. (3500 Fl.; L.81/7; eine Abfüllung; Merum 2007-4) Privatpreis ab Hof: Euro 14,00

Oltrepò Pavese Sangue di Giuda DOC Costa Paradiso 2006

　　　　　　　　　　　　　　　　　★★ – ★★★

Mittleres Rubin; verhalten; sehr viel Süße, gewisse Herbe des Tannins steht dagegen, gewisse Kirschenfrucht. (13 000 Fl.; L.33/7; mehr als eine Abfüllung; Merum 2007-3) Privatpreis ab Hof: Euro 5,50

Frecciarossa, Casteggio (PV)　　　120 000 Fl./24 Hektar

Tel. 0383 804465; Fax 0383 890485; www.frecciarossa.com; info@frecciarossa.com

Oltrepò Pavese Bonarda DOC Dardo 2006　　　★★ – ★★★

Mittleres, violettes Rubin; würzig-kompottige, nicht frischfruchtige Noten; rund, etwas gereift, gewisses Tannin, feine Kohlensäure, praktisch trocken. (21 000 Fl.; L.110 07; mehr als eine Abfüllung; Merum 2007-3) Privatpreis ab Hof: Euro 7,00

Oltrepò Pavese Pinot Nero DOC Giorgio Odero 2004

Mittleres, purpurnes Rot; Pinot- und Rauchspecknoten, Röstung; auch im Gaumen prägt die Röstung, Frucht ist verschüttet. (7000 Fl.; L.166-06; eine Abfüllung; Merum 2007-4) Privatpreis ab Hof: Euro 21,00

Oltrepò Pavese Rosso DOC Le Praielle 2003

Mittleres Rubin; gereifte Holznoten; rund, saftig, im Aroma aber zu stark von altem Holz geprägt. (12 000 Fl.; L.207-05; eine Abfüllung; Merum 2007-4) Privatpreis ab Hof: Euro 12,00

Giorgi, Canneto Pavese (PV)   1 500 000 Fl./40 Hektar

Tel. 0385 262151; Fax 0385 60440; www.giorgi-wines.it; info@giorgi-wines.it

Oltrepò Pavese Bonarda DOC La Brughera 2006   ★★ – ★★★

Recht dunkles, frisches Rubin; würzig-kompottige Noten; saftig, spürbares Tannin, einfache Frucht, gewisse Süße, einfach. (50 000 Fl.; L.7-010; mehr als eine Abfüllung; Merum 2007-3) Privatpreis ab Hof: Euro 5,00

Oltrepò Pavese Buttafuoco DOC Casa del Corno 2002

Mittelintensives, frisches Rubin; staubig, nicht fruchtig; kraftvoll, tanninreich, saftig, gute Basis, aber Holz statt Frucht, gewisse Länge. (3000 Fl.; L.5298; eine Abfüllung; Merum 2007-4) Privatpreis ab Hof: Euro 12,50

Oltrepò Pavese Pinot Nero DOC Monte Roso 2004

Mittelintensives Rubin; breite Holznoten, macht nicht neugierig; breit, ausgetrocknet, keine Frucht. (# Fl.; L.6073; eine Abfüllung; Merum 2007-4) Privatpreis ab Hof: Euro 7,80

Oltrepò Pavese Rosso DOC Tre Donne Clilele 2005   ★★ – ★★★

Dunkles Rubin; aromatisch-fruchtige Noten; kraftvoll, an Aprikosen erinnernde Frucht, viel bitter-süßes Tannin, recht angenehm, aber nicht typisch. (10 000 Fl.; L.7128; eine Abfüllung; Merum 2007-4) Privatpreis ab Hof: Euro 8,00

Oltrepò Pavese Sangue di Giuda DOC 2006   ★★ – ★★★

Eher helles Rubin; einfache Frucht; im Gaumen Cassis und Johannisbrot, viel Süße, etwas bitter. (200 000 Fl.; L.7079; mehr als eine Abfüllung; Merum 2007-3) Privatpreis ab Hof: Euro 4,55

Guerci di Guerci, Casteggio (PV)   200 000 Fl./37 Hektar

Tel. 0383 82785; Fax 0383 809409; www.guercivini.it; milena@guercivini.it

Oltrepò Pavese Pinot Nero DOC Sinté Russ 2006   ★★ – ★★★

Mittelhelles Rot; Pinot-Frucht; auch im Gaumen fruchtig, Süße, recht ausgewogen, gewisse Länge auf Frucht, feinbitter. (4300 Fl.; L.#; eine Abfüllung; Merum 2007-4) Privatpreis ab Hof: Euro #

Il Montù, Montù Beccaria (PV)   700 000 Fl./85 Hektar

Tel. 0385 262252; Fax 0385 262942; www.ilmontu.com; ilmontu@ilmontu.com

Oltrepò Pavese Bonarda DOC Vespero 2003   ✍

Gereiftes Rubin; Noten von altem Holz; gereifte Holzwürze wie Kleiderschrank und Zigarren- kistchen, Nullfrucht, Säure, Restsüße, ungeschmeidig, herb (Bibergreis). (6000 Fl.; L.20021275; eine Abfüllung; Merum 2007-3) Privatpreis ab Hof: Euro 12,96

Oltrepò Pavese Buttafuoco DOC Letizia 2002

Mittelintensives Rubin; staubige Holznoten; viel Süße, Kraft, konzentriert, viel Tannin, etwas trocken. (# Fl.; L.10206; eine Abfüllung; Merum 2007-4) Privatpreis ab Hof: Euro 14,16

Oltrepò Pavese Pinot Nero DOC Rosara 2001   ✍

Dunkelrot; strenge Holznoten; viel Süße, viel Holz, nullgeschmeidig. (4100 Fl.; L.041106; eine Abfüllung; Merum 2007-4) Privatpreis ab Hof: Euro 12,96

Oltrepò Pavese Sangue di Giuda DOC 2006

Recht dunkles Rubin; altes Holz, gereift, keine Frucht; viel Süße, altes Holz, Säure. (25 000 Fl.; L.150107; mehr als eine Abfüllung; Merum 2007-3) Privatpreis ab Hof: Euro 5,88

Isimbarda, Santa Giulietta (PV)   110 000 Fl./40 Hektar

Tel. 0383 899256; Fax 0383 814077; www.tenutaisimbarda.com; info@tenutaisimbarda.com

Oltrepò Pavese Bonarda DOC 2006   ★★★ – ★★★★

Dunkles, violettes Rubin; an Lakritze und dunkle Beerenmarmelade erinnernde Noten; kraftvoll, feiner Schaum, viel gutes Tannin, eingepasste Süße. (60 000 Fl.; L.05007; mehr als eine Abfüllung; Merum 2007-3) Privatpreis ab Hof: Euro 5,50

Oltrepò Pavese Rosso DOC Monplò 2004

Mittelintensives, violettes Rubin; verhaltene Frucht, Erdnuss, nicht komplett klar; knappe Frucht, Säure, nicht ausgewogen. (13 000 Fl.; L.07607; eine Abfüllung; Merum 2007-4) Privat- preis ab Hof: Euro 6,80

La Costaiola, Montebello (PV) 150 000 Fl./17 Hektar
Tel. 0383 83169; Fax 0383 804805; www.lacostaiola.it; info@lacostaiola.it

Oltrepò Pavese Bonarda DOC Giada 2006 ★★ – ★★★
Mittelintensives, frisches Rubin; feine Lakritze, knappe, kompottige Frucht, getrocknete Steinpilze; kraftvoll, strukturiert, angenehm tanninreich, eingepasste Süße, charaktervoll. (30 000 Fl.; L.057 07; mehr als eine Abfüllung; Merum 2007-3) Privatpreis ab Hof: Euro 6,00

Luciano Brega, Montù Beccaria (PV) 100 000 Fl./70 Hektar
Tel. 0385 60237; Fax 0385 60394; www.lucianobrega.it; info@lucianobrega.it

Oltrepò Pavese Bonarda DOC Càsapaia s. a.
Recht dunkles Rubin; Reifenoten; kaum Kohlensäure, keine Frucht, zu alt, zu leblos. (20 000 Fl.; L.2005 4; mehr als eine Abfüllung; Merum 2007-3) Privatpreis ab Hof: Euro 4,80

Oltrepò Pavese Sangue di Giuda DOC s. a.
Mittelhelles Rubin; Ledernoten, aufgeschnittene Birne; viel Süße, eher schlank, wenig Tannin, wenig Frucht. (15 000 Fl.; L.20064; mehr als eine Abfüllung; Merum 2007-3) Privatpreis ab Hof: Euro 4,80

Marchesi Fratelli, Montalto Pavese (PV) 80 000 Fl./50 Hektar
Tel. 0383 870356; Fax 0383 870358; www.marchesidimontalto.it; info@marchesidimontalto.it

Oltrepò Pavese Bonarda DOC 2006
Mittleres Rubin; kompottige, nicht klare Nase; verkochter Kompott, fehlt Frische, nicht fruchtig. (10 000 Fl.; L.7131; eine Abfüllung; Merum 2007-3) Privatpreis ab Hof: Euro 4,00

Oltrepò Pavese Pinot Nero DOC Cànuè 2004 ★★ – ★★★
Mittelhelles Rot; verhaltene Frucht, etwas Holunder, macht neugierig; recht rund, Holunderfrucht, viel Süße, herbes Tannin, lang. (10 000 Fl.; L.#; eine Abfüllung; Merum 2007-4) Privatpreis ab Hof: Euro 7,00

Oltrepò Pavese Rosso DOC Riserva Rerosso 2002 ★★ – ★★★
Mittleres Rubin; rauchige Holundernoten, Cassis; saftig, Süße und Säure, Holunder und Cassis, gewisse Herbe im Abgang. (7000 Fl.; L.4275; eine Abfüllung; Merum 2007-4) Privatpreis ab Hof: Euro 6,50

Martilde/Antonella Tacci, Rovescala (PV) 40 000 Fl./15 Hektar
Tel. 0385 756280; Fax 0385 756280; www.martilde.it; martilde@martilde.it

Oltrepò Pavese Bonarda DOC 2005
Mittleres Rubin; nicht klar, etwas stechende Noten; gereift, keine Frucht, zu müde, leicht bitter. (5500 Fl.; L.B3/06; mehr als eine Abfüllung; Merum 2007-3) Privatpreis ab Hof: Euro 6,00

Oltrepò Pavese Bonarda DOC Gianna 2006 ★★★ – ★★★★
Dunkles, purpurnes Rubin; verhaltene, dunkle Beerennoten; kraftvoll, intakte, dunkle Frucht, wenig Kohlensäure, wenig Süße, charaktervolles Bonarda-Tannin. (6000 Fl.; L.B4/06; eine Abfüllung; Merum 2007-3) Privatpreis ab Hof: Euro 5,50

Oltrepò Pavese Pinot Nero DOC Nina 2005
Mittelintensives Rot; recht intensive, zu breite Pinot-Nase; recht kraftvoll, herbes Tannin, nicht geschmeidig, leicht bitter. (3500 Fl.; L.P1/06; eine Abfüllung; Merum 2007-4) Privatpreis ab Hof: Euro 6,00

Mazzolino, Corvino San Quirico (PV) 100 000 Fl./22 Hektar
Tel. 0383 876122; Fax 0383 896480; www.tenuta-mazzolino.com; info@tenuta-mazzolino.com

Oltrepò Pavese Bonarda DOC 2006
Recht intensives Rubin; Ledernoten; auch im Gaumen ausgeprägte Ledernoten, heftiges Tannin, wenig Restsüße, keine Frucht, leicht bitter. (20 000 Fl.; L.59-7; eine Abfüllung; Merum 2007-3) Privatpreis ab Hof: Euro 8,00

Oltrepò Pavese Pinot Nero DOC Noir 2003
Recht dunkles Rot; nicht klare, reifende Holznoten; kraftvoll, geschmacklich holzgeprägt, gewisse Rundungen, aber zu wenig Pinot-Frucht. (10 000 Fl.; L.109'; eine Abfüllung; Merum 2007-4) Privatpreis ab Hof: Euro 18,00

Monsupello, Torricella Verzate (PV)   250 000 Fl./48 Hektar

Tel. 0383 896043; Fax 0383 896391; www.monsupello.it;
monsupello@monsupello.it

Oltrepò Pavese Bonarda DOC Vaiolet 2006

Mittelintensives Rubin; gewisse Reife, keine frische Frucht, Leder, Tabak; im Gaumen heftiges Tannin, gewisse Süße, saftig, kaum Frucht, nicht ausgewogen. (10 040 Fl.; L.#; eine Abfüllung; Merum 2007-3) Privatpreis ab Hof: Euro 8,00

Oltrepò Pavese Pinot Nero DOC 3309 2001

Dunkelrot; holzgeprägte Nase, kaum Frucht; kraftvoll, keine Pinot-Frucht, bitter und verbrannt im Abgang. (6000 Fl.; L.4606; eine Abfüllung; Merum 2007-4) Privatpreis ab Hof: Euro 18,00

Oltrepò Pavese Rosso DOC La Borla 2003

Dunkles Rubin; staubige Holz-Marmeladenoten, austauschbar; zwar konzentriert, aber auch im Gaumen von Holz geprägt, trocknet. (10 040 Fl.; L.13507; eine Abfüllung; Merum 2007-4) Privatpreis ab Hof: Euro 8,00

Oltrepò Pavese Rosso DOC Riserva Mosaico 2001   🌰

Mittleres Rubin; staubig-holzig-gereifte Fruchtnoten, Cola; Süße, Reife, Holz im Gaumen. (2660 Fl.; L.4606; eine Abfüllung; Merum 2007-4) Privatpreis ab Hof: Euro 18,00

Montagna Francesco, Broni (PV)   800 000 Fl./20 Hektar

Tel. 0385 51028; Fax 0385 250045; www.cantinemontagna.it;
info@cantinemontagna.it

Oltrepò Pavese Bonarda DOC Viti di Luna 2006

Dunkles, violettes Rubin; hefegeprägt; kraftvoll, tanninreich, Hefe, trocken, charaktervoll, aber keine Frucht. (20 000 Fl.; L.7087; mehr als eine Abfüllung; Merum 2007-3) Privatpreis ab Hof: Euro 3,55

Oltrepò Pavese Buttafuoco DOC Viti di Luna 2003

Helles, purpurnes Rubin; nicht klare, kompottige Nase; einfach-kompottig auch im Gaumen. (2000 Fl.; L.4058; eine Abfüllung; Merum 2007-4) Privatpreis ab Hof: Euro 3,75

Oltrepò Pavese Pinot Nero DOC Viti di Luna 2002

Mittleres Rot; matte, kompottige Frucht; im Gaumen breit, ledrig, kompottig. (4000 Fl.; L.3295; eine Abfüllung; Merum 2007-4) Privatpreis ab Hof: Euro 5,75

Oltrepò Pavese Rosso DOC Bertè & Cordini Valmaga 2001

Dunkles Rubin; erst nicht sehr klare Holznoten; im Gaumen Süße, Säure und Holz, trocknet. (2000 Fl.; L.3142; eine Abfüllung; Merum 2007-4) Privatpreis ab Hof: Euro 7,90

Montenato Griffini/Barbara Faravelli,
Bosnasco (PV)   15 000 Fl./11 Hektar

Tel. 0385 272904; Fax 0385 272904; www.montenatogriffini.it;
info@montenatogriffini.it

Oltrepò Pavese Bonarda DOC Puntofermo (schwarzes Etikett) 2004   🌰

Dunkles Rubin; flüchtige Noten von Vanille, Holzwürze; herb, trocken, Nullfrucht, trocknet nach (Bibergreis). (# Fl.; L.0306; eine Abfüllung; Merum 2007-3) Privatpreis ab Hof: Euro 7,20

Oltrepò Pavese Bonarda DOC Puntofermo (weißes Etikett) 2004

Recht dunkles Rubin; gereift, Holz, nicht klar; vom Bonarda ist nur noch das Tannin da, aber keine Frucht. (# Fl.; L.0206; eine Abfüllung; Merum 2007-3) Privatpreis ab Hof: Euro 4,80

Monterucco/Valenti, Cigognola (PV)   150 000 Fl./20 Hektar

Tel. 0385 85151; Fax 0385 284928; www.monterucco.it;
monterucco@monterucco.it

Oltrepò Pavese Bonarda DOC Valle Cima 2005

Recht helles Rubin; verhalten; kaum Kohlensäure, süßlich, leicht bitteres Tannin, Butter, kaum Frucht. (6500 Fl.; L.61605; eine Abfüllung; Merum 2007-3) Privatpreis ab Hof: Euro 4,60

Oltrepò Pavese Bonarda DOC Vigna il Modello 2005 ★★ – ★★★

Recht dunkles Rubin; lakritzige Frucht; Süße, feine Säure, feinbitter, ausgewogen, wenig Kohlensäure, angenehm. (15 000 Fl.; L.6-3107; mehr als eine Abfüllung; Merum 2007-3) Privatpreis ab Hof: Euro 5,20

Oltrepò Pavese Buttafuoco DOC Sanluigi 2003

Mittleres Rubin; etwas breite Noten von Kompott, Plastik, matt; Süße, viel Kraft, endet trocken. (3500 Fl.; L.4/1511; eine Abfüllung; Merum 2007-4) Privatpreis ab Hof: Euro 6,20

Oltrepò Pavese Pinot Nero DOC Negar 2003

Mittleres, rubiniges Rot; nicht klare Noten von Röstung und Plastik; Säure, nicht geschmeidig, keine Frucht. (1500 Fl.; L.6/1303; eine Abfüllung; Merum 2007-4) Privatpreis ab Hof: Euro 8,00

Oltrepò Pavese Sangue di Giuda DOC 2005   ★★ – ★★★

Mittleres Rubin; fruchtig-kompottige Nase; sehr feiner Schaum, viel Süße, saftige Säure, recht fruchtig, allerdings Reifearomen, spürbares Tannin. (4000 Fl.; L.6-0606; eine Abfüllung; Merum 2007-3) Privatpreis ab Hof: Euro 4,60

Pegazzera, Casteggio (PV)   260 000 Fl./31 Hektar

Tel. 0383 804645; Fax 0383 804647; www.pegazzera.it; info@pegazzera.it

Oltrepò Pavese Bonarda DOC 2006

Mittleres, junges Rubin; beerenkompottige Fruchtnoten; einfache Frucht, mittleres Tannin, angenehm. (21 000 Fl.; L.1037; mehr als eine Abfüllung; Merum 2007-3) Privatpreis ab Hof: Euro 4,86

Oltrepò Pavese Pinot Nero DOC Petrae 2004

Recht dunkles Rot; breite Marmeladen-Holz-Nase, nicht fein; breit, Holz, keine Fruchtfrische, zu grob. (# Fl.; L.1155; eine Abfüllung; Merum 2007-4) Privatpreis ab Hof: Euro 8,88

Oltrepò Pavese Rosso DOC Il Cardinale 2003   ★★ – ★★★

Mittleres Rot; einladende Nase mit Noten von Schokolade und Trüffel; rund, saftig, Reife, etwas knappe Länge, feinbitteres Tannin. (6600 Fl.; L.1214; eine Abfüllung; Merum 2007-4) Privatpreis ab Hof: Euro 8,88

Picchioni Andrea, Canneto Pavese (PV)   60 000 Fl./8 Hektar

Tel. 0385 262139; Fax 0385 262040; www.picchioniandrea.it; picchioniandrea@libero.it

Oltrepò Pavese Buttafuoco DOC 2001   ★★★ JLF

Mittleres Rubin; fruchtig-vegetale Noten, Holunder; angenehm herbes Tannin, saftig, kräftig, Länge. (4000 Fl.; L.01; eine Abfüllung; Merum 2007-4) Privatpreis ab Hof: Euro 8,00

Oltrepò Pavese Buttafuoco DOC Bricco Riva Bianca 2003   ⚜

Schwarzrubin; süßliche, holzgeprägte Frucht; Süße, Holz, Nullfrucht, trocknet. (3000 Fl.; L.#; eine Abfüllung; Merum 2007-4) Privatpreis ab Hof: Euro 15,60

Piccolo Bacco dei Quaroni, Montù Beccaria (PV)   35 000 Fl./10 Hektar

Tel. 0385 60521; Fax 0385 262196; www.piccolobaccodeiquaroni.it; info@piccolobaccodeiquaroni.it

Oltrepò Pavese Bonarda DOC Mons Acutus 2006   ★★ – ★★★

Mittleres, purpurnes Rubin; verhalten fruchtige Noten; auch im Gaumen fruchtig, herbbitteres Tannin, Süße. (13 000 Fl.; L.247; mehr als eine Abfüllung; Merum 2007-3) Privatpreis ab Hof: Euro 4,50

Oltrepò Pavese Buttafuoco DOC Cà Padroni 2002   ★★ – ★★★

Mittelintensives Rubin; Schoko-Holundernoten; saftig, gute Länge, rund, Säure, angenehm schokobitteres Tannin. (3000 Fl.; L.165; eine Abfüllung; Merum 2007-4) Privatpreis ab Hof: Euro #

Oltrepò Pavese Pinot Nero DOC La Fiocca 2004

Mittelhelles Rot; etwas Leder und Pinot-Frucht; gewisse Frucht, endet dann zu trocken. (3500 Fl.; L.245; eine Abfüllung; Merum 2007-4) Privatpreis ab Hof: Euro #

Quaquarini Francesco, Canneto Pavese (PV)   600 000 Fl./60 Hektar

Tel. 0385 60152; Fax 0385 262056; www.quaquarinifrancesco.it; info@quaquarinifrancesco.it

Oltrepò Pavese Bonarda DOC s. a.   ★★ – ★★★

Schwarzpurpur; verhaltene, dunkle Nase; pfeffrige Frucht, etwas Leder; viel Tannin, saftig, etwas Leder, zu knappe Frucht, gewisse Restsüße, recht lang. (100 000 Fl.; L.7015; eine Abfüllung; Merum 2007-3) Privatpreis ab Hof: Euro 4,90

Oltrepò Pavese Buttafuoco DOC La Guasca 2005

Mittelintensives, violettes Rubin; kompottige, ziemlich müde Nase; verhalten auch im Gaumen, erst im Abgang zeigt sich mit dem Croatina-Tannin Persönlichkeit. (5500 Fl.; L.7060; eine Abfüllung; Merum 2007-4) Privatpreis ab Hof: Euro 7,00

Oltrepò Pavese Buttafuoco DOC Pregana 2002

Intensives Rubin; matte Nase, Trockenfrüchte; sehr konzentriert, aber zu wenig frisch. (4500 Fl.; L.7030; eine Abfüllung; Merum 2007-4) Privatpreis ab Hof: Euro 18,00

Oltrepò Pavese Buttafuoco DOC Pregana 2001   🌟

Mittleres Rubin; gereifte Holznoten; holzlastig, keine Frucht, herbes Tannin, trocknet. (4000 Fl.; L.#; eine Abfüllung; Merum 2007-4) Privatpreis ab Hof: Euro 18,00

Oltrepò Pavese Sangue di Giuda DOC 2006

Dunkles Rubin; Noten von aufgeschnittenem Apfel; viel Süße, etwas Säure, aber wenig Tannin, das der Süße entgegensteht. (100 000 Fl.; L.7012; eine Abfüllung; Merum 2007-3) Privatpreis ab Hof: Euro 5,50

Scarpa Colombi, Bosnasco (PV)   350 000 Fl./40 Hektar

Tel. 0385 272081; Fax 0385 263091; www.colombiwines.com; tenutascarpacolombi@mclink.net

Oltrepò Pavese Bonarda DOC Marubbio 2005

Recht dunkles Rubin; Reife- und Fruchtnoten; auch im Gaumen gereift, wenig Restsüße, leicht bitter, kaum Kohlensäure, nicht fruchtig. (6500 Fl.; L.250107; eine Abfüllung; Merum 2007-3) Privatpreis ab Hof: Euro 7,00

Oltrepò Pavese Pinot Nero DOC Ariolo 2004   ★★ – ★★★

Mittelhelles Rubin; etwas laute Beerennoten; Mittelgewicht, gewisse Frucht, als Pinot nicht großartig, aber als Wein recht angenehm. (2800 Fl.; L.100605; eine Abfüllung; Merum 2007-4) Privatpreis ab Hof: Euro 8,00

Torti Pietro, Montecalvo Versiggia (PV)   30 000 Fl./10 Hektar

Tel. 0385 99763; Fax 0385 99763; www.pietrotorti.it; info@pietrotorti.it

Oltrepò Pavese Bonarda DOC 2006   ★★★

Brombeerfarbenes, violettes Rubin; leicht kompottige Kirschnase; heftiges Bonarda-Tannin, vermittelnde Süße, Frucht, eher knappe Kohlensäure. (10 000 Fl.; L.71; eine Abfüllung; Merum 2007-3) Privatpreis ab Hof: Euro 4,50

Oltrepò Pavese Pinot Nero DOC 2004

Mittelhelles Rot; nicht feine Marmelade- und Holznoten; breiter Ansatz, marmeladig, holzgeprägt, nicht fein. (3000 Fl.; L.51; eine Abfüllung; Merum 2007-4) Privatpreis ab Hof: Euro 12,00

Travaglino, Calvignano (PV)   220 000 Fl./80 Hektar

Tel. 0383 872222; Fax 0383 871106; www.travaglino.it; info@travaglino.it

Oltrepò Pavese Pinot Nero DOC Pernero 2006

Mittelhelles Rot; apfelige Noten, zu kompottig; kompottige Frucht, Säure, nicht lang. (20 000 Fl.; L.7392; eine Abfüllung; Merum 2007-4) Privatpreis ab Hof: Euro 7,00

Oltrepò Pavese Pinot Nero DOC Riserva
Poggio della Buttinera 2002

Dunkles Rot; marmeladige Frucht; gewisse Frucht, würzig, Vanille, Säure, kompottige Frucht, nicht geschmeidig. (8000 Fl.; L.418909; eine Abfüllung; Merum 2007-4) Privatpreis ab Hof: Euro 13,00

Oltrepò Pavese Rosso DOC Riserva
Marc'Antonio 2001   ★★ – ★★★

Mittleres Rubin; vegetale Noten von Paprika; erinnert auch im Gaumen an unreifen Cabernet, nicht typisch, aber als Wein korrekt und recht angenehm. (4000 Fl.; L.321273; eine Abfüllung; Merum 2007-4) Privatpreis ab Hof: Euro 15,00

Vanzini, San Damiano al Colle (PV)   800 000 Fl./17 Hektar

Tel. 0385 75019; Fax 0385 75287; www.vanzini-wine.com; info@vanzini-wine.com

Oltrepò Pavese Bonarda DOC 2006

Mittelintensives, purpurnes Rubin; Noten von aufgeschnittenen Früchten; saftig, angenehme Kohlensäure, wenig Süße, kompottig, müsste fruchtfrischer sein. (150 000 Fl.; L.07/064; eine Abfüllung; Merum 2007-3) Privatpreis ab Hof: Euro 5,80

Oltrepò Pavese Rosso DOC Barbaleone 2003

Recht intensives Rubin; Noten von Trockenfrüchten, zu müde; recht konzentriert, aber auch im Gaumen zu lahm. (8000 Fl.; L.#; eine Abfüllung; Merum 2007-4) Privatpreis ab Hof: Euro 13,00

Oltrepò Pavese Sangue di Giuda DOC 2006 ★★★

Recht dunkles Rubin; ansprechende Beerenkompottnoten; Fülle, feiner Schaum, viel Süße, frischer Beerenkompott, saftig, gute Säure, nicht sehr ausgeprägtes Tannin. (25 000 Fl.; L.06/306; mehr als eine Abfüllung; Merum 2007-3) Privatpreis ab Hof: Euro 7,50

Vercesi del Castellazzo, Montù Beccaria (PV)   80 000 Fl./18 Hektar

Tel. 0385 60067; Fax 0385 262098; www.vercesidelcastellazzo.it; vercesicastellazzo@libero.it

Oltrepò Pavese Bonarda DOC
Luogo della Milla 2006 ★★ – ★★★

Mittleres Rubin; pfeffrige Frucht; schaumig, mittleres Tannin, gewisse Süße, recht rund und angenehm. (13 500 Fl.; L.7.30.V; # Abfüllungen; Merum 2007-3) Privatpreis ab Hof: Euro 6,00

Oltrepò Pavese Rosso DOC Pezzalunga 2006 ★★ – ★★★

Mittleres Rubin; fruchtige, kirschige Nase, frisch; saftig, junge Frucht, Süße, konzentriert, feinbitteres Tannin, angenehm. (13 500 Fl.; L.5.4.7; eine Abfüllung; Merum 2007-4) Privatpreis ab Hof: Euro 6,00

Vercesi Marco, Montù Beccaria (PV)   12 000 Fl./5 Hektar

Tel. 0385 61330; Fax 0385 61330; marcovercesi@libero.it

Oltrepò Pavese Bonarda DOC 2005

Mittleres Rubin; ledrig-fruchtig-flüchtige Noten; ledrig-pfeffrig-kompottiger Geschmack, bitter im Abgang, trocknet nach. (3000 Fl.; L.06.270; eine Abfüllung; Merum 2007-3) Privatpreis ab Hof: Euro 4,50

Oltrepò Pavese Buttafuoco DOC Borlano 2001

Reifes, intensives Rubin; Noten von Tinte, Holz, Leder; Süße und Kraft, Leder auch im Gaumen, keine Frucht. (2000 Fl.; L.1.06; eine Abfüllung; Merum 2007-4) Privatpreis ab Hof: Euro 15,00

Verdi Bruno, Canneto Pavese (PV)   100 000 Fl./9 Hektar

Tel. 0385 88023; Fax 0385 241623; www.verdibruno.it; info@verdibruno.it

Oltrepò Pavese Bonarda DOC
Possessioni di Vergombera 2006 ★★ – ★★★

Dunkles, violettes Rubin; verhaltene, leicht marmeladige Frucht; Kraft, viel Tannin, gewisse Frucht, eingepasste Süße, herbe Kohlensäure. (16 000 Fl.; L.BO.7064; mehr als eine Abfüllung; Merum 2007-3) Privatpreis ab Hof: Euro 6,50

Oltrepò Pavese Buttafuoco DOC 2005 ★★ – ★★★

Mittelhelles, violettes Rubin; pfeffrig-kirschige Nase; saftig, recht hohe Säure, pfeffrig auch im Gaumen, recht lang. (5000 Fl.; L.02051; eine Abfüllung; Merum 2007-4) Privatpreis ab Hof: Euro 6,50

Oltrepò Pavese Pinot Nero DOC 2005 ★★★ JLF

Mittleres Rot; verhaltene Pinot-Nase; feiner Ansatz, angenehme Struktur mit Säure und gutem Tannin, nicht ausgeprägt fruchtig, aber lang. (4000 Fl.; L.04 051; eine Abfüllung; Merum 2007-4) Privatpreis ab Hof: Euro 9,20

Oltrepò Pavese Rosso DOC Riserva Cavariola 2004

Dunkles Rubin; Noten von Vanille, Holz, getrocknete Früchte, austauschbar; süßliche Holz-Frucht-Aromen, fehlt Persönlichkeit. (4000 Fl.; L.01.041; eine Abfüllung; Merum 2007-4) Privatpreis ab Hof: Euro 14,00

Oltrepò Pavese Sangue di Giuda DOC Paradiso 2006 ★★ – ★★★

Recht dunkles Rubin; lakritzige Noten, aufgeschnittene Früchte, etwas Leder; süß, fruchtig, gute Säure, viel Tannin, recht angenehm. (20 000 Fl.; L.DO6; mehr als eine Abfüllung; Merum 2007-3) Privatpreis ab Hof: Euro 5,30

Valtellina

Ganz im Norden Italiens, dort wo die Alpentäler der Lombardei sich im schweizerischen Kanton Graubünden fortsetzen, entsteht der Valtellina. Wie Barolo, Barbaresco und die großen Weine des Nordpiemonts wird der Valtellina aus Nebbiolo-Trauben gekeltert. Als Wein aus einer kühlen Gegend mit hohen Tag-/Nacht-Temperaturunterschieden zeichnet er sich meist durch mäßigen Alkohol, kernige Tannine, charaktervolle Säure und eine besonders ausgeprägte Nebbiolo-Frucht aus.

Auf den steilen Rebterrassen des Valtellina zeigt sich der Nebbiolo von seiner elegantesten Seite. Obschon im äußersten Norden Italiens gelegen, klettern die Temperaturen in den Rebgärten hoch über Sondrio, Chiuro und Tirano im Sommer auf Werte, die an die Toskana erinnern. In den Nächten hingegen sorgen tiefe Temperaturen für die Erhaltung von Fruchtaromen und Säure sowie für gesunde Trauben.

Wie das Nordpiemont (Gattinara, Ghemme & Co.) und die Langa (Barolo und Barbaresco) bietet das Valtellina dem Nebbiolo ein unvergleichliches Terroir. Während sich der Barolo durch seine Wuchtigkeit auszeichnet, ist der Valtellina in seinen geglücktesten Ausführungen wahrer Inbegriff von Feingliedrigkeit und Tiefgründigkeit. So sind es denn auch Eleganz und Finesse, mit der sich Valtellina-Weine auszeichnen sollten, nicht unbedingt Konzentration und Struktur.

Um diese hier eigentlich fremde Konzentration und Süße zu erzielen, wird der Sforzato – wie der Amarone della Valpolicella – aus angetrockneten Trauben gekeltert. Ende September, Anfang Oktober beginnt man mit der Lese der Trauben für den Sforzato und legt sie in flache Erntekistchen. Die Trauben sollten nicht zu reif sein, da sonst die Schalen beim Antrocknen aufbrechen. Die bei rund 85 Öchslegraden gelesenen Trauben werden verlesen und ähnlich wie die Amarone-Trauben in sogenannten „fruttai", gut gelüfteten Räumen, zum Trocknen ausgelegt.

Produktionsregeln Valtellina Superiore DOCG
Traubensorten: Nebbiolo, hier Chiavennasca genannt (90–100 %), andere Sorten (bis 10 %); Höchstertrag: 8000 kg Trauben/ha; Mindestalkohol: 12,0 Vol.-%.

Produktionsregeln Valtellina Sforzato DOCG

Traubensorten: Nebbiolo (90–100 %), andere Sorten (bis 10 %); Höchstertrag: 8000 kg Trauben/ha; Mindestalkohol: 14,0 Vol.-%.

Produktionsregeln Rosso di Valtellina DOC

Traubensorten: Nebbiolo (90–100 %), andere Sorten (bis 10 %); Höchstertrag: 10 000 kg Trauben/ha; Mindestalkohol: 11,0 Vol.-%.

Ar.Pe.Pe., Sondrio (SO)   30 000 Fl./9 Hektar

Tel. 0342 214120; Fax 0342 214120; www.arpepe.com; ar_pe_pe@tin.it

Rosso di Valtellina DOC 2004   ★★★ JLF

Reifes, helles Rot; tiefe Frucht, Rinde, unreife Johannisbeeren, macht sehr neugierig; feiner Ansatz, zarte Erscheinung, breitet sich im Abgang aus, schönes Nebbiolo-Tannin, lang. (14 130 Fl.; L.6 285; eine Abfüllung; Merum 2007-2) Privatpreis ab Hof: Euro 6,90

Rosso di Valtellina DOC Nebbiolo 2003   ★★★ – ★★★★ JLF

Hellrot; feine, fruchtige Nebbiolo-Nase; fruchtig auch im Gaumen, saftig, trinkig, fruchtig, warmes Tannin, geschmeidig, Länge. (24 000 Fl.; L.4.286; mehr als eine Abfüllung; Merum 2006-1) Privatpreis ab Hof: Euro #

Terrazze Retiche di Sondrio IGT Fiamme Antiche s. a.

Reifendes Rot; reifende Nebbiolo-Frucht, Leder; runder Ansatz, Säure, Leder, im Abgang Dichte, lang. (2900 Fl.; L.4 27; eine Abfüllung; Merum 2006-1) Privatpreis ab Hof: Euro #

Terrazze Retiche di Sondrio IGT Nebbiolo Il Pettirosso 1997
                                                        ★★ – ★★★

Reifendes, helles Rot; zarte Noten von Rosen, Reife, roten Früchten; geschmeidig, saftig, etwas reif, angenehm. (14 600 Fl.; L.5 194; eine Abfüllung; Merum 2006-1) Privatpreis ab Hof: Euro #

Terrazze Retiche di Sondrio IGT
Nebbiolo Ultimi Raggi 2001   ★★★ – ★★★★ JLF

Recht dunkles Rot; tiefe, einladende Noten von Waldfrüchten; dicht, saftig, frisch, tiefe Frucht, feines Leder, warmes Nebbiolo-Tannin, ausgewogen und lang. (4100 Fl.; L.427; eine Abfüllung; Merum 2006-1) Privatpreis ab Hof: Euro #

Valtellina Sup. DOCG Sassella Ris. Rocce
Rosse Botte n. 5 1997   ★★ – ★★★

Mittleres, warmes Rot; nicht ganz klare Noten von roten Früchten, mineralische Noten; Kraft und Fruchtsüße, potentes, noch kantiges Tannin, Länge, sehr jung, etwas rustikal. (5399 Fl.; L.1 17; eine Abfüllung; Merum 2004-1) Privatpreis ab Hof: Euro #

Valtellina Superiore DOCG Grumello Rocca de Piro 1998

Reifendes, mittelhelles Rot; Noten von roten Beeren; Süße, marmeladige Frucht, müsste eleganter und länger sein, herbes Tannin. (6600 Fl.; L.3 280; eine Abfüllung; Merum 2004-1) Privatpreis ab Hof: Euro #

Valtellina Superiore DOCG
Riserva Rocce Rosse 1996   ★★★ – ★★★★

Reifendes, mittelhelles Hellrot; Noten von Teer, Stroh, Backpflaumen, tiefe Nebbiolo-Frucht; geschmeidiger Ansatz, rund, dann große Kraft, Teer, tiefe Nebbiolo-Frucht, gesunde Säure, etwas Butter, noch sehr jung, Länge auf charaktervollem Valtellina-Tannin. (13 263 Fl.; L.#; mehr als eine Abfüllung; Merum 2004-1) Privatpreis ab Hof: Euro #

Valtellina Superiore DOCG
Sassella Stella Retica 1998 ★★ – ★★★ **JLF**

Mittelhelles, reifendes Rot; eher verhaltene Nase, mineralische Noten von Gestein, Beeren-kompott; recht dicht, gute Säure, elegant, etwas rustikal, heftiges Tannin. (12 700 Fl.; L.3 58; mehr als eine Abfüllung; Merum 2004-1) Privatpreis ab Hof: Euro #

Valtellina Superiore Grumello DOCG
Riserva Buon Consiglio 1995 ★★★ – ★★★★ **JLF**

Helles Granat; wirkt bei der Erstverkostung recht reif, auch Teernoten, mit den Stunden tiefe, frische Nebbiolo-Frucht; sehr feiner Ansatz, samtiges Tannin, Tiefe, reife Frucht, sehr lang; zeigt erst nach 24 Stunden sein ganzes Potential. (6950 Fl.; L.2 95; eine Abfüllung; Merum 2004-1) Privatpreis ab Hof: Euro #

Valtellina Superiore Grumello DOCG
Riserva Rocca del Piro 2002 ★★★ – ★★★★ **JLF**

Mittelhelles, reifendes Rot; tiefe, feine, sehr einladende Nebbiolo-Frucht; fein und kraftvoll zugleich, Süße, feine Frucht, gutes Tannin, elegant und sehr lang. (14 975 Fl.; L.6 136; eine Abfüllung; Merum 2007-2) Privatpreis ab Hof: Euro 11,00

Valtellina Superiore Grumello DOCG
Rocca de Piro 2000 ★★★ **JLF**

Blassrot; einladende Noten von Gummi, Rosenblüten, roten Früchten, Holunder; geschmei-diger Ansatz, gleichwohl kerniger Charakter, tief, harmonisch und lang auf bestem Tannin und Fruchttiefe. (10 650 Fl.; L.4.138; eine Abfüllung; Merum 2005-2) Privatpreis ab Hof: Euro #

Valtellina Superiore Sassella DOCG
Riserva Rocce Rosse 1995 ★★★ – ★★★★ **JLF**

Helles, reifendes Rot; aparte Noten von Herbstlaub, Teer, mit Belüftung zunehmend Frucht; auch im Gaumen erst Teer, entwickelt mit Belüftung zunehmend Tiefe und Frucht, ge-schmeidiger Wein, Kraft, Butter, ausgewogen, saftig, sehr lang. (# Fl.; L.1 108; # Abfüllungen; Merum 2005-2) Privatpreis ab Hof: Euro #

Valtellina Superiore Sassella DOCG
Riserva Stella Retica 2000 ★★ – ★★★ **JLF**

Reifendes Hellrot; feine, reifende Nebbiolo-Noten, einladend; rund, Süße, etwas Teer, Butter, feine Säure, saftig, feinherbes Tannin. (11 020 Fl.; L.6 286; eine Abfüllung; Merum 2007-2) Privatpreis ab Hof: Euro 11,00

Valtellina Superiore Sassella DOCG
Riserva Vigna Regina 1995 ★★★★ **JLF**

Ziemlich helles Granat; betörende, unglaublich vielschichtige Nase, Noten von Trüffel, Petrol, Waldlaub, Waldbeeren, enorm tief; Kraft, sehr dichter Wein, viel Nebbiolo-Tannin, enorm elegant, von bestem, burgundischem Charme, gesunde Säure, saftig, reiche, ausgereifte Valtellina-Frucht, enorm lang; ein im ersten Moment reif wirkender, sich dann von Stunde zu Stunde verjüngender Wein; für Liebhaber dieser erztraditionellen Richtung ein Erlebnis. (4395 Fl.; L.265; eine Abfüllung; Merum 2004-1) Privatpreis ab Hof: Euro #

Balgera, Chiuro (SO) 50 000 Fl./# Hektar
Tel. 0342 482203; Fax 0342 482295; www.vinibalgera.it; p.balgera@tiscali.it

Valtellina Sforzato DOC 1997
Mittleres Rot; Marmeladenoten; Süße, kompottige Frucht, nicht tief, Süße, Säure, nicht lang, trocknet. (7000 Fl.; L.4233; mehr als eine Abfüllung; Merum 2005-2) Privatpreis ab Hof: Euro #

Valtellina Sforzato DOC 1996
Mittelintensives Rot; neben der Nebbiolo-Frucht staubige Holznoten, Ruß; Süße, auch im Gaumen Rauch, Kaffee, Säure, unausgewogen, endet trocken. (5500 Fl.; L.0125; mehr als eine Abfüllung; Merum 2004-1) Privatpreis ab Hof: Euro #

Valtellina Superiore DOCG Riserva del Fondatore 1998
Recht dunkles Rot; Noten von Rinde, Holz, Tabak; auch im Gaumen Tabak, Teer, herbes Tan-nin, müsste fruchtiger und geschmeidiger sein. (10 000 Fl.; L.4229; mehr als eine Abfüllung; Merum 2005-2) Privatpreis ab Hof: Euro #

Valtellina Superiore Grumello DOCG Riserva 1996
Mittleres, reifendes Rot; würzig-kräuterige Reifenoten, Ricola; Reifearoma, fehlt Vielschich-tigkeit, Teer, breit. (4000 Fl.; L.#; eine Abfüllung; Merum 2007-2) Privatpreis ab Hof: Euro 8,00

Bettini, San Giacomo di Teglio (SO) 200 000 Fl./15 Hektar

Tel. 0342 786068; Fax 0342 786535; bettvini@tin.it

Valtellina Sforzato DOC Vigneti di Spina 1999

Mittelhelles Granat; traubig-birnige Noten, fehlt Tiefe; auch im Gaumen etwas oberflächliche Frucht, für Sforzato zu wenig dicht, gutes Tannin, gute Länge. (11 000 Fl.; L.3 090; eine Abfüllung; Merum 2004-1) Privatpreis ab Hof: Euro #

Valtellina Superiore DOCG Sant'Andrea 2003

Mittleres Rot; eher kompottige Frucht; auch im Gaumen nicht sehr präzise, korrekt, nicht tief, herbes Tannin. (10 800 Fl.; L.6 158; eine Abfüllung; Merum 2007-2) Privatpreis ab Hof: Euro 10,50

Valtellina Superiore DOCG Sant'Andrea 2002 ★★★ **JLF**

Mittleres Rot; Erdbeernoten, etwas Gummi, einladend; kraftvoll, Frucht, gute Süße, sehr saftig, rund, feinherbes Tannin, saftig, lang. (11 500 Fl.; L.5 095; eine Abfüllung; Merum 2006-1) Privatpreis ab Hof: Euro #

Valtellina Superiore Inferno DOCG Prodigio 2002 ★★ – ★★★

Dunkelrot; verhalten, Noten von Lakritze, Kompott, fehlt Frische; recht kraftvoll, stoffig, saftig, gewisse Frucht, ziemlich herb. (10 300 Fl.; L.5 311; eine Abfüllung; Merum 2006-1) Privatpreis ab Hof: Euro #

Valtellina Superiore Inferno DOCG Prodigio 2001 ★★ – ★★★

Helles Rubin; kühle, rindige Nase; viel Süße, kraftvoll, gewisse Frucht, nicht sehr tief, endet auf herbem Tannin. (9200 Fl.; L.#; eine Abfüllung; Merum 2005-2) Privatpreis ab Hof: Euro #

Valtellina Superiore Inferno DOCG Prodigio 1998

Mittelhelles Granat; rasch verblühende Noten von Teer, Holz, Rosinen; Kraft, knappe Frucht, Struktur, gutes Tannin, hat elegante Ansätze, müsste aber mehr Lebenskraft und Frucht zeigen. (9000 Fl.; L.12 213; eine Abfüllung; Merum 2004-1) Privatpreis ab Hof: Euro #

Valtellina Superiore Inferno DOCG Riserva 2001

Mittleres Rot; reifende Nebbiolo-Noten; viel Süße, etwas herbes Tannin, etwas breite Frucht, viel Süße, zu fortgeschritten. (4860 Fl.; L.6 031; eine Abfüllung; Merum 2007-2) Privatpreis ab Hof: Euro 12,00

Valtellina Superiore Sassella DOCG Reale 2002

Mittleres Rubin; nicht intensive Noten von Erdbeermarmelade; rustikal, recht saftig, wenig Frucht, herbes Tannin, ungeschmeidig. (8500 Fl.; L.5 313; eine Abfüllung; Merum 2006-1) Privatpreis ab Hof: Euro #

Valtellina Superiore Valgella DOCG 2003

Mittleres, reifendes Rot; nicht sehr klare Frucht, kompottig, breit; im Gaumen breit, Süße, nicht tief, zu rustikal. (20 000 Fl.; L.6 328; mehr als eine Abfüllung; Merum 2007-2) Privatpreis ab Hof: Euro 6,00

Valtellina Superiore Valgella DOCG Vigna la Cornella 2002

Mittleres Rot; Noten von Apfelmus, Süße, nicht frisch; Süße, Kraft, nicht frisch, herb, nicht lang. (4020 Fl.; L.5 147; eine Abfüllung; Merum 2006-1) Privatpreis ab Hof: Euro #

Caven, Teglio (SO) 40 000 Fl./40 Hektar

Tel. 0342 484330; Fax 0342 483796; www.cavencamuna.it; info@cavencamuna.it

Valtellina Sforzato DOC Messere 1999 ★★ – ★★★

Recht intensives Rot; von Holznoten unterstützte Frucht, allerdings nicht intensiv; Kraft, saftig, recht tief, Süße, auch Frucht, Kaffee, recht lang. (3000 Fl.; L.02157; mehr als eine Abfüllung; Merum 2004-1) Privatpreis ab Hof: Euro #

Valtellina Superiore DOCG Giupa 2001

Dunkelrot; nicht frische Holznoten; Holzaroma, Säure, Süße, kurz. (10 000 Fl.; L.04219; eine Abfüllung; Merum 2006-1) Privatpreis ab Hof: Euro #

Valtellina Superiore DOCG Giupa 2000

Mittelhelles Rubin; vegetale Noten, Karton; auch im Gaumen fremdartige Frucht, dann Butter, müde Holznoten, trocken-bitteres Tannin. (10 000 Fl.; L.03090; mehr als eine Abfüllung; Merum 2005-2) Privatpreis ab Hof: Euro #

Valtellina Superiore DOCG Giupa 2000

Mittelhelles Rubinrot; Noten von Vanille, Efeu, vegetal; auch im Gaumen fremdartige Aromen, jedenfalls keine Nebbiolo-Frucht, untypisch. (4000 Fl.; L.03090; mehr als eine Abfüllung; Merum 2004-1) Privatpreis ab Hof: Euro #

67

Valtellina Superiore Inferno DOCG Al Carmine 2001

Recht dunkles Rot; nicht fruchtig, Erde, verhalten; dicht, etwas fremdartige Struktur und Frucht, nicht geschmeidig. (10 000 Fl.; L.04218; eine Abfüllung; Merum 2006-1) Privatpreis ab Hof: Euro #

Valtellina Superiore Inferno DOCG Al Carmine 2000

Frisches, mittleres Rot; nicht frische Nase, gewisse Passito- und Kalkputz-Noten; Kraft, recht konzentriert, bremsendes Tannin, keine Frucht, wirkt müde. (10 000 Fl.; L.03086; mehr als eine Abfüllung; Merum 2005-2) Privatpreis ab Hof: Euro #

Valtellina Superiore Inferno DOCG Al Carmine 2000

Mittleres Rubin; etwas fremdartige Nase, keine Nebbiolo-Frucht, Holz; einfache Struktur, gute Süße, als Valtellina nicht erkennbar, krautiges Tannin, zu wenig typisch. (6000 Fl.; L.03086; mehr als eine Abfüllung; Merum 2004-1) Privatpreis ab Hof: Euro #

Conti Sertoli Salis, Tirano (SO)   250 000 Fl./6 Hektar

Tel. 0342 710404; Fax 0342 710428; www.sertolisalis.com; info@sertolisalis.com

Sforzato di Valtellina DOCG Canua 2001

Mittelhelles Rot; Noten von Trüffeln und gekochten Kartoffeln, Himbeermarmelade; auch im Gaumen interessante Frucht, Säure, Süße, im Abgang leider Holztannin und Röstgeschmack, die den Wein beschließen und dominieren. (48 000 Fl.; L.0431; mehr als eine Abfüllung; Merum 2005-2) Privatpreis ab Hof: Euro #

Valtellina Sforzato DOC Canua 2000   ★★★ – ★★★★

Mittleres Granat; intensive, reife Nebbiolo-Nase, Noten von Himbeeren, Kakao, Kirschenmarmelade; tolle Frucht schon im Ansatz, saftig, rundes Tannin, sehr lang auf vielschichtigen Geschmacksnuancen von Himbeermarmelade über Lakritze bis Kaffee und Röstung. (42 000 Fl.; L.0244; mehr als eine Abfüllung; Merum 2004-1) Privatpreis ab Hof: Euro #

Valtellina Superiore DOCG Capo di Terra 2002

Mittleres Rot; müde Marmelade- und Holznoten; Süße, vom Holz gezehrt, fehlt Fruchttiefe, herbes Tannin, nicht lang. (20 000 Fl.; L.0530; mehr als eine Abfüllung; Merum 2006-1) Privatpreis ab Hof: Euro #

Valtellina Superiore DOCG Capo di Terra 2001

Mittelhelles Rot; Nebbiolo- und gewisse Holznoten, macht neugierig; runder Ansatz, geschmeidig, Nebbiolo-Frucht, dann im Abgang neben Butter auch Holznoten und gekochte Kartoffeln. (20 000 Fl.; L.0428; eine Abfüllung; Merum 2005-2) Privatpreis ab Hof: Euro #

Valtellina Superiore DOCG Capo di Terra 2000

Mittelhelles Granat; reife Noten von Holunder, Unterholz, Laub, Schweiß, macht neugierig; voller Ansatz, recht dicht, trocknendes Tannin, Butter, fortgeschritten, fehlt Frucht. (20 000 Fl.; L.0308; mehr als eine Abfüllung; Merum 2004-1) Privatpreis ab Hof: Euro #

Valtellina Superiore
Corte della Meridiana 2000   ★★ – ★★★

Mittleres Granat; Noten von roter Beerenmarmelade, Holz, Waldlaub, sehr einladend; eleganter Ansatz, im Holz erzogen, strenges Tannin, Butter, reif, Länge. (35 000 Fl.; L.#; mehr als eine Abfüllung; Merum 2004-1) Privatpreis ab Hof: Euro #

Valtellina Superiore DOCG Riserva Corte della Meridiana 2003

Mittleres, warmes Rot; würzige Nase, auch Frucht; warm, reif, röstgeprägt, trocknendes Tannin. (18 600 Fl.; L.0629; eine Abfüllung; Merum 2007-2) Privatpreis ab Hof: Euro 15,00

Valtellina Superiore DOCG Riserva Corte della Meridiana 2001

Mittleres Rot; rote Beerenmarmelade, gekochte Früchte; von Röstung geprägt, viel Vanille, trocknet. (30 000 Fl.; L.0506; mehr als eine Abfüllung; Merum 2006-1) Privatpreis ab Hof: Euro #

Valtellina Superiore Sassella DOCG 2000   ★★ – ★★★

Mittleres Granat; tiefe Nase mit Frucht, Holz, Zitrus; Mittelgewicht, dicht, strenges Tannin, spürbare Tiefe, wertvoll, schöne Länge, dürfte etwas mehr Fruchtfrische und weniger trockenes Tannin zeigen. (30 000 Fl.; L.0317; mehr als eine Abfüllung; Merum 2004-1) Privatpreis ab Hof: Euro #

CS Villa Bianzone, Villa di Tirano (SO)
290 000 Fl./50 Hektar

Tel. 0342 795107; Fax 0342 797759; www.cantinadivilla.it;
direzione@cantinadivilla.it

Valtellina Sforzato DOC Tinaia 1998

Reifendes Rot; fortgeschritten; auch im Gaumen Alterston, viel Süße, müsste fruchtfrischer sein. (12 000 Fl.; L.#; eine Abfüllung; Merum 2005-2) Privatpreis ab Hof: Euro 15/16

Valtellina Superiore DOCG I Ronchi 1998

Mittelhelles, junges Rot; Holznoten; auch im Gaumen ohne Valtellina-Charakter, zu austauschbar, trockenes Holztannin, ausgemergelt, ohne Frucht, ohne Süße. (12 000 Fl.; L.250720; eine Abfüllung; Merum 2004-1) Privatpreis ab Hof: Euro #

Valtellina Superiore DOCG Riserva Terre di Vigna 2001

Mittelintensives Rot; gewisse Nebbiolo-Frucht, fehlt Frische; etwas matte Pfirsichfrucht, herb, rustikal. (7200 Fl.; L.291716; eine Abfüllung; Merum 2007-2) Privatpreis ab Hof: Euro #

Valtellina Superiore DOCG Valtoline 2003 ★★ – ★★★

Mittelhelles Rot; Karamell, Frucht; Mittelgewicht, Säure, saftig, gewisse Frucht, Karamell, kraftvoll, müsste feiner sein. (# Fl.; L.unleserlich; eine Abfüllung; Merum 2007-2) Privatpreis ab Hof: Euro #

Enologica Valtellinese/GIV, Chiuro (SO)
50 000 Fl./8 Hektar

Tel. 0342 485211; Fax 0342 482235; www.giv.it; negri@giv.it

Valtellina Superiore DOC
Riserva Castel Grumello Tre Leghe 1996 ★★★ JLF

Mittleres Rot; sehr feine Noten von Erdbeermarmelade, Trüffel, Teer; Kraft, Süße, dicht, Frucht, etwas Holz, spürbares Tannin, ausgewogen und trinkig, lang. (50 000 Fl.; L.02-16513/0015:12; mehr als eine Abfüllung; Merum 2004-1) Privatpreis ab Hof: Euro #

Fasolini Franco & Davide, Montagna (SO)
8000 Fl./3 Hektar

Tel. 347 2909779; Fax 0342 513827; www.dirupi.com; info@dirupi.com

Valtellina Superiore DOCG Dirupi 2004 ★★ – ★★★

Mittelhelles, frisches Rot; verhaltene Fruchtnoten, macht neugierig; saftig, jung, schlankes Mittelgewicht, Säure, etwas herb, gewisse Frucht, recht tief, gute Länge. (1161 Fl.; L.06280; eine Abfüllung; Merum 2007-2) Privatpreis ab Hof: Euro 11,70

Fondazione Fojanini, Sondrio (SO)
30 000 Fl./10 Hektar

Tel. 0342 512954; Fax 0342 513210; www.fondazionefojanini.com;
fondazione.fojanini@provincia.so.it

Sforzato di Valtellina DOCG 2001 ★★ – ★★★

Dunkelrot; Reifenoten, etwas Ruß, knappe Frucht; im Mund angenehm, sehr konzentriert, herbes Tannin, Säure, wenig Feinheiten. (2000 Fl.; L.#; eine Abfüllung; Merum 2007-2) Privatpreis ab Hof: Euro 18,60

Valtellina Superiore Sassella DOCG
Le Barbarine 2001 ★★★ – ★★★★

Mittleres Rot; strauchige und beerenfruchtige Noten; fruchtig auch im Gaumen, Johannisbeergelee, Holunder, eingepasstes Holz, feine Herbe, saftig, lang. (4000 Fl.; L.#; eine Abfüllung; Merum 2007-2) Privatpreis ab Hof: Euro 9,00

Gianatti Giorgio, Montagna (SO)
6000 Fl./2 Hektar

Tel. 0342 380033; Fax 0342 200373; #

Valtellina Superiore Grumello DOCG 1999 ★★★ JLF

Mittleres Rot; Noten von Früchtekompott, Pfirsich, macht neugierig; kraftvoll, Steinfrüchte, kernige Säure, währschaftes, noch etwas herbes Tannin, noch jung, mittlere Länge. (6000 Fl.; L.02 134; eine Abfüllung; Merum 2004-1) Privatpreis ab Hof: Euro #

Valtellina Superiore Grumello DOCG 2001 ★★ – ★★★

Helles Rot; Erdbeernoten; Süße, Alkohol, rote Frucht, viel Tannin, saftig und geschmeidig, aber müsste konzentrierter und reifer sein. (6000 Fl.; L.04 03; mehr als eine Abfüllung; Merum 2005-2) Privatpreis ab Hof: Euro #

I Vinautori, Campascio (Schweiz)   25 000 Fl./6 Hektar

Tel. 004155 2412520; Fax 004155 2602256; www.vinautori.com;
kontext@stefan.keller.name

Valtellina Superiore DOCG Virtù 2001

*Reifendes, mittelhelles Rot; Nebbiolo-Nase mit Hanf- und Holznoten; Mittelgewicht, viel
Süße, Vanille, trocknendes Tannin, Eichengeschmack im Abgang. (6500 Fl.; L.0164; eine
Abfüllung; Merum 2005-2) Privatpreis ab Hof: Euro #*

La Torre, Poschiavo (Schweiz)   40 000 Fl./9,5 Hektar

Tel. 004181 8443434; Fax 004181 8443435; www.la-torre.ch; info@la-torre.ch

Sforzato di Valtellina DOCG 2001

*Dunkles, reifendes Rot; unklare, zwieblige Nase, etwas Kaffee; Kraft, Süße, trocknendes Tan-
nin, Butter, Kaffee. (8010 Fl.; L.1534; eine Abfüllung; Merum 2005-2) Privatpreis ab Hof: Euro #*

Sforzato di Valtellina DOCG 2001

*Mittleres, reifendes Rot; Nebbiolo-Noten, gewisse Fruchttiefe; Kraft, Süße, Kaffee, bitteres
Tannin, auch fruchtige Länge, aber Bitterkeit prägt leider den Abgang (8010 Fl.; L.1534; eine
Abfüllung; Merum 2006-1) Privatpreis ab Hof: Euro #*

Valtellina Sforzato DOC 1999

*Recht dunkles Rot; Noten von nicht optimalem Holz; Kraft, viel Süße, aber auch im Gaumen
ein Art Linoleum-Geschmack, Kaffee, trocknet nach. (8730 Fl.; L.2482; # Abfüllungen; Merum
2004-1) Privatpreis ab Hof: Euro #*

Valtellina Superiore DOCG Agnus 2002

*Mittelhelles Rot; Erdbeerfrucht; gewisse Erdbeerfrucht auch im Gaumen, herbes Tannin,
recht angenehm, ziemlich schlank, Papier, leise bitter. (7790 Fl.; L.0205; mehr als eine Abfüllung; Merum 2006-1) Privatpreis ab Hof: Euro #*

Valtellina Superiore DOCG Agnus 2001   ★★ – ★★★

*Eher helles Rot; verhaltene Noten von Erdbeermarmelade, auch Tiefe; Mittelgewicht, recht
rund, feines Tannin, Frucht, Butter, saftig, angenehm, gute Länge. (10 100 Fl.; L.1044; mehr
als eine Abfüllung; Merum 2005-2) Privatpreis ab Hof: Euro #*

Valtellina Superiore DOCG Divum 2002   ★★ – ★★★

*Mittelhelles Rot; Noten von Holz und Frucht; Holz und Frucht auch im Gaumen, dann But-
ter, etwas zu trocknend, sonst recht angenehm. (9930 Fl.; L.#; mehr als eine Abfüllung; Merum
2006-1) Privatpreis ab Hof: Euro #*

Valtellina Superiore DOCG Divum 2001

*Recht dunkles Rot; nicht klare marmeladig-holzige Nase, nicht fein; viel Süße, Kraft, nicht
frisch, trockenes Tannin. (12 640 Fl.; L.2334; mehr als eine Abfüllung; Merum 2005-2) Privatpreis
ab Hof: Euro #*

Valtellina Superiore DOCG Divum 2000

*Mittleres Rot; unklare, einseitige Holznoten; recht kraftvoll, Butter, herbes Tannin, Süße, fehlt
Frucht. (6300 Fl.; L.3522; # Abfüllungen; Merum 2004-1) Privatpreis ab Hof: Euro #*

Valtellina Superiore DOCG Nebbiolo Vigne San Siro 2001

*Mittleres Rot; röstige und erdige Noten; Erde auch im Gaumen, Kaffee, krautig, zu herb.
(1780 Fl.; L.#; eine Abfüllung; Merum 2006-1) Privatpreis ab Hof: Euro #*

Valtellina Superiore DOCG Nebbiolo Vigne San Siro 2000

*Mittelhelles Rot; nicht restlos klare Nase, Kalkputz; Frucht kommt nicht durch; Metall, Kalk-
putz, trocknet. (Biowein.) (# Fl.; L.#; eine Abfüllung; Merum 2005-2) Privatpreis ab Hof: Euro #*

Mamete Prevostini, Mese (SO)   100 000 Fl./8 Hektar

Tel. 0343 41003; Fax 0343 41521; www.mameteprevostini.com;
info@mameteprevostini.com

Botonero Terrazze Retiche di Sondrio IGT 2005   ★★ – ★★★

*Mittleres, leuchtendes Rot; kompottige Nebbiolo-Noten, Laub; viel Süße, karamellige Frucht,
kräftiges Tannin, Butter, recht angenehm. (15 000 Fl.; L.6222; mehr als eine Abfüllung; Merum
2007-2) Privatpreis ab Hof: Euro 4,50*

Rosso di Valtellina DOC Santarita 2004

Mittleres Rot; strauchig-rauchige Noten, nicht klar; im Gaumen gewisses Beerenaroma, einfach, nicht komplett klar, herbes Tannin. (30 000 Fl.; L.5187; mehr als eine Abfüllung; Merum 2006-1) Privatpreis ab Hof: Euro #

Sforzato di Valtellina DOCG Albareda 2002

Recht dichtes Rot; laute Noten von Röstung, gewisse Frucht; auch im Gaumen Röstung, konzentriert, süß und dicht, zu einseitig röstig. (10 000 Fl.; L.#; eine Abfüllung; Merum 2005-2) Privatpreis ab Hof: Euro #

Sforzato di Valtellina DOCG Albareda 2002

Dunkelrot; warme Röst- und Rumtopfnoten, würzig; kraftvoll, viel Süße, zu stark von Röstung geprägt, trocknet. (10 000 Fl.; L.4335; mehr als eine Abfüllung; Merum 2006-1) Privatpreis ab Hof: Euro #

Terrazze Retiche IGT Botonero 2004

Frisches, mittleres Rot; einfache, etwas apfelige Fruchtnoten; Mittelgewicht, einfache Frucht, herb, nicht lang. (12 000 Fl.; L.5214; mehr als eine Abfüllung; Merum 2006-1) Privatpreis ab Hof: Euro #

Valtellina Sforzato DOC Albareda 2000   🍷

Mittleres Rot; Holznoten; im Gaumen Eiche, Röstung und rote Frucht, Kraft, Konzentration, Süße, fehlt Tiefe, Kaffee und trocknendes Holztannin im Abgang. (7000 Fl.; L.#; eine Abfüllung; Merum 2004-1) Privatpreis ab Hof: Euro #

Valtellina Superiore DOCG Corte di Cama 2003

Mittleres, reifendes Rot; Frucht und Röstaromen; viel Süße, vorherrschende Röstung. (13 000 Fl.; L.6087; mehr als eine Abfüllung; Merum 2007-2) Privatpreis ab Hof: Euro 18,00

Valtellina Superiore DOCG Corte di Cama 2002   🍷

Mittleres Rot; Röstnoten, auch Frucht; Süße, Eiche, Frucht, herbes Tannin, nicht elegant, trocken im Abgang, Röst- und Holzgeschmack. (10 000 Fl.; L.4311; eine Abfüllung; Merum 2005-2) Privatpreis ab Hof: Euro #

Valtellina Superiore DOCG Corte di Cama 2002

Mittleres, reifendes Rot; holzwürzige Nase, auch Fruchtnoten; im Gaumen zu stark holzwürzig, viel Röstung, Holz bleibt hängen und vertreibt den Charme des Nebbiolo. (12 000 Fl.; L.4311; mehr als eine Abfüllung; Merum 2006-1) Privatpreis ab Hof: Euro #

Valtellina Superiore DOCG Corte di Cama 1999   🍷

Mittleres, reifendes Rot; Noten von Holz, Cola und Marmelade; auch im Gaumen Holzaroma, Süße und Säure, verholzt, trockenes Holztannin im Abgang. (6000 Fl.; L.#; eine Abfüllung; Merum 2004-1) Privatpreis ab Hof: Euro #

Valtellina Superiore Sassella DOCG 2004

Mittelhelles Rot; nicht klare Kompottnoten, Pfirsich; Süße und Herbe, nicht tief, kompottige Frucht. (13 000 Fl.; L.7030; mehr als eine Abfüllung; Merum 2007-2) Privatpreis ab Hof: Euro 18,00

Valtellina Superiore Sassella DOCG 2002   ★★★

Mittelhelles Rot; recht intensive, tiefe Nase, Trüffelnoten, rote Beeren, Holunder; geschmeidig, tieffruchtig, saftige Säure, schönes Nebbiolo-Tannin, lang. (30 000 Fl.; L.5237; mehr als eine Abfüllung; Merum 2006-1) Privatpreis ab Hof: Euro #

Valtellina Superiore Sassella DOCG Sommarovina 2003

Mittleres Rot; Holz-Frucht-Noten, Röstung; recht kraftvoll, etwas fett, gewisse Frucht, Holz, klebt etwas im Abgang. (20 000 Fl.; L.5328; mehr als eine Abfüllung; Merum 2006-1) Privatpreis ab Hof: Euro #

**Valtellina Superiore Sassella DOCG
Sommarovina 2000**   ★★ – ★★★

Mittelhelles Rubin; recht dichte Noten von dunkler Beerenmarmelade; Kraft, viel Tannin, Säure, gewisse Frucht, herb im Abgang. (15 000 Fl.; L.3046; eine Abfüllung; Merum 2004-1) Privatpreis ab Hof: Euro #

Motalli Renato, Teglio (SO)   15 000 Fl./2 Hektar

Tel. 0342 785020; Fax 0342 705050; #

Sforzato di Valtellina DOCG 2003

Mittelintensives Rubin; nicht tiefe Fruchtnoten, Apfel; Süße, recht dichte Frucht, dann herbes Tannin, wenig Tiefe, herb. (6000 Fl.; L.29405; mehr als eine Abfüllung; Merum 2006-1) Privatpreis ab Hof: Euro #

Valtellina Superiore DOCG Le Urscele 2002

Mittelhelles Rot; feine Frucht, einladend; rund, Süße, gewisse Frucht, trocknet im Abgang. (3500 Fl.; L.06283; eine Abfüllung; Merum 2007-2) Privatpreis ab Hof: Euro #

Valtellina Superiore Valgella DOCG 2002

Mittelhelles, reifendes Rot; Pfirsichnoten, etwas welk in der Nase; runder Ansatz, Süße, nicht sehr tief, müsste fruchtfrischer sein. (12 000 Fl.; L.06282; eine Abfüllung; Merum 2007-2) Privatpreis ab Hof: Euro 7,00

Valtellina Superiore Valgella DOCG 2001

Mittelhelles Rot; vorwiegend Apfelnoten, nicht tief; im Gaumen kühl, einfache Frucht, oberflächlich, ziemlich bitter. (11 000 Fl.; L.29405; mehr als eine Abfüllung; Merum 2006-1) Privatpreis ab Hof: Euro #

Valtellina Superiore Valgella DOCG 1999   ★★★ JLF

Hellrot; frische Valtellina-typische Noten von roten Früchten, sehr tief und einladend; runder Ansatz, eher schlankes Mittelgewicht, saftig, rundes Tannin, intakte Frucht, frische Säure, Charakter, ausgewogen, elegant, Länge. (12 000 Fl.; L.2203; mehr als eine Abfüllung; Merum 2004-1) Privatpreis ab Hof: Euro #

Valtellina Superiore Valgella DOCG 2000   ★★ – ★★★ JLF

Hellrot; feine, tiefe Nase, Noten von Schwarztee, roten Früchten, einladend; sehr elegant, fein, schlank, ausgewogen, fruchtig, rundes Tannin, lang; der Stil gefällt mir sehr, der Wein dürfte jedoch eine Spur dichter sein. (10 000 Fl.; L.29404; mehr als eine Abfüllung; Merum 2005-2) Privatpreis ab Hof: Euro #

Nera, Chiuro (SO)   600 000 Fl./40 Hektar

Tel. 0342 482631; Fax 0342 483796; www.neravini.com; info@neravini.com

Valtellina Sforzato DOC 2000

Mittleres, frisches Rot; verhalten, knappe Frucht; Kraft, Süße, wenig Fruchttiefe, fehlt Aufregung. (15 000 Fl.; L.02083; mehr als eine Abfüllung; Merum 2005-2) Privatpreis ab Hof: Euro #

Valtellina Sforzato DOC 1999

Mittelintensives Rot; Noten von Kompott und Holz; Kraft, Süße, Fülle, Holzgeschmack, im Abgang dann Holztannin. (10 000 Fl.; L.03083; mehr als eine Abfüllung; Merum 2004-1) Privatpreis ab Hof: Euro #

Valtellina Superiore DOCG NBEfesto 2002

Mittleres, frisches Rot; kühle Apfelnoten, nicht tief; mittlere Konzentration, einfache Frucht, Apfel, nicht tief, etwas Leder, leicht bitter. (30 000 Fl.; L.05209; mehr als eine Abfüllung; Merum 2006-1) Privatpreis ab Hof: Euro #

Valtellina Superiore DOCG Riserva Signorie 1999

Mittleres, frisches Rot; Noten von Erde und Kalkputz, etwas Frucht; auch im Gaumen Mörtel, viel Süße, Säure, gewisse Frucht, ungeschmeidig, endet herb. (15 000 Fl.; L.04111; mehr als eine Abfüllung; Merum 2005-2) Privatpreis ab Hof: Euro #

Valtellina Superiore Grumello DOCG Riserva 1998

Mittleres Rot; Noten von Frucht und Holz; Kraft, Süße, Holz, fehlt Frucht, trockenes Holztannin. (5500 Fl.; L.02289; mehr als eine Abfüllung; Merum 2004-1) Privatpreis ab Hof: Euro #

Valtellina Superiore Inferno DOCG Riserva 2001

Recht dunkles Rot; verhalten, gewisse Frucht, Apfel, Holz; wirkt etwas breit, füllig, Holz, auch Frucht, gewisse Länge, etwas rustikal. (15 000 Fl.; L.05061; eine Abfüllung; Merum 2006-1) Privatpreis ab Hof: Euro #

Valtellina Superiore Sassella DOCG Alisio 2001

Mittleres, junges Rot; verschlossene, rindige Noten; recht kraftvoll, Süße, herbes Tannin, Butter, gewisse Frucht, etwas trocken, müdes Schwänzchen im Abgang. (40 000 Fl.; L.04168; mehr als eine Abfüllung; Merum 2005-2) Privatpreis ab Hof: Euro #

ALBINEA CANALI

VITICOLTORI DAL 1936

CANTINA ALBINEA CANALI
Sede Commerciale: Cantine Riunite
Via Brodolini,24 - 42040 Campegine (RE) - Italia
Tel. +39.0522.905711 - Fax +39.0522.905778
www.albineacanali.it - info@albineacanali.it

Calatrasi ist Avantgardist einer neuen önologischen Weinkultur, die die Traditionen Süditaliens mit fortschrittlichster Technologie vereint. Calatrasi erzeugt Premiumweine in Sizilien und Apulien. Allora Primitivo 2005 ist höchster Ausdruck der apulischen Weinproduktion: tiefe rote Farbe, Noten von getrockneten Aprikosen und Pflaumen, voller Körper und langer Abgang.

CANTELE

WWW.CANTELE.IT

PLANETA

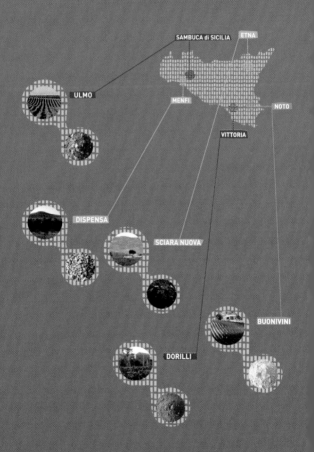

SAMBUCA di SICILIA

ETNA

ULMO

MENFI

NOTO

VITTORIA

DISPENSA

SCIARA NUOVA

BUONIVINI

DORILLI

Valtellina Superiore Sassella DOCG Alisio 1999

Mittleres Rot; Holznoten, fehlt Fruchtfrische; auch im Gaumen fehlt Frucht, etwas breit, fehlt Eleganz, verfällt rasch im Glas. (24 000 Fl.; L.03070; mehr als eine Abfüllung; Merum 2004-1) Privatpreis ab Hof: Euro #

Nino Negri/GIV, Chiuro (SO)   800 000 Fl./34,5 Hektar

Tel. 0342 485211; Fax 0342 482235; www.giv.it; negri@giv.it

Sforzato di Valtellina DOCG Sfursat 2003   ★★ – ★★★

Mittleres Rot; frische, würzig-fruchtige Noten, tief und einladend; Süße, kraftvoll, etwas Holz, nicht sehr vielschichtig. (30 000 Fl.; L.6333R3 15:34; mehr als eine Abfüllung; Merum 2007-2) Privatpreis ab Hof: Euro 30,40

Sforzato di Valtellina DOCG Sfursat 2002   ★★ – ★★★

Mittleres Rot; verhalten, gewisse Fruchttiefe; viel Kraft, Frucht, viel gutes Tannin, Butter, lang, herb im Abgang. (65 000 Fl.; L.5209364S; mehr als eine Abfüllung; Merum 2006-1) Privatpreis ab Hof: Euro #

Valtellina Sfursat DOC 2000   ★★★ – ★★★★

Mittelhelles Rot; tolle Fruchtnoten, Himbeeren, feines Holz, tief und einladend; kraftvoll-dichter Ansatz, große, typische Sforzato-Frucht, sehr saftig, tief, Länge. (30 000 Fl.; L.03-142R115:13; mehr als eine Abfüllung; Merum 2004-1) Privatpreis ab Hof: Euro #

Valtellina Sfursat DOCG (modernes Etikett) 2001   ★★★

Mittleres Rot; klassische Sforzato-Nase mit Noten von getrockneten Früchten, Heu; Kraft, wuchtig, Frucht, recht rund, saftig, lang, etwas Holz. (45 000 Fl.; L.04-274R409:04; mehr als eine Abfüllung; Merum 2005-2) Privatpreis ab Hof: Euro #

Valtellina Sfursat DOCG (traditionelles Etikett) 2001

Reifendes, recht dunkles Rot; nicht komplett klare Noten von Kaffee, getrockneten Beeren; kraftvoll, konzentriert, Süße, Kaffee, trockenes Tannin, im Abgang Holz. (30 000 Fl.; L.436415/00S; mehr als eine Abfüllung; Merum 2005-2) Privatpreis ab Hof: Euro #

Valtellina Superiore DOCG Fracia 2003   ★★ – ★★★

Mittelhelles Rot; feine, recht tieffruchtige Noten, würzig; Süße, Säure, gewisse Frucht, etwas Holzwürze, gute Länge, im Finale Karamell. (15 000 Fl.; L.7026365 15:55; mehr als eine Abfüllung; Merum 2007-2) Privatpreis ab Hof: Euro 8,80

Valtellina Superiore DOCG Fracia 2002

Recht dunkles Rot; marmeladige Röstnoten; Süße, Röstung, heimatlos, trocknet nach. (17 000 Fl.; L.#; mehr als eine Abfüllung; Merum 2006-1) Privatpreis ab Hof: Euro #

Valtellina Superiore DOCG Riserva 2002

Mittelintensives, reifendes Rot; würzig-reifende Nase; sehr kräftig, konzentriert, präsente Nebbiolo-Frucht, Süße und Säure, Röstung stört, trocknet. (10 000 Fl.; L.7047364 14:19; mehr als eine Abfüllung; Merum 2007-2) Privatpreis ab Hof: Euro 12,20

Valtellina Superiore DOCG Riserva 1999   ★★ – ★★★

Mittelintensives Rot; verhaltene Nebbiolo-Frucht; etwas breiter Ansatz, recht ausgewogen, gewisse Fruchttiefe, etwas Butter, zu trockenes Tannin, gute Länge. (10 000 Fl.; L.5280R4; mehr als eine Abfüllung; Merum 2006-1) Privatpreis ab Hof: Euro #

Valtellina Superiore DOCG Riserva 1998

Mittleres, reifendes Rot; Noten von Kaffee, Röstung, Holunder; im Prinzip recht elegante Erscheinung, statt Frucht jedoch Röstaromen, herbes Tannin, das Holz verscheucht den Charme, endet herb und butterig. (20 000 Fl.; L.4358R4S; mehr als eine Abfüllung; Merum 2005-2) Privatpreis ab Hof: Euro #

Valtellina Superiore DOCG Riserva 1997   ★★ – ★★★

Mittleres Rot; Himbeer- und Eichennoten; auch im Gaumen frische Frucht, durch die Zucht im Holz etwas streng, wertvolle Länge. (20 000 Fl.; L.02-337R114:14; mehr als eine Abfüllung; Merum 2004-1) Privatpreis ab Hof: Euro #

Valtellina Superiore DOCG Vigneto Fracia 2001

Dunkelrot; Röstnoten, Kaffee, kaum Frucht; Kraft, Kaffee, Marmelade, etwas Butter, keine Geschmeidigkeit, breit, ohne Nebbiolo-Charme. (20 000 Fl.; L.03-303R6S; mehr als eine Abfüllung; Merum 2005-2) Privatpreis ab Hof: Euro #

Valtellina Superiore Grumello DOCG 2003 ★★★ – ★★★★ JLF

Mittelhelles, frisches Rot; feine, rotbeerige Nase, jung; zarter Körper, fein, rund, ausgewogen, feines Tannin, gute Länge. (130 000 Fl.; L.6353R4 11:05; mehr als eine Abfüllung; Merum 2007-2) Privatpreis ab Hof: Euro 10,00

Valtellina Superiore Grumello DOCG 2002 ★★★ – ★★★★ JLF

Mittelhelles Rot; Noten von Erdbeermarmelade, macht Lust; geschmeidiger Ansatz, Holunder, Frucht, saftig, feines Tannin, etwas Butter, geschmeidig, lang. (100 000 Fl.; L.5300R6; mehr als eine Abfüllung; Merum 2006-1) Privatpreis ab Hof: Euro #

Valtellina Superiore Grumello DOCG 2001 ★★★ – ★★★★ JLF

Mittelhelles Rot; einladende, helle Nebbiolo-Noten, Herbstlaub, rote Beeren, erinnert an manche Blauburgunder; kraftvoll und feingliedrig zugleich, Süße, saftig, feines, gutes Tannin, mittlere Länge auf Butter und Frucht. (70 000 Fl.; L.04-272R314:42; mehr als eine Abfüllung; Merum 2005-2) Privatpreis ab Hof: Euro #

Valtellina Superiore Grumello DOCG 1999 ★★★ – ★★★★

Frisches, mittelhelles Rot; Noten von Erdbeer- und Himbeermarmelade, gute Tiefe; geschmeidiger Ansatz, sehr rund und elegant, etwas Butter, charaktervolles Tannin, trinkige Säure, lang. (80 000 Fl.; L.03-119R310:40; mehr als eine Abfüllung; Merum 2004-1) Privatpreis ab Hof: Euro #

Valtellina Superiore Grumello DOCG Riserva 2001 ★★★

Mittleres Rot; feine, tiefe Nebbiolo-Frucht, sehr einladend; kraftvoll, Säure, Süße, fein holzunterlegte Frucht, Holunder, lang. (5000 Fl.; L.6186R3S; mehr als eine Abfüllung; Merum 2007-2) Privatpreis ab Hof: Euro 11,00

Valtellina Superiore Sassella DOCG 2001

Mittelhelles Rot; nicht klare Holz- und Marmeladenoten; Kraft, viel Süße, Butter, recht angenehm. (120 000 Fl.; L.4357R314:44; mehr als eine Abfüllung; Merum 2005-2) Privatpreis ab Hof: Euro #

Valtellina Superiore Sassella DOCG Botti d'Oro 2001 ★★★

Mittelhelles Rot; fruchtige Nebbiolo-Nase; ausgewogen, fruchtig, schöner Valtellina, wäre ohne die am Rande spürbare Holzwürze noch besser, lang. (5000 Fl.; L.6130366S; mehr als eine Abfüllung; Merum 2007-2) Privatpreis ab Hof: Euro 12,50

Valtellina Superiore Sassella DOCG Riserva 2001 ★★★

Mittelintensives, warmes Rot; intensive Nebbiolo-Frucht, tief und einladend; runder Ansatz, konzentriert, gewisse Holzwürze, fleischig, saftig, lang. (5000 Fl.; L.607436SS; mehr als eine Abfüllung; Merum 2007-2) Privatpreis ab Hof: Euro 10,80

Nobili Silvano, Poggiridenti (SO) 14 000 Fl./4 Hektar

Tel. 0342 511188; Fax 0342 511188; nobilinik@libero.it

Valtellina Superiore Sassella DOCG 2002

Helles Purpurrot; Maische- und Passito-Noten, riecht unfertig; marmeladige Frucht, unfertig, keine Eleganz, keine Tiefe. (4000 Fl.; L.D/04; eine Abfüllung; Merum 2005-2) Privatpreis ab Hof: Euro #

Rainoldi, Chiuro (SO) 200 000 Fl./10 Hektar

Tel. 0342 482225; Fax 0342 483775; www.rainoldi.com; rainoldi@rainoldi.com

Sfursat Valtellina DOCG 2003 ★★ – ★★★

Mittleres Rot; würzige Eukalyptus- und Holundernoten; Süße, Konzentration, Holunder, viel Tannin und Säure, saftig, herb, lang auf Nebbiolo-Frucht. (10 200 Fl.; L.07025; eine Abfüllung; Merum 2007-2) Privatpreis ab Hof: Euro 14,70

Valtellina Sfursat DOC 2000

Mittleres Rot; Holznoten und Röstung; gewisse Frucht, Kraft, Holzgeschmack, trockene Tannine, Süße, Kaffee; schade, verholzt. (6600 Fl.; L.03064; eine Abfüllung; Merum 2004-1) Privatpreis ab Hof: Euro #

Valtellina Sfursat DOCG 2001 ★★ – ★★★

Mittleres Rot; verhaltene Tiefe, Kandis; trotz Konzentration geschmeidiger Ansatz, Frucht, Holunder, Tiefe, lang, dürfte mehr Frucht zeigen. (8600 Fl.; L.04279; eine Abfüllung; Merum 2005-2) Privatpreis ab Hof: Euro #

Valtellina Superiore DOCG Crespino 2004

Mittleres Rot; Nebbiolo-Frucht, feine Gummi- und Holundernoten, etwas Röstung; erst betont fruchtig, dann leider trocknend und röstbetont. (14 100 Fl.; L.07026; eine Abfüllung; Merum 2007-2) Privatpreis ab Hof: Euro 11,50

Valtellina Superiore DOCG Prugnolo 2001

Recht dunkles Rot; Noten von Eukalyptus, schwarzen Johannisbeeren; kraftvoll, auch im Gaumen würzig, Holz, endet auf herbem, trockenem Tannin. (14 400 Fl.; L.04216; eine Abfüllung; Merum 2005-2) Privatpreis ab Hof: Euro #

Valtellina Superiore Inferno DOCG 2003 ★★ – ★★★

Recht dunkles Rot; Noten von Apfel und Erdbeeren; auch im Gaumen fruchtig, herbes Tannin, saftig, lang. (# Fl.; L.05327; eine Abfüllung; Merum 2006-1) Privatpreis ab Hof: Euro #

Valtellina Superiore Inferno DOCG 1999 ★★ – ★★★

Recht dichtes Granat; Noten von Frucht und Holz; Süße, Holzgeschmack, allerdings auch gewisse Frucht und Typizität vorhanden, Länge; zu stark holzgeprägt. (5000 Fl.; L.03063; eine Abfüllung; Merum 2004-1) Privatpreis ab Hof: Euro #

Valtellina Superiore Inferno DOCG 2002 ★★ – ★★★

Mittleres Rot; verhaltene Frucht, Steinfrüchte, Holz; kraftvoll, Tannin, Süße, gewisse Frucht, dicht, etwas streng, saftig. (15 000 Fl.; L.04334; eine Abfüllung; Merum 2005-2) Privatpreis ab Hof: Euro #

Valtellina Superiore Sassella DOCG 2004 ★★ – ★★★

Mittelhelles Rot; fruchtige Nase, Himbeermarmelade, Holunder; ausgeprägt fruchtig, Holunder, Himbeeren, feine Röstung, kraftvoll, herbes Tannin, lang. (18 000 Fl.; L.07029; eine Abfüllung; Merum 2007-2) Privatpreis ab Hof: Euro 6,60

Valtellina Superiore Sassella DOCG Riserva 2002 ★★ – ★★★

Mittelhelles Rot; leicht schwitzige Frucht, etwas Gummi, Holz; konzentriert, Nebbiolo-Frucht, Gummi, Holunder, herbes Holztannin. (25 000 Fl.; L.05277; eine Abfüllung; Merum 2007-2) Privatpreis ab Hof: Euro 10,20

Valtellina Superiore Sassella DOCG Riserva 2002 ★★ – ★★★

Dunkelrot; Noten von Holunder, Frucht, recht tief und einladend; kraftvoll, konzentriert, etwas holzgeprägt, saftig, herbes Tannin. (15 250 Fl.; L.05131; eine Abfüllung; Merum 2006-1) Privatpreis ab Hof: Euro #

Valtellina Superiore Sassella DOCG Riserva 2001 ★★★

Mittleres Rot; rindige Cassisnoten, macht neugierig; dichter, auch süßer Ansatz, fast etwas strenge Tanninstruktur, viel Tannin, aber nicht trocknend, tiefe Frucht, Cassis, saftig, lang. (9800 Fl.; L.04169; eine Abfüllung; Merum 2005-2) Privatpreis ab Hof: Euro #

Valtellina Superiore Sassella DOCG Riserva 1999 ★★ – ★★★

Mittleres Rot; Noten von roten Beeren und Eukalyptus; eleganter, fruchtiger Ansatz, kraftvoll, tolle Basis, aber viel Holz, Süße, dichtes, zu strenges Tannin, Tiefe, lang; wäre einmaliger Wein ohne all das Neuholz. (5280 Fl.; L.03147; eine Abfüllung; Merum 2004-1) Privatpreis ab Hof: Euro #

San Siro, Bianzone (SO) 40 000 Fl./9,5 Hektar

Tel. 004181 8443434; Fax 004181 8443435; www.la-torre.ch; info@la-torre.ch

Valtellina Superiore DOCG Vigna San Siro 1999 ★★ – ★★★

Mittelhelles Granat; feine Noten von Holz, Teer, Schweiß; im Gaumen sehr feiner Ansatz, schlanker, aber eleganter Wein, viel heftiges Tannin, Länge. (Biowein.) (3300 Fl.; L.3542; # Abfüllungen; Merum 2004-1) Privatpreis ab Hof: Euro #

Triacca, Villa di Tirano (SO) 700 000 Fl./47 Hektar

Tel. 0342 701352; Fax 0342 704673; www.triacca.com; info@triacca.com

Sforzato di Valtellina DOCG San Domenico 2003 ★★ – ★★★

Mittelintensives Rot; feine Noten von Laub, Nebbiolo-Frucht, feine Röstung; Frucht auch im Gaumen, gewisse Röstung, heftiges Tannin, konzentriert, viel Süße. (90 000 Fl.; L.#; mehr als eine Abfüllung; Merum 2007-2) Privatpreis ab Hof: Euro 20,00

Sforzato di Valtellina DOCG San Domenico 2002 ★★ – ★★★

Dunkles Rot; Holundernoten; Kraft, Süße, recht tiefe Frucht, Kaffee, saftige Säure, viel, etwas herbes Tannin. (90 000 Fl.; L.#; mehr als eine Abfüllung; Merum 2006-1) Privatpreis ab Hof: Euro #

Sforzato di Valtellina DOCG San Domenico 2001 ★★★

Mittelhelles Rot; kompottig-fruchtige Noten; Kraft, Kompott, recht wuchtig, ausgewogen, Süße, herbes Tannin, saftig. (# Fl.; L.3513; mehr als eine Abfüllung; Merum 2005-2) Privatpreis ab Hof: Euro #

Valtellina Sforzato DOC San Domenico 2000 ★★★

Mittleres Rot; intensive Noten von Trüffel und Himbeermarmelade, Teer; im Gaumen Teer, Frucht, Süße, im Abgang etwas herb, tolle Substanz. (83 000 Fl.; L.2772; mehr als eine Abfüllung; Merum 2004-1) Privatpreis ab Hof: Euro #

Valtellina Superiore DOCG
Casa La Gatta 2003 ★★★ – ★★★★ JLF

Mittleres, reifendes Rot; fruchtig, etwas Rinde, einladend; saftig, kraftvoll, Frucht, passende Süße, gutes, kräftiges Tannin, elegant und lang. (120 000 Fl.; L.60346; mehr als eine Abfüllung; Merum 2007-2) Privatpreis ab Hof: Euro 8,50

Valtellina Superiore DOCG Casa La Gatta 2002 ★★★ JLF

Mittelhelles Rot; Noten von Waldlaub, etwas Trüffel, Tiefe; rund, saftig, recht schlank, lebhaftes, etwas herbes Tannin, recht lang. (120 000 Fl.; L.5D146; mehr als eine Abfüllung; Merum 2006-1) Privatpreis ab Hof: Euro #

Valtellina Superiore DOCG Casa La Gatta 2001 ★★★

Mittelhelles Rot; schweißig-fruchtige Nase, zwiespältig-geheimnisvoll, tief; Kraft, saftig, viel warmes Tannin, Fruchttiefe, Länge. (150 000 Fl.; L.1384; mehr als eine Abfüllung; Merum 2005-2) Privatpreis ab Hof: Euro #

Valtellina Superiore DOCG Casa La Gatta 2000 ★★ – ★★★

Mittelhelles Rot; schöne, intensive Noten von Himbeermarmelade, feines Holz; im Gaumen Himbeeren und Vanille, viel Tannin, im Abgang leider etwas trocknend, lang. (150 000 Fl.; L.#; mehr als eine Abfüllung; Merum 2004-1) Privatpreis ab Hof: Euro #

Valtellina Superiore DOCG Prestigio 2003 ★★ – ★★★

Mittelintensives Rot; recht tiefe, warme, fast flüchtige Nebbiolo-Nase, einladend; rund, kraftvoll, fruchtig, zu herb, fast bitter im Abgang. (45 000 Fl.; L.#; eine Abfüllung; Merum 2007-2) Privatpreis ab Hof: Euro 20,00

Valtellina Superiore DOCG Prestigio 2002 ★★ – ★★★

Dunkelrot; röstige Frucht; holzgeprägt im Gaumen, allerdings auch wertvolle Nebbiolo-Frucht, Tannin trocknet etwas zu stark. (45 000 Fl.; L.#; eine Abfüllung; Merum 2006-1) Privatpreis ab Hof: Euro #

Valtellina Superiore DOCG Prestigio 2001

Reifes, mittelhelles Rot; Noten von Holz, Röstung; spürbar wertvoller Wein, aber leider zu viel Holz: Süße, Vanille, zu herb, Holzgeschmack im Abgang. (45 000 Fl.; L.0614; eine Abfüllung; Merum 2005-2) Privatpreis ab Hof: Euro #

Valtellina Superiore DOCG Prestigio 2000

Recht dunkles Rot; süße Holz- und Fruchtnoten, einladend; Frucht ist trotz Holz präsent, dann allerdings strenges Holztannin, das den Wein immer mehr beherrscht, Holztannin trocknet minutenlang nach; toller Stoff, leider überholzt. (45 000 Fl.; L.2742; eine Abfüllung; Merum 2004-1) Privatpreis ab Hof: Euro #

Valtellina Superiore DOCG Riserva La Gatta 2001 ★★★

Recht dunkles, reifendes Rot; würzig-fruchtige Nase; recht kraftvoll, Fruchttiefe, herbes Tannin, lang, fast etwas streng. (80 000 Fl.; L.unleserlich; mehr als eine Abfüllung; Merum 2007-2) Privatpreis ab Hof: Euro 11,00

Valtellina Superiore DOCG
Riserva La Gatta 2000 ★★★ – ★★★★ JLF

Warmes, mittleres Rot; Noten von Kaffee und Erdbeermarmelade, ein Hauch Leder; runder Ansatz, feine Süße, tiefe Frucht, geschmeidig, Länge. (80 000 Fl.; L.5E192; mehr als eine Abfüllung; Merum 2006-1) Privatpreis ab Hof: Euro #

Valtellina Superiore DOCG Riserva La Gatta 1999 ★★ – ★★★

Mittleres, reifendes Rot; rotbeerig, rindig-schweißige Noten; im Ansatz kraftvoll, Säure, Süße, Fruchttiefe, herbes Tannin. (85 000 Fl.; L.2933; mehr als eine Abfüllung; Merum 2005-2) Privatpreis ab Hof: Euro #

Valtellina Superiore DOCG Riserva La Gatta 1998 ⟨⟨⟨
Mittleres Rot; Noten von Holz, auch Nebbiolo-Frucht; Kraft, Süße, im Gaumen dann leider zu viel Holz, das trocknet. (85 000 Fl.; L.2392; mehr als eine Abfüllung; Merum 2004-1) Privatpreis ab Hof: Euro #

Valtellina Superiore DOCG Sassella 2002 ★★★ – ★★★★
Mittleres Rot; interessante Nase mit Noten von Veilchen, Erdbeermarmelade, Holunder, ein Hauch Leder; rund, gute Fülle, Fruchttiefe, warm-herbes Tannin, saftig, recht lang. (45 000 Fl.; L.5A131; eine Abfüllung; Merum 2006-1) Privatpreis ab Hof: Euro #

Valtellina Superiore Sassella DOCG 2003 ★★★
Mittleres Rot; marmeladig-beerige Fruchtnoten; recht kräftig, würzig und fruchtig, charaktervoll, herbes Tannin. (45 000 Fl.; L.6A347; mehr als eine Abfüllung; Merum 2007-2) Privatpreis ab Hof: Euro 8,50

Valtellina Superiore Sassella DOCG 2001 ★★★
Mittelhelles Rot; verführerische Nebbiolo-Noten, Pilze, rote Beeren; Süße, warmes Tannin, Frucht und Butter, Tiefe und Länge. (45 000 Fl.; L.2824; eine Abfüllung; Merum 2005-2) Privatpreis ab Hof: Euro #

Metodo Classico Schaumweine

Franciacorta

Im Gegensatz zu den meisten italienischen Weingebieten ist die heutige Franciacorta kein traditionelles Anbaugebiet, sondern eine „Erfindung" rühriger Unternehmer. Die Schaumwein-Appellation, in den 70er-Jahren aus dem Nichts aufgebaut, ist eines der wenigen Ursprungsgebiete Italiens, in denen in Bezug auf das kollektive Marketing praktisch nichts falsch gemacht wurde. Wo sich noch vor 30 Jahren Halbpächter damit abmühten, den mageren Böden Futter fürs Vieh abzuringen, produzieren heute rund 90 Erzeuger flaschenvergorenen Franciacorta DOCG. Er ist heute der Schaumwein Nummer Eins in Italien. Fast sechs Millionen Flaschen von anständigem bis höchstem qualitativem Niveau und mit einem hervorragenden Image werden größtenteils in Italien abgesetzt. Im Ausland scheint man am Franciacorta keinen Gefallen zu finden: Lediglich 15 Prozent der Produktion werden exportiert.

Der Franciacorta DOCG ist ein Schaumwein, ein Spumante also. Die Produktionsregeln verbieten jedoch, dieses Unwort aufs Etikett zu schreiben. Verständlich, unter „Spumante" sind die ärgsten italienischen Säfte im Umlauf. Der Franciacorta DOCG wird wie der Trento DOC (Trentino) mit der klassischen Methode der Flaschengärung gewonnen. Das Anbaugebiet ist in den Produktionsregeln genau festgeschrieben, ebenso wie die Sorten, die Hektarerträge und die Mindestausbauzeit auf der Hefe.

Produktionsregeln Franciacorta DOCG

Traubensorten: Chardonnay, Pinot bianco, Pinot nero; Höchstertrag: 10 000 kg Trauben/ha; Mindestalkohol: 11,5 Vol.-%; vorgeschriebene Lagerzeit auf der Hefe: 18 Monate, Verkauf frühestens 25 Monate nach der Ernte (Millesimato: 30 / 37 Monate).

Barboglio de Gaioncelli, Cortefranca (BS) 92 000 Fl./15 Hektar

Tel. 030 9826831; Fax 030 9826831; www.barbogliodegaioncelli.it;
info@barbogliodegaioncelli.it

Franciacorta DOCG Brut s. a. ★★ – ★★★

Helles Goldgelb; Reife- und Hefenoten, gewisse Frucht; kraftvoll, hefebetont, feiner Gummi, etwas süß, gute Länge. (90% Chardonnay, 10% Weißburgunder.) (20 000 Fl.; L.23 07 2006; Februar 2006; Merum 2006-6) Privatpreis ab Hof: Euro 10,00

Franciacorta DOCG
Dosage Zero Millesimato Claro 2002 ★★★ JLF

Warmes, mittelhelles Gelb; süße, rauchig-hefige, auch leicht gemüsige Fruchtnoten, Gummi, gefällt; rund, fruchtig, saftig, trocken, recht geschmeidig, gute Länge. (80% Chardonnay, 20% Weißburgunder.) (2100 Fl.; L.10/07/2006; Juli 2006; Merum 2006-6) Privatpreis ab Hof: Euro 21,00

Bellavista, Erbusco (BS) 1 000 000 Fl./180 Hektar

Tel. 030 7762000; Fax 030 7760386; www.bellavistawine.it; info@bellavistawine.it

Franciacorta DOCG Brut Cuvée s. a. ★★ – ★★★

Hellgelb; Fruchtnoten, Honig; verhalten, schlank, Süße, gewisse Tiefe, knappe Länge. (80% Chardonnay, 10% Weißburgunder, 10% Pinot nero.) (650 000 Fl.; L.0106; 2006; Merum 2006-6) Privatpreis ab Hof: Euro 22,00

Franciacorta DOCG Brut Gran Cuvée 2002 ★★ – ★★★

Warmes Hellgelb; Reifenoten, aufgeschnittener Apfel, Trockenfrüchte, Kakao; feiner Schaum, Süße, Säure, schlank, gewisse Frucht, Reifearoma, zu süßlich, nicht trinkig. (72% Chardonnay, 28% Pinot nero.) (80 000 Fl.; L.0034; 2006; Merum 2006-6) Privatpreis ab Hof: Euro 30,00

Franciacorta DOCG Satèn Gran Cuvée s. a. ★★ – ★★★

Warmes Hellgelb; einladende Reifenoten, auch Fruchtsüße, recht tief; recht tiefe Frucht mit Reifearomen, Birne, unausgewogene Süße, die den Wein leider völlig aus dem Gleichgewicht wirft. (100% Chardonnay.) (40 000 Fl.; L.0406; 2006; Merum 2006-6) Privatpreis ab Hof: Euro 33,00

Bredasole, Paradico (BS) 120 000 Fl./14 Hektar

Tel. 035 910407; Fax 035 4264119; www.bredasole.it; ferrari@bredasole.it

Franciacorta DOCG Brut s. a.

Goldgelb; Noten von Apfelschnitzen, nicht tief; Kraft, Apfelschnitze, etwas breit, nicht fein, süßlich. (50% Chardonnay, 35% Weißburgunder, 15% Pinot nero.) (25 000 Fl.; L.3 01 06; März 2006; Merum 2006-6) Privatpreis ab Hof: Euro 8,75

Franciacorta DOCG Pas Dosé s. a.

Helles Goldgelb; Noten von Fichtennadeln, Reifenoten; Fichte auch im Gaumen, recht ausgewogen, trocken, kaum Frucht, geschmacklich zu eigenartig. (50% Chardonnay, 30% Weißburgunder, 20% Pinot nero.) (5000 Fl.; L.3 03 06; März 2006; Merum 2006-6) Privatpreis ab Hof: Euro 10,75

Franciacorta DOCG Satèn s. a.

Helles Goldgelb; Noten von Flieder, Senffrüchte, Hefe; auch im Gaumen Flieder, wenig Frucht, nicht tief. (100% Chardonnay.) (10 000 Fl.; L.3 07 06; Juli 2006; Merum 2006-6) Privatpreis ab Hof: Euro 10,75

Cà del Bosco, Erbusco (BS) 1 100 000 Fl./154 Hektar

Tel. 030 7766111; Fax 030 7268425; www.cadelbosco.com;
cadelbosco@cadelbosco.com

Franciacorta DOCG Brut (goldenes Etikett) s. a. ★★★ JLF

Helles Goldgelb; intensive Frucht und Hefenoten, einladend; rassig, fruchtig, saftig, frisch, lebendig, ausgewogen, gute Länge. (80% Chardonnay, 10% Weißburgunder, 10% Pinot nero.) (# Fl.; L.06069-01; # Abfüllungen; Merum 2006-6) Privatpreis ab Hof: Euro #

Franciacorta DOCG Brut Annamaria Clementi 1999 ★★★

Mittelhelles Goldgelb; recht tiefe Noten von Reife, Trockenfrüchten, feine Röstung; Fülle, fruchtig, recht fein, ausgewogen, feiner Gummi, etwas Röstung, lang. (60% Chardonnay, 20% Weißburgunder, 20% Pinot nero.) (# Fl.; L.05299-04; # Abfüllungen; Merum 2006-6) Privatpreis ab Hof: Euro #

Franciacorta DOCG Brut Annamaria Clementi 1998 ★★★★ JLF

Goldgelb; Reife- und Hefenoten, Tiefe; sehr feine Perlage, feine Reifenoten, frische Säure, vielschichtig, saftig, lang. (60% Chardonnay, 20% Weißburgunder, 20% Pinot nero.) (# Fl.; L.05192-04; # Abfüllungen; Merum 2006-6) Privatpreis ab Hof: Euro #

Franciacorta DOCG Brut Millesimato 2002 ★★ – ★★★

Helles Goldgelb; Noten von aufgeschnittenem Apfel, Hefe; säuregeprägt, Apfelfrucht, recht tief, etwas herb, trocken, nicht geschmeidig. (50% Chardonnay, 20% Weißburgunder, 30% Pinot nero.) (# Fl.; L.#; # Abfüllungen; Merum 2006-6) Privatpreis ab Hof: Euro #

Franciacorta DOCG Brut Rosé 2002 ★★★ JLF

Zwiebelschalenrosa; fruchtige Nase, einladend; fruchtig auch im Mund, angenehm trocken, Birnenfrucht, etwas Gummi, ausgewogen, gute Länge. (40% Chardonnay, 60% Pinot nero.) (# Fl.; L.06058-04; Winter 2006; Merum 2006-6) Privatpreis ab Hof: Euro #

Franciacorta DOCG Dosage Zero 2002 ★★★★ JLF

Helles Goldgelb; intensive Nase, Noten von reifen Melonen, Honig, Papaya, sehr reich; auch im Gaumen reiche Frucht, Gummi, tief und geschmeidig, sehr lang. (60% Chardonnay, 20% Weißburgunder, 20% Pinot nero.) (# Fl.; L.#; # Abfüllungen; Merum 2006-6) Privatpreis ab Hof: Euro #

Franciacorta DOCG Satèn 2002 ★★ – ★★★

Helles Goldgelb; Birnennoten; auch im Gaumen Birne, nicht überaus tief, gute Säure, recht trocken. (70% Chardonnay, 30% Weißburgunder.) (# Fl.; L.06257-03; Sommer 2006; Merum 2006-6) Privatpreis ab Hof: Euro #

Castel Faglia, Cazzago San Martino (BS) 250 000 Fl./20 Hektar

Tel. 059 812411; Fax 059 812424; www.cavicchioli.it; castelfaglia@cavicchioli.it

Franciacorta DOCG Brut s. a. ★★★

Helles Goldgelb; Fruchtnoten, Ananas, etwas Brot, einladend; rund, fruchtig, saftig, ausgewogen, Süße, recht lang. (70% Chardonnay, 30% Weißburgunder.) (20 000 Fl.; L.G25G4F; Juni 2006; Merum 2006-6) Privatpreis ab Hof: Euro #

Franciacorta DOCG Brut Cuvée Monogram s. a. ★★★

Zitronengelb; einladende Noten von Hefe, Reife, Gebäck, Orangeat; Fülle, fruchtig, etwas süßlich, tief, wertvoll, lang auf Mirabellenaroma. (70% Chardonnay, 30% Weißburgunder.) (6000 Fl.; L.#; # Abfüllungen; Merum 2006-6) Privatpreis ab Hof: Euro #

Franciacorta DOCG Brut Cuvée Monogram 1998 ★★ – ★★★

Helles Gold; recht tiefe Reife- und Hefenoten; intensiver Reife- und Hefegeschmack, rund, Gummi, reich, ziemlich opulent auf Kosten der Eleganz. (70% Chardonnay, 30% Weißburgunder.) (3000 Fl.; L.F17A2D; April 2005; Merum 2006-6) Privatpreis ab Hof: Euro #

Franciacorta DOCG Brut Satèn s. a. ★★★

Helles Goldgelb; fruchtige, einladende Nase; brotige Fruchtnoten, Tiefe, vielschichtige Frucht, Süße, saftig, fein, tief, lang. (70% Chardonnay, 30% Weißburgunder.) (15 000 Fl.; L.#; Februar 2006; Merum 2006-6) Privatpreis ab Hof: Euro #

Franciacorta DOCG
Brut Satèn Cuvée Monogram s. a. ★★ – ★★★

Helles Gold; recht vielschichtige Hefenoten; auch im Gaumen ansprechende Hefe, recht tief, dann viel Süße, dadurch unausgewogen, schade. (70% Chardonnay, 30% Weißburgunder.) (10 000 Fl.; L.G19M4A-03-2006; # Abfüllungen; Merum 2006-6) Privatpreis ab Hof: Euro #

Franciacorta DOCG Extra Brut s. a. ★★★

Goldgelb; sehr intensive Nase, Noten von reifen Bananen, tropischen Früchten; im Gaumen Champignons, Früchte, recht fein, trocken, mittlere Länge. (70% Chardonnay, 30% Weißburgunder.) (20 000 Fl.; L.G25G3E; Juni 2006; Merum 2006-6) Privatpreis ab Hof: Euro #

Cavalleri, Erbusco (BS) 250 000 Fl./43 Hektar

Tel. 030 7760217; Fax 030 7267350; www.cavalleri.it; cavalleri@cavalleri.it

Franciacorta DOCG
Brut Blancs de Blanc s. a. ★★★ – ★★★★ JLF

Goldgelb; fruchtige Nase, feine Reifenoten, reife Birnen; geschmeidig, Reifearoma, Birnen, recht tief, ausgewogen, lang. (100% Chardonnay.) (85 000 Fl.; L.103; Juni 2006; Merum 2006-6) Privatpreis ab Hof: Euro 19,50

Franciacorta DOCG Brut Collezione Blanc de Blancs 2001 ★★★
Warmes Hellgelb; ansprechende Reifenoten, Marzipan, Früchte, tief; Reifearomen auch im Gaumen, eher schlank, recht tief, gewisse Süße, frische Säure, angenehm, lang. (100% Chardonnay.) (18 000 Fl.; L.401; Juni 2006; Merum 2006-6) Privatpreis ab Hof: Euro 27,50

Franciacorta DOCG Brut Satèn Blanc de Blancs 2003 ★★ – ★★★
Warmes Hellgelb; Birnen- und feine Butternoten; feiner Ansatz, rund, Butter, Säure, angenehm. (100% Chardonnay.) (13 000 Fl.; L.702; Juni 2006; Merum 2006-6) Privatpreis ab Hof: Euro 23,50

Franciacorta DOCG Collezione Rosé 2001   ★★ – ★★★
Helles Rosa; ansprechende Frucht- und Reifenoten; gewisse Frucht, frische Säure, mittlere Länge, zu süß. (70% Chardonnay, 30% Pinot nero.) (# Fl.; L.301; Juni 2006; Merum 2006-6) Privatpreis ab Hof: Euro 27,50

Franciacorta DOCG Pas Dosé Blanc de Blancs 2002   ★★★★ JLF
Goldenes Hellgelb; einladende Noten von Butter, Frucht; fruchtig auch im Ansatz, recht tief, feine Dosagesüße, Frucht, Butter, geschmeidig; allerdings eher ein Extra Brut als ein Pas Dosé. (100% Chardonnay.) (11 000 Fl.; L.202; Dezember 2005; Merum 2006-6) Privatpreis ab Hof: Euro 22,50

Contadi Castaldi, Adro (BS)   500 000 Fl./18 Hektar
Tel. 030 7450126; Fax 030 7450322; www.contadicastaldi.it; contadicastaldi@contadicastaldi.it

Franciacorta DOCG Brut s. a.
Mittleres Hellgelb; grobe Hefenase, nicht klar; eher schlank, keine Frucht, nicht tief, einfach, süßlich. (100% Chardonnay.) (176 600 Fl.; L.130/02-12963; Mai 2006; Merum 2006-6) Privatpreis ab Hof: Euro 15,00

Franciacorta DOCG Rosé 2001   ★★ – ★★★
Blasses Messingrosa; Reifenoten, Butter; sehr geschmeidig, ausgewogen, tiefe Hefearomen, Butter, gewisse Süße, recht lang. (100% Pinot nero.) (13 384 Fl.; L.#; Februar 2006; Merum 2006-6) Privatpreis ab Hof: Euro 20,00

Franciacorta DOCG Satèn 2002   ★★ – ★★★
Helles Gold; Noten von Blüten und Senffrüchten; Fruchtgeschmack, Butter, Senf, interessant, Süße, dürfte noch fruchtfrischer sein, etwas opulent, gute Länge. (90% Chardonnay, 10% Weißburgunder.) (106 272 Fl.; L.149/03-13161; Mai 2006; Merum 2006-6) Privatpreis ab Hof: Euro 20,00

Franciacorta DOCG Zero s. a.   ★★ – ★★★
Helles Goldgelb; intensive Noten von Hefe, Birne, Reifenoten; gewisse Hefenote, recht geschmeidig, Gebäck, Pilz, nicht fruchtig, recht lang. (90% Chardonnay, 10% Pinot nero.) (12 000 Fl.; L.106/01-34052; Dezember 2005; Merum 2006-6) Privatpreis ab Hof: Euro 18,00

Cornaleto, Adro (BS)   150 000 Fl./18 Hektar
Tel. 030 7450507; Fax 030 7450552; www.cornaleto.it; info@cornaleto.it

Franciacorta DOCG Brut s. a.
Hellgelb; helle, nicht sehr klare, hefige Blütennoten; schlank, einfach, nicht fruchtig, zu süßlich, kurz. (75% Chardonnay, 20% Weißburgunder, 5% Pinot nero.) (18 500 Fl.; L.04FBXX; Juni 2006; Merum 2006-6) Privatpreis ab Hof: Euro 13,00

Franciacorta DOCG Brut Millesimato 1994   ★★ – ★★★
Hellgelb; Teernoten, macht neugierig; sehr geschmeidiger Ansatz, ausgewogen, rund, betonte Säure, Teer, Butter, lang, trocken; für Liebhaber guterhaltener, alter Schaumweine. (75% Chardonnay, 15% Weißburgunder, 10% Pinot nero.) (10 000 Fl.; L.1FB94; November 2005; Merum 2006-6) Privatpreis ab Hof: Euro 18,00

Faccoli, Coccaglio (BS)   55 000 Fl./6,5 Hektar
Tel. 030 7722761; Fax 030 7248931; az.faccoli@libero.it

Franciacorta DOCG Brut s. a.   ★★ – ★★★
Helles Goldgelb; intensive Reifenoten, reife Birnen, auch gewisse Süße und Tiefe; Reifenoten, recht tief und vielschichtig, dann leicht überdosierte Süße, fein. (60% Chardonnay, 35% Weißburgunder, 5% Pinot nero.) (22 000 Fl.; L.0403F; 1. Semester 2006; Merum 2006-6) Privatpreis ab Hof: Euro #

Franciacorta DOCG Dosage Zero Millesimato 2001   ★★★ JLF

Warmes Hellgelb; recht tiefe Reifenoten; feiner Schaum, Säure, gute Fülle, recht tiefe Reifenoten, Birne, sehr angenehm, trocken, fein, lang. (65% Chardonnay, 30% Weißburgunder, 5% Pinot nero.) (2800 Fl.; L.0501F; 2. Semester 2006; Merum 2006-6) Privatpreis ab Hof: Euro #

Franciacorta DOCG Extra Brut s. a.   ★★ – ★★★

Helles Goldgelb; Reifenoten; Reifearoma auch im Gaumen, ein bisschen Teer, dürfte etwas fruchtiger sein, recht geschmeidig. (65% Chardonnay, 30% Weißburgunder, 5% Pinot nero.) (18 000 Fl.; L.0502F; 1. Semester 2006; Merum 2006-6) Privatpreis ab Hof: Euro #

Ferghettina/Roberto Gatti, Adro (BS)   300 000 Fl./100 Hektar

Tel. 030 7451212; Fax 030 7768098; www.ferghettina.it; info@ferghettina.it

Franciacorta DOCG Brut s. a.   ★★ – ★★★

Hellgelb; ausgeprägte Frucht, Ananas, gelber Apfel; fein, fruchtig, angenehm, etwas süßlich, nicht tief. (95% Chardonnay, 5% Weißburgunder.) (90 000 Fl.; L.S-3; Juni 2006; Merum 2006-6) Privatpreis ab Hof: Euro 13,00

Franciacorta DOCG Brut Rosé 2002   ★★ – ★★★

Zwiebelschalenrosa; Frucht, etwas Senffrüchte, recht tief; nicht sehr fein im Gaumen, gewisse Frucht, ist recht geschmeidig, aber zu süß. (20% Chardonnay, 80% Weißburgunder.) (8000 Fl.; L.RS-2; April 2006; Merum 2006-6) Privatpreis ab Hof: Euro 21,00

Franciacorta DOCG Brut Satèn 2002   ★★★ – ★★★★ JLF

Helles Goldgelb; Birnen, Gummi und Butter, einladend; viel Schaum, tiefe Frucht, saftig, Süße, geschmeidig, ausgewogen, frisch. (100% Chardonnay.) (15 000 Fl.; L.ST-1; April 2006; Merum 2006-6) Privatpreis ab Hof: Euro 23,00

Fratelli Berlucchi, Cortefranca (BS)   400 000 Fl./70 Hektar

Tel. 030 984451; Fax 030 9828209; www.berlucchifranciacorta.it; info@berlucchifranciacorta.it

Franciacorta DOCG Brut Casa delle Colonne Millesimato 2000

Warmes Hellgelb; Holz- und Fruchtnoten; viel Süße schon im Ansatz, Vanillegeschmack, nicht trinkig, nicht tief. (80% Chardonnay, 20% Pinot nero.) (9999 Fl.; L.0501; Frühjahr 2006; Merum 2006-6) Privatpreis ab Hof: Euro 40,00

Franciacorta DOCG Brut Millesimato 2002

Helles Goldgelb; Reifenoten, gewisse Frucht; feiner Schaum, herb, feine Säure, gewisse Frucht, nicht fein, müsste fruchtfrischer sein. (85% Chardonnay und Weißburgunder, 15% Pinot nero.) (130 000 Fl.; L.05/2003; Frühjahr 2006; Merum 2006-6) Privatpreis ab Hof: Euro 20,00

Franciacorta DOCG Brut Rosé Millesimato 2002

Rosarot; laute beerig-hefige Nase, Reifenoten; gereifte Fruchtnoten, gewisse Johannisbeernoten, Süße, gewisse Säure, ziemlich grob. (70% Chardonnay und Weißburgunder, 30% Pinot nero.) (15 000 Fl.; L.05/2003; Winter 2006; Merum 2006-6) Privatpreis ab Hof: Euro 20,00

Franciacorta DOCG Pas Dosé Millesimato 2002   ★★ – ★★★

Helles Goldgelb; verhaltene, brotige Frucht; feine Säure, eher schlank, ziemlich trocken, recht elegant, dann etwas Holz im Abgang. (85% Chardonnay und Weißburgunder, 15% Pinot nero.) (10 000 Fl.; L.05/2003; Winter 2006; Merum 2006-6) Privatpreis ab Hof: Euro 22,00

Franciacorta DOCG Satèn Millesimato 2002

Bräunliches Goldgelb; Reifenoten, aufgeschnittener Apfel; nicht fein, wenig Frucht, nicht tief. (70% Chardonnay, 30% Weißburgunder.) (16 000 Fl.; L.05/2003; Winter 2006; Merum 2006-6) Privatpreis ab Hof: Euro 25,00

Gatti, Erbusco (BS)   120 000 Fl./17 Hektar

Tel. 030 7267999; Fax 030 7760539; www.enricogatti.it; info@enricogatti.it

Franciacorta DOCG Brut s. a.   ★★★

Warmes Hellgelb; Reife- und Fruchtnoten; geschmeidig, feine Säure, sehr fein, ausgewogen, frisch, Süße, lang. (100% Chardonnay.) (45 000 Fl.; L.MAG 06; Mai 2006; Merum 2006-6) Privatpreis ab Hof: Euro 13,00

Franciacorta DOCG Brut Nature s. a. ★★★ JLF
Goldenes Hellgelb; einladende Noten von Zitrus, gelben Früchten und Hefe, auch Gummi; geschmeidig, feiner Schaum, gewisse Frucht, feine Süße, gute Länge, allerdings kein „Brut Nature", sondern eher ein Brut. (100% Chardonnay.) (5000 Fl.; L.DICO5N; Dezember 2005; Merum 2006-6) Privatpreis ab Hof: Euro 15,00

Franciacorta DOCG Satèn 2002 ★★★
Goldgelb; Noten von Pflaumen, Gebäck, Tiefe; viel Schaum, weiße Pflaumen, Hefe, saftig, frisch, gewisse Süße, ausgewogen. (100% Chardonnay.) (10 000 Fl.; L.GENO6S; Januar 2006; Merum 2006-6) Privatpreis ab Hof: Euro 18,00

Guido Berlucchi, Borgonato (BS) 5 000 000 Fl./90 Hektar
Tel. 030 984381; Fax 030 9828347; www.berlucchi.it; info@berlucchi.it

Franciacorta DOCG Brut Cuvée Storica s. a. ★★ – ★★★
Hellgelb; Noten von Gebäck, Blüten, Früchten; geschmeidiger Ansatz, Säure, frisch, geschmeidig, knappe Frucht, recht lang. (95% Chardonnay, 5% Pinot nero.) (200 000 Fl.; L.6191M3; Mai 2006; Merum 2006-6) Privatpreis ab Hof: Euro 18,15

La Boscaiola, Cologne (BS) 65 000 Fl./5 Hektar
Tel. 030 7156386; Fax 030 7156386; www.laboscaiola.com; infowine@laboscaiola.com

Franciacorta DOCG Brut s. a. ★★ – ★★★
Helles Goldgelb; Noten von Reife und Gebäck; recht füllig, schöne Tiefe, zu viel Süße, schade. (65% Chardonnay, 35% Weißburgunder.) (# Fl.; L.1703; 2006; Merum 2006-6) Privatpreis ab Hof: Euro #

Franciacorta DOCG Brut Millesimato 2000 ★★ – ★★★
Mittelhelles Goldgelb; intensive Nase, Reifenoten, auch Kräuterbonbons; geschmeidiger Ansatz, rund, feiner Schaum, recht tief, Kräuter, süßlich. (65% Chardonnay, 25% Weißburgunder, 10% Pinot nero.) (# Fl.; L.2001/21-05; 2005; Merum 2006-6) Privatpreis ab Hof: Euro #

Mirabella, Rodengo Saiano (BS) 450 000 Fl./50 Hektar
Tel. 030 611197; Fax 030 611388; www.mirabellavini.it; info@mirabellavini.it

Franciacorta DOCG Brut s. a. ★★ – ★★★
Warmes Hellgelb; Fruchtnoten mit Hefeprägung, Honig; eher schlank und verhalten, feine Säure, gewisse Tiefe, Süße, nicht ganz ausgewogen. (50% Chardonnay, 50% Weißburgunder.) (140 000 Fl.; L.142 06; Mai 2006; Merum 2006-6) Privatpreis ab Hof: Euro 8,00

Franciacorta DOCG Brut Rosé s. a.
Helles Rosa; gewisse Erdbeernoten; zarte Frucht, Säure, viel Süße, unausgewogen, nicht tief. (40% Chardonnay, 40% Weißburgunder, 20% Pinot nero.) (25 000 Fl.; L.142 06; Mai 2006; Merum 2006-6) Privatpreis ab Hof: Euro 25,00

Franciacorta DOCG Brut Satèn s. a.
Hellgelb; Noten von Apfel; einfache Frucht, nicht fein, Süße steht vor, fehlen Tiefe und Geschmeidigkeit. (100% Chardonnay.) (30 000 Fl.; L.142 06; Mai 2006; Merum 2006-6) Privatpreis ab Hof: Euro 10,00

Franciacorta DOCG Non Dosato Millesimato 1999 ★★ – ★★★
Goldenes Hellgelb; Frucht- und Hefenoten, auch feine Reife; feine Reife-, Holz- und Fruchtnoten, gewisse Dosagesüße, recht fein, frisch, gefällt recht gut; allerdings wohl eher ein Brut als ein „Non Dosato"! (50% Chardonnay, 30% Weißburgunder, 20% Pinot nero.) (5000 Fl.; L.27 06; Januar 2006; Merum 2006-6) Privatpreis ab Hof: Euro 12,00

Monte Rossa, Bornato di Cazzago (BS) 280 000 Fl./65 Hektar
Tel. 030 725066; Fax 030 7750061; www.monterossa.com; info@monterossa.com

Franciacorta DOCG Brut Capochon Rosé 2001 ★★ – ★★★
Blassrosa; Hefe- und Reifenoten, ansprechend; geschmeidig, rassige Säure, feine Reife- und Fruchtaromen, etwas süßlich, Butter. (45% Chardonnay, 55% Pinot nero.) (9800 Fl.; L.0434; Januar 2006; Merum 2006-6) Privatpreis ab Hof: Euro 38,00

Franciacorta DOCG Brut Prima Cuvée s. a. ★★★ – ★★★★

Mittleres Gelb; dezente, einladende Nase, süße, tiefe Fruchtnoten; geschmeidiger Ansatz, tiefe Frucht, sehr vielschichtig, feine Gummiaromen, Frucht, sehr fein, supergeschmeidig, lang. (50% Chardonnay, 35% Weißburgunder, 15% Pinot nero.) (130 000 Fl.; L.28 33; November 2005; Merum 2006-6) Privatpreis ab Hof: Euro 15,00

Franciacorta DOCG Brut Rosé s. a. ★★ – ★★★

Blassrosa; heftige Hefenoten, Gummi; im Gaumen Erdbeeraromen, Gummi, fruchtig, feine Süße, recht geschmeidig und lang. (30% Chardonnay, 30% Weißburgunder, 40% Pinot nero.) (10 000 Fl.; L.03 34; Januar 2006; Merum 2006-6) Privatpreis ab Hof: Euro 18,00

Franciacorta DOCG Brut Satèn s. a.

Helles Goldgelb; Noten von Sellerie und Butter; etwas breiter Ansatz, viel Butter, Senf, Süße, zu breit, zu opulent. (100% Chardonnay.) (50 000 Fl.; L.26 33; November 2005; Merum 2006-6) Privatpreis ab Hof: Euro 20,00

Montedelma/Berardi, Passirano (BS) 50 000 Fl./20 Hektar

Tel. 030 6546161; Fax 030 6546161; www.montedelma.it; info@montedelma.it

Franciacorta DOCG Brut s. a.

Warmes Hellgelb; Hefenoten, Vanille; runder Ansatz, dann überdosierte Süße, Butter, einseitig, nicht tief. (80% Chardonnay, 15% Weißburgunder, 5% Pinot nero.) (25 000 Fl.; L.6 06; Juni 2006; Merum 2006-6) Privatpreis ab Hof: Euro 12,00

Franciacorta DOCG Satèn s. a.

Warmes Hellgelb; Blütennoten, gewisse Fruchttiefe; schlank, Butter, viel Süße, breit, nicht frisch. (90% Chardonnay, 10% Weißburgunder.) (50 000 Fl.; L.6 06; Juni 2006; Merum 2006-6) Privatpreis ab Hof: Euro 14,00

Montenisa/Antinori, Cazzago San Martino (BS) 162 000 Fl./60 Hektar

Tel. 055 2359858; Fax 030 725005; www.antinori.it; barbara.copler@montenisa.it

Franciacorta DOCG Brut s. a.

Warmes Hellgelb; nicht feine Hefe- und Fliedernoten; viel Schaum, etwas grobe Hefe, süßlich. (70% Chardonnay, 20% Weißburgunder, 10% Pinot nero.) (# Fl.; L.6101; Mai 2006; Merum 2006-6) Privatpreis ab Hof: Euro 15,00

Franciacorta DOCG Brut Satèn s. a. ★★★

Mittleres, frisches Gelb; fruchtige Nase, feine Hefe, lädt ein; feiner Schaum, geschmeidig, tiefe Frucht, Butter, Süße, recht lang. (100% Chardonnay.) (# Fl.; L.5201; Mai 2006; Merum 2006-6) Privatpreis ab Hof: Euro 23,00

Ricci Curbastro, Capriolo (BS) 200 000 Fl./24 Hektar

Tel. 030 736094; Fax 030 7460558; www.riccicurbastro.it; info@riccicurbastro.it

Franciacorta DOCG Brut s. a.

Frisches mittleres Hellgelb; frische, fruchtgeprägte Nase; eher schlank und einfach, Fliedernoten, etwas Holz, keine Fruchttiefe, Säure, Süße, nicht geschmeidig. (60% Chardonnay, 30% Weißburgunder,10% Pinot nero.) (25 000 Fl.; L.0204; April 2006; Merum 2006-6) Privatpreis ab Hof: Euro 7,93

Franciacorta DOCG Brut Satèn s. a.

Goldenes Hellgelb; verhaltene Blüten- und Hefenoten; eher schlank, Flieder, nicht frisch, etwas breit, süßlich. (100% Chardonnay.) (25 000 Fl.; L.0304; April 2006; Merum 2006-6) Privatpreis ab Hof: Euro 9,31

Franciacorta DOCG Extra Brut 2002 ★★★

Frisches Goldgelb; Noten von Honig, Frucht, einladend; geschmeidig, feiner Schaum, gewisse Frucht, gute Säure, recht fein und lang. (50% Chardonnay, 50% Pinot nero.) (8000 Fl.; L.0203; Januar 2006; Merum 2006-6) Privatpreis ab Hof: Euro 9,31

Tenuta Castellino Bonomi, Coccaglio (BS) 130 000 Fl./13 Hektar

Tel. 030 7721015; Fax 030 7701240; www.bonomitenutacastellino.it; info@bonomitenutacastellino.it

Franciacorta DOCG Brut 2003 ★★★

Helles Goldgelb; vielschichtige Frucht, Noten von getrockneten Ananas, Hefe, sehr einladend; reiche Aromen, feine Säure, frisch, keine spürbare Restsüße, saftig, recht lang. (80% Chardonnay, 20% Pinot nero.) (50 000 Fl.; L.04.06; April 2006; Merum 2006-6) Privatpreis ab Hof: Euro #

Franciacorta DOCG Brut Satèn 2003 ★★ – ★★★

Goldgelb; Brot- und Steinfruchtnoten; kräftig, herb, Säure, fruchtig, ausgewogen, trocken. (100% Chardonnay.) (13 000 Fl.; L.04-06; April 2006; Merum 2006-6) Privatpreis ab Hof: Euro #

Franciacorta DOCG Extra Brut Gran Cru Lucrezia 1999

Goldgelb; verhaltene Noten von Holz, Frucht und Eukalyptus; kraftvoll, etwas breit, Kräuter, kaum Frucht, herb, ungeschmeidig, fehlt auch Frische. (50% Chardonnay, 50% Pinot nero.) (4000 Fl.; L.06.04; Juni 2006; Merum 2006-6) Privatpreis ab Hof: Euro #

Uberti, Erbusco (BS) 180 000 Fl./24 Hektar

Tel. 030 7267476; Fax 030 7760455; www.ubertivini.it; info@ubertivini.it

Franciacorta DOCG Extra Brut
Comarì del Salem 2001 ★★ – ★★★

Goldgelb; Hefenoten; opulenter Ansatz, Hefe, ziemlich viel Süße, Holz und Reife, durch die Süße unausgewogen; ist eher ein Brut als ein Extra Brut. (85% Chardonnay, 15% Weißburgunder.) (7500 Fl.; L.CU01-1-6; Februar 2006; Merum 2006-6) Privatpreis ab Hof: Euro 34,00

Franciacorta DOCG Non Dosato Sublimis 2000 ★★★

Goldgelb; Noten von Reife, Senffrüchte, Frucht, vielschichtig und einladend; Fülle, Reife, vielschichtig, spürbare Süße; sehr schöner Franciacorta, aber auch dies eher ein Brut als ein „Non Dosato". (100% Chardonnay.) (4000 Fl.; L.SU00-1-6; Mai 2006; Merum 2006-6) Privatpreis ab Hof: Euro 36,00

Franciacorta DOCG Satèn Magnificentia s. a. ★★ – ★★★

Zitroniges Gelb; gemüsige Fruchtnoten, Sellerie; Frucht und Butter, Fülle, viel Süße (Abzug), opulent. (100% Chardonnay.) (12 500 Fl.; L.CR03-1-6; April 2006; Merum 2006-6) Privatpreis ab Hof: Euro 27,00

Villa, Monticelli Brusati (BS) 250 000 Fl./35 Hektar

Tel. 030 652329; Fax 030 6852305; www.villafranciacorta.it;
info@villafranciacorta.it

Franciacorta DOCG Brut Millesimato 2002 ★★★

Helles Gold; Reife- und Fruchtnoten, Birne; fein, ausgewogen, Tiefe, feine Süße, saftig und trinkig, gute Länge. (80% Chardonnay, 10% Weißburgunder, 10% Pinot nero.) (50 350 Fl.; L.06-06; # Abfüllungen; Merum 2006-6) Privatpreis ab Hof: Euro 14,00

Franciacorta DOCG Brut Satèn Millesimato 2002 ★★ – ★★★

Goldgelb; verhaltene Reifenoten, aufgeschnittener Apfel; geschmeidig, Säure, reif, fein, recht tief, etwas süßlich, recht lang. (100% Chardonnay.) (23 600 Fl.; L.05-06; # Abfüllungen; Merum 2006-6) Privatpreis ab Hof: Euro 17,00

Franciacorta DOCG Brut Satèn Selezione 2001

Helles Gelb; hefegeprägte Nase, Reifenoten; Hefe, etwas Gummi, knappe Frucht, Süße, zu unausgewogen, nicht fein. (100% Chardonnay.) (3150 Fl.; L.06-06; # Abfüllungen; Merum 2006-6) Privatpreis ab Hof: Euro 34,00

Franciacorta DOCG Brut Selezione 2000 ★★ – ★★★

Warmes Hellgelb; einladende Nase, feine Frucht, Hefe; fruchtig, recht tief, Butter, Reifearomen, Gummi, etwas hohe Dosage (Abzug), ansonsten sehr schön und lang. (80% Chardonnay, 5% Weißburgunder, 15% Pinot nero.) (4280 Fl.; L.02-06; # Abfüllungen; Merum 2006-6) Privatpreis ab Hof: Euro 27,00

Franciacorta DOCG Extra Dry Cuvette Millesimato 2001

Helles Goldgelb; hefig-reifende Noten; im Gaumen laute Vanille, hohe Dosage, unausgewogen. (80% Chardonnay, 5% Weißburgunder, 15% Pinot nero.) (10 000 Fl.; L.05-05; # Abfüllungen; Merum 2006-6) Privatpreis ab Hof: Euro 18,00

Franciacorta DOCG Pas Dosé Diamant Millesimato 2001 ★★★

Warmes Hellgelb; Reifenoten, Tiefe; auch im Gaumen Reife, unreife Birne, sehr geschmeidig, recht tief, lang. (80% Chardonnay, 5% Weißburgunder, 15% Pinot nero.) (9870 Fl.; L.06-05; # Abfüllungen; Merum 2006-6) Privatpreis ab Hof: Euro 19,00

Villa Crespia/Muratori, Adro (BS)　　　　　350 000 Fl./60 Hektar

Tel. 030 7451051; Fax 030 7451035; www.fratellimuratori.com;
info@fratellimuratori.com

Franciacorta DOCG Brut Miolo s. a.

Hellgelb; Noten von Akazienblüten; zu süßlich, hefige Aromen, nicht tief, nicht ausgewogen.
(100% Chardonnay.) (35 000 Fl.; L.0317505322; 2005; Merum 2006-6) Privatpreis am Hof:
Euro 15,50

Franciacorta DOCG Brut Satèn Cesonato s. a.　　　★★ – ★★★

Warmes Gelb; reifende Fruchtnoten, Orange; runder Ansatz, recht fruchtig, angenehme
Säure, auch Süße, recht geschmeidig, mittlere Länge. (100% Chardonnay.) (70 000 Fl.;
L.04142158; 2006; Merum 2006-6) Privatpreis ab Hof: Euro 18,00

Franciacorta DOCG Dosaggio Zero Cisiolo 2001　　★★★★ JLF

Reifendes Gelb; nicht intensive Pinot-Frucht, hefig, etwas Gummi, Tiefe; feiner Ansatz, zarte
Frucht, strukturiert, recht saftig und lang. (100% Pinot nero.) (50 000 Fl.; L.0210606048; 2006;
Merum 2006-6) Privatpreis ab Hof: Euro 19,50

Franciacorta DOCG Numero Zero Dosaggio Zero s. a.

Warmes Hellgelb; Noten von Reife und Flieder; feiner Schaum, Reifenote, keine Frucht, Holz,
wirkt zu temperamentlos. (100% Chardonnay.) (130 000 Fl.; L.0217005045; 2005; Merum
2006-6) Privatpreis ab Hof: Euro 18,00

Franciacorta DOCG Rosé Extra Brut Brolese 2002　　★★ – ★★★

Zwiebelschalenrosa; etwas heftige Hefenoten, gewisse Frucht; recht kräftig, feine Frucht,
etwas Butter, ausgewogen, nicht superfein, recht lang. (58% Chardonnay, 42% Pinot nero.)
(5000 Magnum Fl.; L.03174081; 2006; Merum 2006-6) Privatpreis ab Hof: Euro 40,00

Andere Metodo Classico Schaumweine

Anteo, Rocca de' Giorgi (PV)　　　　　　220 000 Fl./27 Hektar

Tel. 0385 99073; Fax 0385 951814; www.anteovini.it; info@anteovini.it

Oltrepò Pavese DOC Brut Metodo Classico s. a.　　★★ – ★★★

Goldenes Hellgelb; feine Pinot-Frucht, einladend; feiner Ansatz, recht geschmeidig, Pinot-
Frucht, recht tief, leider zu viel Süße, recht lang. (30% Chardonnay, 70% Pinot nero.)
(35 000 Fl.; L.13402; Oktober 2006; Merum 2007-1) Privatpreis ab Hof: Euro 11,00

Oltrepò Pavese DOC Pinot nero Brut Metodo Classico Riserva del Poeta 1999　　★★ – ★★★

Mittleres Hellgelb; intensive Reife- und Pinot-Noten; kräftig, Reife, Frucht, fein und recht
vielschichtig, leider zu viel Süße. (15% Chardonnay, 85% Pinot nero.) (30 000 Fl.; L.13900;
November 2006; Merum 2007-1) Privatpreis ab Hof: Euro 20,00

Oltrepò Pavese DOC Pinot nero Nature Metodo Classico Millesimato 2001　　　★★★ JLF

Mittelintensives Hellgelb; Frucht mit Pinot- und Reifenoten, Hefe; recht kraftvoll, Pinot-Frucht,
geschmeidig, tief und lang. (10% Chardonnay, 90% Pinot nero.) (8000 Fl.; L.13402; November 2006; Merum 2007-1) Privatpreis ab Hof: Euro 12,50

Oltrepò Pavese DOC Pinot nero Rosé Metodo Classico s. a.

Helles Rosarot; vielversprechende Nase, Pinot- und Reifenoten; recht kräftig, feine Frucht,
dann leider breite Süße. (100% Pinot nero.) (5000 Fl.; L.13402; September 2006; Merum 2007-*
1) Privatpreis ab Hof: Euro 12,50

Cantina di Casteggio, Casteggio (PV)　　2 500 000 Fl./1100 Hektar

Tel. 0383 806311; Fax 0383 890192; www.cantinacasteggio.it;
info@cantinacasteggio.it

Oltrepò Pavese DOC Pinot nero Brut
Metodo Classico Postumio s. a.　　　★★ – ★★★

*Kupfriges Hellgelb; blütenartige Noten; feiner Schaum, Süße und Säure, nicht sehr tief, recht
angenehm. (100% Pinot nero.) (48 000 Fl.; L.06/328; Oktober 2006; Merum 2007-1) Privatpreis
ab Hof: Euro 5,60*

Oltrepò Pavese DOC Pinot nero Brut
Metodo Classico Postumio Rosé s. a.

*Helles Rosa; etwas grobe Hefe; recht fein und fruchtig, dann breite Süße. (100% Pinot nero.)
(7000 Fl.; L.06/307; Mai 2006; Merum 2007-1) Privatpreis ab Hof: Euro 5,60*

CS Canneto, Canneto Pavese (PV)　　2 200 000 Fl./2500 Hektar

Tel. 0385 600078; Fax 0385 262060; www.cantinacanneto.it;
info@cantinacanneto.it

Oltrepò Pavese DOC Pinot Brut
Metodo Classico s. a.　　　　　　★★ – ★★★

*Blasses Hellgelb; etwas grobe Hefe, daneben Pinot-Noten; angenehme Reifearomen, Süße,
feine Säure, gute Länge. (100% Pinot nero.) (6000 Fl.; L.#; Oktober 2006; Merum 2007-1)
Privatpreis ab Hof: Euro 6,15*

CS La Versa, S. Maria della Versa (PV)　　6 000 000 Fl./1300 Hektar

Tel. 0385 798411; Fax 0385 7984500; www.laversa.it; info@laversa.it

Testarossa Brut Metodo Classico 2001

*Warmes Gelb; Frucht- und Reifenoten; kraftvoll, feiner Schaum, etwas Holzgeschmack, viel
Süße, herb im Abgang, nicht ausgewogen. (#) (# Fl.; L.273056; 2006; Merum 2007-1) Privatpreis ab Hof: Euro #*

Giorgi, Canneto Pavese (PV)　　1 500 000 Fl./40 Hektar

Tel. 0385 262151; Fax 0385 60440; www.giorgi-wines.it; info@giorgi-wines.it

Oltrepò Pavese DOC Pinot nero Brut
Metodo Classico Gianfranco Giorgi 2003　　★★ – ★★★

*Kupfriges, mittleres Hellgelb; Reifenoten und Pinot-Nase; feine Frucht, recht tief und lang,
etwas Butter, saftig, recht lang, leider zu süßlich. (100% Pinot nero.) (10 000 Fl.; L.5353;
Dezember 2006; Merum 2007-1) Privatpreis ab Hof: Euro 12,50*

Oltrepò Pavese DOC Pinot nero Pas Dosé Rosé Metodo Classico
Gianfranco Giorgi 2003　　　　　　★★ – ★★★

*Blassrosa; Reifenoten, Gummi; Reife auch im Mund, recht trocken, Pinot-Frucht, Säure, recht
lang. (100% Pinot nero.) (1500 Fl.; L.5353; Dezember 2006; Merum 2007-1) Privatpreis ab Hof:
Euro 13,00*

Guido Berlucchi, Borgonato (BS)　　5 000 000 Fl./90 Hektar

Tel. 030 984381; Fax 030 9828347; www.berlucchi.it; info@berlucchi.it

Cellarius Brut Vendemmia 2003　　　　　　★★★

*Warmes Hellgelb; einladende, süße, fruchtige Nase; geschmeidig schon im Ansatz, sahniger
Schaum, Tiefe, ausgewogen, saftig, etwas Butter, lang, schöner Schaumwein. (80% Char-
donnay, 15% Pinot nero, 5% Weißburgunder.) (450 000 Fl.; L.7033M3; 2007; Merum 2007-1)
Privatpreis ab Hof: Euro #*

Cellarius Metodo Classico Brut Rosé 2002　　　　★★★

*Blasses Rosa; Noten von Himbeersahne, einladend; sehr feiner Schaum, fruchtig, enttäuscht
im Gaumen nicht, sehr geschmeidig und angenehm. (45% Chardonnay, 55% Pinot nero.)
(100 000 Fl.; L.6482M2; 2006; Merum 2007-1) Privatpreis ab Hof: Euro #*

Cuvée Imperiale Brut VSQ Metodo Classico s. a.　　★★ – ★★★

*Mittleres Hellgelb; fruchtig-aromatische, nicht überaus tiefe Nase; geschmeidig, angenehm,
ausgewogen, eher einfach, etwas Süße, nicht sehr lang. (85% Chardonnay, 10% Pinot nero,
5% Weißburgunder.) (3 500 000 Fl.; L.6374M4; 2006; Merum 2007-1) Privatpreis ab Hof: Euro #*

Cuvée Imperiale Max Rosé Extra Dry s. a.   ★★ – ★★★

Helles Rosa; feine Beerennoten, sehr einladend; feiner Schaum, ausgeprägte Frucht, leider dann störende Süße, die den Wein unausgewogen macht. (45% Chardonnay, 50% Pinot nero, 5% Weißburgunder.) (500 000 Fl.; L.7031M4; 2007; Merum 2007-1) Privatpreis ab Hof: Euro #

Cuveé Imperiale Vintage 2001   ★★★

Mittleres Hellgelb; frische Fruchtnoten, Zitrone, einladend, wenn auch nicht supertief; feiner Schaum, angenehme Frucht, nicht überaus vielschichtig, gewisse Süße und Säure, frisch und angenehm. (50% Chardonnay, 50% Pinot nero.) (50 000 Fl.; L.6512M1; 2006; Merum 2007-1) Privatpreis ab Hof: Euro #

Il Montù, Montù Beccaria (PV)   700 000 Fl./85 Hektar

Tel. 0385 262252; Fax 0385 262942; www.ilmontu.com; ilmontu@ilmontu.com

Oltrepò Pavese DOC Pinot nero Brut
Metodo Classico Millesimato 2002   ★★ – ★★★

Warmes Gelb; einladende Frucht- und Sellerie-Noten; mittelfein, Butter, intensiv im Aroma, Sellerie, recht angenehm. (100% Pinot nero.) (15 000 Fl.; L.0406; April 2006; Merum 2007-1) Privatpreis ab Hof: Euro 16,44

Monsupello, Torricella Verzate (PV)   250 000 Fl./48 Hektar

Tel. 0383 896043; Fax 0383 896391; www.monsupello.it; monsupello@monsupello.it

Oltrepò Pavese DOC Brut Metodo Classico
Cuvée Cà del Tava s. a.   ★★★

Reifendes Gelb; intensive Noten von Gummibärchen, Holunder, Senffrüchten, etwas exotisch; auch im Gaumen intensiv im Geschmack, fein und geschmeidig, gewisse Süße, recht lang. (40% Chardonnay, 60% Pinot nero.) (6800 Fl.; L.3505; Februar 2005; Merum 2007-1) Privatpreis ab Hof: Euro 25,00

Oltrepò Pavese DOC Pinot nero Brut Metodo Classico s. a.
   ★★★

Intensives Hellgelb; feine Pinot-Noten, gewisse Hefe; feiner Ansatz, saftig, rund und geschmeidig, gewisse Süße, recht lang. (10% Chardonnay, 90% Pinot nero.) (15 000 Fl.; L.31006; November 2006; Merum 2007-1) Privatpreis ab Hof: Euro 10,80

Oltrepò Pavese DOC Pinot nero Brut Metodo Classico
Millesimato 2001   ★★★

Mittleres Hellgelb; Reifenoten, Hefe; feiner Ansatz, auch im Gaumen feine Reife, Butter, Hefe, Säure, feine Süße, recht lang. (10% Chardonnay, 90% Pinot nero.) (10 200 Fl.; L.31006; November 2006; Merum 2007-1) Privatpreis ab Hof: Euro 12,50

Oltrepò Pavese DOC Pinot nero Pas Dosé Metodo Classico s. a.

Mittleres Hellgelb; nicht komplett klare hefige Pinot-Frucht; geschmeidiger Ansatz, gewisse Reife, nicht sehr schöne Hefe, ziemlich trocken, dürfte fruchttiefer sein. (10% Chardonnay, 90% Pinot nero.) (18 000 Fl.; L.31006; November 2006; Merum 2007-1) Privatpreis ab Hof: Euro 10,80

Olivini, Desenzano (BS)   90 000 Fl./14 Hektar

Tel. 030 3582520; Fax 030 3582516; www.olivini.net; info@olivini.net

Lugana DOC Brut Metodo Classico 2004

Recht intensives Gelb; blütenartige Noten; frische Säure, Süße, nicht tief, nicht ausgewogen, Bitterton. (100% Lugana.) (15 000 Fl.; L.29106; # Abfüllungen; Merum 2007-1) Privatpreis ab Hof: Euro 12,00

Provenza / Walter Contato,
Desenzano del Garda (BS)   800 000 Fl./50 Hektar

Tel. 030 9910006; Fax 030 9910014; www.provenzacantine.it; info@provenza.net

Lugana DOC Brut Metodo Classico Cà Maiöl s. a.

Goldgelb; breite Reifenoten; opulent auch im Gaumen, dann recht rund, gewisse Tiefe, gewisse Süße, etwas breit, nicht geschmeidig. (10% Chardonnay, 90% Lugana.) (35 000 Fl.; L.CL 2 06; November 2006; Merum 2007-1) Privatpreis ab Hof: Euro #

Quaquarini Francesco, Canneto Pavese (PV)   600 000 Fl./60 Hektar

Tel. 0385 60152; Fax 0385 262056; www.quaquarinifrancesco.it;
info@quaquarinifrancesco.it

Oltrepò Pavese DOC Brut Metodo Tradizionale s. a.

Blasses, rötliches Hellgelb; süßlich-fruchtige Nase; süßlich, einfach, soweit angenehm. (100% Pinot nero.) (9500 Fl.; L.#; 15.11.06; Merum 2007-1) Privatpreis ab Hof: Euro 8,50

Tenuta Il Bosco/Zonin, Zanevredo (PV)   800 000 Fl./150 Hektar

Tel. 0385 245326; Fax 0385 245324; www.ilbosco.com; info@ilbosco.com

**Oltrepò Pavese DOC Brut
Metodo Classico Millesimato 1997**   ★★ – ★★★

Goldenes, warmes Gelb; recht opulente, fruchtig-süße Nase; fruchtig, viel Butter, Fülle, Süße, für meinen Geschmack zu opulent und zu süß. (20% Chardonnay, 80% Pinot nero.) (50 000 Fl.; L.A 5120; Oktober 2006; Merum 2007-1) Privatpreis ab Hof: Euro 10,00

Torti Pietro, Montecalvo Versiggia (PV)   30 000 Fl./10 Hektar

Tel. 0385 99763; Fax 0385 99763; www.pietrotorti.it; info@pietrotorti.it

**Oltrepò Pavese DOC Pinot nero Brut
Metodo Classico s. a.**   ★★ – ★★★

Hellgelb; Reife- und Pinot-Noten; kraftvoll, trocken, Struktur, feines Reifearoma, Frucht, nicht superfein, recht lang. (15% Chardonnay, 85% Pinot nero.) (2000 Fl.; L.#; November 2006; Merum 2007-1) Privatpreis ab Hof: Euro 15,00

Verdi Bruno, Canneto Pavese (PV)   100 000 Fl./9 Hektar

Tel. 0385 88023; Fax 0385 241623; www.verdibruno.it; info@verdibruno.it

Oltrepò Pavese DOC Brut Metodo Classico 2004   ★★ – ★★★

Blasses Hellgelb; feine Pinot- und Hefenoten; mittelfeiner Schaum, Frucht, feine Säure, gewisse Tiefe, angenehm. (30% Chardonnay, 70% Pinot nero.) (3000 Fl.; L.13.041; November 2006; Merum 2007-1) Privatpreis ab Hof: Euro 12,00

Oltrepò Pavese DOC Brut Metodo Classico Vergombera 2003
   ★★★

Warmes, mittleres Hellgelb; süße Fruchtnoten, Hefe, recht tief, einladend; sehr feiner Ansatz, kraftvoll und elegant, sehr geschmeidig, Pinot- und Hefenoten, lang. (30% Chardonnay, 70% Pinot nero.) (5000 Fl.; L.VE 031; November 2006; Merum 2007-1) Privatpreis ab Hof: Euro 12,00

Visconti, Desenzano (BS)   300 000 Fl./# Hektar

Tel. 030 9120681; Fax 030 9911282; www.luganavisconti.it;
vino@luganavisconti.it

Lugana DOC Brut Metodo Classico s. a.   ★★ – ★★★

Mittleres Hellgelb; verhaltene Hefe- und Fruchtnoten; füllig, recht geschmeidig, gute Fruchttiefe, leider zu viel Süße. (100% Turbiana.) (4000 Fl.; L.6061; April 2006; Merum 2007-1) Privatpreis ab Hof: Euro 9,50

Marken

Verdicchio und die anderen Weißen der Marken

Von den fast 100 verkosteten Verdicchio haben uns nur wenige Flaschen wirklich enttäuscht. Das qualitative Niveau dieses Weißweins aus der Region Marken ist gesamthaft bemerkenswert hoch und zuverlässig. 14 (von 112) Weine sind uns drei oder mehr Sterne wert, und fast noch wichtiger ist, dass ganze 40 Weine mit ★★ – ★★★ Sternen („Wein mit besonderen Qualitäten, im Moment der Verkostung aber nicht exzellent") ausgezeichnet wurden.

Liebe Leser, lassen Sie sich vom Kauf eines ★★ – ★★★-Weines nicht abhalten. Da wir konsequent streng bewerten und ★★★ wirklich nur Weinen vergeben, die uns im Moment der Verkostung voll überzeugen, sind unter den ★★ – ★★★-Weinen stets viele erfreuliche Flaschen, denen es manchmal nur an ein paar Monaten Flaschenreife fehlt.

Anders die 52 nicht bewerteten Weine: Die sind eindeutig nicht nach unserem Geschmack. Aber eben, das heißt noch lange nicht, dass manche Leser da nicht ganz anderer Meinung sind.

Auf jeden Fall gilt der Tipp: Kaufen Sie stets den neuesten Jahrgang und lassen Sie sich nie zum Kauf einer Riserva oder eines Super-Verdicchio überreden. Das Risiko, ein untrinkbares Ego-Elaborat eines zu Höherem geborenen Winzers für einen viel zu hohen Preis zu erstehen, ist groß. Verdicchio ist als junger, frischer Wein am besten. Ausnahmen kennen wir nur diese: Tralivio 2005 von Sartarelli, Massaccio 2004 von Fazi-Battaglia, Grancasale 2005 von Casalfarneto, Podium 2005 von Garofoli und Misco 2004 von Lucangeli Aymerich di Laconi.

Accadia Angelo, Serra San Quirico (AN)   26 000 Fl./5 Hektar

Tel. 0731 859007; Fax 0731 85172; www.assivip.it; az.accadia@tiscalinet.it

Verdicchio dei Castelli di Jesi Classico DOC
Consono 2006   ★★ – ★★★
Warmes Hellgelb; nicht intensive Fruchtnoten; kräftig, etwas breite Frucht, eher breit, Gummi, Süße, zu opulent, müsste fruchtiger sein. (# Fl.; L.07 105; mehr als eine Abfüllung; Merum 2007-4) Privatpreis ab Hof: Euro 4,50

Verdicchio dei Castelli di Jesi Classico Superiore DOC
Cantorì 2006
Reifendes Hellgelb; nicht frisch, müde, fehlt Frische; Süße, Alkohol, Butter, nicht fruchtig, untrinkig. (3900 Fl.; L.07 108; eine Abfüllung; Merum 2007-4) Privatpreis ab Hof: Euro 6,00

Verdicchio dei Castelli di Jesi Classico Superiore
DOC Conscio 2006   ★★ – ★★★
Mittleres Hellgelb; verhaltene Gummi- und Hefenoten; viel Süße, gewisse Frucht, Gummi, schöne Länge, ziemlich opulent. (# Fl.; L.07 107; mehr als eine Abfüllung; Merum 2007-4) Privatpreis ab Hof: Euro 6,50

Alberto Serenelli, Ancona (AN)   30 000 Fl./7 Hektar

Tel. 071 31343; Fax 071 3586175; albertoserenelli@tiscalinet.it

Verdicchio dei Castelli di Jesi Classico DOC Sora Elvira 2006
Hellgelb; Holznoten; Holzgeschmack, Süße, Verdicchio nicht erkennbar. (4000 Fl.; L.SE 107; eine Abfüllung; Merum 2007-4) Privatpreis ab Hof: Euro 10,80

Barone Pizzini, Maiolati Spontini (AN)   50 000 Fl./27 Hektar

Tel. 0731 780375; Fax 0731 780375; www.baronepizzini.it; info@baronepizzini.it

Verdicchio dei Castelli di Jesi Classico Riserva DOC
Pievalta San Paolo 2004
Goldgelb; Noten von Senffrüchten, Röstung, Sellerie; recht kraftvoll, Sellerie, Holz, zu opulent, nicht fein. (13 000 Fl.; L.4076; eine Abfüllung; Merum 2007-4) Privatpreis ab Hof: Euro 9,00

Verdicchio dei Castelli di Jesi Classico Superiore DOC
Pievalta 2006
Hellgolden; Holznoten; schlank, Butter, Holz, ausgezehrt. (20 000 Fl.; L.60957/A; mehr als eine Abfüllung; Merum 2007-4) Privatpreis ab Hof: Euro 4,80

Verdicchio dei Castelli di Jesi Classico Superiore DOC
Pievalta Dominè 2005
Goldgelb; holzwürzige Noten; Süße, gewisse Fülle, keine Verdicchio-Frucht, breit, nicht elegant. (10 000 Fl.; L.50947/V; eine Abfüllung; Merum 2007-4) Privatpreis ab Hof: Euro 5,90

Belisario, Matelica (MC)   1 000 000 Fl./300 Hektar

Tel. 0737 787247; Fax 0737 787263; www.belisario.it; belisario@belisario.it

Verdicchio di Matelica DOC 2006   ★★★
Blasses Hellgelb; herb-fruchtige Noten, Birne; säurebetont, salzig, fruchtig, Schmelz. (Biowein.) (39 000 Fl.; L.07053; mehr als eine Abfüllung; Merum 2007-4) Privatpreis ab Hof: Euro 6,80

Verdicchio di Matelica DOC Terre di Valbona 2006   ★★ – ★★★
Mittleres Hellgelb; mineralische Frucht mit Noten von Zitrus; Kohlensäure, intakte Frucht, viel Süße, saftig, gute Länge. (400 000 Fl.; L.07072; mehr als eine Abfüllung; Merum 2007-4) Privatpreis ab Hof: Euro 3,30

Verdicchio di Matelica DOC
Vigneti del Cerro 2006   ★★★ – ★★★★
Mittleres Hellgelb; recht fruchtig, unreife Birnen; etwas Kohlensäure, frisch, tiefe Frucht, saftige Säure, trinkig, lang. (100 000 Fl.; L.07053; mehr als eine Abfüllung; Merum 2007-4) Privatpreis ab Hof: Euro 4,80

Verdicchio di Matelica Riserva DOC
Cambrugiano 2004   ★★ – ★★★
Reifendes Goldgelb; Noten von Früchten und Trockenfrüchten, etwas Gummi, gewisse Reife, macht neugierig; recht tiefe Fruchtaromen, Konzentration, saftig, Süße, Sellerie, erstaunlich frisch, etwas zu opulent. (50 000 Fl.; L.06340; mehr als eine Abfüllung; Merum 2007-4) Privatpreis ab Hof: Euro 8,80

Brunori, Jesi (AN)   50 000 Fl./7 Hektar
Tel. 0731 207213; Fax 0731 207213; www.brunori.it; info@brunori.it

Verdicchio dei Castelli di Jesi Classico DOC
Le Gemme 2006   ★★ – ★★★
Warmes Hellgelb; fruchtig-harzige Noten, einladend; gewisse Säure, knappe Frucht, recht angenehm, eher einfach. (22 000 Fl.; L.07/081; mehr als eine Abfüllung; Merum 2007-4) Privatpreis ab Hof: Euro 4,50

Verdicchio dei Castelli di Jesi Classico Superiore DOC
San Nicolò 2006   ★★ – ★★★
Mittleres Hellgelb; Frucht mit verhaltenen Minzenoten; rund, Süße, Säure, gewisse Frucht, recht angenehm. (14 000 Fl.; L.07/081; eine Abfüllung; Merum 2007-4) Privatpreis ab Hof: Euro 6,00

Bucci, Ostra Vetere (AN)   100 000 Fl./26 Hektar
Tel. 071 964179; Fax 071 964179; www.villabucci.com; bucciwines@villabucci.com

Verdicchio dei Castelli di Jesi Classico Riserva DOC
Villa Bucci 2004   ★★ – ★★★
Helles Goldgelb; verhalten, gewisse Frucht- und Gumminoten; ausgewogen, recht saftig, feinfruchtig, ausgewogen, gewisse Tiefe und Länge, im Abgang Akazienhonig. (20 000 Fl.; L.86; eine Abfüllung; Merum 2007-4) Privatpreis ab Hof: Euro 28,50

Verdicchio dei Castelli di Jesi Classico
Superiore DOC 2006   ★★★
Reifendes, mittleres Hellgelb; verhaltene Noten reifer Birnen; Fülle, verhalten, rund, ausgewogen, Birnenfrucht, lang. (70 000 Fl.; L.90; eine Abfüllung; Merum 2007-4) Privatpreis ab Hof: Euro 11,50

Casalfarneto, Serra de' Conti (AN)   300 000 Fl./25 Hektar
Tel. 0731 889001; Fax 0731 889881; www.casalfarneto.it; info@casalfarneto.it

Verdicchio dei Castelli di Jesi Classico Superiore DOC
Fontevecchia 2005
Helles Goldgelb; verhaltene, etwas harzige Frucht; Säure, keine Süße, knappe Frucht, müsste temperamentvoller sein. (82 000 Fl.; L.6 192; mehr als eine Abfüllung; Merum 2007-4) Privatpreis ab Hof: Euro 5,00

Verdicchio dei Castelli di Jesi Classico Superiore DOC
Grancasale 2005   ★★★ – ★★★★
Warmes Hellgelb; zitronige Verdicchio-Noten, tief; angenehme Säure, fruchtig, Gummi, recht ausgewogen und angenehm, Länge. (18 000 Fl.; L.6 200; eine Abfüllung; Merum 2007-4) Privatpreis ab Hof: Euro 7,50

Ceci Enrico, San Paolo di Jesi (AN)   10 000 Fl./7,8 Hektar
Tel. 0731 779033; Fax 0731 779033; www.verdicchiomarche.it/ceci; cecienrico@virgilio.it

Verdicchio dei Castelli di Jesi Classico Superiore DOC
Santa Maria d'Arco 2006
Hellgelb; nicht superklare Frucht, Erdnüsse; im Gaumen knappe Frucht, Hefe, etwas breit im Abgang. (6000 Fl.; L.#; eine Abfüllung; Merum 2007-4) Privatpreis ab Hof: Euro 6,00

Verdicchio dei Castelli di Jesi Classico Superiore DOC
Santa Maria d'Arco 2005
Helles Goldgelb; Fruchtnoten, auch Plastik; nicht lebhaft, fehlen Saft und Kraft, eher kurz. (6000 Fl.; L.6172; eine Abfüllung; Merum 2007-4) Privatpreis ab Hof: Euro 6,00

Colonnara, Cupramontana (AN)   1 200 000 Fl./210 Hektar
Tel. 0731 780273; Fax 0731 789610; www.colonnara.it; info@colonnara.it

Verdicchio dei Castelli di Jesi Classico DOC
(Amphorenflasche) 2006   ★★ – ★★★
Warmes Hellgelb; feine Fruchtnoten, nicht intensiv; saftig, gewisse Frucht, Süße, einfach, recht angenehm. (120 000 Fl.; L.07.072...2006; mehr als eine Abfüllung; Merum 2007-4) Privatpreis ab Hof: Euro 4,50

**Verdicchio dei Castelli di Jesi Classico Superiore DOC
Cuprese 2006**

Hellgelb; brotige Fruchtnoten; rund, zu knappe Frucht, recht konzentriert, nicht tief.
(75 000 Fl.; L.07 80; mehr als eine Abfüllung; Merum 2007-4) Privatpreis ab Hof: Euro 6,50

**Verdicchio dei Castelli di Jesi Classico Superiore DOC
Cuprese 2005**

*Mittelhelles Goldgelb; verhaltene Frucht- und Gumminoten; im Gaumen breit, kraftvoll,
kaum Frucht, etwas Butter, müsste fruchtfrischer sein.* (75 000 Fl.; L.06.304; eine Abfüllung;
Merum 2007-4) Privatpreis ab Hof: Euro 18,50

**Verdicchio dei Castelli di Jesi Classico Superiore DOC
Tùfico 2004**

Mittelhelles Gelb; reifegetrübte Frucht; Honigaroma, Reife, alleinstehende Süße, Apfelmus.
(18 000 Fl.; L.06.362; eine Abfüllung; Merum 2007-4) Privatpreis ab Hof: Euro 8,50

**Conti degli Azzoni Avogadro Carradori,
Montefano (MC)** 100 000 Fl./130 Hektar

Tel. 0733 850219; Fax 0733 851056; www.degliazzoni.it; info@degliazzoni.it

Colli Maceratesi DOC 2006 ★★ – ★★★

*Hellgelb; intensive Noten von Frucht und Kräutern; im Gaumen recht fruchtig, recht saftig,
salzig.* (13 000 Fl.; L.4471; eine Abfüllung; Merum 2007-4) Privatpreis ab Hof: Euro 3,50

Conti di Buscareto, Arcevia (AN) 80 000 Fl./65 Hektar

Tel. 071 7988020; Fax 071 60910; www.contidibuschareto.com;
info@contidibuschareto.com

Verdicchio dei Castelli di Jesi DOC 2006 ★★ – ★★★

*Hellgelb; Noten getrockneter Kräuter; recht kraftvoll, saftig, nicht sehr fruchtig, Süße, recht
angenehm.* (26 000 Fl.; L.02-07; mehr als eine Abfüllung; Merum 2007-4) Privatpreis ab Hof:
Euro 4,20

Coroncino, Staffolo (AN) 50 000 Fl./9 Hektar

Tel. 0731 779494; Fax 0731 770205; coroncino@libero.it

**Verdicchio dei Castelli di Jesi Classico Superiore DOC
Gaiospino 2004**

Goldgelb; ziemlich matte und würzige Noten; Süße, Holz, kaum Frucht. (10 000 Fl.; L.06; eine
Abfüllung; Merum 2007-4) Privatpreis ab Hof: Euro 15,00

**Verdicchio dei Castelli di Jesi Classico Superiore DOC
Il Coroncino 2005**

*Helles Goldgelb; fruchtig-butterige Nase; konzentriert, ausgeprägt butterig auch im Gau-
men, dann ziemlich bitter.* (20 000 Fl.; L.06; eine Abfüllung; Merum 2007-4) Privatpreis ab Hof:
Euro 8,50

Croce del Moro, Rosora (AN) 40 000 Fl./8 Hektar

Tel. 0731 814158; Fax 02 58101281; www.tassanare.it; info@tassanare.it

Verdicchio dei Castelli di Jesi Classico DOC Le Muse 2005

Hellgelb; verhaltene Frucht, etwas Plastik; kraftvoll, knappe Frucht, Fülle, fehlt Temperament.
(18 000 Fl.; L.20 07; mehr als eine Abfüllung; Merum 2007-4) Privatpreis ab Hof: Euro 4,80

**Verdicchio dei Castelli di Jesi Classico Riserva DOC
Crocetta 2004**

*Goldenes Hellgelb; gekochte Apfelschnitze, Jod, aromatischer Pfeifentabak; Süße, reife
Frucht, nicht elegant, etwas opulent.* (3500 Fl.; L.05 06; mehr als eine Abfüllung; Merum 2007-
4) Privatpreis ab Hof: Euro 15,20

**Verdicchio dei Castelli di Jesi Classico Superiore DOC
Crocetta 2005**

*Mittleres Hellgelb; gewisse Fruchtnoten; etwas temperamentlos, butterig, breit, keine
eigentliche Frucht.* (10 000 Fl.; L.01 07; mehr als eine Abfüllung; Merum 2007-4) Privatpreis ab Hof:
Euro 8,10

Fattoria Laila, Mondavio (PU)   100 000 Fl./40 Hektar

Tel. 0721 979353; Fax 0721 979353; www.fattorialaila.it; fattorialaila@virgilio.it

Verdicchio dei Castelli di Jesi
Classico Superiore DOC 2006   ★★ – ★★★

Mittleres Hellgelb; einfache, ansprechende Frucht; viel Süße, fruchtig, angenehm. (40 000 Fl.; L.BR0207; eine Abfüllung; Merum 2007-4) Privatpreis ab Hof: Euro 5,00

Verdicchio dei Castelli di Jesi Classico Superiore DOC Eklektikos
2006   ★★ – ★★★

Hellgelb; Frucht- und Sellerienoten; viel Süße, gewisse Frucht, Alkohol, Länge, müsste temperamentvoller sein. (15 000 Fl.; L.BR0207; eine Abfüllung; Merum 2007-4) Privatpreis ab Hof: Euro #

Verdicchio dei Castelli di Jesi Riserva DOC Lailum 2004

Goldgelb; nicht mehr ganz frische Röst- und Holznoten; Süße, Holzaroma, keine Feinheit. (7000 Fl.; L.BR0207; eine Abfüllung; Merum 2007-4) Privatpreis ab Hof: Euro #

Fazi Battaglia, Castelplanio (AN)   4 000 000 Fl./380 Hektar

Tel. 0731 81591; Fax 0731 814149; www.fazibattaglia.it; info@fazibattaglia.it

Verdicchio dei Castelli di Jesi Classico DOC Titulus 2006

Zitroniges Hellgelb; verhaltene, angenehme Fruchtnoten; schlank, knappe Frucht, feine Säure, einfach. (2 800 000 Fl.; L.7081; mehr als eine Abfüllung; Merum 2007-4) Privatpreis ab Hof: Euro #

Verdicchio dei Castelli di Jesi Classico Riserva DOC
San Sisto 2003

Mittelhelles Goldgelb; Noten von Holz, Fruchtkonserven; reife Frucht, etwas Holz, nicht spannend. (15 000 Fl.; L.5308; mehr als eine Abfüllung; Merum 2007-4) Privatpreis ab Hof: Euro #

Verdicchio dei Castelli di Jesi Classico Superiore DOC
Le Moie 2006   ★★ – ★★★

Hellgelb; einladende, fruchtige Noten; Süße, Frucht, gewisse Säure, saftig, angenehm. (90 000 Fl.; L.7079; mehr als eine Abfüllung; Merum 2007-4) Privatpreis ab Hof: Euro #

Verdicchio dei Castelli di Jesi Classico Superiore DOC
Massaccio 2004   ★★★ – ★★★★

Helles Goldgelb; mineralische Noten, Gummi, tief und einladend; ausgewogen, saftig, Süße, mineralische Tiefe, ausgewogen, salzig, angenehm, im Nachhall feines Reifearoma, lang. (10 000 Fl.; L.#; mehr als eine Abfüllung; Merum 2007-4) Privatpreis ab Hof: Euro #

Garofoli Gioacchino, Loreto (AN)   2 000 000 Fl./50 Hektar

Tel. 071 7820162; Fax 071 7821437; www.garofolivini.it; mail@garofolivini.it

Verdicchio dei Castelli di Jesi Classico DOC Serra del Conte 2006

Hellgelb; Fruchtsaftnoten, müsste frischer sein; Süße, einfach, schmal, kaum Frucht. (# Fl.; L.7072A; mehr als eine Abfüllung; Merum 2007-4) Privatpreis ab Hof: Euro #

Verdicchio dei Castelli di Jesi Classico Riserva DOC
Serra Fiorese 2003

Warmes Hellgelb; Röstaromen; Rauchspeckaroma, eindimensional. (20 000 Fl.; L.5139A; mehr als eine Abfüllung; Merum 2007-4) Privatpreis ab Hof: Euro #

Verdicchio dei Castelli di Jesi Classico Superiore DOC
Macrina 2006

Hellgelb; Hefenoten, feine Frucht, Hefenoten; füllig, süß, gewisse Frucht, dann heftig Süße und Butter im Abgang. (150 000 Fl.; L.7097A; mehr als eine Abfüllung; Merum 2007-4) Privatpreis ab Hof: Euro #

Verdicchio dei Castelli di Jesi Classico Superiore DOC
Podium 2005   ★★★ – ★★★★

Helles Goldgelb; intensive Nase, fruchtig, tief, einladend; im Gaumen konzentriert, Süße, Frucht, etwas Sellerie, etwas Butter, Fülle, lang. (60 000 Fl.; L.7106A; mehr als eine Abfüllung; Merum 2007-4) Privatpreis ab Hof: Euro #

Guerrieri, Piagge (PU)
120 000 Fl./32 Hektar

Tel. 0721 890152; Fax 0721 890497; www.aziendaguerrieri.it;
info@aziendaguerrieri.it

Bianchello del Metauro DOC 2006

Warmes Hellgelb; nicht sehr klar; auch im Gaumen verwischt, einfach, zu wenig Ausdruck.
(70 000 Fl.; L.V023.07; mehr als eine Abfüllung; Merum 2007-4) Privatpreis ab Hof: Euro 4,10

Bianchello del Metauro DOC Celso 2006

Warmes, mittleres Hellgelb; verhalten fruchtige Nase; konzentriert, Süße, gewisse Frucht,
Holz, müde Akazienblüten. (14 000 Fl.; L.V092.07; mehr als eine Abfüllung; Merum 2007-4)
Privatpreis ab Hof: Euro 5,40

Guerrieri Bianco Marche IGT 2005

Goldgelb; matte, holzgeschädigte Nase; Vanille und Süße. (7000 Fl.; L.V092.07; eine Abfüllung;
Merum 2007-4) Privatpreis ab Hof: Euro 6,50

Il Conte Villaprandone/De Angelis, Monteprandone (AP)
100 000 Fl./20 Hektar

Tel. 0735 62593; Fax 0735 362119; www.ilcontevini.it; info@ilcontevini.it

Falerio DOC Aurato 2006
★★ – ★★★

Hellgelb; grüne Fruchtnoten; gewisse Süße, gewisse Frucht, feine Säure, feinherb, schlank,
angenehm. (25 000 Fl.; L.07-018; mehr als eine Abfüllung; Merum 2007-4) Privatpreis ab Hof:
Euro 5,50

Offida DOC Pecorino Navicchio 2006

Goldenes, mittleres Gelb; verhalten; konzentriert, viel Süße, gewisse Struktur und Länge,
gute Länge, Süße stört. (5000 Fl.; L.07-019; eine Abfüllung; Merum 2007-4) Privatpreis ab Hof:
Euro 11,00

Laurentina, Montecarotto (AN)
50 000 Fl./13 Hektar

Tel. 0731 89435; Fax 0731 89435; laurentina@katamail.com

Verdicchio dei Castelli di Jesi Classico DOC 2006
★★ – ★★★

Blasses Hellgelb; Noten von Birne, Birnenblüte; Süße, gewisse Säure, knappe Frucht, ein-
fach, leicht bitter. (# Fl.; L.VB 02-07; # Abfüllungen; Merum 2007-4) Privatpreis ab Hof: Euro #

Verdicchio dei Castelli di Jesi Classico DOC Loré 2003

Mittelhelles Goldgelb; Röstung und Frucht; viel Süße, Röstung, Frucht. (# Fl.; L.VL01-05; # Abfüllungen; Merum 2007-4) Privatpreis ab Hof: Euro #

Verdicchio dei Castelli di Jesi Classico DOC Vigneto di Tobia 2005
★★ – ★★★

Warmes Hellgelb; verhaltene Noten von Frucht, etwas Petrol, macht neugierig; saftig, recht
tief, ausgewogen und elegant, mineralisch, recht lang, allerdings eine Spur zu matt. (# Fl.;
L.VT05-03; # Abfüllungen; Merum 2007-4) Privatpreis ab Hof: Euro #

Lucangeli Aymerich di Laconi, Cingoli (MC)
100 000 Fl./30 Hektar

Tel. 0733 617303; Fax 0733 617320; tavignano@libero.it

Verdicchio dei Castelli di Jesi Classico DOC Tavignano Vigna Verde 2006
★★ – ★★★

Warmes Hellgelb; verhaltene Frucht, Butter; Süße, gewisse Frucht, saftig, etwas Butter, recht
angenehm. (20 000 Fl.; L.06349; mehr als eine Abfüllung; Merum 2007-4) Privatpreis ab Hof:
Euro 2,80

Verdicchio dei Castelli di Jesi Classico Riserva DOC Tenuta di Tavignano Misco 2004
★★★

Goldenes Hellgelb; Brotnoten, gewisse Frucht; viel Süße, konzentriert, Frucht, komplexe
Reifearomen, tief, saftig und lang. (3000 Fl.; L.05271; eine Abfüllung; Merum 2007-4) Privatpreis
ab Hof: Euro 8,00

Verdicchio dei Castelli di Jesi Classico Superiore DOC Tavignano 2006
★★ – ★★★

Frisches Hellgelb; Frucht, Birnenblüten, frisch; saftig, ausgeprägte Frucht, etwas viel Butter,
lang. (50 000 Fl.; L.07124; mehr als eine Abfüllung; Merum 2007-4) Privatpreis ab Hof: Euro 3,90

Verdicchio dei Castelli di Jesi Classico Superiore DOC
Tenuta di Tavignano Misco 2005   ★★ – ★★★
Leuchtendes Hellgelb; intensive Fruchtnoten, einladend; viel Süße, saftige Säure, eher knappe Frucht, soweit angenehm, durch die Süße unausgewogen. (7000 Fl.; L.2507117; mehr als eine Abfüllung; Merum 2007-4) Privatpreis ab Hof: Euro 6,00

Lucchetti Mario, Morro d'Alba (AN)   150 000 Fl./25 Hektar
Tel. 0731 63314; Fax 0731 63314; www.mariolucchetti.it; info@mariolucchetti.it

Verdicchio dei Castelli di Jesi Classico DOC 2006   ★★★
Recht intensives Hellgelb; ansprechende Frucht mit Zitrus- und Stachelbeernoten; ausgeprägte Frucht, saftig und salzig, ausgewogen, sehr angenehm. (50 000 Fl.; L.07 065; eine Abfüllung; Merum 2007-4) Privatpreis ab Hof: Euro 5,00

Mancinelli Stefano, Morro d'Alba (AN)   150 000 Fl./25 Hektar
Tel. 0731 63021; Fax 0731 63521; www.mancinelli-wine.com; info@mancinelli-wine.com

Verdicchio dei Castelli di Jesi Classico DOC 2006
Warmes Hellgelb; vorherrschende Butternoten; süß, stark butterig, sehr einseitig. (10 000 Fl.; L.07.081; mehr als eine Abfüllung; Merum 2007-4) Privatpreis ab Hof: Euro 3,50

Mancini, Maiolati Spontini (AN)   250 000 Fl./20 Hektar
Tel. 0731 702975; Fax 0731 703364; www.manciniwines.it; mancini@manciniwines.it

Verdicchio dei Castelli di Jesi Classico DOC 2006
Goldenes Hellgelb; Noten von nasser Wolle, Butter; breiter Ansatz, Butter, breit, knappe Frucht, fehlt Feinheit. (80 000 Fl.; L.7136; eine Abfüllung; Merum 2007-4) Privatpreis ab Hof: Euro 3,60

Verdicchio dei Castelli di Jesi Classico DOC Ghibellino 2006
Helles Goldgelb; Butter- und Apfelsaftnoten; Butteraroma, keine Frucht, zu einseitig. (50 000 Fl.; L.6348; eine Abfüllung; Merum 2007-4) Privatpreis ab Hof: Euro 4,50

Verdicchio dei Castelli di Jesi Classico DOC Santa Lucia 2006
Warmes Hellgelb; Reifenoten; Süße, Reife, fehlen Fruchtfrische und Spannung. (13 300 Fl.; L.7080; eine Abfüllung; Merum 2007-4) Privatpreis ab Hof: Euro 5,00

Verdicchio dei Castelli di Jesi Classico Superiore DOC
Villa Talliano 2006
Goldenes Hellgelb; reife Frucht, Ananas; Fülle, Süße, Kraft, etwas überladen und alkoholisch, etwas bitter. (10 000 Fl.; L.7080; eine Abfüllung; Merum 2007-4) Privatpreis ab Hof: Euro 5,80

Marchetti, Ancona (AN)   80 000 Fl./20 Hektar
Tel. 071 897386; Fax 071 897376; www.marchettiwines.it; info@marchettiwines.it

Verdicchio dei Castelli di Jesi Classico DOC 2006   ★★ – ★★★
Hellgelb; Frucht mit Erdnussnoten; Säure, recht kräftig und saftig, gewisse Frucht, herb, aber auch fruchtig im Abgang. (20 000 Fl.; L.0923 07/101; mehr als eine Abfüllung; Merum 2007-4) Privatpreis ab Hof: Euro 5,00

Marconi Maurizio, San Marcello (AN)   200 000 Fl./20 Hektar
Tel. 0731 267223; Fax 0731 269140; www.cantinemarconi.it; vendite@cantinemarconi.it

Verdicchio dei Castelli di Jesi Classico DOC 2006   ★★ – ★★★
Recht intensives Hellgelb; ansprechende, eher volle, reife Frucht; saftig, salzig, etwas breite Frucht, angenehm. (70 000 Fl.; L.7 107; mehr als eine Abfüllung; Merum 2007-4) Privatpreis ab Hof: Euro 4,70

Verdicchio dei Castelli di Jesi Classico Superiore DOC 2006
Goldenes Hellgelb; Röstung und Frucht; Fülle und Süße, Röstung, keine Frucht, fehlt Charakter. (6000 Fl.; L.7 038; mehr als eine Abfüllung; Merum 2007-4) Privatpreis ab Hof: Euro 9,50

Verdicchio dei Castelli di Jesi Classico Superiore DOC 2005
Goldenes Hellgelb; Noten von Apfelkompott, Jod; Frucht und Jod, Süße, nicht lang. (50 000 Fl.; L.6 133; mehr als eine Abfüllung; Merum 2007-4) Privatpreis ab Hof: Euro 7,80

Marotti Campi, Morro d'Alba (AN)
160 000 Fl./56 Hektar

Tel. 0731 618027; Fax 0731 618846; www.marotticampi.it; wine.marotti@tin.it

Verdicchio dei Castelli di Jesi Classico DOC Albiano 2006

Helles Goldgelb; breite Noten von Butter, Ananassaft; Butter, erdig, gewisse Frucht, breit, müsste feiner sein. (20 000 Fl.; L.103.07; mehr als eine Abfüllung; Merum 2007-4) Privatpreis ab Hof: Euro #

Verdicchio dei Castelli di Jesi Classico Riserva DOC Salmariano 2004

Goldgelb; verhalten, Marzipan, keine Frucht; recht konzentriert, breit, Süße, überreif, nicht tief. (# Fl.; L.192.06; eine Abfüllung; Merum 2007-4) Privatpreis ab Hof: Euro 7,00

Verdicchio dei Castelli di Jesi Classico Superiore DOC Luzano 2006

Helles Goldgelb; breite, gereifte Frucht, mostig; breit auch im Gaumen, Süße, mostig, Butter. (40 000 Fl.; L.103.07; mehr als eine Abfüllung; Merum 2007-4) Privatpreis ab Hof: Euro #

Mecella Enzo, Fabriano (AN)
300 000 Fl./12 Hektar

Tel. 0732 21680; Fax 0732 627705; www.enzomecella.com; enzomecella@enzomecella.com

Verdicchio di Matelica DOC Casa Fosca sotto le Querce 2005

Reifendes Hellgelb; gereifte Nase; fehlt Frische, müde Frucht, eher schlank. (18 000 Fl.; L.#; eine Abfüllung; Merum 2007-4) Privatpreis ab Hof: Euro 6,50

Mognon Floriano, Castelcolonna (AN)
30 000 Fl./4,6 Hektar

Tel. 071 7957537; Fax 071 7957537; www.mognon-vini-bio.it; mognonfloriano@tiscali.it

Cuntadin VDT s. a.

Mittleres Hellgelb; kräuterig-fruchtige Noten; Süße, etwas breit, einfach fruchtig, nicht lang, rustikal, Birnenkompott, nicht unangenehm. (5600 Fl.; L.07 CUB A2006; eine Abfüllung; Merum 2007-4) Privatpreis ab Hof: Euro 2,75

Esino DOC Castel Colonna Roberta 2006 ★★ – ★★★

Mittleres Gelb; birnenfruchtig; saftig, feine Frucht, Süße, einfache Struktur, angenehm saftig, Länge. (4266 Fl.; L.07 RO 2; eine Abfüllung; Merum 2007-4) Privatpreis ab Hof: Euro 3,50

Monte Schiavo, Maiolati Spontini (AN)
1 800 000 Fl./115 Hektar

Tel. 0731 700385; Fax 0731 703359; www.monteschiavo.com; info@monteschiavo.it

Verdicchio dei Castelli di Jesi Classico Riserva DOC Le Giuncare 2004 ★★ – ★★★

Hellgelb; intensive, parfümiert zitronige Noten; fruchtige Süße, angenehm, gewisse Tiefe. (13 000 Fl.; L.6156; eine Abfüllung; Merum 2007-4) Privatpreis ab Hof: Euro 15,00

Verdicchio dei Castelli di Jesi Classico Superiore DOC Pallio di San Floriano 2006 ★★★ – ★★★★

Frisches Hellgelb; nicht intensive, mineralisch-gemüsige Fruchtnoten, Birne, Sellerie; saftig, recht dicht und fruchtig, frische Säure, lang. (85 000 Fl.; L.0745; mehr als eine Abfüllung; Merum 2007-4) Privatpreis ab Hof: Euro 7,50

Montecappone, Jesi (AN)
100 000 Fl./70 Hektar

Tel. 0731 205761; Fax 0731 204233; www.montecappone.com; info@montecappone.com

Verdicchio dei Castelli di Jesi Classico Superiore DOC Montesecco 2006

Recht intensives Hellgelb; verhaltene, fruchtig-vanillige Noten; viel Süße, knappe Frucht, Alkohol, etwas bitter, unausgewogen. (5500 Fl.; L.0107MB; eine Abfüllung; Merum 2007-4) Privatpreis ab Hof: Euro 7,00

Verdicchio dei Castelli di Jesi Riserva DOC Utopia 2005

Mittleres Gelb; nicht lebhafte, eher holzgezehrte Nase, matt; etwas Holz auch im Gaumen, eher matt, Säure, aber keine Frucht. (5956 Fl.; L.0107U; eine Abfüllung; Merum 2007-4) Privatpreis ab Hof: Euro 16,00

Morelli Claudio, Fano (PU)   95 000 Fl./23 Hektar

Tel. 0721 823352; Fax 0721 823352; www.claudiomorelli.it; info@claudiomorelli.it

Bianchello del Metauro DOC Borgo Torre 2006   ★★ – ★★★

Warmes Hellgelb; kräuterige Nase; kräuterige Frucht, etwas Süße, rund, angenehm.
(13 000 Fl.; L.17079; eine Abfüllung; Merum 2007-4) Privatpreis ab Hof: Euro 5,80

Bianchello del Metauro DOC La Vigna delle Terrazze 2006

Helles Goldgelb; Trockenfruchtnoten; recht konzentriert, fehlt Temperament, zu matt.
(12 500 Fl.; L.71060; eine Abfüllung; Merum 2007-4) Privatpreis ab Hof: Euro 5,30

Pontemagno/Piersanti, San Paolo di Jesi (AN)   2 500 000 Fl./3,5 Hektar

Tel. 0731 703214; Fax 0731 777093; www.piersantivini.com; piersanti@tin.it

Verdicchio dei Castelli di Jesi Classico DOC
Il Teatro del Vino Quota 311 2006   ★★★

Goldenes Hellgelb; einladende, volle Verdicchio-Frucht mit Noten von Orangenschale; kraft-
voll, Zitrus, strukturiert, saftige Säure, gute Länge. (40 000 Fl.; L.07081 1711; mehr als eine
Abfüllung; Merum 2007-4) Privatpreis ab Hof: Euro 2,60

Verdicchio dei Castelli di Jesi Classico Superiore DOC
Pontemagno Bachero 2006   ★★ – ★★★

Helles Goldgelb; gemüsig-holzgeprägte Frucht, intensiv; konzentriert, Süße, kraftvoll, reif-
fruchtig, etwas Holz, Orange, etwas opulent. (40 000 Fl.; L.07/114; mehr als eine Abfüllung;
Merum 2007-4) Privatpreis ab Hof: Euro 3,00

Saladini Pilastri, Spinetoli (AP)   800 000 Fl./160 Hektar

Tel. 0736 899534; Fax 0736 898594; www.saladinipilastri.it; saladpil@tin.it

Falerio DOC 2006

Hellgelb; fruchtig; kraftvoll, auch im Gaumen Frucht, einfach, Reifearoma hängt nach.
(Biowein.) (300 000 Fl.; L.07116; mehr als eine Abfüllung; Merum 2007-4) Privatpreis ab Hof:
Euro 3,50

Falerio DOC Palazzi 2006   ★★ – ★★★

Hellgelb; verhalten fruchtig; salzig, feine Frucht, recht saftig, angenehm. (Biowein.)
(60 000 Fl.; L.07101; mehr als eine Abfüllung; Merum 2007-4) Privatpreis ab Hof: Euro 5,00

San Giovanni/Silvano di Lorenzo, Offida (AP)   120 000 Fl./30 Hektar

Tel. 0736 889032; Fax 0736 889032; www.vinisangiovanni.it;
sangiovanni@sangiovanni.it

Offida DOC Passerina Marta 2006   ★★ – ★★★

Hellgelb; kräuterige Fruchtnoten, Gummi, ansprechend; Süße, kräuterige Frucht, zart,
ausgewogen, angenehm. (16 000 Fl.; L.5; eine Abfüllung; Merum 2007-4) Privatpreis ab Hof:
Euro 7,00

Offida DOC Pecorino Kiara 2006   ★★ – ★★★

Warmes Hellgelb; Noten von Kräutern, Hefe; Fülle, Hefe, ein bisschen opulent, aber recht
angenehm. (10 000 Fl.; L.5; eine Abfüllung; Merum 2007-4) Privatpreis ab Hof: Euro 8,00

Santa Barbara, Barbara (AN)   650 000 Fl./40 Hektar

Tel. 071 9674249; Fax 071 9674263; www.vinisantabarbara.it;
info@vinisantabarbara.it

Verdicchio dei Castelli di Jesi Classico DOC Le Vaglie 2006   ★★★

Grünschimmerndes Hellgelb; verhaltene Frucht mit feinen Sellerienoten; viel Süße, salzig,
Frucht, gute Länge. (140 000 Fl.; L.07.107; mehr als eine Abfüllung; Merum 2007-4) Privatpreis
ab Hof: Euro 7,73

Verdicchio dei Castelli di Jesi Classico DOC
Tardivo ma non Tardo 2004

Gereiftes, helles Goldgelb; Noten von gekochten Birnen und Äpfeln, macht neugierig; dann
unerwartete Restsüße, Apfelkompott, bitter. (4000 Fl.; L.07.079; eine Abfüllung; Merum 2007-
4) Privatpreis ab Hof: Euro 17,75

Verdicchio dei Castelli di Jesi Classico Riserva
Stefano Antonucci DOC 2005

Helles Gelb; holzwürzige Noten von Birnenkompott mit Zitrone; Süße und Frucht, etwas vordergründige Holzwürze, recht lebhaft. (12 000 Fl.; L.07.053; eine Abfüllung; Merum 2007-4) Privatpreis ab Hof: Euro 9,90

Verdicchio dei Castelli di Jesi DOC 2006 ★★ – ★★★

Intensives Hellgelb; ansprechende Frucht mit Macchianoten; Ananasfrucht, saftig, dann eher breit als lang, aber angenehm. (100 000 Fl.; L.07.127; mehr als eine Abfüllung; Merum 2007-4) Privatpreis ab Hof: Euro 3,30

Verdicchio dei Castelli di Jesi DOC Pignocco 2006 ★★★

Goldenes Hellgelb; pflanzliche Frucht mit reifen Birnennoten, einladend; rund, Süße, fruchtig, geschmeidig, sehr angenehm, recht lang. (50 000 Fl.; L.07.120; mehr als eine Abfüllung; Merum 2007-4) Privatpreis ab Hof: Euro 4,75

Saputi, Colmurano (MC) 80 000 Fl./20 Hektar

Tel. 0733 508137; Fax 0733 508928; www.saputi.it; info@saputi.it

Colli Maceratesi DOC Ribona Castru Vecchiu 2005

Helles Goldgelb; matte Noten von Hefe, Butter und Harz; süßlich, ziemlich opulent und matt, nicht fruchtig. (7000 Fl.; L.6 101; eine Abfüllung; Merum 2007-4) Privatpreis ab Hof: Euro 8,50

Sartarelli, Poggio San Marcello (AN) 300 000 Fl./66 Hektar

Tel. 0731 89732; Fax 0731 889902; www.sartarelli.it; info@sartarelli.it

Verdicchio dei Castelli di Jesi Classico DOC 2006 ★★★

Hellgelb; Lichees- und Birnennoten; saftig, fruchtig, salzig, recht kräftig, angenehm, ein Hauch Butter, saftig, fein und lang. (200 000 Fl.; L.07 086; mehr als eine Abfüllung; Merum 2007-4) Privatpreis ab Hof: Euro 4,50

Verdicchio dei Castelli di Jesi Classico Superiore DOC
Tralivio 2005 ★★★ – ★★★★

Hellgelb; intensive Frucht mit harzigen Sellerienoten, Edelfäule, frisch, einladend; saftig, gemüsige, recht tiefe Frucht, salzig, gute Länge. (95 000 Fl.; L.06175; mehr als eine Abfüllung; Merum 2007-4) Privatpreis ab Hof: Euro 7,00

Terre Cortesi Moncaro, Montecarotto (AN) 7 000 000 Fl./1656 Hektar

Tel. 0731 89245; Fax 0731 89237; www.moncaro.com; terrecortesi@moncaro.com

Offida DOC Pecorino Ofithe 2006 ★★ – ★★★

Warmes, mittleres Hellgelb; intensive, kräuterige Noten; auch im Gaumen Kräuter, füllig, angenehm. (17 000 Fl.; L.7037A 11:42; eine Abfüllung; Merum 2007-4) Privatpreis ab Hof: Euro #

Verdicchio dei Castelli di Jesi Classico DOC
Le Vele 2006 ★★ – ★★★

Mittleres Hellgelb; fruchtige Nase, Stachelbeernoten; saftig, Stachelbeerfrucht, angenehm, aber nicht sehr typisch. (300 000 Fl.; L.6349A 15:14; mehr als eine Abfüllung; Merum 2007-4) Privatpreis ab Hof: Euro #

Verdicchio dei Castelli di Jesi Classico Riserva DOC Novali 2003

Goldgelb; Noten von Hefe, Trockenfrüchten, Gummi, macht neugierig; Süße, Holz, Gummi, überladen. (35 000 Fl.; L.4153A 11:24; mehr als eine Abfüllung; Merum 2007-4) Privatpreis ab Hof: Euro #

Verdicchio dei Castelli di Jesi Classico Superiore DOC
Verde Cà Ruptae 2006 ★★ – ★★★

Mittleres Hellgelb; kräuterig-vegetale Fruchtnoten; saftig, recht fruchtig, auch Kräuter, angenehm. (150 000 Fl.; L.7032A 10:45; mehr als eine Abfüllung; Merum 2007-4) Privatpreis ab Hof: Euro #

Umani Ronchi, Osimo (AN) 4 400 000 Fl./200 Hektar

Tel. 071 7108019; Fax 071 7108859; www.umanironchi.it; wine@umanironchi.it

Verdicchio dei Castelli di Jesi Classico DOC
Villa Bianchi 2006 ★★ – ★★★

Hellgelb; Fruchtnoten, Zitrus, ansprechend; saftig, Frucht, einfach, aber sehr angenehm. (180 000 Fl.; L.7 107B; mehr als eine Abfüllung; Merum 2007-4) Privatpreis ab Hof: Euro 7,50

Verdicchio dei Castelli di Jesi Classico Riserva DOC Plenio 2004

Mittleres Goldgelb; Röstnoten, Gewürze; konzentriert, viel Süße, Röstung, opulent. (20 000 Fl.; L.7 029E; eine Abfüllung; Merum 2007-4) Privatpreis ab Hof: Euro 13,00

Verdicchio dei Castelli di Jesi Classico Superiore DOC
Casal di Serra 2006   ★★ – ★★★

Recht intensives Hellgelb; verhaltene Fruchtnoten; viel Süße, kräftig, kaum Frucht, Brot, gewisse Länge. (140 000 Fl.; L.7 117F; mehr als eine Abfüllung; Merum 2007-4) Privatpreis ab Hof: Euro 10,00

Verdicchio dei Castelli di Jesi Classico Superiore DOC
Casal di Serra Vecchie Vigne 2005

Reifendes Gelb; verhaltene Fruchtnoten, Apfelsaft; breit, fehlt Tiefe und Temperament, müsste fruchtfrischer sein. (15 000 Fl.; L.7 085B; eine Abfüllung; Merum 2007-4) Privatpreis ab Hof: Euro 13,00

Vallerosa/Bonci, Cupramontana (AN)   250 000 Fl./35 Hektar

Tel. 0731 789129; Fax 0731 789808; www.vallerosa-bonci.com; info@vallerosa-bonci.com

Verdicchio dei Castelli di Jesi Classico Riserva DOC
Pietrone 2004   ★★ – ★★★

Goldgelb; verhalten, Trockenfrüchte; Süße, gewisse Frucht (Konserve), gewisse Tiefe, recht angenehm. (4000 Fl.; L.6072; eine Abfüllung; Merum 2007-4) Privatpreis ab Hof: Euro #

Verdicchio dei Castelli di Jesi Classico Superiore DOC
Le Case 2005   ★★ – ★★★

Helles Goldgelb; reife, recht tiefe Verdicchio-Frucht, etwas Butter; fruchtig, kraftvoll, Süße, recht tief, feine Butter, lang, angenehm. (10 000 Fl.; L.6347; eine Abfüllung; Merum 2007-4) Privatpreis ab Hof: Euro #

Verdicchio dei Castelli di Jesi Classico Superiore DOC
San Michele 2005   ★★ – ★★★

Reifendes Gelb; reife Fruchtnoten, nicht intensiv; recht konzentriert, viel Süße, beginnende Reife, auch saftig. (30 000 Fl.; L.6250; eine Abfüllung; Merum 2007-4) Privatpreis ab Hof: Euro #

Velenosi, Ascoli Piceno (AP)   1 000 000 Fl./105 Hektar

Tel. 0736 341218; Fax 0736 346706; www.velenosivini.com; info@velenosivini.com

Falerio DOC Solaria 2006   ★★ – ★★★

Mittelhelles Goldgelb; süße Nase, aromatische Kräuter; konzentriert, viel Süße, saftige Säure, ziemlich opulent, aber gleichwohl recht spannend. (45 000 Fl.; L.770; mehr als eine Abfüllung; Merum 2007-4) Privatpreis ab Hof: Euro 6,60

Verdicchio dei Castelli di Jesi Classico DOC 2006   ★★ – ★★★

Intensives Hellgelb; einladende Frucht, Noten von eingemachten Birnen; Frucht, Süße, Säure, saftig, mittlere Tiefe, angenehm, Birnenfrucht im Abgang. (40 000 Fl.; L.799; mehr als eine Abfüllung; Merum 2007-4) Privatpreis ab Hof: Euro 6,00

Villa Angela Marche IGT Pecorino 2006   ★★ – ★★★

Goldenes Hellgelb; rindige-pflanzliche Fruchtnoten; Süße, recht saftig, knappe Frucht, aber angenehm. (40 000 Fl.; L.700; mehr als eine Abfüllung; Merum 2007-4) Privatpreis ab Hof: Euro 6,00

Vicari, Morro d'Alba (AN)   65 000 Fl./12 Hektar

Tel. 0731 63164; Fax 0731 63164; www.vicarivini.it; info@vicarivini.it

Verdicchio dei Castelli di Jesi Classico DOC
Del Pozzo Buono 2006

Intensives, reifendes Hellgelb; würzige, reife Frucht, Klempnerhanf; Süße, Fülle, Alkohol, gewisse fruchtige Länge, etwas bitter. (10 000 Fl.; L.07122; mehr als eine Abfüllung; Merum 2007-4) Privatpreis ab Hof: Euro 4,50

Zannotti, San Paolo di Jesi (AN) 55 000 Fl./8 Hektar

Tel. 0731 703604; Fax 0731 703604; www.zanottivini.com; scappa@msn.com

Verdicchio dei Castelli di Jesi Classico DOC Collinetto 2006

Helles Goldgelb; überreife Noten, zu fortgeschritten; Kohlensäure, Vanille, Nullfrucht, selt-sam. (35 000 Fl.; L.07/125; mehr als eine Abfüllung; Merum 2007-4) Privatpreis ab Hof: Euro 2,00

Verdicchio dei Castelli di Jesi Classico DOC Grestio 2006

Helles Goldgelb; aufgesetzte Vanille- und Cassisparfümierung; künstliches Vanillearoma auch im Gaumen. (17 000 Fl.; L.07/118; mehr als eine Abfüllung; Merum 2007-4) Privatpreis ab Hof: Euro 6,00

Metodo Classico Schaumweine

Colonnara, Cupramontana (AN) 1 200 000 Fl./210 Hektar

Tel. 0731 780273; Fax 0731 789610; www.colonnara.it; info@colonnara.it

Verdicchio dei Castelli di Jesi DOC
Brut Metodo Classico Millesimato 2000

Hellgelb; Noten von Honig und nasser Wolle; feiner Schaum, einseitige Hefearomen, viel Süße. (100% Verdicchio.) (18 000 Fl.; L.01 185; Frühjahr 2006; Merum 2007-1) Privatpreis ab Hof: Euro 15,00

Verdicchio dei Castelli di Jesi DOC
Brut Metodo Classico Riserva Ubaldo Rosi 2000

Recht intensives Hellgelb; Flieder- und Honignoten; Honig auch im Gaumen, viel Süße, ge-wisse Frucht, Bitternote, nicht fein. (100% Verdicchio.) (5000 Fl.; L.01.185; Herbst 2006; Merum 2007-1) Privatpreis ab Hof: Euro 20,00

Garofoli Gioacchino, Loreto (AN) 2 000 000 Fl./50 Hektar

Tel. 071 7820162; Fax 071 7821437; www.garofolivini.it; mail@garofolivini.it

Metodo Classico Extra Brut Riserva 2002 ★★ – ★★★

Mittleres Hellgelb; verhaltene, harzige Fruchtnoten, gute Tiefe; fruchtig, Fülle, recht lang, etwas breit, gewisse Süße, recht lang. (100% Verdicchio.) (15 000 Fl.; L.6250A; Sommer 2006; Merum 2007-1) Privatpreis ab Hof: Euro 12,00

Piemont

Der Welterfolg des Barolo hat den Rest der Region in dessen Schatten gedrängt. Nur wenige Weine, die nicht seine Wucht und Konzentration nachzuahmen versuchten. Ganz „normale", trinkige und typische Barbera oder Dolcetto sind so selten geworden, dass mir jegliche Lust vergangen ist, diese Weine überhaupt noch zu verkosten und zu bewerten. Die piemontesischen Winzerversuche, aus jedem Wein ein Monument zu machen, haben einige Zerstörung angerichtet, denn statt Großartigem kommen bei diesem unkontrollierten Ehrgeiz meist nur Unförmigkeit und Opulenz heraus.

Statt an missglückte Barolo-Kopien halten wir uns daher lieber an die Nebbiolo aus Alba und den Roero-Hügeln, die Weine des Nordpiemont und die Nebbiolo-Originale Barolo und Barbaresco. Von jeglichem Größenwahn verschont blieb bisher der Grignolino. Die traditionell im Monferrato Casalese und im Astigiano angebaute Sorte ergibt helle, aber gleichwohl charaktervolle Weine mit Tannin und Säure.

Barolo und Barbaresco

Barolo-Fans behaupten, dass kein anderer Wein dieser Welt eine vergleichbare Kraft vorzuweisen habe. Der Charakter, den Nebbiolo-Weine aus Spitzenlagen der Appellationen Barbaresco und Barolo entwickeln können, ist tatsächlich einzigartig. Einfach ist es allerdings nicht, einen großen Barolo oder einen großen Barbaresco zu erzeugen. Schon gar nicht in einem Jahr wie 2000. Da waren 1998 und 1999 einiges interessanter. Der 2001er ist wie seine Vorgänger ebenfalls ein recht guter Jahrgang. Wahrscheinlich ist er nicht auf dem Niveau des 98ers und des 99ers, aber sicher besser und haltbarer als die überreifen, zu süßen 97er, 2000er und 2003er.

Weniger gute klimatische Voraussetzungen genoss der 2002er Barbaresco. Tatsächlich sind wenige Spitzen zu verzeichnen, manche Erzeuger verzichteten denn auch auf die Abfüllung des 2002ers. Gleichwohl weisen einige 2002er ein tolles Tannin und eine tiefe Frucht auf und sind den 2001ern absolut ebenbürtig. Auf keinen Fall sollte man sich vom Kauf sogenannt „schlechter Jahrgänge" abhalten lassen. Der Weinfreund sollte dem Winzer seines Vertrauens in jedem Jahr die

Treue halten und mitverfolgen, wie dieser sein Traubengut in den verschiedenen Jahren interpretiert.

Wirklich groß sind jedoch nur ein kleiner Teil der Barolo und Barbaresco. Ein großer Nebbiolo riecht und schmeckt weder nach frischer noch nach angesengter Eiche, ist nicht fettleibig oder zu marmeladig, sondern stets elegant. Ja, er darf mit seinem herrschaftlichen Tannin in seiner Jugend sogar streng wirken. In der angebrochenen Flasche oder mit dem Alter löst sich die Tanninstrenge ebenso in tiefe Frucht auf wie der piemontesische Morgennebel an einem winterlichen Sonnentag.

Das wertvollste Kapital des Nebbiolo ist sein herrschaftliches Tannin. Keine andere Sorte weist eine derart majestätische Struktur auf wie große Nebbiolo. Je nach Anbaugebiet und Lage zeigt dieses Tannin andere Ausprägungen. Die Mode, auf dieses einmalige Tannin zu verzichten, indem man die Maischezeiten bis auf 48 Stunden verkürzt und die Nebbiolo-Tannine mit den Tanninen von neuem Holz ersetzt, zeigt nur, dass diese Winzer nicht wissen, welchen Reichtum sie verwalten.

Produktionsregeln Barolo DOCG

Traubensorte: Nebbiolo (100 %); Höchstertrag: 8000 kg Trauben/ha; Mindestalkohol: 13,0 Vol.-%, vorgeschriebene Lagerzeit: drei Jahre (Riserva: fünf Jahre).

Produktionsregeln Barbaresco DOCG

Traubensorte: Nebbiolo (100 %); Höchstertrag: 8000 kg Trauben/ha; Mindestalkohol: 12,5 Vol.-%, vorgeschriebene Lagerzeit: zwei Jahre (Riserva: vier Jahre).

Barbaresco

Abbona Marziano, Dogliani (CN)   220 000 Fl./44 Hektar

Tel. 0173 721317; Fax 0173 721317; www.abbona.com; abbona@abbona.com

Barbaresco DOCG Faset 2001   ★★ – ★★★

Mittleres Rot; süße Nase mit Holunder, Kandis; viel Süße, Frucht, gutes Tannin, etwas But-ter, lang. (15 000 Fl.; L.#; eine Abfüllung; Merum 2004-6) Privatpreis ab Hof: Euro #

Barbaresco DOCG Faset 2000   ★★ – ★★★

Mittleres Rot; reife Nebbiolo-Frucht, auch feine Noten von Gummi, einladend; geschmeidi-ger Ansatz, saftig, fruchtig, Butter, viel Süße, trotz spürbarem Holz intakte Frucht, tief, gutes Tannin, recht lang. (15 000 Fl.; L.03 031; eine Abfüllung; Merum 2005-3) Privatpreis ab Hof: Euro #

Abrigo Orlando, Treiso (CN)   70 000 Fl./15 Hektar

Tel. 0173 630232; Fax 0173 56120; www.orlandoabrigo.it; orlandoabrigo@libero.it

Barbaresco DOCG Rongallo 2004

Dunkelrot; holzgeprägte Nase; recht kraftvoll, viel Süße, nicht fruchttief, holzgeprägt, im Abgang matt und trocknend. (7000 Fl.; L.02/07; eine Abfüllung; Merum 2007-5) Privatpreis ab Hof: Euro 23,00

Barbaresco DOCG Vigna Rongallo 2001

Dunkelrot; Noten von Neuholz, Cola; schlank, im Gaumen Geschmack von Cola, Röstung, keine Frucht, austauschbar, trocknet. (7000 Fl.; L.#; eine Abfüllung; Merum 2005-3) Privatpreis ab Hof: Euro #0

Adriano Marco e Vittorio,
S. Rocco Seno d'Elvio (CN)   60 000 Fl./20 Hektar

Tel. 0173 362294; Fax 0173 590150; www.adrianovini.it; info@adrianovini.it

Barbaresco DOCG 2004   ★★★ – ★★★★ JLF

Mittleres Rot; eher verhaltene Frucht, Beeren- und Minzenoten; Mittelgewicht, Himbeeren und Butter, saftig, gutes Tannin, recht lang. (4000 Fl.; L.7072; eine Abfüllung; Merum 2007-5) Privatpreis ab Hof: Euro 10,00

Barbaresco DOCG 2001   ★★★ JLF

Mittleres Rot; nicht intensive, recht tiefe, rote Beerenfrucht, einladend; Mittelgewicht, dich-tes, gutes Tannin, frische Butter, Frucht, saftig, gute Länge. (3000 Fl.; L.4113; eine Abfüllung; Merum 2005-3) Privatpreis ab Hof: Euro #

Barbaresco DOCG Basarin 2004   ★★★

Junges Dunkelrot; kompottig-himbeerige Frucht, entwickelt sich mit Belüftung gut; kraft-voll, Butter, viel Tannin, etwas streng, herb im Abgang, recht lang. (20 000 Fl.; L.7072; mehr als eine Abfüllung; Merum 2007-5) Privatpreis ab Hof: Euro 13,00

Barbaresco DOCG Basarin 2002   ★★★ – ★★★★

Recht dunkles Rot; Noten von Frucht; kraftvoll, intakte Frucht bis in den Abgang, Zwetsch-genaroma, gutes, herbes Tannin, Tiefe, sehr lang. (2600 Fl.; L.5055; # Abfüllungen; Merum 2005-3) Privatpreis ab Hof: Euro #

Barbaresco DOCG Basarin 2001

Mittleres Rot; ausgeprägt, süßlich, leicht marmeladig-speckiger Eindruck, Karamell, etwas rauchig; recht runder, voller Ansatz, dann heftiges Tannin, knappe Frucht, Süße und Alko-hol, nicht ausgewogen. (14 000 Fl.; L.4091; mehr als eine Abfüllung; Merum 2005-3) Privatpreis ab Hof: Euro #

Amerio Mario, Neive (CN)   30 000 Fl./10 Hektar

Tel. 0173 677541; Fax 0173 677863; www.ameriovini.it; amerio@ameriovini.it

Barbaresco DOCG Surì Canova 2004

Mittelhelles Rot; müde Beerennoten, fehlt Fruchtfrische; Kraft, Süße, Erde, knappe Frucht, trocknet nach. (5000 Fl.; L.04-07; eine Abfüllung; Merum 2007-5) Privatpreis ab Hof: Euro 20,00

Barale, Barolo (CN)
100 000 Fl./20 Hektar

Tel. 0173 56127; Fax 0173 56350; www.baralefratelli.it; info@baralefratelli.it

Barbaresco DOCG 2001
Mittleres Rot; fast stechende, rote Marmeladenoten; auch im Gaumen Frucht, gutes Tannin, nicht sehr dicht, Süße, recht angenehm. (4200 Fl.; L.2504; eine Abfüllung; Merum 2005-3) Privatpreis ab Hof: Euro #

Barbaresco DOCG Riserva 1999 ★★★ – ★★★★ JLF
Mittelhelles Rot; vielschichtig, Erdbeermarmelade, Gummi, macht neugierig; Mittelgewicht, Butter, Holunder, saftig, herzhaft-kerniges Tannin, im Abgang nochmals Frucht, elegant, lang. (500 Fl.; L.73 3; eine Abfüllung; Merum 2005-3) Privatpreis ab Hof: Euro #

Barbaresco DOCG Serra Boella 2004 ★★ – ★★★
Junges, mittleres Rot; fruchtig-kompottige Noten; Süße, kompottig, auch Himbeeren, knappe Tiefe, angenehm. (2700 Fl.; L.334 6; eine Abfüllung; Merum 2007-5) Privatpreis ab Hof: Euro 15,00

Batasiolo, La Morra (CN)
2 500 000 Fl./130 Hektar

Tel. 0173 50130; Fax 0173 509258; www.batasiolo.com; info@batasiolo.com

Barbaresco DOCG 2004 ★★ – ★★★
Mittelintensives Rot; nicht sehr intensive Nase, etwas kompottig; im Gaumen reife Frucht, aber saftig, Tannin, gute Länge. (70 000 Fl.; L.0 7-657; mehr als eine Abfüllung; Merum 2007-5) Privatpreis ab Hof: Euro 20,00

Barbaresco DOCG 2001
Mittleres Rot; Marmelade- und Rußnoten; im Ansatz dann Beerenfrucht, fehlen Fülle und Geschmeidigkeit, herbes Tannin, im Gaumen frischer und jünger als in der Nase, mittlere Länge. (66 000 Fl.; L.#; mehr als eine Abfüllung; Merum 2004-6) Privatpreis ab Hof: Euro #

Barbaresco DOCG 2001 ★★ – ★★★
Mittelintensives Rot; Noten von Zwetschgenkompott, Backpflaumen; Süße, saftig, gutes Tannin, eher knappe Frucht, gute Tiefe, lang. (70 000 Fl.; L.#; mehr als eine Abfüllung; Merum 2005-3) Privatpreis ab Hof: Euro #

Bel Colle, Verduno (CN)
150 000 Fl./10 Hektar

Tel. 0172 470196; Fax 0172 470940; info@belcolle.it

Barbaresco DOCG 2001 ★★ – ★★★
Mittelhelles Rot; Noten von Laub, Gummi, Beerenmarmelade, tief; schlankes Mittelgewicht, geschmeidiger Ansatz, etwas herbes Tannin, satt und saftig, Fruchtsüße im Abgang, lang. (10 000 Fl.; L.04-194; eine Abfüllung; Merum 2005-3) Privatpreis ab Hof: Euro #

Barbaresco DOCG Riserva Roncaglie 2000
Mittleres Rot; Noten von Röstung, roter Frucht, Ruß; Rußaroma auch im Gaumen, viel Süße, viel trockenes Tannin, ungeschmeidig, nicht ausgewogen. (6667 Fl.; L.Alba; # Abfüllungen; Merum 2005-3) Privatpreis ab Hof: Euro #

Barbaresco DOCG Roncaglie 2000 ★★ – ★★★
Mittleres Rot; Noten von Himbeeren, etwas Holz; Süße, gewisse Frucht, schlank, viel Tannin, gute Länge. (6500 Fl.; L.03/199; eine Abfüllung; Merum 2004-6) Privatpreis ab Hof: Euro #

Barbaresco DOCG Roncaglie 1999
Dunkelrot; Marmeladenoten, Stroh; Süße, strenge Tanninstruktur, kaum Frucht, bleibt vor allem Tannin zurück. (7000 Fl.; L.02/255; eine Abfüllung; Merum 2004-6) Privatpreis ab Hof: Euro #

Bersano, Nizza Monferrato (AT)
2 600 000 Fl./230 Hektar

Tel. 0141 720211; Fax 0141 701706; www.bersano.it; wine@bersano.it

Barbaresco DOCG Mantico 2004
Mittleres Rot; holzwürzige Nase; kraftvoll, Süße, holzgeprägt, herbes Tannin, endet matt. (35 000 Fl.; L.07113; # Abfüllungen; Merum 2007-5) Privatpreis ab Hof: Euro #

Barbaresco DOCG Mantico 1999
Mittelintensives Rot; müde Holznoten, keine Frucht; Süße, matt, Holz, keine Tiefe, leicht bitter. (# Fl.; L.#; # Abfüllungen; Merum 2004-6) Privatpreis ab Hof: Euro #

Bianco Gigi, Barbaresco (CN)   15 000 Fl./3 Hektar

Tel. 0173 635137; Fax 0173 635137; aziendagigibianco@libero.it

Barbaresco DOCG Canova 2004   ★★★★ JLF

Mittelhelles, reifendes Rot; tiefe Nebbiolo-Frucht; kraftvoll und fein zugleich, Süße, fruchtig, Butter, gutes Tannin, lang. (2200 Fl.; L.07.86; eine Abfüllung; Merum 2007-5) Privatpreis ab Hof: Euro 16,00

Barbaresco DOCG Canova 2001   ★★★ JLF

Mittleres Rot; Noten von Zwetschgenmarmelade, Himbeersirup, Laub, Holunder; Süße, bestes Nebbiolo-Tannin, sehr fein, Holunderfrucht, Butter, saftig, ausgewogen, lang. (5200 Fl.; L.4.118; eine Abfüllung; Merum 2004-6) Privatpreis ab Hof: Euro #

Barbaresco DOCG Canova 2001   ★★★ – ★★★★ JLF

Recht dunkles Rot; Noten von Gummi, Kaffee, Nebbiolo, getrocknete Tomaten; viel Tannin, Paprika, kraftvoll, schöner Barbaresco, gute Länge. (5200 Fl.; L.4.118; eine Abfüllung; Merum 2005-3) Privatpreis ab Hof: Euro #

Barbaresco DOCG Pora 2001   ★★ – ★★★

Ziemlich dunkles Rot; Noten von Vanille, Backpflaumen, Zwetschgenmarmelade; kraftvoll, Säure, etwas trockenes Tannin, jung, saftig, präsente Frucht, gute Länge. (2426 Fl.; L.4.117; eine Abfüllung; Merum 2004-6) Privatpreis ab Hof: Euro #

Boffa Carlo, Barbaresco (CN)   26 000 Fl./4 Hektar

Tel. 0173 635174; Fax 0173 635277; www.boffacarlo.it; boffa@boffacarlo.it

Barbaresco DOCG Casot 2004   ★★ – ★★★

Mittleres, junges Rubin; marmeladig-fruchtige Noten, bei Belüftung meldet sich störendes Holz; Mittelgewicht, fruchtig, sehr jung, viel herbes Tannin. (3000 Fl.; L.07BBC1; eine Abfüllung; Merum 2007-5) Privatpreis ab Hof: Euro 20,00

Barbaresco DOCG Vigna del Casot 2002   ★★★ – ★★★★ JLF

Mittelhelles, frisches Rot; erst verschlossen, dann Noten von Waldbeeren, Veilchen, Holunder; Mittelgewicht, runder Ansatz, dann Nebbiolo-Frucht, Holunder, Butter, recht tief, geschmeidig, kräftig-herbes Nebbiolo-Tannin, lang. (3000 Fl.; L.05BBC1; eine Abfüllung; Merum 2005-3) Privatpreis ab Hof: Euro #

Barbaresco DOCG Vigna del Casot 2001   ★★★ – ★★★★

Mittleres Rot; Kandisnoten, Holunder, feines Leder; kraftvoll, Süße, gutes Tannin, knappe Frucht, Lakritze, jung, saftig, lang. (# Fl.; L.#; eine Abfüllung; Merum 2004-6) Privatpreis ab Hof: Euro #

Barbaresco DOCG Vigna Vitalotti 2002   ★★★ – ★★★★ JLF

Hellrot; verhalten, mit Belüftung zunehmend ausgeprägter, fein-süßliche, frische Fruchtnoten, Erd- und Himbeeren, Pfirsich; saftiger Ansatz, kräftige Säure, mittleres, festes Tannin, sehr geradlinig, fein und lang. (7000 Fl.; L.05BBV1; eine Abfüllung; Merum 2005-3) Privatpreis ab Hof: Euro #

Barbaresco DOCG Vigna Vitalotti 2001   ★★★ – ★★★★ JLF

Recht dunkles Rot; einladende, tiefe Noten von Erdbeer- und Zwetschgenmarmelade; saftiger Ansatz, gute Säure, eleganter Typ, kerniges Tannin, gute Länge. (# Fl.; L.04BBV1; eine Abfüllung; Merum 2004-6) Privatpreis ab Hof: Euro #

Barbaresco DOCG Vitalotti 2004   ★★ – ★★★

Dunkelrot; intakte, tiefe Frucht, Pfirsich, Himbeer, Holz meldet sich allerdings stärker mit Belüftung; Frucht, kraftvoll, sehr präsentes Tannin, saftig, lang. (7000 Fl.; L.07BBV1; eine Abfüllung; Merum 2007-5) Privatpreis ab Hof: Euro 18,00

Borgogno Serio e Battista , Barolo (CN)   50/60 000 Fl./4 Hektar

Tel. 0173 56107; Fax 0173 56327; info@borgognoseriobattista.it

Barbaresco DOCG 2000   ★★★ JLF

Mittleres Rot; verhaltene Frucht, rote Beeren, Laub, Teer; runder Ansatz, saftig, Frucht, Holunder, Tiefe, gutes Tannin, lang auf Frucht. (# Fl.; L.04113; # Abfüllungen; Merum 2004-6) Privatpreis ab Hof: Euro #

Busso Piero, Neive (CN) 35 000 Fl./8 Hektar

Tel. 0173 67156; Fax 0173 67156; www.bussopiero.com;
bussopiero@bussopiero.com

Barbaresco DOCG 2002

Mittelhelles Rot; nicht völlig klare strauchig-holzige Noten, Holunder, Marmelade; im Gaumen Erdbeermarmelade, Süße, Holunder, füllig, fehlt aber die Eleganz. (7000 Fl.; L.Alba; # Abfüllungen; Merum 2005-3) Privatpreis ab Hof: Euro #

Barbaresco DOCG Borgese 2004

Mittleres Rot; rauchig-rußig-ledrige Noten, etwas Frucht; kraftvolles Mittelgewicht, trocknendes Tannin, keine Frucht, zu streng, nicht lang. (6760 Fl.; L.01-07; eine Abfüllung; Merum 2007-5) Privatpreis ab Hof: Euro 23,50

Barbaresco DOCG Gallina 2001 ⚜

Recht dunkles, reifendes Rot; fast stechende Holz- und Pflaumennoten; Holz, Kraft, Süße, dann trocknend, keine Frucht. (# Fl.; L.07/04; eine Abfüllung; Merum 2005-3) Privatpreis ab Hof: Euro #

Barbaresco DOCG Mondino 2004

Mittelintensives Rot; gewisse Frucht, Leder, etwas stechend; Mittelgewicht, gewisse Frucht, zu herb im Abgang. (3000 Fl.; L.06-07; eine Abfüllung; Merum 2007-5) Privatpreis ab Hof: Euro 19,50

Barbaresco DOCG S. Stefanetto 2004 ⚜

Dunkelrot; holzgeprägte Frucht; zu streng, Holz, gewisse Frucht, trocknendes Tannin. (5800 Fl.; L.02-07; eine Abfüllung; Merum 2007-5) Privatpreis ab Hof: Euro 29,00

Barbaresco DOCG S. Stefanetto 2001 ★★ – ★★★

Mittleres Rot; Noten von Beerenmarmelade, Holz; auch im Gaumen Marmelade, herb, aber lang auf Frucht. (5000 Fl.; L.02-04; eine Abfüllung; Merum 2004-6) Privatpreis ab Hof: Euro #

Cà del Baio/Giulio Grasso, Barbaresco (CN) 90 000 Fl./20 Hektar

Tel. 0173 638219; Fax 0173 638219; www.cadelbaio.com;
cadelbaio@cadelbaio.com

Barbaresco DOCG 2002

Recht dunkles, rubiniges Rot; Noten von Holz, Ruß, Marmelade; viel Süße dominiert den Ansatz, dann Karamell, opulent, nicht elegant. (10 000 Fl.; L.Alba; # Abfüllungen; Merum 2005-3) Privatpreis ab Hof: Euro #

Barbaresco DOCG Asili 2004

Mittelintensives Rot; balsamische Noten, Frucht, Holz; kraftvoll, kaum Frucht, viel Tannin, Lakritze, zu stark holzgeprägt, endet holzklebrig. (#Fl.; L.B/18-7; # Abfüllungen; Merum 2007-5) Privatpreis ab Hof: Euro #

Barbaresco DOCG Asili 2001

Mittleres, rubiniges Rot; etwas anonyme Marmeladenoten; Süße, Marmeladefrucht, etwas Holz, dann Kaffee und trockenes Tannin. (10 000 Fl.; L.18-4; eine Abfüllung; Merum 2004-6) Privatpreis ab Hof: Euro #

Barbaresco DOCG Marcarini 2004 ★★ – ★★★

Dunkelrot; erst verhalten, dann röstunterstützte Nebbiolo-Frucht; Mittelgewicht, Frucht, Heu, Butter, saftig, herbes Tannin, etwas Röstung, lang. (# Fl.; L.B/17-7; # Abfüllungen; Merum 2007-5) Privatpreis ab Hof: Euro #

Barbaresco DOCG Valgrande 2004

Dunkelrot; holzgeprägte Frucht; im Gaumen recht fein, Süße, gewisse Frucht, reif, deutlich Holz, nicht tief. (# Fl.; L.B/15-7; # Abfüllungen; Merum 2007-5) Privatpreis ab Hof: Euro #

Barbaresco DOCG Valgrande 2001

Rubiniges Rot; kompottige Noten, nicht sehr typisch; Fülle, kompottige Frucht, etwas Kaffee, recht rund, fehlt Nebbiolo-Charakter, korrekt, aber als Barbaresco nicht erkennbar. (12 000 Fl.; L.D/20-4; eine Abfüllung; Merum 2004-6) Privatpreis ab Hof: Euro #

Cà du Luin/Carlo Castellengo, San Rocco Seno d'Elvio (CN)
6000 Fl./10 Hektar

Tel. 0173 361876; Fax 0173 635921; www.terradeivini.net/caduluin; caduluin@alice.it

Barbaresco DOCG 2004   ★★ – ★★★

Mittleres Rot; Nebbiolo-Frucht, Karamell; recht kraftvoll, viel Tannin, gute Tiefe, trocknet im Abgang. (1000 Fl.; L.0107; eine Abfüllung; Merum 2007-5) Privatpreis ab Hof: Euro 15,00

Cà Romè/Romano Marengo, Barbaresco (CN)
30 000 Fl./7 Hektar

Tel. 0173 635126; Fax 0173 635175; www.carome.com; info@carome.com

Barbaresco DOCG Maria di Brun 2004   ★★ – ★★★

Recht dunkles Rot; fruchtige Nase mit intensiven Holundernoten; Kraft, dichtes Tanningerüst, eher streng, Holunder, gute Länge. (3000 Fl.; L.3; eine Abfüllung; Merum 2007-5) Privatpreis ab Hof: Euro 30,00

Barbaresco DOCG Maria di Brun 2000   ★★ – ★★★

Mittleres, reifendes Rot; Nebbiolo-Noten, Cola, reif; im Ansatz Frucht und Röstung, gutes Tannin, ausgewogen, kraftvoll, recht lang. (# Fl.; L.15024; # Abfüllungen; Merum 2005-3) Privatpreis ab Hof: Euro #

Barbaresco DOCG Söri Rio Sordo 2004   ★★ – ★★★

Mittleres Rot; angenehme, aber etwas einseitige Holundernoten; recht kraftvoll, tolles Tannin, Pfirsich- und Holundergeschmack (Geschmackssache!), saftig, lang. (3500 Fl.; L.2; eine Abfüllung; Merum 2007-5) Privatpreis ab Hof: Euro 23,00

Barbaresco DOCG Söri Rio Sordo 2000

Mittleres Rot; holzunterlegte Marmeladenoten; Süße, gewisse Frucht, dann trocknendes Tannin. (3405 Fl.; L.20013; eine Abfüllung; Merum 2004-6) Privatpreis ab Hof: Euro 18

Cantina del Bricchetto/Mario Rocca, Neive (CN)
25 000 Fl./5,5 Hektar

Tel. 0173 677307; Fax 0173 677307; www.cantinadelbricchetto.com; info@cantinadelbricchetto.com

Barbaresco DOCG Albesani 2001

Warmes Rot; nicht mehr frische Nase, gereift; auch im Gaumen gereift, Holzaroma, viel Süße und trockenes Tannin, keine Frucht. (# Fl.; L.16104; eine Abfüllung; Merum 2004-6) Privatpreis ab Hof: Euro #

Barbaresco DOCG Albesani 2001

Reifendes, mittelhelles Rot; Noten von Cola, Holz, Frucht, tief; geschmeidig, gewisse Frucht, Holz, Cola, recht rund, saftig, gewisses Holztannin, lang. (# Fl.; L.16104; eine Abfüllung; Merum 2005-3) Privatpreis ab Hof: Euro #

Barbaresco DOCG Albesani Vigna Ronco 2000   ⚡

Recht dunkles Rot; müde Barrique-Noten; auch im Gaumen matt und von Holz dominiert. (# Fl.; L.22603; eine Abfüllung; Merum 2004-6) Privatpreis ab Hof: Euro #

Barbaresco DOCG Albesani Vigna Ronco 2000

Mittleres, reifendes Rot; verhaltene Frucht- und Holznoten, bereits etwas müde; Süße, marmeladig, Holz, Cola, nicht geschmeidig, fehlt Leben, mittlere Länge. (5600 Fl.; L.22603; eine Abfüllung; Merum 2005-3) Privatpreis ab Hof: Euro #

Barbaresco DOCG Albesani Vigna Ronco 1999   ⚡

Ziemlich dunkles Rot; Cola- und Holznoten, keine Frucht; Süße, Holz, keine Frucht, trocknendes Holztannin. (5400 Fl.; L.02.154; eine Abfüllung; Merum 2004-6) Privatpreis ab Hof: Euro 14,50

Cantina del Glicine, Neive (CN)
50 000 Fl./4 Hektar

Tel. 0173 67215; Fax 0173 677505; www.cantinadelglicine.it; cantinaglicine@tiscalinet.it

Barbaresco DOCG Curà 2000   ★★ – ★★★

Ziemlich dunkles Rot; verhaltene Zwetschgennoten; Mittelgewicht, heftiges, warmes Traubentannin, Leder, saftig, lang. (7000 Fl.; L.C041; mehr als eine Abfüllung; Merum 2005-3) Privatpreis ab Hof: Euro #

Barbaresco DOCG Curà 2000

Mittleres Rot; Noten von Pfirsichmarmelade, Holunder, Schweiß; gewisse Frucht, Butter, herbes Tannin, etwas schlank. (10 000 Fl.; L.C031; mehr als eine Abfüllung; Merum 2004-6) Privatpreis ab Hof: Euro #

Barbaresco DOCG Marcorino 2004

Mittelhelles Rot; Röstaromen, zu stark geschminkt; rund, Röstung dominiert den Wein, trocknet. (4500 Fl.; L.M071; eine Abfüllung; Merum 2007-5) Privatpreis ab Hof: Euro 25,00

Barbaresco DOCG Marcorino 2001

Recht dunkles Rot; Noten von Zwetschgenmarmelade; Süße, herbes Tannin, Butter, auch Frucht, nicht tief. (1700 Fl.; L.M041; eine Abfüllung; Merum 2005-3) Privatpreis ab Hof: Euro #

Barbaresco DOCG Marcorino 2000

Mittleres Rot; recht tiefe Noten von Marmelade, Röstung, Schweiß; Süße, Röstung, wenig Frucht, Rauchspeck, korrekt, aber erzlangweilig. (4000 Fl.; L.MO31; eine Abfüllung; Merum 2004-6) Privatpreis ab Hof: Euro #

Cantina del Pino/Vacca, Barbaresco (CN)   30 000 Fl./6 Hektar

Tel. 0173 635147; Fax 0173 635147; cantinadelpino@libero.it

Barbaresco DOCG Ovello 2001   ★★ – ★★★

Dunkelrot; dunkle Noten von Lakritze, Gummi, Stroh, dunkle Frucht; im Gaumen kraftvoll, Holztannin, etwa streng, Süße, fehlt die Eleganz, Tiefe, lang. (16 000 Fl.; L.#; eine Abfüllung; Merum 2004-6) Privatpreis ab Hof: Euro #

Cascina Luisin, Barbaresco (CN)   30 000 Fl./7 Hektar

Tel. 0173 635154; Fax 0173 635154; cascinaluisin@tiscali.it

Barbaresco DOCG Rabajà 2004   ★★ – ★★★

Mittelintensives Rot; marmeladige Nebbiolo-Noten, etwas Holz; herbes Tannin, Frucht, Länge. (7500 Fl.; L.11/01/07; eine Abfüllung; Merum 2007-5) Privatpreis ab Hof: Euro 25,00

Barbaresco DOCG Rabajà 2002   ★★ – ★★★

Mittleres, reifendes Rot; Rumtopf, Leder, Kompott, müsste frischer sein; auch im Gaumen Kompott, Süße, recht kraftvoll, gute Länge. (3000 Fl.; L.#; eine Abfüllung; Merum 2005-3) Privatpreis ab Hof: Euro #

Barbaresco DOCG Rabajà 2001   ★★ – ★★★

Reifendes, mittleres Rubin; tiefe, noch verhaltene Nase, Stroh, dunkle Beeren; Kraft, tiefe Frucht, wirkt streng, noch verschlossen, gutes Tannin, in der Länge Frucht, jung. (7500 Fl.; L.11/01/04; eine Abfüllung; Merum 2004-6) Privatpreis ab Hof: Euro #

Barbaresco DOCG Sorì Paolin 2004

Mittelhelles, reifendes Rot; beerige Noten, auch staubiges Holz; Frucht auch im Gaumen von Holz gestört, herb, saftig, gewisse Länge. (5000 Fl.; L.11/01/07; eine Abfüllung; Merum 2007-5) Privatpreis ab Hof: Euro 25,00

Barbaresco DOCG Sorì Paolin 2002   ★★ – ★★★

Mittleres Rot; verhalten, rindige Noten, Holz, gewisse Frucht; Süße, Fülle, saftig, Frucht, recht tief, Holz tritt immer stärker hervor, recht lang (2000 Fl.; L.#; eine Abfüllung; Merum 2005-3) Privatpreis ab Hof: Euro #

Barbaresco DOCG Sorì Paolin 2001   ★★★

Mittelintensives Rot; ziemlich verhalten, mit Belüftung tiefe Nebbiolo-Noten; Süße, Tiefe, saftig, dichte Frucht, gutes Tannin, Länge, noch jung. (6000 Fl.; L.11/01/04; eine Abfüllung; Merum 2004-6) Privatpreis ab Hof: Euro #

Cascina Morassino/Roberto e Mauro Bianco,
Barbaresco (CN)   20 000 Fl./3,5 Hektar

Tel. 0173 635149; Fax 0173 635149; morassino@virgilio.it

Barbaresco DOCG Morassino 2004   ★★ – ★★★

Recht dunkles Rot; Frucht-, Stroh- und Gumminoten; Kraft und Süße, viel gutes Tannin, dunkle Frucht, Lakritze, Holz, trocknet. (5000 Fl.; L.7174; # Abfüllungen; Merum 2007-5) Privatpreis ab Hof: Euro 19,00

Barbaresco DOCG Morassino 2001

Junges, mittleres Rot; dominierende Holznoten, keine Frucht; im Gaumen neben dem Holz auch Frucht, Süße und Säure, als Ganzes aber zu einseitig und unausgewogen, Holztannin trocknet nach. (4800 Fl.; L.4167; eine Abfüllung; Merum 2004-6) Privatpreis ab Hof: Euro #

Barbaresco DOCG Ovello 2004

Intensives Rubin; staubig, holzgeprägte Nase; süßlicher Holzgeschmack, recht ausgewogen, dann etwas bitter und trocknend. (3500 Fl.; L.7172; eine Abfüllung; Merum 2007-5) Privatpreis ab Hof: Euro 23,00

Barbaresco DOCG Ovello 2001

Recht dunkles, reifendes Rot; Pflaumen-, Rauch- und Holznoten; viel Süße, Kraft, Rauch, herbes Tannin, fehlt Feinheit, trocknet. (3800 Fl.; L.4166; eine Abfüllung; Merum 2005-3) Privatpreis ab Hof: Euro #

Barbaresco DOCG Ovello 2001

Mittleres Rot; Noten von Frucht und geröstetem Holz; Kraft, Süße, gewisse Frucht, dann herbes Tannin. (3800 Fl.; L.4166; eine Abfüllung; Merum 2004-6) Privatpreis ab Hof: Euro #

Cascina Vano/Rivetti Bruno, Neive (CN)   25 000 Fl./7 Hektar

Tel. 0173 67263; Fax 0173 677705; www.cascinavano.com; cascina.vano@tiscalinet.it

Barbaresco DOCG Canova 2001

Mittleres Rot; verhaltene Steinfrucht-, Holz- und Rußnoten; im Gaumen erst streng und abweisend, öffnet sich dann und zeigt im Abgang auch Frucht, allerdings trocknendes Tannin. (7000 Fl.; L.04-200; eine Abfüllung; Merum 2005-3) Privatpreis ab Hof: Euro #

Casetta, Vezza d'Alba (CN)   800 000 Fl./40 Hektar

Tel. 0173 65010; Fax 0173 65177; www.flli-casetta.it; info@flli-casetta.it

Barbaresco DOCG Magallo 2004

Dunkelrot; kompottig-ledrige Noten, nicht tief, zu wenig frisch; viel Kraft, etwas Holz, viel Tannin, fehlt Klarheit, gute Länge. (15 000 Fl.; L.2004/BB; eine Abfüllung; Merum 2007-5) Privatpreis ab Hof: Euro 18,00

Castello di Neive, Neive (CN)   150 000 Fl./26 Hektar

Tel. 0173 67171; Fax 0173 677515; neive.castello@tin.it

Barbaresco DOCG 2002   ★★ – ★★★

Mittelhelles Rot; einladende Noten von Herbstlaub, roter Beerenmarmelade, feines Holz; Mittelgewicht, öffnet sich aber gut im Gaumen, Fruchtsüße, herbes Tannin. (20 000 Fl.; L.Alba; # Abfüllungen; Merum 2005-3) Privatpreis ab Hof: Euro #

Barbaresco DOCG Santo Stefano 2004   ★★★

Mittelhelles Rot; einladende Frucht, tiefe Himbeer-, Laubnoten; kraftvolles Mittelgewicht, recht tiefe Frucht, Tannin, saftig, angenehm herb im Abgang. (12 000 Fl.; L.7045; mehr als eine Abfüllung; Merum 2007-5) Privatpreis ab Hof: Euro 27,00

Ceretto, Alba (CN)   900 000 Fl./105,5 Hektar

Tel. 0173 282582; Fax 0173 282383; www.ceretto.com; ceretto@ceretto.com

Barbaresco DOCG Asij 2001

Reifendes, helles Rot; nicht intensive, aber recht vielschichtige Reife- und Nebbiolo-Noten; Mittelgewicht, Süße, etwas müde wirkende Frucht, ansonsten recht geschmeidig, recht lang. (20 000 Fl.; L.10604; mehr als eine Abfüllung; Merum 2005-3) Privatpreis ab Hof: Euro #

Barbaresco DOCG Asij 2001   ★★★ – ★★★★

Helles Rot; Noten von roter Beerenmarmelade; viel Süße, rund, angenehm, saftig, viel feines Tannin, Frucht, geschmeidig, lang. (20 000 Fl.; L.10004; mehr als eine Abfüllung; Merum 2004-6) Privatpreis ab Hof: Euro #

Barbaresco DOCG Bricco Asili Bernardot 2004

Recht dunkles Rot; ausgeprägte Röstung, nicht klar; Mittelgewicht, stark röstgeprägt auch im Gaumen. (7500 Fl.; L.03807T; eine Abfüllung; Merum 2007-5) Privatpreis ab Hof: Euro 37,00

Barbaresco DOCG Bricco Asili Bernardot 2001

Mittleres Rot; nicht sehr frische Noten von Holz und Frucht; Süße, Kraft, etwas Holz, Säure, hätte schöne Struktur, aber leider stört die Holz-Erziehung den Wein bis in den Abgang. (8200 Fl.; L.B.04204; eine Abfüllung; Merum 2004-6) Privatpreis ab Hof: Euro #

Barbaresco DOCG Bricco Asili Bernardot 2001

Ziemlich dunkles Rot; Röstnoten; im Gaumen komplett von Röstung verdeckt, müde, Süße, langweilig und austauschbar, endet auf trocknendem Tannin. (8200 Fl.; L.B.04204; eine Abfüllung; Merum 2005-3) Privatpreis ab Hof: Euro #

Ceste, Govone (CN) 150 000 Fl./23 Hektar

Tel. 0173 58635; Fax 0173 58635; www.cestevini.com; info@cestevini.com

Barbaresco DOCG 2004

Mittelhelles, reifendes Rot; holzgedämpfte Frucht, fehlt Frische; Süße, holzgeprägt, trocknet nach. (2500 Fl.; L.6250; eine Abfüllung; Merum 2007-5) Privatpreis ab Hof: Euro 13,00

Cigliuti, Neive (CN) 30 000 Fl./6 Hektar

Tel. 0173 677185; Fax 0173 67142; cigliutirenato@libero.it

Barbaresco DOCG 2002

Frisches, dunkles Rot; Noten von Holz, Lakritze, eingedickte, rote Beerenmarmelade; Mittelgewicht, Süße, herbes Tannin, trocknet. (8500 Fl.; L.06 04; eine Abfüllung; Merum 2005-3) Privatpreis ab Hof: Euro #

Barbaresco DOCG Serraboella 2001

Dunkelrot; Noten von angebranntem Eichenholz, eingekochte Marmelade; Kraft, Süße, Eichen- und Marmeladengeschmack, stark trocknend. (10 000 Fl.; L.06 03; mehr als eine Abfüllung; Merum 2004-6) Privatpreis ab Hof: Euro #

Barbaresco DOCG Vigne Erte 2001

Untypisches Rubin; nicht tiefe, eher fremdartige Kompottnoten; im Gaumen untiefe Kompottfrucht, herbes Tannin, recht guter Wein, aber keine Nebbiolo-Raffinesse. (3500 Fl.; L.07 03; eine Abfüllung; Merum 2004-6) Privatpreis ab Hof: Euro #

Cisa Asinari/Marchesi di Gresy, Barbaresco (CN) 200 000 Fl./38 Hektar

Tel. 0173 635222; Fax 0173 635187; www.marchesidigresy.com; wine@marchesidigresy.com

Barbaresco DOCG Camp Gros 2000 ★★ – ★★★

Mittelhelles Rot; einladende Nebbiolo-Frucht, Noten von Laub, roten Früchten, Gummi, feines Holz, tief; ausgeprägte Frucht auch im Gaumen, viel Süße, dann herbes, den Enthusiasmus bremsendes Tannin und Holz. (10 000 Fl.; L.1602; mehr als eine Abfüllung; Merum 2005-3) Privatpreis ab Hof: Euro #

Barbaresco DOCG Gaiun 2000

Reifendes, mittelhelles Rot; flockige Trübung; reife Nebbiolo-Frucht, Kaffee, Holz; Süße, reif, angenehm, nicht viel, aber trocknendes Tannin. (10 000 Fl.; L.1902; mehr als eine Abfüllung; Merum 2005-3) Privatpreis ab Hof: Euro #

Barbaresco DOCG Martinenga 2004 ★★★

Mittelhelles Rot; Noten von roten Beeren, etwas Minze; zarter Ansatz, feine Frucht, Butter, Süße, saftig, angenehm, fein, elegant. (16 000 Fl.; L.1406; mehr als eine Abfüllung; Merum 2007-5) Privatpreis ab Hof: Euro 35,00

Barbaresco DOCG Martinenga 2001 ★★★

Reifendes Hellrot; würzige, holzunterstützte Nebbiolo-Noten; Süße, geschmeidiger Körper, Süße, herbes Tannin, eingepasstes Holz, angenehm, saftig, eleganter Wein, sehr lang. (15 000 Fl.; L.1403; mehr als eine Abfüllung; Merum 2005-3) Privatpreis ab Hof: Euro #

Barbaresco DOCG Martinenga 2001 ★★★ – ★★★★ JLF

Hellrot; Noten von Himbeeren, etwas Stroh; Süße, geschmeidig, tiefe Nebbiolo-Frucht, Holunder, saftig, lang, schöner, geschmeidiger Barbaresco. (20 000 Fl.; L.1403; eine Abfüllung; Merum 2004-6) Privatpreis ab Hof: Euro #

Cortese Giuseppe, Barbaresco (CN) 50 000 Fl./8 Hektar

Tel. 0173 635131; Fax 0173 635131; www.cortesegiuseppe.it; info@cortesegiuseppe.it

Barbaresco DOCG Rabajà 2004 ★★★ – ★★★★ JLF

Mittleres Rot; zarte Fruchtnoten, schwitzig, Holunder, Kaffee, etwas Gummi, einladend; Mittelgewicht, saftig, Frucht, schönes Tannin, fein, trinkig, lang. (17 000 Fl.; L.6222; eine Abfüllung; Merum 2007-5) Privatpreis ab Hof: Euro 20,00

Barbaresco DOCG Rabajà 2001

Mittleres Rot; gereifte, süßliche Nase, Laub, Beeren; kraftvoll, Süße, präsente Frucht, herbes Tannin, fehlt etwas die Dichte, Länge. (17 000 Fl.; L.3231; eine Abfüllung; Merum 2004-6) Privatpreis ab Hof: Euro #

Barbaresco DOCG Rabajà 2001

Mittleres, reifendes Rot; recht vielschichtige Fruchtnoten, allerdings ziemlich reif; auch im Gaumen Reifearoma, angenehm, gutes Tannin, wertvolle Basis, aber zu fortgeschritten. (17 000 Fl.; L.3231; eine Abfüllung; Merum 2005-3) Privatpreis ab Hof: Euro #

De Nicola/Feyles, Monforte d'Alba (CN)   70 000 Fl./10 Hektar

Tel. 0173 78170; Fax 0173 78170; sara@denicola.it

Barbaresco DOCG Riserva 1998   ★★★ JLF

Mittleres, reifendes Rot; dichte Frucht, Schweiß, Steinpilze, macht neugierig; Süße, tiefe Frucht, viel Kraft, saftig, Karamell, Reife, sehr lang, reif. (13 500 Fl.; L.#; eine Abfüllung; Merum 2004-6) Privatpreis ab Hof: Euro #

Enrico Serafino, Canale (CN)   500 000 Fl./10 Hektar

Tel. 0173 967237; Fax 0173 967153; www.barbero1891.it;
barbero.info@barbero1891.it

Barbaresco DOCG 1999

Dunkelrot; matte Nase; auch im Gaumen müde, trocknendes Tannin. (# Fl.; L.3-185; # Abfüllungen; Merum 2004-6) Privatpreis ab Hof: Euro #

Filippino Domenico, Neive (CN)   30 000 Fl./8,5 Hektar

Tel. 0173 67507; Fax 0173 67507; filippino@eliofilippino.com

Barbaresco DOCG San Cristoforo 2004

Mittelhelles Rot; Frucht- und Strohnoten; wenig Frucht, Stroh, an sich wertvolle Basis, aber keine Fruchttiefe, streng, trocknet. (14 000 Fl.; L.07.9.1; eine Abfüllung; Merum 2007-5) Privatpreis ab Hof: Euro 19,00

Barbaresco DOCG Sorì Capelli 2004

Mittelintensives Rot; holzgeprägte Frucht; viel Süße, nicht tief, Holzgeschmack, trockenes Tannin. (8000 Fl.; L.07.8.1; eine Abfüllung; Merum 2007-5) Privatpreis ab Hof: Euro 19,00

Fontanabianca, Neive (CN)   60 000 Fl./12 Hektar

Tel. 0173 67195; Fax 0173 67195; www.fontanabianca.it; fontanabianca@libero.it

Barbaresco DOCG 2004

Mittelintensives Rot; etwas holzbelastete Frucht; Süße, Frucht, dann heftiges Tannin, trocknet. (4000 Fl.; L.7180; eine Abfüllung; Merum 2007-5) Privatpreis ab Hof: Euro 32,00

Barbaresco DOCG Sorì Burdin 2001

Mittelhelles Rot; Nebbiolo- und Holznoten, auch Rauch, fehlt Frische; runder Ansatz, gewisse Fruchtsüße, zu streng, zu wenig fruchtig. (9000 Fl.; L.4080; eine Abfüllung; Merum 2004-6) Privatpreis ab Hof: Euro #

Barbaresco DOCG Sorì Burdin 2004

Mittleres, reifendes Rot; rußig-marmeladige Nebbiolo-Noten; etwas matt, fehlt Temperament, kaum Frucht. (9000 Fl.; L.7010; eine Abfüllung; Merum 2007-5) Privatpreis ab Hof: Euro 38,00

Fontanafredda, Serralunga d'Alba (CN)   6 500 000 Fl./90 Hektar

Tel. 0173 626111; Fax 0173 613451; www.fontanafredda.it; info@fontanafredda.it

Barbaresco DOCG Coste Rubin 2004

Mittleres, etwas purpurnes Rot; gewisse Frucht, aber unfertig und eher fremdartig; Mittelgewicht, Butter, etwas Holz, endet holzklebrig. (25 000 Fl.; L.12:47 0715302; eine Abfüllung; Merum 2007-5) Privatpreis ab Hof: Euro 22,00

Barbaresco DOCG Coste Rubin 2001

Dunkelrot; Marmelade- und Holznoten; Süße, kandierte Früchte, Vanille, viel Tannin, trocknet, zu viel Holz. (20 000 Fl.; L.#; eine Abfüllung; Merum 2004-6) Privatpreis ab Hof: Euro #

Francone, Neive (CN)   60 000 Fl./8 Hektar

Tel. 0173 67068; Fax 0173 677560; www.franconevini.com;
poderigallina@franconevini.com

Barbaresco DOCG I Patriarchi 2000   ★★ – ★★★

Mittelhelles Rot; Tee- und Teernoten; viel Süße, ausgeprägte Frucht, Süße hält an, Tannin, Holunder, Butter, gute Länge. (5900 Fl.; L.02; mehr als eine Abfüllung; Merum 2005-3) Privatpreis ab Hof: Euro #

Barbaresco DOCG I Patriarchi 1999   ★★★

Mittelhelles Rot; einladende Nase, Noten von angetrockneten roten Beeren, Laub, eine Spur Teer, vielschichtig; runder Ansatz, Kraft, recht tief, viel gutes Tannin. (5300 Fl.; L.01.02; eine Abfüllung; Merum 2004-6) Privatpreis ab Hof: Euro #

Barbaresco DOCG Riserva 2000   ★★★ JLF

Mittleres Rot; ansprechende Zwetschgennoten, Teer, recht tief; Mittelgewicht, ausgewogen und rund, recht tiefe Frucht, Süße, viel Tannin, saftig, jung, lang. (2400 Fl.; L.01; eine Abfüllung; Merum 2005-3) Privatpreis ab Hof: Euro #

Giacosa Bruno, Neive (CN)   500 000 Fl./20 Hektar

Tel. 0173 67027; Fax 0173 677477; www.brunogiacosa.it;
brunogiacosa@brunogiacosa.it

Barbaresco DOCG Asili 2000   ★★★ – ★★★★

Mittelhelles Rot; einladende Noten von Himbeermarmelade, tief; Süße, Himbeerfrucht, Tiefe, schönes Tannin, große Länge auf Frucht; ein begeisternder Barbaresco. (13 470 Fl.; L.#; eine Abfüllung; Merum 2004-6) Privatpreis ab Hof: Euro #

Barbaresco DOCG Rabajà 2001   ★★★

Mittleres Rot; einladende Fruchtnoten, Harz, Tiefe; erfreuliche Frucht im Ansatz, aromatisches Holz, Harz, Pfeffer, Süße, sehr dicht, dann viel Tannin, Länge auf Frucht. (6841 Fl.; L.#; eine Abfüllung; Merum 2004-6) Privatpreis ab Hof: Euro #

Barbaresco DOCG Santo Stefano di Neive 2000   ★★★★ JLF

Helles Rot; erst verhalten, mit Belüftung immer deutlichere Nebbiolo-Frucht, eingepasstes Holz; Süße, tiefe Frucht, mächtiges Tannin, dicht, lang, komplett, nicht vordergründig, muss entdeckt und ergründet werden, ein Klassiker. (14 632 Fl.; L.3/191; # Abfüllungen; Merum 2004-6) Privatpreis ab Hof: Euro #

Giacosa Carlo, Barbaresco (CN)   40 000 Fl./5 Hektar

Tel. 0173 635116; Fax 0173 635293; www.carlogiacosa.it; info@carlogiacosa.it

Barbaresco DOCG Montefico 2004   ★★ – ★★★

Mittleres Rot; erst nicht klar, dann mit längerer Belüftung (dekantieren!) Nebbiolo-Noten; saftig, kerniges Tannin, gute Länge. (6000 Fl.; L.6.248; eine Abfüllung; Merum 2007-5) Privatpreis ab Hof: Euro 17,50

Barbaresco DOCG Montefico 2002   ★★★

Mittleres Rot; süßliche Beerenkompottnoten, Teer; kraftvoll, Butter, Frucht, Holunder, viel Tannin, Süße, sehr saftig, jung, lang. (2500 Fl.; L.5/090; eine Abfüllung; Merum 2005-3) Privatpreis ab Hof: Euro #

Barbaresco DOCG Montefico 2001   ★★★ – ★★★★ JLF

Eher helles Rot; einladende Nase, Noten von Laub, Unterholz, Nebbiolo-Frucht; geschmeidig, rund, intakte Frucht, Butter, frische Säure, sehr elegant, trinkig, recht lang auf feinem Tannin. (5000 Fl.; L.4/091; eine Abfüllung; Merum 2004-6) Privatpreis ab Hof: Euro #

Barbaresco DOCG Narin 2004   ★★ – ★★★

Mittleres Rot; braucht Belüftung, dann tiefe Noten von roten Beeren, auch etwas Teer; Kraft, charaktervoller, fast strenger Nebbiolo, gute Süße, lang. (5000 Fl.; L.6.247; eine Abfüllung; Merum 2007-5) Privatpreis ab Hof: Euro 17,50

Barbaresco DOCG Narin 2001   ★★ – ★★★

Mittleres Rot; verhaltene Nebbiolo-Noten, Stroh; kraftvoll, Süße, Frucht, herbes Tannin, gute Länge. (4500 Fl.; L.4/090; eine Abfüllung; Merum 2004-6) Privatpreis ab Hof: Euro #

Giacosa Fratelli, Neive (CN) 500 000 Fl./40 Hektar
Tel. 0173 67013; Fax 0173 67662; www.giacosa.it; giacosa@giacosa.it

Barbaresco DOCG Basarin 2004 ★★ – ★★★

Dunkelrot; etwas matte, marmeladig-ledrige Noten; Kraft, etwas marmeladig, nicht sehr fruchttief, vergleichsweise wenig Tannin, soweit angenehm. (7000 Fl.; L.#; eine Abfüllung; Merum 2007-5) Privatpreis ab Hof: Euro 20,00

Barbaresco DOCG Gianmaté 2004

Dunkelrot; recht intensive Frucht, Heunoten, Leder; konzentriert, Süße, Fülle, etwas breite, süßlich-ledrige Frucht, Ruß, viel Tannin, trocknet. (# Fl.; L.#; eine Abfüllung; Merum 2007-5) Privatpreis ab Hof: Euro 20,00

Barbaresco DOCG Rio Sordo 2000

Mittelintensives, reifendes Rot; reife Nase, Pilze; süßer, runder Ansatz, reife Frucht, trocknendes Tannin, jenseits seines Zenits. (10 000 Fl.; L.3344; eine Abfüllung; Merum 2005-3) Privatpreis ab Hof: Euro #

Barbaresco DOCG Rio Sordo 2000

Dunkles Rot; Cola-Noten, gewisse Frucht; viel Süße, Holz, trockenes Holztannin. (12 000 Fl.; L.3344; eine Abfüllung; Merum 2004-6) Privatpreis ab Hof: Euro #

Giordano, Diano d'Alba (CN) 25 000 000 Fl./# Hektar
Tel. 0173 239111; Fax 0173 23209; www.giordanovini.com; andrea.morra@giordano-vini.com

Barbaresco DOCG Raggiante 2001

Mittleres Rot; verhalten, mit Belüftung Frucht und Holz; Kraft, Süße, herbes Tannin, gewisse Frucht, gewisse Länge. (12 985 Fl.; L.60600400/3602; eine Abfüllung; Merum 2005-3) Privatpreis ab Hof: Euro #

Giribaldi, La Morra (CN) 250 000 Fl./35 Hektar
Tel. 0173 617000; Fax 0173 617373; www.vinigiribaldi.it; info@vinigiribaldi.it

Barbaresco DOCG 2000 ★★★ JLF

Mittelhelles Rot; Noten von Waldboden, feine Frucht, macht neugierig; schlank, fein und ziemlich geschmeidig, Süße, Fruchttiefe, lang auf kraftvollem Tannin. (7810 Fl.; L.15.3.4; eine Abfüllung; Merum 2004-6) Privatpreis ab Hof: Euro #

Barbaresco DOCG 2000 ★★ – ★★★

Mittleres Rot; Erdbeermarmelade; im Gaumen nicht sehr temperamentvoll, herbes Tannin, präsente Frucht, mittlere Länge. (15 600 Fl.; L.1.7.4; eine Abfüllung; Merum 2005-3) Privatpreis ab Hof: Euro #

Giribaldi Mario, Rodello (CN) 200 000 Fl./30; info@vinigiribaldi.it
Barbaresco DOCG 2004 ★★★ – ★★★★

Ziemlich helles Rot; Nebbiolo-Frucht, auch Laub-, Anisnoten; geschmeidiger Ansatz, saftig, tiefe Frucht, feiner Wein, herb. (7750 Fl.; L.13.6.7.; eine Abfüllung; Merum 2007-5) Privatpreis ab Hof: Euro 18,00

Grasso Fratelli/Cascina Valgrande, Treiso (CN) 50 000 Fl./14 Hektar
Tel. 0173 638194; Fax 0173 638998; www.grassofratelli.it; l.grasso@areacom.it

Barbaresco DOCG 2002 ★★★ JLF

Mittleres Rot; Holunder-Fruchtnoten; saftig-fruchtiger Ansatz, Tiefe, ausgewogen, geschmeidig, schönes Tannin, recht lang. (# Fl.; L.Alba; # Abfüllungen; Merum 2005-3) Privatpreis ab Hof: Euro #

Barbaresco DOCG Bricco Spessa 2004

Mittelhelles, reifendes Rot; reife Fruchtnoten mit Röstung; reif, rund, Röstung, Röstung bleibt im Mund hängen, Ruß, dann leicht trocknend, zu geschminkt. (5200 Fl.; L.#; eine Abfüllung; Merum 2007-5) Privatpreis ab Hof: Euro #

Barbaresco DOCG Bricco Spessa 2001

Recht dunkles Rot; Noten von Holunder, Holz, Schweiß; viel Süße, gute Kraft, aber auch im Gaumen kaum Frucht, ziemlich trocken im Abgang. (5000 Fl.; L.04225; eine Abfüllung; Merum 2005-3) Privatpreis ab Hof: Euro #

Barbaresco DOCG Bricco Spessa 2000
Mittelhelles, reifendes Rot; nicht klare Nase, Noten von Erdnüssen, Holunder; im Gaumen klarer mit Nebbiolo-Frucht, rund und geschmeidig, Mittelgewicht; Abzug für Nase. (5200 Fl.; L.03113; eine Abfüllung; Merum 2004-6) Privatpreis ab Hof: Euro #

Barbaresco DOCG Sörì Valgrande 2001
Mittelhelles Rot; Noten von Marmelade, Leder; runder Ansatz, Süße, gewisse Frucht, gewisse Tiefe, Leder, saftig, insgesamt recht angenehm. (8500 Fl.; L.04119; eine Abfüllung; Merum 2004-6) Privatpreis ab Hof: Euro #

Barbaresco DOCG Sörì Valgrande 2004
Mittleres Rot; Röstnoten; viel Süße, Frucht von Röstung dominiert, schade, man spürt interessante Substanz. (8600 Fl.; L.#; eine Abfüllung; Merum 2007-5) Privatpreis ab Hof: Euro 18,00

Grimaldi Luigino, Diano d'Alba (CN)   250 000 Fl./30 Hektar
Tel. 0173 231790; Fax 0173 262644; www.grimaldivini.com; grimavini@libero.it
Barbaresco DOCG Manzola 2001
Eher helles Rot; einfache Frucht mit Gumminoten; schlank, einfache Frucht, herbes Tannin, mittlere Länge, etwas rustikal, müsste dichter sein. (6000 Fl.; L.04123; eine Abfüllung; Merum 2004-6) Privatpreis ab Hof: Euro #

La Cà Növa, Barbaresco (CN)   45 000 Fl./14 Hektar
Tel. 0173 635123; Fax 0173 635123; lacanova@libero.it
Barbaresco DOCG Bric Mentina 2001
Recht dunkles Rot; nicht völlig klare Nase, Noten von Apfelmus, Steinfrüchten; herb, gewisse Frucht, nicht tief, zu rustikal, trocknet nach. (12 000 Fl.; L.248/03; eine Abfüllung; Merum 2005-3) Privatpreis ab Hof: Euro #

Barbaresco DOCG Montestefano 2002
Mittelhelles Rot; einseitige Fass-/Holundernoten, keine Frucht; kräftig, herb, gewisse Frucht, rustikal. (4500 Fl.; L.Alba; # Abfüllungen; Merum 2005-3) Privatpreis ab Hof: Euro #

Barbaresco DOCG Montestefano 2001   ★★ – ★★★
Mittleres Rot; mit Belüftung recht tiefe Marmeladefrucht; Süße, Marmeladefrucht, gutes Tannin, Länge, jung. (10 000 Fl.; L.249/03; eine Abfüllung; Merum 2004-6) Privatpreis ab Hof: Euro #

La Contea, Neive (CN)   60 000 Fl./15 Hektar
Tel. 0173 677585; Fax 0173 677585; www.la-contea.it; lacontea@la-contea.it
Barbaresco DOCG Ripa Sorita 2004
Mittleres Rot; parfümiert-fruchtig; kraftvoll, Frucht, herbes Tannin, saftig, etwas matt und vanillig im Abgang. (4000 Fl.; L.BB 01/07; eine Abfüllung; Merum 2007-5) Privatpreis ab Hof: Euro 16,00

Barbaresco DOCG Ripa Sorita 2002
Mittelhelles Rot; Vanille- und Holznoten; Süße, Holzgeschmack, Vanille, verholzt. (4800 Fl.; L.Alba; # Abfüllungen; Merum 2005-3) Privatpreis ab Hof: Euro #

Barbaresco DOCG Riserva Ripa Sorita 2000
Mittelintensives Rot; Noten von Ruß und Röstung, nicht einladend; auch im Gaumen herrscht Ruß vor, etwas Butter, trocknet nach. (13 000 Fl.; L.Alba; mehr als eine Abfüllung; Merum 2005-3) Privatpreis ab Hof: Euro #

La Spinona/Berutti Pietro, Barbaresco (CN)   55 000 Fl./30 Hektar
Tel. 0173 635169; Fax 0173 635276; #
Barbaresco DOCG Bricco Faset 2002
Mittelintensives Rot; Holz- und Holundernoten; auch im Gaumen Holz, Holunder, Butter, trocknet stark, zu rustikaler Wein. (3280 Fl.; L.Alba; # Abfüllungen; Merum 2005-3) Privatpreis ab Hof: Euro #

Barbaresco DOCG Bricco Faset 2001   ★★ – ★★★
Mittleres Rot; tiefe, junge Fruchtnoten; Mittelgewicht, Süße, dürfte etwas dichter und fruchttiefer sein, gutes Tannin, gute Länge. (6000 Fl.; L.260803; eine Abfüllung; Merum 2004-6) Privatpreis ab Hof: Euro #

Lano, S. Rocco Seno d'Elvio (CN) 37 000 Fl./6 Hektar

Tel. 0173 286958; Fax 0173 286958; lano.vini@tiscali.it

Barbaresco DOCG 2004 ★★ – ★★★
Mittelintensives Rot; Noten von Laub, Trockenfrüchte, recht vielschichtig; mitelgewichtig, gutes Tannin, dunkle, lakritzige Frucht, gute Länge. (4000 Fl.; L.702A; eine Abfüllung; Merum 2007-5) Privatpreis ab Hof: Euro 15,00

Barbaresco DOCG 2001 ⋯
Dunkles Rubin; nicht frische Ruß- und Röstnoten; auch im Gaumen Schornsteinaromen, keine Frucht, verfremdeter, heimatloser Wein. (4000 Fl.; L.1A4; eine Abfüllung; Merum 2004-6) Privatpreis ab Hof: Euro #

Barbaresco DOCG 2001 ⋯
Ziemlich dunkles Rot; Holz-Frucht-Nase, nicht einladend, Ruß; Mittelgewicht, gewisse Frucht, Ruß, dann trocknendes Holztannin, vom Holz ausgezehrt. (4000 Fl.; L.1A4; eine Abfüllung; Merum 2005-3) Privatpreis ab Hof: Euro #

Barbaresco DOCG 2000
Dunkelrot; marmeladige Frucht, Teer, Leder; auch im Gaumen Dichte, marmeladige Frucht, dünnt hinten aus, nicht elegant, trockenes Tannin. (4000 Fl.; L.3A4; eine Abfüllung; Merum 2005-3) Privatpreis ab Hof: Euro #

Lequio Ugo, Neive (CN) 25 000 Fl./# Hektar

Tel. 0173 677224; Fax 0173 677914; www.ugolequio.it; ugolequio@libero.it

Barbaresco DOCG Gallina 2004
Mittleres Rot; nicht sehr fruchtig, etwas Plastik; eher schlanker Ansatz, knappe Frucht, Holz, nicht vielschichtig, leicht bitter. (6000 Fl.; L.2-07; eine Abfüllung; Merum 2007-5) Privatpreis ab Hof: Euro 24,00

Barbaresco DOCG Gallina 2001 ⋯
Mittelintensives Rot; ziemlich nackte Barrique-Noten, Vanille; Süße, Kraft, dann dominierende Holz- und Röstnoten, keine Frucht, keine Geschmeidigkeit, rustikaler Wein. (80 000 Fl.; L.1/04; eine Abfüllung; Merum 2004-6) Privatpreis ab Hof: Euro #

Mainerdo, Neive (CN) 75 000 Fl./9 Hektar

Tel. 0173 67056; Fax 0173 67056; www.mainerdo.com; mainerdo@mainerdo.com

Barbaresco DOCG 2001
Mittleres Rot; nicht komplett frische Zwetschgenkompottnoten, Gummi; auch im Gaumen etwas matt, ziemlich schlank, einfache Frucht, Holzgeschmack, herb, gewisse Länge. (15 000 Fl.; L.0498; mehr als eine Abfüllung; Merum 2004-6) Privatpreis ab Hof: Euro #

Barbaresco DOCG Riserva 2000 ★★ – ★★★
Reifendes, dunkles Rot; holzunterlegte, dichte, marmeladige Nase, Noten von Unterholz, Kompott; kraftvoll, viel Süße, marmeladige Frucht, eher herbes Tannin. (5800 Fl.; L.03/106; eine Abfüllung; Merum 2005-3) Privatpreis ab Hof: Euro #

Michele Chiarlo, Calamandrana (AT) 950 000 Fl./60 Hektar

Tel. 0141 769030; Fax 0141 769033; www.chiarlo.it; info@chiarlo.it

Barbaresco DOCG 2001 ★★ – ★★★
Mittleres, reifendes Rot; Nebbiolo-Frucht, Holz; auch im Gaumen Frucht, Steinfrüchte, Säure, Süße, herbes Tannin, gute Länge. (12 000 Fl.; L.M194; eine Abfüllung; Merum 2005-3) Privatpreis ab Hof: Euro #

Barbaresco DOCG 2000
Ziemlich dunkles Rot; röstig-kompottige Holznoten; viel Süße, marmeladige Frucht, herbes Tannin, vermisse Nebbiolo-Charme und -Tiefe. (# Fl.; L.#; # Abfüllungen; Merum 2004-6) Privatpreis ab Hof: Euro #

Barbaresco DOCG Asili 2004
Bräunliches Rot; ziemlich reife Frucht; Süße, Reife, zu fortgeschritten. (6000 Fl.; L.F126; eine Abfüllung; Merum 2007-5) Privatpreis ab Hof: Euro 32,00

Barbaresco DOCG Reyna 2004 ★★ – ★★★
Reifes Dunkelrot; Himbeerfrucht, recht einladend; Kraft, recht fruchtig, etwas Butter, herbes Tannin. (30 000 Fl.; L.B1271; eine Abfüllung; Merum 2007-5) Privatpreis ab Hof: Euro 23,00

Moccagatta, Barbaresco (CN)   65 000 Fl./12 Hektar
Tel. 0173 635152; Fax 0173 635279; moccagatta_az.agr.@libero.it

Barbaresco DOCG 2002

*Mittleres Rot; Noten von Röstung, wenig Frucht; auch im Gaumen Röstung, Butter, trock-net, Weincharakter vom Holz überdeckt. (*11 000 Fl.; L.4.181; eine Abfüllung; Merum 2005-3) Privatpreis ab Hof: Euro #

Barbaresco DOCG Basarin 2004

Dunkelrot; nicht klar, holzdominiert, Kaffee; viel Süße, kaum Frucht, matt. (8000 Fl.; L.6.200; eine Abfüllung; Merum 2007-5) Privatpreis ab Hof: Euro 28,00

Barbaresco DOCG Basarin 2001

Dunkles, reifendes Rot; Holz-, Ruß- und Kompottnoten; Kraft, dicht, saftig, keine Frucht, sehr streng, trockenes Tannin. (8000 Fl.; L.3.205; eine Abfüllung; Merum 2004-6) Privatpreis ab Hof: Euro #

Barbaresco DOCG Bric Balin 2004

Dunkles Rot; Noten von Kaffee, Plastik, nicht sehr klar; konzentriert, Süße, herbes Tannin, trocknet nach. (21 000 Fl.; L.6.202; eine Abfüllung; Merum 2007-5) Privatpreis ab Hof: Euro 28,00

Barbaresco DOCG Bric Balin 2001

Ziemlich dunkles Rot; Noten von Karamell, Holz, Marmelade; konzentriert, im Ansatz ge-wisse Frucht und Karamell, dann aber zu streng, keine Geschmeidigkeit, keine Frucht im Abgang, trocknet nach. (25 000 Fl.; L.3.206; eine Abfüllung; Merum 2004-6) Privatpreis ab Hof: Euro #

Barbaresco DOCG Cole 2004

Recht dunkles Rot; holzwürzige, gedämpfte Nase, kaum Frucht, zu matt; marmeladig-holzgeprägt, Süße, herbes Tannin. (1100 Fl.; L.6.201; eine Abfüllung; Merum 2007-5) Privatpreis ab Hof: Euro 32,00

Barbaresco DOCG Cole 2001

Ziemlich dunkles Rubin; holzgeprägte, nicht frische Nase, keine Frucht; Kraft, viel Tannin, knappe Frucht, strenger, herber Wein, zu trocken im Abgang. (2800 Fl.; L.3.204; eine Abfül-lung; Merum 2004-6) Privatpreis ab Hof: Euro #

Molino, Treiso (CN)   65 000 Fl./10 Hektar
Tel. 0173 638384; Fax 0173 638384; rida98@tiscali.it

Barbaresco DOCG Ausario 2004

Recht dunkles Rubin; gewisse Frucht, Zwetschgennoten, Ruß; recht kraftvoll, Süße, viel Tannin, Zwetschgenfrucht, gute Länge, trocken. (# Fl.; L.B.AU.01/06; # Abfüllungen; Merum 2007-5) Privatpreis ab Hof: Euro #

Barbaresco DOCG Ausario 2001

Mittleres Rot; Noten von Marmelade, Ruß, balsamische Noten; recht dicht, gute Säure, recht streng, fehlt Frucht, gute Länge. (4000 Fl.; L.B 1/04; eine Abfüllung; Merum 2004-6) Privatpreis ab Hof: Euro #

Barbaresco DOCG Ausario 2001

Mittelhelles Rot; gewisse Frucht, Noten von Holz, Teer und Erde; schlank, holzbetont, fehlt Frucht, Röstung. (4000 Fl.; L.B 1/04; eine Abfüllung; Merum 2005-3) Privatpreis ab Hof: Euro #

Barbaresco DOCG Teorema 2004

Violettes Rubin; holzwürzig, matt; Fülle, Süße, knappe Frucht, nicht Barbaresco-typisch, trocken. (# Fl.; L.B.T01/06; # Abfüllungen; Merum 2007-5) Privatpreis ab Hof: Euro #

Barbaresco DOCG Teorema 2001   ★★ – ★★★ JLF

Mittelintensives Rot; dichte, marmeladige Frucht; Kraft, saftig, junge Frucht, dicht, Süße, etwas grobgewoben, müsste noch eleganter sein, viel gutes Tannin, lang. (5000 Fl.; L.B02/04; eine Abfüllung; Merum 2005-3) Privatpreis ab Hof: Euro #

Montaribaldi, Barbaresco (CN)   40 000 Fl./18 Hektar
Tel. 0173 638220; Fax 0173 638963; www.ilturismo.com\montaribaldi.htm; montaribaldi@tiscali.it

Barbaresco DOCG Palazzina 2002   ★★ – ★★★

Dunkelrot; süße Nase, Holundernoten, Zwetschgenmarmelade; runder, kraftvoller Ansatz, Frucht, kompottig, saftig, Fülle, mürbes Tannin, saftig, lang. (4200 Fl.; L.18/04; eine Abfüllung; Merum 2005-3) Privatpreis ab Hof: Euro #

Barbaresco DOCG Palazzina 2001

Mittleres Rot; nicht intensive Kompottnoten; marmeladige Aromen, einfache Frucht, müsste mehr Profil und Tiefe zeigen. (4000 Fl.; L.06/04; eine Abfüllung; Merum 2004-6) Privatpreis ab Hof: Euro #

Barbaresco DOCG Sorì Montaribaldi 2002   ★★ – ★★★

Dunkles Rot; konzentrierte, aromatisch-marmeladige Noten, Stroh; Fülle, mittlere Kraft, füllig, aromatische Frucht, rund, recht saftig, Länge. (4000 Fl.; L.17/04; eine Abfüllung; Merum 2005-3) Privatpreis ab Hof: Euro #

Barbaresco DOCG Sorì Montaribaldi 2001   ★★ – ★★★

Eher helles Rot; verhaltene Marmelade-Nase; im Gaumen dann mehr Ausdruck mit ausgeprägten Beerenaromen, recht saftig, geschmeidiges Tannin, recht lang. (4000 Fl.; L.07/04; eine Abfüllung; Merum 2004-6) Privatpreis ab Hof: Euro #

Nada Ada, Treiso (CN)   50 000 Fl./10 Hektar

Tel. 0173 638127; Fax 0173 638921; www.barbaresco.com; nada@adanada.it

Barbaresco DOCG Cichin 2004

Sehr dunkles Rot; animalisch geprägte Frucht; Mittelgewicht, animalisch, viel Süße, gewisse Frucht. (4200 Fl.; L.161.7; eine Abfüllung; Merum 2007-5) Privatpreis ab Hof: Euro 30,00

Barbaresco DOCG Cichin 2001

Helles Rot; Noten von Holz, kaum Frucht; recht geschmeidig, knappe Frucht, viel Holz, trocken. (# Fl.; L.131.4; # Abfüllungen; Merum 2005-3) Privatpreis ab Hof: Euro #

Barbaresco DOCG Cichin 2000   ★★ – ★★★

Mittelhelles Rot; Noten von Holz, gewisse Frucht; recht geschmeidig, gewisse Frucht, gute Süße, saftig, gute Länge. (# Fl.; L.122.3; # Abfüllungen; Merum 2005-3) Privatpreis ab Hof: Euro #

Barbaresco DOCG Cichin 2000   ★★★

Recht intensives Rot; Noten von Beerengrütze, Lakritze; im Gaumen ziemlich streng, Fruchttiefe, herbes Tannin, Tiefe, Lakritze, Länge. (4000 Fl.; L.122.3; eine Abfüllung; Merum 2004-6) Privatpreis ab Hof: Euro #

Barbaresco DOCG Elisa 2000   ★★ – ★★★

Mittelintensives Rot; mit Belüftung Holunder, Laub, Röstung; runder Ansatz, mit Belüftung Frucht, wird dann streng, gewisse Tiefe, herbes Tannin. (7000 Fl.; L.123.3; eine Abfüllung; Merum 2004-6) Privatpreis ab Hof: Euro #

Barbaresco DOCG Valeirano 2004

Mittleres Rot; marmeladig-schweißig-ledrige Noten; Süße, keine Fruchttiefe, ungeschmeidig, trocknet. (12 000 Fl.; L.162.7; eine Abfüllung; Merum 2007-5) Privatpreis ab Hof: Euro 27,00

Barbaresco DOCG Valeirano 2001   ★★★

Mittleres Rot; ansprechende Noten von roter Marmelade, etwas Holunder; saftig, kräftig, Frucht, Holunder, rassige Säure, feine Butter, fest, jung, gute Länge. (# Fl.; L.132.4; # Abfüllungen; Merum 2005-3) Privatpreis ab Hof: Euro #

Barbaresco DOCG Valeirano 2000   ★★ – ★★★

Mittleres Rot; reifende Noten von Zwetschgenmarmelade; sehr saftig, fruchtig, reifend, Struktur, gutes Tannin, lang. (# Fl.; L.121.3; # Abfüllungen; Merum 2005-3) Privatpreis ab Hof: Euro #

Barbaresco DOCG Valeirano 2000   ★★★

Mittleres Rot; Unterholz-, Marmelade- und Lakritzenoten; auch im Gaumen Frucht, saftig, recht ausgewogen, recht tief, herbes, aber gutartiges Tannin. (8500 Fl.; L.121.3; eine Abfüllung; Merum 2004-6) Privatpreis ab Hof: Euro #

Nada Fiorenzo, Treiso (CN)   32 000 Fl./6,5 Hektar

Tel. 0173 638254; Fax 0173 638834; www.nada.it; nadafiorenzo@nada.it

Barbaresco DOCG Rombone 2004   ★★ – ★★★

Recht dunkles Rot; dichte Nase, marmeladige Nebbiolo-Frucht; konzentriert, marmeladige Frucht, dicht, viel, herbes Tannin. (4000 Fl.; L.BR12; eine Abfüllung; Merum 2007-5) Privatpreis ab Hof: Euro 36,00

Barbaresco DOCG Rombone 2001

Dunkelrot; einseitige, nicht komplett frische Holz- und Kompottnoten; auch im Gaumen von Holz geprägt, keine Frucht, uncharmant, fehlt Nebbiolo-Frucht, trockenes Tannin. (4000 Fl.; L.3224; eine Abfüllung; Merum 2004-6) Privatpreis ab Hof: Euro #

Negro Angelo, Monteu Roero (CN) 250 000 Fl./48 Hektar

Tel. 0173 90252; Fax 0173 90712; www.negroangelo.it; negro@negroangelo.it

Barbaresco DOCG Basarin 2004

Frisches Dunkelrot; Noten von Frucht und Ruß, Holz; viel Süße, Rußgeschmack, keine Frucht, trocknet nach. (9000 Fl.; L.1; eine Abfüllung; Merum 2007-5) Privatpreis ab Hof: Euro 21,00

Barbaresco DOCG Basarin 2002

Mittelintensives, frisches Rot; süße, fast aromatische Frucht; auch im Gaumen Süße, Butter, Fülle, gewisse Frucht, strenges Tannin, nicht geschmeidig, trocknet nach. (3000 Fl.; L.1; eine Abfüllung; Merum 2005-3) Privatpreis ab Hof: Euro #

Barbaresco DOCG Basarin 2001 ★★ – ★★★

Mittelintensives Rubin; Röst- und Fruchtnoten; dichter, kraftvoller Ansatz, Röstung, gewisse Frucht, herbes Tannin, Süße, im Nachgeschmack Frucht und Röstung. (3200 Fl.; L.1; eine Abfüllung; Merum 2004-6) Privatpreis ab Hof: Euro #

Negro Giuseppe, Neive (CN) 50 000 Fl./# Hektar

Tel. 0173 677468; Fax 0173 677468; www.negrogiuseppe.com;
cantina@negrogiuseppe.com

Barbaresco DOCG Pian Cavallo 2001 ★★ – ★★★

Mittelintensives Rot; intensive, holzbelegte Nebbiolo-Frucht; Süße, Frucht, Butter, gutes Tannin, Holz, Butter, saftig, Länge. (9000 Fl.; L.04/1; eine Abfüllung; Merum 2005-3) Privatpreis ab Hof: Euro #

Barbaresco DOCG Pian Cavallo 2001 ★★ – ★★★

Mittleres Rot; Holunder- und Fruchtnoten; intakte Frucht im Ansatz, Holunder, Butter, etwas Holz, saftig, leicht trocknendes Tannin, tief und lang. (8000 Fl.; L.04/1; eine Abfüllung; Merum 2004-6) Privatpreis ab Hof: Euro #

Oddero, La Morra (CN) 100 000 Fl./32 Hektar

Tel. 0173 50618; Fax 0173 509377; www.odderofratelli.it; info@odderofratelli.it

Barbaresco DOCG 2001 ★★★★ JLF

Mittelhelles Rot; verführerische Himbeernoten, Holunder, sehr einladend; Süße, saftig, fruchtig, ausgereifte Frucht, Holunder, rundes Tannin, außerordentlich elegant und geschmeidig, lang. (6800 Fl.; L.309; eine Abfüllung; Merum 2004-6) Privatpreis ab Hof: Euro #

Barbaresco DOCG 2001 ★★★★ JLF

Helles, reifendes Rot; intensive, reife Nebbiolo-Frucht, Noten von Beerenmarmelade, Tabak; im Gaumen die selbe perfekte Nebbiolo-Frucht, sehr geschmeidig, elegant, dichte, aber nicht strenge Struktur, lang; wird immer schöner in der angebrochenen Flasche. (6000 Fl.; L.309; eine Abfüllung; Merum 2005-3) Privatpreis ab Hof: Euro #

Barbaresco DOCG Gallina 2004

Mittleres Rot; mit Belüftung röstige Nebbiolo-Frucht, rußig; Mittelgewicht; reifende Frucht, Butter, Röstung im Abgang. (# Fl.; L.705; # Abfüllungen; Merum 2007-5) Privatpreis ab Hof: Euro #

Paitin/Pasquero Elia, Neive (CN) 80 000 Fl./17 Hektar

Tel. 0173 67343; Fax 0173 677732; www.paitin.it; info@paitin.it

Barbaresco DOCG Riserva Sori Paitin Vecchie Vigne 2000

Dunkelrot; nicht frische Noten von Pflaumenmarmelade, Ruß, Lakritze, wirkt müde; im Gaumen neben Ruß auch etwas Frucht, insgesamt jedoch matt und verfremdet. (5000 Fl.; L.Alba; # Abfüllungen; Merum 2005-3) Privatpreis ab Hof: Euro #

Barbaresco DOCG Serra Boella 2002 🌣

Rubiniges Dunkelrot; verhaltene Frucht, Noten von Holz stehen vor der Nase; Kraft, dann viel Holz, Holztannin trocknet nach. (# Fl.; L.Alba; # Abfüllungen; Merum 2005-3) Privatpreis ab Hof: Euro #

Barbaresco DOCG Sori Paitin 2004 ★★ – ★★★

Dunkelrot; Frucht mit Noten von Tomatenkonserven, Heu; Fülle, recht kraftvoll, etwas Leder, gutes Tannin, lang. (25 000 Fl.; L.01/07; eine Abfüllung; Merum 2007-5) Privatpreis ab Hof: Euro 26,00

Barbaresco DOCG Sorì Paitin 2001

Rubiniges Dunkelrot; Kaffeenoten, Holunder, Röstung; recht runder Ansatz, trockenes Tannin übernimmt gleich zu Beginn das Kommando, Kaffee, zu trocken. (20 000 Fl.; L.1/04; eine Abfüllung; Merum 2004-6) Privatpreis ab Hof: Euro #

Palladino, Serralunga d'Alba (CN)   154 000 Fl./9,5 Hektar

Tel. 0173 613108; Fax 0173 613448; www.palladinovini.com;
maurillo.palladino@libero.it

Barbaresco DOCG 2001   ★★★ JLF

Mittleres Rot; Noten von Teer, Schwarztee, Nebbiolo-Frucht; geschmeidig, rund, Süße, sehr ausgewogen, gute Säure, Nebbiolo-Frucht, Teer, lang. (3600 Fl.; L.470; eine Abfüllung; Merum 2004-6) Privatpreis ab Hof: Euro #

Pelissero, Treiso (CN)   200 000 Fl./35 Hektar

Tel. 0173 638430; Fax 0173 638431; www.pelissero.com; pelissero@pelissero.com

Barbaresco DOCG Nubiola 2002   ★★ – ★★★

Mittelintensives, reifendes Rot; aromatische, intensive Nase, tief, Laub, frische Pilze, Frucht, einladend; kraftvoll, viel Tannin, Lakritze, aromatische Frucht, recht tief, fruchtig, gute Länge, herbes Tannin. (20 000 Fl.; L.1/08-2004; eine Abfüllung; Merum 2005-3) Privatpreis ab Hof: Euro #

Barbaresco DOCG Nubiola 2001

Dunkelrot; Noten von dickgekochter Marmelade und Eukalyptus; Kraft, Eukalyptus auch im Gaumen, Butter, recht angenehm, trotz trockenem Holztannin. (6000 Fl.; L.1/08-2003; eine Abfüllung; Merum 2004-6) Privatpreis ab Hof: Euro #

Barbaresco DOCG Tulin 2001

Dunkelrot; Röstnoten; herber Ansatz, gewisse Frucht, Röstaromen, dann trockenes Holztannin, Butter, komplett austauschbarer Geschmack. (18 000 Fl.; L.1/08-2003; eine Abfüllung; Merum 2004-6) Privatpreis ab Hof: Euro #

Piazzo Armando, Alba (CN)   250 000 Fl./50 Hektar

Tel. 0173 35689; Fax 0173 440703; www.piazzo.it; apiazzo@piazzo.it

Barbaresco DOCG 2004   ★★ – ★★★

Mittleres, reifendes Rot; Erdbeernoten, Laub, Leder; saftig, gutes Tannin, recht angenehm. (35 000 Fl.; L.#; mehr als eine Abfüllung; Merum 2007-5) Privatpreis ab Hof: Euro 13,10

Barbaresco DOCG 2001   ★★ – ★★★

Mittelhelles, warmes Rot; Noten von Kompott, Eichenlaub, Leder, Schweiß; geschmeidig, etwas schlank, fruchtig, viel Leder, Süße, gewisse Tiefe, saftiges Tannin, lang. (30 000 Fl.; L.5052; mehr als eine Abfüllung; Merum 2005-3) Privatpreis ab Hof: Euro #

Barbaresco DOCG Sorì Fratin 2004   ★★ – ★★★

Mittelintensives Rot; etwas gereifte Nebbiolo-Nase, dürfte temperamentvoller sein; Mittelgewicht, gutes Tannin, gereifte Frucht, recht herb. (6000 Fl.; L.6253; eine Abfüllung; Merum 2007-5) Privatpreis ab Hof: Euro 18,10

Barbaresco DOCG Sorì Fratin 2001   ★★ – ★★★ JLF

Mittelhelles Rot; Himbeernoten, einladend; im Gaumen dann intakte Frucht, etwas Anis, Laub, Tiefe, rundes Tannin, recht lang, dürfte eine Spur dichter sein. (6000 Fl.; L.4076; eine Abfüllung; Merum 2004-6) Privatpreis ab Hof: Euro #

Pio Cesare, Alba (CN)   350 000 Fl./50 Hektar

Tel. 0173 440386; Fax 0173 363680; www.piocesare.it; piocesare@piocesare.it

Barbaresco DOCG 2000

Mittelhelles Rot; Noten von Holz, Vanille; Vanille-Geschmack, Kraft, trocknendes Tannin. (20 000 Fl.; L.HZSE; mehr als eine Abfüllung; Merum 2004-6) Privatpreis ab Hof: Euro #

Poderi Colla, Alba (CN)   150 000 Fl./27 Hektar

Tel. 0173 290148; Fax 0173 441498; www.podericolla.it; info@podericolla.it

Barbaresco DOCG Roncaglie 2001   ★★ – ★★★

Mittleres Rot; Teer- und Holznoten, Jod, Nebbiolo-Frucht; viel Süße, Mittelgewicht, Frucht, auch Holz, saftig, dann trockenes Tannin. (18 000 Fl.; L.08; eine Abfüllung; Merum 2005-3) Privatpreis ab Hof: Euro #

Prinsi, Neive (CN) 60 000 Fl./14 Hektar

Tel. 0173 67192; Fax 0173 67192; www.prinsi.it; info@prinsi.it

Barbaresco DOCG Gaia Principe 2004

Mittleres Rot; etwas pflanzlich, schwitzig, Cola; viel Süße, Vanille, keine Frucht, trocknet. (15 000 Fl.; L.05-07; eine Abfüllung; Merum 2007-5) Privatpreis ab Hof: Euro 14,75

Barbaresco DOCG Gaia Principe 2000 ★★ – ★★★

Reifendes, mittleres Rot; reifende, ansprechende Marmeladenoten, Noten von Unterholz, eine Erinnerung an Trüffel; Süße, reife Frucht, rund, recht saftig, fehlt die Dichte, reif, angenehm. (25 000 Fl.; L.08-04; mehr als eine Abfüllung; Merum 2005-3) Privatpreis ab Hof: Euro #

Barbaresco DOCG Gallina 2004

Mittleres Rot; holzwürzige Fruchtnoten, Vanille; Vanille auch im Gaumen, nicht tief, keine Frucht. (4000 Fl.; L.05-07; eine Abfüllung; Merum 2007-5) Privatpreis ab Hof: Euro 17,50

Barbaresco DOCG Gallina 2001

Bräunliches, recht dunkles Rot; verhalten, keine Frucht, gereift; auch im Gaumen keine Frucht, trocknendes Tannin, zu trocken, zu fortgeschritten. (4000 Fl.; L.02-04; eine Abfüllung; Merum 2005-3) Privatpreis ab Hof: Euro #

Produttori del Barbaresco, Barbaresco (CN) 460 000 Fl./100 Hektar

Tel. 0173 635139; Fax 0173 635130; www.produttoridelbarbaresco.it; produttori@produttoridelbarbaresco.com

Barbaresco DOCG 2004 ★★ – ★★★ JLF

Mittelhelles Rot; einladende Nebbiolo-Frucht, auch feine Holzwürze, die nach ein paar Stunden stärker hervortritt; Mittelgewicht, recht ausgewogen, Tiefe, feines Tannin, lang. (200 000 Fl.; L.7.130; mehr als eine Abfüllung; Merum 2007-5) Privatpreis ab Hof: Euro 16,00

Barbaresco DOCG 2002 ★★ – ★★★

Mittleres Rot; intensive Noten von Erdbeermarmelade, Gummi; im Gaumen dann zurückhaltender, wenig Süße, gewisse Frucht, viel herbes Tannin. (87 000 Fl.; L.Alba; # Abfüllungen; Merum 2005-3) Privatpreis ab Hof: Euro #

Barbaresco DOCG 2001 ★★★

Mittleres Rot; helle Fruchtnoten, Beerenkompott, Rosen, einladend; fruchtig, viel, gutes Nebbiolo-Tannin, Säure, Länge. (150 000 Fl.; L.4.160; mehr als eine Abfüllung; Merum 2004-6) Privatpreis ab Hof: Euro #

Barbaresco DOCG Riserva Ovello 2000 ★★★ – ★★★★ JLF

Mittleres Rot; verführerische Fruchtnoten, Himbeeren, Unterholz, feine Lakritze; viel Süße, Kraft, stets präsente Frucht, gutes Tannin, lang. (14 986 Fl.; L.Alba; # Abfüllungen; Merum 2005-3) Privatpreis ab Hof: Euro #

Prunotto, Alba (CN) 600 000 Fl./52 Hektar

Tel. 0173 280017; Fax 0173 281167; www.prunotto.it; prunotto@prunotto.it

Barbaresco DOCG 2004

Dunkles Rot; breit-kompottige Frucht; recht konzentriert, gewisse Frucht, ziemlich bitter und trocknend. (30 000 Fl.; L.2/07.b; mehr als eine Abfüllung; Merum 2007-5) Privatpreis ab Hof: Euro 26,45

Barbaresco DOCG 2000 ★★ – ★★★

Dunkelrot; Noten von Zwetschgenmarmelade, Gummi; viel Süße, dann Frucht, Butter, füllig, Kandis, Butter, saftig, leider trockenes Tannin. (40 000 Fl.; L.12/02.b; mehr als eine Abfüllung; Merum 2004-6) Privatpreis ab Hof: Euro #

Barbaresco DOCG Bric Turot 2001

Dunkelrot; intensive Marmeladenoten; Kraft, viel Süße, auch Holz, konzentriert, aber nicht geschmeidig, man vermisst Eleganz und Nebbiolo-Tiefe, nicht lang. (20 000 Fl.; L.#; mehr als eine Abfüllung; Merum 2005-3) Privatpreis ab Hof: Euro #

Punset/Marcarino Marina, Neive (CN) 120 000 Fl./20 Hektar

Tel. 0173 67072; Fax 0173 677423; www.punset.com; punset@punset.it

Barbaresco DOCG 2004 ★★ – ★★★

Frisches Rot; junge und gereifte Noten; Fülle, feines Holz, saftig, gewisse Frucht, wertvoll, allerdings etwas streng und herb im Abgang. (# Fl.; L.7.117; eine Abfüllung; Merum 2007-5) Privatpreis ab Hof: Euro 25,30

Barbaresco DOCG 2001   ★★ − ★★★

Mittelhelles Rot; mit Belüftung Fruchtnoten, ein bisschen medizinal; Süße, Kaffee, gewisse Frucht, recht saftig, herbes Tannin, gute Tiefe, mittlere Länge. (Biowein.) (18 000 Fl.; L.4.121; mehr als eine Abfüllung; Merum 2004-6) Privatpreis ab Hof: Euro #

Barbaresco DOCG 1999   ★★★

Mittleres, reifendes Rot; einladende Noten von Beeren, Laub, Leder; Mittelgewicht, rund, im Ansatz Süße und Frucht, recht elegant, gutes Tannin, saftig. (Biowein.) (# Fl.; L.2.070; mehr als eine Abfüllung; Merum 2005-3) Privatpreis ab Hof: Euro #

Barbaresco DOCG 1998   ★★★★ JLF

Reifendes, mittleres Rot; tiefe Nebbiolo-Nase, Noten von roten Beeren, Moos, Rumtopf, Pilzen; Süße, mächtiges, warmes Tannin, erst reife, dann mit den Stunden immer kompletter werdende Frucht, sehr eleganter, schöner Barbaresco. (Biowein.) (# Fl.; L.1.263; mehr als eine Abfüllung; Merum 2005-3) Privatpreis ab Hof: Euro #

Barbaresco DOCG 1997   ★★★ − ★★★★ JLF

Ziemlich helles Rot; intakte Nebbiolo-Noten, Tee, rote Johannisbeeren, Trüffel, sehr tief und einladend; geschmeidiger Ansatz, erstaunlich frische Frucht, Holunder, rund, warmes, sehr schönes Tannin, lang; sehr geschmeidiger, eleganter Barbaresco. (Biowein.) (# Fl.; L.2.329; mehr als eine Abfüllung; Merum 2005-3) Privatpreis ab Hof: Euro #

Barbaresco DOCG Campo Quadro 2004

Mittleres, purpurnes Rot; verhalten, jung, nicht tief; junger Wein, keine Tiefe, zu einfach. (# Fl.; L.7.117; eine Abfüllung; Merum 2007-5) Privatpreis ab Hof: Euro 30,75

Barbaresco DOCG Campo Quadro 2001

Purpurnes Rubin; untypische Fruchtnoten, Plastik; im Gaumen nicht Nebbiolo-typische Frucht, Mittelgewicht, Butter, fehlt Barbaresco-Charakter. (Biowein.) (5000 Fl.; L.4.121; eine Abfüllung; Merum 2004-6) Privatpreis ab Hof: Euro #

Barbaresco DOCG Campo Quadro 2000

Mittelhelles, frisches Rot; Holznoten, Frucht, Pilze; marmeladige Frucht, trocknend, recht kräftig. (Biowein.) (# Fl.; L.3.337; eine Abfüllung; Merum 2005-3) Privatpreis ab Hof: Euro #

Barbaresco DOCG Campo Quadro 1999   ★★★

Mittelhelles, reifendes Rot; tiefe Frucht-Holunder-Gumminoten; Süße, Dichte, intakte Frucht, tief, feines Holz, lang. (Biowein.) (# Fl.; L.2071; eine Abfüllung; Merum 2005-3) Privatpreis ab Hof: Euro #

Rabajà/Bruno Rocca, Barbaresco (CN)   60 000 Fl./14 Hektar

Tel. 0173 635112; Fax 0173 635112; www.brunorocca.it; info@brunorocca.it

Barbaresco DOCG 2004

Mittleres Rot; holzwürzige Noten von roter Beerenmarmelade; kraftvoll, saftig, recht tiefe Frucht, Röstung, Holz, trocknet. (9000 Fl.; L.248.06; eine Abfüllung; Merum 2007-5) Privatpreis ab Hof: Euro 22,00

Barbaresco DOCG 2001

Mittleres Rot; schweißige Noten, Ruß, Marmelade; Kraft, Süße, gewisse Frucht, alles begleitet von trockenem Holztannin, trocken auch im Abgang, fehlt Geschmeidigkeit. (8000 Fl.; L.003.04; eine Abfüllung; Merum 2004-6) Privatpreis ab Hof: Euro #

Barbaresco DOCG Coparossa 2001

Dunkelrot; Noten von Holz, Erdnüssen, Ruß; Holz prägt auch im Gaumen, keine Frucht, konzentriert, ungeschmeidig, allerdings nicht trocknend. (8000 Fl.; L.005/04; eine Abfüllung; Merum 2004-6) Privatpreis ab Hof: Euro #

Barbaresco DOCG Rabajà 2004

Dunkelrot; stark holzgeprägte Fruchtnoten; Colageschmack, stark trocknendes Tannin. (18 000 Fl.; L.250.06; eine Abfüllung; Merum 2007-5) Privatpreis ab Hof: Euro 38,00

Barbaresco DOCG Rabajà 2002

Mittleres Rot; einladende rote Beerennoten, Röstung; im Gaumen Röstung, Frucht, dann herbes Holztannin, Röstung und Holztannin hängen nach. (7000 Fl.; L.Alba; # Abfüllungen; Merum 2005-3) Privatpreis ab Hof: Euro #

Barbaresco DOCG Rabajà 2001

Dunkelrot; Noten von Eichenholz, Ruß; Kraft, Holzgeschmack, knappe Frucht, trockenes Tannin, zu streng. (15 000 Fl.; L.002.04; eine Abfüllung; Merum 2004-6) Privatpreis ab Hof: Euro #

Ressia Fabrizio, Neive (CN) 20 000 Fl./5 Hektar

Tel. 0173 677305; Fax 0173 677305; www.ressia.com; info@ressia.com

Barbaresco DOCG Canova 2004

Mittelintensives Rot; matte Noten von getrockneten Früchten, Holzwürze, Pfirsichmarmelade; Süße, matt, nicht tief, wenig Struktur. (4800 Fl.; L.0607; eine Abfüllung; Merum 2007-5) Privatpreis ab Hof: Euro #

Barbaresco DOCG Canova 2002

Mittleres Rot; reife, marmeladige Nase; Süße, nicht überaus tief, eher einfach, Butter, angenehm. (3000 Fl.; L.0405; eine Abfüllung; Merum 2005-3) Privatpreis ab Hof: Euro #

Barbaresco DOCG Canova 2001 ★★ – ★★★

Mittleres, junges Rot; mit Belüftung Gummi- und Marmeladenoten; Süße, gewisse Frucht, Butter, angenehm, rund, nicht überaus vielschichtig, gute Länge, gutes Tannin. (2800 Fl.; L.0104; eine Abfüllung; Merum 2004-6) Privatpreis ab Hof: Euro #

Rinaldi Francesco, Alba (CN) 70 000 Fl./10 Hektar

Tel. 0173 440484; Fax 0173 449378; www.rinaldifrancesco.it; francesco.rinaldi@isiline.it

Barbaresco DOCG 2004 ★★ – ★★★

Mittleres Rot; fruchtige Nase; saftiger Ansatz, viel Süße, gutes Tannin, recht lang. (# Fl.; L.3 07; # Abfüllungen; Merum 2007-5) Privatpreis ab Hof: Euro #

Rivella Serafino, Barbaresco (CN) 9500 Fl./2 Hektar

Tel. 0173 635182; Fax # ; #

Barbaresco DOCG Montestefano 2000 ★★ – ★★★

Recht dunkles Rot; mit Belüftung Marmelade- und Holundernoten; Süße, Kraft, Frucht, saftiges Tannin. (# Fl.; L.3216; # Abfüllungen; Merum 2004-6) Privatpreis ab Hof: Euro #

Rivetti Dante, Neive (CN) 180 000 Fl./50 Hektar

Tel. 0173 67125; Fax 0173 677706; www.danterivetti.com; info@danterivetti.com

Barbaresco DOCG Bricco 2004

Mittelhelles Rot; nicht klare, gereift-fruchtige Noten, Kaffee; viel Süße, gereift, Kaffee, ich vermisse Nebbiolo-Fruchttiefe, recht angenehm, aber etwas zu fortgeschritten und kaffeebetont. (12 000 Fl.; L.#; eine Abfüllung; Merum 2007-5) Privatpreis ab Hof: Euro 18,00

Barbaresco DOCG Bricco 2000

Mittelhelles Rot; Noten von Röstung, Rauchspeck; auch im Gaumen Ruß, Rauchspeck, Röstung, keine Frucht, austauschbar. (35 000 Fl.; L.BB001; eine Abfüllung; Merum 2005-3) Privatpreis ab Hof: Euro #

Barbaresco DOCG Bricco 2000

Mittleres Rot; müde Barrique-Noten; auch im Gaumen neues, angekohltes Holz, Nullcharme, komplett austauschbarer Geschmack, trockenes Tannin. (35 000 Fl.; L.BB001; eine Abfüllung; Merum 2004-6) Privatpreis ab Hof: Euro #

Barbaresco DOCG Bricco 1999

Mittelhelles Rot; nicht klare Holz-, Schweiß- und Kaffeenoten; Kraft, Holunder, saftig, Süße, reif, nicht trockenes Tannin, recht lang. (35 000 Fl.; L.02227; eine Abfüllung; Merum 2004-6) Privatpreis ab Hof: Euro #

Barbaresco DOCG Micca 2000

Mittelhelles Rot; matte, nicht frische Nase, Ruß; auch im Gaumen müde, spürbare Kraft, viel, Röstung, keine Frucht, trocknend. (12 000 Fl.; L.BM001; eine Abfüllung; Merum 2005-3) Privatpreis ab Hof: Euro #

Barbaresco DOCG Micca 2000

Mittleres Rot; nach Belüftung Marmeladenoten; im Gaumen Rauchspeck, heftiges Tannin, Rauch bleibt im Gaumen hängen, keine Frucht, Vanille, ohne Charme, einseitig, trocknet. (12 000 Fl.; L.BM001; eine Abfüllung; Merum 2004-6) Privatpreis ab Hof: Euro #

Rivetti Massimo, Neive (CN)
40 000 Fl./20 Hektar

Tel. 0173 67505; Fax 0141 89568; www.rivettimassimo.it;
massimo@rivettimassimo.it

Barbaresco DOCG Froi 2004

Junges, mittelhelles Rubin; matt, nicht sehr klar; Süße, saftig, keine Nebbiolo-Frucht, nicht tief, herb. (4000 Fl.; L.05/06; eine Abfüllung; Merum 2007-5) Privatpreis ab Hof: Euro 15,50

Barbaresco DOCG Serraboella 2001

Mittleres Rubin; nicht einladende, unklare Kompott- und Holznoten; Süße, hartes, dominierendes Tannin, Säure, ungeschmeidig, kaum Frucht. (6000 Fl.; L.03/03; eine Abfüllung; Merum 2005-3) Privatpreis ab Hof: Euro #

Rivetto, Sinio (CN)
100 000 Fl./17 Hektar

Tel. 0173 613380; Fax 0173 613977; www.rivetto.it; rivetto@rivetto.it

Barbaresco DOCG Cé Vanin 2004
★★ – ★★★

Mittleres Rot; Noten von Stroh, Holz; Kraft, voll, Süße, gewisses Tannin, knappe Frucht, mittlere Länge. (4000 Fl.; L.07/133; eine Abfüllung; Merum 2007-5) Privatpreis ab Hof: Euro 14,00

Rizzi, Treiso (CN)
40 000 Fl./32 Hektar

Tel. 0173 638161; Fax 0173 638935; www.cantinarizzi.it; cantina@cantinarizzi.it

Barbaresco DOCG 2002

Mittleres Rot; verhaltene Nase, Noten von Frucht, Gummi, etwas Holz; soweit ausgewogen, nicht geschmeidig, bremsendes Tannin, gewisse Frucht, aber ziemlich trocken bis in den Abgang. (1000 Fl.; L.Alba; # Abfüllungen; Merum 2005-3) Privatpreis ab Hof: Euro #

Barbaresco DOCG 2001
★★ – ★★★

Mittelhelles Rot; recht tiefe Fruchtnoten; Mittelgewicht, saftig, präsente Frucht, recht geschmeidig, vergleichsweise wenig Tannin, fehlt noch etwas mehr Druck, gute Länge. (30 480 Fl.; L.4BB01/3; eine Abfüllung; Merum 2005-3) Privatpreis ab Hof: Euro #

Barbaresco DOCG Boito 2001

Mittleres Rot; verhalten, feine Frucht; viel Süße, gewisse Frucht, Butter, Wein weitet sich im Gaumen aus, endet dann allerdings auf trocknendem Tannin. (5570 Fl.; L.4BB01/1; eine Abfüllung; Merum 2005-3) Privatpreis ab Hof: Euro #

Barbaresco DOCG Boito Rizzi 2004
★★★ – ★★★★

Mittleres Rot; eigenartige, interessante Nase mit Noten von rotem Paprikapulver; saftig, Butter, Paprika und Nebbiolo-Frucht, recht geschmeidig, sehr angenehm, recht lang. (6000 Fl.; L.07BB04B; eine Abfüllung; Merum 2007-5) Privatpreis ab Hof: Euro 24,00

Barbaresco DOCG Fondetta 2001

Helles Rot; helle Noten von Holz, Apfelfrucht; auch im Gaumen Holz, gewisse Frucht, recht geschmeidig, gute Länge. (5706 Fl.; L.4BB01/2; eine Abfüllung; Merum 2005-3) Privatpreis ab Hof: Euro #

Barbaresco DOCG Fondetta 1999
★★ – ★★★

Mittleres, rubiniges Rot; nicht tiefe Fruchtnoten; Mittelgewicht, Frucht, gute Fülle, herbes Tannin, angenehm, fehlt Nebbiolo-Tiefe. (4500 Fl.; L.2BB9/1; eine Abfüllung; Merum 2004-6) Privatpreis ab Hof: Euro #

Barbaresco DOCG Fondetta Nervo 2004
★★★★ JLF

Mittelhelles Rot; einladende Himbeernoten, vielschichtig; Mittelgewicht, Süße, fruchtig, recht tief, feine Butter, gutes Tannin, lang. (4000 Fl.; L.07BB04F; eine Abfüllung; Merum 2007-5) Privatpreis ab Hof: Euro 24,00

Barbaresco DOCG Rizzi 2000
★★★ – ★★★★ JLF

Mittelhelles Rot; verhaltene Noten von Laub und Unterholz, Nebbiolo-Frucht; geschmeidiger, fruchtiger Ansatz, saftig, tiefe, lange Frucht, Holunder, bestes Tannin. (20 400 Fl.; L.3BB00/4; mehr als eine Abfüllung; Merum 2004-6) Privatpreis ab Hof: Euro #

Barbaresco DOCG Suran Pajoré 2004
★★ – ★★★

Mittelhelles Rot; recht tiefe, auch flüchtige Nase, Himbeerfrucht, auch gekochte Himbeeren; mittlere Kraft, fruchtig, recht herb, Butter, gute Länge. (4000 Fl.; L.07BB04/1; eine Abfüllung; Merum 2007-5) Privatpreis ab Hof: Euro 26,00

Rocca Albino, Barbaresco (CN) 65 000 Fl./8 Hektar

Tel. 0173 635145; Fax 0173 635921; www.roccaalbino.com;
roccaalbino@roccaalbino.com

Barbaresco DOCG 2004 ★★ – ★★★

*Dunkles, junges Rot; Noten von Kandis, etwas holzgeprägt; Kraft, gewisse Frucht, ziemlich
streng, spürbar wertvoller Nebbiolo, aber für meinen Geschmack zu viel Holz, herbes Tannin.*
(7000 Fl.; L.06.06; eine Abfüllung; Merum 2007-5) Privatpreis ab Hof: Euro 22,00

Barbaresco DOCG Brich Ronchi 2004

*Dunkelrot; holzgeprägte, fast staubige Nase; marmeladige Frucht, dann holzgeprägt, trock-
net.* (24 000 Fl.; L.6.07; mehr als eine Abfüllung; Merum 2007-5) Privatpreis ab Hof: Euro 29,00

Barbaresco DOCG Brich Ronchi 2001 ★★ – ★★★

*Dunkles Rubin; verhaltene Kandisnoten, Holz, Trockenfrüchte; Kraft, sehr dicht, dann große
Mengen Tannin, Lakritze, Tiefe ist erahnbar, aber herbes, tanninbetontes Finale, für mich zu
streng.* (25 000 Fl.; L.03.05; eine Abfüllung; Merum 2004-6) Privatpreis ab Hof: Euro 20/21,00

Barbaresco DOCG Loreto 2004 ★★ – ★★★

*Frisches Dunkelrot; verhaltene Frucht, Holz; recht konzentriert, sehr dicht, viel Tannin,
gewisse Fruchttiefe, streng, wertvolle Basis, trocknet allerdings nach.* (7000 Fl.; L.06.08; eine
Abfüllung; Merum 2007-5) Privatpreis ab Hof: Euro 30,00

Ronchi/Giancarlo Rocca, Barbaresco (CN) 30 000 Fl./5,5 Hektar

Tel. 0173 635156; Fax 0173 635156; az.ronchi@libero.it

Barbaresco DOCG 2001

*Mittleres Rot; nicht tiefe Kompottnoten, Holz; Kraft, viel Tannin, Butter, knappe Frucht, im
Abgang ziemlich herb.* (8000 Fl.; L.233/03; eine Abfüllung; Merum 2004-6) Privatpreis ab Hof:
Euro #

Barbaresco DOCG Ronchi 2004

*Dunkles Rubin; marmeladige Holznoten; konzentriert, marmeladig, Holzgeschmack, endet
trocknend.* (# Fl.; L.BB1-07; # Abfüllungen; Merum 2007-5) Privatpreis ab Hof: Euro #

Barbaresco DOCG Ronchi 2002

*Dunkelrot; Holznoten, Cassis; kraftvoll, Frucht, herbes Tannin, Holz, Holunder, Butter, knappe
Frucht, mittlere Länge.* (4500 Fl.; L.246/04; eine Abfüllung; Merum 2005-3) Privatpreis ab Hof:
Euro 13,00

San Giuliano, Neive (CN) 40 000 Fl./7 Hektar

Tel. 0173 67364; Fax 0173 67364; fattoriasangiuliano@virgilio.it

Barbaresco DOCG 2004

Mittleres Rot; Kaffee, Plastik, Holunder, Jod; im Gaumen Jod, Kaffee, Butter, herb. (5000 Fl.;
L.1; eine Abfüllung; Merum 2007-5) Privatpreis ab Hof: Euro 19,50

Sarotto Roberto, Neviglie (CN) 200 000 Fl./45 Hektar

Tel. 0173 630228; Fax 0173 630366; r.sarotto@libero.it

Barbaresco DOCG Gaia Principe 2001

*Mittleres Rot; Noten von Rinde und Holz; schon von Anfang weg Tannin, Süße, Holz-
geschmack, auch Frucht, ist zu hart, ungeschmeidig.* (5000 Fl.; L.01.04; eine Abfüllung; Merum
2005-3) Privatpreis ab Hof: Euro #

Barbaresco DOCG Gaia Principe 2001

*Dunkles, rubiniges Rot; holzwürzige und schweißige Noten, wenig Frucht; viel Süße, Kan-
dis, Gewürze, nicht trocknendes Tannin, fehlt Nebbiolo-Charme, für mich zu holzwürzig.*
(150 000 Fl.; L.01.04; eine Abfüllung; Merum 2004-6) Privatpreis ab Hof: Euro #

Barbaresco DOCG Gaia Principe 2000 ★★ – ★★★

*Reifendes Dunkelrot; süße Kompott- und Schweiß-Noten; viel Süße, reifende Frucht, kraft-
voll, Süße bleibt, Frucht auch, Schweiß, warmes Tannin; überschwenglicher Barbaresco.*
(4000 Fl.; L.01-02; eine Abfüllung; Merum 2005-3) Privatpreis ab Hof: Euro #

Sordo Giovanni, Castiglione Falletto (CN)   300 000 Fl./43 Hektar

Tel. 0173 62853; Fax 0173 462056; www.sordogiovanni.it; info@sordogiovanni.it

Barbaresco DOCG 2001   ★★ – ★★★ JLF

Mittleres Rot; Nebbiolo-Nase mit etwas Laub und Gummi; Säure und Tannin, Holunder, kerniger Barbaresco, herzhaft, gute Tiefe, schöne Länge. (5000 Fl.; L.4112; eine Abfüllung; Merum 2004-6) Privatpreis ab Hof: Euro #

Sottimano, Neive (CN)   45 000 Fl./14 Hektar

Tel. 0173 432186; Fax 0173 635186; www.sottimano.it; sottimano@libero.it

Barbaresco DOCG Cottà 2004

Dunkelrot; flüchtige Röst- und Fruchtnoten; fruchtig, aber zu herb, trocknet. (9000 Fl.; L.6.221; eine Abfüllung; Merum 2007-5) Privatpreis ab Hof: Euro #

Barbaresco DOCG Cottà 2002

Dunkelrot; eigenartige Noten von gedörrten Bananen, Ruß, Holz; auch im Gaumen eigen-artige Frucht, fehlt Charme, sehr trockenes Tannin. (4000 Fl.; L.4.197; eine Abfüllung; Merum 2005-3) Privatpreis ab Hof: Euro #

Barbaresco DOCG Cottà 2001

Dunkelrot; Noten von Marmelade, Ruß, Röstung; im Gaumen kraftvoll, sehr streng, gewisse Frucht, zu stark vom Holz gebremst. (4800 Fl.; L.3.195; eine Abfüllung; Merum 2004-6) Privat-preis ab Hof: Euro #

Barbaresco DOCG Currà 2002

Dunkelrot; intensive Nase, Noten von Bananen, Holz und Ruß; Kraft, Bananen-Frucht, viel trockenes Tannin, zu trocknend. (3000 Fl.; L.4.196; eine Abfüllung; Merum 2005-3) Privatpreis ab Hof: Euro #

Barbaresco DOCG Currà 2001

Mittleres Rot; Röst- und Fruchtnoten; wenig Frucht, vom Ansatz weg trocknendes Tannin, unlustig, uncharmant. (5000 Fl.; L.3.196; eine Abfüllung; Merum 2004-6) Privatpreis ab Hof: Euro #

Barbaresco DOCG Currà 2004

Dunkelrot; holzgeprägte, flüchtige Frucht; auch im Gaumen holzgeprägt, zu streng und trocken. (4500 Fl.; L.6.196; eine Abfüllung; Merum 2007-5) Privatpreis ab Hof: Euro #

Barbaresco DOCG Fausoni 2004

Dunkelrot; gewisse Frucht, Holzprägung; recht konzentriert, Kraft, viel Holz, viel Tannin, trocken im Abgang. (4800 Fl.; L.6.198; eine Abfüllung; Merum 2007-5) Privatpreis ab Hof: Euro #

Barbaresco DOCG Fausoni 2002

Dunkelrot; intensiv, Steinfrucht- und Rauchnoten; Kraft und Fülle, nicht geschmeidig, ge-wisse Frucht, trockenes Tannin. (2000 Fl.; L.4.195; eine Abfüllung; Merum 2005-3) Privatpreis ab Hof: Euro #

Barbaresco DOCG Fausoni 2001

Ziemlich dunkles Rot; leicht speckige Noten von Marmelade, Rumtopf; rund, knappe Frucht, gewisse Tiefe, streng, zu trockenes Tannin. (4800 Fl.; L.3.199; eine Abfüllung; Merum 2004-6) Privatpreis ab Hof: Euro #

Barbaresco DOCG Pajoré 2004

Frisches Dunkelrot; holzgeprägte Fruchtnoten; Frucht, holzgeprägt, dann trocknendes Tannin. (5000 Fl.; L.6.222; eine Abfüllung; Merum 2007-5) Privatpreis ab Hof: Euro #

Barbaresco DOCG Pajoré 2002

Mittelintensives, junges Rot; verhaltene, marmeladige Frucht; Kraft, knappe Frucht, präsen-tes Tannin, wenig Tiefe, mittlere Länge. (3000 Fl.; L.4.200; eine Abfüllung; Merum 2005-3) Privatpreis ab Hof: Euro #

Barbaresco DOCG Pajoré 2001

Dunkelrot; Röst- und Marmeladenase; auch im Gaumen prägt Holz den Wein, marmeladige Fülle, Kraft und dann trocknendes Holztannin. (3000 Fl.; L.3.197; eine Abfüllung; Merum 2004-6) Privatpreis ab Hof: Euro #

Taliano Michele, Montà d'Alba (CN) 60 000 Fl./12 Hektar

Tel. 0173 976512; Fax 0173 976512; www.talianomichele.com; taliano@libero.it

Barbaresco DOCG Ad Altiora 2004

Dunkelrot; holzbetonte Nase, Zimt, Ruß, kaum Frucht; Fülle, holzgeprägt, trocknet ziemlich stark. (3000 Fl.; L.701; eine Abfüllung; Merum 2007-5) Privatpreis ab Hof: Euro 16,00

Barbaresco DOCG Ad Altiora 2002

Mittelintensives, reifendes Rot; nicht sehr frische Kompott- und Marmeladenoten; runder Ansatz, viel Süße, kompottige Frucht, gewisses Holz, nicht tief, recht angenehm. (3000 Fl.; L.502; # Abfüllungen; Merum 2005-3) Privatpreis ab Hof: Euro #

Barbaresco DOCG Ad Altiora 2001 ★★ – ★★★

Mittleres Rot; einladende Marmeladenoten; Kraft, marmeladige Frucht, saftig, herbes Tannin, Länge, jung. (3000 Fl.; L.402; eine Abfüllung; Merum 2004-6) Privatpreis ab Hof: Euro #

Tenuta Carretta, Piobesi d'Alba (CN) 480 000 Fl./72 Hektar

Tel. 0173 619119; Fax 0173 619931; www.tenutacarretta.it; t.carretta@tenutacarretta.it

Barbaresco DOCG Bordino 2002 ★★ – ★★★

Ziemlich dunkles Rot; Holundernoten, würzig; Holunder, aromatische Frucht, gutes Tannin, recht lang. (16 000 Fl.; L.#; mehr als eine Abfüllung; Merum 2005-3) Privatpreis ab Hof: Euro #

Barbaresco DOCG Cascina Bordino 2001

Dunkelrot; röstige Marmeladenoten; Süße, Holz, röstige Frucht, trockenes Tannin, röstige Länge. (15 000 Fl.; L.#; eine Abfüllung; Merum 2004-6) Privatpreis ab Hof: Euro #

Teo Costa, Castellinaldo (CN) 250 000 Fl./35 Hektar

Tel. 0173 213066; Fax 0173 213066; www.teocosta.it; teocosta@teocosta.it

Barbaresco DOCG Lancaia 2001

Intensives Rubin; nicht frische Neuholznoten; Süße, keine Frucht, trockenes Tannin, kurz; erinnert nicht an Barbaresco. (7500 Fl.; L.29 04; eine Abfüllung; Merum 2004-6) Privatpreis ab Hof: Euro #

Terre da Vino, Barolo (CN) 6 100 000 Fl./4600 Hektar

Tel. 0173 564611; Fax 0173 564612; www.terredavino.it; info@terredavino.it

Barbaresco DOCG La Casa in Collina 2004

Dunkelrot; marmeladig-rußige Noten; konzentriert, dickflüßig, holzgeprägt, ungeschmeidig, Röstung, trocknet. (30 000 Fl.; L.17D7M68; eine Abfüllung; Merum 2007-5) Privatpreis ab Hof: Euro 15,50

Barbaresco DOCG La Casa in Collina 2001 ★★ – ★★★

Mittelintensives Rot; Noten von Frucht, Eukalyptus, Kräutern; herber Ansatz, Kaffee, Frucht, saftig, recht gutes Tannin. (30 000 Fl.; L.1904M51; mehr als eine Abfüllung; Merum 2004-6) Privatpreis ab Hof: Euro #

Varaldo Rino, Neive (CN) 45 000 Fl./7 Hektar

Tel. 0173 635160; Fax 0173 635160; varaldo@varaldo.com

Barbaresco DOCG 2002

Mittleres Rot; holzgedämpfte Fruchtnoten; auch im Gaumen gedämpft, müde Frucht, nicht saftig, nicht spannend, endet trocken und temperamentlos. (12 000 Fl.; L.Alba; eine Abfüllung; Merum 2005-3) Privatpreis ab Hof: Euro #

Vigin, Treiso (CN) 20 000 Fl./4,5 Hektar

Tel. 0173 638210; Fax 0173 638210; d.vigin@libero.it

Barbaresco DOCG 2002 ★★ – ★★★

Dunkelrot; sehr verhalten; im Gaumen ziemlich hart und verschlossen, viel Tannin, wenig Frucht, scheint noch sehr jung, beachtliche Länge; wenn er seine Versprechen hält, könnte er in zwei, drei Jahren einiges besser sein. (1200 Fl.; L.Alba; # Abfüllungen; Merum 2005-3) Privatpreis ab Hof: Euro #

Barbaresco DOCG Noemy 2004

Mittelintensives Rot; müde Holznoten; auch im Gaumen matt, vom Holz ausgezehrt. (3000 Fl.; L.7/BA; eine Abfüllung; Merum 2007-5) Privatpreis ab Hof: Euro 18,00

Barolo

Abbona Marziano, Dogliani (CN) 220 000 Fl./44 Hektar
Tel. 0173 721317; Fax 0173 721317; www.abbona.com; abbona@abbona.com
Barolo DOCG Pressenda 2001
Dunkelrot; nicht komplett klare marmeladig-kompottige Nase; auch im Gaumen unpräzise, kein Barolo-Charme, herb. (10 000 Fl.; L.Alba; # Abfüllungen; Merum 2005-3) Privatpreis ab Hof: Euro #
Barolo DOCG Pressenda 2000
Dunkelrot; verhalten; auch im Gaumen kaum Frucht, herbes Tannin und Süße, dicht, Fülle, Kraft, aber sonst wenig Emotionen. (9800 Fl.; L.04 063; eine Abfüllung; Merum 2004-6) Privatpreis ab Hof: Euro #
Barolo DOCG Pressenda 2000 ★★ – ★★★
Ziemlich dunkles Rot; Noten von Holunder, Holz, Cola und Erdbeermarmelade, etwas Holz, macht neugierig; Holunder, saftig, dichtes Tannin, Frucht, recht lang. (9800 Fl.; L.04 063; eine Abfüllung; Merum 2005-3) Privatpreis ab Hof: Euro #
Barolo DOCG Terlo Ravera 2001
Recht dunkles, reifendes Rot; nicht komplett klare, marmeladige, holzige Noten; Kraft, Süße, Marmeladefrucht, Holz, nicht ausgewogen. (14 000 Fl.; L.Alba; # Abfüllungen; Merum 2005-3) Privatpreis ab Hof: Euro #
Barolo DOCG Terlo Ravera 2000
Dunkelrot; breite Holz-Marmeladenoten, fehlt Tiefe; viel Süße, Butter, Gummi, fehlen Tiefe und Nebbiolo-Frucht, trocken, unelegant. (16 000 Fl.; L.#; eine Abfüllung; Merum 2004-6) Privatpreis ab Hof: Euro #

Alario Claudio, Diano d'Alba (CN) 50 000 Fl./12 Hektar
Tel. 0173 231808; Fax 0173 231433; aziendaalario@tiscali.it
Barolo DOCG Riva 2001
Mittelintensives Rot; nicht fruchtige Nase, holzbetont, fehlen Frische und Tiefe; Mittelgewicht, viel Süße, Holzgeschmack, Holztannin, ungeschmeidig, trocken. (4000 Fl.; L.07 02 05; eine Abfüllung; Merum 2005-3) Privatpreis ab Hof: Euro #

Alessandria Crissante, La Morra (CN) 18 000 Fl./4,5 Hektar
Tel. 0173 50834; Fax 0173 50172; www.barolocrissante.com; michele.alessandria@inwind.it
Barolo DOCG Capalot 1999
Dunkelrot; nicht frisch, verhalten, etwas Holz; kraftvoll, kaum Frucht, gewisse Süße, trocknet nach. (3300 Fl.; L.4.03; # Abfüllungen; Merum 2004-6) Privatpreis ab Hof: Euro #
Barolo DOCG Capalot 1998
Reifendes Dunkelrot; reifende Nase, Noten gekochter Früchte; Kraft, viel Süße, recht gutes Tannin, allerdings bereits zu reif. (3300 Fl.; L.4.02; # Abfüllungen; Merum 2004-6) Privatpreis ab Hof: Euro #

Alessandria Fratelli, Verduno (CN) 60 000 Fl./12 Hektar
Tel. 0172 470113; Fax 0172 470113; www.fratellialessandria.it; info@fratellialessandria.it
Barolo DOCG 2002
Mittleres Rot; Noten von Laub, Ruß, Holz, Frucht; Süße, holzwürzig, dann gewisse Frucht, Butter, Säure, Ruß, herb. (4000 Fl.; L. 06/BR; eine Abfüllung; Merum 2006-6) Privatpreis ab Hof: Euro 19,00
Barolo DOCG 2001 ★★★ – ★★★★ JLF
Helles Rot; herrliche, fruchtig-blumige Nase, Noten von Früchtegelee, verblühten Rosen, Lakritze, tief und einladend; geschmeidiger, fast schlanker Ansatz, öffnet sich im Gaumen immer mehr, Frucht, Karamell, Butter, Süße, tolles, feines Tannin, lang auf Frucht. (8000 Fl.; L.04/BR1; eine Abfüllung; Merum 2005-3) Privatpreis ab Hof: Euro #
Barolo DOCG 2000
Mittleres, reifes Rot; Noten von Zwetschgenkompott, Leder; Süße, einfache Frucht, heftiges Tannin, eher einfach. (8000 Fl.; L.03/BR; eine Abfüllung; Merum 2004-6) Privatpreis ab Hof: Euro 15

Barolo DOCG 1999 ★★ – ★★★

Helles, reifendes Rot; Vanille-Noten; Mittelgewicht, ausgewogen, herbes Tannin, dürfte vielleicht etwas konzentrierter und fruchtiger sein, feine Säure, Kraft, gute Länge. (8000 Fl.; L.02/BR; # Abfüllungen; Merum 2003-4) Privatpreis ab Hof: Euro #

Barolo DOCG Gramolere 2001 ★★★ JLF

Helles, reifendes Rot; reifende, verführerische Nase, Noten von Marmelade, Karamell, tief; auch im Gaumen reif, Karamell-Aroma, reife Frucht, tief, saftig, trinkig, reif. (3500 Fl.; L.04/BRG1; eine Abfüllung; Merum 2005-3) Privatpreis ab Hof: Euro #

Barolo DOCG Monvigliero 2001 ★★★

Ziemlich helles Rot; einladende Fruchtnoten, Holunder, tief, Rauch; runder Ansatz, viel Süße, Frucht, dann herbes Tannin, Butter, Länge, saftig. (5000 Fl.; L.04/BRM1; eine Abfüllung; Merum 2005-3) Privatpreis ab Hof: Euro #

Barolo DOCG Monvigliero 2000 ★★★

Eher helles Rot; Nebbiolo-Noten, Leder, Lakritze, etwas Gummi; saftig, Süße, recht tiefe Frucht, Kraft, viel gutes Tannin. (7000 Fl.; L.03/BRM; eine Abfüllung; Merum 2004-6) Privatpreis ab Hof: Euro #

Barolo DOCG Monvigliero 1999

Mittleres, warmes Rot; Noten von Minze, frische Eiche; nach etwas Belüftung auch im Gaumen Geschmack von Eichenholz, Fülle, recht dicht, wäre ohne die unnötige Neuholzwürzung schöner Barolo, etwas herbes Tannin, gute Länge. (8700 Fl.; L.02/BRM; # Abfüllungen; Merum 2003-4) Privatpreis ab Hof: Euro #

Barolo DOCG San Lorenzo 2000 ★★ – ★★★

Hellrot; einladende Nebbiolo- und Holundernoten, Himbeernoten, sehr tief; geschmeidiger Ansatz, recht tief, Kaffee, etwas geschliffen, gute Länge. (3500 Fl.; L.03/BRS; eine Abfüllung; Merum 2004-6) Privatpreis ab Hof: Euro #

Barolo DOCG San Lorenzo 1999 ★★ – ★★★

Reifes Rot; Reifenoten, Holunder; rund, reifend, angenehm, Holunder, recht lang, allerdings knappe Fruchtfrische, sehr angenehm. (3000 Fl.; L.02/BRS; # Abfüllungen; Merum 2003-4) Privatpreis ab Hof: Euro #

Alessandria Gianfranco, Monforte d'Alba (CN) 30 000 Fl./5,5 Hektar

Tel. 0173 78576; Fax 0173 78576; azienda.alessandria@tiscali.it

Barolo DOCG 2001

Dunkelrot; verhaltene Fruchtnoten, etwas Vanille, Rauchspeck; kraftvolles Mittelgewicht, Vanille, wenig Fruchttiefe, etwas fett im Finale. (3600 Fl.; L.Alba; # Abfüllungen; Merum 2005-3) Privatpreis ab Hof: Euro #

Barolo DOCG 1999 ★★ – ★★★

Dunkelrot; recht tiefe, dunkle Nase, aber verschlossen, etwas Kampfer, einladend; runder Ansatz, sehr konzentrierter, kraftvoller Wein, kein Holzgeschmack, aber Frucht vom Holz gleichwohl ziemlich verbraucht, Zimt, etwas trockenes Tannin. (5000 Fl.; L.1BR02; # Abfüllungen; Merum 2003-4) Privatpreis ab Hof: Euro #

Barolo DOCG San Giovanni 2001

Dunkelrot; Holznoten; auch im Gaumen Holz, gewisse Frucht, ungeschmeidig, trocken. (4800 Fl.; L.Alba; # Abfüllungen; Merum 2005-3) Privatpreis ab Hof: Euro #

Barolo DOCG San Giovanni 1999

Mittleres Rubin; verhaltene Nase; kühler Ansatz, keine Frucht, heftiges, trocknendes Tannin, fehlen Barolo-Frucht und -Charme. (4000 Fl.; L.1-BR02; # Abfüllungen; Merum 2003-4) Privatpreis ab Hof: Euro #

Anselma, Monforte d'Alba (CN) 30 000 Fl./10 Hektar

Tel. 0173 787217; Fax 0173 787217; info@anselma.it

Barolo DOCG 2001

Recht dunkles Rot; etwas matte Marmeladenoten, Holunder, nicht frisch; rund, kraftvoll, auch im Gaumen matt, im Abgang dann trockenes Tannin. (# Fl.; L.#; # Abfüllungen; Merum 2005-3) Privatpreis ab Hof: Euro #

Barolo DOCG 2000   ★★★

Ziemlich dunkles Rot; recht tiefe, marmeladige Fruchtnoten; Süße, Marmelade, kraftvoll, mächtiges Tannin, viel Süße, saftig, gute Länge. (23 000 Fl.; L.6100; eine Abfüllung; Merum 2004-6) Privatpreis ab Hof: Euro #

Ascheri, Bra (CN)   220 000 Fl./35 Hektar

Tel. 0172 412394; Fax 0172 432021; www.ascherivini.it; ascheri@ascherivini.it

Barolo DOCG Podere di Sorano 2000   ★★ – ★★★

Dunkelrot; intensive Kompottnoten; auch im Gaumen kompottige Frucht, Leder, Butter, Kraft, gutes Tannin, angenehm, gute Länge. (4500 Fl.; L.#; eine Abfüllung; Merum 2004-6) Privatpreis ab Hof: Euro #

Barolo DOCG Podere Rivalta Vigna dei Pola 2000

Mittelhelles Rot; Noten von Steinfrüchten, Gummi und Teer; Mittelgewicht, herbes Tannin bremst, Butter, fehlt Temperament. (18 000 Fl.; L.04l10; eine Abfüllung; Merum 2004-6) Privatpreis ab Hof: Euro #

Barolo DOCG Sorano 2001   ★★★ – ★★★★

Recht dunkles Rot; intensive Noten von Nebbiolo, Kaffee, Gummi, einladend; Fülle, tolle Frucht, Kraft, Barolo-Frucht, Butter, saftig, Lakritze, warmes Tannin im Abgang, lang. (18 000 Fl.; L.#; eine Abfüllung; Merum 2005-3) Privatpreis ab Hof: Euro #

Barolo DOCG Sorano 2000   ★★★ – ★★★★

Recht dunkles Rot; einladende Noten von Himbeeren, Holunder, tief, tolle Frucht; Fülle, Süße, Frucht, kompakt, saftig, komplett, schöner Barolo, mächtiges Tannin, Frucht auch im Abgang. (12 500 Fl.; L.#; eine Abfüllung; Merum 2004-6) Privatpreis ab Hof: Euro #

Barolo DOCG Sorano 1999   ★★★

Recht dunkles Rot; tiefe Nase, einladende Barolo-Noten, auch Himbeeren, etwas Holz; kräftiges Mittelgewicht, neues Holz und Frucht, gutes, nicht trockenes Tannin, Länge, etwas Karamell, gefällt. (20 000 Fl.; L.02122; # Abfüllungen; Merum 2003-4) Privatpreis ab Hof: Euro #

Barolo DOCG Sorano Coste & Bricco 2001   ★★★

Frisches mittleres Rot; intensive Noten von Himbeer- und Erdbeermarmelade, Trüffel, Teer, sehr einladend; Mittelgewicht, viel gutes Tannin, saftig, ausgewogen, geschmeidig, lang. (6500 Fl.; L.#; eine Abfüllung; Merum 2005-3) Privatpreis ab Hof: Euro #

Barolo DOCG Vigna dei Pola 1999

Mittleres Rot; nicht ganz klare Röst- und Raucharomen; eher schmal, Rauch, trockenes Tannin, trocknet nach. (15 000 Fl.; L.03l11; # Abfüllungen; Merum 2003-4) Privatpreis ab Hof: Euro #

Azelia/Luigi Scavino, Castiglione Falletto (CN)   60 000 Fl./12 Hektar

Tel. 0173 62859; Fax 0173 462070; #

Barolo DOCG Bricco Fiasco 2001   ★★ – ★★★

Mittleres Rot; einladende Noten von Tabak, Nebbiolo-Frucht, tief; geschmeidiger Ansatz, Frucht, saftig, viel Tannin, etwas opulentes Finale. (12 240 Fl.; L.Alba; # Abfüllungen; Merum 2005-3) Privatpreis ab Hof: Euro #

Barolo DOCG Bricco Fiasco 1999

Warmes Dunkelrot; unklare Holznoten; müde im Gaumen, ohne Frische, fehlt Frucht, schlapp, trocken, leicht bitter. (# Fl.; L.233.02; # Abfüllungen; Merum 2003-4) Privatpreis ab Hof: Euro #

Barolo DOCG San Rocco 2001

Mittelintensives Rot; nicht intensiv, reifende Nase, Holznoten; reife Frucht, etwas Holz, trocknendes Tannin. (11 160 Fl.; L.Alba; # Abfüllungen; Merum 2005-3) Privatpreis ab Hof: Euro #

Barolo DOCG San Rocco 1999

Ziemlich dunkles Rot; reife, recht tiefe Fruchtnase; auch im Gaumen reife Frucht, jedoch heftiges, ziemlich herbes Tannin, wirkt zu rustikal und zu gereift. (# Fl.; L.234.02; # Abfüllungen; Merum 2003-4) Privatpreis ab Hof: Euro #

Barale, Barolo (CN) 100 000 Fl./20 Hektar

Tel. 0173 56127; Fax 0173 56350; www.baralefratelli.it; info@baralefratelli.it

Barolo DOCG Bussia 2001 ★★★ JLF

Mittelintensives Rot; intensive, fruchtige Nase, tiefe Barolo-Noten, getrocknete Früchte, Beeren- und Zwetschgenkompott, Lakritze, Leder; Mittelgewicht, feine Säure, tiefe Frucht, sehr geschmeidig, saftig, gutes Tannin. (6200 Fl.; L.245 4; eine Abfüllung; Merum 2005-3) Privatpreis ab Hof: Euro #

Barolo DOCG Bussia 2000

Mittelhelles, rubiniges Rot; Noten von Zwetschgen, Minze und Hanf; Mittelgewicht, Säure, saftig, Tannin, Lakritze, Kompott, gute Länge. (5500 Fl.; L.75 4; eine Abfüllung; Merum 2004-6) Privatpreis ab Hof: Euro #

Barolo DOCG Bussia 1999 ★★★★ JLF

Mittleres Rot; tiefe Fruchtnoten, rote Waldbeeren, Lakritze, Stroh, Holz, Tiefe; viel Süße, Tannin in der Süße eingebettet, Kraft und Eleganz, geschmeidig, gesunde Säure, Länge. (6500 Fl.; L.78 3; # Abfüllungen; Merum 2003-4) Privatpreis ab Hof: Euro #

Barolo DOCG Castellero 2001 ★★★ – ★★★★ JLF

Mittelhelles, reifendes Rot; feine Zwetschgenkompottnoten, Laub; schlankes Mittelgewicht, Süße, Frucht, satte Säure, elegant, viel gutes Tannin. (27 500 Fl.; L.55 5; eine Abfüllung; Merum 2005-3) Privatpreis ab Hof: Euro #

Barolo DOCG Castellero 2000 ★★★ JLF

Mittelhelles Rot; einladende Noten von Unterholz, roten Beeren, Laub, Holz; Süße, rund, Butter, Frucht, angenehm, saftig, rundes Tannin. (29 000 Fl.; L.375 3; eine Abfüllung; Merum 2004-6) Privatpreis ab Hof: Euro #

Batasiolo, La Morra (CN) 2 500 000 Fl./130 Hektar

Tel. 0173 50130; Fax 0173 509258; www.batasiolo.com; info@batasiolo.com

Barolo DOCG 2001

Mittelhelles, reifendes Rot; kompottfruchtige, würzige Nase, nicht tief; kompottige Frucht, nicht sehr tief, Mittelgewicht, recht reif, angenehm. (200 000 Fl.; L.#; eine Abfüllung; Merum 2005-3) Privatpreis ab Hof: Euro #

Barolo DOCG 2000

Mittleres Rot; mit Belüftung Kompottnoten; gute Kraft, herbes Tannin, müde Frucht, fehlen Fruchttiefe und Frische. (250 000 Fl.; L.4-802; mehr als eine Abfüllung; Merum 2004-6) Privatpreis ab Hof: Euro #

Barolo DOCG 1999

Mittleres Rot; Kompottnoten; im Gaumen präsente Frucht, Mittelgewicht, herbes, ziemlich trockenes Tannin. (300 000 Fl.; L.3-459; # Abfüllungen; Merum 2003-4) Privatpreis ab Hof: Euro #

Barolo DOCG Cerequio 2000

Dunkelrot; Noten eingemachter Pfirsiche, auch Fruchttiefe; auch im Gaumen Frucht, leider trockenes Tannin. (6000 Fl.; L.#; eine Abfüllung; Merum 2004-6) Privatpreis ab Hof: Euro #

Barolo DOCG Cerequio 2000

Ziemlich dunkles Rot; verhaltene Frucht, nicht ganz klar; Süße, dann herb-trockenes Tannin, dann erfreuliche Länge. (12 000 Fl.; L.#; eine Abfüllung; Merum 2005-3) Privatpreis ab Hof: Euro #

Barolo DOCG Cerequio 1999

Dunkles Rot; reife Nase; Süße, wenig Frucht, viel Tannin, dürfte fruchttiefer sein. (12 300 Fl.; L.#; # Abfüllungen; Merum 2003-4) Privatpreis ab Hof: Euro #

Barolo DOCG Cerequio 1999

Recht dunkles Rot, reifend; reifende Steinfruchtnoten; Süße, Kraft, Steinfruchtaroma, saftig, herbes Tannin, recht lang, aber nicht vielschichtig. (13 000 Fl.; L.unleserlich; eine Abfüllung; Merum 2005-3) Privatpreis ab Hof: Euro #

Barolo DOCG Corda della Briccolina 2000

Dunkelrot; Steinfruchtnoten, gewisse Tiefe; Kraft, gewisse Frucht, Süße, leider viel trockenes Tannin. (4800 Fl.; L.#; eine Abfüllung; Merum 2004-6) Privatpreis ab Hof: Euro #

Barolo DOCG Corda della Briccolina 2000   ★★ – ★★★

Recht dunkles, reifendes Rot; mit Belüftung schweißig-teerige Frucht; recht kraftvoll, Frucht, Süße, gewisse Tiefe, herbes Tannin, recht lang. (10 000 Fl.; L.#; eine Abfüllung; Merum 2005-3) Privatpreis ab Hof: Euro #

Barolo DOCG Corda della Briccolina 1999   ★★ – ★★★

Dunkelrot; reifende Barolo-Noten, feines Holz; kraftvoll, dicht, viel Süße, saftig, etwas rustikal, herbes Tannin, Süße auch im Abgang, lang. (9000 Fl.; L.3'28; eine Abfüllung; Merum 2005-3) Privatpreis ab Hof: Euro #

Baudana Luigi, Serralunga d'Alba (CN)   25 000 Fl./4,5 Hektar

Tel. 0173 613354; Fax 0173 613354; www.baudanaluigi.com; baudanaluigi@libero.it

Barolo DOCG Baudana 2001   ★★★

Reifendes, recht dunkles Rot; tiefe Barolo-Nase, Zwetschgenkompott, Lakritze, sehr einladend; sehr konzentriert, viel Lakritze, viel Süße, enormes, aber schönes Tannin, verhaltene, dunkle, tiefe Frucht, Länge. (6000 Fl.; L.05/04; eine Abfüllung; Merum 2005-3) Privatpreis ab Hof: Euro #

Barolo DOCG Baudana 2000

Mittelintensives Rot; Butter- und Vanillenoten, dezentes Neuholz, dann auch Fruchttiefe; Frucht, viel Süße, Butter, nicht unangenehmes Tannin. (7000 Fl.; L.05/03; eine Abfüllung; Merum 2004-6) Privatpreis ab Hof: Euro #

Barolo DOCG Cerretta Piani 2000

Sehr dunkles Rot; Geruch von kaltem Schornstein, Cassismarmelade; auch im Gaumen rußigsüß, dann stark trocknendes Tannin. (4000 Fl.; L.06/03; eine Abfüllung; Merum 2004-6) Privatpreis ab Hof: Euro #

Barolo DOCG Cerretta Piani 2000

Dunkelrot; intensive Rauchspecknoten, Ruß; Ruß auch im Gaumen, dann trocknendes Tannin, unkenntlich gemachter Wein. (4000 Fl.; L.06/03; eine Abfüllung; Merum 2005-3) Privatpreis ab Hof: Euro #

Barolo DOCG Cerretta Piani 1999   ★★★

Dunkelrot; tiefe, dunkle Barolo-Nase, dunkle Beeren, Holunder, Holz; holzgeprägter Ansatz, kräftiger Körper, dicht, gute Säure, gutes Tannin, Länge. (3000 Fl.; L.08/02; # Abfüllungen; Merum 2003-4) Privatpreis ab Hof: Euro #

Bava, Castiglione Falletto (CN)   600 000 Fl./45 Hektar

Tel. 0141 907083; Fax 0141 907085; www.bava.com; bava@bava.com

Barolo DOCG Scarrone 2000   ★★ – ★★★

Mittelhelles Rot; einladende Noten von Erdbeermarmelade; rund, fruchtig, gutes Tannin, Leder, saftig, einfache Struktur, gute Länge. (# Fl.; L.#; # Abfüllungen; Merum 2005-3) Privatpreis ab Hof: Euro #

Barolo DOCG Scarrone 1999

Mittleres Rot; Noten von roter Beerenmarmelade, Holz; nicht wuchtig, eher schmal, recht rund und angenehm. (15 000 Fl.; L.03X7A 25/205; eine Abfüllung; Merum 2004-6) Privatpreis ab Hof: Euro #

Bel Colle, Verduno (CN)   150 000 Fl./10 Hektar

Tel. 0172 470196; Fax 0172 470940; info@belcolle.it

Barolo DOCG 2000   ★★★ – ★★★★ JLF

Mittleres, reifendes Rot; einladende Nebbiolo-, Gummi- und Holundernoten; kraftvolles Mittelgewicht, Süße, Butter, saftig, sehr geschmeidig, gutes Tannin, lang. (8000 Fl.; L.04-197; eine Abfüllung; Merum 2005-3) Privatpreis ab Hof: Euro #

Barolo DOCG Boscato 1999   ★★★

Mittelintensives Rot; tiefe Nase, Noten von eingekochter Zwetschgenmarmelade, Teer; im Gaumen rund, Tiefe, gutes Tannin, Frucht, lang. (7000 Fl.; L.03296; eine Abfüllung; Merum 2004-6) Privatpreis ab Hof: Euro #

Barolo DOCG Monvigliero 1999

Mittleres Rot; Kompottnoten; schmaler Ansatz, Süße, rund, Butter, ziemlich herb im Abgang. (7000 Fl.; L.03/295; eine Abfüllung; Merum 2004-6) Privatpreis ab Hof: Euro #

Barolo DOCG Riserva Monvigliero 1999   ★★★ – ★★★★ JLF

Mittleres Rot; Noten von Unterholz, Laub, einladend, tief; geschmeidiger Ansatz, saftig, sehr elegant, vielschichtig, lang auf Fruchtaromen. (7400 Fl.; L.Alba; # Abfüllungen; Merum 2005-3) Privatpreis ab Hof: Euro #

Bergadano, Barolo (CN)   12 000 Fl./2 Hektar

Tel. 0173 50380; Fax 0173 50380; www.cascinarocca.com;
molinofranco@cascinaroca.com

Barolo DOCG Riserva Sarmassa 1999   ★★★

Mittleres, reifendes Rot; tiefe, reifende Barolo-Frucht, Noten roter Beeren, Erdbeermarmelade, tief; saftig, fruchtig, viel Körper, Säure, wuchtiges Tannin, Lakritze, lang. (4000 Fl.; L.Alba; # Abfüllungen; Merum 2005-3) Privatpreis ab Hof: Euro #

Barolo DOCG Sarmassa 2001

Mittelintensives Rot; nicht klare Holznoten, Kompott- und Marmeladenoten, Reife; kraftvoll, kaum Frucht, nicht geschmeidig, trocken im Abgang. (4000 Fl.; L.A05; # Abfüllungen; Merum 2005-3) Privatpreis ab Hof: Euro #

Barolo DOCG Sarmassa 2000   ★★★ – ★★★★ JLF

Recht dunkles, reifes Rot; Holundernoten, im Hintergrund Frucht; viel Süße, Holunder, Frucht, großzügig, wuchtig, saftig, gutes Tannin, Länge. (12 000 Fl.; L.A/04; eine Abfüllung; Merum 2004-6) Privatpreis ab Hof: Euro #

Barolo DOCG Sarmassa 1999   ★★★★

Mittleres, warmes Rot; Noten von roter Beerenmarmelade, Karamell, Holunder, feinem Holz; viel Süße, konzentriert, währschaftes Tannin, dunkle Frucht, sehr saftig, ausgewogen, Tiefe, sehr lang. (4000 Fl.; L.#; # Abfüllungen; Merum 2003-4) Privatpreis ab Hof: Euro #

Bersano, Nizza Monferrato (AT)   2 600 000 Fl./230 Hektar

Tel. 0141 720211; Fax 0141 701706; www.bersano.it; wine@bersano.it

Barolo DOCG Badarina 2000

Mittleres, reifendes Rot; Noten von Holz, Marzipan, Jod, keine Fruchttiefe; Mittelgewicht, Süße, gewisse Fruchtsüße, ungeschmeidig. (7000 Fl.; L.4/285; eine Abfüllung; Merum 2005-3) Privatpreis ab Hof: Euro #

Bocchino Eugenio, La Morra (CN)   20 000 Fl./5 Hektar

Tel. 0173 500358; Fax 0173 500358; laperucca@libero.it

Barolo DOCG 2001

Recht dunkles Rot; Noten von roter Frucht und Holz; Kraft, Frucht, präsentes Holz, gute Anlagen, aber nicht geschmeidig, herb. (1000 Fl.; L.Alba; # Abfüllungen; Merum 2005-3) Privatpreis ab Hof: Euro #

Boglietti Enzo, La Morra (CN)   70 000 Fl./21 Hektar

Tel. 0173 50330; Fax 0173 50330; www.langhe.net/enzoboglietti;
enzoboglietti@virgilio.it

Barolo DOCG Brunate 2001   ⚝

Mittleres Rot; müde Noten von Eiche, Kompott, Rauchspeck; viel Süße, Eiche, knappe Frucht, ungeschmeidig, dann trocknendes Tannin. (4000 Fl.; L.04 07; eine Abfüllung; Merum 2005-3) Privatpreis ab Hof: Euro #

Barolo DOCG Brunate 2000

Mittelhelles Rot; Kompottnoten, Rauchspeck; auch im Gaumen keine klare Frucht, viel Kraft und Süße, herb, keine Frucht, trocknet im Abgang. (3200 Fl.; L.03 09; eine Abfüllung; Merum 2004-6) Privatpreis ab Hof: Euro #

Barolo DOCG Case Nere 2001   ⚝

Frisches, dunkles Rot; Marmelade- und Holznoten; Kraft, viel Süße, Holz, Röstung, Cola, trocknendes Tannin, kein Barolo-Charme, keine Frucht. (3000 Fl.; L.04 06; eine Abfüllung; Merum 2005-3) Privatpreis ab Hof: Euro #

Barolo DOCG Case Nere 2000   ⚝

Dunkles Rot; Noten von angekohltem Holz; Süße, Kraft, Holz, keine Frucht, strenges Tannin, fehlt Barolo-Charakter. (3500 Fl.; L.03 10; eine Abfüllung; Merum 2004-6) Privatpreis ab Hof: Euro #

Barolo DOCG Fossati 2001

Mittleres Rot; Noten von Frucht und Neuholz; gute Kraft, viel Süße, Butter, kein Charme, kaum Frucht, trockenes Tannin. (7000 Fl.; L.04 05; eine Abfüllung; Merum 2005-3) Privatpreis ab Hof: Euro #

Barolo DOCG Fossati 2000

Recht dunkles Rot; Holz- und Marmeladenoten, Rauchspeck; viel Süße, Holz, Tannin, Butter, Marmelade, keine Eleganz, austauschbar, trocknend. (7000 Fl.; L.03 08; eine Abfüllung; Merum 2004-6) Privatpreis ab Hof: Euro #

Bolmida Silvano, Monforte d'Alba (CN)   20 000 Fl./5 Hektar

Tel. 0173 789877; Fax 0173 789877; www.silvanobolmida.com; silvanobolmida@tiscali.it

Barolo DOCG Bussia 2001   ★★ – ★★★ JLF

Mittleres Rot; Gummi- und Fruchtnoten; viel Süße, Kompottfrucht, Butter, feine Säure, schlank, geschmeidig, sehr fein, gute Länge, dürfte ein bisschen konzentrierter sein. (6000 Fl.; L.022.04; eine Abfüllung; Merum 2005-3) Privatpreis ab Hof: Euro #

Barolo DOCG Bussia 2000

Mittelhelles, frisches Rot; nicht klare Nase, Kompottnoten, etwas Holz, Marmelade; Mittelgewicht, viel Süße, wenig Struktur, knappe Frucht, Butter, recht angenehm. (4500 Fl.; L.031.03; eine Abfüllung; Merum 2004-6) Privatpreis ab Hof: Euro #

Barolo DOCG Bussia 1999   ★★★ – ★★★★

Mittleres Rot; einladende Frucht- und Holundernoten; kraftvolles Mittelgewicht, sehr ausgewogen, präsente Frucht, Butter, Holunder, etwas Gummi, schöne Säure, ausgeprägte Länge, gutes Tannin. (4500 Fl.; L.010.02; # Abfüllungen; Merum 2003-4) Privatpreis ab Hof: Euro #

Barolo DOCG Vigne dei Fantini 2001   ★★ – ★★★

Mittelhelles Rot; einladende Fruchtnoten, Holunder; Mittelgewicht, recht saftig, Säure, gewisse Frucht, angenehmes Tannin, recht lang. (4000 Fl.; L.023.04; eine Abfüllung; Merum 2005-3) Privatpreis ab Hof: Euro #

Barolo DOCG Vigne dei Fantini 2000

Mittleres Rot; nicht komplett klare, marmeladig-kompottige Noten, Gummi; Süße, Säure, wenig Tiefe, Gummi, gewisse Frucht, etwas herb, rustikal. (2000 Fl.; L.030.03; eine Abfüllung; Merum 2004-6) Privatpreis ab Hof: Euro #

Bongiovanni, Castiglione Falletto (CN)   25 000 Fl./4 Hektar

Tel. 0173 262184; Fax 0173 262184; cascinabongiovanni@libero.it

Barolo DOCG 2002   ★★ – ★★★

Mittleres Rot; Holundernoten, holzwürzige Frucht; Kraft, saftig, Tannin, gewisse Tiefe, feine Säure, recht lang. (3000 Fl.; L. A-83-6; eine Abfüllung; Merum 2006-6) Privatpreis ab Hof: Euro 15,00

Barolo DOCG 2001

Mittleres, frisches Rot; helle, säuerliche Beeren-Holznoten; kraftvoll, gewisse Frucht, Säure, endet auf Butter. (6000 Fl.; L.B-84'; eine Abfüllung; Merum 2005-3) Privatpreis ab Hof: Euro #

Barolo DOCG 2000

Eher helles Rot; verhaltene Nase, gewisse Frucht; runder Ansatz, angenehm, wenig Fruchttiefe, einfach, Butter. (8000 Fl.; L.A-61-4; mehr als eine Abfüllung; Merum 2004-6) Privatpreis ab Hof: Euro #

Barolo DOCG 1999

Reifendes, mitteldunkles Rot; müde, ziemlich verhaltene Nase; auch im Gaumen wenig Ausdruck, fehlen Temperament und Charakter. (4000 Fl.; L.A-41-3; # Abfüllungen; Merum 2003-4) Privatpreis ab Hof: Euro #

Barolo DOCG 1999

Dunkles Rot; Noten von Holz, Stroh, dunkler Marmeladefrucht; Süße, herbes Tannin, gewisse Frucht, etwas ungeschmeidig. (8000 Fl.; L.A-41-3; eine Abfüllung; Merum 2004-6) Privatpreis ab Hof: Euro #

Barolo DOCG Pernanno 2000

Reifendes, recht dunkles Rot; mit Belüftung Röstnoten, wenig Frucht; auch im Gaumen kaum Frucht, etwas Holunderaroma, herb. (4000 Fl.; L.A-62-4; mehr als eine Abfüllung; Merum 2004-6) Privatpreis ab Hof: Euro #

Barolo DOCG Pernanno 2000

Mittleres, reifendes Rot; Noten von Cola und Schweiß; schlanker Ansatz, Cola, keine Frucht, ohne Spannung, reif, einfach. (4000 Fl.; L.C-62-4; mehr als eine Abfüllung; Merum 2005-3) Privatpreis ab Hof: Euro #

Barolo DOCG Pernanno 1999

Dunkelrot; Röstnoten; Süße, konzentriert, Röstaroma, extrem trocknendes Holztannin. (4000Fl.; L.A-42-3; # Abfüllungen; Merum 2003-4) Privatpreis ab Hof: Euro #

Barolo DOCG Pernanno 1999

Dunkelrot; Holznoten; Holz auch im Gaumen, viel Süße, Lakritze, kaum Frucht, trocknet. (4000 Fl.; L.A-42-3; eine Abfüllung; Merum 2004-6) Privatpreis ab Hof: Euro #

Borgogno Giacomo, Barolo (CN)   150 000 Fl./15 Hektar

Tel. 0173 56108; Fax 0173 56344; www.borgogno-wine.com; borgogno-barolo@libero.it

Barolo DOCG 1999

Mittelintensives Rot; verhalten; auch im Gaumen wenig Geschmack, knappe Frucht, herbes Tannin, gewisse Länge. (40 000 Fl.; L.12404; mehr als eine Abfüllung; Merum 2004-6) Privatpreis ab Hof: Euro #

Barolo DOCG Classico 1999   ★★ – ★★★

Dunkelrot; nicht intensive Noten von roten Früchten, Holz; Kraft, Teer, dichte Struktur, etwas strenges Tannin, recht tief und lang. (47 000 Fl.; L.19804; mehr als eine Abfüllung; Merum 2004-6) Privatpreis ab Hof: Euro #

Barolo DOCG Classico Riserva 1999

Mittleres Rot; verhalten; Kraft, reife Frucht, gewisse Tiefe, dann herb-trockenes Tannin. (40 000 Fl.; L.07605; mehr als eine Abfüllung; Merum 2005-3) Privatpreis ab Hof: Euro #

Borgogno Serio e Battista , Barolo (CN)   50/60 000 Fl./4 Hektar

Tel. 0173 56107; Fax 0173 56327; info@borgognoseriobattista.it

Barolo DOCG Cannubi 1999   ★★ – ★★★

Mittelintensives Rot; intensive Frucht, recht tief; harmloser Ansatz, breitet sich dann aber aus, Butter, Frucht, endet dann auf recht gutem Tannin, lang. (14 000 Fl.; L.03087; # Abfüllungen; Merum 2003-4) Privatpreis ab Hof: Euro #

Barolo DOCG Cannubi 1999

Mittleres Rot; reifende Nase, Kompottnoten; im Gaumen fehlt Profil, wirkt matt, ohne Fruchttiefe und ohne Spannung. (13 000 Fl.; L.03087; mehr als eine Abfüllung; Merum 2004-6) Privatpreis ab Hof: Euro #

Barolo DOCG Riserva Cannubi 1999   ★★ – ★★★

Mittleres Rot; Noten von Gummi und Karamell; im Gaumen kompottige Frucht, Säure, anhaltende Tiefe, Länge. (# Fl.; L.Alba; # Abfüllungen; Merum 2005-3) Privatpreis ab Hof: Euro #

Boroli, Alba (CN)   140 000 Fl./23 Hektar

Tel. 0173 365477; Fax 0173 35865; www.boroli.it; info@boroli.it

Barolo DOCG 2001

Recht intensives Rot; Noten von Holz und roter Beerenmarmelade; auch im Gaumen Frucht, aber leider stören Rauch und trockenes Tannin das Vergnügen, nicht sehr fein. (25 000 Fl.; L.Alba; # Abfüllungen; Merum 2005-3) Privatpreis ab Hof: Euro #

Barolo DOCG 1999

Mittleres Rot; Noten roter Früchte, Holz, Tiefe; Frucht und Süße, Holz, dann leider stark trocknendes Holztannin, sehr schade für den schönen Barolo. (18 000 Fl.; L.#; # Abfüllungen; Merum 2003-4) Privatpreis ab Hof: Euro #

Barolo DOCG 1999

Mittelintensives Rot; keine Frucht, dafür Holz; Mittelgewicht, Holzgeschmack, wenig Frucht. (20 000 Fl.; L.206-2; mehr als eine Abfüllung; Merum 2004-6) Privatpreis ab Hof: Euro #

Barolo DOCG Villero 2001

Dunkelrot; einladende, recht tiefe Nase, feines Holz; runder Ansatz, präsente Frucht, dann trocknendes Tannin, das die Freude unterbricht. (5000 Fl.; L.Alba; # Abfüllungen; Merum 2005-3) Privatpreis ab Hof: Euro #

Barolo DOCG Villero 1999   ✰✰

Recht dunkles Rot; Röstnoten; auch im Gaumen Röstnoten, Süße, trocknendes Tannin, verholzt. (6000 Fl.; L.#; # Abfüllungen; Merum 2003-4) Privatpreis ab Hof: Euro #

Barolo DOCG Villero 1999   ✰✰

Dunkelrot; süßliche Röst- und Holznoten; auch im Gaumen Holz, Süße, keine Barolo-Frucht, langweilig, verholzt. (4500 Fl.; L.206-2; mehr als eine Abfüllung; Merum 2004-6) Privatpreis ab Hof: Euro #

Bovio Gianfranco, La Morra (CN)   60 000 Fl./10 Hektar

Tel. 0173 50667; Fax 0173 50604; azagricolaboviogianfranco@simail.it

Barolo DOCG Arborina 2001

Reifendes Dunkelrot; reife, holzbelegte Nase, Zwetschgenfrucht; voll, kräftig, dunkle Frucht, herbes Tannin. (3500 Fl.; L.05 BRL.A; eine Abfüllung; Merum 2005-3) Privatpreis ab Hof: Euro #

Barolo DOCG Gattera 2001   ★★★

Mittelhelles, reifendes Rot; Noten von Laub, roten Beeren, einladend; fruchtig schon im Ansatz, saftig, gutes Tannin, recht lang (im Abgang etwas Holz). (6000 Fl.; L.05 BRL.G; eine Abfüllung; Merum 2005-3) Privatpreis ab Hof: Euro #

Barolo DOCG Gattera 1999

Eher helles Rot; röstige Noten von roten Früchten, etwas Holz; eher schlankes Mittelgewicht, etwas Butter, herbes Tannin, fehlen Tiefe und Frucht, einfach. (7000 Fl.; L.#; # Abfüllungen; Merum 2003-4) Privatpreis ab Hof: Euro #

Barolo DOCG Riserva Bricco Parussi 1999

Recht dunkles Rot; balsamisch-marmeladige Nase, holzgeprägt; viel Süße, Marmelade-, Teer- und Holzgeschmack, fehlt Finesse, herb-trockenes Tannin, Frucht in der Länge. (5000 Fl.; L.02 BR.P; eine Abfüllung; Merum 2005-3) Privatpreis ab Hof: Euro #

Barolo DOCG Rocchettevino 2001

Mittleres, reifendes Rot; verhaltene Fruchtnoten, fehlt Frische; auch im Gaumen etwas matt, müsste temperamentvoller und tiefer sein, recht gutes Tannin, müdes Schwänzchen. (6000 Fl.; L.05 BRL.R; eine Abfüllung; Merum 2005-3) Privatpreis ab Hof: Euro #

Barolo DOCG Rocchettevino 2000

Mittleres Rot; verhaltene Holznoten, kaum Frucht; runder Ansatz, Süße, Butter, recht dicht, aber keine Frucht, mittlere Länge, leider trocknend. (4000 Fl.; L.03 BR.R; eine Abfüllung; Merum 2004-6) Privatpreis ab Hof: Euro #

Barolo DOCG Vigna Arborina 2000

Dunkelrot; Cola- und Rauchnoten; Süße, Cola-Geschmack, Butter. (3500 Fl.; L.03 BR.A; eine Abfüllung; Merum 2004-6) Privatpreis ab Hof: Euro #

Barolo DOCG Vigna Gattera 2000

Dunkles, reifes Rot; holzgeprägte Nase; auch im Gaumen prägt das Holz, gleichwohl gewisse Frucht, ausgewogen, dann wieder Holz im Nachgeschmack, süßlicher Abgang. (6600 Fl.; L.03 BR.G; eine Abfüllung; Merum 2004-6) Privatpreis ab Hof: Euro #

Brezza Armando, La Morra (CN)   12 000 Fl./1 Hektar

Tel. 0173 50424; Fax 0173 50424; armandobrezza@inwind.it

Barolo DOCG Bricco Rocca 2000   ✰✰

Mittelintensives Rot; Teer-, Kompott- und Marmeladenoten; im Gaumen teeriger Kompott, keine Tiefe, dafür trocknendes Tannin. (1200 Fl.; L.4/222; eine Abfüllung; Merum 2004-6) Privatpreis ab Hof: Euro #

Brezza Giacomo, Barolo (CN)   80 000 Fl./16,5 Hektar

Tel. 0173 560921; Fax 0173 560026; www.brezza.it; brezza@brezza.it

Barolo DOCG Bricco Sarmassa 2001   ★★★ – ★★★★

Recht dunkles Rot; dunkle Fruchtnoten, etwas Gummi, tief, einladend; geschmeidiger Ansatz, weitet sich dann aus und zeigt im Abgang viel Tannin, lang auf Frucht. (4450 Fl.; L.185-04; eine Abfüllung; Merum 2005-3) Privatpreis ab Hof: Euro #

Barolo DOCG Bricco Sarmassa 1999 ★★★ – ★★★★

Mittelhelles Rot; einladende Frucht, sehr feine, tiefe Nase; auch im Gaumen sehr elegant, fein, aber komplett, intakte Frucht, sehr schönes Tannin, ausgeprägte Länge. (3800 Fl.; L.185-02; # Abfüllungen; Merum 2003-4) Privatpreis ab Hof: Euro #

Barolo DOCG Cannubi 2000 ★★★ – ★★★★ JLF

Mittelhelles Rot; schmeichlerische Nase mit Kompott- und Trüffelnoten; viel Süße, weich und rund, Beerenmarmelade, Butter, Frucht, dann gutes Nebbiolo-Tannin; sehr guter Barolo, allerdings mit den Limiten eines 2000ers. (8000 Fl.; L.236-03; eine Abfüllung; Merum 2004-6) Privatpreis ab Hof #

Barolo DOCG Sarmassa 2001 ★★★★ JLF

Mittleres, reifendes Rot; Noten von Beerenkompott, frischem Heu, einladend; bereits im Ansatz Barolo-Frucht, dann Tiefe, Kraft, geschmeidiges Tannin, Länge. (7000 Fl.; L.235-04; eine Abfüllung; Merum 2005-3) Privatpreis ab Hof: Euro #

Barolo DOCG Sarmassa 2000

Recht dunkles Rot; Beerenkompott; im Gaumen etwas temperamentlos, angenehm, gutes Tannin, aber zu wenig Tiefe, zu matt. (8200 Fl.; L.235-03; eine Abfüllung; Merum 2004-6) Privatpreis ab Hof: Euro #

Barolo DOCG Sarmassa 1999 ★★★★ – ★★★★★ JLF

Mittelintensives Rot; einladende Noten roter Früchte, Stroh, Holunder, Holz, Tiefe; Kraft, Holunder, rote Frucht, sehr lebendiger, fruchtiger, aber auch sehr tiefer Barolo, seidenes Tannin, lang. 2005 -0 2014. (7000 Fl.; L.183-2; # Abfüllungen; Merum 2003-4) Privatpreis ab Hof: Euro #

Bric Cenciurio, Barolo (CN) 30 000 Fl./11 Hektar

Tel. 0173 56317; Fax 0173 56317; briccenciurio@libero.it

Barolo DOCG Costa di Rose 2001 ★★★

Recht dunkles Rot; tiefe, wuchtige Nase, Noten von Rumtopf, Stroh, Himbeermarmelade, Backpflaumen; auch im Gaumen wuchtig, ausladende Frucht, Holz, dann viel Tannin, sehr lang. (3800 Fl.; L.Alba; # Abfüllungen; Merum 2005-3) Privatpreis ab Hof: Euro #

Brovia, Castiglione Falletto (CN) 60 000 Fl./15 Hektar

Tel. 0173 62852; Fax 0173 462049; www.brovia.net; gibrovia@tin.it

Barolo DOCG Cà Mia 2001 ★★★ JLF

Mittelhelles Rot; nicht intensive, aber recht tiefe Noten von roter Beerenmarmelade, Kompott, einladend; kraftvoll, viel Süße, saftig, Butter, viel gutes Tannin, lang. (3700 Fl.; L.06-05; eine Abfüllung; Merum 2005-3) Privatpreis ab Hof: Euro 24

Barolo DOCG Cà Mia 2000 ★★ – ★★★

Mittleres Rot; schweißige Noten von Nebbiolo-Frucht, Gummi, Blüten; runder Ansatz, geschmeidig, intakte Frucht, saftiges Tannin, lang. (3700 Fl.; L.04 03; eine Abfüllung; Merum 2004-6) Privatpreis ab Hof: Euro #

Barolo DOCG Cà Mia 1999

Mittleres Rot; etwas einseitige Holundernoten; sehr rund und geschmeidig, Holunder auch im Gaumen, dadurch etwas eindimensional, viel Süße, dann herbes Tannin, angenehm, wirkt schon recht reif. (3500 Fl.; L.#; # Abfüllungen; Merum 2003-4) Privatpreis ab Hof: Euro #

Barolo DOCG Rocche 2001 ★★★★★ JLF

Frisches, mittelhelles Rot; intensive Barolo-Frucht, Noten von Rumtopf, Zwetschgenkompott, macht sehr neugierig; auch im Gaumen ausgeprägte Frucht, viel Süße, Butter, saftig, tolles Barolo-Tannin, lang auf Frucht. (5500 Fl.; L.04/05; eine Abfüllung; Merum 2005-3) Privatpreis ab Hof: Euro #

Barolo DOCG Rocche 2000

Mittleres, reifendes Rot; nach Belüftung Holunder, Erdbeermarmelade; Süße, recht rund, herzhaft-herbes Tannin, die Süße dominiert, fehlt Struktur, einfaches Finale. (5500 Fl.; L.#; eine Abfüllung; Merum 2004-6) Privatpreis ab Hof: Euro #

Barolo DOCG Villero 2000 ★★ – ★★★

Hellrot; laute, nicht komplett klare Frucht, holunderige, etwas schweißige Nase; viel Süße, Holundergeschmack, nicht überladene, trinkige Struktur, herb im Abgang. (5500 Fl.; L.#; eine Abfüllung; Merum 2004-6) Privatpreis ab Hof: Euro #

Burlotto Comm. G. B., Verduno (CN)   60 000 Fl./12 Hektar

Tel. 0172 470122; Fax 0172 470322; www.burlotto.com; burlotto@burlotto.com

Barolo DOCG 2001

Hellrot; intensive beerige Nase, auch Leder; schlanker Ansatz, breitet sich dann aus, Butter, Beerengelee, Leder, geschmeidig, recht lang,. (4500 Fl.; L.#; mehr als eine Abfüllung; Merum 2005-3) Privatpreis ab Hof: Euro #

Barolo DOCG Acclivi 2001   ★★★ – ★★★★ JLF

Mittleres Rot; einladende Noten von roten Beeren, Holunder; Süße, dichte Frucht, geschmeidig, Holunder, lang. (4700 Fl.; L.Alba; eine Abfüllung; Merum 2005-3) Privatpreis ab Hof: Euro #

Barolo DOCG Acclivi 2000   ★★★ – ★★★★ JLF

Mittleres Rot; einladende Noten von Erdbeermarmelade, Laub, Butter; sehr geschmeidig im Ansatz, dann dicht, Frucht, ausgewogen, elegant, tolles Tannin, tief und lang. (3300 Fl.; L.#; eine Abfüllung; Merum 2004-6) Privatpreis ab Hof: Euro #

Barolo DOCG Acclivi 1999   ★★★★ – ★★★★★ JLF

Mittleres, leuchtendes Rot; intensive Barolo-Frucht, Noten von Erdbeer- und Zwetschgenmarmelade, Herbstlaub, sehr einladend; Kraft, dicht, intensive Beerenfrucht, Butter, Karamell, bestes Tannin, Süße, lang auf Frucht; herrlicher Barolo. (5000 Fl.; L.2254; # Abfüllungen; Merum 2003-4) Privatpreis ab Hof: Euro #

Barolo DOCG Cannubi 2001   ★★★ – ★★★★ JLF

Mittelhelles Rot; einladende Noten von Rosen, roten Beeren, Lakritze; Mittelgewicht, Süße, Butter, rund und saftig, sehr fein und elegant, endet lang. (4500 Fl.; L.#; eine Abfüllung; Merum 2005-3) Privatpreis ab Hof: Euro #

Barolo DOCG Cannubi 2000   ★★★ JLF

Mittleres Rot; süße Noten von Beerenmarmelade, einladend; runder Ansatz, Kraft, saftig, gutes Tannin, feine Säure, Fruchttiefe, recht lang. (4400 Fl.; L.#; eine Abfüllung; Merum 2004-6) Privatpreis ab Hof: Euro #

Barolo DOCG Cannubi 1999   ★★★

Mittleres Rot; intensive Himbeernoten, Zwetschgen, Tiefe; intakte Frucht, Kraft, viel Tannin, herzhafte Säure, saftig, lang, etwas rustikal, aber wertvoll. (4500 Fl.; L.#; # Abfüllungen; Merum 2003-4) Privatpreis ab Hof: Euro #

Cà Romè/Romano Marengo, Barbaresco (CN)   30 000 Fl./7 Hektar

Tel. 0173 635126; Fax 0173 635175; www.carome.com; info@carome.com

Barolo DOCG Cerretta 2001

Mittleres Rot; Noten von Kaffee, Holunder; viel Süße, Kaffee-Holunder-Aroma, rund, etwas breit, etwas seltsam, recht angenehm. (3500 Fl.; L.15015; eine Abfüllung; Merum 2005-3) Privatpreis ab Hof: Euro #

Barolo DOCG Vigna Cerretta 2000

Ziemlich dunkles Rot; nicht klare, marmeladige Noten von Holz; Kraft, Holz, herbes Tannin, einfache Frucht. (3112 Fl.; L.150204; eine Abfüllung; Merum 2004-6) Privatpreis ab Hof: Euro #

Cadia/Giachino Bruno, Roddì (CN)   35 000 Fl./12 Hektar

Tel. 0173 615398; Fax 0173 615398; www.cadia.it; giachinobruno@virgilio.it

Barolo DOCG 2001

Mittleres Rot; reifende Fruchtnoten; Mittelgewicht, gewisse Frucht, reifend, angenehm. (3000 Fl.; L.Alba; # Abfüllungen; Merum 2005-3) Privatpreis ab Hof: Euro #

Barolo DOCG 2000

Mittelintensives Rot; strenge Neuholznoten; Süße, Neuholz, dann stark buttergeprägt, Ruß, wenig Tannin. (3000 Fl.; L.06-2004; eine Abfüllung; Merum 2005-3) Privatpreis ab Hof: Euro #

Barolo DOCG 2000

Mittelintensives Rot; Holznoten, Rauchspeck; Süße, Holzgeschmack, Karamell, gute Länge, langweiliger Stil, etwas müde. (3000 Fl.; L.06-2004; eine Abfüllung; Merum 2004-6) Privatpreis ab Hof: Euro #

Barolo DOCG 1999

Helles Rubin; Rauch- und Röstaromen; Kraft, Röstung, Geräuchertes, hartes Tannin, trocknet nach. (3000 Fl.; L.#; # Abfüllungen; Merum 2003-4) Privatpreis ab Hof: Euro #

Cagliero, Barolo (CN)
25 000 Fl./6 Hektar

Tel. 0173 56250; Fax 0173 56250; aacagliero@libero.it

Barolo DOCG 1999

Mittleres Rot; müde Nase; im Gaumen fehlt Charakter, müde Frucht, Vanille, zu schlapp. (1873 Fl.; L.#; # Abfüllungen; Merum 2003-4) Privatpreis ab Hof: Euro #

Barolo DOCG Ravera 1999

Feuriges Hellrot; nicht intensive Noten von Röstung, Butter, Frucht; etwas matt im Gaumen, fehlen Barolo-Temperament und Fruchtfrische, Süße, Röstung, ziemlich trocknend. (1333 Fl.; L.20.01.03; # Abfüllungen; Merum 2003-4) Privatpreis ab Hof: Euro #

Camerano, Barolo (CN)
20 000 Fl./12 Hektar

Tel. 0173 56137; Fax 0173 560812;
www.barolodibarolo.com/barolocamerano.com; camerano@tiscali.it

Barolo DOCG 2001 ★★ – ★★★

Mittelhelles Rot; würzig-fruchtige Nase; Süße, Mittelgewicht, Frucht, Lakritze, gute Tiefe, herbes Tannin. (20 000 Fl.; L.04.04.05; # Abfüllungen; Merum 2005-3) Privatpreis ab Hof: Euro #

Barolo DOCG 2000

Mittelhelles Rot; nicht sehr klare Fruchtnoten, verbrannte Marmelade, fehlt Tiefe; im Gaumen einfach, Süße, herb, rustikal. (6000 Fl.; L.17/05/04; eine Abfüllung; Merum 2004-6) Privatpreis ab Hof: Euro #

Barolo DOCG 1999 ★★★

Mittelhelles Rot; verhalten, Holz, im Hintergrund Frucht; viel Süße, reife Frucht, wuchtiges Barolo-Tannin, saftig, lang. (6000 Fl.; L.3/315; eine Abfüllung; Merum 2004-6) Privatpreis ab Hof: Euro #

Barolo DOCG Cannubi San Lorenzo 2001

Helles Rot; müde Nase, fehlt Fruchtfrische; auch im Gaumen temperamentlos, herbes Tannin, keine Frucht. (6000 Fl.; L.17.04.05; # Abfüllungen; Merum 2005-3) Privatpreis ab Hof: Euro #

Barolo DOCG Cannubi San Lorenzo 2000

Mittleres Rot; Noten von Beerenmarmelade, Lakritze, reif; im Gaumen Leder, lakritziges Tannin, wenig Frucht, arg rustikal. (7000 Fl.; L.17-05-04; eine Abfüllung; Merum 2004-6) Privatpreis ab Hof: Euro #

Barolo DOCG Riserva 1999

Mittleres Rot; reifende Frucht; viel Süße, saftig, reife Frucht, Süße hängt nach, recht gutes Tannin, gewisse Länge. (20 000 Fl.; L.Alba; # Abfüllungen; Merum 2005-3) Privatpreis ab Hof: Euro #

Cantina Mascarello, Barolo (CN)
30 000 Fl./5 Hektar

Tel. 0173 56125; Fax 0173 56125; #

Barolo DOCG 2001 ★★★

Reifendes, helles Rot; charmante Nase, Teer, Minze, Eukalyptus, Lakritze; im Gaumen recht reif und rund, Mittelgewicht, geschmeidig, gutes Tannin, viel Süße, lang. (16 000 Fl.; L.#; eine Abfüllung; Merum 2005-3) Privatpreis ab Hof: Euro #

Barolo DOCG 2000 ★★★

Dunkelrot; erst reduziert, dann mit Belüftung tiefe Frucht, Noten von Gummi, Lakritze, Zwetschgenmarmelade; rund, Fülle, Kraft, schönes, wuchtiges Tannin, lang. (16 000 Fl.; L.3/209; eine Abfüllung; Merum 2004-6) Privatpreis ab Hof: Euro #

Barolo DOCG 1999 ★★★

Eher helles Rot; verschlossene Nase, Holz, Teer; rund und geschmeidig, recht elegant, ausgewogen, viel, noch kerniges Tannin. (16 000 Fl.; L.#; # Abfüllungen; Merum 2003-4) Privatpreis ab Hof: Euro #

Cascina Adelaide/Amabile Drocco, Barolo (CN)
35 000 Fl./80 Hektar

Tel. 0173 560503; Fax 0173 560963; wine@cascinaadelaide.com

Barolo DOCG Cannubi 1999 ★★ – ★★★

Dunkelrot; Himbeermarmelade, neues Holz; Süße, rote Frucht, ziemlich geschliffenes Holztannin. (3400 Fl.; L.02BR1; # Abfüllungen; Merum 2003-4) Privatpreis ab Hof: Euro #

Cascina Ballarin, La Morra (CN)   35 000 Fl./7 Hektar

Tel. 0173 50365; Fax 0173 50365; www.cascinaballarin.it;
cascina@cascinaballarin.it

Barolo DOCG Bricco Rocca 2001

Mittelhelles Rot; fast stechende Neuholznoten, dahinter scheue Frucht; Mittelgewicht, viel Süße, Vanille, klebrige Textur, unelegant. (3900 Fl.; L.04.245; eine Abfüllung; Merum 2005-3) Privatpreis ab Hof: Euro #

Barolo DOCG Bricco Rocca 2000   ★★ – ★★★

Mittleres Rot; Frucht, Holz, Tiefe; viel Süße, Frucht, gute Tiefe, herbes Tannin, Länge. (# Fl.; L.03.190; eine Abfüllung; Merum 2004-6) Privatpreis ab Hof: Euro #

Barolo DOCG Bricco Rocca 1999   ★★★

Recht dunkles Rot; süße Nase, Noten von verblühten Rosen, Gewürznelken, rote Beeren, sehr einladend; Kraft, Frucht, geschmeidig, tolles, potentes Tannin, lang. (# Fl.; L.2592; eine Abfüllung; Merum 2004-6) Privatpreis ab Hof: Euro #

Barolo DOCG Bussia 2001   🌿

Mittelhelles, reifendes Rot; holzgeprägte Nase, Vanille; viel Süße, würzig, Holzgeschmack, gewisse Barolo-Frucht, aber trocknend-bitter. (2900 Fl.; L.04.244; eine Abfüllung; Merum 2005-3) Privatpreis ab Hof: Euro #

Barolo DOCG Bussia 1999   ★★ – ★★★

Mittleres Rot; nicht komplett klare Noten von Vanille und Frucht; Mittelgewicht, recht fein, Vanille und Frucht, saftig, etwas Holz, Alkohol, viel Tannin, noch jung und unverwachsen, trocknet. (2000 Fl.; L.2022; # Abfüllungen; Merum 2003-4) Privatpreis ab Hof: Euro #

Barolo DOCG I Tre Ciabòt 1999

Helles, reifendes Rot; zu reife Beerennase; Süße, präsente Frucht, dann heftiges Tannin, Butter, gewisser Charme; leider zu fortgeschritten (Abzug). (2000 Fl.; L.2012; # Abfüllungen; Merum 2003-4) Privatpreis ab Hof: Euro #

Barolo DOCG Tre Ciabòt 2001

Helles Rot; fehlt Frische, Holznoten; recht geschmeidig, Holz, keine Fruchttiefe, ziemlich trocken im Finale. (11 500 Fl.; L.04.244; eine Abfüllung; Merum 2005-3) Privatpreis ab Hof: Euro 11,50

Cascina Casanova, La Morra (CN)   35 000 Fl./15 Hektar

Tel. 0173 33716; Fax 0173 449287; #

Barolo DOCG La Serra 2001   🌿

Dunkelrot; Noten von Holz, Vanille, Lakritze; Fülle, viel Süße, Holz, Rauch, gewisse Frucht, herbes Tannin. (4240 Fl.; L.Alba; # Abfüllungen; Merum 2005-3) Privatpreis ab Hof: Euro #

Cascina Cucco, Serralunga d'Alba (CN)   50 000 Fl./11 Hektar

Tel. 0173 613003; Fax 0173 613003; info@cascinacucco.com

Barolo DOCG Cerrati 2001

Mittelhelles Rot; Röst- und Fruchtnoten; Mittelgewicht, herbes Tannin, nicht sehr tief, trocknet. (15 500 Fl.; L.Alba; # Abfüllungen; Merum 2005-3) Privatpreis ab Hof: Euro #

Barolo DOCG Cucco 2001   ★★ – ★★★

Mittleres Rot; Holundernoten, Holz, recht tief; Kraft, etwas Holz, Lakritze, auch Fruchttiefe, viel herbes Tannin. (5500 Fl.; L.Alba; # Abfüllungen; Merum 2005-3) Privatpreis ab Hof: Euro #

Cascina del Monastero/Grasso Giuseppe, La Morra (CN)   30 000 Fl./6 Hektar

Tel. 0173 509245; Fax 0173 500861; www.cascinadelmonastero.it;
info@cascinadelmonastero.it

Barolo DOCG 2001   ★★★ – ★★★★ JLF

Gereiftes, helles Rot; intensive, reife, sehr vielschichtige Nase, schweißige Noten von Erdbeermarmelade, einladend; geschmeidiger, reifer Ansatz, Süße, Holunder, Butter, Frucht, saftig, trinkig, lang. (4500 Fl.; L.BR.0402; eine Abfüllung; Merum 2005-3) Privatpreis ab Hof: Euro 12,00

Barolo DOCG 2000

Mittleres, reifendes Rot; wenig Tiefe, müde; auch im Gaumen müde, Süße, fehlen Profil und Spannung. (2800 Fl.; L.BR.-0003; eine Abfüllung; Merum 2004-6) Privatpreis ab Hof: Euro #

Barolo DOCG Bricco Luciani 2001

Helles, reifendes Rot; Frucht, speckige Noten, Gummi; Mittelgewicht, Butter, reife Frucht, Röstgeschmack. (6000 Fl.; L.BR.0401; eine Abfüllung; Merum 2005-3) Privatpreis ab Hof: Euro #

Barolo DOCG Bricco Luciani 2000

Reifes, mittelhelles Rot; unklare Holundernoten; Süße, gewisse Frucht, etwas Holunder, trocknend, reif. (2800 Fl.; L.BR.-0001; eine Abfüllung; Merum 2004-6) Privatpreis ab Hof: Euro #

Barolo DOCG Bricco Luciani 1999   ★★★ – ★★★★

Eher helles Rot; Noten von Laub, Teer, Veilchen, verblühten Rosen, macht neugierig; runder Ansatz, feine Süße, recht tief, geprägt von einem sehr schönen, langen Barolo- und Holztannin; schöner Barolo. (2800 Fl.; L.#; # Abfüllungen; Merum 2003-4) Privatpreis ab Hof: Euro #

Cascina Luisin, Barbaresco (CN)   30 000 Fl./7 Hektar

Tel. 0173 635154; Fax 0173 635154; cascinaluisin@tiscali.it

Barolo DOCG Leon 2001

Dunkelrot; verhalten, Neuholznoten; Süße, Holz, gewisse Frucht, herbes Tannin trocknet. (3000 Fl.; L.09.02.05; eine Abfüllung; Merum 2005-3) Privatpreis ab Hof: Euro #

Castello di Verduno, Verduno (CN)   45 000 Fl./7,5 Hektar

Tel. 0172 470284; Fax 0172 470284; www.castellodiverduno.com; cantina@castellodiverduno.com

Barolo DOCG Riserva Massara 1999

Mittleres Rot; Holz- und Eukalyptusnoten; kompottige Frucht, Süße, etwas Leder, eher knappe Länge. (1399 Fl.; L.Alba; # Abfüllungen; Merum 2005-3) Privatpreis ab Hof: Euro #

Barolo DOCG Monvigliero 2002   ★★ – ★★★

Mittleres Rot; Butter und Frucht, fein holzwürzig; eher schlank, Butter, saftig, einfach, recht angenehm. (1342 Fl.; L. 05-203; eine Abfüllung; Merum 2006-6) Privatpreis ab Hof: Euro 20,00

Cavagnero, La Morra (CN)   50 000 Fl./9,5 Hektar

Tel. 0173 50266; Fax 0173 50266; cavagnero.wine@libero.it

Barolo DOCG Merlotti 2001   ★★★ JLF

Mittelintensives Rot; recht vielschichtige Marmelade- und Kompottnoten, Holunder, frisches Heu, macht neugierig; Mittelgewicht, Butter, gutes Tannin, Lakritze, saftig, lang. (2000 Fl.; L.Alba; # Abfüllungen; Merum 2005-3) Privatpreis ab Hof: Euro #

Barolo DOCG Merlotti 1999

Mittelhelles Rubin; Röst- und Fruchtnoten; Süße und Röstaromen, recht guter Barriquewein, aber nicht interessant als Barolo. (3500 Fl.; L.3/02; # Abfüllungen; Merum 2003-4) Privatpreis ab Hof: Euro #

Cavalier Bartolomeo, Castiglione Falletto (CN)   10 000 Fl./3 Hektar

Tel. 0173 62866; Fax 0173 62866; www.the-webers.com/cavalier; cav.bartolomeo@libero.it

Barolo DOCG Solanotte Altinasso 2001

Ziemlich dunkles Rot; verhaltene Fruchtnoten, Kompott, fehlt Frische; Süße, verhaltene Frucht, wirkt müde, trocknet. (7000 Fl.; L.04/335; mehr als eine Abfüllung; Merum 2005-3) Privatpreis ab Hof: Euro #

Barolo DOCG Solanotto Altinasso 2000

Mittleres Rot; gereifte Frucht, gewisse Holznoten; auch im Gaumen matt, herb, fehlt Frucht, Butter. (8000 Fl.; L.04120; eine Abfüllung; Merum 2004-6) Privatpreis ab Hof: Euro 10/15,00

Barolo DOCG Solanotto Altinasso 1999

Ziemlich dunkelrot; verhalten, Frucht und Stroh; dichter Ansatz, Holz, an sich interessant, aber dann nimmt unerbittliche Trockenheit überhand, schade. (6000 Fl.; L.02/225; # Abfüllungen; Merum 2003-4) Privatpreis ab Hof: Euro #

Barolo DOCG Solanotto Altinasso 1999

Dunkelrot; verhaltene Noten von Lakritze, Minze, Teer; Süße, Anzeichen von Frucht, streng, herbes Tannin, gewisse Länge. (8000 Fl.; L.02/225; eine Abfüllung; Merum 2004-6) Privatpreis ab Hof: Euro 10/15,00

Cavallotto, Castiglione Falletto (CN)   100 000 Fl./23 Hektar

Tel. 0173 62814; Fax 0173 62914; www.cavallotto.com; info@cavallotto.com

Barolo DOCG Bricco Boschis 2001   ★★★ JLF

Dunkelrot; würzige Kompottnoten, Tiefe; Kraft, Fülle, intakte Frucht, viel Süße, saftig, herbes, recht warmes, charaktervolles Tannin, Tiefe, Fruchtsüße, ausgedehnte Länge. (21 110 Fl.; L.30.03.05; eine Abfüllung; Merum 2005-3) Privatpreis ab Hof: Euro #

Barolo DOCG Bricco Boschis 2000   ★★ – ★★★ JLF

Mittleres, junges Rot; Noten von Zwetschgenmarmelade, Holunder; viel Süße, Butter, gute Tannine, verhaltene Frucht, recht lang, angenehm. (22 290 Fl.; L.30.03.04; eine Abfüllung; Merum 2004-6) Privatpreis ab Hof: Euro #

Barolo DOCG Bricco Boschis 1999   ★★ – ★★★

Mittelhelles, frisches Rot; Noten von Laub, Frucht, einladend; im Gaumen dann etwas müde, angenehm, aber müsste etwas lebendiger sein. (19 020 Fl.; L.20.03.03; # Abfüllungen; Merum 2003-4) Privatpreis ab Hof: Euro #

Barolo DOCG Riserva Bricco Boschis San Giuseppe 1999   ★★★

Dunkelrot; fruchtige Noten, Erdbeermarmelade; Frucht auch im Gaumen, Holunder, Butter, gutes Tannin, Fruchttiefe, gute Länge. (13 333 Fl.; L.12.07.04; eine Abfüllung; Merum 2005-3) Privatpreis ab Hof: Euro #

Barolo DOCG Riserva Bricco Boschis San Giuseppe 1998

                                                  ★★ – ★★★

Rubiniges Rot; verhaltene, tiefe Nase, Laubnoten, Karamell; viel Süße, Butter, saftig, gutes, etwas herbes Tannin, Länge. (13 330 Fl.; L.30.09.02; eine Abfüllung; Merum 2004-6) Privatpreis ab Hof: Euro #

Barolo DOCG Riserva Vignolo 1999   ★★★ – ★★★★

Dunkles Rot; Noten von Kirschenmarmelade, Heu, Laub, fruchtig, einladend; im Gaumen fruchtig, viel Süße, Säure, recht tief, jung, herbes Tannin. (9588 Fl.; L.13.07.04; eine Abfüllung; Merum 2005-3) Privatpreis ab Hof: Euro #

Barolo DOCG Riserva Vignolo 1998   ★★★

Rubiniges Rot; Noten von Karamell, auch Nebbiolo-Frucht; junge Frucht, kühles Tannin, Säure, herb, Butter, saftig, recht lang. (8880 Fl.; L.28.09.02; eine Abfüllung; Merum 2004-6) Privatpreis ab Hof: Euro #

Ceretto, Alba (CN)   900 000 Fl./105,5 Hektar

Tel. 0173 282582; Fax 0173 282383; www.ceretto.com; ceretto@ceretto.com

Barolo DOCG Bricco Rocche Brunate 2000   ⬩⬩⬩

Mittleres Rot; Noten von Ruß und Röstung; Süße, Röstung, ermüdet rasch im Glas, trocknend. (24 000 Fl.; L.B. 18803; mehr als eine Abfüllung; Merum 2005-3) Privatpreis ab Hof: Euro 23,50

Barolo DOCG Bricco Rocche Brunate 2000   ⬩⬩⬩

Hellrot; Noten von Stroh, Holz, Ruß und Leder; Holzgeschmack, Ruß, trocknet. (24 000 Fl.; L.B. 18803; eine Abfüllung; Merum 2004-6) Privatpreis ab Hof: Euro #

Barolo DOCG Bricco Rocche Prapò 1999   ⬩⬩⬩

Mittleres Rot; Holznoten; Holz, Süße, dann sehr trocknend. (13 000 Fl.; L.B.19002; # Abfüllungen; Merum 2003-4) Privatpreis ab Hof: Euro #

Barolo DOCG Zonchera 2000

Mittelhelles Rot; verhaltene Nase, etwas Ruß; vom Holz gebremster Auftritt, wenig Frucht, trockenes Tannin. (62 000 Fl.; L.16904; mehr als eine Abfüllung; Merum 2005-3) Privatpreis ab Hof: Euro #

Barolo DOCG Zonchera 2000

Mittleres Rot; süße, etwas müde Nase, Noten von verblühten Rosen; Süße, reife Frucht, gutes Tannin, müsste fruchtfrischer und temperamentvoller sein, gutes Tannin. (62 000 Fl.; L.10904; mehr als eine Abfüllung; Merum 2004-6) Privatpreis ab Hof: Euro #

Cerretta, Serralunga d'Alba (CN) 12 000 Fl./3 Hektar
Tel. 0173 613108; Fax 0173 613448; www.ceretta.com; info@cerretta.com
Barolo DOCG Sumot 2001
Reifendes Rot; gereifte Nase, zu fortgeschritten, kompottig, nicht sehr klar; auch im Gaumen etwas ältlich, müsste frischer und tiefer sein. (# Fl.; L.557; # Abfüllungen; Merum 2005-3) Privatpreis ab Hof: Euro #

Ceste, Govone (CN) 150 000 Fl./23 Hektar
Tel. 0173 58635; Fax 0173 58635; www.cestevini.com; E-Mail: info@cestevini.com
Barolo DOCG 2002
Mittleres Rot; balsamische Noten, Minze, kompottige Frucht, Pfirsich; viel Süße, Säure, nicht tief, knappes Tannin, einfach. (1000 Fl.; L. #; # Abfüllungen; Merum 2006-6) Privatpreis ab Hof: Euro 15,00

Ciabot Berton/Oberto Marco, La Morra (CN) 35 000 Fl./12 Hektar
Tel. 0173 50217; Fax 0173 50217; www.ciabotberton.altervista.org; info@ciabotberton.it
Barolo DOCG 2001
Mittleres Rot; Noten von Stroh, Heu, getrockneten Früchten, Holunder; gute Dichte, viel Süße, gute Tiefe, trocknet etwas, gereifte Frucht, recht lang. (10 000 Fl.; L.1/05; eine Abfüllung; Merum 2005-3) Privatpreis ab Hof: Euro #
Barolo DOCG 2000
Dunkelrot; mit Belüftung Frucht, fehlt Frische; vom Ansatz her sehr gerbstoffbetont, streng, zu matt, müsste fruchtfrischer sein, viel herbes Tannin. (8000 Fl.; L.1/04; eine Abfüllung; Merum 2005-3) Privatpreis ab Hof: Euro #
Barolo DOCG 1999 ★★★
Reifendes Dunkelrot; nicht intensive, tiefe Noten von reifendem Nebbiolo; Kraft, Süße, Teer, Fruchttiefe, saftig, Lakritze, dürfte temperamentvoller sein, lang. (8000 Fl.; L.70/02; eine Abfüllung; Merum 2004-6) Privatpreis ab Hof: Euro #
Barolo DOCG 1998
Dunkelrot; intensive, süße Noten von Kaffee und Marmelade; auch im Gaumen viel Süße, Karamell, Marmelade, Frucht, etwas zu opulent, herbes Tannin, gewisse Länge. (8000 Fl.; L.70/02; eine Abfüllung; Merum 2004-6) Privatpreis ab Hof: Euro #
Barolo DOCG 1996
Recht dunkles Rot; gereifte Frucht-Holznoten; auch im Gaumen etwas Holz, Teer, ansonsten recht geschmeidiger Körper, kaum Frucht mehr. (5000 Fl.; L.0/175; eine Abfüllung; Merum 2005-3) Privatpreis ab Hof: Euro #
Barolo DOCG 1995 ★★★
Reifendes, recht dunkles Rot; einladende Frucht, macht neugierig; saftig, reife, aber präsente Frucht, Tiefe, hat sich hervorragend gehalten, frische Säure, gutes Tannin. (5000 Fl.; L.9/310; eine Abfüllung; Merum 2005-3) Privatpreis ab Hof: Euro #
Barolo DOCG Riserva 1997 ★★ – ★★★
Dunkelrot; intensive Frucht, Karamell, frisch und tief, macht neugierig; rund, saftig, Frucht-tiefe, heftiges, etwas trockenes Tannin, lang. (1800 Fl.; L.240/03; eine Abfüllung; Merum 2004-6) Privatpreis ab Hof: Euro #
Barolo DOCG Roggeri 2001
Dunkelrot; reifende Nase, Schweiß- und Kaffeenoten; kraftvoll, recht reifer Geschmack, wenig Frucht, viel Tannin, auch Holztannin, herb-trocken. (6000 Fl.; L.Alba; # Abfüllungen; Merum 2005-3) Privatpreis ab Hof: Euro #
Barolo DOCG Roggeri 1999 ★★★
Recht dunkles Rot; verlockende, tiefe, rote Fruchtnoten; Kraft, Fülle, Süße, intensive Frucht, heftiges Tannin, Länge. (8000 Fl.; L.120/03; # Abfüllungen; Merum 2003-4) Privatpreis ab Hof: Euro #
Barolo DOCG Roggeri 1999
Dunkles Rot; nicht klare, etwas angebrannte Noten; im Gaumen ebenfalls nicht klare Frucht, rustikal, fehlen Frucht und Tiefe. (15 000 Fl.; L.70/02; # Abfüllungen; Merum 2003-4) Privatpreis ab Hof: Euro #

Barolo DOCG Roggeri 1999

Dunkelrot; verhaltene, holzgeprägte komportige Nase; Süße, gewisse Frucht, etwas opulent, lang, trockenes Tannin. (4000 Fl.; L.120/03; eine Abfüllung; Merum 2004-6) Privatpreis ab Hof: Euro #

Barolo DOCG Roggeri 1998

Dunkelrot; Kompott- und Fruchtnoten, etwas Holz; runder Ansatz, Kraft, saftig, gewisse Frucht, recht lang, aber trocknendes Tannin. (4000 Fl.; L.75/02; eine Abfüllung; Merum 2004-6) Privatpreis ab Hof: Euro #

Clerico Domenico, Monforte d'Alba (CN)   95 000 Fl./21 Hektar

Tel. 0173 78171; Fax 0173 789800; domenicoclerico@libero.it

Barolo DOCG 2002

Dunkelrot; holzgewürzte Pfirsichnoten; Süße, nicht geschmeidig, dunkle Frucht, trocknet. (13 700 Fl.; L. A 105; eine Abfüllung; Merum 2006-6

Barolo DOCG Ciabot Mentin 2001

Dunkelrot; holzwürzige Noten eingekochter Marmelade; Kraft, konzentriert, Süße, kaum Frucht, ohne Charme, trocknendes Tannin. (# Fl.; L.A104; # Abfüllungen; Merum 2005-3) Privatpreis ab Hof: Euro #

Barolo DOCG Ciabot Mentin Ginestra 1999

Tiefes Dunkelrot; nicht laute, aber gleichwohl etwas stereotype Nase mit Noten von Holz, Frucht und Röstung; im Gaumen zwar tolles Material, aber Holz tritt hervor, Wein endet auf rekordverdächtig viel und trockenem Tannin. (13 800 Fl.; L.A102; # Abfüllungen; Merum 2003-4) Privatpreis ab Hof: Euro #

Barolo DOCG Mentin Ginestra 2000

Reifes Dunkelrot; verhaltene Nase, Holznoten; im Gaumen Kraft und strenges Tannin, Trockenheit hält an und zieht sich ins Finale. (16 800 Fl.; L.A103; eine Abfüllung; Merum 2004-6) Privatpreis ab Hof: Euro #

Barolo DOCG Pajana 2001

Dunkelrot; Noten von Holz und Ruß, auch etwas Frucht; konzentriert, auch im Gaumen herrscht Holz vor, sehr trockenes Tannin, ungeschmeidig, zu streng. (# Fl.; L.A204; # Abfüllungen; Merum 2005-3) Privatpreis ab Hof: Euro #

Barolo DOCG Pajana 2000

Mittelintensives Rot; Kompottnoten, Holznoten; im Gaumen gewisse Frucht, trockenes Tannin, recht lang, trocknet nach. (6500 Fl.; L.A203; eine Abfüllung; Merum 2004-6) Privatpreis ab Hof: Euro #

Barolo DOCG Percristina 2000

Sehr dunkles Rot; Cola-Holz-Noten, keine Frucht; rund, Cola-Geschmack, keine Frucht, herbtrockenes Tannin. (# Fl.; L.E1/03; # Abfüllungen; Merum 2005-3) Privatpreis ab Hof: Euro #

Barolo DOCG Percristina 1999

Dunkles Rubin; Noten von Ruß, Röstung, Rauch; Holzgeschmack, Ruß, konzentriert, trocknendes Tannin, keine Frucht. (5500 Fl.; L.E1/02; eine Abfüllung; Merum 2004-6) Privatpreis ab Hof: Euro #

Cogno Elvio, Novello (CN)   65 000 Fl./9 Hektar

Tel. 0173 744006; Fax 0173 744921; www.elviocogno.com; elviocogno@elviocogno.com

Barolo DOCG 2002   ★★ – ★★★

Mittelintensives Rot; intensive Noten von Holunder, Holunderblüten, gewisse Holzwürze, macht neugierig; Fülle, saftig, ausgewogen, recht komplett, lang auf Frucht, herbes Tannin. (10 000 Fl.; L. 52BR01; mehr als eine Abfüllung; Merum 2006-6) Privatpreis ab Hof: Euro 22,00

Barolo DOCG Elena 2000   ★★★

Mittelintensives, reifendes Rot; intensive Frucht, süß und einladend; auch im Gaumen Frucht, Kraft und Fülle, viel energisches Tannin und im Abgang wieder Frucht. (5000 Fl.; L.40BR01; mehr als eine Abfüllung; Merum 2005-3) Privatpreis ab Hof: Euro #

Barolo DOCG Ravera 2001

Warmes, mittleres Rot; recht tiefe Noten von Holunder, Frucht, Holz; Süße, sehr kraftvoll und konzentriert, viel Tannin, Holz, Frucht, im Abgang leider trocknend. (19 000 Fl.; L.41BR01; mehr als eine Abfüllung; Merum 2005-3) Privatpreis ab Hof: Euro #

Barolo DOCG Ravera 2000

Rubiniges Dunkelrot; Holz-Marmeladenoten; Holz und Marmelade auch im Gaumen, stark trocknendes Holztannin. (18 000 Fl.; L.30BR01; mehr als eine Abfüllung; Merum 2004-6) Privatpreis ab Hof: Euro #

Barolo DOCG Ravera 1999

Recht intensives Rot; nicht tiefe holzunterstützte Himbeernoten; Holz im Ansatz, viel Süße, sehr trockenes Holztannin. (18 500 Fl.; L.29BR01; # Abfüllungen; Merum 2003-4) Privatpreis ab Hof: Euro #

Barolo DOCG Vigna Elena 1999

Gereiftes Dunkelrot; reifende Nase, Noten von Kandis, Marmelade; Kraft und Süße, intakte Frucht, dann leider trocknendes Holztannin. (5000 Fl.; L.39BR01; eine Abfüllung; Merum 2004-6) Privatpreis ab Hof: Euro #

Colué/Massimo Oddero, Diano d'Alba (CN)   80 000 Fl./16 Hektar

Tel. 0173 69169; Fax 0173 69251; massimo.oddero@isiline.it

Barolo DOCG Bablin 2002

Mittleres Rot; Noten von Stroh, gewisse Frucht, Holunder, nicht frisch genug; recht kraftvoll, Säure, Butter, Pfeffer, gewisse Frucht, nicht tief. (9000 Fl.; L. 02 06; eine Abfüllung; Merum 2006-6) Privatpreis ab Hof: Euro 20,00

Barolo DOCG Bablin 2001

Mittleres Rot; unklare, holzgeprägte Nase; Mittelgewicht, Erdaroma, keine Frucht, trocken. (3500 Fl.; L.02 05; eine Abfüllung; Merum 2005-3) Privatpreis ab Hof: Euro #

Conterno Aldo, Monforte d'Alba (CN)   120 000 Fl./25 Hektar

Tel. 0173 78150; Fax 0173 787240; www.poderialdoconterno.com; #

Barolo DOCG Bussia 2001

Mittelhelles Rot; verhaltene Noten von Backpflaumen, Holz, würzig; recht kraftvoll, Vanille, knappe Frucht, wenig Tiefe. (20 000 Fl.; L.104 BA; mehr als eine Abfüllung; Merum 2005-3) Privatpreis ab Hof: Euro #

Barolo DOCG Bussia 2000

Mittleres Rot; Neuholznoten, Rauch; Neuholz auch im Gaumen, Säure, viel Kraft, Vanille, süßliches Finale. (18 000 Fl.; L.203 BA; mehr als eine Abfüllung; Merum 2004-6) Privatpreis ab Hof: Euro #

Barolo DOCG Cicala 2001

Mittelhelles Rot; reife, kompottige Nase, Holz; Süße, marmeladig-holzige Frucht, Vanille, Mittelgewicht, keine Fruchttiefe, Vanille bis in den Abgang. (12 000 Fl.; L.104 CI; mehr als eine Abfüllung; Merum 2005-3) Privatpreis ab Hof: Euro #

Barolo DOCG Cicala 2000

Recht dunkles Rot; Noten von Gummi, Holz, eingekochte Zwetschgenmarmelade; etwas breit, viel Kraft, unter dem Holz Frucht, Säure, zu herbes Tannin. (9000 Fl.; L.103 CI; eine Abfüllung; Merum 2004-6) Privatpreis ab Hof: Euro #

Barolo DOCG Colonello 2001   ★★ – ★★★

Mittleres Rot; mit Belüftung Fruchtnoten; Frucht, Himbeeren, gute Tiefe, Säure, Tiefe, endet etwas herb, aber sehr lang; mit den Stunden tritt das Neuholz immer stärker hervor. (8000 Fl.; L.104 C; eine Abfüllung; Merum 2005-3) Privatpreis ab Hof: Euro #

Barolo DOCG Colonello 2000

Dunkelrot; Holznoten herrschen vor, Frucht im Hintergrund; Süße, Säure, Holz, Vanille, zu streng, Säure, knappe Frucht, herbes Tannin. (7000 Fl.; L.103 CO; eine Abfüllung; Merum 2004-6) Privatpreis ab Hof: Euro #

Barolo DOCG Colonnello 1999   ★★★ – ★★★★

Leuchtendes, mittelintensives Rot; Noten von Marmelade und Gummi; viel Süße, viel Tannin, Tiefe, sehr kraftvoll, lang, jung, neben wertvoller Frucht auch neues Holz, Tannin muss sich noch etwas runden. (6122 Fl.; L.102CO; # Abfüllungen; Merum 2003-4) Privatpreis ab Hof: Euro #

Conterno Fantino, Monforte d'Alba (CN) 130 000 Fl./25 Hektar

Tel. 0173 78204; Fax 0173 787326; www.conternofantino.it;
info@conternofantino.it

Barolo DOCG Parussi 2001 ★★ – ★★★

Mittleres, reifendes Rot; einladende Barolo-Nase, Noten von roter Beerenmarmelade, Mandelgebäck, Gummi, mit Belüftung wird das Holz stärker; Mittelgewicht, dicht, zeigt Barolo-Frucht, herbes Tannin. (7880 Fl.; L.4237; eine Abfüllung; Merum 2005-3) Privatpreis ab Hof: Euro #

Barolo DOCG Parussi 2000 ★★★

Recht dunkles Rot; Holz- und Fruchtnoten, Karamell, einladend; im Gaumen intakte Barolo-Frucht, Butter, Karamell, herbes Tannin, saftig, hat neues Holz, ist aber sehr gut eingebaut, lang; hält sich gut in der angebrochenen Flasche. (7716 Fl.; L.3239; eine Abfüllung; Merum 2004-6) Privatpreis ab Hof: Euro #

Barolo DOCG Sorì Ginestra 2001

Ziemlich dunkles Rot; verhaltene Fruchtsüße, Stroh, mit der Zeit tritt immer mehr das Holz hervor; Süße, gewisse Frucht, Teer, dann herbes, etwas trockenes Tannin im Abgang. (16 480 Fl.; L.4239; eine Abfüllung; Merum 2005-3) Privatpreis ab Hof: Euro #

Barolo DOCG Sorì Ginestra 2000

Mittleres Rot; Holz- und Holundernoten; viel Süße, Holunder, Karamell, gewisse Frucht, trockenes Tannin. (14 760 Fl.; L.3241; eine Abfüllung; Merum 2004-6) Privatpreis ab Hof: Euro #

Barolo DOCG Sorì Ginestra 1999 ★★★

Dunkelrot; süße Nebbiolo-Noten, auch Röstung; schon im Ansatz Frucht, elegante Struktur, viel Tannin, etwas Holz tritt mit den Stunden hervor, lang. (11 868 Fl.; L.2240; # Abfüllungen; Merum 2003-4) Privatpreis ab Hof: Euro #

Barolo DOCG Vigna del Gris 2001

Dunkelrot; weinnasse Neuholznoten; neuholzgeprägt, Cola, keine Frucht, unelegant, supertrocknend. (2260 Fl.; L.4238; eine Abfüllung; Merum 2005-3) Privatpreis ab Hof: Euro #

Barolo DOCG Vigna del Gris 2000

Mittleres Rot; Frucht- und Holznoten; viel Süße, Holzgeschmack, auch Frucht, dann trockenes Tannin und Butter. (2200 Fl.; L.3238; eine Abfüllung; Merum 2004-6) Privatpreis ab Hof: Euro #

Barolo DOCG Vigna del Gris 1999 ★★★ – ★★★★

Dunkelrot; dichte Fruchtnase, Holunder, Holz; Süße, Barolo-Frucht, wuchtig, gewisses Holz, tolles Tannin, lang. (2284 Fl.; L.2241; # Abfüllungen; Merum 2003-4) Privatpreis ab Hof: Euro #

Conterno Franco/Sciulun, Monforte d'Alba (CN) 60 000 Fl./10 Hektar

Tel. 0173 78627; Fax 0173 789900; sciulun@tin.it

Barolo DOCG Bussia Munie 2000

Rubiniges Dunkelrot; nicht klare Nase, Karamell, Holz; Kraft, Holz, marmeladige Frucht, trockenes Tannin, breit, süßlich, ohne Finessen. (10 000 Fl.; L.BR M.; eine Abfüllung; Merum 2004-6) Privatpreis ab Hof: Euro #

Barolo DOCG Vigna Pugnane 2000

Dunkelrot; holzgeprägte Frucht, nicht frisch; im Geschmack holzgeprägt, kaum Frucht, trocknendes Tannin. (4000 Fl.; L.#; eine Abfüllung; Merum 2004-6) Privatpreis ab Hof: Euro #

Conterno Paolo, Monforte d'Alba (CN) 50 000 Fl./7 Hektar

Tel. 0173 78415; Fax 0173 78415; www.paoloconterno.com;
ginestra@paoloconterno.com

Barolo DOCG 2002 ★★ – ★★★

Recht dunkles Rot balsamische Noten; Süße, gewisse Frucht, ziemlich herbes Tannin. (# Fl.; L. 06 8162; eine Abfüllung; Merum 2006-6) Privatpreis ab Hof: Euro 34,00

Barolo DOCG 2001

Dunkelrot; holzwürzig; marmeladig, kraftvoll, herbes Tannin, keine Barolo-Frucht, holzgeprägt, untief und ungeschmeidig. (7000 Fl.; L.03 8156; eine Abfüllung; Merum 2005-3) Privatpreis ab Hof: Euro #

Barolo DOCG Ginestra 2000

Dunkelrot; Holznoten; Kraft, auch im Gaumen Holz (Zigarrenkistchen), kaum Frucht, viel Süße, trocknendes Tannin. (20 000 Fl.; L.03 250; eine Abfüllung; Merum 2004-6) Privatpreis ab Hof: Euro #

Barolo DOCG Ginestra 1999 ★★★ – ★★★★

Recht dunkles Rot; intensive Noten von Backpflaumen, Lakritze, Holz, Stroh; sehr kräftig, dichtes Tannin, auch etwas trockenes Holztannin, dunkle Frucht, viel Süße, Karamell, gute Länge; eigentlich herausragender Barolo, das Neuholz muss sich noch einbauen. (18 500 Fl.; L.02 211; # Abfüllungen; Merum 2003-4) Privatpreis ab Hof: Euro #

Barolo DOCG Riserva Ginestra 1999

Dunkelrot; unklare Holznoten, Butter; auch im Gaumen viel Holz, ungeschmeidig, kaum Nebbiolo, etwas Butter, nicht fein, trocknet etwas. (3500 Fl.; L.05 8194; eine Abfüllung; Merum 2005-3) Privatpreis ab Hof: Euro #

Barolo DOCG Riserva Ginestra 1998

Dunkelrot; warme Nase, Marmelade- und Holznoten; Kraft, dann streng, trockenes Holztannin dominiert den Wein, Holzgeschmack, keine Tiefe, keine Geschmeidigkeit, trocknet nach. (3500 Fl.; L.02 211; eine Abfüllung; Merum 2004-6) Privatpreis ab Hof: Euro #

Contratto, Canelli (AT) 150 000 Fl./55 Hektar

Tel. 0141 823349; Fax 0141 824650; www.contratto.it; info@contratto.it

Barolo DOCG Cerequio 2000

Recht dunkles Rot; Holznoten, im Hintergrund Nebbiolo-Frucht; saftiger Ansatz, sogleich trocknendes Holztannin, Röstung, Ruß, kaum Frucht, trocknet nach. (8000 Fl.; L.CER.04E; eine Abfüllung; Merum 2004-6) Privatpreis ab Hof: Euro #

Barolo DOCG Cerequio 2000

Mittelintensives Rot; Holz-Leder-Frucht-Nase, macht nicht neugierig, ermüdet rasch in der angebrochenen Flasche; Süße, Leder, keine Fruchttiefe, etwas kurz und trocknend. (8000 Fl.; L.#; eine Abfüllung; Merum 2005-3) Privatpreis ab Hof: Euro #

Corino Giovanni, La Morra (CN) 50 000 Fl./17 Hektar

Tel. 0173 509452; Fax 0173 50219; #

Barolo DOCG Giachini 2001

Recht dunkles Rot; tiefe Frucht, Noten von festgekochter roter Beerenmarmelade, etwas Gummi, einladend; saftig, dicht, Fruchtsüße, störendes Holz, Holztannin, mittlere Länge. (5600 Fl.; L.Alba; # Abfüllungen; Merum 2005-3) Privatpreis ab Hof: Euro #

Barolo DOCG Roncaglie 2001

Mittleres Rot; nicht komplett frische, etwas gereifte Frucht; im Gaumen ebenfalls reife Frucht, etwas Butter, leicht trocknendes Tannin. (3000 Fl.; L.Alba; mehr als eine Abfüllung; Merum 2005-3) Privatpreis ab Hof: Euro #

Costa di Bussia/Tenuta Arnulfo, Monforte d'Alba (CN) 90 000 Fl./15 Hektar

Tel. 0173 731136; Fax 0173 731418; www.costadibussia.com; info@costadibussia.com

Barolo DOCG 2002 ★★ – ★★★

Recht dunkles Rot; fein holzwürzige Barolo-Frucht, Teer; Kraft, saftig, Frucht, Süße, Teer, recht lang auf kernigem Tannin. (12 000 Fl.; L. 6 110; eine Abfüllung; Merum 2006-6) Privatpreis ab Hof: Euro 23,50

Barolo DOCG 2001 ★★ – ★★★

Mittelhelles, frisches Rot; Noten von Marmelade; etwas opulente Textur, gewisse Frucht, kraftvoll, heftiges, etwas trockenes Tannin, recht lang. (16 000 Fl.; L.5 091; mehr als eine Abfüllung; Merum 2005-3) Privatpreis ab Hof: Euro #

Barolo DOCG 2000

Mittleres Rot; Neuholznoten, etwas Pfirsichnoten; Mittelgewicht, Süße, trocknendes Holztannin, einfach, fehlt Barolo-Charakter. (16 000 Fl.; L.4 85; mehr als eine Abfüllung; Merum 2004-6) Privatpreis ab Hof: Euro #

Barolo DOCG 1997

Gereiftes Dunkelrot; Marmelade- und Kompottnoten; Mittelgewicht, Reifearomen, knappe Frucht, Süße, herb-trockenes Tannin. (8000 Fl.; L.1 199; eine Abfüllung; Merum 2004-6) Privatpreis ab Hof: Euro #

Barolo DOCG Campo dei Buoi 2000

Mittleres Rot; nicht sehr klare Kaffee- und Holundernoten; viel Süße, Holunder, kraftvoll, fehlen die Tiefe und die Länge. (9000 Fl.; L.4 86; eine Abfüllung; Merum 2004-6) Privatpreis ab Hof: Euro #

Barolo DOCG Campo dei Buoi 1999

Dunkelrot; untiefe, offene Zwetschgennase; Zwetschgenfrucht auch im Gaumen, keine Barolo-Tiefe, trocknendes, bitteres Tannin. (9000 Fl.; L.2271; # Abfüllungen; Merum 2003-4) Privatpreis ab Hof: Euro #

Barolo DOCG Costa di Bussia 1999

Mittelhelles Rubin; unklare Zwetschgenfrucht; Süße, oberflächliche Frucht, Süße, keine Tiefe, viel Tannin, etwas trocknend. (13 000 Fl.; L.#; # Abfüllungen; Merum 2003-4) Privatpreis ab Hof: Euro #

Barolo DOCG Luigi Arnulfo 1999   ★★ – ★★★

Mittelintensives Rot; Noten von Himbeermarmelade, Laub und Butter, einladend; kraftvolles Mittelgewicht, saftig, präsente Frucht, heftiges Holztannin im Abgang, trocknet etwas nach. (8000 Fl.; L.#; # Abfüllungen; Merum 2003-4) Privatpreis ab Hof: Euro #

Barolo DOCG Riserva 1999

Mittleres Rot; eher breite Kompottnoten, fehlen Frische und Temperament; reif, kaum Frucht, nicht geschmeidig, trocknet. (8000 Fl.; L.#; eine Abfüllung; Merum 2005-3) Privatpreis ab Hof: Euro #

Damilano, Barolo (CN)   158 000 Fl./11 Hektar

Tel. 0173 56265; Fax 0173 56315; www.cantinedamilano.it; info@cantinedamilano.it

Barolo DOCG Cannubi 2001

Ziemlich dunkles Rot; mit Belüftung himbeerige Nase; viel Süße, kaum Frucht, trocknet. (12 000 Fl.; L.5010; eine Abfüllung; Merum 2005-3) Privatpreis ab Hof: Euro #

Barolo DOCG Cannubi 2000

Dunkelrot; intensive Marmeladenoten, recht vielschichtig; Frucht auch im Gaumen, Kraft, Süße, dann zu trockenes Tannin. (8000 Fl.; L.04/63; eine Abfüllung; Merum 2004-6) Privatpreis ab Hof: Euro #

Barolo DOCG Lecinquevigne 2002   ★★★

Mittleres Rot; Heu- und Fruchtnoten, recht tief; saftig, gute Süße, sich ausbreitend, fruchtig, lang. (# Fl.; L. #; mehr als eine Abfüllung; Merum 2006-6

Barolo DOCG Liste 2001

Mittelintensives Rot; verhaltene, holzwürzige Noten; auch im Gaumen wenig Ausdruck, keine Frucht, ungeschmeidig, dann trockenes Tannin. (8000 Fl.; L.Alba; eine Abfüllung; Merum 2005-3) Privatpreis ab Hof: Euro #

Deltetto, Canale (CN)   150 000 Fl./15,5 Hektar

Tel. 0173 979383; Fax 0173 95710; www.deltetto.com; deltetto@deltetto.com

Barolo DOCG 2000

Dunkelrot; Noten überreifer Nebbiolo-Trauben, Holundersaft; Fülle, Kraft, viel Tannin, saftig, gereifte Frucht, Säure, etwas herbe Länge. (3000 Fl.; L.#; eine Abfüllung; Merum 2004-6) Privatpreis ab Hof: Euro #

Barolo DOCG 2000

Dunkelrot; breite Holz- und Marmeladenoten, Teer, Tabak; Teer, Fülle, Tabak, würzig, nicht fruchtig, Bittermandeln, müsste ausgeprägtere Barolo-Frucht zeigen und geschmeidiger sein. (2000 Fl.; L.41853; eine Abfüllung; Merum 2005-3) Privatpreis ab Hof: Euro #

Dezzani, Cocconato (AT)   1 200 000 Fl./50 Hektar

Tel. 0141 907236; Fax 0141 907372; www.dezzani.it; dezzani@dezzani.it

Barolo DOCG 2001

Mittelhelles Rot; nicht klare Holz-Fruchtnoten; eher schlankes Mittelgewicht, Süße, gewisse Frucht, trockenes Tannin. (10 000 Fl.; L.05/077; eine Abfüllung; Merum 2005-3) Privatpreis ab Hof: Euro #

Barolo DOCG Roncaglie Tradizione 2002

Mittleres, eher junges Rot; kompottige Fruchtnoten; Mittelgewicht, Säure, einfache Frucht, herbes Tannin. (# Fl.; L. 06/128; eine Abfüllung; Merum 2006-6

Dosio, La Morra (CN) 70 000 Fl./9 Hektar

Tel. 0173 50677; Fax 0173 50321; cantine.dosio@tin.it

Barolo DOCG 2000

Mittelintensives Rubin; unklare Frucht, Kaffee; fremdartig auch im Gaumen, Kaffee, fehlt Fruchttiefe, rund, etwas einfach. (8000 Fl.; L.11.4; mehr als eine Abfüllung; Merum 2004-6) Privatpreis ab Hof: Euro #

Barolo DOCG Fossati 2000

Sehr dunkles Rot; Holznoten, verhalten; kühle Frucht, Butter, kühle Struktur, trocken, ohne Tiefe, untypisch. (3700 Fl.; L.16.4; eine Abfüllung; Merum 2005-3) Privatpreis ab Hof: Euro #

Barolo DOCG Riserva 1999

Dunkles Rot; nicht komplett klare Nase, braucht Belüftung, Zwetschgenkompott; Süße, etwas Holz, marmeladig, fehlt Nebbiolo-Profil. (2400 Fl.; L.14.02; eine Abfüllung; Merum 2005-3) Privatpreis ab Hof: Euro 16

Enrico Serafino, Canale (CN) 500 000 Fl./10 Hektar

Tel. 0173 967237; Fax 0173 967153; www.barbero1891.it; barbero.info@barbero1891.it

Barolo DOCG 1999

Mittleres Rot; fruchtige Holundernoten; Süße, im Ansatz Holunder, Butter, angenehmes Tannin, etwas einfach. (# Fl.; L.3-290; # Abfüllungen; Merum 2004-6) Privatpreis ab Hof: Euro #

Erbaluna/Oberto, La Morra (CN) 50 000 Fl./9 Hektar

Tel. 0173 50800; Fax 0173 509336; www.erbaluna.it; biovini@erbaluna.it

Barolo DOCG Rocche 1999

Reifendes helles Rot; reifende Nase, Holundernoten; im Gaumen nicht aufregend, ziemlich flach, Reife, Holunder, fehlen Frische und Tiefe. (10 500 Fl.; L.11.0.010; # Abfüllungen; Merum 2003-4) Privatpreis ab Hof: Euro #

Barolo DOCG Vigna Rocche 1999

Mittelintensives Rot; verhaltene Jod- und Holznoten; gute Kraft, gewisse Süße, dürfte mehr Frucht zeigen, trocknendes Tannin. (10 500 Fl.; L.17990; eine Abfüllung; Merum 2004-6) Privatpreis ab Hof: Euro #

Fenocchio Giacomo, Monforte d'Alba (CN) 80 000 Fl./12 Hektar

Tel. 0173 78675; Fax 0173 787218; www.giacomofenocchio.com; claudio@giacomofenocchio.com

Barolo DOCG Bussia 2002 ★★★ – ★★★★

Mittelhelles Rot; nicht intensive, recht tiefe Laub- und Fruchtnoten; Kraft, Süße, Butter, Frucht, angenehm-herbes Tannin. (15 000 Fl.; L. BB1; eine Abfüllung; Merum 2006-6) Privatpreis ab Hof: Euro 16,00

Barolo DOCG Bussia 1999 ★★★

Mittleres Rot; verhalten, nach Belüftung schweißig, Laub, Tiefe, öffnet sich zunehmend; auch im Gaumen erst verschlossen, wenig Frucht, öffnet sich dann in der Flasche, Teer, etwas Butter, herrliches Barolo-Tannin, lang; Nase ist zwiespältig, aber im Gaumen zeigt sich das einzigartige Potential der Lage. (20 000 Fl.; L.3.167; mehr als eine Abfüllung; Merum 2005-3) Privatpreis ab Hof: Euro #

Barolo DOCG Bussia 1999

Mittleres Rot; Noten von Kaffee, nicht sehr klar; Süße, kraftvoll, verhaltene Frucht, gutes, herbes Tannin. (15 000 Fl.; L.3.92; mehr als eine Abfüllung; Merum 2004-6) Privatpreis ab Hof: Euro #

Barolo DOCG Villero 1999

Eher helles Rot; verhaltene, nicht komplett klare Nase; Süße, knappe Frucht, einfach, viel, etwas rustikales Tannin. (4500 Fl.; L.03.95; # Abfüllungen; Merum 2003-4) Privatpreis ab Hof: Euro #

Ferrero, La Morra (CN)   25 000 Fl./4 Hektar
Tel. 0173 50691; Fax 0173 509314; baroloferrero@baroloferrero.com

Barolo DOCG Manzoni 2001   ★★ – ★★★
Dunkelrot; Holz-Fruchtnoten; mittelgewichtiger Ansatz, Frucht, herbes Tannin, etwas Holz, nicht trocknend, recht lang. (2700 Fl.; L.Alba; # Abfüllungen; Merum 2005-3) Privatpreis ab Hof: Euro #

Barolo DOCG Manzoni 1999
Dunkelrot; Noten von Backpflaumen und Holz, auch Tiefe; recht konzentriert und vielversprechend, während man aber auf Frucht wartet, trocknen Tannine den Wein aus. (2773 Fl.; L.BRM99/1; # Abfüllungen; Merum 2003-4) Privatpreis ab Hof: Euro #

Fontana Ettore, Castiglione Falletto (CN)   50 000 Fl./8 Hektar
Tel. 0173 62844; Fax 0173 62967; liviafontana@libero.it

Barolo DOCG 2001   ★★ – ★★★
Mittelhelles Rot; feine, tiefe Fruchtnoten; runder Ansatz, fast schlank, weitet sich aus, Butter, dann herbes Tannin und Frucht. (6984 Fl.; L.Alba; # Abfüllungen; Merum 2005-3) Privatpreis ab Hof: Euro #

Fontana Livia, Castiglione Falletto (CN)   60 000 Fl./8
www.liviafontana.com; liviafontana@libero.it

Barolo DOCG 2001
Mittelhelles Rot; Noten von roter Beerenmarmelade, auch Holz, Leder; runder, süßer Ansatz, Frucht, Butter, Holz, dann leider trockenes Tannin, fruchtige Länge. (6984 Fl.; L.4.208; eine Abfüllung; Merum 2005-3) Privatpreis ab Hof: Euro #

Barolo DOCG 2000
Hellrot; unklare Kompott- und Wachsnoten; im Gaumen kompottig, süßlich, untief, reif, einfach. (5660 Fl.; L.3.197; eine Abfüllung; Merum 2004-6) Privatpreis ab Hof: Euro #

Barolo DOCG Villero 1999
Reifendes Rot; nicht frische Noten von Holz und Marmelade; auch im Gaumen etwas müde, Kaffee, Süße, fehlt Frische, zu herb. (7049 Fl.; L.3.204; eine Abfüllung; Merum 2004-6) Privatpreis ab Hof: Euro #

Fontanafredda, Serralunga d'Alba (CN)   6 500 000 Fl./90 Hektar
Tel. 0173 626111; Fax 0173 613451; www.fontanafredda.it; info@fontanafredda.it

Barolo DOCG La Rosa 2001
Dunkelrot; intensive, unerwartete Noten von Steinfrüchten; mittlere Kraft, knappe Frucht, dann trockenes Tannin. (20 000 Fl.; L.Alba; # Abfüllungen; Merum 2005-3) Privatpreis ab Hof: Euro #

Barolo DOCG La Rosa 2000
Recht intensives Rubin; verhaltene Noten von eingekochter Marmelade; strenge Kraft, viel Süße, trockenes Tannin, etwas Ruß, keine Nebbiolo-Frucht. (35 000 Fl.; L.#; eine Abfüllung; Merum 2004-6) Privatpreis ab Hof: Euro #

Barolo DOCG Lazzarito 2000
Dunkelrot; Holznoten, Röstung, Rauch; holzerzogene Marmeladefrucht, Kraft, austauschbar, trocken. (30 000 Fl.; L.#; eine Abfüllung; Merum 2004-6) Privatpreis ab Hof: Euro #

Barolo DOCG Serralunga 2001
Mittelhelles Rubin; intensive, eigenartige Frucht; Mittelgewicht, Kaffee, Röstung, einfach, Süße, fehlt Barolo-Frucht, wenig Länge. (120 000 Fl.; L.Alba; # Abfüllungen; Merum 2005-3) Privatpreis ab Hof: Euro #

Barolo DOCG Serralunga 2000
Mittelintensives Rot; nicht frische Röstnoten, keine Frucht; röstige Frucht, Süße, trockenes Tannin, langweilig. (120 000 Fl.; L.#; eine Abfüllung; Merum 2004-6) Privatpreis ab Hof: Euro #

Barolo DOCG Serralunga d'Alba 1999   ★★ – ★★★
Mittleres Rot; Röst- und Fruchtnoten; auch im Gaumen Röstung, fehlen Barolo-Wucht und -Charakter, Röstung macht den Wein gefällig und etwas langweilig, recht gutes Tannin. (108 000 Fl.; L.#; # Abfüllungen; Merum 2003-4) Privatpreis ab Hof: Euro #

Gabutti/Franco Boasso, Serralunga d'Alba (CN)   25 000 Fl./5 Hektar

Tel. 0173 613165; Fax 0173 613165; www.gabuttiboasso.com;
boasso@gabuttiboasso.com

Barolo DOCG Gabutti 1999

*Mittelhelles Rot; Noten von Erdbeermarmelade, etwas unklar; auch im Gaumen sehr ober-
flächlich, leicht bitter. (4000 Fl.; L.161; # Abfüllungen; Merum 2003-4) Privatpreis ab Hof: Euro #*

Barolo DOCG Gabutti 1999   ★★ – ★★★

*Reifendes, mittleres Rot; Steinfrucht- und Kompottnoten, Veilchen; Veilchenaroma, Reife,
saftig, recht rund, wenig Tannin. (5000 Fl.; L.261; eine Abfüllung; Merum 2005-3) Privatpreis ab
Hof: Euro #*

Barolo DOCG Gabutti 1999

*Mittleres Rot; unklare kompottig-wachsige Noten; Süße, Säure, Tabak, Reife, fehlen Struk-
tur und Temperament. (5000 Fl.; L.261; eine Abfüllung; Merum 2004-6) Privatpreis ab Hof: Euro #*

Barolo DOCG Serralunga 1999   ★★★

*Ziemlich helles Rot; helle, rote Fruchtnase, einladende Nebbiolo-Noten; im Gaumen eben-
falls Frucht, etwas Butter, rund, gutes Tannin, fruchtige Länge. (4000 Fl.; L.#; # Abfüllungen;
Merum 2003-4) Privatpreis ab Hof: Euro #*

Barolo DOCG Serralunga 1999   ★★ – ★★★

*Mittleres, reifendes Rot; Holz- und Steinfruchtnoten; auch im Gaumen Steinfrucht-geprägt,
Säure, kühl, gute Fülle, Bittermandeln, viel Butter, geschmeidig, feines Tannin. (4500 Fl.; L.371;
eine Abfüllung; Merum 2005-3) Privatpreis ab Hof: Euro #*

Barolo DOCG Serralunga 1999   ★★★

*Mittelhelles Rot; nicht intensive Nase, Noten von Gummi, Fruchttiefe; geschmeidiger Ansatz,
Butter, Gummi, rund, feine Struktur, Säure, schönes Tannin, wird im Gaumen immer wuch-
tiger, dann Länge. (4500 Fl.; L.261; mehr als eine Abfüllung; Merum 2004-6) Privatpreis ab Hof:
Euro #*

Gagliardo Gianni, La Morra (CN)   350 000 Fl./30 Hektar

Tel. 0173 50829; Fax 0173 509230; www.gagliardo.it; gagliardo@gagliardo.it

Barolo DOCG 2000

*Ziemlich dunkles Rot; Noten von Stroh, Holunder, Butter, verblasst rasch in der angebro-
chenen Flasche; im Gaumen dann nicht ganz klar, keine Frucht, etwas trocknend. (9000 Fl.;
L.3325; eine Abfüllung; Merum 2005-3) Privatpreis ab Hof: Euro #*

Barolo DOCG 2000

*Mittelintensives Rot; Noten von Beerenkompott, Leder, Teer; Fülle, Süße, etwas breit, fehlt
Tiefe, herbes Tannin. (9000 Fl.; L.3325; eine Abfüllung; Merum 2004-6) Privatpreis ab Hof: Euro #*

Barolo DOCG 1999   ★★ – ★★★

*Mittelintensives Rot; holzbegleitete Kompottnoten; runder Ansatz, präsente Frucht, Butter,
nicht sehr tief, Süße, feine Holzprägung, Tannin. (26 000 Fl.; L.#; # Abfüllungen; Merum 2003-
4) Privatpreis ab Hof: Euro #*

Barolo DOCG Cannubi 2001

*Ziemlich dunkles Rot; Noten von Vanille, keine Frucht; kraftvoll, aber auch im Gaumen
Vanillearoma, einseitig. (800 Fl.; L.Alba; # Abfüllungen; Merum 2005-3) Privatpreis ab Hof: Euro #*

Barolo DOCG Preve 2000

*Sehr dunkles Rot; Noten von Cola, gereift, eingekochte Zwetschgenmarmelade; Kraft, viel
Süße, keine Geschmeidigkeit, dunkel, gereift. (6000 Fl.; L.3213; eine Abfüllung; Merum 2004-
6) Privatpreis ab Hof: Euro #*

Gagliasso Mario, La Morra (CN)   45 000 Fl./9,5 Hektar

Tel. 0173 50180; Fax 0173 50180; info@gagliassovini.it

Barolo DOCG Rocche dell'Annunziata 2001

*Gereiftes, helles Rot; fehlt Fruchtfrische, flüchtige, grobe Holznoten; viel Süße, Butter, kaum
Frucht, ohne Temperament. (7000 Fl.; L.5B1; # Abfüllungen; Merum 2005-3) Privatpreis ab Hof:
Euro #*

Barolo DOCG Rocche dell'Annunziata 2000

*Recht dunkles Rot; Holznoten; auch im Gaumen vorherrschender Holzgeschmack, recht
kraftvoll, trocknendes Tannin. (6000 Fl.; L.4B1; eine Abfüllung; Merum 2004-6) Privatpreis ab
Hof: Euro #*

Barolo DOCG Torriglione 2000

Mittelhelles, reifes Rot; Lakritze-, Laub- und Holznoten; Süße, Röstung, etwas Holz, gewisse Frucht, gute Länge, etwas langweilig. (4000 Fl.; L.4B2; eine Abfüllung; Merum 2004-6) Privatpreis ab Hof: Euro #

Gemma, Serralunga d'Alba (CN)   90 000 Fl./16 Hektar

Tel. 0173 262360; Fax 0173 231044; www.gemmacantine.it;
info@gemmacantine.it

Barolo DOCG 2002   ★★ – ★★★

Recht dunkles Rot; recht reife Nebbiolo-Frucht, gekochte Pfirsiche, etwas schwitzig, macht neugierig; viel Süße, Kraft, saftig, fruchtig, gute Länge. (28 000 Fl.; L.6086; mehr als eine Abfüllung; Merum 2006-6) Privatpreis ab Hof: Euro 23,40

Barolo DOCG 2001

Mittleres Rot; Holznoten, Vanille, marmeladige Frucht; Frucht und Holz, herb-trockenes Tannin, nicht geschmeidig, endet zähflüssig, nicht sehr tief. (45 000 Fl.; L.Alba; # Abfüllungen; Merum 2005-3) Privatpreis ab Hof: Euro #

Barolo DOCG 1999

Mittleres Rot; Steinfruchtnoten, nicht sehr vielschichtig; Süße, wenig Tiefe, etwas Zwetschgenfrucht, trocknet nach. (22 000 Fl.; L.2275; # Abfüllungen; Merum 2003-4) Privatpreis ab Hof: Euro #

Barolo DOCG Giblin 2000

Mittleres Rot; schweißig-holzige Bouillon-Nase, kaum Frucht; reif, hölzern, fehlen Frische und Frucht, trocknet nach. (6000 Fl.; L.#; eine Abfüllung; Merum 2004-6) Privatpreis ab Hof: Euro #

Barolo DOCG Giblin 1999   ✏️

Dunkelrot; Röstaromen, Zigarrenkistchen, fortgeschritten; süßlich, Holz, ohne Barolo-Charakter, langweilig, stark trocknend. (8000 Fl.; L.3045; # Abfüllungen; Merum 2003-4) Privatpreis ab Hof: Euro #

Germano Angelo, Monforte d'Alba (CN)   35 000 Fl./7,5 Hektar

Tel. 0173 50613; Fax 0173 50613; germano@vinigermano.com

Barolo DOCG Mont d'Oca Dardi 2001   ✏️

Mittleres Rot; vom Holz geprägte Nase, keine Frucht; auch im Gaumen holzgeprägt, Süße, Vanille, trocknendes Holztannin. (10 000 Fl.; L.Alba; # Abfüllungen; Merum 2005-3) Privatpreis ab Hof: Euro #

Barolo DOCG Rué 2001

Mittleres Rot; Röstaromen stehen vor dem Wein; viel Süße, Röstung, keine Frucht, trocknet. (4000 Fl.; L.Alba; # Abfüllungen; Merum 2005-3) Privatpreis ab Hof: Euro #

Germano Ettore, Serralunga d'Alba (CN)   65 000 Fl./13,5 Hektar

Tel. 0173 613528; Fax 0173 613593; www.germanoettore.com;
germanoettore@germanoettore.com

Barolo DOCG 2000

Mittleres Rot; müde Fruchtnoten; Mittelgewicht, herbes Tannin, wenig Frucht, fehlt Ausdruck. (3200 Fl.; L.35/03; eine Abfüllung; Merum 2004-6) Privatpreis ab Hof: Euro #

Barolo DOCG Cerretta 2000   ✏️

Recht dunkles Rot; rohe Holznoten, Erdnüsse; recht kraftvoll, dicht, Süße eingebaut, kaum Frucht, viel trocknendes Tannin. (4700 Fl.; L.33/03; mehr als eine Abfüllung; Merum 2004-6) Privatpreis ab Hof: Euro #

Barolo DOCG Cerretta 2000

Ziemlich dunkles Rot; nicht klar, nach Belüftung Cola-Noten, Holz; Kraft, streng, dicht, trockenes Tannin. (8500 Fl.; L.33/03; mehr als eine Abfüllung; Merum 2005-3) Privatpreis ab Hof: Euro #

Barolo DOCG Cerretta 1999   ✏️

Sehr dunkles Rot; Röstung und rote Marmeladenoten; viel Frucht, viel Röstung, viel Kraft, viel Tannin, wenig Barolo... mit viel Engagement gemachter Allerweltswein, zu önologisch, fehlt Barolo-Charakter; trockenes Holztannin. (8000 Fl.; L.20/02; # Abfüllungen; Merum 2003-4) Privatpreis ab Hof: Euro #

Barolo DOCG Prapò 2001

Recht dunkles Rot; reifende Nase, Noten von Kaffee, Holunder, fortgeschritten; recht kraft-voll, endet auf rundem Tannin, allerdings auch im Gaumen zu fortgeschritten, nicht span-nend. (3600 Fl.; L.#; mehr als eine Abfüllung; Merum 2005-3) Privatpreis ab Hof: Euro #

Barolo DOCG Prapò 2000

Intensives Rot; süße Marmelade- und Rauchspecknoten; Süße, Kraft, arg trocknendes Holz-tannin, gewisse Länge, keine Frucht. (3800 Fl.; L.30/03; mehr als eine Abfüllung; Merum 2004-6) Privatpreis ab Hof: Euro #

Barolo DOCG Prapò 2000

Mittleres, reifendes Rot; verhaltene, dunkle, recht interessante Frucht; viel Süße, matte Frucht, dann trockenes Tannin. (3600 Fl.; L.29/03; mehr als eine Abfüllung; Merum 2005-3) Privatpreis ab Hof: Euro #

Barolo DOCG Prapò 1999

Mittleres, reifendes Rot; warme Nebbiolo-Nase, Holz, recht tief und einladend; im Gaumen gute Breite im Ansatz, Holz und Frucht, aber dann leider ziemlich trockenes Tannin. (3500 Fl.; L.23/02; # Abfüllungen; Merum 2003-4) Privatpreis ab Hof: Euro #

Barolo DOCG Serralunga 2001

Dunkelrot; Barolo-Frucht und Noten von getrocknetem Ingwer und von Grapefruit; recht kraftvoll, wenig Nebbiolo-Frucht, Grapefruit, etwas breit im Finale, nicht fein. (4500 Fl.; L.#; mehr als eine Abfüllung; Merum 2005-3) Privatpreis ab Hof: Euro #

Ghisolfi Attilio, Monforte d'Alba (CN)   35 000 Fl./6,5 Hektar

Tel. 0173 78345; Fax 0173 78345; www.ghisolfi.com; ghisolfi@ghisolfi.com

Barolo DOCG Bricco Visette 2002   ★★ – ★★★

Dunkelrot; recht tiefe Nase; recht konzentriert, viel Tannin, recht tiefe Frucht, Säure, saftig, lang. (3500 Fl.; L. B1.06; eine Abfüllung; Merum 2006-6) Privatpreis ab Hof: Euro 22,00

Barolo DOCG Bricco Visette 2001

Dunkles, rubiniges Rot; nicht intensive, holzbetonte Noten von Zwetschgenkompott; Kraft, konzentriert, heftiges Tannin, Lakritze, Süße, Tannin bleibt hängen und trocknet. (9500 Fl.; L.#; eine Abfüllung; Merum 2005-3) Privatpreis ab Hof: Euro #

Barolo DOCG Bricco Visette 2000

Reifendes Dunkelrot; reifende Holznoten, Rauch; gute Fülle, eingepasste Süße, trockenes Tannin, fehlt Frucht, ungeschmeidig, Butter, trocken. (12 000 Fl.; L.B1.04; mehr als eine Abfül-lung; Merum 2004-6) Privatpreis ab Hof: Euro #

Barolo DOCG Bricco Visette 1999   ★★★

Dunkelrot; Noten von Vanille, gewisse Tiefe, ziemlich verschlossen; Kraft, Süße, sehr viel Tannin, noch keine Frucht erkennbar, Holz, Länge, spürbar wertvoll. (13 500 Fl.; L.B1.02; # Ab-füllungen; Merum 2003-4) Privatpreis ab Hof: Euro #

Giacosa Bruno, Neive (CN)   500 000 Fl./20 Hektar

Tel. 0173 67027; Fax 0173 677477; www.brunogiacosa.it;
brunogiacosa@brunogiacosa.it

Barolo DOCG 2000

Mittleres, junges Rot; Frucht- und Holznoten; auch im Gaumen ist Holz spürbar, verhaltene Frucht, herbes Tannin. (8000 Fl.; L.3/190; eine Abfüllung; Merum 2004-6) Privatpreis ab Hof: Euro #

Barolo DOCG Falletto di Serralunga 2000   ★★★ – ★★★★

Mittleres, junges Rot; erst verhaltene, mit Belüftung immer tiefere Nase, reife Beerennoten; runder Ansatz, saftig, geschmeidig, tiefe Frucht, bestes Tannin, sehr rund und ausgewogen, sehr lang. (14 400 Fl.; L.3/189; eine Abfüllung; Merum 2004-6) Privatpreis ab Hof: Euro #

Barolo DOCG Le Rocche del Falletto
di Serralunga 1999   ★★ – ★★★

Mittelintensives Rot; Holz und Fruchtnoten; strenge Struktur, Süße, herbes Tannin, Holz, ver-haltene Frucht, noch verschlossen. (10 866 Fl.; L.3/029; eine Abfüllung; Merum 2004-6) Privat-preis ab Hof: Euro #

Giacosa Fratelli, Neive (CN)   500 000 Fl./40 Hektar

Tel. 0173 67013; Fax 0173 67662; www.giacosa.it; giacosa@giacosa.it

Barolo DOCG Mandorlo 2002

Mittleres Rot; holzwürzige Marmeladenoten, Pilze; herbes Tannin, Süße, nicht geschmeidig, marmeladige Frucht, trocken. (3000 Fl.; L. #; eine Abfüllung; Merum 2006-6) Privatpreis ab Hof: Euro 18,00

Barolo DOCG Mandorlo 2001   ★★ – ★★★

Mittelhelles Rot; Noten von Bittermandeln, Pfirsichfrucht; rund, kraftvoll, saftig, ausgewogen. (10 000 Fl.; L.Alba; # Abfüllungen; Merum 2005-3) Privatpreis ab Hof: Euro #

Barolo DOCG Riserva Mandorlo 1999

Mittelhelles Rot; feine Noten von roter Beerenmarmelade, recht tief; Mittelgewicht, herbes Tannin, etwas Holz, trocknet etwas, fehlen Fruchttiefe und Geschmeidigkeit. (10 000 Fl.; L.Alba; # Abfüllungen; Merum 2005-3) Privatpreis ab Hof: Euro #

Barolo DOCG Vigna Mandorlo 1999   ★★ – ★★★

Dunkelrot; Noten von Marmelade, Holunder, Kaffee; Süße, Tannin, Marmelade-Frucht, gewisse Tiefe, recht saftig, gewisse Länge. (15 000 Fl.; L.9209; eine Abfüllung; Merum 2004-6) Privatpreis ab Hof: Euro #

Gigi Rosso, Castiglione Falletto (CN)   230 000 Fl./30 Hektar

Tel. 0173 262369; Fax 0173 262224; www.gigirosso.com; info@gigirosso.com

Barolo DOCG Arione 2001

Mittleres Rubin; Jungweinnoten, keine Komplexität; auch im Gaumen mit einer kirschigfrischen Frucht untypisch, als Wein korrekt, als Barolo abzulehnen. (18 000 Fl.; L.5-048; mehr als eine Abfüllung; Merum 2005-3) Privatpreis ab Hof: Euro #

Barolo DOCG Arione 2000

Mittleres Rot; nicht intensive, gereifte Fruchtnoten; herbes Tannin von Anfang weg, Süße, gute Kraft, knappe Frucht. (18 000 Fl.; L.4-96; mehr als eine Abfüllung; Merum 2004-6) Privatpreis ab Hof: Euro #

Barolo DOCG Arione 1999

Mittelhelles Rot; angenehme, reife Fruchtnoten, Erdbeeren; Süße, einfach, fehlt Barolo-Wuchtigkeit, etwas harmlos, rund, reif. (18 000 Fl.; L.03-112; # Abfüllungen; Merum 2003-4) Privatpreis ab Hof: Euro #

Barolo DOCG Castelletto 2000

Mittleres Rot; gereifte Kompottnoten, Leder, einfach; auch im Gaumen gereift, recht rund, Säure, aber zu fortgeschritten, zu karg. (20 000 Fl.; L.4-102; mehr als eine Abfüllung; Merum 2004-6) Privatpreis ab Hof: Euro #

Barolo DOCG Riserva Arione Sori dell'Ulivo 1999

Mittleres Rot; müde Nase; auch im Gaumen keine Frucht, ziemlich trocken. (3900 Fl.; L.6-45; eine Abfüllung; Merum 2005-3) Privatpreis ab Hof: Euro #

Giordano, Diano d'Alba (CN)   25 000 000 Fl./# Hektar

Tel. 0173 239111; Fax 0173 23209; www.giordanovini.com; andrea.morra@giordano-vini.com

Barolo DOCG Radioso 2000

Sehr dunkles Rot; Noten von Laub, Teer, Holz; rund, voll, saftig, Butter, Frucht, knappes Tannin, Röstung. (11 242 Fl.; L.65410400/3258; eine Abfüllung; Merum 2005-3) Privatpreis ab Hof: Euro #

Giribaldi, La Morra (CN)   250 000 Fl./35 Hektar

Tel. 0173 617000; Fax 0173 617373; www.vinigiribaldi.it; info@vinigiribaldi.com

Barolo DOCG 2000   ★★★ JLF

Recht dunkles Rot; Noten von Holunder, Erdbeermarmelade, Lakritze; runder, fruchtiger Ansatz, Holunder, Butter, Süße, saftig, lang auf gutem Tannin. (6680 Fl.; L.15.3.4; eine Abfüllung; Merum 2004-6) Privatpreis ab Hof: Euro #

Barolo DOCG 2000   ★★ – ★★★

Mittleres Rot; Barolo-Frucht, etwas Holz; Mittelgewicht, gewisse Frucht, Karamell, Butter, gutes Tannin, nicht trocknend, lang auf Butter. (11 500 Fl.; L.15.3.4; eine Abfüllung; Merum 2005-3) Privatpreis ab Hof: Euro #

Barolo DOCG 1999 ★★ – ★★★

Mittelintensives Rot; Marmeladenoten; reife, nicht sehr komplexe Frucht, Butter, Tannin, recht angenehm. (6720 Fl.; L.443; # Abfüllungen; Merum 2003-4) Privatpreis ab Hof: Euro #

Gomba, Alba (CN) 50 000 Fl./# Hektar

Tel. 0173 34109; Fax 0173 34109; gombasergio@hotmail.com

Barolo DOCG Boschetti 1999 ★★ – ★★★

Mittelintensives Rot; Noten von roter Beerenmarmelade und Röstung; fruchtsüßer Ansatz, kräftiges Mittelgewicht, präsente Frucht, lang, allerdings etwas harmloses Tannin. (7000 Fl.; L.122.03; # Abfüllungen; Merum 2003-4) Privatpreis ab Hof: Euro #

Barolo DOCG Sorì Boschetti 2000

Warmes, dunkles Rot; verschlossene Noten von Holz, Stroh, gewisse Frucht; kraftvoll, gewisse Frucht, kühl und streng, fehlt Barolo-Charakter. (10 000 Fl.; L.44.03; # Abfüllungen; Merum 2004-6) Privatpreis ab Hof: Euro #

Barolo DOCG Sorì Boschetti 2000 ★★★ JLF

Mittleres Rot; verhaltene Noten von roten Früchten, Marzipan, macht neugierig; Süße, Frucht, Butter, saftig, gutes Tannin, lang. (10 000 Fl.; L.#; eine Abfüllung; Merum 2005-3) Privatpreis ab Hof: Euro #

Grasso Elio, Monforte d'Alba (CN) 70 000 Fl./14 Hektar

Tel. 0173 78491; Fax 0173 789907; www.eliograsso.it; elio.grasso@isiline.it

Barolo DOCG 2002 ★★ – ★★★

Mittelintensives Rot; eher verhaltene Fruchtnoten, Stroh; herber Ansatz, im Gaumen wertvolle Frucht, feine Säure, gute Tiefe, fruchtige Länge, in den Anlagen sehr eleganter Barolo, trocknet dann etwas. (14 000 Fl.; L. 05-M; eine Abfüllung; Merum 2006-6) Privatpreis ab Hof: Euro 28,00

Barolo DOCG Casa Maté 2001 ★★ – ★★★

Recht dunkles Rot; Noten von Gummi, Lakritze, Frucht; Kraft, Fülle, präsente Frucht, saftig, Lakritze, feine Butter, Holz bremst etwas, herbes Tannin, recht lang. (13 992 Fl.; L.04-F; eine Abfüllung; Merum 2005-3) Privatpreis ab Hof: Euro #

Barolo DOCG Casa Matè 2000

Dunkles Rot; mit Belüftung Noten von gekochten Früchten, Stroh; im Gaumen matt, hat Kraft, aber fehlen Frucht und Tiefe. (13 000 Fl.; L.03-F; eine Abfüllung; Merum 2004-6) Privatpreis ab Hof: Euro #

Barolo DOCG Chiniera 2001

Mittleres, kräftiges Rot; holzbelegte Fruchtnoten, Cola, verblasst in der angebrochenen Flasche; temperamentarme Frucht, fehlt Spannung, herbes Tannin. (13 848 Fl.; L.04-G; eine Abfüllung; Merum 2005-3) Privatpreis ab Hof: Euro #

Barolo DOCG Chiniera 2000

Dunkelrot; nicht frische, marmeladige Noten, fehlt Fruchtfrische; Süße, viel Tannin, kaum Frucht, dann trocken im Abgang. (13 000 Fl.; L.03-G; eine Abfüllung; Merum 2004-6) Privatpreis ab Hof: Euro #

Barolo DOCG Ginestra Casa Maté 1999 ★★ – ★★★

Reifendes, ziemlich helles Rot; reifende, süße, aber gedämpfte Nase; im Gaumen viel Süße, gewisse Frucht, viel Kraft, eher viel, etwas trockenes Tannin. (12 876 Fl.; L.02-F; # Abfüllungen; Merum 2003-4) Privatpreis ab Hof: Euro #

Grasso Silvio, La Morra (CN) 40 000 Fl./8 Hektar

Tel. 0173 50322; Fax 0173 50322; #

Barolo DOCG Bricco Luciani 2001

Dunkelrot; würzig-holzbetont, keine Frucht; herbes Tannin vom Ansatz weg, streng, kaum Frucht, endet trocken. (6000 Fl.; L.Alba; # Abfüllungen; Merum 2005-3) Privatpreis ab Hof: Euro #

Barolo DOCG Bricco Luciani 1999 ★★★

Dichtes Rot; ziemlich verhalten, Frucht- und Holznoten; Kraft, verschlossen, etwas Holz- und viel Barolo-Tannin, Frucht noch im Hintergrund, spürbar wertvoll, aber noch sehr jung, lang. (6000 Fl.; L.2.242; # Abfüllungen; Merum 2003-4) Privatpreis ab Hof: Euro #

Barolo DOCG Ciabot Manzoni 1999   ★★ – ★★★

Mittelintensives Rot; Noten von roter Frucht und neuem Holz; süßer Ansatz, Vanille, auch Frucht, dann aber trocknendes Holztannin, das den Wein abkürzt. (3000 Fl.; L.2.242; # Abfüllungen; Merum 2003-4) Privatpreis ab Hof: Euro #

Barolo DOCG Giachini 1999

Reifendes, mittleres Rot; Holznoten, Frucht; Vanille, Süße, Vanille hält den ganzen Wein hindurch, langweilig, kein Barolo-Feeling, trocken und bitter. (2500 Fl.; L.2.241; # Abfüllungen; Merum 2003-4) Privatpreis ab Hof: Euro #

Grimaldi Bruna, Serralunga d'Alba (CN)   30 000 Fl./8 Hektar
Tel. 0173 262094; Fax 0173 262094; www.grimaldibruna.it; vini@grimaldibruna.it

Barolo DOCG Regnola Badarina 2001

Mittleres Rot; etwas matte Marmelade- und Ledernoten; viel Süße, wenig Frucht, nicht sehr tief, etwas müde, angenehmes Tannin, fehlt Dichte. (8500 Fl.; L.1.5; eine Abfüllung; Merum 2005-3) Privatpreis ab Hof: Euro #

Barolo DOCG Regnola Badarina 1999   ★★★

Recht dunkles Rot; recht tiefe Nase, geheimnisvolle dunkle Fruchtnoten, Laub; runder Ansatz, Fülle, viel Süße, gutes Tannin, gesunde Säure, Länge. (7500 Fl.; L.1; # Abfüllungen; Merum 2003-4) Privatpreis ab Hof: Euro #

Barolo DOCG Vigna Regnola Badarina 2000

Mittelintensives Rot; Noten von Karamell, Butter, Heu; Süße, etwas schmal, Butter, einfach. (7500 Fl.; L.1.4; eine Abfüllung; Merum 2004-6) Privatpreis ab Hof: Euro #

Barolo DOCG Vigna Regnola Badarina 1999

Dunkelrot; nach Belüftung ledrig-fruchtige Noten; Mittelgewicht, wenig Frucht, Säure, herbes Tannin, rustikal. (7500 Fl.; L.1; eine Abfüllung; Merum 2004-6) Privatpreis ab Hof: Euro #

Grimaldi Giacomo, Barolo (CN)   30 000 Fl./8 Hektar
Tel. 0173 35256; Fax 0173 35256; #

Barolo DOCG Le Coste 2001

Reifendes, recht dunkles Rot; Noten von Vanille, Holzwürze, Kompottfrucht, Karamell; auch im Gaumen Vanille, Kompott, nicht tief, trocken im Abgang. (4500 Fl.; L.Alba; # Abfüllungen; Merum 2005-3) Privatpreis ab Hof: Euro #

Barolo DOCG Le Coste 2000

Recht dunkles Rot; marmeladige Frucht; Süße, Tannin, marmeladige Frucht, Geräuchertes, gewisse Tiefe, knappe Dichte, mittlere Länge. (4500 Fl.; L.03.246; eine Abfüllung; Merum 2004-6) Privatpreis ab Hof: Euro #

Barolo DOCG Le Coste 1999

Sehr dunkles Rot; etwas müde, verhaltene Nase; auch im Gaumen temperamentlos, man spürt Frucht und Struktur, aber alles durch einen Schleier, fehlen Charakter und Ausdruck. (4500 Fl.; L.02.218; # Abfüllungen; Merum 2003-4) Privatpreis ab Hof: Euro #

Barolo DOCG Sotto Castello di Novello 2000

Gereiftes Dunkelrot; gereifte Marmelade- und Karamellnoten; Kraft, keine Frucht, viel Süße, Karamell, verbrannte Marmelade, ziemlich kurz und süßlich. (2000 Fl.; L.03.251; eine Abfüllung; Merum 2004-6) Privatpreis ab Hof: Euro #

Grimaldi Luigino, Diano d'Alba (CN)   250 000 Fl./30 Hektar
Tel. 0173 231790; Fax 0173 262644; www.grimaldivini.com; grimavini@libero.it

Barolo DOCG San Biagio 2001

Mittleres Rot; Frucht- und Holznoten; Mittelgewicht, gewisse Frucht, Süße, etwas einfach. (9000 Fl.; L.04246; eine Abfüllung; Merum 2005-3) Privatpreis ab Hof: Euro #

Barolo DOCG San Biagio 2000

Mittelhelles Rot; nicht klare Marmelade- und Kompottnoten; kompottige Frucht, einfache Struktur, Säure, Tannin, rustikal und unfertig. (9000 Fl.; L.03238; eine Abfüllung; Merum 2004-6) Privatpreis ab Hof: Euro #

Barolo DOCG San Biagio 1999

Eher helles Rot; Zwetschgenkompott-Holundernase; eher schlank, einfache Struktur, fortgeschritten, recht angenehm. (9000 Fl.; L.#; # Abfüllungen; Merum 2003-4) Privatpreis ab Hof: Euro #

La Spinona/Berutti Pietro, Barbaresco (CN)   55 000 Fl./30 Hektar
Tel. 0173 635169; Fax 0173 635276; #

Barolo DOCG Sörì Gepin 2001

Recht intensives, reifendes Rot; Noten von Holunder und gekochten Früchten; viel Kraft, etwas fremdartige Aromen, Erde, ungeschmeidig. (6630 Fl.; L.Alba; # Abfüllungen; Merum 2005-3) Privatpreis ab Hof: Euro #

Barolo DOCG Sörì Gepin 1999

Recht dunkles Rot; Noten dunkler Steinfrüchte, recht tief; etwas breiter Ansatz, knappe Frucht, dann ein etwas sprödes Tannin. (15 300 Fl.; L.270802; # Abfüllungen; Merum 2003-4) Privatpreis ab Hof: Euro #

Le Strette, Novello (CN)   12 000 Fl./2 Hektar
Tel. 0173 744002; Fax 0173 744907; www.lestrette.com; lestrette@lestrette.com

Barolo DOCG Bergeisa 2001

Mittelhelles Rot; Röst- und Neuholznoten; Süße, Mittelgewicht, Frucht wird von Neuholz verdrängt, trocknet nach. (3000 Fl.; L.4.210; eine Abfüllung; Merum 2005-3) Privatpreis ab Hof: Euro #

Barolo DOCG Bergeisa 2000

Mittleres Rot; nicht klare Cola-Noten; Mittelgewicht, Süße, Röstung, keine Frucht, Tannin, fehlt Barolo-Charakter. (1920 Fl.; L.3.210; eine Abfüllung; Merum 2004-6) Privatpreis ab Hof: Euro #

Barolo DOCG Bergeisa 1999

Mittleres Rubin; nicht intensive Holz- und Marmeladenoten; Holzaroma, keine Frucht, trocknet stark. (2120 Fl.; L.2.210; eine Abfüllung; Merum 2004-6) Privatpreis ab Hof: Euro #

Lo Zoccolaio, Barolo (CN)   120 000 Fl./23 Hektar
Tel. 0141 88551; Fax 0141 88350; www.cascinalozoccolaio.it; info@cascinalozoccolaio.it

Barolo DOCG 2002

Mittelintensives Rot; gewisses Holz, Klempnerhanf; Süße, Holz, gewisse Frucht, herbes Tannin, trocken, zu rustikal. (17 450 Fl.; L. #; eine Abfüllung; Merum 2006-6) Privatpreis ab Hof: Euro 25,00

Barolo DOCG Lo Zoccolaio 2001

Dunkelrot; holzbetonte Marmeladenoten; recht kraftvoll, kaum Frucht, nicht geschmeidig, nicht tief, eher kurz. (10 000 Fl.; L.Alba; eine Abfüllung; Merum 2005-3) Privatpreis ab Hof: Euro #

Barolo DOCG Ravera 2002

Mittleres Rot; verhaltene Fruchtnoten, rindige Noten; Kraft, Süße, Butter, herb und ungeschmeidig im Abgang. (2600 Fl.; L. #; eine Abfüllung; Merum 2006-6) Privatpreis ab Hof: Euro 30,00

Barolo DOCG Ravera 2001

Dunkelrot; Noten von Vanille, Kompott, fehlt Fruchtfrische; auch im Gaumen etwas matt, Vanille, holzgeprägt, ohne Frucht. (9000 Fl.; L.Alba; eine Abfüllung; Merum 2005-3) Privatpreis ab Hof: Euro #

Manzone Giovanni, Monforte d'Alba (CN)   35 000 Fl./7,5 Hektar
Tel. 0173 78114; Fax 0173 78114; manzone.giovanni@tiscalinet.it

Barolo DOCG 2002   ★★★

Mittelhelles Rot; intensive Noten von Holunder, Frucht, Tiefe; viel Süße und Frucht, saftig, rund, schönes Tannin, Holunder und Butter, lang. (12 000 Fl.; L. A/06; eine Abfüllung; Merum 2006-6) Privatpreis ab Hof: Euro 16,50

Barolo DOCG Bricat 2001   ★★ – ★★★

Mittelhelles, reifendes Rot; verhalten, gewisse Frucht, etwas Holz; Süße, Karamell, Frucht, Säure, etwas Butter, herbes Tannin. (6000 Fl.; L.B/05; eine Abfüllung; Merum 2005-3) Privatpreis ab Hof: Euro #

Barolo DOCG Le Gramolere 2000

Mittleres Rot; Cola- und Holundernoten; Süße, Kraft, herbes Tannin, kaum Frucht, trocken. (8000 Fl.; L.A/04; eine Abfüllung; Merum 2004-6) Privatpreis ab Hof: Euro #

Barolo DOCG Le Gramolere Bricat 2000

Mittleres, reifendes Rot; nicht ganz klare Marmeladenoten; Kraft, Süße, Säure, herbes Tannin, Butter, herb, Butter, süßlich, trocknet nach. (5000 Fl.; L.B/04; eine Abfüllung; Merum 2004-6) Privatpreis ab Hof: Euro #

Barolo DOCG Le Gramolere Bricat 1999   ★★ – ★★★

Recht dunkles Rot; fast stechende Fruchtnoten, Himbeeren, Zwetschgen, einladend; kraftvolles Mittelgewicht, gute Süße, Frucht, endet etwas rustikal. (6000 Fl.; L.B/03; # Abfüllungen; Merum 2003-4) Privatpreis ab Hof: Euro #

Barolo DOCG Riserva Le Gramolere 1999   🛒

Dunkelrot; Holznoten; dicht und kräftig, ungeschmeidig, neben Frucht viel Holzgeschmack, marmeladige Struktur, trockenes Holztannin. (2150 Fl.; L.A/03; eine Abfüllung; Merum 2005-3) Privatpreis ab Hof: Euro #

Barolo DOCG Riserva Le Gramolere 1998

Dunkelrot; Cola-Noten, Holz, Leder; herb im Ansatz, kaum Frucht, gute Säure, etwas Cola, streng, reif, zu trocken. (2000 Fl.; L.A/02; eine Abfüllung; Merum 2004-6) Privatpreis ab Hof: Euro #

Barolo DOCG S. Stefano 2001

Mittelhelles Rot; fruchtige, nicht komplett klare Nase; im Gaumen fruchtig und fast süß, dann ziemlich trocken im Abgang. (2100 Fl.; L.C/05; eine Abfüllung; Merum 2005-3) Privatpreis ab Hof: Euro #

Manzone Giuseppe ed Elio, Monforte d'Alba (CN)   # Fl./10 Hektar

Tel. 0173 78110; Fax 0173 789231; manz.one@tiscalinet.it

Barolo DOCG Fraschin 1999

Recht dunkles Rot; nicht sehr tiefe Erdbeernoten; Mittelgewicht, gewisse Frucht, Säure, recht gutes Tannin, man vermisst aber etwas die Tiefe und die Wuchtigkeit, wirkt etwas unfertig. (# Fl.; L.#; # Abfüllungen; Merum 2003-4) Privatpreis ab Hof: Euro #

Manzone Paolo, Serralunga d'Alba (CN)   45 000 Fl./10 Hektar

Tel. 0173 613113; Fax 0173 285527; www.barolomeriame.com; paolomanzone@libero.it

Barolo DOCG Meriame 2001   ★★ – ★★★

Mittleres Rot; Noten von Beerenmarmelade, Karamell, einladend; Süße, intakte Frucht, saftig, rund, dürfte im Abgang noch mehr Druck zeigen, angenehmes Tannin. (8000 Fl.; L.BB00.0104; mehr als eine Abfüllung; Merum 2005-3) Privatpreis ab Hof: Euro #

Barolo DOCG Meriame 2000

Dunkelrot; unfrische Holznoten; Mittelgewicht, viel Süße, wenig Barolo-Frucht, fehlt Tiefe, wenig Tannin. (5000 Fl.; L.BB00.0104; mehr als eine Abfüllung; Merum 2004-6) Privatpreis ab Hof: Euro #

Barolo DOCG Meriame 1999

Mittleres Rot; gereifte Marmeladenoten; im Gaumen dann etwas oberflächliche Frucht, fehlt Barolo-Charakter, bitteres Tannin. (6000 Fl.; L.BB99.0203; # Abfüllungen; Merum 2003-4) Privatpreis ab Hof: Euro #

Barolo DOCG Serralunga 2001   ★★★ JLF

Mittelhelles, reifendes Rot; reifende, sehr charmante Nase, Holz; Mittelgewicht, reife Frucht, rundes Tannin, sehr geschmeidig und elegant, lang. (10 000 Fl.; L.BB00.S02.04; mehr als eine Abfüllung; Merum 2005-3) Privatpreis ab Hof: Euro #

Barolo DOCG Serralunga 2000   ★★★

Mittleres Rot; Nase geprägt von Nebbiolo-Frucht und balsamischen Noten, Teer, einladend; viel Süße, gutes Tannin, Frucht, saftig, tief und lang. (8000 Fl.; L.BB0104; mehr als eine Abfüllung; Merum 2004-6) Privatpreis ab Hof: Euro #

Barolo DOCG Serralunga 1999   ★★ – ★★★

Recht dunkles Rot; reifende Nase; Kraft, Süße, Marmelade und Karamell, recht rund, angenehm, kraftvoll, gutes Tannin, etwas reif. (6500 Fl.; L.BB99.0203; # Abfüllungen; Merum 2003-4) Privatpreis ab Hof: Euro #

Marcarini, La Morra (CN)
120 000 Fl./17 Hektar

Tel. 0173 50222; Fax 0173 509035; www.marcarini.it; marcarini@marcarini.it

Barolo DOCG Brunate 2001 ★★★

Helles Rot; mit Belüftung Noten von rotem Johannisbeergelee, Gummi, Heu, Lakritze, Tiefe; geschmeidig-schlanker Ansatz, Butter, viel Süße, präsente Frucht, elegant, kerniges Tannin, Länge. (29 000 Fl.; L.BO15; mehr als eine Abfüllung; Merum 2005-3) Privatpreis ab Hof: Euro #

Barolo DOCG Brunate 2000 ★★ – ★★★

Mittelhelles Rot; Marmeladenoten; Marmeladesüße, dicht, viel herbes Tannin, reife Frucht im Abgang. (25 000 Fl.; L.BO14; mehr als eine Abfüllung; Merum 2004-6) Privatpreis ab Hof: Euro #

Barolo DOCG Brunate 1999 ★★★

Recht intensives Rot; einladende Nebbiolo-Noten, frisches Heu, Johannisbeergelee, Tabak, sehr einladend; runder Ansatz, Tabak, viel stolzes Barolo-Tannin, nicht übermäßig potent, aber viel Charakter, sehr lang. 2005 -0 2012. (24 000 Fl.; L.BO13; # Abfüllungen; Merum 2003-4) Privatpreis ab Hof: Euro #

Barolo DOCG La Serra 2001 ★★★

Mittelintensives Rot; intensive Nase, Noten von Zwetschgenkompott, rote Beeren, tief und einladend; saftig, fleischig-fruchtig, viel gutes Nebbiolo-Tannin, noch ungestüm, recht lang. (18 000 Fl.; L.SO15; eine Abfüllung; Merum 2005-3) Privatpreis ab Hof: Euro #

Barolo DOCG La Serra 2000 ★★ – ★★★

Recht dunkles Rot; Noten von Kompott, Leder und Holz; runder Ansatz, etwas Holz, marmeladige Frucht, etwas wenig Temperament, hält sich in der offenen Flasche aber trotzdem sehr gut, herbes, recht gutes Tannin. (13 000 Fl.; L.SO14; eine Abfüllung; Merum 2004-6) Privatpreis ab Hof: Euro #

Barolo DOCG La Serra 1999 ★★★ – ★★★★

Recht intensives Rot; Heu, rote Beerenfrucht, auch gewisse Holz-, Leder- und Strohnoten; sehr kraftvoll, viel, noch etwas heftiges Tannin, Frucht, Süße, etwas Holz, gute Länge. (24 000 Fl.; L.SO13; # Abfüllungen; Merum 2003-4) Privatpreis ab Hof: Euro #

Marchesi di Barolo, Barolo (CN)
1 350 000 Fl./41 Hektar

Tel. 0173 564400; Fax 0173 564444; www.marchesibarolo.com; reception@marchesibarolo.com

Barolo DOCG 2001

Ziemlich dunkles Rot; intensive Frucht, Röstung; auch im Gaumen viel Röstung, aber auch Frucht, etwas langweilig. (# Fl.; L.#; # Abfüllungen; Merum 2005-3) Privatpreis ab Hof: Euro #

Barolo DOCG 2000

Rubiniges, mittleres Rot; Noten von Gummi, Kompott und Blütenhonig; Süße, recht dicht, Gummi, Neuholz, Pfeffer, keine Nebbiolo-Frucht, trocknendes Tannin. (250 000 Fl.; L.#; mehr als eine Abfüllung; Merum 2004-6) Privatpreis ab Hof: Euro #

Barolo DOCG Cannubi 2001

Mittelintensives, rubiniges Rot; verhaltene, marmeladige Frucht, würzig; recht kraftvoll, marmeladige Frucht, viel Süße, warmes Tannin, im Abgang Röstung. (# Fl.; L.01.05.675; # Abfüllungen; Merum 2005-3) Privatpreis ab Hof: Euro #

Barolo DOCG Cannubi 2000

Dunkles, rubiniges Rot; holzerzogene Marmeladenoten, Lorbeernoten; im Gaumen Lorbeer, Vanille, Kraft, Länge auf Gewürzaromen. (40 000 Fl.; L.01.04.490; mehr als eine Abfüllung; Merum 2004-6) Privatpreis ab Hof: Euro #

Barolo DOCG Cannubi 1999 ★★ – ★★★

Dunkelrot; etwas fremdartige Marmeladenoten; harmloser Ansatz, dann recht dicht, leicht trocknendes Holztannin, gute Länge. (# Fl.; L.#; # Abfüllungen; Merum 2003-4) Privatpreis ab Hof: Euro #

Barolo DOCG Riserva 1999 ★★ – ★★★

Dunkelrot; intensive Nase mit Noten von Karamell, Zwetschgenmarmelade; runder, kraftvoller Ansatz, straffes Tannin, eigenartige Frucht, Butter, Karamell, saftig, lang. (# Fl.; L.Alba; # Abfüllungen; Merum 2005-3) Privatpreis ab Hof: Euro #

Barolo DOCG Sarmassa 2001
Dunkelrot; Röst- und Marmeladenoten; im Gaumen Röstung, recht füllig, herbes Tannin und Röstung im Abgang. (# Fl.; L.01.05.676; # Abfüllungen; Merum 2005-3) Privatpreis ab Hof: Euro #

Barolo DOCG Sarmassa 2000
Dunkles, rubiniges Rot; Beeren- und Zwetschgennoten; im Gaumen Lorbeeraroma, recht saftig, aber trocknendes Tannin, Gewürze hängen nach. (7000 Fl.; L.0.04.491; eine Abfüllung; Merum 2004-6) Privatpreis ab Hof: Euro #

Barolo DOCG Sarmassa 1999 ★★ – ★★★
Mittleres Rubin; intensive, aber eigenartige Frucht; auch im Gaumen fremdartig, recht gutes, potentes Tannin, lang und fest im Abgang; guter Wein, allerdings wünschte ich mir bei der Frucht mehr Nebbiolo-Charakter. (# Fl.; L.#; # Abfüllungen; Merum 2003-4) Privatpreis ab Hof: Euro #

Marengo Mario, La Morra (CN) 15 000 Fl./3,5 Hektar
Tel. 0173 50127; Fax 0173 50127; marengo-1964@libero.it

Barolo DOCG Brunate 2001 ★★ – ★★★
Recht dunkles Rot; mit Belüftung zunehmende Holznoten; Fülle, Frucht, Cola, dicht und saftig, Süße, viel Tannin, tolle Konzentration, aber Holz stört. (9000 Fl.; L.30-07-2004; eine Abfüllung; Merum 2005-3) Privatpreis ab Hof: Euro #

Barolo DOCG Brunate 1999 ★★★
Mittleres Rubin; intensive Frucht, Tabak; Kraft, konzentriert, präsente Frucht, dichte Struktur, gutes Tannin, recht lang. (7000 Fl.; L.12-07-02; # Abfüllungen; Merum 2003-4) Privatpreis ab Hof: Euro #

Marrone Gianpiero, La Morra (CN) 110 000 Fl./12 Hektar
Tel. 0173 509288; Fax 0173 509063; www.agricolamarrone.com; marrone@agricolamarrone.com

Barolo DOCG Pichemej 2000
Rubiniges Dunkelrot; süßliche, aber bereits müde Noten von Holz, Karamell; auch im Gaumen holzdominiert, daneben Säure und Süße, keine Frucht, fehlt Barolo-Charakter. (11 000 Fl.; L.#; mehr als eine Abfüllung; Merum 2004-6) Privatpreis ab Hof: Euro #

Barolo DOCG Pichemej 2000
Recht intensives Rot; rotbeerige Noten, Butter, etwas Holz; Süße, gewisse Frucht, einfache Struktur, Butter, müsste tiefer sein. (11 000 Fl.; L.31-04; eine Abfüllung; Merum 2005-3) Privatpreis ab Hof: Euro #

Barolo DOCG Pichemej 1999 ★★★
Recht dunkles Rot; Holz, Teer, Trüffel; Süße, Kraft, Frucht, Butter, feines Holz, kraftvoll, Süße, wertvolle Länge. (12 000 Fl.; L.05-03; # Abfüllungen; Merum 2003-4) Privatpreis ab Hof: Euro #

Massolino/Vigna Rionda, Serralunga d'Alba (CN) 100 000 Fl./18 Hektar
Tel. 0173 613138; Fax 0173 613949; www.massolino.it; massolino@massolino.it

Barolo DOCG 2002 ★★★ – ★★★★ JLF
Mittleres Rot; fruchtige, karamellig-buttrige Nase, einladend; rund, fruchttief, Holunder und Butter, angenehme Süße, saftig, lang, gutes Tannin. (15 000 Fl.; L. 06/174; # Abfüllungen; Merum 2006-6) Privatpreis ab Hof: Euro 21,00

Barolo DOCG 2001 ★★ – ★★★ JLF
Mittleres, reifendes Rot; in der Nase süße reifende Noten, getrocknete Früchte, Holunder, Erdbeermarmelade, mit Belüftung immer mehr Kaffee; mittlere Kraft, Süße, Holunder, saftig, Kaffee und Butter, warmes Tannin, lang. (20 000 Fl.; L.04/240; mehr als eine Abfüllung; Merum 2005-3) Privatpreis ab Hof: Euro #

Barolo DOCG 2000 ★★ – ★★★
Dunkelrot; verhaltene Marmeladenoten, Kandis, Stroh; Mittelgewicht, recht angenehm, Frucht, gewisse Tiefe und Länge, herbes Tannin. (20 000 Fl.; L.03/225; eine Abfüllung; Merum 2004-6) Privatpreis ab Hof: Euro #

Barolo DOCG Margheria 2002
Recht intensives Rot; nicht komplett klare, strauchige Noten, keine Frucht; holzgeprägter Geschmack, gewisse Frucht, herb-trockenes Tannin, nicht geschmeidig, nicht lang. (3000 Fl.; L. 05/214; # Abfüllungen; Merum 2006-6) Privatpreis ab Hof: Euro 31,00

Barolo DOCG Margheria 2001

Mittleres Rot; recht tief, Holunder, Noten von Backpflaumen, Holz; wenig Frucht, Lakritze, etwas streng, Butter, herbes Tannin, Länge. (6000 Fl.; L.04/239; eine Abfüllung; Merum 2005-3) Privatpreis ab Hof: Euro #

Barolo DOCG Margheria 2000

Reifendes Rot; sehr verhalten, Butter, Gummi; auch im Gaumen wenig Frucht, Mittelgewicht, Butter, herbes Tannin, fehlt Barolo-Frucht, gewisse Länge. (9000 Fl.; L.03/232; eine Abfüllung; Merum 2004-6) Privatpreis ab Hof: Euro #

Barolo DOCG Margheria 1999   ★★ – ★★★

Mittleres Rot; dunkle Nase mit dunkler Frucht, Karamell, Gummi; Kraft, viel Süße, Frucht und Butter, heftiges, aber nicht trockenes Tannin. (10 000 Fl.; L.02/234; # Abfüllungen; Merum 2003-4) Privatpreis ab Hof: Euro #

Barolo DOCG Parafada 2002

Dunkelrot; intensive, holzwürzige Frucht; Süße, gewisse Frucht, Holzwürze, Kaffee, Vanille, trockenes Holztannin, Röstung bleibt im Mund hängen. (3000 Fl.; L. 05/215; # Abfüllungen; Merum 2006-6) Privatpreis ab Hof: Euro 31,00

Barolo DOCG Parafada 2001

Junges, recht intensives Rot; Noten von Röstung, Gummi, Frucht; Mittelgewicht, Röstung verdeckt Frucht, recht rund, im Abgang dann Kaffee, fehlt Barolo-Charakter. (5500 Fl.; L.04/238; eine Abfüllung; Merum 2005-3) Privatpreis ab Hof: Euro #

Barolo DOCG Parafada 2000   ⟡⟐

Mittleres Rubin; Noten von Holz, Gummi, Karamell; auch im Gaumen Gummi, trocknendes Tannin, streng, kaum Frucht, mittlere Länge. (7700 Fl.; L.03/234; eine Abfüllung; Merum 2004-6) Privatpreis ab Hof: Euro #

Barolo DOCG Parafada 1999   ⟡⟐

Dunkelrot; gereifte Holznoten, Zigarrenkistchen; auch im Gaumen Holz, Süße, dann trocknendes Tannin. (8000 Fl.; L.02/212; # Abfüllungen; Merum 2003-4) Privatpreis ab Hof: Euro #

Barolo DOCG Riserva Rionda 1999

Recht dunkles Rot; Noten von Gummi, Bittermandeln und Holz; runder Ansatz, saftig, Gummi, Butter, geschmeidiger Körper, saftig, recht lang, trocknet aber. (9000 Fl.; L.03/231; eine Abfüllung; Merum 2005-3) Privatpreis ab Hof: Euro #

Barolo DOCG Vigna Rionda Riserva 1998   ★★ – ★★★

Mittelhelles, junges Rot; verhaltene Holznoten; recht kraftvoll, gewisse Frucht, trockenes Tannin, gute Tiefe, Länge. (13 000 Fl.; L.02/210; eine Abfüllung; Merum 2004-6) Privatpreis ab Hof: Euro #

Michele Chiarlo, Calamandrana (AT)   950 000 Fl./60 Hektar

Tel. 0141 769030; Fax 0141 769033; www.chiarlo.it; info@chiarlo.it

Barolo DOCG Brunate 2001

Dunkelrot; von Holz geprägte Nase, Holunder, nicht sehr tief; müder Ansatz, recht rund, kaum Frucht, knappe Tiefe und Länge. (3850 Fl.; L.N214; eine Abfüllung; Merum 2005-3) Privatpreis ab Hof: Euro #

Barolo DOCG Cannubi 2001   ★★ – ★★★

Gereiftes Rot; tiefe Nase, Noten von Gebäck und Eukalyptus, reifend; viel Süße, reifende Frucht, Eukalyptus, Karamell, saftig, rund, reifend. (8400 Fl.; L.N214; eine Abfüllung; Merum 2005-3) Privatpreis ab Hof: Euro #

Barolo DOCG Cannubi 1999   ★★★

Dunkelrot; dunkle Marmeladenoten, gewisse Tiefe; auch im Gaumen Marmeladenfrucht, Fülle, gute Tiefe, recht schönes Tannin, Länge. (9500 Fl.; L.#; # Abfüllungen; Merum 2003-4) Privatpreis ab Hof: Euro #

Barolo DOCG Cerequio 2001

Recht dunkles Rot; holzbetonte Noten, Röstung; kraftvoll, marmeladige Frucht, Säure, Cola, Röstung, herbes Tannin, uncharmant. (18 000 Fl.; L.N214; eine Abfüllung; Merum 2005-3) Privatpreis ab Hof: Euro #

Barolo DOCG Cerequio 2000 ★★★

Mittleres Rot; intensive, schweißige Noten von Beerenmarmelade, Lakritze, Holunder, sehr einladend; rund, ausgewogen, wuchtig, Eukalyptus, Schweiß, tief, rundes Tannin, Länge. (# Fl.; L.E303; mehr als eine Abfüllung; Merum 2004-6) Privatpreis ab Hof: Euro #

Barolo DOCG Cerequio 1999

Mittleres Rubin; recht intensive Nase; im Gaumen etwas eigenartige Frucht, Süße, fehlt Barolo-Charme, bitteres Tannin. (19 000 Fl.; L.#; # Abfüllungen; Merum 2003-4) Privatpreis ab Hof: Euro #

Barolo DOCG Tortoniano 2001 ★★ – ★★★

Mittleres, reifendes Rot; ziemlich verhalten, etwas matte Noten von Zwetschgenkompott, Teer, einladend; viel Süße, Frucht ist präsent, nicht sehr temperamentvoll, gutes Tannin, mittlere Länge. (78 000 Fl.; L.#; mehr als eine Abfüllung; Merum 2005-3) Privatpreis ab Hof: Euro #

Barolo DOCG Tortoniano 2000 ★★ – ★★★

Dunkelrot; schweißige Noten von Holunder, Marmelade; im Gaumen weit klarer, Kraft, viel Süße, gute Fruchttiefe, saftig, gutes Tannin, etwas Butter, recht lang (60 000 Fl.; L.#; mehr als eine Abfüllung; Merum 2004-6) Privatpreis ab Hof: Euro #

Barolo DOCG Triumviratum 1997

Recht dunkles Rot; reife Noten von Cola, Kaffee, Holz, knappe Frucht; rund, gereift, wenig Frucht, zu stark holzgeprägt, herbes Tannin, hält sich gut in der angebrochenen Flasche. (3000 Fl.; L.#; eine Abfüllung; Merum 2004-6) Privatpreis ab Hof: Euro #

Molino Franco, La Morra (CN) 50 000 Fl./10 Hektar

Tel. 0173 50380; Fax 0173 50380; www.cascinarocca.com; molinofranco@cascinarocca.com

Barolo DOCG Bricco Zuncai 1999 ★★ – ★★★

Mittelhelles Rot; Holundernoten; recht kraftvoll, viel Tannin, präsente Frucht, Süße, Butter, herb; gut, aber etwas einseitige Nase. (5000 Fl.; L.#; # Abfüllungen; Merum 2003-4) Privatpreis ab Hof: Euro #

Barolo DOCG Bricco Zuncai e Bricco Rocca 2001

Mittleres, reifendes Rot; reifende Kompottnoten; Süße, Kompottfrucht, dann Lakritze, viel, warmes Tannin, im Abgang gewisse Frucht. (# Fl.; L.#; # Abfüllungen; Merum 2005-3) Privatpreis ab Hof: Euro #

Barolo DOCG Riserva Rocche dell'Annunziata 1999

Reifendes Hellrot; Noten von Kaffee; im Gaumen Süße, kaum Frucht, etwas Holunder, dann viel, herbes Tannin, trocknet. (4000 Fl.; L.Alba; # Abfüllungen; Merum 2005-3) Privatpreis ab Hof: Euro #

Barolo DOCG Rocche dell'Annunziata 2001

Mittelhelles, reifes Rot; gereifte, holzbetonte Nase, Holunder; rund, nicht optimales Holz, holundrige Frucht, herbes Tannin. (3000 Fl.; L.A/05; # Abfüllungen; Merum 2005-3) Privatpreis ab Hof: Euro #

Barolo DOCG Rocche dell'Annunziata 2000

Eher helles Rot; kompottige Nase, Holznoten; viel Süße, Kaffee, reife Frucht, zu trockenes Tannin. (4000 Fl.; L.#; eine Abfüllung; Merum 2004-6) Privatpreis ab Hof: Euro #

Barolo DOCG Rocche dell'Annunziata 1999 ★★ – ★★★

Ziemlich helles Rot; Röst- und Holundernoten; angenehm, präsente, recht reife Frucht, gefällt, wirkt etwas zu reif. (3000 Fl.; L.#; # Abfüllungen; Merum 2003-4) Privatpreis ab Hof: Euro #

Molino Mauro, La Morra (CN) 45 000 Fl./10 Hektar

Tel. 0173 50814; Fax 0173 50814; #

Barolo DOCG 1999

Recht intensives Rot; ziemlich verhaltene Holz- und Fruchtnoten; im Gaumen dann Vanille, Holz, Frucht ist weg, trocknendes Holztannin. (19 000 Fl.; L.2-236; # Abfüllungen; Merum 2003-4) Privatpreis ab Hof: Euro #

Barolo DOCG Conca 2001 ★★ – ★★★

Dunkelrot; Noten von Tabak, rote Beerenmarmelade; Frucht, Süße, dichte, fast strenge Struktur, Holz, recht saftig, Butter, gute Länge. (2600 Fl.; L.Alba; # Abfüllungen; Merum 2005-3) Privatpreis ab Hof: Euro #

Barolo DOCG Conca 1999
Intensives Rot; unklare Nase; Kraft, gute Fülle, dann aber stark austrocknend, bitter. (2500 Fl.; L.2-237; # Abfüllungen; Merum 2003-4) Privatpreis ab Hof: Euro #

Barolo DOCG Gancia 2001
Mittleres Rot; holzwürzige Nase; viel Süße, knappe Frucht, dichter Ansatz, viel Tannin, trocken, Holz, keine Frucht. (4500 Fl.; L.Alba; # Abfüllungen; Merum 2005-3) Privatpreis ab Hof: Euro #

Barolo DOCG Gancia 1999
Dunkles Rot; unklare, müde Nase; recht konzentriert, Süße, wenig Frucht, recht gutes Tannin, gewisse Länge, aber zu matt. (4500 Fl.; L.2-237; # Abfüllungen; Merum 2003-4) Privatpreis ab Hof: Euro #

Monchiero Fratelli, Castiglione Falletto (CN)   40 000 Fl./12 Hektar
Tel. 0173 62820; Fax 0173 62820; www.monchierovini.it; monchierovini@monchierovini.it

Barolo DOCG Montanello 1999   ★★ – ★★★
Mittelhelles Rot; etwas einseitige Holundernoten; Süße, Holunder, angenehm, recht gutes Tannin, gute Länge, angenehm, aber etwas eindimensional. (20 000 Fl.; L.03.56; # Abfüllungen; Merum 2003-4) Privatpreis ab Hof: Euro #

Barolo DOCG Montanello 1999
Mittelintensives Rot; reifende Holznoten, Marmelade; Süße, Mittelgewicht, holzgeprägt, knappe Frucht, herbes Tannin. (10 000 Fl.; L.04.153; mehr als eine Abfüllung; Merum 2004-6) Privatpreis ab Hof: Euro 11/12,00

Barolo DOCG Rocche 2001   ★★ – ★★★
Mittelhelles Rot; Holundernoten, Frucht, Tiefe; schlank-eleganter Ansatz, geschmeidig, saftig, gute Fruchttiefe, rundes Tannin, gute Länge. (2600 Fl.; L.04237; eine Abfüllung; Merum 2005-3) Privatpreis ab Hof: Euro #

Barolo DOCG Rocche 2000
Helles Rot; mit Belüftung Noten von Beerenkompott, einladend; viel Süße, Kraft, Mittelgewicht, saftig, dürfte dichter sein. (2633 Fl.; L.0484; eine Abfüllung; Merum 2004-6) Privatpreis ab Hof: Euro 11/12,00

Barolo DOCG Rocche 1999   ★★★
Mittelhelles Rot; tiefe Laub-, Beeren- und Trüffel-Noten; runder, sanfter Ansatz, Frucht und Holunder, eleganter Barolo, mit zunehmender Belüftung tritt das Neuholz hervor, lang auf gutem Tannin. (2400 Fl.; L.03.56; # Abfüllungen; Merum 2003-4) Privatpreis ab Hof: Euro #

Barolo DOCG Roere 2001
Mittelhelles Rot; etwas kompottige Fruchtnoten; recht kraftvoll, Zwetschgenkompott, wirkt etwas temperamentarm, verdichtet sich im Gaumen, recht gutes Tannin. (6000 Fl.; L.04.237; eine Abfüllung; Merum 2005-3) Privatpreis ab Hof: Euro #

Monfalletto/Cordero di Montezemolo, La Morra (CN)   170 000 Fl./30 Hektar
Tel. 0173 50344; Fax 0173 509235; www.corderodimontezemolo.com; info@corderodimontezemolo.com

Barolo DOCG 2002
Dunkelrot; holzwürzig; Süße, Kraft, Holunder, Frucht, im Abgang Butter, trocken. (12 000 Fl.; L. unleserlich; eine Abfüllung; Merum 2006-6) Privatpreis ab Hof: Euro 25,00

Barolo DOCG Bricco Gattera 1999
Mittelhelles Rubin; Neuholznoten, Gummi; holzgeprägt, Zauber ist weg, Frucht auch, Süße, trockenes Tannin. (6000 Fl.; L.#; # Abfüllungen; Merum 2003-4) Privatpreis ab Hof: Euro #

Barolo DOCG Enrico VI 2001
Mittleres Rot; recht tiefe, holzwürzige Nase; runder Ansatz, Holz, Tabak, nicht wuchtig, recht lang, Holztannin macht den Wein im Abgang etwas fett. (9000 Fl.; L.Alba; # Abfüllungen; Merum 2005-3) Privatpreis ab Hof: Euro #

Barolo DOCG Enrico VI 1999   ★★ – ★★★
Mittelintensives Rot; Röstnoten; Süße, Röstaroma, auch Frucht, gezähmte Holztannine, nicht trocknend, gefällig, vermisse Charakter. (12 000 Fl.; L.02336; # Abfüllungen; Merum 2003-4) Privatpreis ab Hof: Euro #

Barolo DOCG Monfalletto 2001 ★★★ JLF

Mittleres Rot; Barolo-Frucht, rote Fruchtnoten; Mittelgewicht, recht tiefe, rote Frucht, Butter, saftig, ausgewogen, feines Holz, ganz leicht trocken in der Länge. (4000 Fl.; L.Alba; # Abfüllungen; Merum 2005-3) Privatpreis ab Hof: Euro #

Barolo DOCG Monfalletto 1999

Mittelintensives Rot; Röstnoten, Frucht; im Gaumen viel Frucht, Süße, Butter, eher zarte Tanninstruktur, wirkt etwas matt, müsste mehr Charakter zeigen. (40 000 Fl.; L.02338; # Abfüllungen; Merum 2003-4) Privatpreis ab Hof: Euro #

Monti, Monforte d'Alba (CN) 48 000 Fl./10 Hektar

Tel. 0173 78391; Fax 0173 78391; wine@paolomonti.com

Barolo DOCG Bussia 2001

Recht dunkles Rot; würzige Nase, Backpflaumen, Lakritze, Holz; Holz, herbes Tannin, keine Frucht, kaum Fülle, trocken. (8000 Fl.; L.Alba; # Abfüllungen; Merum 2005-3) Privatpreis ab Hof: Euro #

Oberto Andrea, La Morra (CN) 70 000 Fl./16 Hektar

Tel. 0173 509262; Fax 0173 509262; obertoandrea@libero.it

Barolo DOCG 2000

Dunkelrot; Eichen- und Cola-Noten; Süße, Holzgeschmack, trocknendes Holztannin, nicht die Spur von Barolo-Komplexität. (6000 Fl.; L.240.03; eine Abfüllung; Merum 2004-6) Privatpreis ab Hof: Euro #

Barolo DOCG Vigneto Albarella 2000

Dunkelrot; Röst- und Eichennoten, Cola; Eichengeschmack auch im Gaumen, Marmelade, Süße, unelegant, ungeschmeidig. (6000 Fl.; L.242.03; eine Abfüllung; Merum 2004-6) Privatpreis ab Hof: Euro #

Barolo DOCG Vigneto Rocche 2000

Dunkelrot; Holznoten, verhalten; recht konzentriert, Süße, Holzgeschmack, Geräuchertes, keine Frucht, unkenntlicher Wein. (4500 Fl.; L.241.03; eine Abfüllung; Merum 2004-6) Privatpreis ab Hof: Euro #

Oddero, La Morra (CN) 100 000 Fl./32 Hektar

Tel. 0173 50618; Fax 0173 509377; www.odderofratelli.it; info@odderofratelli.it

Barolo DOCG 2001 ★★★★ JLF

Warmes, mittleres Rubin; herrliches Bukett, tiefe, intensive Barolo-Noten; voll, intakte Frucht, gutes Tannin, große Tiefe, saftige Säure, toller Barolo. (10 000 Fl.; L.#; eine Abfüllung; Merum 2005-3) Privatpreis ab Hof: Euro #

Barolo DOCG Mondoca di Bussia Soprana 2001 ★★★

Mittleres Rot; einladende Steinfruchtkompottnoten, Holunder, Erdbeermarmelade, Laub; im Ansatz geschmeidig, Frucht, feinherbes Tannin, lang. (6000 Fl.; L.#; eine Abfüllung; Merum 2005-3) Privatpreis ab Hof: Euro #

Barolo DOCG Mondoca di Bussia Soprana 2000 ★★ – ★★★

Ziemlich helles Rot; verhaltene Fruchtnoten, Karamell; ausgewogen und saftig, viel Süße, reife Frucht, im Abgang dann etwas herbes Tannin und Neuholzgeschmack. (1311 Fl.; L.311; eine Abfüllung; Merum 2004-6) Privatpreis ab Hof: Euro #

Barolo DOCG Mondoca di Bussia Soprana 1999

★★★★ – ★★★★★

Eher helles Rot; sich im Glas öffnende, tiefe Noten von Holunder, verblühten Rosen, Heu, Backpflaumen; dichter, gleichwohl eleganter Körper, festes, charaktervolles, noch ganz leicht herbes Tannin, Tiefe, Karamell, Frucht, Süße, dehnt sich aus im Gaumen und endet sehr lang. (6600 Fl.; L.210; # Abfüllungen; Merum 2003-4) Privatpreis ab Hof: Euro #

Barolo DOCG Rionda 2000

Reifendes, mittelintensives Rot; Noten von Barolo-Frucht und Rauch; auch im Gaumen der selbe Überlebenskampf der wertvollen Frucht gegen die Röstung, geschmeidige Struktur, am Ende bleiben Rauch und Geräuchertes im Gaumen zurück. (5000 Fl.; L.#; eine Abfüllung; Merum 2005-3) Privatpreis ab Hof: Euro #

Barolo DOCG Rionda 1999 ★★★★★ JLF

Mittelhelles Rot; tiefe, verlockende Noten von roten Beeren und Holunder; sehr eleganter Ansatz, tiefe Frucht, kraftvoller, gleichzeitig potenter und geschmeidiger Barolo, Karamell, Schokoladetannin, enorme Länge auf Frucht; unvergesslicher, traumhafter Barolo. (6300 Fl.; L.209; # Abfüllungen; Merum 2003-4) Privatpreis ab Hof: Euro #

Barolo DOCG Rivera di Castiglione 2001 ★★★★ – ★★★★★ JLF

Mittelhelles Rot; verführerische Noten von verblühenden Rosen, Himbeeren, Lakritze, enorm tief und freigiebig; sehr geschmeidiger Ansatz, rund, fruchtsüß, sehr fruchtig, rundes Tannin, elegant, sehr lang. (6000 Fl.; L.#; eine Abfüllung; Merum 2005-3) Privatpreis ab Hof: Euro #

Barolo DOCG Rivera di Castiglione 1999 ★★★★ JLF

Reifendes Hellrot; einladende, offene Noten von roter Beerenmarmelade, Holunder, Butter, Kaffee, auch Gummi, sehr einladend und entwickelt; enorm geschmeidiger Ansatz, tolles, zartbittersüßes Tannin, tiefe Frucht, feine Röstung, Eleganz, sehr lang. (10 600 Fl.; L.212; # Abfüllungen; Merum 2003-4) Privatpreis ab Hof: Euro #

Barolo DOCG Rocche di Castiglione 2001 ★★★★★ JLF

Mittleres Rot; verführerische Nase mit toller Nebbiolo-Frucht, dichte, rotbeerige Nase, überaus einladend; auch im Gaumen fruchtig, geschmeidig, Heu, Frucht, Tabak, viel sanftes Tannin, saftig, Frucht vom Ansatz bis ins lange Finale, ein Traum. (3000 Fl.; L.#; eine Abfüllung; Merum 2005-3) Privatpreis ab Hof: Euro #

Barolo DOCG Rocche di Castiglione 2000 ★★ – ★★★

Hellrot; süßliche Nase, Röstnoten, Kaffee, Holunder; rund, viel Süße, Kaffee, sehr geschmeidig, allerdings zu röstbetont, Länge. (4300 Fl.; L.313; eine Abfüllung; Merum 2004-6) Privatpreis ab Hof: Euro #

Barolo DOCG Rocche di Castiglione 1999 ★★★★ – ★★★★★ JLF

Mittelhelles Rot; intensive Noten von roten Beeren, tolle Tiefe; im Gaumen viel Süße, ausgeprägte Fruchtnoten, in der Süße eingebettetes Tannin, Butter, Karamell, fruchtige, Länge, dann nochmals Länge; einmalig geschmeidiger und eleganter Barolo. (4500 Fl.; L.211; # Abfüllungen; Merum 2003-4) Privatpreis ab Hof: Euro #

Palladino, Serralunga d'Alba (CN) 154 000 Fl./9,5 Hektar

Tel. 0173 613108; Fax 0173 613448; www.palladinovini.com; maurillo.palladino@libero.it

Barolo DOCG Riserva S. Bernardo 1999

Mittelintensives Rot; Noten von Holz; holzgeprägte Struktur, Süße, trocken, Leder, Holzgeschmack. (4800 Fl.; L.4253; eine Abfüllung; Merum 2005-3) Privatpreis ab Hof: Euro #

Barolo DOCG Serralunga 2000

Mittleres Rot; matte Marmelade- und Kompottnoten; auch im Gaumen wenig Profil, fehlen Fruchtfrische und Temperament. (18 600 Fl.; L.#; mehr als eine Abfüllung; Merum 2004-6) Privatpreis ab Hof: Euro #

Barolo DOCG Vigna Broglio 2000 ★★ – ★★★

Mittleres Rot; Noten roter Beeren, Gebäck, Laub, etwas Lakritze; Kraft, tolle Frucht, Vanille, viel Süße, gutes Tannin, lang auf Frucht, saftig. (4200 Fl.; L.#; eine Abfüllung; Merum 2004-6) Privatpreis ab Hof: Euro #

Barolo DOCG Vigna S. Bernardo 2000 ★★ – ★★★

Mittelintensives Rot; einladende Fruchtnoten, recht vielschichtig, Backpflaumen; Kraft, Säure, saftig, reife Frucht, eingepasstes Holz, recht tief. (5200 Fl.; L.41EB; eine Abfüllung; Merum 2004-6) Privatpreis ab Hof: Euro #

Barolo DOCG Vigna S. Bernardo 1999

Reifendes Dunkelrot; gereifte Kompottnoten, Eukalyptus; gereift auch im Gaumen, trockenes Tannin, fehlt Fruchtfrische. (4800 Fl.; L.#; eine Abfüllung; Merum 2004-6) Privatpreis ab Hof: Euro #

Parusso, Monforte d'Alba (CN) 110 000 Fl./22 Hektar

Tel. 0173 78257; Fax 0173 787276; www.parusso.com; info@parusso.com

Barolo DOCG 2001 ★★★

Mittelhelles Rot; Noten von Holz und Barolo-Frucht; im Gaumen zeigt sich die Frucht noch deutlicher, kerniges, gutes Tannin, kein störendes Holz, Butter, saftig, Frucht bis in den Abgang, recht elegant. (11 500 Fl.; L.0407; eine Abfüllung; Merum 2005-3) Privatpreis ab Hof: Euro #

Barolo DOCG Bussia 2001   ★★ – ★★★

Mittelhelles Rot; einladende Nebbiolo-Gummi-Noten, verblühte Rosen, frische Butter, Kräuter; kraftvolles Mittelgewicht, heftiges Tannin, etwas viel Röstung, recht lang. (13 000 Fl.; L.0405; eine Abfüllung; Merum 2005-3) Privatpreis ab Hof: Euro #

Barolo DOCG Bussia Munie 1999

Mittelhelles Rubin; Röstnoten; recht konzentriert, Röstaromen, viel Süße, sehr gefällig, keine Barolo-Tiefe, ziemlich geschliffene Holztannine. (5700 Fl.; L.0203; # Abfüllungen; Merum 2003-4) Privatpreis ab Hof: Euro #

Barolo DOCG Bussia Rocche 1999   ★★ – ★★★

Dunkelrot; röstige Nase, Holz und Gummi; Kraft, Neuholz, dicht, Frucht, etwas Gummi, Säure, Süße, runde Tannine, Butter, schön lang, aber als Barolo etwas zu harmlos und gefällig. (7300 Fl.; L.0202; # Abfüllungen; Merum 2003-4) Privatpreis ab Hof: Euro #

Barolo DOCG Bussia Vigna Fiurin 2000

Dunkelrot; Pfirsich- und Eukalyptusnoten; auch im Gaumen Pfirsich und Eukalyptus, Butter, etwas einseitig, zu herbes Tannin. (3000 Fl.; L 0305; eine Abfüllung; Merum 2004-6) Privatpreis ab Hof: Euro #

Barolo DOCG Bussia Vigna Munie 2000

Mittelintensives Rot; Eukalyptus- und Pfirsichnoten; auch im Gaumen Eukalyptus, saftig, Butter, angenehm, gutes Tannin, aber etwas einseitig. (4800 Fl.; L.030; eine Abfüllung; Merum 2004-6) Privatpreis ab Hof: Euro #

Barolo DOCG Bussia Vigna Rocche 2000

Ziemlich dunkles Rot; Noten von Eukalyptus; auch im Gaumen vor allem balsamische Aromen, viel Süße, gutes Tannin, Butter, zu einseitig. (5400 Fl.; L.0303; eine Abfüllung; Merum 2004-6) Privatpreis ab Hof: Euro #

Barolo DOCG Mariondino 2001

Mittleres Rot; Noten von Gummi und Nebbiolo-Frucht; Mittelgewicht, Butter, Holunder, Röstung stritt immer stärker hervor, recht geschmeidig, aber zu austauschbar, herbes Tannin. (7500 Fl.; L.0406; eine Abfüllung; Merum 2005-3) Privatpreis ab Hof: Euro #

Barolo DOCG Mariondino 2000   ★★ – ★★★ JLF

Recht intensives Rot; intensive, schweißige Holunder- und Pfirsichnoten; auch im Gaumen Holunder, viel Süße, gutes Tannin, Butter, lang und trinkig. (8400 Fl.; L.0306; eine Abfüllung; Merum 2004-6) Privatpreis ab Hof: Euro #

Barolo DOCG Piccole Vigne 2000   ★★ – ★★★

Mittelhelles Rot; aromatische Pfirsich- und Holundernoten; im Gaumen angenehm rund, viel Süße, gutes Tannin, eingemachte Pfirsiche, Butter, gutes Tannin, saftig. (8500 Fl.; L.0307; eine Abfüllung; Merum 2004-6) Privatpreis ab Hof: Euro #

Piazzo Armando, Alba (CN)   250 000 Fl./50 Hektar

Tel. 0173 35689; Fax 0173 440703; www.piazzo.it; apiazzo@piazzo.it

Barolo DOCG 2000   ★★ – ★★★

Dunkelrot; tiefe Nase, dicht, aber Frucht verhalten; Kraft, viel Süße, saftig, reife Frucht, rundes Tannin, lang. (6000 Fl.; L.#; eine Abfüllung; Merum 2004-6) Privatpreis ab Hof: Euro #

Barolo DOCG 2000   ★★ – ★★★

Recht dunkles Rot; volle, süße Beerenmarmeladenoten; Süße, Frucht, gute Tiefe, saftigherbes Tannin. (6000 Fl.; L.#; eine Abfüllung; Merum 2005-3) Privatpreis ab Hof: Euro #

Pio Cesare, Alba (CN)   350 000 Fl./50 Hektar

Tel. 0173 440386; Fax 0173 363680; www.piocesare.it; piocesare@piocesare.it

Barolo DOCG 2002

Mittelintensives Rot; erdig-vegetale Noten, Vanille; viel Vanille auch im Gaumen, keine Frucht, einseitig. (40 000 Fl.; L.6052; mehr als eine Abfüllung; Merum 2006-6

Barolo DOCG 2001

Mittleres reifendes Rot; Noten von Holz, keine Fruchttiefe, laute Vanille, nicht einladend; Kraft, viel Süße, Röstung, ungeschmeidig, einseitig, langweilig. (# Fl.; L.Alba; # Abfüllungen; Merum 2005-3) Privatpreis ab Hof: Euro #

Barolo DOCG 2000

Recht intensives Rot; vegetal-erdige Noten, etwas eigenartig; auch im Gaumen Erd-geschmack, konzentriert, streng, viel trocknendes Tannin, fremdartige Frucht. (6000 Fl.; L.#; mehr als eine Abfüllung; Merum 2004-6) Privatpreis ab Hof: Euro #

Barolo DOCG 1999

Mittleres Rot; nicht komplett klare, etwas komportige Noten; im Gaumen viel Vanille, Butter, trocknendes, fast bitteres Tannin. (# Fl.; L.#; # Abfüllungen; Merum 2003-4) Privatpreis ab Hof: Euro #

Barolo DOCG Il Bricco 2000

Dunkle, reifes Rot; vegetal-erdige Aromen, keine Nebbiolo-Frucht; im Gaumen aufsässige Vanille, keine Barolo-Frucht, trocknendes Tannin. (6000 Fl.; L.GKAZ; eine Abfüllung; Merum 2004-6) Privatpreis ab Hof: Euro #

Barolo DOCG Ornato 2001

Ziemlich dunkles Rot; verhaltene Nase, Noten von Teer, Schwarztee; in Gaumen dann Vanille-betont, zu einseitig, trockenes Holztannin. (# Fl.; L.Alba; # Abfüllungen; Merum 2005-3) Privat-preis ab Hof: Euro #

Barolo DOCG Ornato 2000

Recht dunkles Rot; erdig-pflanzliche Noten, Ruß; auch im Gaumen stark entstellt, trocknend-bitteres Tannin, aufgesetzte Vanille, fremdartig. (9000 Fl.; L.#; eine Abfüllung; Merum 2004-6) Privatpreis ab Hof: Euro #

Pira Luigi, Serralunga d'Alba (CN)   50 000 Fl./10 Hektar

Tel. 0173 613106; Fax 0173 613106; #

Barolo DOCG Marenca 2001

Dunkelrot; Holz- und Ledernoten; viel Süße, keine Fruchttiefe, keine Eleganz, ziemlich kurz. (10 000 Fl.; L.BR 210/04; # Abfüllungen; Merum 2005-3) Privatpreis ab Hof: Euro #

Barolo DOCG Marenca 1999

Dunkelrot; Röstnoten; auch im Gaumen Röstnoten, viel Süße, kaum Frucht, langweilig, reif, sehr trocknendes Holztannin. (10 000 Fl.; L.BR235/02; # Abfüllungen; Merum 2003-4) Privatpreis ab Hof: Euro #

Barolo DOCG Margheria 2001

Dunkelrot; schwere, karamellig-marmeladig-holzgeprägte Nase; süß, voll, würzig, keine Frucht, Cola, ungeschmeidig, unelegant, etwas trocknend. (7000 Fl.; L.BR 215/04; # Abfül-lungen; Merum 2005-3) Privatpreis ab Hof: Euro #

Barolo DOCG Margheria 1999

Reifes Rot; reife, angenehme Nase, recht tief; Süße, überreif, zu fortgeschritten, gleichwohl herbes Tannin. (290 Fl.; L.BR225/02; # Abfüllungen; Merum 2003-4) Privatpreis ab Hof: Euro #

Barolo DOCG Rionda 2001

Dunkelrot; weinnasse Holznoten; viel Süße, Kaffeearoma, keine Frucht, trockenes Tannin, austauschbar. (# Fl.; L.BR 220/04; # Abfüllungen; Merum 2005-3) Privatpreis ab Hof: Euro #

Pira/Chiara Boschis, Barolo (CN)   18 000 Fl./3 Hektar

Tel. 0173 56108; Fax 0173 56344; www.pira-chiaraboschis.com; piracb@libero.it

Barolo DOCG Cannubi 2001

Mittelhelles Rot; Noten von Holz, Stroh, Gummi, auch Frucht; viel Süße, Gummi, dann trock-nendes Tannin. (10 000 Fl.; L.#; # Abfüllungen; Merum 2005-3) Privatpreis ab Hof: Euro #

Barolo DOCG Cannubi 2000

Mittelintensives Rot; schweißige Noten, kaum Frucht; schmaler Ansatz, Schweiß, dann arg trocknendes Holztannin, keine Frucht, ungeschmeidig. (10 000 Fl.; L.19503; eine Abfüllung; Merum 2004-6) Privatpreis ab Hof: Euro #

Barolo DOCG Cannubi 1999

Dunkelrot; Röst- und Eichennoten; Süße, Kraft, dann völlig zugeholzt. (10 000 Fl.; L.24102; # Abfüllungen; Merum 2003-4) Privatpreis ab Hof: Euro #

Barolo DOCG Via Nuova 2001

Frisches, ziemlich helles Rot; sehr verhaltene Noten von Bittermandeln, Frucht, Holz; im Gau-men Butter, Holz, kaum Frucht, viel trockenes Tannin. (3000 Fl.; L.#; # Abfüllungen; Merum 2005-3) Privatpreis ab Hof: Euro #

Barolo DOCG Via Nuova 2000

Frisches Dunkelrot; Noten von Himbeeren, Gummi, Holz; Mittelgewicht, Gummi, saftig, Butter, strenges Tannin, gute Länge. (3000 Fl.; L.25503; eine Abfüllung; Merum 2004-6) Privatpreis ab Hof: Euro #

Podere Ruggeri Corsini/Addari Loredana, Monforte d'Alba (CN)   42 500 Fl./6,5 Hektar

Tel. 0173 78625; Fax 0173 78625; podereruggericorsini@libero.it

Barolo DOCG 2000

Mittleres Rot; Noten von Mandelgebäck, Frucht, Vanille; Mittelgewicht, Säure, Butter, herbes Tannin. (5000 Fl.; L.BR 03; eine Abfüllung; Merum 2004-6) Privatpreis ab Hof: Euro #

Barolo DOCG Corsini 2002   ★★★

Mittleres Rot; karamellige Frucht, einladend; Mittelgewicht, Frucht, gutes Tannin, viel Süße, gewisse Tiefe, gute Länge. (1800 Fl.; L. BR 05; eine Abfüllung; Merum 2006-6) Privatpreis ab Hof: Euro 23,00

Barolo DOCG Corsini 2001

Recht dunkles Rot; Noten von Marzipan, Rauch, gewisse Frucht; rauchig, kaum Frucht, Fülle, endet auf Röstung, einseitig. (4500 Fl.; L.BR04; eine Abfüllung; Merum 2005-3) Privatpreis ab Hof: Euro #

Barolo DOCG Corsini 1999   ★★★

Recht dunkles Rot; Noten von Laub, Teer, roten Früchten, Rauch, balsamische Noten; kraftvoll, schönes Tannin, jung, Karamell, sehr lang. (4160 Fl.; L.#; # Abfüllungen; Merum 2003-4) Privatpreis ab Hof: Euro #

Barolo DOCG San Pietro 2002   ★★★

Mittelintensives Rot; holunderige Frucht; viel Süße, gute Säure, Holunder, Kaffee, Butter, saftig, recht lang, gutes Tannin. (4000 Fl.; L. BR 05 BIS; eine Abfüllung; Merum 2006-6) Privatpreis ab Hof: Euro 18,00

Poderi Colla, Alba (CN)   150 000 Fl./27 Hektar

Tel. 0173 290148; Fax 0173 441498; www.podericolla.it; info@podericolla.it

Barolo DOCG Bussia Dardi Le Rose 2001   ★★★

Mittelhelles Rot; Noten von Beerenmarmelade, Holunder; Mittelgewicht, gute Säure, saftig, Frucht, Butter, gutes Tannin. lang auf Frucht. (29 000 Fl.; L.12; eine Abfüllung; Merum 2005-3) Privatpreis ab Hof: Euro #

Barolo DOCG Bussia Dardi Le Rose 1999 ★★★★ – ★★★★★ JLF

Mittleres Rot; Noten von Unterholz, Fruchtlikör, roter Beerenfrucht, Lakritze, Minze, Teer, sehr tief; Kraft, elegante Struktur, tolles Barolo-Tannin, herrlich ausgewogen, Lakritze, saftig, sehr lang. (13 300 Fl.; L.#; # Abfüllungen; Merum 2003-4) Privatpreis ab Hof: Euro #

Barolo DOCG Dardi Le Rose 2000   ★★ – ★★★

Mittleres Rot; Noten von Lakritze, Früchtemus, rote Beerenmarmelade; Süße, etwas breit im Ansatz, Kraft und Tannin, marmeladige Frucht, gute Länge. (26 800 Fl.; L.12; eine Abfüllung; Merum 2004-6) Privatpreis ab Hof: Euro #

Poderi Luigi Einaudi, Dogliani (CN)   250 000 Fl./50 Hektar

Tel. 0173 70191; Fax 0173 742017; www.poderieinaudi.com; einaudi@poderieinaudi.com

Barolo DOCG 2001

Recht dunkles Rot; Holz- und Zwetschgennoten, gewisse Tiefe, macht neugierig; mittlere Kraft, holzbelastet, ungeschmeidig, viel Tannin. (11 500 Fl.; L.4H246; eine Abfüllung; Merum 2005-3) Privatpreis ab Hof: Euro #

Barolo DOCG 2000

Mittelintensives Rot; Gummi, Holz, Rauch, Marmelade; herbes Tannin, viel Süße, kraftvoll, wenig Frucht, gewisse Länge. (13 733 Fl.; L.3H205; eine Abfüllung; Merum 2004-6) Privatpreis ab Hof: Euro #

Barolo DOCG 1999   ★★★ – ★★★★

Mittleres Rubin; intensive Nase, Zwetschgennoten; kraftvoller, runder Ansatz, dicht, viel gutes Tannin, präsente, junge Frucht, saftig, lang, herzhafter, vollblütiger Barolo. (15 000 Fl.; L.#; # Abfüllungen; Merum 2003-4) Privatpreis ab Hof: Euro #

Barolo DOCG Costa Grimaldi 2001

Dunkles, rubiniges Rot; sehr verhaltene Noten von Marmelade, Holz; Mittelgewicht, Süße, Säure, etwas müde, zu herbes Tannin. (4800 Fl.; L.4H247; eine Abfüllung; Merum 2005-3)
Privatpreis ab Hof: Euro #

Barolo DOCG Costa Grimaldi 2000 ★★ – ★★★

Rubiniges, dunkles Rot; Noten von Marmelade, Gummi; breiter Ansatz, Holz, marmeladig, trockenes Tannin, fehlt Feinheit, gewisse Tiefe, recht lang. (3053 Fl.; L.3H211; eine Abfüllung; Merum 2004-6) Privatpreis ab Hof: Euro #

Barolo DOCG Costa Grimaldi 1999 ★★★ – ★★★★

Recht dunkles Rot; intensive Barolo-Frucht, Noten von Himbeeren, verblühten Rosen, Teer, Marmelade; tolle Frucht schon im Ansatz, reicher Barolo, herrschaftliches Tannin, lang. (6000 Fl.; L.2H218; # Abfüllungen; Merum 2003-4) Privatpreis ab Hof: Euro #

Barolo DOCG nei Cannubi 2001

Feuriges Rot; Himbeernoten, Holz; viel Süße, marmeladig, zu trocken. (11 500 Fl.; L.4H260; eine Abfüllung; Merum 2005-3) Privatpreis ab Hof: Euro #

Barolo DOCG nei Cannubi 2000 ★★ – ★★★

Junges, mittleres Rot; Holz- und Fruchtnoten; Süße, herbes Tannin, Frucht, Lakritze, Kaffee, Holz, streng. (10 493 Fl.; L.3H199; eine Abfüllung; Merum 2004-6) Privatpreis ab Hof: Euro #

Barolo DOCG nei Cannubi 1999 ★★ – ★★★

Dunkelrot; intensive Fruchtnase, Noten von Himbeermarmelade, auch Holz; wider Erwarten harmloser Ansatz, Frucht ist zwar vorhanden, aber keine Tiefe, Charakter wirkt verschleiert, im Abgang dann geschliffenes Holztannin. (11 000 Fl.; L.2H214; # Abfüllungen; Merum 2003-4) Privatpreis ab Hof: Euro #

Porro Guido, Serralunga d'Alba (CN) 30 000 Fl./6 Hektar

Tel. 0173 613306; Fax 0173 613306; www.guidoporro.com;
E-Mail: guidoporro@tiscali.it

Barolo DOCG Lazzairasco 2002 ★★★ JLF

Mittleres Rot; Beeren- und Holundernoten; fruchtig auch im Gaumen, recht konzentriert, Süße, saftiges Tannin, lang. (3000 Fl.; L.156; mehr als eine Abfüllung; Merum 2006-6) Privatpreis ab Hof: Euro 16,00

Porta Rossa, Diano d'Alba (CN) 45 000 Fl./# Hektar

Tel. 0173 69210; Fax 0173 69184; www.langheweb.com/portarossa; E-Mail:
info@portarossa.it

Barolo DOCG Bijn 2002

Mittleres, reifendes Rot; gereifte, holzwürzige Noten; auch im Gaumen gereift, zu fortge-schritten. (700 Fl.; L. #; eine Abfüllung; Merum 2006-6

Principiano Ferdinando, Monforte d'Alba (CN) 30 000 Fl./10 Hektar

Tel. 0173 787158; Fax 0173 787158; ferdi.principiano@libero.it

Barolo DOCG Boscareto 2001 ★★★

Mittleres Rot; tiefe Barolo-Nase, Noten von Beeren, Rumtopf, Karamell, gedörrten Bananen, Tiefe, sehr einladend; Kraft, tiefe Frucht, Heu, wuchtiges Tannin, lang. (10 000 Fl.; L.Alba; # Abfüllungen; Merum 2005-3) Privatpreis ab Hof: Euro #

Barolo DOCG Boscareto 2000

Reifendes, ziemlich dunkles Rot; einladende Nase mit Noten von Kandis, Laub, Geräucher-tem; holzerzogen, saftig, viel Tannin, gewisse Tiefe, recht lang, aber kaum Frucht. (8000 Fl.; L.03/253; eine Abfüllung; Merum 2004-6) Privatpreis ab Hof: Euro #

Barolo DOCG Boscareto 1999

Dunkelrot; reife Fruchtnoten; einfache, reife Frucht, fehlt Tiefe, Süße, Säure, trocknend. (12 000 Fl.; L.02/241; # Abfüllungen; Merum 2003-4) Privatpreis ab Hof: Euro #

Barolo DOCG Le Coste 2000

Reifendes Rot; Kompott- und Tabaknoten; rund, aber wenig Spannung, wenig Frucht, Lakritze, Schwarztee, Butter, recht gutes Tannin, gewisse Länge. (2000 Fl.; L.03/254; eine Abfüllung; Merum 2004-6) Privatpreis ab Hof: Euro #

Prunotto, Alba (CN)   600 000 Fl./52 Hektar

Tel. 0173 280017; Fax 0173 281167; www.prunotto.it; prunotto@prunotto.it

Barolo DOCG 2000   ★★ – ★★★

Mittleres Rot; Steinfruchtnoten, macht neugierig; im Gaumen Kaffee, nicht sehr dicht, viel Süße, Butter, gewisse Frucht, recht rund, angenehm. (40 000 Fl.; L.00/00b; mehr als eine Abfüllung; Merum 2004-6) Privatpreis ab Hof: Euro #

Barolo DOCG Bussia 2000

Dunkelrot; verhaltene Röst- und Steinfruchtnoten; Süße, strenges Tannin, Holz und Röstung, kaum Frucht, endet auf Holztannin. (20 000 Fl.; L.#; mehr als eine Abfüllung; Merum 2004-6) Privatpreis ab Hof: Euro #

Barolo DOCG Bussia 1999   ★★ – ★★★

Dunkelrot; recht tiefe, dunkle Nase; Kraft, Süße, gewisse Frucht, allerdings nicht sehr tief, recht elegant und fein; für einen Barolo allerdings zu wenig wuchtig. (15 000 Fl.; L.06/02.b; # Abfüllungen; Merum 2003-4) Privatpreis ab Hof: Euro #

Pugnane/Fratelli Sordo, Castiglione Falletto (CN)   40 000 Fl./11 Hektar

Tel. 0173 62885; Fax 0173 62885; www.pugnane.it; pugnane@pugnane.it

Barolo DOCG Vigna Villero 1999

Mittelintensives Rot; nicht komplett klare Steinfrucht- und Holznoten; im Gaumen ist das Holz weniger spürbar, Süße, gewisse Frucht, gute Tiefe, recht lang. (12 000 Fl.; L.20909; eine Abfüllung; Merum 2004-6) Privatpreis ab Hof: Euro #

Barolo DOCG Villero 2000

Mittleres Rot; Noten von Laub, Holz, auch Frucht, verblasst rasch in der angebrochenen Flasche; Holz und Frucht, kraftvoll, aber zu wenig frisch, etwas breit. (8170 Fl.; L.30904; eine Abfüllung; Merum 2005-3) Privatpreis ab Hof: Euro #

Barolo DOCG Villero 1999   ★★ – ★★★

Mittelhelles Rot; einladende Frucht, Laub, getrocknete rote Beeren, Beerenkompott; Marmeladenfrucht, recht geschmeidig, gutes Tannin, eher reife Frucht, recht lang. (10 000 Fl.; L.20909; # Abfüllungen; Merum 2003-4) Privatpreis ab Hof: Euro #

Renato Ratti, La Morra (CN)   200 000 Fl./35 Hektar

Tel. 0173 50185; Fax 0173 509373; www.renatoratti.com; info@renatoratti.com

Barolo DOCG Conca Marcenasco 2000

Mittleres Rot; verhaltene Noten von Lakritze, Holunder, Holz; marmeladige Süße, Holunder, Zigarrenkistchen, nicht überaus konzentriert, eher einfache Struktur, reif. (4000 Fl.; L.03 04; # Abfüllungen; Merum 2004-6) Privatpreis ab Hof: Euro #

Barolo DOCG Conca Marcenasco 1999   ★★ – ★★★

Tiefes, dichtes Rot; verhaltene Karamell- und Holznoten; Fülle, Kraft, verhaltene Frucht, nach Belüftung Holzgeschmack, recht gutes Tannin, lang, (4000 Fl.; L.#; # Abfüllungen; Merum 2003-4) Privatpreis ab Hof: Euro #

Barolo DOCG Marcenasco 2001

Dunkelrot; holzgeprägte, nicht tiefe, auch nicht komplett klare Nase; herb-trockenes Tannin, fehlen Frucht und Tiefe, endet matt und kurz. (40 000 Fl.; L.Alba; # Abfüllungen; Merum 2005-3) Privatpreis ab Hof: Euro #

Barolo DOCG Marcenasco 2000   ★★ – ★★★

Mittleres Rot; Noten von Holundersaft, Beeren; saftig im Ansatz, dicht, viel Tannin, gewisse Frucht, etwas trocken im Finale. (45 000 Fl.; L.0104; # Abfüllungen; Merum 2004-6) Privatpreis ab Hof: Euro #

Barolo DOCG Rocche Marcenasco 2000   ★★ – ★★★

Reifendes Rot; Noten von Frucht, Holunder; im Gaumen Holunder, Kraft, Süße, gutes Tannin, nicht überaus komplex, mittlere Länge. (6000 Fl.; L.02 04; # Abfüllungen; Merum 2004-6) Privatpreis ab Hof: Euro #

Barolo DOCG Rocche Marcenasco 1999

Ziemlich reifes, mittelhelles Rot; Holz- und Röstnoten; Kraft, Butter, Röstung, viel Tannin, saftig, lang, keine Frucht, zu eindimensional röstbetont, dadurch etwas langweilig. (8000 Fl.; L.#; # Abfüllungen; Merum 2003-4) Privatpreis ab Hof: Euro #

Revello, La Morra (CN) 60 000 Fl./11 Hektar

Tel. 0173 50276; Fax 0173 50139; www.revellofratelli.com;
revello@revellofratelli.com

Barolo DOCG 2001

*Mittelintensives Rot; Noten von Neuholz und Banane; auch im Gaumen Holz, viel Süße,
ungeschmeidig, schmeckt verbrannt, trocknendes Tannin. (12 000 Fl.; L.199-04; eine Abfüllung; Merum 2005-3)* Privatpreis ab Hof: Euro #

Barolo DOCG Conca 2001

*Recht intensives Rot; helle Noten von Banane und Neuholz; Süße, Holz, Holztannin, aus-
tauschbar, ungeschmeidig, ohne Geheimnisse. (5000 Fl.; L.198-04; eine Abfüllung; Merum
2005-3)* Privatpreis ab Hof: Euro #

Barolo DOCG Conca 1999 ★★★ – ★★★★

*Recht intensives Rot; süße Noten von Frucht und Holz, Tiefe; viel Süße im Ansatz, Kraft,
Fruchttiefe, viel Tannin (Nebbiolo- und Holztannin), saftig, sehr lang. (5000 Fl.; L.202-02; # Abfüllungen; Merum 2003-4)* Privatpreis ab Hof: Euro #

Barolo DOCG Gattera 2001 ✑

*Mittleres Rot; Holznoten, unreife Banane; viel Süße, wenig Frucht, Holzgeschmack, trock-
nendes Tannin. (6000 Fl.; L.196-04; mehr als eine Abfüllung; Merum 2005-3)* Privatpreis ab Hof:
Euro #

Barolo DOCG Gattera 1999 ★★★

*Mittelintensives Rot; intensive, fruchtige Nase, Noten von kandierten Früchten, Zwetsch-
genmarmelade, rote Beerenmarmelade; süßer Ansatz, Kraft, kein Holzgeschmack, aber im
Abgang dann etwas lustbremsendes Holztannin (Abzug), gute Länge. (4000 Fl.; L.201-02;
Abfüllungen; Merum 2003-4)* Privatpreis ab Hof: Euro

Barolo DOCG Giachini 2001 ✑

*Mittleres Rot; verhaltene Holz- und Marzipannoten; viel Süße, kaum Frucht, Holzgeschmack,
etwas Butter, herbes Tannin. (4500 Fl.; L.197-04; eine Abfüllung; Merum 2005-3)* Privatpreis ab
Hof: Euro #

Barolo DOCG Giachini 1999 ★★ – ★★★

*Mittelhelles Rubin; Holundernoten, Marzipan; kühler, fremdartiger Ansatz, Mittelgewicht,
kaum Barolo-Charme, fehlen Frucht und Power im Mittelteil, recht gutes Tannin. (5000 Fl.;
L.200-02; # Abfüllungen; Merum 2003-4)* Privatpreis ab Hof: Euro #

Barolo DOCG Rocche dell'Annunziata 1999 ★★★

*Recht dunkles, junges Rot; intensive, tiefe Fruchtnoten; runder, süßer Ansatz, Frucht und
Holz, dann geschliffenes Holztannin. (1000 Fl.; L.007-02; # Abfüllungen; Merum 2003-4)*
Privatpreis ab Hof: Euro #

Barolo DOCG Vigna Conca 2000

*Mittleres, rubiniges Rot; Noten von Holz, Marmelade, Kandis; harter Ansatz, viel Tannin, ge-
wisse Frucht, streng, wertvolle Basis, ungeschmeidig. (4000 Fl.; L.201-03; eine Abfüllung;
Merum 2004-6)* Privatpreis ab Hof: Euro #

Barolo DOCG Vigna Gattera 2000

*Mittleres Rubin; Röstnoten, Holz, anonyme Frucht; kraftvoll, Süße, wenig Frucht, kein Barolo-
Charakter, kühles Finale. (6000 Fl.; L.199-03; eine Abfüllung; Merum 2004-6)* Privatpreis ab Hof:
Euro #

Barolo DOCG Vigna Giachini 2000

*Mittleres, frisches Rot; Karamell- und Marmeladenoten, etwas Gummi; Süße, etwas Holz,
trocknendes Tannin, zu wenig Barolo-Charakter. (4000 Fl.; L.200-03; eine Abfüllung; Merum
2004-6)* Privatpreis ab Hof: Euro #

Rinaldi Francesco, Alba (CN) 70 000 Fl./10 Hektar

Tel. 0173 440484; Fax 0173 449378; www.rinaldifrancesco.it;
francesco.rinaldi@isiline.it

Barolo DOCG Cannubbio 2001 ★★★ JLF

*Recht dunkles Rot; einladende Nase, reife rote Beerennoten, etwas Holz; recht kraftvoll, prä-
sente Frucht, gutes Tannin, mittlere Länge. (10 000 Fl.; L.Alba; # Abfüllungen; Merum 2005-3)*
Privatpreis ab Hof: Euro #

Barolo DOCG Cannubbio 2000   ★★★ JLF

Mittleres, reifes Rot; reife, einladende Barolo-Frucht, Noten von Beerenmarmelade, Champignons, Laub; schlanker Ansatz, Frucht schon im Ansatz, geschmeidiger Körper, rund, tolles Tannin, recht lang. (12 000 Fl.; L.6 04; mehr als eine Abfüllung; Merum 2005-3) Privatpreis ab Hof: Euro #

Barolo DOCG Cannubbio 1999   ★★★

Mittelhelles Rot; süße Noten überreifer Früchte; auch im Gaumen Süße, viel, recht gutes Tannin, noch jung, dichte Struktur, gutes Holz, saftig, lang. (10 000 Fl.; L.1 03; # Abfüllungen; Merum 2003-4) Privatpreis ab Hof: Euro #

Barolo DOCG Le Brunate 2000   ★★ − ★★★

Ziemlich helles Rot; Noten von Himbeermarmelade, Laub, Leder, einladend; kraftvoll, gutes Tannin, nicht viel Säure, gute Tiefe, dürfte mehr Spannung zeigen, mittlere Länge. (9000 Fl.; L.5 04; mehr als eine Abfüllung; Merum 2004-6) Privatpreis ab Hof: Euro #

Rinaldi Giuseppe, Barolo (CN)   30 000 Fl./6,5 Hektar

Tel. 0173 56156; Fax 0173 56156; #

Barolo DOCG Brunate Le Coste 1999   ★★★

Helles Rubin; verhalten, junge Zwetschgennoten, Tiefe, Kandiszucker; junge Frucht, viel, herbes, aber nicht trocknendes Tannin, sehr jung; im Moment noch ziemlich verschlossen, lang. (11 000 Fl.; L.9; # Abfüllungen; Merum 2003-4) Privatpreis ab Hof: Euro #

Barolo DOCG Brunate Le Coste 2000

Mittleres Rot; Noten von Holz und Frucht; Kompottfrucht, heftiges Tannin, dicht, ziemlich streng, Länge. (11 000 Fl.; L.00; eine Abfüllung; Merum 2004-6) Privatpreis ab Hof: Euro #

Barolo DOCG Cannubi S. Lorenzo-Ravera 2000   ★★★ − ★★★★

Mittleres Rot; erst sehr verhalten, mit Belüftung dann intensive Noten von Beerenkompott, Lakritze, Gummi, zunehmende Tiefe; auch im Gaumen noch jung, noch nicht voll entwickelte Frucht, elegante Struktur, Süße, dicht, Fruchttiefe und Länge, gutes Tannin; entwickelt sich bei offener Flasche von Tag zu Tag besser. (7000 Fl.; L.00; eine Abfüllung; Merum 2004-6) Privatpreis ab Hof: Euro #

Rivetti/Cairel, Alba (CN)   40 000 Fl./17 Hektar

Tel. 0173 34181; Fax 0173 35287; www.cairel.it; cairel@cairel.it

Barolo DOCG 2000

Mittleres Rot; nicht frische Marmelade- und Kompottnoten; Kraft, viel Süße, marmeladige Frucht, fehlt Tiefe, wirkt gereift, einfach. (3000 Fl.; L.4/120; eine Abfüllung; Merum 2004-6) Privatpreis ab Hof: Euro #

Rivetto, Sinio (CN)   100 000 Fl./17 Hektar

Tel. 0173 613380; Fax 0173 613977; www.rivetto.it; rivetto@rivetto.it

Barolo DOCG Giulin 1999

Helles Rubin; Röstnoten, Frucht; süßlicher Ansatz, holzgeprägt, auch Frucht, aber zu trocken. (10 000 Fl.; L.02/320; # Abfüllungen; Merum 2003-4) Privatpreis ab Hof: Euro à

Barolo DOCG Leon 2000

Mittelintensives Rot; müde Nase; heftiger Ansatz, Säure, Tannin, nicht klare Frucht, unausgewogen. (5000 Fl.; L.33/303; eine Abfüllung; Merum 2004-6) Privatpreis ab Hof: Euro #

Barolo DOCG Leon 1999   ★★★

Frisches, mittleres Rot; einladende Heu- und Holznoten; runder, eleganter Ansatz, Laub, Tabak, Holz, Fruchttiefe, recht gutes Tannin, saftig, lang. (5000 Fl.; L.02/300; # Abfüllungen; Merum 2003-4) Privatpreis ab Hof: Euro #

Rocche Costamagna, La Morra (CN)   90 000 Fl./15 Hektar

Tel. 0173 509225; Fax 0173 509283; www.rocchecostamagna.it; barolo@rocchecostamagna.it

Barolo DOCG Bricco Francesco 1999   ★★★ − ★★★★

Mittleres, reifendes Rot; süße Frucht, einladend; Kraft, Frucht, Süße, Butter, gutes, kerniges Tannin, saftig, gefällt sehr, lang. (6014 Fl.; L.11/02; # Abfüllungen; Merum 2003-4) Privatpreis ab Hof: Euro #

Barolo DOCG Rocche dell'Annunziata 2001   ★★★ JLF

Mittleres Rot; einladende Nase, rote Himbeermarmeladenoten, Lakritze, Vanille; eleganter, geschmeidiger Ansatz, Butter, Johannisbeermarmelade, Vanille, saftiges Tannin, lang. (18 200 Fl.; L.14-04; eine Abfüllung; Merum 2005-3) Privatpreis ab Hof: Euro #

Barolo DOCG Rocche dell'Annunziata 1999   ★★ – ★★★

Mittelhelles Rot; helle Noten von Herbstlaub; reifer, süßer Ansatz, präsente Frucht, viel, gutes Tannin, Butter; angenehm, müsste aber jünger sein und vielschichtiger. (12 371 Fl.; L.10/02; # Abfüllungen; Merum 2003-4) Privatpreis ab Hof: Euro #

Barolo DOCG Rocche dell'Annunziata 1999   ★★ – ★★★

Dunkelrot; einladende Nase, Frucht, etwas Cola, Holz, recht einladend; Frucht auch im Gaumen, ausgewogen, saftig, etwas trockenes Holztannin, lang. (14 500 Fl.; L.10/02; mehr als eine Abfüllung; Merum 2004-6) Privatpreis ab Hof: Euro #

**Barolo DOCG Rocche dell'Annunziata
Bricco Francesco 2001**   ★★ – ★★★

Dunkelrot; intensive Noten von Beerenmarmelade und Cola; intensive Frucht auch im Gaumen, saftig, Holunder, gutes Tannin, recht lang. (7950 Fl.; L.13/04; eine Abfüllung; Merum 2005-3) Privatpreis ab Hof: Euro #

Barolo DOCG Rocche dell'Annunziata Bricco Francesco 2000

Mittleres Rot; mit Belüftung ermüdende Noten von Laub, Himbeermarmelade; geschmeidiger Ansatz, Frucht, dicht, saftig, eingepasste Süße, im Abgang Holzgeschmack. (7300 Fl.; L.09/03; eine Abfüllung; Merum 2004-6) Privatpreis ab Hof: Euro #

Rocche dei Manzoni/Valentino, Monforte d'Alba (CN)   250 000 Fl./45 Hektar

Tel. 0173 78421; Fax 0173 787161; www.rocchedeimanzoni.it;
info@rocchedeimanzoni.it

Barolo DOCG Big d'Big 2001   ★★ – ★★★

Recht dunkles Rot; Fass-Holundernoten, Cassis, Kaffee; gute Kraft, recht dichter Körper, gewisse Frucht, herbes Tannin. (15 600 Fl.; L.#; eine Abfüllung; Merum 2005-3) Privatpreis ab Hof: Euro #

Barolo DOCG Cappella di S. Stefano 2001   ★★ – ★★★

Mittleres Rot; Noten von Teer, Holunder und Gummi, mit Belüftung tritt Holz zunehmend hervor; Kraft, Süße, intensive Frucht, saftig, tief, lang, nicht trocknendes Holztannin. (15 200 Fl.; L.#; eine Abfüllung; Merum 2005-3) Privatpreis ab Hof: Euro #

Barolo DOCG Cappella di S. Stefano 1999

Leuchtendes, recht dunkles Rot; nicht komplett klare Holz- und Fruchtnoten; Kraft, viel herbes Tannin, zu wenig Barolo-Frucht. (10 102 Fl.; L.2.09.24; # Abfüllungen; Merum 2003-4) Privatpreis ab Hof: Euro #

Barolo DOCG d'la Roul 2001   ★★ – ★★★

Mittelintensives Rot; marmeladige Holundernoten; auch im Gaumen Holundernoten, rund, etwas opulent, recht lang, viel heftiges Tannin. (17 200 Fl.; L.#; eine Abfüllung; Merum 2005-3) Privatpreis ab Hof: Euro #

Rosso Giovanni, Serralunga d'Alba (CN)   25 000 Fl./9 Hektar

Tel. 0173 613142; Fax 0173 613142; wine@giovannirosso.com

Barolo DOCG Serralunga 2001

Mittelhelles Rot; nicht intensive Frucht, Noten roter Beeren; kompottige Beerenfrucht, herbes Holztannin, leider im Gaumen weniger spannend als in der Nase, matt, trocknet im Abgang. (15 000 Fl.; L.Alba; # Abfüllungen; Merum 2005-3) Privatpreis ab Hof: Euro #

Barolo DOCG Serralunga 1999

Feuriges, frisches Rot; nicht tiefe Noten von roten Beeren; Mittelgewicht, etwas breite, unfertige Frucht, leicht trocknendes Tannin, Länge. (2000 Fl.; L.03/BR2; # Abfüllungen; Merum 2003-4) Privatpreis ab Hof: Euro #

Saffirio Josetta, Monforte d'Alba (CN)   5000 Fl./5 Hektar

Tel. 0173 78660; Fax 0173 78660; josettasaffirio@hotmail.com

Barolo DOCG 2000

Dunkelrot; Noten von Eichenholz, Zimt, Vanille; auch im Gaumen nicht differenzierter, matt, eindimensional, kurz. (5000 Fl.; L.1.04; eine Abfüllung; Merum 2004-6) Privatpreis ab Hof: Euro #

Saglietti Flavio, La Morra (CN)   11 000 Fl./5 Hektar

Tel. 0173 50838; Fax 0173 50838; www.sagliettiflavio.it; info@sagliettiflavio.it

Barolo DOCG Brunate 2000

Mittleres Rot; grobe Holz- und Fruchtnoten; Süße, Säure, etwas rustikal, fehlen Tiefe und Feinheit. (3000 Fl.; L.4BR1; eine Abfüllung; Merum 2004-6) Privatpreis ab Hof: Euro #

Barolo DOCG Brunate 2000

Mittleres Rot; verhaltene Fruchtnoten; Fruchtsüße, allerdings wenig Struktur, verblasst im Gaumen, keine Tiefe, einfach. (2000 Fl.; L.4BR1; eine Abfüllung; Merum 2005-3) Privatpreis ab Hof: Euro #

Barolo DOCG Cerequio 2000

Mittleres Rot; nicht frische Noten von Kompott; Mittelgewicht, Neuholz, keine Barolo-Tiefe, austauschbarer Geschmack, breit, langweilig. (2800 Fl.; L.4BR1; eine Abfüllung; Merum 2004-6) Privatpreis ab Hof: Euro #

Barolo DOCG Cerequio 2000

Mittleres, reifendes Rot; müde Holznoten; auch im Gaumen müde, kaum Frucht, marmeladige Textur, nicht geschmeidig, mattes Finale. (2000 Fl.; L.4BR1; eine Abfüllung; Merum 2005-3) Privatpreis ab Hof: Euro #

San Biagio, La Morra (CN)   60 000 Fl./18 Hektar

Tel. 0173 50214; Fax 0173 500777; www.barolosanbiagio.com; info@barolosanbiagio.com

Barolo DOCG 2002

Reifendes Rot; Holznoten, Röstung; viel Süße, trockenes Tannin, Holz, Butter, keine Fruchttiefe. (2000 Fl.; L. BA06/081; eine Abfüllung; Merum 2006-6) Privatpreis ab Hof: Euro 18,00

Barolo DOCG Riserva Sori del Rovere 1999

Mittleres Rot; Holznoten; Holz auch im Gaumen, keine Eleganz, keine Barolo-Tiefe. (3500 Fl.; L.Alba; # Abfüllungen; Merum 2005-3) Privatpreis ab Hof: Euro #

Barolo DOCG Sori del Rovere 2001

Reifendes, recht dunkles Rot; Holz-Cola-Noten, knappe Frucht; auch im Gaumen holzdominiert, keine Frucht, ungeschmeidig, einseitig. (6000 Fl.; L.Alba; # Abfüllungen; Merum 2005-3) Privatpreis ab Hof: Euro #

Sandri Giovanni, Monforte d'Alba (CN)   15 000 Fl./7 Hektar

Tel. 0173 787337; Fax 0173 787337; www.cascinadisa.com; info@cascinadisa.com

Barolo DOCG 1998   ★★★

Reifendes, recht dunkles Rot; recht tiefe Frucht, Noten von roten Beeren, Laub, vielschichtig und einladend; Kraft, Frucht im Gaumen, viel gutes Tannin, sehr lang. (3500 Fl.; L.1/250; eine Abfüllung; Merum 2004-6) Privatpreis ab Hof: Euro #

San Silvestro, Novello (CN)   90 000 Fl./15 Hektar

Tel. 0173 731136; Fax 0173 731418; www.sansilvestrovini.com; E-Mail: info@sansilvestrovini.com

Barolo DOCG Patres 2002   ★★ – ★★★

Mittleres Rot; angenehme Nase, Holunder- und Himbeernoten, Waldboden, recht tief; Mittelgewicht, Süße, fruchtig, Butter, rund, gute Länge, recht angenehm. (50 000 Fl.; L.6150; mehr als eine Abfüllung; Merum 2006-6) Privatpreis ab Hof: Euro 19,90

Sandrone, Barolo (CN)   95 000 Fl./26 Hektar

Tel. 0173 560023; Fax 0173 560907; www.sandroneluciano.com; info@sandroneluciano.com

Barolo DOCG Cannubi Boschis 2001

Dunkles rubiniges Rot; vor allem Holznoten, macht nicht neugierig; Süße, gewisse Frucht, herbes, nicht trocknendes Tannin, ungeschmeidig, zu streng. (11 840 Fl.; L.B-03; # Abfüllungen; Merum 2005-3) Privatpreis ab Hof: Euro #

Barolo DOCG Cannubi Boschis 2000 ★★ – ★★★

Dunkelrot; Noten von eingekochter Marmelade, Kaffee; auch im Gaumen Marmeladefrucht, Süße, müsste mehr Barolo-Temperament zeigen, gute Länge, allerdings trockenes Holztannin. (11 300 Fl.; L.C-02; eine Abfüllung; Merum 2004-6) Privatpreis ab Hof: Euro #

Barolo DOCG Cannubi Boschis 1999 ★★★ – ★★★★

Mittelintensives Rot; Noten reifer, roter Früchte, tief; auch im Gaumen Marmelade, kraftvoll, etwas Butter und Karamell, feine Röstung, Süße, dann schönes Tannin. (11 500 Fl.; L.F-01; # Abfüllungen; Merum 2003-4) Privatpreis ab Hof: Euro #

Barolo DOCG Le Vigne 2002

Dunkelrot; holzwürzige Nase; recht kraftvoll, nicht geschmeidig, fehlt Fruchttiefe, ungeschmeidig, trocknet. (8000 Fl.; L. C-05; eine Abfüllung; Merum 2006-6) Privatpreis ab Hof: Euro 60,00

Barolo DOCG Le Vigne 2001

Dunkelrot; breite Noten von neuem Holz und Marmelade, nicht einladend; viel Süße, Holzgeschmack, Karamell, gewisse Frucht, trocknet nach, unelegant und ungeschmeidig. (17 200 Fl.; L.C-03; # Abfüllungen; Merum 2005-3) Privatpreis ab Hof: Euro #

Barolo DOCG Le Vigne 2000

Dunkelrot; Kompott- und Marmeladenoten, Butter; Fülle, Süße, gewisse Frucht, Karamell, trockenes Tannin, etwas fett, nicht elegant. (19 000 Fl.; L.D-02; eine Abfüllung; Merum 2004-6) Privatpreis ab Hof: Euro #

Barolo DOCG Le Vigne 1999 ★★★

Mittleres Rot; Noten von roten Beeren, Butter; schöne Frucht schon im Ansatz, kräftig und saftig, Butter, rund, dann gutes Tannin, recht lang. (19 000 Fl.; L.G-01; # Abfüllungen; Merum 2003-4) Privatpreis ab Hof: Euro #

Sarotto Roberto, Neviglie (CN) 200 000 Fl./45 Hektar

Tel. 0173 630228; Fax 0173 630366; r.sarotto@libero.it

Barolo DOCG Audace 1999

Dunkelrot; Noten von Holunder, Schweiß; viel Süße, schweißige Holundernoten, konzentriert, dicht, saftig, recht lang, marmeladig, nicht elegant. (10 000 Fl.; L.0203; eine Abfüllung; Merum 2005-3) Privatpreis ab Hof: Euro #

Barolo DOCG Briccobergera 2002

Recht dunkles Rot; holzwürzig-süßliche Noten; viel Süße, Mittelgewicht, Vanille, nicht tief, nicht lang, etwas trockenes Tannin. (30 000 Fl.; L.8.06; mehr als eine Abfüllung; Merum 2006-6) Privatpreis ab Hof: Euro 12,00

Barolo DOCG Bricco Bergera 2001 ★★★ JLF

Mittleres Rot; Noten von Holunder, roter Frucht, einladend; saftig, Süße, Holunder, Butter, gutes, saftiges Tannin. (20 000 Fl.; L.Alba; # Abfüllungen; Merum 2005-3) Privatpreis ab Hof: Euro #

Barolo DOCG Bricco Bergera 2000 ★★ – ★★★

Ziemlich dunkles Rot; holunderige Marmeladenoten; Kraft, viel Süße, Frucht ist präsent, recht gutes Tannin, mittlere Länge. (20 000 Fl.; L.02-04; eine Abfüllung; Merum 2004-6) Privatpreis ab Hof: Euro #

Barolo DOCG Riserva Audace 1999 ★★ – ★★★

Mittleres Rot; Noten von Gummi, Holunder, beerige Fruchtnoten; im Gaumen Süße und Reife, recht rund, angenehmes Tannin, nicht sehr tief und nicht sehr lang. (10 000 Fl.; L.Alba; # Abfüllungen; Merum 2005-3) Privatpreis ab Hof: Euro #

Scarzello Giorgio, Barolo (CN) 25 000 Fl./5 Hektar

Tel. 0173 56170; Fax 0173 56170; www.barolodibarolo.com; cantina_scarzello@libero.it

Barolo DOCG 2001

Dunkelrot; von Holz dominierte Frucht; Kraft, Säure, Süße, Frucht, Holz, unausgewogen, trocknet. (3000 Fl.; L.Alba; # Abfüllungen; Merum 2005-3) Privatpreis ab Hof: Euro #

Barolo DOCG 2000

Mittelhelles Rot; nicht komplett klare Nase, holunderige Noten; Süße, recht rund und saftig, trinkig, gute Länge (Abzug für Nase). (3500 Fl.; L.I/BN00; eine Abfüllung; Merum 2004-6) Privatpreis ab Hof: Euro #

Barolo DOCG 1999 ★★★★

Dunkelrot; Noten von roter und schwarzer Beerenmarmelade, Holz; Süße, Kraft, präsente Frucht, charaktervolle Säure, Lakritze, jung; Vollblut-Barolo, verlangt etwas Geduld. (3000 Fl.; L.1/BN99; # Abfüllungen; Merum 2003-4) Privatpreis ab Hof: Euro #

Barolo DOCG Merenda 2000 ★★ – ★★★

Mittleres Rot; Holundernoten, Leder, Frucht, Laub; auch im Gaumen Leder und Holunder, viel Süße, saftig, fruchtig, recht tief, feines Tannin im Abgang, geschmeidig. (2000 Fl.; L.1/BM00; eine Abfüllung; Merum 2005-3) Privatpreis ab Hof: Euro #

Barolo DOCG Merenda 1999 ★★ – ★★★

Mittleres Rot; süße Marmeladenoten; auch im Gaumen eher überreife Frucht, wenig Tiefe, müsste feiner sein, gutes Tannin. (5000 Fl.; L.1/BM99; # Abfüllungen; Merum 2003-4) Privatpreis ab Hof: Euro #

Barolo DOCG Vigna Merenda 2000 ★★ – ★★★ JLF

Mittleres Rot; Noten von Himbeeren, Tiefe, einladend; rund, geschmeidig, schlank und elegant, trinkig, fehlt etwas die Dichte. (6500 Fl.; L.17BM00; eine Abfüllung; Merum 2004-6) Privatpreis ab Hof: Euro #

Scavino Paolo, Castiglione Falletto (CN) 90 000 Fl./20 Hektar

Tel. 0173 62850; Fax 0173 62850; e.scavino@libero.it

Barolo DOCG Bric del Fiasc 2001 ★★ – ★★★

Recht dunkles Rot; Noten von Beerenmarmelade, Holunder, Holz; Kraft, Marmelade- und Kompottfrucht, nicht sehr elegant, mittlere Länge. (9500 Fl.; L.Alba; # Abfüllungen; Merum 2005-3) Privatpreis ab Hof: Euro #

Barolo DOCG Bric del Fiasc 1999 ★★ – ★★★

Dunkelrot; interessante Frucht, Laub, Holunder, Tiefe; Süße, präsente, etwas reife Frucht, Holunder, sehr viel Tannin. (# Fl.; L.2-BF1; # Abfüllungen; Merum 2003-4) Privatpreis ab Hof: Euro #

Barolo DOCG Carobric 2001 ★★ – ★★★

Recht dunkles Rot; intensive Holundernoten; Kraft, wuchtig, Frucht und Holunder, saftig, viel, recht herbes Tannin bis in den Abgang, gewisse Räucheraromen. (18 000 Fl.; L.Alba; # Abfüllungen; Merum 2005-3) Privatpreis ab Hof: Euro #

Barolo DOCG Carobric 1999 ★★★

Dunkelrot; intensive, einladende Noten von Himbeermarmelade, Laub, Trüffel; tolle Frucht schon im Ansatz, viel Süße, heftiges Tannin, lang. (# Fl.; L.2-CB1; # Abfüllungen; Merum 2003-4) Privatpreis ab Hof: Euro #

Barolo DOCG Riserva Rocche dell'Annunziata 1999

Mittelintensives Rubin; einladende Steinfruchtnoten; intensive Steinfruchtnoten, Süße, herbes Tannin, recht guter Wein, aber nicht als Barolo erkennbar. (2500 Fl.; L.Alba; # Abfüllungen; Merum 2005-3) Privatpreis ab Hof: Euro #

Schiavenza, Serralunga d'Alba (CN) 30 000 Fl./8 Hektar

Tel. 0173 613115; Fax 0173 613130; schiavenza@schiavenza.com

Barolo DOCG Riserva 1999

Recht dunkles Rot; nicht klare Noten von Holz; Süße, Holz, keine Frucht, Kraft und Säure, Butter, recht gutes Tannin. (5800 Fl.; L.Alba; # Abfüllungen; Merum 2005-3) Privatpreis ab Hof: Euro #

Sciulun/Conterno Franco, Monforte d'Alba (CN) 40 000 Fl./8 Hektar

Tel. 0173 78627; Fax 0173 789900; sciulun@tin.it

Barolo DOCG Pugnane 1999

Warmes, recht dunkles Rot; Noten von Frucht und Holz; Süße, Marmeladenfrucht, Holzgeschmack, trocknet nach. (3000 Fl.; L.#; # Abfüllungen; Merum 2003-4) Privatpreis ab Hof: Euro #

Sebaste Mauro, Alba (CN)   150 000 Fl./18 Hektar

Tel. 0173 262148; Fax 0173 262954; www.maurosebaste.it;
maurosebaste@maurosebaste.it

Barolo DOCG Brunate 2001

Dunkelrot; ausgeprägte Ledernoten, ziemlich müde; auch im Gaumen saftlos, viel Süße, marmeladig, unelegant. (3400 Fl.; L.B.B./1; eine Abfüllung; Merum 2005-3) Privatpreis ab Hof: Euro #

Barolo DOCG Brunate 2000

Mittelintensives Rubin; Noten von Leder, Holz, Cassismarmelade; viel Süße, fremdartige Frucht, korrekter Wein, aber als Barolo zu untypisch, herb, leicht bitter. (2000 Fl.; L.B.B./1; eine Abfüllung; Merum 2004-6) Privatpreis ab Hof: Euro #

Barolo DOCG Brunate 1999

Dunkelrot; dichte, aber holzgeprägte Nase; recht konzentriert, gewisse Frucht, dann aber Holzaroma und Holztannin, das das Weinerlebnis verkürzt. (2000 Fl.; L.B.B./1; # Abfüllungen; Merum 2003-4) Privatpreis ab Hof: Euro #

Barolo DOCG Monvigliero 2000

Dunkelrot; Holz-, Steinfrucht-, Leder- und Hanfnoten; Süße, knappes Tannin, Leder, wenig Frucht, fehlt Tiefe. (7500 Fl.; L.B.MNV./1; eine Abfüllung; Merum 2004-6) Privatpreis ab Hof: Euro #

Barolo DOCG Prapò 2001

Mittleres Rot; Leder- und Fruchtnoten; im Gaumen vielschichtiger, Süße, dicht, Lakritze, Leder, saftig, marmeladige Frucht, gute Länge. (5000 Fl.; L.B.P./1; eine Abfüllung; Merum 2005-3) Privatpreis ab Hof: Euro #

Barolo DOCG Prapò 1999

Mittelhelles Rot; nicht sehr klare Nase, dunkle Steinfrüchte, Holz; Kraft, Fülle, Tiefe, dann trockenes Tannin. (4800 Fl.; L.B.P./1; # Abfüllungen; Merum 2003-4) Privatpreis ab Hof: Euro #

Seghesio Aldo e Riccardo, Monforte d'Alba (CN)   50 000 Fl./10 Hektar

Tel. 0173 78108; Fax 0173 78108; az.agricolaseghesio@libero.it

Barolo DOCG La Villa 2001

Dunkelrot; verhaltene Noten von Holz und Trockenfrüchten; gute Kraft, stark holzgeprägt, fehlt Fruchtfrische, keine Geschmeidigkeit, verschüttete Barolo-Frucht, trocken. (20 000 Fl.; L.4/211; eine Abfüllung; Merum 2005-3) Privatpreis ab Hof: Euro #

Barolo DOCG La Villa 1999

Reifendes Rot; reife, süße Nase; runder Ansatz, fehlt Frucht, fehlt Struktur, Vanille, heftiges Tannin. (20 500 Fl.; L.2/209; # Abfüllungen; Merum 2003-4) Privatpreis ab Hof: Euro #

Settimo Aurelio, La Morra (CN)   40 000 Fl./7 Hektar

Tel. 0173 50803; Fax 0173 509318; www.aureliosettimo.com; a.settimo@libero.it

Barolo DOCG 2002

Mittleres Rot; Noten getrockneter Früchte, Heu, Teer, animalisch, verblasst im Glas; Mittelgewicht, Frucht, gute Süße, saftig, herbes Tannin. (4682 Fl.; L. C06; eine Abfüllung; Merum 2006-6) Privatpreis ab Hof: Euro 17,00

Barolo DOCG 2001   ★★★ – ★★★★ JLF

Mittelhelles Rot; recht tiefe Fruchtnoten, einladend; kraftvolles Mittelgewicht, viel gutes Tannin, saftig und fruchttief, ausgewogen und typisch, jung, lang. (13 800 Fl.; L.G04; mehr als eine Abfüllung; Merum 2005-3) Privatpreis ab Hof: Euro #

Barolo DOCG 2000   ★★★

Mittleres Rot; intensive Nase, tiefe Noten von Unterholz, Beerenmarmelade, einladend; kompakt im Ansatz, dichter, sehr fruchtbetonter Wein, vielschichtig, saftig, rund, endet lang. (6800 Fl.; L.A04; eine Abfüllung; Merum 2004-6) Privatpreis ab Hof: Euro #

Barolo DOCG 1999   ★★★

Mittelintensives Rot; einladende Nebbiolo-Frucht, Teer, tief; auch im Gaumen intakte Frucht, Kraft, potentes Barolo-Tannin, Frucht bis in den Abgang, herrschaftlicher, traditioneller Barolo; einzige kleine Kritik: verwelkt etwas zu rasch in der angebrochenen Flasche. (6744 Fl.; L.C02; # Abfüllungen; Merum 2003-4) Privatpreis ab Hof: Euro #

Barolo DOCG 1999 ★★★

Reifendes, mittleres Rot; feine Teer- und Nebbiolo-Noten; Süße, Holunder, Leder, Holz, intensive Frucht, saftig, Barolo-Tannin. (14 500 Fl.; L.B04; mehr als eine Abfüllung; Merum 2005-3) Privatpreis ab Hof: Euro #

Barolo DOCG Rocche 2002 ★★★ – ★★★★

Mittelhelles Rot; recht tiefe Frucht, Heu, Leder, mit Belüftung immer tiefer und fruchtiger; kraftvoll, Süße, Nebbiolo-Frucht, saftig, herbes, saftiges Tannin, lang. (11 252 Fl.; L. D06; mehr als eine Abfüllung; Merum 2006-6) Privatpreis ab Hof: Euro 20,00

Barolo DOCG Rocche 2001 ★★★ – ★★★★

Mittleres Rot; intensive Noten von roter Frucht, Marzipan, Holz, Trüffel, frisches Heu, sehr einladend; recht kraftvoll, gutes Tannin, fruchtig auch im Gaumen, viel, gutes Tannin, lang. (19 000 Fl.; L.F04; mehr als eine Abfüllung; Merum 2005-3) Privatpreis ab Hof: Euro #0

Barolo DOCG Rocche 2000 ★★ – ★★★

Mittleres Rot; lederige Noten von Gummi, Marmelade; Süße, gewisse Frucht, saftig, herbes Tannin. (21 000 Fl.; L.D03; mehr als eine Abfüllung; Merum 2004-6) Privatpreis ab Hof: Euro #

Barolo DOCG Rocche 2000 ★★ – ★★★

Dunkelrot; reife Marmeladefrucht; Süße, herbes Tannin, marmeladige Frucht, saftig, gutes Tannin, recht lang. (21 400 Fl.; L.C04; mehr als eine Abfüllung; Merum 2005-3) Privatpreis ab Hof: Euro #

Barolo DOCG Rocche 1999 ★★★

Mittleres Rot; Frucht mit Noten von Himbeermarmelade, etwas Leder; Kraft, charaktervoll, viel, tolles Tannin, saftig, Fruchttiefe, recht lang. (21 400 Fl.; L.B03; mehr als eine Abfüllung; Merum 2005-3) Privatpreis ab Hof: Euro #

Sobrero Francesco, Castiglione Falletto (CN)   80 000 Fl./16 Hektar

Tel. 0173 62864; Fax 0173 462036; www.sobrerofrancesco.it;
cantina.sobrero@tiscali.it

Barolo DOCG Riserva Pernanno 1999 ★★ – ★★★

Reifendes Hellrot; reifende, feine Nase; feiner Ansatz, viel Süße, die die Tiefe verdeckt, gutes Tannin, mittlere Länge. (9000 Fl.; L.Alba; # Abfüllungen; Merum 2005-3) Privatpreis ab Hof: Euro #

Sobrino Edoardo, La Morra (CN)   24 000 Fl./7 Hektar

Tel. 0173 440850; Fax 0173 440980; #

Barolo DOCG Monvigliero e Pisapola 2001 ⚡

Recht dunkles Rot; verhaltene Holznoten; holzgeprägt, keine Geschmeidigkeit, keine Tiefe, trocknendes Holztannin. (4800 Fl.; L.1-04; eine Abfüllung; Merum 2005-3) Privatpreis ab Hof: Euro #

Sordo Giovanni, Castiglione Falletto (CN)   300 000 Fl./43 Hektar

Tel. 0173 62853; Fax 0173 462056; www.sordogiovanni.it; info@sordogiovanni.it

Barolo DOCG 2002 ★★★ – ★★★★ JLF

Mittelhelles Rot; holunderige Pfirsich- und Nebbiolo-Frucht, einladend; rund, Süße, saftig, Mittelgewicht, Frucht, fest, herbes Tannin, lang. (130 000 Fl.; L.6018; mehr als eine Abfüllung; Merum 2006-6

Barolo DOCG 2001 ★★ – ★★★

Mittleres Rot; Holundernoten, dunkle Frucht, einladend; Mittelgewicht, Tee, Süße, warmes, saftiges Tannin, Holunder, recht lang. (130 000 Fl.; L.5025; mehr als eine Abfüllung; Merum 2005-3) Privatpreis ab Hof: Euro #

Barolo DOCG 1999

Intensives Rot; nicht überaus klare Holunder-Vanille-Nase; kraftvolles Mittelgewicht, kaum Frucht, man vermisst Tiefe, herbes Tannin. (12 000 Fl.; L.3080; # Abfüllungen; Merum 2003-4) Privatpreis ab Hof: Euro #

Barolo DOCG 1999 ★★★ – ★★★★ JLF

Recht dunkles Rot; Noten von Erdbeermarmelade, Holunder, Teer, tief; Kraft, saftig, ausgesprochen wuchtig, tief, Teer und Frucht, sehr viel, gutes Tannin, lang. (110 000 Fl.; L.3296; mehr als eine Abfüllung; Merum 2004-6) Privatpreis ab Hof: Euro #

Barolo DOCG 1998 ★★★ – ★★★★ JLF

Mittleres Rot; mit Belüftung Noten von Nebbiolo-Frucht, Lakritze, Gummi, Eukalyptus; Mittelgewicht, rund, sehr geschmeidig, saftig, gutes, Tannin, angenehm, Länge. (100 000 Fl.; L.3290; mehr als eine Abfüllung; Merum 2004-6) Privatpreis ab Hof: Euro #

Barolo DOCG Ceretta di Perno 2001 ★★★ JLF

Mittleres Rot; Noten von Holunder, Beeren- und Zwetschgenkompott, Holz; saftiger Ansatz, ausgewogen, Süße, Holunder, herbes, gutes Tannin, fest und transparent, dunkle Frucht, lang. (25 000 Fl.; L.5070; eine Abfüllung; Merum 2005-3) Privatpreis ab Hof: Euro #

Barolo DOCG Riserva Söri Gabutti 1999 ★★★ JLF

Mittleres Rot; Noten von Holunder; viel Süße, Holunder, Fülle, ausgewogen, recht tief, sehr schönes Tannin, lang. (7000 Fl.; L.Alba; # Abfüllungen; Merum 2005-3) Privatpreis ab Hof: Euro #

Barolo DOCG Rocche di Castiglione 2001 ★★★ JLF

Recht dunkles Rot; rote Marmeladefrucht und Holundernoten; im Gaumen Kraft, viel Süße, viel gutes Tannin, saftig, Charakter, Holunder, Butter, viel gutes Tannin, saftig, sehr lang. (3800 Fl.; L.4245; eine Abfüllung; Merum 2005-3) Privatpreis ab Hof: Euro #

Barolo DOCG Söri Gabutti 2001 ★★★

Recht dunkles Rot; Noten von Zwetschgen, Gummi; recht dichter, voller Ansatz, viel Süße, saftig, noch jung, gutes Tannin, mittlere Länge. (24 000 Fl.; L.5069; eine Abfüllung; Merum 2005-3) Privatpreis ab Hof: Euro #

Stroppiana Oreste, La Morra (CN) 25 000 Fl./4,5 Hektar

Tel. 0173 509419; Fax 0173 509419; www.cantinastroppiana.com; info@cantinastroppiana.com

Barolo DOCG Bricco Cogni 2000

Gereiftes Rot; teerig-fruchtige Nase, nicht tief; Süße, Zigarrenkistchen, wenig Frucht, gereift. (2800 Fl.; L.214.03; eine Abfüllung; Merum 2004-6) Privatpreis ab Hof: Euro #

Barolo DOCG Gabutti Bussia 2002 ⚡

Mittelintensives Rot; Röstung, Ruß; Mittelgewicht, viel Süße, Ruß, keine Frucht, trocken. (1000 Fl.; L.248.05; eine Abfüllung; Merum 2006-6) Privatpreis ab Hof: Euro 21,00

Barolo DOCG Gabutti Bussia 2001 ★★ – ★★★

Mittleres, reifendes Rot; recht süße Fruchtnoten, rote Beerenmarmelade; viel Süße, präsente Frucht, recht tief, Kaffee, recht gutes Tannin, saftig, gute Länge. (1800 Fl.; L.259.04; eine Abfüllung; Merum 2005-3) Privatpreis ab Hof: Euro #

Barolo DOCG San Giacomo 2002

Mittleres, reifendes Rot; Frucht mit Cola- und Rußnoten; schmal, Holzwürze, nicht lang. (2000 Fl.; L.249.05; eine Abfüllung; Merum 2006-6) Privatpreis ab Hof: Euro 21,00

Barolo DOCG San Giacomo 2001 ⚡

Mittleres Rot; Noten von Neuholz, Cola, Rauchspeck; auch der Geschmack ist von neuem Holz geprägt, trocknet. (2500 Fl.; L.210.04; eine Abfüllung; Merum 2005-3) Privatpreis ab Hof: Euro #

Barolo DOCG San Giacomo 1999

Recht dunkles Rot; Röstnoten; Kraft, Neuholz, Geräuchertes, kaum Frucht, trockenes Tannin, ziemlich kurz. (2500 Fl.; L.222/02; # Abfüllungen; Merum 2003-4) Privatpreis ab Hof: Euro #

Sylla Sebaste, Barolo (CN) 70 000 Fl./7 Hektar

Tel. 0173 56266; Fax 0173 56353; www.syllasebaste.com; syllasebaste@syllasebaste.com

Barolo DOCG Bussia 2000

Eher helles, reifendes Rot; Noten von Reife, müder Frucht und Leder; Mittelgewicht, Süße, wenig Struktur, kaum Tannin, kurz. (12 000 Fl.; L.0504; mehr als eine Abfüllung; Merum 2005-3) Privatpreis ab Hof: Euro #

Barolo DOCG Bussia 1999 ★★ – ★★★

Mittleres Rot; marmeladige Frucht, recht einladend; harmloser Ansatz, dann Frucht und Butter und gutes Tannin, rund, gute Länge. (5000 Fl.; L.1203; mehr als eine Abfüllung; Merum 2004-6) Privatpreis ab Hof: Euro #

Tenuta Carretta, Piobesi d'Alba (CN)   480 000 Fl./72 Hektar
Tel. 0173 619119; Fax 0173 619931; www.tenutacarretta.it;
t.carretta@tenutacarretta.it

Barolo DOCG Cannubi 2001   ★★ – ★★★
Mittleres, reifendes Rot; verhaltene Laub- und Marmeladenoten; runder Ansatz, reife Frucht, herbes Tannin, Süße, saftig, gewisse Fruchttiefe, gute Länge. (10 000 Fl.; L.#; eine Abfüllung; Merum 2005-3) Privatpreis ab Hof: Euro #

Barolo DOCG Cannubi 2000
Ziemlich intensives Rubin; Röstnoten, Marmelade; viel Süße, keine Frucht, trockenes Tannin, keine Geschmeidigkeit. (12 000 Fl.; L.3.308; eine Abfüllung; Merum 2004-6) Privatpreis ab Hof: Euro #

Tenuta L'Illuminata, La Morra (CN)   40 000 Fl./10 Hektar
Tel. 02 72094585; Fax 02 72080073; www.illuminata.it; info@illuminata.it

Barolo DOCG Tebavio 2002
Ziemlich dunkles Rot; Röstung, dahinter gewisse Fruchtsüße; Mittelgewicht, Süße, Marmeladearoma, trocknendes Tannin, ungeschmeidig. (18 000 Fl.; L.105; eine Abfüllung; Merum 2006-6) Privatpreis ab Hof: Euro 17,50

Barolo DOCG 2001
Rubiniges, recht dunkles Rot; Noten von Gummi, rindig-strauchig, vegetal; herber Ansatz, eigenartige Frucht, recht konzentriert, streng, ungeschmeidig. (6666 Fl.; L.Alba; # Abfüllungen; Merum 2005-3) Privatpreis ab Hof: Euro #

Tenuta La Volta/Cabutto, Barolo (CN)   60 000 Fl./13 Hektar
Tel. 0173 56168; Fax 0173 56376; #

Barolo DOCG La Volta 1999
Mittleres Rubin; nicht völlig klare Frucht; im Gaumen verhaltene Frucht, viel Tannin, Charakter, trocknet etwas nach, ich vermisse Frucht. (25 000 Fl.; L.02-03; # Abfüllungen; Merum 2003-4) Privatpreis ab Hof: Euro #

Tenuta Montanello, Castiglione Falletto (CN)   15 000 Fl./11 Hektar
Tel. 0173 62949; Fax 0173 62949; www.tenutamontanello.it;
info@tenutamontanello.it

Barolo DOCG Montanello 2002
Mittelhelles Rot; nicht klare, holzwürzige Noten; Kraft, Süße, holzgeprägt, kaum Frucht, trocknendes Tannin. (3500 Fl.; L.3.06; eine Abfüllung; Merum 2006-6) Privatpreis ab Hof: Euro 21,00

Barolo DOCG 2001   ★★ – ★★★
Mittelhelles Rot; feine Noten von Bittermandeln, Nebbiolo-Frucht, Holz; geschmeidiger Ansatz, Süße, saftig, Holz etwas zu präsent, ansonsten sehr elegant, lang. (6000 Fl.; L.Alba; # Abfüllungen; Merum 2005-3) Privatpreis ab Hof: Euro #

Tenuta Rocca, Monforte d'Alba (CN)   80 000 Fl./10 Hektar
Tel. 0173 78412; Fax 0173 789742; www.tenutarocca.com;
tenutarocca@tenutarocca.com

Barolo DOCG 2002
Mittelintensives Rot; Holznoten; Mittelgewicht, gute Fülle, feine Säure, herbes Tannin, kaum Frucht. (4367 Fl.; L. 1-06; eine Abfüllung; Merum 2006-6) Privatpreis ab Hof: Euro 22,00

Barolo DOCG 2001;
Dunkles, rubiniges Rot; Holznoten; kühle Frucht, ungeschmeidig, trockenes Tannin. (3300 Fl.; L.1-05; eine Abfüllung; Merum 2005-3) Privatpreis ab Hof: Euro #

Barolo DOCG 2000
Mittelintensives Rot; Noten von Zwetschgenkompott, Gummi, Ruß; Mittelgewicht, gewisse Frucht, Süße, zu streng, ziemlich trocken. (3300 Fl.; L.1-04; eine Abfüllung; Merum 2004-6) Privatpreis ab Hof: Euro #

Barolo DOCG San Pietro 2001
Dunkelrot; nicht frische, von Holz geprägte Nase, keine Frucht; viel Süße, wenig Frucht, viel Tannin, ungeschmeidig, ohne Fruchttiefe. (2400 Fl.; L.1-05; eine Abfüllung; Merum 2005-3) Privatpreis ab Hof: Euro #

Barolo DOCG Tenuta Rocca 1999 ★★★
Mittelhelles Rubin; einladende Fruchtnoten, tief; Fülle, Kraft, Frucht, auch Holz, viel, recht gutes Tannin, Säure, sehr lang. (3000 Fl.; L.4-03; # Abfüllungen; Merum 2003-4) Privatpreis ab Hof: Euro #

Teo Costa, Castellinaldo (CN) 250 000 Fl./35 Hektar
Tel. 0173 213066; Fax 0173 213066; www.teocosta.it; teocosta@teocosta.it

Barolo DOCG Monroj 2000
Recht dunkles Rubin; Holz- und Marmeladenoten, Schwarzbrot; dicht, süß, streng, Säure, keine Nebbiolo-Frucht, schmeckt wie ein Super tuscan, nicht als Barolo erkennbar. (7000 Fl.; L.#; eine Abfüllung; Merum 2004-6) Privatpreis ab Hof: Euro #

Terre da Vino, Barolo (CN) 6 100 000 Fl./4600 Hektar
Tel. 0173 564611; Fax 0173 564612; www.terredavino.it; info@terredavino.it

Barolo DOCG Paesi Tuoi 2001
Dunkelrot; verhaltene Frucht; schlank, einfach, Süße, gewisse Frucht, dann Röstgeschmack, im Abgang ziemlich trocknendes Tannin. (60 000 Fl.; L.#; # Abfüllungen; Merum 2005-3) Privatpreis ab Hof: Euro #

Barolo DOCG Paesi Tuoi 2000
Recht intensives Rot; holunderige Nase; auch im Gaumen Holunder und Kompott, herbes Tannin, knappe Frucht, gute Länge. (60 000 Fl.; L.16D4M65; mehr als eine Abfüllung; Merum 2004-6) Privatpreis ab Hof: Euro #

Barolo DOCG Paesi Tuoi 1999 ★★ – ★★★
Dunkelrot; Nase braucht Luft, Frucht verhalten; Kraft, Holunder, Butter, herbes Tannin, charaktervoll, etwas holzgeprägt, recht lang. (55 000 Fl.; L.1103M42; # Abfüllungen; Merum 2003-4) Privatpreis ab Hof: Euro #

Barolo DOCG Poderi Scarrone 2000
Dunkelrot; Noten von Holz, Holunder, Lorbeer, Marmelade; Kraft, Süße, Säure, Holunder, trockenes Holztannin, Geräuchertes. (6500 Fl.; L.15D4M66; eine Abfüllung; Merum 2004-6) Privatpreis ab Hof: Euro #

Barolo DOCG Poderi Scarrone 1999 ★★ – ★★★
Mittleres, frisches Rot; Noten von Holunder, Marasken, Röstung; auch im Gaumen Frucht, etwas reif, Holunder, etwas eindimensional, aber recht angenehm. (6500 Fl.; L.803M41; # Abfüllungen; Merum 2003-4) Privatpreis ab Hof: Euro #

Barolo DOCG Scarrone 2001
Mittelintensives Rot; Noten von Laub, etwas Teer, Frucht; im Gaumen herrscht dann leider Röstung vor, Vanille, zu einseitig. (6500 Fl.; L.Alba; # Abfüllungen; Merum 2005-3) Privatpreis ab Hof: Euro #

Terre del Barolo, Castiglione Falletto (CN) 2 600 000 Fl./800 Hektar
Tel. 0173 262053; Fax 0173 262749; www.terredelbarolo.com; tdb@terredelbarolo.com

Barolo DOCG Cantina 2001 ★★ – ★★★
Mittelhelles Rot; verführerische Nase, Noten von Schwarztee, verblühenden Rosen, Beerenmus, Gummi, Röstung; schlanker, feiner Ansatz, Butter, saftig, geschmeidig, angenehmes Tannin, mit den Stunden zunehmende Röstung, Länge. (1 000 000 Fl.; L.5083; # Abfüllungen; Merum 2005-3) Privatpreis ab Hof: Euro #

Barolo DOCG Le Terre 2002 ★★★ JLF
Mittleres Rot; nicht intensive, feine, tiefe Nebbiolo-Noten, Erdbeermarmelade, sehr einladend; fruchtig, eher schlank, saftig, rund und geschmeidig, gutes Tannin. (900 000 Fl.; L.6241 16.12; mehr als eine Abfüllung; Merum 2006-6) Privatpreis ab Hof: Euro 12,00

Torregiorgi, Monforte d'Alba (CN) 25 000 Fl./# Hektar
Tel. 0173 677159; Fax # ; info@torregiorgi.com

Barolo DOCG Riserva Pian Polvere 1999
Mittleres Rot; Steinfruchtnoten, nicht tief, fehlt Fruchtfrische; Kraft, Süße, Steinfrucht, etwas Jod, herbes Tannin, endet trocken. (8000 Fl.; L.Alba; # Abfüllungen; Merum 2005-3) Privatpreis ab Hof: Euro #

Vajra G. D., Barolo (CN) 200 000 Fl./46 Hektar

Tel. 0173 56257; Fax 0173 56345; gdvajra@tin.it

Barolo DOCG Albe 2002 ★★ – ★★★

Recht dunkles Rot; einladende Frucht, Tabak; Mittelgewicht, Säure, Tabak, Heu, angenehm. (11 762 Fl.; L. 14/06F; mehr als eine Abfüllung; Merum 2006-6) Privatpreis ab Hof: Euro 22,50

Barolo DOCG Albe 2000 ★★ – ★★★

Mittleres Rot; einladende Noten von Himbeermarmelade, kandierten Früchten, Laub, sehr einladend; runder Ansatz, Süße, sogleich öffnet sich Fruchttiefe, Vanille, im Abgang Holzgeschmack. (14 680 Fl.; L.18-04; eine Abfüllung; Merum 2004-6) Privatpreis ab Hof: Euro #

Barolo DOCG Bricco delle Viole 1999

Mittleres Rubin; Ruß- und Gewürznoten, Vanille; auch im Gaumen Rußgeschmack, holzbetont, kaum Frucht, trocknet nach. (8088 Fl.; L.20 03; eine Abfüllung; Merum 2004-6) Privatpreis ab Hof: Euro #

Varaldo Rino, Neive (CN) 45 000 Fl./7 Hektar

Tel. 0173 635160; Fax 0173 635160; varaldo@varaldo.com

Barolo DOCG di Aldo 2001

Dunkelrot; Vanille-Nase; auch im Gaumen Vanille, dann trocknendes Tannin. (4500 Fl.; L.Alba; eine Abfüllung; Merum 2005-3) Privatpreis ab Hof: Euro #

Barolo DOCG Vigna di Aldo 1999 ⚡

Recht dunkles Rot; Röstnoten; kraftvoll, vom Holz gedämpfter Wein, schade, hätte gute Basis, aber Neuholz nimmt ihm die schönsten Seiten, trocknet nach. (4000 Fl.; L.210/02; # Abfüllungen; Merum 2003-4) Privatpreis ab Hof: Euro #

Veglio Mauro, La Morra (CN) 55 000 Fl./11 Hektar

Tel. 0173 509212; Fax 0173 509212; www.mauroveglio.com; mauroveglio@mauroveglio.com

Barolo DOCG Arborina 2001

Rubiniges Rot; vom Holz geprägte Fruchtnoten; rund, nicht sehr typische Frucht, kühle Struktur, trockenes Tannin. (12 000 Fl.; L.1-BR04; eine Abfüllung; Merum 2005-3) Privatpreis ab Hof: Euro #

Barolo DOCG Arborina 1999

Dichtes Rot; röstige Holz-Frucht-Noten; recht kraftvoll, herb, knappe Frucht, nicht überaus vielschichtig, stark trocknendes Tannin. (12 000 Fl.; L.1BR02; # Abfüllungen; Merum 2003-4) Privatpreis ab Hof: Euro #

Barolo DOCG Castelletto 2001

Dunkelrot; intensive Noten von Marmelade und Kompott; auch im Gaumen fruchtig, aber die Struktur ist vom Holz geprägt und die Textur ist klebrig, nicht elegant, trockenes Tannin. (6000 Fl.; L.1-BR04; eine Abfüllung; Merum 2005-3) Privatpreis ab Hof: Euro #

Barolo DOCG Castelletto 2000

Dunkelrot; verhalten, Noten dunkler Marmelade, Gummi, Rauch; kraftvoll, wenig Frucht, zu herbes Tannin, Länge. (6000 Fl.; L.1-BR03; eine Abfüllung; Merum 2004-6) Privatpreis ab Hof: Euro #

Barolo DOCG Castelletto 1999

Mittelhelles Rubin; Frucht- und Holznoten, wenig Tiefe; Süße, Röstung, stark trocknend. (6400 Fl.; L.1BR02; # Abfüllungen; Merum 2003-4) Privatpreis ab Hof: Euro #

Barolo DOCG Gattera 2001

Mittelintensives, rubiniges Rot; Marmelade- und Holznoten; im Gaumen streng, viel Süße, Frucht und Fülle wirken im Tannin verkapselt, untrinkig, trocknend. (5500 Fl.; L.1-BR04; eine Abfüllung; Merum 2005-3) Privatpreis ab Hof: Euro #

Barolo DOCG Gattera 1999 ★★★

Mittleres Rubin; Noten von Herbstlaub, in der Tiefe auch Frucht, noch jung und ziemlich verhalten; sehr konzentriert, dichte, strenge Struktur, gut eingebautes Holz, spürbar wertvoll, Länge, jung. (5200 Fl.; L.1BR02; # Abfüllungen; Merum 2003-4) Privatpreis ab Hof: Euro #

Barolo DOCG Rocche 2001

Mittleres Rubin; Noten von Bittermandeln, keine Frucht; im Gaumen Aroma von frischem Apfel, nicht typisch, dann im Abgang Barolo-Tannin und Frucht. (1800 Fl.; L.1-BR04; eine Abfüllung; Merum 2005-3) Privatpreis ab Hof: Euro #

Barolo DOCG Rocche 1999 ★★ – ★★★
Mittleres Rubin; intensive Zwetschgenfrucht; Kraft, Frucht, viel Tannin, Süße, wenig Nebbiolo-Charakter, Holztannin. (1800 Fl.; L.1BR02; # Abfüllungen; Merum 2003-4) Privatpreis ab Hof: Euro #

Barolo DOCG Vigneto Arborina 2000
Dunkelrot; marmeladig-balsamische Noten; viel Süße, herbes Tannin macht den Wein spröde, Frucht, viel Lakritze, zu trocken. (12 000 Fl.; L.1-BR03; eine Abfüllung; Merum 2004-6) Privatpreis ab Hof: Euro #

Barolo DOCG Vigneto Gattera 2000
Dunkelrot; nicht intensive Karamell- und Marmeladenoten, gute Tiefe; dicht, streng, recht tief, aber wenig Barolo-Frucht, Tannin trocknet etwas, mittlere Länge. (5000 Fl.; L.1-BR03; eine Abfüllung; Merum 2004-6) Privatpreis ab Hof: Euro #

Barolo DOCG Vigneto Rocche 2000
Rubiniges Dunkelrot; Pfirsichfrucht; fruchtig auch im Gaumen, herbes Tannin im Finale. (1800 Fl.; L.1-BR03; eine Abfüllung; Merum 2004-6) Privatpreis ab Hof: Euro #

Viberti Eraldo, La Morra (CN) 25 000 Fl./4 Hektar
Tel. 0173 50308; Fax 0173 50309; #

Barolo DOCG 1999
Mittelhelles Rubin; verhaltene Neuholznoten, kaum Frucht; Kraft, Süße, Holz, müde Röstaromen, dann trocknendes Tannin. (8000 Fl.; L.06-08-02; # Abfüllungen; Merum 2003-4) Privatpreis ab Hof: Euro #

Viberti Giovanni, Barolo (CN) 50 000 Fl./10 Hektar
Tel. 0173 56192; Fax 0173 560013

Barolo DOCG Buon Padre 2001
Recht dunkles Rot; intensive Nase, Noten von Holunder, Frucht; Kraft, saftig, knappe Frucht, noch verschlossen, viel Tannin, herbes Finale. (10 000 Fl.; L.Alba; mehr als eine Abfüllung; Merum 2005-3) Privatpreis ab Hof: Euro #

Barolo DOCG Riserva Bricco delle Viole 1999
Mittleres Rot; Holz- und Fruchtnoten; auch im Gaumen, Holz, Leder, herbes Tannin, ziemlich kurz. (5330 Fl.; L.Alba; # Abfüllungen; Merum 2005-3) Privatpreis ab Hof: Euro #

Vietti, Castiglione Falletto (CN) 190 000 Fl./35 Hektar
Tel. 0173 62825; Fax 0173 62941; info@vietti.com

Barolo DOCG Brunate 2001 🌋
Recht dunkles Rot; laute Noten von Holz und Marmelade; kraftvoll, gewisse Frucht, Holzgeschmack, ungeschmeidig, trockenes Tannin. (4600 Fl.; L.#; eine Abfüllung; Merum 2005-3) Privatpreis ab Hof: Euro #

Barolo DOCG Lazzarito 2001
Rubinrot; nicht intensive, nicht frische Marmeladenoten, Stroh; konzentriert, Süße, gewisse Kompottfrucht, Tannin, knappe Frucht, zu streng, ungeschmeidig. (5000 Fl.; L.#; eine Abfüllung; Merum 2005-3) Privatpreis ab Hof: Euro #

Barolo DOCG Lazzarito 1999 ★★ – ★★★
Mittleres Rot; Noten von neuem Eichenholz, auch Frucht; dichter Ansatz, intakte Frucht, feine Säure, neues Holz, Tiefe, recht lang; schöner Wein, für meinen Geschmack ist das neue Holz zu stark spürbar. (4500 Fl.; L.#; # Abfüllungen; Merum 2003-4) Privatpreis ab Hof: Euro #

Barolo DOCG Ravera 1999
Recht intensives Rot; Noten von Röstung, Gummi und roter Frucht; Süße, etwas Holz, dann den Wein austrocknendes Holztannin. (6000 Fl.; L.#; # Abfüllungen; Merum 2003-4) Privatpreis ab Hof: Euro #

Barolo DOCG Rocche 2001
Recht intensives Rubin; verhaltene Fruchtnoten, Cola; konzentriert, viel Süße, Holz, dann trockenes Tannin, dahinter Frucht, gute Tiefe. (5500 Fl.; L.#; eine Abfüllung; Merum 2005-3) Privatpreis ab Hof: Euro #

Barolo DOCG Rocche 1999 ★★★
Mittelhelles Rot; einladende Fruchtnoten; viel Süße, dann Karamell, rund und voll, feines Neuholz, schöne Länge. (5600 Fl.; L.#; # Abfüllungen; Merum 2003-4) Privatpreis ab Hof: Euro #

Virna/Borgogno Lodovico, Barolo (CN)
60 000 Fl./10 Hektar

Tel. 0173 56120; Fax 0173 56120; www.virnabarolo.it; borgognot@libero.it

Barolo DOCG 2002

Dunkelrot; nicht klare Noten von Holz, Leder, keine Frucht; viel Süße, gewisse Säure, kaum Frucht, Holz, herbes Tannin, trocknet im Abgang. (20 000 Fl.; L. #; mehr als eine Abfüllung; Merum 2006-6) Privatpreis ab Hof: Euro 18,00

Barolo DOCG Cannubi Boschis 2001

Mittelintensives Rot; rauchige, aromatische Frucht; auch im Gaumen aromatische Frucht, Röstung, saftig, auch Rauchspeck, recht rund. (7000 Fl.; L.505; eine Abfüllung; Merum 2005-3) Privatpreis ab Hof: Euro #

Barolo DOCG Cannubi Boschis 1999   ★★ – ★★★

Mittelhelles Rot; helle Beeren- und Holundernoten; Mittelgewicht, erdiger Beigeschmack, gutes Tannin, müsste noch fruchtiger sein. (6500 Fl.; L.032; # Abfüllungen; Merum 2003-4) Privatpreis ab Hof: Euro #

Barolo DOCG Preda Sarmassa 2001

Mittleres Rot; Fass- und Fruchtnoten; Mittelgewicht, Süße, Röstung, herbes, aber warmes Tannin, wenig Fruchttiefe. (7000 Fl.; L.504; eine Abfüllung; Merum 2005-3) Privatpreis ab Hof: Euro #

Barolo DOCG Riserva Preda Sarmassa 1999   ★★ – ★★★

Ziemlich dunkles Rot; einladende Nase mit Noten von Himbeeren, frisch geschnittenem, würzigem Heu, tief; feiner Ansatz, Süße, leider stört erdiges Aroma, begeistert im Gaumen weniger als in der Nase, gute Länge. (7000 Fl.; L.Alba; # Abfüllungen; Merum 2005-3) Privatpreis ab Hof: Euro #

Voerzio Gianni, La Morra (CN)
60 000 Fl./12,5 Hektar

Tel. 0173 509194; Fax 0173 509194; voerzio.gianni@tiscali.it

Barolo DOCG La Serra 2001

Dunkelrot; Noten von Röstung, Vanille, im Hintergrund Frucht; Vanille prägt auch den Geschmack, Mittelgewicht, Vanille bis in den Abgang. (8700 Fl.; L.25204; eine Abfüllung; Merum 2005-3) Privatpreis ab Hof: Euro #

Barolo DOCG La Serra 1999   ★★★

Dichtes Rot; verhalten, Noten von Laub, macht neugierig; runder Ansatz, verhaltene Frucht, dann heftiges, nicht trocknendes Tannin, Länge. (8900 Fl.; L.18602; # Abfüllungen; Merum 2003-4) Privatpreis ab Hof: Euro #

Voerzio Roberto, La Morra (CN)
35 000 Fl./12 Hektar

Tel. 0173 509196; Fax 0173 509196

Barolo DOCG Brunate 2001   ★★★

Mittleres Rot, nicht intensive Nebbiolo-Noten, Laub, Stroh, Lakritze; geschmeidiger Ansatz, Fruchttiefe, Süße, saftig, intakte Frucht, gutes Tannin. (4000 Fl.; L.02-04; eine Abfüllung; Merum 2005-3) Privatpreis ab Hof: Euro #

Barolo DOCG Cerequio 2001

Mittleres, reifendes Rot; verhaltene Holz-Frucht-Noten; viel Süße, kaum Frucht, nicht charmant, Süße bleibt, viel trocknendes Tannin. (5000 Fl.; L.03-04; eine Abfüllung; Merum 2005-3) Privatpreis ab Hof: Euro #

Barolo DOCG La Serra 2001

Dunkelrot; dunkle Marmeladenoten, Holz, Lakritze; Kraft, Fülle, gewisse Frucht, Lakritze, trocknendes Tannin, dahinter dann wertvolle Länge. (5000 Fl.; L.01-04; eine Abfüllung; Merum 2005-3) Privatpreis ab Hof: Euro #

Barolo DOCG Rocche dell'Annunziata Torriglione 2001

Mittleres Rot; Noten von Frucht, Röstung, Holz; kraftvoll, Eichengeschmack, spürbar gute Basis, tief, Kaffee, Lakritze, zu trockenes Tannin. (5000 Fl.; L.06-04; eine Abfüllung; Merum 2005-3) Privatpreis ab Hof: Euro #

Grignolino

Mit seinem hellen, fast blassen Rot, diesen Aromen, die an Unterholz, weißen Pfeffer und rote Beeren erinnern, dem schlanken Körper, dem herben Tannin und der saftigen Säure steht der Grignolino irgendwo zwischen Bardolino, Magdalener, Pelaverga und Nebbiolo. Von allen hat er ein bisschen etwas und trotzdem ist er ein vollkommen eigenständiger Wein. Ein trinkiger JLF-Wein mit Charakter und ein idealer Essensbegleiter! Und preisgünstig ist er erst noch… Der Grignolino ist alles andere als ein leichtverständlicher Wein. Seine Liebhaber – dazu zählen auch wir Merum-Redakteure uns – schätzen ihn dafür umso mehr.

Produktionsregeln Grignolino d'Asti DOC

Traubensorte: Grignolino (90–100 %), Freisa (bis 10 %); Höchstertrag: 8000 kg Trauben/ha; Mindestalkohol: 11,0 Vol.-%.

Produktionsregeln Grignolino del Monferrato Casalese DOC

Traubensorte: Grignolino (90–100 %), Freisa (bis 10 %); Höchstertrag: 7500 kg Trauben/ha; Mindestalkohol: 11,0 Vol.-%.

Produktionsregeln Piemonte Grignolino DOC

Traubensorte: Grignolino (85–100 %), andere Sorten (bis 15 %); Höchstertrag: 9500 kg Trauben/ha; Mindestalkohol: 11,0 Vol.-%.

Accornero, Vignale Monferrato (AL)   100 000 Fl./20 Hektar

Tel. 0142 933317; Fax 0142 933512; www.accornerovini.it; info@accornero.it

Grignolino del Monferrato Casalese DOC Bricco del Bosco 2006

★★★

Helles Rot; feine Frucht; runder Ansatz, Holunder und Beeren, kraftvoll, saftige Säure, dann im Abgang herb. (10 000 Fl.; L.02.07; eine Abfüllung; Merum 2007-3) Privatpreis ab Hof: Euro 8,00

Grignolino del Monferrato Casalese DOC Bricco del Bosco 2005

★★★★ JLF

Helles Rot; frische, intensive, tiefe Noten von Johannisbeeren, Holunder, Quitten, sehr tief; saftig, Süße, tiefe Holunderfrucht, kraftvoll, tolles Tannin, trinkig, lang. (10 000 Fl.; L.02.06; # Abfüllungen; Merum 2006-6) Privatpreis ab Hof: Euro 8,00

Aceto Danilo, Rosignano Monferrato (AL)   30 000 Fl./9 Hektar

Tel. 0142 488757; Fax 0142 488757; acetodanilo@tiscali.it

Grignolino del Monferrato Casalese DOC Leccelso 2005

Hellrot; gekochte Beeren; recht kraftvoll, Süße, Säure, nicht sehr klar, gewisse Frucht. (4000 Fl.; L.178-05; eine Abfüllung; Merum 2006-6) Privatpreis ab Hof: Euro 4,00

Piemonte Grignolino DOC 2005

Hellrot; verhalten, apfelig-mostig, nicht fruchtig; leicht, süßlich, betonte Säure, feines Tannin, Süße wirkt aufgesetzt. (20 000 Fl.; L.142-06; mehr als eine Abfüllung; Merum 2006-6) Privatpreis ab Hof: Euro 4,00

Beccaria, Ozzano Monferrato (AL) 20 000 Fl./10 Hektar

Tel. 0142 487321; Fax 0142 487321; www.beccaria-vini.it; beccaria@beccaria-vini.it

Grignolino del Monferrato Casalese DOC 2006

Mittelhelles Rot; nicht frische Nase, kompottig; zu kompottig auch im Gaumen, nicht fein, dann gutes Grignolino-Tannin. (4000 Fl.; L.12407; eine Abfüllung; Merum 2007-3) Privatpreis ab Hof: Euro 5,60

Braida, Rocchetta Tanaro (AT) 500 000 Fl./43 Hektar

Tel. 0141 644113; Fax 0141 644584; www.braida.it; info@braida.it

Grignolino d'Asti DOC 2006 ★★★ – ★★★★ JLF

Hellrot; feine, süße Noten von Walderdbeeren, Gummi; zarter Ansatz, herrliche Grignolino-Frucht, dann zunehmend Tannin, sehr fein, sehr elegant, trinkig, gefällt. (35 000 Fl.; L.0807; mehr als eine Abfüllung; Merum 2007-3) Privatpreis ab Hof: Euro 8,90

Grignolino d'Asti DOC 2006 ★★★

Hellrot; tiefe, fruchtige, leicht schwitzige Nase, macht neugierig; recht kräftig, beerenkompottige Frucht, gute Süße, geschmeidig, dann angenehm herbes Tannin. (35 000 Fl.; L.0416; mehr als eine Abfüllung; Merum 2006-6) Privatpreis ab Hof: Euro 7,90

Bricco Mondalino, Vignale Monferrato (AL) 80 000 Fl./13 Hektar

Tel. 0142 933204; Fax 0142 933421; www.briccomondalino.it; info@briccomondalino.it

Grignolino del Monferrato Casalese DOC
Bricco Mondalino 2006

Mittleres Rot; Kompottnoten; breite Kompottfrucht, zu wenig Feinheit, herbes Tannin. (6000 Fl.; L.10/05/2007; eine Abfüllung; Merum 2007-3) Privatpreis ab Hof: Euro 6,50

Grignolino del Monferrato Casalese DOC
Bricco Mondalino 2005 ★★★ JLF

Reifendes Hellrot; Noten von Frucht und Gummi; rund, Frucht, Süße, etwas Gummi, saftig, feinherbes Tannin, lang. (5000 Fl.; L.200906; eine Abfüllung; Merum 2006-6) Privatpreis ab Hof: Euro 6,50

Grignolino del Monferrato Casalese DOC
Gaudio 2006 ★★★ JLF

Hellrot; holundrige Noten, Frucht; geschmeidiger Ansatz, saftige Säure, zunehmende Kraft, Holunder, recht tief, feines Tannin. (25 000 Fl.; L.22/03707; mehr als eine Abfüllung; Merum 2007-3) Privatpreis ab Hof: Euro 6,00

Grignolino del Monferrato Casalese DOC
Gaudio 2005 ★★★★ JLF

Helles Rot; einladende Fruchtnoten, feiner Gummi; saftiger Ansatz mit Frucht und Säure, feines Tannin, tolle Länge, sehr feiner, eleganter Wein. (30 000 Fl.; L.29/05/06; mehr als eine Abfüllung; Merum 2006-6) Privatpreis ab Hof: Euro 5,80

Canato Marco, Vignale Monferrato (AL) 25 000 Fl./11 Hektar

Tel. 0142 933653; Fax 0142 933653; www.canatovini.it; canatovini@yahoo.it

Grignolino del Monferrato Casalese DOC
Celio 2006 ★★★ – ★★★★ JLF

Hellrot; verhalten-pfeffrige Grignolino-Frucht; schlank, feine Frucht, tief, frische Säure, herbes Tannin, elegant und lang. (# Fl.; L.07/07; eine Abfüllung; Merum 2007-3) Privatpreis ab Hof: Euro 6,00

Grignolino del Monferrato Casalese DOC Celio 2005 ★★★★ JLF

Hellrot; herb-fruchtige Noten, Tiefe, sehr einladend; saftig, fruchtig, feinherbes Tannin, Holunder, trinkig, Tiefe und Länge. (4000 Fl.; L.0606; eine Abfüllung; Merum 2006-6) Privatpreis ab Hof: Euro 5,50

Cantamessa/Cascina Moncucchetto, Casorzo (AT) 75 000 Fl./20 Hektar

Tel. 0141 929139; Fax 0141 929963; www.moncucchetto.com;
info@moncucchetto.com

Grignolino d'Asti DOC La Partia Granda 2006 ★★ – ★★★

Helles, fein rubiniges Rot; Noten von Zwetschgen, etwas Leder; saftig, etwas breit, recht angenehm, ausgeprägtes Tannin, fruchtige Länge. (5000 Fl.; L.5-07; eine Abfüllung; Merum 2007-3) Privatpreis ab Hof: Euro 6,00

Casalone, Lù Monferrato (AL) 50 000 Fl./10 Hektar

Tel. 0131 741280; Fax 0131 741280; www.casalone.it; info@casalone.it

Piemonte Grignolino DOC La Capletta 2006 ★★ – ★★★

Mittleres Rot; recht fruchtige Noten, Apfel; Süße, etwas breit im Ansatz, Frucht, dürfte feiner sein, heftiges Tannin. (6000 Fl.; L.7120; eine Abfüllung; Merum 2007-3) Privatpreis ab Hof: Euro 4,50

Piemonte Grignolino DOC La Capletta 2005 ★★ – ★★★

Mittelhelles Rot; ledrig-vegetale Noten; recht kraftvoll, etwas medizinische Frucht, viel, herbes Tannin, leicht bitter. (3000 Fl.; L.6187; eine Abfüllung; Merum 2006-6) Privatpreis ab Hof: Euro 4,50

Castello d'Uviglie, Rosignano (AL) 70 000 Fl./25 Hektar

Tel. 0142 488132; Fax 0142 489459; www.castellodiuviglie.com;
info@castellodiuviglie.com

Grignolino del Monferrato Casalese DOC
San Bastiano 2006 ★★★ JLF

Blassrot; schmeichelnde, rote Fruchtnoten; sehr fein und geschmeidig, fruchtig, saftige Säure, feinbitteres Tannin, schlank, lang. (10 000 Fl.; L.07-113; eine Abfüllung; Merum 2007-3) Privatpreis ab Hof: Euro 4,68

Castello di Lignano, Frassinello Monferrato (AL) 200 000 Fl./35 Hektar

Tel. 0142 925326; Fax 0142 925270; www.castellodilignano.com;
info@castellodilignano.com

Grignolino del Monferrato Casalese DOC
Tufara 2006 ★★ – ★★★

Hellrot; frische, schalig-marmeladige Fruchtnoten; etwas breiter Ansatz, herbes Tannin, allerdings fruchtig und recht lang. (7000 Fl.; L.7.80; eine Abfüllung; Merum 2007-3) Privatpreis ab Hof: Euro #

Castello di Razzano, Alfiano Natta (AL) 200 000 Fl./40 Hektar

Tel. 0141 922124; Fax 0141 922503; www.castellodirazzano.it;
info@castellodirazzano.it

Grignolino del Monferrato Casalese DOC Pianaccio '05 ★★ – ★★★

Hellrot; pflanzliche Fruchtnoten; saftige Säure, gewisse Frucht, etwas viel Süße, kerniges Tannin, Süße, saftig. (15 000 Fl.; L.68; eine Abfüllung; Merum 2006-6) Privatpreis ab Hof: Euro 5,00

Cave di Moleto, Ottiglio (AL) 210 000 Fl./25 Hektar

Tel. 0142 921468; Fax 0142 920003; www.moleto.it; moleto@moleto.it

Grignolino del Monferrato Casalese DOC 2006

Mittelhelles Rot; rote Marmeladenoten; breit im Ansatz, soweit korrekt, nicht fein, trocknet, nicht frisch im Abgang. (5000 Fl.; L.0712; eine Abfüllung; Merum 2007-3) Privatpreis ab Hof: Euro 6,50

Coltiva, Modena (MO) 40 000 000 Fl./2300 Hektar

Tel. 059 413557; Fax 059 346084; www.coltiva.com; export@coltiva.com

Grignolino d'Asti DOC Miniato 2006

Himbeeriges Hellrot; Apfelnoten; zarter Ansatz, schlank, einfach, fehlt Tiefe, knappes Tannin. (# Fl.; L.7072; # Abfüllungen; Merum 2007-3) Privatpreis ab Hof: Euro #

Cordara, Castel Boglione (AT)
15 000 Fl./5 Hektar

Tel. 0141 762276; Fax 0141 762276; #

Grignolino d'Asti DOC Tenuta Imprendina 2005 ★★★

Hellrot; fast aromatische Frucht; schlanker Wein, geschmeidiger Ansatz, an Moscato erinnernde Frucht, Honig, herbes Tannin, lang. (2000 Fl.; L.40/06; mehr als eine Abfüllung; Merum 2006-6) Privatpreis ab Hof: Euro 3,50

Crivelli, Castagnole Monferrato (AT)
60 000 Fl./7 Hektar

Tel. 0141 292357; Fax 0141 292357; crivelli.marcomaria@libero.it

Grignolino d'Asti DOC 2006

Helles, frisches Rot; gewisse Frucht, nicht klar; nicht fein im Ansatz, matte Frucht, herbes Tannin. (6000 Fl.; L.207; eine Abfüllung; Merum 2007-3) Privatpreis ab Hof: Euro 4,00

Grignolino d'Asti DOC 2004 ★★ – ★★★

Reifendes Hellrot; Frucht mit Blütennoten; kraftvoll, herbes Tannin, recht tief, mittlere Länge; gut gereifter Grignolino, wertvoll, aber nicht jedermanns Geschmack. (8000 Fl.; L.066.05; eine Abfüllung; Merum 2006-6) Privatpreis ab Hof: Euro 4,80

CS Sei Castelli, Agliano Terme (AT)
100 000 Fl./600 Hektar

Tel. 0141 954825; Fax 0141 964314; www.barberaseicastelli.it; amministrazione@barberaseicastelli.it

Grignolino d'Asti DOC 2006 ★★ – ★★★

Rubiniges Hellrot; feine Frucht; recht fein, saftig, Holunderaromen, Säure, angenehmes Tannin, gute Länge. (4000 Fl.; L.027; eine Abfüllung; Merum 2007-3) Privatpreis ab Hof: Euro 3,70

CS Vinchio e Vaglio Serra, Vinchio (AT)
1 000 000 Fl./327 Hektar

Tel. 0141 950903; Fax 0141 950904; www.vinchio.com; info@vinchio.com

Grignolino d'Asti DOC Le Nocche 2006 ★★★ – ★★★★ JLF

Hellrot; feine Erdbeernoten, Unterholz; feiner Ansatz, Frucht, etwas Gummi, herbes, angenehmes Tannin, Länge. (26 000 Fl.; L.1907; eine Abfüllung; Merum 2007-3) Privatpreis ab Hof: Euro 4,75

Grignolino d'Asti DOC Le Nocche 2005 ★★★ JLF

Blassrot; dezente würzige Fruchtnoten, etwas Holunder, recht tief; schlank, sehr fein, fruchtig, saftig, sehr angenehm und geschmeidig, lang. (26 000 Fl.; L.1006; mehr als eine Abfüllung; Merum 2006-6) Privatpreis ab Hof: Euro 4,65

Icardi, Castiglione Tinella (CN)
350 000 Fl./75 Hektar

Tel. 0141 855159; Fax 0141 855416; icardivini@libero.it

Monferrato DOC Bric du Su 2005

Mittleres, junges Rubin; maischig-säuerliche Noten, unfertig, nicht einladend; im Gaumen ungeschmeidig, bremsend, trocknendes Tannin. (Grignolino.) (13 000 Fl.; L.#; eine Abfüllung; Merum 2006-6) Privatpreis ab Hof: Euro 7,20

La Casaccia/Giovanni Rava, Cella Monte (AL)
30 000 Fl./8 Hektar

Tel. 0142 489986; Fax 0142 489986; www.lacasaccia.biz; vini@lacasaccia.biz

Grignolino del Monferrato Casalese DOC Poggeto 2006

★★★ – ★★★★ JLF

Hellrot; feine Frucht, Noten von Erdbeeren, Gummi; auch im Gaumen tiefe Frucht, geschmeidig, elegant, rund, feines Tannin, Länge. (9500 Fl.; L.07-1-G; eine Abfüllung; Merum 2007-3) Privatpreis ab Hof: Euro 5,00

Grignolino del Monferrato Casalese DOC Poggeto 2005

★★★ JLF

Frisches Hellrot; fruchtige Nase, Rosennoten, Pflaumen, einladend; saftig, fruchtig, Mittelgewicht, Süße, spürbare Säure, trinkig, lang. (6500 Fl.; L.06-1-G; eine Abfüllung; Merum 2006-6) Privatpreis ab Hof: Euro 5,00

La Scamuzza, Vignale (AL)
15 000 Fl./5 Hektar

Tel. 0142 926214; Fax 0142 401515; www.lascamuzza.it; lascamuzza@tiscalinet.it

Grignolino Monferrato Casalese DOC Tumas 2005

Mittelhelles Rot; marmeladige Noten, etwas breit; kraftvoll, nicht fein, zu unelegant und untrinkig. (3000 Fl.; L.201/06; eine Abfüllung; Merum 2006-6) Privatpreis ab Hof: Euro 8,00

La Tenaglia, Serralunga di Crea (AL)   100 000 Fl./30 Hektar

Tel. 0142 940252; Fax 0142 940546; www.latenaglia.com; info@latenaglia.com

Grignolino del Monferrato Casalese DOC 2006   ★★ – ★★★

Mittleres Rot; süße Erdbeernoten; körperreich, ausgeprägte Erdbeermarmelade, nicht über-
aus fein, herbes Tannin. (7985 Fl.; L.82-07; eine Abfüllung; Merum 2007-3) Privatpreis ab Hof:
Euro 6,20

Grignolino del Monferrato Casalese DOC 2005   ★★★ JLF

Frisches helles Rot; fein-mineralische Erdbeernoten, tief, einladend; Mittelgewicht, sehr fruch-
tig, Butter, spürbares Tannin, gute Länge. (3000 Fl.; L.280706; eine Abfüllung; Merum 2006-6)
Privatpreis ab Hof: Euro 5,60

Marchesi Alfieri, San Martino Alfieri (AT)   80 000 Fl./25 Hektar

Tel. 0141 976015; Fax 0141 976288; www.marchesialfieri.it;
info@marchesialfieri.it

Piemonte Grignolino DOC Sansoero 2006

Helles Rubin; schalige Noten; kräftiger Ansatz, konzentriert-breit, nicht sehr fein, Süße,
saftige Säure, herb-trockenes Tannin, recht lang. (4150 Fl.; L.7-89; eine Abfüllung; Merum 2007-
3) Privatpreis ab Hof: Euro 7,00

Piemonte Grignolino DOC Sansoero 2005   ★★ – ★★★ JLF

Mittelhelles Rot; harzige Fruchtnoten; saftig, fruchtig, etwas Butter, ziemlich herbes Tannin,
recht lang. (4300 Fl.; L.06-89; eine Abfüllung; Merum 2006-6) Privatpreis ab Hof: Euro 7,00

Piemonte Grignolino DOC Sansoero 2005

Rubiniges Hellrot; gewisse Reifenoten, pfeffrig; eher breiter Ansatz, kaum Frucht, nicht fein,
herbes Tannin. (4300 Fl.; L.06-89; eine Abfüllung; Merum 2007-3) Privatpreis ab Hof: Euro 7,00

Olivetta, Castelletto Merli (AL)   12 000 Fl./11 Hektar

Tel. 0141 918157; Fax 0141 918157; vini_olivetta@libero.it

Grignolino del Monferrato Casalese DOC 2006   ★★★

Rubiniges Hellrot; frische Frucht, Unterholz- und Gumminoten, einladend; im Gaumen
pfeffrig, Holunder, fruchtig, spürbare Säure, dann herbes Tannin, schöne Länge. (3000 Fl.;
L.0607; eine Abfüllung; Merum 2007-3) Privatpreis ab Hof: Euro 3,72

Pavia Agostino, Agliano Terme (AT)   85 000 Fl./7 Hektar

Tel. 0141 954125; Fax 0141 964349; agostinopavia@agostinopavia.it

Grignolino d'Asti DOC 2006   ★★ – ★★★

Hellrot; zarte Noten von Rosen, Erdbeermarmelade; Kraft, Frucht, viel Tannin, dürfte noch
feiner sein, lang, trocknet etwas. (7000 Fl.; L.07.07; eine Abfüllung; Merum 2007-3) Privatpreis
ab Hof: Euro 6,50

Rovero, Asti (AT)   100 000 Fl./20 Hektar

Tel. 0141 592460; Fax 0141 598287; www.rovero.it; info@rovero.it

Grignolino d'Asti DOC La Casalina 2006

Mittelhelles Rot; Weihrauchnoten; kraftvoll, etwas grob, wenig Frucht, dann herbes Tannin.
(8000 Fl.; L.GRI 07; eine Abfüllung; Merum 2007-3) Privatpreis ab Hof: Euro 6,00

Grignolino d'Asti DOC La Casalina 2005   ★★ – ★★★

Hellrot; kirschig-fruchtige Noten; kräftig, saftig, Fülle und Süße, endet betont herb, saftig.
(10 000 Fl.; L.GRI 06; eine Abfüllung; Merum 2006-6) Privatpreis ab Hof: Euro 6,00

San Sebastiano/De Alessi, Lù Monferrato (AL)   65 000 Fl./11 Hektar

Tel. 0131 741353; Fax 0131 749984; www.dealessi.it; dealessi@libero.it

Grignolino del Monferrato Casalese DOC 2005   ★★ – ★★★

Helles Rot; schalig-marmeladige Fruchtnoten; Süße, etwas breite Frucht, herb, Butter, müsste
eleganter sein. (5500 Fl.; L.G16; eine Abfüllung; Merum 2006-6) Privatpreis ab Hof: Euro 3,50

Sant'Agata, Scurzolengo (AT)   150 000 Fl./6 Hektar

Tel. 0141 203186; Fax 0141 203900; www.santagata.com; info@santagata.com

Grignolino d'Asti DOC Miravalle 2006

Himbeerrot; knappe Frucht, etwas staubig; etwas breit im Ansatz, fehlt Feinheit, betonte
Säure, knappe Frucht. (8000 Fl.; L.7.081; eine Abfüllung; Merum 2007-3) Privatpreis ab Hof:
Euro 9,00

Grignolino d'Asti DOC Miravalle 2005

Reifendes Hellrot; verhalten, nicht sehr klar; wenig Frucht, Säure, herb, trockene Erscheinung. (8000 Fl.; L.6 136; eine Abfüllung; Merum 2006-6) Privatpreis am Hof: Euro 9,00

Spertino Luigi, Mombercelli (AT)   40 000 Fl./6 Hektar

Tel. 0141 959098; Fax 0141 959098; luigi.spertino@libero.it

Grignolino d'Asti DOC 2005   ★★ – ★★★

Hellrot; nicht intensive, mineralisch-komppotige Noten; Süße, Tannin, gewisse Frucht, herb, saftig, kernig. (19 000 Fl.; L.2005; eine Abfüllung; Merum 2006-6) Privatpreis ab Hof: Euro 8,50

Tenuta Garetto, Agliano Terme (AT)   130 000 Fl./18 Hektar

Tel. 0141 954068; Fax 0141 954167; www.garetto.it; tenutagaretto@garetto.it

Grignolino d'Asti DOC 'l Giget 2006

Helles Rot; nicht ganz klar, etwas Leder; knappe Frucht, saftig, herbes Tannin, müsste fruchtiger und frischer sein. (# Fl.; L.0107; # Abfüllungen; Merum 2007-3) Privatpreis ab Hof: Euro #

Grignolino d'Asti DOC 'l Giget 2005   ★★ – ★★★

Helles Rot; Noten von roten Früchten, weißem Pfeffer, Teer; schlank, etwas spartanisch im Ansatz, dann spürbares Tannin, Säure, feine Frucht, recht lang auf herbem Tannin. (11 000 Fl ; L.0105; eine Abfüllung; Merum 2006-6) Privatpreis ab Hof: Euro 5,70

Vicara, Rosignano (AL)   220 000 Fl./50 Hektar

Tel. 0142 488054; Fax 0142 489005; www.vicara.it; vicara@vicara.it

Grignolino del Monferrato Casalese DOC 2006

Ziemlich helles Rot; pfeffrige Noten; komppottige Frucht, nicht fein, etwas zu breit im Gaumen. (16 000 Fl.; L.K06141701; mehr als eine Abfüllung; Merum 2007-3) Privatpreis ab Hof: Euro 7,32

Grignolino del Monferrato Casalese DOC 2005

Hellrot; stechend-harzige Noten; etwas Frucht, Butter, Abzug für Nase, herbes Tannin. (12 000 Fl.; L.660601; mehr als eine Abfüllung; Merum 2006-6) Privatpreis ab Hof: Euro 7,32

Villa Fiorita, Castello di Annone (AT)   60 000 Fl./11 Hektar

Tel. 0141 401231; Fax 0141 401209; www.villafiorita-wines.com; villafiorita-wines@villafiorita-wines.com

Grignolino d'Asti DOC Pian delle Querce 2005   ★★ – ★★★

Hellrot; erst verhalten, mit Belüftung Frucht; hohe Säure, viel Süße, nicht ausgewogen, süßlich-säuerlich auch im Abgang. (5000 Fl.; L.82; eine Abfüllung; Merum 2006-6) Privatpreis ab Hof: Euro 6,00

Nebbiolo d'Alba und Roero

Wer hat bloß zu verantworten, dass die meisten Roero-Winzer die unvergleichliche, naturgegebene Eleganz des Nebbiolo so geringschätzen und ihn behandeln, als ginge es um einen heimatlosen No-Name-Wein, den es mit allen Mitteln aufzumotzen und auffällig zu machen gilt? Der Nebbiolo der Roero-Hügel ist einzigartig, zartgliedriger als seine Brüder Barolo und Barbaresco auf den gegenüberliegenden Langa-Hügeln, feiner auch als die Nebbiolo des Nordpiemont. Weshalb nur lieben die Roero-Winzer ihre Weine nicht? Warum schämen sie sich für deren Eleganz und filigrane Frucht? Weil heute Eleganz niemanden interessiert, weil sie nicht Mode ist? Wissen sie vielleicht gar nicht, welches Glück sie haben, eine königliche Sorte wie den Nebbiolo und Weinberge zu besitzen, in denen dieser gedeiht?

Abgesehen vom Schaden, den die Winzer ihren Weinen im Keller mit Neuholz zufügen, wirken manche Roero unausgewogen durch eine zu hohe Säure. Bei den besten Weinen wird die hohe Säure von Frucht und Kraft aufgewogen. Wo das nicht der Fall ist, entstehen rustikale Weine, die mit oder ohne Neuholz wenig Trinkvergnügen bieten.

Etwas erfreulicher ist die Situation beim Nebbiolo d'Alba. Offensichtlich wird ihm von den Produzenten seine Rolle als Sortenwein zugestanden. Ein paar wirklich gute, typische Nebbiolo d'Alba vermag der Weinfreund noch zu finden. Der Weinreisende sollte sich allerdings nicht nur bei den Preisen, sondern auch geographisch vororientieren: Die Preise der einzelnen Weine sind gleich weit voneinander entfernt wie die Weingüter… Das Anbaugebiet des Nebbiolo d'Alba umfasst nämlich nicht nur das Roero-Gebiet, sondern auch die zwischen den Appellationen Barolo und Barbaresco liegenden Weingebiete.

Produktionsregeln Nebbiolo d'Alba DOC

Traubensorte: Nebbiolo; Höchstertrag: 9000 kg Trauben/ha; Mindestalkohol: 12,0 Vol.-%; vorgeschriebene Lagerzeit: ein Jahr.

Produktionsregeln Roero DOC

Traubensorten: Nebbiolo (95–98 %), Arneis (2–5 %), andere Sorten (bis 3 %); Höchstertrag: 8000 kg Trauben/ha; Mindestalkohol: 11,5 Vol.-% (Superiore: 12 Vol.-%); Verkauf nicht vor dem 1. Juni des auf die Ernte folgenden Jahres.

Nebbiolo d'Alba

Abbona Marziano, Dogliani (CN) 220 000 Fl./44 Hektar
Tel. 0173 721317; Fax 0173 721317; www.abbona.com; abbona@abbona.com
Nebbiolo d'Alba DOC Bricco Barone 2003 ★★ – ★★★
Mittelintensives Rot; ansprechende Frucht; im Gaumen süßer und weniger elegant als erwartet, gewisse Frucht, etwas breit, trocken im Finale. (15 000 Fl.; L.05_060; mehr als eine Abfüllung; Merum 2005-5) Privatpreis ab Hof: Euro #

Abrigo Giovanni, Diano d'Alba (CN) 30 000 Fl./9 Hektar
Tel. 0173 69345; Fax 0173 69345; www.abrigo.it; g.abrigo@abrigo.it
Nebbiolo d'Alba DOC 2004
Mittleres Rot; Holzfassnoten, kaum Frucht; kernige Struktur, recht saftig, allerdings wenig Frucht, zu herbes Tannin, Säure, nicht unsympathisch, aber zu rustikal in Nase und Gaumen. (3700 Fl.; L.006; eine Abfüllung; Merum 2006-6) Privatpreis ab Hof: Euro 7,80

Alario Claudio, Diano d'Alba (CN)   50 000 Fl./12 Hektar

Tel. 0173 231808; Fax 0173 231433; aziendaalario@tiscali.it

Nebbiolo d'Alba DOC Cascinotto 2004

Recht dunkles Rot; holzbetonte Nase; Holzwürze, Säure, keine Eleganz, keine Frucht, Holz hängt nach. (6000 Fl.; L.110806; eine Abfüllung; Merum 2006-6) Privatpreis ab Hof: Euro 15,00

Nebbiolo d'Alba DOC Cascinotto 2002

Reifendes Rot; nicht klare, flüchtige Reifenoten, Pfirsich; einfache Frucht auch im Gaumen, keine Tiefe, zu reif, nicht fein. (6000 Fl.; L.23 08 04; eine Abfüllung; Merum 2005-5) Privatpreis ab Hof: Euro #

Ascheri, Bra (CN)   220 000 Fl./35 Hektar

Tel. 0172 412394; Fax 0172 432021; www.ascherivini.it; ascheri@ascherivini.it

Nebbiolo d'Alba DOC Bricco S. Giacomo 2004   ★★★★ JLF

Hellrot; frische Nebbiolo-Frucht, sehr tief und einladend; recht kraftvoll, saftig, fruchtig und lang, schöner Nebbiolo, jung. (15 000 Fl.; L.#; eine Abfüllung; Merum 2006-6) Privatpreis ab Hof: Euro 10,00

Nebbiolo d'Alba DOC
Bricco S. Giacomo 2003   ★★★ – ★★★★ JLF

Mittelhelles Rot; einladende Nebbiolo-Noten, Gummi; Süße und intakte Nebbiolo-Frucht, saftig, geschmeidig, feine Butter, lang, toller Nebbiolo! (13 500 Fl.; L.#; eine Abfüllung; Merum 2005-5) Privatpreis ab Hof: Euro #

Battaglino Fabrizio, Vezza d'Alba (CN)   15 000 Fl./4 Hektar

Tel. 0173 658156; Fax 0173 978173; www.battaglino.com; battaglino@battaglino.com

Nebbiolo d'Alba DOC 2004   ★★ – ★★★

Mittleres Rot; fruchtige, etwas marmeladige, aber einladende Nase; viel Süße, konzentriert, gewisse Frucht, saftig, herbes Tannin, dürfte geschmeidiger sein. (3500 Fl.; L.5/336; eine Abfüllung; Merum 2006-6) Privatpreis ab Hof: Euro 5,50

Nebbiolo d'Alba DOC 2003   ★★★ – ★★★★ JLF

Mittelhelles Rot; Nebbiolo-Nase mit Noten von Pilzen, Tabak; geschmeidig, feine Frucht, Fruchtsüße, etwas Butter, elegant, gutes Tannin, lang, jung. (3500 Fl.; L.4/336; eine Abfüllung; Merum 2005-5) Privatpreis ab Hof: Euro #

Nebbiolo d'Alba DOC Vigna Colla 2004

Mittleres Rot; holunderige, etwas grobe Frucht; breit im Ansatz, etwas Holz, Holunder, konzentriert, herbes Tannin, breit, nicht geschmeidig. (3000 Fl.; L.5/335; eine Abfüllung; Merum 2006-6) Privatpreis ab Hof: Euro 8,50

Nebbiolo d'Alba DOC Vigna Colla 2003

Mittelintensives Rot; Marmelade, Röstung, zu fette Nase; auch im Gaumen fett, Röstaroma, viel Süße, dann trocknendes Tannin. (2500 Fl.; L.4/335; eine Abfüllung; Merum 2005-5) Privatpreis ab Hof: Euro #

Bel Colle, Verduno (CN)   150 000 Fl./10 Hektar

Tel. 0172 470196; Fax 0172 470940; info@belcolle.it

Nebbiolo d'Alba DOC Bricco Reala 2003   ★★ – ★★★

Mittelhelles Rot; fruchtige Nebbiolo-Noten, etwas Leder; eleganter Ansatz, feine Frucht, Säure, herbes Tannin. (6500 Fl.; L.#; eine Abfüllung; Merum 2005-5) Privatpreis ab Hof: Euro #

Bricco Maiolica, Diano d'Alba (CN)   90 000 Fl./20 Hektar

Tel. 0173 612049; Fax 0173 612549; www.briccomaiolica.it; accomo@briccomaiolica.it

Nebbiolo d'Alba DOC Cumot 2001

Reifendes Dunkelrot; Noten von Marmelade, Röstung, nicht frisch; viel Süße, Röstung, keine Fruchttiefe, einseitig, langweilig, Holz verklebt den Gaumen. (12 000 Fl.; L.3114; eine Abfüllung; Merum 2005-5) Privatpreis ab Hof: Euro 10 00

Buganza Renato/Cascina Garbianotto, Piobesi d'Alba (CN)
40 000 Fl./10 Hektar

Tel. 0173 619370; Fax 0173 619370; www.renatobuganza.it; rbuganza@tin.it

Nebbiolo d'Alba DOC Bric Paradis 2001

Recht dunkles Rot; Röstnoten, Zimt und Zwetschgenkompott; starke Röstaromen und Vanille decken den Wein im Gaumen völlig zu. (4000 Fl.; L.04110; eine Abfüllung; Merum 2005-5) Privatpreis ab Hof: Euro #

Nebbiolo d'Alba DOC Gerbole 2001

Dunkelrot; Nebbiolo- und Marmeladenoten; recht füllig, Marmelade, viel Süße, nicht elegant, trocken. (5000 Fl.; L.04110; mehr als eine Abfüllung; Merum 2005-5) Privatpreis ab Hof: Euro #

Cadia/Giachino Bruno, Roddi (CN)
35 000 Fl./12 Hektar

Tel. 0173 615398; Fax 0173 615398; www.cadia.it; giachinobruno@virgilio.it

Nebbiolo d'Alba DOC 2002

Mittelintensives Rot; Holzschranknoten, Mottenkugeln, keine Frucht; Holz auch im Gaumen, kaum Frucht, Süße, Säure, nicht lang, trocknet nach. (6600 Fl.; L.02-2004; eine Abfüllung; Merum 2005-5) Privatpreis ab Hof: Euro #

Cascina Chicco, Canale (CN)
180 000 Fl./23 Hektar

Tel. 0173 979411; Fax 0173 979411; www.cascinachicco.com; cascinachicco@cascinachicco.com

Nebbiolo d'Alba DOC Mompissano 2004

Recht dunkles Rot; Noten von gedörrten Bananen, Cassis; konzentriert, Dörrbananen, superdicht, Rekordwein, aber kein Nebbiolo d'Alba, unelegant und trocknend. (15 000 Fl.; L.1716; eine Abfüllung; Merum 2006-6) Privatpreis ab Hof: Euro 13,00

Nebbiolo d'Alba DOC Mompissano 2003

Dunkles Rubin; Noten von kandierten Früchten, Rauchspeck; keine Frucht, keine Eleganz, keine Feinheiten, nur anonyme Konzentration, Holzgeschmack und trocknendes Tannin. (15 000 Fl.; L.1715; eine Abfüllung; Merum 2005-5) Privatpreis ab Hof: Euro #

Ceretto, Alba (CN)
900 000 Fl./105,5 Hektar

Tel. 0173 282582; Fax 0173 282383; www.ceretto.com; ceretto@ceretto.com

Nebbiolo d'Alba DOC Bernardina 2004

Mittelhelles Rot; Noten von Kaffee, Holzwürze; rund, viel Süße, Holzwürze, trocknet. (20 000 Fl.; L.13106T; mehr als eine Abfüllung; Merum 2006-6) Privatpreis ab Hof: Euro 14,00

Nebbiolo d'Alba DOC Bernardina 2002

Recht dunkles Rot; Kaffee, Rauch; Süße, gewisse Frucht, dann trocknet der Wein komplett aus. (20 000 Fl.; L.10504; mehr als eine Abfüllung; Merum 2005-5) Privatpreis ab Hof: Euro #

Ceste, Govone (CN)
150 000 Fl./23 Hektar

Tel. 0173 58635; Fax 0173 58635; www.cestevini.com; info@cestevini.com

Nebbiolo d'Alba DOC 2004

Mittelhelles, frisches Rot; einfache fruchtige Noten; untiefe Frucht, viel Süße, herb. (10 000 Fl.; L.6058; eine Abfüllung; Merum 2006-6) Privatpreis ab Hof: Euro 4,40

Nebbiolo d'Alba DOC Vigna della Guardia 2004

Mittelhelles Rot; holzwürzig-marmeladige Noten, nicht klar; Süße, Würze, Säure, herbes Tannin, nicht geschmeidig, keine Frucht. (6000 Fl.; L.6240; eine Abfüllung; Merum 2006-6) Privatpreis ab Hof: Euro 6,20

Colué/Massimo Oddero, Diano d'Alba (CN)
80 000 Fl./16 Hektar

Tel. 0173 69169; Fax 0173 69251; massimo.oddero@isiline.it

Nebbiolo d'Alba DOC Papalin 2004

Mittelhelles Rot; nicht frische Fruchtnoten; feiner Ansatz, etwas müde Frucht, trocknet. (6300 Fl.; L.09 06; eine Abfüllung; Merum 2006-6) Privatpreis ab Hof: Euro 12,00

Cornarea, Canale (CN)
80 000 Fl./15 Hektar

Tel. 0173 65636; Fax 0173 65637; www.cornarea.it; info@cornarea.it

Nebbiolo d'Alba DOC 2001
Dunkelrot; verhaltene, müde Nase, Noten von Gummi, Backpflaumen; Kraft, (zu) viel Süße, etwas Säure, gewisse Frucht, fehlt Eleganz. (8000 Fl.; L.#; eine Abfüllung; Merum 2005-5) Privatpreis ab Hof: Euro #

Correggia Matteo, Canale (CN)
120 000 Fl./20 Hektar

Tel. 0173 978009; Fax 0173 959849; www.matteocorreggia.com; matteo@matteocorreggia.com

Nebbiolo d'Alba DOC La Val dei Preti 2002
Dunkelrot; fette Nase, flüchtige Noten von eingekochter Marmelade, Röstung, Kandis, Ruß, Holunder; auch im Gaumen würzig, allerdings weder fruchtig noch fein, trockenes Tannin, kurz. (12 000 Fl.; L.4NA1; eine Abfüllung; Merum 2005-5) Privatpreis ab Hof: Euro #

Costa Catterina, Castagnito (CN)
80 000 Fl./14 Hektar

Tel. 0173 213403; Fax 0173 213403; www.costacatterina.com; costacatterina@virgilio.it

Nebbiolo d'Alba DOC 2004
Mittleres Rot; müde, holzwürzige Marmeladenoten; kräftig, Säure, Tannin, ungeschmeidig, untief, müde. (15 000 Fl.; L.04605; eine Abfüllung; Merum 2006-6) Privatpreis ab Hof: Euro 7,20

Nebbiolo d'Alba DOC 2003
★★ – ★★★
Mittleres Rot; verhaltene Marmeladenoten; etwas Holz, knappe Frucht, feine Säure, nicht ganz ausgewogen, nicht geschmeidig. (10 000 Fl.; L.04605; # Abfüllungen; Merum 2005-5) Privatpreis ab Hof: Euro #

CS del Nebbiolo, Vezza d'Alba (CN)
200 000 Fl./190 Hektar

Tel. 0173 65040; Fax 0173 639928; www.cantinadelnebbiolo.com; wine@cantinadelnebbiolo.com

Nebbiolo d'Alba DOC 2004
★★ – ★★★
Helles Rot; reifend, Laubnoten, Erdbeeren, Teer; im Gaumen Süße, gewisse Frucht, recht tief, saftig, herbes Tannin, gewisse Länge. (23 000 Fl.; L.6C07; mehr als eine Abfüllung; Merum 2006-6) Privatpreis ab Hof: Euro 4,20

Nebbiolo d'Alba DOC 2003
Recht dunkles Rot; marmeladig-holzige Noten; auch im Gaumen marmeladig, Butter, fehlt Eleganz, endet ohne Frucht und trocken-bitter. (30 000 Fl.; L.5B02; mehr als eine Abfüllung; Merum 2005-5) Privatpreis ab Hof: Euro #

Nebbiolo d'Alba DOC 2002
Helles, reifendes Rot; reifende, recht tiefe Frucht; runder, feiner Ansatz, reife Frucht, Teer, Holz, Holz bleibt dann leider hängen und verklebt den Mund. (4500 Fl.; L.4E29; eine Abfüllung; Merum 2005-5) Privatpreis ab Hof: Euro #

Nebbiolo d'Alba DOC Valmaggiore 2002
★★★
Reifendes, ziemlich helles Rot; Noten von roten Früchten, recht tief; Mittelgewicht, geschmeidiger Ansatz, gutes Tannin, eingepasste Süße, Fruchttiefe, recht lang. (7000 Fl.; L.4F15; eine Abfüllung; Merum 2005-5) Privatpreis ab Hof: Euro #

CS Produttori di Santa Rosalia, Alba (CN)
30 000 Fl./3 Hektar

Tel. 0173 280217; Fax 0173 280217; santarosaliavini@santarosaliavini.com

Nebbiolo d'Alba DOC 2003
Mittelhelles Rot; nicht klare marmeladige Noten; Süße, einfache Frucht, opulent. (Biowein.) (6500 Fl.; L.NBB05; eine Abfüllung; Merum 2005-5) Privatpreis ab Hof: Euro #

Fontanafredda, Serralunga d'Alba (CN)
6 500 000 Fl./90 Hektar

Tel. 0173 626111; Fax 0173 613451; www.fontanafredda.it; info@fontanafredda.it

Nebbiolo d'Alba DOC Marne Brune 2004
Mittelintensives Rubin; würzige Noten, nicht fruchtig; kraftvoll, viel Süße, Rußgeschmack, kaum Frucht, ungeschmeidig, trocknend, nicht tief. (45 000 Fl.; L.0617001; eine Abfüllung; Merum 2006-6) Privatpreis ab Hof: Euro 12,00

Gagliardo Gianni, La Morra (CN)
350 000 Fl./30 Hektar

Tel. 0173 50829; Fax 0173 509230; www.gagliardo.it; gagliardo@gagliardo.it

Nebbiolo d'Alba DOC San Ponzio 2003

Purpurnes Rubin; fremdartige Nase, keine Nebbiolo-Frucht, Holz; keine Frucht, breit, Holztannin trocknet. (6600 Fl.; L.5084; eine Abfüllung; Merum 2005-5) Privatpreis ab Hof: Euro #

Giordano, Diano d'Alba (CN)
25 000 000 Fl./# Hektar

Tel. 0173 239111; Fax 0173 23209; www.giordanovini.com; andrea.morra@giordano-vini.com

Nebbiolo d'Alba DOC Maestri Italiani 2003

Mittleres Rubin; nicht klare, holundrig-marmeladige Nase; Mittelgewicht, Fassnoten, Holunder, keine Nebbiolo-Frucht, Süße, einfach, recht angenehm. (12 800 Fl.; L.60720502/3545; eine Abfüllung; Merum 2005-5) Privatpreis ab Hof: Euro #

Giribaldi Mario, Rodello (CN)
200 000 Fl./30 Hektar

Tel. 0173 617000; Fax 0173 617373; www.vinigiribaldi.it; info@vinigiribaldi.it

Nebbiolo d'Alba DOC Accerto 2001

Schwarzpurpur; verhaltene, helle Steinfruchtnoten; Kraft, viel Süße, Säure, fremdartige Frucht, unausgewogen, nicht die Spur von Nebbiolo. (4130 Fl.; L.29.4.3; mehr als eine Abfüllung; Merum 2005-5) Privatpreis ab Hof: Euro #

Grimaldi Bruna, Serralunga d'Alba (CN)
30 000 Fl./8 Hektar

Tel. 0173 262094; Fax 0173 262094; www.grimaldibruna.it; vini@grimaldibruna.it

Nebbiolo d'Alba DOC Briccola 2004

Recht intensives Rot; holzwürzige Nase; Süße, Würze und Tannin, keine Geschmeidigkeit, trocknend und untrinkig. (10 000 Fl.; L.3.6; eine Abfüllung; Merum 2006-6) Privatpreis ab Hof: Euro 11,00

Nebbiolo d'Alba DOC Briccola 2003   ★★★ **JLF**

Mittelhelles Rot; reifende Nebbiolo-Noten, Unterholz; feiner Ansatz, geschmeidig, saftig, schöne Frucht, Süße, gutes Tannin, lang. (10 000 Fl.; L.7.5; eine Abfüllung; Merum 2006-6) Privatpreis ab Hof: Euro 11,00

Grimaldi Luigino, Diano d'Alba (CN)
250 000 Fl./30 Hektar

Tel. 0173 231790; Fax 0173 262644; www.grimaldivini.com; grimavini@libero.it

Nebbiolo d'Alba DOC Campè 2003   ★★ – ★★★

Recht dunkles Rot; gewisse Frucht, nicht intensiv; kraftvoll, saftige Säure, frisch, kernig-rustikal, angenehm, jung. (12 000 Fl.; L.05165; mehr als eine Abfüllung; Merum 2006-6) Privatpreis ab Hof: Euro 7,50

Nebbiolo d'Alba DOC Campè 2002   ★★ – ★★★

Mittelhelles, frisches Rot; Apfelnoten, nicht tief; Süße, einfache Frucht, herbes Tannin, recht angenehm. (10 000 Fl.; L.05062; mehr als eine Abfüllung; Merum 2005-5) Privatpreis ab Hof: Euro #

La Contea, Neive (CN)
60 000 Fl./15 Hektar

Tel. 0173 677585; Fax 0173 677585; www.la-contea.it; lacontea@la-contea.it

Nebbiolo d'Alba DOC 2004

Mittleres Rot, etwas vordergründige, rote Marmeladenoten; viel Süße, Säure, rustikal, Holz, hartes Tannin. (Biowein.) (# Fl.; L.01/06 NA; # Abfüllungen; Merum 2006-6) Privatpreis ab Hof: Euro #

Marrone Gianpiero, La Morra (CN)
110 000 Fl./12 Hektar

Tel. 0173 509288; Fax 0173 509063; www.agricolamarrone.com; marrone@agricolamarrone.com

Nebbiolo d'Alba DOC Agrestis 2002

Dunkelrot; Steinfrüchte; schlankes Mittelgewicht, Steinfrüchte, wenig Fruchttiefe, etwas Holz, Süße, nicht lang. (26 000 Fl.; L.70-04; mehr als eine Abfüllung; Merum 2005-5) Privatpreis ab Hof: Euro #

Marsaglia Emilio, Castellinaldo (CN)   80 000 Fl./15 Hektar

Tel. 0173 213048; Fax 0173 213048; www.cantinamarsaglia.it;
cantina@cantinamarsaglia.it

Nebbiolo d'Alba DOC San Pietro 2003

Dunkelrot; balsamische Noten, Eukalyptus, etwas parfümiert, nicht sehr tief; viel Süße, Kraft, etwas rustikal, marmeladig, nicht fruchttief, trockenes Tannin im Abgang. (8000 Fl.; L.NA.05; eine Abfüllung; Merum 2006-6) Privatpreis ab Hof: Euro 8,00

Oberto Luigi, Monticello d'Alba (CN)   30 000 Fl./5 Hektar

Tel. 0173 442092; Fax 0173 365307; www.obertovini.it; obertovini@obertovini.it

Nebbiolo d'Alba DOC 2002   ★★ – ★★★

Recht dunkles Rot; gewisse, nicht klare Frucht, nicht tief; Kraft, gewisse Frucht, Säure, nicht geschmeidig, etwas kurz. (5000 Fl.; L.150/4; eine Abfüllung; Merum 2005-5) Privatpreis ab Hof: Euro #

Penna Luigi, Alba (CN)   60 000 Fl./13 Hektar

Tel. 0173 286948; Fax 0173 286948; www.pennaluigi-figli.it;
info@pennaluigi-figli.it

Nebbiolo d'Alba DOC Pinin 2004   ★★★

Mittleres Rot; tiefe, geheimnisvolle Noten von Laub, Beeren; feiner Ansatz, gewisse Süße, rund, recht elegant. (5000 Fl.; L.NP04; eine Abfüllung; Merum 2006-6) Privatpreis ab Hof: Euro 7,20

Nebbiolo d'Alba DOC Pinin 2003

Dunkelrot; nicht klare, flüchtige Kompottnoten; Kraft, Süße, Kompottfrucht, trocknet nach, rustikal. (5000 Fl.; L.NP03; eine Abfüllung; Merum 2005-5) Privatpreis ab Hof: Euro #

Nebbiolo d'Alba DOC Vigiotö 2004

Dunkelrot; marmeladig-holzwürzige Nase, keine Nebbiolo-Frucht, austauschbar; viel Süße, trocknendes Tannin, keine Eleganz, unausgewogen und langweilig. (2500 Fl.; L.NV03; eine Abfüllung; Merum 2006-6) Privatpreis ab Hof: Euro 9,60

Nebbiolo d'Alba DOC Vigiotö 2003

Dunkles Rot; marmeladige Nase; marmeladig auch im Gaumen, opulent, nicht elegant, trocken im Abgang, fehlen Feinheiten und Geschmeidigkeit. (2500 Fl.; L.NV02; eine Abfüllung; Merum 2005-5) Privatpreis ab Hof: Euro #

Pio Cesare, Alba (CN)   350 000 Fl./50 Hektar

Tel. 0173 440386; Fax 0173 363680; www.piocesare.it; piocesare@piocesare.it

Nebbiolo d'Alba DOC 2003

Mittleres Rot; vorherrschende Noten von Vanille; Vanille auch im Mund, zu einseitig. (30 000 Fl.; L.6152; mehr als eine Abfüllung; Merum 2006-6) Privatpreis ab Hof: Euro #

Poderi Colla, Alba (CN)   150 000 Fl./27 Hektar

Tel. 0173 290148; Fax 0173 441498; www.podericolla.it; info@podericolla.it

Nebbiolo d'Alba DOC 2004

Mittleres Rot; fruchtig-rindige Noten; Süße, trockenes Tannin, Säure, unausgewogen, rustikal. (20 000 Fl.; L.05; eine Abfüllung; Merum 2006-6) Privatpreis ab Hof: Euro 13,00

Nebbiolo d'Alba DOC 2003

Mittelhelles Rot; Holznoten; Holzgeschmack, Süße, kaum Frucht, Holztannin, Rauchspeck, ungeschmeidig und langweilig. (20 000 Fl.; L.05; eine Abfüllung; Merum 2005-5) Privatpreis ab Hof: Euro #

Porello Marco, Canale (CN)   65000 Fl./13 Hektar

Tel. 0173 979324; Fax 0173 611410; www.porellovini.it; marcoporello@virgilio.it

Nebbiolo d'Alba DOC 2003

Dunkelrot; nicht klare Nase, Teer- und Kompottnoten; viel Süße, kompottige Frucht, unelegant, trocknet. (8000 Fl.; L.0205; eine Abfüllung; Merum 2005-5) Privatpreis ab Hof: Euro #

Prunotto, Alba (CN) 600 000 Fl./52 Hektar

Tel. 0173 280017; Fax 0173 281167; www.prunotto.it; prunotto@prunotto.it

Nebbiolo d'Alba DOC Occhetti 2002

Reifendes Dunkelrot; reifende, süßliche Neuholznoten; im Gaumen erst recht geschmeidig, dann Säure und Holzprägung, fehlt Fruchttiefe, endet auf Holzgeschmack. (20 000 Fl.; L.08/04.b; mehr als eine Abfüllung; Merum 2005-5) Privatpreis ab Hof: Euro #

Rabino Fratelli, Santa Vittoria d'Alba (CN) 190 000 Fl./22 Hektar

Tel. 0172 478045; Fax 0172 479119; www.fratellirabino.com; info@fratellirabino.com

Nebbiolo d'Alba DOC 2004 ★★★★

Mittelhelles Rot; süße Noten von reifer Frucht und etwas Gummi; kraftvoll, fruchtig, etwas Butter, konzentriert, angenehm, herzhaft, lang. (45 000 Fl.; L.144 06; mehr als eine Abfüllung; Merum 2006-6) Privatpreis ab Hof: Euro 4,70

Nebbiolo d'Alba DOC 2003 ★★★ JLF

Mittleres, rubiniges Rot; Noten von Himbeermarmelade, Pilzen; Kraft, saftig, Frucht, recht lang. (35 000 Fl.; L.75 05; mehr als eine Abfüllung; Merum 2005-5) Privatpreis ab Hof: Euro #

Rinaldi Francesco, Alba (CN) 70 000 Fl./10 Hektar

Tel. 0173 440484; Fax 0173 449378; www.rinaldifrancesco.it; francesco.rinaldi@isiline.it

Nebbiolo d'Alba DOC 2003 ★★ – ★★★

Recht dunkles, warmes Rot; reife, ausgeprägte Nebbiolo-Frucht, tief; Kraft, Butter, saftig, Fruchttiefe, herbes Tannin. (7000 Fl.; L.1 05; mehr als eine Abfüllung; Merum 2005-5) Privatpreis ab Hof: Euro #

Rivetto, Sinio (CN) 100 000 Fl./17 Hektar

Tel. 0173 613380; Fax 0173 613977; www.rivetto.it; rivetto@rivetto.it

Nebbiolo d'Alba DOC Lirano 2004

Mittelhelles Rot; süße fruchtige Nase, Noten von Erdbeermarmelade, Holunder; viel Süße, auch Frucht, saftige Säure, trocknet leider stark nach. (20 000 Fl.; L.05/311; mehr als eine Abfüllung; Merum 2006-6) Privatpreis ab Hof: Euro 10,00

Nebbiolo d'Alba DOC Lirano 2003

Mittelintensives Rot; flüchtige, nicht klare Fruchtnoten; Süße, herb, keine Feinheiten, trocknet. (22 000 Fl.; L.04/303; mehr als eine Abfüllung; Merum 2005-5) Privatpreis ab Hof: Euro #

San Silvestro, Novello (CN) 90 000 Fl./15 Hektar

Tel. 0173 731136; Fax 0173 731418; www.sansilvestrovini.com; info@sansilvestrovini.com

Nebbiolo d'Alba DOC Brumo 2003

Mittelhelles Rot; nicht sehr klar, nicht frische Holznoten; recht kraftvoll, Säure, kaum Frucht, ungeschmeidig, trocken im Abgang. (20 000 Fl.; L.06040; mehr als eine Abfüllung; Merum 2006-6) Privatpreis ab Hof: Euro 7,90

Sandrone, Barolo (CN) 95 000 Fl./26 Hektar

Tel. 0173 560023; Fax 0173 560907; www.sandroneluciano.com; info@sandroneluciano.com

Nebbiolo d'Alba DOC Valmaggiore 2004

Dunkelrot; röstige Marmeladenoten; viel Süße, Säure, Röstung, langweilig, dann bitteres Tannin. (18 000 Fl.; L.E-05; eine Abfüllung; Merum 2006-6) Privatpreis ab Hof: Euro 25,00

Nebbiolo d'Alba DOC Valmaggiore 2003

Mittleres Rubin; marmeladig-holzige Noten; viel Süße, breit, nicht fein, Tannin trocknet. (18 000 Fl.; L.A-05; eine Abfüllung; Merum 2005-5) Privatpreis ab Hof: Euro #

Sebaste Mauro, Alba (CN) 150 000 Fl./18 Hektar

Tel. 0173 262148; Fax 0173 262954; www.maurosebaste.it; maurosebaste@maurosebaste.it

Nebbiolo d'Alba DOC Parigi 2004

Dunkelrot; holzwürzig, keine Frucht; viel Süße, Würze, herbes Tannin, ungeschmeidig, keinerlei Frucht, trocknet nach. (# Fl.; L.N.A./1; eine Abfüllung; Merum 2006-6) Privatpreis ab Hof: Euro 9,00

Nebbiolo d'Alba DOC Parigi 2003

Mittleres Rot; Marmelade, Cola; Holzgeschmack überdeckt Frucht, Cola, trocknend und langweilig. (7200 Fl.; L.#; eine Abfüllung; Merum 2005-5) Privatpreis ab Hof: Euro #

Sordo Giovanni, Castiglione Falletto (CN) 300 000 Fl./43 Hektar

Tel. 0173 62853; Fax 0173 462056; www.sordogiovanni.it; info@sordogiovanni.it

Nebbiolo d'Alba DOC 2004 ★★★ − ★★★★ JLF

Mittleres Rot; fruchtige Nase, Holunder, macht neugierig; recht kraftvoll, rund, frische Säure, saftig, lang. (22 000 Fl.; L.6084; eine Abfüllung; Merum 2006-6) Privatpreis ab Hof: Euro #

Nebbiolo d'Alba DOC 2001 ★★★ JLF

Eher helles Rot; nach Belüftung Noten von Holunder, Kaffee; im Gaumen geschmeidig und rund, Frucht, Holunder, samtenes Tannin. (10 000 Fl.; L.3328; mehr als eine Abfüllung; Merum 2005-5) Privatpreis ab Hof: Euro #

Tenuta Langasco, Alba (CN) 60 000 Fl./22 Hektar

Tel. 0173 286972; Fax 0173 286972; langasco@ciaoweb.it

Nebbiolo d'Alba DOC Sorì Coppa 2003

Mittleres Rot; holunderige Noten, fehlt Frucht; Frucht mit Holzgeschmack, nicht geschmeidig, etwas breit, Butter, herbes Tannin. (8000 Fl.; L.05-210; # Abfüllungen; Merum 2006-6) Privatpreis ab Hof: Euro 9,50

Tenuta Rocca, Monforte d'Alba (CN) 80 000 Fl./10 Hektar

Tel. 0173 78412; Fax 0173 789742; www.tenutarocca.com; tenutarocca@tenutarocca.com

Nebbiolo d'Alba DOC Sorì Ornati 2002

Dunkles, rubiniges Rot; Noten von Fruchtschalen, Holz; Süße, Kraft, ungeschmeidig, keine Tiefe, trocknet. (2800 Fl.; L.1-04; eine Abfüllung; Merum 2005-5) Privatpreis ab Hof: Euro #

Nebbiolo d'Alba DOC Vigna Sorì Ornati 2004 ★★ − ★★★

Mittleres Rot; Noten von Holunder, Holz, gewisse Frucht; recht kraftvoll, herbes Tannin, knappe Frucht mit Butter, saftig, lang. (3850 Fl.; L.2-06; eine Abfüllung; Merum 2006-6) Privatpreis ab Hof: Euro 10,50

Terre da Vino, Barolo (CN) 6 100 000 Fl./4600 Hektar

Tel. 0173 564611; Fax 0173 564612; www.terredavino.it; info@terredavino.it

Nebbiolo d'Alba DOC Valdolmo 2004

Mittleres Rot; Noten von Fukalyptus und Zimt; Röst- und Eukalyptus-Geschmack, kaum Frucht, etwas rustikal, untrinkig. (20 000 Fl.; L.15B6M34; mehr als eine Abfüllung; Merum 2006-6) Privatpreis ab Hof: Euro 7,80

Nebbiolo d'Alba DOC Valdolmo 2003

Mittelhelles Rubin; neuholzbetonte Frucht; holzbetont auch im Gaumen, Mittelgewicht, Kaffee, Säure, Süße, ohne Eleganz. (20 000 Fl.; L.22N4M27; mehr als eine Abfüllung; Merum 2005-5) Privatpreis ab Hof: Euro #

Terre del Barolo, Castiglione Falletto (CN) 2 600 000 Fl./800 Hektar

Tel. 0173 262053; Fax 0173 262749; www.terredelbarolo.com; tdb@terredelbarolo.com

Nebbiolo d'Alba DOC Cantina 2004 ★★ − ★★★

Mittelhelles Rot; nicht sehr intensive, aber tiefe Noten von Frucht, Teer, Laub, etwas Röstung; recht kräftig, rund, viel Süße, recht lang. (100 000 Fl.; L.6072; mehr als eine Abfüllung; Merum 2006-6) Privatpreis ab Hof: Euro 5,50

Nebbiolo d'Alba DOC Cantina 2003 ★★ − ★★★

Mittelhelles Rot; fruchtige Noten, Apfel; viel Süße, Apfelfrucht, herb-gutes Tannin, gute Länge. (120 000 Fl.; L.5089; mehr als eine Abfüllung; Merum 2005-5) Privatpreis ab Hof: Euro #

Valdinera, Corneliano d'Alba (CN) 60 000 Fl./16 Hektar

Tel. 0173 619881; Fax 0173 614038; www.valdinera.com; info@valdinera.com

Nebbiolo d'Alba DOC 2004 ★★ − ★★★

Recht helles Rot; harzige Fruchtnoten; recht geschmeidig, vegetal-harzige Frucht, saftig, herb. (15 000 Fl.; L.15106; eine Abfüllung; Merum 2006-6) Privatpreis ab Hof: Euro 10,20

Nebbiolo d'Alba DOC 2003 ★★ – ★★★

Mittleres Rot; Noten von Apfel und roten Beeren; Süße, Frucht, einfach, nicht tief, herb. (15 000 Fl.; L.5.1NA; eine Abfüllung; Merum 2005-5) Privatpreis ab Hof: Euro #

Nebbiolo d'Alba DOC Sontuoso 2003 ★★ – ★★★

Mittleres Rot; würzig-fruchtige Nase, Rinde; marmeladig, Butter, Süße, kräftig, saftig. (12 500 Fl.; L.5.1NA; eine Abfüllung; Merum 2005-5) Privatpreis ab Hof: Euro #

Virna/Borgogno Lodovico, Barolo (CN) 60 000 Fl./10 Hektar

Tel. 0173 56120; Fax 0173 56120; www.virnabarolo.it; borgognot@libero.it

Nebbiolo d'Alba DOC 2003

Mittleres Rot; verhaltene, müde wirkende Frucht; auch im Gaumen verhalten, fehlen Temperament und Fruchttiefe, trocknet nach. (7000 Fl.; L.510; eine Abfüllung; Merum 2005-5) Privatpreis ab Hof: Euro #

Roero

Almondo Giovanni, Montà d'Alba (CN) 80 000 Fl./12 Hektar

Tel. 0173 975256; Fax 0173 975256; almondo@giovannialmondo.com

Roero DOC Bric Valdiana 2003 ⭐

Recht dunkles Rot; Röstnoten; Röstung, Eiche, Süße, kaum Frucht, trocknend. (10 000 Fl.; L.07; eine Abfüllung; Merum 2006-6) Privatpreis ab Hof: Euro 15,00

Roero DOC Bric Valdiana 2002 ⭐

Dunkelrot; Noten von Kandis, Holz, keine Frucht; recht kraftvoll, keine Frucht, trockenes Tannin, Holz prägt Finale. (3000 Fl.; L.07; eine Abfüllung; Merum 2005-5) Privatpreis ab Hof: Euro #

Battaglino Fabrizio, Vezza d'Alba (CN) 15 000 Fl./4 Hektar

Tel. 0173 658156; Fax 0173 978173; www.battaglino.com; battaglino@battaglino.com

Roero DOC 2004 ★★ – ★★★

Mittleres Rot; Kaffeenoten, Holunder; rund, viel Süße, gewisse Frucht, Holunder, bremsendes Tannin. (2800 Fl.; L.6/90; eine Abfüllung; Merum 2006-6) Privatpreis ab Hof: Euro 7,50

Roero DOC 2003

Mittelhelles Rot; nicht komplett klare, etwas kompottige Nebbiolo-, Kaffee- und Röstnoten; Mittelgewicht, Tannin trocknet, wenig Fülle, Röstung, Süße, trocknet nach. (1500 Fl.; L.4/339; eine Abfüllung; Merum 2005-5) Privatpreis ab Hof: Euro #

Bel Colle, Verduno (CN) 150 000 Fl./10 Hektar

Tel. 0172 470196; Fax 0172 470940; info@belcolle.it

Roero DOC Monvijè 2003

Mittleres Rot; mit Belüftung marmeladige Frucht, gewisse Tiefe; Süße, heftiges Tannin, gewisse Frucht, im Abgang herb. (7000 Fl.; L.#; eine Abfüllung; Merum 2005-5) Privatpreis ab Hof: Euro #

Roero DOC Monvijè 2003 ★★ – ★★★

Mittelhelles Rot; intensive, rotbeerige Noten; viel Süße, kompottige Frucht, saftig, gewisse Tiefe, herb, angenehm. (7000 Fl.; L.05-123; eine Abfüllung; Merum 2006-6) Privatpreis ab Hof: Euro 9,00

Buganza Renato/Cascina Garbianotto, Piobesi d'Alba (CN) 40 000 Fl./10 Hektar

Tel. 0173 619370; Fax 0173 619370; www.renatobuganza.it; rbuganza@tin.it

Roero DOC Bric Paradis 2002

Mittleres Rubin; Frucht vom Holz verdeckt; Mittelgewicht, Holz, Säure, gewisse Pfirsichfrucht, trocknet. (2000 Fl.; L.4/142; eine Abfüllung; Merum 2005-5) Privatpreis ab Hof: Euro #

Cadia/Giachino Bruno, Roddì (CN)   35 000 Fl./12 Hektar

Tel. 0173 615398; Fax 0173 615398; www.cadia.it; giachinobruno@virgilio.it

Nebbiolo d'Alba DOC 2003   ★★ – ★★★

Mittelintensives Rot; Noten von Frucht, Rinde, Tomatenkonzentrat, macht neugierig; fruchtig, saftig, viel herbes Tannin, kraftvolle, fast wuchtige Struktur, Holz, lang. (6600 Fl.; L.02-2005; eine Abfüllung; Merum 2006-6) Privatpreis ab Hof: Euro 9,50

Cascina Chicco, Canale (CN)   180 000 Fl./23 Hektar

Tel. 0173 979411; Fax 0173 979411; www.cascinachicco.com; cascinachicco@cascinachicco.com

Roero DOC Montespinato 2004

Mittleres Rubin; etwas laute Noten von Himbeermarmelade; auch im Gaumen Himbeeren, herbes Tannin, nicht geschmeidig, mittlere Länge, trocknet nach. (20 000 Fl.; L.2405; eine Abfüllung; Merum 2006-6) Privatpreis ab Hof: Euro 8,50

Roero DOC Riserva Valmaggiore 2001

Ziemlich dunkles Rot; flüchtige Fruchtnoten, kompottige Frucht, Zimt; intensive, aber nicht tiefe Frucht, herb, fehlen Tiefe und Länge, nicht klar im Abgang. (8000 Fl.; L.1805; eine Abfüllung; Merum 2005-5) Privatpreis ab Hof: Euro #

Roero DOC Valmaggiore 2003

Dunkelrot; Noten von Cassis und Lorbeer, nicht Nebbiolo-typisch; im Gaumen viel Süße, saftig, Kraft, sizilianische Überreife, erinnert nicht entfernt an Nebbiolo, trocknendes Tannin. (10 000 Fl.; L.1806; eine Abfüllung; Merum 2006-6) Privatpreis ab Hof: Euro 15,00

Ceste, Govone (CN)   150 000 Fl./23 Hektar

Tel. 0173 58635; Fax 0173 58635; www.cestevini.com; info@cestevini.com

Roero DOC 2004

Mittleres Rot; marmeladige Noten; auch im Gaumen marmeladig, viel Süße, fehlen Rasse und Frische, nicht tief. (6000 Fl.; L.#; eine Abfüllung; Merum 2006-6) Privatpreis ab Hof: Euro 6,20

Correggia Matteo, Canale (CN)   120 000 Fl./20 Hektar

Tel. 0173 978009; Fax 0173 959849; www.matteocorreggia.com; matteo@matteocorreggia.com

Roero DOC 2003   ★★ – ★★★

Mittleres Rot; Noten von roter Beerenmarmelade und Holunder; saftig, Holunder, viel Süße, Frucht, ausgewogen, dann etwas trocken im Abgang. (20 000 Fl.; L.5ROB; eine Abfüllung; Merum 2005-5) Privatpreis ab Hof: Euro #

Roero DOC Ròche d'Ampsèj 2001

Mittelintensives Rot; Neuholz- und Fruchtnoten; Süße, kaum Frucht, verholzt, karg und trocken; komplett unkenntlich und austauschbar. (11 000 Fl.; L.3.RO2; eine Abfüllung; Merum 2005-5) Privatpreis ab Hof: Euro #

CS del Nebbiolo, Vezza d'Alba (CN)   200 000 Fl./190 Hektar

Tel. 0173 65040; Fax 0173 639928; www.cantinadelnebbiolo.com; wine@cantinadelnebbiolo.com

Nebbiolo d'Alba DOC Valmaggiore 2003

Reifendes, mittleres Rot; reifende Fruchtnoten, zu müde; gewisse Frucht, etwas bitter, nicht geschmeidig, zu unfrisch. (15 000 Fl.; L.5C25; eine Abfüllung; Merum 2006-6) Privatpreis ab Hof: Euro 5,40

Roero DOC 2004   ★★ – ★★★ JLF

Helles Rot; rindige Noten, Frucht; rund, eher schlank, geschmeidig, saftig, beerig, feines Tannin, recht lang. (10 600 Fl.; L.6G12; eine Abfüllung; Merum 2006-6) Privatpreis ab Hof: Euro 5,00

Roero DOC 2003   ★★★ – ★★★★ JLF

Mittelhelles Rot; feine Nebbiolo-Frucht; frische Säure, saftiges Tannin, Nebbiolo-Fruchttiefe, ausgewogen, recht lang. (10 000 Fl.; L.5C15; mehr als eine Abfüllung; Merum 2005-5) Privatpreis ab Hof: Euro #

Roero DOC 2003   ★★ – ★★★

Mittleres Rot; nicht intensive, recht tiefe Frucht; viel Süße, etwas breit, gewisse Saftigkeit, herbes Tannin, gewisse Tiefe und Länge. (8000 Fl.; L.5N06; eine Abfüllung; Merum 2006-6) Privatpreis ab Hof: Euro 5,00

Deltetto, Canale (CN) 150 000 Fl./15,5 Hektar

Tel. 0173 979383; Fax 0173 95710; www.deltetto.com; deltetto@deltetto.com

Roero DOC Superiore Braja 2003

Mittelintensives, frisches Rot; röstig-ledrig-marmeladige Nase; wenig Frucht, breit, nicht tief, dann trocknend-bitteres Tannin. (13 000 Fl.; L.52385; mehr als eine Abfüllung; Merum 2006-6) Privatpreis ab Hof: Euro 16,00

Roero DOC Superiore Braja 2002

Sehr dunkles Rot; Teer- und Marmeladenoten; Süße, Rußgeschmack, keine Frucht, bitter-trockenes Tannin. (10 800 Fl.; L.#; mehr als eine Abfüllung; Merum 2005-5) Privatpreis ab Hof: Euro #

Enrico Serafino, Canale (CN) 500 000 Fl./10 Hektar

Tel. 0173 967237; Fax 0173 967153; www.barbero1891.it; barbero.info@barbero1891.it

Roero DOC Superiore 2004 ★★ – ★★★

Eher helles Rot; Noten von Himbeermarmelade; Mittelgewicht, recht einfach und rund, gewisse Frucht, recht angenehm und lang. (# Fl.; L.5-237; # Abfüllungen; Merum 2006-6) Privatpreis ab Hof: Euro #

Malabaila, Canale (CN) 75 000 Fl./22 Hektar

Tel. 0173 98381; Fax 0173 968907; www.malabaila.com; cantina@malabaila.com

Nebbiolo d'Alba Bric Merli 2004 ★★ – ★★★

Mittleres Rot; fruchtige Noten, Zwetschgen, Beeren; schlankes Mittelgewicht, fruchtig, butterig, eher leicht, aber angenehm. (5000 Fl.; L.151-6; eine Abfüllung; Merum 2006-6) Privatpreis ab Hof: Euro 7,00

Roero DOC Superiore Castelletto 2001

Mittleres Rot; Noten von Kaffeejoghurt und Ruß; heftiger Rußgeschmack, keine Frucht, trocknet. (# Fl.; L.218-3; eine Abfüllung; Merum 2005-5) Privatpreis ab Hof: Euro #

Roero DOC Superiore Castelletto 2000

Recht intensives Rot; süßliche Kaffeenase; auch im Gaumen Kaffee, keine Frucht, herb, nicht geschmeidig, trocknendes Holztannin. (2000 Fl.; L.220-2; eine Abfüllung; Merum 2005-5) Privatpreis ab Hof: Euro #

Roero Superiore DOC Bric Volta 2004

Mittleres Rot; holzwürzige Noten, auch Frucht; kräftiges Mittelgewicht, recht dicht, dezentes Holz, Butter, leider trocknend. (8000 Fl.; L.125-6; mehr als eine Abfüllung; Merum 2006-6) Privatpreis ab Hof: Euro 7,00

Roero Superiore DOC Castelletto 2001

Reifendes Dunkelrot; gereifte Holznoten, würzig, keine Fruchttiefe; Süße, gereifter Holzgeschmack, trocknet. (3000 Fl.; L.218-3; eine Abfüllung; Merum 2006-6) Privatpreis ab Hof: Euro 10,50

Marsaglia Emilio, Castellinaldo (CN) 80 000 Fl./15 Hektar

Tel. 0173 213048; Fax 0173 213048; www.cantinamarsaglia.it; cantina@cantinamarsaglia.it

Roero DOC Superiore Brich d'America 2003

Dunkles Rot; rotmarmeladige Nase; breitfruchtig, nicht tief, unelegant, trocknet. (6000 Fl.; L.RS.05; eine Abfüllung; Merum 2006-6) Privatpreis ab Hof: Euro 9,00

Roero DOC Superiore Brich d'America 2002

Mittleres Rot; flüchtige Fruchtnoten, Pfirsich; Pfirsich auch im Gaumen, keine Nebbiolo-Tiefe, etwas angebrannter Zucker, nicht lang. (6000 Fl.; L.RS.04; eine Abfüllung; Merum 2005-5) Privatpreis ab Hof: Euro #

Negro Angelo, Monteu Roero (CN) 250 000 Fl./48 Hektar

Tel. 0173 90252; Fax 0173 90712; www.negroangelo.it; negro@negroangelo.it

Roero DOC 2003

Rubiniges, mittleres Rot; Nebbiolo- und Zwetschgennoten; Eukalyptus, viel Süße, knappe Frucht, heftiges Tannin, trocken. (15 000 Fl.; L.2; eine Abfüllung; Merum 2005-5) Privatpreis ab Hof: Euro #

Roero DOC Prachiosso 2003

Dunkelrot; holzwürzige Nase; stark holzgeprägt, keine Frucht, Ruß, ungeschmeidig. (5600 Fl.; L.1; eine Abfüllung; Merum 2006-6) Privatpreis ab Hof: Euro #

Roero DOC Prachiosso 2002

Recht dunkles Rot; verhaltene Frucht; Süße, gewisse Frucht, nicht klar, bleibt verhalten. (15 000 Fl.; L.1; eine Abfüllung; Merum 2005-5) Privatpreis ab Hof: Euro #

Roero DOC Sudisfà 2003

Recht dunkles Rot; holzwürzige Frucht; holzgeprägte Frucht, Säure, Struktur, saftig, rustikal, rußig, trockenes Tannin. (5700 Fl.; L.1; eine Abfüllung; Merum 2006-6) Privatpreis ab Hof: Euro #

Roero DOC Sudisfà 2002

Mittleres Rot; reifende, holzwürzige Noten, Ruß; Süße, Holzgeschmack, kaum Frucht, ungeschmeidig, Ruß im Abgang, trocknend. (5000 Fl.; L.1; eine Abfüllung; Merum 2006-6) Privatpreis ab Hof: Euro #

Roero DOC Sudisfà 2002

Dunkles, rubiniges Rot; Noten von Kompott, Röstung; auch im Gaumen von angesengter Eiche geprägt, keine Frucht, stark trocknend. (6000 Fl.; L.#; eine Abfüllung; Merum 2005-5) Privatpreis ab Hof: Euro #

Roero DOC Sudisfà 2001

Mittleres Rot; Noten von Nebbiolo, Holz; Holz, Röstung. (10 000 Fl.; L.1; eine Abfüllung; Merum 2005-5) Privatpreis ab Hof: Euro #

Oberto Luigi, Monticello d'Alba (CN)   30 000 Fl./5 Hektar

Tel. 0173 442092; Fax 0173 365307; www.obertovini.it; obertovini@obertovini.it

Roero DOC Superiore Loghero 2001

Mittleres, reifendes Rot; matte Nase, fehlt Frische; Trockenfrüchte, Holzgeschmack im Abgang, keine Fruchttiefe, müsste frischer sein. (5000 Fl.; L.#; eine Abfüllung; Merum 2005-5) Privatpreis ab Hof: Euro #

Pace, Canale (CN)   20 000 Fl./18 Hektar

Tel. 0173 979544; Fax 0173 979544; #

Roero DOC 2003   ★★ – ★★★

Mittleres, rubiniges Rot; kompottige Fruchtnoten; Fülle, Kraft, viel Tannin, gewisse Frucht, kernig, etwas rustikal. (5000 Fl.; L.R1; eine Abfüllung; Merum 2005-5) Privatpreis ab Hof: Euro #

Roero DOC Superiore 2002

Dunkelrot; flüchtige Zwetschgenfrucht; Frucht auch im Gaumen, Süße, nicht sehr tief, etwas rustikal. (3000 Fl.; L.R1; eine Abfüllung; Merum 2005-5) Privatpreis ab Hof: Euro #

Roero DOC Superiore 2001

Mittleres Rot; Noten von Holz und Pappe; im Gaumen Eukalyptus, keine Frucht. (3500 Fl.; L.R2; eine Abfüllung; Merum 2005-5) Privatpreis ab Hof: Euro #

Porello Marco, Canale (CN)   65 000 Fl./13 Hektar

Tel. 0173 979324; Fax 0173 611410; www.porellovini.it; marcoporello@virgilio.it

Roero DOC Torretta 2003

Recht dunkles, rubiniges Rot; dunkle, marmeladige Nase; kraftvoll, keine Frucht, trocknet, Holzgeschmack, Holz hängt nach. (7000 Fl.; L.0505; eine Abfüllung; Merum 2005-5) Privatpreis ab Hof: Euro #

Prunotto, Alba (CN)   600 000 Fl./52 Hektar

Tel. 0173 280017; Fax 0173 281167; www.prunotto.it; prunotto@prunotto.it

Nebbiolo d'Alba DOC Occhetti 2003

Ziemlich dunkles Rot; marmeladige Noten; im Gaumen holzwürzig, gewisse Frucht, trockenes Tannin, ungeschmeidig. (30 000 Fl.; L.08/05.b; mehr als eine Abfüllung; Merum 2006-6) Privatpreis ab Hof: Euro 38,69

Rabino Fratelli, Santa Vittoria d'Alba (CN)　　190 000 Fl./22 Hektar

Tel. 0172 478045; Fax 0172 479119; www.fratellirabino.com;
info@fratellirabino.com

Roero DOC 2003　　★★★

Mittleres Rot; Noten roter Beerenmarmelade; ausgewogen, mittlere Kraft, eingepasste Süße, Säure, Beerenfrucht, jung, trinkig, herzhaftes Tannin. (18 000 Fl.; L.169 04; mehr als eine Abfüllung; Merum 2005-5) Privatpreis ab Hof: Euro #

Taliano Michele, Montà d'Alba (CN)　　60 000 Fl./12 Hektar

Tel. 0173 976512; Fax 0173 976512; www.talianomichele.com; taliano@libero.it

Roero DOC Ròche Dra Bòssora 2003

Dunkelrot; müde, holzwürzige Nase; balsamische Aromen, kaum Frucht, trocknendes Tannin. (3000 Fl.; L.506; eine Abfüllung; Merum 2006-6) Privatpreis ab Hof: Euro 9,00

Roero DOC Ròche Dra Bòssora 2002

Recht dunkles Rot; Noten von Teer, Röstung; sehr kompakt, gewisse Frucht, Tiefe, viel Tannin, auch Länge, feine Säure, trocknet. (3000 Fl.; L.404; eine Abfüllung; Merum 2005-5) Privatpreis ab Hof: Euro #

Tenuta Carretta, Piobesi d'Alba (CN)　　480 000 Fl./72 Hektar

Tel. 0173 619119; Fax 0173 619931; www.tenutacarretta.it;
t.carretta@tenutacarretta.it

Roero DOC Superiore Bric Paradiso 2003

Mittleres, reifendes Rot; Ledernoten, nicht klar; Mittelgewicht, gewisse Nebbiolo-Frucht, trocknend, zu rustikal. (13 000 Fl.; L.#; mehr als eine Abfüllung; Merum 2006-6) Privatpreis ab Hof: Euro 15,00

Valdinera, Corneliano d'Alba (CN)　　60 000 Fl./16 Hektar

Tel. 0173 619881; Fax 0173 614038; www.valdinera.com; info@valdinera.com

Roero DOC San Carlo 2003

Recht dunkles Rot; nicht überaus klare Nase, verhalten; gewisse Frucht, viel Süße, fehlt Frische, nicht fein, herb. (6000 Fl.; L.5.1RO; eine Abfüllung; Merum 2006-6) Privatpreis ab Hof: Euro 16,10

Roero DOC Superiore San Carlo 2002

Dunkelrot; Noten von Rinde, Nebbiolo-Frucht; Mittelgewicht, Rinde, knappe Frucht, medizinal, recht ausgewogen, trocken. (6000 Fl.; L.4.1RO; eine Abfüllung; Merum 2005-5) Privatpreis ab Hof: Euro #

Vico Giacomo, Canale (CN)　　110 000 Fl./35 Hektar

Tel. 0173 979126; Fax 0173 970984; www.giacomovico.it; info@giacomovico.it

Roero DOC Superiore 2002

Dunkelrot; Noten von Holz, Marmelade; Holz auch im Gaumen, keine Fruchttiefe, Butter, trocknet, zu rustikal. (8726 Fl.; L.04.05; eine Abfüllung; Merum 2005-5) Privatpreis ab Hof: Euro #

Roero DOC Superiore 2001

Recht dunkles Rot; Kandis, Holz, knappe Frucht; breite Frucht, Holz, trocknet, nicht elegant, nicht tief. (14 000 Fl.; L.0306; eine Abfüllung; Merum 2005-5) Privatpreis ab Hof: Euro #

Roero DOC Superiore 2001　　★★ – ★★★

Mittleres, reifendes Rot; balsamische Noten, Tabak, feine Röstung; Süße, rund, geschmeidig, etwas Holz, rundes Tannin, lang. (14 000 Fl.; L.03/06; eine Abfüllung; Merum 2006-6) Privatpreis ab Hof: Euro 12,00

Roero Superiore DOC 2003　　★★ – ★★★

Mittleres Rot; feinfedrige Fruchtnoten; saftig, herbes Tannin, fehlt Frucht, nicht geschmeidig, recht lang. (5600 Fl.; L.05/08; eine Abfüllung; Merum 2006-6) Privatpreis ab Hof: Euro 12,00

Nordpiemont

Was der Norden des Piemont dem Nebbiolo-Liebhaber zu
bieten hat, ist manchmal begeisternd. Noch finden sich hier
eigenständige, absolut originelle Weine, die der grassierenden
geschmacklichen Uniformierung zu trotzen vermögen. Bei
diesen Weinen kommen all jene auf ihre Rechnung, für die
Weintrinken etwas mit Erlebnis, mit Entdeckung, mit Eintau-
chen in Kulturen zu tun hat.

Ein großer Ghemme oder Gattinara oder Lessona ist zwar
nicht direkt vergleichbar mit Barbaresco oder Barolo, steht
diesen an Reiz und Originalität aber nicht nach. Auch wenn die
Nebbiolo-Weine hier oben, im Schutze der Alpen, weniger
wuchtig geraten als in der Langa, verfügen sie gerade in guten
Jahren über eine Eleganz und eine Ausdruckskraft, die ihres-
gleichen suchen.

Produktionsregeln Gattinara DOCG

Traubensorten: Nebbiolo (mindestens 90 %), Vespolina und
Bonarda (bis 10 %); Höchstertrag: 7500 kg Trauben/ha; Mindestalkohol: 12,5 Vol.-% (Riserva: 13,0 Vol.-%); vorgeschriebene Lagerzeit: 3 Jahre (Riserva: 4 Jahre).

Produktionsregeln Ghemme DOCG

Traubensorten: Nebbiolo (mindestens 75 %), Vespolina und
Uva Rara (bis 25 %); Höchstertrag: 8000 kg Trauben/ha;
Mindestalkohol: 12,0 Vol.-% (Riserva: 12,5 Vol.-%); vorge-
schriebene Lagerzeit: 3 Jahre (Riserva: 4 Jahre).

Produktionsregeln Sizzano DOC

Traubensorten: Nebbiolo (40–60 %), Vespolina und Bonarda
(15–40 %), Uva Rara (bis 25 %); Höchstertrag: 10 000 kg
Trauben/ha; Mindestalkohol: 12,0 Vol.-%; vorgeschriebene
Lagerzeit: 3 Jahre.

Produktionsregeln Lessona DOC

Traubensorten: Nebbiolo (mindestens 75 %), Vespolina und
Bonarda (bis 25 %); Höchstertrag: 8000 kg Trauben/ha; Mindestalkohol: 12,0 Vol.-%; vorgeschriebene Lagerzeit: 2 Jahre.

Produktionsregeln Carema DOC

Traubensorten: Nebbiolo (mindestens 85 %), andere Sorten
(bis 15 %); Höchstertrag: 8000 kg Trauben/ha; Mindestalkohol: 12,0 Vol.-%; vorgeschriebene Lagerzeit: 3 Jahre
(Riserva: 4 Jahre).

Produktionsregeln Boca DOC

Traubensorten: Nebbiolo (45–70 %), Vespolina (20–40 %)
und Bonarda (bis 20 %); Höchstertrag: 9000 kg Trauben/ha;
Mindestalkohol: 12,0 Vol.-%; vorgeschriebene Lagerzeit: drei
Jahre (davon mindestens zwei Jahre im Holz).

Produktionsregeln Canavese DOC

Traubensorten: Nebbiolo, Barbera, Bonarda, Freisa, Neretto
(60–100 %), andere (bis 40 %); mit Sortenbezeichnung (85–
100 %); Höchstertrag: 11 000 kg Trauben/ha (Nebbiolo:
10 000 kg/ha); Mindestalkohol: 10,5 Vol.-%, Nebbiolo:
11 Vol.-%.

Produktionsregeln Bramaterra DOC

Traubensorten: Nebbiolo (50–70 %), Croatina (20–30 %),
Vespolina und Bonarda (10–20 %); Höchstertrag: 7500 kg
Trauben/ha; Mindestalkohol: 12,0 Vol.-%; vorgeschriebene
Lagerzeit: 2 Jahre (Riserva: 3 Jahre).

Produktionsregeln Colline Novaresi DOC

Traubensorten: Nebbiolo, Bonarda, Vespolina, Croatina, Barbera (85–100 %), andere Sorten (bis 15 %); Höchstertrag:
11 000 kg Trauben/ha; Mindestalkohol: 12,0 Vol.-%.

Produktionsregeln Coste della Sesia DOC

Traubensorten: Nebbiolo, Bonarda, Vespolina, Croatina, Barbera (50–100 %), andere Sorten (bis 50 %); Höchstertrag:
11 000 kg Trauben/ha; Mindestalkohol: 11,0 Vol.-%.

Antichi Vigneti di Cantalupo, Ghemme (NO)   180 000 Fl./35 Hektar
Tel. 0163 840041; Fax 0163 841595; www.cantalupo.net; info@cantalupo.net
Colline Novaresi DOC Agamium 2004   ★★ – ★★★
*Mittleres, warmes Rot; Noten von Gestrüpp, Holunder; recht konzentriert, Fülle, Holunder,
etwas Butter, dürfte mehr Nebbiolo-Frucht zeigen, rund, angenehm. (32 500 Fl.; L.02; mehr
als eine Abfüllung; Merum 2007-2) Privatpreis ab Hof: Euro 7,50*
Ghemme DOC Breclemae 1999   ★★★
*Dunkelrot; dichte Noten von schwarzen Johannisbeeren, reifen Tomaten, Holz, Schweiß,
einladend; Kraft, Fülle, Frucht, Holunder, saftig, herbes Tannin, Länge. (9700 Fl.; L.#; eine
Abfüllung; Merum 2005-2) Privatpreis ab Hof: Euro #*
Ghemme DOCG 2003   ★★★ JLF
*Reifendes, mittelintensives Rot; Frucht mit Butter- und Holundernoten; Fülle, Süße, holund-
rige Frucht, rund, gutes Tannin, lang, etwas Butter, sehr angenehm. (22 500 Fl.; L.01; eine
Abfüllung; Merum 2007-2) Privatpreis ab Hof: Euro 16,50*
Ghemme DOCG 2001   ★★★★ JLF
*Mittleres, recht frisches Rot, einladend, Holunder, rote Frucht, tief und vielversprechend;
dichte Struktur, ausladende Nebbiolo-Frucht, Tabak, saftig, mächtiger Abgang, Charakter-
Tannin. (15 000 Fl.; L.01; eine Abfüllung; Merum 2006-1) Privatpreis ab Hof: Euro #*

Ghemme DOCG 2000 ★★★ – ★★★★ JLF

Mittleres Rot; intensive, reifende, einladende Frucht; Frucht auch im Gaumen, saftig, Holunder, Butter, Frucht, ausgewogen und trinkig, gefällt. (16 000 Fl.; L.01; eine Abfüllung; Merum 2005-2) Privatpreis ab Hof: Euro #

Ghemme DOCG Carellae 1999 ★★ – ★★★

Mittleres Rubin; einladende Noten von Meeresalgen, Tomaten, Lakritze, getrocknete Zwetschgen, Teer; kraftvolles Mittelgewicht, dicht, Holz, Fruchttiefe, etwas zu herbes Tannin, lang. (3700 Fl.; L.01; eine Abfüllung; Merum 2005-2) Privatpreis ab Hof: Euro #

Ghemme DOCG Collis Breclemae 2000 ★★★ – ★★★★ JLF

Dunkelrot; einladende Nebbiolo-Frucht mit Holunder; Fülle, rund, Holunder, saftig, im Abgang Nebbiolo-Frucht, lang. (8500 Fl.; L.#; eine Abfüllung; Merum 2007-2) Privatpreis ab Hof: Euro 25,00

Ghemme DOCG Collis Breclemae 1998 ★★★ – ★★★★ JLF

Dunkelrot; tiefe, reifende Frucht, Noten von Holunder, Himbeer- und Zwetschgenmarmelade, sehr einladend; Kraft, Fülle, saftig, dicht strukturiert, etwas Holz, Frucht, sehr lang auf rundem Tannin. (8000 Fl.; L.01; eine Abfüllung; Merum 2004-1) Privatpreis ab Hof: Euro 4

Ghemme DOCG Collis Carellae 2000 ★★★★ JLF

Mittleres Rot; einladende Laub- und Fruchtnoten; rund, sehr geschmeidig, feine Frucht, frisches Heu, schönes Tannin, saftig, elegant, sehr lang, herrlicher Nebbiolo, herrlicher Ghemme. (2500 Fl.; L.#; eine Abfüllung; Merum 2006-1) Privatpreis ab Hof: Euro #

Ghemme DOCG Signore di Bayard 2000

Dunkelrot; recht Nebbiolo-Nase, auch Holz; im Gaumen überwiegt dann leider das neue Holz, dadurch intransparent und opulent, trocknet. (2600 Fl.; L.01; eine Abfüllung; Merum 2007-2) Privatpreis ab Hof: Euro 23,00

Ghemme DOCG Signore di Bayard 1999

Mittelintensives Rubin; Noten von Vanille, Holz, dunkler Beerenmarmelade; recht kraftvoll, etwas geschliffen, mit Belüftung Holz, Butter, fehlt Frucht, etwas trocknendes Tannin, im Abgang wieder Holzgeschmack. (4200 Fl.; L.01; eine Abfüllung; Merum 2004-1) Privatpreis ab Hof: Euro #

Antoniolo, Gattinara (VC) 60 000 Fl./15 Hektar

Tel. 0163 833612; Fax 0163 826112; antoniolovini@bmm.it

Coste della Sesia DOC Nebbiolo Juvenia 2004 ★★ – ★★★

Recht dunkles Rot; recht tiefe Nase, mineralische Noten; Süße, recht angenehm, harzig, Tannin. (12 000 Fl.; L.02595; mehr als eine Abfüllung; Merum 2007-2) Privatpreis ab Hof: Euro #

Coste della Sesia DOC Nebbiolo Juvenia 2001

Recht dunkles Rot; Noten roter Früchte; Süße, rote Frucht, fehlt Frische, herbes Tannin. (10 000 Fl.; L.02212; mehr als eine Abfüllung; Merum 2004-1) Privatpreis ab Hof: Euro #

Gattinara DOCG 2001

Mittleres, reifendes Rot; gereifte, würzige Holznoten; auch im Gaumen gereiftes Holz, recht rund, knappe Frucht, Holz im Nachgeschmack. (20 000 Fl.; L.02775; mehr als eine Abfüllung; Merum 2007-2) Privatpreis ab Hof: Euro #

Gattinara DOCG 2000 ★★★ JLF

Warmes, mittelintensives Rot; Noten von Hagebuttenmarmelade, Tabak; im Ansatz Frucht, hohe Säure, Kraft, Tabak, feines Holz, geradlinig, saftig, recht ausgewogen. (20 000 Fl.; L.02464; mehr als eine Abfüllung; Merum 2005-2) Privatpreis ab Hof: Euro #

Gattinara DOCG 1999 ★★★ – ★★★★ JLF

Junges, recht dichtes Rot; tiefe Nebbiolo-Frucht, Teer; Kraft, charaktervolles Tannin begleitet Frucht, Fülle, Tiefe, lang; schöner, typischer, nicht überladener Gattinara. (15 000 Fl.; L.16403; mehr als eine Abfüllung; Merum 2004-1) Privatpreis ab Hof: Euro #

Gattinara DOCG Castelle 2000

Mittelhelles, reifendes Rot; Holz- und Fruchtnoten; Süße, gewisse Frucht, Säure, trockenes Tannin, fehlen Tiefe und Geschmeidigkeit. (Nebbiolo.) (3500 Fl.; L.#; eine Abfüllung; Merum 2005-2) Privatpreis ab Hof: Euro #

Gattinara DOCG Castelle 1999

Recht intensives Rot; Noten roter Beerenmarmelade, Stroh; mittlere Kraft, gute Süße, Nebbiolo-Frucht, leider trockenes Holztannin, fruchtige Länge. (3500 Fl.; L.#; eine Abfüllung; Merum 2004-1) Privatpreis ab Hof: Euro #

Gattinara DOCG Castelle 1998

Mittelintensives, reifendes Rot; nicht komplett klare, süßliche Holzaromen, Reife, fehlt Nebbiolo-Frucht; Holz auch im Gaumen, trockenes Tannin, Vanille, keine Frucht. (3500 Fl.; L.03451; eine Abfüllung; Merum 2004-1) Privatpreis ab Hof: Euro #

Gattinara DOCG Osso S. Grato 2000 ★★★

Mittleres Rot; verhaltene Frucht; Mittelgewicht, eleganter Körper, Fruchttiefe, herbes Tannin, wirkt noch etwas jung. (Nebbiolo.) (4000 Fl.; L.#; eine Abfüllung; Merum 2005-2) Privatpreis ab Hof: Euro #

Gattinara DOCG Osso San Grato 2001 ★★★

Mittleres, warmes Rot; reifende, feine Frucht, Holunder; reiffruchtiger Ansatz, Süße, saftig, herbes Tannin, gute Länge. (4000 Fl.; L.03295; eine Abfüllung; Merum 2007-2) Privatpreis ab Hof: Euro #

Gattinara DOCG Osso San Grato 1999 ★★★

Mittelintensives Rot; dichte, frische Nebbiolo-Noten, Himbeermarmelade, Holz; Kraft, charaktervoller Wein, viel Frucht, allerdings auch Holz, herbes, aber saftiges Tannin, noch sehr jung. (5000 Fl.; L.#; eine Abfüllung; Merum 2004-1) Privatpreis ab Hof: Euro #

Gattinara DOCG San Francesco 2000

Mittelintensives Rot; etwas laute Neuholznoten, wenig Frucht, etwas Tabak, gewisse Tiefe; Süße, gewisse Frucht, trockenes Tannin, zu streng. (Nebbiolo.) (3500 Fl.; L.#; eine Abfüllung; Merum 2005-2) Privatpreis ab Hof: Euro #

Anzivino Alessandro, Gattinara (VC) 80 000 Fl./12 Hektar

Tel. 0163 827172; Fax 0163 820910; www.anzivino.net; anzivino@anzivino.net

Bramaterra DOC 2001

Mittleres Rot; Noten von Holunder, Jod, Leder; Kraft, Süße, Leder, Jod, wenig Fruchttiefe. (5000 Fl.; L.001/04; eine Abfüllung; Merum 2006-1) Privatpreis ab Hof: Euro #

Bramaterra DOC 2000

Intensives Rot; nach reichlicher Belüftung Noten von Röstung und Kaffee; Süße, gewisse Frucht, herb-bitteres Tannin, trocknet nach. (8000 Fl.; L.34/03; mehr als eine Abfüllung; Merum 2004-1) Privatpreis ab Hof: Euro #

Caplenga VDT s. a.

Mittelhelles Rot; leicht säuerliche, nicht klare Waldfrucht- und Laubnoten, macht neugierig; rustikal, nicht komplett sauber, säuerlich, fruchtig, etwas Butter, nicht unangenehm. (15 000 Fl.; L.105/05; mehr als eine Abfüllung; Merum 2006-1) Privatpreis ab Hof: Euro #

Coste della Sesia DOC Faticato 2001 ★★ – ★★★

Recht dunkles Rot; Frucht- und Holznoten; Mittelgewicht, fein und rund, präsente Frucht, rundes Tannin, gute Länge. (3000 Fl.; L.21/03; eine Abfüllung; Merum 2004-1) Privatpreis ab Hof: Euro #

Coste della Sesia DOC Faticato 2001

Reifendes Rot; mit Belüftung würzig-fruchtige Nase, etwas Kompott und Leder; auch im Gaumen etwas Leder, rund, nicht unangenehm, Süße, endet etwas klebrig. (3300 Fl.; L.21/03; eine Abfüllung; Merum 2006-1) Privatpreis ab Hof: Euro #

Gattinara DOCG 2001 ★★ – ★★★ JLF

Mittelhelles Rot; leicht schweißige Holundernoten; Rosenaromen, Erdbeerfrucht, recht geschmeidig, fein-herbes Tannin, lang; im Gaumen klarer als in der Nase. (18 000 Fl.; L.61/05; mehr als eine Abfüllung; Merum 2006-1) Privatpreis ab Hof: Euro #

Gattinara DOCG 1999 ★★

Junges, mittelintensives Rot; Nase ist nicht klar; im Gaumen einiges besser, Mittelgewicht, gewisse Frucht, eher einfach, heftiges Tannin, gute Länge. (15 000 Fl.; L.61/02; eine Abfüllung; Merum 2004-1) Privatpreis ab Hof: Euro #

Il Tarlo VDT s. a. ★★ – ★★★

Mittleres Rubin; vegetale Noten, recht angenehm, etwas heimatlos; auch im Gaumen vegetale Frucht, kerniges Tannin, Süße, Butter, recht guter Wein, aber erinnert nicht an Nebbiolo, etwas bitter im Abgang. (16 000 Fl.; L.138/05; # Abfüllungen; Merum 2006-1) Privatpreis ab Hof: Euro #

Baldin, Lozzolo (VC) 8000 Fl./2,5 Hektar

Tel. 333 7995490; Fax # ; www.terradeivini.net/baldinmatteo; aziendagricolabaldin@libero.it

Bramaterra DOC 2003 ★★ – ★★★

Mittelintensives Rot; etwas flüchtige Sirupfrucht; Süße, Kraft, intakte, etwas breite Frucht, spürbares Tannin, gute Länge. (3000 Fl.; L.06362; # Abfüllungen; Merum 2007-2) Privatpreis ab Hof: Euro 7,50

Barboni Lodovico, Roasio (VC) 37 000 Fl./7 Hektar

Tel. 0163 860012; www.terradeivini.net/laronda; info@terradeivini.net

Bramaterra DOC 2004

Mittleres Rot; kompottige, zu wenig frische Frucht; Süße, fehlt Profil, nicht frisch, kompottig. (12 000 Fl.; L.5-2-07; eine Abfüllung; Merum 2007-2) Privatpreis ab Hof: Euro 7,00

Coste della Sesia DOC 2005

Dunkelrot; kompottige Nase; kraftvoll, kompottige Frucht, müsste frischer sein. (2000 Fl.; L.151206; eine Abfüllung; Merum 2007-2) Privatpreis ab Hof: Euro 5,00

Bianchi, Sizzano (NO) 140 000 Fl./21 Hektar

Tel. 0321 810004; Fax 0321 820382; www.cantinabianchi.it; bianchi@cantinabianchi.it

Colline Novaresi DOC Nebbiolo Spanna 2004 ★★ – ★★★

Mittelhelles Rot; feine Noten von roten Waldbeeren, macht neugierig; saftiger Ansatz, gesunde Säure, recht schlank und fein, saftig, Frucht und etwas Butter, feinbitteres, leicht sprödes Tannin bremst im Finale. (21 000 Fl.; L.N5104101; eine Abfüllung; Merum 2006-1) Privatpreis ab Hof: Euro #

Gattinara DOCG 2001

Mittleres Rot; nach Belüftung gewisse Marmeladenoten, fehlt Fruchtfrische; Zypressenholz im Gaumen, Karamell, keine Frucht, gereift. (12 000 Fl.; L.G5001101; eine Abfüllung; Merum 2007-2) Privatpreis ab Hof: Euro 15,00

Gattinara DOCG 1998 ★★ – ★★★

Mittelintensives Rubin; recht fruchtige Nase; süße Frucht, Butter, herbes Tannin, mittlere Länge. (Biowein.) (8500 Fl.; L.G5098010; eine Abfüllung; Merum 2004-1) Privatpreis ab Hof: Euro #

Gattinara DOCG Valferana 2000

Recht intensives Rot; Noten von Äpfeln, Vanille; im Gaumen dicht, fast strenge Struktur, knappe Frucht, feine Säure, herbes Tannin. (15 000 Fl.; L.G5000101; eine Abfüllung; Merum 2006-1) Privatpreis ab Hof: Euro #

Ghemme DOCG 2000

Mittleres Rot; Holznoten, auch Frucht; Frucht mit balsamischen Aromen (Zypressenholz), herbes Tannin, etwas dickflüssig im Abgang, trocknet. (10 000 Fl.; L.G6000001; eine Abfüllung; Merum 2007-2) Privatpreis ab Hof: Euro 13,00

Ghemme DOCG 2000

Recht dunkles Rot; nicht klar, Apfelnoten; Süße, Kraft, wenig Frucht, herb. (10 000 Fl.; L.G6000101; eine Abfüllung; Merum 2006-1) Privatpreis ab Hof: Euro #

Ghemme DOCG 1999 ★★ – ★★★

Mittleres, purpurnes Rubin; Noten von Eukalyptus, Holunder, Butter; runder Ansatz, Holunder, geschmeidig, recht saftig, Butter, recht lang. (Biowein; Nebbiolo.) (10 000 Fl.; L.G6099101; eine Abfüllung; Merum 2005-2) Privatpreis ab Hof: Euro #

Ghemme DOCG Colle Baraggiole 1998

Mittelintensives, unschönes Rubin; fremdartige Nase, Noten von Holz und Kalkputz; Mittelgewicht, Holzgeschmack, Säure, Süße, etwas Butter, keine Nebbiolo-Frucht. (Biowein.) (6800 Fl.; L.G6098001; eine Abfüllung; Merum 2004-1) Privatpreis ab Hof: Euro #

Sizzano DOC 2000   ★★ – ★★★

Mittleres Rubin; marmeladig-holzwürzige Noten; kraftvoll, Fülle, recht angenehm, Süße, nicht sehr differenziert. (12 000 Fl.; L.#; eine Abfüllung; Merum 2006-1) Privatpreis ab Hof: Euro 5,50

Brigatti, Suno (NO)   18 000 Fl./6 Hektar

Tel. 0322 85037; Fax 0322 85037; www.vinibrigatti.it; info@vinibrigatti.it

Colline Novaresi DOC Möt Ziflon 2004   ★★★ JLF

Mittleres Rot; verhaltene Frucht; im Gaumen saftig, feine Frucht, saftiges Tannin, ausgewogen, angenehm, gute Länge. (4000 Fl.; L.160 06; eine Abfüllung; Merum 2007-2) Privatpreis ab Hof: Euro 7,00

Colline Novaresi DOC Möt Ziflon 2001

Mittelhelles Rot; nicht komplett klare Nase, Holz, kaum Frucht; Süße, schlankes Mittelgewicht, wenig Fruchttiefe, Säure, durch das unpassende Holz etwas rustikal, Holztannin im Abgang. (70% Nebbiolo, 20% Vespolina, 10% Uva Rara.) (4000 Fl.; L.160 04; eine Abfüllung; Merum 2005-2) Privatpreis ab Hof: Euro #

Colline Novaresi DOC Möt Ziflon 2000   ★★★ JLF

Mittelhelles Rot; feine, ansprechende Nebbiolo-Noten; zarter, feiner Ansatz, feine Frucht, sehr schlanker, subtiler, in sich aber kompletter und reizvoller Wein, frische Säure, feine Butter, wieder Frucht, Länge. (4000 Fl.; L.160 03; eine Abfüllung; Merum 2004-1) Privatpreis ab Hof: Euro #

Colline Novaresi DOC Nebbiolo Mötfrei 2003

Rubiniges Dunkelrot; Röstnoten, Vanille, keine spezifische Frucht; Holzwürze dominiert auch den Gaumen, austauschbar, trocknet. (1500 Fl.; L.250 04; eine Abfüllung; Merum 2006-1) Privatpreis ab Hof: Euro #

Colline Novaresi DOC Rosso Möt Ziflon 2003   ★★★ JLF

Mittleres Rot; verhaltene Fruchtnoten; saftig, kernig, Frucht ist vorhanden, durch das herbe Tannin und die Säure fast spröde wirkender Wein, der erst im Finale seinen ganzen Charakter zeigt, ausgesprochen lang; wertvoller Wein. (# Fl.; L.160 05; eine Abfüllung; Merum 2006-1) Privatpreis ab Hof: Euro #

Colline Novaresi DOC Uva Rara 2005   ★★★ JLF

Helles Rubin; junge, fruchtige Noten; saftig, Süße, gute Säure, feines Tannin, trinkig, Butter, recht rund. (3000 Fl.; L.160 06; eine Abfüllung; Merum 2007-2) Privatpreis ab Hof: Euro 5,00

Colline Novaresi DOC Vespolina 2005   ★★★

Mittelhelles Rubin; pfeffrig-fruchtige Noten, recht tief; saftig, feine Säure, herbes Tannin, pfeffrige Frucht, herber, angenehmer Essensbegleiter, sehr saftig; Vollblut-Vespolina: für Liebhaber. (# Fl.; L.160 06; eine Abfüllung; Merum 2007-2) Privatpreis ab Hof: Euro 6,00

Cantina Produttori Nebbiolo di Carema,
Carema (TO)   60 000 Fl./17 Hektar

Tel. 0125 811160; Fax 0125 811160; www.saporipiemontesi.it; cantinacarema@libero.it

Carema DOC 2000   ★★★ – ★★★★ JLF

Helles, reifes Rot; reife, geheimnisvolle Nebbiolo-Noten, Teer, Tiefe, „altmodisch", macht neugierig; geschmeidig, ausgewogen, rund, Säure, Teer, Schwarztee, lang; alte Schule, für Liebhaber! (Nebbiolo.) (23 000 Fl.; L.289; eine Abfüllung; Merum 2005-2) Privatpreis ab Hof: Euro #

Cieck, Aglié (TO)   80 000 Fl./12 Hektar

Tel. 0124 330522; Fax 0124 429284; www.cieck.it; info@cieck.it

Canavese DOC Nebbiolo 2003

Recht dunkles Rot; Neuholz-Frucht-Noten; Frucht und Holz, süßliche Holzwürze, Holz wird immer stärker und beschließt den Wein auch. (2500 Fl.; L.11/05; eine Abfüllung; Merum 2006-1) Privatpreis ab Hof: Euro #

Colombera Carlo, Masserano (BL)   22 000 Fl./4,6 Hektar
Tel. 015 96967; Fax # ; www.terradeivini.net/colomberacarlo; colvino@tele2.it

Bramaterra DOC 2004
Dunkelrot; flüchtig-butterige Nase; im Gaumen kompottige Frucht, Säure, zu herb. (# Fl.; L.0107; # Abfüllungen; Merum 2007-2) Privatpreis ab Hof: Euro #

Coste della Sesia DOC 2005
Recht dunkles Rot; matte, kompottige Noten von Steinfrüchten, fehlt Frische; recht kraftvolles Mittelgewicht, gewisse Frucht wäre da, aber es fehlt Frische. (7000 Fl.; L.1206; # Abfüllungen; Merum 2007-2) Privatpreis ab Hof: Euro 5,50

Coste della Sesia DOC 2004
Mittleres, rubiniges Rot; marmeladig-kompottige, parfümierte Frucht; Fülle, Süße, kompottig, herb-krautiges Tannin. (600 Fl.; L.1205; eine Abfüllung; Merum 2006-1) Privatpreis ab Hof: Euro #

CS Canavese, Cuceglio (TO)   250 000 Fl./# Hektar
Tel. 0124 32034; Fax 0124 492907; www.cantinacanavese.it; cantinacanavese@libero.it

Canavese DOC Rosso 2004   ★★ – ★★★
Recht intensives Rubin; verhaltene Frucht-Noten; Fülle, Säure, viel Süße, herbes Tannin, rustikaler, einfacher, etwas unausgewogener Wein, gewisse Länge. (50 000 Fl.; L.534721; # Abfüllungen; Merum 2006-1) Privatpreis ab Hof: Euro #

Dessilani Luigi, Fara (NO)   250 000 Fl./30 Hektar
Tel. 0321 829252; Fax 0321 829805; dessilani@onw.net

Colline Novaresi DOC Nebbiolo 1999
Dunkles Rot; Holznoten, gewisse Fruchtsüße; Kraft, fortgeschritten, Holzgeschmack, trocknendes Holztannin, Vanille, rustikaler Biberwein. (14 800 Fl.; L.#; mehr als eine Abfüllung; Merum 2004-1) Privatpreis ab Hof: Euro #

Fara DOC Caramino 1999
Dunkelrot; unklare Holznoten, keine Frucht; auch im Gaumen vom Holzausbau weichgespült, man vermisst Sortencharakter, nur Vanille, zu austauschbar, im Abgang Holz und Holztannin. (14 700 Fl.; L.#; eine Abfüllung; Merum 2004-1) Privatpreis ab Hof: Euro #

Fara DOC Lochera 1999
Mittelintensives Rot; Holznoten, Heu, Karamell; Süße, kraftvoll, Neuholz, keine Frucht, ohne Charme, trocknendes Holztannin im Abgang. (27 500 Fl.; L.#; eine Abfüllung; Merum 2004-1) Privatpreis ab Hof: Euro #

Ghemme DOCG 1999
Dunkles Rot; fortgeschrittene Nase, Holz; auch im Gaumen gereift, Holz, trocknend, keine Frucht. (16 500 Fl.; L.#; eine Abfüllung; Merum 2004-1) Privatpreis ab Hof: Euro #

Ferrando, Ivrea (TO)   45 000 Fl./5 Hektar
Tel. 0125 633550; Fax 0125 632677; www.ferrandovini.it; info@ferrandovini.it

Canavese Rosso DOC 2002
Mittleres Rubin; nicht ganz klar, Noten von Kalkmörtel, knappe Frucht; mittlere Kraft, beerige Frucht, Erde, zu herbes Tannin, rustikaler Wein. (3000 Fl.; L.23/03; eine Abfüllung; Merum 2004-1) Privatpreis ab Hof: Euro #

Carema DOC 2001   ★★★ JLF
Helles, reifendes Rot; reife Nase, Pfeffernoten, Laub, etwas Leder, tief; geschmeidiger Ansatz, saftig, zart, Frucht und feines Leder, mittlere Länge. (45 000 Fl.; L.0805; eine Abfüllung; Merum 2006-1) Privatpreis ab Hof: Euro #

Carema DOC 2000
Mittelhelles, reifendes Rot; nicht klare Holznoten; Säure und Fülle klappen im Gaumen auseinander, herbes Tannin, fehlen Frucht und Tiefe. (Nebbiolo.) (3600 Fl.; L.09.04; eine Abfüllung; Merum 2005-2) Privatpreis ab Hof: Euro #

Carema DOC 1999
Mittleres Rot; braucht Luft, nach Belüftung nicht intensive Nebbiolo-Noten; recht kraftvoll, Holz, viel Tannin, zu rustikal, zu trocken. (5500 Fl.; L.6/03; eine Abfüllung; Merum 2004-1) Privatpreis ab Hof: Euro #

Il Rubino, Romagnano Sesia (NO) 250 000 Fl./30 Hektar

Tel. 0163 833108; Fax 0163 831200; www.ilrubino.net; info@ilrubino.net

Colline Novaresi DOC Spanna Ca' dè Santi 2002 ★★ – ★★★

Mittelhelles Rubin; beerige Frucht, Lorbeernoten, frisch und einladend; im Gaumen Lorbeer-und Pfeffernoten, frisch, saftig, schöne Länge. (15 000 Fl.; L.3013; mehr als eine Abfüllung; Merum 2004-1) Privatpreis ab Hof: Euro #

Colline Novaresi DOC Spanna Ca' dè Santi 2004

Reifendes, eher helles Rot; gereifte, nicht fruchtige Nase; auch im Gaumen ohne Temperament und Frucht, zu fortgeschritten. (13 000 Fl.; L.686; mehr als eine Abfüllung; Merum 2007-2) Privatpreis ab Hof: Euro 6,00

Colline Novaresi DOC Vespolina Ca' dè Santi 2003 ★★ – ★★★

Junges, mittelintensives Rot; ansprechende Noten von Holunder, Kirschen und Pfeffer; saftig, fruchtig, pfeffrig, rustikal, mittelschlank, herbes Tannin. (3000 Fl.; L.2735; eine Abfüllung; Merum 2006-1) Privatpreis ab Hof: Euro #

Colline Novaresi DOC Vespolina
Ca' dè Santi 2004 ★★ – ★★★ JLF

Mittelhelles Rot; fruchtige, einladende Nase, Noten von roten Beeren und Pfeffer; fein und schlank, allerdings recht vielschichtig, pfeffrig, saftig und trinkig, gute Länge. (2000 Fl.; L.676; eine Abfüllung; Merum 2007-2) Privatpreis ab Hof: Euro 6,00

Gattinara DOCG Ca' dè Santi 1998

Mittelhelles Rot; Noten von Frucht und Plastik, nicht komplett klar; im Gaumen schlank, Butter, fehlen Kraft und Frucht, trocknet nach. (10 000 Fl.; L.3392; mehr als eine Abfüllung; Merum 2004-1) Privatpreis ab Hof: Euro #

Gattinara DOCG Ca' dè Santi 2001

Mittleres, reifendes Rot; reifende, etwas flüchtige, ausgeprägte Frucht, Holunder; reifer Wein, recht kraftvoll, Frucht, herb im Abgang. (12 000 Fl.; L.2146; mehr als eine Abfüllung; Merum 2007-2) Privatpreis ab Hof: Euro 13,00

Ghemme DOCG Ca' dè Santi 1997

Mittelhelles Rot; Holznoten; schlank, Säure, Süße, Holzgeschmack, keine Frucht, trocknet. (15 000 Fl.; L.2680; mehr als eine Abfüllung; Merum 2004-1) Privatpreis ab Hof: Euro #

Ghemme DOCG Ca' dè Santi 1999 ★★★

Mittelhelles Rot; einladende, feine Nebbiolo-Noten, rote Waldbeeren, tief; kraftvoll, rund, Süße, feine Säure, saftig, Frucht, mittlere Länge. (15 000 Fl.; L.2543; mehr als eine Abfüllung; Merum 2006-1) Privatpreis ab Hof: Euro #

Ghemme DOCG Ca' dè Santi 2001

Recht dunkles Rot; holzgeprägte Frucht; etwas schwerfällig, unflüssig, Holz und marmeladige Frucht. (15 000 Fl.; L.686; mehr als eine Abfüllung; Merum 2007-2) Privatpreis ab Hof: Euro 14,50

Sizzano DOC Ca' dè Santi 1999

Mittleres, frisches Rot; Noten von Kompott und Holz; Holzgeschmack, gewisse Süße, ohne Frucht. (10 000 Fl.; L.1703; mehr als eine Abfüllung; Merum 2004-1) Privatpreis ab Hof: Euro #

Ioppa, Romagnano Sesia (NO) 60 000 Fl./15 Hektar

Tel. 0163 833079; Fax 0163 833079; www.viniioppa.it; info@viniioppa.it

Colline Novaresi DOC Nebbiolo 2005 ★★★ JLF

Recht dunkles Rot; verhalten, feine, rotfruchtige Noten; Mittelgewicht, Süße, zarte Frucht, viel saftig-herbes Tannin, gute Tiefe, recht lang. (8000 Fl.; L.3.6.05; eine Abfüllung; Merum 2007-2) Privatpreis ab Hof: Euro 6,30

Colline Novaresi DOC Nebbiolo 2004

Mittelhelles, frisches Rot; kompottige Noten, nicht restlos klar; im Gaumen charaktervoller, rustikales Tannin, arg herb, gewisse Frucht und Butter. (11 000 Fl.; L.3.5.04; eine Abfüllung; Merum 2006-1) Privatpreis ab Hof: Euro #

Colline Novaresi DOC Nebbiolo 2001

Mittelhelles Rot; Noten von Beerenkompott, etwas Holz; gute Fülle, Süße, Frucht und Holz, herbes Tannin. (Nebbiolo.) (6000 Fl.; L.333N; eine Abfüllung; Merum 2005-2) Privatpreis ab Hof: Euro #

Colline Novaresi DOC Uva Rara 2005   ★★★

Mittleres Rubin; frische Zwetschgennoten; kraftvoll, saftig, Zwetschgenfrucht, herb, charaktervolles Tannin. (4000 Fl.; L.2.6.05; eine Abfüllung; Merum 2007-2) Privatpreis ab Hof: Euro 5,00

Colline Novaresi DOC Uva Rara 2003   ★★ – ★★★ JLF

Mittelhelles Rubin; pflanzliche Noten, rote Beeren, jung, recht einladend; saftig-fruchtiger Jungwein, angenehm, unkompliziert und trinkig. (Uva Rara.) (2900 Fl.; L.60403; eine Abfüllung; Merum 2005-2) Privatpreis ab Hof: Euro #

Colline Novaresi DOC Vespolina 2004   ★★ – ★★★

Dunkles Rot; nicht intensive, nicht sehr fruchtige Nase, Lorbeer, Pfeffer; recht kraftvoll, herbes Tannin, pfeffrige Frucht, herb. (10 500 Fl.; L.6.6.04; eine Abfüllung; Merum 2007-2) Privatpreis ab Hof: Euro 11,90

Colline Novaresi DOC Vespolina 2003   ★★ – ★★★

Mittleres, reifendes Rubin; intensive Noten von schwarzen Johannisbeeren, Holunder, Holz; Kraft, Süße, sehr konzentriert, viel Cassisfrucht, sehr konzentriert, frische Säure, sehr herbes Tannin, originell, nicht trinkig. (4200 Fl.; L.11 4.03; eine Abfüllung; Merum 2006-1) Privatpreis ab Hof: Euro #

Ghemme DOCG 2001

Mittleres Rot; Nebbiolo-Frucht mit holzwürzigen Noten; im Gaumen durch das Holz etwas intransparent und dickflüssig, nicht elegant, trocknend. (11 500 Fl.; L.3.4.01; eine Abfüllung; Merum 2007-2) Privatpreis ab Hof: Euro 16,00

Ghemme DOCG 2001

Mittleres, reifendes Rubin; würzige, marmeladige Noten, auch Himbeeren; Süße, Körper, Tabak, Holz, wenig differenziert, dann trockenes Tannin. (11 700 Fl.; L.3.4.01; eine Abfüllung; Merum 2006-1) Privatpreis ab Hof: Euro #

Ghemme DOCG 2000

Mittleres Rubin; Noten von Karamell, getrockneten Zwetschgen, Zigarrenkistchen; Fülle, Süße, gewisse, dunkle Frucht, trockenes Tannin, Marzipan, mittlere Länge. (80% Nebbiolo, 20% Vespolina.) (11 500 Fl.; L.1.4 00; eine Abfüllung; Merum 2005-2) Privatpreis ab Hof: Euro 11,00

La Cà Nova, Bogogno (NO)   50 000 Fl./9,5 Hektar

Tel. 0322 863406; Fax 0322 862584; www.cascinacanova.it;
mailbox@cascinacanova.it

Colline Novaresi DOC Melchiòr 2002   ★★ – ★★★

Mittleres, reifendes Rot; Noten von Zwetschgenkompott, frisch, Waldbeeren, macht neugierig; saftig, Süße und Säure, Vanille, Butter, herbes Tannin, etwas fett im Abgang. (Nebbiolo.) (7500 Fl.; L.1/04; eine Abfüllung; Merum 2005-2) Privatpreis ab Hof: Euro #

Colline Novaresi DOC Nebbiolo Bocciòlo 2004   ★★ – ★★★

Mittleres, rubiniges Rot; verhaltene, frische Fruchtnoten; frisch, kernig, saftig, gutes Tannin, saftig, einfach, recht angenehm. (7000 Fl.; L.2/05; eine Abfüllung; Merum 2006-1) Privatpreis ab Hof: Euro #

Colline Novaresi DOC Nebbiolo Melchiòr 2002

Reifendes Rot; süße Nase, kompottige Frucht, Holzwürze; kraftvoll, recht rund, Butter, saftig, trockenes Tannin, gute Länge. (6000 Fl.; L.1/04; eine Abfüllung; Merum 2006-1) Privatpreis ab Hof: Euro #

Colline Novaresi DOC Nebbiolo Melchiòr 2001

Mittelhelles Rubin; nicht klare Holznoten; Mittelgewicht, gute Süße, Säure, dann heftiges Tannin, trocknet nach. (5400 Fl.; L.1/03; eine Abfüllung; Merum 2004-1) Privatpreis ab Hof: Euro #

Le Piane, Boca (NO)   15 000 Fl./6 Hektar

Tel. 0039 3483354185; Fax 0041 338470007; www.bocapiane.com;
info@bocapiane.com

Boca DOC 2001   ★★ – ★★★

Mittelintensives Rot; marmeladig-holzige, fast parfümierte Noten; auch im Gaumen spielt das Holz eine zu vorherrschende Rolle, sehr streng, gewisse Frucht, herbes Tannin, dann Länge. (2500 Fl.; L.1-05; eine Abfüllung; Merum 2006-1) Privatpreis ab Hof: Euro #

Boca DOC Le Piane 2003 ★★ – ★★★

Mittleres, warmes Rot; ausgeprägte, einladende Pfirsichfrucht; Süße, reife Frucht, warm, kraftvolles Tannin, gewisse Länge, herb. (5400 Fl.; L.#; eine Abfüllung; Merum 2007-2) Privatpreis ab Hof: Euro 32,00

Colline Novaresi DOC Le Piane 2004

Mittleres Rubin; flüchtige Fruchtnoten, Holunder; gewisse Frucht, etwas Butter, dann allerdings zu trocknend. (4800 Fl.; L.2-06; eine Abfüllung; Merum 2007-2) Privatpreis ab Hof: Euro 18,00

Mazzoni Tiziano, Cavaglio (NO) 10 000 Fl./2,5 Hektar

Tel. 0322 806612; Fax 0322 806612; voisma@tin.it

Colline Novaresi DOC Il Querceto 2005 ★★ – ★★★

Mittleres Rot; verhalten, mit Belüftung Noten roter Beeren, Kerzenrauch; Süße, recht fruchtig, herbes Tannin, etwas Butter, saftig, recht lang. (1200 Fl.; L.116; eine Abfüllung; Merum 2007-2) Privatpreis ab Hof: Euro 6,00

Ghemme DOCG 2003

Warmes, mittelintensives Rot; verhalten, etwas kompottige Frucht; kräftig, kompottige Frucht, heftiges, herbes Tannin. (2000 Fl.; L.122-06; eine Abfüllung; Merum 2007-2) Privatpreis ab Hof: Euro 13,00

Ghemme DOCG dei Mazzoni 2001 ★★★ JLF

Mittleres, reifendes Rot; verlockende Noten von Laub, Beeren; Kraft, saftig, Frucht, dichtes Tannin, lang. (2000 Fl.; L.120-04; mehr als eine Abfüllung; Merum 2006-1) Privatpreis ab Hof: Euro 8,00

Mirú, Ghemme (NO) 35 000 Fl./6 Hektar

Tel. 0163 840032; Fax 0163 840518; mark.miru@libero.it

Colline Novaresi DOC 2000

Mittleres Rot; frische, rotfruchtige Noten, die an Erdbeeren erinnern; Mittelgewicht, leider bremsendes Tannin, Wein ermattet im Gaumen und wird kurz. (60% Nebbiolo, 20% Vespolina, 20% Uva Rara.) (3245 Fl.; L.3.227; eine Abfüllung; Merum 2005-2) Privatpreis ab Hof: Euro #

Ghemme DOCG Cavenago 2001

Mittleres Rot; kräuterige Noten, keine Frucht; Süße, balsamische Aromen, aromatisches Holz, etwas bitteres Tannin. (5000 Fl.; L.4-265; eine Abfüllung; Merum 2007-2) Privatpreis ab Hof: Euro 9,80

Ghemme DOCG Vigna Cavenago 1999 ★★ – ★★★

Mittelhelles Rot; Noten von Holunder; schlankes Mittelgewicht, Süße, Holunder, geschmeidig, gute Länge. (85% Nebbiolo, 15% Vespolina.) (3450 Fl.; L.2.298; eine Abfüllung; Merum 2005-2) Privatpreis ab Hof: Euro #

Nervi, Gattinara (VC) 110 000 Fl./33 Hektar

Tel. 0163 833228; Fax 0163 833228; www.gattinara-nervi.it; avnervi@sitindustrie.com

Gattinara DOCG 1999 ★★★

Mittleres Rot; einladende Nase mit Noten von Pfirsich, Holunder; Kraft, Süße, Holunder, Tiefe, saftig, dann lang. (50 000 Fl.; L.5213; mehr als eine Abfüllung; Merum 2006-1) Privatpreis ab Hof: Euro #

Gattinara DOCG Molsino 1998 ★★★ JLF

Reifendes, mittleres Rot; feine Nebbiolo-Frucht, macht neugierig; geschmeidiger Ansatz, Mittelgewicht, Vanille, kerniges Tannin, saftig, gesunde Säure, Länge. (80 000 Fl.; L.3251; mehr als eine Abfüllung; Merum 2004-1) Privatpreis ab Hof: Euro #

Gattinara DOCG Podere dei Ginepri 2001 ★★★★ JLF

Mittleres Rot; einladende, tiefe Nebbiolo-Nase; ausgeprägte Frucht, Süße, schönes Tannin, kraftvoll, tief und sehr lang; sehr schöner Gattinara. (8000 Fl.; L.6348; mehr als eine Abfüllung; Merum 2007-2) Privatpreis ab Hof: Euro 19,00

Gattinara DOCG Vigneto Molsino 2000 ★★★

Mittleres, reifendes Rot; reife, würzige Marmeladenfrucht; Süße, Kraft, tiefe Frucht, saftige Säure, Charakter, gutes, herbes Tannin, gute Länge. (30 000 Fl.; L.5319; mehr als eine Abfüllung; Merum 2006-1) Privatpreis ab Hof: Euro #

Orsolani, San Giorgio (TO) 120 000 Fl./20 Hektar

Tel. 0124 32386; Fax 0124 450342; www.orsolani.it; info@orsolani.it

Carema DOC Le Tabbie 2000

Mittleres Rot; nicht klare, zu wenig frische Nase, Marmelade-, Karamell- und Holznoten; auch im Gaumen fehlt Frische, Säure, Süße, nicht fruchtig, nicht frisch genug. (Nebbiolo.) (2000 Fl.; L.C 04 21; eine Abfüllung; Merum 2005-2) Privatpreis ab Hof: Euro #

Carema DOC Le Tabbie 1999 ★★★

Mittelhelles Rot; braucht Belüftung, dann schöne Nebbiolo-Frucht; Kraft, Teer, viel Süße, rassige Säure, feine Butter, füllig und fruchtsüß. (2000 Fl.; L.T.03.06; eine Abfüllung; Merum 2004-1) Privatpreis ab Hof: Euro #

Patriarca Franco, Gattinara (BL) 5000 Fl./2,5 Hektar

Tel. 015 832870; Fax 015 832870; www.terradeivini.net/francopatriarca; info@terradeivini.net

Gattinara DOCG 2003

Mittleres Rot; verhaltene Nebbiolo-Noten, Rinde; Süße, Kraft, trocknendes Tannin, gewisse Länge. (3500 Fl.; L.270/06; # Abfüllungen; Merum 2007-2) Privatpreis ab Hof: Euro 9,00

Platinetti Guido, Ghemme (NO) 10 000 Fl./5,5 Hektar

Tel. 0163 841666; Fax 0321 820500; manuyandrea@alice.it

Colline Novaresi DOC Barbera Pieleo 2005 ⚒

Mittleres Rubin; Noten von frischem Holz; im Gaumen Geschmack von neuem Eichenholz, keine Frucht. (# Fl.; L.220207; eine Abfüllung; Merum 2007-2) Privatpreis ab Hof: Euro 6,00

Colline Novaresi DOC Ronco Maso 2005

Mittleres Rubin; Noten von Rinde, Frucht; Süße, kaum Frucht, trocknendes Tannin. (2000 Fl.; L.150906; eine Abfüllung; Merum 2007-2) Privatpreis ab Hof: Euro 5,00

Colline Novaresi DOC Vespolina 2005

Mittleres Rubin; rindige Noten, kirschenfruchtig; auch im Gaumen staubig-rindige Aromen, Mittelgewicht, kirschenfruchtig, einfach, etwas bitter. (1000 Fl.; L.140906; eine Abfüllung; Merum 2007-2) Privatpreis ab Hof: Euro 6,00

Ghemme DOCG Ronco Maso 2001

Dunkelrot; würzig-mineralisch geprägte Frucht; Frucht mit Holz, kraftvoll, zu stark vom Holz geprägt, herb. (4500 Fl.; L.180904; eine Abfüllung; Merum 2007-2) Privatpreis ab Hof: Euro 11,70

Prolo Giovanni, Fara Novarese (NO) 50 000 Fl./5,5 Hektar

Tel. 0321 829882; Fax 0321 829882; www.terradeivini.net/prolofilippo; info@terradeivini.net

Colline Novaresi DOC Nebbiolo 2003

Dunkelrot; Noten von vegetaler Frucht; Cabernet-Frucht, Butter, Süße, trocknet. (10 000 Fl.; L.097.05; # Abfüllungen; Merum 2007-2) Privatpreis ab Hof: Euro 4,80

Fara DOC 2000

Dunkelrot; verhalten; strauchig-vegetale Frucht, recht kraftvoll, vegetale Frucht, fremdartig. (2000 Fl.; L.322.04; # Abfüllungen; Merum 2007-2) Privatpreis ab Hof: Euro 11,40

Proprietà Sperino, Lessona (BL) 30 000 Fl./7,5 Hektar

Tel. 055 8072763; Fax 055 8072236; #

Coste della Sesia DOC Uvaggio 2004 ★★★

Recht dunkles Rot; rindige Noten, Holunder; rund, Fülle, Butter, gewisse Frucht, saftig, angenehmes Tannin, lang. (26 000 Fl.; L.C 5.06; mehr als eine Abfüllung; Merum 2007-2) Privatpreis ab Hof: Euro 23,00

Rovellotti, Ghemme (NO)
50 000 Fl./15 Hektar

Tel. 0163 841781; Fax 0163 841781; www.rovellotti.it; info@rovellotti.it

Colline Novaresi DOC Nebbiolo 2004 ★★ – ★★★
Mittleres, etwas rubiniges Rot; warme Nase mit marmeladig-kompottigen Noten, Holunder; Wärme auch im Gaumen, saftige Säure, dann auch Frucht, feine Butter, einfach, recht angenehm. (# Fl.; L.110-05; # Abfüllungen; Merum 2006-1) Privatpreis ab Hof: Euro #

Ghemme DOCG 2000
Dunkelbraunrot; Noten von Trockenfrüchten, Zimt, Holzwürze, fast stechend; trocknend vom Ansatz weg, keine Geschmeidigkeit, undifferenziert, keine Frucht. (6000 Fl.; L.305-04; eine Abfüllung; Merum 2006-1) Privatpreis ab Hof: Euro #

Ghemme DOCG 1999
Mittelintensives, reifendes Rot; nicht sehr frische Nase, Frucht- und Holznoten; Süße, reifende Frucht, tief, dann herb-trockenes Tannin, rustikal. (85% Nebbiolo, 15% Vespolina.) (6500 Fl.; L.93-03; eine Abfüllung; Merum 2005-2) Privatpreis ab Hof: Euro #

Ghemme DOCG 1998
Recht intensives, frisches Rot; fast stechende, unverschmolzene Holz- und Fruchtnoten; Holzgeschmack, dann Süße, Säure und sogleich trocknende Holztannine, keine Frucht. (6000 Fl.; L.92.02; eine Abfüllung; Merum 2004-1) Privatpreis ab Hof: Euro #

Ghemme DOCG Riserva 1999
Recht intensives, gereiftes Rot; rindige Holznoten dominieren in der Nase; etwas altes Holz auch im Ansatz, dann trocknend, kaum Frucht und im Abgang leicht bitter. (5100 Fl.; L.98-03; eine Abfüllung; Merum 2006-1) Privatpreis ab Hof: Euro #

Sebastiani Katia, Ghemme (NO)
6000 Fl./1,5 Hektar

Tel. 0163 840484; Fax 0163 840484; #

Colline Novaresi DOC 2004
Recht dunkles Rot; kompottig-fruchtige Nase, gewisse Pfirsichnoten; recht kraftvoll, kompottige Frucht, herbes Tannin. (2500 Fl.; L.060706; eine Abfüllung; Merum 2007-2) Privatpreis ab Hof: Euro 4,50

Sella, Lessona (BI)
65 000 Fl./20 Hektar

Tel. 015 99455; Fax 015 99455; aziendeagricolesella@virgilio.it

Bramaterra DOC 2000 ★★ – ★★★
Mittleres, warmes Rot; holzunterstützte Nebbiolo-Noten; Frucht, Temperament, auch Vanille und Holz, im Abgang dann bremsendes Holztannin, das auch leicht nachtrocknet. (60% Nebbiolo, 25% Vespolina, 15% Uva Rara.) (15 000 Fl.; L.08/04; eine Abfüllung; Merum 2005-2) Privatpreis ab Hof: Euro 10,00

Bramaterra DOC 1999 ★★★
Dunkelrot; verhaltene Fruchtnoten, etwas Holz; recht kraftvoll, viel gutes Tannin begleitet die Frucht, Fülle und Dichte im Abgang, schöne, fruchttiefe Länge mit Frucht. (10 000 Fl.; L.03/03; eine Abfüllung; Merum 2004-1) Privatpreis ab Hof: Euro #

Lessona DOC 2000 ★★★ – ★★★★ JLF
Hellrot; feine Nebbiolo-Noten, einladend; Mittelgewicht, intakte Nebbiolo-Frucht, kerniges Traubentannin, saftig, elegant, geschmeidig, Butter, lang, gefällt sehr. (75% Nebbiolo, 25% Vespolina/Uva Rara.) (13 000 Fl.; L.06/04; eine Abfüllung; Merum 2005-2) Privatpreis ab Hof: Euro 11,00

Lessona DOC 1999 ★★★ – ★★★★ JLF
Helles Rot; einladende Nebbiolo-Frucht, Holundernoten; auch im Ansatz Frucht, dann Fülle, kein Schwergewicht, rund und elegant, etwas Holunder und Butter, frische Säure, Länge. (12 000 Fl.; L.06/02; eine Abfüllung; Merum 2004-1) Privatpreis ab Hof: Euro #

Lessona DOC San Sebastiano allo Zoppo 2000
Mittleres Rot; Vanille, Gewürznelken, knappe Nebbiolo-Frucht; recht kraftvoll, Süße, Frucht und Holz, gesunde Säure, Holztannin im Abgang. (90% Nebbiolo, 10% Vespolina.) (4000 Fl.; L.07/04; eine Abfüllung; Merum 2005-2) Privatpreis ab Hof: Euro #

Lessona DOC San Sebastiano allo Zoppo 1999 ★★ – ★★★
Ziemlich helles Rot; Noten von Zimt, etwas Frucht; im Gaumen ebenfalls Zimt, knappe Frucht, dicht und ausgewogen, saftig, feines Tannin. (6000 Fl.; L.04/03; # Abfüllungen; Merum 2004-1) Privatpreis ab Hof: Euro #

Torraccia del Piantavigna, Ghemme (NO) 90 000 Fl./35 Hektar

Tel. 0163 840040; Fax 0163 844716; www.torracciadelpiantavigna.it;
info@torracciadelpiantavigna.it

Colline Novaresi DOC Nebbiolo Ramale 2003 ★★ – ★★★

Mittleres Rot; würzig-fruchtige Nase; eher schlank, trotzdem kraftvoll, wertvolle Frucht mit Tiefe, das Erlebnis im Gaumen wird leider von trockenen Tanninen vorzeitig beendet, allerdings auch fruchtige Länge. (18 000 Fl.; L.327 05; eine Abfüllung; Merum 2006-1) Privatpreis ab Hof: Euro #

Colline Novaresi DOC Nebbiolo Tre Confini 2002

Mittleres Rot; Kompottnoten; runder Ansatz, auch im Gaumen die gleiche Frucht, im Abgang dann gewisses Tannin und gute Länge, einfach, recht angenehm. (27 000 Fl.; L.191-03; mehr als eine Abfüllung; Merum 2004-1) Privatpreis ab Hof: Euro #

Colline Novaresi DOC Treconfini 2004

Mittelintensives Rot; Nebbiolo-Noten mit Holz; recht kraftvoll, gewisse Frucht, dann allerdings trocknendes Holztannin, schade. (18 672 Fl.; L.90 06; eine Abfüllung; Merum 2007-2) Privatpreis ab Hof: Euro 6,90

Colline Novaresi DOC Vespolina Maretta 2005

Reifendes, recht dunkles Rot; Noten von Frucht, Holz; kraftvoll, holzbetont, trocknet, keine Frucht. (6575 Fl.; L.257 06; eine Abfüllung; Merum 2007-2) Privatpreis ab Hof: Euro 9,70

Gattinara DOCG 1999 ★★ – ★★★

Recht dunkles Rot; Kompott- und Marmeladenoten; Fülle, recht reife Frucht, saftige Säure, etwas fortgeschritten, trocknet etwas. (Nebbiolo.) (5500 Fl.; L.#; eine Abfüllung; Merum 2005-2) Privatpreis ab Hof: Euro 10

Gattinara DOCG Jerbiön 1998 ★★ – ★★★

Mittelhelles, reifendes Rot; Kompottnoten, Vanillenoten, auch wertvolle Frucht; eher schlankes Mittelgewicht, recht elegant, Frucht und feine Butter, frische Säure, leicht trockenes Tannin, gute Länge. (10 128 Fl.; L.339-02; eine Abfüllung; Merum 2004-1) Privatpreis ab Hof: Euro #

Ghemme DOCG 1999 ★★ – ★★★

Reifendes, mittelhelles Rot; Noten von Holunder, Kompott; Mittelgewicht, kaum Frucht, reif, fehlt Tiefe, recht rund. (90% Nebbiolo, 10% Vespolina.) (6700 Fl.; L.#; eine Abfüllung; Merum 2005-2) Privatpreis ab Hof: Euro #

Ghemme DOCG Punciön 1998

Intensives Rot; nicht sehr klare Holz-Fruchtnoten; fehlen Kraft und Leben, gute Säure, Tannin, fehlt Fülle, keine Frucht, etwas Butter. (11 460 Fl.; L.276-02; # Abfüllungen; Merum 2004-1) Privatpreis ab Hof: Euro #

Travaglini, Gattinara (VC) 250 000 Fl./42 Hektar

Tel. 0163 833588; Fax 0163 826482; www.travaglinigattinara.it;
info@travaglinigattinara.it

Coste della Sesia DOC Nebbiolo 2004

Mittleres Rot; feine Frucht- und Holznoten, Rinde; zeigt im Gaumen schöne Ansätze, dann jedoch trocknendes Tannin, wirklich schade. (12 000 Fl.; L.300/6; mehr als eine Abfüllung; Merum 2007-2) Privatpreis ab Hof: Euro 9,50

Gattinara DOCG 2002

Mittleres, reifendes Rot; reifende Holznoten, Cola; Kraft, saftige Säure, etwas Holz, Frucht vom Holz verdeckt, rauchig-röstige Länge. (180 000 Fl.; L.331/6; eine Abfüllung; Merum 2007-2) Privatpreis ab Hof: Euro 16,00

Gattinara DOCG 2001 ★★ – ★★★

Mittleres, reifendes Rubin; Holz-Frucht-Noten, Gewürze; Kraft, aromatische Holzaromen, dichte Struktur, trockenes Tannin, Charakter, aber weniger Neuholz hätte dem Wein sicher gut getan. (180 000 Fl.; L.186/5; mehr als eine Abfüllung; Merum 2006-1) Privatpreis ab Hof: Euro #

Gattinara DOCG 2000

Warmes, mittelintensives Rot; marmeladige Frucht, Tabak, Zwetschgenkompott; gute Kraft, Säure, Tabak, Holz, recht tief und lang, allerdings trockenes Tannin im Abgang. (Nebbiolo.) (180 000 Fl.; L.217/4; eine Abfüllung; Merum 2005-2) Privatpreis ab Hof: Euro #

NONINO, ÜBER HUNDERT JAHRE DESTILLIEREN NACH HANDWERKLICHER METHODE

1. Dezember 1973. Benito und Giannola revolutionieren die Produktionsweise und die Präsentation des Grappa in Italien und weltweit. Sie kreieren den reinsortigen Grappa den Monovitigno® Nonino. Die Trester der Picolit-Traube werden getrennt destilliert. Der Erfolg spricht für sich: ein Großteil italienischer und ausländischer Destillateure folgen dem Modell von Nonino.

Die Nonino Brennereien füllen ausschließlich Grappe und Destillate ab, die mit handwerklicher Methode in den eigenen diskontinuierlichen Dampfbrennkolben destilliert wurden. Unsere gereiften Grappa und Destillate werden nach einer natürlichen Lagerung in den Fässern ohne Zusatz von Aromastoffen und/oder Karamel abgefüllt.

⚲ NONINO

33050 Percoto, Udine / Italy T. +39 0432 676331
www.nonino.it   info@nonino.it

Die Meister des
BONARDA

FRATELLI AGNES – ROVESCALA

BELLARIA – CASTEGGIO

FORTESI – ROVESCALA

MARTILDE – ROVESCALA

PELLEGRINI FRANCO – STRADELLA

PICCHIONI ANDREA – CANNETO PAVESE

PICCOLO BACCO DEI QUARONI – MONTU' BECCARIA

TORTI PIETRO di ALESSANDRO – MONTECALVO VERSIGGIA

VERCESI MARCO – MONTU' BECCARIA

VERCESI DEL CASTELLAZZO – MONTU' BECCARIA

Weitere Infos: InOLTRE – Fraz. Croce, 4A/1
I-27040 ROVESCALA (PV) – Tel./Fax +390385756280
inoltre.po@virgilio.it – www.inoltre-po.it

Der Wein ist der intellektuelle Anteil der Mahlzeit.

Renault

MANDRAROSSA
SORSI DI CULTURA SICILIANA

www.mandrarossa.it

Gattinara DOCG 1999
Tiefes Rot; Noten von Marmelade und Stroh, Trockenfrüchte, Holz, eher verhalten, verblasst zu rasch im Glas; kraftvolles Mittelgewicht, knappe Frucht, recht gutes Tannin, müsste frischer sein. (175 000 Fl.; L.154/3; mehr als eine Abfüllung; Merum 2004-1) Privatpreis ab Hof: Euro #

Gattinara DOCG Riserva 2000
Reifendes Dunkelrot; reifende Holznoten; auch im Gaumen vorherrschendes Holz, konzentriert, nicht fein, Frucht ist verdeckt, trocknend im Abgang. (28 000 Fl.; L.101/6; eine Abfüllung; Merum 2007-2) Privatpreis ab Hof: Euro 22,00

Gattinara DOCG Riserva 1999
Reifendes Dunkelrot; Holznoten, keine Frucht; Holzaroma auch im Gaumen, keine Frucht, trocknet. (28 000 Fl.; L.138/5; eine Abfüllung; Merum 2006-1) Privatpreis ab Hof: Euro #

Gattinara DOCG Riserva 1998
Reifendes Rot; aromatische Holznoten; Holz prägt auch im Gaumen, Säure, Nullfrucht, trocknendes Holztannin. (Nebbiolo.) (28 000 Fl.; L.77/4; mehr als eine Abfüllung; Merum 2005-2) Privatpreis ab Hof: Euro #

Gattinara DOCG Riserva 1997 ★★ – ★★★
Mittleres Rot; reifende Fruchtnoten; kraftvoll, sehr viel Tannin, auch trockenes Holztannin, spürbar wertvoller Wein, aber zu streng, zu holzgeprägt, gewisse Frucht, gute Länge. (28 000 Fl.; L.213/2; eine Abfüllung; Merum 2004-1) Privatpreis ab Hof: Euro #

Gattinara DOCG Tre Vigne 1999
Dunkelrot; einseitige Holznoten; auch im Gaumen Holz, Säure, keine Geschmeidigkeit, keine Frucht, trockenes Tannin. (Nebbiolo.) (25 000 Fl.; L.304/3; mehr als eine Abfüllung; Merum 2005-2) Privatpreis ab Hof: Euro #

Gattinara DOCG Tre Vigne 1999
Dunkelrot; Röstnoten, Lorbeer, Gewürznelke, Ruß, keine Frucht; im Gaumen von geröstetem Holz geprägt, undifferenzierte Süße, keine Frucht, dann trocknendes Tannin. (28 000 Fl.; L.304/3; eine Abfüllung; Merum 2006-1) Privatpreis ab Hof: Euro #

Gattinara DOCG Tre Vigne 1998
Recht dunkles Rot; Reifenoten, Marmelade, Trockenfrüchte, süßliche Holzaromen; auch im Gaumen gereiftes Holz, gereifte Frucht, heftiges Tannin, leicht trocknend. (25 000 Fl.; L.213/2; mehr als eine Abfüllung; Merum 2004-1) Privatpreis ab Hof: Euro #

Gattinara DOCG Tre Vigne 2000
Mittelhelles, reifendes Rot; Röstnoten; röstige Frucht, Süße, holzklebrig und stark trocknend im Abgang. (25 000 Fl.; L.4286; eine Abfüllung; Merum 2007-2) Privatpreis ab Hof: Euro 22,00

Metodo Classico Schaumweine

Bersano, Nizza Monferrato (AT)   2 600 000 Fl./230 Hektar
Tel. 0141 720211; Fax 0141 701706; www.bersano.it; wine@bersano.it

Metodo Classico Riserva Arturo Bersano 2001
Hellgelb; feine Blüten- und Fruchtnoten; recht fein im Ansatz, saftig, zu viel Süße, nicht tief, gewisse Länge. (Chardonnay, Pinot nero.) (50 000 Fl.; L.06333; November 2006; Merum 2007-1) Privatpreis ab Hof: Euro 13,50

Cà du Russ/Marchisio, Castellinaldo (CN)   80 000 Fl./25 Hektar
Tel. 0173 213069; Fax 0173 213069; www.tenutacaduruss.it; sergio@tenutacaduruss.it

Metodo Tradizionale Brut Rosé Faiv s. a.   ★★ – ★★★
Hellrosa; verhalten fruchtig; präsente Frucht, recht tief, Säure, saftig, etwas unausgewogen, feinherb, originell. (100% Nebbiolo.) (5000 Fl.; L.6; Mai 2006; Merum 2007-1) Privatpreis ab Hof: Euro 17,00

Roero Arneis DOC Brut Faiv Metodo Tradizionale s. a.
★★ – ★★★
Warmes Hellgelb; einladende Fruchtnoten, Aprikosen, Pfirsich; ziemlich aromatisch, gewisse Süße; guter Schaumwein, aber für einen Metodo Classico eigentlich zu aromatisch. (100% Arneis.) (9000 Fl.; L.6; Mai 2006; Merum 2007-1) Privatpreis ab Hof: Euro 16,00

Cella Grande, Viverone (BL)   65 000 Fl./5 Hektar
Tel. 0161 98245; Fax 0161 987272; www.cellagrande.it; info@cellagrande.it
Erbaluce di Caluso Spumante DOC Brut Metodo Classico 2002
*Goldgelb; verhaltene Fruchtnoten; kraftvoll, etwas breite Frucht, zu süßlich, mittlere Länge,
Bitterton. (100% Erbaluce.) (7000 Fl.; L.163/03; Dezember 2005; Merum 2007-1) Privatpreis ab
Hof: Euro 15,60*

Cieck, Aglié (TO)   80 000 Fl./12 Hektar
Tel. 0124 330522; Fax 0124 429284; www.cieck.it; info@cieck.it
Erbaluce di Caluso Spumante DOC Brut Calliope Metodo Classico Millesimato 2001
*Goldenes Hellgelb; Holz- und Hefenoten; recht feiner Schaum, Hefe, Holzgeschmack, spür-
bare Süße, Holz im Abgang. (100% Erbaluce di Caluso.) (4000 Fl.; L.07/05; Dezember 2005;
Merum 2007-1) Privatpreis ab Hof: Euro 11,70*

Erbaluce di Caluso Spumante DOC San Giorgio Metodo Classico Millesimato 2001
*Helles Goldgelb; mit Belüftung etwas breite Frucht- und Hefenoten; feiner Schaum, dann
etwas breit und süß, Bitterton. (100% Erbaluce di Caluso.) (13 000 Fl.; L.173/06; Juni 2006;
Merum 2007-1) Privatpreis ab Hof: Euro 9,60*

Contratto, Canelli (AT)   150 000 Fl./55 Hektar
Tel. 0141 823349; Fax 0141 824650; www.contratto.it; info@contratto.it
Cuvée Brut Metodo Classico 2003
*Bräunliches Hellgelb; Noten von Apfelmus, auch Hefe; süßlich, nicht tief, einfach. (20%
Chardonnay, 80% Pinot nero.) (25 000 Fl.; L.SP.C.06; # Abfüllungen; Merum 2007-1) Privatpreis
ab Hof: Euro 17,00*

Spumante Classico Riserva Giuseppe Contratto 2002 ★★ – ★★★
*Reifendes Goldgelb; in der Nase Reifenoten, Apfelkompott; feiner Schaum, neben Reife-
aromen auch Frucht, spürbare Süße, etwas opulent, recht lang. (50% Chardonnay, 50%
Pinot nero.) (10 000 Fl.; L.#; # Abfüllungen; Merum 2007-1) Privatpreis ab Hof: Euro 25,50*

Coppo, Canelli (AT)   400 000 Fl./56 Hektar
Tel. 0141 823146; Fax 0141 832563; www.coppo.it; info@coppo.it
Riserva Coppo Brut 2000
*Reifendes Gelb; etwas breite, würzige Noten, Gemüse, Holz, Reife; feiner Schaum, dann
machen sich Holz, Herbe und Bitterkeit breit. (20% Chardonnay, 80% Pinot nero.) (12 000
Fl.; L.0306; Oktober 2006; Merum 2007-1) Privatpreis ab Hof: Euro 24,00*

Fontanafredda, Serralunga d'Alba (CN)   6 500 000 Fl./90 Hektar
Tel. 0173 626111; Fax 0173 613451; www.fontanafredda.it; info@fontanafredda.it
Alta Langa DOC Brut Gatinera 2002
*Hellgelb; Hefe-, Holz- und Fruchtnoten; Erdnuss, etwas Holz, Vanille, Süße, Säure, nicht sehr
geschmeidig, Holz bleibt hängen. (100% Pinot nero.) (20 000 Fl.; L.155205314; Oktober 2006;
Merum 2007-1) Privatpreis ab Hof: Euro 17,00*

Gancia, Canelli (AT)   # Fl./# Hektar
Tel. 0141 830258; Fax 0141 823081; www.gancia.it; angelo.morandi@gancia.it
Alta Langa DOC Brut Carlo Gancia
Cuvée del Fondatore 2003   ★★ – ★★★
*Recht intensives, warmes Hellgelb; Reifenoten, einladend; auch im Gaumen Reife, etwas
breit, viel Süße, gute Tiefe und Länge. (40% Chardonnay, 60% Pinot nero.) (8000 Fl.;
L.6249K51 061103; Mai 2006; Merum 2007-1) Privatpreis ab Hof: Euro 22,00*

Metodo Classico Brut Rosé Integral s. a.   ★★ – ★★★
*Recht intensives Rosarot; Reifenoten; recht feiner Schaum, rauchige Reifearomen, einge-
passte Süße, ausgewogen. (100% Pinot nero.) (6000 Fl.; L.06IV03; Oktober 2006; Merum 2007-
1) Privatpreis ab Hof: Euro 22,00*

Piemonte DOC Brut Carlo Gancia Metodo Classico s. a.

Mittelintensives, reifendes Gelb; Reifenoten, aufgeschnittener Apfel; mittelfeiner Schaum, süßlich, Apfelmus, nicht sehr tief, leicht bitter. (60% Chardonnay, 40% Pinot nero.) (10 000 Fl.; L.061103; Dezember 2006; Merum 2007-1) Privatpreis ab Hof: Euro 30,00

Giulio Cocchi, Asti (AT)   250 000 Fl./# Hektar

Tel. 0141 600071; Fax 0141 907085; www.cocchi.com; giulio@cocchi.com

Alta Langa DOC Brut bianc d'bianc 2001   ★★★

Hellgelb; frische Fruchtnoten; geschmeidig, etwas Süße, Butter, angenehm, sehr fein, gute Länge. (100% Chardonnay.) (3900 Fl.; L.#; Juni 2006; Merum 2007-1) Privatpreis ab Hof: Euro 21,00

Alta Langa DOC Brut Toto Corde 2002

Blassrosa; Hefe- und Pinot-Aromen, etwas Vanille; sehr feiner Ansatz, zu viel Süße, Vanille, zu überladen. (35% Chardonnay, 65% Pinot nero.) (25 000 Fl.; L.#; Oktober 2006; Merum 2007-1) Privatpreis ab Hof: Euro 18,00

Alta Langa DOC Brut Toto Corde Oro 1999

Braungold; opulente Botrytisnoten; auch im Gaumen beladen und süß, eher ein Dessertwein, als Metodo Classico schwierig zu bewerten. (20% Chardonnay, 80% Pinot nero.) (4000 Fl.; L.06-299; November 2006; Merum 2007-1) Privatpreis ab Hof: Euro 35,00

Alta Langa DOC Rosa 2003

Mittelhelles Rosa; Pinot- und Hefenoten; feine Frucht, nicht superfein, Butter, dann Süße. (100% Pinot nero.) (3900 Fl.; L.#; Dezember 2006; Merum 2007-1) Privatpreis ab Hof: Euro 21,00

La Scolca/Soldati, Gavi Ligure (AL)   350 000 Fl./50 Hektar

Tel. 0143 682176; Fax 0143 682197; www.scolca.it; info@scolca.it

Brut d'Antan VSQ Millesimato Riserva Rosato 1995

Hell zwiebelschalenfarben; Reifenoten; im Gaumen decken Vanille und Süße alles zu. (95% Gavi, 5% Pinot nero.) (1500 Fl.; L.MR1; # Abfüllungen; Merum 2007-1) Privatpreis ab Hof: Euro 36,00

Gavi DOC Brut Metodo Tradizionale Classico s. a.

Warmes Hellgelb; feine Hefe- und Gumminoten, Frucht, recht tief; recht feiner Schaum, ausgeprägte, etwas breite Frucht, nicht elegant, dann sehr süß. (100% Gavi.) (30 000 Fl.; L.#; 3. Tertial 2006; Merum 2007-1) Privatpreis ab Hof: Euro 11,95

Gavi DOC Brut Metodo Tradizionale Classico 2000

Goldgelb; Reifenoten, Vanille; mittelfeiner Schaum, dann aufgesetzter Vanillegeschmack. (100% Gavi.) (10 000 Fl.; L.3116; 3. Tertial 2006; Merum 2007-1) Privatpreis ab Hof: Euro 19,50

Gavi DOC Brut Metodo Tradizionale Classico Millesimato 1998

Warmes Hellgelb; Reifenoten, Vanille; auch im Gaumen Reifearoma, etwas Vanille, spürbare Süße. (100% Gavi.) (# Fl.; L.2936; 3. Tertial 2006; Merum 2007-1) Privatpreis ab Hof: Euro #

Gavi DOC Brut Riserva Millesimato d'Antan 1995

Helles Goldgelb; ausgeprägte Reifearomen; Reifearomen, dann aufgesetzte Vanille, mittelfein, Süße. (100% Gavi.) (# Fl.; L.2726; 3. Tertial 2006; Merum 2007-1) Privatpreis ab Hof: Euro #

Gavi DOC Brut Riserva Millesimato d'Antan 1993

Reifendes Hellgelb; Frucht-, Reife- und Vanillnoten; dominierender Vanillegeschmack, laute Süße. (100% Gavi.) (# Fl.; L.2126; 2. Tertial 2006; Merum 2007-1) Privatpreis ab Hof: Euro #

Negro Angelo, Monteu Roero (CN)   250 000 Fl./48 Hektar

Tel. 0173 90252; Fax 0173 90712; www.negroangelo.it; negro@negroangelo.it

Roero Arneis DOC Extra Brut Metodo Classico
Giovanni Negro Millesimato 2004   ★★ – ★★★

Reifendes Hellgelb; recht intensive Nase, harzige Fruchtnoten, Pfirsich; rund, füllig, Frucht, mittelfein, zu viel Süße. (100% Arneis.) (13 000 Fl.; L.#; September 2006; Merum 2007-1) Privatpreis ab Hof: Euro 12,00

Orsolani, San Giorgio (TO)   120 000 Fl./20 Hektar

Tel. 0124 32386; Fax 0124 450342; www.orsolani.it; info@orsolani.it

Caluso Spumante DOC Brut Cuvée Tradizione
Metodo Classico 2003   ★★ – ★★★

Hellgelb; feine Gumminoten, Brot, einladend; feiner Schaum, fruchtig, Fülle, etwas zu viel Süße, recht lang, angenehm. (100% Erbaluce di Caluso.) (10 000 Fl.; L.S.06.20; Oktober 2006; Merum 2007-1) Privatpreis ab Hof: Euro 14,50

Caluso Spumante DOC Brut Cuvée Tradizione
Metodo Classico Gran Riserva 2001

Goldgelb; fast stechende Fruchtnoten, Senffrüchte; mittelfein, etwas breit, dann viel Süße, leicht bitter. (100% Erbaluce di Caluso.) (# Fl.; L.SR.06.08; # Abfüllungen; Merum 2007-1) Privatpreis ab Hof: Euro #

Tosti, Canelli (AT)   10 000 000 Fl./# Hektar

Tel. 0141 822011; Fax 0141 823773; www.tosti.it; info@tosti.it

Alta Langa DOC Brut Millesimé Atelié 2004

Hellgelb; honigartig-gemüsig; viel Butter, nicht tief, nicht klar, süßlich. (100% Pinot nero.) (14 000 Fl.; L.PTN1-05-12-06; Dezember 2006; Merum 2007-1) Privatpreis ab Hof: Euro 18,00

Vigne Regali, Strevi (AL)   1 800 000 Fl./45 Hektar

Tel. 0144 363485; Fax 0144 363777; www.vigneregali.com; info@vinibanfi.com

Alta Langa DOC Brut Cuvée Aurora 2002   ★★★

Warmes Hellgelb; feine Hefenoten, feines Holz, einladend; feiner Ansatz, sehr geschmeidig, lang. (30% Chardonnay, 70% Pinot nero.) (14 000 Fl.; L.2056R26; Dezember 2006; Merum 2007-1) Privatpreis ab Hof: Euro 16,00

Romagna

Sangiovese di Romagna

Mit dem Namen Sangiovese di Romagna verbindet man fruchtige, trinkige Weine, die fröhlich machen. Aber fröhlich wurden wir bei der Verkostung der rund 60 Weine nicht. Das Fazit vorweg: Drei der verkosteten Weine ensprechen unserem Geschmack, sieben erhalten mit ★★ – ★★★ ein „Ja, aber", 38 schmecken uns nicht, weil sie nicht frisch, nicht ganz sauber oder von neuem Holz geschädigt sind, neun Weine waren gar deutlich fehlerhaft.Von den Sangiovese der Romagna haben wir uns ganz eindeutig zuviel versprochen.

Aber weshalb bloß schmeckten diese Weine nicht? Einerseits sicher deshalb, weil manche Produzenten in den letzten Jahren einfach stehengeblieben sind und Weine einer Qualität abfüllen, die heute nicht mehr akzeptiert werden kann. Dann sind da jene, die sich von dieser Rückständigkeit abheben möchten und dies mit zweifellos verbesserter Weinbergsarbeit, aber auch damit tun, dass sie die Super tuscans der 90er Jahre nachahmen.

Früher gab es Biberweine, schmuddelige Weine und gute Weine. Neues Holz wird heute zwar etwas gekonnter, dafür aber bei einer viel größeren Zahl von Weinen eingesetzt. Waschechte Biberweine sind seltener geworden, dafür ätzt die überall präsente und überall gleiche Holzwürze. Die Gruppe der Rückständigen scheint zuverlässig stabil, während die Weine, die man trinken kann, leider rar geworden sind.

Wenn die Durchschnittsqualität des Sangiovese di Romagna gefallen statt gestiegen ist, dann hat das jedoch noch einen anderen Grund. In den letzten zehn Jahren entstanden parallel zur früher einzigen Rotwein-Appellation Sangiovese di Romagna DOC eine ganze Reihe von Ursprungsbezeichnungen. Dies, weil die Qualitätswinzer sich mit ihren Topweinen in der DOC Sangiovese di Romagna nicht mehr wohl fühlten. Der verhängnisvolle Fehler dabei war, dass man nicht ein hierarchisches System aufbaute, mit einer Basiskategorie – Sangiovese di Romagna –, einem Mittelfeld (Großlagen) und einer Spitzengruppe (Einzellagen). Nein, man stellte die neuen Weine einfach neben die alte Sangiovese DOC.

Das führt nun automatisch dazu, dass der Sangiovese di Romagna langsam verödet, ausgeblutet von den neuen DOC:

Colli di Faenza, Colli di Imola, Colli di Rimini, Colli Romagna Centrale. Nur: Diese neuen Weine haben im Markt keine Kraft, man kennt sie nicht, sie haben keine Geschichte und vermögen nicht mehr Interesse zu erregen als irgendwelche Phantasieweine aus der Maremma oder Apulien. Sie saugen den Sangiovese di Romagna zwar aus, aber zu Kräften kommen sie deswegen gleichwohl nicht.

Ach, warum schauen sich die Italiener denn nicht in Frankreich um, bevor sie an ihren DOC rumpfuschen…? Im Burgund, in der nördlichen Rhône… Die Champagne bewirbt sich gerade um die Anerkennung als UNESCO-Welterbe. Zu einer solchen Wichtigkeit und Präsenz haben es im Nachbarland die Appellationen gebracht! Auf welchen Trostpreis hatte man es in der Romagna wohl abgesehen, als man die eigene Appellation zum Ausschlachten freigab?

Hätte man ein Qualitätssystem auf der Grundlage des guten alten Sangiovese di Romagna aufgebaut, die besonders geeigneten Gebiete mit strengeren Regeln belegt und dafür gesorgt, dass der höhere Qualitätsanspruch sich auf dem Etikett – neben der Bezeichnung „Sangiovese di Romagna" – durch eine engere Gebietsbezeichnung hätte auszeichnen können, dann hätte man nicht nur für den einfachen Sangiovese, sondern auch für die Spitzenweine dieses großen Anbaugebietes eine solide Zukunftsbasis geschaffen. Zum Weinen ist das…

Produktionsregeln Sangiovese di Romagna

DOC Traubensorten: Sangiovese (85–100 %), andere Sorten (bis 15 %); Höchstertrag: 11 000 kg Trauben/ha; Mindestalkohol: 11,5 Vol.-%. Verkauf: nicht vor dem 1. Dezember, Superiore nicht vor dem 1. April des auf die Ernte folgenden Jahres; Riserva: ab 1. Dezember zwei Jahre nach der Ernte.

Balia di Zola, Modigliana (FC) 10 000 Fl./4,3 Hektar

Tel. 0546 988654; Fax 0546 940383; bzolav@libero.it

Sangiovese di Romagna DOC Balitore 2005

Intensives Rubin; verbrannte Gumminoten in der Nase; weniger kraftvoll als erwartet, wirkt etwas rundgeschliffen, Säure, fehlen Fruchtfrische, Charakter und Struktur, trocknet etwas nach. (8000 Fl.; L.106; eine Abfüllung; Merum 2007-2) Privatpreis ab Hof: Euro 9,00

Bandini Marco, Castelbolognese (RA) 20 000 Fl./10 Hektar

Tel. 0564 651049; Fax 0564 651049; bandinimarco@tiscali.it

Sangiovese di Romagna DOC Superiore Riserva Tre Archi Barrique 2003

Mittleres Rot; zwetschgenfruchtig-röstige Noten; im Gaumen gereift, Röstung und Butter, Holz trocknet nach. (1400 Fl.; L.6360; eine Abfüllung; Merum 2007-2) Privatpreis ab Hof: Euro 6,00

Calonga, Forli (FC) 30 000 Fl./7 Hektar

Tel. 0543 753044; Fax 0543 753044; www.calonga.it; info@calonga.it

Sangiovese di Romagna DOC Superiore Il Bruno 2005

Mittleres Rot; würzige Fruchtnoten, einfach; viel Süße, sehr einfache, etwas kompottige Frucht, herb im Abgang. (4000 Fl.; L.S 06 B; eine Abfüllung; Merum 2007-2) Privatpreis ab Hof: Euro 6,45

Cantine Intesa, Faenza (RA) 70 000 Fl./70 Hektar

Tel. 0546 619111; Fax 0546 621778; www.cantineintesa.it; info@cantineintesa.it

Sangiovese di Romagna DOC Poderi delle Rose 2005

Recht dunkles Rot; kompottige Nase, fehlt Frische; auch im Gaumen fehlt Fruchtfrische, Süße, einfach, wirkt matt, bitter im Abgang. (8000 Fl.; L.331/06; eine Abfüllung; Merum 2007-2) Privatpreis ab Hof: Euro 4,10

Castelluccio, Modigliana (FC) 90 000 Fl./12 Hektar

Tel. 0546 942486; Fax 0546 940383; www.ronchidicastelluccio.it; info@ronchidicastelluccio.it

Sangiovese di Romagna DOC Le More 2005 ★★ – ★★★

Frisches Dunkelrot; fruchtige, leicht rußige Nase; fruchtig, saftig, recht angenehm. (50 000 Fl.; L.806; mehr als eine Abfüllung; Merum 2007-2) Privatpreis ab Hof: Euro #

CAVIM, Imola (BO) 500 000 Fl./1100 Hektar

Tel. 0542 55003; Fax 0542 55019; www.cavimimola.it; m.freguglia@cavimimola.it

Sangiovese di Romagna DOC Superiore Moro di Serrafelina 2005

Reifendes, mittelhelles Rot; nicht fruchtig, reifende Holznoten; im Gaumen recht schlank, aber recht rund, dominierende Holzaromen, Butter, herb, dann bitter. (30 000 Fl.; L.6/299C; eine Abfüllung; Merum 2007-2) Privatpreis ab Hof: Euro 6,00

Sangiovese di Romagna DOC Superiore Riserva Moro di Serrafelina 2004

Dunkles, reifendes Rot; Holznoten; recht kräftig, Säure, reifendes Neuholz, nicht ausgewogen. (30 000 Fl.; L.6/348C; eine Abfüllung; Merum 2007-2) Privatpreis ab Hof: Euro 7,00

Celli, Bertinoro (FC) 300 000 Fl./25 Hektar

Tel. 0543 445183; Fax 0543 445118; www.celli-vini.com; celli@celli-vini.com

Sangiovese di Romagna DOC Riserva Grillaie 2003

Recht intensives, noch frisches Rot; verhaltene, schalig-fruchtige Noten; im Gaumen kraftvoll, etwas Jod, viel trockenes Tannin, keine Frucht, keine Feinheit. (35 000 Fl.; L.4; mehr als eine Abfüllung; Merum 2007-2) Privatpreis ab Hof: Euro 10,00

Sangiovese di Romagna DOC Superiore Le Grillaie 2005

Recht dunkles Rot; kompottig-würzige Fruchtnoten; säuerliche Frucht, Süße, Säure, etwas unausgewogen, fehlt Fruchtfrische, trocken im Abgang. (80 000 Fl.; L.10; mehr als eine Abfüllung; Merum 2007-2) Privatpreis ab Hof: Euro 7,50

Drei Donà, Forlì (FC)
120 000 Fl./27 Hektar

Tel. 0543 769371; Fax 0543 765049; www.dreidona.it; palazza@dreidona.it

Sangiovese di Romagna DOC
Superiore Riserva Pruno 2003

Dunkelrot; Röstnoten, Holz; kraftvoll, eingangs rund, dann Röstung, trockenes Holztannin. (18 700 Fl.; L.2006P; eine Abfüllung; Merum 2007-2) Privatpreis ab Hof: Euro 19,00

Sangiovese di Romagna DOC Superiore Rosenere 2005

Intensives Rot; verhaltene Frucht- und vor allem Holznoten, nicht frisch; im Gaumen holz-gedämpft, nicht fröhlich, trocknet nach. (50 000 Fl.; L.226GRN; mehr als eine Abfüllung; Merum 2007-2) Privatpreis ab Hof: Euro 5,50

Fattoria Paradiso, Bertinoro (FC)
500 000 Fl./75 Hektar

Tel. 0543 445044; Fax 0543 442244; www.fattoriaparadiso.com; info@fattoriaparadiso.com

Sangiovese di Romagna DOC Superiore Maestri di Vigna 2005

Dunkelrot; Noten von Dosenpfirsichen, Stroh; fehlt Temperament, fehlt Profil, glattgeschlif-fen, keine Fruchttiefe, trocknet nach. (# Fl.; L.06/3470; mehr als eine Abfüllung; Merum 2007-2) Privatpreis ab Hof: Euro #

Sangiovese di Romagna DOC Superiore Riserva Lepri 2003

Recht dunkles Rot; Holz- mit gewissen Fruchtnoten; recht kraftvoll, Frucht und Holz, rußig, nicht geschmeidig. (# Fl.; L.06/1300; # Abfüllungen; Merum 2007-2) Privatpreis ab Hof: Euro #

Ferrucci, Castelbolognese (RA)
100 000 Fl./15 Hektar

Tel. 0546 651068; Fax 0546 651011; www.stefanoferrucci.it; info@stefanoferrucci.it

Sangiovese di Romagna DOC Auriga 2006

Mittelintensives Rubin; gereifte, kompottig-papierige Fruchtnoten; Süße, kraftvoll, fehlen Frucht und Frische. (7000 Fl.; L.7/040; mehr als eine Abfüllung; Merum 2007-2) Privatpreis ab Hof: Euro 8,00

Sangiovese di Romagna DOC Superiore Centurione 2005

Recht intensives Rot; etwas Pfirsichmarmelade, nicht frisch; auch im Gaumen nicht fruchtig, temperamentlos, zu matt. (30 000 Fl.; L.7/003; mehr als eine Abfüllung; Merum 2007-2) Privat-preis ab Hof: Euro 10,00

GIBA/Villa Bagnolo, Castrocaro Terme (FC)
90 000 Fl./15 Hektar

Tel. 0543 769047; Fax 0543 769047; gibaspa@libero.it

Sangiovese di Romagna DOC Superiore Sassetto 2005

Mittleres Rot; kompottige, nicht frische Noten, fehlt Fruchtfrische; recht kraftvoll, Süße, kaum Frucht, herb, nicht ausgewogen, nicht geschmeidig. (30 000 Fl.; L.03-06; mehr als eine Abfüllung; Merum 2007-2) Privatpreis ab Hof: Euro 6,50

Sangiovese di Romagna DOC Vigna del Lago 2005

Mittleres Rot; Noten von Unterholz, Holunder und Beeren; saftiger Ansatz, gute Süße, feine Säure, hinterlässt im Mund danne eine trocknende Holzspur, schade. (30 000 Fl.; L.02-06; eine Abfüllung; Merum 2007-2) Privatpreis ab Hof: Euro 7,50

La Viola, Bertinoro (FC)
30 000 Fl./5 Hektar

Tel. 0543 445496; Fax 0543 445496; www.tenutalaviola.it; info@tenutalaviola.it

Sangiovese di Romagna DOC Superiore Il Colombarone 2004

Dunkelrot; kompottig-rußige Noten; konzentriert, Süße, herbes Tannin, harziges Holz, ungeschmeidig, nicht fruchtig, trocknet. (11 000 Fl.; L.10705; eine Abfüllung; Merum 2007-2) Privatpreis ab Hof: Euro 10,00

Madonia Giovanna, Bertinoro (FC)
30 000 Fl./12 Hektar

Tel. 0543 444361; Fax 0543 444361; www.giovannamadonia.it; giovanna.madonia@libero.it

Sangiovese di Romagna DOC Superiore Fermavento 2004

Mittleres Rot; nicht sehr klare, würzige Nase; nicht klare Holzaromen, Süße, zu herb. (14 000 Fl.; L.185/05; eine Abfüllung; Merum 2007-2) Privatpreis ab Hof: Euro 8,00

Sangiovese di Romagna DOC Superiore Riserva Ombroso 2003

Dunkelrot; Noten von Holz, Ruß, nicht fruchtig; im Ansatz sehr kraftvoll, dann leider keine Frucht, rußbetont, trocken. (8000 Fl.; L.167/05; eine Abfüllung; Merum 2007-2) Privatpreis ab Hof: Euro 16,00

Marabini/Camerone, Castelbolognese (RA)   130 000 Fl./20 Hektar

Tel. 0546 50734; Fax 0546 656146; www.fattoriacamerone.it; info@fattoriacamerone.it

Sangiovese di Romagna DOC Superiore Marafò 2005

Mittleres Rot; kompottige, nicht sehr klare Frucht; Mittelgewicht, Süße, Säure, rustikal, zu herb. (15 000 Fl.; L.6.34; mehr als eine Abfüllung; Merum 2007-2) Privatpreis ab Hof: Euro #

Missiroli Giovanna, Civitella di Romagna (FC)   10 000 Fl./11 Hektar

Tel. 0543 989660; Fax 0543 988184; www.cameracommercioweb.it/missiroli; giovannamissiroli@tiscalinet.it

Sangiovese di Romagna DOC Superiore Annibaldo 2003   ★★ – ★★★

Recht intensives Rot; Noten von Fruchtschalen und etwas Plastik, eine Spur Leder; im Gaumen besser, kraftvoll, rund, Butter, saftig, lang. (# Fl.; L.5/005N; eine Abfüllung; Merum 2007-2) Privatpreis ab Hof: Euro 7,50

Nicolucci, Predappio (FC)   100 000 Fl./15 Hektar

Tel. 0543 922361; Fax 0543 922361; www.vini-nicolucci.it; casetto@tin.it

Sangiovese di Romagna DOC Riserva Generale 2001

Ziemlich dunkles Rot; erstaunlich junge Nase, Frucht, Fruchtschalen; auch im Gaumen jung, Holzgeschmack, Süße, noch jung, aber nicht lebendig, keine Tiefe, keine Frucht. (10 000 Fl.; L.2/06; eine Abfüllung; Merum 2007-2) Privatpreis ab Hof: Euro 14,00

Sangiovese di Romagna DOC Tre Rocche 2005

Recht dunkles Rot; Marmelade- und Holznoten, müsste fruchtfrischer sein; im Gaumen kommt dann das Holz stärker zur Geltung und trocknet den Wein aus. (40 000 Fl.; L.12 06; mehr als eine Abfüllung; Merum 2007-2) Privatpreis ab Hof: Euro 8,00

Poderi dal Nespoli, Nespoli (FC)   300 000 Fl./41 Hektar

Tel. 0543 989637; Fax 0543 989247; www.poderidalnespoli.com; info@poderidalnespoli.com

Sangiovese di Romagna DOC Prugneto 2005

Mittleres Rot; verhaltene Frucht, etwas Holunder, ansprechend; Mittelgewicht, im Ansatz geschmeidig und ausgewogen, gute Länge, Frucht, dann etwas störende Röstung, bittert nach, Röstung bleibt im Abgang hängen. (80 000 Fl.; L.14/05; mehr als eine Abfüllung; Merum 2007-2) Privatpreis ab Hof: Euro 7,00

Spalletti/Colonna di Paliano, Savignano sul Rubicone (FC)   500 000 Fl./70 Hektar

Tel. 0541 945111; Fax 0541 937689; www.spalletticolonnadipaliano.com; info@spalletticolonnadipaliano.com

Sangiovese di Romagna DOC Castelvecchio di Ribano 2006   ★★ – ★★★

Dunkelrot; verhaltene Fruchtnoten, Moos, Veilchen, Marmelade; fruchtig und saftig, angenehm, recht trinkig, etwas herb. (50 000 Fl.; L.09 07; mehr als eine Abfüllung; Merum 2007-2) Privatpreis ab Hof: Euro 3,27

Sangiovese di Romagna DOC Superiore Principe di Ribano 2005   ★★★ JLF

Mittleres Rot; einladende, fruchtige Noten, Holunder, tief, klar und frisch; Mittelgewicht, saftig, fruchtig, ausgewogen, feinbitteres Tannin; schöner, traditioneller Romagna-Sangiovese. (140 000 Fl.; L.37 07; mehr als eine Abfüllung; Merum 2007-2) Privatpreis ab Hof: Euro 4,08

Sangiovese di Romagna DOC
Superiore Riserva Villa Rasponi 2004

Dunkelrot; Holz und Röstaromen; auch im Gaumen nur Röstung, Nullfrucht, herb, Holz-geschmack hängt nach. (6000 Fl.; L.338 06; eine Abfüllung; Merum 2007-2) Privatpreis ab Hof: Euro 8,12

Sangiovese di Romagna DOC Superiore Rocca di Ribano 2004

Dunkelrot; Marmeladenoten, Fruchtschalen, nicht sehr klar; zu konzentriert, Süße, Säure, nicht ausgewogen, irgendwie unfertig. (30 000 Fl.; L.349 06; mehr als eine Abfüllung; Merum 2007-2) Privatpreis ab Hof: Euro 5,76

Tenuta Pennita, Terra del Sole (FC)   70 000 Fl./23 Hektar

Tel. 0543 767451; Fax 0543 767451; www.lapennita.it; info@lapennita.it

Sangiovese di Romagna DOC La Pennita 2004

Mittelintensives Rot; nicht ganz frische Noten von Paprika, Erde und Geranien; im Gaumen vegetale Aromen von Cabernet, soweit angenehm, aber untypisch. (16 000 Fl.; L.GT 09-05; eine Abfüllung; Merum 2007-2) Privatpreis ab Hof: Euro 6,00

Sangiovese di Romagna DOC Superiore La Pennita 2005

Recht intensives Rot; Noten von Gestrüpp, vegetal; recht kräftig, vegetal-grüne, untypische Frucht, krautiges Tannin, herb im Abgang. (36 000 Fl.; L.GT 07/06; eine Abfüllung; Merum 2007-2) Privatpreis ab Hof: Euro 6,00

Sangiovese di Romagna DOC Terre Delsol 2003

Dunkelrot; müde Nase, Karamell, Marmelade; auch im Gaumen ziemlich erschöpft, sehr konzentriert, aber von trocknendem Tannin beherrscht. (16 000 Fl.; L.GT 01-05; eine Abfül-lung; Merum 2007-2) Privatpreis ab Hof: Euro 9,00

Tenuta Valli, Ravaldino in Monte (FC)   120 000 Fl./30 Hektar

Tel. 0545 24393; Fax 0545 34783; www.tenutavalli.it; info@tenutavalli.it

Sangiovese di Romagna DOC Superiore Il Tibano 2005

Mittelintensives Rot; nicht restlos klare, kompottige Noten; auch im Gaumen fehlt Frucht-frische, etwas müde. (30 000 Fl.; L.06/06; eine Abfüllung; Merum 2007-2) Privatpreis ab Hof: Euro 4,80

Sangiovese di Romagna DOC Superiore Riserva della Beccaccia 2003

Recht dunkles, reifendes Rot; nicht sehr klare Noten von Holunder und Holz, reifend; auch im Gaumen fortgeschritten, viel Süße, reife Frucht, trocknend. (10 000 Fl.; L.6/10; eine Abfül-lung; Merum 2007-2) Privatpreis ab Hof: Euro 8,40

Sangiovese di Romagna DOC Superiore Rosso del Montale 2003

Mittleres, reifendes Rot; intensive Nase mit Holznoten, etwas Malz, gereift; kräftig, gereift, Süße, Säure, altes Holz, keine Frucht, trocknet. (6000 Fl.; L.04/21; eine Abfüllung; Merum 2007-2) Privatpreis ab Hof: Euro 6,50

Terra di Brisighella, Brisighella (RA)   30 000 Fl./# Hektar

Tel. 0546 81103; Fax 0546 81497; www.brisighello.net; info@brisighello.net

Sangiovese di Romagna DOC Superiore Brisiglé 2003

Recht intensives, reifendes Rot; staubig-reifende Noten; auch im Gaumen gereift, breit, Süße, kaum Frucht, trocknet im Abgang. (5992 Fl.; L.05/06; eine Abfüllung; Merum 2007-2) Privat-preis ab Hof: Euro 6,00

Tre Monti, Imola (BO)   180 000 Fl./50 Hektar

Tel. 0542 657116; Fax 0542 657122; www.tremonti.it; tremonti@tremonti.it

Sangiovese di Romagna DOC Riserva Petrignone 2004

Recht dunkles Rot; holzbetonte Marmeladenoten; im Gaumen recht angenehm, Fülle, ge-wisse Frucht, klebriger Holzgeschmack, trocknet. (21 000 Fl.; L.06/07; mehr als eine Abfüllung; Merum 2007-2) Privatpreis ab Hof: Euro 10,00

Sangiovese di Romagna DOC Superiore 2005

Mittleres Rot mit Reiferand; feine, vielschichtige Nase, einladend; rund, geschmeidig, ge-wisse Frucht, dann leider Holz, das im Geschmack zunehmend stört, Holztannin trocknet im Abgang. (50 000 Fl.; L.33/06; mehr als eine Abfüllung; Merum 2007-2) Privatpreis ab Hof: Euro 6,00

Sangiovese di Romagna DOC Superiore Thea 2004

Dunkelrot; Noten von Röstung, Beeren; kraftvoll, saftig, allerdings dämpft dann Neuholz das Temperament, Holz bleibt im Gaumen hängen. (10 000 Fl.; L.02/06; eine Abfüllung; Merum 2007-2) Privatpreis ab Hof: Euro 18,00

Trerè, Casale di Faenza (RA)   200 000 Fl./35 Hektar

Tel. 0546 47034; Fax 0546 47012; www.trere.com; trere@trere.com

Sangiovese di Romagna DOC Riserva Amarcord d'un Ross 2004

Recht dunkles Rubin; speckige Brotnoten, Ruß; Süße, Rauchspeck, dann trockenes Tannin, ungeschmeidig, unoriginell. (24 000 Fl.; L.4906; mehr als eine Abfüllung; Merum 2007-2) Privatpreis ab Hof: Euro 10,00

Sangiovese di Romagna DOC Superiore Sperone 2005   ★★★

Recht intensives Rubin; würzig-fruchtige Nase, Lakritze und Himbeermarmelade; Fülle, fruchtig, herbes Tannin, saftig, recht lang. (50 000 Fl.; L.13126; mehr als eine Abfüllung; Merum 2007-2) Privatpreis ab Hof: Euro 6,00

Sangiovese di Romagna DOC
Vigna del Monte 2006   ★★ – ★★★ JLF

Leuchtendes, rubiniges Rot; junge, kirschige Sangiovese-Noten; saftig, fruchtig, herzhaftes Tannin, junge Frucht und Süße, angenehm, endet recht lang. (50 000 Fl.; L.1517; mehr als eine Abfüllung; Merum 2007-2) Privatpreis ab Hof: Euro 5,00

Umberto Cesari, Castel San Pietro (BO)   1 000 000 Fl./200 Hektar

Tel. 051 941896; Fax 051 944387; www.umbertocesari.it; info@umbertocesari.it

Sangiovese di Romagna DOC 2006

Mittleres Rubin; einfach-fruchtige Nase, etwas Apfel, nicht sehr klar; Mittelgewicht, säurebetont, einfach fruchtig, Butter, ziemlich herb. (100 000 Fl.; L.7022/1 51; mehr als eine Abfüllung; Merum 2007-2) Privatpreis ab Hof: Euro 5,90

Sangiovese di Romagna DOC Riserva 2003

Mittleres Rot; Fruchtnoten, Vanille; breiter Ansatz, Süße, marmeladige Frucht, Holz, Vanille. (160 000 Fl.; L.7016/1; mehr als eine Abfüllung; Merum 2007-2) Privatpreis ab Hof: Euro 8,90

Villa Spadoni, Fontanelice (BO)   50 000 Fl./10 Hektar

Tel. 0542 92625; Fax 0542 92625; www.fattoriacornacchia.it;
villaspadoni@fattoriacornacchia.it

Sangiovese di Romagna DOC Superiore 2005   ★★ – ★★★

Recht intensives Rot; nicht sehr fruchtig, Noten von Gestrüpp, Unterholz; mittelkräftiger Ansatz, recht rund und süß, Butter, Fülle, dann etwas herb. (20 000 Fl.; L.132; eine Abfüllung; Merum 2007-2) Privatpreis ab Hof: Euro 5,50

Sangiovese di Romagna DOC Superiore Riserva 1999★★ – ★★★

Dunkelrot; tiefe likörähnliche Fruchtnoten, macht neugierig; Kraft, Säure und Süße, reife Frucht, nicht überaus ausgewogen, nicht alt, gewisse Länge. (15 000 Fl.; L.8; eine Abfüllung; Merum 2007-2) Privatpreis ab Hof: Euro 10,10

Zerbina, Faenza (RA)   220 000 Fl./35 Hektar

Tel. 0546 40022; Fax 0546 40275; www.zerbina.com; info@zerbina.com

Sangiovese di Romagna DOC Superiore Ceregio 2005   ★★★

Mittleres Rot; feine Noten von Unterholz, Holunder, macht neugierig; saftiger Ansatz, eingepasste Süße, etwas Holunder, herbes Tannin, gute Tiefe, angenehm, ausgewogen, gefällt. (150 000 Fl.; L.7046; mehr als eine Abfüllung; Merum 2007-2) Privatpreis ab Hof: Euro #

Sangiovese di Romagna DOC
Superiore Torre di Ceperano 2004   ★★ – ★★★

Mittleres Rot; frische, ansprechende Nase, auch Holz; Kraft, Süße, saftig, Frucht, dann strenge Tannine. (4000 Fl.; L.7018; mehr als eine Abfüllung; Merum 2007-2) Privatpreis ab Hof: Euro #

Sardinien

Die gebirgige Insel trägt nur knapp zwei Prozent zur italienischen Weinproduktion bei. Auch wenn sie für ihre Rotweine – Canonau, Carignano, Monica – vielleicht bekannter ist, erreicht vor allem der weiße Vermentino internationales Format. Aus dem unübersichtlichen Angebot an DOC-, IGT- und Phantasieweinen sticht zudem der sherryartige Vernaccia di Oristano heraus. Er ist ein begeisternder Zeuge für die bewegte Weingeschichte der Insel.

Vermentino

Der Vermentino Sardiniens gehört zu den interessantesten, autochthonen Weißweinen Italiens. Vor allem in der Gallura, im äußersten Norden Sardiniens, entstehen Vermentino unvergleichlicher Art. Der Vermentino di Gallura ist der einzige sardische Wein mit DOCG-Status. Außerhalb der Gallura heißt der aus dieser Sorte gewonnene Wein Vermentino di Sardegna DOC. Die Sorte reagiert außerordentlich sensibel auf Böden und Klima, bewahrt jedoch stets ihren Sortencharakter. Die Vermentino können eher schlank, zitrusfrisch, mineralisch sein, oder würzig-harzig, bis kraftvoll, süßlich-fruchtig, ja wuchtig. Aber auch die konzentrierten, reichen Vermentino besitzen stets eine erstaunliche Lebendigkeit und Saftigkeit und wirken trotz manchmal beträchtlichen Alkoholgehalten nie plump oder schwerfällig.

Produktionsregeln Vermentino di Gallura DOCG

Traubensorten: Vermentino (95 %), andere (5 %); Höchstertrag: 10 000 kg Trauben/ha (Superiore: 9000 kg Trauben/ha); Mindestalkohol: 12,0 Vol.-% (Superiore: 13,0 Vol.-%).

Produktionsregeln Vermentino di Sardegna DOC

Traubensorten: Vermentino (85 %), andere (15 %); Höchstertrag: 20 000 kg Trauben/ha; Mindestalkohol: 10,5 Vol.-%.

Argiolas, Serdiana (CA)   2 000 000 Fl./230 Hektar
Tel. 070 740606; Fax 070 743264; www.argiolas.it; info@argiolas.it
Vermentino di Sardegna DOC Is Argiolas 2006
Goldenes Hellgelb; Noten von Orangenschale, erinnert auch an Himbeeren; opulente Frucht, Süße, zu überladen, breite Frucht, untrinkig. (120 000 Fl.; L.C7081 11:05; mehr als eine Abfüllung; Merum 2007-4) Privatpreis ab Hof: Euro 7,00

Sardinien | **Vermentino** |

Cantina Gallura, Tempio Pausania (SS) 1 300 000 Fl./350 Hektar
Tel. 079 631241 ; Fax 079 671257; www.cantinagallura.it; info@cantinagallura.it
Vermentino di Gallura DOCG Gemellae 2006
Mittleres Hellgelb; fruchtige Nase, harzig, Ananas, einladend; saftig, fruchtig, salzig, fehlt etwas Temperament. (80 000 Fl.; L.07103 14:23; eine Abfüllung; Merum 2007-4) Privatpreis ab Hof: Euro 5,00

Vermentino di Gallura DOCG Piras 2006 ★★★
Hellgelb; Noten von Zitrus, Apfel, auch mineralisch; im Gaumen ausdrucksvoll, fruchtig, Zitrus, Harz, saftig, Länge. (200 000 Fl.; L.07114 16:23; mehr als eine Abfüllung; Merum 2007-4) Privatpreis ab Hof: Euro 5,50

Vermentino di Gallura DOCG Superiore Canayli 2006 ★★★
Recht intensives Hellgelb; dezente harzige Frucht, einladend; saftig, schlank, aber fest, Frucht, eingepasste Süße, feines Salz, ausgewogen, recht lang, gefällt. (500 000 Fl.; L.07093 16:03; mehr als eine Abfüllung; Merum 2007-4) Privatpreis ab Hof: Euro 8,00

Cantina Giogantinu, Berchidda (SS) 1 300 000 Fl./320 Hektar
Tel. 079 704163; Fax 079 704938; www.giogantinu.it; info@giogantinu.it
Vermentino di Gallura DOCG Lughente 2006
Ziemlich intensives Hellgelb; Blütenhonignoten; Honig auch im Gaumen, breit, keine Feinheit, keine Fruchtfrische. (60 000 Fl.; L.7067C; mehr als eine Abfüllung; Merum 2007-4) Privatpreis ab Hof: Euro 6,10

Vermentino di Gallura DOCG
Superiore Giogantinu 2006 ★★ – ★★★
Hellgelb; harzige Fruchtnoten, Holunderblüten; strukturiert, Süße, saftig, salzig, recht lang. (200 000 Fl.; L.7080S; mehr als eine Abfüllung; Merum 2007-4) Privatpreis ab Hof: Euro 4,10

Vermentino di Gallura DOCG Superiore Karenzia 2006 ★★★
Hellgelb; dezente, tiefe, fruchtige Nase; rund, Süße, feine Frucht, sehr angenehm, lang. (10 000 Fl.; L.7074K; eine Abfüllung; Merum 2007-4) Privatpreis ab Hof: Euro 11,30

Cantina Santadi, Santadi (CA) 1 700 000 Fl./600 Hektar
Tel. 0781 950127; Fax 0781 950012; www.cantinadisantadi.it;
cantinadisantadi@cantinadisantadi.it
Vermentino di Sardegna DOC Cala Silente 2006 ★★ – ★★★
Grüngoldenes Hellgelb; Noten von reifer Ananas, einladend; viel Süße, konzentriert, reife Frucht, etwas zu opulent, gute Länge. (120 000 Fl.; L.E0197; mehr als eine Abfüllung; Merum 2007-4) Privatpreis ab Hof: Euro 9,70

Vermentino di Sardegna DOC Villa Solais 2006 ★★ – ★★★
Grüngoldenes Hellgelb; intensive Noten von Ananas und Harz; konzentriert, etwas überladen, Süße, reife Frucht, gewisse Länge. (250 000 Fl.; L.A0187; mehr als eine Abfüllung; Merum 2007-4) Privatpreis ab Hof: Euro 6,00

Cantina Trexenta, Senorbì (CA) 1 000 000 Fl./350 Hektar
Tel. 070 9808863; Fax 070 9808113; www.cantina-trexenta.it;
info@cantina-trexenta.it
Vermentino di Sardegna DOC Contissa 2006
Helles Goldgelb; Noten von kandierten Früchten und Butter; konzentriert, Buttergeschmack prägt den Wein. (20 000 Fl.; L.70250; mehr als eine Abfüllung; Merum 2007-4) Privatpreis ab Hof: Euro 3,60

Cantine Sardus Pater, Sant'Antioco (CA) 500 000 Fl./300 Hektar
Tel. 0781 800274; Fax 0781 83055; www.cantinesarduspater.com;
c.sarduspater@tiscali.it
Vermentino di Sardegna DOC Lugore 2006 ★★ – ★★★
Leuchtendes Hellgelb; Noten von reifen Birnen, Gartenkräutern; Süße, saftige Struktur, Säure, frisch, fruchtig, angenehm. (20 000 Fl.; L.14 B; mehr als eine Abfüllung; Merum 2007-4) Privatpreis ab Hof: Euro 14,00

Vermentino di Sardegna DOC Terre Fenicie 2006
Mittleres Hellgelb; verhaltene Macchia- und Fruchtnoten; ziemlich breit, einfache Frucht, korrekt. (60 000 Fl.; L.46 B; mehr als eine Abfüllung; Merum 2007-4) Privatpreis ab Hof: Euro 9,50

229

Capichera/Ragnedda, Arzachena (SS)   300 000 Fl./12 Hektar
Tel. 0789 80800; Fax 0789 80619; www.capichera.it; info@capichera.it

Vendemmia Tardiva Isola dei Nuraghi IGT 2004

*Goldgelb; frisches Eichenholz; Süße, breit und opulent, Honig- und Holzgeschmack.
(40 000 Fl.; L.02; mehr als eine Abfüllung; Merum 2007-4) Privatpreis ab Hof: Euro 33,00*

Vermentino di Gallura DOCG Vigna'Ngena 2006

*Goldenes Hellgelb; Röst- und Rauchspeckaromen; konzentriert, rauchig-speckig, Süße.
(80 000 Fl.; L.01; mehr als eine Abfüllung; Merum 2007-4) Privatpreis ab Hof: Euro 16,50*

Contini Attilio, Cabras (OR)   500 000 Fl./80 Hektar
Tel. 0783 290806; Fax 0783 290182; www.vinicontini.it; vinicontini@tiscalinet.it

Vermentino di Sardegna DOC Tyrsos 2006   ★★ – ★★★

*Warmes Hellgelb; dezente Frucht- und Macchia-Noten; knappe Frucht, recht saftig, salzig,
Süße, recht angenehm. (80 000 Fl.; L.216; mehr als eine Abfüllung; Merum 2007-4) Privatpreis ab
Hof: Euro 7,80*

Mancini Piero, Olbia (SS)   1 500 000 Fl./100 Hektar
Tel. 0789 50717; Fax 0789 50717; www.pieromancini.it;
piero.mancini@tiscalinet.it

Vermentino di Gallura DOCG Cucaione 2006

*Hellgelb; verhaltene, etwas matte Fruchtnoten; Süße, kaum Frucht, einfach. (500 000 Fl.;
L.71161; mehr als eine Abfüllung; Merum 2007-4) Privatpreis ab Hof: Euro 4,80*

Vermentino di Gallura DOCG Saraina 2006

*Zitroniges Hellgelb; verhaltene, hefig-blütige Nase; Süße, einfache, leicht harzige Frucht,
Säure, etwas einfach, korrekt. (20 000 Fl.; L.70501; mehr als eine Abfüllung; Merum 2007-4)
Privatpreis ab Hof: Euro 10,35*

Meloni, Selargius (CA)   1 600 000 Fl./200 Hektar
Tel. 070 852822; Fax 070 840311; www.melonivini.com; info@melonivini.com

Vermentino di Sardegna DOC Le Sabbie 2006

*Kupferiges, mittleres Hellgelb; nicht intensive Noten von reifen Birnen, Zitrus; parfümierte
Frucht, Veilchen, dann allerdings kaum Tiefe, gewisse Säure, nicht lang. (20 000 Fl.; L.7046M;
mehr als eine Abfüllung; Merum 2007-4) Privatpreis ab Hof: Euro 9,00*

Vermentino di Sardegna DOC Omarus 2006

*Hellgelb; Zitrusnoten; harmlose Struktur, leicht, Zitrusfrucht, einfach, recht angenehm.
(30 000 Fl.; L.7047L; mehr als eine Abfüllung; Merum 2007-4) Privatpreis ab Hof: Euro 9,00*

Vermentino di Sardegna DOC Salike 2006

*Reifes Gelb; Noten von aufgeschnittenem Apfel, verblühte Akazienblüten; gewisse Süße,
Säure, matte Frucht. (35 000 Fl.; L.7209; mehr als eine Abfüllung; Merum 2007-4) Privatpreis ab
Hof: Euro 8,60*

Mura Salvatore, Loiri Porto San Paolo (OT)   25 000 Fl./7 Hektar
Tel. 0789 41070; Fax 0789 23929; www.vinimura.it; vini.mura@tiscali.it

Vermentino di Gallura DOCG Cheremi 2006   ★★★ – ★★★★

*Goldenes Hellgelb; einladende, intensive, harzige Noten von Fichten und Ananas; Nadel-
holzgeschmack auch im Gaumen, salzig, saftig, strukturiert, Charakterwein, lang. (9000 Fl.;
L.09407; mehr als eine Abfüllung; Merum 2007-4) Privatpreis ab Hof: Euro 7,00*

Vermentino di Gallura DOCG Superiore Sienda 2006   ★★★★

*Intensives, zitroniges Gelb; intensive Nase, Noten von Nadelwald, Harz; auch im Gaumen aus-
geprägt harzig, saftig, strukturiert, salzig, lang. (18 000 Fl.; L.09407; mehr als eine Abfüllung;
Merum 2007-4) Privatpreis ab Hof: Euro 9,00*

Pala, Serdiana (CA)   400 000 Fl./58 Hektar
Tel. 070 740284; Fax 070 745088; www.pala.it; info@pala.it

Vermentino di Sardegna DOC Crabilis 2006   ★★ – ★★★

*Goldenes Hellgelb; dezente Noten von reifen Birnen; ansprechende Frucht, Veilchen, feine
Säure, saftig, angenehm. (120 000 Fl.; L.018.07; mehr als eine Abfüllung; Merum 2007-4)
Privatpreis ab Hof: Euro 7,00*

Vermentino di Sardegna DOC Stellato 2006   ★★★

Intensives Hellgelb, etwas Kohlensäure; fruchtige Nase mit harzigen Noten; Süße, gewisse Frucht, saftige Säure, angenehm. (20 000 Fl.; L.50.07; eine Abfüllung; Merum 2007-4) Privatpreis ab Hof: Euro 12,00

Pedra Majore, Monti (SS)   # Fl./60 Hektar

Tel. 0789 43185; Fax 0789 43185; info@pedramajore.it

Vermentino di Gallura DOCG I Graniti 2006   ★★ – ★★★

Recht intensives Hellgelb; feine Harz- und Birnennoten; im Gaumen dann Struktur, saftig, gewisse Frucht, gute Länge. (# Fl.; L.01/07; # Abfüllungen; Merum 2007-4) Privatpreis ab Hof: Euro #

Vermentino di Gallura DOCG Le Conche 2006

Mittleres Hellgelb; Macchia- und Fruchtnoten; Struktur, fehlt Temperament, kraftvoll, aber zu matt. (# Fl.; L.01/07; # Abfüllungen; Merum 2007-4) Privatpreis ab Hof: Euro #

Vermentino di Gallura DOCG Superiore Hysony 2006

Mittleres Hellgelb; feine Vermentino-Noten; feiner Ansatz, Frucht, müsste etwas lebhafter sein, wird im Abgang zu breit. (# Fl.; L.01/07; # Abfüllungen; Merum 2007-4) Privatpreis ab Hof: Euro #

Tondini, Calangianus (SS)   50 000 Fl./13 Hektar

Tel. 079 661359; Fax 079 661359; cantinatondini@tiscali.it

Vermentino di Gallura DOCG Superiore Karagnanj 2006   ★★★

Hellgelb; intensive Nadelgewächs- und Harznoten, sehr einladend; ausgeprägte, harzige Frucht, gewisse Süße, viel Kraft, spürbarer Alkohol, saftig, wertvoll. (50 000 Fl.; L.03 07; mehr als eine Abfüllung; Merum 2007-4) Privatpreis ab Hof: Euro 13,00

Vernaccia di Oristano

Eines der bemerkenswertesten und ältesten europäischen Weinoriginale darbt vor sich hin. Obschon die Mengen gering, Spitzenerzeugnisse vorhanden und die Preise viel zu tief sind, leidet der sherryartige Vernaccia di Oristano aus Sardinien unverständlicherweise unter dramatischen Absatzproblemen.

Der Vernaccia di Oristano entsteht in Westsardinien, in einem geographisch eng begrenzten Gebiet, wenige Kilometer nördlich von Oristano. Nur hier, im fruchtbaren Schwemmland des Flusses Tirso in Meeresnähe, herrschen für ihn ideale Bedingungen. Allein an diesem Ort ist die außergewöhnliche Symbiose zwischen Rebe und Umgebung möglich, zu der die autochthonen Hefen ebenso gehören wie die Eigenart der Böden und das besondere Klima.

Was für jeden anderen Wein unweigerlich Verderbnis bedeuten würde, braucht der Vernaccia für seinen Reifungsprozess: nämlich halbvolle Fässer und sommerliche Hitze. Er gewinnt nicht nur an Extrakt und Komplexität, sondern wird auch umso haltbarer, je länger er im Fass reift. Obschon im Produktionsreglement kaum etwas darüber geschrieben steht, ist das Alter des Vernaccia di Oristano ein wesentlicher Bestandteil seines Geheimnisses: 20-, 30-, ja 40-jährige und noch

ältere Riserva liegen in den Kellern von Oristano und werden
mit jedem Jahr noch besser!

Produktionsregeln Vernaccia di Oristano DOC (Sardinien)

Traubensorten: Vernaccia di Oristano (100 %); Höchstertrag:
8000 kg Trauben/ha; Mindestalkohol: 15 Vol.-% (Superiore:
15,5 % und mindestens drei Jahre Lagerung).

Atzori, Cabras (OR) · 20 000 Fl./13 Hektar

Tel. 0783 290576; Fax 0783 392231; www.vitivinicolatzori.it;
info@vitivinicolatzori.it

Vernaccia di Oristano DOC 1993 ★★★

*Mittelhelles Bernsteingelb; intensive Vanille-, Nuss- und Flornoten, sehr vielschichtig und einladend; feiner Ansatz, dann kraftvoll, entwickelt sich im Gaumen und breitet sich im Abgang
aus, nussig, Florhefe, gehaltvoll, absolut trocken, sehr lang; toller Aperitifwein. (6000 Fl.;
L.605; mehr als eine Abfüllung; Merum 2006-4) Privatpreis ab Hof: Euro #*

Contini Attilio, Cabras (OR) · 500 000 Fl./80 Hektar

Tel. 0783 290806; Fax 0783 290182; www.vinicontini.it; vinicontini@tiscalinet.it

Vernaccia di Oristano DOC 1996 ★★ – ★★★

*Recht dunkles Bernsteingelb; recht tiefe Flornoten; kraftvoll, recht tief, Länge. (28 000 Fl.;
L.015; eine Abfüllung; Merum 2006-4) Privatpreis ab Hof: Euro #*

Vernaccia di Oristano DOC Antico Gregori s. a. ★★★★★

*Armagnac-braun; süße, intensive, vielschichtige Nase, sehr einladend; kraftvoll, mundfüllend, tolle Säure, ausladend, Flor- und Nussgeschmack, bleibt minutenlang im Mund;
unglaublicher Wein! …unmöglich, während der Verkostung nicht innezuhalten, um diesen
Wein zu genießen. (6650 Fl.; L.01/04; eine Abfüllung; Merum 2006-4) Privatpreis ab Hof: Euro #*

Vernaccia di Oristano DOC Riserva 1985 ★★★★

*Ziemlich dunkles Bernstein mit Olivreflexen; intensive Vanille- und Flornoten, tief, sehr
einladend; kraftvoll, saftig, vielschichtig, breitet sich gegen den Abgang immer mehr aus,
nussig, sehr lang. (6500 Fl.; L.3415; eine Abfüllung; Merum 2006-4) Privatpreis ab Hof: Euro #*

CS Vernaccia, Oristano (OR) · 200 000 Fl./# Hektar

Tel. 0783 33155; Fax 0783 33860; vinovernaccia@tiscali.it

Vernaccia di Oristano DOC 1999 ★★ – ★★★

*Helles Bernsteingelb; Flornoten, nicht sehr tief; Mittelgewicht, trocken, fein, etwas schlank,
frische Säure, nussige Tiefe und gewisse Länge, nicht übermäßig komplex; feiner Aperitifwein. (10 000 Fl.; L.05.250; mehr als eine Abfüllung; Merum 2006-4) Privatpreis ab Hof: Euro #*

Vernaccia di Oristano DOC 1990 ★★ – ★★★

*Mittleres Bernsteingelb; Noten von Trockenfrüchten, Florhefenoten; gute Fülle im Ansatz,
fein, entwickelt sich im Gaumen, angenehm, recht lang. (5000 Fl.; L.05.073; eine Abfüllung;
Merum 2006-4) Privatpreis ab Hof: Euro #*

Serra, Zeddiani (OR) · 30 000 Fl./12 Hektar

Tel. 0783 418276; Fax 0783 418276; www.vernacciaserra.it;
vitivinicola.serra@libero.it

Vernaccia di Oristano DOC Riserva 1999 ★★ – ★★★

*Helles Bernsteingelb; recht intensiv, Tiefe, Malz-, Gummi- und Flornoten; feiner Ansatz, Teer,
dann Kraft, Tiefe, nussige Länge. (8600 Fl.; L.95 05; mehr als eine Abfüllung; Merum 2006-4)
Privatpreis ab Hof: Euro #*

Sizilien

Sizilien verfügt über einzigartige autochthone rote Sorten, die in den dortigen Anbaugebieten überaus interessante Weine ergeben. So kann der sich rasch ausbreitende Nero d'Avola sehr gute Weine mit eigenständigem Charakter erbringen. Es sind ausgesprochen fruchtige, ja in gewissen Gebieten fast aromatische Weine. Obschon die Sorte in einem der heißesten Gebiete Europas wächst, ist der Wein in seinen gelungensten Ausführungen absolut nicht das, was man sich unter einem „Südwein" vorstellt. Die besten Nero d'Avola sind weder dick-flüssig noch verkocht, sondern dank ihrer angeborenen Säure und Frucht saftig und frisch.

Nero d'Avola wird überall auf der Insel angebaut, sein Kerngebiet liegt jedoch im Süden. Riecht man hinter die ver-breiteten Holz- und Röstaromen, dann erkennt man deutliche Unterschiede zwischen Weinen aus den verschiedenen Zonen wie Trapani, Menfi, Agrigento, Pachino oder Vittoria. Dunkel-farben ist der Nero d'Avola immer, auch die stattliche Säure begleitet ihn stets, aber die Frucht und die Komplexität variie-ren mit erstaunlicher Deutlichkeit. Wo überreife und kompot-tig-undefinierte Aromen die Trinklust hemmen, da wirds im Keller wohl zu warm im Sommer. Tatsächlich fügt die Hitze in heißen Gebieten kaum den Trauben als vielmehr dem Wein Schaden zu. Ohne konsequente Temperaturkontrolle im Keller verliert der Nero d'Avola bei der Lagerung rasch seinen Sortencharakter.

Der Cerasuolo ist eine Cuvée aus den in der Gegend von Vittoria heimischen Sorten Frappato und Nero d'Avola. Das Tannin und die Aromen von Pfirsich und Rosen steuert der Frappato bei, der Körper, die Säure und die Farbe stammen vom Nero d'Avola. Der Cerasuolo ist ein außerordentlich ori-gineller Wein. Er ist insofern vielleicht gewöhnungsbedürftig, als er einerseits körperreich ist, über Tannin und eine gesunde Säure verfügt, andererseits aber meist eine helle Farbe und eine aromatische Frucht aufweist. Am Cerasuolo begeistert seine außerordentliche Trinkigkeit, er hält mit seiner Säure, seinem Tannin und seiner Frucht auch kräftigen Speisen ent-gegen.

Der Ätna ist ein Gebiet in vollem Aufbruch. Jedes Jahr gibt es neue Winzer, die sich an Vinifikation und Abfüllung wagen. Die Weine sind allerdings noch längst nicht das, was sie sein könnten… aber ganz bestimmt bald sein werden. Es fehlt noch an önologischer Präzision und an der Erfahrung im Ausbau dieser Weine. Dafür glaubt auch hier ein Großteil der Weinmacher noch, ohne Barrique ginge nichts. Das verflixte neue Holz ebnet hier und dort Exzellentes so ein, dass vom Terroircharakter – nirgends wie hier ist dieser Begriff angebracht! – des Ätna nichts übrig bleibt. Dennoch: Manche Etna DOC erinnern in ihrer Herrschaftlichkeit an Nebbiolo-Weine. Die interessantesten Weine sind nie fett, ja manchmal sogar direkt schlank – schließlich stammen sie aus Lagen zwischen 600 und 1000 Meter über Meer –, aber stets mit einem präsenten, fast strengen Tannin ausgestattet.

Im Moment finden Weinliebhaber, die weder Noten von neuem Holz, unsauberen Fässern, noch flüchtige Säure mögen, nicht übermäßig viel Begeisterndes. Trotzdem: Das Potential hier am Ätna ist unerhört! Nur der Nebbiolo aus klassischen Appellationen vermag es mit dieser Noblesse aufzunehmen. Fest steht, dass ein gelungener Etna DOC einem Ghemme oder einem Grumello weit mehr verwandt ist als einem Nero d'Avola aus dem Süden Siziliens. Ganz bestimmt lohnt es sich, die Entwicklung dieser Appellation in den nächsten Jahren im Auge zu behalten, denn es könnte wirklich spannend werden!

Internationalen Sortenweinen ist hingegen oft eine verkochte, nicht varietale Frucht und eine störende Süße eigen. Auch der fleißige Einsatz von stark gerösteten, neuen Barriques vermag diese Weine nicht sympathischer zu machen. Einzig der Syrah scheint auf Sizilien eine gewisse Originalität zu bewahren. Merlot und Cabernet hingegen ergeben meist langweilige Weine.

Produktionsregeln Cerasuolo di Vittoria DOC

Traubensorten: Nero d'Avola (bis 60 %), Frappato (mindestens 40 %); Höchstertrag: 10 000 kg Trauben/ha; Mindestalkohol: 13,0 Vol.-%.

Produktionsregeln Cerasuolo di Vittoria DOCG (ab 2005)

Traubensorten: Nero d'Avola (50–70 %), Frappato (30–50 %); Höchstertrag: 8000 kg Trauben/ha; Mindestalkohol: 13,0 Vol.-%.

Produktionsregeln Etna Rosso DOC

Traubensorten: Nerello Mascalese (mindestens 80 %), Nerello Mantellato oder Cappuccio (bis 20 %), andere Sorten (bis 10%); Höchstertrag: 9000 kg Trauben/ha; Mindestalkohol:

12,5 Vol.-%.

Produktionsregeln Eloro Rosso DOC

Traubensorten: Nero d'Avola, Frappato und Pignatello (mindestens 90 % der deklarierten Sorte), andere (bis 10 %); Höchstertrag: 11 000 kg Trauben/ha; Mindestalkohol: 12,0 Vol.-%.

Produktionsregeln Eloro Pachino DOC

Traubensorten: Nero d'Avola (mindestens 80 %), Frappato und Pignatello (bis 20 %); Höchstertrag: 11 000 kg Trauben/ha; Mindestalkohol: 12,5 Vol.-%.

Produktionsregeln Erice Nero d'Avola DOC

Traubensorten: 20 verschiedene Sorten und Typologien, u.a. Nero d'Avola (mindestens 85 % der deklarierten Sorte), andere (bis 15 %); Höchstertrag: 11 000 kg Trauben/ha; Mindestalkohol: 12,5 Vol.-%.

Produktionsregeln Monreale DOC

Traubensorten: eine Vielzahl von weißen und roten Sorten; Höchstertrag: je nach Sorte 10 000 kg oder 12 000 kg Trauben/ha; Mindestalkohol: je nach Sorte zwischen 11,0 Vol.-% und 12,5 Vol.-%.

Sicilia IGT

Die meisten sizilianischen Weine werden ungeachtet der Qualität, des Ursprungs und des Preises als Sicilia IGT etikettiert. Denn leider sind die sizilianischen DOC mit wenigen Ausnahmen unbrauchbar, da von den Bedürfnissen der Weinkommunikation weit entfernt. Obschon Sizilien über 21 DOC-Bezeichnungen verfügt, werden lediglich zwei Prozent der sizilianischen Weinproduktion als DOC klassifiziert. (Mehr zu diesem leidigen Thema im Merum-Heft 3/2007, Seite 36, bestellbar unter www.merum.info).

Traubensorten: alle in den jeweiligen Provinzen zugelassenen Sorten; für Rotweine: Höchstertrag: 15 600 kg Trauben/ha; Mindestalkohol: 11,0 Vol.-%; für Weißweine: Höchstertrag: 18 000 kg Trauben/ha; Mindestalkohol: 10,5 Vol.-%.

Rotweine Sizilien

Abbazia Santa Anastasia, Castelbuono (PA)   650 000 Fl./70 Hektar
Tel. 091 6932060; Fax 091 6932059; www.abbaziasantaanastasia.it;
info@abbaziasantaanastasia.it

Contempo Nero d'Avola IGT Sicilia 2005   ★★ – ★★★
Dunkles Rubin; etwas kompottige Fruchtnoten; im Gaumen typische Nero d'Avola-Frucht,
kräftiges Mittelgewicht, herb im Abgang. (400 000 Fl.; L.355/06; # Abfüllungen; Merum 2007-
3) Privatpreis ab Hof: Euro 6,50

Adragna, Trapani (TP)   50 000 Fl./48 Hektar
Tel. 0933 26401; Fax 0933 26401; www.tenuteadragna.it; info@tenuteadragna.it

Nero d'Avola IGT Sicilia Adragna 2006   ★★★ JLF
Helles Rubin; ausgeprägt fruchtige Nase, Noten von Veilchen und Kirschen; saftig und sehr
fruchtig, Mittelgewicht, Butter, feinherbes Tannin, recht lang. (30 000 Fl.; L.0710901; mehr
als eine Abfüllung; Merum 2007-3) Privatpreis ab Hof: Euro 11,00

Agareno, Menfi (AG)   80 000 Fl./35 Hektar
Tel. 0925 570409; Fax 0925 570409; www.agareno.it; info@agareno.it

Gurra Sicilia IGT Nero d'Avola 2004   ★★ – ★★★
Mittleres Rubin; marmeladige Nase, etwas Gummi, auch Frucht; im Gaumen dominiert
Frucht, saftig, viel Süße, mittlere Länge, feinbitter. (17 000 Fl.; L.GR03605; mehr als eine
Abfüllung; Merum 2006-3) Privatpreis ab Hof: Euro #

Moscafratta Sicilia IGT 2002
Mittelintensives Rubin; Passitonoten, Lakritze; auch im Gaumen Lakritze, wirkt jedoch
unfertig. (12 000 Fl.; L.MF40305; eine Abfüllung; Merum 2006-3) Privatpreis ab Hof: Euro #

Preula Sicilia IGT 2004   ★★ – ★★★ JLF
Mittleres, frisches Rot; etwas reduzierte, aber fruchtige Nase; frisch und fruchtig auch
im Gaumen, saftig, Mittelgewicht, einfach, herbes Tannin, angenehm. (# Fl.; L.PR071105;
 # Abfüllungen; Merum 2006-3) Privatpreis ab Hof: Euro #

Arini Giuseppe, Marsala (TP)   90 000 Fl./28 Hektar
Tel. 0923 981101; Fax 0923 981101; arinivini@libero.it

Le Case e le Vigne Sicilia IGT Nero d'Avola-Cabernet '01 ★★ – ★★★
Dunkelrot; reife Fruchtnoten, Gewürze; recht ausgewogen, würzig, Frucht, recht angenehm,
mittlere Länge. (10 000 Fl.; L.4 133; eine Abfüllung; Merum 2006-3) Privatpreis ab Hof: Euro #

Avide, Comiso (RG)   250 000 Fl./80 Hektar
Tel. 0932 967456; Fax 0932 731754; www.avide.it; avide@avide.it

3 Carati Nero d'Avola IGT Sicilia 2002   ★★ – ★★★
Ziemlich dunkles Rubin; verhaltene Nero d'Avola-Frucht, etwas Plastik; kraftvoll, Süße,
Karamell, recht saftig, gute Länge, trocknet dann etwas. (15 000 Fl.; L.03/05; eine Abfüllung;
Merum 2007-3) Privatpreis ab Hof: Euro 14,30

Cerasuolo di Vittoria DOC 2004   ★★ – ★★★
Violettes Rubin; frische, aromatisch-fruchtige Nase, sehr einladend; jung, süß-fruchtig, an-
genehm, dürfte etwas dichter sein. (80 000 Fl.; L.02-06; eine Abfüllung; Merum 2006-3) Privat-
preis ab Hof: Euro #

Cerasuolo di Vittoria DOCG 2005   ★★★
Mittleres Purpurrubin; aromatische, recht reife Frucht; vollreife Frucht, recht konzentriert,
rund, angenehm herbes Tannin. (80 000 Fl.; L.08-07; mehr als eine Abfüllung; Merum 2007-3)
Privatpreis ab Hof: Euro 6,70

Frappato IGT Sicilia Herea 2006   ★★★ JLF
Helles Purpur; aromatische Frappato-Nase; saftig, Mittelgewicht, etwas Süße, angenehm,
recht lang, trinkig. (25 000 Fl.; L.05-07; mehr als eine Abfüllung; Merum 2007-3) Privatpreis ab Hof:
Euro 5,60

Herea Sicilia IGT Frappato 2005   ★★ – ★★★ JLF
Mittleres Himbeerrot; helle, rotfruchtige Nase; frische, rote Frucht, saftig, Säure, eher schlank,
einfach, trinkig. (20 000 Fl.; L.06-06; eine Abfüllung; Merum 2006-3) Privatpreis ab Hof: Euro #

Herea Sicilia IGT Nero d'Avola 2004 ★★ – ★★★

Mittleres Rubin; holunderig-kompottige Noten, Gummi; im Gaumen vielschichtiger, Süße, saftig, herb, gewisse Länge. (10 000 Fl.; L.09-05; eine Abfüllung; Merum 2006-3) Privatpreis ab Hof: Euro #

Baglio Baiata/Alagna, Marsala (TP) 300 000 Fl./50 Hektar

Tel. 0923 981022; Fax 0923 981302; www.alagnavini.com; info@alagnavini.com

Nero d'Avola IGT Sicilia 2004

Mittelhelles Rubin; nicht sehr klar, kompottig; saftig, einfache Frucht, etwas unklar, herb. (30 000 Fl.; L.06 326; mehr als eine Abfüllung; Merum 2007-3) Privatpreis ab Hof: Euro 4,50

Baglio dei Monaci, Casasanta Erice (TP) 45 000 Fl./12 Hektar

Tel. 0923 21598; Fax 0923 21598; www.bagliodeimonaci.it;
info@bagliodeimonaci.it

Duccara Nero d'Avola IGT Sicilia 2005

Dunkles Rubin; nicht restlos klare, etwas flüchtige Fruchtnoten; ausgeprägte Nero d'Avola-Frucht, endet dann ziemlich trocken. (25 000 Fl.; L.9906; eine Abfüllung; Merum 2007-3) Privatpreis ab Hof: Euro 9,50

Baglio di Pianetto, Santa Cristina Gela (PA) 200 000 Fl./# Hektar

Tel. 091 8570002; Fax 091 8570015; www.bagliodipianetto.com;
info@bagliodipianetto.com

Piana dei Salici Sicilia IGT Merlot 2003

Mittelintensives Rubin; Röstnoten, Cola, kaum Frucht; Süße, keine Frucht, herb-bitter, nicht lang. (12 000 Fl.; L.009.05; mehr als eine Abfüllung; Merum 2006-3) Privatpreis ab Hof: Euro #

Ramione Sicilia IGT 2003 ★★ – ★★★

Mittleres, frisches Rot; rote Fruchtnoten, Blütennoten; Mittelgewicht, ausgewogen, gewisse Frucht, etwas trocken. (80 000 Fl.; L.#; mehr als eine Abfüllung; Merum 2006-3) Privatpreis ab Hof: Euro #

Barbera, Menfi (AG) 90 000 Fl./15 Hektar

Tel. 0925 570442; Fax 0925 78248; www.cantinebarbera.it; info@cantinebarbera.it

Nero d'Avola IGT Sicilia 2005

Recht dunkles Rubin; kompottig-fruchtige Noten; Süße, gewisse Frucht, Fülle, im Abgang zu bitter. (45 000 Fl.; L.06247; mehr als eine Abfüllung; Merum 2007-3) Privatpreis ab Hof: Euro 7,00

Barone di Villagrande, Milo (CT) 100 000 Fl./22 Hektar

Tel. 095 7082175; Fax 095 7894307; www.villagrande.it; info@villagrande.it

Etna DOC 2003

Mittelhelles Rubin; nicht ganz klar; viel Süße, fruchtig, Frucht erinnert an ungerösteten Kaffee, herb-bitteres Tannin. (Biowein.) (30 000 Fl.; L.02 05; mehr als eine Abfüllung; Merum 2006-3) Privatpreis ab Hof: Euro #

Sciara di Villagrande Sicilia IGT 2002

Mittleres Rubin; reif-holzwürzig, seifig-schweißige Nase; auch im Gaumen reif-holzwürzig, fehlt Fruchtfrische, herb. (6600 Fl.; L.01 05; eine Abfüllung; Merum 2006-3) Privatpreis ab Hof: Euro #

Barone La Lumia, Licata (AG) 200 000 Fl./40 Hektar

Tel. 0922 891709; Fax 0922 891709; www.baronelalumia.it;
baronelalumia@gmail.com

Cadetto Nero d'Avola IGT Sicilia 2005 ★★★ JLF

Mittleres Rubin; intensive Noten von Himbeerkonfitüre und Schokolade; kraftvoll, Süße, gute Säure, wertvolle Nero d'Avola-Frucht, recht herb. (60 000 Fl.; L.2507; eine Abfüllung; Merum 2007-3) Privatpreis ab Hof: Euro 5,60

Delizia del Conte Sicilia IGT Cerasuolo 2002 ★★ – ★★★

Mittelintensives Rot; holunderige Noten; Süße, Holunder, rund und angenehm, knappe Frucht, Butter, recht trinkig, gute Länge. (3000 Fl.; L.1050; eine Abfüllung; Merum 2006-3) Privatpreis ab Hof: Euro #

Don Totò IGT Sicilia 2003 ★★ – ★★★

Mittelhelles Rubin; gereifte Nero d'Avola-Frucht, Gummi- und Holundernoten; viel Süße, saftig, reife Frucht, ausgewogen, angenehm. (12 000 Fl.; L.1429; mehr als eine Abfüllung; Merum 2007-3) Privatpreis ab Hof: Euro 17,50

Don Totò Sicilia IGT Nero d'Avola 2002 ★★ – ★★★ JLF

Mittelhelles Rot; Holundernoten, auch Avola-Frucht, etwas Gummi; rund, gute Säure, saftig, Frucht, Butter, etwas Gummi, angenehm, recht lang. (8000 Fl.; L.1428; eine Abfüllung; Merum 2006-3) Privatpreis ab Hof: Euro #

Limpiados IGT Sicilia 2002 ★★ – ★★★

Mittelintensives Rubin; fruchtig, reifend, Gummi- und Holundernoten, etwas einseitig; Süße, fruchtig, saftig, trinkig, recht konzentriert, angenehmes Tannin (aus angetrockneten Nero d'Avola-Trauben). (3500 Fl.; L.3102; mehr als eine Abfüllung; Merum 2007-3) Privatpreis ab Hof: Euro 17,50

Signorio Nero d'Avola IGT Sicilia 2002

Recht dunkles Rot; reife Frucht mit Noten von Kaffee, Holunder und Gummi; gereift, Süße, saftig, rund, Gummi, zu gereift, geschmacklich etwas einseitig. (25 000 Fl.; L.1461; mehr als eine Abfüllung; Merum 2007-3) Privatpreis ab Hof: Euro 11,80

Torreforte Nero d'Avola IGT Sicilia 2000 ★★ – ★★★

Reifendes, mittleres Rot; Gumminoten, Reife; Kraft, Gummi, auch Frucht, Kaffee, saftig, Reifearomen. (50 000 Fl.; L.3901; mehr als eine Abfüllung; Merum 2007-3) Privatpreis ab Hof: Euro 12,00

Torreforte Sicilia IGT 2000

Reifendes, mittleres Rot; nicht sehr klare, nicht fruchtige Noten von Gestrüpp, Stroh; viel Süße, würzig, marmeladig, reif, nicht unangenehm, aber zu wenig präzis. (50 000 Fl.; L.3901; eine Abfüllung; Merum 2006-3) Privatpreis ab Hof: Euro #

Barone Scammacca del Murgo,
Santa Venerina (CT) 250 000 Fl./25 Hektar

Tel. 095 950520; Fax 095 954713; www.murgo.it; murgo@murgo.it

Etna DOC 2005 ★★ – ★★★

Mittelhelles Rubin; etwas kompottige, fruchtige Noten, Holunder; saftig, Mittelgewicht, herbes Tannin begleitet den Wein von Anfang weg, etwas streng, recht lang. (70 000 Fl.; L.6091; mehr als eine Abfüllung; Merum 2007-3) Privatpreis ab Hof: Euro 6,50

Etna DOC 2004 ★★★

Mittelhelles, purpurnes Rubin; frische Frucht, sehr einladend; saftig, Holunder, feines Tannin, feine Säure, auch Butter, gute Länge, trinkig. (70 000 Fl.; L.4114; mehr als eine Abfüllung; Merum 2006-3) Privatpreis ab Hof: Euro #

Murgo Tenuta San Michele Sicilia
IGT Cabernet Sauvignon 2002 ★★ – ★★★

Mittelintensives Rot; reife, holunderige Noten; reifend, etwas kompottig, kaum Cabernet-Aromen, holunderig im Abgang, insgesamt recht angenehm. (13 000 Fl.; L.4031; eine Abfüllung; Merum 2006-3) Privatpreis ab Hof: Euro #

Benanti, Viagrande (CT) 180 000 Fl./30 Hektar

Tel. 095 7893438; Fax 095 7893677; www.vinicolabenanti.it; benanti@vinicolabenanti.it

Etna DOC Rosso di Verzella 2002

Dunkelrot; gereifte Holznoten; gereift auch im Gaumen, Süße, vom Holz ausgezehrt, trocknet. (31 520 Fl.; L.230206; mehr als eine Abfüllung; Merum 2007-3) Privatpreis ab Hof: Euro 9,00

Etna DOC Rovittello 2001

Dunkelrot; Noten von Leder, Cola, Holz; konzentriert, Leder, trocknendes Holztannin. (7296 Fl.; L.220106; eine Abfüllung; Merum 2007-3) Privatpreis ab Hof: Euro 20,00

Etna DOC Rovittello 2000 ☆☆

Mittleres, reifendes Rubin; holzwürzige Noten; saftige Struktur, könnte elegant sein, aber Holzgeschmack dominiert den Wein, trocknet. (10 200 Fl.; L.22.01.04; eine Abfüllung; Merum 2006-3) Privatpreis ab Hof: Euro #

Etna DOC Serra della Contessa 2001

Dunkelrot; tiefe, fruchtige Noten, reifend, würzig; gute Säure, trockenes Holztannin bremst, nicht geschmeidig. (3732 Fl.; L.270106; eine Abfüllung; Merum 2007-3) Privatpreis ab Hof: Euro 24,00

Biondi, Trecastagni (CT)   20 000 Fl./7 Hektar

Tel. 392 8191530; Fax 095 7633933; www.vinibiondi.it; c.biondi@vinibiondi.it

Etna DOC Outis s. a.   ★★ – ★★★

Mittleres Rot; nicht restlos klar, Holunder, Holz; Süße, saftige Säure und Tannin, Frucht und Karamell, gute Länge, herb im Abgang. (10 000 Fl.; L.#; eine Abfüllung; Merum 2007-3) Privatpreis ab Hof: Euro 18,00

Bruchicello, Salaparuta (TP)   25 000 Fl./5 Hektar

Tel. 0924 75312; Fax 0924 75312; www.bruchicello.it; info@bruchicello.it

Salaparuta DOC Rosso 2006   ★★ – ★★★

Recht dunkles, purpurnes Rubin; fruchtige, junge Kirschennoten; Süße, frische, intakte Frucht, angenehm, dann saftiges, herbes Tannin. (10 500 Fl.; L.8007; eine Abfüllung; Merum 2007-3) Privatpreis ab Hof: Euro 4,90

Buccellato Romolo, Vittoria (RG)   3 200 000 Fl./30 Hektar

Tel. 0932 981023; Fax 0932 981023; www.romolobuccellato.it; romolobuccellatovini@tiscalinet.it

Cerasuolo di Vittoria DOC Il Cigno Nero 2004

Mittleres Rubin; Frucht und Holz; runder, süßer Ansatz, nicht frisch, wenig Frucht, breit im Abgang. (70 000 Fl.; L.06/021; mehr als eine Abfüllung; Merum 2006-3) Privatpreis ab Hof: Euro #

Calatrasi, Sancipirello (PA)   9 000 000 Fl./1120 Hektar

Tel. 091 8576767; Fax 091 8576041; www.calatrasi.it; info@calatrasi.it

Accademia del Sole Sicilia IGT Cabernet Sauvignon 2003

Mittleres Rubin; Röstnoten; Süße und Röstung, keine Frucht zu erkennen, Röstung hält an bis in den Abgang, trocken. (8500 Fl.; L.050 94A; mehr als eine Abfüllung; Merum 2006-3) Privatpreis ab Hof: Euro #

D'Istinto Sicilia IGT Nero d'Avola 2005

Recht intensives Rubin; interessante Nero d'Avola-Noten, etwas Holz, macht neugierig; Kraft, gewisse Süße, Holz dann leider zu präsent, kaum Frucht, Holzgeschmack bleibt hängen. (200 000 Fl.; L.06320A125 12:02; mehr als eine Abfüllung; Merum 2007-3) Privatpreis ab Hof: Euro 6,99

D'Istinto Sicilia IGT Nero d'Avola 2004   ★★ – ★★★

Mittleres, frisches Rot; verhaltene Frucht, Röstung; Mittelgewicht, gewisse Frucht, etwas Butter, leicht trockenes Tannin. (150 000 Fl.; L.05265A125; mehr als eine Abfüllung; Merum 2006-3) Privatpreis ab Hof: Euro #

D'Istinto Sicilia IGT Shiraz 2004

Mittelintensives Rubin; eher müde, röstig-fruchtige Holznoten; Kraft, holzgeprägt, herbes Tannin, Süße. (82 000 Fl.; L.05308C125; mehr als eine Abfüllung; Merum 2006-3) Privatpreis ab Hof: Euro #

Solese Sicilia IGT Baglio Badami 2004   ★★ – ★★★

Mittelintensives Rubin; Pfeffernoten; auch im Gaumen Syrah-Aromen, Röstung, recht saftig und ausgewogen, gute Länge. (8000 Fl.; L.unleserlich; mehr als eine Abfüllung; Merum 2006-3) Privatpreis ab Hof: Euro #

Terrale Nero d'Avola IGT Sicilia 2006   ★★ – ★★★

Mittleres Rubin; reife, recht fruchtige Nase, würzig; im Gaumen recht rund und angenehm, recht saftig, recht fruchtig. (# Fl.; L.071343125 13:57; # Abfüllungen; Merum 2007-3) Privatpreis ab Hof: Euro #

Terrale Nero d'Avola IGT Sicilia 2005   ★★ – ★★★

Mittleres Rubin; einfache, ansprechende Frucht, Steinfruchtnoten; recht kräftig, ausgewogen, eingepasste Süße, feines Tannin, gewisse Tiefe, recht angenehm. (180 000 Fl.; L.063178125 11:24; mehr als eine Abfüllung; Merum 2007-3) Privatpreis ab Hof: Euro 4,50

Terre di Ginestra Nero d'Avola IGT Sicilia 2005

Dunkles Rubin; röstige Fruchtnoten; recht tiefe, allerdings röstige Frucht, Kraft, Säure, etwas bitteres Tannin. (190 000 Fl.; L.06298C125 11:28; mehr als eine Abfüllung; Merum 2007-3) Privatpreis ab Hof: Euro 10,50

Terre di Ginestra Sicilia IGT Nero d'Avola 2003

Dunkles, rubiniges Rot; Röstung; Kraft, gewisse Süße, Röstung, Holz, trocknet nach. (250 000 Fl.; L.05272B125; mehr als eine Abfüllung; Merum 2006-3) Privatpreis ab Hof: Euro #

Cantine Paolini, Marsala (TP) 500 000 Fl./2500 Hektar

Tel. 0923 967042; Fax 0923 967113; www.cantinapaolini.it; info@cantinapaolini.it

Gurgò Sicilia IGT Nero d'Avola 2004

Mittleres Rot; Holznoten, auch Frucht; Frucht und Holz, Säure, recht dicht, schöne Basis, aber Röstung stört. (10 000 Fl.; L.05234; mehr als eine Abfüllung; Merum 2006-3) Privatpreis ab Hof: Euro #

Sicilia IGT Nero d'Avola 2004

Mittleres, purpurnes Rot; Avola- und Holz-Noten; Frucht, eingepasste Süße, bitteres, störendes Tannin, das den Wein vom Ansatz in den Abgang begleitet. (35 000 Fl.; L.5336; mehr als eine Abfüllung; Merum 2006-3) Privatpreis ab Hof: Euro #

Caruso, Marsala (TP) 240 000 Fl./120 Hektar

Tel. 0923 982356; Fax 0923 723356; www.carusoeminini.it; leonardo@carusoeminini.it

Cutaja Sicilia IGT 2004

Mittelintensives Rubin; marmeladige Neuholznoten; viel Süße, vegetale Frucht, Vanille, herbes Tannin. (12 000 Fl.; L.#; mehr als eine Abfüllung; Merum 2006-3) Privatpreis ab Hof: Euro #

Nero d'Avola Sicilia IGT s. a.

Recht dunkles, frisches Rubin; nicht komplett frische Avola-Noten; saftiger Ansatz, Süße, etwas gereift. (60 000 Fl.; L.#; mehr als eine Abfüllung; Merum 2006-3) Privatpreis ab Hof: Euro #

Syrah Sicilia IGT s. a.

Recht dunkles Rubin; Röstnoten; Süße, herbes Tannin, vor allem Röstung, ungeschmeidig, einseitig und müde. (60 000 Fl.; L.#; mehr als eine Abfüllung; Merum 2006-3) Privatpreis ab Hof: Euro #

Cassara, Alcamo (TP) 500 000 Fl./12 Hektar

Tel. 0924 502911; Fax 0924 503912; www.vinicassara.it; enologicacassara@tin.it

Alcamo DOC Solcanto 2006

Mittelintensives, purpurnes Rubin; wohl von Holzkontakt verwischte Fruchtnoten; viel Süße, knappe Frucht, opulent, verbrannt-bitter im Abgang. (10 710 Fl.; L.7076; eine Abfüllung; Merum 2007-3) Privatpreis ab Hof: Euro 5,64

Nero d'Avola IGT Sicilia 2006

Mittelintensives, purpurnes Rubin; kompottige, leicht vegetale Noten, auch etwas Isolierhanf, nicht ganz frisch; viel Süße, gewisse Frucht, leicht bitteres Tannin. (12 600 Fl.; L.7078; eine Abfüllung; Merum 2007-3) Privatpreis ab Hof: Euro 5,50

Centonze, Marsala (TP) 50 000 Fl./10 Hektar

Tel. 0923 982231; Fax 0923 982231; www.centonzevini.com; info@centonzevini.com

Nero d'Avola IGT Sicilia (schwarzes Etikett) 2006 ★★ – ★★★

Purpurnes, recht intensives Rubin; verhalten fruchtige Noten, auch feine Stroh- und Gumminoten; frisch, gute Säure, Kirschenfrucht, etwas herb und ungestüm. (20 000 Fl.; L.0711301; mehr als eine Abfüllung; Merum 2007-3) Privatpreis ab Hof: Euro 8,90

Nero d'Avola IGT Sicilia (weißes Etikett) 2006 ★★★ JLF

Mittleres, frisches Rubin; einladende, fast aromatische Nero d'Avola-Frucht; elegantes Mittelgewicht, ausgeprägt fruchtig, ausgewogen, saftig, trinkig. (25 000 Fl.; L.0711001; mehr als eine Abfüllung; Merum 2007-3) Privatpreis ab Hof: Euro 5,80

Ceuso, Calatafimi Segesta (TP) 120 000 Fl./50 Hektar

Tel. 0924 22836; Fax 0924 515806; www.ceuso.it; info@ceuso.it

Ceuso Sicilia IGT 2001

Dunkelrot; reife Fruchtnoten; viel Süße, reife Frucht, herbes Tannin. (25 000 Fl.; L.0485; eine Abfüllung; Merum 2006-3) Privatpreis ab Hof: Euro #

Scurati Nero d'Avola IGT Sicilia 2005

Dunkles, purpurnes Rubin; nicht sehr klare, erdig-vegetal-fruchtige Noten; flüchtige Frucht, etwas Jod, kräftig, dann zu herb im Abgang. (80 000 Fl.; L.06200; mehr als eine Abfüllung; Merum 2007-3) Privatpreis ab Hof: Euro 7,50

Scurati Sicilia IGT Nero d'Avola 2004 ★★★

Mittleres Rubin; Noten von Blüten, Holunder; feine, vegetale, recht tiefe Frucht, etwas Butter, Kraft, herbes Tannin, lang. (80 000 Fl.; L.05.190; eine Abfüllung; Merum 2006-3) Privatpreis ab Hof: Euro #

Colosi, Messina (ME) 700 000 Fl./7 Hektar

Tel. 090 53852; Fax 090 47553; www.cantinecolosi.it; info@cantinecolosi.it

Cariddi IGT Sicilia 2004

Mittelintensives Rubin; fehlt Fruchtfrische, riecht nach getrockneten Früchten; Restsüße, gewisse Passitofrucht, zu breit und untief. (400 000 Fl.; L.015 07; mehr als eine Abfüllung; Merum 2007-3) Privatpreis ab Hof: Euro 7,00

L'incontro Nero d'Avola IGT Sicilia 2004

Recht intensives Rubin; nicht klare kompottige Nase; würzig im Gaumen, knappe Frucht, ungeschmeidig, störende Süße, trocknend. (9000 Fl.; L.#; mehr als eine Abfüllung; Merum 2007-3) Privatpreis ab Hof: Euro 17,00

Nero d'Avola IGT Sicilia 2005

Recht dunkles Rubin; nicht sehr klare, kompottige Nase, etwas Plastik; viel Süße, dadurch unausgewogen, gewisse Frucht, herbes Tannin. (10 000 Fl.; L.045 07; mehr als eine Abfüllung; Merum 2007-3) Privatpreis ab Hof: Euro 8,50

Salina IGT 2004

Dunkles Rubin; balsamische Noten, müsste fruchtfrischer sein, etwas Teer, Kräuter; im Gaumen etwas matt, keine Frucht, fehlt Spannung, trocknet. (12 000 Fl.; L.209 06; mehr als eine Abfüllung; Merum 2007-3) Privatpreis ab Hof: Euro 10,00

COS, Vittoria (RG) 130 000 Fl./22 Hektar

Tel. 0932 876145; Fax 0932 875623; www.cosvittoria.it; info@cosvittoria.it

Cerasuolo di Vittoria DOC 2003

Mittleres Rubin; nicht frisch, Ledernoten; Süße, Leder, keine Frucht. (# Fl.; L.2-05; # Abfüllungen; Merum 2006-3) Privatpreis ab Hof: Euro #

Contrada Labirinto Sicilia IGT Nero d'Avola 2001

Reifes, mittleres Rubin; holzwürzige Noten, Leder; auch im Gaumen reif und holzwürzig, nicht fruchtig. (# Fl.; L.1-05; # Abfüllungen; Merum 2006-3) Privatpreis ab Hof: Euro #

Scyri Sicilia IGT Nero d'Avola 2000 ★★ – ★★★ JLF

Mittleres Rot; Kaffee-, Gebäck- und Himbeernoten; flüssiger Ansatz, feine Frucht, gute Säure, gedämpfte Frucht, gute Länge. (32 000 Fl.; L.1-03; eine Abfüllung; Merum 2006-3) Privatpreis ab Hof: Euro #

Cossentino, Partinico (PA) 50 000 Fl./25 Hektar

Tel. 091 8782569; Fax 091 8782569; www.cossentino.it; info@cossentino.it

Sicilia IGT Cabernet Sauvignon 2003

Mittleres Rubin; nicht klare Holz-Frucht-Noten; kompottige Frucht, breit, Süße, ungeschmeidig. (5000 Fl.; L.24 05; eine Abfüllung; Merum 2006-3) Privatpreis ab Hof: Euro #

Sicilia IGT Nero d'Avola 2003

Recht dunkles Rot; nicht frische Holznoten; Holz, Süße, fehlt Fruchtfrische, Holz bleibt geschmacklich hängen. (7000 Fl.; L.20 05; eine Abfüllung; Merum 2006-3) Privatpreis ab Hof: Euro 4,00

Sicilia IGT Syrah 2003

Mittleres Rubin; nicht völlig klare Holznoten; holzgeprägt, Harz, kaum Frucht, herb-bitter, nicht frisch. (6000 Fl.; L.24 05; eine Abfüllung; Merum 2006-3) Privatpreis ab Hof: Euro #

CS Birgi, Marsala (TP)
Fl./# Hektar

Tel. 0923 966933; Fax 0923 966564; www.cantinabirgi.it; info@cantinabirgi.it

Sicilia IGT Nero d'Avola 2004

Dunkles Rot; Himbeerfrucht, auch Noten von Rinde; Frucht, dann herbes Tannin und Härte. (# Fl.; L.5354; # Abfüllungen; Merum 2006-3) Privatpreis ab Hof: Euro #

CS Canicatti, Canicatti (AG)
500 000 Fl./# Hektar

Tel. 0922 829371; Fax 0922 829733; www.viniaquilae.it; cva@viniaquilae.it

Aquilae Nero d'Avola IGT Sicilia 2005

Sehr dunkles Rubin; wenig fruchtig, gewisse Leder- und Rußnoten; viel Süße, keine Frucht, nicht ausgewogen, trocken im Abgang. (55 000 Fl.; L.008-07; mehr als eine Abfüllung; Merum 2007-3) Privatpreis ab Hof: Euro 5,00

CS Elorina, Noto (SR)
150 000 Fl./120 Hektar

Tel. 0931 857068; Fax 0931 857333; www.elorina.com; info@elorina.com

Eloro DOC Nero d'Avola 2003
★★ – ★★★

Eher helles Rot; einladende Fruchtnoten; viel Süße, eher schlank, Frucht, saftig, mittlere Länge. (40 000 Fl.; L.#; mehr als eine Abfüllung; Merum 2006-3) Privatpreis ab Hof: Euro #

Eloro DOC Pachino Villa Dorata 2002

Mittelintensives Rot; säuerliche Nase; viel Süße, marmeladig-kompottige Frucht, herb, gewisse Länge. (20 000 Fl.; L.780 5; mehr als eine Abfüllung; Merum 2006-3) Privatpreis ab Hof: Euro #

Sicilia IGT Nero d'Avola 2003
★★ – ★★★ JLF

Helles Rot; fruchtige Nase, rote Beeren, Holunder; fruchtig, flüssig, einfach, sehr angenehm und trinkig. (20 000 Fl.; L.5-010; mehr als eine Abfüllung; Merum 2006-3) Privatpreis ab Hof: Euro 3,85

CS Paolini, Marsala (TP)
800 000 Fl./250 Hektar

Tel. 0923 967042; Fax 0923 967113; www.cantinapaolini.it; info@cantinapaolini.it

Frappato IGT Sicilia 2005
★★ – ★★★

Recht dunkles Purpurrot; Zwetschgennoten; im Gaumen kraftvoll, Zwetschgenkompott mit Vanille, Süße, saftig, angenehm. (30 000 Fl.; L.6292; mehr als eine Abfüllung; Merum 2007-3) Privatpreis ab Hof: Euro 2,50

Gurgò Nero d'Avola IGT Sicilia 2005

Mittleres, purpurnes Rubin; röstbetont; im Gaumen recht einfach, gewisse Frucht, röstig, dadurch etwas langweilig. (40 000 Fl.; L.07063; mehr als eine Abfüllung; Merum 2007-3) Privatpreis ab Hof: Euro 4,50

Nero d'Avola IGT Sicilia 2006
★★ – ★★★

Recht dunkles, purpurnes Rubin; nicht intensive, zwetschgenfruchtige Noten; recht kräftig, Tannin, gewisse Frucht, etwas herb im Abgang. (# Fl.; L.7044; mehr als eine Abfüllung; Merum 2007-3) Privatpreis ab Hof: Euro 2,50

CS Trapani, Trapani (TP)
450 000 Fl./300 Hektar

Tel. 0923 539349; Fax 0923 531007; www.cantinasocialetrapani.com; info@cantinasocialetrapani.com

Forti Terre Sicilia IGT Cabernet Sauvignon 2003
★★ – ★★★

Mittelintensives Rubin; fruchtige Nase, vegetale Frucht; auch im Gaumen vegetale Frucht, recht saftig, wirkt dann etwas dickflüssig und breit im Abgang, herbes Tannin. (18 000 Fl.; L.0514001; mehr als eine Abfüllung; Merum 2006-3) Privatpreis ab Hof: Euro #

Forti Terre Sicilia IGT Nero d'Avola 2003
★★★

Mittelintensives Rubin; Nero d'Avola-Frucht; intensive Frucht, saftig, feinbitteres Tannin, Frucht und Veilchenaroma, etwas Holz im Abgang. (28 000 Fl.; L.0515801; mehr als eine Abfüllung; Merum 2006-3) Privatpreis ab Hof: Euro #

Forti Terre Sicilia IGT Rosso 2004
★★ – ★★★

Mittleres, frisches Rot; frische Cabernet-Noten; Avola- und Cabernet-Frucht, Mittelgewicht, frisch, angenehm. (45 000 Fl.; L.0518802; mehr als eine Abfüllung; Merum 2006-3) Privatpreis ab Hof: Euro #

Rocche Rosse Sicilia IGT Forti Terre 2004 ★★ – ★★★

Mittelhelles Rubin; varietale Fruchtnoten; auch im Gaumen varietale Frucht, viel Süße, Butter, recht einfach und angenehm, herb. (28 000 Fl.; L.5068; mehr als eine Abfüllung; Merum 2006-3) Privatpreis ab Hof: Euro #

Curatolo, Marsala (TP) 100 000 Fl./15 Hektar

Tel. 0923 964415; Fax 0923 720405; www.curatolovini.com; curatolovini@tiscali.it

Sarmaro Sicilia IGT 2003 ★★ – ★★★

Dunkles Rot; Avola-Noten, recht tief; gute Dichte, Wärme, Röstung, Süße, saftig, gutes Tannin, angenehm. (22 000 Fl.; L.05 04; mehr als eine Abfüllung; Merum 2006-3) Privatpreis ab Hof: Euro #

Sicilia IGT Cabernet Sauvignon 2002

Mittleres Rubin; müde, holzgeprägte Noten; süßliche, müde, holzgeprägte Aromen, Röstung, keine Frucht. (12 000 Fl.; L.03 04; mehr als eine Abfüllung; Merum 2006-3) Privatpreis ab Hof: Euro #

Sicilia IGT Nero d'Avola 2002

Mittleres Rubin; welke Fruchtnoten; viel Süße, gewisse Frucht, nicht tief, mittlere Länge, herbes Tannin. (18 000 Fl.; L.04 04; mehr als eine Abfüllung; Merum 2006-3) Privatpreis ab Hof: Euro #

Tumoli Sicilia IGT Nero d'Avola 2004

Mittelintensives Rubin; mit Belüftung kompottige, nicht klare Nase, fehlt Frische; Fülle, gute Säure, müde Nero d'Avola-Frucht, müsste fruchtfrischer sein. (18 000 Fl.; L.9405; mehr als eine Abfüllung; Merum 2006-3) Privatpreis ab Hof: Euro #

Curto, Ispica (RG) 60 000 Fl./36 Hektar

Tel. 0932 950161; Fax 0932 950161; www.curto.it; info@curto.it

Eloro DOC Fontanelle Nero d'Avola 2002 ★★ – ★★★

Mittleres Rubin; Himbeerfrucht mit Holznoten; recht dicht, Butter, Süße, gute Säure, Frucht und Vanille, recht saftig, herbes Tannin, etwas Butter. (12 000 Fl.; L.0405; eine Abfüllung; Merum 2006-3) Privatpreis ab Hof: Euro #

Eloro DOC Nero d'Avola 2004

Mittelhelles Rubin; Plastiknoten, kaum Frucht; Fülle, gute Süße, saftige Säure, aber kaum Frucht, leicht bitter. (36 000 Fl.; L.0706; mehr als eine Abfüllung; Merum 2007-3) Privatpreis ab Hof: Euro 7,50

Eloro DOC Nero d'Avola 2003

Mittelintensives Rot; nicht komplett klare Noten von Gummi, Avola-Frucht; Süße, einfache Struktur, trocknet. (24 000 Fl.; L.0305; mehr als eine Abfüllung; Merum 2006-3) Privatpreis ab Hof: Euro #

D'Angelo Adele, Catania (CT) 30 000 Fl./50 Hektar

Tel. 0957 143456; Fax 0957 143457; www.agricoladangelo.it; info@agricoladangelo.it

Frappato Sicilia IGT s. a. ★★ – ★★★

Mittleres Rot; reife, fruchtige Nase; im Gaumen gewisse Frappato-Frucht, recht angenehm, herb und reif. (# Fl.; L.2305; # Abfüllungen; Merum 2006-3) Privatpreis ab Hof: Euro #

Rosso Eubea Sicilia IGT Nero d'Avola 2001 ★★ – ★★★

Dunkelrot; würzige Avola-Nase mit Himbeernoten, etwas Gummi; Frucht schon im Ansatz, saftig, herbes Tannin, Frucht bis in den Abgang, aber ziemlich trocken. (25 000 Fl.; L.DR01; eine Abfüllung; Merum 2006-3) Privatpreis ab Hof: Euro #

San Giovanni Sicilia IGT 2003 ★★ – ★★★

Reifes, helles Rot; Noten kandierter Früchte; Frucht auch im Gaumen, saftig, ausgewogen, rund, Länge, dann etwas herb. (# Fl.; L.0204; # Abfüllungen; Merum 2006-3) Privatpreis ab Hof: Euro #

Sicilia IGT Nero d'Avola 2001 ★★ – ★★★

Mittleres Rot; verhaltene, rote Marmeladenoten; rote Frucht auch im Gaumen, saftig, etwas herb. (15 000 Fl.; L.2205; eine Abfüllung; Merum 2006-3) Privatpreis ab Hof: Euro #

Donnafugata, Marsala (TP) 2 650 000 Fl./302 Hektar

Tel. 0923 724200; Fax 0923 722042; www.donnafugata.it; info@donnafugata.it

Sedàra Nero d'Avola IGT Sicilia 2005 ★★ – ★★★

Mittelintensives Rubin; würzig-fruchtige, eher reife Nase, Kaffeenoten; Süße, reife Frucht, würzig, ausgewogen und saftig. (690 000 Fl.; L.517A; mehr als eine Abfüllung; Merum 2007-3) Privatpreis ab Hof: Euro 7,70

Sedàra Sicilia IGT 2004

Mittleres Rot; nicht komplett klar, etwas lederig; im Gaumen herb, viel Süße, etwas Butter, Jod, trocknet. (600 000 Fl.; L.461A; mehr als eine Abfüllung; Merum 2006-3) Privatpreis ab Hof: Euro #

Duca di Castelmonte/Pellegrino, Marsala (TP) 7 600 000 Fl./300 Hektar

Tel. 0923 719911; Fax 0923 951336; www.carlopellegrino.it; info@carlopellegrino.it

Cent'Are Nero d'Avola IGT Sicilia 2005 ★★ – ★★★

Mittelhelles Rubin; Fruchtnoten, an Gummi erinnernde Noten; gewisse Frucht, Gummi, reif, rund, angenehm. (500 000 Fl.; L.071230; mehr als eine Abfüllung; Merum 2007-3) Privatpreis ab Hof: Euro 5,50

Cent'Are Sicilia IGT Nero d'Avola 2003 ★★ – ★★★

Helles Rot; verhaltene Frucht- und Gumminoten, angenehm; im Gaumen gewisse Frucht, einfach, Süße, angenehm. (1 000 000 Fl.; L.0533605; mehr als eine Abfüllung; Merum 2006-3) Privatpreis ab Hof: Euro #

Dinari del Duca Nero d'Avola IGT Sicilia 2005 ★★ – ★★★

Recht dunkles Rubin; reife, etwas holzwürzige Nase; im Gaumen intakte Frucht, herbes Tannin, kraftvoll, lang auf Frucht. (40 000 Fl.; L.0706801; eine Abfüllung; Merum 2007-3) Privatpreis ab Hof: Euro 7,30

Frappato IGT Sicilia Notorius 2005

Mittleres Rubin; reife Fruchtnoten, würzig; im Gaumen reifend, Süße, nicht fruchtig. (50 000 Fl.; L.06324 0632401; eine Abfüllung; Merum 2007-3) Privatpreis ab Hof: Euro #

Sicilia IGT Syrah 2003

Recht intensives Rubin; Noten von Fruchtschalen, Gestrüpp, gekochte Früchte, nicht sehr klar; viel Süße, herbes Tannin, nicht geschmeidig, Kompott, bitter. (33 000 Fl.; L.0504103; mehr als eine Abfüllung; Merum 2006-3) Privatpreis ab Hof: Euro #

Tripudium Sicilia IGT 2003 ★★ – ★★★

Recht dichtes Rubin; reife, vielschichtige Nase, Cassisnoten, würzig, einladend; Süße, vielschichtige Frucht, Cassis, herbes Tannin, Holz hängt dann leider nach. (60 000 Fl.; L.0510901; mehr als eine Abfüllung; Merum 2006-3) Privatpreis ab Hof: Euro #

Duca di Salaparuta, Casteldaccia (PA) 14 000 000 Fl./140 Hektar

Tel. 091 945201; Fax 091 953227; www.duca.it; info@duca.it

Corvo IGT Sicilia 2005 ★★ – ★★★

Mittleres Rot; Blütennoten, knappe Frucht; im Gaumen gewisse Frucht, Süße, einfach, recht angenehm. (3 800 000 Fl.; L.06107-180507; mehr als eine Abfüllung; Merum 2007-3) Privatpreis ab Hof: Euro 5,50

Corvo Sciaranèra Nero d'Avola-Frappato IGT Sicilia 2005 ★★ – ★★★

Mittelhelles Rubin; fruchtige Nase, einladend; Mittelgewicht, fruchtig, saftig, recht trinkig, angenehm. (150 000 Fl.; L.20006-142712; mehr als eine Abfüllung; Merum 2007-3) Privatpreis ab Hof: Euro 6,00

Duca Enrico IGT Sicilia 2002

Mittelintensives Rubin; Noten von Rinde und Frucht; im Gaumen gewisse Frucht, aber zu holzgeprägt, gewisse Süße, herbes Tannin, streng, Holz auch im Nachgeschmack. (56 000 Fl.; L.17306; eine Abfüllung; Merum 2007-3) Privatpreis ab Hof: Euro 35,00

Duca Enrico Sicilia IGT 2001 ★★ – ★★★

Recht intensives, reifendes Rot; holzwürzige Fruchtnoten; würzig auch im Gaumen, Frucht, Fülle, recht ausgewogen, etwas Butter und Röstung, dann herb. (56 000 Fl.; L.4-213; eine Abfüllung; Merum 2006-3) Privatpreis ab Hof: Euro #

Megara Sicilia IGT 2003 ★★ – ★★★

Mittelintensives Rubin; vegetale Fruchtnoten; viel Süße, opulent, vegetale Frucht, etwas über-
laden, dadurch nicht trinkig. (60 000 Fl.; L.103-05; eine Abfüllung; Merum 2006-3) Privatpreis ab
Hof: Euro #

Suor Marchesa Passo delle Mule Nero d'Avola IGT
Sicilia 2004 ★★★

Mittleres, warmes Rubin; warme, süße Nase, Nero d'Avola-Frucht, auch balsamische Noten
wie Eukalyptus; kräftiges Mittelgewicht, recht ausgewogen, Süße, strukturiert, etwas
Butter, rund, lang. (140 000 Fl.; L.71306; eine Abfüllung; Merum 2007-3) Privatpreis ab Hof:
Euro 9,00

Suor Marchesa Sicilia IGT Nero d'Avola
Passo delle Mule 2003 ★★ – ★★★

Mittleres Rot; Frucht- und Holznoten; Süße, gewisse Frucht, recht saftig, Mittelgewicht,
Süße, etwas Holz, recht lang. (140 000 Fl.; L.5-139-17; eine Abfüllung; Merum 2006-3) Privat-
preis ab Hof: Euro #

Triskelé Sicilia IGT 2002 ★★ – ★★★

Mittleres Rot; kompottig-fruchtige Nase, Holunder; dichter, aber auch fruchtsüßer Ansatz,
ausgewogen, saftig, endet herb. (70 000 Fl.; L.179-05; eine Abfüllung; Merum 2006-3) Privat-
preis ab Hof: Euro #

Fazio, Erice (TP) 700 000 Fl./100 Hektar

Tel. 0923 811700; Fax 0923 811654; www.faziowines.it; info@faziowines.it

Capo Soprano Nero d'Avola IGT Sicilia 2005 ★★★ JLF

Recht dunkles Rubin; Noten von Holunder, Gebäck, Linzertorte mit Himbeermarmelade,
etwas Gummi; ausgewogen, tiefe Nero d'Avola-Frucht, saftig, feiner Wein, lang. (10 000 Fl.;
L.07015; mehr als eine Abfüllung; Merum 2007-3) Privatpreis ab Hof: Euro 4,80

Erice DOC Nero d'Avola 2004 ★★★

Dunkles Rubin; dichte Nase, Noten von Backpflaumen, auch varietale Noten, einladend;
kraftvoll, rund, dicht, fruchtig, gutes Tannin, lang. (10 000 Fl.; L.06117; eine Abfüllung; Merum
2007-3) Privatpreis ab Hof: Euro 8,00

Gàbal Nero d'Avola IGT Sicilia 2005 ★★★ JLF

Recht intensives Rubin; ausgeprägte Nero d'Avola-Noten; saftig, fruchtig, frisch, trinkig,
feines Tannin, gute Fruchtlänge. (60 000 Fl.; L.07045; mehr als eine Abfüllung; Merum 2007-3)
Privatpreis ab Hof: Euro 6,00

Pietra Sacra Sicilia IGT 2000 ★★ – ★★★

Dunkelrot; Reifenoten, tief; auch im Gaumen etwas gereift, Süße, saftig, immer noch fruch-
tig, mittlere Länge. (10 000 Fl.; L.#; mehr als eine Abfüllung; Merum 2006-3) Privatpreis ab Hof:
Euro #

Sapiens Nero d'Avola IGT Sicilia 2004 ★★★

Mittelintensives Rubin; Fruchtnoten; kraftvolles Mittelgewicht, Süße, saftig, typische Frucht,
feinherbes Tannin, gefällt. (70 000 Fl.; L.6025; mehr als eine Abfüllung; Merum 2007-3) Privat-
preis ab Hof: Euro 4,80

Sicilia IGT Cabernet Sauvignon 2001

Dunkelrot; holzwürzige Nase; varietaler Cabernet-Geschmack, Süße und Holzgeschmack
bleiben hängen, trocken. (30 000 Fl.; L.3112; mehr als eine Abfüllung; Merum 2006-3) Privatpreis
ab Hof: Euro #

Sicilia IGT Shiraz 2003 ★★ – ★★★

Recht dunkles Rubin; verhaltene Fruchtnoten; Frucht auch im Gaumen, Süße, Fülle, herb,
recht lang. (15 000 Fl.; L.5280; mehr als eine Abfüllung; Merum 2006-3) Privatpreis ab Hof: Euro #

Torre dei Venti Nero d'Avola IGT Sicilia 2004 ★★ – ★★★

Recht dunkles Rubin; würzig-fruchtige Noten; präsente Frucht, dann etwas herb, recht dicht,
nicht lang. (20 000 Fl.; L.06304; mehr als eine Abfüllung; Merum 2007-3) Privatpreis ab Hof:
Euro 8,00

Torre dei Venti Sicilia IGT Nero d'Avola 2003   ★★ – ★★★

Sehr dunkles Rot; holzunterstützte Fruchtnoten, eher breit als tief; im Gaumen recht konzentriert, aber keine Feinheit, keine Frucht, herbes Tannin. (20 000 Fl.; L.5301; mehr als eine Abfüllung; Merum 2006-3) Privatpreis ab Hof: Euro #

Feotto dello Jato, San Giuseppe Jato (PA)   250 000 Fl./110 Hektar

Tel. 091 8572650; Fax 091 8579729; www.feottodellojato.it; info@feottodellojato.it

Feotto Sicilia IGT Nero d'Avola 2004

Mittleres Rot; Noten von frischem, rotem Früchtekompott; im Gaumen dann anders, schmeckt nach rauchigem Speck und ist trocken. (# Fl.; L.301 05; # Abfüllungen; Merum 2006-3) Privatpreis ab Hof: Euro #

Monreale DOC Nero d'Avola Fegotto 2003   ★★ – ★★★

Schwarzrubin; Passito-Noten, recht tief, macht neugierig; sehr kraftvoll, Passito-Aroma, viel Tannin, nicht süß. (30 000 Fl.; L.44 07; mehr als eine Abfüllung; Merum 2007-3) Privatpreis ab Hof: Euro 11,00

Monreale DOC Sirae 2002

Mittelintensives Rubin; fruchtig-marmeladige Noten; Kraft, Fülle, fruchtig-speckig, herbes Tannin, nicht klar. (27 000 Fl.; L.124 05; # Abfüllungen; Merum 2006-3) Privatpreis ab Hof: Euro #

Vigna Curria Perricone IGT Sicilia 2002

Schwarzbraun; gereifte, holzwürzige Nase; Kraft, balsamisch-holzwürzig auch im Gaumen, viel Süße, überreif, keine Frucht, etwas bitter. (7000 Fl.; L.317 06; eine Abfüllung; Merum 2007-3) Privatpreis ab Hof: Euro 35,00

Ferreri, Santa Ninfa (TP)   36 000 Fl./20 Hektar

Tel. 333 2143255; Fax 0924 61871; www.ferrerivini.it; info@ferrerivini.it

Al Merat Sicilia IGT Nero d'Avola 2003   ⁂

Mittleres Rubin; Eichennoten, Röstung; Eichengeschmack, trocknendes Holztannin, endlich wieder mal ein kompromissloser Vollblut-Biber. (3000 Fl.; L.4 330; eine Abfüllung; Merum 2006-3) Privatpreis ab Hof: Euro #

Karren Sicilia IGT 2003   ⁂

Mittleres Rubin; Holz- und Röstnoten; Holz und Röstung auch im Gaumen, kein Sorten-charakter, bitter und trocknend. (2500 Fl.; L.4 329; eine Abfüllung; Merum 2006-3) Privatpreis ab Hof: Euro #

Sicilia IGT Nero d'Avola 2004

Mittleres, frisches Rot; Noten von Rauch und Frucht; viel Süße, Rauchspeck, Kaffee, dann auch Frucht, ohne Tiefe. (20 000 Fl.; L.5 247; mehr als eine Abfüllung; Merum 2006-3) Privatpreis ab Hof: Euro #

Feudo Arancio/Mezzacorona, Sambuca di Sicilia (AG)   1 500 000 Fl./280 Hektar

Tel. 0461 616401; Fax 0461 603577; www.feudoarancio.it; info@feudoarancio.it

Nero d'Avola IGT Sicilia 2005

Mittleres Rubin; ziemlich verhalten; Süße, gewisses Holztannin, kaum Frucht. (230 000 Fl.; L.A7018 1540; mehr als eine Abfüllung; Merum 2007-3) Privatpreis ab Hof: Euro 4,49

Sicilia IGT Cabernet Sauvignon 2003   ★★ – ★★★

Mittelintensives Rot; Frucht- und pflanzliche Noten; gewisse Frucht, Butter, herb. (40 000 Fl.; L.5070; mehr als eine Abfüllung; Merum 2006-3) Privatpreis ab Hof: Euro #

Sicilia IGT Merlot 2003   ★★ – ★★★

Mittleres Rubin; Noten von Kräutern, Heu, Kirschenmarmelade, einladend; Fülle, Süße, fruchtig, recht angenehmes Tannin, gewisse Länge. (55 000 Fl.; L.B5313 BR; mehr als eine Abfüllung; Merum 2006-3) Privatpreis ab Hof: Euro #

Sicilia IGT Nero d'Avola 2004   ★★ – ★★★

Mittleres Rot; feine, frische Frucht, ansprechend; Mittelgewicht, Süße, Frucht, Butter, eher einfach, etwas bremsendes Tannin, sonst angenehm. (230 000 Fl.; L.B5327 EA; mehr als eine Abfüllung; Merum 2006-3) Privatpreis ab Hof: Euro #

Sicilia IGT Syrah 2003 ★★ – ★★★

Mittleres Rubin; würzig-fruchtige Noten; Süße, Kraft, recht saftig und lang, leicht bitter. (110 000 Fl.; L.B5188 GC; mehr als eine Abfüllung; Merum 2006-3) Privatpreis ab Hof: Euro #

Feudo Montoni, Cammarata (AG) 80 000 Fl./23 Hektar

Tel. 091 513106; Fax 091 6704406; www.feudomontoni.it; info@feudomontoni.it

Nero d'Avola IGT Sicilia 2004

Mittleres Rubin; würzige Nase, nicht fruchtig, Holz; Mittelgewicht, holzwürzig, etwas gezehrt, nicht fruchtig. (60 000 Fl.; L.1806; mehr als eine Abfüllung; Merum 2007-3) Privatpreis ab Hof: Euro 5,60

Sicilia IGT Nero d'Avola 2003

Mittelhelles Rot; Holznoten; Vanille steht vor der Frucht, einseitig, Mittelgewicht, nicht tief. (50 000 Fl.; L.08 05; mehr als eine Abfüllung; Merum 2006-3) Privatpreis ab Hof: Euro #

Vrucara Nero d'Avola IGT Sicilia 2004

Schwarzbraunrubin; Noten von Cola, Lorbeer, Holz, Jod; holzwürzig, keine Frucht, trocken und bitter im Abgang (15 000 Fl.; L.2806; mehr als eine Abfüllung; Merum 2007-3) Privatpreis ab Hof: Euro 11,70

Vrucara Sicilia IGT Nero d'Avola 2003 ★★ – ★★★

Recht dunkles Rot; Avola-fruchtige Nase, feines Holz; Kraft, viel Süße, holunderige Frucht, spürbares Holz, Charakter, dicht, lang, trocknet etwas. (20 000 Fl.; L.07 05; mehr als eine Abfüllung; Merum 2006-3) Privatpreis ab Hof: Euro #

Feudo Principi di Butera/Zonin, Butera (CL) 500 000 Fl./180 Hektar

Tel. 0934 346766; Fax 0934 347851; www.feudobutera.it; info@feudobutera.it

Deliella Sicilia IGT Nero d'Avola 2002 ★★★

Mittelintensives Rubin; Himbeernoten, etwas Gummi, Holunder, recht tief; rund, dicht, saftig, gute Tiefe, Frucht, leicht trockenes Tannin, lang. (20 000 Fl.; L.4064; # Abfüllungen; Merum 2006-3) Privatpreis ab Hof: Euro #

Sicilia IGT Nero d'Avola 2003 ★★ – ★★★

Recht dunkles Rot; intensive Avola-Frucht, etwas Himbeeren und Gummi, auch etwas Jod; fruchtig, Butter, saftig, etwas Jodaroma, sonst recht ausgewogen, recht lang. (150 000 Fl.; L.5140; # Abfüllungen; Merum 2006-3) Privatpreis ab Hof: Euro #

Fià Nobile, Vittoria (RG) 26 000 Fl./7 Hektar

Tel. 0932 865636; Fax 0932 510763; www.fianobile.it; info@fianobile.it

Cerasuolo di Vittoria DOC 2003 ★★★ JLF

Mittelhelles Rot; Gumminoten, würzig, Avola-Frucht; Frucht, saftig, Süße, gefällt, Länge. (# Fl.; L.1305; # Abfüllungen; Merum 2006-3) Privatpreis ab Hof: Euro #

Cerasuolo di Vittoria DOCG 2005 ★★★

Recht dunkles Purpurrot; fruchtige Nase, Holunder; viel Süße, Frucht, etwas Butter, feines Tannin, lang. (7000 Fl.; L.2707; eine Abfüllung; Merum 2007-3) Privatpreis ab Hof: Euro 9,00

Frappato IGT Sicilia 2004 ★★★ JLF

Mittleres Rot; aromatische Pfirsichnoten, Holunder; schlankes Mittelgewicht, viel Süße, Pfirsicharoma, rund, angenehm. (7000 Fl.; L.3106; eine Abfüllung; Merum 2007-3) Privatpreis ab Hof: Euro 10,00

Frappato Sicilia IGT 2003 ★★★ JLF

Reifes, mittelhelles Rot; fruchtige Noten mit Gummi; rund, saftig, fruchtig, geschmeidig, flüssig, Süße, trinkig, lang. (6600 Fl.; L.01/05; eine Abfüllung; Merum 2006-3) Privatpreis ab Hof: Euro #

Nero d'Avola IGT Sicilia 2004 ★★★ JLF

Helles Rubin; holundrige Noten, Pfirsichmarmelade; recht schlank, reif, Pfirsicharoma auch im Gaumen, sehr angenehm, Süße, saftig. (7000 Fl.; L.2506; eine Abfüllung; Merum 2007-3) Privatpreis ab Hof: Euro 8,00

Sicilia IGT Nero d'Avola 2003 ★★ – ★★★

Mittleres Rot; marmeladige, aber ansprechende Frucht; viel Süße, Säure, gewisse Frucht, Holunder, nicht überaus elegant, aber soweit angenehm. (# Fl.; L.04/04; # Abfüllungen; Merum 2006-3) Privatpreis ab Hof: Euro #

Firriato, Paceco (TP)   5 500 000 Fl./300 Hektar

Tel. 0923 526337; Fax 0923 526745; www.firriato.it; export@firriato.it

Chiaramonte Sicilia IGT Nero d'Avola 2003

Mittelintensives Rubin; dichte Holz-Frucht-Nase, rauchig; konzentriert, Frucht, Röstung, gute Säure, etwas Gummi, zu röstgeprägt. (550 000 Fl.; L.5327; eine Abfüllung; Merum 2006-3) Privatpreis ab Hof: Euro #

Ribeca Nero d'Avola-Perricone IGT Sicilia 2004

Dunkles Rubin; Holznoten, Ruß; sehr konzentriert, Röstaroma, herbes Tannin, Röstung hängt nach. (# Fl.; L.6243; eine Abfüllung; Merum 2007-3) Privatpreis ab Hof: Euro 25,00

Santagostino Sicilia IGT Baglio Soria 2003

Mittleres Rubin; Röstnoten, Rauchspeck; Röstung, herbes Tannin, Rauchspeck. (450 000 Fl.; L.5325/B; eine Abfüllung; Merum 2006-3) Privatpreis ab Hof: Euro #

Fondo Antico, Trapani (TP)   250 000 Fl./90 Hektar

Tel. 0923 864339; Fax 0923 865151; www.fondoantico.it; info@fondoantico.it

Il Canto Nero d'Avola IGT Sicilia 2004   ★★ – ★★★

Mittleres Rubin; Noten von Himbeerkonfitüre, fruchtig, tief; ausgeprägte Nero d'Avola-Frucht, ausgewogen, viel Süße, etwas bitter, saftig, ausgedehnte Länge auf Frucht. (15 000 Fl.; L.3806; mehr als eine Abfüllung; Merum 2007-3) Privatpreis ab Hof: Euro 13,00

Nero d'Avola IGT Sicilia 2006   ★★ – ★★★

Mittleres Rubin; karamellig-verhaltene Noten; rund im Ansatz, wenig Frucht, recht saftig und angenehm herb, müsste aber vor allem in der Nase fruchtklarer sein (# Fl.; L.1307; mehr als eine Abfüllung; Merum 2007-3) Privatpreis ab Hof: Euro 7,50

Nero d'Avola IGT Sicilia 2005   ★★ – ★★★

Mittelintensives Rubin; nicht intensive, etwas kompottige Steinfruchtnoten; recht fruchtig, saftig, kraftvoll, Süße, recht angenehm. (80 000 Fl.; L.2306; mehr als eine Abfüllung; Merum 2007-3) Privatpreis ab Hof: Euro 7,50

Foraci, Mazara del Vallo (TP)   900 000 Fl./75 Hektar

Tel. 0923 934286; Fax 0923 934580; www.foraci.it; info@foraci.it

Galhasi Nero d'Avola IGT Sicilia 2005

Dunkles Rubin; etwas unfertige, nicht tiefe Passito-Noten; gewisse Frucht, fehlt Fülle, dann trocknendes Tannin. (# Fl.; L.unleserlich; mehr als eine Abfüllung; Merum 2007-3) Privatpreis ab Hof: Euro 6,90

Galhasi Sicilia IGT Nero d'Avola 2003   ★★ – ★★★

Recht dunkles Rot; Avola-fruchtige Nase, Holunder; im Ansatz Frucht, vegetal, Süße, sehr herb. (# Fl.; L.67L07F; # Abfüllungen; Merum 2006-3) Privatpreis ab Hof: Euro #

Galhasi Sicilia IGT Nero d'Avola-Syrah 2003   ★★★ JLF

Mittelintensives Rot; recht tiefe Nase, Avola-Frucht mit Himbeernoten; Mittelgewicht, dicht, saftig, fruchtig, schöne Tiefe, gefällt, gute Länge. (80 000 Fl.; L.57G15F; mehr als eine Abfüllung; Merum 2006-3) Privatpreis ab Hof: Euro #

Satiro Danzante Nero d'Avola IGT Sicilia 2004

Schwarzrubin; etwas matte Noten von Kandiszucker, ziemlich verhalten; recht konzentriert, gewisse Frucht, dann heftiges Tannin, arg trocken im Abgang. (Biowein.) (12 500 Fl.; L.unleserlich; mehr als eine Abfüllung; Merum 2007-3) Privatpreis ab Hof: Euro 10,90

Geraci, Palermo (PA)   80 000 Fl./15 Hektar

Tel. 091 306503; Fax 091 347101; www.tarucco.com; info@tarucco.com

Alicante IGT Sicilia Tarucco 2005

Mittelintensives Rubin; nicht sehr klare, kompottig-würzige Noten; viel Süße, röstig, nicht fein, nicht tief, herbes Tannin. (6000 Fl.; L.#; eine Abfüllung; Merum 2007-3) Privatpreis ab Hof: Euro #

Tarucco Nero d'Avola IGT Sicilia 2004

Mittleres Rubin; strauchige Noten, Holundernoten; saftig, viel Süße, Holunder, kaum eigentliche Frucht. (3500 Fl.; L.#; eine Abfüllung; Merum 2007-3) Privatpreis ab Hof: Euro #

Graci, Castiglione (CT)
10 000 Fl./18 Hektar

Tel. 348 7016773; Fax 095 7315047; www.graci.eu; info@graci.eu

Etna DOC 2005 ★★★ JLF

Mittelhelles Rubin; mineralische, ganz leicht kompottige Frucht, macht neugierig; runder Ansatz, sehr fein und elegant, Frucht, Butter, ausgewogen, lang auf herrschaftlichem Tannin. (5000 Fl.; L.S/10/06; eine Abfüllung; Merum 2007-3) Privatpreis ab Hof: Euro #

Etna DOC Quota 600 2005 ★★ – ★★★

Mittleres Rubin; ziemlich verhaltene Frucht; auch im Gaumen verhalten, satt, dicht, sehr kompakt, gutes Tannin. (5000 Fl.; L.S/10/06; eine Abfüllung; Merum 2007-3) Privatpreis ab Hof: Euro #

Grottarossa, Canicatti (AG)
800 000 Fl./30 Hektar

Tel. 0934 939076; Fax 0934 939000; www.grottarossavini.com; info@grottarossavini.com

Eupósion Sicilia IGT 2003 ★★ – ★★★

Recht dunkles Rot; kompottige Fruchtnoten; Mittelgewicht, nicht tief, herb, viel Süße, gewisse Länge. (50 000 Fl.; L.052/05; mehr als eine Abfüllung; Merum 2006-3) Privatpreis ab Hof: Euro #

Rosso della Noce Nero d'Avola IGT Sicilia 2004

Mittelintensives, reifendes Rubin; fehlt Frische, müde Noten von Eichenholz; Eichenholzgeschmack, keine Frucht. (33 000 Fl.; L.10/07; eine Abfüllung; Merum 2007-3) Privatpreis ab Hof: Euro 20,00

Rosso della Noce Sicilia IGT Nero d'Avola s. a. ★★ – ★★★

Dunkelrot; überreife, kompottige Nase; Süße, reife Frucht auch im Gaumen, Süße, Mittelgewicht, herbes Tannin. (30 000 Fl.; L.#; mehr als eine Abfüllung; Merum 2006-3) Privatpreis ab Hof: Euro #

Gulfi, Chiaramonte Gulfi (RG)
180 000 Fl./70 Hektar

Tel. 0932 921654; Fax 0932 921728; www.gulfi.it; info@gulfi.it

Cerasuolo di Vittoria DOCG 2006 ★★ – ★★★

Dunkles Purpur; etwas matte, kompottige Aromen; viel Süße, Frucht, konzentriert, nicht ausgewogen, dürfte fruchtfrischer sein. (# Fl.; L.10 07; # Abfüllungen; Merum 2007-3) Privatpreis ab Hof: Euro #

Cerasuolo di Vittoria DOCG 2005

Dunkles Rubin; gereift, nicht sehr klar; Kraft, würzig, etwas kompottig und breit, nicht fein. (# Fl.; L.10 06; # Abfüllungen; Merum 2007-3) Privatpreis ab Hof: Euro #

Nerobaronj Nero d'Avola IGT Sicilia 2002

Mittelintensives Rubin; holzgeprägt, aber auch Frucht, Erde; etwas müde Holznoten, auch im Gaumen Erde, Ansätze zu Feinheit, aber fehlt Frische, schade. (# Fl.; L.07 05; # Abfüllungen; Merum 2007-3) Privatpreis ab Hof: Euro #

Nerobufaleffj Nero d'Avola IGT Sicilia 2000 ★★ – ★★★

Mittleres, reifendes Rubin; reifende, nicht frische Fruchtnoten; gereift, wertvolle Frucht, aber eine Spur zu matt. (# Fl.; L.04 02; # Abfüllungen; Merum 2007-3) Privatpreis ab Hof: Euro #

Nerobufaleffj Nero d'Avola IGT Sicilia 2003

Dunkles Rubin; nicht fruchtig, Holz, fehlt Frische; viel Süße, schmeckt nach Ruß, Nullfrucht, bitter. (6000 Fl.; L.04 06; eine Abfüllung; Merum 2007-3) Privatpreis ab Hof: Euro 38,00

Nerobufaleffj Nero d'Avola IGT Sicilia 2002

Mittleres Rubin; etwas matte Fruchtnoten, Erde, müsste lebendiger sein; erdig auch im Gaumen, kaum Frucht. (# Fl.; L.04 05; # Abfüllungen; Merum 2007-3) Privatpreis ab Hof: Euro #

Nerojbleo Nero d'Avola IGT Sicilia 2005

Mittleres Rubin; nicht klar, Noten von neuem Holz, Zimt, knappe Frucht; viel Süße, Holz, Säure, nicht harmonisch, untrinkig. (# Fl.; L.#; # Abfüllungen; Merum 2007-3) Privatpreis ab Hof: Euro #

Nerojbleo Nero d'Avola IGT Sicilia 2004 ★★ – ★★★

Recht intensives, violettes Rubin; leicht kompottige, warme, süße Nase, Frucht; kraftvoll, konzentriert, herb im Finale, gewisse Nero d'Avola-Frucht, Fülle, saftig, gute Länge. (# Fl.; L.01 06; # Abfüllungen; Merum 2007-3) Privatpreis ab Hof: Euro #

Nerojbleo Sicilia IGT Nero d'Avola 2002   ★★ – ★★★

Mittelhelles Rubin; Holznoten stehen vor der Frucht; kraftvoll, Frucht ist schmeckbar, aber trocknet etwas; wäre ohne das neue Holz viel besser. (27 500 Fl.; L.01 04; eine Abfüllung; Merum 2006-3) Privatpreis ab Hof: Euro #

Nerosanloré Nero d'Avola IGT Sicilia 2003

Recht dunkles Rubin; müde, nicht klare, varietale Noten, keine Fruchtfrische; Mittelgewicht, matte Frucht, Säure, trocknet. (6000 Fl.; L.08 06; eine Abfüllung; Merum 2007-3) Privatpreis ab Hof: Euro 38,00

Rossojbleo Nero d'Avola IGT Sicilia 2006   ★★ – ★★★

Recht dunkles, purpurnes Rubin; etwas kompottige Steinfruchtnoten; viel Süße, kompottige Frucht, saftig, etwas herb. (40 000 Fl.; L.06 07; eine Abfüllung; Merum 2007-3) Privatpreis ab Hof: Euro 9,00

Rossojbleo Sicilia IGT Nero d'Avola 2004   ★★★ JLF

Mittelhelles Rot; frische, angenehme Frucht, Holunder; saftig, angenehm, etwas Butter, trinkig, feines Tannin. (27 000 Fl.; L.06 05; eine Abfüllung; Merum 2006-3) Privatpreis ab Hof: Euro #

Il Gattopardo, Marsala (TP)   600 000 Fl./150 Hektar

Tel. 0923 719668; Fax 0923 717682; www.ilgattopardo.it; info@ilgattopardo.it

Lo Scuro Nero d'Avola IGT Sicilia 2006

Mittelintensives, purpurnes Rubin; röstunterstützte Kirschennoten; erst saftig, ausgewogen, dann röstgeprägt auch im Gaumen, Röstung bleibt hängen. (250 000 Fl.; L.07064; eine Abfüllung; Merum 2007-3) Privatpreis ab Hof: Euro 5,40

Lo Scuro Sicilia IGT Nero d'Avola 2004

Mittleres, purpurnes Rubin; röstig, kirschige Nase; auch im Gaumen Kirschen und Röstung, trocknet dann. (250 000 Fl.; L.05338; eine Abfüllung; Merum 2006-3) Privatpreis ab Hof: Euro #

Miceli, Palermo (PA)   1 200 000 Fl./60 Hektar

Tel. 091 6759411; Fax 091 6759407; www.miceli.net; segreteria@miceli.net

'u nicu Nero d'Avola IGT Sicilia 2005

Dunkles, violettes Rubin; Röstnoten stehen vor der Frucht, Rauchspeck; Süße und Holzparfümierung dominieren den Wein, im Abgang trocknet Holztannin nach. (18 000 Fl.; L.50-07.06/06; mehr als eine Abfüllung; Merum 2007-3) Privatpreis ab Hof: Euro #

Nero d'Avola IGT Sicilia 2003   ★★ – ★★★

Mittelhelles Rubin; intensive Nase mit Frucht; Süße, saftig, fruchtig, feinherbes Tannin, mittellang. (12 000 Fl.; L.02-02.02/05; eine Abfüllung; Merum 2007-3) Privatpreis ab Hof: Euro #

Milazzo Giuseppe, Campobello di Licata (AG)   350 000 Fl./70 Hektar

Tel. 0922 878207; Fax 0922 879796; www.milazzovini.com; milazzovini@milazzovini.com

Castello Svevo Nero d'Avola IGT Sicilia 2002   ★★ – ★★★

Mittleres Rubin; nicht sehr klare, säuerliche Fruchtnoten; feine Säure, kaum Frucht, recht angenehm, gute Länge. (40 000 Fl.; L.12'1; mehr als eine Abfüllung; Merum 2007-3) Privatpreis ab Hof: Euro 7,00

Duca di Montalbo IGT Sicilia 2001   ❄

Mittelintensives Rubin; nicht klare, kompottige Holznoten; Kraft, Süße, Holzgeschmack, derbes Holztannin trocknet nach. (9000 Fl.; L.05474; eine Abfüllung; Merum 2007-3) Privatpreis ab Hof: Euro 24,50

Maria Costanza IGT Sicilia 2001

Mittelintensives Rubin; würzige Nase, auch etwas Frucht; im Gaumen Holz, schmeckt verbrannt, trocknendes Tannin. (32 000 Fl.; L.10'1; mehr als eine Abfüllung; Merum 2007-3) Privatpreis ab Hof: Euro 18,50

Terre della Baronia IGT Sicilia 2001

Mittelintensives Rubin; nicht klare, holzwürzige Fruchtnoten; Mittelgewicht, knappe Frucht, nicht ganz klar. (20 000 Fl.; L.06'1; eine Abfüllung; Merum 2007-3) Privatpreis ab Hof: Euro 11,00

Morgante, Grotte (AG) 340 000 Fl./60 Hektar

Tel. 0922 945579; Fax 0922 946084; www.morgantevini.it; info@morgantevini.it

Don Antonio Sicilia IGT Nero d'Avola 2003

Recht dunkles Rot; fruchtig-röstige Nase; dichter Ansatz, intensive Frucht, viel Süße, Kraft, herbes Tannin, dann macht sich Holz breit, Röstung zu dominieren. (35 000 Fl.; L.1405; mehr als eine Abfüllung; Merum 2006-3) Privatpreis ab Hof: Euro #

Nero d'Avola IGT Sicilia 2005

Recht dunkles Rubin; ausgeprägte Röstaromen; Röstung stört im Gaumen und maskiert den Wein, etwas trockenes Tannin im Abgang. (300 000 Fl.; L.42 06; mehr als eine Abfüllung; Merum 2007-3) Privatpreis ab Hof: Euro 6,50

Sicilia IGT Nero d'Avola 2004

Mittleres Rot; Röstnoten; runder, süßlicher Ansatz, dann Röstgeschmack, ohne Eigencharakter. (250 000 Fl.; L.38 05; mehr als eine Abfüllung; Merum 2006-3) Privatpreis ab Hof: Euro #

Mortilla di Nicosia, Chiaramonte Gulfi (RG) 150 000 Fl./13 Hektar

Tel. 0932 921213; Fax 0932 921434; www.vinimortilla.it; az.agr.mortilla@virgilio.it

Cerasuolo di Vittoria DOC 2002

Mittleres Rubin; unklare, müde Holz-Marmeladenoten; viel Süße, Holzwürze, kaum Frucht, austauschbar. (35 000 Fl.; L.#; mehr als eine Abfüllung; Merum 2006-3) Privatpreis ab Hof: Euro #

Cerasuolo di Vittoria DOC (lange Flasche) 2001

Reifes, mittleres Rubin; intensive Noten von Osterhasenschokolade, Vanille, Nullfrucht; Vanille auch im Gaumen, keine Frucht, zuparfümiert. (35 000 Fl.; L.75278; mehr als eine Abfüllung; Merum 2006-3) Privatpreis ab Hof: Euro #

Sicilia IGT Nero d'Avola 2003

Mittleres Rot; animalisch-süßlich-apfelig; süßer Ansatz, kompottige Frucht, kurz. (30 000 Fl.; L.36040; mehr als eine Abfüllung; Merum 2006-3) Privatpreis ab Hof: Euro #

Mothia, Marsala (TP) 80 000 Fl./20 Hektar

Tel. 0923 737295; Fax 0923 737295; www.cantine-mothia.com; cantinemothia@libero.it

Hammon Sicilia IGT Cabernet Sauvignon-Nero d'Avola 2001

Recht dunkles Rubin; vegetal-jodige Cabernet-Noten, Pfirsich; Süße, Säure, präsente Frucht, bitter und herb, unausgewogen. (6080 Fl.; L.08 04; eine Abfüllung; Merum 2006-3) Privatpreis ab Hof: Euro #

Mosaikon Nero d'Avola IGT Sicilia 2004

Dunkles, purpurnes Rubin; verhalten, etwas matt, gewisse Pfirsichnoten; kaum Frucht, etwas Pfirsich, keine Tiefe, zu bitter. (6000 Fl.; L.21 06; eine Abfüllung; Merum 2007-3) Privatpreis ab Hof: Euro 6,00

Mosaikon Sicilia IGT Nero d'Avola 2003

Mittleres Rot; nicht überaus klare Nase mit Kompott- und Honignoten; viel Süße, etwas staubig, nicht lang, rustikal, trocknet nach. (6156 Fl.; L.04 05; eine Abfüllung; Merum 2006-3) Privatpreis ab Hof: Euro #

Nero d'Avola IGT Sicilia 2004

Mittelintensives Rubin; Noten von Ruß und Rauch, keine Frucht; viel Süße, dann Geschmack von Ruß und Rauch. (3000 Fl.; L.#; eine Abfüllung; Merum 2007-3) Privatpreis ab Hof: Euro 12,00

Nanfro, Caltagirone (CT) 50 000 Fl./42 Hektar

Tel. 0933 60525; Fax 0933 60744; www.nanfro.com; nanfro@nanfro.com

Cerasuolo di Vittoria DOCG Sammauro 2005 ★★★ – ★★★★ JLF

Helles Purpurrot; aromatische Nase, frische Pfirsichnoten; sehr fruchtig und saftig, ausgewogen und mit feinbitterem Tannin, das den Wein würdig beschließt, sehr lang auf Frucht. (Biowein.) (4600 Fl.; L.05/06; eine Abfüllung; Merum 2007-3) Privatpreis ab Hof: Euro 12,00

Vittoria DOC Nero d'Avola IGT Strade 2005 ★★★ – ★★★★ JLF

Mittleres Rubin; fruchtige, einladende Nase mit feinen vegetalen Noten; aromatische Nero d'Avola-Aromen auch im Gaumen, viel Süße, nicht breit, fein, saftig, sehr lang. (8450 Fl.; L.04-06; eine Abfüllung; Merum 2007-3) Privatpreis ab Hof: Euro 9,00

Palari, Messina (ME)
50 000 Fl./7 Hektar

Tel. 090 630114; Fax 090 637247; www.palari.it; info@palari.it

Faro DOC 2004 ★★ – ★★★

Recht dunkles Rot; Noten von Gummi, Kaffee; kraftvoll, kaum Frucht, aber recht saftig, rund, soweit angenehm. (25 000 Fl.; L.1; eine Abfüllung; Merum 2007-3) Privatpreis ab Hof: Euro 30,00

Faro DOC 2002

Mittleres Rubin; gereifte Holznoten; Fülle, gute Säure, gereiftes Holz, gewisse Holunderfrucht, herb-trockenes Tannin, reif. (25 000 Fl.; eine Abfüllung; Merum 2006-3) Privatpreis ab Hof: Euro #

Rosso del Soprano IGT Sicilia 2004

Mittleres Rot; holzwürzige Noten, etwas Hanf; Süße, saftig, feine Säure, keine Frucht, trocknet. (25 000 Fl.; L.#; eine Abfüllung; Merum 2007-3) Privatpreis ab Hof: Euro 18,00

Pantelleriadoc, Trapani (TP)
Fl./# Hektar

Tel. 0923 21717; Fax 0923 22472; www.pantelleriadoc.com; pantelleriadoc@libero.it

La Tunica Nero d'Avola IGT Sicilia 2004

Mittelintensives Rubin; Noten von Erde, Spargel, etwas matt; erdig auch im Gaumen, Spuren von wertvoller Nero d'Avola-Frucht. (9000 Fl.; L.6040; eine Abfüllung; Merum 2007-3) Privatpreis ab Hof: Euro 7,00

La Tunica Sicilia IGT Nero d'Avola 2003 ★★★

Mittelintensives Rot; Noten von Himbeeren; im Gaumen ausgeprägte Himbeermarmelade, angenehm, lang. (9000 Fl.; L.5125; eine Abfüllung; Merum 2006-3) Privatpreis ab Hof: Euro #

La Tunica Sicilia IGT Nero d'Avola-Merlot 2003 ★★ – ★★★

Mittleres, frisches Rot; recht fruchtige Avola-Nase; auch im Gaumen gewisse Avola-Frucht, saftig, recht angenehm, herb im Abgang (6000 Fl.; L.5126; eine Abfüllung; Merum 2006-3) Privatpreis ab Hof: Euro #

Pasqua, Verona (VR)
18 000 000 Fl./200 Hektar

Tel. 045 8432111; Fax 045 8432211; www.pasqua.it; info@pasqua.it

I Feudi di Sicilia Nero d'Avola IGT Sicilia 2005 ★★ – ★★★

Mittleres Rubin; reifende Nero d'Avola-Frucht, einladend; fruchtig, recht ausgewogen, herbes Tannin. (20 000 Fl.; L.07-050; mehr als eine Abfüllung; Merum 2007-3) Privatpreis ab Hof: Euro #

I Feudi Sicilia IGT Nero d'Avola 2004 ★★ – ★★★

Mittleres Rot; einladende, typische Avola-Noten, Gummi; Süße, Kraft, Frucht, saftig, mittlere Länge. (100 000 Fl.; L.05-341A; mehr als eine Abfüllung; Merum 2006-3) Privatpreis ab Hof: Euro #

Kalis Mezzogiorno Nero d'Avola IGT Sicilia 2004

Dunkles Rubin; reifende, etwas matte Fruchtnoten, Noten von Zwetschgenmarmelade; kräftig, Süße, dicht, sehr konzentriert, Süße, zu matt, trockenes Tannin. (9000 Fl.; L.06189F; mehr als eine Abfüllung; Merum 2007-3) Privatpreis ab Hof: Euro #

Kalis Sicilia IGT Nero d'Avola Mezzogiorno 2003

Mittleres Rubin; nicht frisch, Holznoten; vorstehende Süße, trockenes Tannin, unausgewogen. (30 000 Fl.; L.5090; mehr als eine Abfüllung; Merum 2006-3) Privatpreis ab Hof: Euro #

Pevin/Pepi, Mazzarrone (CT)
50 000 Fl./30 Hektar

Tel. 0933 28001; Fax 0933 28001; www.pevin.it; info@pevin.it

Cerasuolo di Vittoria DOC Scjuri 2005

Mittelhelles Rot; reifende Holznoten; Mittelgewicht, Süße, keine Frucht, trocknet. (# Fl.; L.20 07 06; # Abfüllungen; Merum 2007-3) Privatpreis ab Hof: Euro #

Cerasuolo di Vittoria DOC Scjuri 2004

Mittleres, frisches Rubin; unklare, gereifte, nicht fruchtige Nase; viel Süße, Liköraroma, fehlen Klarheit und Fruchtfrische. (4000 Fl.; L.3705; mehr als eine Abfüllung; Merum 2006-3) Privatpreis ab Hof: Euro #

Espèra Nero d'Avola IGT Sicilia 2006

Mittleres, reifendes Rot; Reifenoten, Leder; süßlich, keine Fruchtfrische, nicht klar, gereift. (30 000 Fl.; L.3L4 1 2006; mehr als eine Abfüllung; Merum 2007-3) Privatpreis ab Hof: Euro 5,00

Espèra Sicilia IGT Nero d'Avola s. a.

Mittleres Rubin; reife Nase, Kaffeenoten; würzig, reif, kaum Frucht, rustikal, nicht lang. (10 000 Fl.; L.19122005; mehr als eine Abfüllung; Merum 2006-3) Privatpreis ab Hof: Euro #

Nirìa Nero d'Avola IGT Sicilia 2005

Recht dunkles, junges Rubin; Kaffeenoten, Rumtopf; recht kräftig, Süße, keine Frucht, Karamell, matt, herb im Abgang. (20 000 Fl.; L.070507; mehr als eine Abfüllung; Merum 2007-3) Privatpreis ab Hof: Euro 10,00

Nirìa Sicilia IGT Nero d'Avola 2004

Mittleres Rubin; nicht klare, flüchtig-kompottige Nase; keine Fruchtfrische, marmeladig, herb-bitter im Abgang. (6000 Fl.; L.4105; # Abfüllungen; Merum 2006-3) Privatpreis ab Hof: Euro #

Planeta, Menfi (AG)   2 000 000 Fl./350 Hektar

Tel. 091 327965; Fax 091 6124335; www.planeta.it; planeta@planeta.it

Burdese Sicilia IGT Cabernet Sauvignon 2003

Mittelintensives Rubin; varietale Noten und Röstung; Röstung, fett und butterig, breit, klebriger Holzgeschmack im Abgang. (39 000 Fl.; L.#; mehr als eine Abfüllung; Merum 2006-3) Privatpreis ab Hof: Euro 10

Cerasuolo di Vittoria DOC 2004   ★★★ – ★★★★ JLF

Mittleres Rubin; frische Frucht mit Holundernoten; auch im Gaumen Holunderfrucht, ausgewogen, etwas Butter, rund, saftig, lang. (85 000 Fl.; L.051P; mehr als eine Abfüllung; Merum 2006-3) Privatpreis ab Hof: Euro #

Cerasuolo di Vittoria DOCG 2005   ★★★ – ★★★★ JLF

Mittelhelles Rubin; tolle, aromatisch-fruchtige Nase, Holunder, sehr einladend; Kraft, sehr fruchtig, auch harzig, saftig, viel, herbes Tannin, lang. (85 000 Fl.; L.063E2; mehr als eine Abfüllung; Merum 2007-3) Privatpreis ab Hof: Euro 10,90

La Segreta Sicilia IGT 2004   ★★★

Mittleres Rot; frische Cabernet-Noten; frisch, Cabernet-Frucht, Honig, Butter, Wärme, angenehm. (700 000 Fl.; L.0513C; mehr als eine Abfüllung; Merum 2006-3) Privatpreis ab Hof: Euro #

Santa Cecilia IGT Sicilia 2004

Mittelintensives Rot; gewisse würzige Frucht, Holz; recht kraftvoll, Süße, Holzgeschmack, Säure, Butter, herbes Tannin trocknet. (Nero d'Avola.) (70 000 Fl.; L.062E1; mehr als eine Abfüllung; Merum 2007-3) Privatpreis ab Hof: Euro 19,90

Santa Cecilia Sicilia IGT Nero d'Avola 2003

Recht dunkles Rot; Frucht- und Holznoten; im Gaumen Süße, Holz, Butter und Frucht, Holz bleibt hängen, hart. (40 000 Fl.; L.053N; mehr als eine Abfüllung; Merum 2006-3) Privatpreis ab Hof: Euro #

Sicilia IGT Merlot 2003

Mittleres Rubin; marmeladige Frucht; Süße, gewisse Merlot-Frucht, ziemlich marmeladig, Süße, dann Holz, trockenes Tannin. (700 000 Fl.; L.053M; mehr als eine Abfüllung; Merum 2006-3) Privatpreis ab Hof: Euro 10

Sicilia IGT Syrah 2003

Recht dunkles Rubin; Lorbeer- und Holznoten; würzige Holznoten, Butter, leicht bitter, kaum Frucht. (98 000 Fl.; L.053F; mehr als eine Abfüllung; Merum 2006-3) Privatpreis ab Hof: Euro #

Poggio di Bortolone/Ignazio Cosenza, Roccazzo (RG)   80 000 Fl./15 Hektar

Tel. 0932 921161; Fax 0932 921161; www.poggiodibortolone.it; info@poggiodibortolone.it

Addamanera Sicilia IGT Syrah 2002   ★★★ JLF

Mittelhelles Rot; Himbeernoten, fein; auch im Gaumen eher zart, feine Frucht, geschmeidig und tiefgründig, viel Süße, lang; der Wein passt irgendwie nicht zwischen diese dunkelfarbigen, sizilianischen Kraftpakete. (15 000 Fl.; L.A.01.05; eine Abfüllung; Merum 2006-3) Privatpreis ab Hof: Euro #

Cerasuolo di Vittoria DOC 2003   ★★ – ★★★

Mittelhelles Rubin; nicht klare Nase; im Gaumen besser, rund, eher reife Frucht, Mittelgewicht, ausgewogen, recht angenehm. (20 000 Fl.; L.P03-05; eine Abfüllung; Merum 2006-3) Privatpreis ab Hof: Euro #

Cerasuolo di Vittoria DOC Il Para Para 2003

Recht dunkles Braunrot; gereifte Holznoten; auch im Gaumen gereiftes Holz, trocknendes Tannin; Bibergreis. (3000 Fl.; L.PP.04.06; eine Abfüllung; Merum 2007-3) Privatpreis ab Hof: Euro 14,00

Kiron Sicilia IGT Petit Verdot 2002

Recht dunkles Rot; nicht klare Nase, Holz, keine Frucht; marmeladig-kompottig, herb, kaum Frucht, nicht lang. (4000 Fl.; L.KI.04.04; eine Abfüllung; Merum 2006-3) Privatpreis ab Hof: Euro #

Pigi Sicilia IGT 2001

Mittelintensives Rubin; nicht klare Noten von Cola und Kompott; viel Süße, reife Holzaromen, keine Frucht, herb-bitteres Holztannin. (8000 Fl.; L.P04-03; eine Abfüllung; Merum 2006-3) Privatpreis ab Hof: Euro #

Pollara/Principe di Corleone, Monreale (PA)   1 200 000 Fl./60 Hektar

Tel. 091 8462922; Fax 091 8463197; www.principedicorleone.it; pollara@neomedia.it

Il Rosso Sicilia IGT 2003   ★★★

Recht dunkles Rot; frische, fruchtige Nase; auch im Gaumen Frucht, spürbares Tannin, saftig, schöne Länge, gefällt. (150 000 Fl.; L.245.05; mehr als eine Abfüllung; Merum 2006-3) Privatpreis ab Hof: Euro #

Monreale DOC Cabernet Sauvignon 2001   ★★ – ★★★ JLF

Mittleres, frisches Rot; fruchtige Noten; Mittelgewicht, gewisse Frucht, viel Butter, angenehm, rund, saftig, gute Länge. (45 000 Fl.; L.305; mehr als eine Abfüllung; Merum 2006-3) Privatpreis ab Hof: Euro #

Narciso Sicilia IGT Nero d'Avola 2005   ★★ – ★★★ JLF

Mittelhelles, frisches Rot; frische, untiefe Kirschennoten; fruchtig, saftig, viel Süße, etwas Butter, trinkig, einfacher Jungwein, angenehm. (160 000 Fl.; L.23.06; mehr als eine Abfüllung; Merum 2006-3) Privatpreis ab Hof: Euro #

Nero d'Avola IGT Sicilia 2004   ★★ – ★★★

Recht intensives, purpurnes Rubin; verhaltene, etwas welke Frucht; auch im Gaumen Frucht, recht angenehm, etwas herb im Abgang. (70 000 Fl.; L.04.07; mehr als eine Abfüllung; Merum 2007-3) Privatpreis ab Hof: Euro #

Quercus Nero d'Avola IGT Sicilia 2003   ★★ – ★★★

Dunkles Rubin; blütige und fruchtige Noten; konzentriert, viel Süße, gewisse Frucht im Abgang, leicht trocknend. (6000 Fl.; L.181.06; mehr als eine Abfüllung; Merum 2007-3) Privatpreis ab Hof: Euro #

Quercus Sicilia IGT Nero d'Avola 2001   ★★★

Recht dunkles, reifendes Rot; ausgeprägte Frucht, angenehm; runder Ansatz, saftig, dicht, intakte Frucht, mittlere Länge, gefällt. (5500 Fl.; L.157.05; eine Abfüllung; Merum 2006-3) Privatpreis ab Hof: Euro #

Sicilia IGT Merlot 2001

Mittleres, reifendes Rubin; nicht klare Noten von Karamell, nicht fruchtig; auch im Gaumen nicht völlig klar, keine Frucht, bitter. (6000 Fl.; L.179.03; eine Abfüllung; Merum 2006-3) Privatpreis ab Hof: Euro #

Sicilia IGT Nero d'Avola 2003   ★★★ – ★★★★ JLF

Dunkles Rot; kompottige Frucht; auch im Gaumen Frucht, gewisse Süße, Holunder, angenehm, saftig, rund, gute Länge, gefällt. (70 000 Fl.; L.195.05; mehr als eine Abfüllung; Merum 2006-3) Privatpreis ab Hof: Euro #

Principi di Spadafora, Monreale (PA) 250 000 Fl./95 Hektar

Tel. 091 514952; Fax 091 6703360; www.spadafora.com; info@spadafora.com

Don Pietro Sicilia IGT 2003 ★★★

Recht intensives Rubin; vegetale Cabernet-Noten; Cabernet auch im Gaumen, konzentriert, gute Fülle und Süße, herbes Tannin. (# Fl.; L.2105; mehr als eine Abfüllung; Merum 2006-3) Privatpreis ab Hof: Euro 32

Monreale DOC Syrah 2004 ★★★ JLF

Recht dichtes, frisches Rubin; Pfeffer-, Kirschen- und Gumminoten, auch vegetal; im Gaumen nicht nur Kraft und Süße, sondern auch varietale Pfeffernoten, etwas Gummi, recht vielschichtig, rassig, saftig, angenehm, gute Länge. (53 000 Fl.; L.2075; mehr als eine Abfüllung; Merum 2006-3) Privatpreis ab Hof: Euro #

Schietto Sicilia IGT Cabernet Sauvignon 2002

Mittelintensives Rubin; varietale Cabernet-Noten mit Röstung; Frucht auch im Gaumen, Röstung, Süße, recht tief, mittlere Länge, Röstung bleibt im Mund hängen. (13 000 Fl.; L.2594; eine Abfüllung; Merum 2006-3) Privatpreis ab Hof: Euro #

Schietto Sicilia IGT Syrah 2002

Recht intensives, reifendes Rubin; rauchig-marmeladige Noten; kräftig, saftige Säure, Fülle, Rauchspeck, etwas trocken. (13 000 Fl.; L.2604; eine Abfüllung; Merum 2006-3) Privatpreis ab Hof: Euro #

Sole dei Padri Sicilia IGT 2002

Intensives Rubin; recht tiefe, fruchtig-röstige Nase; Kraft, saftig, rund, keine Frucht, etwas Holz, etwas trocken. (3800 Fl.; L.2614; eine Abfüllung; Merum 2006-3) Privatpreis ab Hof: Euro #

Rallo, Marsala (TP) 1 900 000 Fl./85 Hektar

Tel. 0923 721633; Fax 0923 721635; www.cantinerallo.it; irene.greco@cantinerallo.it

Alaó Sicilia IGT Nero d'Avola 2003 ★★ – ★★★

Mittleres Rubin; erst fruchtige, mit Belüftung allerdings zu rasch ermüdende Nase; saftige Säure, recht konzentriert, auch im Gaumen Frucht, rund, angenehm. (13 000 Fl.; L.0073 05; eine Abfüllung; Merum 2006-3) Privatpreis ab Hof: Euro #

Alcamo DOC Nero d'Avola 2006 ★★★ JLF

Mittleres Rubin; frische, kirschige Noten; einladend; frische, intakte Nero d'Avola-Frucht, gute Süße, ausgesprochen saftig, feinbitteres Schwänzchen. (18 800 Fl.; L.0048 07; eine Abfüllung; Merum 2007-3) Privatpreis ab Hof: Euro 5,90

Frappato IGT Sicilia 2006 ★★★ JLF

Helles Rot; frische, erdbeerig-zitronige Frucht; saftig, aromatisch fruchtig, ausgewogen, eher schlank, sehr angenehm. (20 000 Fl.; L.0047 07; eine Abfüllung; Merum 2007-3) Privatpreis ab Hof: Euro 5,20

Frappato Sicilia IGT 2004 ★★ – ★★★

Mittleres Rubin; Frappato-Frucht, würzig; fruchtig, etwas herbe Säure, recht angenehm. (12 000 Fl.; L.0044 05; eine Abfüllung; Merum 2006-3) Privatpreis ab Hof: Euro #

Sicilia IGT Merlot 2003 ★★ – ★★★

Mittleres Rubin; feine, varietale Noten; Frucht, Süße, etwas bitter, gute Länge. (12 000 Fl.; L.0090 05; eine Abfüllung; Merum 2006-3) Privatpreis ab Hof: Euro #

Sicilia IGT Nero d'Avola 2003

Mittelhelles Rot; verhaltene, verkochte Fruchtnoten, fehlt Frische; gewisse Frucht, Süße, etwas Säure, dann herbes Tannin. (150 000 Fl.; L.0125 05; mehr als eine Abfüllung; Merum 2006-3) Privatpreis ab Hof: Euro #

Sicilia IGT Syrah 2004 ★★ – ★★★

Dichtes, frisches Rubin; frische Kirschennoten; Fülle, etwas viel Süße, angenehmer, junger Wein mit Süßeüberhang. (12 000 Fl.; L.0040 05; eine Abfüllung; Merum 2006-3) Privatpreis ab Hof: Euro #

Vesco Sicilia IGT Nero d'Avola-Cabernet Sauvignon 2003

Mittleres Rubin; kompottig-marmeladige Nase; Süße, kompottige Frucht, breit, Süße, fehlt Tiefe. (120 000 Fl.; L.0065 05; mehr als eine Abfüllung; Merum 2006-3) Privatpreis ab Hof: Euro 4,90

Rapitalà/GIV, Camporeale (PA) 3 000 000 Fl./145 Hektar

Tel. 0924 626960037233; Fax 0924 723577236115; www.giv.it; giv@giv.it

Campo Reale Nero d'Avola IGT Sicilia 2006 ★★ – ★★★

Recht dunkles, purpurnes Rubin; dunkle, frische, etwas vegetale Fruchtnoten; kräftig, Süße, vegetale, fremdartige Frucht, frisch, angenehm. (300 000 Fl.; L.07058A; mehr als eine Abfüllung; Merum 2007-3) Privatpreis ab Hof: Euro 7,60

Nero d'Avola IGT Sicilia 2006 ★★★

Recht dunkles, purpurnes Rubin; dunkle, recht dichte Zwetschgennoten, Frucht; Kraft, viel Süße, dicht, Frucht, gutes Tannin, saftig, gefällt. (1 250 000 Fl.; L.07031; mehr als eine Abfüllung; Merum 2007-3) Privatpreis ab Hof: Euro 6,50

Nuhar Sicilia IGT 2003 ★★★ JLF

Mittleres Rot; einladende, reife Frucht; frisch, feine Säure, fruchtig, saftig, angenehm, herb, gute Länge. (# Fl.; L.05102; # Abfüllungen; Merum 2006-3) Privatpreis ab Hof: Euro #

Rizzuto, Cattolica Eraclea (AG) 60 000 Fl./50 Hektar

Tel. 091 333081; Fax 091 324502; www.rizzutoguccione.com;
info@rizzutoguccione.com

Jannicello Nero d'Avola IGT Sicilia 2003

Mittelintensives Rubin; nicht restlos klare Noten von Mokka, Konfitüre; viel Süße, recht fruchtig, Mittelgewicht, angenehm, eher einfach. (7500 Fl.; L.160; eine Abfüllung; Merum 2007-3) Privatpreis ab Hof: Euro 6,50

Settesoli, Menfi (AG) 15 000 000 Fl./6500 Hektar

Tel. 0925 77111; Fax 0925 77142; www.cantinesettesoli.it; info@cantinesettesoli.it

Bendicò Sicilia IGT Mandrarossa 2002

Recht intensives Rubin; dichte Fruchtnoten, nicht intensiv; sehr konzentriert, streng, Holz, viel Süße, trockenes Tannin, nicht geschmeidig, Holz im Abgang. (45 000 Fl.; L.4169AHFi19; eine Abfüllung; Merum 2006-3) Privatpreis ab Hof: Euro #

Cartagho IGT Sicilia Mandrarossa 2004

Ziemlich dunkles Rubin; vegetale Noten, Vanille, Röstung; Röstung dominiert den Wein komplett. (# Fl.; L.0631921BCEH35; # Abfüllungen; Merum 2007-3) Privatpreis ab Hof: Euro #

Mandrarossa Bendicò Sicilia IGT 2003

Recht intensives Rubin; vegetal-rotfruchtig-röstige Nase, einladend; ausgesprochen fruchtig, gute Säure, dann Röstgeschmack und Holztannin. (100 000 Fl.; L.0524921AJC160; mehr als eine Abfüllung; Merum 2006-3) Privatpreis ab Hof: Euro #

Mandrarossa Bonera Sicilia IGT 2003

Mittleres Rubin; Noten von Röstung; heftige Röstaromen stehen vor der Frucht, trocknet nach. (150 000 Fl.; L.0603404BHBE166; mehr als eine Abfüllung; Merum 2006-3) Privatpreis ab Hof: Euro #

Mandrarossa Carthagho Sicilia IGT Nero d'Avola 2003

Mittelintensives Rubin; Rauchspecknoten, dahinter Frucht; holzbeladen, opulent, Süße, nicht elegant, nicht fruchtig, überladen. (# Fl.; L.0524321BHDG65; # Abfüllungen; Merum 2006-3) Privatpreis ab Hof: Euro #

Mandrarossa Nero d'Avola IGT Sicilia 2005 ★★ – ★★★

Mittleres, junges Rubin; eher verhalten; recht fruchtig, Mittelgewicht, angenehm. (# Fl.; L.0707222BBBI186; # Abfüllungen; Merum 2007-3) Privatpreis ab Hof: Euro #

Mandrarossa Sicilia IGT Nero d'Avola 2004 ★★★ JLF

Mittelintensives Rubin; ansprechende Frucht- und Gumminoten; fruchtig, rund, saftig, frisch, angenehm, herbes Tannin. (250 000 Fl.; L.0605924BGEJ127; mehr als eine Abfüllung; Merum 2006-3) Privatpreis ab Hof: Euro #

Mandrarossa Syrah Sicilia IGT 2004 ★★ – ★★★

Mittelintensives Rubin; Noten von Frucht und Röstung; präsente Frucht, recht elegante Struktur, könnte schön sein, ist aber geschmacklich von Röstaromen geprägt, im Abgang etwas dickflüssig. (250 000 Fl.; L.0603304BGEH98; mehr als eine Abfüllung; Merum 2006-3) Privatpreis ab Hof: Euro #

Tasca d'Almerita/Regaleali, Sclafani Bagni (PA)
3 000 000 Fl./420 Hektar

Tel. 0921 544011; Fax 091 426703; www.tascadalmerita.it; info@tascadalmerita.it

Contea di Sclafani DOC Rosso del Conte 2003
Schwarzrubin; vegetale Noten und Frucht; vegetale Frucht, viel Röstung, Süße, kraftvoll, dann ziemlich herb, trocknet. (60 000 Fl.; L.111/05; eine Abfüllung; Merum 2007-3) Privatpreis ab Hof: Euro #

Contea di Sclafani DOC Rosso del Conte 2002
Recht dichtes Rubin; nicht intensive, aber dichte, würzig-fruchtige Nase; dichter Ansatz, Butter, dann aber ein Tannin, das den Gaumen völlig austrocknet. (70 000 Fl.; L.90/04; mehr als eine Abfüllung; Merum 2006-3) Privatpreis ab Hof: Euro #

Lamùri Nero d'Avola IGT Sicilia 2005 ★★ – ★★★
Recht intensives Rubin; Eukalyptus-Noten; Süße, etwas balsamisch, viel Süße, leichte Röstung, knappe Frucht. (150 000 Fl.; L.17.07; mehr als eine Abfüllung; Merum 2007-3) Privatpreis ab Hof: Euro #

Lamùri Sicilia IGT Nero d'Avola 2003
Dunkelrot; dichte Frucht, einladend; fruchtiger Ansatz, saftig, ausgewogen, viel Süße, allerdings auch viel Röstung, mittlere Tiefe und Länge, im Abgang Holz; hätte nobles Format, aber die Röstung macht den Wein ordinär. (160 000 Fl.; L.133.05; mehr als eine Abfüllung; Merum 2006-3) Privatpreis ab Hof: Euro #

Regaleali Nero d'Avola IGT Sicilia 2005
Mittelintensives Rubin; Noten von Eukalyptus, etwas Vanille; im Gaumen süß, Vanille, balsamisch geprägt, keine Frucht. (600 000 Fl.; L.123.06; mehr als eine Abfüllung; Merum 2007-3) Privatpreis ab Hof: Euro #

Regaleali Sicilia IGT Nero d'Avola 2004 ★★ – ★★★
Mittleres Rubin; frische Fruchtnoten; recht konzentriert, Süße, Säure, herbes Tannin, gewisse Fruchtlänge. (700 000 Fl.; L.136.05; mehr als eine Abfüllung; Merum 2006-3) Privatpreis ab Hof: Euro #

Sicilia IGT Cabernet Sauvignon 2002 ★★ – ★★★
Dunkles Rubin; sortentypische Frucht, macht neugierig; viel Süße, feine Säure, Frucht, arg herbes Tannin, etwas Röstung, Vanille, zu konzentriert. (40 000 Fl.; L.82/04; mehr als eine Abfüllung; Merum 2006-3) Privatpreis ab Hof: Euro #

Tenuta delle Terre Nere, Randazzo (CT)
75 000 Fl./14 Hektar

Tel. 095 924002; Fax 095 924051; tenutaterrenere@tiscali.it

Etna DOC Calderara Sottana 2005
Mittleres Rubin; beerige Holznoten; auch im Gaumen holzgeprägt, keine Frucht, feine Struktur, aber Frucht kommt nicht durch. (24 000 Fl.; L.2-03-07; eine Abfüllung; Merum 2007-3) Privatpreis ab Hof: Euro 13,00

Etna DOC Feudo di Mezzo 2005
Mittleres Rot; flüchtige Noten von Johannisbrot, Gewürzen; im Gaumen saftig, dicht, feine Frucht, kaum spürbares Holz, aber trocknend. (5300 Fl.; L.3-03-07; eine Abfüllung; Merum 2007-3) Privatpreis ab Hof: Euro 20,00

Etna DOC Guardiola 2005
Mittleres Rubin; flüchtige Noten von Neuholz und Frucht; etwas Neuholz auch im Gaumen, gewisse Frucht und Feinheit, im Abgang leider trocknend. (8500 Fl.; L.#; eine Abfüllung; Merum 2007-3) Privatpreis ab Hof: Euro 20,00

Terra Elima, Poggioreale (TP)
83 000 Fl./120 Hektar

Tel. 0924 71013; Fax 0924 71013; www.terraelima.it; info@terraelima.it

Aceste Sicilia IGT 2005 ★★ – ★★★
Recht intensives Rubin; vollfruchtige, vegetale Noten, frisch, Himbeermarmelade; konzentrierter, süßer Ansatz, Butter, hinten etwas breit, herbes Tannin. (25 000 Fl.; L.01/06; mehr als eine Abfüllung; Merum 2006-3) Privatpreis ab Hof: Euro #

Cerere Sicilia IGT 2003 ★★ – ★★★
Mittleres Rubin; würzige, süße Fruchtnoten, etwas Holz und Röstung; reife, süße Frucht, Butter, Marmelade, Röstung, etwas opulent. (10 000 Fl.; L.01/05; eine Abfüllung; Merum 2006-3) Privatpreis ab Hof: Euro #

Nero d'Avola Sicilia IGT 2005   ★★ – ★★★

Mittelintensives, violettes Rubin; marmeladig-kräuterige Nase, dunkel; varietale Frucht, im Ansatz flüssig, nicht opulent, wertvoll, aber nicht geschmeidig im Abgang. (18 000 Fl.; L.01/06; mehr als eine Abfüllung; Merum 2006-3) Privatpreis ab Hof: Euro #

Terre del Parnaso, Canicatti (AG)   130 000 Fl./32 Hektar

Tel. 0922 735071; Fax 0922 735071; www.terredelparnaso.it;
info@terredelparnaso.it

Arcalir Sicilia IGT 2004

Mittleres, junges Rubin; Leder- und vegetale Noten, auch fruchtig, ansprechend; sehr viel Süße, nicht im Gleichgewicht, Pellkartoffeln im Abgang. (18 000 Fl.; L.20605; mehr als eine Abfüllung; Merum 2006-3) Privatpreis ab Hof: Euro #

Conte Parnaso Sicilia IGT Nero d'Avola 2003   ★★ – ★★★

Mittleres Rot; gewisse Frucht, Holz, Holunder; Mittelgewicht, fruchtig, saftig, viel Süße, Holz im Abgang. (10 000 Fl.; L.#; eine Abfüllung; Merum 2006-3) Privatpreis ab Hof: Euro #

Terre di Giumara, Marsala (TP)   350 000 Fl./120 Hektar

Tel. 0923 982356; Fax 0923 723356; www.carusoeminini.it; info@carusoeminini.it

Nero d'Avola IGT Sicilia 2005

Dunkles Rubin; vegetale Noten von frisch geschnittenem Gras, Efeu, grünem Paprika; auch im Gaumen vegetale Aromen, dann trocknendes Tannin. (45 000 Fl.; L.#; mehr als eine Abfüllung; Merum 2007-3) Privatpreis ab Hof: Euro 7,00

Sachia Perricone IGT Sicilia 2006   ★★★

Sehr dunkles, violettes Rubin; Pfeffer- und vegetale Noten; saftig, kraftvoll, pfeffriger Geschmack, viel herbes Tannin, lang; origineller Wein. (6000 Fl.; L.#; eine Abfüllung; Merum 2007-3) Privatpreis ab Hof: Euro 12,00

Val Cerasa/Alice Bonaccorsi, Randazzo (CT)   35 000 Fl./14 Hektar

Tel. 095 337134; Fax 095 337134; www.valcerasa.com;
rosario.pappalardo@tiscali.it

Etna DOC 2004   ★★★ JLF

Mittleres Rot; verhalten, Holundernoten; saftiger Ansatz, flüssig, zarte Frucht, Süße, ausgewogen, trinkig. (10 000 Fl.; L.505206; eine Abfüllung; Merum 2007-3) Privatpreis ab Hof: Euro 10,00

Valle dell'Acate, Acate (RG)   430 000 Fl./100 Hektar

Tel. 0932 874166; Fax 0932 875114; www.valledellacate.com;
info@valledellacate.com

Cerasuolo di Vittoria DOC 2004

Reifes, mittleres Rot; reife Frucht, Holz-, Leder- und Pfirsichnoten; Mittelgewicht, Holzwürze, kaum fruchtig, nicht fein. (80 000 Fl.; L.4506; mehr als eine Abfüllung; Merum 2007-3) Privatpreis ab Hof: Euro 9,00

Cerasuolo di Vittoria DOC 2003

Mittleres Rubin; Colanoten, Holz, keine Feinheit; Süße, Holzwürze verdeckt Frucht, herb, austauschbar. (80 000 Fl.; L.1605; mehr als eine Abfüllung; Merum 2006-3) Privatpreis ab Hof: Euro #

Il Moro Nero d'Avola IGT Sicilia 2005   ★★ – ★★★

Mittleres, frisches Rubin; recht tiefe Zwetschgennoten, auch Zwetschgenkonfitüre, süßlich, Holunder, etwas Gummi; fruchtig, recht saftig, kraftvolles Mittelgewicht, spürbare Süße, etwas reif, recht lang. (70 000 Fl.; L.5706; mehr als eine Abfüllung; Merum 2007-3) Privatpreis ab Hof: Euro 10,00

Il Moro Sicilia IGT Nero d'Avola 2003

Mittleres Rubin; Holznoten; Vanille, Holzwürze, keine Frucht, holzklebriges Finale. (70 000 Fl.; L.1805; mehr als eine Abfüllung; Merum 2006-3) Privatpreis ab Hof: Euro #

Tané Sicilia IGT 2002

Dunkelrot; kräuterige Fruchtnoten, Veilchen; würzige Frucht-Holzaromen, herbes Tannin, viel Röstung, Süße, gute Länge, Holz. (5000 Fl.; L.2004; eine Abfüllung; Merum 2006-3) Privatpreis ab Hof: Euro #

Vittoria Frappato DOC 2006   ★★★ – ★★★★ JLF

Helles, frisches Rot; aromatische Nase; saftig, aromatisch, Mittelgewicht, feiner, ausgewogener Wein, trinkig. (70 000 Fl.; L.0407; mehr als eine Abfüllung; Merum 2007-3) Privatpreis ab Hof: Euro 7,80

Vinci, Marsala (TP)   500 000 Fl./300 Hektar

Tel. 0923 989300; Fax 0923 737303; www.vincivini.it; vincivini@libero.it

Bramato Nero d'Avola IGT Sicilia 2005

Mittelhelles, frisches Rubin; medizinal-komposttige Noten; auch im Gaumen harzig, Pfirsicharoma, trocknet. (3000 Fl.; L.947 23; eine Abfüllung; Merum 2007-3) Privatpreis ab Hof: Euro 7,00

Marsala und Passito di Pantelleria

Erfreut sich der süße, aus Moscato-Trauben (lokal: Zibibbo) bereitete Passito di Pantelleria einer zunehmenden Beliebtheit, dann ist der Marsala beim seriösen Weintrinker längst in Ungnade gefallen und dient ihm lediglich noch in der Küche als Würze für bestimmte Gerichte. Leider handelt es sich in der Regel um einen aufgespriteten, süßen, anoxidierten Weiß- oder Rotwein, nicht älter als ein Jahr alt, ohne Tiefe und Feinheit und für wenige Cents die Flasche zu haben. Das Produktionsreglement unterscheidet mehrere Marsala-Versionen: Fine, Superiore und Vergine. Außer beim Vergine darf Marsala unter Zusatz von „Mosto cotto" (eingekochter Traubenmost) oder „Sifone" (Mosto cotto und Alkohol) erzeugt werden. Beim Vergine hingegen handelt es sich um einen aufgespriteten alten Weißwein (Vergine ist immer trocken). Für „Vino Grappa Olio" haben wir ausschließlich Marsala Vergine berücksichtigt. Einige von diesen Weinen zeigen, dass der Marsala früher zu Recht so berühmt war.

Produktionsregeln Marsala Vergine DOC (Sizilien)

Traubensorten: Grillo und eine Vielzahl anderer sizilianischer Sorten; Höchstertrag: nicht festgelegt; Mindestalkohol: 18 Vol.-%; Verbot von Mostkonzentrat; vorgeschriebene Lagerzeit: 5 Jahre (Riserva: 10 Jahre).

Produktionsregeln Passito di Pantelleria DOC (Sizilien)

Traubensorten: Zibibbo (100 %); Höchstertrag: 10 000 kg Trauben/ha; Mindestalkohol: 20 Vol.-% (wovon mindestens 14 % als Alkohol, der Rest in Form von Zucker).

Passito di Pantelleria

Abraxas, Pantelleria (TP)   # Fl./# Hektar

Tel. 091 6110051; Fax 091 307279; customer@winesabraxas.com

Passito di Pantelleria DOC Vigna della Fortezza Scirafi 2002

Helles, reifes Bernsteingelb; Gemüse- und Plastiknoten, Eukalyptus; etwas eigenartig auch im Gaumen, wenig Moscatofrucht, ältlich. (# Fl.; L.03/161; # Abfüllungen; Merum 2006-4) Privatpreis ab Hof: Euro #

Donnafugata, Marsala (TP)   2 650 000 Fl./302 Hektar

Tel. 0923 724200; Fax 0923 722042; www.donnafugata.it; info@donnafugata.it

Passito di Pantelleria DOC Ben Ryé 2004   ★★★★

Mittleres Bernsteingelb; Aprikosennoten, Birne, Gummi, tolle Tiefe, sehr vielschichtig; honigartige Süße, große Fruchttiefe, Frische, Aprikosen- und Pfirsichfrucht, Kamille, ausgedehnte Länge. (45 000 Fl.; L.440C; mehr als eine Abfüllung; Merum 2006-4) Privatpreis ab Hof: Euro #

Duca di Castelmonte/Pellegrino, Marsala (TP)   7 600 000 Fl./300 Hektar

Tel. 0923 719911; Fax 0923 951336; www.carlopellegrino.it; info@carlopellegrino.it

Passito di Pantelleria DOC Nes 2004   ★★ – ★★★

Leuchtendes Bernsteingelb; intensive, aromatische Nase, Noten von getrockneten Aprikosen, Melonen, Blüten, Kalk; viel Süße, etwas Kalk, fruchtig, getrocknete Aprikosen. (40 000 Fl.; L.0518901; mehr als eine Abfüllung; Merum 2006-4) Privatpreis ab Hof: Euro #

Enopolio di Pantelleria, Pantelleria (TP)   # Fl./20 Hektar

Tel. 0923 21717; Fax 0923 22472; pantelleriadoc@libero.it

Passito di Pantelleria DOC Ciraunis 2001

Bräunliches Bernsteingelb; gereifte Nase, Moscato mit Altersnoten; auch im Gaumen gereift, herb, fehlt Frische. (12 000 Fl.; L.17; eine Abfüllung; Merum 2006-4) Privatpreis ab Hof: Euro #

Passito di Pantelleria DOC Orú 2003   ★★ – ★★★

Bernsteinbraun; reife, aber recht tiefe Noten; im Gaumen intakte Frucht, getrocknete Aprikosen, mittlere Tiefe, etwas breit, viel Süße, gute Länge. (32 000 Fl.; L.05205; eine Abfüllung; Merum 2006-4) Privatpreis ab Hof: Euro #

Miceli, Palermo (PA)   1 200 000 Fl./60 Hektar

Tel. 091 6759411; Fax 091 6759407; www.miceli.net; segreteria@miceli.net

Moscato Passito di Pantelleria DOC Nun 2002   ★★★

Helles Bernsteingelb; feine Noten getrockneter Aprikosen, gewisse Reife; ölig, reife Frucht, viel Süße, Länge. (12 000 Fl.; L.03/25.08.05; mehr als eine Abfüllung; Merum 2006-4) Privatpreis ab Hof: Euro #

Oddo, Pantelleria (TP)   1000 Fl./1 Hektar

Tel. 0923 915500; Fax 06 23316778; www.oliooddo.com; info@oliooddo.com

Passito di Pantelleria DOC Ímeros 2003   ★★★ – ★★★★

Mittleres Bernsteinbraun; Aprikosenfrucht, reif, Kaffee; im Gaumen dichte Frucht von Aprikosen, etwas Harz, viel Süße, recht lang. (1000 Fl.; L.2/2004; eine Abfüllung; Merum 2006-4) Privatpreis ab Hof: Euro #

Rallo, Marsala (TP)   1 900 000 Fl./85 Hektar

Tel. 0923 721633; Fax 0923 721635; www.cantinerallo.it; irene.greco@cantinerallo.it

Passito di Pantelleria DOC 2004   ★★★ – ★★★★

Mittleres Bernsteingelb; feine, einladende Noten von Aprikosen, Kamille; gleich zu Anfang intensive Frucht, präsente Frucht bis in den Abgang, Aprikosen, Lychees, Kamille, Frucht drängt sogar Struktur und Süße in den Hintergrund. (80 000 Fl.; L.0124 05; mehr als eine Abfüllung; Merum 2006-4) Privatpreis ab Hof: Euro #

Marsala

Florio, Marsala (TP)
3 500 000 Fl./# Hektar

Tel. 0923 781111; Fax 0923 982380; www.cantineflorio.it; info@cantineflorio.it

Marsala Vergine DOC Baglio Florio 1992 ★★★★

Bernsteinbraun; tiefe, einladende Noten, Flor- und Gumminoten, einladend; kraftvoll, feine Süße, saftige Säure, elegant, sehr tief, sehr lang auf Floraromen. (15 000 Fl.; L.4286; eine Abfüllung; Merum 2006-4) Privatpreis ab Hof: Euro #

Marsala Vergine DOC Terre Arse 1993 ★★★

Bernsteinbraun; einladende, recht tiefe Nase, Noten von getrockneten Datteln, Flornoten, macht neugierig; Fülle, spürbare Süße, recht vielschichtig, kraftvoll, saftig, lang. (25 000 Fl.; L.04/166; eine Abfüllung; Merum 2006-4) Privatpreis ab Hof: Euro #

Pellegrino, Marsala (TP)
7 500 000 Fl./300 Hektar

Tel. 0923 719911; Fax 0923 953542; www.carlopellegrino.it; info@carlopellegrino.it

Marsala Vergine DOC Riserva 1962 ★★★ – ★★★★

Hellbraun; tiefe Noten von getrockneten Datteln, Gummi, Kräutern; Kraft und Süße, Florgeschmack breitet sich aus, kompletter und vielschichtiger Marsala, zarte Süße, auch Kraft, florige Länge. (6500 Fl.; L.MV 0507301; eine Abfüllung; Merum 2006-4) Privatpreis ab Hof: Euro #

Rallo, Marsala (TP)
1 900 000 Fl./85 Hektar

Tel. 0923 721633; Fax 0923 721635; www.cantinerallo.it; irene.greco@cantinerallo.it

Marsala Vergine DOC
Soleras Riserva 20 anni s. a. ★★★ – ★★★★

Helles Bernsteingelb; feine, nussige Noten, Gummi, Butter, getrocknete Feigen, Mokka, sehr tief und vielschichtig; feiner Ansatz, eleganter, ausgewogener Typ, zarte Süße, fein, tief, frisch, lang. (8000 Fl.; L.0146 04; eine Abfüllung; Merum 2006-4) Privatpreis ab Hof: Euro #

Metodo Classico Schaumweine

Barone Scammacca del Murgo,
Santa Venerina (CT)
250 000 Fl./25 Hektar

Tel. 095 950520; Fax 095 954713; www.murgo.it; murgo@murgo.it

Murgo Metodo Classico Brut 2004 ★★★

Hellgelb; frische, fruchtige, feine Nase; sehr feiner Schaum, Frucht, geschmeidig, ausgewogen, gefällt. (100% Nerello Mascalese.) (45 000 Fl.; L.61101; November 2006; Merum 2007-1) Privatpreis ab Hof: Euro #

Murgo Metodo Classico Brut Rosé 2004 ★★ – ★★★

Helles Rosa mit Blauschimmer; recht tiefe Fruchtnoten; feiner und viel Schaum, sehr fruchtig, ausgewogen, geschmeidig, lang auf Frucht, frisch, nicht überaus tief, ein bisschen zu viel Süße, recht lang. (100% Nerello Mascalese.) (3000 Fl.; L.6083; August 2006; Merum 2007-1) Privatpreis ab Hof: Euro #

Murgo Metodo Classico Extra Brut 2001

Kupfriges Hellgelb; nicht komplett klare Nase, Hefe, Honig, Senffrüchte; recht geschmeidig, Säure, kaum Frucht, zarte Süße, Bitterton. (100% Nerello Mascalese.) (3580 Fl.; L.6081; August 2006; Merum 2007-1) Privatpreis ab Hof: Euro #

Südtirol

Klein, aber fein präsentiert sich Südtirol mit seinen 35 Millionen Litern in der italienischen Weinszene. Fein, nicht nur, weil praktisch die gesamte Produktion als DOC-Wein abgefüllt wird, sondern auch, weil die Qualität der Weine überdurchschnittlich hoch ist. Die extreme Vielfalt der Anbaubedingungen – Lagen von 250 bis hoch auf 1000 Meter, verschiedenartigste Böden und Ausrichtungen – macht eine Vielfalt von Rebsorten notwendig. Neben den einheimischen Sorten Lagrein, Vernatsch und Gewürztraminer können hier auch Sauvignon, Weißburgunder, Blauburgunder und andere Sorten Beeindruckendes ergeben.

Südtiroler Lagrein

Auf den Kiesböden um Bozen wächst der in den vergangenen Jahren stark in Mode gekommene Lagrein. Die Sorte ist auf gut drainierende, warme Böden angewiesen und reagiert empfindlich auf Staunässe. Aus diesem Grund war sie traditionell auf den Schotterböden von Bozen zuhause. Würde sie auf Grund der modebedingten Beliebtheit heute nicht zunehmend auch andernorts in Südtirol angepflanzt, wäre die Sorte jedoch vom Aussterben bedroht. Denn die typischen Lagrein-Lagen Bozner Boden und Gries werden nach und nach zubetoniert und der Stadt Bozen einverleibt. Außer um Bozen findet der Lagrein geeignete Lagen auch hier und dort am Rande der Talsohle des Unterlandes, wo er zunehmend anzutreffen ist.

Den Lagrein, den die Natur nicht mit einem bemerkenswerten Charakter ausgestattet hat, presste man früher vor der Gärung zu einem Rosé (Lagrein Kretzer) ab, um die angeborene Bitterkeit zu umgehen, oder verwendete ihn zum Verschneiden des Vernatsch. Seit einigen Jahren ist er nun als eigenständiger Rotwein in Mode gekommen. Auch die Produzenten schenken ihm daher vermehrte Aufmerksamkeit, sie reduzieren den Ertrag und bauen ihn – wie das heute gewünscht wird – in Barriques aus. Aus dem früheren Aschenputtel ist dank önologischer Schönheitschirurgie ein Model geworden... Die meisten von ihnen sind önologisch so stark verändert, dass sie nicht nur ziemlich unkenntlich, sondern auch untrinkig sind. Ein paar Exemplare konnten der Macht der Mode glücklicherweise widerstehen, ihren Erzeugern ge-

lingt es, die positiven Eigenschaften der Sorte herauszuarbei-
ten, die Weine nicht zu überladen und uns sortentypische
Lagrein zu schenken.

Produktionsregeln Südtiroler Lagrein DOC

Traubensorten: Lagrein (85 %), andere (15 %); Höchstertrag:
14 000 kg Trauben/ha; Mindestalkohol: 11,5 Vol.-%, vorgeschriebene Lagerzeit Riserva: zwei Jahre.

Andrianer Kellerei, Andrian (BZ)　　　　　　　500 000 Fl./80 Hektar

Tel. 0471 510137; Fax 0471 510227; www.andrianer-kellerei.it;
info@andrianer-kellerei.it

Südt. Lagrein DOC Riserva Tor di Lupo 2003

Sehr dunkles, violettes Rubin; Noten von Holz und Röstung; viel Süße, Säure, Röstung, opulent, trocknendes Tannin, breit, unelegant. (15 000 Fl.; L.#; mehr als eine Abfüllung; Merum 2005-6) Privatpreis ab Hof: Euro #

Brigl, St. Michael-Eppan (BZ)　　　　　　　2 000 000 Fl./50 Hektar

Tel. 0471 662419; Fax 0471 660644; www.brigl.com; brigl@brigl.com

Südt. Lagrein DOC Briglhof 2002

Recht dunkles Rubin; Noten von Trockenfrüchten, Schalen und Rinde; recht konzentriert, gewisse Saftigkeit, fehlt Fruchtfrische, dicht, bitteres Tannin, lang. (10 000 Fl.; L.4127; mehr als eine Abfüllung; Merum 2005-6) Privatpreis ab Hof: Euro #

Burggräfler Kellerei, Marling (BZ)　　　　　450 000 Fl./143 Hektar

Tel. 0473 447137; Fax 0473 445216; www.burggraefler.it; info@burggraefler.it

Südt. Lagrein DOC 2003

Mittleres Rubin; vegetale Cabernet-Noten; auch im Gaumen Paprika-Geschmack, recht trinkig, nicht reizlos, aber kein Lagrein. (35 000 Fl.; L.05082; mehr als eine Abfüllung; Merum 2005-6) Privatpreis ab Hof: Euro #

Egger-Ramer, Bozen (BZ)　　　　　　　　120 000 Fl./14 Hektar

Tel. 0471 280541; Fax 0471 406647; www.egger-ramer.com; info@egger-ramer.com

Südt. Lagrein DOC Kristan 2004

Schwarzrubin; müde Holz- und Getreidenoten; konzentriert, dicht, intensiver Wein, nicht geschmeidig, matt, Süße, herbes Tannin. (15 000 Fl.; L.#; mehr als eine Abfüllung; Merum 2005-6) Privatpreis ab Hof: Euro #

Erste & Neue Kellerei, Kaltern (BZ)　　　　1 000 000 Fl./340 Hektar

Tel. 0471 963122; Fax 0471 964368; www.erste-neue.it; info@erste-neue.it

Südt. Lagrein DOC Riserva Puntay 2002

Recht intensives Rubin; Kaffeenoten; Süße, Kaffee, hartes Tannin, trocken, breit im Abgang. (8000 Fl.; L.04/243; eine Abfüllung; Merum 2005-6) Privatpreis ab Hof: Euro #

Glögglhof/Franz Gojer, St. Magdalena (BZ)　　　40 000 Fl./4 Hektar

Tel. 0471 978775; Fax 0471 978775; www.gojer.it; info@gojer.it

Südt. Lagrein DOC 2004　　　　　　　　　　★★★

Dunkles, violettes Rubin; verhaltene Frucht; dicht, konzentriert, Fülle, dicht, konzentriert, feinherbes Finale, saftig. (4000 Fl.; L.5; eine Abfüllung; Merum 2005-6) Privatpreis ab Hof: Euro #

Kellerei Bozen, Bozen (BZ)   2 000 000 Fl./320 Hektar

Tel. 0471 270909; Fax 0471 289110; www.kellereibozen.com;
info@kellereibozen.com

Südt. Lagrein DOC Grieser Collection
Baron Carl Eyrl 2003   ★★ – ★★★

Recht dunkles, violettes Rubin; süße Lakritzenoten, fruchtig; Süße, dicht, Lakritzegeschmack, im Abgang wieder Frucht, feinbitter, viel Süße, trocknet etwas. (30 000 Fl.; L.5/082; mehr als eine Abfüllung; Merum 2005-6) Privatpreis ab Hof: Euro #

Südt. Lagrein DOC Grieser Riserva Prestige line 2002

Dunkles Rubin; Noten von Röstung; sehr dicht und süß, knappe Frucht, Süße bleibt, Röstung, Holunder, etwas bitter, trocknet. (25 000 Fl.; L.5/138; eine Abfüllung; Merum 2005-6) Privatpreis ab Hof: Euro #

Südt. Lagrein DOC Riserva Taber 2002   ✧✧✧

Dunkles Rubin; Röstung, Süße; recht konzentriert, Röstaroma, keine Frucht, trocknet, leicht bitter. (10 000 Fl.; L.4.138; eine Abfüllung; Merum 2005-6) Privatpreis ab Hof: Euro #

Kellerei Girlan, Girlan (BZ)   1 200 000 Fl./240 Hektar

Tel. 0471 662403; Fax 0471 662654; www.girlan.it; info@girlan.it

Südt. Lagrein DOC Laurin 2003

Recht intensives, violettes Rubin; Holznoten; Kraft, dicht, herbes Tannin, knappe Frucht, wirkt zu überladen, trocknet, keine Eleganz, untrinkig. (10 000 Fl.; L.15065; eine Abfüllung; Merum 2005-6) Privatpreis ab Hof: Euro #

Kellerei Kaltern, Kaltern (BZ)   1 500 000 Fl./290 Hektar

Tel. 0471 963149; Fax 0471 964454; www.kellereikaltern.com;
info@kellereikaltern.com

Südt. Lagrein DOC Spiegel 2003   ✧✧✧

Schwarzrubin; Röstung, müde; viel Süße, Röstung, Nullfrucht, Säure, trocken. (6500 Fl.; L.#; eine Abfüllung; Merum 2005-6) Privatpreis ab Hof: Euro #

Kellerei Kurtatsch, Kurtatsch (BZ)   1 000 000 Fl./200 Hektar

Tel. 0471 880115; Fax 0471 880099; www.kellerei-kurtatsch.it;
info@kellerei-kurtatsch.it

Südt. Lagrein DOC Freienfeld 2003   ✧✧✧

Dunkles Rubin; frische Eichennoten; Süße, Holzgeschmack, Fülle, Süße bleibt, trocknend. (13 000 Fl.; L.#; mehr als eine Abfüllung; Merum 2005-6) Privatpreis ab Hof: Euro #

Kellerei Nals Margreid, Nals (BZ)   800 000 Fl./150 Hektar

Tel. 0471 678626; Fax 0471 678945; www.kellerei.it; info@kellerei.it

Südt. Lagrein DOC Riserva Baron Salvadori 2002

Ziemlich dichtes Rubin; matte Nase; marmeladig, holzgeprägt, nicht tief, Säure, Tannin, nicht frisch, unflüssig, ungeschmeidig. (8000 Fl.; L.04/224; eine Abfüllung; Merum 2005-6) Privatpreis ab Hof: Euro #

Kellerei Schreckbichl, Girlan (BZ)   1 700 000 Fl./300 Hektar

Tel. 0471 664246; Fax 0471 660633; www.schreckbichl.it; info@colterenzio.com

Südt. Lagrein DOC Cornell 2002   ★★ – ★★★

Recht dunkles Rubin; Noten von Kaffee; recht saftig, Kaffeeyoghurt, rund, reif, recht saftig, etwas bitter. (18 000 Fl.; L.40901A; eine Abfüllung; Merum 2005-6) Privatpreis ab Hof: Euro #

Kellerei St. Pauls, St. Pauls (BZ)   1 000 000 Fl./195 Hektar

Tel. 0471 662183; Fax 0471 662530; www.kellereistpauls.com;
info@kellereistpauls.com

Südt. Lagrein DOC Riserva DiVinus 2002   ✧✧✧

Recht intensives Rubin; starke Röstnoten; auch im Gaumen Röstung, Säure, sehr einseitig und unausgewogen, bitter im Abgang. (7000 Fl.; L.0275; eine Abfüllung; Merum 2005-6) Privatpreis ab Hof: Euro #

Kellerei Terlan, Terlan (BZ)
1 000 000 Fl./140 Hektar

Tel. 0471 257135; Fax 0471 256224; www.kellerei-terlan.com;
office@kellerei-terlan.com

Südt. Lagrein DOC 2003
★★★ JLF

*Mittleres, violettes Rubin; würzig-fruchtige Nase; auch im Gaumen fruchtig, frische Säure,
saftig, angenehme Länge. (40 000 Fl.; L.04341; mehr als eine Abfüllung; Merum 2005-6)
Privatpreis ab Hof: Euro #*

Südt. Lagrein DOC Gries Riserva 2002

*Mittelintensives Rubin; Frucht- und Holznoten, Leder; Säure, Süße, gewisse Frucht, nicht
ausgewogen, trockenes Tannin, nicht trinkig. (36 000 Fl.; L.04341; mehr als eine Abfüllung;
Merum 2005-6) Privatpreis ab Hof: Euro #*

Südt. Lagrein DOC Riserva Porphyr 2002

*Recht dunkles Rubin; Noten von Stroh und Holunder; kraftvoll, recht saftig, Holunder, altes
Holz, müsste fruchtiger sein. (14 000 Fl.; L.#; eine Abfüllung; Merum 2005-6) Privatpreis ab Hof:
Euro #*

KG Tramin, Tramin (BZ)
1 200 000 Fl./230 Hektar

Tel. 0471 860600; Fax 0471 860828; www.tramin-wine.it; info@tramin-wine.it

Südt. Lagrein DOC Urban 2002

*Dunkles Rubin; Holznoten; Kraft, Süße, saftig, gewisse Frucht, etwas Holz, endet bitter und
trocken. (13 000 Fl.; L.04/188; eine Abfüllung; Merum 2005-6) Privatpreis ab Hof: Euro #*

Klosterkellerei Muri-Gries, Bozen (BZ)
450 000 Fl./30 Hektar

Tel. 0471 282287; Fax 0471 273448; www.muri-gries.com; info@muri-gries.com

Südt. Lagrein DOC Riserva 2002

*Undurchdringliches, violettes Rubin; nicht frische Nase, Noten von gemahlenen Getreide-
produkten; überladen, dickflüssig, unelegant, ohne Feinheiten, trocknendes Tannin.
(50 000 Fl.; L.05 1; mehr als eine Abfüllung; Merum 2005-6) Privatpreis ab Hof: Euro #*

Kornell/Florian Brigl, Siebeneich (BZ)
30 000 Fl./10 Hektar

Tel. 0471 915707; Fax 0471 205034; #

Südt. Lagrein DOC Greif 2003
★★ – ★★★

*Mittelintensives, violettes Rubin; fruchtige Nase, Noten von Beeren, Cassis, einladend; dicht,
fruchtig, saftig, dürfte im Abgang noch etwas fester sein. (3000 Fl.; L.0303; eine Abfüllung;
Merum 2005-6) Privatpreis ab Hof: Euro #*

Kössler, St. Pauls (BZ)
800 000 Fl./192 Hektar

Tel. 0471 662183; Fax 0471 662530; www.kellereistpauls.com;
info@kellereistpauls.com

Südt. Lagrein DOC 2000

*Dichtes Rubin; holzgeprägte Nase; auch im Gaumen stark holzgeprägt, keine Frucht, kurz
und trocken, schmeckt verbrannt. (3000 Fl.; L.2362E; mehr als eine Abfüllung; Merum 2005-6)
Privatpreis ab Hof: Euro #*

Kupelwieser, Kurtinig (BZ)
80 000 Fl./10 Hektar

Tel. 0471 809240; Fax 0471 817743; www.kupelwieser.it; info@kupelwieser.it

Südt. Lagrein DOC 2003

*Recht intensives Rubin; Röstnoten; Süße, Säure, Röstaroma, unausgewogen und einseitig,
endet trocken. (5000 Fl.; L.450; mehr als eine Abfüllung; Merum 2005-6) Privatpreis ab Hof:
Euro 7,00*

Laimburg, Auer-Pfatten (BZ)
180 000 Fl./45 Hektar

Tel. 0471 969700; Fax 0471 969799; www.laimburg.bz.it; laimburg@provinz.bz.it

Südt. Lagrein DOC 2004

*Recht dunkles, violettes Rubin; nicht klare Noten von Lakritze und Kaffee, recht tief; viel
Säure, Frucht, Lakritze, Süße, Holz. (13 500 Fl.; L.0504BL; mehr als eine Abfüllung; Merum 2005-
6) Privatpreis ab Hof: Euro #*

Südt. Lagrein DOC Riserva Barbagòl 2002

Dunkles Rubin; Holz, Linoleum, Zwiebelringe; dicht, süß, breit, ohne Feinheiten, nicht trinkig, trocknet nach, bitter. (8300 Fl.; L.0504BL; eine Abfüllung; Merum 2005-6) Privatpreis ab Hof: Euro #

Loacker, St. Justina (BZ)   60 000 Fl./7 Hektar

Tel. 0471 365125; Fax 0471 365313; www.loacker.net; lo@cker.it

Südt. Lagrein DOC Gran Lareyn 2003

Dunkles, violettes Rubin; Röstung, säuerlich; Säure, recht konzentriert, Röstung, nicht geschmeidig. (Biowein.) (2000 Fl.; L.#; eine Abfüllung; Merum 2005-6) Privatpreis ab Hof: Euro #

Lun, Neumarkt (BZ)   300 000 Fl./30 Hektar

Tel. 0471 813256; Fax 0471 823756; www.lun.it; contact@lun.it

Südt. Lagrein DOC 2003   ★★ – ★★★

Recht intensives, violettes Rubin; fruchtige Lakritze-Nase; Mittelgewicht, gewisse vegetale Frucht, eher einfach, angenehm. (20 000 Fl.; L.08035; mehr als eine Abfüllung; Merum 2005-6) Privatpreis ab Hof: Euro #

Südt. Lagrein DOC Riserva Albertus 2002

Recht intensives Rubin; würzige Holznoten; Mittelgewicht, gewisse Süße, Holz, herb. (4000 Fl.; L.25114; eine Abfüllung; Merum 2005-6) Privatpreis ab Hof: Euro #

Malojer, Bozen (BZ)   100 000 Fl./6 Hektar

Tel. 0471 972885; Fax 0471 972885; www.malojer.it; info@malojer.it

Südt. Lagrein DOC Gries Gummerhof 2003   ★★ – ★★★

Mittleres, violettes Rubin; sehr verhalten, Noten von Stroh, Holunder, geschwitzte Zwiebeln; Kraft, konzentriert, feinbitter, Säure, Gummi, gewisse Frucht, gute Trinkigkeit, angenehme Länge. (6000 Fl.; L.494; mehr als eine Abfüllung; Merum 2005-6) Privatpreis ab Hof: Euro #

Südt. Lagrein DOC Riserva Gummerhof 2002   ★★ – ★★★

Mittelintensives, frisches Rubin; Holunder-Noten; Mittelgewicht, saftig, angenehm, feine Frucht, Holunder, gute Länge. (3000 Fl.; L.481; eine Abfüllung; Merum 2005-6) Privatpreis ab Hof: Euro #

Südt. Lagrein DOC Riserva Gummerhof 2001

Recht intensives Rubin; Noten von Gesträuch und Holz; Süße, holzgeprägt, Rauch, keine Frucht, etwas bitter. (3000 Fl.; L.446; eine Abfüllung; Merum 2005-6) Privatpreis ab Hof: Euro #

Meraner Weinkellerei, Meran (BZ)   400 000 Fl./139 Hektar

Tel. 0473 235544; Fax 0473 211188; www.meranerkellerei.com; info@meranerkellerei.com

Südt. Lagrein DOC Riserva Segen 2002

Recht dunkles Rubin; Röstnoten, getrocknete Bananen, parfümiert; Röstung, Süße, keine Frucht, eher kurz. (12 000 Fl.; L.4108; eine Abfüllung; Merum 2005-6) Privatpreis ab Hof: Euro #

Niedermayr, Girlan (BZ)   250 000 Fl./35 Hektar

Tel. 0471 662451; Fax 0471 662538; www.niedermayr.it; info@niedermayr.it

Südt. Lagrein DOC Gries Blacedelle 2004

Dunkles, violettes Rubin; intensive Nase, vegetal, holundrig; vegetal fruchtig und Leder, herbes Tannin, Säure, nicht sehr typisch, nicht ausgewogen, dafür unbekümmert und frisch. (40 000 Fl.; L.100505; mehr als eine Abfüllung; Merum 2005-6) Privatpreis ab Hof: Euro #

Südt. Lagrein DOC Gries Riserva 2002

Dunkles Rubin; nicht klare Cola-Noten; Holz, Säure, unausgewogen, herb, endet trocken. (12 000 Fl.; L.270704; mehr als eine Abfüllung; Merum 2005-6) Privatpreis ab Hof: Euro #

Niedrist Ignaz, Girlan (BZ)   35 000 Fl./7 Hektar

Tel. 0471 664494; Fax 0471 664494; ignazniedrist@rolmail.net

Südt. Lagrein DOC Berger Gei 2003

Schwarzrubin; süße Marmelade-Getreidenoten, Holunder; viel Süße, der konzentrierteste Wein der Verkostung, auch Butter, herbes Tannin, opulent, trotz Süße trockenbitter im Abgang. (7000 Fl.; L.505; mehr als eine Abfüllung; Merum 2005-6) Privatpreis ab Hof: Euro #

Peter Sölva, Kaltern (BZ)
60 000 Fl./10 Hektar

Tel. 0471 964650; Fax 0471 965711; www.soelva.com; info@soelva.com

Südt. Lagrein DOC Desilvas 2004

Dunkles Rubin; verhaltene Nase, Klempnerhanf; dicht, recht konzentriert, vorstehende Süße, leise bitter im Abgang, herb im Finale. (5000 Fl.; L.10953; eine Abfüllung; Merum 2005-6) Privatpreis ab Hof: Euro #

Peter Zemmer, Kurtinig (BZ)
550 000 Fl./10 Hektar

Tel. 0471 817143; Fax 0471 817743; www.zemmer.com; info@zemmer.com

Südt. Lagrein DOC Reserve 2002

Intensives Rubin; Noten von Holz und Kompott; recht kraftvoll, Süße, Holz, nicht elegant, zu herb und einseitig. (5000 Fl.; L.623; mehr als eine Abfüllung; Merum 2005-6) Privatpreis ab Hof: Euro #

Pfannenstielhof/Hannes Pfeifer, Bozen (BZ)
35 000 Fl./4 Hektar

Tel. 0471 970884; Fax 0471 970884; www.pfannenstielhof.it; info@pfannenstielhof.it

Südt. Lagrein DOC 2004   ★★★ – ★★★★ JLF

Recht intensives, violettes Rubin; einladende, süß-fruchtige Noten; recht konzentriert, süßes Lakritze-Tannin, Süße, saftig, recht lang. (16 000 Fl.; L.08; mehr als eine Abfüllung; Merum 2005-6) Privatpreis ab Hof: Euro #

Südt. Lagrein DOC Riserva 2002

Violettes, ziemlich dunkles Rubin; holzwürzige Nase; Mittelgewicht, nicht fruchtig, Holz, nicht lang, keine Frucht, trocken. (3000 Fl.; L.11; eine Abfüllung; Merum 2005-6) Privatpreis ab Hof: Euro #

Pichler Bernhard, Bozen (BZ)
7000 Fl./0,8 Hektar

Tel. 0471 963094; Fax 0471 963094; pichler.thomas@dnet.it

Südt. Lagrein DOC Riserva Messnerhof 2003

Dunkles Rubin; müde, holzgeprägte Nase; Mittelgewicht, Süße, keine Frucht, holzgeprägt, fehlt Frische. (# Fl.; L.0205; mehr als eine Abfüllung; Merum 2005-6) Privatpreis ab Hof: Euro #

Ritterhof, Kaltern (BZ)
290 000 Fl./7 Hektar

Tel. 0471 963298; Fax 0471 961088; www.ritterhof.it; info@ritterhof.it

Südt. Lagrein DOC Riserva Crescendo 2002

Mittelintensives, frisches Rubin; verhalten, etwas matt; rund, ausgewogen, gewisse Frucht, Butter, im Abgang dann breit statt lang. (15 500 Fl.; L.05116; mehr als eine Abfüllung; Merum 2005-6) Privatpreis ab Hof: Euro #

Schwanburg, Nals (BZ)
300 000 Fl./27 Hektar

Tel. 0471 678622; Fax 0471 678430; www.schwanburg.com; info@schwanburg.it

Südt. Lagrein DOC Riserva 2002   ★★ – ★★★

Recht dunkles, violettes Rubin; Noten von Zimt und Zwetschgenmus; Zimt, Süße, etwas herb, feinbitter. (20 000 Fl.; L.2105; eine Abfüllung; Merum 2005-6) Privatpreis ab Hof: Euro #

Tiefenbrunner Schlosskellerei Turmhof, Entiklar-Kurtatsch (BZ)
700 000 Fl./25 Hektar

Tel. 0471 880122; Fax 0471 880433; www.tiefenbrunner.com; info@tiefenbrunner.com

Südt. Lagrein DOC Castel Turmhof 2003   ★★ – ★★★

Dunkles, violettes Rot; maischige Noten; Süße, gewisse Frucht, Säure, feinherb. (28 000 Fl.; L.5139; mehr als eine Abfüllung; Merum 2005-6) Privatpreis ab Hof: Euro #

Untermoserhof/Georg Ramoser, St. Magdalena (BZ)
35 000 Fl./4,5 Hektar

Tel. 0471 975481; Fax 0471 975481; untermoserhof@rolmail.net

Südt. Lagrein DOC 2004   ★★★ JLF

Dunkles Rubin; erst leicht reduziert, Lakritznoten; kraftvoll, dicht, Holunder, Frucht, saftig, recht lang, feinbitter, trinkig. (6000 Fl.; L.1; eine Abfüllung; Merum 2005-6) Privatpreis ab Hof: Euro #

Waldgries/Plattner Christian, Bozen (BZ)   45 000 Fl./6 Hektar

Tel. 0471 973245; Fax 0471 973245; www.waldgries.it; info@waldgries.it

Südt. Lagrein DOC Mirell 2002

Dunkles, violettes Rubin; röstige Nase; röstig und butterig, knappe Frucht, Röstung auch im Abgang, trocken. (2500 Fl.; L.09/2005; eine Abfüllung; Merum 2005-6) Privatpreis ab Hof: Euro #

Südt. Lagrein DOC Riserva 2003

Recht dunkles, violettes Rubin; intensive Holundernase vom Holzfass; Holunder auch im Gaumen, Kaffee, zu opulent und untrinkig, bitter. (10 000 Fl.; L.07/2005; eine Abfüllung; Merum 2005-6) Privatpreis ab Hof: Euro #

Weingut Niklas/Sölva, Kaltern (BZ)   40 000 Fl./5 Hektar

Tel. 0471 963432; Fax 0471 963432; www.niklaserhof.it; info@niklaserhof.it

Südt. Lagrein DOC 2004   ★★ – ★★★

Recht intensives, violettes Rubin; Noten von Lakritze, Cassis, Kaffee, dunklen Früchten, vegetale Frucht; saftig, gute Säure, nicht überladen, eher unkompliziert, recht trinkig, an Cabernet erinnernde Frucht, saftig, feinbitteres Tannin. (4 000 Fl.; L.511; eine Abfüllung; Merum 2005-6) Privatpreis ab Hof: Euro #

Wilhelm Walch, Tramin (BZ)   650 000 Fl./73 Hektar

Tel. 0471 860172; Fax 0471 860781; www.walch.it; info@walch.it

Südt. Lagrein DOC 2004

Recht intensives, violettes Rubin; unklar; gute Konzentration, herb, etwas Butter, angenehm, nicht sehr fruchtig, recht angenehm (Abzug für Nase). (20 000 Fl.; L.5129/2; mehr als eine Abfüllung; Merum 2005-6) Privatpreis ab Hof: Euro #

Südtiroler Blauburgunder

Es muss nicht immer Burgund sein. Wer den Blauburgunder als Sorte liebt, findet in Südtirol einige sehr erfreuliche Beispiele. Am bestechendsten sind die hellfarbenen, eleganten Pinots mit ausgeprägter sortentypischer Frucht. Sicher, Blauburgunder vermag auch andere Weine zu ergeben, vielleicht nicht sortentypische, dafür dunkle, körperreiche, tannindichte oder opulente von marmeladiger Süße. Bestimmt sind auch das Qualitätsweine, aber sie gibt es wie Sand am Meer, für sie muss man nicht eigens nach Südtirol fahren…

Das verbreitetste Qualitätshemmnis ist neben möglicherweise ungeeigneten Lagen der unsachgemäße Einsatz von Barriques. Obschon feine Holznoten zur Vielschichtigkeit der Burgunderfrucht beitragen können und der zwar feine, aber charakterstarke Pinot den Ausbau im kleinen Holz besser erträgt als italienische Sorten, gelten bei Merum riech- und schmeckbare Noten von Ruß, Röstung, Eiche und Vanille als Fehlaromen. Schon beim ersten Hinriechen soll der Pinot-Freund seinen Wein erkennen dürfen. Bei rund der Hälfte der Südtiroler Blauburgunder ist das immerhin der Fall.

Produktionsregeln Südtiroler Blauburgunder DOC

Traubensorten: Blauburgunder (85 %), andere (15 %); Höchstertrag: 12 000 kg Trauben/ha; Mindestalkohol: 11,5 Vol.-%, vorgeschriebene Lagerzeit Riserva: zwei Jahre.

Andrianer Kellerei, Andrian (BZ)　　　　　　500 000 Fl./80 Hektar

Tel. 0471 510137; Fax 0471 510227; www.andrianer-kellerei.it;
info@andrianer-kellerei.it

Südt. Blauburgunder DOC 2003

Mittleres, rubiniges Rot; nicht intensive, etwas lederige Pinot-Noten; verhaltene Frucht, etwas breit und unelegant, leicht bitter. (15 000 Fl.; L.05/348; eine Abfüllung; Merum 2006-5) Privatpreis ab Hof: Euro #

Ansitz Kränzel/Graf Pfeil, Tscherms (BZ)　　　　25 000 Fl./6 Hektar

Tel. 0473 564549; Fax 0473 554806; www.labyrinth.bz; info@kraenzel.com

Südt. Blauburgunder DOC 2003

Reifes Hellrot; nicht klare, holzwürzige Noten, kaum Frucht; viel Süße, knappe Frucht, wenig Tiefe, zu herb und ungeschmeidig. (3000 Fl.; L.0402; eine Abfüllung; Merum 2006-5) Privatpreis ab Hof: Euro #

Ansitz Pfitscher, Montan (BZ)　　　　　　40 000 Fl./5,5 Hektar

Tel. 0471 819773; Fax 0471 819136; www.pfitscher.it; info@pfitscher.it

Südt. Blauburgunder DOC Matan 2003　　　　★★ – ★★★

Helles, rubiniges Rot; röstig-sortengeprägte Nase; auch im Gaumen Pinot-Frucht, Säure, etwas zu opulent. (4200 Fl.; L.172; eine Abfüllung; Merum 2006-5) Privatpreis ab Hof: Euro #

Brigl, St. Michael-Eppan (BZ)　　　　　　2 000 000 Fl./50 Hektar

Tel. 0471 662419; Fax 0471 660644; www.brigl.com; brigl@brigl.com

Südt. Blauburgunder DOC Windegg 2003　　　　★★ – ★★★

Mittleres Rot; holunderig-marmeladige Nase; recht kraftvoll, Süße, gewisse Frucht, Butter, etwas breit. (3000 Fl.; L.5128; mehr als eine Abfüllung; Merum 2006-5) Privatpreis ab Hof: Euro #

Brunnenhof-Mazzon/Kurt Rottensteiner, Neumarkt (BZ)　　　　　　25 000 Fl./5 Hektar

Tel. 0471 820687; Fax 0471 820687; www.brunnenhof-mazzon.it;
info@brunnenhof-mazzon.it

Südt. Blauburgunder DOC Riserva 2004　　★★★ – ★★★★

Mittelhelles Rot; feine, Pinot-fruchtige Noten, einladend; recht kraftvoll, süß, fruchtig, schöne Länge. (15 000 Fl.; L.06B; eine Abfüllung; Merum 2006-5) Privatpreis ab Hof: Euro #

Castel Juval/Unterortl, Kastelbell-Tschars (BZ)　　35 000 Fl./5 Hektar

Tel. 0473 667580; Fax 0473 672745; www.unterortl.it; familie.aurich@it

Südt. Vinschgau Blauburgunder DOC 2004　　★★ – ★★★

Hellrot; nicht sehr intensiv, schweißige Fruchtnoten; auch im Gaumen dürfte die Frucht deutlicher sein, nicht sehr geschmeidig, recht lang. (7000 Fl.; L.5.06; eine Abfüllung; Merum 2006-5) Privatpreis ab Hof: Euro #

Castel Sallegg/Graf Kuenburg, Bozen (BZ)　　120 000 Fl./30 Hektar

Tel. 0471 963132; Fax 0471 964730; www.castelsallegg.it;
castelsallegg@kuenburg.it

Südt. Pinot Nero DOC Riserva 2003

Mittelintensives Rot; Pinot-Frucht; recht frische Frucht, recht saftig, nicht sehr ausgewogen, gute Länge, trocknet nach. (5700 Fl.; L.1305; eine Abfüllung; Merum 2006-5) Privatpreis ab Hof: Euro #

Castelfeder, Kurtinig (BZ)
400 000 Fl./50 Hektar

Tel. 0471 820420; Fax 0471 820410; www.castelfeder.it; info@castelfeder.it

Südt. Blauburgunder DOC Burgum Novum 2003

Dunkelrot; holzunterstützte Pinot-Noten; kraftvoll, Röstung und Pinot-Frucht, zu breit, müsste geschmeidiger sein, zu opulent und dadurch unelegant. (8000 Fl.; L.06030.1; eine Abfüllung; Merum 2006-5) Privatpreis ab Hof: Euro #

Südt. Pinot Nero DOC 2003

Mittleres, reifendes Rot; verhaltene, überreife Fruchtnoten; Fülle, viel Süße, gewisse Frucht, ist zu breit, Butter, zu herb im Abgang. (15 000 Fl.; L.06171.2; eine Abfüllung; Merum 2006-5) Privatpreis ab Hof: Euro #

Ebnerhof/Johannes Plattner, Kardaun (BZ)
15 000 Fl./3 Hektar

Tel. 0471 365120; Fax 0471 365120; www.ebnerhof.it; info@ebnerhof.it

Südt. Blauburgunder DOC 2004   ★★ – ★★★

Hellrot; Pinot-Frucht, einladend; fruchtig auch im Gaumen, Säure, auch Leder, konzentriert, anhaltende Frucht, dürfte geschmeidiger sein. (Biowein.) (1500 Fl.; L.0106; eine Abfüllung; Merum 2006-5) Privatpreis ab Hof: Euro #

Falkenstein, Naturns (BZ)
40 000 Fl./8 Hektar

Tel. 0473 666054; Fax 0473 666054; falkenstein.naturns@rolmail.net

Südt. Vinschgau Blauburgunder DOC 2003

Dunkelrot; Holz- und Fruchtnoten, nicht fein; Holz, viel Süße, keine Feinheit, trocknet. (3000 Fl.; L.2; eine Abfüllung; Merum 2006-5) Privatpreis ab Hof: Euro #

Franz Haas, Montan (BZ)
240 000 Fl./50 Hektar

Tel. 0471 812280; Fax 0471 820283; www.franz-haas.it; info@franz-haas.it

Südt. Pinot Nero DOC 2004   ★★ – ★★★

Mittelhelles Rot; würzig-blumige Pinot-Noten; runder Ansatz, saftig, etwas Holz, recht angenehm, endet auf Frucht, etwas unausgewogen und ungeschmeidig. (60 000 Fl.; L.0404; eine Abfüllung; Merum 2006-5) Privatpreis ab Hof: Euro #

Gottardi, Neumarkt (BZ)
50 000 Fl./9 Hektar

Tel. 0471 812773; Fax 0471 812773; weingut@gottardi-mazzon.com

Südt. Blauburgunder DOC Mazzon 2004   ★★★

Mittleres Rot; herrliche, vielschichtige Pinot-Frucht; saftig, Süße, tolle Frucht, etwas herbes Tannin, schöne Länge. (40 000 Fl.; L.1/06; mehr als eine Abfüllung; Merum 2006-5) Privatpreis ab Hof: Euro #

Gumphof/Markus Prackwieser, Völs am Schlern (BZ)
35 000 Fl./4,5 Hektar

Tel. 0471 601190; Fax 0471 601190; www.gumphof.it; info@gumphof.it

Südt. Blauburgunder DOC 2004   ★★★ – ★★★★ JLF

Reifes, mittleres Rot; holunderige Beerennoten; sehr rund und sehr geschmeidig, ausgedehnte Länge; die Holundernoten sind möglicherweise nicht jedermanns Sache, aber mir gefällt der Wein außerordentlich gut. (3000 Fl.; L.4; eine Abfüllung; Merum 2006-5) Privatpreis ab Hof: Euro #

Kellerei Bozen, Bozen (BZ)
2 000 000 Fl./320 Hektar

Tel. 0471 270909; Fax 0471 289110; www.kellereibozen.com; info@kellereibozen.com

Südt. Pinot Nero DOC Riserva 2004   ★★ – ★★★

Frisches Hellrot; verhalten; etwas breit im Ansatz, viel Süße, Butter und Frucht im Abgang, erinnert an einen kraftvollen Magdalener. (10 000 Fl.; L.5/346; mehr als eine Abfüllung; Merum 2006-5) Privatpreis ab Hof: Euro #

Kellerei Girlan, Girlan (BZ)
1 200 000 Fl./240 Hektar

Tel. 0471 662403; Fax 0471 662654; www.girlan.it; info@girlan.it

Südt. Blauburgunder DOC Patricia 2004

Mittleres Rot; eher marmeladige als varietale Noten; herb im Ansatz, Butter und Frucht, herb-bitter auch im Abgang. (30 000 Fl.; L.30036; mehr als eine Abfüllung; Merum 2006-5) Privatpreis ab Hof: Euro #

Südt. Blauburgunder DOC Trattmannhof 2003 ★★ – ★★★

Mittleres Rot; verhalten; marmeladenfruchtig, Süße, etwas breit, Butter, recht angenehm. (8000 Fl.; L.2699; eine Abfüllung; Merum 2006-5) Privatpreis ab Hof: Euro #

Kellerei Kaltern, Kaltern (BZ) 1 500 000 Fl./290 Hektar

Tel. 0471 963149; Fax 0471 964454; www.kellereikaltern.com; info@kellereikaltern.com

Südt. Blauburgunder DOC Saltner 2004 ★★★

Mittleres Rot; schwitzige Fruchtnoten; auch im Gaumen Frucht, herbes Tannin, ausgeprägt fruchtige Länge. (25 000 Fl.; L.6 040; eine Abfüllung; Merum 2006-5) Privatpreis ab Hof: Euro #

Kellerei Nals Margreid, Nals (BZ) 800 000 Fl./150 Hektar

Tel. 0471 678626; Fax 0471 678945; www.kellerei.it; info@kellerei.it

Südt. Blauburgunder DOC Mazzon 2004

Mittelhelles Rubinrot; nicht ganz klare Nase; Fülle, Kraft, wirkt breit und rustikal, fehlt Feinheit, hart im Abgang. (7000 Fl.; L.05/223; eine Abfüllung; Merum 2006-5) Privatpreis ab Hof: Euro #

Kellerei Schreckbichl, Girlan (BZ) 1 700 000 Fl./300 Hektar

Tel. 0471 664246; Fax 0471 660633; www.schreckbichl.it; info@colterenzio.com

Südt. Blauburgunder DOC Riserva Cornell 2003 ★★ – ★★★

Mittleres, frisches Rot; holunderige Kaffeenoten und Pinot-Frucht; saftig, recht geschmeidig, etwas röstig, aber auch Frucht. (4000 Fl.; L.50721; eine Abfüllung; Merum 2006-5) Privatpreis ab Hof: Euro #

Kellerei St. Michael-Eppan, Eppan (BZ) 2 000 000 Fl./372 Hektar

Tel. 0471 664466; Fax 0471 660764; www.stmichael.it; kellerei@stmichael.it

Südt. Blauburgunder DOC Riserva 2003

Mittelhelles Rot; feine, nicht fruchtige Nase; viel Süße, herbes Tannin, etwas Holz und Frucht, fehlt die Feinheit, Holz hängt nach. (30 000 Fl.; L.#; eine Abfüllung; Merum 2006-5) Privatpreis ab Hof: Euro #

Südt. Blauburgunder DOC Sanct Valentin 2003 ★★ – ★★★

Ziemlich dunkles Rot; ausgeprägt holunderige Pinot-Noten; im Gaumen etwas viel Holz und Süße, dadurch etwas opulent, gute Tiefe und Länge, etwas herbes Tannin. (22 000 Fl.; L.5226; eine Abfüllung; Merum 2006-5) Privatpreis ab Hof: Euro #

Kellerei St. Pauls, St. Pauls (BZ) 1 000 000 Fl./195 Hektar

Tel. 0471 662183; Fax 0471 662530; www.kellereistpauls.com; info@kellereistpauls.com

Südt. Blauburgunder DOC DiVinus 2003

Mittleres Rot; marmeladige Noten, Holz; Kraft, viel Süße, Holzgeschmack, schwerfällig, nicht elegant. (10 000 Fl.; L.3574; eine Abfüllung; Merum 2006-5) Privatpreis ab Hof: Euro #

KG Tramin, Tramin (BZ) 1 200 000 Fl./230 Hektar

Tel. 0471 860600; Fax 0471 860828; www.tramin-wine.it; info@tramin-wine.it

Südt. Blauburgunder DOC 2004 ★★★ – ★★★★ JLF

Helles rubiniges Rot; vollreife Pinot-Noten; intakte Frucht, saftige Säure, fein, geschmeidig, fruchtige Länge (mit Glasverschluss). (40 000 Fl.; L.06/102; mehr als eine Abfüllung; Merum 2006-5) Privatpreis ab Hof: Euro #

Südt. Blauburgunder DOC Schiessstand 2003

Mittleres Rot; nicht komplett klare Nase, auch Pinot-Frucht; Süße, Säure, Röstung, gewisse Frucht, ungeschmeidig, unausgewogen, Holz bleibt zurück. (10 000 Fl.; L.06/037; eine Abfüllung; Merum 2006-5) Privatpreis ab Hof: Euro #

Laimburg, Auer-Pfatten (BZ) 180 000 Fl./45 Hektar

Tel. 0471 969700; Fax 0471 969799; www.laimburg.bz.it; laimburg@provinz.bz.it

Südt. Blauburgunder DOC Riserva Selyét 2003

Mittleres Rot; bierig-kompottige Noten; viel Süße, kaum Frucht, zu breit, herb. (5300 Fl.; L.0504BL; eine Abfüllung; Merum 2006-5) Privatpreis ab Hof: Euro #

Lun, Neumarkt (BZ)   300 000 Fl./30 Hektar

Tel. 0471 813256; Fax 0471 823756; www.lun.it; contact@lun.it

Südt. Pinot Noir DOC Riserva Sandbichler 2003   ★★ – ★★★

Mittleres Rot; blumig-beerenkompottige Fruchtnoten; etwas komppttig und breit, Frucht, Frucht im Abgang, gute Länge. (35 000 Fl.; L.01026; mehr als eine Abfüllung; Merum 2006-5) Privatpreis ab Hof: Euro #

Manincor/Graf Enzenberg, Kaltern (BZ)   150 000 Fl./48 Hektar

Tel. 0471 960230; Fax 0471 960204; www.manincor.com; info@manincor.com

Südt. Pinot Noir DOC Mason 2004

Dunkles, rubiniges Rot; rohe Holz- und Marmeladenoten; Holz, nicht elegant, endet herb auf klebrigen Holztanninen, Geschmack von Verbranntem. (12 000 Fl.; L.205; eine Abfüllung; Merum 2006-5) Privatpreis ab Hof: Euro #

Meraner Weinkellerei, Meran (BZ)   400 000 Fl./139 Hektar

Tel. 0473 235544; Fax 0473 211188; www.meranerkellerei.com; info@meranerkellerei.com

Südt. Blauburgunder DOC Riserva Zeno 2002

Mittleres Rubin; verhaltene Holz-Fruchtnoten; stark holzgeprägt, opulent, marmeladig, unelegant, breit, trocknet nach. (8000 Fl.; L.05257; eine Abfüllung; Merum 2006-5) Privatpreis ab Hof: Euro #

Südt. Blauburgunder DOC Sanct Mauricius 2003

Mittleres Rot; verhaltene Frucht, Holz; kraftvoll, wenig Sortencharakter, zu breit, Karamell, als Wein absolut korrekt, als Burgunder zu wenig fruchtig und zu wenig geschmeidig. (20 000 Fl.; L.05348; mehr als eine Abfüllung; Merum 2006-5) Privatpreis ab Hof: Euro #

Niedermayr, Girlan (BZ)   250 000 Fl./35 Hektar

Tel. 0471 662451; Fax 0471 662538; www.niedermayr.it; info@niedermayr.it

Südt. Blauburgunder DOC Precios 2003   ★★ – ★★★

Hellrot; schwitzige Beerennoten; beerig auch im Gaumen, fruchtig, feine Säure, auch Butter, geschmeidig, lang, hängt Honigaroma nach. (10 000 Fl.; L.211204; eine Abfüllung; Merum 2006-5) Privatpreis ab Hof: Euro #

Südt. Blauburgunder DOC Riserva 2003

Mittelhelles, frisches Rot; holzbelastete, marmeladige Frucht; breit, marmeladig, kraftvoll, überreife Frucht, dadurch etwas unelegant. (8000 Fl.; L.#; eine Abfüllung; Merum 2006-5) Privatpreis ab Hof: Euro #

Niedrist Ignaz, Girlan (BZ)   35 000 Fl./7 Hektar

Tel. 0471 664494; Fax 0471 664494; ignazniedrist@rolmail.net

Südt. Blauburgunder DOC 2004   ★★ – ★★★

Mittelintensives Rubin; eher verhalten; Kraft, Körper, dann etwas Holz und Marmelade, auch fruchtiger, etwas holzbetonter Abgang, herbes Tannin, müsste geschmeidiger und zarter sein. (6000 Fl.; L.906; eine Abfüllung; Merum 2006-5) Privatpreis ab Hof: Euro #

Ritterhof, Kaltern (BZ)   290 000 Fl./7 Hektar

Tel. 0471 963298; Fax 0471 961088; www.ritterhof.it; info@ritterhof.it

Südt. Blauburgunder DOC Jansen 2004

Hellrot; feine, eher verhaltene Fruchtnoten, Holz; nicht geschmeidig, Hagebutten, saftige Säure, nicht überaus lang, leicht bitter, müsste fruchtiger und geschmeidiger sein. (12 000 Fl.; L.#; mehr als eine Abfüllung; Merum 2006-5) Privatpreis ab Hof: Euro #

Rottensteiner Hans, Bozen (BZ)   400 000 Fl./10 Hektar

Tel. 0471 282015; Fax 0471 407154; www.rottensteiner-weine.com; rottensteiner.weine@dnet.it

Südt. Blauburgunder DOC Riserva Mazzon Select 2003

Helles Rot; fast aromatische Noten von Erdbeeren, Koriander; fruchtig, saftig, schmeckt recht gut, wirkt aber nicht typisch. (8000 Fl.; L.1732; eine Abfüllung; Merum 2006-5) Privatpreis ab Hof: Euro #

Schwanburg, Nals (BZ) 300 000 Fl./27 Hektar

Tel. 0471 678622; Fax 0471 678430; www.schwanburg.com; info@schwanburg.it

Südt. Blauburgunder DOC Riserva 2003

Hellrot; sirupartige Noten, reife Banane, etwas seltsam; Kraft und Süße, auch gewisse Tiefe, recht angenehm, allerdings nicht als Pinot erkennbar. (12 000 Fl.; L.0606; eine Abfüllung; Merum 2006-5) Privatpreis ab Hof: Euro #

Stroblhof, Eppan (BZ) 32 000 Fl./3,5 Hektar

Tel. 0471 662250; Fax 0471 663644; www.stroblhof.it; hotel@stroblhof.it

Südt. Blauburgunder DOC Pigeno 2003 ★★★ – ★★★★ JLF

Helles, reifendes Rot; einladende Fruchtnoten, tief und vielschichtig; ausgewogen, fruchtig, eingepasstes Holz, saftige Säure, geschmeidig, lang. (6000 Fl.; L.19; eine Abfüllung; Merum 2006-5) Privatpreis ab Hof: Euro #

Südt. Blauburgunder DOC Riserva 2003

Mittleres Rot; holzbelastete Pinot-Frucht; auch im Gaumen Holz und Frucht, viel Säure, Süße, nicht ausgewogen, Länge auf Frucht und Röstung; spürbar wertvoll, aber für meinen Geschmack zu viel Holz. (5000 Fl.; L.20; eine Abfüllung; Merum 2006-5) Privatpreis ab Hof: Euro #

**Tiefenbrunner Schlosskellerei Turmhof,
Entiklar-Kurtatsch (BZ)** 700 000 Fl./25 Hektar

Tel. 0471 880122; Fax 0471 880433; www.tiefenbrunner.com; info@tiefenbrunner.com

Südt. Blauburgunder DOC Riserva Linticlarus 2003

Mittelhelles Rubin; Noten von Rauch und Frucht; rauchig, sehr süß, Säure, Röstung hängt nach, trockenes Tannin. (5500 Fl.; L.4350; eine Abfüllung; Merum 2006-5) Privatpreis ab Hof: Euro #

Südtiroler Sauvignon

Andrianer Kellerei, Andrian (BZ) 500 000 Fl./80 Hektar

Tel. 0471 510137; Fax 0471 510227; www.andrianer-kellerei.it; info@andrianer-kellerei.it

Südtirol Terlaner Sauvignon DOC Tor di Lupo 2006 ★★ – ★★★

Hellgelb; ansprechende Feigen- und Holunderblütennoten; Süße, fruchtig, Säure, recht angenehm, einfach und trinkig. (15 000 Fl.; L.07/079 10:36; mehr als eine Abfüllung; Merum 2007-4) Privatpreis ab Hof: Euro 9,50

Brigl, St. Michael-Eppan (BZ) 2 000 000 Fl./50 Hektar

Tel. 0471 662419; Fax 0471 660644; www.brigl.com; brigl@brigl.com

Südtiroler Sauvignon DOC 2006

Goldenes Hellgelb; Butternoten; Butter, knappe Frucht, zu temperamentarm, durch Butter einseitig. (10 000 Fl.; L.7003; mehr als eine Abfüllung; Merum 2007-4) Privatpreis ab Hof: Euro 6,70

Burggräfler Kellerei, Marling (BZ) 450 000 Fl./143 Hektar

Tel. 0473 447137; Fax 0473 445216; www.burggraefler.it; info@burggraefler.it

Südtiroler Sauvignon DOC Mervin 2006 ★★★ – ★★★★

Helles Goldgelb; frische Noten von Holunderblüten; fruchtig, noch konzentriert, saftig, Fülle, lang. (4900 Fl.; L.07058; eine Abfüllung; Merum 2007-4) Privatpreis ab Hof: Euro 10,50

Südtiroler Sauvignon DOC Privat 2006 ★★ – ★★★

Helles Goldgelb; Sauvignon-Aromen; Süße, konzentriert, etwas reife Frucht, feine Säure, recht lang, dürfte rassiger sein. (20 000 Fl.; L.07149; mehr als eine Abfüllung; Merum 2007-4) Privatpreis ab Hof: Euro 6,60

Castel Sallegg/Graf Kuenburg, Bozen (BZ)   120 000 Fl./30 Hektar

Tel. 0471 963132; Fax 0471 964730; www.castelsallegg.it; castelsallegg@kuenburg.it

Alto Adige Sauvignon DOC 2006

Goldenes Hellgelb; warme, brotig-fruchtige Noten, auch feine Mineralität; recht fleischig, neigt zur Breite, müsste frischer und saftiger sein, zu knappe Frucht. (10 500 Fl.; L.0407; eine Abfüllung; Merum 2007-4) Privatpreis ab Hof: Euro 7,20

Castelfeder, Kurtinig (BZ)   400 000 Fl./50 Hektar

Tel. 0471 820420; Fax 0471 820410; www.castelfeder.it; info@castelfeder.it

Vigneto delle Dolomiti IGT Sauvignon 2006

Hellgelb; säuerliche Holunderblütennoten, etwas Wolle; Süße, knappe Frucht, einfach. (25 000 Fl.; L.07624.1; mehr als eine Abfüllung; Merum 2007-4) Privatpreis ab Hof: Euro 6,70

Dipoli Peter, Neumarkt (BZ)   35 000 Fl./3,6 Hektar

Tel. 338 6081133; Fax 0471 813444; www.peterdipoli.com; vino@finewines.it

Sauvignon dell'Alto Adige DOC Voglar 2005   ★★★ – ★★★★

Goldenes Hellgelb; mit Belüftung immer intensivere Holunderblüten-, Grapefruit- und Rhabarbernoten, ist noch nach zwei Wochen in der angebrochenen Flasche frisch; Grapefruit auch im Gaumen, auch Birne, feine Säure, kraftvoll, saftig, lang. (20 000 Fl.; L.1; eine Abfüllung; Merum 2007-4) Privatpreis ab Hof: Euro 14,00

Ebnerhof/Johannes Plattner, Kardaun (BZ)   15 000 Fl./3 Hektar

Tel. 0471 365120; Fax 0471 365120; www.ebnerhof.it; info@ebnerhof.it

Südtiroler Sauvignon DOC 2006

Hellgelb; Holunder-, Wolle- und Rauchnoten; im Gaumen Rauch-, Teer- und Sauvignon-Aromen, Süße, nicht elegant, hängt nach. (Biowein.) (1500 Fl.; L.0307; eine Abfüllung; Merum 2007-4) Privatpreis ab Hof: Euro 7,00

Eisacktaler Kellerei, Klausen (BZ)   700 000 Fl./134 Hektar

Tel. 0472 847553; Fax 0472 847521; www.eisacktalerkellerei.it; info@cantinavalleisarco@it

Südtirol Sauvignon DOC Aristos 2006

Hellgelb; nicht intensive Stachelbeernoten; feine Frucht, Süße, gute Säure, etwas breit, zu temperamentlos. (3300 Fl.; L.70802; eine Abfüllung; Merum 2007-4) Privatpreis ab Hof: Euro 8,20

Elena Walch, Tramin (BZ)   350 000 Fl./30 Hektar

Tel. 0471 860172; Fax 0471 860781; www.elenawalch.com; info@elenawalch.com

Südtirol Sauvignon DOC Castel Ringberg 2006

Helles Goldgelb; verhaltene Holznoten; Süße, Holz, breit, unelegant, keine Frucht. (15 000 Fl.; L.070861; eine Abfüllung; Merum 2007-4) Privatpreis ab Hof: Euro 14,20

Erste & Neue Kellerei, Kaltern (BZ)   1 000 000 Fl./340 Hektar

Tel. 0471 963122; Fax 0471 964368; www.erste-neue.it; info@erste-neue.it

Südtirol Sauvignon DOC 2006   ★★ – ★★★

Warmes Hellgelb; dezente Noten von Stachelbeerkompott, Holunderblüten, mineralisch; recht zart, mineralische Aromen, Holunderblüten, gewisse Länge. (30 000 Fl.; L.#; mehr als eine Abfüllung; Merum 2007-4) Privatpreis ab Hof: Euro 6,20

Südtirol Sauvignon DOC Puntay 2006   ★★★

Warmes Hellgelb; intensive Grapefruit- und Rhabarbernoten; auch im Gaumen Grapefruit, Säure, Süße, konzentriert, saftig, angenehm, lang auf Frucht. (7000 Fl.; L.07/107; eine Abfüllung; Merum 2007-4) Privatpreis ab Hof: Euro 12,90

Südtirol Sauvignon DOC Stern 2006   ★★★

Mittleres Hellgelb; kräuterige Grapefruitnoten; frisch, angenehme Frucht, Süße, Säure, angenehm, recht tief, frisch und trinkig. (13 500 Fl.; L.07/073; eine Abfüllung; Merum 2007-4) Privatpreis ab Hof: Euro 9,60

Falkenstein, Naturns (BZ)   40 000 Fl./8 Hektar

Tel. 0473 666054; Fax 0473 666054; falkenstein.naturns@rolmail.net

Südtirol Vinschgau Sauvignon DOC 2006

Zitroniges Hellgelb; hefige Noten; strukturiert, gewisse Frucht, Hefe, etwas Butter, saftige Säure, endet nicht fruchtig. (6000 Fl.; L.4; eine Abfüllung; Merum 2007-4) Privatpreis ab Hof: Euro 12,00

Gumphof/Markus Prackwieser,
Völs am Schlern (BZ)   35 000 Fl./4,5 Hektar

Tel. 0471 601190; Fax 0471 601190; www.gumphof.it; info@gumphof.it

Südtiroler Sauvignon DOC Praesulis 2006   ★★★ – ★★★★

Intensives Hellgelb; Holunderblüten, Feigenbaum; saftig, fruchtig, Holunderblüten, Säure, fein, fruchtige Länge, gefällt sehr. (8000 Fl.; L.7; eine Abfüllung; Merum 2007-4) Privatpreis ab Hof: Euro 12,40

Haderburg/Alois Ochsenreiter,
Salurn/Buchholz (BZ)   80 000 Fl./10,5 Hektar

Tel. 0471 889097; Fax 0471 883892; www.haderburg.it; info@haderburg.it

Südtirol Sauvignon DOC Hausmannhof 2006

Mittleres Hellgelb; gewisse Grapefruit- und Blütennoten; saftig, zu knappe Frucht, nicht vielschichtig, Säure, nicht lang. (4000 Fl.; L.2/07; eine Abfüllung; Merum 2007-4) Privatpreis ab Hof: Euro 10,50

Südtirol Sauvignon DOC Hausmannhof Selection 2006

Goldenes Gelb; müde, holzgeprägte Frucht; breit, ohne Sortencharakter, Honig, holzklebrig im Abgang. (1500 Fl.; L.1; eine Abfüllung; Merum 2007-4) Privatpreis ab Hof: Euro 14,50

Kandlerhof/Martin Spornberger, Bozen (BZ)   20 000 Fl./2 Hektar

Tel. 0471 973033; Fax 0471 973033; www.kandlerhof.it; info@kandlerhof.it

Südtiroler Sauvignon DOC 2006   ★★ – ★★★

Hellgelb; zarte, hellfruchtige Kompottnoten; im Gaumen reife Frucht, Süße, angenehm, fein-bitter. (2500 Fl.; L.1; eine Abfüllung; Merum 2007-4) Privatpreis ab Hof: Euro 7,00

Kellerei Bozen, Bozen (BZ)   2 000 000 Fl./320 Hektar

Tel. 0471 270909; Fax 0471 289110; www.kellereibozen.com; info@kellereibozen.com

Südtirol Sauvignon DOC Mock 2006   ★★ – ★★★

Goldenes Hellgelb; verhaltene Fruchtnoten; viel Süße, knappe Frucht, frische Säure, knapper Sauvignon-Charakter, aber als Wein sehr angenehm. (30 000 Fl.; L.7/066; mehr als eine Abfüllung; Merum 2007-4) Privatpreis ab Hof: Euro 9,00

Kellerei Girlan, Girlan (BZ)   1 200 000 Fl./240 Hektar

Tel. 0471 662403; Fax 0471 662654; www.girlan.it; info@girlan.it

Südtirol Sauvignon DOC SelectArt 2006   ★★ – ★★★

Goldenes Hellgelb; verhaltene Stachelbeernoten; viel Süße, Konzentration, gute Säure, im Abgang Stachelbeeren. (10 000 Fl.; L.24047; eine Abfüllung; Merum 2007-4) Privatpreis ab Hof: Euro #

Kellerei Kaltern, Kaltern (BZ)   1 500 000 Fl./290 Hektar

Tel. 0471 963149; Fax 0471 964454; www.kellereikaltern.com; info@kellereikaltern.com

Südtirol Sauvignon DOC Premstaler 2006

Helles Goldgelb; verhalten, schwitzig-kompottige Brotnoten; viel Süße, kaum Frucht, nicht unbedingt als Sauvignon erkennbar. (25 000 Fl.; L.7 100; mehr als eine Abfüllung; Merum 2007-4) Privatpreis ab Hof: Euro 9,90

Kellerei Kurtatsch, Kurtatsch (BZ)   1 000 000 Fl./200 Hektar

Tel. 0471 880115; Fax 0471 880099; www.kellerei-kurtatsch.it; info@kellerei-kurtatsch.it

Südtirol Sauvignon DOC Fohrhof 2006   ★★ – ★★★

Helles Hellgelb; feine Grapefruit- und Holunderblütennoten; saftig, viel Süße, fruchtig, recht angenehm und trinkig. (12 000 Fl.; L.12907; mehr als eine Abfüllung; Merum 2007-4) Privatpreis ab Hof: Euro 8,50

Kellerei Nals Margreid, Nals (BZ)   800 000 Fl./150 Hektar

Tel. 0471 678626; Fax 0471 678945; www.kellerei.it; info@kellerei.it

Südtirol Sauvignon DOC Mantele 2006

Warmes Hellgelb; gewisse Holundernoten; viel Süße, auch im Gaumen kaum fruchtig,
temperamentarm, nicht fein. (20 000 Fl.; L.07/088; eine Abfüllung; Merum 2007-4) Privatpreis ab
Hof: Euro 9,80

Kellerei Schreckbichl, Girlan (BZ)   1 700 000 Fl./300 Hektar

Tel. 0471 664246; Fax 0471 660633; www.schreckbichl.it; info@colterenzio.com

Südtirol Sauvignon DOC Lafóa 2006   ★★ – ★★★

Hellgelb; feine Frucht; recht zart, nicht sehr fruchtig, eher einfach, soweit angenehm.
(36 000 Fl.; L.70516A; mehr als eine Abfüllung; Merum 2007-4) Privatpreis ab Hof: Euro 24,00

Südtirol Sauvignon DOC Prail 2006   ★★ – ★★★

Warmes Hellgelb; verhaltene Zitrus- und Stachelbeernoten; gewisse Frucht, Süße, dürfte
temperamentvoller und fruchtiger sein, angenehme Länge. (30 000 Fl.; L.70604A; mehr als
eine Abfüllung; Merum 2007-4) Privatpreis ab Hof: Euro 12,00

Kellerei St. Michael-Eppan, Eppan (BZ)   2 000 000 Fl./372 Hektar

Tel. 0471 664466; Fax 0471 660764; www.stmichael.it; kellerei@stmichael.it

Südtirol Sauvignon DOC Sanct Valentin 2006   ★★ – ★★★

Hellgelb; Grapefruitaromen; Süße, ausgeprägte Frucht, gute Säure, gute Tiefe und Länge.
(130 000 Fl.; L.7155; mehr als eine Abfüllung; Merum 2007-4) Privatpreis ab Hof: Euro #

Kellerei St. Pauls, St. Pauls (BZ)   1 000 000 Fl./195 Hektar

Tel. 0471 662183; Fax 0471 662530; www.kellereistpauls.com;
info@kellereistpauls.com

Südtirol Sauvignon DOC Passion 2006

Warmes, etwas milchiges Hellgelb; verhaltene Stachelbeernoten; viel Süße, überreife Frucht-
noten, nicht ausgewogen, zu breit. (10 000 Fl.; L.#; eine Abfüllung; Merum 2007-4) Privatpreis
ab Hof: Euro #

Kellerei Terlan, Terlan (BZ)   1 000 000 Fl./140 Hektar

Tel. 0471 257135; Fax 0471 256224; www.kellerei-terlan.com;
office@kellerei-terlan.com

Alto Adige Terlaner Sauvignon DOC Quarz 2005 ★★★ – ★★★★

Goldenes Hellgelb; tiefe fruchtige und mineralische Noten, vielversprechend, je länger er
offen steht, desto reicher das Bukett; vielschichtige Frucht, reicher Wein, feines Holz, Süße,
saftig, lang. (30 000 Fl.; L.06163; eine Abfüllung; Merum 2007-4) Privatpreis ab Hof: Euro 20,00

Südtirol Terlaner Sauvignon DOC Winkl 2006   ★★★

Warmes Hellgelb; dezente Fruchtnoten, Zitrus, Ananas; gewisse Frucht, Süße, gute Säure,
nicht sehr varietal, angenehm. (100 000 Fl.; L.07177; mehr als eine Abfüllung; Merum 2007-4)
Privatpreis ab Hof: Euro 9,00

Laimburg, Auer-Pfatten (BZ)   180 000 Fl./45 Hektar

Tel. 0471 969700; Fax 0471 969799; www.laimburg.bz.it; laimburg@provinz.bz.it

Südtirol Sauvignon DOC 2006

Hellgelb; ausgeprägte, reife Fruchtnoten, erinnert fast an Muskateller; im Gaumen Frucht,
auch im Gaumen Moscato-Aromen, feine Säure, nicht überaus typisch. (13 500 Fl.; L.0704AL;
mehr als eine Abfüllung; Merum 2007-4) Privatpreis ab Hof: Euro 9,00

Südtirol Sauvignon DOC Oyèll 2006   ★★ – ★★★

Hellgelb; gewisse Holunderblüten- und Petrolnoten; frische Frucht im Gaumen, Holunder-
blütensirup, Süße, Akazienhonig im Abgang. (8800 Fl.; L.0707AL; eine Abfüllung; Merum 2007-
4) Privatpreis ab Hof: Euro 11,00

Loacker, St. Justina (BZ)   60 000 Fl./7 Hektar

Tel. 0471 365125; Fax 0471 365313; www.loacker.net; lo@cker.it

Südtirol Sauvignon DOC Tasnim 2006   ★★ – ★★★

Warmes Hellgelb; intensive Frucht, Noten von reifer Ananas, auch Stachelbeeren; viel Süße,
fast überreif, präsente, aber nicht varietale Frucht, recht reich, aber auch etwas opulent.
(10 000 Fl.; L.7 107; eine Abfüllung; Merum 2007-4) Privatpreis ab Hof: Euro 11,10

Lun, Neumarkt (BZ) 300 000 Fl./30 Hektar

Tel. 0471 813256; Fax 0471 823756; www.lun.it; contact@lun.it

Südtirol Sauvignon DOC 2006 ★★ – ★★★

Goldenes Hellgelb; dezente Fruchtnoten; viel Süße, etwas breit, präsente Frucht, mittellang. (5000 Fl.; L.08057; mehr als eine Abfüllung; Merum 2007-4) Privatpreis ab Hof: Euro 7,50

Südtirol Sauvignon DOC Sandbichler 2006

Warmes Hellgelb; feine Sauvignon-Frucht; Süße, gewisse Frucht, etwas temperamentarm, zu kurz. (3000 Fl.; L.24057; eine Abfüllung; Merum 2007-4) Privatpreis ab Hof: Euro 11,35

Malojer, Bozen (BZ) 100 000 Fl./6 Hektar

Tel. 0471 972885; Fax 0471 972885; www.malojer.it; info@malojer.it

Südtirol Sauvignon DOC Gummerhof Gur zu Sand 2006 ★★★

Hellgelb mit Grünschimmer; varietale Noten von Holunderblüten, Feigenbaum, Stachelbeeren; saftig, varietal-fruchtig, Süße, komplett, reich, lang. (3000 Fl.; L.554; eine Abfüllung; Merum 2007-4) Privatpreis ab Hof: Euro 6,50

Martini K. & Sohn, Girlan (BZ) 300 000 Fl./30 Hektar

Tel. 0471 663156; Fax 0471 660668; www.martini-sohn.it; info@martini-sohn.it

Südtirol Sauvignon DOC Palladium 2006 ★★★

Warmes Hellgelb; intensive, warme, einladende Noten von Stachelbeeren, Petrol; kraftvoll, ausladende, vielschichtige Frucht, saftig, lang. (7000 Fl.; L.7020; # Abfüllungen; Merum 2007-4) Privatpreis ab Hof: Euro #

Meraner Weinkellerei, Meran (BZ) 400 000 Fl./139 Hektar

Tel. 0473 235544; Fax 0473 211188; www.meranerkellerei.com; info@meranerkellerei.com

Südtirol Sauvignon DOC Graf von Meran 2006 ★★ – ★★★

Goldenes Hellgelb; Grapefruitnoten, etwas mineralisch; opulent, reife Frucht, Süße, dürfte temperamentvoller sein. (400 000 Fl.; L.07162; mehr als eine Abfüllung; Merum 2007-4) Privatpreis ab Hof: Euro 10,00

Niedermayr, Girlan (BZ) 250 000 Fl./35 Hektar

Tel. 0471 662451; Fax 0471 662538; www.niedermayr.it; info@niedermayr.it

Südtiroler Sauvignon DOC Naun 2006 ★★ – ★★★

Hellgelb, leicht milchig; Noten von Ananas, Stachelbeeren; auch im Gaumen angenehme Frucht, Süße, Fülle, mittellang. (10 500 Fl.; L.270607; mehr als eine Abfüllung; Merum 2007-4) Privatpreis ab Hof: Euro 9,70

Niedrist Ignaz, Girlan (BZ) 35 000 Fl./7 Hektar

Tel. 0471 664494; Fax 0471 664494; ignazniedrist@rolmail.net

Südtirol Terlaner Sauvignon DOC 2006 ★★ – ★★★

Hellgelb; zarte Noten von Stachelbeeren; auch im Gaumen fruchtig, Süße, gewisse Tiefe, im Abgang etwas Akazienhonig, der die Frische beeinträchtigt. (11 000 Fl.; L.307; mehr als eine Abfüllung; Merum 2007-4) Privatpreis ab Hof: Euro 11,00

Obermoser/H. & T. Rottensteiner, St. Magdalena (BZ) 35 000 Fl./3,75 Hektar

Tel. 0471 973549; Fax 0471 325827; www.obermoser.it; info@obermoser.it

Südtiroler Sauvignon DOC 2006

Hellgelb; varietale Noten mit nasser Wolle; konzentriert, wollig, auch fruchtig, Süße, Abzug für Nase. (2700 Fl.; L.01; eine Abfüllung; Merum 2007-4) Privatpreis ab Hof: Euro 7,00

Prälatenhof/Roland Rohregger, Kaltern (BZ) 18 000 Fl./2,5 Hektar

Tel. 0471 962540; Fax 0471 962541; www.praelatenhof.it; info@praelatenhof.it

Südtirol Sauvignon DOC 2006

Goldenes Hellgelb; Erdnussnoten verdecken Frucht; Süße, recht saftig, Erdnuss. (2000 Fl.; L.702; eine Abfüllung; Merum 2007-4) Privatpreis ab Hof: Euro 8,80

Ritterhof, Kaltern (BZ)   290 000 Fl./7 Hektar

Tel. 0471 963298; Fax 0471 961088; www.ritterhof.it; info@ritterhof.it

Südtiroler Sauvignon DOC 2006   ★★★ – ★★★★

Hellgelb; feine Stachelbeer- und Holunderblütennoten; feine Struktur, fruchtig, Stachelbeere, zart, saftig und vielschichtig, lang. (11 000 Fl.; L.07134; mehr als eine Abfüllung; Merum 2007-4) Privatpreis ab Hof: Euro 7,30

Schwanburg, Nals (BZ)   300 000 Fl./27 Hektar

Tel. 0471 678622; Fax 0471 678430; www.schwanburg.com; info@schwanburg.it

Südtirol Sauvignon DOC Engl 2006

Mittleres Hellgelb; etwas neutrale Fruchtnoten, Zitrus; Süße, einfach, neutral, soweit angenehm, aber zu wenig Charakter, gewisse Länge. (300 000 Fl.; L.#; mehr als eine Abfüllung; Merum 2007-4) Privatpreis ab Hof: Euro 8,90

Stroblhof, Eppan (BZ)   32 000 Fl./3,5 Hektar

Tel. 0471 662250; Fax 0471 663644; www.stroblhof.it; hotel@stroblhof.it

Südtirol Sauvignon DOC Nico 2006

Hellgelb; nicht fruchtig, Wollnoten; Süße, recht viel Säure, Honig, nicht fein. (3300 Fl.; L.30; eine Abfüllung; Merum 2007-4) Privatpreis ab Hof: Euro #

Tiefenbrunner Schlosskellerei Turmhof, Entiklar-Kurtatsch (BZ)   700 000 Fl./25 Hektar

Tel. 0471 880122; Fax 0471 880433; www.tiefenbrunner.com; info@tiefenbrunner.com

Südtirol Sauvignon DOC Kirchleiten 2006   ★★ – ★★★

Warmes Hellgelb; etwas Zitrus, Grapefruit; Süße, Säure, zu knappe Frucht, etwas einfach, recht angenehm. (20 000 Fl.; L.7156; mehr als eine Abfüllung; Merum 2007-4) Privatpreis ab Hof: Euro 10,40

Unterganzner/Josephus Mayr, Kardaun (BZ)   60 000 Fl./8,5 Hektar

Tel. 0471 365582; Fax 0471 365582; mayr.unterganzner@dnet.it

Südtirol Sauvignon DOC Platt & Pignat 2005

Hellgelb; zarte Fruchtnoten; etwas matte Frucht, nicht ausdrucksstark, zu müde. (2600 Fl.; L.1A; eine Abfüllung; Merum 2007-4) Privatpreis ab Hof: Euro 7,80

Waldgries/Plattner Christian, Bozen (BZ)   45 000 Fl./6 Hektar

Tel. 0471 973245; Fax 0471 973245; www.waldgries.it; info@waldgries.it

Südtiroler Sauvignon DOC 2006   ★★★

Warmes Hellgelb; intensive, varietale Noten von Feigenbaum, Holunderblüten und ausgeprägt „Katzenpisse"; saftig, im Gaumen ebenfalls ausgeprägt varietale Frucht, Süße, gute Säure, frisch, lang. (2900 Fl.; L.04/07; eine Abfüllung; Merum 2007-4) Privatpreis ab Hof: Euro 8,70

Weingut Niklas/Sölva, Kaltern (BZ)   40 000 Fl./5 Hektar

Tel. 0471 963432; Fax 0471 963432; www.niklaserhof.it; info@niklaserhof.it

Südtiroler Sauvignon DOC 2006   ★★★

Warmes Hellgelb; frische, Sauvignon-fruchtige Noten; viel Süße, frische Frucht, saftige Säure, recht varietal und tief, angenehm. (7000 Fl.; L.750; mehr als eine Abfüllung; Merum 2007-4) Privatpreis ab Hof: Euro 7,90

Vernatsch-Weine

Seit die Schweiz als Hauptabnehmer für Vernatsch-Weine zu Anfang der 80er-Jahre plötzlich in Streik trat, nahm die Anbaufläche im Südtirol von weit über 3000 Hektar auf die heutigen 1600 Hektar ab. Inzwischen ist der Vernatsch aus den zu hohen und zu flachen Lagen verschwunden und konzentriert sich immer mehr dort, wo seine Ausreife gewährleistet ist.

Für das Gleichgewicht eines Magdaleners oder eines Kalterers gibt es wenig Spielraum: Die Säure ist von Natur aus tief, Tannin hat der Vernatsch wenig, dafür neigt er rasch zu Bitterkeit. Viel Farbe geben die großen, hellen Beeren ebenfalls nicht her, dafür besitzen diese Weine eine aromatische, intensive Frucht. Aus Magdalener & Co. lassen sich zum Glück keine Weine internationalen Stils machen.

Vernatsch ist der Wein für Leute, die aromatisch-fruchtige Weine mit wenig Säure und wenig Tannin lieben. Diese Rundheit bringt natürlich auch mit sich, dass Vernatsch-Weine nicht zu jeder Speise passen. Kräftigen, fettreichen Gerichten vermag ein Kalterersee oder ein Magdalener zu wenig entgegenzusetzen. Aber für leichte Zwischenmahlzeiten, für eine Brettljause mit Wurst, frischem Käse und natürlich Schüttelbrot ist ein Kalterer oder ein Magdalener ein Hochgenuss.

Produktionsregeln Südtirol St. Magdalener DOC

Traubensorten: Vernatsch (mindestens 90 %), Lagrein, Blauburgunder (bis 10 %); Höchstertrag: 12 500 kg Trauben/ha; Mindestalkohol: 11,5 Vol.-%.

Produktionsregeln Südtirol Kalterersee DOC

Traubensorten: Vernatsch (mindestens 85 %), Lagrein, Blauburgunder (bis 15 %); Höchstertrag: 14 000 kg Trauben/ha; Mindestalkohol: 10,5 Vol.-% (Auslese: 11,5 Vol.-%). Kalterersee DOC ohne die Zusatzbezeichnung „Südtirol" kann auch aus der Provinz Trento stammen.

Produktionsregeln Südtirol Meraner DOC

Traubensorten: Vernatsch (mindestens 85 %), andere Sorten (15 %); Höchstertrag: 12 500 kg Trauben/ha; Mindestalkohol: 11 Vol.-%.

Produktionsregeln Südtiroler Vernatsch DOC

Traubensorten: Vernatsch (mindestens 85 %), andere Sorten (15 %); Höchstertrag: 14 000 kg Trauben/ha; Mindestalkohol: 10,5 Vol.-%.

Kalterersee

Baron di Pauli, Kaltern (BZ) 28 000 Fl./15 Hektar

Tel. 0471 963696; Fax 0471 964454; www.barondipauli.com;
info@barondipauli.com

Kalterersee Classico Superiore DOC Kalkofen 2006

*Mittelhelles Rubin; Zwetschgennoten; Süße, Kraft, herbes Tannin, etwas bitter. (10 000 Fl.;
L.7116; mehr als eine Abfüllung; Merum 2007-4)* Privatpreis ab Hof: Euro 7,90

Castel Sallegg/Graf Kuenburg, Bozen (BZ) 120 000 Fl./30 Hektar

Tel. 0471 963132; Fax 0471 964730; www.castelsallegg.it;
castelsallegg@kuenburg.it

Lago di Caldaro Scelto Classico DOC
Bischofsleiten 2006 ★★★ – ★★★★ JLF

*Blassrot; schwitzig-fruchtige Nase, Gummi, sehr tief und fein; schlank, leicht, fein, Süße,
recht fruchtig, Gummi, Tiefe, geschmeidig, angenehm und trinkig. (7800 Fl.; L.0807; eine
Abfüllung; Merum 2007-4)* Privatpreis ab Hof: Euro 6,50

Elena Walch, Tramin (BZ) 350 000 Fl./30 Hektar

Tel. 0471 860172; Fax 0471 860781; www.elenawalch.com; info@elenawalch.com

Kalterersee Classico Superiore DOC
Castel Ringberg 2006 ★★ – ★★★

*Helles Rubin; schalige Zwetschgennoten; Süße, nicht sehr Vernatsch-fruchtig, leicht bitter,
müsste geschmeidiger sein. (13 000 Fl.; L.070231; eine Abfüllung; Merum 2007-4)* Privatpreis ab
Hof: Euro 8,00

Erste & Neue Kellerei, Kaltern (BZ) 1 000 000 Fl./340 Hektar

Tel. 0471 963122; Fax 0471 964368; www.erste-neue.it; info@erste-neue.it

Kalterer See Auslese DOC Puntay 2006 ★★ – ★★★

*Hellrot; nicht ganz klare Vernatsch-Nase; Süße, Frucht, recht angenehm. (15 000 Fl.; L.07/108;
eine Abfüllung; Merum 2007-4)* Privatpreis ab Hof: Euro 6,60

Kalterersee Auslese DOC Leuchtenburg 2006 ★★ – ★★★

*Hellrot; Bittermandelnoten; schlank, fein, geschmeidig, feine Säure, angenehm, dürfte etwas
konzentrierter sein. (80 000 Fl.; L.07/081; mehr als eine Abfüllung; Merum 2007-4)* Privatpreis ab
Hof: Euro 5,30

Kellerei Kaltern, Kaltern (BZ) 1 500 000 Fl./290 Hektar

Tel. 0471 963149; Fax 0471 964454; www.kellereikaltern.com;
info@kellereikaltern.com

Kalterersee DOC Solos 2006

*Mittelhelles Rubin; kompottig-schalige Fruchtnoten; Mittelgewicht, herb, nicht geschmei-
dig, endet ziemlich bitter. (Demeter.) (10 000 Fl.; L.7 100; mehr als eine Abfüllung; Merum 2007-
4)* Privatpreis ab Hof: Euro 7,30

Kellerei St. Michael-Eppan, Eppan (BZ) 2 000 000 Fl./372 Hektar

Tel. 0471 664466; Fax 0471 660764; www.stmichael.it; kellerei@stmichael.it

Kalterer See Auslese DOC Sattel 2006

*Hellrot; feine Kirschennoten; rund, verhaltene Frucht, gewisses Holz, etwas matt im Abgang.
(30 000 Fl.; L.7038; mehr als eine Abfüllung; Merum 2007-4)* Privatpreis ab Hof: Euro #

Klosterhof, Kaltern (BZ) 25 000 Fl./3,6 Hektar

Tel. 0471 961046; Fax 0471 963406; www.garni-klosterhof.com;
info@garni-klosterhof.com

Kalterersee Classico Superiore DOC
Plantaditsch 2006 ★★ – ★★★

*Hellrot; brotige Noten von Erdbeeren; rund, Struktur, gewisse Saftigkeit, Süße, lang, feine
Säure, dürfte geschmeidiger sein. (9000 Fl.; L.65; eine Abfüllung; Merum 2007-4)* Privatpreis ab
Hof: Euro 5,50

Laimburg, Auer-Pfatten (BZ) — 180 000 Fl./45 Hektar

Tel. 0471 969700; Fax 0471 969799; www.laimburg.bz.it; laimburg@provinz.bz.it

Kalterersee Auslese DOC Ölleiten 2006 ★★★ – ★★★★ JLF

Hellrot; einladende, schwitzige Vernatsch-Noten, verblühte Rosen, rote Beerengrütze, Gummi; rund, fruchtig, leicht, Süße, geschmeidig, lang. (11 000 Fl.; L.0704BL; mehr als eine Abfüllung; Merum 2007-4) Privatpreis ab Hof: Euro #

Lieselehof, Kaltern (BZ) — 15 000 Fl./2 Hektar

Tel. 0471 965060; Fax # ; www.lieselehof.com; info@lieselehof.com

Kalterersee Auslese DOC Amadeus 2006

Mittelhelles Rot; fruchtige, aber nicht komplett klare Noten; kraftvoll, zu herb, nicht geschmeidig. (2000 Fl.; L.07; eine Abfüllung; Merum 2007-4) Privatpreis ab Hof: Euro 7,50

Lun, Neumarkt (BZ) — 300 000 Fl./30 Hektar

Tel. 0471 813256; Fax 0471 823756; www.lun.it; contact@lun.it

Kalterersee Auslese DOC Klosterhof 2006

Mittelhelles Rot; teerig-fruchtige Nase; Süße, kräftig, herbes Tannin, trocknet. (7000 Fl.; L.07037; mehr als eine Abfüllung; Merum 2007-4) Privatpreis ab Hof: Euro 4,70

Südtirol St. Magdalener DOC 2006 ★★ – ★★★

Frisches Hellrot; verhaltene Erdbeernoten; recht kraftvoll, gewisse Frucht, etwas bitter im Abgang. (18 000 Fl.; L.15037; mehr als eine Abfüllung; Merum 2007-4) Privatpreis ab Hof: Euro 5,25

Peter Zemmer, Kurtinig (BZ) — 550 000 Fl./10 Hektar

Tel. 0471 817143; Fax 0471 817743; www.zemmer.com; info@zemmer.com

Kalterersee klassisch DOC La Lot 2006

Mittleres, junges Rot; marmeladige Frucht; zu breit, marmeladig, endet etwas bitter. (10 000 Fl.; L.71331; mehr als eine Abfüllung; Merum 2007-4) Privatpreis ab Hof: Euro 4,90

Prälatenhof/Roland Rohregger, Kaltern (BZ) — 18 000 Fl./2,5 Hektar

Tel. 0471 962540; Fax 0471 962541; www.praelatenhof.it; info@praelatenhof.it

Kalterersee Auslese DOC 2006

Hellrot; recht intensive Noten von Orangenschale; saftig, Säure, Tannin, nicht geschmeidig, trocknet. (5000 Fl.; L.706; eine Abfüllung; Merum 2007-4) Privatpreis ab Hof: Euro 6,00

Ritterhof, Kaltern (BZ) — 290 000 Fl./7 Hektar

Tel. 0471 963298; Fax 0471 961088; www.ritterhof.it; info@ritterhof.it

Kalterer See Auslese klassisch DOC 2006 ★★ – ★★★

Frisches Hellrot; frische Noten von Amarenamarmelade; Süße, Struktur, fruchtig, etwas marmeladig und im Abgang eine Spur zu breit, aber angenehm, salzig, recht lang (18 000 Fl.; L.07141; mehr als eine Abfüllung; Merum 2007-4) Privatpreis ab Hof: Euro 5,20

Stroblhof, Eppan (BZ) — 32 000 Fl./3,5 Hektar

Tel. 0471 662250; Fax 0471 663644; www.stroblhof.it; hotel@stroblhof.it

Kalterersee Auslese DOC Burgleiten 2006 ★★ – ★★★

Blasses Hellrot; brotig-schwitzige Vernatsch-Noten; leicht, fein, feine Frucht, gute Länge, geschmeidig, feinbitter. (2 250 Fl.; L.32; eine Abfüllung; Merum 2007-4) Privatpreis ab Hof: Euro #

Tiefenbrunner Schlosskellerei Turmhof, Entiklar-Kurtatsch (BZ) — 700 000 Fl./25 Hektar

Tel. 0471 880122; Fax 0471 880433; www.tiefenbrunner.com; info@tiefenbrunner.com

Kalterersee Classico Superiore DOC 2006 ★★★ JLF

Junges Hellrot; frische Vernatsch-Aromen, Bittermandeln, Zwetschgen, Kirschen, einladend; leicht, fruchtig, angenehme Süße, trinkig. (15 000 Fl.; L.7173; mehr als eine Abfüllung; Merum 2007-4) Privatpreis ab Hof: Euro 4,90

281

Weingut Niklas/Sölva, Kaltern (BZ)   40 000 Fl./5 Hektar
Tel. 0471 963432; Fax 0471 963432; www.niklaserhof.it; info@niklaserhof.it
Kalterersee Auslese Klassisch DOC 2006   ★★★ – ★★★★
Hellrot; helle Apfel- und Erdbeernoten, Gummi, vielschichtig; Süße, saftig, filigran und geschmeidig, feine Säure, präsente Frucht. (5000 Fl.; L.725; mehr als eine Abfüllung; Merum 2007-4) Privatpreis ab Hof: Euro 5,00

Südtirol St. Magdalener

Brigl, St. Michael-Eppan (BZ)   2 000 000 Fl./50 Hektar
Tel. 0471 662419; Fax 0471 660644; www.brigl.com; brigl@brigl.com
Südtirol St. Magdalener DOC Rielerhof 2006   ★★ – ★★★
Mittleres Rot; säuerlich-schalige Frucht; Süße, gewisse Frucht, Säure, etwas herb. (15 000 Fl.; L.7002; mehr als eine Abfüllung; Merum 2007-4) Privatpreis ab Hof: Euro 5,70

Egger-Ramer, Bozen (BZ)   120 000 Fl./14 Hektar
Tel. 0471 280541; Fax 0471 406647; www.egger-ramer.com;
info@egger-ramer.com
Südtirol St. Magdalener DOC Classico 2006   ★★ – ★★★
Ziemlich helles Rot; einladende Rosennoten, Bittermandel; saftig, Frucht, ausgewogen, vielleicht eine Spur zu herb. (25 000 Fl.; L.70209; eine Abfüllung; Merum 2007-4) Privatpreis ab Hof: Euro 6,00
Südtirol St. Magdalener DOC Classico Reisegger 2006
Mittelhelles Rot; apfelig-fruchtige Noten; recht kraftvoll, Süße, zu breit und trocken. (15 000 Fl.; L.70504; eine Abfüllung; Merum 2007-4) Privatpreis ab Hof: Euro 7,00

Erste & Neue Kellerei, Kaltern (BZ)   1 000 000 Fl./340 Hektar
Tel. 0471 963122; Fax 0471 964368; www.erste-neue.it; info@erste-neue.it
Südtirol St. Magdalener DOC Gröbnerhof 2006   ★★ – ★★★
Hellrot; fruchtige Nase, Steinfruchtnoten; rund, Süße, fruchtig, recht geschmeidig, füllig, recht lang, trocknet etwas nach. (24 000 Fl.; L.07/045; mehr als eine Abfüllung; Merum 2007-4) Privatpreis ab Hof: Euro 6,20

Glögglhof/Franz Gojer, St. Magdalena (BZ)   40 000 Fl./4 Hektar
Tel. 0471 978775; Fax 0471 978775; www.gojer.it; info@gojer.it
Südtirol St. Magdalener DOC Classico 2006   ★★ – ★★★
Mittelhelles Rot; reiffruchtige Noten von Marmelade; viel Süße, marmeladige Frucht, zu breit. (20 000 Fl.; L.1; mehr als eine Abfüllung; Merum 2007-4) Privatpreis ab Hof: Euro 5,85
Südtirol St. Magdalener DOC Rondell 2006   ★★★
Mittleres Rot; süße, rote Beerenmarmelade, Tiefe; Süße, Frucht, Fülle, konzentriert, fast zu opulent, reich, Länge. (6000 Fl.; L.5; eine Abfüllung; Merum 2007-4) Privatpreis ab Hof: Euro 6,50

Kandlerhof/Martin Spornberger, Bozen (BZ)   20 000 Fl./2 Hektar
Tel. 0471 973033; Fax 0471 973033; www.kandlerhof.it; info@kandlerhof.it
Südtirol St. Magdalener DOC Classico 2006   ★★★ JLF
Hellrot; schwitzige Fruchtnoten; viel Süße, recht fruchtig, saftig, angenehm, lang. (11 400 Fl.; L.2; mehr als eine Abfüllung; Merum 2007-4) Privatpreis ab Hof: Euro 5,50

Kellerei Bozen (BZ)   2 000 000 Fl./320 Hektar
Tel. 0471 270909; Fax 0471 289110; www.kellereibozen.com;
info@kellereibozen.com
Südtirol St. Magdalener DOC Classico 2006
Mittelhelles Rot; verhalten; viel Süße, reife Frucht, wenig Struktur, süß und etwas breit, nicht saftig. (300 000 Fl.; L.7/142; mehr als eine Abfüllung; Merum 2007-4) Privatpreis ab Hof: Euro 5,00

Südtirol St. Magdalener DOC Classico Huck am Bach 2006

Helles Rubin; dunkle Steinfruchtnoten, auch rote Beeren; viel Süße, marmeladige Frucht, opulent, zu breit. (80 000 Fl.; L.7/072; mehr als eine Abfüllung; Merum 2007-4) Privatpreis ab Hof: Euro 6,30

Kellerei Girlan, Girlan (BZ)   1 200 000 Fl./240 Hektar

Tel. 0471 662403; Fax 0471 662654; www.girlan.it; info@girlan.it

Südtirol St. Magdalener DOC Bischofshof 2006   ★★★

Hellrot; Gummi- und rote Marmeladenoten; Süße, Steinfruchtaromen, Struktur, recht lang. (8000 Fl.; L.16047; eine Abfüllung; Merum 2007-4) Privatpreis ab Hof: Euro #

Kellerei Nals Margreid, Nals (BZ)   800 000 Fl./150 Hektar

Tel. 0471 678626; Fax 0471 678945; www.kellerei.it; info@kellerei.it

Südtirol St. Magdalener DOC Rieser 2006   ★★★

Hellrot; Vernatsch-Frucht; viel Süße, Frucht, recht lang. (90 000 Fl.; L.07/143; eine Abfüllung; Merum 2007-4) Privatpreis ab Hof: Euro 5,25

Klosterkellerei Muri-Gries, Bozen (BZ)   450 000 Fl./30 Hektar

Tel. 0471 282287; Fax 0471 273448; www.muri-gries.com; info@muri-gries.com

Südtirol St. Magdalener DOC 2006

Eher dunkles Rot; kompottige Frucht; Süße, nicht geschmeidig, kompottige Frucht, herb. (30 000 Fl.; L.07 108; mehr als eine Abfüllung; Merum 2007-4) Privatpreis ab Hof: Euro 4,95

Loacker, St. Justina (BZ)   60 000 Fl./7 Hektar

Tel. 0471 365125; Fax 0471 365313; www.loacker.net; lo@cker.it

Südtirol St. Magdalener DOC Classico Morit 2006

Purpurnes, mittleres Rubin; Noten von Zwetschgenkompott; fremdartig im Gaumen, Süße, Steinfruchtaroma, herb. (Biowein.) (10 000 Fl.; L.7 107; mehr als eine Abfüllung; Merum 2007-4) Privatpreis ab Hof: Euro 7,25

Niedermayr, Girlan (BZ)   250 000 Fl./35 Hektar

Tel. 0471 662451; Fax 0471 662538; www.niedermayr.it; info@niedermayr.it

Südtirol St. Magdalener DOC Classico 2006   ★★ – ★★★

Helles Rot; Bittermandelnoten; Süße, auch im Gaumen Bittermandeln, recht saftig, angenehm, lang. (30 000 Fl.; L.210307; mehr als eine Abfüllung; Merum 2007-4) Privatpreis ab Hof: Euro 5,50

Obermoser/H. & T. Rottensteiner,
St. Magdalena (BZ)   35 000 Fl./3,75 Hektar

Tel. 0471 973549; Fax 0471 325827; www.obermoser.it; info@obermoser.it

Südtirol St. Magdalener DOC Classico 2006

Mittleres Rot; Noten von Erdbeeren und Heu; Kraft, Heu- und Teeraroma, nicht geschmeidig, zu streng, endet zu bitter. (18 000 Fl.; L.04; mehr als eine Abfüllung; Merum 2007-4) Privatpreis ab Hof: Euro 6,00

Peter Zemmer, Kurtinig (BZ)   550 000 Fl./10 Hektar

Tel. 0471 817143; Fax 0471 817743; www.zemmer.com; info@zemmer.com

Südtiroler St. Magdalener DOC 2006

Mittelhelles Rot; nicht komplett klare Frucht; Süße, marmeladig, nicht klar definiert, endet ziemlich bitter. (10 000 Fl.; L.943; mehr als eine Abfüllung; Merum 2007-4) Privatpreis ab Hof: Euro 5,90

Ritterhof, Kaltern (BZ)   290 000 Fl./7 Hektar

Tel. 0471 963298; Fax 0471 961088; www.ritterhof.it; info@ritterhof.it

Südtirol St. Magdalener DOC Perlhof 2006   ★★ – ★★★

Mittelhelles Rot; verhaltene Frucht; Süße, an Pinot erinnernde Frucht, gewisse Säure, etwas breit, nicht geschmeidig. (9000 Fl.; L.07156; eine Abfüllung; Merum 2007-4) Privatpreis ab Hof: Euro 6,30

Schwanburg, Nals (BZ)   300 000 Fl./27 Hektar

Tel. 0471 678622; Fax 0471 678430; www.schwanburg.com; info@schwanburg.it

Südtirol St. Magdalener DOC Lunhof 2006

Helles, purpurnes Rubin; schalige Fruchtnoten, Zwetschgen; recht konzentriert, knappe Frucht, matt, ziemlich bitter. (12 000 Fl.; L.#; mehr als eine Abfüllung; Merum 2007-4) Privatpreis ab Hof: Euro 5,90

Unterganzner/Josephus Mayr, Kardaun (BZ)   60 000 Fl./8,5 Hektar

Tel. 0471 365582; Fax 0471 365582; mayr.unterganzner@dnet.it

Südtirol St. Magdalener DOC 2005

Mittelhelles Rot; reifende Nase; Süße, herb, nicht fruchtig, nicht geschmeidig, trocknet. (8900 Fl.; L.1A; eine Abfüllung; Merum 2007-4) Privatpreis ab Hof: Euro 5,50

Untermoserhof/Georg Ramoser,
St. Magdalena (BZ)   35 000 Fl./4,5 Hektar

Tel. 0471 975481; Fax 0471 975481; untermoserhof@rolmail.net

Südtirol St. Magdalener DOC klassisch 2006   ★★★

Helles Rot; teerige Vernatsch-Frucht; Süße, Frucht, gewisse Saftigkeit, kräftig, fast zu konzentriert, recht lang. (20 000 Fl.; L.3; eine Abfüllung; Merum 2007-4) Privatpreis ab Hof: Euro 6,00

Waldgries/Plattner Christian, Bozen (BZ)   45 000 Fl./6 Hektar

Tel. 0471 973245; Fax 0471 973245; www.waldgries.it; info@waldgries.it

Südtirol St. Magdalener DOC Classico 2006   ★★ – ★★★

Mittleres Rot; schwarze Johannisbeeren, Holundernoten; saftig, holundrige Aromen auch im Gaumen, recht trinkig und geschmeidig, auch wenn als Magdalener nicht typisch, leichter Bitterton, insgesamt sehr angenehm. (25 000 Fl.; L.05/07; eine Abfüllung; Merum 2007-4) Privatpreis ab Hof: Euro 6,20

Wilhelm Walch, Tramin (BZ)   650 000 Fl./73 Hektar

Tel. 0471 860172; Fax 0471 860781; www.walch.it; info@walch.it

Südtirol St. Magdalener DOC Classico 2006   ★★ – ★★★

Mittelhelles Rot; verhaltene Frucht; Süße, gewisse Frucht, schlank, einfach, aber recht angenehm. (25 000 Fl.; L.070221; eine Abfüllung; Merum 2007-4) Privatpreis ab Hof: Euro 7,00

Zundlhof/Helmut Ramoser, Bozen (BZ)   20 000 Fl./3,3 Hektar

Tel. 0471 978702; Fax 0471 978702; #

Südtirol St. Magdalener DOC Classico 2006

Dunkles Rot; nicht komplett klare, marmeladige Fruchtnoten; Süße, kraftvoll, überreife, schwitzige Frucht, zu opulent, etwas bitter im Abgang. (15 000 Fl.; L.1; # Abfüllungen; Merum 2007-4) Privatpreis ab Hof: Euro 4,80

Südtiroler Meraner

Ansitz Kränzel/Graf Pfeil, Tscherms (BZ)   25 000 Fl./6 Hektar

Tel. 0473 564549; Fax 0473 554806; www.labyrinth.bz; info@kraenzel.com

Südtiroler Meraner Hügel DOC 2006

Mittleres Rot; nicht fruchtige Nase, fehlt Frische; viel Süße, marmeladige Frucht, nicht geschmeidig, zu breit. (4500 Fl.; L.407; # Abfüllungen; Merum 2007-4) Privatpreis ab Hof: Euro 6,50

Südtiroler Meraner Hügel DOC Reserve Baslan 2005

Mittleres Rubin; weinnasse Holznoten; Zwetschgenfrucht, Holz, bitter, ungeschmeidig, erinnert nicht an Vernatsch. (3000 Fl.; L.0506; # Abfüllungen; Merum 2007-4) Privatpreis ab Hof: Euro 9,00

Burggräfler Kellerei, Marling (BZ)   450 000 Fl./143 Hektar

Tel. 0473 447137; Fax 0473 445216; www.burggraefler.it; info@burggraefler.it

Südtirol Meraner DOC Algunder Rosengarten 2006   ★★★ JLF

Hellrot; einladende Fruchtnoten; Süße, viel Frucht, saftig, lang. (35 000 Fl.; L.07178; mehr als eine Abfüllung; Merum 2007-4) Privatpreis ab Hof: Euro 5,00

Südtirol Meraner DOC Küchelberg 2006 ★★★ – ★★★★ JLF
Hellrot; Gummi-, Mandel- und Rosennoten; fruchtig, Süße, rund, saftig, Länge. (120 000 Fl.; L.07144; mehr als eine Abfüllung; Merum 2007-4) Privatpreis ab Hof: Euro 4,45

Südtirol Meraner DOC Schickenburg 2006 ★★★ JLF
Mittleres, leicht bläuliches Rot; intensive Frucht, Zwetschgen, Rosen, einladend; zarter, leichter Ansatz, dann Frucht, geschmeidig, lang, schöner Vernatsch. (45 000 Fl.; L.07151; mehr als eine Abfüllung; Merum 2007-4) Privatpreis ab Hof: Euro 5,00

Meraner Weinkellerei, Meran (BZ) 400 000 Fl./139 Hektar
Tel. 0473 235544; Fax 0473 211188; www.meranerkellerei.com; info@meranerkellerei.com

Südtirol Meraner DOC Eines Fürsten Traum 2006
Mittleres Rot; verhaltene Fruchtnoten, etwas teerig; viel Süße, knappe Frucht, breit, nicht geschmeidig. (20 000 Fl.; L.0793; mehr als eine Abfüllung; Merum 2007-4) Privatpreis ab Hof: Euro 5,55

Popphof/Andreas Menz, Marling (BZ) 25 000 Fl./4 Hektar
Tel. 0473 447180; Fax 0473 207861; www.popphof.com; info@popphof.com

Südtiroler Meraner DOC 2006
Hellrot; Frucht mit Veilchen- und Teernoten; Süße, teerige Frucht, etwas bitter, nicht geschmeidig, im Abgang klebt etwas Holz nach. (6400 Fl.; L.03071; eine Abfüllung; Merum 2007-4) Privatpreis ab Hof: Euro 5,70

Südtiroler Vernatsch

Andrianer Kellerei, Andrian (BZ) 500 000 Fl./80 Hektar
Tel. 0471 510137; Fax 0471 510227; www.andrianer-kellerei.it; info@andrianer-kellerei.it

Südtiroler Vernatsch DOC Justiner Sonnengut 2006
Mittelhelles Rot; gewisse Frucht; viel Säure, Süße, knappe Frucht, endet etwas trocken, rustikal, nicht geschmeidig. (8000 Fl.; L.07/072 8:58; eine Abfüllung; Merum 2007-4) Privatpreis ab Hof: Euro 6,50

Brigl, St. Michael-Eppan (BZ) 2 000 000 Fl./50 Hektar
Tel. 0471 662419; Fax 0471 660644; www.brigl.com; brigl@brigl.com

Südtiroler Grauvernatsch DOC Kaltenburg 2006 ★★ – ★★★
Warmes Hellrot; einladende Noten von Erdbeeren; Süße, Alkohol, gewisse Frucht, nicht überaus geschmeidig, feiner Bitterton, recht lang. (10 000 Fl.; L.7039; mehr als eine Abfüllung; Merum 2007-4) Privatpreis ab Hof: Euro 5,70

Castelfeder, Kurtinig (BZ) 400 000 Fl./50 Hektar
Tel. 0471 820420; Fax 0471 820410; www.castelfeder.it; info@castelfeder.it

Südtiroler Vernatsch DOC Breitbacher 2006
Blasses Hellrot; schweißige Noten, nicht sehr klar; Süße, saftig, gewisse Frucht, recht angenehm, etwas breit. (5000 Fl.; L.07691.1; eine Abfüllung; Merum 2007-4) Privatpreis ab Hof: Euro 5,50

Gumphof/Markus Prackwieser, Völs am Schlern (BZ) 35 000 Fl./4,5 Hektar
Tel. 0471 601190; Fax 0471 601190; www.gumphof.it; info@gumphof.it

Südtiroler Vernatsch DOC 2006 ★★★
Frisches Hellrot; ansprechende Frucht, Erdbeer-Rosennoten; gewisse Kraft, Süße, Frucht, recht konzentriert und angenehm. (11 000 Fl.; L.2; mehr als eine Abfüllung; Merum 2007-4) Privatpreis ab Hof: Euro 5,60

Kellerei Girlan, Girlan (BZ)   1 200 000 Fl./240 Hektar

Tel. 0471 662403; Fax 0471 662654; www.girlan.it; info@girlan.it

Südtirol Vernatsch DOC Gschleier 2006

Mittleres Rot; nicht frische Nase, Noten von Holz; viel Süße, etwas Holz, breit, herbes Tannin. (12 000 Fl.; L.02077; eine Abfüllung; Merum 2007-4) Privatpreis ab Hof: Euro #

Südtiroler Vernatsch DOC Fass Nr. 9 2006   ★★★

Hellrot; verhaltene Fruchtnoten; viel Süße, gewisse Säure, präsente Frucht, konzentriert und strukturiert, gewisses Tannin, Länge. (120 000 Fl.; L.15057; mehr als eine Abfüllung; Merum 2007-4) Privatpreis ab Hof: Euro #

Kellerei Kurtatsch, Kurtatsch (BZ)   1 000 000 Fl./200 Hektar

Tel. 0471 880115; Fax 0471 880099; www.kellerei-kurtatsch.it; info@kellerei-kurtatsch.it

Südtirol Grauvernatsch DOC 2006   ★★ – ★★★

Hellrot; feine Vernatsch-Nase, einladend; saftig, feine Süße, gewisse Frucht, recht zart, schlank, etwas trocken im Abgang. (50 000 Fl.; L.12907; mehr als eine Abfüllung; Merum 2007-4) Privatpreis ab Hof: Euro 5,30

Südtirol Grauvernatsch DOC Sonntaler 2006   ★★ – ★★★

Hellrot; fruchtige Noten; viel Süße, gewisse Frucht, kräftig, nicht geschmeidig. (15 000 Fl.; L.#; mehr als eine Abfüllung; Merum 2007-4) Privatpreis ab Hof: Euro 6,40

Kellerei Nals Margreid, Nals (BZ)   800 000 Fl./150 Hektar

Tel. 0471 678626; Fax 0471 678945; www.kellerei.it; info@kellerei.it

Südtiroler Vernatsch DOC Galea 2006   ★★ – ★★★

Mittleres Rot; recht fruchtig; viel Süße, präsente Frucht, feinbitter, nicht ganz ausgewogen. (20 000 Fl.; L.07/052; eine Abfüllung; Merum 2007-4) Privatpreis ab Hof: Euro 6,70

Kellerei Schreckbichl, Girlan (BZ)   1 700 000 Fl./300 Hektar

Tel. 0471 664246; Fax 0471 660633; www.schreckbichl.it; info@colterenzio.com

Südtirol Vernatsch DOC Praedium Menzenhof 2006   ★★ – ★★★

Helles, frisches Rot; etwas parfümierte Frucht; ausgewogen, fruchtig, angenehm, bremst dann im Abgang. (10 000 Fl.; L.70404B; eine Abfüllung; Merum 2007-4) Privatpreis ab Hof: Euro 8,50

Kellerei St. Michael-Eppan, Eppan (BZ)   2 000 000 Fl./372 Hektar

Tel. 0471 664466; Fax 0471 660764; www.stmichael.it; kellerei@stmichael.it

Südtirol Vernatsch DOC Pagis 2006   ★★ – ★★★

Mittelhelles Rot; ansprechende Vernatsch-Frucht; Süße, fruchtig, kräftig, Frucht und gewisse Herbe im Abgang, nicht sehr geschmeidig. (30 000 Fl.; L.7037; mehr als eine Abfüllung; Merum 2007-4) Privatpreis ab Hof: Euro #

Kellerei St. Pauls, St. Pauls (BZ)   1 000 000 Fl./195 Hektar

Tel. 0471 662183; Fax 0471 662530; www.kellereistpauls.com; info@kellereistpauls.com

Südtirol Vernatsch DOC Passion 2006

Recht dunkles Rot; süße Aromen, etwas reif, etwas marmeladig; kraftvoll, gewisse Frucht, aber zu marmeladig-breit, nicht geschmeidig. (8000 Fl.; L.#; eine Abfüllung; Merum 2007-4) Privatpreis ab Hof: Euro #

Klosterkellerei Muri-Gries, Bozen (BZ)   450 000 Fl./30 Hektar

Tel. 0471 282287; Fax 0471 273448; www.muri-gries.com; info@muri-gries.com

Südtiroler Grauvernatsch DOC 2006

Mittelhelles Rot; helle Frucht; saftig-kompottig, Gummi, Süße, durch Holz etwas zu breit und nachhängend im Abgang. (10 000 Fl.; L.07 071; mehr als eine Abfüllung; Merum 2007-4) Privatpreis ab Hof: Euro 4,75

Martini K. & Sohn, Girlan (BZ)   300 000 Fl./30 Hektar

Tel. 0471 663156; Fax 0471 660668; www.martini-sohn.it; info@martini-sohn.it

Südtirol Vernatsch DOC Palladium 2006   ★★ – ★★★

Hellrot; erst reduziert, mit Belüftung Vernatsch-Frucht; viel Süße, etwas marmeladige Frucht, recht angenehm. (6000 Fl.; L.7135; # Abfüllungen; Merum 2007-4) Privatpreis ab Hof: Euro #

Peter Zemmer, Kurtinig (BZ)   550 000 Fl./10 Hektar

Tel. 0471 817143; Fax 0471 817743; www.zemmer.com; info@zemmer.com

Südtiroler Edelvernatsch DOC 2006

Mittelhelles Rot; Teernoten, kompottig, fehlen Frische und Frucht; breit, nicht sehr frisch, leicht bitter. (10 000 Fl.; L.71161; mehr als eine Abfüllung; Merum 2007-4) Privatpreis ab Hof: Euro 5,50

Prälatenhof/Roland Rohregger, Kaltern (BZ)   18 000 Fl./2,5 Hektar

Tel. 0471 962540; Fax 0471 962541; www.praelatenhof.it; info@praelatenhof.it

Südtirol Grauvernatsch DOC 2006   ★★ – ★★★

Helles Rot; feine Rosen- und Apfelnoten, einladend; recht konzentriert, herbes Tannin, gehaltvoll, aber zu herb, gute Länge. (2500 Fl.; L.707; eine Abfüllung; Merum 2007-4) Privatpreis ab Hof: Euro 4,80

Ritterhof, Kaltern (BZ)   290 000 Fl./7 Hektar

Tel. 0471 963298; Fax 0471 961088; www.ritterhof.it; info@ritterhof.it

Südtirol Vernatsch DOC Putzleitn 2006

Mittelhelles, frisches Rot; verhaltene Frucht, nicht frisch; saftig, knappe Frucht, Süße, herb, etwas breit, etwas trocken. (5000 Fl.; L.07158; eine Abfüllung; Merum 2007-4) Privatpreis ab Hof: Euro 5,80

Schwanburg, Nals (BZ)   300 000 Fl./27 Hektar

Tel. 0471 678622; Fax 0471 678430; www.schwanburg.com; info@schwanburg.it

Südtiroler Vernatsch DOC Schlosswein 2006

Frisches, helles Rot; Zwetschgennoten; Süße, etwas Kohlensäure, zu wenig geschmeidig, eher bitter. (30 000 Fl.; L.#; mehr als eine Abfüllung; Merum 2007-4) Privatpreis ab Hof: Euro 5,90

Tiefenbrunner Schlosskellerei Turmhof,
Entiklar-Kurtatsch (BZ)   700 000 Fl./25 Hektar

Tel. 0471 880122; Fax 0471 880433; www.tiefenbrunner.com; info@tiefenbrunner.com

Südtirol Grauvernatsch DOC 2006   ★★ – ★★★

Hellrot; Frucht- und Kaffeenoten; Süße, saftig, fruchtig, lang, dürfte noch etwas feiner sein. (16 000 Fl.; L.7053; mehr als eine Abfüllung; Merum 2007-4) Privatpreis ab Hof: Euro 6,40

Unterhofer, Kaltern (BZ)   4500 Fl./2,2 Hektar

Tel. 0471 669133; Fax 0471 669133; unterhofer.thomas@virgilio.it

Südtiroler Vernatsch DOC Campenn 2006

Mittelhelles Rot; nicht aromatisch, nicht völlig klar; gewisse Kraft, Süße, herbes Tannin, wenig Frucht, nicht geschmeidig. (2000 Fl.; L.01/07; eine Abfüllung; Merum 2007-4) Privatpreis ab Hof: Euro 5,30

Wilhelm Walch, Tramin (BZ)   650 000 Fl./73 Hektar

Tel. 0471 860172; Fax 0471 860781; www.walch.it; info@walch.it

Südtirol Grauvernatsch DOC Plattensteig 2006   ★★ – ★★★

Bläuliches Hellrot; eher verhalten, fruchtig-teerig; Süße, etwas breite Frucht, angenehm. (40 000 Fl.; L.070321; eine Abfüllung; Merum 2007-4) Privatpreis ab Hof: Euro 6,50

Metodo Classico Schaumweine

Haderburg/Alois Ochsenreiter,
Salurn/Buchholz (BZ)   80 000 Fl./10,5 Hektar

Tel. 0471 889097; Fax 0471 883892; www.haderburg.it; info@haderburg.it

Südtiroler Sekt DOC Brut s. a.   ★★ – ★★★

Recht intensives Hellgelb; süße Fruchtnoten, einladend; kraftvoll, rauchig, fruchtig, leichter Bitterton, Butter, Süße, etwas breit und opulent. (85% Chardonnay, 15% Pinot nero.) (18 000 Fl.; L.10; 2006; Merum 2007-1) Privatpreis ab Hof: Euro 17,00

Kellerei St. Pauls, St. Pauls (BZ)   1 000 000 Fl./195 Hektar

Tel. 0471 662183; Fax 0471 662530; www.kellereistpauls.com;
info@kellereistpauls.com

Südtiroler Sekt DOC Riserva Praeclarus Noblesse 1997

*Intensives Hellgelb; intensive Blütenhonig-Noten; recht feiner Ansatz, Holz- und Honig-
aroma, Butter, spürbare Dosage, nicht sehr tief, Honig im Abgang, überladen. (70% Chardonnay, 20% Pinot nero, 10% Weißburgunder.) (5000 Fl.; L.0976; November 2006; Merum
2007-1) Privatpreis ab Hof: Euro 14,70*

Kettmeir, Kaltern (BZ)   500 000 Fl./10 Hektar

Tel. 0471 963135; Fax 0471 963393; www.kettmeir.com; info@kettmeir.com

Alto Adige DOC Brut s. a.   ★★★

*Warmes Hellgelb; feine Hefenoten, Tiefe; geschmeidig, angenehme Hefe, ausgewogen,
lang. (30% Chardonnay, 20% Pinot nero, 50% Weißburgunder.) (15 000 Fl.; L.06/096; April
2006; Merum 2007-1) Privatpreis ab Hof: Euro 9,80*

Metodo Classico Brut Rosé s. a.   ★★ – ★★★

*Helles, bläuliches Rosa; recht tiefe Fruchtnoten; fruchtig, feine Hefe, saftig, Süße, kraftvoll,
lang. (100% Pinot nero.) (5000 Fl.; L.06/165; Juni 2006; Merum 2007-1) Privatpreis ab Hof:
Euro 9,80*

Martini Lorenz, Girlan (BZ)   10 000 Fl./1 Hektar

Tel. 0471 664136; Fax 0471 664136; comitissa@d.net.it

Alto Adige DOC Brut Riserva Comitissa 2002

*Warmes Hellgelb; Flieder- und Akazienhonig-Noten; feiner Ansatz, Blütenhonig, etwas süß-
lich, zu opulent und breit, Bitterton. (50% Chardonnay, 50% Pinot nero.) (10 000 Fl.;
L.060706; Juli 2006; Merum 2007-1) Privatpreis ab Hof: Euro 16,00*

Reiterer Josef, Mölten (BZ)   70 000 Fl./0 Hektar

Tel. 0471 668033; Fax 0471 668229; www.arundavivaldi.it; info@arundavivaldi.it

Südtiroler DOC Sekt Brut Arunda s. a.   ★★ – ★★★

*Warmes Hellgelb; nicht intensiv, Kompottnoten weißer Pflaumen; saftig, gewisse Frucht,
recht angenehm, nicht sehr tief. (50% Chardonnay, 20% Pinot nero, 30% Weißburgunder.)
(50 000 Fl.; L.45 06; November 2006; Merum 2007-1) Privatpreis ab Hof: Euro 12,80*

Südtiroler Sekt DOC Extra Brut Arunda s. a.   ★★★ JLF

*Hellgelb; aromatische Frucht, Hefe; recht fein, schlank, aromatische Fruchtaromen, recht
tief, feinbitter, recht geschmeidig. (80% Chardonnay, 20% Pinot nero.) (12 000 Fl.; L.47 06;
November 2006; Merum 2007-1) Privatpreis ab Hof: Euro 12,80*

Südtiroler Sekt DOC Extra Brut Cuvée Marianna s. a. ★★ – ★★★

*Reifendes Hellgelb; recht tiefe Reife- und Fruchtnoten; Reifearoma, Teer, Frucht, recht kom-
plex, dürfte noch geschmeidiger sein. (80% Chardonnay, 20% Pinot nero.) (# Fl.; L.303.2;
Oktober 2006; Merum 2007-1) Privatpreis ab Hof: Euro 18,00*

Südtiroler Sekt DOC Extra Brut Riserva Arunda 2001   ★★★

*Hellgelb; feine, Blütennoten, gelbe Früchte; feiner Ansatz, geschmeidig, eingepasste Süße,
recht tief, Länge, gefällt. (60% Chardonnay, 40% Pinot nero.) (6000 Fl.; L.201.3; Oktober
2006; Merum 2007-1) Privatpreis ab Hof: Euro 16,50*

Stocker Sebastian, Terlan (BZ)   7000 Fl./1 Hektar

Tel. 0471 256032; Fax 0471 256054; #

Sekt Extra Brut Riserva Metodo Classico 2000

*Warmes Hellgelb; Honig- und Reifenoten; breite Frucht, nicht fein, Bitternote. (40% Char-
donnay, 30% Sauvignon , 30% Weißburgunder.) (1200 Fl.; L.25; September 2006; Merum 2007-
1) Privatpreis ab Hof: Euro 15,00*

Toskana

Siena, Florenz, Modehäuser, Lustschlösser, Trutzburgen und Luxusvillen mit Noblesse und Topless... Irgendwie passt der schlichte, bodenständige Sangiovese da gar nicht mehr hin. Die Sorte, die in ganz Mittelitalien angebaut wird, verfügt weder über ein überaus nobles Tannin, noch ist die Frucht bemerkenswert. Er ist einfach da, der Sangiovese, und ergibt seit Jahrhunderten den täglichen Wein der Toskaner. Berühmtestes Beispiel war immer der Wein des Chianti, das ursprünglich kleine, waldreiche Gebiet zwischen Castellina, Radda, Gaiole und Panzano. Dort oben und an wenigen anderen Orten der Toskana ergab der Sangiovese Weine, die sich von den normalen toskanischen Weinen abhoben. Sie waren tiefgründiger, strukturierter und hielten länger.

Auch in Montalcino gibt es einige Lagen, wo der Sangiovese über seine bäurische Abstammung hinaustritt und Geniales erbringt. Ebenso ergeben gewisse Weinberge in Montepulciano oder der Rùfina Besonderes. Ansonsten liefert die Sorte vor allem saftige, fruchtige und trinkige Weine für den täglichen Esstisch.

Mit wenigen Ausnahmen uninteressant sind Weine aus internationalen Sorten. Entweder sie geraten – wie im Chianti – ziemlich hart und kantig oder dann weich und süß in wärmeren Gebieten. Wie der Weinstil Geschmackssache ist, so ist es wohl auch der Preis. Verstehs wer will, aber geschichtslose Phantasieweine sind in der Toskana in der Regel teurer als Weine mit traditionellen Ursprungsbezeichnungen.

Brunello di Montalcino

Ist es nicht Terroircharakter der schönsten Art, wenn ein Wein uns beim Trinken an seinen Ursprung erinnert und uns diesen lieb macht? Ist es nicht fantastisch, wenn ein solcher Wein auch noch toll schmeckt? Muss denn Wein mehr, als den Durst von Seele und Kehle zu stillen? Tatsächlich kann man diesbezüglich auch in Montalcino auf seine Rechnung kommen. Die Sangiovese-Weine gewisser Lagen von Montalcino verfügen über eine eigene, unverwechselbare Frucht und eine seltene Verbindung von Eleganz und Kraft. Ja, in einigen wenigen Fällen darf man von wirklich großen Weinen sprechen!

Leider bringen auch bis vor wenigen Jahren traditionell arbeitende Winzer zunehmend Biberweine hervor: unbedarfter Holzeinsatz, für eine unbedarfte Käuferschaft... Während immer mehr Weinliebhaber Barrique-Abneigung zeigen, kriegen die Brunello-Winzer und ihre Berater immer mehr Geschmack an Röstaromen und Holztanninen.

Für die Brunello-Liebhaber bietet die Appellation jedoch eine reiche Wahl großartiger Weine. Von den 200 Produzenten lassen sich viele nicht beirren und bauen ihre Brunello nach wie vor drei Jahre in großen Holzfässern aus. Auch wenn die Preise hoch sind, lohnt sich der Kauf eines traditionellen Brunello aus dem Keller eines zuverlässigen Produzenten.

Wer einen Brunello in seiner ganzen Frische genießen will, sollte ihn bald trinken. Mehr als zwei, drei Jahre lohnt es sich bei den meisten dieser Weine nicht zu warten. Manche Brunello werden sicher auch länger halten, bestimmt, aber um die Weine aufzuzählen, die in fünf oder zehn Jahren besser sein werden als heute, reicht eine Hand.

Produktionsregeln Brunello di Montalcino DOCG

Traubensorte: Sangiovese (100 %); Höchstertrag: 8000 kg Trauben/ha; Mindestalkohol: 12,5 Vol.-%; vorgeschriebene Lagerzeit Annata: 4 Jahre (Riserva: 5 Jahre), wovon mindestens zwei Jahre im Holzfass.

Abbadia Ardenga, Montalcino (SI)   35 000 Fl./9 Hektar

Tel. 0577 834150; Fax 0577 834150; www.abbadiardengapoggio.it; info@abbadiardengapoggio.it

Brunello di Montalcino DOCG 2001   ★★★ JLF

Recht dunkles Rot; Noten von Zwetschgenmarmelade, Backpflaumen, recht tief; Mittelgewicht, saftig, Frucht, etwas Butter, herbes Tannin, gute Länge. (15 000 Fl.; L.0510; eine Abfüllung; Merum 2006-5) Privatpreis ab Hof: Euro #

Brunello di Montalcino DOCG Vigna Piaggia 2001   ★★★ JLF

Mittleres, frisches Rot; junge, recht fruchtige Nase, Butter, etwas Gummi; Mittelgewicht, Butter, Gummi, Süße, Frucht, feine Säure, recht lang. (8000 Fl.; L.0514; eine Abfüllung; Merum 2006-5) Privatpreis ab Hof: Euro #

Altesino, Montalcino (SI)   200 000 Fl./33 Hektar

Tel. 0577 806208; Fax 0577 806131; www.altesino.it; info@altesino.it

Brunello di Montalcino DOCG 2001   ★★ – ★★★

Mittelintensives Rot; recht vielschichtige Brunello-Fruchtnoten; kraftvoll, Süße, etwas schlank, herbes Tannin, mittlere Länge, recht angenehm. (90 000 Fl.; L.#; mehr als eine Abfüllung; Merum 2006-5) Privatpreis ab Hof: Euro #

Brunello di Montalcino DOCG 1999

Mittelintensives Rot; Zwetschgenkompott, müde; auch im Gaumen schlappe Frucht, profil- und temperamentarm. (80 000 Fl.; L.4037; mehr als eine Abfüllung; Merum 2004-6) Privatpreis ab Hof: Euro #

Brunello di Montalcino DOCG Montosoli 2001   ★★ – ★★★

Dunkelrot; Noten von Holunder, Cassis, Holz und Brunello-Frucht; Kraft, konzentriert, Süße, gewisse, etwas reife Frucht, Holunder, dann herbes Tannin, gute Länge. (15 000 Fl.; L.5343; eine Abfüllung; Merum 2006-5) Privatpreis ab Hof: Euro #

Brunello di Montalcino DOCG Montosoli 1999

Mittleres, frisches Rot; Beerenkompottnoten, nicht tief; etwas müde, Frucht wirkt verblasst, sehr trocknendes Tannin, ohne Frische und Tiefe. (15 000 Fl.; L.4076; eine Abfüllung; Merum 2004-6) Privatpreis ab Hof: Euro #

Angelini, Montalcino (SI)   400 000 Fl./55 Hektar

Tel. 0578 724018; Fax 0577 849316; www.tenimentiangelini.it;
info@tenimentiangelini.it

Brunello di Montalcino DOCG Val di Suga 2001

Mittelintensives Rot; sehr reife Nase, holzwürzig; etwas streng, viel Tannin, recht tief, aber auch im Abgang von trocknendem Tannin geprägt. (130 000 Fl.; L.311; mehr als eine Abfüllung; Merum 2006-5) Privatpreis ab Hof: Euro #

Brunello di Montalcino DOCG Val di Suga 1999   ⚡⚡

Mittelhelles Rot; nicht frische Holznoten; Holz prägt auch den Gaumen, Frucht ist verloren-gegangen, stark trocknend, uncharmant, stark trocknend. (130 000 Fl.; L.263; mehr als eine Abfüllung; Merum 2004-6) Privatpreis ab Hof: Euro #

Brunello di Montalcino DOCG Vigna Spuntali 1998   ⚡⚡

Recht intensives Rot; Noten von Holz, Röstung; im Gaumen aggressives Holztannin, das den Wein vom Anfang bis in den Abgang beherrscht, Mittelgewicht, Frucht vom Holz verschüt-tet, trocknet nach. (12 000 Fl.; L.177; eine Abfüllung; Merum 2003-4) Privatpreis ab Hof: Euro #

Argiano, Montalcino (SI)   300 000 Fl./50 Hektar

Tel. 0577 844037; Fax 0577 844210; www.argiano.net; argiano@argiano.net

Brunello di Montalcino DOCG 2001   ★★★

Reifendes Dunkelrot; reifende Brunello-Frucht, auch etwas vegetale Noten; Mittelgewicht, Butter, fruchtig, recht tief, geschmeidig, lang. (156 000 Fl.; L.5207; mehr als eine Abfüllung; Merum 2006-5) Privatpreis ab Hof: Euro #

Brunello di Montalcino DOCG 1999   ★★★ JLF

Mittleres Rot; Noten von Holunder, Erdbeermarmelade; Mittelgewicht, Erdbeermarmelade, Karamell, Holunder, Butter, saftig, trinkig, gutes Tannin; sicher kein großer Brunello, aber ein herrlich trinkiger Wein. (130 000 Fl.; L.3 161; mehr als eine Abfüllung; Merum 2004-6) Privatpreis ab Hof: Euro #

Brunello di Montalcino DOCG 1998   ★★★ – ★★★★ JLF

Mittelintensives Rot; verhaltene, aber spürbar dichte, fruchtige Nase; konzentriert, Süße, Frucht, Butter, lang, gutes Tannin, toller Brunello. (120 000 Fl.; L.2112; # Abfüllungen; Merum 2003-4) Privatpreis ab Hof: Euro #

Armilla/Perugini Ofelia, Montalcino (SI)   6000 Fl./3 Hektar

Tel. 0577 816012; Fax 0577 816012; www.armillawine.com;
info@armillawine.com

Brunello di Montalcino DOCG 2001

Recht intensives Rot; Reifenoten; Reife auch im Mund, Mittelgewicht, Frucht zu fort-geschritten. (4700 Fl.; L.5716; eine Abfüllung; Merum 2006-5) Privatpreis ab Hof: Euro #

Brunello di Montalcino DOCG 1999

Ziemlich dunkles Rot; verhaltene Holznoten; viel Süße, kaum Frucht, trocknendes Tannin macht den Gaumen für Minuten zu. (5600 Fl.; L.31310; eine Abfüllung; Merum 2004-6) Privat-preis ab Hof: Euro #

Banfi, Montalcino (SI)   10 500 000 Fl./850 Hektar

Tel. 0577 840111; Fax 0577 840444; www.castellobanfi.com; info@banfi.it

Brunello di Montalcino DOCG 1999

Mittelintensives Rubin; dunkle Noten von dickgekochter Zwetschgenmarmelade, Schiefer; mittlere Kraft, Fülle, leicht bitteres Tannin (alle Produzenten verwenden offensichtlich die selbe Marke), uncharmant, wenig Frucht, gute Länge. (660 000 Fl.; L.3234 B; mehr als eine Abfüllung; Merum 2004-6) Privatpreis ab Hof: Euro #

Brunello di Montalcino DOCG Castello Banfi 1998

Recht intensives Rubin; Noten von Steinfrüchten; kraftvolles Mittelgewicht, sehr fremdartige, vegetale Frucht, herbes Tannin; guter Wein, aber – zumindest von mir – nicht als Brunello erkennbar. (550 000 Fl.; L.2213A; mehr als eine Abfüllung; Merum 2003-4) Privatpreis ab Hof: Euro #

Brunello di Montalcino DOCG Poggio alle Mura 1999 ★★

Junges, mittleres Rubin; Noten von Holz und Kirschensaft; junger Wein, einfach, recht gut, wenig Tiefe, erinnert nicht an Brunello, jung, wie frisch gekeltert. (120 000 Fl.; L.3238A; mehr als eine Abfüllung; Merum 2004-6) Privatpreis ab Hof: Euro #

Brunello di Montalcino DOCG Poggio alle Mura 1998

Mittelintensives Rubin; fremdartige, vegetale Nase, keine Brunello-Frucht; auch im Gaumen fremdartig, Geschmack von Paprikaschoten und Röstung, Mittelgewicht, herb-bitteres Tannin; zu untypisch. (100 000 Fl.; L.#; mehr als eine Abfüllung; Merum 2003-4) Privatpreis ab Hof: Euro #

Barbi, Montalcino (SI) 800 000 Fl./90 Hektar

Tel. 0577 841111; Fax 0577 841112; www.fattoriadeibarbi.it; info@fattoriadeibarbi.it

Brunello di Montalcino DOCG 2001

Sehr dunkles Rot; reifende Frucht- und Kandisnoten; konzentriert, Süße, streng, Holz und Frucht, Säure, endet etwas trocken. (200 000 Fl.; L.291105; mehr als eine Abfüllung; Merum 2006-5) Privatpreis ab Hof: Euro #

Brunello di Montalcino DOCG 1999

Mittelintensives Rot; nicht komplett klare Noten von Kaffee, Zwetschgenmarmelade; im Gaumen schöner, saftig, Frucht, recht tief und lang, herbes Tannin. (Abzug für Nase.) (200 000 Fl.; L.unleserlich; mehr als eine Abfüllung; Merum 2004-6) Privatpreis ab Hof: Euro #

Brunello di Montalcino DOCG 1998

Recht intensives Rubin; intensive, aber fremdartige Frucht, Holznoten; Mittelgewicht, auch im Gaumen keine Brunello-Ähnlichkeit, korrekter Wein, aber zu untypisch. (186 000 Fl.; L.#; mehr als eine Abfüllung; Merum 2003-4) Privatpreis ab Hof: Euro #

Baricci, Montalcino (SI) 30 000 Fl./5 Hektar

Tel. 0577 848109; Fax 0577 848109; baricci1955@libero.it

Brunello di Montalcino DOCG 2001 ★★★★ JLF

Mittleres Rot; braucht etwas Zeit, dann süße Brunello-Frucht, Noten von roten Beeren, Karamellbonbons, Trockenfrüchten, tief und einladend; runder Ansatz, Süße, reife Frucht, rund, angenehmes Tannin, lang, herrliches Brunello-Erlebnis. (12 600 Fl.; L.5171; eine Abfüllung; Merum 2006-5) Privatpreis ab Hof: Euro #

Brunello di Montalcino DOCG 1998 ★★ – ★★★

Reifendes Rot; warme Holz- und Marmeladenoten; auch im Gaumen warm und reif, viel Süße, Butter, Holz und Marmelade, heftiges Tannin. (12 600 Fl.; L.2158; eine Abfüllung; Merum 2003-4) Privatpreis ab Hof: Euro #

Belpoggio, Montalcino (SI) 15 000 Fl./7 Hektar

Tel. 0423 982147; Fax 0423 982077; www.belpoggio.it; info@bellussi.com

Brunello di Montalcino DOCG 2001 ★★ – ★★★

Mittelintensives Rot; gewisse Frucht; Süße, Säure, gewisse Frucht, herbes Tannin, etwas unausgewogen und trocken. (7000 Fl.; L.01/06; eine Abfüllung; Merum 2006-5) Privatpreis ab Hof: Euro #

Brunelli Gianni/Le Chiuse di Sotto 320, Montalcino (SI) 30 000 Fl./6 Hektar

Tel. 0577 849337; Fax 0577 846263; www.giannibrunelli.it; giannibrunelli@tiscali.it

Brunello di Montalcino DOCG 2001 ★★ – ★★★

Mittleres Rot; recht tiefe, frische Fruchtnoten, etwas Holz; kraftvoll, präsente Frucht, konzentriert, feine Butter, rund, recht tief, etwas holzgeprägt. (8400 Fl.; L.04/05; eine Abfüllung; Merum 2006-5) Privatpreis ab Hof: Euro #

Brunello di Montalcino DOCG 1999 ★★ – ★★★

Helles Rubin; nicht ausdrucksstarke Nase, riecht nach Rinde, kaum Frucht; feiner Ansatz, recht strenge Struktur, Butter, Süße, gute Tiefe, rundes Tannin, Länge. (11 600 Fl.; L.02/03; eine Abfüllung; Merum 2004-6) Privatpreis ab Hof: Euro #

Brunello di Montalcino DOCG 1998 ★★★ – ★★★★

Mittelintensives Rot; eher verhaltene Nase, gewisse Marmeladenfrucht, Backpflaumen; Süße, gute Fülle, saftig, gewisse Frucht, Heu, Lakritze, schönes Tannin, dicht, konzentriert, sehr vielschichtig, lang. (9500 Fl.; L.02/02; eine Abfüllung; Merum 2003-4) Privatpreis ab Hof: Euro #

Camigliano, Montalcino (SI) 320 000 Fl./92 Hektar

Tel. 0577 844068; Fax 0577 816040; www.camigliano.it; info@camigliano.it

Brunello di Montalcino DOCG 2001 ★★★

Dunkelrot; fruchtige, tiefe, reife, einladende Nase; kraftvoll, ausgewogen, reif, Brunello-fruchtig, saftig, gute Länge. (150 000 Fl.; L.5202; # Abfüllungen; Merum 2006-5) Privatpreis ab Hof: Euro #

Brunello di Montalcino DOCG 1999

Dunkelrot; etwas müde Marmelade-Holznase; dickflüssig, Süße, Holzgeschmack, unelegant, zu überladen, matt, Butter, bitteres Tannin, untrinkig. (150 000 Fl.; L.3272; mehr als eine Abfüllung; Merum 2004-6) Privatpreis ab Hof: Euro #

Brunello di Montalcino DOCG 1998 ★★★

Intensives Rot; nicht sehr intensive, aber tiefe und frische Fruchtnoten; runder, fester Ansatz, frische, typische Frucht, Butter, herbes Tannin, feine Säure, Länge. (154 000 Fl.; L.#; mehr als eine Abfüllung; Merum 2003-4) Privatpreis ab Hof: Euro #

Brunello di Montalcino DOCG Gualto 1999

Dunkelrot; Noten von Beerenmarmelade, Ruß, Holz; Süße, gewisse Säure, stark trocknend, wenig Fülle, kaum Frucht. (10 000 Fl.; L.3129; eine Abfüllung; Merum 2004-6) Privatpreis ab Hof: Euro #

Brunello di Montalcino DOCG Gualto 1998 ★★ – ★★★

Erschreckend dunkles Rubin; Noten von Röstung und kandierten Früchten; im Gaumen konzentriert, sehr dicht, kaum Frucht, ziemlich trockenes Holztannin, viel zu viel Ehrgeiz verhindert Top-Brunello, fehlen Geschmeidigkeit und Eleganz. (10 000 Fl.; L.#; eine Abfüllung; Merum 2003-4) Privatpreis ab Hof: Euro #

Campogiovanni/San Felice, Montalcino (SI) 1 000 000 Fl./210 Hektar

Tel. 0577 3991; Fax 0577 359223; www.agricolasanfelice.it; info@agricolasanfelice.it

Brunello di Montalcino DOCG 2001 ★★ – ★★★

Dunkelrot; intensive Nase, stark holunderig; Kraft, saftig, dicht, Butter, herbes Tannin. (80 000 Fl.; L.05333; mehr als eine Abfüllung; Merum 2006-5) Privatpreis ab Hof: Euro #

Brunello di Montalcino DOCG 1999

Mittleres Rot; verhaltene Fruchtnoten, Holunder; Kraft, dunkle Kirschen, zu trockenes Tannin. (80 000 Fl.; L.03197 0947; mehr als eine Abfüllung; Merum 2004-6) Privatpreis ab Hof: Euro #

Brunello di Montalcino DOCG 1998 ★★ – ★★★

Recht intensives Rot; Brunello-Noten, auch Holz; Süße und Frucht im Ansatz, dann spürbares, etwas herbes Tannin, nicht komplett klare Frucht, saftig, Frucht hält an, gute Länge. (80 000 Fl.; L.02253 1538; # Abfüllungen; Merum 2003-4) Privatpreis ab Hof: Euro #

Canalicchio di Sopra/Marco Ripaccioli, Montalcino (SI) 30 000 Fl./15 Hektar

Tel. 0577 848316; Fax 0577 848316; www.canalicchiodisopra.com; info@canalicchiodisopra.com

Brunello di Montalcino DOCG 2001 ★★★ – ★★★★

Recht dunkles Rot; frische, rote Fruchtnoten, konzentriert und tief; saftig, konzentriert, intensive Frucht, Tiefe, jung, gutes Tannin, Länge. (25 000 Fl.; L.5/248; mehr als eine Abfüllung; Merum 2006-5) Privatpreis ab Hof: Euro #

Brunello di Montalcino DOCG 1998   ★★★

Dunkelrot; verhaltene Noten von Trockenfrüchten, Lakritze, Stroh, Tiefe, macht neugierig; tolle Struktur, schon im Ansatz präsente Frucht, eingebautes Holz, eher tiefe Säure, feines Tannin, dicht, lang, schöner Brunello. (20 000 Fl.; L.2/220; eine Abfüllung; Merum 2003-4) Privatpreis ab Hof: Euro #

Canalicchio/Franco Pacenti, Montalcino (SI)   30 000 Fl./10 Hektar

Tel. 0577 849277; Fax 0577 849277; www.canalicchiofrancopacenti.it;
info@canalicchiofrancopacenti.it

Brunello di Montalcino DOCG 2001   ★★★★★ JLF

Reifendes Dunkelrot; intensive, tiefe Nase, sehr einladend; runder Ansatz, Süße, Fruchttiefe, saftig, lang, bestes Tannin; toller Brunello. (15 000 Fl.; L.6-05; eine Abfüllung; Merum 2006-5) Privatpreis ab Hof: Euro #

Brunello di Montalcino DOCG 1999   ★★★★ JLF

Mittelhelles Rot; herrliche Noten von frischer Erdbeermarmelade, Karamell, feine Lakritze; auch im Gaumen ausgeprägte Frucht, Süße, eingepasstes Holz, geschmeidig, saftig, herrliche Tiefe, anhaltende Fruchtlänge. (6666 Fl.; L.3 213; eine Abfüllung; Merum 2004-6) Privatpreis ab Hof: Euro #

Canneta, Montalcino (SI)   65 800 Fl./7,7 Hektar

Tel. 055 8784452; Fax 055 8784651; www.i-mori.it; i-mori@i-mori.it

Brunello di Montalcino DOCG 2001

Mittleres Rot; reifende Noten von Himbeermarmelade; im Gaumen Frucht und Holz, nicht tief, etwas trockene Tannine im Abgang. (55 200 Fl.; L.5206; eine Abfüllung; Merum 2006-5) Privatpreis ab Hof: Euro #

Capanna/Benito Cencioni, Montalcino (SI)   60 000 Fl./19 Hektar

Tel. 0577 848298; Fax 0577 848298; #

Brunello di Montalcino DOCG 2001   ★★★

Recht dunkles Rot; reifende, einladende Fruchtnoten; runder Ansatz, Frucht, auch Holz, ausgewogen, schöne Tiefe, angenehm, etwas herbes Tannin im Abgang, dann lang auf Frucht. (38 000 Fl.; L.4/05; mehr als eine Abfüllung; Merum 2006-5) Privatpreis ab Hof: Euro #

Brunello di Montalcino DOCG 1999

Dunkelrot; Noten von Holz, auch Marmelade; unverschmolzene Frucht- und Holzaromen auch im Gaumen, trocken-bitteres Tannin. (# Fl.; L.1/03; mehr als eine Abfüllung; Merum 2004-6) Privatpreis ab Hof: Euro #

Brunello di Montalcino DOCG 1998   ★★★ JLF

Mittleres Rot; Noten von Heu, Trockenfrüchten, Lakritze, Gummi; runder, süßer Ansatz, dann Kraft und Struktur, öffnet sich im Gaumen, Wein mit Geheimnissen, gefällt sehr, lang, feines Tannin. (27 620 Fl.; L.4/02; mehr als eine Abfüllung; Merum 2003-4) Privatpreis ab Hof: Euro #

Caparzo, Montalcino (SI)   400 000 Fl./80 Hektar

Tel. 0577 838390; Fax 0577 849377; www.caparzo.com; caparzo@caparzo.com

Brunello di Montalcino DOCG 2001   ★★ – ★★★

Mittelhelles Rot; nach Belüftung fruchtige Brunello-Nase; Mittelgewicht, feine Frucht, recht angenehm, feines Holztannin. (90 000 Fl.; L.5195 25; mehr als eine Abfüllung; Merum 2006-5) Privatpreis ab Hof: Euro #

Brunello di Montalcino DOCG 1999

Mittleres Rot; Noten von Holz, roter Beerenmarmelade, Holunder, grüne Rinde; schlanker Ansatz, zarter Wein, herbes Tannin, karamellige Frucht, Holzgeschmack stört mit Belüftung zunehmend, lang. (110 000 Fl.; L.3184 26; mehr als eine Abfüllung; Merum 2004-6) Privatpreis ab Hof: Euro #

Brunello di Montalcino DOCG 1998

Mittleres Rubin; unerwartete, fremde Steinfruchtnoten; auch im Gaumen etwas fremdartige Frucht, viel Süße, herbes, ziemlich trockenes Tannin, zu untypisch. (# Fl.; L.2259 32; mehr als eine Abfüllung; Merum 2003-4) Privatpreis ab Hof: Euro #

Brunello di Montalcino DOCG La Casa 2001

Mittleres Rot; nicht komplett klar, Holznoten mit Brunello-Frucht; gewisse Frucht, herb, trocken-bitter im Abgang. (20 000 Fl.; L.#; mehr als eine Abfüllung; Merum 2006-5) Privatpreis ab Hof: Euro #

Brunello di Montalcino DOCG La Casa 1999

Mittelintensives, reifendes Rot; Noten von Röstung, Holunder, rote Frucht und Rauchspeck; gewisse Holznoten, Holunder, Cassisfrucht, saftig, Karamell, viel Süße, Butter, Holztannin. (20 000 Fl.; L.3276 41; mehr als eine Abfüllung; Merum 2004-6) Privatpreis ab Hof: Euro #

Brunello di Montalcino DOCG La Casa 1998

Für einen Brunello unschön dunkles Rubin; untypische Frucht; Kraft, Fülle, fremdartige Frucht, Röstung, herbes Tannin, trocknend; zu untypisch. (# Fl.; L.2268 36; mehr als eine Abfüllung; Merum 2003-4) Privatpreis ab Hof: Euro #

Caprili, Montalcino (SI) 50 000 Fl./15 Hektar

Tel. 0577 848566; Fax 0577 848321; www.caprili.it; bartolommei@caprili.it

Brunello di Montalcino DOCG 2001

Mittelintensives Rot; recht intensive Frucht, Holznoten; Kraft und Süße, gewisse Frucht, Säure, Neuholz, etwas unausgewogen, leicht bitter, trocknet. (20 000 Fl.; L.5 249; eine Abfüllung; Merum 2006-5) Privatpreis ab Hof: Euro #

Brunello di Montalcino DOCG 1999

Mittleres Rot; Holz-, Gummi- und Marmeladenoten; im Gaumen Eiche und Marmelade, gute Tiefe, etwas trocken, gute Länge auf Fruchtnoten. (21 300 Fl.; L.3 249; eine Abfüllung; Merum 2004-6) Privatpreis ab Hof: Euro #

Casanova di Neri, Montalcino (SI) 120 000 Fl./36 Hektar

Tel. 0577 834455; Fax 0577 846177; www.casanovadineri.com; giacner@tin.it

Brunello di Montalcino DOCG 2001

Dunkelrot; Eichennoten; im Gaumen Eiche und reife Marmelade, dann im Abgang trocknendes Holztannin. (# Fl.; L.0512; # Abfüllungen; Merum 2006-5) Privatpreis ab Hof: Euro #

Castelgiocondo/Frescobaldi, Montalcino (SI) 600 000 Fl./240 Hektar

Tel. 055 27141; Fax 055 211527; www.frescobaldi.it; info@frescobaldi.it

Brunello di Montalcino DOCG 1999

Mittleres, warmes Rubin; verhaltene, dunkle Nase, Noten von Neuholz, auch Frucht; kraftvoll, Holzgeschmack, Süße, einfache Struktur, keine Fruchttiefe, trocknendes Holztannin; einer der unzähligen „déjà-vu-Weine". (250 000 Fl.; L.4/007; # Abfüllungen; Merum 2004-6) Privatpreis ab Hof: Euro #

Brunello di Montalcino DOCG 2001

Intensives Rubin; austauschbare Fruchtnoten; etwas fremdartig, fehlen Ausdruck und Brunello-Frucht. (258 000 Fl.; L.#; mehr als eine Abfüllung; Merum 2006-5) Privatpreis ab Hof: Euro #

Brunello di Montalcino DOCG 1998

Mittelintensives Rubin; Röstnoten; auch im Gaumen Röstung und gewisse Frucht, korrekter „moderner" Dutzendwein, als solcher ziemlich abgedroschen und als Brunello nicht sehr interessant. (200 000 Fl.; L.2/263; mehr als eine Abfüllung; Merum 2003-4) Privatpreis ab Hof: Euro #

Castello Romitorio, Montalcino (SI) 250 000 Fl./25 Hektar

Tel. 0577 897220; Fax 0577 897026; www.castelloromitorio.com; castellodelromitorio@msn.com

Brunello di Montalcino DOCG 2001 ★★ – ★★★

Dunkelrot; dunkle Nase, Noten von Trockenfrüchten, Backpflaumen, Heu; Süße, konzentriert, Kraft, gewisse Frucht, feine Säure, herbes Tannin, gute Länge, etwas zu trocken. (34 400 Fl.; L.05201; eine Abfüllung; Merum 2006-5) Privatpreis ab Hof: Euro #

Brunello di Montalcino DOCG 1999

Mittleres Rot; verhaltene Noten von Kampfer, Holunder, kaum Frucht, Teer; Süße, Säure, wenig Frucht, gewisse Tiefe, etwas einfach, angenehmes Tannin. (39 000 Fl.; L.03260; mehr als eine Abfüllung; Merum 2004-6) Privatpreis ab Hof: Euro #

Brunello di Montalcino DOCG 1998

Mittleres Rot; Noten von Leder, Holz; Süße, Säure, wenig Fülle, nicht ausgewogen, karg. (35 000 Fl.; L.02203; mehr als eine Abfüllung; Merum 2003-4) Privatpreis am Hof: Euro #

Castiglion del Bosco, Montalcino (SI)   170 000 Fl./56 Hektar

Tel. 0577 807078; Fax 0577 808266; www.castiglondelbosco.com; info@castigliondelbosco.it

Brunello di Montalcino DOCG 2001   🌂

Ziemlich dunkles Rubin; Neuholz- und Rauchspecknoten; konzentriert, Eichengeschmack, keine Frucht, Holztannin. (37 000 Fl.; L.5104; eine Abfüllung; Merum 2006-5) Privatpreis ab Hof: Euro #

Brunello di Montalcino DOCG 1998   🌂

Mittleres Rot; Holznoten, Marzipan, Kompottfrucht; ziemlich herb schon im Ansatz, eher schlank, spürbare Säure, trocknendes Holztannin im Abgang, zu karge, freudlose Erscheinung. (# Fl.; L.2028; # Abfüllungen; Merum 2003-4) Privatpreis ab Hof: Euro #

Brunello di Montalcino DOCG Campo del Drago 2001

Violettes Dunkelrot; dichte, fruchtige Nase, Neuholzwürze; junge, etwas ungewohnte Frucht, Butter, gute Tiefe, aber trocknet nach. (4500 Fl.; L.#; eine Abfüllung; Merum 2006-5) Privatpreis ab Hof: Euro #

Centolani/Olga Peluso, Montalcino (SI)   230 000 Fl./43 Hektar

Tel. 0577 849454; Fax 0577 849314; www.friggialipietranera.com; agricolacentolani@libero.it

Brunello di Montalcino DOCG Pietranera 2001

Mittelintensives Rot; Holz- und Brunello-Noten; viel Süße, Karamell, Butter, nicht sehr tief, trockenes Tannin. (26 500 Fl.; L.#; mehr als eine Abfüllung; Merum 2006-5) Privatpreis ab Hof: Euro #

Brunello di Montalcino DOCG Pietranera 1999

Mittelhelles Rubin; Eukalyptus-Noten; Holzgeschmack, Süße, kaum Frucht, ziemlich bitter. (20 000 Fl.; L.3261; mehr als eine Abfüllung; Merum 2004-6) Privatpreis ab Hof: Euro #

Brunello di Montalcino DOCG Pietranera 1998   ★★★

Mittelintensives Rubin; Noten von gedörrten Zwetschgen, Gewürzkräutern, Heu; Süße, Kraft, dicht, saftig, noch herbes Tannin, auch Geschmackstiefe, eher tiefe Säure, lang. (40 000 Fl.; L.2255; mehr als eine Abfüllung; Merum 2003-4) Privatpreis ab Hof: Euro #

Brunello di Montalcino DOCG Tenuta Friggiali 2001   ★★ – ★★★

Rubiniges Dunkelrot; Noten von Backpflaumen und Gebäck; saftige Säure, Butter, recht tiefe Frucht, etwas Holz, herbes Tannin, lang. (26 500 Fl.; L.#; mehr als eine Abfüllung; Merum 2006-5) Privatpreis ab Hof: Euro #

Brunello di Montalcino DOCG Tenuta Friggiali 1999

Mittelhelles Rot; Rauch- und Steinfruchtnoten; viel Süße, viel Butter, Röstung, saftig, angenehm, etwas einseitig und einfach. (80 000 Fl.; L.3244; mehr als eine Abfüllung; Merum 2004-6) Privatpreis ab Hof: Euro #

Brunello di Montalcino DOCG Tenuta Friggiali 1998   ★★★ JLF

Mittelintensives Rot; süße Himbeermarmeladenoten, einladend; runder Ansatz, Süße, bestens vereinter Holz-Frucht-Komplex, trotz beachtlicher Fülle eleganter Brunello, saftige Säure, herbes Tannin, lang, gefällt. (75 000 Fl.; L.2248; mehr als eine Abfüllung; Merum 2003-4) Privatpreis ab Hof: Euro #

Cerbaia/Fabio Pellegrini, Montalcino (SI)   28 000 Fl./4,00 Hektar

Tel. 0577 806208; Fax 0577 806131; #

Brunello di Montalcino DOCG 1999

Mittleres Rot; Stroh- und Fruchtnoten; rund, Süße, Holunder, Butter, zu trockenes Tannin, mittlere Länge. (10 000 Fl.; L.303; eine Abfüllung; Merum 2004-6) Privatpreis ab Hof: Euro #

Brunello di Montalcino DOCG Vigna Cerbaia 1999   🌂

Feuriges Rot; einseitige Holznoten; auch im Gaumen vor allem Holz, Tannin trocknet stark, gewisse Tiefe und Länge. (3000 Fl.; L.302; eine Abfüllung; Merum 2004-6) Privatpreis ab Hof: Euro #

Ciacci Piccolomini d'Aragona, Montalcino (SI)   170 000 Fl./40 Hektar

Tel. 0577 835616; Fax 0577 835785; www.ciaccipiccolomini.com;
info@ciaccipiccolomini.com

Brunello di Montalcino DOCG Pianrosso 2001   ★★★

Mittelintensives Rot; intensive, einladende Brunello-Nase mit Schokolade, Backpflaumen und Holundernoten; rund, Brunello-Frucht, etwas Butter, tief, konzentriert, gleichzeitig geschmeidig, schöner Brunello, lang. (50 000 Fl.; L.25505/1; mehr als eine Abfüllung; Merum 2006-5) Privatpreis ab Hof: Euro #

**Brunello di Montalcino DOCG
Vigna del Pianrosso 1999**   ★★★ – ★★★★

Mittelhelles Rot; einladende Brunello-Noten, eingepasstes Holz, tief; warme, den ganzen Wein begleitende Frucht, ausgewogen, gutes Tannin, Frucht auch im Abgang, tolle Tiefe, lang. (50 000 Fl.; L.130/03; # Abfüllungen; Merum 2004-6) Privatpreis ab Hof: Euro #

Citille di Sopra, Montalcino (SI)   15 000 Fl./5,5 Hektar

Tel. 0577 832749; Fax 0577 832749; www.citille.com; info@citille.com

Brunello di Montalcino DOCG 2001   ★★ – ★★★

Recht dunkles Rot; Noten von getrockneten Aprikosen, Backpflaumen; Kraft, reife Frucht, rund, recht vielschichtig, gutes Tannin, lang. (6000 Fl.; L.#; eine Abfüllung; Merum 2006-5) Privatpreis ab Hof: Euro #

Col d'Orcia, Montalcino (SI)   800 000 Fl./142 Hektar

Tel. 0577 80891; Fax 0577 844018; www.coldorcia.it; info@coldorcia.it

Brunello di Montalcino DOCG 2001   ★★★ JLF

Mittelhelles Rot; fruchtige Nase, einladende Brunello-Aromen; Mittelgewicht, eher schlank, saftig, Frucht, Butter, geschmeidig, lang. (190 000 Fl.; L.5 185; mehr als eine Abfüllung; Merum 2006-5) Privatpreis ab Hof: Euro #

Brunello di Montalcino DOCG 1999

Helles Rubin; mit Belüftung Butter, Erdbeermarmelade, Karamell; Mittelgewicht, Süße, etwas matte Frucht, rassige Säure, etwas Butter, ziemlich trockenes Tannin. (240 000 Fl.; L.3 26; mehr als eine Abfüllung; Merum 2004-6) Privatpreis ab Hof: Euro #

Brunello di Montalcino DOCG 1998   ★★★ – ★★★★ JLF

Mittleres Rot; Noten von Kräutern, etwas Leder, Stroh; fruchtiger Ansatz, präsentes, sehr schönes Tannin, saftig, rund, geschmeidig, gefällt sehr, Frucht zieht sich durch den ganzen Abgang. (305 000 Fl.; L.2 164; mehr als eine Abfüllung; Merum 2003-4) Privatpreis ab Hof: Euro #

Coldisole/Lionello Marchesi, Montalcino (SI)   50 000 Fl./6 Hektar

Tel. 0577 355789; Fax 0577 355789; www.borgomonastero.com;
info@borgomonastero.com

Brunello di Montalcino DOCG 2001

Dunkelrot; nicht klar, gereifte Holznoten; auch im Gaumen gereiftes Holz, keine Frucht, trocknet. (37 500 Fl.; L.19/05; mehr als eine Abfüllung; Merum 2006-5) Privatpreis ab Hof: Euro 19

Brunello di Montalcino DOCG 1999

Mittleres Rot; Noten von Geräuchertem und Marmelade; fetter Ansatz, Geräuchertes, gewisse Frucht, bittert nach. (16 700 Fl.; L.10/03; eine Abfüllung; Merum 2004-6) Privatpreis ab Hof: Euro #

Brunello di Montalcino DOCG 1998

Mittleres Rot; Noten von gerösteter Eiche, daneben auch Fruchtsüße; Süße und Eichengeschmack, Kraft, Säure, trocknendes Holztannin im Abgang. (16 250 Fl.; L.0502; mehr als eine Abfüllung; Merum 2003-4) Privatpreis ab Hof: Euro #

Collelceto/Elia Palazzesi, Montalcino (SI)   15 000 Fl./6 Hektar

Tel. 0577 816022; Fax 0577 816914; www.collelceto.it; info@collelceto.it

Brunello di Montalcino DOCG 2001   ★★ – ★★★

Mittleres, recht intensives Rot; intensive Noten von roter Beerenmarmelade, recht tief; jung und fruchtig auch im Mund, etwas Jod, nicht überaus vielschichtig, nicht sehr lang, etwas trocken-bitter im Abgang. (8000 Fl.; L.05/185; eine Abfüllung; Merum 2006-5) Privatpreis ab Hof: Euro #

Brunello di Montalcino DOCG 1998

Dunkles Rot; nicht komplett klare Noten von neuem Holz; Kraft, konzentriert, dicht, Eichengeschmack, trocknendes Tannin, fehlen Charme und auch Fruchttiefe. (5000 Fl.; L.02/269; eine Abfüllung; Merum 2003-4) Privatpreis ab Hof: Euro #

Collosorbo/Giovanna Ciacci, Montalcino (SI)   90 000 Fl./27 Hektar

Tel. 0577 835534; Fax 0577 835534; www.collosorbo.com; info@collosorbo.com

Brunello di Montalcino DOCG 2001   ★★★ JLF

Mittleres Rot; würzige Brunello-Frucht; fruchtiger Ansatz, Süße, fruchtig, rund, gutes Tannin, Länge. (50 000 Fl.; L.5.215; mehr als eine Abfüllung; Merum 2006-5) Privatpreis ab Hof: Euro #

Brunello di Montalcino DOCG 1999   ★★★ JLF

Mittleres Rot; Noten von Zwetschgenmus, Erdbeeren, Eukalyptus, tief, einladend; runder Ansatz, saftig, balsamische Frucht, trinkig, ausgewogen, lang. (40 000 Fl.; L.3/204; mehr als eine Abfüllung; Merum 2004-6) Privatpreis ab Hof: Euro #

Brunello di Montalcino DOCG 1998   ★★★★ JLF

Mittelintensives Rubin; holzunterstützte Brunello-Nase mit Noten von Pflaumenkompott und dunkler Schokolade; im Ansatz viel Süße, Kraft, dichte Tanninstruktur, Brunello-Frucht, Butter, saftig, sehr lang, wunderbar ausgewogener, sehr schöner Brunello. (36 000 Fl.; L.2/163; eine Abfüllung; Merum 2003-4) Privatpreis ab Hof: Euro #

Comunali/Bartoli-Giusti, Montalcino (SI)   70 000 Fl./12 Hektar

Tel. 0577 848125; Fax 0577 847156; www.bartoligiusti.it; comunali@bartoligiusti.it

Brunello di Montalcino DOCG 1998   ★★ – ★★★

Recht dunkles Rot; Holundernoten; auch im Gaumen überwiegt Holunder, ansonsten sehr ausgewogen, fest, rund, elegant, spürbares Tannin, lang auf Kaffeearomen; eleganter Stil gefällt mir, aber kleiner Abzug für Einseitigkeit der Aromen. (45 000 Fl.; L.02-245; eine Abfüllung; Merum 2003-4) Privatpreis ab Hof: Euro #

Conti Costanti, Montalcino (SI)   60 000 Fl./12 Hektar

Tel. 0577 848195; Fax 0577 849349; www.costanti.com; info@costanti.com

Brunello di Montalcino DOCG 2001   ★★ – ★★★

Mittelintensives Rot; Frucht mit Holznoten; Süße, Brunello-Frucht, Säure, etwas Holz und herbes Tannin. (35 000 Fl.; L.3-05; mehr als eine Abfüllung; Merum 2006-5) Privatpreis ab Hof: Euro #

Brunello di Montalcino DOCG 1999   ★★★

Mittleres Rot; gelungene Verbindung von Holz und Frucht, Eukalyptus, Frucht, tief, macht neugierig; Süße, vegetale-holundrige Frucht, Butter, geschmeidig, elegant, lang. (30 000 Fl.; L.3-03; mehr als eine Abfüllung; Merum 2004-6) Privatpreis ab Hof: Euro #

Corte Pavone/Loacker, Montalcino (SI)   46 000 Fl./17 Hektar

Tel. 0577 848110; Fax 0577 846442; www.loacker.net; lo@cker.it

Brunello di Montalcino DOCG 2001

Violettes Rubin; Röstnoten, anonyme Frucht; jung, viel Neuholz, trocknendes Holztannin. (# Fl.; L.0509; # Abfüllungen; Merum 2006-5) Privatpreis ab Hof: Euro #

Brunello di Montalcino DOCG 1998

Mittelhelles Rot; untiefe Holznoten; Mittelgewicht, trockenes Tannin, keine Fülle, kaum Frucht, zu karge Erscheinung. (16 400 Fl.; L.0602; eine Abfüllung; Merum 2003-4) Privatpreis ab Hof: Euro #

Cosimi Roberto, Montalcino (SI)   36 000 Fl./7,5 Hektar

Tel. 0577 848412; Fax 0577 848412; www.ilpoggiolomontalcino.com; info@ilpoggiolomontalcino.com

Brunello di Montalcino DOCG Beato 2001

Dunkelrot; Holznoten, gewisse Frucht; Frucht und Holz, recht süß und konzentriert, aber wenig Tiefe, Holzgeschmack und Holztannin im Abgang. (2256 Fl.; L.273/05; eine Abfüllung; Merum 2006-5) Privatpreis ab Hof: Euro #

Brunello di Montalcino DOCG Il Poggiolo 2001

Dunkelrot; Noten von Holz stehen vor der Frucht; Süße, Säure, Holzgeschmack und trocknendes Holztannin. (10 000 Fl.; L.273/05; eine Abfüllung; Merum 2006-5) Privatpreis ab Hof: Euro #

Brunello di Montalcino DOCG Terra Rossa 2001

Ziemlich dunkles Rot; Holz- und Trockenfruchtnoten; sehr konzentriert, Frucht vom Holz gezehrt, Holzwürze, endet trocken. (4000 Fl.; L.#; eine Abfüllung; Merum 2006-5) Privatpreis ab Hof: Euro #

Croce di Mezzo/Fiorella Vannoni, Montalcino (SI)   45 000 Fl./10,5 Hektar

Tel. 0577 848007; Fax 0577 848007; www.crocedimezzo.com; crociona@tin.it

Brunello di Montalcino DOCG 2001   ★★★

Mittelintensives Rot; verhaltene Beerenkompottnoten; Süße, Frucht, feines Holz, Butter, feine Säure, Frucht bleibt im Abgang. (22 000 Fl.; L.1/05; eine Abfüllung; Merum 2006-5) Privatpreis ab Hof: Euro 13

Brunello di Montalcino DOCG 1999   ★★★ JLF

Mittleres Rot; Noten von roten Früchten, Holz; Mittelgewicht, fruchtig, Holunder, saftig, Süße, recht elegant, schlank, Holz eingebaut, feines Leder, gutes Tannin. (18 000 Fl.; L.091.03; eine Abfüllung; Merum 2004-6) Privatpreis ab Hof: Euro #

Brunello di Montalcino DOCG 1998   ★★★

Mittleres Rot; einladende Brunello-Noten, rote Beeren- und Zwetschgenmarmelade, Kakao, balsamische Noten; gute Kraft, frische Säure, Brunello-Frucht, Lakritze, feines Holz, herbes, vom Holz stammendes Tannin, Butter, lang, gefällt. (16 000 Fl.; L.091.02; eine Abfüllung; Merum 2003-4) Privatpreis ab Hof: Euro #

CS di Montalcino, Montalcino (SI)   500 000 Fl./108 Hektar

Tel. 0577 848704; Fax 0577 847187; www.cantinadimontalcino.it; info@cantinadimontalcino.it

Brunello di Montalcino DOCG 2001

Dunkles, violettes Rubinrot; verhalten; zu jung, zu kühl, keine Tiefe, Vanille, absolut untypisch, trocken-bitter im Abgang. (130 000 Fl.; L.06110 B012001; eine Abfüllung; Merum 2006-5) Privatpreis ab Hof: Euro #

Brunello di Montalcino DOCG 1999

Mittleres Rubin; medizinale Kirschennoten; viel Süße, Kräuter, Kirschen, Butter, trocknendes Tannin. (130 000 Fl.; L.#; mehr als eine Abfüllung; Merum 2004-6) Privatpreis ab Hof: Euro #

Brunello di Montalcino DOCG 1998

Superdichtes Rot; eigenartige, nicht an Brunello erinnernde Nase; im Gaumen recht dicht, aber etwas müde wirkend, offensichtlich ein Rekordwein, den ich gerade beim Ausruhen überrasche, es fehlen Brunello-Charme, Frucht und Eleganz; erstaunlich, dass die Cantina Sociale den dunkelsten Brunello von ganz Montalcino keltert. (130 000 Fl.; L.03009; mehr als eine Abfüllung; Merum 2003-4) Privatpreis ab Hof: Euro #

Cupano, Montalcino (SI)   10 000 Fl./3 Hektar

Tel. 0577 816055; Fax 0577 816057; www.cupano.it; cupano@cupano.it

Brunello di Montalcino DOCG 2001   ★★★

Reifendes Dunkelrot; Holz- und Fruchtnoten; konzentriert, Süße, Holz, viel Tannin, bitter, trocknet. (2500 Fl.; L.0501; eine Abfüllung; Merum 2006-5) Privatpreis ab Hof: Euro #

Donatella Cinelli Colombini, Montalcino (SI)   130 000 Fl./37 Hektar

Tel. 0577 849421; Fax 0577 849353; www.cinellicolombini.it; vino@cinellicolombini.it

Brunello di Montalcino DOCG 2001

Schwarzrot; nicht sehr klare Sirupnoten; anonyme Frucht, trocknendes Tannin, Süße, nicht lang. (36 000 Fl.; L.112005; # Abfüllungen; Merum 2006-5) Privatpreis ab Hof: Euro #

Brunello di Montalcino DOCG 1999

Mittleres Rot; Noten von Holunder, Karamell, Fruchtmarmelade; Süße, gewisse Frucht, etwas Holz, herbes Tannin, nicht sehr tief, eher schlank. (25 500 Fl.; L.132003; mehr als eine Abfüllung; Merum 2004-6) Privatpreis ab Hof: Euro #

Brunello di Montalcino DOCG 1998

Mittleres Rubin; Noten von Beeren, Holz, Leder; auch im Gaumen den gleichen Eindruck von Unfertigkeit, fehlen Rundheit und Fruchttiefe, trocken im Abgang. (35 000 Fl.; L.152002; mehr als eine Abfüllung; Merum 2003-4) Privatpreis ab Hof: Euro #

Brunello di Montalcino DOCG Prime Donne 2001

Dunkelrot; arg holzgeprägte Nase; konzentriert, aber auch im Gaumen vom Holz geprägt, fehlt Brunello-Charme, zu einseitig, ziemlich trocken im Abgang. (10 000 Fl.; L.112005; # Abfüllungen; Merum 2006-5) Privatpreis ab Hof: Euro #

Brunello di Montalcino DOCG Prime Donne 1999

Mittleres Rubin; nicht ganz klare, vegetale, röstige Nase; Süße, Fülle, Tannin, knappe Frucht, recht rund. (10 000 Fl.; L.82003; mehr als eine Abfüllung; Merum 2004-6) Privatpreis ab Hof: Euro #

Brunello di Montalcino DOCG Prime Donne 1998 ★★★

Mittleres Rot; Noten von Johannisbeermarmelade, etwas Lakritze; recht kraftvoll, gutes Holz, Frucht, gefällt, tief, spürbares Tannin, schöne Länge, eleganter Brunello. (10 000 Fl.; L.192002; eine Abfüllung; Merum 2003-4) Privatpreis ab Hof: Euro #

Eredi Fuligni, Montalcino (SI) 40 000 Fl./11 Hektar
Tel. 0577 848039; Fax 0577 848710; #

Brunello di Montalcino DOCG 1999

Mittelintensives Rot; Noten von Holz, Rauch, Gummi, Vanille; Geräuchertes, kaum Frucht, nicht trocknendes Tannin, langweilig. (18 000 Fl.; L.2003/03; eine Abfüllung; Merum 2004-6) Privatpreis ab Hof: Euro #

Brunello di Montalcino DOCG 1998 ★★★ − ★★★★ JLF

Dunkelrot; verhaltene Marmelade-Holz-Noten; Kraft, Süße, präsente Frucht, gesunde Säure, saftig, gefällt sehr, gutes Tannin, eleganter Brunello, lang. (20 000 Fl.; L.2002/04; eine Abfüllung; Merum 2003-4) Privatpreis ab Hof: Euro #

Fanti/San Filippo, Montalcino (SI) 160 000 Fl./50 Hektar
Tel. 0577 835795; Fax 0577 835523; www.safantisanfilippo.com; balfanti@tin.it

Brunello di Montalcino DOCG 2001

Dunkles Rubin; verhaltene, gereifte Holznoten; gereift, Leder, keine Frucht, streng, trocknendes Tannin, sehr ungeschmeidig. (58 000 Fl.; L.14.05; mehr als eine Abfüllung; Merum 2006-5) Privatpreis ab Hof: Euro #

Brunello di Montalcino DOCG 1999

Intensives Rubin; Noten von Mokka, Ruß, Röstung, Marmelade; vorherrschende Süße, Marmelade, Ruß, dickflüssig, opulent; eher Brotaufstrich als Getränk. (36 000 Fl.; L.25803; eine Abfüllung; Merum 2004-6) Privatpreis ab Hof: Euro #

Brunello di Montalcino DOCG 1998 ★★ − ★★★

Undurchdringliches, schwarzrotes Dal Forno-Rubin; süße Noten von schwarzer und roter Beerenmarmelade, tief; Kraft, sehr dicht, viel Süße, dann wie erwartet Holztannin, allerdings nicht trocknend; ein Rekordwein, der, wie alle Vertreter seiner Gattung, viel lieber gelobt als getrunken werden möchte. (28 000 Fl.; L.02217; eine Abfüllung; Merum 2003-4) Privatpreis ab Hof: Euro #

Fattoi, Montalcino (SI) 50 000 Fl./9 Hektar
Tel. 0577 848613; Fax 0577 848613; www.fattoi.it; info@fattoi.it

Brunello di Montalcino DOCG 2001 ★★ − ★★★

Mittelintensives Rot; intensive, reife Brunello-Nase; kraftvoll, fruchtig, Tiefe, saftig, gutes Tannin, lang; angenehm, aber zu fortgeschritten. (20 000 Fl.; L.05/05; mehr als eine Abfüllung; Merum 2006-5) Privatpreis ab Hof: Euro #

Brunello di Montalcino DOCG 1999

Mittelhelles Rot; auch mit Belüftung nicht klar werdende Nase; süßer Ansatz, herbes Tannin, gewisse Frucht, Süße, gute Länge. (19 100 Fl.; L.05/03; mehr als eine Abfüllung; Merum 2004-6) Privatpreis ab Hof: Euro #

Ferrero, Montalcino (SI) 20 000 Fl./5 Hektar
Tel. 0577 844170; Fax 0577 844170; claudia.ferrero@tin.it

Brunello di Montalcino DOCG 1999

Mittleres Rot; Röstnoten, Kompottfrucht; Süße, recht rund, Röstgeschmack, Butter, soweit guter, aber langweiliger Wein, austauschbar, ohne Ursprungscharakter. (6500 Fl.; L.204; eine

Abfüllung; Merum 2004-6) Privatpreis ab Hof: Euro #

Brunello di Montalcino DOCG 1998

Mittleres Rot; Holznoten; auch im Gaumen herrscht Holzgeschmack vor, Süße, etwas Frucht, dann trocknendes Tannin, komplett überholzt. (6500 Fl.; L.2003; eine Abfüllung; Merum 2003-4) Privatpreis ab Hof: Euro #

Fornacina/Biliorsi Simone, Montalcino (SI)   20 000 Fl./5 Hektar

Tel. 0577 848464; Fax 0577 848464; www.cantinafornacina.it; fornacina@katamail.com

Brunello di Montalcino DOCG 2001

Mittleres, frisches Rot; nicht sehr klar, nach Belüftung überreife Nase; reif, herbes Tannin, rustikal, trocknet. (10 750 Fl.; L.05.002; eine Abfüllung; Merum 2006-5) Privatpreis ab Hof: Euro 13

Brunello di Montalcino DOCG 1999

Mittelhelles Rot; nicht klare Kaffee-Noten; Mittelgewicht, recht rund, etwas einfach, fehlt Tiefe. (8600 Fl.; L.03.002; eine Abfüllung; Merum 2004-6) Privatpreis ab Hof: Euro #

Brunello di Montalcino DOCG 1998   ★★ – ★★★

Mittleres Rubin; Holundernoten; auch im Gaumen Holunder, eher schlanker, dafür eleganter Körper, saftig, gutes Tannin, lebhafte Säure, lang, im Abgang Frucht und grüner Kaffee. (11 000 Fl.; L.02.002; eine Abfüllung; Merum 2003-4) Privatpreis ab Hof: Euro #

Fossacolle/Marchetti Sergio, Montalcino (SI)   15 000 Fl./2,5 Hektar

Tel. 0577 816013; Fax 0577 816013; www.fossacolle.it; info@fossacolle.it

Brunello di Montalcino DOCG 2001

Mittleres Rot; Noten von Röstung und Frucht; Röstaromen, Butter, Marmeladefrucht, nicht lang. (12 664 Fl.; L.5155; mehr als eine Abfüllung; Merum 2006-5) Privatpreis ab Hof: Euro #

Brunello di Montalcino DOCG 1999

Recht dunkles Rot; Röstung, Holz-Marmeladenoten; Kraft, Holz, Süße, Butter, trockenes Tannin. (8497 Fl.; L.3.144; eine Abfüllung; Merum 2004-6) Privatpreis ab Hof: Euro #

Brunello di Montalcino DOCG 1998   ★★ – ★★★

Recht intensives Rot; etwas einseitige Holundernoten; im Gaumen gutes Tannin, Holunder, etwas Butter, sehr schöne Struktur, rund, Länge; im Gaumen viel schöner als in der Nase, müsste etwas vielfältigere Aromen aufweisen. (8000 Fl.; L.2145; eine Abfüllung; Merum 2003-4) Privatpreis ab Hof: Euro #

Geografico, Gaiole (SI)   2 000 000 Fl./560 Hektar

Tel. 0577 749489; Fax 0577 749223; www.chiantigeografico.it; info@chiantigeografico.it

Brunello di Montalcino DOCG Castello Tricerchi 2001

Dunkles, rubiniges Rot; etwas junge Fruchtnoten, die im Glas rasch verwelken; Mittelgewicht, Butter, Zypressenholz, knappe Frucht, einfach. (10 000 Fl.; L.05-269; eine Abfüllung; Merum 2006-5) Privatpreis ab Hof: Euro #

Gorelli Giuseppe, Montalcino (SI)   30 000 Fl./7,6 Hektar

Tel. 0577 846168; Fax 0577 847974; www.lepotazzine.it; tenuta@lepotazzine.it

Brunello di Montalcino DOCG Le Potazzine 2001   ★★★

Recht dunkles Rot; einladende Noten von Backpflaumen, Lakritze, sehr tief; Kraft, Saft, recht tief, Frucht und Butter, rund, schönes Tannin, Länge. (16 000 Fl.; L.5209; eine Abfüllung; Merum 2006-5) Privatpreis ab Hof: Euro #

Brunello di Montalcino DOCG Le Potazzine 1998

Dunkelrot; Neuholznoten; Teer, etwas Frucht; Süße, schlank, Holzgeschmack, Säure und trocknendes Holztannin. (8000 Fl.; L.2173; eine Abfüllung; Merum 2003-4) Privatpreis ab Hof: Euro #

Greppone Mazzi/Ruffino, Montalcino (SI)   60 000 Fl./13 Hektar

Tel. 055 83605; Fax 055 8313677; www.ruffino.com; info@tenimentiruffino.it

Brunello di Montalcino DOCG 2001

Rubiniges Dunkelrot; fremdartige Frucht; auch im Gaumen fremdartig, kühl, Paprika-Aroma, als Wein recht angenehm. (54 000 Fl.; L.051 92; eine Abfüllung; Merum 2006-5) Privatpreis ab Hof: Euro #

Brunello di Montalcino DOCG 1999

Mittleres Rot; kompottige, unklare Noten, matte Nase; Süße, recht kraftvoll, matte Frucht, etwas trockenes Tannin, fehlt Frische. (50 000 Fl.; L.THKA; eine Abfüllung; Merum 2004-6) Privatpreis ab Hof: Euro #

Brunello di Montalcino DOCG 1998 ★★★ – ★★★★ JLF

Mittleres Rot; süße Noten von Erdbeermarmelade, Schokolade; viel Süße, Kraft, Frucht, gutes Holz, schöne Tiefe, bestes Tannin, Länge, elegant, gefällt sehr. (# Fl.; L.UIDC; mehr als eine Abfüllung; Merum 2003-4) Privatpreis ab Hof: Euro #

Il Colle/Carli, Montalcino (SI) 25 000 Fl./7 Hektar

Tel. 0577 848295; Fax 0577 848295; ilcolledicarli@katamail.com

Brunello di Montalcino DOCG 2001

Mittleres Rot; nicht intensive Frucht; Mittelgewicht, Frucht, gewisses Holz, Säure, herbes Tannin, trocknet nach. (18 000 Fl.; L.612; eine Abfüllung; Merum 2006-5) Privatpreis ab Hof: Euro #

Brunello di Montalcino DOCG 1998 ★★★ – ★★★★ JLF

Mittelhelles Rot; verhaltene Noten von holzunterstützter Frucht, Teer, Holunder, recht tief; kraftvolles Mittelgewicht, intakte Frucht, auch Teer, Holunder, straffe Struktur, saftig, lang, gefällt sehr. (15 000 Fl.; L.2266; eine Abfüllung; Merum 2003-4) Privatpreis ab Hof: Euro #

Il Marroneto, Montalcino (SI) 30 000 Fl./4,5 Hektar

Tel. 0577 849382; Fax 0577 846075; www.ilmarroneto.com; info@ilmarroneto.it

Brunello di Montalcino DOCG 2001 ★★★★

Mittleres, frisches Rot; fruchtige Noten, rote Beeren, tief, ansprechend; saftig, kräftig, beerenfruchtig-butterig, recht rund, jung, gutes Tannin, frische Säure, elegant, Länge. (13 700 Fl.; L.0905; # Abfüllungen; Merum 2006-5) Privatpreis ab Hof: Euro #

Brunello di Montalcino DOCG 1999 ★★ – ★★★

Mittleres Rot; Noten von hellen Steinfrüchten; Mittelgewicht, feine Säure, eingepasste Süße, herbes Tannin, Holunder, etwas streng, gute Tiefe und Länge. (# Fl.; L.257/03; # Abfüllungen; Merum 2004-6) Privatpreis ab Hof: Euro #

Brunello di Montalcino DOCG
Madonna delle Grazie 2001 ★★★ JLF

Dunkelrot; Noten von Karamell, dunkler Beerenmarmelade und Holunder; konzentriert, Süße, rote Beeren, Holunder, saftig, herbes Tannin, lang. (5000 Fl.; L.0805; # Abfüllungen; Merum 2006-5) Privatpreis ab Hof: Euro #

Il Palazzone/Parsons-Bollag, Montalcino (SI) 10 000 Fl./4 Hektar

Tel. 0577 835764; Fax 0577 835632; www.ilpalazzone.com; laura@ilpalazzone.com

Brunello di Montalcino DOCG 2001

Mittleres Rot; Röstung; runder Ansatz, Röstung, zu einseitig, herbes Tannin, im Nach- geschmack Holz. (4750 Fl.; L.1/05; eine Abfüllung; Merum 2006-5) Privatpreis ab Hof: Euro #

Brunello di Montalcino DOCG 1999 ★★★

Mittleres Rot; verhaltene, einladende Brunello-Nase; recht tiefe Fruchtnoten; viel Süße, saftig, viel Tannin, fruchtig, schöne Länge. (# Fl.; L.1/04; # Abfüllungen; Merum 2004-6) Privat- preis ab Hof: Euro #

Il Paradiso/Manfredi, Montalcino (SI) 9000 Fl./2,00 Hektar

Tel. 0577 848478; Fax 0577 848478; ilparadisodimanfredi@interfree.it

Brunello di Montalcino DOCG 1999

Mittleres Rot; einladende Noten von Holunder und Beerenmarmelade; Süße, Säure, etwas schlank, dürfte konzentrierter sein. (6500 Fl.; L.3; mehr als eine Abfüllung; Merum 2004-6) Privatpreis ab Hof: Euro #

Il Poggione, Montalcino (SI) 500 000 Fl./120 Hektar

Tel. 0577 844029; Fax 0577 844165; www.tenutailpoggione.it; info@ilpoggione.it

Brunello di Montalcino DOCG 2001

Mittelintensives Rot; holzwürzige Nase; Kraft, Süße, Frucht, dann leider trockenes Holztannin. (150 000 Fl.; L.05/279; mehr als eine Abfüllung; Merum 2006-5) Privatpreis ab Hof: Euro #

Brunello di Montalcino DOCG 1999

Mittleres Rot; müde Holznoten, keine Frucht; Holz, Süße, trocknendes Holztannin, langweilig und untrinkig. (150 000 Fl.; L.03/259; mehr als eine Abfüllung; Merum 2004-6) Privatpreis ab Hof: Euro #

Brunello di Montalcino DOCG 1998 ★★ – ★★★

Mittleres Rot; keine Frucht, verhaltene Noten von Holz; auch im Gaumen nicht explosiv, eher verhalten, Mittelgewicht, allerdings gute Tiefe, entwickelt sich recht gut im Gaumen, Neuholzgeschmack stört dann. (200 000 Fl.; L.02/253; mehr als eine Abfüllung; Merum 2003-4) Privatpreis ab Hof: Euro #

Innocenti Livio, Montalcino (SI) 22 000 Fl./5 Hektar

Tel. 0577 834227; Fax 0577 834227; maxinno@inwind.it

Brunello di Montalcino DOCG 2001

Dunkelrot; holzwürzige Nase, Strohnoten; Mittelgewicht, gewisse Frucht, dann strenges, trockenes Holztannin. (8000 Fl.; L.03 05; eine Abfüllung; Merum 2006-5) Privatpreis ab Hof: Euro 13,00

La Colombina, Montalcino (SI) 18 000 Fl./3 Hektar

Tel. 0577 849231; Fax 0577 846666; www.lacolombinavini.it; info@lacolombinavini.it

Brunello di Montalcino DOCG 2001

Mittelintensives Rot; reifende, verkochte Fruchtnoten; Süße, reife Frucht, herbes Tannin, zu fortgeschritten. (6500 Fl.; L.01/06; # Abfüllungen; Merum 2006-5) Privatpreis ab Hof: Euro #

Brunello di Montalcino DOCG 1999

Mittleres Rot; Noten von Röstung, Kaffee, Holunder; Süße, Röstung, herbes Tannin, etwas Butter, im Abgang leicht bitter, langweiliger Weinstil. (5500 Fl.; L.01/03; # Abfüllungen; Merum 2004-6) Privatpreis ab Hof: Euro #

Brunello di Montalcino DOCG 1998

Mittleres, warmes Rot; gereifte Nase; reifer, holzgeprägter Geschmack, Süße, auch im Abgang holzgeprägt, keine Frucht, ohne Brunello-Charme, trocknet. (5000 Fl.; L.01/02; eine Abfüllung; Merum 2003-4) Privatpreis ab Hof: Euro #

La Fiorita, Montalcino (SI) 20 000 Fl./7 Hektar

Tel. 0577 835657; Fax 0577 835657; www.fattorialafiorita.it; lafiorita@syscomm.it

Brunello di Montalcino DOCG 1998

Dunkelrot; nicht völlig klare Holznoten; auch im Gaumen diese einseitigen Holznoten, Süße, Frucht ist verdeckt, trocknet. (8500 Fl.; L.1/01; eine Abfüllung; Merum 2003-4) Privatpreis ab Hof: Euro #

La Fornace/Fabio Giannetti, Montalcino (SI) 15 000 Fl./4,5 Hektar

Tel. 0577 848465; Fax 0577 848465; www.agricola-lafornace.it; lafornace@tin.it

Brunello di Montalcino DOCG 2001

Mittelintensives Rot; laute Röstnoten; auch im Gaumen holzgeprägt, trocken-bitteres Holztannin. (8000 Fl.; L.04/05; eine Abfüllung; Merum 2006-5) Privatpreis ab Hof: Euro #**Brunello di Montalcino DOCG 1999**

Mittleres, reifendes Rot; Noten von eingekochter Erdbeermarmelade; Erdbeermarmelade, Frucht allerdings etwas müde, Mittelgewicht, knappe Tiefe (10 000 Fl.; L.07/02; eine Abfüllung; Merum 2004-6) Privatpreis ab Hof: Euro #

Brunello di Montalcino DOCG 1998 ★★★

Ziemlich dunkles Rot; Noten von Lakritze, gedörrte Zwetschgen, Neuholz; Kraft, Frucht, Backpflaumen, eingepasstes Holz, Marmelade, konzentriert, mittlere Länge. (10 000 Fl.; L.06/02; eine Abfüllung; Merum 2003-4) Privatpreis ab Hof: Euro #

La Fortuna/Ricciardiello, Montalcino (SI)   70 000 Fl./15 Hektar

Tel. 0577 848308; Fax 0577 846463; www.tenutalafortuna.it;
info@tenutalafortuna.it

Brunello di Montalcino DOCG 2001   ★★ – ★★★

Mittelintensives Rot; Fruchtnoten; saftig, fruchtig, recht jung, nicht sehr ausgewogen, etwas herbes Tannin, recht jung. (25 000 Fl.; L.7 05; mehr als eine Abfüllung; Merum 2006-5) Privatpreis ab Hof: Euro #

Brunello di Montalcino DOCG 1998   ★★★

Mittelhelles Rubin; feine Noten von Beerenmarmelade, etwas Holz; Mittelgewicht, Holz und Frucht gut vereint, Süße, wenig Tannin, gewisse Tiefe, recht rund und lang, nicht überaus dicht, aber sehr angenehm und in seiner Dimension komplett. (15 000 Fl.; L.2 02; eine Abfüllung; Merum 2003-4) Privatpreis ab Hof: Euro #

La Fuga/Tenute Folonari, Montalcino (SI)   45 000 Fl./10 Hektar

Tel. 055 859811; Fax 055 859811; www.tenutefolonari.com;
folonari@tenutefolonari.com

Brunello di Montalcino DOCG 2001

Dunkelrot; marmeladige Holznoten; Holz auch im Gaumen, konzentriert, viel Süße, herbes Tannin. (32 000 Fl.; L.5206; mehr als eine Abfüllung; Merum 2006-5) Privatpreis ab Hof: Euro #

Brunello di Montalcino DOCG 1999

Mittleres Rot; Marmelade- und Kompottnoten; viel Süße, etwas Holzgeschmack, einfache Frucht, trocknendes Holztannin. (14 720 Fl.; L.3203; eine Abfüllung; Merum 2004-6) Privatpreis ab Hof: Euro #

La Gerla/Sergio Rossi, Montalcino (SI)   70 000 Fl./11 Hektar

Tel. 0577 848599; Fax 0577 849465; www.lagerla.it; lagerla@tin.it

Brunello di Montalcino DOCG 2001   ★★ – ★★★

Rubiniges Dunkelrot; recht intensive Kakao- und Backpflaumennoten, etwas Harz; Mittelgewicht, Säure, Butter, saftig, gutes Tannin, recht lang, allerdings auch Holzgeschmack im Abgang. (# Fl.; L.5 143; # Abfüllungen; Merum 2006-5) Privatpreis ab Hof: Euro #

Brunello di Montalcino DOCG 1999   ★★★

Recht dunkles Rot; dichte Noten von roter Beerenmarmelade, Holunder, Holz; kraftvoll, Eukalyptus, Frucht, rund, schöne Tiefe, saftige Säure, kompakt, etwas streng, gutes Tannin, lang. (25 000 Fl.; L.3 135; mehr als eine Abfüllung; Merum 2004-6) Privatpreis ab Hof: Euro #

Brunello di Montalcino DOCG 1998   ★★★ – ★★★★

Mittelintensives Rot; holzunterlegte Brunello-Frucht; kraftvolles Mittelgewicht, Süße, rassige Säure, Frucht, Zypressenholz, saftig und geschmeidig, Frucht und Butter, sehr lang, Charakter, gefällt. (27 000 Fl.; L.2 127; mehr als eine Abfüllung; Merum 2003-4) Privatpreis ab Hof: Euro #

Brunello di Montalcino DOCG Poggio gli Angeli 1998 ★★ – ★★★

Recht intensives Rot; Zwetschgen- und Holznoten; Kraft, Eichen- und Zypressenholz, Süße, auch Säure, dann im Abgang etwas trocken. 2004 -0 2010. (2500 Fl.; L.2 127; eine Abfüllung; Merum 2003-4) Privatpreis ab Hof: Euro #

Brunello di Montalcino DOCG Vigna gli Angeli 2001

Dunkles, violettes Rubin; Noten von neuem Holz, Ruß und Rauchspeck; kraftvoll, keine Brunello-Frucht, Holzaroma, Ruß, Säure, unausgewogen und sehr untypisch. (5700 Fl.; L.5145; # Abfüllungen; Merum 2006-5) Privatpreis ab Hof: Euro #

La Lecciaia, Montalcino (SI)   # Fl./30 Hektar

Tel. 0577 849287; Fax 0577 849287; www.lecciaia.com;
lecciaia@pacinimauro.com

Brunello di Montalcino DOCG 2001   ★★★

Recht dunkles Rot; holundrig-fruchtige Nase; eleganter Ansatz, ausgewogen, Tiefe, lang auf Frucht, Butter, feines Tannin. (70 000 Fl.; L.5/200; mehr als eine Abfüllung; Merum 2006-5) Privatpreis ab Hof: Euro #

Brunello di Montalcino DOCG Manapetra 2001

Rubiniges Dunkelrot; etwas fremdartige Fruchtnoten; auch im Gaumen nicht Brunello-ähnlich, wirkt sehr jung, herbes Tannin, Butter, soweit angenehm. (6000 Fl.; L.6/010; mehr als eine Abfüllung; Merum 2006-5) Privatpreis ab Hof: Euro #

La Magia/Schwarz, Montalcino (SI)   80 000 Fl./16 Hektar

Tel. 0577 835667; Fax 0577 835558; www.fattorialamagia.it;
fattorialamagia@tiscali.it

Brunello di Montalcino DOCG 1999

Mittleres Rot; nicht optimale Holznoten, kaum Frucht; Süße, störendes Holz, gute Tiefe, im Gaumen besser als in der Nase, etwas trockenes Tannin, gute Länge. (30 000 Fl.; L.01/04; eine Abfüllung; Merum 2004-6) Privatpreis ab Hof: Euro 16

La Mannella/Marco Cortonesi, Montalcino (SI)   22 000 Fl./8 Hektar

Tel. 0577 847126; Fax 0577 847126; www.lamannella.it; marcocortonesi@tiscali.it

Brunello di Montalcino DOCG 1998   ★★★

Mittelintensives Rot; intensive Nase mit holzunterstützter Frucht, Eukalyptus, macht neugierig; Kraft, Frucht, recht tief, Süße, Fruchtfülle, ausgewogen, gefällt, rund und recht lang. (16 000 Fl.; L.02/273; eine Abfüllung; Merum 2003-4) Privatpreis ab Hof: Euro #

La Palazzetta/Flavio Fanti, Montalcino (SI)   40 000 Fl./9 Hektar

Tel. 0577 835631; Fax 0577 835631; #

Brunello di Montalcino DOCG 2001

Mittleres Rot; überreife Nase; Süße, Säure, überreif, recht angenehm, aber zu fortgeschritten. (11 000 Fl.; L.5.04; mehr als eine Abfüllung; Merum 2006-5) Privatpreis ab Hof: Euro #

La Pescaia, Montalcino (SI)   30 000 Fl./10 Hektar

Tel. 0577 847185; Fax 0577 847185; www.pescaia.it; info@pescaia.it

Brunello di Montalcino DOCG 2001   ★★★

Reifendes, ziemlich intensives Rot; Frucht mit Noten von Trockenfrüchten, Stroh, macht neugierig; Kraft und Süße, frische Säure, reife Frucht, saftig, recht gutes Tannin, lang. (16 000 Fl.; L.210/05; eine Abfüllung; Merum 2006-5) Privatpreis ab Hof: Euro #

La Poderina/Saiagricola, Montalcino (SI)   120 000 Fl./23 Hektar

Tel. 0577 835737; Fax 0577 835737; www.saiagricola.it; lapoderina@saiagricola.it

Brunello di Montalcino DOCG 2001

Dunkles, rubiniges Rot; Frucht mit Eukalyptus-Noten; viel Süße, balsamische Aromen, etwas opulent, herbes Tannin. (47 000 Fl.; L.501; mehr als eine Abfüllung; Merum 2006-5) Privatpreis ab Hof: Euro #

Brunello di Montalcino DOCG 1998   ★★★

Recht intensives Rubin; Noten von Holz und schwarzen Beeren, eher verhalten; Kraft, Süße, dunkle Beerenfrucht, recht lang, dicht, gefällt gut. (54 000 Fl.; L.203; mehr als eine Abfüllung; Merum 2003-4) Privatpreis ab Hof: Euro #

Brunello di Montalcino DOCG Poggio Banale 1998

Sehr dunkles, undurchdringliches Rot; verhaltene Marmeladenoten, Holz, Teer, Kalkmörtel, Leder; im Gaumen sehr kompakt, allerdings uncharmant und unzugänglich, fehlt Charme, ziemlich trockenes Holztannin. (10 000 Fl.; L.#; eine Abfüllung; Merum 2003-4) Privatpreis ab Hof: Euro #

La Rasina/Marco Mantengoli, Montalcino (SI)   35 000 Fl./8,5 Hektar

Tel. 0577 848536; Fax 0577 846638; www.larasina.it; larasina@larasina.it

Brunello di Montalcino DOCG 2001   ⁂

Schwarzrot; intensive Holzwürze; viel marmeladige Süße, Holzgeschmack, trocknendes Holztannin. (14 000 Fl.; L.5.193; eine Abfüllung; Merum 2006-5) Privatpreis ab Hof: Euro #

La Togata/Tenuta Carlina, Montalcino (SI)   60 000 Fl./15 Hektar

Tel. 06 68803000; Fax 06 68134047; www.brunellolatogata.com;
info@brunellolatogata.com

Brunello di Montalcino DOCG 2001

Dunkles Rubin; verhalten, marmeladige Holznoten; kühl, fremdes Aroma, heimatlos, trocknend. (28 000 Fl.; L.#; eine Abfüllung; Merum 2006-5) Privatpreis ab Hof: Euro #

Brunello di Montalcino DOCG 1999

Undurchdringliches Dunkelrot; nach wenigen Stunden müde Nase; dickflüssig, alte Marmelade, bitter. (30 000 Fl.; L.#; # Abfüllungen; Merum 2004-6) Privatpreis ab Hof: Euro #

Brunello di Montalcino DOCG La Togata dei Togati 1999

Sehr dunkles, undurchdringliches Rot; Noten von Schwarzwälder Torte mit Rauchspeck; dickflüssig, Speckaroma, bitter; schmeckt nicht nur nicht nach Brunello, sondern auch nicht nach Wein. (3500 Fl.; L.#; # Abfüllungen; Merum 2004-6) Privatpreis ab Hof: Euro #

Lambardi/Canalicchio di Sotto, Montalcino (SI)   15 000 Fl./6,5 Hektar

Tel. 0577 848476; Fax 0577 846507; canalicchiodisotto@virgilio.it

Brunello di Montalcino DOCG 2001   ★★ – ★★★

Mittleres Rot; intensive Nase, süß, eher reif; Süße, Brunello-Frucht, fein-bitteres Tannin, gute Länge, herber Abgang. (6666 Fl.; L.5-348, eine Abfüllung; Merum 2006-5) Privatpreis ab Hof: Euro #

Lazzeretti Marco, Montalcino (SI)   12 000 Fl./5 Hektar

Tel. 0577 848475; Fax 0577 848475; www.vinilazzeretti.it;
marcolazzeretti1@virgilio.it

Brunello di Montalcino DOCG 2001

Dunkelrot; holzwürzige Marmeladenoten; Neuholz, marmeladig, trocknend, Neuholz auch im Abgang, trocknet nach. (5770 Fl.; L.02/05; eine Abfüllung; Merum 2006-5) Privatpreis ab Hof: Euro #

Le Chiuse/Simonetta Valiani, Montalcino (SI)   25 000 Fl./6,5 Hektar

Tel. 055 597052; Fax 0577 846064; www.lechiuse.com; info@lechiuse.com

Brunello di Montalcino DOCG 2001   ★★★ JLF

Mittelintensives Rot; reife, typische Noten von Schokolade, Trockenpflaumen; saftiger Ansatz, tiefe Frucht, gutes Tannin, ausgewogen, lang. (11 333 Fl.; L.0501; eine Abfüllung; Merum 2006-5) Privatpreis ab Hof: Euro #

Brunello di Montalcino DOCG 1999

Mittleres Rot; auch mit Belüftung nicht ganz klar, matte Kompottnoten; im Gaumen etwas besser, Süße, Frucht, dann etwas bitteres Tannin. (13 000 Fl.; L.0301; eine Abfüllung; Merum 2004-6) Privatpreis ab Hof: Euro #

Brunello di Montalcino DOCG 1998   ★★★

Frisches Rot; dichte Brunello-Nase, Trockenfrüchte, feines Holz, Holunder; kraftvoll, saftig, herbes Tannin, schöne Länge, gefällt gut. (11 000 Fl.; L.#; eine Abfüllung; Merum 2003-4) Privatpreis ab Hof: Euro #

Le Gode/Claudio Ripaccioli, Montalcino (SI)   10 000 Fl./7 Hektar

Tel. 0577 848547; Fax 0577 847089; www.legode.it; azienda.legode@libero.it

Brunello di Montalcino DOCG 2001

Recht intensives Rot; reifende Holznoten; gewisse Brunello-Frucht, holzgezehrt, trocknet nach. (6600 Fl.; L.05/216; eine Abfüllung; Merum 2006-5) Privatpreis ab Hof: Euro #

Brunello di Montalcino DOCG 1999   ★★ – ★★★

Mittleres, warmleuchtendes Rot; Noten von Lakritze, Zwetschgenmarmelade, Heu, schöne Tiefe; Kraft, viel, leider etwas zu trockenes Tannin, dunkle Frucht, dann Butter, im Abgang herb, gute Länge. (6666 Fl.; L.03/250; eine Abfüllung; Merum 2004-6) Privatpreis ab Hof: Euro #

Brunello di Montalcino DOCG 1998   ★★★

Mittleres Rot; Noten von Holz, Heu und Marmelade; im Gaumen viel komplexer, präsente Frucht, Heu, viel, recht gutes Tannin, sehr konzentriert, lang. (5000 Fl.; L.02/112; eine Abfüllung; Merum 2003-4) Privatpreis ab Hof: Euro #

Le Presi, Montalcino (SI)   17 000 Fl./3 Hektar

Tel. 0577 835541; Fax 0577 835541; www.lepresi.it; lepresi@lepresi.it

Brunello di Montalcino DOCG 2001   ★★ – ★★★

Recht dunkles Rot; reife, aber recht tiefe Brunello-Frucht, feines Leder; rund, saftig, Butter, gewisse Frucht, angenehm. (5510 Fl.; L.1/GF; eine Abfüllung; Merum 2006-5) Privatpreis ab Hof: Euro #

Le Ragnaie, Montalcino (SI)   15 000 Fl./7 Hektar

Tel. 0577 848639; Fax 0577 848639; www.leragnaie.com; info@leragnaie.com

Brunello di Montalcino DOCG 2001

Mittelhelles Rot; holzdominierte Nase; Mittelgewicht, gewisse Frucht, etwas Holz, etwas gezehrt, trockenes Tannin. (1600 Fl.; L.02/05; eine Abfüllung; Merum 2006-5) Privatpreis ab Hof: Euro 15,00

Brunello di Montalcino DOCG 1999   ★★★ JLF

Mittelhelles Rot; intensive Noten von Holunder, Cassis; auch im Gaumen diese Noten von Holunderblüten, Eukalyptus, sehr geschmeidig, fruchtig, rund, angenehm, sehr trinkiger, eleganter Wein, lang. (1700 Fl.; L.#; eine Abfüllung; Merum 2004-6) Privatpreis ab Hof: Euro #

Lisini, Montalcino (SI)   90 000 Fl./18 Hektar

Tel. 0577 844040; Fax 0577 844219; www.lisini.com; azienda@lisini.com

Brunello di Montalcino DOCG 2001

Ziemlich dunkles Rot; kompottig-ledrige Frucht; auch im Gaumen etwas undefinierte Frucht, recht rund, wenig Brunello-Charakter, trocknet dann. (48 000 Fl.; L.3 05; eine Abfüllung; Merum 2006-5) Privatpreis ab Hof: Euro #

Brunello di Montalcino DOCG 1999

Mittleres Rot; nicht auf Anhieb klare Nase, dann Frucht, eher verhalten; runder Ansatz, Frucht, streng, etwas Holz-matt im Finale, Holztannin, etwas trocknend, aber fehlt Frische. (30 000 Fl.; L.1 254 3; eine Abfüllung; Merum 2004-6) Privatpreis ab Hof: Euro #

Marchesato degli Aleramici, Montalcino (SI)   75 000 Fl./12 Hektar

Tel. 0577 816701; Fax 0577 816730; www.marchesatodeglialeramici.it; aleramici@tin.it

Brunello di Montalcino DOCG 2001   ★★★ JLF

Mittelintensives Rot; recht tiefe Brunello-Nase, Butter; Mittelgewicht, Frucht und Butter, saftig, gute Länge. (30 000 Fl.; L.unleserlich; eine Abfüllung; Merum 2006-5) Privatpreis ab Hof: Euro 17

Brunello di Montalcino DOCG 1998   ★★ – ★★★

Mittelhelles Rot; verhaltene Holz- und Fruchtnoten; Süße, gewisse Frucht, recht rund, dürfte vielschichtiger sein, angenehm. 2003 -0 2007. (25 000 Fl.; L.71/98; mehr als eine Abfüllung; Merum 2003-4) Privatpreis ab Hof: Euro #

Mastrojanni, Montalcino (SI)   80 000 Fl./23 Hektar

Tel. 0577 835681; Fax 0577 835505; info@mastrojanni.com

Brunello di Montalcino DOCG 2001   ★★ – ★★★

Mittleres Rot; Holunder- und reife Fruchtnoten; feines Holz; Mittelgewicht, feine Säure, gewisse Frucht, etwas herbes Tannin. (46 800 Fl.; L.05313; eine Abfüllung; Merum 2006-5) Privatpreis ab Hof: Euro #

Brunello di Montalcino DOCG 1999

Mittelhelles Rot; Noten von Kampfer, Röstung; Süße, Kraft, kaum Frucht, Holz, dann stark trocknend. (45 300 Fl.; L.03/189; eine Abfüllung; Merum 2004-6) Privatpreis ab Hof: Euro #

Brunello di Montalcino DOCG 1998

Mittleres Rot; Noten von Holz, getrockneten Bananen; Kraft, viel Süße, dann heftiges, etwas trockenes Tannin; kein Biberwein, aber durch den Holzeinsatz wird der Wein zu spröde. (46 000 Fl.; L.2/190; eine Abfüllung; Merum 2003-4) Privatpreis ab Hof: Euro #

Mocali/Ciacci, Montalcino (SI)   60 000 Fl./9 Hektar
Tel. 0577 849485; Fax 0577 849485; almocali@tiscali.it
Brunello di Montalcino DOCG 2001
Dunkelrot; Röstnoten; schlankes Mittelgewicht, Röstaroma, uneingepasste Süße, aus-tauschbar, bitter im Abgang. (20 000 Fl.; L.5/243; eine Abfüllung; Merum 2006-5) Privatpreis ab Hof: Euro #
Brunello di Montalcino DOCG 1999
Mittleres Rot; speckige Noten von Heu und Steinfrüchten; Süße, Kraft, feine Säure, gewisse Frucht, interessante Tiefe, dann leicht trocknend, recht lang. (10 000 Fl.; L.3/164; eine Abfül-lung; Merum 2004-6) Privatpreis ab Hof: Euro #
Brunello di Montalcino DOCG Vigna delle Raunate 2001
Rubiniges, dunkles Rot; Noten von Ruß und Rauchspeck; Süße, Butter, Rauchspeck, völlig heimatlos. (4000 Fl.; L.5/327; eine Abfüllung; Merum 2006-5) Privatpreis ab Hof: Euro #
Brunello di Montalcino DOCG Vigna delle Raunate 1999
Mittleres Rot; Röstnoten; Süße, Säure, Röstung, Butter, keine Brunello-Frucht, fehlt Tiefe, eindimensional, als Brunello uninteressant. (4000 Fl.; L.3/163; eine Abfüllung; Merum 2004-6) Privatpreis ab Hof: Euro #

Molino di Sant'Antimo, Montalcino (SI)   # Fl./10 Hektar
Tel. 0577 897220; Fax 0577 897026; www.molinosantantimo.com; castellodelromitorio@msn.com
Brunello di Montalcino DOCG 2001
Mittelintensives Rot; Noten von Stroh und Holz, Paprika; Süße, Säure, kühle Paprika-Frucht, sonst angenehm. (# Fl.; L.#; eine Abfüllung; Merum 2006-5) Privatpreis ab Hof: Euro #

Pacenti Siro, Montalcino (SI)   60 000 Fl./20 Hektar
Tel. 0577 848662; Fax 0577 846935; pacentisiro@libero.it
Brunello di Montalcino DOCG 2001   ★★ – ★★★
Mittelintensives, frisches Rot; holzwürzig-fruchtige Nase; runder Ansatz, leicht kompottige, angenehme Frucht, Süße, herbes Tannin. (30 000 Fl.; L.5 301; # Abfüllungen; Merum 2006-5) Privatpreis ab Hof: Euro 26
Brunello di Montalcino DOCG 1999
Dunkelrot; Noten von Rauchspeck, Röstung, roter Marmelade; Süße, Geräuchertes, stroh-trocknendes Holztannin, verbrannt, kaum Frucht, trocknet stark nach. (26 000 Fl.; L.3 217; eine Abfüllung; Merum 2004-6) Privatpreis ab Hof: Euro #

Palagetto/Niccolai, San Gimignano (SI)   300 000 Fl./100 Hektar
Tel. 0577 943090; Fax 0577 943249; www.tenuteniccolai.it; info@tenuteniccolai.it
Brunello di Montalcino DOCG 1999   ★★★
Mittelintensives Rot; intensive Fruchtnoten, Holundernoten, Himbeermarmelade, einladend; Fülle, kraftvoll, viel Süße, gutes Tannin, Holunder, Karamell, lang. (9000 Fl.; L.11/203; eine Abfüllung; Merum 2004-6) Privatpreis ab Hof: Euro #
Brunello di Montalcino DOCG 1998
Mittleres Rot; Röst- und Marmeladenoten; auch im Gaumen Röstnoten, Säure, Süße, Kara-mell, langweilig und austauschbar, trocknet nach. (6266 Fl.; L.1/2003; eine Abfüllung; Merum 2003-4) Privatpreis ab Hof: Euro #
Brunello di Montalcino DOCG Podere Bellarina 2001   ★★ – ★★★
Dunkelrot; sehr reife, breite, süße Brunello-Nase; sehr reif auch im Gaumen, saftig, Frucht, gute Tiefe und Länge; trinkreif. (8000 Fl.; L.1B05; eine Abfüllung; Merum 2006-5) Privatpreis ab Hof: Euro #

Palazzina, Montalcino (SI)   17 000 Fl./3 Hektar
Tel. 0577 849168; Fax 0577 849168; www.web.tiscalinet.it/macioche; lemacioche@tiscali.it
Brunello di Montalcino DOCG Le Macioche 2001   ★★★
Mittelintensives Rot; süße Fruchtnoten, Holunderblüten, Eukalyptus; im Gaumen Frucht, Holunder, saftig, gutes Tannin, gute Länge auf Frucht. (12 000 Fl.; L.1/05; eine Abfüllung; Merum 2006-5) Privatpreis ab Hof: Euro #

Brunello di Montalcino DOCG Le Macioche 1998

Mittleres Rot; reifende Fruchtnoten; im Gaumen neben der Frucht erst etwas Medizingeschmack, der dann verschwindet, Säure, zu karg. (11 000 Fl.; L.1/02; eine Abfüllung; Merum 2003-4) Privatpreis ab Hof: Euro #

Palazzo, Montalcino (SI) 22 000 Fl./4 Hektar

Tel. 0577 848479; Fax 0577 848479; www.aziendapalazzo.com; info@aziendapalazzo.it

Brunello di Montalcino DOCG 2001

Dunkelrot; gereifte Nase, gemüsig, Erdnuss; im Gaumen prägt Holz den Wein, zu einseitig, trocken. (10 000 Fl.; L.5/246; eine Abfüllung; Merum 2006-5) Privatpreis ab Hof: Euro #

Brunello di Montalcino DOCG 1999

Mittelhelles Rot; blasse Neuholznoten; schlank, viel Süße, Holz, trocknend. (8500 Fl.; L.3/239; eine Abfüllung; Merum 2004-6) Privatpreis ab Hof: Euro #

Brunello di Montalcino DOCG 1998

Mittleres Rot; Holz- und entfernte Fruchtnoten; eher schlankes Mittelgewicht, wenig Frucht, mehr als korrekt, aber fehlen Kraft und Ausdruck. (9700 Fl.; L.2/260; eine Abfüllung; Merum 2003-4) Privatpreis ab Hof: Euro #

Pian dell'Orino, Montalcino (SI) 20 000 Fl./6 Hektar

Tel. 0577 849301; Fax 0577 849301; www.piandellorino.it; info@piandellorino.it

Brunello di Montalcino DOCG 2001

Dunkelrot; nicht klar, Marmelade, Kompott, Karamell; Mittelgewicht, viel Süße, kaum Frucht, fehlt Persönlichkeit, herbes Tannin. (9500 Fl.; L.1305; eine Abfüllung; Merum 2006-5) Privatpreis ab Hof: Euro #

Brunello di Montalcino DOCG 1998

Mittleres Rot; nicht klare Nase; auch im Gaumen unklar, Süße, Säure, gewisse Frucht, wirkt unfertig und unrund, trocknend. (10 000 Fl.; L.0301; eine Abfüllung; Merum 2003-4) Privatpreis ab Hof: Euro #

Pian delle Vigne/Antinori, Montalcino (SI) 160 000 Fl./60 Hektar

Tel. 0577 816066; Fax 0577 816066; www.antinori.it; antinori@antinori.it

Brunello di Montalcino DOCG 2001

Dunkelrot; konzentrierte, reife Fruchtnoten, etwas Holz, Rumtopf, Trockenfrüchte; konzentriert, Süße, reif-fruchtig, herbes Tannin, keine Brunello-Frucht, fehlt Länge. (155 000 Fl.; L.#; eine Abfüllung; Merum 2006-5) Privatpreis ab Hof: Euro #

Brunello di Montalcino DOCG 1999

Intensives Rot; Noten von Kompott, Marmelade; viel Süße im Ansatz, konzentriert, keine Brunello-Frucht, trockenes Tannin, langweiliger, austauschbarer Weinstil. (150 000 Fl.; L.3028; eine Abfüllung; Merum 2004-6) Privatpreis ab Hof: Euro #

Brunello di Montalcino DOCG 1998 ★★ – ★★★

Mittelintensives Rubin; dichte Noten von dunkler Beerenmarmelade, Lakritze, Schokolade; viel Süße, dunkle Beerenfrucht, Heu, endet dann aber etwas zu abrupt, kein Brunello-Charme, Holztannin. (144 000 Fl.; L.0302; eine Abfüllung; Merum 2003-4) Privatpreis ab Hof: Euro #

Piancornello/Pieri Silvana, Monteroni d'Arbia (SI) 50 000 Fl./10 Hektar

Tel. 0577 844105; Fax 0577 844105; piancornello@libero.it

Brunello di Montalcino DOCG 2001

Mittelintensives Rot; verhaltene Röst- und Fruchtnoten; holzgeprägte Frucht, fehlt Ausdruck, keine Tiefe, kurz. (17 000 Fl.; L.03/2005; eine Abfüllung; Merum 2006-5) Privatpreis ab Hof: Euro 17,60

Brunello di Montalcino DOCG 1999

Ziemlich dunkles Rot; Röstnoten, Geräuchertes, rote Frucht; Rauchspeck, Holz, trockenbitteres Tannin. (10 000 Fl.; L.03/2003; eine Abfüllung; Merum 2004-6) Privatpreis ab Hof: Euro #

Brunello di Montalcino DOCG 1998

Mittleres Rubin; Noten von Röstung und Zwetschgenmarmelade; im Gaumen Röstung, geschliffene Struktur, etwas Säure, etwas Süße, ohne Makel, aber ohne Charakter, mit dem Röstgeschmack etwas abgedroschen und langweilig. (7000 Fl.; L.02/2002; eine Abfüllung; Merum 2003-4) Privatpreis ab Hof: Euro #

Pieri Agostina, Montalcino (SI)   60 000 Fl./10 Hektar

Tel. 0577 844163; Fax 0577 844163; pieriagostina@libero.it

Brunello di Montalcino DOCG 2001

Mittelintensives Rot; reduzierte Brunello-Frucht, nicht komplett klar; im Gaumen holzwürzig, gereift, nicht sehr lang. (16 000 Fl.; L.4 253; mehr als eine Abfüllung; Merum 2006-5) Privatpreis ab Hof: Euro #

Brunello di Montalcino DOCG 1999

Mittelintensives Rot; Frucht- und Erdnussnoten, Erdnüsse; kraftvoll, viel Süße, gewisse Frucht, Erdnuss, herbes, zu trockenes Tannin. (20 000 Fl.; L.2 248; mehr als eine Abfüllung; Merum 2004-6) Privatpreis ab Hof: Euro #

Pietranera/Monade 90, Montalcino (SI)   100 000 Fl./14 Hektar

Tel. 0577 835525; Fax 0577 835525; www.lavelona.com; service@lavelona.com

Brunello di Montalcino DOCG La Velona 2001

Dunkelrot; holzwürzige, reife Fruchtnoten; konzentriert, Butter, etwas Holz, viel Süße, etwas streng, gewisse Länge, trocknet etwas nach. (14 000 Fl.; L.1/05; mehr als eine Abfüllung; Merum 2006-5) Privatpreis ab Hof: Euro #

Pietroso/Gianni Pignattai, Montalcino (SI)   25 000 Fl./4 Hektar

Tel. 0577 848573; Fax 0577 848573; www.pietroso.it; info@pietroso.it

Brunello di Montalcino DOCG 2001   ★★ – ★★★

Mittleres Rot; nicht auf Anhieb klare Brunello-Noten; schlankes Mittelgewicht, Frucht und feine Süße, angenehm, lang auf Brunello-Frucht. (12 800 Fl.; L.5/17; eine Abfüllung; Merum 2006-5) Privatpreis ab Hof: Euro #

Brunello di Montalcino DOCG 1999

Mittelhelles Rot; Erdnuss-Noten, Marmelade; viel Süße, Mittelgewicht, gewisse Frucht, allerdings auch Erdnüsse, einfach, etwas bitter. (7000 Fl.; L.1172; eine Abfüllung; Merum 2004-6) Privatpreis ab Hof: Euro #

Brunello di Montalcino DOCG 1998

Mittelhelles Rot; unklare Noten von Holz; Mittelgewicht, etwas schmal, Säure, zu fortgeschritten, Altersnoten. (7013 Fl.; L.2/11; # Abfüllungen; Merum 2003-4) Privatpreis ab Hof: Euro #

Pinino, Montalcino (SI)   50 000 Fl./16 Hektar

Tel. 0577 849381; Fax 0577 849381; www.pinino.com; info@pinino.com

Brunello di Montalcino DOCG 2001   ★★ – ★★★

Recht dunkles Rot; Noten von Laub, Trockenfrüchten; kraftvolles Mittelgewicht, rund, gewisse Frucht, recht gutes Tannin, gewisse Länge. (14 000 Fl.; L.0205; eine Abfüllung; Merum 2006-5) Privatpreis ab Hof: Euro #

Brunello di Montalcino DOCG Pinino 1999

Mittleres Rot; säuerliche Noten von gekochten Früchten; im Gaumen Süße, gewisse Frucht, sehr trockenes Tannin. (10 000 Fl.; L.1/2003; eine Abfüllung; Merum 2004-6) Privatpreis ab Hof: Euro #

Podere Brizio/Bellini-Mazzi, Montalcino (SI)   25 000 Fl./21 Hektar

Tel. 0577 846004; Fax 0577 847010; www.poderebrizio.it; poderebrizio@inwind.it

Brunello di Montalcino DOCG 2001

Mittleres Rot; Marmeladenoten; Mittelgewicht, Säure, Süße, etwas unrund, gewisse Frucht, trocknet im Abgang. (22 000 Fl.; L.6/2005; eine Abfüllung; Merum 2006-5) Privatpreis ab Hof: Euro 18,50

Brunello di Montalcino DOCG 1999

Mittleres Rot; schmale Holznoten; Mittelgewicht, Süße, Neuholzaroma, keine Frucht, trocknet nach. (17 000 Fl.; L.1/2003; eine Abfüllung; Merum 2004-6) Privatpreis ab Hof: Euro #

Brunello di Montalcino DOCG 1998

Mittleres Rubin; Holznoten, kaum Frucht; im Gaumen zwar viel Süße, rassige Säure, aber Geschmack von Holz statt von Frucht geprägt, trocknet nach. (10 000 Fl.; L.2/2001; eine Abfüllung; Merum 2003-4) Privatpreis ab Hof: Euro #

Podere La Vigna/Alvaro Rubegni, Montalcino (SI)   20 000 Fl./4 Hektar
Tel. 0577 834252; Fax 0577 834252; www.poderelavigna.it; info@poderelavigna.it

Brunello di Montalcino DOCG 2001

Gereiftes Dunkelrot; lederige Nase, kompottige Frucht, gereift; im Gaumen etwas neutrale Frucht, fehlt Ausdruck, keine Tiefe, trocknendes Tannin, zu müde. (5300 Fl.; L.01/06; eine Abfüllung; Merum 2006-5) Privatpreis ab Hof: Euro #

Brunello di Montalcino DOCG 1999

Mittelhelles Rot; Holz-Kompottnoten; im Gaumen gewisse Frucht, Holz, viel Süße, trockenes Tannin, nicht sehr tief. (3500 Fl.; L.01/04; eine Abfüllung; Merum 2004-6) Privatpreis ab Hof: Euro #

Brunello di Montalcino DOCG 1998   ★★ – ★★★

Recht intensives Rot; Neuholz- und Marmeladenoten; im Gaumen lebendiger mit präsenter Frucht und frischer Säure, Neuholz nur am Rande spürbar, saftig und recht lang. (3733 Fl.; L.03/01; eine Abfüllung; Merum 2003-4) Privatpreis ab Hof: Euro #

Poggio Antico/Paola Gloder, Montalcino (SI)   120 000 Fl./32 Hektar
Tel. 0577 848044; Fax 0577 846563; www.poggioantico.com; mail@poggioantico.com

Brunello di Montalcino DOCG 2001

Dunkelviolettrot; unklare Nase; Süße, herbes Tannin, kaum Frucht, trocknet. (73 900 Fl.; L.105; eine Abfüllung; Merum 2006) Privatpreis ab Hof: Euro 17,00

Brunello di Montalcino DOCG 1999   ★★★ – ★★★★ JLF

Dunkelrot; Heu-, Laub- und Zwetschgenkompott-Noten, feine Gummi; Kraft, Fülle, saftig, Fruchttiefe, Butter, Holunder, Länge, elegant, kompakt, recht gutes Tannin, gefällt. (67 000 Fl.; L.103; eine Abfüllung; Merum 2004-6) Privatpreis ab Hof: Euro #

Brunello di Montalcino DOCG 1998   ★★★ – ★★★★ JLF

Mittleres Rot; intensive Frucht-Holunder-Noten; Mittelgewicht, sehr schöne Frucht, die anhält, außerordentlich eleganter Brunello, angenehme, frische Säure, rundes Tannin: der Super-JLF-Brunello. (53 020 Fl.; L.102; eine Abfüllung; Merum 2003-4) Privatpreis ab Hof: Euro #

Brunello di Montalcino DOCG Altero 2001

Dunkles Rubin; nicht klare Holznase, reif; Süße, reif, herb-trockenes Tannin, trocknet nach. (32 500 Fl.; L.104; eine Abfüllung; Merum 2006-5) Privatpreis ab Hof: Euro #

Brunello di Montalcino DOCG Altero 1999

Mittleres Rubin; Holznoten, Holunder, gewisse Frucht; Kraft, Süße, Säure, knappe Frucht, etwas Gummi, trocknendes Tannin. (17 000 Fl.; L.103; eine Abfüllung; Merum 2004-6) Privatpreis ab Hof: Euro #

Brunello di Montalcino DOCG Altero 1998   ★★★ JLF

Mittelhelles Rubin; Holunder- und Pflaumennoten; viel Süße, auch im Gaumen Holunder, sehr rund und geschmeidig, gesundes Tannin, recht lang. (10 924 Fl.; L.102; eine Abfüllung; Merum 2003-4) Privatpreis ab Hof: Euro #

Poggio di Sotto/Palmucci, Montalcino (SI)   25 000 Fl./12 Hektar
Tel. 0577 835502; Fax 0577 835509; www.poggiodisotto.com; palmuccipds@libero.it

Brunello di Montalcino DOCG 2001   ★★★ JLF

Mittelhelles Rot; flüchtig-beerig-lakritzige Noten, Gummi; Mittelgewicht, Frucht, Süße, rund, saftig, gute Länge. (15 000 Fl.; L.28405; eine Abfüllung; Merum 2006-5) Privatpreis ab Hof: Euro #

Brunello di Montalcino DOCG 1999   ★★ – ★★★

Mittelhelles Rot; Kaffee- und Holundernase, recht vielschichtig; Mittelgewicht, viel Süße, Frucht, saftiges Tannin, dürfte noch tiefer sein, gute Länge. (16 000 Fl.; L.90103; eine Abfüllung; Merum 2004-6) Privatpreis ab Hof: Euro #

Brunello di Montalcino DOCG 1998   ★★★ JLF

Hellrot; Noten von Kräutern, Stroh, Fruchtkompott; auch im Gaumen diese Stroh- und Fruchtaromen, sehr geschmeidig, Süße, trinkig und lang. (15 000 Fl.; L.11602; eine Abfüllung; Merum 2003-4) Privatpreis ab Hof: Euro #

Poggio Il Castellare, Montalcino (SI) 46 000 Fl./7,5 Hektar

Tel. 334 3986357; Fax 0578 798061; poggio.castellare@libero.it

Brunello di Montalcino DOCG 2001 ★★ – ★★★

Mittelintensives Rot; Noten von Trockenfrüchten und etwas Rumtopf; runder Ansatz, Frucht, Butter, geschmeidig, saftig, recht lang, dann im Abgang Neuholzgeschmack. (26 000 Fl.; L.270/05; eine Abfüllung; Merum 2006-5) Privatpreis ab Hof: Euro #

Poggio Salvi/Tagliabue, Montalcino (SI) 170 000 Fl./20 Hektar

Tel. 0577 847121; Fax 0577 847131; bsanti@sienanet.it

Brunello di Montalcino DOCG 2001

Mittelintensives Rubin; Röst- und Neuholznoten; Röstung dominiert auch im Gaumen, etwas langweiliger Wein, nicht als Brunello erkennbar. (70 000 Fl.; L.01-06; eine Abfüllung; Merum 2006-5) Privatpreis ab Hof: Euro #

Brunello di Montalcino DOCG 1999

Dunkelrot; verhaltene Holznoten, matt; keine Frucht, herbes Tannin, ungeschmeidig, bittert nach. (55 000 Fl.; L.1-03; eine Abfüllung; Merum 2004-6) Privatpreis ab Hof: Euro #

Brunello di Montalcino DOCG Villa Poggio Salvi 1998★★ – ★★★

Dunkelrot; Holz- und Fruchtnoten; Süße, Säure, Kraft, wertvolle Frucht, gute Länge, spürbar jung; im Gaumen eindeutig besser als in der Nase. (55 000 Fl.; L.1-02; # Abfüllungen; Merum 2003-4) Privatpreis ab Hof: Euro #

Poggio San Polo, Montalcino (SI) 30 000 Fl./4,7 Hektar

Tel. 0577 835101; Fax 0577 835200; www.poggiosanpolo.com; info@poggiosanpolo.com

Brunello di Montalcino DOCG 1998 ★★ – ★★★

Mittleres Rubin; Noten von Holunder und schwarzen Beeren; im Gaumen sehr geschliffen, Holunder, etwas fremdartige Frucht, saftig, geschmeidig, rundes Tannin, eher schlank, recht lang. (11 358 Fl.; L.2212; eine Abfüllung; Merum 2003-4) Privatpreis ab Hof: Euro 17,50

Quercecchio, Montalcino (SI) 50 000 Fl./13 Hektar

Tel. 0577 848219; Fax 0577 848219; www.quercecchio.it; quercecchio@inwind.it

Brunello di Montalcino DOCG 2001 ★★★★ JLF

Mittelhelles Rot; schöne, tiefe Fruchtnoten; Süße, Kraft, Holunder, rund, geschmeidig, saftig, lang. (23 000 Fl.; L.05/263; eine Abfüllung; Merum 2006-5) Privatpreis ab Hof: Euro #

Brunello di Montalcino DOCG 1998

Mittelhelles Rot; Noten von Holz und roten Beeren, einladend; Mittelgewicht, Säure, fehlen Fülle und Tiefe, zu unausgewogen, gewisse Frucht, müsste aber voller und kraftvoller sein. (20 000 Fl.; L.02/189; eine Abfüllung; Merum 2003-4) Privatpreis ab Hof: Euro #

Ricci, Montalcino (SI) 10 000 Fl./12 Hektar

Tel. 0564 902063; Fax 0564 902063; capannericci@virgilio.it

Brunello di Montalcino DOCG 1998

Mittelhelles Rot; Neuholznoten; schlankes Mittelgewicht, Holzgeschmack, fehlen Fülle und Fruchttiefe, trocknend. (7000 Fl.; L.02298; eine Abfüllung; Merum 2003-4) Privatpreis ab Hof: Euro #

Salicutti/Francesco Leanza, Montalcino (SI) 15 000 Fl./4 Hektar

Tel. 0577 847003; Fax 0577 847003; www.poderesalicutti.it; leanza@poderesalicutti.it

Brunello di Montalcino DOCG 1998 ★★ – ★★★

Recht intensives Rot; verhaltene Frucht, an Papier erinnernde Holznoten; kraftvoll, dichte, strenge Tanninstruktur, wertvoller Wein, etwas herbe Erscheinung, dürfte charmanter und fruchtiger sein, ziemlich trockenes Tannin. (8000 Fl.; L.1/02; eine Abfüllung; Merum 2003-4) Privatpreis ab Hof: Euro #

Brunello di Montalcino DOCG Piaggione 2001 ★★ – ★★★

Recht dunkles Rot; ziemlich reife Brunello-Nase; Fülle, saftig, würzig, Süße, reif, angenehm. (9000 Fl.; L.01/05; eine Abfüllung; Merum 2006-5) Privatpreis ab Hof: Euro #

Salvioni Giulio/Cerbaiola, Montalcino (SI) 15 000 Fl./4 Hektar

Tel. 0577 848499; Fax 0577 848499; #

Brunello di Montalcino DOCG 2001

Schwarzrot; nach Belüftung überreife Marmeladenoten; konzentriert, Süße, streng, knappe Frucht, viel Tannin, etwas Holz, herb, dann bemerkenswerte Länge. (13 600 Fl.; L.01/05; eine Abfüllung; Merum 2006-5) Privatpreis ab Hof: Euro #

Brunello di Montalcino DOCG 1999 ★★ – ★★★

Recht intensives Rubin; süßliche Holznoten, Stroh, verhaltene Frucht; viel Kraft, Süße, viel Tannin, dazwischen Marmeladefrucht, sehr konzentriert, strenge Tanninstruktur, herbes Tannin. (9850 Fl.; L.01/03; eine Abfüllung; Merum 2004-6) Privatpreis ab Hof: Euro #

San Giorgio, Montalcino (SI) 40 000 Fl./10 Hektar

Tel. 02 72094585; Fax 02 72080073; www.tenutasangiorgio.it; info@tenutasangiorgio.it

Brunello di Montalcino DOCG 1998

Bräunliches Rot; Altersnoten, Holz; im Gaumen Mittelgewicht, kaum Frucht, zu karg. (# Fl.; L.46/98; # Abfüllungen; Merum 2003-4) Privatpreis ab Hof: Euro #

Brunello di Montalcino DOCG Ugolforte 2001 ★★★★★ JLF

Mittleres Rot; klassische Brunello-Nase mit Holundernote; runder Ansatz, geschmeidig, Brunello-Frucht, balsamisches Aroma, ausgewogen und elegant, trinkig, tief und lang. (18 000 Fl.; L.03/05; eine Abfüllung; Merum 2006-5) Privatpreis ab Hof: Euro #

Schwarze-Ciarpella Tatiana, Montalcino (SI) 140 000 Fl./22 Hektar

Tel. 0577 835540; Fax 0577 835540; www.brunello.org; info@brunello.org

Brunello di Montalcino DOCG Atreus 2001 ★★★

Dunkelrot; konzentrierte, holunderige Fruchtnoten; runder Ansatz, konzentriert, Frucht, Holunder, recht gutes Tannin, im Abgang wieder Frucht. (10 000 Fl.; L.#; mehr als eine Abfüllung; Merum 2006-5) Privatpreis ab Hof: Euro #

Brunello di Montalcino DOCG Casisano-Colombaio 2001 ★★ – ★★★

Dunkelrot; holzwürzige Noten von Beerenmarmelade; Mittelgewicht, vom Holz gedämpft, Butter, recht angenehm, recht angenehmes Tannin im Abgang, gute Länge. (40 000 Fl.; L.5287 1; eine Abfüllung; Merum 2006-5) Privatpreis ab Hof: Euro #

Brunello di Montalcino DOCG Casisano-Colombaio 1999

Mittleres Rot; junge Beerennoten, frisch, einladend; auch im Gaumen sehr jung, Butter, fehlt Brunello-Komplexität, einfach, angenehm (60 000 Fl.; L.258/3; eine Abfüllung; Merum 2004-6) Privatpreis ab Hof: Euro #

Brunello di Montalcino DOCG Casisano-Colombaio 1998 ★★ – ★★★

Mittelhelles Rot; süße Holz- und Fruchtnoten, macht neugierig; im Gaumen dann beim ersten Durchgang vorherrschende Vanille (nach 24 Stunden verschwunden), dann auch Frucht, recht fein und geschmeidig. (70 000 Fl.; L.021/3; eine Abfüllung; Merum 2003-4) Privatpreis ab Hof: Euro #

Brunello di Montalcino DOCG Casisano-Colombaio Colombaiolo 1999

Helles Rubin; kompottige Holznoten; Kraft, Röstgeschmack, verkochte Marmelade, bittertrocknendes Tannin. (2650 Fl.; L.261/3; eine Abfüllung; Merum 2004-6) Privatpreis ab Hof: Euro #

Brunello di Montalcino DOCG Casisano-Colombaio Colombaiolo 1998 ★★ – ★★★

Mittleres Rubin; Holz- und Marmeladenoten; Holz auch im Gaumen, sehr konzentriert, viel Süße, auch gute Säure, dann im Abgang leider trocknendes Holztannin; schade, dieser einmalige Wein wurde durch das Holz ziemlich verunstaltet. (3500 Fl.; L.#; eine Abfüllung; Merum 2003-4) Privatpreis ab Hof: Euro #

Scopone, Montalcino (SI)   20 000 Fl./11 Hektar

Tel. 050 939058; Fax 050 939078; www.winescopone.com;
info@winescopone.com

Brunello di Montalcino DOCG 2001   ★★ – ★★★

*Frisches Mittelrot; frisch-fruchtige Nase, nicht tief; frische Frucht auch im Gaumen, Pfirsich,
Butter, etwas einfach, recht gutes Tannin. (10 600 Fl.; L.5-169; eine Abfüllung; Merum 2006-5)*
Privatpreis ab Hof: Euro #

Brunello di Montalcino DOCG 1999

*Mittleres, junges Rot; verhalten, Holz- und Heunoten, Marmeladefrucht; Mittelgewicht,
gewisse Frucht, trocknet nach. (6000 Fl.; L.3-114; eine Abfüllung; Merum 2004-6) Privatpreis
ab Hof: Euro #*

Brunello di Montalcino DOCG 1998

*Mittelintensives Rot; Noten von Eiche, Vanille; auch im Gaumen Eiche, Süße, trockenes Holz-
tannin. (6000 Fl.; L.2-176; eine Abfüllung; Merum 2003-4) Privatpreis ab Hof: Euro #*

Sesti, Montalcino (SI)   60 000 Fl./8,5 Hektar

Tel. 0577 843921; Fax 0577 843921; giuseppe@sesti.net

Brunello di Montalcino DOCG 2001   ★★ – ★★★

*Recht dunkles Rot; gereifte Brunello-Frucht; Mittelgewicht, reif und geschmeidig, reife Frucht,
lang. (16 000 Fl.; L.5 144; eine Abfüllung; Merum 2006-5) Privatpreis ab Hof: Euro #*

Brunello di Montalcino DOCG 1999

*Mittelintensives Rot; tiefe Himbeernoten, vielschichtige Nase, etwas störendes Holz; Süße,
insgesamt etwas zu müde, Tiefe, lang, wäre schön, müsste aber frischer sein. (10 000 Fl.;
L.3167; eine Abfüllung; Merum 2004-6) Privatpreis ab Hof: Euro #*

Brunello di Montalcino DOCG 1998   ★★★

*Mittleres, reifendes Rot; ziemlich reife Nase, etwas Holz, recht tief; schlankes Mittelgewicht,
Süße, Frucht, saftig, rundes Tannin, geschmeidig, frische Säure, Länge. (10 000 Fl.; L.H.I.V.VI;
eine Abfüllung; Merum 2003-4) Privatpreis ab Hof: Euro #*

Solaria/Patrizia Cencioni, Montalcino (SI)   35 000 Fl./9 Hektar

Tel. 0577 849426; Fax 0577 849426; www.solariacencioni.com;
solaria.cencioni@infinito.it

Brunello di Montalcino DOCG 2001

*Dunkelrot; holzbetont; Frucht dringt nicht durch, zu streng und holzgeprägt, trocknet nach.
(13 000 Fl.; L.2/05; eine Abfüllung; Merum 2006-5) Privatpreis ab Hof: Euro 20*

Brunello di Montalcino DOCG 1998   ★★ – ★★★

*Recht intensives Rot; gereifte Holznoten; im Gaumen runder Ansatz, neben dem Holz auch
Frucht, geschmeidig, Süße, feine Säure, lang und sehr angenehm (schade, dass die Nase
so einseitig ist: Abzug). (10 500 Fl.; L.260/02; eine Abfüllung; Merum 2003-4) Privatpreis ab Hof:
Euro #*

Brunello di Montalcino DOCG 123 2001   ★★ – ★★★

*Mittelintensives Rot; recht tief, Noten von Trockenfrüchten und gedörrten Bananen; rund,
saftig, Süße, Fülle, Frucht und Banane, herb-bitteres Tannin, etwas Neuholz, lang. (10 000 Fl.;
L.#; eine Abfüllung; Merum 2006-5) Privatpreis ab Hof: Euro 30*

Talenti/Pian di Conte, Montalcino (SI)   75 000 Fl./21 Hektar

Tel. 0577 844064; Fax 0577 844043; www.talentimontalcino.it;
info@talentimontalcino.it

Brunello di Montalcino DOCG 2001

*Dunkelrot; reifende Holznoten; Mittelgewicht, viel Süße, keine Frucht, ungeschmeidig, trock-
nendes Tannin. (26 000 Fl.; L.05 278; mehr als eine Abfüllung; Merum 2006-5) Privatpreis ab Hof:
Euro #*

Brunello di Montalcino DOCG 1999

*Dunkelrot; etwas grobe Holznoten, knappe Frucht; Kraft, dicht, Süße, trocknend. (41 000 Fl.;
L.03 212; mehr als eine Abfüllung; Merum 2004-6) Privatpreis ab Hof: Euro #*

Brunello di Montalcino DOCG 1998 ★★★ – ★★★★

Recht dunkles Rot; tiefe, süße, rote Fruchtnoten, Holunder; Süße, rund, geschmeidig, rote Marmeladenfrucht und Butter, auch etwas Neuholz, sehr angenehm, lang, gefällt gut. (25 000 Fl.; L.#; mehr als eine Abfüllung; Merum 2003-4) Privatpreis ab Hof: Euro #

Tenuta di Sesta/Giovanni Ciacci, Montalcino (SI) 120 000 Fl./30 Hektar

Tel. 0577 835612; Fax 0577 835535; www.tenutadisesta.it; tenutadisesta@tenutadisesta.it

Brunello di Montalcino DOCG 2001 ★★★ – ★★★★ JLF

Dunkles Rot; würzige Fruchtnoten, recht vielschichtig; Mittelgewicht, warm und reif, saftige Säure, Frucht und etwas Butter, gutes Tannin. (56 000 Fl.; L.5/200; mehr als eine Abfüllung; Merum 2006-5) Privatpreis ab Hof: Euro #

Brunello di Montalcino DOCG 1999

Mittelhelles Rubin; Kirschennoten; viel Süße, Röstgeschmack, Butter, angenehm rund, aber keine Brunello-Frucht, Brunello-Charakter ist verschüttet, austauschbarer, langweiliger Wein. (55 000 Fl.; L.3/192; mehr als eine Abfüllung; Merum 2004-6) Privatpreis ab Hof: Euro #

Brunello di Montalcino DOCG 1998 ★★★ – ★★★★

Mittleres Rot; sich im Glas entwickelnde, rote Fruchtnoten, lädt ein; recht kraftvoll, etwas Holz, Süße, Säure, Fülle, präsente Frucht, Tannin, gute Länge, gefällt. (50 000 Fl.; L.#; eine Abfüllung; Merum 2003-4) Privatpreis ab Hof: Euro #

Tenuta Greppo/Biondi Santi, Montalcino (SI) 70 000 Fl./22 Hektar

Tel. 0577 848087; Fax 0577 849396; #

Brunello di Montalcino DOCG 1999 ★★★ JLF

Mittelhelles Rot; verhalten Noten von roter Johannisbeermarmelade, rote Beeren, Holunderbeeren, tief, macht neugierig; schlanker, eleganter Ansatz, kein Kraftprotz, feines Tannin, saftig, fruchtig, Butter, trinkig. (55 000 Fl.; L.3177; # Abfüllungen; Merum 2004-6) Privatpreis ab Hof: Euro #

Tenuta Oliveto, Montalcino (SI) 60 000 Fl./12 Hektar

Tel. 0577 807170; Fax 0577 809907; www.tenutaoliveto.it; oliveto.amachetti@tin.it

Brunello di Montalcino DOCG 2001 ★★ – ★★★

Mittleres Rot; holzunterstützte Brunello-Frucht; frische Frucht auch im Gaumen, Karamell, Süße, saftig, herbes Tannin, recht lang, zu holzgeprägt. (7900 Fl.; L.119/04; eine Abfüllung; Merum 2006-5) Privatpreis ab Hof: Euro 19

Brunello di Montalcino DOCG 1998 ★★ – ★★★

Mittelintensives Rot; Holznoten; viel Süße, Fülle, spürbar gutes Material, aber prägende Holzaromen, zu einseitig, im Abgang ziemlich trocknend. (5500 Fl.; L.62/03; eine Abfüllung; Merum 2003-4) Privatpreis ab Hof: Euro #

Tenute Donna Olga, Montalcino (SI) 20 000 Fl./4,5 Hektar

Tel. 0577 849454; Fax 0577 849314; www.donnaolga.com; olgapeluso@aliceposta.it

Brunello di Montalcino DOCG 2001

Dunkles, etwas rubiniges Rot; holzwürzige Nase; Mittelgewicht, Butter, eher schlank, dann herb-trockenes Tannin. (# Fl.; L.#; # Abfüllungen; Merum 2006-5) Privatpreis ab Hof: Euro #

Brunello di Montalcino DOCG Donna Olga 1999

Helles Rubin; verhaltene Neuholz-Fruchtnoten, keine Fruchttiefe, Butter; dicht, konzentriert, aber auch im Gaumen Neuholz-Marmelade, Süße, herbes Tannin. (10 000 Fl.; L.3349; mehr als eine Abfüllung; Merum 2004-6) Privatpreis ab Hof: Euro #

Brunello di Montalcino DOCG Donna Olga 1998 ★★ – ★★★

Recht dunkles Rot; Noten von getrockneten Früchten, Stroh, Eiche, dürfte etwas fruchtfrischer sein; viel Süße, kraftvoll, auch Tiefe, Trockenfrüchte, feines Holz, gute Länge, interessante Basis, für meinen Geschmack zu stark holzbetont. (4000 Fl.; L.#; eine Abfüllung; Merum 2003-4) Privatpreis ab Hof: Euro #

Tenute Silvio Nardi, Montalcino (SI) 250 000 Fl./80 Hektar

Tel. 0577 808269; Fax 0577 808614; www.tenutenardi.com;
info@tenutenardi.com

Brunello di Montalcino DOCG 2001

Recht dunkles Rot; ziemlich fortgeschrittene, holzgeprägte Nase, zu reif; recht kraftvoll, Säure, wenig Frucht, etwas Neuholzgeschmack im Abgang. (160 000 Fl.; L.5/263; mehr als eine Abfüllung; Merum 2006-5) Privatpreis ab Hof: Euro #

Brunello di Montalcino DOCG 1999

Ziemlich dunkles Rot; Noten von Röstung und Zwetschgenmarmelade; recht kraftvoll, dunkle Frucht, Butter, recht herbes Tannin, Länge. (160 000 Fl.; L.3/154; mehr als eine Abfüllung; Merum 2004-6) Privatpreis ab Hof: Euro #

Brunello di Montalcino DOCG 1998 ★★★

Dunkles Rot; dichte Noten von Trockenfrüchten, Schokolade; Mittelgewicht, Süße, dichte Struktur, junge Frucht, recht elegant. (# Fl.; L.#; eine Abfüllung; Merum 2003-4) Privatpreis ab Hof: Euro #

Brunello di Montalcino DOCG Manachiara 2001

Schwarzrot; nicht klare, kaum fruchtige Nase, Holz; kraftvoll, sehr streng, keine Frucht, von Anfang weg trocknendes Tannin. (10 000 Fl.; L.5/250; eine Abfüllung; Merum 2006-5) Privatpreis ab Hof: Euro #

Brunello di Montalcino DOCG Manachiara 1999

Dunkelrot; matte Kompottnoten, Rauch; Holz, Röstaromen, keine Frucht, herb-trockenes Tannin. (1999 Fl.; L.3/213; eine Abfüllung; Merum 2004-6) Privatpreis ab Hof: Euro #

Brunello di Montalcino DOCG Manachiara 1998

Intensives Rubin; Neuholznoten mit gewisser Frucht; Kraft, spürbar tolles Material, leider von unbedarftem Holzeinsatz verunstaltet, trocknet stark; wirklich schade. (11 000 Fl.; L.#; eine Abfüllung; Merum 2003-4) Privatpreis ab Hof: Euro #

Terralsole, Montalcino (SI) 50 000 Fl./12 Hektar

Tel. 0577 835764; Fax 0577 8357664; www.terralsole.com; info@terralsole.com

Brunello di Montalcino DOCG 2001

Dunkelrot; Noten von Neuholz und Röstung; holzwürzig, gewisse Frucht, trocknendes Tannin. (13 870 Fl.; L.1/05; eine Abfüllung; Merum 2006-5) Privatpreis ab Hof: Euro #

Tiezzi Enzo, Montalcino (SI) 27 000 Fl./7 Hektar

Tel. 0577 848187; Fax 0577 848187; #

Brunello di Montalcino DOCG 2001

Mittleres, reifendes Rot; gereifte Holznoten, Leder; Holz, kaum Frucht, reif, trocken. (6500 Fl.; L.16/05; eine Abfüllung; Merum 2006-5) Privatpreis ab Hof: Euro #

Brunello di Montalcino DOCG 1999

Mittleres Rot; müde Holznoten, Rauch; runder, süßer, recht fruchtiger Ansatz, dann Holzgeschmack und trockenes Holztannin. (6600 Fl.; L.03/99; eine Abfüllung; Merum 2004-6) Privatpreis ab Hof: Euro #

Tornesi, Montalcino (SI) 13 000 Fl./4,5 Hektar

Tel. 0577 848689; Fax 0577 848689; #

Brunello di Montalcino DOCG 2001

Dunkelrot; Noten von Lakritze, Holz; im Gaumen viel Holzwürze, fehlt Geschmeidigkeit, herbes Tannin, Holzgeschmack im Abgang. (4000 Fl.; L.05 232; eine Abfüllung; Merum 2006-5) Privatpreis ab Hof: Euro #

Brunello di Montalcino DOCG 1999 ★★★ JLF

Helles Rubin; Noten von Himbeermarmelade, Gummi, Butter, recht tief und einladend; rund, saftig, nicht superkonzentriert, eher schlank, geschmeidig, Holunder, Frucht, saftig, schönes Tannin, lang. (3400 Fl.; L.02 179; # Abfüllungen; Merum 2004-6) Privatpreis ab Hof: Euro #

Brunello di Montalcino DOCG 1998 ★★ – ★★★

Mittleres Rubin; nicht intensive, etwas fremdartige Nase; auch im Gaumen etwas ungewohnte Frucht, Mittelgewicht, angenehm, rund, aber fehlt Tiefe. (3500 Fl.; L.unleserlich; # Abfüllungen; Merum 2003-4) Privatpreis ab Hof: Euro #

Uccelliera/Andrea Cortonesi, Montalcino (SI)   32 000 Fl./6 Hektar

Tel. 0577 835729; Fax 0577 835729; www.uccelliera-montalcino.it;
anco@uccelliera-montalcino.it

Brunello di Montalcino DOCG 2001

Reifendes Dunkelrot; Noten von Kandis, Trockenfrüchten, reifend; im Gaumen streng, ge-wisse Frucht, viel und trockenes Tannin. (12 000 Fl.; L.5/AC1; eine Abfüllung; Merum 2006-5)
Privatpreis ab Hof: Euro #

Brunello di Montalcino DOCG 1998   ★★★ JLF

Dunkles, reifendes Rot; Noten überreifer Früchte, Likör, recht tief; im Gaumen Süße und intensive, reife Frucht, Marmelade, rund, geschmeidig, lang auf Kaffeearoma. (14 000 Fl.; L.2/AC1; eine Abfüllung; Merum 2003-4) Privatpreis ab Hof: Euro #

Valdicava/Vincenzo Abbruzzese, Montalcino (SI)   70 000 Fl./20 Hektar

Tel. 0577 848261; Fax 0577 848008; www.valdicava.com; #

Brunello di Montalcino DOCG 2001

Schwarzviolett; holzwürzige Nase, auch Frucht; dicht, trockenes Tannin, kaum Frucht, kom-plett verfremdet und nur noch schwer als Brunello erkennbar, trocknet nach. (30 000 Fl.; L.B01; mehr als eine Abfüllung; Merum 2006-5) Privatpreis ab Hof: Euro #

Brunello di Montalcino DOCG 1999

Dunkelrot; nicht komplett klar; Kraft, Süße, viel herbes Tannin, nicht sehr klar, Säure, gute Länge. (20 000 Fl.; L.2B99; mehr als eine Abfüllung; Merum 2004-6) Privatpreis ab Hof: Euro #

Verbena/Luca Nannetti, Montalcino (SI)   30 000 Fl./10 Hektar

Tel. 0577 848432; Fax 0577 846687; www.aziendaverbena.it;
aziendaverbena@tiscali.it

Brunello di Montalcino DOCG 2001   ★★ – ★★★

Mittelintensives Rot; Noten von Holunder, Lakritze, schwarze Beeren; holunderige Frucht, Cassis, saftig, Süße, mittlere Länge, nicht sehr typisch, rund, angenehm. (14 000 Fl.; L.2/05; eine Abfüllung; Merum 2006-5) Privatpreis ab Hof: Euro #

Brunello di Montalcino DOCG 1999   ★★ – ★★★

Mittleres Rot; mit Belüftung einladende Frucht, Johannisbeergelee, etwas Holz; runder Ansatz, Süße, Frucht, etwas Holz, recht ausgewogen und tief, etwas trockenes Tannin, lang. (13 500 Fl.; L.1/03; eine Abfüllung; Merum 2004-6) Privatpreis ab Hof: Euro #

Brunello di Montalcino DOCG 1998   ★★★ JLF

Mittelintensives Rot; rote Marmeladenoten, einladend; viel Süße, intakte Brunello-Frucht, Mittelgewicht, rundes Tannin, mittlere Länge, gefällt gut, typischer Brunello mit schönem Tannin. (11 400 Fl.; L.2/081; eine Abfüllung; Merum 2003-4) Privatpreis ab Hof: Euro #

Villa a Tolli, Montalcino (SI)   30 000 Fl./18 Hektar

Tel. 0577 848498; Fax 0577 848498; #

Brunello di Montalcino DOCG 1998

Mittelintensives Rubin; untypische, unfertige Noten von Zwetschgen; auch im Gaumen ziemlich neutrale Frucht, Kraft, wirkt etwas unfertig und ungeschmeidig. (25 000 Fl.; L.3045; eine Abfüllung; Merum 2003-4) Privatpreis ab Hof: Euro #

Villa Le Prata, Montalcino (SI)   # Fl./# Hektar

Tel. 0577 848325; Fax # ; www.villaleprata.com;
benedettalosappio@villaleprata.com

Brunello di Montalcino DOCG 2001

Dunkelrot; Holznoten; Holz auch im Mund, keine Rundheit, dann trocknendes Holztannin. (# Fl.; L.01/06; # Abfüllungen; Merum 2006-5) Privatpreis ab Hof: Euro #

Visconti, Montalcino (SI)   11 000 Fl./5 Hektar

Tel. 0577 835631; Fax 0577 835531; #

Brunello di Montalcino DOCG 2001

Mittelhelles Rot; Holz- und Fruchtnoten; rund, Süße, Röstung, kaum Frucht, zu einseitig, leicht bitter. (3000 Fl.; L.6/01; eine Abfüllung; Merum 2006-5) Privatpreis ab Hof: Euro #

Vitanza, Montalcino (SI)   50 000 Fl./22 Hektar

Tel. 0577 832882; Fax 0577 063114; www.tenutavitanza.it;
tenutavitanza@hotmail.com

Brunello di Montalcino DOCG 2001   ★★ – ★★★

*Dunkles Rubin; gewisse Fruchtnoten, Röstung; Süße, Kraft, Butter, Frucht, saftig, gute Länge,
viel herbes Tannin.* (10 000 Fl.; L.0405; eine Abfüllung; Merum 2006-5) Privatpreis ab Hof: Euro

#**Brunello di Montalcino DOCG 1999**   ★★★ JLF

*Mittleres Rot; einladende Noten von Johannisbeergelee, Rumtopf, Zwetschgenmarmelade;
saftig, trinkig, schöne Zwetschgenfrucht, Butter, recht tief und lang.* (10 000 Fl.; L.03.01; eine
Abfüllung; Merum 2004-6) Privatpreis ab Hof: Euro #

Chianti Classico

Die Chianti Classico lassen sich in drei Gruppen einteilen: Die MMM-Weine (Monster, Mumien und Mutanten), die Langweiler und die Authentischen.

Die MMM-Weine: Eine noch immer zunehmende Zahl von Produzenten und Önologen begnügen sich nicht damit, auf die Großzügigkeit der Natur zu vertrauen, sondern behelfen sich mit Kellertechnik, um einen intensiven, mundvollen Wein zu machen. Jahrgang, Wetter und Traubenqualität sind Nebensache geworden, mangelnde Qualität wird im Keller nachgeholt. Dabei interessiert nur mäßig, ob die Verfremdung des Weincharakters dem Zusatz von Merlot und Cabernet, dem Konzentrator, dem verbotenen Verschnitt mit Montepulciano d'Abruzzo, dem Zusatz von Tanninen und anderem Teufelszeug oder neuen Holzbehältern zu verdanken ist.

Die Langweiler: Noch immer legen eine Mehrzahl von Chianti-Winzern Wert darauf, ihre Weine mit Röst- und Holzaromen zu parfümieren. Das zeugt zwar weder von Zivilcourage noch von viel Phantasie, aber offensichtlich lassen sich derart duftende Weine noch immer besser verkaufen als solche, die nach Wein schmecken. Röstung und Eichenholz riechen zwar angenehm, aber …immer und überall gleich!

Die Authentischen: Es gibt sie zum Glück noch, beherzte Winzer in der Toskana, die den Mut haben, Weine so auszubauen, wie der Jahrgang es zulässt. Es entstehen dann fruchtige, nicht aufdringliche, sondern frische und trinkige Chianti Classico, bei denen sich noch die Herkunft erkennen lässt.

Ein Chianti Classico schmeckt am besten ein bis drei Jahre nach der Abfüllung. Danach lassen sich erste Welkezeichen erkennen. Für Weinliebhaber, die Reifearomen mögen und bereit sind, dafür auf Frucht zu verzichten, besteht diese Eile nicht.

Produktionsregeln Chianti Classico DOCG

Traubensorten: Sangiovese (80–100 %), andere rote Sorten (bis 20 %), Trebbiano und Malvasia (bis 2005: bis 6 %, ab Jahrgang 2006: 0 %); Höchstertrag: 7500 kg Trauben/ha; Mindestalkohol: 12,0 Vol.-% (Riserva: 12,5 Vol.-%); vorgeschriebene Lagerzeit Annata: ein Jahr (Riserva: 2 Jahre).

Angelini, Montalcino (SI) 400 000 Fl./55 Hektar

Tel. 0578 724018; Fax 0577 849316; www.tenimentiangelini.it;
info@tenimentiangelini.it

Chianti Classico DOCG San Leonino 2005

*Mittleres, reifendes Rubin; gereifte Holznoten, Malz; gereiftes Holz auch im Gaumen, Säure,
keine Frucht.* (# Fl.; L. 70420; # Abfüllungen; Merum 2007-6) Privatpreis ab Hof: Euro #

Antinori, Firenze (FI) 18 000 000 Fl./1500 Hektar

Tel. 055 23595; Fax 055 235987; www.antinori.it; E-Mail: antinori@antinori.it

Chianti Classico DOCG Pèppoli 2005

*Dunkelrubin; matte Noten von Stroh und Fruchtschalen; dickflüssig, nicht fruchtig, Holz,
trockenes Tannin, kurz und matt.* (500 000 Fl.; L. 718412; # Abfüllungen; Merum 2007-6) Privatpreis ab Hof: Euro 14,00

Badia a Coltibuono, Gaiole (SI) 1 000 000 Fl./74 Hektar

Tel. 0577 746110; Fax 0577 746165; www.coltibuono.com; info@coltibuono.com

Chianti Classico DOCG 2005 ★★★

*Mittelhelles Rubin; fruchtig-würzige Noten; Süße, fruchtig, saftig-herb, angenehm, gute
Länge.* (192 000 Fl.; L. D04107; eine Abfüllung; Merum 2007-6) Privatpreis ab Hof: Euro 12,90

Chianti Classico DOCG Coltibuono RS 2005 ★★★ JLF

*Mittelintensives Rot; recht tiefe und einladende Fruchtnoten; Mittelgewicht, Süße, ausge-
wogen, saftig, gewisse Frucht, einfach, angenehm und trinkig.* (130 000 Fl.; L. 1507; eine Abfüllung; Merum 2007-6) Privatpreis ab Hof: Euro 10,50

Bandini/Villa Pomona, Castellina (SI) 10 000 Fl./3,3 Hektar

Tel. 0577 740959; Fax 0577 740959; www.fattoriapomona.it;
villapomona@virgilio.it

Chianti Classico DOCG 2005

*Mittleres, purpurnes Rubin; holzgeprägte Kompottnase; streng, Säure, ungeschmeidig, her-
bes Tannin.* (7000 Fl.; L. 37802; eine Abfüllung; Merum 2007-6) Privatpreis ab Hof: Euro 7,00

Banfi, Montalcino (SI) 13 000 000 Fl./850 Hektar

Tel. 0577 840111; Fax 0577 840444; www.castellobanfi.com; banfi@banfi.it

Chianti Classico DOCG 2005 ★★ – ★★★

*Recht dunkles Rot; Noten von Holz, Holunder; Mittelgewicht, etwas Holz, rund, recht an-
genehm.* (720 000 Fl.; L. 7137AE 09:19 75; eine Abfüllung; Merum 2007-6) Privatpreis ab Hof:
Euro 8,00

Barone Ricasoli, Gaiole (SI) 2 000 000 Fl./250 Hektar

Tel. 0577 7301; Fax 0577 730225; www.ricasoli.it; E-Mail: barone@ricasoli.it

Chianti Classico DOCG Brolio 2005

*Dunkles Rubin; eine Nase voll Röstung; keine Frucht, Röstaromen, keine Frucht, kurz und tro-
cken.* (500 000 Fl.; L. RFL13 JI08-07; mehr als eine Abfüllung; Merum 2007-6) Privatpreis ab Hof:
Euro 11,00

Bindi Sergardi, Monteriggioni (SI) 40 000 Fl./100 Hektar

Tel. 0577 309107; Fax 0577 309210; www.bindisergardi.it;
bindisergardi@bindisergardi.it

Chianti Classico DOCG 2005

*Mittleres Rubin; matte Kompottnoten; auch im Gaumen matt, keine Fruchtfrische, endet
dann trocknend.* (20 000 Fl.; L. 307; mehr als eine Abfüllung; Merum 2007-6) Privatpreis ab Hof:
Euro 10,00

Borgo Scopeto, Castelnuovo Berardenga (SI) 225 000 Fl./67 Hektar

Tel. 0577 848390; Fax 0577 849377; www.borgoscopeto.com;
caparzo@caparzo.it

Chianti Classico DOCG 2005

*Mittelhelles Rubin; holzgeprägte Noten von roter Beerenmarmelade; saftig, Frucht und etwas
Holz, recht tief und lang, trocknet dann nach.* (120 000 Fl.; L. 706006; mehr als eine Abfüllung;
Merum 2007-6) Privatpreis ab Hof: Euro 9,50

Brancaia/Widmer, Radda (SI)
300 000 Fl./25 Hektar

Tel. 0577 742007; Fax 0577 742010; www.brancaia.com; brancaia@brancaia.it

Chianti Classico DOCG 2005

Mittleres, purpurnes Rubin; säuerlich-fruchtige Noten von Stroh, Eiche; Mittelgewicht, Harz, keine Frucht, dann heftig trocknend. (55 000 Fl.; L. 50610; mehr als eine Abfüllung; Merum 2007-6) Privatpreis ab Hof: Euro 19,00

Buondonno, Castellina (SI)
35 000 Fl./8 Hektar

Tel. 0577 749754; Fax 0577 733662; www.buondonno.com; buondonno@chianticlassico.com

Chianti Classico DOCG Casavecchia alla Piazza 2005

Mittleres, purpurnes Rubin; nicht restlos klare beerenkompottig-holzige Nase; recht kraftvoll, etwas Holz, gewisse Frucht, Säure, herb. (Biowein.) (28 000 Fl.; L. 2.07; mehr als eine Abfüllung; Merum 2007-6) Privatpreis ab Hof: Euro 10,00

Canonica a Cerreto/Lorenzi, Castelnuovo Berardenga (SI)
100 000 Fl./21 Hektar

Tel. 0577 363261; Fax 0577 363261; www.canonicacerreto.it; info@canonicacerreto.it

Chianti Classico DOCG 2005

Dunkles Rubin; matte Noten von Ruß, Stroh und eingekochter Marmelade; cremige Textur, Fülle, konturlos, unelegant, rußig, trocknend, matt. (30 000 Fl.; L. #; eine Abfüllung; Merum 2007-6) Privatpreis ab Hof: Euro 11,00

Cantina di Montalcino, Montalcino (SI)
500 000 Fl./108 Hektar

Tel. 0577 848704; Fax 0577 847187; www.cantinadimontalcino.it; info@cantinadimontalcino.it

Chianti Classico DOCG 2005

Dunkelrubin; matte vegetale Noten mit Holz; tanninreich, saftig, gewisse vegetale Frucht, untypisch, sehr herb, dann matt im Abgang. (30 000 Fl.; L. 07067 10:38 2005; mehr als eine Abfüllung; Merum 2007-6) Privatpreis ab Hof: Euro #

Cantine Granducato, Poggibonsi (SI)
400 000 Fl./10,5 Hektar

Tel. 0577 936057; Fax 0577 982209; www.capsi.it; E-Mail: granducato@capsi.it

Chianti Classico DOCG 2005

Helles Rubin; nicht komplett klare, kompottige Fruchtnoten; einfach, etwas kompottig, sonst recht angenehm. (80 000 Fl.; L. CF/045/7; mehr als eine Abfüllung; Merum 2007-6) Privatpreis ab Hof: Euro #

Cantine Leonardo, Vinci (FI)
3 500 000 Fl./520 Hektar

Tel. 0571 9024444; Fax 0571 509960; www.cantineleonardo.it; info@cantineleonardo.it

Chianti Classico DOCG 2005

Schwarzrot; Röstung, Ruß; Süße, cremig, röstig, ohne Frucht, austauschbar. (58 000 Fl.; L. 07067 13:48 2005; mehr als eine Abfüllung; Merum 2007-6) Privatpreis ab Hof: Euro #

Casa al Vento, Gaiole (SI)
25 000 Fl./6 Hektar

Tel. 0577 749485; Fax 0577 749485; www.borgocasaalvento.com; info@borgocasaalvento.com

Chianti Classico DOCG Aria 2005
★★ – ★★★

Mittleres Rubin; intensive Holundernoten, fast Sauvignon-artig; rund, recht kraftvoll, gutes Tannin, dunkelfruchtig, Lakritze, etwas fremdartig, saftig, gute Länge. (15 000 Fl.; L. #; mehr als eine Abfüllung; Merum 2007-6) Privatpreis ab Hof: Euro 8,00

Casa Emma/Fiorella Lepri, Barberino (FI)
85 000 Fl./21 Hektar

Tel. 055 8072239; Fax 0571 667707; www.casaemma.com; casaemma@casaemma.com

Chianti Classico DOCG 2005
★★ – ★★★

Mittelintensives Rubin; fruchtige Nase, Kaffee, recht einladend; saftig, fruchtig, etwas Kaffee, Säure, recht lang. (60 000 Fl.; L. 37802; mehr als eine Abfüllung; Merum 2007-6) Privatpreis ab Hof: Euro 11,00

Casa Sola/Giuseppe Gambaro, Barberino (FI)   50 000 Fl./26 Hektar

Tel. 055 8075028; Fax 055 8059194; www.fattoriacasasola.com;
wine@fattoriacasasola

Chianti Classico DOCG 2005

Ziemlich dunkles, violettes Rubin; strohig-teerige, nicht fruchttiefe Nase, zu viel Holz; dunkle Frucht, ungeschmeidig, herb, im Abgang dann auch Holzgeschmack. (40 000 Fl.; L. 01C07; # Abfüllungen; Merum 2007-6) Privatpreis ab Hof: Euro 9,00

Casaloste/Giovanni Battista D'Orsi, Panzano (FI) 50 000 Fl./10,5 Hektar

Tel. 055 852725; Fax 055 8560807; www.casaloste.com; casaloste@casaloste.com

Chianti Classico DOCG 2005

Dunkles purpurnes Rubin; ledrige, marmeladig-speckige Nase; opulent, konzentriert, Leder, trockenes Holztannin. (26 000 Fl.; L. 37802; mehr als eine Abfüllung; Merum 2007-6) Privatpreis ab Hof: Euro 6,40

Casina di Cornia, Castellina (SI)   30 000 Fl./7 Hektar

Tel. 0577 743052; Fax 0577 743059; www.casinadicornia.it;
info@casinadicornia.com

Chianti Classico DOCG 2005   ★★ – ★★★

Mittelintensives Rubin; Kirschenmarmelade- und Ledernoten; saftig, fruchtig, angenehm herbes Tannin, gute Tiefe. (12 000 Fl.; L. 704; mehr als eine Abfüllung; Merum 2007-6) Privatpreis ab Hof: Euro 10,00

Castellare, Castellina (SI)   150 000 Fl./26 Hektar

Tel. 0577 742903; Fax 0577 742814; www.castellare.it; E-Mail: info@castellare.it

Chianti Classico DOCG 2005

Frisches, recht dunkles Rubin; Kirschenkompott, etwas apflig, etwas Leder; saftige Säure, Kirschenfrucht, herbes Tannin, herb. (105 000 Fl.; L. 1347; mehr als eine Abfüllung; Merum 2007-6) Privatpreis ab Hof: Euro 12,50

Castelli del Grevepesa, San Casciano (FI)   6 000 000 Fl./1000 Hektar

Tel. 055 821911; Fax 055 8217920; www.castellidelgrevepesa.it;
info@castellidelgrevepesa.it

Chianti Classico DOCG Clemente VII 2005   ★★ – ★★★

Recht dunkles Rubin; etwas staubige Konfitürenoten; im Gaumen gute Fülle, Säure, etwas unausgewogen, saftig. (260 000 Fl.; L. 2L. G163; mehr als eine Abfüllung; Merum 2007-6) Privatpreis ab Hof: Euro 14,50

Castello di Ama, Gaiole (SI)   350 000 Fl./95 Hektar

Tel. 0577 746031; Fax 0577 746117; www.castellodiama.com;
info@castellodiama.com

Chianti Classico DOCG 2005   ★★ – ★★★

Mittleres Rubin; Frucht und etwas Holz; Süße, gewisse Frucht, Säure, etwas Holz, herb, endet auf Holzaroma. (130 000 Fl.; L. 07C1; mehr als eine Abfüllung; Merum 2007-6) Privatpreis ab Hof: Euro 28,00

Castello di Meleto, Gaiole (SI)   800 000 Fl./180 Hektar

Tel. 0577 749217; Fax 0577 749762; www.castellomeleto.it;
market@castellomeleto.it

Chianti Classico DOCG 2005

Dunkelrubin; aromatische Holz-Marmeladenoten; dickflüssig, unförmig, Kirschen, Röstung. (300 000 Fl.; L. 13207F; mehr als eine Abfüllung; Merum 2007-6) Privatpreis ab Hof: Euro 10,00

Castello di Querceto, Greve (FI)   600 000 Fl./60 Hektar

Tel. 055 85921; Fax 055 8592200; www.castellodiquerceto.it;
querceto@castellodiquerceto.it

Chianti Classico DOCG 2005   ★★ – ★★★

Mittelintensives Rubin; Holunder-, Holz- und Cassisnoten; saftig, Holunder, herb, recht lang. (200 000 Fl.; L. 21357; mehr als eine Abfüllung; Merum 2007-6) Privatpreis ab Hof: Euro 10,00

Castello di San Sano, Gaiole (SI) 400 000 Fl./135 Hektar

Tel. 0577 746056; Fax 0577 746056; www.castellosansano.com;
info@castellosansano.com

Chianti Classico DOCG 2005

Mittleres Rubin; verhaltene Holz-Frucht-Noten; Süße, keine Frucht, herbes Tannin, Vanille und Butter. (200 000 Fl.; L. #; mehr als eine Abfüllung; Merum 2007-6) Privatpreis ab Hof: Euro 10,00

Castello di Tornano/Selvolini, Gaiole (SI) 50 000 Fl./13 Hektar

Tel. 0577 746067; Fax 0577 746094; www.castelloditornano.it;
info@castelloditornano.it

Chianti Classico DOCG 2005

Mittleres Rubin; seltsame Noten von Holunderblüten, erinnert an vegetalen Sauvignon; Süße, Holunder spürbare Säure, saftig, herb, nicht unangenehm, aber zu seltsam. (35 000 Fl.; L. 37652; # Abfüllungen; Merum 2007-6) Privatpreis ab Hof: Euro 12,00

Castello di Volpaia, Radda (SI) 250 000 Fl./45 Hektar

Tel. 0577 738066; Fax 0577 738619; www.volpaia.com; E-Mail: info@volpaia.com

Chianti Classico DOCG 2005

Mittleres, purpurnes Rubin; neue Eichenholznoten; frische Eiche auch im Gaumen, trocknet. (100 000 Fl.; L. 26F7; mehr als eine Abfüllung; Merum 2007-6) Privatpreis ab Hof: Euro 11,20

Castello La Leccia, Castellina (SI) 30 000 Fl./13 Hektar

Tel. 0577 743148; Fax 0577 743148; www.castellolaleccia.com;
laleccia@chianticlassico.com

Chianti Classico DOCG 2005 ★★ – ★★★

Mittelhelles Rubin; zwetschgenfruchtige, ledrige Noten; runder Ansatz, recht geschmeidig, etwas Butter und Leder, auch saftig, leicht trockenes Tannin, gute Länge. (24 000 Fl.; L. 37802; eine Abfüllung; Merum 2007-6) Privatpreis ab Hof: Euro 9,00

Castello Vicchiomaggio/John Matta, Greve (FI) 300 000 Fl./33 Hektar

Tel. 055 854079; Fax 055 853911; www.vicchiomaggio.it; info@vicchiomaggio.it

Chianti Classico DOCG San Jacopo 2005

Mittleres, frisches Rubin; frische, röstig-pflanzliche Noten; Mittelgewicht, Röstung dominiert, nicht fruchttief, herb-bitter. (# Fl.; L. 37813; mehr als eine Abfüllung; Merum 2007-6) Privatpreis ab Hof: Euro 10,00

Cennatoio/Alessi, Panzano (FI) 100 000 Fl./11 Hektar

Tel. 055 8963230; Fax 055 8963488; www.cennatoio.it; E-Mail: info@cennatoio.it

Chianti Classico DOCG 2005

Ziemlich dunkles Rubin; Röstung, Holunder; saftige Säure, Röstung, Tannin, recht lang, Röstung hängt nach. (35 000 Fl.; L. 7.07; mehr als eine Abfüllung; Merum 2007-6) Privatpreis ab Hof: Euro 10,00

Dievole, Castelnuovo Berardenga (SI) 500 000 Fl./86 Hektar

Tel. 0577 322613; Fax 0577 322574; www.dievole.com; E-Mail: kathrin@dievole.it

Chianti Classico DOCG Certosa di Pontignano 2005

Ziemlich dunkles Rubin; staubige Holznoten; recht kraftvoll gewisse Säure, Holz, zu herb. (6600 Fl.; L. D09 07192; eine Abfüllung; Merum 2007-6) Privatpreis ab Hof: Euro 12,00

Chianti Classico DOCG La Vendemmia 2005 ★★ – ★★★

Dunkelrubin; marmeladig-röstige Fruchtnoten; Mittelgewicht, gewisse Säure, recht saftig, röstige Frucht, etwas Butter, soweit angenehm. (160 000 Fl.; L. #; eine Abfüllung; Merum 2007-6) Privatpreis ab Hof: Euro 13,00

Fattoria La Presura, Greve (PT) 40 000 Fl./7 Hektar

Tel. 055 8588859; Fax 055 8588859; www.presura.it; E-Mail: info@presura.it

Chianti Classico DOCG 2005

Dunkelrot; Noten von Stroh, Harz, Marmelade; Süße, Säure, harzig, nicht unangenehm, aber zu harzig, endet herb. (25 000 Fl.; L. 02 07; mehr als eine Abfüllung; Merum 2007-6) Privatpreis ab Hof: Euro 8,00

Fèlsina, Castelnuovo Berardenga (SI)   550 000 Fl./72 Hektar
Tel. 0577 355117; Fax 0577 355651; E-Mail: felsina@dada.it
Chianti Classico DOCG 2005
Mittleres Rubin; Holz- und Fruchtnoten; herbe Holznote, ungeschmeidig, trocknet. (175 000
Fl.; L. 7157; mehr als eine Abfüllung; Merum 2007-6) Privatpreis ab Hof: Euro 7,50

Fonterutoli/Mazzei, Castellina (SI)   710 000 Fl./117 Hektar
Tel. 0577 73571; Fax 0577 735757; www.fonterutoli.com; info@fonterutoli.it
Chianti Classico DOCG 2005
*Dunkles Rubin; Noten von Holz und in Alkohol eingelegte Früchte; recht konzentriert, dicht,
Holz, gewisse Säure, wenig, aber trockenes Tannin, nicht lang.* (320 000 Fl.; L. #; # Abfüllungen; Merum 2007-6) Privatpreis ab Hof: Euro 15,00

Fontodi, Panzano (FI)   300 000 Fl./70 Hektar
Tel. 055 852005; Fax 055 852537; www.fontodi.com; E-Mail: fontodi@fontodi.com
Chianti Classico DOCG 2005   ★★ – ★★★
Ziemlich dunkles Rubin; rindige Fruchtnoten; kraftvoll, Süße, Säure, Frucht, saftig, herb. (150
000 Fl.; L. 57; mehr als eine Abfüllung; Merum 2007-6) Privatpreis ab Hof: Euro #

Geografico, Gaiole (SI)   1 800 000 Fl./560 Hektar
Tel. 0577 749489; Fax 0577 749223; www.chiantigeografico.it;
info@chiantigeografico.it
Chianti Classico DOCG 2005
Dunkles Rubin; säuerlich marmeladige Noten; füllig, nicht elegant, kaum Frucht, trocknet.
(400 000 Fl.; L. 07 118; # Abfüllungen; Merum 2007-6) Privatpreis ab Hof: Euro 5,00
Chianti Classico DOCG Contessa di Radda 2005
*Dunkelrubin; leicht rußige Kirschennoten; dickflüssig, konturlos, ohne Feinheiten, kurz und
trocken.* (130 000 Fl.; L. #; # Abfüllungen; Merum 2007-6) Privatpreis ab Hof: Euro 5,55

Il Mandorlo, San Casciano (FI)   40 000 Fl./15 Hektar
Tel. 055 8228211; Fax 055 828846; www.il-mandorlo.it; info@il-mandorlo.it
Chianti Classico DOCG 2005
*Mittleres Rubin; erdige Noten, Spargel; Spargel auch im Gaumen, Frucht, Süße, Säure, leise
bitter.* (20 000 Fl.; L. 04 07; mehr als eine Abfüllung; Merum 2007-6) Privatpreis ab Hof: Euro 11,50

Il Molino di Grace, Panzano (FI)   270 000 Fl./45 Hektar
Tel. 055 8561010; Fax 055 8561942; www.ilmolinodigrace.com;
info@ilmolinodigrace.it
Chianti Classico DOCG 2005
Mittleres Rubin; Holz, Jod; saftig, Holz, Säure. (90 000 Fl.; L. 23; eine Abfüllung; Merum 2007-
6) Privatpreis ab Hof: Euro 13,00

La Loggia, Montefiridolfi (FI)   40 000 Fl./8 Hektar
Tel. 055 8244288; Fax 055 8244283; www.fattorialaloggia.com;
info@fattorialaloggia.com
Chianti Classico DOCG Terra dei Cavalieri 2005   ★★ – ★★★
Mittleres Rubin; kompottige Erdbeernoten, auch Tiefe; rund, saftig, fruchtig, Butter, angenehm. (29 500 Fl.; L. 207; eine Abfüllung; Merum 2007-6) Privatpreis ab Hof: Euro 7,00

La Madonnina/Triacca, Greve (FI)   600 000 Fl./100 Hektar
Tel. 055 858003; Fax 055 8588972; www.triacca.com; lamadonnina@triacca.com
Chianti Classico DOCG Bello Stento 2005   ★★ – ★★★
Mittleres Rubin; fruchtige Noten; saftig, gute Fülle, Butter, recht kraftvoll, herb und lang.
(300 000 Fl.; L. 6318; mehr als eine Abfüllung; Merum 2007-6) Privatpreis ab Hof: Euro 7,50

La Ripa, Barberino (FI)   100 000 Fl./16 Hektar
Tel. 055 8072948; Fax 055 8072680; www.laripa.it; E-Mail: laripa@laripa.it
Chianti Classico DOCG 2005
*Recht intensives Rubin; etwas stechend, ledrig, kompottig; Mittelgewicht, Säure, gewisse
Frucht, rustikal, trocknet etwas.* (50 000 Fl.; L. 143 07; mehr als eine Abfüllung; Merum 2007-6)
Privatpreis ab Hof: Euro 9,00

La Sala/Laura Baronti, San Casciano (FI) 85 000 Fl./21 Hektar

Tel. 055 828111; Fax 055 8290568; www.lasala.it; E-Mail: info@lasala.it

Chianti Classico DOCG 2005 ★★ – ★★★

Dunkelrubin; tiefe Frucht, Johannisbeermarmelade, sehr einladend; rund, tiefe Frucht, etwas zu opulent, gute Länge, Lakritze-bitter. (60 000 Fl.; L. 5.07; mehr als eine Abfüllung; Merum 2007-6) Privatpreis ab Hof: Euro 10,00

Le Cinciole, Panzano (FI) 43 000 Fl./11 Hektar

Tel. 055 852636; Fax 055 8560307; www.lecinciole.it; E-Mail: info@lecinciole.it

Chianti Classico DOCG 2005 ★★★

Mittelhelles, junges Rubin; verhaltene, leicht harzige Fruchtnoten; saftige Säure, fast karg, aber sehr fein und lang. (33 000 Fl.; L. 37803; mehr als eine Abfüllung; Merum 2007-6) Privatpreis ab Hof: Euro 12,00

Le Corti/Principe Corsini, San Casciano (FI) 150 000 Fl./49 Hektar

Tel. 055 829301; Fax 055 820089; www.principecorsini.com; info@principecorsini.com

Chianti Classico DOCG 2005

Mittleres Rubin; Röstnoten, etwas Gummi; Mittelgewicht, Süße und Säure, recht dicht, gewisse Frucht, Röstung, trocknet etwas. (131 000 Fl.; L. 101/07; mehr als eine Abfüllung; Merum 2007-6) Privatpreis ab Hof: Euro 12,50

Le Fonti, Poggibonsi (SI) 95 000 Fl./23 Hektar

Tel. 0577 935690; Fax 0577 935690; www.fattoria-lefonti.it; fattoria.lefonti@tin.it

Chianti Classico DOCG 2005

Recht dunkles Rot; nicht klare, marmeladige Noten; Süße, gewisse Frucht, nicht tief, gewisse Länge. (50 000 Fl.; L. 64/07; mehr als eine Abfüllung; Merum 2007-6) Privatpreis ab Hof: Euro 5,68

Le Fonti/Vicky Schmitt, Panzano (FI) 35 000 Fl./8,5 Hektar

Tel. 055 852194; Fax 055 852517; www.fattorialefonti.it; info@fattorialefonti.it

Chianti Classico DOCG 2005 ★★★

Mittelintensives, purpurnes Rubin; schalige Erdbeernoten; Fülle, recht konzentriert, Säure, gewisse Frucht, recht angenehmes Tannin, mittellang. (14 500 Fl.; L. 37804; eine Abfüllung; Merum 2007-6) Privatpreis ab Hof: Euro 9,00

Lilliano/Ruspoli, Castellina (SI) 180 000 Fl./43 Hektar

Tel. 0577 743070; Fax 0577 743036; www.lilliano.com; E-Mail: info@lilliano.it

Chianti Classico DOCG 2005 ★★★ JLF

Mittelintensives Rot; Noten von roten Beeren; im Gaumen rund, fruchtig, Süße, Butter, saftig, angenehm, schöne Länge. (140 000 Fl.; L. V650507; mehr als eine Abfüllung; Merum 2007-6) Privatpreis ab Hof: Euro 9,00

Lornano/Taddei, Monteriggioni (SI) 110 000 Fl./48 Hektar

Tel. 0577 309059; Fax 0577 310528; www.fattorialornano.it; fattorialornano@tin.it

Chianti Classico DOCG 2005

Dunkles Rubin; fruchtige und holzwürzige Noten, gewisse Tiefe; konzentriert, Säure, Tannin, trocknet nach. (65 000 Fl.; L. 607; mehr als eine Abfüllung; Merum 2007-6) Privatpreis ab Hof: Euro 9,00

Machiavelli/GIV, S. Andrea a Percussina (FI) 200 000 Fl./27 Hektar

Tel. 055 828471; Fax 0577 989002; www.giv.it; E-Mail: giv@giv.it

Chianti Classico DOCG Solatio 2005

Dunkelrot; matte, nicht fruchtige Nase; auch im Gaumen temperamentlos, nicht fruchtig, nicht lang. (90 000 Fl.; L. #; # Abfüllungen; Merum 2007-6) Privatpreis ab Hof: Euro 13,80

Massanera/Cattaneo, San Casciano (FI) 30 000 Fl./7 Hektar

Tel. 055 8242360; Fax 055 8242441; www.massanera.com; info@massanera.com

Chianti Classico DOCG 2005

Mittleres Rubin; harzige, leicht stechende Holznoten; Säure, Süße, kompottige Frucht, herb. (21 000 Fl.; L. CH.05.0307; mehr als eine Abfüllung; Merum 2007-6) Privatpreis ab Hof: Euro 8,50

Melini/GIV, Poggibonsi (SI) 4 700 000 Fl./145 Hektar

Tel. 0577 998511; Fax 0577 989002; www.giv.it; E-Mail: a.zambonin@giv.it

Chianti Classico DOCG Granaio 2005 ★★★

Mittelintensives Rubin; Fruchtnoten, rote Beerenmarmelade, feine Röstung; Süße, Frucht, angenehm, recht lang. (280 000 Fl.; L. #; # Abfüllungen; Merum 2007-6) Privatpreis ab Hof: Euro 10,80

Monsanto, Barberino (FI) 400 000 Fl./72 Hektar

Tel. 055 8059000; Fax 055 8059049; www.castellodimonsanto.it; monsanto@castellodimonsanto.it

Chianti Classico DOCG 2005

Mittleres, purpurnes Rot; Noten von Röstung; viel Süße, Kraft, Säure, Röstung. (70 000 Fl.; L. 17135; mehr als eine Abfüllung; Merum 2007-6) Privatpreis ab Hof: Euro 13,00

Montemaggio, Radda (SI) 15 000 Fl./7 Hektar

Tel. 0577 738323; Fax 0577 738820; www.montemaggio.com; info@montemaggio.com

Chianti Classico DOCG 2005 ★★ – ★★★

Mittleres Rubin; Noten von roter Frucht, leichte Röstung; Säure, recht fruchtig, recht ausgewogen, etwas trocknend im Abgang. (7626 Fl.; L. 37802; eine Abfüllung; Merum 2007-6) Privatpreis ab Hof: Euro 12,00

Monteraponi, Radda (SI) 30 000 Fl./9,5 Hektar

Tel. 0577 738208; Fax 0577 738208; www.monteraponi.it; mail@monteraponi.it

Chianti Classico DOCG 2005

Mittleres Rot; kompottige Eichennoten; auch im Gaumen Eiche, Säure, Süße, keine Frucht. (6000 Fl.; L. 1.07; eine Abfüllung; Merum 2007-6) Privatpreis ab Hof: Euro 10,00

Nittardi, Castellina (SI) 50 000 Fl./21 Hektar

Tel. 0577 740269; Fax 0577 741080; www.chianticlassico.com/nittardi; fattorianittardi@chianticlassico.com

Chianti Classico DOCG Casanova di Nittardi 2005

Mittelintensives Rubin; säuerliche Fruchtnoten, Holz; Mittelgewicht, Süße, gewisse Säure, Frucht, Holz stört, mittellang, trocknet etwas. (37 000 Fl.; L. 1; eine Abfüllung; Merum 2007-6) Privatpreis ab Hof: Euro 13,00

Ormanni/Brini Batacchi, Poggibonsi (SI) 125 000 Fl./68 Hektar

Tel. 0577 937212; Fax 0577 936640; www.ormanni.it; E-Mail: info@ormanni.it

Chianti Classico DOCG 2005 ★★ – ★★★

Mittelintensives Rubin; marmeladige Noten, Harz; harzige Frucht, saftig, recht angenehm, gute Länge. (100 000 Fl.; L. 36891; mehr als eine Abfüllung; Merum 2007-6) Privatpreis ab Hof: Euro 9,00

Palazzino/Sderci, Monti (SI) 70 000 Fl./20 Hektar

Tel. 0577 747008; Fax 0577 747148; www.podereilpalazzino.it; palazzino@podereilpalazzino.it

Chianti Classico DOCG Argenina 2005

Mittelhelles Rot; Noten von reifendem Holz, Gestrüpp; Aroma von reifendem Holz, Harz, nicht unangenehm, aber zu stark von Holzaromen geprägt. (13 300 Fl.; L. 407; eine Abfüllung; Merum 2007-6) Privatpreis ab Hof: Euro 10,00

Panzanello/Andrea Sommaruga, Panzano (FI) 60 000 Fl./21 Hektar

Tel. 055 852470; Fax 055 8549090; www.panzanello.it; E-Mail: info@panzanello.it

Chianti Classico DOCG 2005 ★★ – ★★★

Ziemlich dunkles Rubin; strohige Zwetschgennoten; Kraft, Süße, Säure, saftig-herb, fruchtig-buttrig, etwas unausgewogen, herb, recht lang und angenehm. (30 000 Fl.; L. 02b.t./07; eine Abfüllung; Merum 2007-6) Privatpreis ab Hof: Euro 12,00

Piccini, Castellina (SI) 13 000 000 Fl./150 Hektar

Tel. 0577 54011; Fax 0577 743013; www.tenutepiccini.it; info@tenutepiccini.it

Chianti Classico DOCG Solco 2005

Recht dunkles Rubin; kompottige Frucht mit Ruß- und Strohnoten; Mittelgewicht, Säure, herb, ungeschmeidig. (500 000 Fl.; L. 7-036; mehr als eine Abfüllung; Merum 2007-6) Privatpreis ab Hof: Euro 9,00

Pieve di Spaltenna/Viticola Toscana, Gaiole (SI) 800 000 Fl./180 Hektar

Tel. 0577 749217; Fax 0577 749762; www.pievedispaltenna.it; market@pievedispaltenna.it

Chianti Classico DOCG 2005

Dunkles Rubin; Kompottnoten, Röstung; Kirschen und Röstung, füllig, süßlich. (250 000 Fl.; L. #; mehr als eine Abfüllung; Merum 2007-6) Privatpreis ab Hof: Euro 8,50

Querceto, Castellina (SI) 35 000 Fl./11 Hektar

Tel. 0577 733590; Fax 0577 733636; www.querceto.com; info@querceto.com

Chianti Classico DOCG L'Aura 2005

Mittleres Rubin; Holznoten; viel Süße, auch Säure, herbes Tannin, Holz, Fülle, gewisse Frucht, nicht ausgewogen, gute Länge. (25 000 Fl.; L. 1047; eine Abfüllung; Merum 2007-6) Privatpreis ab Hof: Euro 11,00

Querciabella, Greve (FI) 2180 000 Fl./70 Hektar

Tel. 055 85927777; Fax 055 85927778; www.querciabella.com; info@querciabella.com

Chianti Classico DOCG 2005

Mittelintensives Rubin; rußige Noten; viel Süße, kompottige, etwas rußige Frucht, Säure. (180 000 Fl.; L. #; # Abfüllungen; Merum 2007-6) Privatpreis ab Hof: Euro 15,00

Riecine, Gaiole (SI) 45 000 Fl./11 Hektar

Tel. 0577 749098; Fax 0577 744935; www.riecine.com; riecine@riecine.com

Chianti Classico DOCG 2005

Mittleres Rubin; schwitzige Frucht- und Holznoten; kraftvoll, saftige Säure, fleischig, zu heftiges Holz, im Abgang zu herb. (22 000 Fl.; L. 37805; eine Abfüllung; Merum 2007-6) Privatpreis ab Hof: Euro 13,00

Rignana, Panzano (FI) 35 000 Fl./13 Hektar

Tel. 055 852065; Fax 055 8560821; www.rignana.it; E-Mail: info@rignana.it

Chianti Classico DOCG 2005

Mittelintensives Rubin; leicht holzgeprägte Nase; saftiger Ansatz, Süße, wird dann streng, Holz prägt. (20 000 Fl.; L. A07; mehr als eine Abfüllung; Merum 2007-6) Privatpreis ab Hof: Euro 9,00

Riseccoli/Nursia, Greve (FI) 55 000 Fl./20 Hektar

Tel. 055 853598; Fax 055 8546575; www.riseccoli.com; E-Mail: info@riseccoli.com

Chianti Classico DOCG 2005

Dunkelrot; aromatische Noten von Zigarrenkistchen, Weihrauch, Bleistift; Geschmack von reifendem Holz, Süße, dann etwas bitter. (10 000 Fl.; L. AH307; mehr als eine Abfüllung; Merum 2007-6) Privatpreis ab Hof: Euro 6,00

Rocca delle Macìe, Castellina (SI) 4 500 000 Fl./200 Hektar

Tel. 0577 7321; Fax 0577 743150; www.roccadellemacie.com; info@roccadellemacie.com

Chianti Classico DOCG 2005 ★★ – ★★★

Mittleres Rubin; röstige vegetale Frucht; vegetal-fruchtig, Mittelgewicht, saftig, nicht typisch, dezente Röstung. (1 200 000 Fl.; L. 7127.B; mehr als eine Abfüllung; Merum 2007-6) Privatpreis ab Hof: Euro 13,00

Rocca di Castagnoli, Gaiole (SI)   300 000 Fl./130 Hektar

Tel. 0577 731004; Fax 0577 731050; www.roccadicastagnoli.com; info@roccadicastagnoli.com

Chianti Classico DOCG 2005

Recht dunkles Rubin; säuerlich-karamellig-kompottige Noten; saftig, kompottige Frucht, Butter, etwas rustikal, Karamell, herb im Abgang. (# Fl.; L. #; # Abfüllungen; Merum 2007-6) Privatpreis ab Hof: Euro #

San Donato in Perano, Gaiole (SI)   200 000 Fl./60 Hektar

Tel. 0577 744121; Fax 0577 744123; www.castellosandonatoinperano.it; info@castellosandonato.it

Chianti Classico DOCG 2005 ★★ – ★★★

Mittelintensives Rubin; einladende Nase mit etwas marmeladigen Fruchtnoten; viel Süße, rund und füllig, Säure, Holunder, durch Röstung etwas opulent, gute Länge, leise bitter. (20 000 Fl.; L. #; eine Abfüllung; Merum 2007-6) Privatpreis ab Hof: Euro 11,00

San Fabiano Calcinaia, Castellina (SI)   160 000 Fl./42 Hektar

Tel. 0577 979232; Fax 0577 979455; www.sanfabianocalcinaia.com; info@sanfabianocalcinaia.com

Chianti Classico DOCG 2005

Dunkles Rubin; Marmeladenoten, Holz; Süße, marmeladig, fett, Holz, nicht fein, endet herb. (90 000 Fl.; L. 235; mehr als eine Abfüllung; Merum 2007-6) Privatpreis ab Hof: Euro 10,00

San Felice, Castelnuovo Berardenga (SI)   1 200 000 Fl./210 Hektar

Tel. 0577 3991; Fax 0577 359223; www.agricolasanfelice.it; info@agricolasanfelice.it

Chianti Classico DOCG 2005

Mittleres Rubin; erst reduzierte, mit kurzer Belüftung kompottige Frucht; kompottige Frucht, Süße, rund, Butter, herb. (300 000 Fl.; L. 07088T1 11:30; mehr als eine Abfüllung; Merum 2007-6) Privatpreis ab Hof: Euro 9,60

San Giusto a Rentennano, Gaiole (SI)   83 000 Fl./29 Hektar

Tel. 0577 747121; Fax 0577 747109; www.fattoriasangiusto.it; info@fattoriasangiusto.it

Chianti Classico DOCG 2005

Mittelintensives Rubin; Noten von Leder und Neuholz; Süße, Säure, Leder, Frucht, trocknend. (44 075 Fl.; L. 307; eine Abfüllung; Merum 2007-6) Privatpreis ab Hof: Euro 6,20

San Vincenti/Pucci Roberto, Gaiole (SI)   40 000 Fl./8 Hektar

Tel. 0577 734047; Fax 0577 734092; www.sanvincenti.it; info@sanvincenti.it

Chianti Classico DOCG 2005

Dunkles Rubin; röstig-marmeladig-holzwürzig-verbrannte Nase; Säure, Holz, Fülle, dann trocknend und Holzgeschmack. (20 000 Fl.; L. 45/07; eine Abfüllung; Merum 2007-6) Privatpreis ab Hof: Euro 14,00

Santedame/Ruffino, Castellina (SI)   14 500 000 Fl./600 Hektar

Tel. 055 6499717; Fax 055 6499700; www.ruffino.com; E-Mail: sales@ruffino.it

Chianti Classico DOCG 2005

Mittleres Rubin; matte, würzige Marmelade-, Tabak- und Holundernoten; füllig, cremig, zu konturlos, etwas bitter im Finale. (170 000 Fl.; L. 7128; # Abfüllungen; Merum 2007-6) Privatpreis ab Hof: Euro 15,00

Setriolo, Castellina (SI)   20 000 Fl./3,5 Hektar

Tel. 0577 743079; Fax 0577 743079; www.setriolo.com; E-Mail: info@setriolo.com

Chianti Classico DOCG 2005

Eher helles Rubin; nicht klare Teer- und Strohnoten; Süße, recht kraftvoll, kaum Frucht, gewisse Säure, trocken. (7000 Fl.; L. 3307; eine Abfüllung; Merum 2007-6) Privatpreis ab Hof: Euro 10,00

Storiche Cantine, Radda (SI) 80 000 Fl./# Hektar

Tel. 055 8228211; Fax 055 828846; E-Mail: storichecantine@virgilio.it

Chianti Classico DOCG Popolo 2005

Mittleres, junges Rot; etwas staubige Pfirsichkompott- und Holundernoten, Jod; saftige Säure, holundrige Frucht, Jod, etwas unausgewogen. (40 000 Fl.; L. 207; mehr als eine Abfüllung; Merum 2007-6) Privatpreis ab Hof: Euro 7,00

Terrabianca/Roberto Guldener, Radda (SI) 358 000 Fl./52 Hektar

Tel. 0577 54029; Fax 0577 540214; www.terrabianca.com; info@terrabianca.com

Chianti Classico DOCG Scassino 2005

Mittelintensives Rubin; zwetschgenfruchtige Noten, auch Jod; auch im Gaumen Jod, Süße, etwas Butter, recht saftig, ziemlich fremdartig, herb. (40 000 Fl.; L. 7144; mehr als eine Abfüllung; Merum 2007-6) Privatpreis ab Hof: Euro 14,50

Torraccia di Presura, Greve (FI) 180 000 Fl./33 Hektar

Tel. 055 8588656; Fax 055 8987249; www.torracciadipresura.it;
torracciadipresura@torracciadipresura.it

Chianti Classico DOCG 2005

Dunkles Rubin; Röstnoten; Süße, Röstaromen, völlig unkenntlicher Wein, trocknet aus. (15 000 Fl.; L. F07/07; eine Abfüllung; Merum 2007-6) Privatpreis ab Hof: Euro 11,00

Chianti Classico DOCG Il Tarocco 2005

Dunkles Rubin; süße, rußige Noten; Süße, Säure, Röstung, gewisse vegetale Frucht. (80 000 Fl.; L. B06/07; mehr als eine Abfüllung; Merum 2007-6) Privatpreis ab Hof: Euro 10,00

Valiano, Castelnuovo Berardenga (SI) 250 000 Fl./70 Hektar

Tel. 0577 54011; Fax 0577 743013; www.tenutepiccini.it; info@tenutepiccini.it

Chianti Classico DOCG 2005 ★★★

Recht dunkles Rot; Noten von Stroh, Frucht; saftig, ausgewogen, etwas Holz, Frucht kommt durch, recht angenehm. (150 000 Fl.; L. 140307; eine Abfüllung; Merum 2007-6) Privatpreis ab Hof: Euro 13,00

Vignamaggio, Greve (FI) 240 000 Fl./40 Hektar

Tel. 055 854661; Fax 055 8544468; www.vignamaggio.com;
prodotti@vignamaggio.com

Chianti Classico DOCG 2005 ★★ – ★★★

Recht dunkles Rubin; holzgeprägte Noten von Zwetschgenmarmelade; im Gaumen recht saftig, präsente Frucht, rund, Süße, Holz ist zu präsent, recht lang. (50 000 Fl.; L. 146 07; mehr als eine Abfüllung; Merum 2007-6) Privatpreis ab Hof: Euro 11,50

Vignole, Panzano (FI) 50 000 Fl./13 Hektar

Tel. 055 852197; Fax 0574 571298; www.nistri,it; E-Mail: vinistri@tin.it

Chianti Classico DOCG 2005

Dunkelrubin; gereifte, rußige Holznoten; dickflüssig, vegetale Frucht, ohne Eleganz, kurz. (35 000 Fl.; L. 7170; mehr als eine Abfüllung; Merum 2007-6) Privatpreis ab Hof: Euro #

Villa Cafaggio, Greve (FI) 400 000 Fl./31 Hektar

Tel. 055 8549094; Fax 055 8549096; www.villacafaggio.it; info@villacafaggio.it

Chianti Classico DOCG 2005

Ziemlich dunkles Rubin; matte, schalig-marmeladig-karamellige, konturlose Nase; Fülle, ohne Tiefe, Vanille, konturlos, apflig. (300 000 Fl.; L. 37808; mehr als eine Abfüllung; Merum 2007-6) Privatpreis ab Hof: Euro 11,50

Villa Cerna/Cecchi, Castellina (SI) 138 000 Fl./80 Hektar

Tel. 0577 54311; Fax 0577 543150; www.villacerna.it; E-Mail: info@villacerna.it

Chianti Classico DOCG 2005

Recht dunkles Rubin; dunkle, etwas vegetale Frucht- und Jodnoten; saftig, vegetale Frucht, nicht typisch, aber soweit in Ordnung, herbes Tannin. (93 000 Fl.; L. 7/08716:00E; mehr als eine Abfüllung; Merum 2007-6) Privatpreis ab Hof: Euro #

Villa Mangiacane, San Casciano (FI)   50 000 Fl./42 Hektar
Tel. 055 8290123; Fax 055 8290358; www.mangiacane.it; info@mangiacane.it
Chianti Classico DOCG 2005
*Mittelintensives Rubin; Eichennoten, kompottige Frucht; im Gaumen mittelgewichtig, nicht
fruchtig, endet auf trocknendem Tannin.* (25 000 Fl.; L. 37805; eine Abfüllung; Merum 2007-6)
Privatpreis ab Hof: Euro 14,00

Villa Trasqua, Castellina (SI)   200 000 Fl./54 Hektar
Tel. 0577 743075 ; Fax 0577 743025; www.villatrasqua.it; info@villatrasqua.it
Chianti Classico DOCG 2005   ★★ – ★★★
*Helles Rubin; rindige Fruchtnoten; im Gaumen etwas Holz, ansonsten saftig und recht an-
genehm, gute Süße, herb, recht lang.* (80 000 Fl.; L. 37806; eine Abfüllung; Merum 2007-6) Pri-
vatpreis ab Hof: Euro 9,50

Vistarenni, Gaiole (SI)   130 000 Fl./75 Hektar
Tel. 0577 738186; Fax 0577 738549; E-Mail: m.giuntini@vistarenni.com
Chianti Classico DOCG 2005   ★★ – ★★★
*Dunkelrot; fruchtig-rindige Noten, etwas gekochte Noten von Beerenmarmelade; gekochte
Früchte, rund, recht angenehm.* (100 000 Fl.; L. 7-164; mehr als eine Abfüllung; Merum 2007-
6) Privatpreis ab Hof: Euro #

Viticcio, Greve (FI)   200 000 Fl./35 Hektar
Tel. 055 854210; Fax 055 8544866; www.fattoriaviticcio.com;
info@fattoriaviticcio.com
Chianti Classico DOCG 2005
*Dunkles Rubin; röstig-speckig-marmeladige Noten; Mittelgewicht, rund, korrekt, nicht frucht-
tief, herbes Tannin, Röstung, im Abgang matt.* (150 000 Fl.; L. 10107; mehr als eine Abfüllung;
Merum 2007-6) Privatpreis ab Hof: Euro 10,00

Vino Nobile di Montepulciano

Welches ist die typische Farbe des Sangiovese-Weins aus Montepulciano? Tatsächlich Schwarzviolett? Wie kann man einen toskanischen Wein von dieser Farbe abfüllen, der – laut Tradition und Gesetz – zur Hauptsache aus Sangiovese besteht? Ein dunkelvioletter Wein aus Montepulciano, Montalcino oder dem Chianti Classico ist unästhetisch und unappetitlich!

Es muss ein ganz besonderes Terroir sein, das den sonst nicht farbintensiven, blut- bis granatroten Sangiovese hier Weine ergeben lässt, die farblich an Bonarda und Lagrein erinnern. Auffällig ist auch der Rußgeschmack vieler Weine. Ob das wohl von den rauchenden Kaminen kommt und als Terroir verbucht werden muss?

Der Nobile will etwas darstellen, was er offenbar nicht sein kann. Der Minderwertigkeitskomplex gegenüber Montalcino und Chianti Classico scheint den Nährboden für den unkontrollierten Ehrgeiz und die önologische Hemmungslosigkeit vieler Produzenten hier zu bilden. Im Keller soll nachgeholt werden, was die Weinberge anscheinend nicht hergeben. In Montepulciano arbeiten die berühmtesten Önologen der Toskana. Aber nirgends scheinen die Winzer so wie in Montepulciano bereit, ihnen ihre Weine für massive Schönheitsoperationen auszuliefern.

Leider ist das, was die in Montepulciano arbeitenden Önologen für einen „grande vino" halten, eine lächerliche Karikatur eines großen Weins. Überkonzentriertes, spät gelesenes Traubengut, massiver Verschnitt mit Merlot und Cabernet, Mikrooxigenierung zur Farbstabilisierung, massiver Gebrauch von neuen, gerösteten Holzfässchen und allerlei andere Tricks machen keinen großen Wein, sondern nur einen auffälligen! Zweifellos schmecken manchen Leuten schwarze, aromatisierte und dickflüssige Weine – manche Nobile sind nahe an der Stichfestigkeit – besser als Terroirweine. Aber muss eine DOCG-Appellation wirklich um die Gunst derer buhlen, denen nicht ihr Wein, sondern lediglich diese modische Machart schmeckt?

Und weshalb schreiten die DOCG-Degustationskommissionen nicht ein, wenn ein Vino Nobile penetrant nach grünem Cabernet riecht? Es geht ja nicht mal so sehr darum, ob das legal ist oder nicht, sondern darum, die Peinlichkeiten nicht auf die Spitze zu treiben und zu vermeiden, dass der Nobile der Lächerlichkeit preisgegeben wird. Weshalb die Kommissionen nicht einschreiten? Die Antwort ist einfach: Weil in ihnen die gleichen Önologen sitzen, die diese Weine zu verantworten haben!

Produktionsregeln Nobile di Montepulciano DOCG

Traubensorten: Sangiovese/Prugnolo gentile (70–100 %), Canaiolo (bis 20 %), andere Sorten (bis 20 %, davon weiße Sorten höchstens 10 %); Höchstertrag: 8000 kg Trauben/ha; Mindestalkohol: 12,5 Vol.-% (Riserva: 13,0 Vol.-%); vorgeschriebene Lagerzeit: 2 Jahre (Riserva: 3 Jahre).

Angelini, Montalcino (SI)   400 000 Fl./55 Hektar

Tel. 0578 724018; Fax 0577 849316; www.tenimentiangelini.it; info@tenimentiangelini.it

Vino Nobile di Montepulciano DOCG Tre Rose 2004

Mittelintensives Rot; Noten von Leder, Stroh; konzentriert, Süße, marmeladige Frucht, trocken. (250 000 Fl.; L.70308; mehr als eine Abfüllung; Merum 2007-4) Privatpreis ab Hof: Euro 12,00

Avignonesi, Montepulciano (SI)   700 000 Fl./119 Hektar

Tel. 0578 724304; Fax 0578 724308; www.avignonesi.it; info@avignonesi.it

Vino Nobile di Montepulciano DOCG 2004

Dunkelrot; nicht sehr klare, reife Nase; Süße, reif, würzig, herbes Tannin, soweit angenehm (Abzug für Nase). (250 000 Fl.; L.06322; eine Abfüllung; Merum 2007-4) Privatpreis ab Hof: Euro 17,00

Bindella, Montepulciano (SI)   120 000 Fl./30 Hektar

Tel. 0578 767777; Fax 0578 767255; www.bindella.it; info@bindella.it

Vino Nobile di Montepulciano DOCG 2004

Mittleres Rubin; säuerliche Holznoten; holzgeprägt, Süße, Mittelgewicht, Butter, trocknet. (36 500 Fl.; L.NV040709; mehr als eine Abfüllung; Merum 2007-4) Privatpreis ab Hof: Euro 13,00

Vino Nobile di Montepulciano DOCG I Quadri 2004

Mittelintensives Rubin; Noten von Heu, Stroh, auch Röstung; Süße, Säure, Röstung, etwas Butter, trockenes Tannin. (9000 Fl.; L.QU040709; eine Abfüllung; Merum 2007-4) Privatpreis ab Hof: Euro 15,50

Boscarelli, Montepulciano (SI)   90 000 Fl./13,5 Hektar

Tel. 0578 767277; Fax 0578 766882; www.poderiboscarelli.com; info@poderiboscarelli.com

Vino Nobile di Montepulciano DOCG 2004

Recht dunkles Rot; röstige Fruchtnoten; Süße, Butter, trockenes Tannin, röstig. (45 000 Fl.; L.0204; mehr als eine Abfüllung; Merum 2007-4) Privatpreis ab Hof: Euro 18,00

Canneto, Montepulciano (SI)   110 000 Fl./26 Hektar

Tel. 0578 757737; Fax 0578 757737; www.canneto.com; canneto@bccmp.com

Vino Nobile di Montepulciano DOCG 2004

Intensives Rubin; matte, kompottige Nase; recht konzentriert, überextrahiert, keine Fruchttiefe, wirkt temperamentlos, trocknet. (14 000 Fl.; L.0611; eine Abfüllung; Merum 2007-4) Privatpreis ab Hof: Euro 12,00

Cantina del Giusto/Neri Luisa, Montepulciano (SI)   10 000 Fl./3 Hektar
Tel. 0578 767229; Fax 0578 767229; www.cantinadelgiusto.it;
info@cantinadelgiusto.it
Vino Nobile di Montepulciano DOCG San Claudio II 2004
Mittleres Rubin; kompottige Nase; kompottig-säuerlich auch im Gaumen, rustikal, herb.
(5000 Fl.; L.1/07; eine Abfüllung; Merum 2007-4) Privatpreis ab Hof: Euro 11,00

Capoverso/Adriana Avignonesi della Lucilla,
Montepulciano (SI)   60 000 Fl./11,6 Hektar
Tel. 0578 757921; Fax 0578 757921; www.vinicapoverso.com;
vinicapoverso@virgilio.it
Vino Nobile di Montepulciano DOCG 2004   ★★ – ★★★
Violettes Rubin; vegetale Fruchtnoten; saftig, Mittelgewicht, angenehme, wenn auch nicht typische Frucht, gute Länge. (18 000 Fl.; L.407; eine Abfüllung; Merum 2007-4) Privatpreis ab Hof: Euro 14,00

Casale/Daviddi, Montepulciano (SI)   80 000 Fl./20 Hektar
Tel. 0578 738257; Fax 0578 738257; www.casaledaviddi.it; info@casaledaviddi.it
Vino Nobile di Montepulciano DOCG 2004   ★★ – ★★★
Mittelintensives Rot; Noten von Heu, Zwetschgenmarmelade; viel Süße, saftig, Backpflaumen, einfach, angenehm, gute Länge. (30 000 Fl.; L.05/07; # Abfüllungen; Merum 2007-4) Privatpreis ab Hof: Euro 11,00

Contucci, Montepulciano (SI)   100 000 Fl./21 Hektar
Tel. 0578 757006; Fax 0578 752891; www.contucci.it; info@contucci.it
Vino Nobile di Montepulciano DOCG 2004
Mittleres Rubin; müde Gewürznoten; matt, keine Frucht, trocknet. (35 000 Fl.; L.7019; mehr als eine Abfüllung; Merum 2007-4) Privatpreis ab Hof: Euro 11,00

Corte alla Flora, Montepulciano (SI)   200 000 Fl./35 Hektar
Tel. 0578 76603; Fax 0578 766700; www.corteflora.it; corteflora@tin.it
Vino Nobile di Montepulciano DOCG 2004
Dunkles Rubin; nicht frische Noten von Kandis, Zigarrenkistchen; Holzwürze auch im Gaumen, Butter, keine Frucht, nachtrocknend. (80 000 Fl.; L.114.07; mehr als eine Abfüllung; Merum 2007-4) Privatpreis ab Hof: Euro 13,50

Dei, Montepulciano (SI)   180 000 Fl./50 Hektar
Tel. 0578 716878; Fax 0578 758680; www.cantinedei.it; info@cantinedei.it
Vino Nobile di Montepulciano DOCG 2004   ★★★
Mittelintensives Rubin; Fruchtnoten, mit Belüftung süße Kirschenmarmelade; Süße, Butter, eingepasstes Holz, angenehm, saftig, herb im Abgang. (80 000 Fl.; L.0207; mehr als eine Abfüllung; Merum 2007-4) Privatpreis ab Hof: Euro 13,00

Fassati/Fazi Battaglia, Montepulciano (SI)   800 000 Fl./85 Hektar
Tel. 0578 708708; Fax 0578 708705; www.fazibattaglia.it; info@fazibattaglia.it
Vino Nobile di Montepulciano DOCG Gersemi 2004
Schwarzviolett; Noten von getrockneten Früchten, holzwürzig; Kompottaroma, Tannin, verkocht, matt, unfertig. (10 000 Fl.; L.#; mehr als eine Abfüllung; Merum 2007-4) Privatpreis ab Hof: Euro 16,00
Vino Nobile di Montepulciano DOCG Pasiteo 2004
Sehr dunkles Rubin; nicht frische, holzverzierte Kompottnoten; Mittelgewicht, Karamell, fehlt Profil, herbes Tannin. (190 000 Fl.; L.#; mehr als eine Abfüllung; Merum 2007-4) Privatpreis ab Hof: Euro 12,00

Fattoria del Cerro, Montepulciano (SI)   800 000 Fl./170 Hektar
Tel. 0578 767722; Fax 0578 768040; www.fattoriadelcerro.it;
fattoriadelcerro@saiagricola.it
Vino Nobile di Montepulciano DOCG 2004
Dunkelrot; überreife Frucht, nicht sehr klar, Strohnoten, fehlt Fruchtfrische; auch im Gaumen gereift, zu matt. (330 000 Fl.; L.6002; mehr als eine Abfüllung; Merum 2007-4) Privatpreis ab Hof: Euro 11,30

Vino Nobile di Montepulciano DOCG Antica Chiusina 2004

Dunkles Rubin; ausgeprägte Ruß- und Ledernoten, Stroh; Kraft, Süße, Ruß, Holz, Leder. (# Fl.; L.6001; mehr als eine Abfüllung; Merum 2007-4) Privatpreis ab Hof: Euro 30,00

Fiorini Franco, Montepulciano (SI)   20 000 Fl./5,5 Hektar

Tel. 0578 757251; Fax 0578 757251; fiorini@bccmp.com

Vino Nobile di Montepulciano DOCG Godiolo 2004

Mittleres Rot; Holznoten; Süße, Holz, Säure, röstig. (10 000 Fl.; L.1867; eine Abfüllung; Merum 2007-4) Privatpreis ab Hof: Euro 14,00

Gattavecchi, Montepulciano (SI)   280 000 Fl./20 Hektar

Tel. 0578 757110; Fax 0578 758644; www.gattavecchi.it; info@gattavecchi.it

Vino Nobile di Montepulciano DOCG 2004

Recht dunkles Rubin; matte Nase, nicht klare Frucht; müde auch im Gaumen, Süße, gewisse Säure, fehlen Profil und Leben. (80 000 Fl.; L.7128; eine Abfüllung; Merum 2007-4) Privatpreis ab Hof: Euro 12,50

Gracciano della Seta, Montepulciano (SI)   50 000 Fl./17,6 Hektar

Tel. 0578 708340; Fax 0578 708340; a.rigoli@agriconsulting.it

Vino Nobile di Montepulciano DOCG 2004

Recht intensives Rubin; matte, holzwürzige Noten; auch im Gaumen fehlt Temperament, keine Frische, Karamell, zu müde. (33 000 Fl.; L.0703; mehr als eine Abfüllung; Merum 2007-4) Privatpreis ab Hof: Euro 10,00

Icario, Montepulciano (SI)   100 000 Fl./20 Hektar

Tel. 0578 758441; Fax 0578 758441; www.icario.it; info@icario.it

Vino Nobile di Montepulciano DOCG 2004

Mittleres, eher warmes Rubin; Noten von getrockneten Pflaumen, Kandis, etwas Ruß; schlankes Mittelgewicht, auch im Gaumen kaum Frucht, aufgesetzte Vanille, trocknet. (30 000 Fl.; L.01/07; eine Abfüllung; Merum 2007-4) Privatpreis ab Hof: Euro 13,20

Vino Nobile di Montepulciano DOCG Vitaroccia 2004

Dunkles Rubin; Noten von Kandis, getrockneter Orangenschale; kraftvoll, Orangensaft, trocknet dann. (10 000 Fl.; L.01/07; eine Abfüllung; Merum 2007-4) Privatpreis ab Hof: Euro 16,50

Il Conventino, Montepulciano (SI)   50 000 Fl./11 Hektar

Tel. 0578 715371; Fax 0578 716283; www.ilconventino.it; info@ilconventino.it

Vino Nobile di Montepulciano DOCG 2004

Leuchtendes Rot; holzgeprägte Frucht; kraftvoll, Fülle, Frucht ist da, aber zu viel Holz, endet leider trocknend. (16 000 Fl.; L.N04.01; eine Abfüllung; Merum 2007-4) Privatpreis ab Hof: Euro 14,00

Il Faggeto/Bruna Baroncini, Montepulciano (SI)   150 000 Fl./7,5 Hektar

Tel. 0577 940600; Fax 0577 941961; il.faggeto@libero.it

Vino Nobile di Montepulciano DOCG Pietra del Diavolo 2004

Mittleres Rubin; reife Fruchtnoten; saftige Säure, Frucht, etwas Butter, Holz, trocknet. (50 000 Fl.; L.13707; mehr als eine Abfüllung; Merum 2007-4) Privatpreis ab Hof: Euro 12,00

La Bandita e Lunadoro, Pienza (SI)   50 000 Fl./12 Hektar

Tel. 0578 748154; Fax 0578 748154; www.lunadoro.com; info@lunadoro.com

Vino Nobile di Montepulciano DOCG Quercione 2004

Mittleres Rubin; nicht klare, marmeladige Noten; kräftig, marmeladige Frucht, Vanille, rustikal. (13 000 Fl.; L.01/07 NQ; mehr als eine Abfüllung; Merum 2007-4) Privatpreis ab Hof: Euro 15,00

La Braccesca/Antinori, Montepulciano (SI)   544 000 Fl./273 Hektar

Tel. 0578 724252; Fax 0578 724118; www.antinori.it; antinori@antinori.it

Vino Nobile di Montepulciano DOCG 2004

Schwarzviolett; Zimt, Rumtopf, Teer; überdicht, Leder, tanningeprägt, unelegant, matt, endet bitter. (200 000 Fl.; L.6012; mehr als eine Abfüllung; Merum 2007-4) Privatpreis ab Hof: Euro 15,00

Vino Nobile di Montepulciano DOCG Santa Pia 2004

Schwarzrubin; Rauchspecknoten mit vegetaler Frucht; Süße, dicht, kremige Textur, Rußgeschmack, kaum Struktur, nur etwas trocknendes Tannin im Abgang. (20 000 Fl.; L.#; mehr als eine Abfüllung; Merum 2007-4) Privatpreis ab Hof: Euro 23,00

La Calonica, Montepulciano (SI)   180 000 Fl./40 Hektar

Tel. 0578 724119; Fax 0578 724119; www.lacalonica.it; lacalonica@libero.it

Vino Nobile di Montepulciano DOCG 2004

Mittelintensives Rubin; Zwetschgenfrucht, Neuholz, Stroh; frischer, saftiger Ansatz, recht rund, Mittelgewicht, Butter, zu trocken im Abgang. (50 000 Fl.; L.20.2.06; mehr als eine Abfüllung; Merum 2007-4) Privatpreis ab Hof: Euro 14,00

La Ciarliana, Montepulciano (SI)   40 000 Fl./18 Hektar

Tel. 0578 758423; Fax 0578 758423; www.laciarliana.it; info@laciarliana.it

Vino Nobile di Montepulciano DOCG 2004

Mittelintensives Rubin; Holznoten, nicht ganz klar; kaum Frucht, streng, trocknet. (30 000 Fl.; L.34/07; mehr als eine Abfüllung; Merum 2007-4) Privatpreis ab Hof: Euro 11,50

Le Bèrne, Montepulciano (SI)   30 000 Fl./7 Hektar

Tel. 0578 767328; Fax 0578 767328; www.leberne.it; leberne@libero.it

Vino Nobile di Montepulciano DOCG 2004

Intensives Rubin; Frucht-Holznoten; viel Süße, dann zu herb, zu streng. (13 000 Fl.; L.03/07; eine Abfüllung; Merum 2007-4) Privatpreis ab Hof: Euro 12,00

Le Casalte, Montepulciano (SI)   45 000 Fl./13 Hektar

Tel. 0578 798246; Fax 0578 799714; lecasalte@libero.it

Vino Nobile di Montepulciano DOCG 2004   ★★★

Mittelintensives Rubin; Zwetschgenmarmelade- und Rumtopfnoten, Kaffee; Süße, konzentriert, Kraft, dunkle Frucht, viel Tannin, lang. (18 000 Fl.; L.06-06; eine Abfüllung; Merum 2007-4) Privatpreis ab Hof: Euro 14,00

Lodola Nuova/Ruffino, Valiano (SI)   350 000 Fl./70 Hektar

Tel. 055 6499703; Fax 055 6499700; www.ruffino.com; melanie.marxer@ruffino.it

Vino Nobile di Montepulciano DOCG 2004   ★★ – ★★★

Mittelintensives Rot; recht fruchtige Noten, Tabak, eine Spur zu matt; Süße, flüssig, saftig, Zwetschgenmarmelade, angenehm, recht lang. (250 000 Fl.; L.07108; # Abfüllungen; Merum 2007-4) Privatpreis ab Hof: Euro 10,00

Lombardo, Montepulciano (SI)   120 000 Fl./32 Hektar

Tel. 0578 708321; Fax 0578 708321; www.cantinalombardo.it; info@cantinalombardo.it

Vino Nobile di Montepulciano DOCG 2004   ★★ – ★★★

Sehr dunkles Rot; holzwürzig-marmeladig; kräftig, Süße, Butter, gewisses Tannin, recht saftig. (40 000 Fl.; L.2.07; mehr als eine Abfüllung; Merum 2007-4) Privatpreis ab Hof: Euro 11,50

Palazzo Bandino/Gabriele Valeriani, Chianciano (SI)   55 000 Fl./13 Hektar

Tel. 0578 61199; Fax 0578 654456; www.valerianigroup.com; gabrielevaleriani@libero.it

Vino Nobile di Montepulciano DOCG Morone 2004

Undurchdringliches Dunkelrubin; matte Noten von Röstung; Süße, keine Frucht, ungeschmeidig, trocknet. (6000 Fl.; L.1207; eine Abfüllung; Merum 2007-4) Privatpreis ab Hof: Euro 10,00

Palazzo Vecchio, Montepulciano (SI)   55 000 Fl./25 Hektar

Tel. 0578 724170; Fax 0578 724170; www.vinonobile.it; marcosbernadori@tin.it

Vino Nobile di Montepulciano DOCG 2004

Dunkles Rubin; balsamische Noten, Harz; ausgeprägt harzig auch im Gaumen, müsste auch etwas Frucht zeigen, endet ziemlich trocken. (37 000 Fl.; L.07-36N; eine Abfüllung; Merum 2007-4) Privatpreis ab Hof: Euro 11,00

Poggio alla Sala/Gattavecchi, Montepulciano (SI) 170 000 Fl./27 Hektar

Tel. 0578 767224; Fax 0578 767748; www.poggioallasala.it; info@poggioallasala.it

Vino Nobile di Montepulciano DOCG 2004   ★★ – ★★★

Violettes Rubin; überreife Fruchtnoten; Süße, dezentes Holz, gewisse Frucht, herb im Abgang. (55 000 Fl.; L.7108; eine Abfüllung; Merum 2007-4) Privatpreis ab Hof: Euro 14,00

Poggio Uliveto/Conti Borghini Baldovinetti de' Bacci, Montepulciano (SI)   30 000 Fl./25 Hektar

Tel. 0575 24566; Fax 0575 370368; www.fattoriasanfabiano.it; info@fattoriasanfabiano.it

Vino Nobile di Montepulciano DOCG 2004   ★★ – ★★★

Dunkelrot; Noten von Holunder, schwarzen Johannisbeeren, feinem Holz; saftiger Ansatz, gute Säure, etwas vegetale, untypische Frucht, angenehmes Tannin, recht lang. (30 000 Fl.; L.18 02 07; mehr als eine Abfüllung; Merum 2007-4) Privatpreis ab Hof: Euro 10,50

Pulcino/Ercolani Sergio, Montepulciano (SI)   100 000 Fl./13,6 Hektar

Tel. 0578 758711; Fax 0578 757242; www.consorziovinonobile.it/ercolani; ercolanicarlo@libero.it

Vino Nobile di Montepulciano DOCG 2004

Recht dunkles Rot; nicht klare Noten überreifer Früchte; Mittelgewicht, saftig, reife Frucht, einfach, leicht bitter. (# Fl.; L.07.109.A; # Abfüllungen; Merum 2007-4) Privatpreis ab Hof: Euro #

Romeo, Montepulciano (SI)   20 000 Fl./6 Hektar

Tel. 0578 708599; Fax 0578 708599; www.massimoromeo.it; info@massimoromeo.it

Vino Nobile di Montepulciano DOCG 2004

Recht intensives Rubin; matte Nase, Holznoten, keine Frucht; runder Ansatz, dann spürt man Holzprägung, Holztannin dominiert den Wein und macht ihn untrinkig. (5000 Fl.; L.7/100; eine Abfüllung; Merum 2007-4) Privatpreis ab Hof: Euro 15,00

Vino Nobile di Montepulciano DOCG Lipitiresco 2004

Dunkles Rubin; nicht klare Noten eingekochter Marmelade; Süße, Butter, man ahnt Wertvolles, aber trockenes Tannin übernimmt den Wein, dann wird er bitter. (1300 Fl.; L.7/400; eine Abfüllung; Merum 2007-4) Privatpreis ab Hof: Euro 20,00

Salcheto, Montepulciano (SI)   130 000 Fl./32 Hektar

Tel. 0578 799031; Fax 0578 799749; www.salcheto.it; posta@salcheto.it

Vino Nobile di Montepulciano DOCG 2004

Mittelintensives Rubin; Holzwürze; kraftvoll, Süße, holzwürzig, dann herbes Tannin, trocknet. (55 000 Fl.; L.#; mehr als eine Abfüllung; Merum 2007-4) Privatpreis ab Hof: Euro 17,60

Sanguineto, Montepulciano (SI)   20 000 Fl./3,7 Hektar

Tel. 0578 767782; Fax 0578 767782; www.sanguineto.com; sanguineto@tin.it

Vino Nobile di Montepulciano DOCG 2004

Helles Rubin; pfirsichkompottige Noten, unfertig; herb, kompottige Frucht, Säure, zu rustikal. (4000 Fl.; L.02/07; eine Abfüllung; Merum 2007-4) Privatpreis ab Hof: Euro 16,00

Tenuta S. Agnese/Fanetti, Montepulciano (SI)   80 000 Fl./21 Hektar

Tel. 0578 716716; Fax 0578 716716; www.tenutasantagnese.com; cantina@tenutasantagnese.com

Vino Nobile di Montepulciano DOCG 2004

Mittelintensives Rubin; warme, würzige Noten von eingekochter Pfirsichmarmelade; Mittelgewicht, recht saftig, heftiges Tannin, etwas rustikal. (# Fl.; L.#; mehr als eine Abfüllung; Merum 2007-4) Privatpreis ab Hof: Euro 12,50

Torcalvano Gracciano/Ambrogio Folonari,
Greve in Chianti (FI) 120 000 Fl./45 Hektar

Tel. 055 859811; Fax 055 859823; www.tenutefolonari.com;
folonari@tenutefolonari.com

Vino Nobile di Montepulciano DOCG 2004 ★★ – ★★★

Recht intensives Rubin; etwas reduziert, dann Noten von Holunder und Zwetschgen; saftig, Butter, vegetale Frucht, etwas Butter, angenehm, etwas untypisch. (100 000 Fl.; L.6340; mehr als eine Abfüllung; Merum 2007-4) Privatpreis ab Hof: Euro 13,00

Valdipiatta, Montepulciano (SI) 120 000 Fl./34 Hektar

Tel. 0578 757930; Fax 0578 717037; www.valdipiatta.it; info@valdipiatta.it

Vino Nobile di Montepulciano DOCG 2004

Mittleres Rubin; röstige Kompottnoten; Süße, holzgeprägt, trocknet. (60 000 Fl.; L.#; mehr als eine Abfüllung; Merum 2007-4) Privatpreis ab Hof: Euro 17,00

Vino Nobile di Montepulciano DOCG Vigna d'Alfiero 2004

Recht dunkles Rot; Noten von Beerenmarmelade, Holz; kraftvoll, konzentriert, Beerenmarmelade, leider zu viel Holz, herbes Tannin. (6600 Fl.; L.#; eine Abfüllung; Merum 2007-4) Privatpreis ab Hof: Euro 32,00

Vecchia Cantina, Montepulciano (SI) 3 000 000 Fl./1000 Hektar

Tel. 0578 716092; Fax 0578 716051; www.vecchiacantina.com;
info@vecchiacantina.com

Vino Nobile di Montepulciano DOCG 2004

Mittelintensives Rubin; schalige, nicht frische Nase; rund, recht angenehm im Ansatz, dann zu müde. (300 000 Fl.; L.#; mehr als eine Abfüllung; Merum 2007-4) Privatpreis ab Hof: Euro 8,56

Villa S. Anna, Montepulciano (SI) 85 000 Fl./15 Hektar

Tel. 0578 708017; Fax 0578 707577; www.villasantanna.it;
simona@villasantanna.it

Vino Nobile di Montepulciano DOCG 2004

Sehr dunkles Rot; Neuholznoten, Teer; recht konzentriert, dann – bevor man den Wein ergründen kann – ein langes Holz-Finale, trocknend. (30 000 Fl.; L.849; eine Abfüllung; Merum 2007-4) Privatpreis ab Hof: Euro 13,50

Trentino

Wer das Etschtal entlang fährt, hat nicht den Eindruck, dass die kleine Region über große Weinbergsflächen verfügt. Es sind Seitentäler wie das Valle di Cembra oder das Valle dei Laghi, die dafür sorgen, dass insgesamt rund 8000 Hektar Anbaufläche zusammenkommen. So hoch unsere Wertschätzung des Schaumweins Trento DOC ist, so wenig gelingt es uns, für die Rotweine dieser Region große Sympathien zu entwickeln. Nur in wenigen Fällen hat man bei diesen Weinen das Gefühl, dass das Potential von Lagen und Sorten voll ausgeschöpft wird.

Marzemino

Der Boden im Trentino ist knapp und wertvoll. Und das merkt man den meisten Weinen an. In dieser Provinz sieht man keinen Flecken Erde, der sich selbst überlassen wäre. Die Bauern holen aus ihren gepflegten Rebgärten alles raus, was die Natur herzugeben bereit ist. Und das ist oft zu viel. Bei vielen Weinen hat man den Eindruck, sie seien leicht verdünnt. Oft fehlen Struktur, Tiefe, Frucht und nicht zuletzt auch Klarheit.

Am deutlichsten scheinen sich die hohen Hektarerträge beim Marzemino auszuwirken. Lediglich ein einziger dieser Weine erhielt bei uns eine wirklich gute Wertung. Das liegt nicht etwa daran, dass diese rustikale Sorte bei uns keinen Anklang finden würde, sondern genau im Gegenteil daran, dass sie unverfälschten und ausgeprägten Sortencharakter vermissen lässt.

Produktionsregeln Trentino Marzemino DOC

Traubensorten: Marzemino (85 %), andere Sorten (bis 15 %); Höchstertrag: 13 000 kg (Superiore: 10 000 kg) Trauben/ha; Mindestalkohol: 11 Vol.-% (Superiore: 12,5 Vol.-%).

Teroldego Rotaliano

Nicht viel besser als beim Marzemino ist die Situation beim Teroldego. Dieser mit dem Lagrein verwandte Wein kann herrlich fruchtig schmecken und passt dank seinem leichten Bitterton gut zum Essen. Abgesehen von der ausgesprochenen Neigung der Trentiner zu hohen Hektarerträgen fällt auf, dass erstaunlich viele Teroldego nicht ganz sauber sind. Das erstaunt deshalb, als die Rotaliano-Ebene, in der der Teroldego wächst, nur wenige Minuten von San Michele entfernt liegt. Die renommierte Landwirtschaftsschule in San Michele versorgt halb Italien mit fähigen Önologen. Weshalb ausgerechnet von hier mehr schmuddelige Weine kommen als von anderswo, ist schwer zu verstehen.

Der Teroldego wird ausschließlich auf den vom Noce aufgeschwemmten Kiesböden bei Mezzolombardo angebaut. Mit seiner dunklen Farbe, seiner Fülle und der dunklen Kirschfrucht ist er von Natur aus ein gefälliger Wein. Selbst bei hohen Hektarerträgen – erlaubt sind 17 Tonnen pro Hektar – kommt noch Trinkbares zustande. Allerdings fehlen dann die Dichte und Tiefe für ein komplettes Weinerlebnis. Oftmals ist den Weinen anzumerken, dass verdünntes Traubengut eingefahren wurde.

Es gibt einige geglückte, zum Teil sehr schöne Weine. Bei manchen Winzern werden zwar reife Trauben gelesen, im Keller stehen aber nicht die Mittel zur Verfügung, um das Qualitätspotential auszuschöpfen. Dunkel sind die Weine fast immer, auch Süße fehlt fast nie. Aber rustikale, säurearme, schlappe, dünne, überholzte und trocknende Weine bereiten kein Trinkvergnügen.

Produktionsregeln Teroldego Rotaliano DOC

Traubensorten: Teroldego (100 %); Höchstertrag: 17 000 kg Trauben/ha; Mindestalkohol: 11,5 Vol.-% (Superiore und Riserva: 12,0 Vol.-%). Verkauf Riserva: zwei Jahre nach der Ernte.

Trentino Pinot nero

Eigentlich verfügt das Trentino über Lagen, in denen der Pinot Noir sich hervorragend entfalten könnte. Trotzdem ist es bei manchen Weinen schwierig, die Sorte zu erkennen. Manche kommen konstruiert, dunkelfarben, überstrukturiert und zu hart daher. Dass ausgewogene Pinot mit sortengeprägter Geschmackstiefe im Trentino möglich sind, zeigen einige erfreuliche Beispiele.

Beim Pinot nero scheinen im Weinberg andere Regeln zu gelten als bei Marzemino und Teroldego. Verdünnung ist hier nicht das Problem, die Weine sind auch sorgfältiger gemacht.

| Rotweine |

Fest steht, dass von einem Ringen um einen gemeinsamen Stil hier nichts zu spüren ist, die Trentiner Pinot nero sind im Gegensatz zu den Blauburgundern der Südtiroler sehr verschieden voneinander. Immerhin stimmt fast überall die Farbe, dunkles Rubin ist kaum anzutreffen. Manche Weine sind recht fein, die meisten von ihnen verfügen jedoch nicht über die nötige Fruchtfrische und Klarheit.

Produktionsregeln Trentino Pinot nero DOC

Traubensorten: Blauburgunder (mindestens 85 %), andere Sorten (bis 15 %); Höchstertrag: 12 000 kg Trauben/ha; Mindestalkohol: 11,5 Vol.-%. Verkauf Riserva: zwei Jahre nach der Ernte.

Armani Albino, Chizzola di Ala (TN)   620 000 Fl./230 Hektar

Tel. 045 7290033; Fax 045 7290023; www.albinoarmani.com; g.sappa@albinoarmani.com

Trentino Marzemino DOC io Domenico Armani 2005 ★★ – ★★★

Helles Rot; nicht intensive, etwas pfeffrige, feinvegetale Noten; im Gaumen rund, nicht überaus temperamentvoll, intakte Frucht, gewisse Saftigkeit und Süße. (30 000 Fl.; L.56/06; mehr als eine Abfüllung; Merum 2007-1) Privatpreis ab Hof: Euro 7,50

**Vallagarina IGT Teroldego io
Domenico Armani 2005**   ★★ – ★★★ JLF

Mittelhelles Kirschrot; süße, rotfruchtige Nase; mittelschlank, fruchtig, saftig, etwas Butter, einfach und angenehm. (15 000 Fl.; L.65/06; mehr als eine Abfüllung; Merum 2007-1) Privatpreis ab Hof: Euro 7,50

Barone de Cles, Mezzolombardo (TN)   60 000 Fl./32 Hektar

Tel. 0461 601081; Fax 0461 601081; www.baronedecles.it; info@baronedecles.it

Teroldego Rotaliano DOC Maso Scari 2004   ★★★ JLF

Mittleres Rubin; nicht auf Anhieb klare, dann fruchtige Nase; Mittelgewicht, Frucht, Säure, Süße, saftig, trinkig, angenehmer Bitterton. (60 000 Fl.; L.R59; eine Abfüllung; Merum 2007-1) Privatpreis ab Hof: Euro 9,00

Bolognani, Lavis (TN)   60 000 Fl./4,5 Hektar

Tel. 0461 246354; Fax 0461 246440; www.bolognani.com; d.bolognani@tin.it

Vigneti delle Dolomiti Teroldego IGT Armilo 2004

Dunkles Kirschrot; mit Belüftung fruchtige Noten; im Gaumen vegetale Frucht, Säure, etwas bitter, schlankes Mittelgewicht, trocknet etwas. (13 000 Fl.; L.360; eine Abfüllung; Merum 2007-1) Privatpreis ab Hof: Euro 8,50

**Campo Maseri/Villa de Varda,
Mezzolombardo (TN)**   100 000 Fl./20 Hektar

Tel. 0461 601486; Fax 0461 602009; www.campomaseri.com; info@campomaseri.com

Teroldego Rotaliano DOC Broilet 2005   ★★★ JLF

Mittleres Rubin; marmeladige Kirschnoten, Holunder; saftig, fruchtig, ausgewogen, gute Länge. (40 000 Fl.; L.06 321 0; mehr als eine Abfüllung; Merum 2007-1) Privatpreis ab Hof: Euro 8,00

Cantina Rotaliana, Mezzolombardo (TN)　　1 000 000 Fl./# Hektar

Tel. 0461 601010; Fax 0461 604323; www.cantinarotaliana.it;
info@cantinarotaliana.it

Teroldego Rotaliano DOC 2005

Mittleres Rot; würzig, nicht fruchtig; gewisse Frucht, eher schlank, trocken im Abgang. (350 000 Fl.; L.06.280.0; mehr als eine Abfüllung; Merum 2007-1) Privatpreis ab Hof: Euro 6,70

Teroldego Rotaliano DOC Clesurae 2004

Dunkles Kirschrot; nicht fruchtig, röstig; würzig auch im Mund, röstig, Säure, keine Frucht, austauschbar. (20 000 Fl.; L.#; eine Abfüllung; Merum 2007-1) Privatpreis ab Hof: Euro 24,00

Teroldego Rotaliano DOC Clesurae 2003

Mittelintensives Rubin; nicht klare Marmelade- und Holznoten; viel Süße, Röstung, nicht trinkig, Röstung bleibt hängen. (20 000 Fl.; L.#; eine Abfüllung; Merum 2007-1) Privatpreis ab Hof: Euro 24,00

Teroldego Rotaliano DOC Riserva 2003

Recht dunkles Rot; nicht klare, reduktive Nase; rund, mittelschlank, gute Fülle, gewisse Frucht, feiner Bitterton (Abzug für Nase). (80 000 Fl.; L.061251; mehr als eine Abfüllung; Merum 2007-1) Privatpreis ab Hof: Euro 11,00

Trentino Pinot Nero DOC 2005

Helles Rot; verhalten, verblühte Blütennoten; schlank, gewisse Fruchtnoten, einfach, etwas breit und marmeladig, nicht elegant. (6000 Fl.; L.0610410; eine Abfüllung; Merum 2007-1) Privatpreis ab Hof: Euro 9,00

Cantine Monfort, Lavis (TN)　　140 000 Fl./40 Hektar

Tel. 0461 246353; Fax 0461 241043; www.cantinamonfort.it;
info@cantinamonfort.it

Teroldego Rotaliano DOC Casata Monfort 2005

Mittelintensives Kirschrot; reduktive Nase; kraftvoll, fruchtig, herb, etwas rustikal (Abzug für Nase). (14 700 Fl.; L.0620; mehr als eine Abfüllung; Merum 2007-1) Privatpreis ab Hof: Euro 7,40

Trentino Pinot Nero DOC Casata Monfort 2004　　★★ – ★★★

Mittelhelles Rot; Pinot-Noten mit etwas Holz; fein, präsente Frucht, ausgewogen, feine Säure, Frucht, recht lang. (3400 Fl.; L.06 12; eine Abfüllung; Merum 2007-1) Privatpreis ab Hof: Euro 12,30

Càvit, Trento (TN)　　75 000 000 Fl./5700 Hektar

Tel. 0461 381711; Fax 0461 381787; www.cavit.it; cavit@cavit.it

Teroldego Rotaliano DOC Bottega Vinai 2005　　★★ – ★★★

Ziemlich intensives Rubin; marmeladige Kirschenfrucht, nicht intensiv; kaum Frucht, recht konzentriert, etwas streng, herb, Länge. (80 700 Fl.; L.12571532B 30306 1247; mehr als eine Abfüllung; Merum 2007-1) Privatpreis ab Hof: Euro 7,90

Teroldego Rotaliano DOC Maso Cervara 2004

Mittelintensives Rubin; verhaltene Fruchtnoten, etwas Holz; Mittelgewicht, gewisse Frucht, Süße und Säure, etwas Holz, Bitterton, trocknet nach. (10 222 Fl.; L.125698118 12906 1313; eine Abfüllung; Merum 2007-1) Privatpreis ab Hof: Euro 12,00

Trentino Pinot Nero DOC Maso San Valentino 2004

Mittleres Rot; gewisse Pinot-Frucht, breite Holznoten; kraftvoll, etwas breit, gewisse Frucht, Süße und Holztannin hängen nach. (6700 Fl.; L.12569835B 12906 1120; eine Abfüllung; Merum 2007-1) Privatpreis ab Hof: Euro 17,80

Trentino Superiore DOC Marzemino d'Isera Vaioni 2005

Recht intensives Rubin; würzig-kirschfruchtig; fruchtig, Süße, dicht, überextrahiert, klebriges Tannin stört, nicht trinkig. (9900 Fl.; L.12571400B 28406 1912; mehr als eine Abfüllung; Merum 2007-1) Privatpreis ab Hof: Euro 7,90

Trentino Superiore Marzemino DOC Maso Romani 2004

Mittleres Rubin; nicht fruchtige Nase; Fülle, Kraft, Süße, Säure, recht bitter, etwas ungehobelt, kaum Frucht. (5360 Fl.; L.#; eine Abfüllung; Merum 2007-1) Privatpreis ab Hof: Euro 12,00

Concilio, Volano (TN)   8 000 000 Fl./580 Hektar

Tel. 0464 411000; Fax 0464 461482; www.concilio.it; concilio@concilio.it

Trentino Marzemino DOC 2005

Hellrot; nicht sehr klare Nase; recht schlank, Süße, vegetale Frucht, müsste etwas charaktervoller sein, Bitterton. (90 000 Fl.; L.61002/A; mehr als eine Abfüllung; Merum 2007-1) Privatpreis ab Hof: Euro 6,99

Trentino Pinot Nero DOC Riserva 2003   ★★ – ★★★ JLF

Hellrot; ausgeprägte Pinot-Noten; saftiger Ansatz, Pinot-Frucht, schlank, ausgewogen, angenehm. (25 000 Fl.; L.61002/C; mehr als eine Abfüllung; Merum 2007-1) Privatpreis ab Hof: Euro 8,49

Conti Bossi Fedrigotti, Rovereto (TN)   180 000 Fl./35 Hektar

Tel. 0464 439250; Fax 0464 439631; www.bossifedrigotti.com; vinifedrigotti@fedrigotti.it

Trentino Marzemino DOC 2005   ★★★ JLF

Mittleres, frisches Rot; frische, recht intensive Kirschennoten, einladend; fruchtig auch im Gaumen, Süße, saftig, angenehm, feinbitter, ein guter Essensbegleiter. (38 000 Fl.; L.13-06; mehr als eine Abfüllung; Merum 2007-1) Privatpreis ab Hof: Euro 10,00

CS Avio, Avio (TN)   100 000 Fl./# Hektar

Tel. 0464 684008; Fax 0464 684921; www.cantinaavio.it; info@cantinaavio.it

Trentino Pinot Nero DOC 2003   ★★ – ★★★

Helles Rot; einladende, intensive Fruchtnoten, Hagebutten; fruchtig auch im Mund, geschmeidig, etwas schlank, rund, Süße, angenehm. (# Fl.; L.089105; # Abfüllungen; Merum 2007-1) Privatpreis ab Hof: Euro #

CS di Nomi, Nomi (TN)   # Fl./# Hektar

Tel. 0464 834195; Fax 0464 835322; #

**Trentino Marzemino DOC
Antichi Portali le fornas 2005**   ★★ – ★★★

Mittleres, rubiniges Rot; erst reduktive Nase, dann Beerenfrucht; Fülle, breitfruchtig, etwas bitter, recht angenehm. (# Fl.; L.061521; # Abfüllungen; Merum 2007-1) Privatpreis ab Hof: Euro #

De Tarczal, Isera (TN)   100 000 Fl./17 Hektar

Tel. 0464 409134; Fax 0464 409086; www.detarczal.com; info@detarczal.com

**Trentino Superiore Marzemino
di Isera DOC 2004**   ★★ – ★★★ JLF

Mittelhelles Rot; strauchig-holundrige Noten; gewisse Holunderaromen auch im Gaumen, recht rund, feine Säure, Bitterton, angenehm. (45 000 Fl.; L.2306; mehr als eine Abfüllung; Merum 2007-1) Privatpreis ab Hof: Euro 7,40

Donati Marco, Mezzocorona (TN)   90 000 Fl./16 Hektar

Tel. 0461 604141; Fax 0461 609308; donatimarcovini@libero.it

Pinot Nero Vigneti delle Dolomiti IGT Centa 2005   ★★ – ★★★

Mittelintensives Rot; verhalten, mit Belüftung Noten von Hagebutten und roten Beeren, auch etwas Klempnerhanf; fülliger Ansatz, Süße, Eukalyptus, etwas breit, müsste eleganter sein. (2600 Fl.; L.1205; eine Abfüllung; Merum 2007-1) Privatpreis ab Hof: Euro 8,00

Teroldego Rotaliano DOC Bagolari 2004

Mittleres Rubin; holzunterstützte Frucht; Fülle, viel Süße, Gewürznelken, saftig, Bitterton, etwas Holz, trocknet nach. (20 000 Fl.; L.13A04; mehr als eine Abfüllung; Merum 2007-1) Privatpreis ab Hof: Euro 10,00

Teroldego Rotaliano DOC Sangue di Drago 2003

Eher helles Rot; Röstung mit einfachen Fruchtnoten; Süße, einfache Frucht, Butter, Röstung. (6000 Fl.; L.RA403; eine Abfüllung; Merum 2007-1) Privatpreis ab Hof: Euro 16,00

Trentino Marzemino DOC Orme 2005   ★★ – ★★★ JLF

Mittelhelles Rot; kompottig-fruchtige Noten; saftig, fruchtig, gute Säure, Fülle, feinbitter, angenehmer Essensbegleiter. (5333 Fl.; L.1105; eine Abfüllung; Merum 2007-1) Privatpreis ab Hof: Euro 8,00

Dorigati, Mezzocorona (TN)   100 000 Fl./6 Hektar
Tel. 0461 605313; Fax 0461 605380; www.dorigati.it; vini@dorigati.it

Teroldego Rotaliano DOC 2005   ★★★ JLF
Mittelintensives Rubin; dichte, pfeffrig-fruchtige Nase; fruchtig schon im Ansatz, saftig, ausgewogen, recht lang auf kirschiger Frucht, feinbitteres Schwänzchen. (40 000 Fl.; L.1302; mehr als eine Abfüllung; Merum 2007-1) Privatpreis ab Hof: Euro 9,00

Teroldego Rotaliano DOC Diedri 2004   ★★ – ★★★
Recht dunkles Rubin; Holunder- und Holznoten; im Gaumen balsamische Aromen, Holunder, konzentrierter, beeindruckender Wein, rund, füllig, saftig, recht lang; für meinen Geschmack etwas zu überladen. (10 000 Fl.; L.1280; eine Abfüllung; Merum 2007-1) Privatpreis ab Hof: Euro 18,00

Endrizzi, San Michele all'Adige (TN)   600 000 Fl./14 Hektar
Tel. 0461 650129; Fax 0461 650043; www.endrizzi.it; info@endrizzi.it

Teroldego Rotaliano DOC Tradizione 2005   ★★ – ★★★
Mittelintensives Kirschrot; pfeffrig-kirschige Frucht; Mittelgewicht, Fülle, viel Süße, gewisse Frucht, hohe Säure, saftig, einfach. (62 000 Fl.; L.62131; mehr als eine Abfüllung; Merum 2007-1) Privatpreis ab Hof: Euro 6,60

Trentino Pinot Nero DOC
Riserva Pian di Castello 2001   ★★ – ★★★
Helles Rot; Noten von Trockenblumen, Trockenkräuter; saftige Säure, recht rund, gewisse Frucht, ziemlich reif. (8900 Fl.; L.3258; mehr als eine Abfüllung; Merum 2007-1) Privatpreis ab Hof: Euro 10,20

Foradori, Mezzolombardo (TN)   200 000 Fl./28 Hektar
Tel. 0461 601046; Fax 0461 603447; www.elisabettaforadori.com; info@elisabettaforadori.com

Teroldego Rotaliano DOC 2004
Recht intensives Rubin; Noten von Kompott, Holz und Schokolade; Vanille dominiert im Gaumen, wirkt müde, dickflüssig, nicht trinkig, trocknendes Holztannin. (# Fl.; L.22/06; # Abfüllungen; Merum 2007-1) Privatpreis ab Hof: Euro #

Vigneti delle Dolomiti IGT Granato 2004
Dunkles Kirschrot; starke Röstaromen; vor allem Röstung, Mittelgewicht, im Abgang bleibt starke Röstung. (# Fl.; L.15/06; # Abfüllungen; Merum 2007-1) Privatpreis ab Hof: Euro #

Vigneti delle Dolomiti IGT Granato 2003
Mittelintensives Kirschrot; Holzwürze, Cola; recht konzentriert, Süße, Fülle, etwas Holz, Säure, keine Frucht, herb im Abgang. (# Fl.; L.69/05; # Abfüllungen; Merum 2007-1) Privatpreis ab Hof: Euro #

Gaierhof, Rovere della Luna (TN)   500 000 Fl./100 Hektar
Tel. 0461 658514; Fax 0461 658587; www.gaierhof.com; informazioni@gaierhof.com

Teroldego Rotaliano DOC 2005   ★★ – ★★★
Mittelintensives Kirschrot; nicht sehr intensive, aber recht tiefe Frucht; Mittelgewicht, nicht sehr fruchtig, etwas schwerfällig. (50 000 Fl.; L.6292; mehr als eine Abfüllung; Merum 2007-1) Privatpreis ab Hof: Euro 5,70

Teroldego Rotaliano Superiore DOC 2004   ★★ – ★★★
Recht dunkles Kirschrot; würzig-fruchtige Noten; saftig, gewisse Frucht, Säure, herb, aber recht angenehm. (8000 Fl.; L.6208; eine Abfüllung; Merum 2007-1) Privatpreis ab Hof: Euro 7,80

Trentino Marzemino DOC 2005   ★★ – ★★★
Mittelhelles, frisches Rot; frische, einladende, beerig-erdige Noten; fruchtig, kernig, feinbitter, recht angenehm. (10 000 Fl.; L.6206; mehr als eine Abfüllung; Merum 2007-1) Privatpreis ab Hof: Euro 5,60

Trentino Pinot Nero DOC 2005   ★★ – ★★★ JLF
Hellrot; feine Frucht; schlank, zart, ausgewogen, trinkig, feine Säure und Tannin, recht lang; trinkiger Wein, aber für drei Sterne müsste die Pinot-Frucht ausgeprägter sein. (7000 Fl.; L.6138; mehr als eine Abfüllung; Merum 2007-1) Privatpreis ab Hof: Euro 6,50

Trentino Superiore Marzemino DOC 2004

Mittelintensives Rot; verkochte Aromen, Apfelkompott; auch im Gaumen keine Marzemino-Verwandtschaft, überreif, verkocht und schmal. (3000 Fl.; L.5292; eine Abfüllung; Merum 2007-1) Privatpreis ab Hof: Euro 7,50

LaVis, Lavis (TN)   5 000 000 Fl./1250 Hektar

Tel. 0461 246047; Fax 0461 249512; www.la-vis.com; export@la-vis.com

Trentino Marzemino Superiore DOC d'Isera Nailam 2005

★★ – ★★★

Mittelhelles Rot; nicht intensive Fruchtnoten, nicht ganz klar; Süße, präsente Frucht, ausgeprägte Säure, herbes Tannin, recht charakteristisch, saftig, angenehm, guter Essensbegleiter. (15 000 Fl.; L.06329; eine Abfüllung; Merum 2007-1) Privatpreis ab Hof: Euro 9,00

Trentino Pinot Nero DOC Ritratti 2005   ★★ – ★★★

Helles Rot; frische, stark an Vernatsch erinnernde Frucht; blütenartige, Vernatsch-ähnliche Frucht, Vanille, Rosenblüten, geschmeidig, rund. (35 000 Fl., L.06 333; eine Abfüllung; Merum 2007-1) Privatpreis ab Hof: Euro 13,00

Vigneti delle Dolomiti Teroldego IGT 2005

Mittelhelles Rot; pflanzlich-beerige Noten, einfach; recht schlank, einfach, Bitterton. (80 000 Fl.; L.06328; mehr als eine Abfüllung; Merum 2007-1) Privatpreis ab Hof: Euro 7,00

Letrari, Rovereto (TN)   140 000 Fl./24 Hektar

Tel. 0464 480200; Fax 0464 401451; www.letrari.it; info@letrari.com

Trentino Marzemino DOC 2005   ★★ – ★★★

Mittelhelles, frisches Rot; frische Frucht; im Gaumen rote Beerenfrucht, Süße, feinbitter, mittlere Säure, mittelschlank, angenehm. (25 000 Fl.; L.0650; mehr als eine Abfüllung; Merum 2007-1) Privatpreis ab Hof: Euro 9,80

Lunelli, Trento (TN)   59 000 Fl./29 Hektar

Tel. 0461 972311; Fax 0461 972380; www.ferrarispumante.it; info@ferrarispumante.it

Trentino Pinot Nero DOC Maso Montalto 2004   ★★★

Mittleres, frisches Rot; frische, einladende Pinot-Frucht; schöne, vielschichtige und ausgeprägte Burgunder-Aromen, sehr tief und lang, gefällt. (10 000 Fl.; L.5305; eine Abfüllung; Merum 2007-1) Privatpreis ab Hof: Euro 25,00

Maso Cantanghel, Civezzano (TN)   10 000 Fl./5,5 Hektar

Tel. 0461 858742; Fax # ; www.masocantanghel.com; info@masocantanghel.com

Trentino Pinot Nero DOC 2004

Mittelhelles Rot; Röstnoten und Pinot-Frucht; im Gaumen Süße, Holz, Frucht, etwas ungehobelt, leider nicht optimales Holz, nicht fein. (3300 Fl.; L.62; eine Abfüllung; Merum 2007-1) Privatpreis ab Hof: Euro 13,00

Maso Poli, Rovere della Luna (TN)   75 000 Fl./10 Hektar

Tel. 0461 658514; Fax 0461 658587; www.masopoli.com; info@masopoli.com

Trentino Pinot Nero Superiore DOC 2003

Helles Rot; verhalten; gewisse Frucht, herbes Tannin, Süße, unausgewogen, breit. (5000 Fl.; L.6019; eine Abfüllung; Merum 2007-1) Privatpreis ab Hof: Euro 11,50

Maso Salengo, Volano (TN)   55 000 Fl./6 Hektar

Tel. 0464 410455; Fax 0464 498364; masosalengo@interfree.it

Trentino Marzemino Superiore DOC dei Ziresi 2005

Helles, frisches Rot; verhaltene, balsamische Noten; saftig, harzig-holzige Aromen, Vanille, herb, Holz bringt dem Wein nichts Positives. (7000 Fl.; L.1206; eine Abfüllung; Merum 2007-1) Privatpreis ab Hof: Euro 14,00

Mezzacorona, Mezzocorona (TN)   30 000 000 Fl./3500 Hektar

Tel. 0461 616401; Fax 0461 603577; www.mezzacorona.it; mail@mezzacorona.it

Teroldego Rotaliano DOC Riserva Nos 2001

Mittelintensives Rubin; Noten von Erde und Holz; Vanille, keine Frucht, trocknet, untrinkig. (10 000 Fl.; L.B5231; eine Abfüllung; Merum 2007-1) Privatpreis ab Hof: Euro 18,00

Teroldego Rotaliano DOC Riserva TR 2003 ★★ – ★★★

Mittelintensives Rubin; reifende balsamische Noten, etwas Holunder; Mittelgewicht, Säure, Süße, knappe Frucht, mehr als korrekt. (230 000 Fl.; L.B6275 Ar; mehr als eine Abfüllung; Merum 2007-1) Privatpreis ab Hof: Euro 5,99

Trentino Marzemino DOC Castel Firmian 2005

Mittleres Rot; balsamische Noten; Wein kommt nicht an den Gaumen, fehlt Marzemino-Charakter, brav, korrekt. (130 000 Fl.; L.B6251 Bh; mehr als eine Abfüllung; Merum 2007-1) Privatpreis ab Hof: Euro 4,49

Trentino Pinot Nero DOC Castel Firmian 2005

Mittelhelles Rot; Gewürz-Noten, Holz, keine Frucht; recht kraftvoll, etwas herbes Tannin, saftige Säure, kaum Frucht, herb, nicht geschmeidig. (35 000 Fl.; L.W6269 FO; mehr als eine Abfüllung; Merum 2007-1) Privatpreis ab Hof: Euro 4,99

Pisoni, Lasino (TN) 80 000 Fl./12 Hektar

Tel. 0461 564106; Fax 0461 563163; www.pisoni.net; info@pisoni.net

Vigneti delle Dolomiti IGT Pinot Nero 2003

Mittelhelles Rot; erst reduziert, dann Pinot-Noten; viel Süße, als Pinot zu breit und marmeladig, nicht elegant. (3600 Fl.; L.0106; eine Abfüllung; Merum 2007-1) Privatpreis ab Hof: Euro 11,90

Vigneti delle Dolomiti IGT Teroldego Annada 2004 ★★ – ★★★

Mittelhelles Rot; intensiv, kompottige Frucht und Holunder; rund, schlankes Mittelgewicht, überraschend vegetale Frucht, Butter, saftig, angenehm, feinbitter und wieder deutlich vegetal im Abgang, mittlere Länge. (6000 Fl.; L.0106; eine Abfüllung; Merum 2007-1) Privatpreis ab Hof: Euro 5,90

Pojer & Sandri, Faedo (TN) 250 000 Fl./26 Hektar

Tel. 0461 650342; Fax 0461 651100; www.pojeresandri.it; info@pojeresandri.it

Vigneti delle Dolomiti IGT
Pinot Nero Ro del Pianezzi 2003 ★★ – ★★★

Hellrot; Frucht- und Marzipannoten; kraftvolles Mittelgewicht, Säure, Frucht, etwas Holz, zu herb im Abgang. (3000 Fl.; L.1; eine Abfüllung; Merum 2007-1) Privatpreis ab Hof: Euro 17,00

Vallarom, Avio (TN) 40 000 Fl./8 Hektar

Tel. 0464 684297; Fax 0464 687032; www.vallarom.com; info@vallarom.com

Trentino Marzemino DOC Capitello 2005

Mittelhelles, frisches Rot; nicht superklare, kompottig-fruchtige Noten; Zwetschgenkompott, etwas breit, Bitterton. (4000 Fl.; L.42446; eine Abfüllung; Merum 2007-1) Privatpreis ab Hof: Euro 10,00

Vallagarina IGT Pinot Nero Ventrat 2003 ★★ – ★★★ JLF

Hellrot; schweißige Holundernoten; im Gaumen saftig, rund, gewisse Frucht, angenehmes Tannin, Süße, feine Säure, recht lang und geschmeidig. (8500 Fl.; L.62155; eine Abfüllung; Merum 2007-1) Privatpreis ab Hof: Euro 16,00

Villa Corniole, Giovo (TN) 90 000 Fl./15 Hektar

Tel. 0461 695067; Fax 0461 695228; www.villacorniole.com; info@villacorniole.com

Teroldego Rotaliano DOC 2004

Helles, purpurnes Rot; rindig-schalig-kompottige Nase; gewisse Süße, etwas Frucht, mittelgewichtig, Säure und Süße, Bitterton. (12 476 Fl.; L.05/300; mehr als eine Abfüllung; Merum 2007-1) Privatpreis ab Hof: Euro 10,00

Teroldego Rotaliano DOC Cornàl 7 Pergole 2003

Mittelintensives Kirschrot; intensiv fruchtig, Röstung; auch im Gaumen ausgeprägt röstig, saftige Säure, Mittelgewicht, im Abgang bleiben Röstung und Bitterkeit hängen. (4600 Fl.; L.05074; eine Abfüllung; Merum 2007-1) Privatpreis ab Hof: Euro 20,00

Zanini, Mezzolombardo (TN)   18 000 Fl./3,3 Hektar

Tel. 0461 601618; Fax 0461 601618; www.redondel.it; info@redondel.it

Teroldego Rotaliano DOC Redondèl 2004

Dunkles Kirschrot; Noten von Holz, Frucht, Pfeffer; Mittelgewicht, viel Säure, saftig, gewisse Frucht, etwas holzgeprägt, trocknet etwas nach. (11 000 Fl.; L.0621; eine Abfüllung; Merum 2007-1) Privatpreis ab Hof: Euro 8,50

Zeni, San Michele all'Adige (TN)   190 000 Fl./20 Hektar

Tel. 0461 650456; Fax 0461 650748; www.zeni.tn.it; robezen@tin.it

Teroldego Rotaliano DOC Lealbere 2005   ★★ – ★★★

Intensives Kirschrot; etwas reduktive Kirschenfrucht; recht kraftvoll, füllig, Kirschenfrucht, Harz, Süße, etwas rustikal. (46 000 Fl.; L.23806; eine Abfüllung; Merum 2007-1) Privatpreis ab Hof: Euro 9,00

Teroldego Rotaliano DOC Pini 2003

Dunkles Kirschrot; nicht klare, harzig-holzige Nase, auch vegetale Noten; Gewürzmischung, Vanille, keine Frucht, Holz hängt nach. (10 000 Fl.; L.24106; eine Abfüllung; Merum 2007-1) Privatpreis ab Hof: Euro 23,00

Trentino Pinot Nero DOC Spiazol 2003

Rubiniges Rot; nicht frische Nase, keine Pinot-Frucht; viel Süße, breit, herbes Tannin, keine Pinot-Frucht, nicht elegant. (6000 Fl.; L.21505; eine Abfüllung; Merum 2007-1) Privatpreis ab Hof: Euro 13,00

Metodo Classico Schaumweine

Trento DOC

1993 wurde dem Metodo Classico der Provinz Trento die kontrollierte Ursprungsbezeichnung Trento DOC zuerkannt. Trotz DOC und generell hoher Qualität gelang es dem Trento DOC bisher nicht, ein wirkungsvolles Image aufzubauen. Die Schuld daran ist wohl weniger beim Wein selbst, als vielmehr beim übermäßigen Individualismus der Erzeuger und dem Mangel an kollektiver Kommunikation zu suchen. Wenig Einigkeit besteht auch betreffend die Marktschiene, auf der man den Trento DOC fahren will. Ferrari zielt preislich in die oberen Sphären, Mezzacorona hingegen will ihren Trento DOC als „Spumante von der Stange" etablieren. Obschon an der Qualität der Mezzacorona-Schaumweine nichts ausgesetzt werden kann, kommt die Cantina Sociale mit ihrer Tiefpreispolitik nicht so recht vom Fleck. Betrachtet man die Zahlen, scheint die Politik der Lunelli-Brüder die erfolgreichere zu sein.

Produktionsregeln Trento DOC

Traubensorten: Chardonnay und/oder Weißburgunder und/oder Pinot nero und/oder Pinot Meunier; Höchstertrag: 15 000 kg Trauben/ha; Vinifikation und Spumantisierung müssen im Ursprungsgebiet erfolgen; Hefelagerzeit: mindestens 15 Monate in der Flasche auf der Hefe (Riserva – Jahrgangsangabe obligatorisch – muss mindestens 36 Monate auf der Hefe reifen).

Càvit, Trento (TN)
75 000 000 Fl./5700 Hektar

Tel. 0461 381711; Fax 0461 381787; www.cavit.it; cavit@cavit.it

Trento DOC Brut Riserva Altemasi Graal 1998   ★★ – ★★★

Warmes, mittelintensives Hellgelb; reiche, opulente Nase mit Noten von Honig und tropischen Früchten, etwas Holz; feiner Ansatz, Honig-Aroma, geschmeidig, für meinen Geschmack zu opulent. (80% Chardonnay, 20% Pinot nero.) (12 000 Fl.; L.12569672; April 2006; Merum 2007-1) Privatpreis ab Hof: Euro 18,00

Conti d'Arco/GIV, Calmasino (VR)
25 000 Fl./# Hektar

Tel. 045 6269600; Fax 045 7235772; www.giv.it; com@giv.it

Trento DOC Brut Cuvée Andrea d'Arco s. a.   ★★ – ★★★

Hellgelb; fruchtig-aromatische Nase; fruchtig auch im Gaumen, geschmeidig, fast zu aromatisch, leiser Bitterton, nicht sehr tief, soweit angenehm. (90% Chardonnay, 10% Pinot nero.) (15 000 Fl.; L.R6333 080507; 2006; Merum 2007-1) Privatpreis ab Hof: Euro 14,40

Trento DOC Brut Riserva Nicolò d'Arco 2002   ★★★

Hellgelb; Noten gelber Früchte, etwas Zitrus, tief; feiner Ansatz, eingepasste Säure, saftig, elegant, ausgewogen, sehr fein. (95% Chardonnay, 5% Pinot nero.) (7000 Fl.; L.R6333 100220; 2. Semester 2006; Merum 2007-1) Privatpreis ab Hof: Euro 17,50

CS Avio, Avio (TN)
100 000 Fl./# Hektar

Tel. 0464 684008; Fax 0464 684921; www.cantinaavio.it; info@cantinaavio.it

Trento DOC Brut Sarnis s. a.   ★★★

Reifendes Hellgelb; recht komplexe Reifenoten, getrocknete Apfelringe; viel und feiner Schaum, geschmeidig, trocken, sehr fein, lang. (#.) (# Fl.; L.12572107; 2006; Merum 2007-1) Privatpreis ab Hof: Euro #

Endrizzi, San Michele all'Adige (TN)
600 000 Fl./14 Hektar

Tel. 0461 650129; Fax 0461 650043; www.endrizzi.it; info@endrizzi.it

Trento DOC Riserva 2002   ★★ – ★★★

Warmes Gelb; süße Nase, etwas aromatisch, kandierte Früchte; recht kraftvoll, fruchtig, zu süß, füllig, opulent. (80% Chardonnay, 20% Pinot nero.) (6000 Fl.; L.63251; November 2006; Merum 2007-1) Privatpreis ab Hof: Euro 12,00

Ferrari/Lunelli, Trento (TN)
4 800 000 Fl./150 Hektar

Tel. 0461 972311; Fax 0461 972380; www.ferrarispumante.it; info@ferrarispumante.it

Trento DOC Brut s. a.   ★★★

Mittelintensives Hellgelb; fruchtig-hefige, recht tiefe Nase, intensiv und einladend; kräftig, Frucht, nicht superfein, aber tief und angenehm, recht lang. (100% Chardonnay.) (3 000 000 Fl.; L.#; 2. Semester 2006; Merum 2007-1) Privatpreis ab Hof: Euro 19,00

Trento DOC Brut Giulio Ferrari Riserva del Fondatore 1997   ★★★★ JLF

Intensives, warmes Gelb; intensive, volle Nase, vielschichtige Reifenoten, Butter, einladend; auch im Gaumen Reifearoma, Butter, Fülle, reich und voll, aber nicht opulent, sehr schön, sehr lang. (100% Chardonnay.) (30 000 Fl.; L.#; 2. Semester 2006; Merum 2007-1) Privatpreis ab Hof: Euro 60,00

Trento DOC Maximum Brut s. a.   ★★★ JLF
Intensives, reifes Gelb; Reifenoten, Gebäck, Trockenfrüchte, sehr vielschichtig, einladend; sehr feiner Schaum, vielschichtig, Reife, geschmeidig, lang. (100% Chardonnay.) (700 000 Fl.; L.#; 2. Semester 2006; Merum 2007-1) Privatpreis ab Hof: Euro 25,00

Trento DOC Perlé 2001   ★★★ – ★★★★
Goldenes Hellgelb; vielschichtige Nase, Reife- und Fruchtnoten; Reife- und Hefearomen, vielschichtig, fein und geschmeidig, saftig, ausgewogen, lang. (100% Chardonnay.) (500 000 Fl.; L.#; 2. Semester 2006; Merum 2007-1) Privatpreis ab Hof: Euro 30,00

Trento DOC Rosé Metodo Classico s. a.   ★★ – ★★★
Altrosa; Reife- und etwas heftige Hefenoten, auch Erdbeerfrucht; mittelfein, Hefe und Frucht, Süße, nicht supergeschmeidig, aber recht tief und lang. (90% Pinot nero, 10% Chardonnay.) (200 000 Fl.; L.#; 2. Semester 2006; Merum 2007-1) Privatpreis ab Hof: Euro 25,00

Letrari, Rovereto (TN)   140 000 Fl./24 Hektar
Tel. 0464 480200; Fax 0464 401451; www.letrari.it; info@letrari.com

Trento DOC Brut 2003
Reifendes, intensives Gelb; aromatische, etwas breite Nase, kandierte Früchte; aromatische Frucht auch im Gaumen, nicht fein, nicht tief, etwas bitter. (85% Chardonnay, 15% Pinot nero.) (18 000 Fl.; L.0604; Dezember 2006; Merum 2007-1) Privatpreis ab Hof: Euro 14,50

Trento DOC Brut Riserva 2000   ★★★★
Warmes Hellgelb; feine Fruchtnoten, Butter, Gummi, einladend, feiner Ansatz, Butter, fruchtig, ausgewogen, Tiefe, fein, lang, sehr schön! (60% Chardonnay, 40% Pinot nero.) (18 000 Fl.; L.0606; November 2006; Merum 2007-1) Privatpreis ab Hof: Euro 16,50

Trento DOC Brut Riserva del Fondatore 976 1998   ★★★
Reifendes, recht intensives Gelb; opulente, süße Nase, gekochte, aromatische Äpfel; kraftvoll, trotzdem geschmeidig, Tiefe, lang. (55% Chardonnay, 45% Pinot nero.) (3000 Fl.; L.0605; November 2006; Merum 2007-1) Privatpreis ab Hof: Euro #

Madonna delle Vittorie, Arco (TN)   250 000 Fl./45 Hektar
Tel. 0464 505432; Fax 0464 505542; www.madonnadellevittorie.it; info@madonnadellevittorie.it

Trento DOC Riserva 2001   ★★ – ★★★
Hellgelb; verhaltene, fein-aromatische Frucht, macht neugierig; fruchtig, trocken, mittelfein, gute Tiefe, gewisse Länge. (80% Chardonnay, 10% Pinot nero, 10% Weißburgunder.) (4500 Fl.; L.01/T; November 2006; Merum 2007-1) Privatpreis ab Hof: Euro 9,00

Methius, Mezzocorona (TN)   100 000 Fl./6 Hektar
Tel. 0461 605313; Fax 0461 605830; www.dorigati.it; vini@dorigati.it

Trento DOC Brut Riserva 2001   ★★ – ★★★
Warmes Hellgelb; intensive Nase, etwas opulent und balsamisch; sehr feiner Ansatz, cremiger Schaum, etwas Holz, trocken, sehr fein, Holz stört allerdings. (60% Chardonnay, 40% Pinot nero.) (10 000 Fl.; L.07.06.02; September 2006; Merum 2007-1) Privatpreis ab Hof: Euro 31,00

Mezzacorona, Mezzocorona (TN)   30 000 Fl./3500 Hektar
Tel. 0461 616401; Fax 0461 603577; www.mezzacorona.it; mail@mezzacorona.it

Trento DOC Brut Metodo Classico Rosé Rotari s. a.   ★★ – ★★★
Blassrosa; ansprechende Frucht; feiner Schaum, geschmeidig, fruchtig, zu viel Süße, gute Länge. (25% Chardonnay, 75% Pinot nero.) (75 000 Fl.; L.R6311; 1. Semester 2006; Merum 2007-1) Privatpreis ab Hof: Euro 9,99

Trento DOC Brut Rotari arte italiana s. a.   ★★ – ★★★
Mittleres Hellgelb; einladende Frucht, feine Hefe, Gummi; rund und gefällig, spürbare Süße, Hefe, saftig, angenehm. (#.) (# Fl.; L.R6206 140424; 2006; Merum 2007-1) Privatpreis ab Hof: Euro #

Trento DOC Brut Rotari arte italiana Cuvée 28 s. a.   ★★★
Mittleres Hellgelb; verhaltene, feine Chardonnay-Noten, recht tief; feiner Schaum, fruchtig, ausgewogen, trinkig, angenehme Säure, eingepasste Dosage, Hefe, schöne Länge. (90% Chardonnay, 10% Pinot nero.) (180 000 Fl.; L.R6304 09030; 1. Semester 2006; Merum 2007-1) Privatpreis ab Hof: Euro 9,99

Trento DOC Riserva 2002 ★★★

Hellgelb; Frucht- und Hefenoten, leicht rauchig; Säure, Süße, recht reich, fast opulent, gute Tiefe und Länge. (90% Chardonnay, 10% Pinot nero.) (20 000 Fl.; L.R6237 090030; 2006; Merum 2007-1) Privatpreis ab Hof: Euro 14,00

Pisoni, Lasino (TN) 80 000 Fl./12 Hektar

Tel. 0461 564106; Fax 0461 563163; www.pisoni.net; info@pisoni.net

Trento DOC Brut Millesimato 2002

Intensives Hellgelb; dichte Nase, ziemlich aromatische Frucht- und Spargelnoten; süßlich, aromatische Frucht, Säure, nicht geschmeidig. (90% Chardonnay, 10% Pinot nero.) (15 000 Fl.; L.06213; 2006; Merum 2007-1) Privatpreis ab Hof: Euro 9,00

Trento DOC Extra Brut Riserva Millesimato 2001

Hellgelb; aromatische Frucht, getrocknete Ananas, auch staubige Note; erst geschmeidiger Ansatz, aromatische Frucht, etwas staubig wie Kakaopulver, gewisse Länge, leicht bitter. (90% Chardonnay, 10% Pinot nero.) (5000 Fl.; L.06086; 2006; Merum 2007-1) Privatpreis ab Hof: Euro 12,00

Zeni, San Michele all'Adige (TN) 190 000 Fl./20 Hektar

Tel. 0461 650456; Fax 0461 650748; www.zeni.tn.it; robezen@tin.it

Trento DOC Brut 1995

Mittelintensives Gelb; etwas grobe Hefenoten, Vanille; künstlicher Vanillegeschmack übertönt alles. (90% Chardonnay, 10% Pinot nero.) (5000 Fl.; L.06340; Oktober 2006; Merum 2007-1) Privatpreis ab Hof: Euro 14,00

Andere Metodo Classico Schaumweine

Cristoforetti, Avio (TN) 7000 Fl./4 Hektar

Tel. 328 2824916; Fax 0468 685056; www.vinicristoforetti.eu; vinicristoforetti@interfree.it

Brut Metodo Classico Val di Castello s. a. ★★ – ★★★

Gereiftes Goldgelb; Reifenoten, Passionsfrucht; feiner Ansatz, Holundernoten, Süße, reif und recht fein, gefällt. (1500 Fl.; L.0105; April 2006; Merum 2007-1) Privatpreis ab Hof: Euro 12,00

Pojer & Sandri, Faedo (TN) 250 000 Fl./26 Hektar

Tel. 0461 650342; Fax 0461 651100; www.pojeresandri.it; info@pojeresandri.it

Extra Brut Cuvée 99-00 ★★★

Warmes, reifendes Hellgelb; ansprechende Reifenoten, Birnenfrucht; trocken, feiner Schaum, Reifearoma, eher schlank, fein, dicht, angenehm, lang. (65% Chardonnay, 35% Pinot nero.) (10 000 Fl.; L.99002; Oktober 2005; Merum 2007-1) Privatpreis ab Hof: Euro 19,00

Extra Brut Cuvée 95-96 ★★★★ JLF

Mittleres Gelb; intensive, tiefe Nase, sehr fruchtig, Noten von Ananas, Sellerie, Gummi; saftig, trocken, ausgewogen, große Tiefe, feine Säure, sehr elegant, lang; ein selten schönes Beispiel für einen vor bald acht Jahren degorgierten Metodo Classico! (70% Chardonnay, 30% Pinot nero.) (10 000 Fl.; L.1/99; September 99; Merum 2007-1) Privatpreis ab Hof: Euro 20,00

Spumante di Qualità Brut Rosé s. a.

Blassrosa; verhalten, feine, hefige Tiefe; recht feiner Schaum, gute Tiefe, dann leider viel Süße, die die Feinheiten verdeckt. (70% Chardonnay, 30% Pinot nero.) (10 000 Fl.; L.1; Juni 2006; Merum 2007-1) Privatpreis ab Hof: Euro 15,00

Umbrien

In Umbrien entstehen zwei DOCG-Weine – Torgiano Rosso Riserva und Montefalco Sagrantino – sowie zehn DOC- und sechs IGT-Weine. Einer der berühmtesten italienischen Weißweine stammt ebenfalls aus Umbrien: der Orvieto. Abgesehen von ganz wenigen Ausnahmen geht dem Orvieto der Charakter anderer italienischer Weißweine ab. Meist handelt es sich bei den heutigen Orvieto um korrekte, aber nie aufregende Qualitäten. Auch bei den Rotweinen kommt wenig Begeisterung auf, einzig die Appellation Montefalco bringt Weine von herausragendem Charakter hervor.

Montefalco

Montefalco im Herzen Umbriens ist ein einzigartiges Terroir mit dem Glück, über eine ebenso einmalige Rebsorte zu verfügen: Die Sagrantino-Traube ergibt enorm charaktervolle Weine. Offensichtlich befindet sich die Önologie von Montefalco derzeit im Umbruch. Zahlreiche neue Weinerzeuger siedelten sich in der Gegend an und auch eine wachsende Zahl lokaler Winzer bringen ihren Wein mit eigenem Etikett auf den Markt. Die Anbaufläche für Sagrantino DOCG betrug vor acht Jahren keine 100 Hektar, in weniger als zehn Jahren wurde sie auf 450 Hektar ausgeweitet.

Der Sagrantino ist ein einzigartiger Wein. Er ist von Natur aus dunkel, alkoholstark, außerordentlich tanninreich und besitzt eine dichte, an Brombeeren und Lakritze erinnernde Frucht.

Montefalco bedeutet aber nicht nur Sagrantino, sondern auch Montefalco Rosso und Sagrantino Passito. Im Gegensatz zu Montalcino und Montepulciano, wo der Rosso aus derselben Traubensorte wie der Brunello respektive Nobile gekeltert wird, ist der Montefalco Rosso nicht des Sagrantino Zweitwein, sondern ein eigenständiger Weintyp aus anderen Traubensorten. Der Sagrantino Passito hingegen ist der Urahn der Weine von Montefalco. Seine Kraft, seine Süße, vor allem aber sein urtümliches Tannin machen aus ihm – wenn er gelingt – ein unvergessliches Erlebnis.

Produktionsregeln Montefalco Sagrantino DOCG

Traubensorten: Sagrantino (100 %); Höchstertrag: 8000 kg Trauben/ha; Mindestalkohol: 13,0 Vol.-% (Sagrantino Passito: 14,5 Vol.-%); vorgeschriebene Lagerzeit: 30 Monate, davon mindestens 12 Monate im Holz.

Produktionsregeln Montefalco Sagrantino Passito DOCG

Traubensorten: Sagrantino (100 %); Höchstertrag: 8000 kg Trauben/ha; Mindestalkohol: 14,5 Vol.-%; vorgeschriebene Lagerzeit: 30 Monate.

Produktionsregeln Montefalco Rosso DOC

Traubensorten: Sangiovese (60–70 %), Sagrantino (10–15 %), andere Sorten (bis 30 %); Höchstertrag: 11 000 kg Trauben/ha; Mindestalkohol: 12,0 Vol.-% (Riserva: 12,5 Vol.-%); vorge-schriebene Lagerzeit: 18 Monate (Riserva: 30 Monate, davon mindestens 12 Monate im Holz).

Adanti, Bevagna (PG)   150 000 Fl./30 Hektar

Tel. 0742 360295; Fax 0742 361270; www.cantineadanti.com; info@cantineadanti.com

Montefalco Rosso DOC Arquata 2003   ★★★ – ★★★★ JLF

Mittelintensives Rubin; Noten von Holunderblüten, Frucht; recht konzentriert, Fülle, rund, saftig, etwas Butter, herbes , warmes Tannin, Länge. (48 000 Fl.; L.43; mehr als eine Abfüllung; Merum 2006-1) Privatpreis ab Hof: Euro #

Montefalco Rosso DOC Arquata 2001   ★★ – ★★★

Mittleres Rubin; Noten von getrockneten Früchten; Süße, Butter, gute Säure, herbes Tannin, Länge. (# Fl.; L.43; mehr als eine Abfüllung; Merum 2004-1) Privatpreis ab Hof: #

Montefalco Sagrantino DOCG Arquata 2001   ★★★

Mittelintensives Rubin; Noten von Lakritze, etwas Holz, dunkle Marmelade; im Ansatz ge-wisse Holznoten, Frucht, feine Säure, feiner Wein, rund, dann viel gutes Sagrantino-Tannin, saftig, lang, angenehm. (19 600 Fl.; L.#; eine Abfüllung; Merum 2006-1) Privatpreis ab Hof: Euro #

Montefalco Sagrantino DOCG Arquata 2000   ★★★★ JLF

Recht intensives Rubin; tiefe Nase, Noten von Brombeeren, balsamisch; Süße, Kraft, Holun-der, sehr rund, Geschmackstiefe, saftiges Sagrantino-Tannin, sehr lang. (19 600 Fl.; L.40; eine Abfüllung; Merum 2006-1) Privatpreis ab Hof: Euro #

Montefalco Sagrantino DOCG Arquata 1999 ★★★ – ★★★★ JLF

Mittleres Rubin; Noten von Teer, tiefe Frucht; kraftvoll, Süße und Fülle, Teer, Frucht, dicht, ausgewogen, saftig, schöne Länge auf heftigem Tannin. 2006 -0 2010. (30 000 Fl.; L.#; eine Abfüllung; Merum 2004-1) Privatpreis ab Hof: #

Montefalco Sagrantino Passito DOCG Arquata 1999

Intensives Rubin; Noten von Frucht und Holz; viel Restsüße, Holz, auch Frucht, stark trock-nendes Tannin. (4000 Fl.; L.51; eine Abfüllung; Merum 2004-1) Privatpreis ab Hof: #

Alzatura, Montefalco (PG)   40 000 Fl./18 Hektar

Tel. 0742 399435; Fax 0742 399435; www.tenuta-alzatura.it;
info@tenuta-alzatura.it

Montefalco Sagrantino DOCG Di Quattro Uno 2001

*Recht intensives Rubin; vegetale Noten; mittlere Konzentration, varietale Cabernet-Frucht,
recht angenehm, aber nicht typisch für Sagrantino, im Abgang bremsendes Holzaroma.*
(18 000 Fl.; L.5/0450; eine Abfüllung; Merum 2006-1) Privatpreis ab Hof: #

Montefalco Sagrantino DOCG Uno di Tre 2000   ★★ – ★★★

*Dichtes, warmes Rubin; Noten von getrockneten Pflaumen, Holz; viel Kraft, Holz, Rauch,
Holz stört, heftiges Tannin, sehr herb.* (# Fl.; L.3/280C; mehr als eine Abfüllung; Merum 2004-1)
Privatpreis ab Hof: #

Antigniano/Brogal, Bastia Umbra (PG)   1 000 000 Fl./75 Hektar

Tel. 075 8001501; Fax 075 8000935; www.brogalvini.com;
amministrazione@vignabaldo.com

Montefalco Rosso DOC 2001

*Mittleres Rubin; Holz- und Marmeladenoten; Süße, Vanille, fehlt Tiefe, wirkt etwas ge-
schminkt.* (80 000 Fl.; L.2653; mehr als eine Abfüllung; Merum 2004-1) Privatpreis ab Hof: Euro 7/8

Montefalco Sagrantino DOCG 1999

*Mittleres Rubin; reifende Holznoten, Linoleum; im Gaumen überraschend fremdartige Frucht-
noten mit grüner Paprika, Gaumen völlig anders als Nase, recht gutes Tannin; nicht schlechter, aber sehr widersprüchlicher, untypischer Wein.* (63 233 Fl.; L.1393; mehr als eine Abfüllung;
Merum 2004-1) Privatpreis ab Hof: #

Antonelli, Montefalco (PG)   225 000 Fl./35 Hektar

Tel. 0742 379158; Fax 0742 371063; www.antonellisanmarco.it;
info@antonellisanmarco.it

Montefalco Rosso DOC 2003   ★★★ JLF

*Mittleres, frisches Rot; nicht intensive, fruchtige Nase, Noten von Backpflaumen, einladend;
runder, kraftvoller Ansatz, dunkle Frucht, etwas Gummi, herbes Sagrantino-Tannin, lang.*
(140 000 Fl.; L.5236; mehr als eine Abfüllung; Merum 2006-1) Privatpreis ab Hof: Euro #

Montefalco Rosso DOC 2001   ★★★

*Mittleres Rubin; Noten von Lakritze und Zwetschgenmarmelade, sehr am Rande Holz; Kraft,
Frucht, saftig, etwas Butter, gute Länge auf rundem Tannin.* (125 300 Fl.; L.#; mehr als eine
Abfüllung; Merum 2004-1) Privatpreis ab Hof: #

Montefalco Rosso DOC Riserva 2001   ★★ – ★★★

*Mittelhelles, frisches Rubin; holzwürzige Himbeernoten, Anis, Holunder, macht neugierig; im
Gaumen ausgewogen, tief, frisch, eine Spur zu trockenes Tannin, gute Länge.* (13 650 Fl.;
L.4099; eine Abfüllung; Merum 2006-1) Privatpreis ab Hof: #

Montefalco Rosso DOC Riserva 2000   ★★ – ★★★

*Mittelintensives Rubin; sehr dichte Nase, Gebäck, Holz, Zitrusnoten; Kraft, viel Süße, aller-
dings superstreng, für die wertvolle Substanz muss man mit einem Mund voll strenger
Tannine büßen, im Abgang dann Fruchtsüße.* (6600 Fl.; L.2326; eine Abfüllung; Merum 2004-
1) Privatpreis ab Hof: #

Montefalco Sagrantino DOCG 2002   ★★★ – ★★★★

*Mittelintensives Rubin; würzige, ausgesprochen fruchtige Nase; runder Ansatz, fruchtig,
Tiefe, Schwarztee, viel gutes Tannin, saftig im Abgang.* (30 000 Fl.; L.5166; mehr als eine
Abfüllung; Merum 2006-1) Privatpreis ab Hof: #

Montefalco Sagrantino DOCG 2001   ★★ – ★★★

*Mittelintensives Rubin; nicht intensive Noten von Backpflaumen, Holz, Eukalyptus; konzen-
triert, rund, balsamisch-würzig, herbes Tannin, etwas Holz, das nachtrocknet.* (43 000 Fl.;
L.4147; mehr als eine Abfüllung; Merum 2006-1) Privatpreis ab Hof: #

Montefalco Sagrantino DOCG 2000   ★★★ – ★★★★

*Mittleres Rubin; Noten von Holz, Gewürzkräutern, Lakritze, Sagrantino-Frucht; Kraft, viel
Süße, sehr konzentriert, saftig, sehr dicht, intakte Frucht, viel, aber gutes Tannin, lang mit
Frucht im Abgang.* (47 300 Fl.; L.#; eine Abfüllung; Merum 2004-1) Privatpreis ab Hof: #

Montefalco Sagrantino DOCG Passito 2001   ★★★★

Dunkles Rubin; intensive Frucht, sehr einladend; viel Kraft, viel Süße, große Fruchttiefe, monumentales, anhaltendes Tannin. (11 500 Fl.; L.4261; eine Abfüllung; Merum 2006-1) Privatpreis ab Hof: #

Benincasa, Bevagna (PG)   40 000 Fl./10 Hektar

Tel. 0742 361307; Fax 0742 362028; www.aziendabenincasa.com;
cantina@aziendabenincasa.com

Montefalco Rosso DOC 2003   🍷

Dunkles Rubin; dichte Röstnoten, Holzwürze, Ruß; Röstung auch im Gaumen, Nullfrucht, konturlos, Holz hängt nach. (6500 Fl.; L.01; eine Abfüllung; Merum 2006-1) Privatpreis ab Hof: Euro #

Montefalco Rosso DOC 2001

Dichtes, purpurnes Rubin; Noten von Cassissaft, Passito-Noten; herber Wein, kaum Süße, fehlt Frucht, herbes Tannin. (6500 Fl.; L.01; eine Abfüllung; Merum 2004-1) Privatpreis ab Hof: #

Montefalco Sagrantino DOCG 2001   ★★ – ★★★

Intensives Rubin; verhalten, etwas Pfirsich; runder Ansatz, dann Dichte, Pfirsich, Tiefe, herbes Tannin, recht saftig. (6500 Fl.; L.01; eine Abfüllung; Merum 2006-1) Privatpreis ab Hof: #

Brogal/Antignano, Bastia Umbra (PG)   1 000 000 Fl./90 Hektar

Tel. 075 8001501; Fax 075 8000935; www.brogalvini.com;
amministrazione@vignabaldo.com

Montefalco Rosso DOC 2003

Recht intensives Rubin; vegetale Fruchtnoten, Röstnoten; Mittelgewicht, vegetale Frucht, viel Röstung, lang, leicht bitter. (90 000 Fl.; L.3265; mehr als eine Abfüllung; Merum 2006-1) Privatpreis ab Hof: Euro #

Montefalco Rosso DOC Riserva Re Migrante 2002

Ziemlich dunkles Rubin; etwas staubige, auch fruchtige Nase; Kraft, müde Frucht, fehlt Rasse, breit im Abgang, nicht elegant. (3333 Fl.; L.2005; eine Abfüllung; Merum 2006-1) Privatpreis ab Hof: Euro #

Montefalco Sagrantino DOCG 2002   ★★ – ★★★

Mittelintensives Rubin; dichte Nase, Noten dunkler Waldbeeren, Lakritze, tief; viel Kraft, Süße, rund, leider etwas Holz im Nachgeschmack, vergleichsweise wenig Tannin. (45 000 Fl.; L.2015; mehr als eine Abfüllung; Merum 2006-1) Privatpreis ab Hof: Euro #

Montefalco Sagrantino DOCG Preda del Falco 2001

Recht intensives, junges Rubin; verhaltene, vegetale Frucht; im Gaumen vegetale Frucht, nicht typisch, Butter, kräftiges, leicht bitteres Tannin, trocknet etwas. (3000 Fl.; L.1925; eine Abfüllung; Merum 2006-1) Privatpreis ab Hof: Euro #

Caprai, Montefalco (PG)   650 000 Fl./130 Hektar

Tel. 0742 378802; Fax 0742 378422; www.arnaldocaprai.it; info@arnaldocaprai.it

Montefalco Rosso DOC 2001   ★★ – ★★★

Sehr intensives Rubin; Passito-artige Noten, Zitrus; konzentriert, viel Süße, balsamische Holzaromen, Zimt, Zitrus, Holz, recht saftig, leider etwas trockenes Tannin, gute Länge. (200 000 Fl.; L.3273; mehr als eine Abfüllung; Merum 2004-1) Privatpreis ab Hof: Euro #

Montefalco Sagrantino DOCG Collepiano 2000   🍷

Sehr dichtes Rubin; Noten von Röstung und Rauchspeck überdecken die Frucht; Kraft, dichte Struktur, Barriquegeschmack, Röstung, zu einseitig. (77 000 Fl.; L.3184; mehr als eine Abfüllung; Merum 2004-1) Privatpreis ab Hof: Euro #

Còlpetrone/Saiagricola, Gualdo Cattaneo (PG)   58 000 Fl./63 Hektar

Tel. 0742 99827; Fax 0742 960262; www.colpetrone.it; colpetrone@saiagricola.it

Montefalco Rosso DOC 2003

Recht dunkles, frisches Rubin; Holzwürze und Frucht; Kraft, Fülle, herbes Tannin, nicht elegant, breit im Abgang, viel Röstung, endet bitter-trocken. (33 000 Fl.; L.5001; eine Abfüllung; Merum 2006-1) Privatpreis ab Hof: Euro #

Montefalco Rosso DOC 2001

Fast schwarzes Rubin; Noten von getrockneten Zwetschgen, Teer, Kalkputz; runtergeschliffene Kraft, der Ausbau in der Barrique prägt den Wein, Wein wirkt weichgespült, zu geleckt, im Abgang dann Holzaroma und Holztannin. (33 000 Fl.; L.3001; eine Abfüllung; Merum 2004-1) Privatpreis ab Hof: #

Montefalco Sagrantino DOCG 2000

Sehr dichtes Rubin; aromatische Holznoten, Vanille, Zitrus; viel Kraft, Holzgeschmack, Zimt, eine Ahnung von Frucht, etwas Vanille, und nochmals Holz, dann eine reichhaltige, sehr informative Tanninausstellung: Tannin aller Qualitäten, von lecker bis trocken. (21 000 Fl.; L.3001; # Abfüllungen; Merum 2004-1) Privatpreis ab Hof: #

Montefalco Sagrantino DOCG 2002

Dunkles Rubin; süßliche Röstnoten dominieren die Frucht; Röstung auch im Gaumen, Vanille, dann Sagrantino-Tannin und im Nachgeschmack Ruß. (21 000 Fl.; L.5001; eine Abfüllung; Merum 2006-1) Privatpreis ab Hof: #

Montefalco Sagrantino DOCG Passito 2002   ★★ – ★★★

Dichtes Rubin; intensive, etwas rußige Frucht; sehr konzentriert, sehr süß, fast dickflüssig, Fruchttiefe, sehr viel Tannin, auch vom Holz, trocknet trotz der Süße nach. (4000 Fl.; L.5001; eine Abfüllung; Merum 2006-1) Privatpreis ab Hof: #

Colsanto/Livon, Bevagna (PG)   55 000 Fl./20 Hektar

Tel. 0432 757173; Fax 0432 757690; www.livon.it; info@livon.it

Montefalco Rosso DOC 2003   ★★ – ★★★

Mittelintensives Rubin; reduziert, braucht Belüftung, dann klarer und tiefer, auch ein bisschen Leder; runder, warmer Ansatz, dann herbes Tannin, Frucht, saftig, Länge. (23 000 Fl.; L.001; eine Abfüllung; Merum 2006-1) Privatpreis ab Hof: Euro #

Montefalco Rosso DOC 2001

Recht intensives Rubin; nicht völlig klare Nase; viel Süße, Frucht und Holz, nicht eben eleganter, eher ungestümer Wein mit Kraft, Säure, herb-trockenes Tannin, viel Holz, aber auch viel Wein, zu rustikal. (14 000 Fl.; L.001; mehr als eine Abfüllung; Merum 2004-1) Privatpreis ab Hof: #

Montefalco Sagrantino DOCG 2002

Recht dunkles Rubin; dichte Nase, Noten von Kaffee, knappe Frucht; gewisse Frucht, rund, Süße, Kaffee, kein schlechter Wein, aber etwas neutral und zu geschliffen. (12 000 Fl.; L.001; eine Abfüllung; Merum 2006-1) Privatpreis ab Hof: #

CS Spoletoducale/Casale Triocco, Spoleto (PG)   450 000 Fl./350 Hektar

Tel. 0743 56224; Fax 0743 56065; www.spoletoducale.it; spoletoducale@libero.it

Montefalco Rosso DOC Casale Triocco 2003   ★★ – ★★★

Recht dunkles, frisches Rubin; gewisse Holzwürze, rote Frucht; Mittelgewicht, gewisse Frucht, herbes Tannin, etwas rustikal. (36 000 Fl.; L.05336; # Abfüllungen; Merum 2006-1) Privatpreis ab Hof: Euro #

Montefalco Rosso DOC Casale Triocco 2001

Recht dichtes Rubin; Noten von eingekochter Zwetschgenmarmelade, Vanille; kraftvoll, allerdings supertrockenes Tannin, Frucht verdeckt, trocknet nach. (33 000 Fl.; L.27903; eine Abfüllung; Merum 2004-1) Privatpreis ab Hof: #

Montefalco Rosso DOC Spoletoducale 2001

Mittelintensives Rubin; nicht klare Noten eingekochter Zwetschgenmarmelade; kraftvoll, saftige Säure, Zwetschgenfrucht, viel herbes Tannin, gute Länge, aber endet zu herb. (100 000 Fl.; L.26903; mehr als eine Abfüllung; Merum 2004-1) Privatpreis ab Hof: #

Montefalco Sagrantino DOCG Casale Triocco 2002

Undurchdringliches Rubin; dichte, heimatlose Gewürz-Röst-Neuholznase; mastig-fülliger Ansatz, Süße, Gewürze, viel Tannin. (4600 Fl.; L.05262; eine Abfüllung; Merum 2006-1) Privatpreis ab Hof: #

Montefalco Sagrantino DOCG Casale Triocco 2001

Undurchdringliches Rubin; holzwürzige Nase, Ruß, Gewürznelken; heimatlose Holzwürze auch im Gaumen, kaum Frucht, trocknendes Holztannin. (25 000 Fl.; L.05157; mehr als eine Abfüllung; Merum 2006-1) Privatpreis ab Hof: #

Montefalco Sagrantino DOCG Casale Triocco 2000 ★★★

Intensives Rubin; warme, süße Nase, Noten von Zwetschgenmarmelade; sehr konzentriert und dicht, viel Kraft und Süße, Holz und Frucht verschmolzen, viel typisch-herbes Sagrantino-Tannin, lang. (25 000 Fl.; L.#; eine Abfüllung; Merum 2004-1) Privatpreis ab Hof: #

Montefalco Sagrantino DOCG Spoletoducale 2000

Recht intensives Rubin; Karamell und Holzwürze; süßlich, weich, Holzwürze, wirkt abgeschliffen, holzklebriges Finale. (80 000 Fl.; L.05266; mehr als eine Abfüllung; Merum 2006-1) Privatpreis ab Hof: Euro #

Montefalco Sagrantino DOCG Spoletoducale 1999

Recht intensives Rubin; nicht komplett klare, ziemlich müde Nase; Kraft, viel Tannin, müsste fruchtiger sein, allzu herbe, etwas wenig frische Erscheinung. (75 000 Fl.; L.#; mehr als eine Abfüllung; Merum 2004-1) Privatpreis ab Hof: #

Di Filippo, Cannara (PG) 200 000 Fl./20 Hektar

Tel. 0742 731242; Fax 0742 72310; www.vinidifilippo.com; info@vinidifilippo.com

Montefalco Rosso DOC Sallustio 2003

Mittleres, frisches Rubin; kompottige Nase, fehlt Frische; herb, gute Kraft, matte Frucht, recht lang, trocknet dann etwas. (4000 Fl.; L.1/5; eine Abfüllung; Merum 2006-1) Privatpreis ab Hof: Euro #

Montefalco Sagrantino DOCG 2002

Dunkles Rubin, Noten von getrockneten Früchten, Speck; konzentriert, aber nicht klar, breit, nicht viel Tannin, endet nicht klar. (Biowein.) (6000 Fl.; L.1/5; eine Abfüllung; Merum 2006-1) Privatpreis ab Hof: Euro #

Goretti, Pila (PG) 400 000 Fl./50 Hektar

Tel. 075 607316; Fax 075 6079187; www.vinigoretti.com; goretti@vinigoretti.com

Montefalco Rosso DOC Le Mura Saracene 2001

Mittelhelles, frisches Rubin; aufgesetzte Vanillenoten, Holz, Linoleum; Süße, Vanillegeschmack, dann bitter. (5332 Fl.; L.30910; eine Abfüllung; Merum 2004-1) Privatpreis ab Hof: Euro #

Montefalco Sagrantino DOCG Le Mura Saracene 1998

Mittelintensives Rubin; Holznoten; Süße und Kraft, dann Holz und trocknendes Tannin, fehlen Frucht und ein Minimum an Geschmeidigkeit. (5506 Fl.; L.21218; eine Abfüllung; Merum 2004-1) Privatpreis ab Hof: #

Madonna Alta, Montefalco (PG) 70 000 Fl./14 Hektar

Tel. 0742 378568; Fax 0742 379009; www.madonnalta.it; info@madonnalta.it

Montefalco Rosso DOC 2003 ★★ – ★★★

Dunkles, purpurnes Rubin; etwas vegetale Fruchtnoten; Süße, Holz, herbes Tannin, im Abgang dann vegetale Frucht und Butter, gute Länge. (25 000 Fl.; L.5214; mehr als eine Abfüllung; Merum 2006-1) Privatpreis ab Hof: Euro #

Montefalco Rosso DOC Rubens 2001

Mittleres Rubin; nicht komplett klar, Holz, Reifenoten; Säure, Süße, etwas Frucht, Holz, Tannin, Einzelteile sind nicht zu einem Ganzen verschmolzen. (7000 Fl.; L.03272; eine Abfüllung; Merum 2004-1) Privatpreis ab Hof: #

Montefalco Sagrantino DOCG 2002 ★★★

Intensives Rubin; Frucht und Eukalyptusnoten, macht neugierig; Kraft, charaktervoll, Frucht, saftiges Tannin, lang. (10 000 Fl.; L.5170; eine Abfüllung; Merum 2006-1) Privatpreis ab Hof: #

355

Montefalco Sagrantino DOCG Sacer 1999

Mittleres Rubin; Kalk-, Holz- und Marmeladenoten; kraftvoll, Süße, keine Frucht, viel Tannin, das arg nachtrocknet. (3000 Fl.; L.15403 030603; eine Abfüllung; Merum 2004-1) Privatpreis ab Hof: #

Milziade Antano, Bevagna (PG)   30 000 Fl./10 Hektar

Tel. 0742 361897; Fax 0742 361897; #

Montefalco Rosso DOC 2003

Recht dunkles Rubin; Noten von Marzipan, Kompott, etwas unklar; recht kraftvoll, gewisse Kompottfrucht, zu herb-trocknend. (15 000 Fl.; L.005; mehr als eine Abfüllung; Merum 2006-1) Privatpreis ab Hof: Euro #

Montefalco Rosso DOC Riserva 2001

Mittelintensives Rubin; gereifte Nase, Trockenfrüchte, keine Frische; Süße, kraftvoll, keine Frucht, Säure, nicht frisch, herbes Tannin. (2500 Fl.; L.006; eine Abfüllung; Merum 2006-1) Privatpreis ab Hof: Euro #

Montefalco Sagrantino DOCG 2002

Recht intensives, frisches Rubin; nicht frische, kompottig-marmeladige Noten; Konzentration, müsste fruchtfrischer sein, intaktes Sagrantino-Tannin. (3500 Fl.; L.007; mehr als eine Abfüllung; Merum 2006-1) Privatpreis ab Hof: Euro #

Montefalco Sagrantino DOCG Colle a Lodole 2001

Recht dunkles Rubin; würzig, etwas Tabak, etwas Holz; Süße, kaum Frucht, gewisse Würze, sehr viel Tannin, geschmacklich zu holzgeprägt. (2000 Fl.; L.001; eine Abfüllung; Merum 2006-1) Privatpreis ab Hof: Euro #

Montefalco Sagrantino DOCG Passito 2002

Dunkles Rubin; nicht komplett klar, Frucht und Holz; konzentriert, viel Süße, herb, nicht fruchtig, trocknet nach. (31600 Fl.; L.001; eine Abfüllung; Merum 2006-1) Privatpreis ab Hof: Euro #

Moretti Omero, Gianoumbria (PG)   25 000 Fl./10 Hektar

Tel. 0742 90433; Fax 0742 90426; www.morettiomero.it; info@morettiomero.it

Montefalco Rosso DOC 2003   ★★ – ★★★

Recht dunkles Rubin; Noten von dickgekochter Marmelade, Karamell, etwas Röstung; auch im Gaumen fruchtig, Süße, rund, dann spürbares Tannin, gute Länge auf Frucht. (Biowein.) (# Fl.; L.20; eine Abfüllung; Merum 2006-1) Privatpreis ab Hof: Euro #

Montefalco Sagrantino DOCG 2002   ★★★

Dunkles Rubin; Noten von Eukalyptus; fülliger Ansatz, saftig, Süße, Frucht, Eukalyptus, herbes, gutes Tannin, wenig Säure, viel Süße, Frucht im Abgang, Charakter-Wein. (Biowein.) (# Fl.; L.21; eine Abfüllung; Merum 2006-1) Privatpreis ab Hof: #

Morettoni, S. Maria degli Angeli (PG)   100 000 Fl./35 Hektar

Tel. 075 8043795; Fax 075 8043792; www.morettoni.com; corrado.migliosi@morettoni.com

Montefalco Sagrantino DOCG 1998

Reifendes, mittleres Rot; unklare Noten von Holz und Zwetschgenkompott; eher schlankes Mittelgewicht, einfach, fehlt Sortencharakter. (20 000 Fl.; L.2346; mehr als eine Abfüllung; Merum 2004-1) Privatpreis ab Hof: Euro #

Napolini Matteo, Montefalco (PG)   70 000 Fl./18 Hektar

Tel. 0742 379362; Fax 0742 371119; www.napolini.it; info@napolini.it

Montefalco Rosso DOC 2000   ★★ – ★★★ JLF

Mittelhelles Rot; Noten von roten Früchten, Stroh, recht einladend; recht runder, reifer Ansatz, ist angenehm, wirkt im Gaumen dann aber etwas zu fortgeschritten (kleiner Abzug), recht rund, Butter, gute Länge; trinkreif mit Reserven. (# Fl.; L.001; # Abfüllungen; Merum 2004-1) Privatpreis ab Hof: Euro #

Montefalco Rosso DOC Riserva 2001

Mittleres, reifendes Rubin; reifende Marmeladenase, Schokolade-Passitonoten; nicht klarer Marmeladegeschmack, fehlt Frische, trocknet. (3000 Fl.; L.#; eine Abfüllung; Merum 2006-1) Privatpreis ab Hof: Euro #

Montefalco Sagrantino DOCG Passito 2001 ★★★★

Recht dunkles Rot; einladende Noten von Edelfäule; auch im Gaumen Edelfäule, Frucht, sehr vielschichtiger Passito, feine Süße, spürbares Tannin, ausgewogen, lang. (1500 Fl.; L.0104; eine Abfüllung; Merum 2006-1) Privatpreis ab Hof: #

Montefalco Sagrantino Passito DOCG 1998 ★★★ – ★★★★ JLF

Recht intensives Rubin; Botrytisnoten, macht sehr neugierig; Süße, Botrytis und Holz, sehr tief, saftig, lang, ausgewogen, rund, gefällt sehr; ein Rotwein mit derart starkem Botrytis-ton und diesem gewaltigen Tannin ist schon ein Unikum unter den Süßweinen (ich bin jedenfalls froh, dass ich noch eine Flasche habe...) (# Fl.; L.001; # Abfüllungen; Merum 2004-1) Privatpreis ab Hof: Euro #

Pardi, Montefalco (PG) 12 000 Fl./4 Hektar

Tel. 0742 379023; Fax 0742 99925; www.cantinapardi.com; info@cantinapardi.com

Montefalco Rosso DOC 2003

Recht dunkles Rubin; staubige Holznoten, Kakaopulver; breiter Ansatz, Süße, Wein bleibt breit, ohne Eleganz, ist konturlos. (5300 Fl.; L.521; eine Abfüllung; Merum 2006-1) Privatpreis ab Hof: Euro #

Perticaia, Gualdo Cattaneo (PG) 80 000 Fl./14 Hektar

Tel. 0742 920328; Fax 0742 928119; guidoguardigli@libero.it

Montefalco Rosso DOC 2003

Frisches, ziemlich dunkles Rubin; nicht intensiv, matte Nase, gekochte Noten, nicht frisch; matt auch im Gaumen, Holzgeschmack, fehlt Fruchtfrische, nicht geschmeidig, klebriges Tannin im Abgang. (15 000 Fl.; L.02/05; eine Abfüllung; Merum 2006-1) Privatpreis ab Hof: Euro #

Montefalco Sagrantino DOCG 2001 ★★ – ★★★

Dunkles Rubin; verhaltene, holunderige Nase, etwas Ruß; konzentriert, Süße, Fülle, Kraft, Lakritze, viel Tannin. (8000 Fl.; L.01/04; eine Abfüllung; Merum 2006-1) Privatpreis ab Hof: #

Montefalco Sagrantino DOCG 2000

Sehr intensives, undurchdringliches Rubin; nicht komplett klare Nase, Kalkputz, Röstung, Diesel; viel Kraft und Süße, dahinter jedoch nicht die erwartete Dichte, viel Tannin, Lino-leum, recht gute Tannine, recht lang. (6000 Fl.; L.01/03; eine Abfüllung; Merum 2004-1) Privat-preis ab Hof: #

Rialto/Eraldo Dentici, Montefalco (PG) 4000 Fl./5 Hektar

Tel. 329 2606703; Fax 0742 379674; www.casalerialto.com; cantina@casalerialto.com

Montefalco Rosso DOC 2002 ★★ – ★★★ JLF

Mittleres Rubin; Noten von Holunder, gekochte Beeren, etwas Gummi; geschmeidiger Ansatz, rund, Butter, eher schlank, saftig, gute Länge. (4000 Fl.; L.1365; # Abfüllungen; Merum 2006-1) Privatpreis ab Hof: Euro #

Montefalco Sagrantino DOCG 2002

Recht intensives Rubin; fruchtige Nase, Holunder, Tiefe; Frucht und Holz, Butter, zu knappe Frucht, nicht frisch genug, nicht viel Tannin. (# Fl.; L.2015; eine Abfüllung; Merum 2006-1) Privatpreis ab Hof: #

Rocca di Fabbri, Montefalco (PG) 150 000 Fl./60 Hektar

Tel. 0742 399379; Fax 0742 399199; www.roccadifabbri.com; info@roccadifabbri.com

Montefalco Rosso DOC 2003

Mittelintensives Rubin; Frucht und gewisse Holznoten, eher verhalten; Kraft, Holz, konzen-triert, saftig, nicht differenzierte Frucht, trocknet dann im Abgang. (40 000 Fl.; L.2605; mehr als eine Abfüllung; Merum 2006-1) Privatpreis ab Hof: Euro #

Montefalco Rosso DOC 2001 ★★ – ★★★

Mittelintensives, frisches Rubin; Holznoten, Frucht, Karamell; Kraft, heftiges Tannin, fehlen Dichte und Länge, gute Süße. (36 000 Fl.; L.2203; mehr als eine Abfüllung; Merum 2004-1) Privatpreis ab Hof: #

Montefalco Sagrantino DOCG 2002

Recht intensives Rubin; holzwürzige Fruchtnoten; runder, würziger Ansatz, breit, anonym, wenig Sagrantino-Tannin, austauschbar, trocknet nach. (5000 Fl.; L.2705; eine Abfüllung; Merum 2006-1) Privatpreis ab Hof: #

Montefalco Sagrantino DOCG 2001

Dunkles Rubin; Holznoten, auch verhaltene Noten von Backpflaumen, Holz; Süße, Kraft, Holzwürze, Tabak, fehlt Frucht, zu austauschbar. (13 000 Fl.; L.1304; eine Abfüllung; Merum 2006-1) Privatpreis ab Hof: #

Montefalco Sagrantino DOCG 1999   ★★★ JLF

Recht intensives Rubin; einladende Noten von Brombeermarmelade, Heu, Himbeermarmelade, tolle Nase; konzentriertes Mittelgewicht, sehr schön ausgewogen, intakte Frucht, Heu, Lakritze, saftig, im Abgang heftiges Tannin, fruchtige Länge. (26 500 Fl.; L.032002; mehr als eine Abfüllung; Merum 2004-1) Privatpreis ab Hof: #

Montefalco Sagrantino Passito DOCG 1999   ★★★

Purpurnes, dunkles Rubin; Traubenmostnoten, Apfelringe; im Gaumen reich, viel Süße, Tabak, dunkle Frucht, viel Tannin, reicher Wein, im Abgang dann die typisch bitteren Sagrantino-Tannine. (4000 Fl.; L.0501; eine Abfüllung; Merum 2004-1) Privatpreis ab Hof: #

Ruggeri/Cristofani, Montefalco (PG)   # Fl./# Hektar

Tel. 0742 379294; Fax 0742 379294; ruggeri.montefalco@libero.it

Montefalco Rosso DOC 2003

Mittelintensives Rubin; nicht sehr klare Nase, wirkt etwas müde und staubig; im Gaumen besser, Süße, müde, nicht differenziert. (7000 Fl.; L.516711; mehr als eine Abfüllung; Merum 2006-1) Privatpreis ab Hof: Euro #

Montefalco Sagrantino DOCG Passito 2002

Dunkelrot; Holznoten; Süße, Frucht und Holz, viel Tannin, gewisse Länge. (# Fl.; L.51558; # Abfüllungen; Merum 2006-1) Privatpreis ab Hof: Euro #

San Lorenzo/Flaminia De Luca, Foligno (PG)   100 000 Fl./40 Hektar

Tel. 0742 22553; Fax 0742 22553; www.web.tiscali.it/sanlorenzovecchio; sanlorenzovecchio@libero.it

Montefalco Sagrantino DOCG 2000

Mittleres Rubin; Noten von Zwetschgenmarmelade, Lakritze, Pfeifentabak; viel Kraft, parfümierter Pfeifentabak, Lakritze, recht saftig, mittlere Länge. (7500 Fl.; L.03/03; eine Abfüllung; Merum 2004-1) Privatpreis ab Hof: #

Scacciadiavoli/Pambuffetti, Montefalco (PG)   150 000 Fl./30 Hektar

Tel. 0742 371210; Fax 0742 378272; scacciadiavoli@tin.it

Montefalco Rosso DOC 2003

Dunkles, purpurnes Rubin; verhaltene, leicht vegetale Frucht; im Gaumen dann herb, viel Tannin, auch Holzgeschmack im Abgang, der die Frucht verdeckt. (50 000 Fl.; L.82-03-05; eine Abfüllung; Merum 2006-1) Privatpreis ab Hof: Euro #

Montefalco Rosso DOC 2001   ★★★ JLF

Mittleres Rubin; Noten von Zwetschgenmarmelade, Heu, recht tief und einladend; Süße, gute Fülle, dann auch Dichte und gutes Tannin, saftig, Butter, endet lang. (33 000 Fl.; L.69-02-03; eine Abfüllung; Merum 2004-1) Privatpreis ab Hof: #

Montefalco Sagrantino DOCG 2000

Sehr dichtes Rubin; Noten von Holz, Zitrus, Marmelade; recht kraftvoll, viel Süße, abgeschliffen, Röstung, fehlt Frucht, etwas langweilig, trocknet dann stark nach. (23 000 Fl.; L.3-04-03; eine Abfüllung; Merum 2004-1) Privatpreis ab Hof: #

Montefalco Sagrantino DOCG 2002

Dunkles Rubin; würzige, nicht sehr frische Holznoten, Cola, Pumpernickel; Holz herrscht auch im Gaumen vor, keine Frucht, kein Weincharakter, nicht frischer Holzgeschmack im Abgang, gekochte Kartoffeln. (20 000 Fl.; L.83-04-05; eine Abfüllung; Merum 2006-1) Privatpreis ab Hof: #

Tabarrini, Montefalco (PG) # Fl./# Hektar

Tel. 0742 379351; Fax 0742 379351; www.tabarrini.com; info@tabarrini.com

Montefalco Rosso DOC 2003 ★★ – ★★★
Recht dunkles, frisches Rubin; Beerennoten, auch Cassis, tief und frisch; vegetale Frucht, rund, Mittelgewicht, fruchtig auch im Abgang, bitteres Schwänzchen, etwas heimatlos, aber soweit angenehm. (19 950 Fl.; L.05/05; eine Abfüllung; Merum 2006-1) Privatpreis ab Hof: Euro #

Montefalco Sagrantino DOCG 2002 ★★★
Recht intensives Rubin; fruchtige Nase, intensiv, Noten von schwarzen Beeren; Frucht im Ansatz, saftig, gute Süße, Frucht hält an, etwas Kaffee, etwas Röstung, tolles Sagrantino-Tannin, lang. (10 733 Fl.; L.04/05; eine Abfüllung; Merum 2006-1) Privatpreis ab Hof: #

Montefalco Sagrantino DOCG Passito 2001 ★★ – ★★★
Recht dunkles Rubin; Noten von Rinde, Kaffee, Holz; viel Süße, Kaffee, dann viel Tannin, im Abgang etwas Holz, nicht sehr lang. (1300 Fl.; L.0804; eine Abfüllung; Merum 2006-1) Privatpreis ab Hof: #

Tenute San Clemente/Morettoni, Assisi (PG) 100 000 Fl./13 Hektar

Tel. 075 8043795; Fax 075 8043792; www.morettoni.com; info@morettoni.com

Montefalco Rosso DOC 2002
Recht dunkles, frisches Rubin; Holzwürze, keine Frucht; Kraft, im Gaumen etwas vegetale Frucht, breit, Holz dominiert, unelegant, trocknet. (50 000 Fl.; L.5196; mehr als eine Abfüllung; Merum 2006-1) Privatpreis ab Hof: Euro #

Montefalco Sagrantino DOCG 2001
Dunkles Rubin; kompottige Nase; Holzgeschmack, keine Frucht. (15 000 Fl.; L.5199; mehr als eine Abfüllung; Merum 2006-1) Privatpreis ab Hof: #

Terre de Trinci, Foligno (PG) 400 000 Fl./250 Hektar

Tel. 0742 320165; Fax 0742 20386; www.terredetrinci.com; cantina@terredetrinci.com

Montefalco Rosso DOC 2001
Mittelhelles Rubin; Noten von altem Holz; Mittelgewicht, Holzgeschmack, Butter, keine Frucht, nicht unangenehm, aber zu einseitig. (# Fl.; L.ZG07296; # Abfüllungen; Merum 2004-1) Privatpreis ab Hof: Euro #

Montefalco Sagrantino DOCG 1999 ⁂
Mittleres Rubin; fortgeschrittene Röstaromen, Linoleum; auch im Gaumen Röstung, Holz, Tannin; zu fortgeschritten, zu hölzern. (# Fl.; L.ZG07032; # Abfüllungen; Merum 2004-1) Privatpreis ab Hof: Euro #

Montefalco Sagrantino Passito DOCG 2000
Dunkles Rubin; Noten von Holz und getrockneten Beeren, Sagrantino-Frucht; Restsüße, Holzaromen, bitteres Tannin. (# Fl.; L.ZG06062; # Abfüllungen; Merum 2004-1) Privatpreis ab Hof: Euro #

Orvieto

Leider reichte keiner der verkosteten Weißweine aus Umbrien an gute Soave (Veneto), Vermentino (Sardinien) oder Verdicchio (Marken) hin. Die Orvieto sind oft von anständiger, aber nie beeindruckender Qualität.

Nur ein einziger Wein ist wirklich herausragend: der edelsüße Botrytis-Wein Calcaia von Barberani. Wir hatten mehr erwartet vom Orvieto. Selbst nach der Verkostung von 16 Mustern können wir nicht sagen, wie ein typischer Orvieto schmeckt. Da gab es magere Weine mit entsprechendem Charakterdefizit, Weine mit tiefer Säure und solche mit hoher, woher auch immer sie stammen mag. Die Schlankheit würde mich bei Weißweinen nicht unbedingt stören, wenn ich dafür mit Frucht und Eleganz belohnt würde; aber mehr als elegant kamen mir diese Weine verdünnt vor.

Die typische Bitterkeit der Grechetto-Traube (mindestens 40 %) kann einen pikanten Gegenpart zu Süße und Frucht übernehmen, vor allem, weil dieser Wein mit Säure nicht groß-zügig ausgestattet ist. Wenn allerdings die nötige Konzentra-tion fehlt, wirkt das bittere Schwänzchen eher störend.

Der Gesamteindruck dieser Verkostung macht die Auf-nahme des Orvieto in unser regelmäßiges Verkostungspro-gramm nicht gerade zwingend. Leid tut mir das eigentlich nur für den Calcaia von Barberani…

Produktionsregeln Orvieto DOC

Traubensorten: Grechetto (40–80 %), Trebbiano toscano (20–40 %), andere (bis 40 %); Höchstertrag: 11 000 kg Trau-ben/ha; Mindestalkohol: 11,5 Vol.-%. (Das Ursprungsgebiet Orvieto DOC liegt in der Region Umbrien und zu einem kleineren Teil im Latium.)

Barberani, Orvieto (TR)   350 000 Fl./55 Hektar

Tel. 0763 341820; Fax 0763 340773; www.barberani.it; barberani@barberani.it

Orvieto Classico Superiore DOC Calcaia Dolce 2004   ★★★★

Helles Bernsteingelb; Noten von Rosinen und Edelfäule, sehr einladend; Süße im Gleich-gewicht mit der tiefen, langanhaltenden Frucht, Aroma von getrockneten Pfirsichen, Apri-kosen, gute Säure, lang; Alternative zu einem guten Sauternes. (9995 Fl.; L.5241; eine Abfüllung; Merum 2006-5) Privatpreis ab Hof: #

Orvieto Classico Superiore DOC Castagnolo 2005

Goldenes Hellgelb; Noten reifer, weißer Früchte; im Ansatz etwas breitfruchtig, dann Butter, Süße, leicht bitter. (36 860 Fl.; L.6068; mehr als eine Abfüllung; Merum 2006-5) Privatpreis ab Hof: #

Bigi/GIV, Orvieto (TR)   3 700 000 Fl./193 Hektar

Tel. 0763 316224; Fax 0763 3163766; www.giv.it; j.olsson@giv.it

Orvieto Classico DOC 2005   ★★ – ★★★

Hellgelb; süße Noten von eingemachten Birnen mit einem Hauch Zitrus; reiffruchtig, butte-rig, etwas breit, angenehm. (1 100 000 Fl.; L.6.166 P.09.09; mehr als eine Abfüllung; Merum 2006-5) Privatpreis ab Hof: Euro #

Orvieto Classico DOC Vigneto Torricella 2005   ★★ – ★★★

Hellgelb mit Goldschimmer; süße Nase mit Noten tropischer Früchte, Grapefruit; nicht ganz eingepasste Süße, präsente Frucht, etwas opulent, recht lang. (120 000 Fl.; L.6143R12:50; mehr als eine Abfüllung; Merum 2006-5) Privatpreis ab Hof: Euro #

Cardeto, Orvieto (TR)   3 000 000 Fl./1000 Hektar

Tel. 0763 341286; Fax 0763 344123; www.cardeto.com; cardeto@vinicardeto.com

Orvieto Classico DOC Pierleone 2005   ★★ – ★★★

Hellgelb; gewisse Frucht, nicht tief; schlank, Süße, kaum Frucht, einfach, frisch. (800 000 Fl.; L.6173; mehr als eine Abfüllung; Merum 2006-5) Privatpreis ab Hof: Euro #

SOLANE

SANTI

VALPOLICELLA
DENOMINAZIONE DI ORIGINE CONTROLLATA
CLASSICO SUPERIORE
RIPASSO

Alpin und mediterran

SÜDTIROL

Dolce Vita und alpine Gemütlichkeit sind im nördlichsten Weinbaugebiet Italiens untrennbar miteinander verbunden. Kreative Genossenschaften, dynamische Weingüter und engagierte Weinbauern erzeugen auf nur 5.000 Hektar Rebfläche mit viel Hingabe und Leidenschaft elegante Genussweine und kraftvolle Spitzengewächse. Die Vielzahl an Böden, unterschiedliche Höhenlagen und eine außergewöhnliche Sortenvielfalt sorgen dafür, dass Südtiroler Weine unverwechselbar und einzigartig sind.

SÜDTIROL

suedtirolerwein.com

Alpine Wellness & Sterneküche in den Südtiroler Dolomiten

30.000 Weine und eine spezielle Olivenölkarte warten auf Sie!

In einer Höhenlage von 1630m befindet sich das Hotel Ciasa Salares. Kiefernduft und ein knisternder Kamin erwarten die Gäste, wenn sie die Schwelle der „Ciasa" überschreiten. Ein Refugium inmitten der beeindruckenden Bergwelt der Südtiroler Dolomiten.

Beeindruckend ist auch die Kochkunst des mit einem Michelin-Stern ausgezeichneten Chefkoch des Restaurants Siriola, welches sich im Hotel befindet. Claudio Melis, ein gebürtiger Sarde, zaubert feinste Gerichte für seine Gäste. Die passenden Weine finden sich problemlos im mit 30.000 Flaschen bestückten Weinkeller – übrigens dem zweitgrößten Italiens.

Erleben Sie die vier Jahreszeiten von ihrer schönsten Seite und tanken Sie Energie bis zur Bergseligkeit. Rund um das Ciasa Salares findet man jede Menge an Möglichkeiten für aktiven Freizeitspaß und kann dann bei Mountain Wellness im Hotel die Seele baumeln lassen.

Kontakt:
Hotel Ciasa Salares * * * *
Armentarola in Pre De Vi 31
I-39030 St. Cassian (BZ)
Tel +39 0471 84 94 45
Fax +39 0471 84 93 69

www.siriolagroup.com

Siriolagroup.it

DRINK
DIFFERENT!

Die Zeitschrift für Wein und Olivenöl aus Italien

Orvieto Classico Superiore DOC Febeo 2005   ★★ – ★★★
Goldenes Hellgelb; süße, fruchtige Nase mit Ananasnoten; fruchtig auch im Gaumen, gewisse Saftigkeit, Fülle, angenehm, gute Länge. (36 000 Fl.; L.6090-L1; eine Abfüllung; Merum 2006-5) Privatpreis ab Hof: Euro #

Orvieto Classico Superiore DOC Vendemmia Tardiva L'Armida 2003   ★★ – ★★★
Hellgelb; Zitrusnoten, nicht sehr vielschichtig; süß, Butter, Blütengeschmack, dann Honigaroma. (10 000 Fl.; L.4166-L1; eine Abfüllung; Merum 2006-5) Privatpreis ab Hof: Euro #

Custodi Gian Franco, Orvieto (TR)   35 000 Fl./37 Hektar
Tel. 0763 28053; Fax 0763 28305; www.cantinacustodi.com; custodi.gf@virgilio.it

Orvieto Classico Superiore DOC Belloro 2005   ★★ – ★★★
Warmes Hellgelb; frische Frucht; saftige Säure, gewisse Frucht, nicht sehr tief, Süße, einfach, recht angenehm. (15 000 Fl.; L.06/14; mehr als eine Abfüllung; Merum 2006-5) Privatpreis ab Hof: #

La Carraia, Orvieto (TR)   550 000 Fl./120 Hektar
Tel. 0763 304013; Fax 0763 304048; www.lacarraia.it; info@lacarraia.it

Orvieto Classico DOC 2005
Hellgelb; verhalten, nicht komplett klar; auch im Gaumen neutrale, blasse Erscheinung. (150 000 Fl.; L.6002; mehr als eine Abfüllung; Merum 2006-5) Privatpreis ab Hof: Euro #

Orvieto Classico DOC Poggio Calvelli 2005
Recht intensives Hellgelb; kaum Frucht, etwas Holz; gewisse Frucht, im Abgang etwas Honig, wirkt schlapp. (40 000 Fl.; L.6021; mehr als eine Abfüllung; Merum 2006-5) Privatpreis ab Hof: Euro #

Le Velette, Orvieto (TR)   385 000 Fl./104 Hektar
Tel. 0763 29090; Fax 0763 29114; www.levelette.it; tenuta.le.velette@libero.it

Orvieto Classico DOC Berganorio 2005   ★★ – ★★★
Warmes Hellgelb; verhaltene Fruchtnoten, feine Gemüsenoten; Mittelgewicht, Säure, knappe Frucht, einfach, leicht bitter. (200 000 Fl.; L.2306; mehr als eine Abfüllung; Merum 2006-5) Privatpreis ab Hof: Euro #

Orvieto Classico Superiore DOC Lunato 2005   ★★ – ★★★
Goldenes Hellgelb; Fruchtnoten; schlankes Mittelgewicht, Säure, gewisse Frucht, recht angenehm, frisch, saftig. (25 000 Fl.; L.2006; mehr als eine Abfüllung; Merum 2006-5) Privatpreis ab Hof: Euro #

Palazzone, Orvieto (TR)   100 000 Fl./24 Hektar
Tel. 0763 344921; Fax 0763 394833; www.palazzone.com; info@palazzone.com

Orvieto Classico Superiore DOC Campo del Guardiano 2003
Goldgelb; Frucht und Kaffeenoten; im Gaumen eher breit, opulent, keine Frucht, Holz, untrinkig, etwas trocken und bitter. (8000 Fl.; L.421; eine Abfüllung; Merum 2006-5) Privatpreis ab Hof: #

Orvieto Classico Superiore DOC Terre Vineate 2005   ★★ – ★★★
Helles Goldgelb; intensive gemüsig-fruchtige Noten, macht neugierig; auch im Gaumen präsente Frucht, strukturiert, saftig, herb im Abgang. (45 000 Fl.; L.603; mehr als eine Abfüllung; Merum 2006-5) Privatpreis ab Hof: #

Titignano, Baschi (TR)   175 000 Fl./70 Hektar
Tel. 0744 950459; Fax 0744 950459; www.titignano.com; info@salviano.it

Orvieto Classico Superiore DOC Salviano 2005   ★★ – ★★★
Hellgelb; verhalten, blütenfruchtig; ziemlich neutral im Ansatz, kaum Tiefe, wenig Frucht, feine Struktur, recht angenehm. (80 000 Fl.; L.137 06; mehr als eine Abfüllung; Merum 2006-5) Privatpreis ab Hof: #

Tordimaro, Orvieto (TR)   40 000 Fl./11 Hektar
Tel. 0763 304227; Fax 0763 304085; www.tordimano.com; tordimano@tiscali.it

Orvieto Classico DOC 2005   ★★ – ★★★
Recht intensives Hellgelb; intensive Nase, Noten von Zitrus, Gemüse, auch Ananas, etwas Gummi, einladend; kraftvoll, fruchtig, recht tief, saftig, Süße, gute Länge, feinbitteres Schwänzchen. (8000 Fl.; L.440603; mehr als eine Abfüllung; Merum 2006-5) Privatpreis ab Hof: #

Umbrische Rotweine

Noch bei keiner Verkostung sind wir so vielen önologisch veränderten und verfremdeten Weine begegnet. Kaum ein Sangiovese, der als Sangiovese erkennbar, kein Cabernet oder Merlot, der nicht bis zur Unkenntlichkeit mit Röstaromen zugedeckt und von önologischen Maßnahmen in Farbe, Aromen und Geschmack verunstaltet war. Für die nächste Zeit werden wir die Assisi, Torgiano, Colli Amerini, Colli Martani und wie die nach einheitlichem önologischem Rezept bereiteten Weine alle heißen, nicht mehr auf unser Verkostungsprogramm setzen.

Produktionsregeln Torgiano Rosso Riserva DOCG

Traubensorten: Sangiovese (70–100 %); Höchstertrag: 9000 kg Trauben/ha; Mindestalkohol: 12,5 Vol.-%; Mindestlagerzeit: 3 Jahre.

Produktionsregeln Rosso di Torgiano DOC

Traubensorten: Sangiovese (50–100 %); Höchstertrag: 12 000 kg Trauben/ha; Mindestalkohol: 12 Vol.-%. (Neben dem Rosso di Torgiano gibt es Bianco di Torgiano, Rosato di Torgiano, Merlot di Torgiano, Chardonnay di Torgiano, Pinot grigio di Torgiano, Riesling Italico di Torgiano, Cabernet Sauvignon di Torgiano, Pinot nero di Torgiano und Torgiano Spumante.)

Produktionsregeln Assisi DOC

Traubensorten: Grechetto, Trebbiano (für den „Bianco"), Sangiovese, Merlot, Cabernet Sauvignon, Pinot nero (für die Roten); Höchstertrag: 10 000 kg Trauben/ha; Mindestalkohol: 11,5 Vol.-%.

Produktionsregeln Colli Amerini DOC

Traubensorten Colli Amerini „Rosso": Sangiovese (65–80 %), andere Sorten (20–35 %); Traubensorten Colli Amerini „Merlot": Merlot (85–100 %); Höchstertrag: 12 000 kg Trauben/ha; Mindestalkohol: 12 Vol.-% (Merlot Riserva: 12,5 %).

Produktionsregeln Colli Martani DOC

Traubensorten: Colli Martani mit Sortenbezeichnung: 85 % der entsprechenden Sorte; Colli Martani Rosso: Sangiovese (mindestens 50–100 %), andere Sorten (0–50 %); Höchstertrag (Sangiovese): 10 000 kg Trauben/ha; Mindestalkohol: 11,5 Vol.-%.

Produktionsregeln Colli Perugini DOC

Traubensorten: Colli Perugini mit Sortenbezeichnung: 85 % der entsprechenden Sorte; Colli Perugini Rosso: Sangiovese (mindestens 50–100 %), andere Sorten (0–50 %); Höchstertrag (Sangiovese): 12 000 kg Trauben/ha; Mindestalkohol (Rosso): 11,5 Vol.-%.

Produktionsregeln Orvietano Rosso DOC

Traubensorten: Aleatico, Cabernet Franc, Cabernet Sauvignon, Canaiolo, Ciliegiolo, Merlot, Montepulciano, Pinot nero, Sangiovese, Barbera, Cesanese, Colorino, Dolcetto; Höchstertrag: 10 000 kg Trauben/ha; Mindestalkohol: 11,5 Vol.-%.

Altarocca, Orvieto (TR)   30 000 Fl./10 Hektar

Tel. 0763 344210; Fax 0763 395155; www.cantinaaltarocca.com; info@cantinaaltarocca.com

Lavico Umbria IGT 2004

Dunkles, purpurnes Rubin; dichte Noten von verbrannter Marmelade, Röstung; im Gaumen Röstung, keine Frucht, keine Eleganz, kurz. (Sangiovese, Merlot, Cabernet Sauvignon.) (6000 Fl.; L.01/06; eine Abfüllung; Merum 2006-5) Privatpreis ab Hof: #

Librato Umbria IGT 2005   ★★ – ★★★

Recht dunkles purpurnes Rubin; jung, Kirschennoten; kraftvoll, saftig, herbes Tannin, etwas ungehobelt, aber angenehm. (Sangiovese, Merlot.) (8000 Fl.; L.01/06; eine Abfüllung; Merum 2006-5) Privatpreis ab Hof: #

Antinori, Firenze (FI)   16 000 000 Fl./1500 Hektar

Tel. 055 23595; Fax 055 2359884; www.antinori.it; antinori@antinori.it

Pinot Nero Umbria IGT Castello della Sala 2002   ⚜

Mittleres Rot; gereifte Holznoten, Altersnoten; gereifter Holzgeschmack, Nullfrucht, trockenbitter. (18 000 Fl.; L.6009; # Abfüllungen; Merum 2006-5) Privatpreis ab Hof: Euro #

Barberani, Orvieto (TR)   350 000 Fl./55 Hektar

Tel. 0763 341820; Fax 0763 340773; www.barberani.it; barberani@barberani.it

Lago di Corbara DOC Foresco 2003   ★★ – ★★★

Mittleres Rubin; würzige Fruchtnoten; Mittelgewicht, saftig, fruchtig, viel Süße, ausgewogen, gute Länge. (35% Sangiovese, 30% Merlot, 30% Cabernet Sauvignon, 5% Cabernet Franc.) (26 350 Fl.; L.6118 ICRF TR 66; eine Abfüllung; Merum 2006-5) Privatpreis ab Hof: #

Lago di Corbara DOC Villa Monticelli 2002   ⚜

Dunkles Rubin; holzwürzig; Süße, reife Holzaromen, keine Frucht, herbes Holztannin. (35% Sangiovese, 30% Merlot, 30% Cabernet Sauvignon, 5% Cabernet Franc.) (10 400 Fl.; L.#; eine Abfüllung; Merum 2006-5) Privatpreis ab Hof: #

Bigi/GIV, Orvieto (TR)   3 700 000 Fl./193 Hektar

Tel. 0763 316224; Fax 0763 3163766; www.giv.it; j.olsson@giv.it

Tamante Umbria IGT 2005

Mittleres, junges Rot; stark vegetale Fruchtnoten; Fülle, Süße, vegetale Frucht, herb, dann leider unschönes, klebriges Tannin. (20% Sangiovese, 70% Merlot,10% Montepulciano.) (60 000 Fl.; L.6124P10:31; mehr als eine Abfüllung; Merum 2006-5) Privatpreis ab Hof: Euro #

Vipra Rossa Umbria IGT 2005   ★★ – ★★★

Mittleres Rubin; vegetale, holzwürzige Nase; grüner, vegetaler Geschmack, Mittelgewicht, saftig, Süße, recht angenehm. (20% Sangiovese,70% Merlot, 10% Montepulciano.) (1 000 000 Fl.; L.6151P 13:35; mehr als eine Abfüllung; Merum 2006-5) Privatpreis ab Hof: Euro #

Cardeto, Orvieto (TR)
3 000 000 Fl./1000 Hektar

Tel. 0763 341286; Fax 0763 344123; www.cardeto.com; cardeto@vinicardeto.com

Arciato Umbria IGT 2003
Undurchdringliches, purpurnes Rubin; matte Holznoten, vegetale Frucht; etwas müdes Cabernet-Aroma, trockenes Tannin, keine Feinheiten. (50% Merlot, 50% Cabernet Sauvignon.) (6000 Fl.; L.5144; eine Abfüllung; Merum 2006-5) Privatpreis ab Hof: Euro 7

Nero della Greca Umbria IGT 2003
Schwarzrubin; dumpfe Holznoten, vegetale Noten, gereift; gereifte Aromen von Holz und vegetaler Frucht, herbes Tannin, nicht lang, ungeschmeidig. (85% Sangiovese, 15% Merlot.) (30 000 Fl.; L.5145; eine Abfüllung; Merum 2006-5) Privatpreis ab Hof: Euro #

Rupestro Umbria IGT 2005
★★ – ★★★

Mittelintensives Purpurrot; kräuterige Fruchtnoten, jung, frisch, ansprechend; jung, voll, etwas viel Süße, Frucht und Butter, saftig. (40% Sangiovese, 40% Montepulciano, 10% Canaiolo, 10% Ciliegiolo.) (# Fl.; L.6143-L2; mehr als eine Abfüllung; Merum 2006-5) Privatpreis ab Hof: Euro #

Castello delle Regine, Amelia (TR)
350 000 Fl./80 Hektar

Tel. 0744 702005; Fax 0744 702001; www.castellodelleregine.com; castellodelleregine@virgilio.it

Podernovo Umbria IGT Sangiovese 2003
Mittelintensives Rubin; müde Nase; Süße, etwas breit statt lang, leicht bitter und müde. (100% Sangiovese.) (40 000 Fl.; L.705; eine Abfüllung; Merum 2006-5) Privatpreis ab Hof: #

Umbria IGT Merlot 2003
Dunkelrubin; Röst- und Marmeladenoten; viel Süße, keine Frucht, Holzaroma, herbes Holztannin, matt, ohne Feinheiten. (100% Merlot.) (14 000 Fl.; L.115; eine Abfüllung; Merum 2006-5) Privatpreis ab Hof: #

Umbria IGT Sangiovese Selezione Fondatore 2001
Dunkles gereiftes Rubin; reif, Kakaonoten; kraftvoll, kaum Frucht, etwas Holzgeschmack, viel Tannin, ungeschmeidig. (100% Sangiovese.) (18 000 Fl.; L.703; eine Abfüllung; Merum 2006-5) Privatpreis ab Hof: #

Chiorri, Perugia (PG)
100 000 Fl./20 Hektar

Tel. 075 607141; Fax 075 607141; www.chiorri.it; info@chiorri.it

Colli Perugini DOC 2003
★★★ JLF

Mittelintensives Rubin; ansprechende Noten von dunkler Frucht, Holunder; kräftig und saftig, ausgewogen, recht tief, Süße, geschmeidig, angenehm herbes Tannin, lang. (50% Sangiovese, 30% Merlot, 20% Cabernet Sauvignon.) (13 000 Fl.; L.203C; eine Abfüllung; Merum 2006-5) Privatpreis ab Hof: #

Colli Perugini DOC Saliato 2003
★★★ JLF

Recht dunkles Rubin; Frucht- und Holundernoten; recht konzentriert, saftig, viel Süße, Holunder, Tannin, saftig, lang. (50% Sangiovese, 30% Merlot, 20% Cabernet Sauvignon.) (8000 Fl.; L.503C; eine Abfüllung; Merum 2006-5) Privatpreis ab Hof: #

Umbria IGT Sangiovese 2004
★★ – ★★★

Mittelhelles Rot; würzige Nase, Unterholz, Gestrüpp; auch im Gaumen würzig, recht angenehm, knappe Frucht, feine Säure, gute Länge. (100% Sangiovese.) (20 000 Fl.; L.904C; eine Abfüllung; Merum 2006-5) Privatpreis ab Hof: #

Corini, Montegabbione (TR)
24 000 Fl./8 Hektar

Tel. 0763 837535; Fax 0763 837535; www.tenutacorini.it; tenutacorini@yahoo.it

Camerti Umbria IGT Pinot Nero 2003
Recht dunkles Rubin; überreife Pinot-Frucht, Holunderblüten; Kraft, viel Süße, trocknend, unelegant, reif. (Pinot nero.) (8000 Fl.; L.00105; eine Abfüllung; Merum 2006-5) Privatpreis ab Hof: #

Frabusco Umbria IGT 2003
Dunkles Rubin; rasch ermüdende, pfeffrige Fruchtnoten; ausgeprägt fruchtig, saftig, Süße, Tannin, zu müde. (34% Sangiovese, 33% Merlot, 33% Montepulciano.) (10 000 Fl.; L.00105; eine Abfüllung; Merum 2006-5) Privatpreis ab Hof: #

CS Colli Amerini, Amelia (TR)
1 000 000 Fl./350 Hektar

Tel. 0744 989721; Fax 0744 989695; www.colliamerini.it; cantina@colliamerini.it

Ciliegiolo di Narni IGT 2004

Dunkles Rubin; nicht frische Holznoten; vegetale Frucht und Holznoten, wirkt matt, herb-bitteres Tannin. (100% Ciliegiolo.) (3000 Fl.; L.5347; eine Abfüllung; Merum 2006-5) Privatpreis ab Hof: Euro #

Colli Amerini DOC Superiore Carbio 2004 ★★ – ★★★

Dunkles Rubin; vegetale Fruchtnoten, etwas Jod; vegetale Frucht, rustikal, herb, saftig. (65% Sangiovese, 10% Merlot, 15% Cabernet Sauvignon, 5% Montepulciano, 5% Ciliegiolo.) (60 000 Fl.; L.6125; mehr als eine Abfüllung; Merum 2006-5) Privatpreis ab Hof: Euro #

Olmeto Umbria IGT Merlot 2005

Ziemlich dunkles, purpurnes Rubin; Röstnoten, Marmelade; stark röstgeprägt, vegetale Frucht, einfach, leicht bitter. (100% Merlot.) (50 000 Fl.; L.6046; # Abfüllungen; Merum 2006-5) Privatpreis ab Hof: Euro #

Custodi Gian Franco, Orvieto (TR)
35 000 Fl./37 Hektar

Tel. 0763 28053; Fax 0763 28305; www.cantinacustodi.com; custodi.gf@virgilio.it

Austero Umbria IGT Merlot 2004

Mittleres Rubin; nicht restlos klare Nase, säuerliche Frucht; Kraft, dicht, viel Tannin, vegetale Frucht, endet herb. (100% Merlot.) (5000 Fl.; L.06/14; eine Abfüllung; Merum 2006-5) Privatpreis ab Hof: #

Piancoleto Umbria IGT 2005 ★★ – ★★★ JLF

Eher helles, junges Rot; nicht sehr intensive, leicht vegetale Fruchtnoten; auch im Gaumen frische, vegetale Frucht, saftig, ausgewogen, frisch, unkompliziert. (70% Merlot, 30% Sangiovese.) (15 000 Fl.; L.06/14; mehr als eine Abfüllung; Merum 2006-5) Privatpreis ab Hof: #

Di Filippo, Cannara (PG)
200 000 Fl./20 Hektar

Tel. 0742 731242; Fax 0742 72310; www.vinidifilippo.com; info@vinidifilippo.com

Colli Martani DOC Riserva Sangiovese Properzio 2003

Ziemlich intensives Rubin; gereifte Holzaromen, müde; auch im Gaumen müde und holzgeprägt, keine Frucht, zu fortgeschritten. (100% Sangiovese .) (# Fl.; L.1/6; # Abfüllungen; Merum 2006-5) Privatpreis ab Hof: Euro #

Poggio Madrigale Umbria IGT 2001

Dunkles Rubin; reifende Holznoten; reif, Holzgeschmack, keine Frucht, trocknendes Holztannin. (34% Sangiovese, 33% Merlot, 33% Montepulciano.) (3300 Fl.; L.1/6; eine Abfüllung; Merum 2006-5) Privatpreis ab Hof: #

Terre di San Nicola Umbria IGT 2001

Mittleres Rot; Holznoten, nicht sehr klar; Alkohol, Süße, nicht ausgewogen, herb. (Merlot, Montepulciano, Barbera.) (25 000 Fl.; L.1/5; mehr als eine Abfüllung; Merum 2006-5) Privatpreis ab Hof: #

Villa Conversino Umbria IGT 2005

Helles, frisches Rot; nicht klare Würzigkeit; im Gaumen etwas harzig, schlank, herb-bitteres Tannin. (Sangiovese, Montepulciano, Barbera, Ciliegiolo.) (30 000 Fl.; L.2/6; mehr als eine Abfüllung; Merum 2006-5) Privatpreis ab Hof: #

Goretti, Pila (PG)
400 000 Fl./50 Hektar

Tel. 075 607316; Fax 075 6079187; www.vinigoretti.com; goretti@vinigoretti.com

Colli Perugini DOC L'Arringatore 2003

Dunkles, undurchsichtiges Rubin; Röst-, Vanille- und Marmeladenoten; Vanillekonzentrat, keine Frucht, opulent, endet bitter; ein Prachtstück! (Sangiovese, Merlot, Cabernet Sauvignon.) (80 000 Fl.; L.60315; mehr als eine Abfüllung; Merum 2006-5) Privatpreis ab Hof: #

Fontanella Umbria IGT 2005

Mittleres Purpurrot; dunkle, süße Frucht; Mittelgewicht, Säure, gewisse Frucht, trocknet etwas, einfach. (60% Sangiovese, 40% Merlot.) (100 000 Fl.; L.60510; mehr als eine Abfüllung; Merum 2006-5) Privatpreis ab Hof: #

La Carraia, Orvieto (TR)
550 000 Fl./120 Hektar

Tel. 0763 304013; Fax 0763 304048; www.lacarraia.it; info@lacarraia.it

Fobiano Umbria IGT 2003

Dunkles Rubin; etwas müde Lakritzenoten, fehlt Frucht; Holz, keine Frucht, Süße, müde, dann trocknendes Tannin. (70% Merlot, 30% Cabernet Sauvignon.) (15 000 Fl.; L.unleserlich; mehr als eine Abfüllung; Merum 2006-5) Privatpreis ab Hof: #

Giro di Vite Umbria IGT 2003

Dunkles Rubin; müde Noten von gekochten Früchten; kaum Frucht, opulent, keine Feinheit, dafür trocknendes Tannin. (100% Montepulciano.) (10 000 Fl.; L.5046; mehr als eine Abfüllung; Merum 2006-5) Privatpreis ab Hof: #

Tizzonero Umbria IGT 2003

Dunkles Rubin; vegetale Fruchtnoten; opulent, breit, gewisse Frucht, herbes Tannin, trocknet. (50% Sangiovese, 50% Montepulciano.) (48 000 Fl.; L.6005; mehr als eine Abfüllung; Merum 2006-5) Privatpreis ab Hof: #

Umbria IGT Sangiovese 2005

Mittelintensives, purpurnes Rubin; vegetale Frucht, Röstung; vegetale Frucht, beginnt angenehm, dann Röstung, herbes Tannin. (100% Sangiovese.) (240 000 Fl.; L.6023; mehr als eine Abfüllung; Merum 2006-5) Privatpreis ab Hof: Euro #

Lamborghini, Panicale (PG)
154 000 Fl./32 Hektar

Tel. 075 8350029; Fax 075 8350025; www.lamborghinionline.it; info@lamborghinionline.it

Campoleone Umbria IGT 2004

Recht intensives Rubin; Cola-Noten, gereiftes Holz; kräftig, interessante vegetale Frucht, saftig, holzgeprägt, trocknend und bitter. (50% Sangiovese, 50% Merlot.) (40 000 Fl.; L.0693; eine Abfüllung; Merum 2006-5) Privatpreis ab Hof: #

Trescone Umbria IGT 2004

Recht intensives Rubin; kompottige Frucht, etwas Röstung; Süße, Röstung, dann nichts mehr, außer etwas Bitterkeit. (50% Sangiovese, 20% Merlot, 30% Ciliegiolo.) (110 000 Fl.; L.06128; eine Abfüllung; Merum 2006-5) Privatpreis ab Hof: #

Le Crete/Castellani, Giove (TR)
40 000 Fl./5 Hektar

Tel. 0744 992443; Fax 0744 992443; az.agr.lecrete@virgilio.it

Colli Amerini DOC Petranera 2004

Mittelintensives Rubin; kompottige Noten, nicht sehr klar; Kraft, Süße, nicht fruchtig, Süße und Tannin bleiben im Gaumen zurück. (70% Sangiovese, 20% Merlot, 10% Barbera.) (4000 Fl.; L.2404; eine Abfüllung; Merum 2006-5) Privatpreis ab Hof: #

Le Velette, Orvieto (TR)
385 000 Fl./104 Hektar

Tel. 0763 29090; Fax 0763 29114; www.levelette.it; tenuta.le.velette@libero.it

Accordo Umbria IGT 2004

Junges, mittelintensives Rubin; nicht ganz klar; Mittelgewicht, unflüssig, kaum Frucht, ziemlich bitter. (100% Sangiovese.) (12 000 Fl.; L.6905; mehr als eine Abfüllung; Merum 2006-5) Privatpreis ab Hof: Euro #

Gaudio Umbria IGT 2003

Schwarzrubin; keine Frucht, etwas dumpfe, holzwürzige Nase; dicht, opulent, viel Süße, keine Feinheit, Säure, herb und kurz. (100% Merlot.) (10 000 Fl.; L.4405; mehr als eine Abfüllung; Merum 2006-5) Privatpreis ab Hof: Euro #

Rosso Orvietano DOC Rosso di Spicca 2005

Recht dunkles, junges Rubin; Noten schwarzer Beeren; im Gaumen dunkle Frucht, pappiger Holzgeschmack, nicht sehr flüssig, etwas temperamentlos, bitter. (85% Sangiovese, 15% Canaiolo.) (100 000 Fl.; L.3306; mehr als eine Abfüllung; Merum 2006-5) Privatpreis ab Hof: Euro #

Lungarotti, Torgiano (PG)
2 600 000 Fl./300 Hektar

Tel. 075 988661; Fax 075 9886650; www.lungarotti.it; lungarotti@lungarotti.it

Fiamme Umbria IGT 2005

Mittleres, purpurnes Rot; etwas unfertige Noten, nicht weinig; eher schlank, einfach, mostig. (Sangiovese, Merlot.) (100 000 Fl.; L.0106AB; mehr als eine Abfüllung; Merum 2006-5) Privatpreis ab Hof: #

Giubilante Umbria IGT 2004

Ziemlich dunkles Rubin; ältliche Holznoten, unfrisch; gereifter Holzgeschmack, keine Frucht, unelegant, endet leicht bitter. (34% Sangiovese, 33% Merlot, 33% Syrah.) (24 500 Fl.; L.2803AB; mehr als eine Abfüllung; Merum 2006-5) Privatpreis ab Hof: #

Rosso di Torgiano DOC Rubesco 2003 ★★ – ★★★

Mittleres, junges Rubin; Holundernoten; saftiges Mittelgewicht, feine Süße, recht geschmeidig, leicht störendes Tannin, das über dem Wein hängt, nicht lang. (70% Sangiovese, 30% Canaiolo.) (350 000 Fl.; L.2501AB; mehr als eine Abfüllung; Merum 2006-5) Privatpreis ab Hof: #

San Giorgio Umbria IGT 2000

Schwarzrot; süße Nase, Holz und Frucht; Holz überwiegt im Gaumen, viel Süße, knappe Frucht, mittlere Länge. (40% Sangiovese, 10% Canaiolo, 50% Cabernet Sauvignon.) (62 700 Fl.; L.0307Y; mehr als eine Abfüllung; Merum 2006-5) Privatpreis ab Hof: Euro #

Torgiano Rosso Riserva DOCG
Vigna Monticchio 2000 ★★ – ★★★

Dunkles Rubin; dunkle Fruchtnoten, recht tief, macht neugierig; Fülle, saftig, recht vielschichtig, dann leider holzgebremst und im Abgang herbes Tannin. (70% Sangiovese, 30% Canaiolo.) (72 000 Fl.; L.2506Y; mehr als eine Abfüllung; Merum 2006-5) Privatpreis ab Hof: #

Umbria IGT Sangiovese 2005 ★★ – ★★★ JLF

Mittleres, rubiniges Rot; recht frische Fruchtnoten; fruchtig, saftig, leichtes Mittelgewicht, einfach, angenehm und trinkig. (100% Sangiovese.) (144 000 Fl.; L.0505AB; mehr als eine Abfüllung; Merum 2006-5) Privatpreis ab Hof: #

Madrevite, Castiglione del Lago (PG) 11 000 Fl./6 Hektar

Tel. 075 9527220; Fax 075 952720; info.madrevite@libero.it

Colli di Trasimeno DOC Glanio 2005

Mittelintensives, purpurnes Rubin; schwarzbeerig-rauchspeckige Nase; dunkle Beerenfrucht auch im Gaumen, Mittelgewicht, unfertig, bremst, kurz. (70% Sangiovese, 10% Merlot, 20% Gamay.) (11 000 Fl.; L.01/06; eine Abfüllung; Merum 2006-5) Privatpreis ab Hof: #

Sportoletti, Spello (PG) 230 000 Fl./22 Hektar

Tel. 0742 651461; Fax 0742 652349; www.sportoletti.com; office@sportoletti.com

Assisi DOC 2005

Recht dunkles, purpurnes Rubin; vorherrschende Röstnoten; Süße, Röstung, trocknendes Tannin, austauschbar. (50% Sangiovese, 30% Merlot, 20% Cabernet Sauvignon.) (120 000 Fl.; L.16; # Abfüllungen; Merum 2006-5) Privatpreis ab Hof: #

Villa Fidelia Umbria IGT 2003

Dunkles Rubin; reifende Holznoten, Rauchspeck; sehr viel Süße, gereifte Holznoten, gewisse Frucht, etwas Butter, klebriges Tannin. (10% Cabernet Franc , 70% Merlot, 20% Cabernet Sauvignon.) (35 000 Fl.; L.15; eine Abfüllung; Merum 2006-5) Privatpreis ab Hof: #

Titignano, Baschi (TR) 175 000 Fl./70 Hektar

Tel. 0744 950459; Fax 0744 950459; www.titignano.com; info@salviano.it

Lago di Corbara DOC Solidea di Salviano 2002

Schwarzrubin; süßliche Röstnoten, Erdnuss; opulenter Ansatz, Röstung, Erdnuss, rußiger Nachgeschmack. (50% Merlot, 50% Cabernet Sauvignon.) (15 000 Fl.; L.11205; mehr als eine Abfüllung; Merum 2006-5) Privatpreis ab Hof: #

Lago di Corbara DOC Turlò di Salviano 2003

Mittelintensives Rubin; vegetale Fruchtnoten, einladend; im Ansatz fruchtig, saftig, etwas rustikal, leider störende Röstung. (50% Sangiovese, 40% Merlot, 10% Cabernet Sauvignon.) (80 000 Fl.; L.193 06; mehr als eine Abfüllung; Merum 2006-5) Privatpreis ab Hof: #

Todini Franco, Todi (PG) 150 000 Fl./70 Hektar

Tel. 075 887122; Fax 075 887231; www.cantinafrancotodini.com;
agricola@agricolatodini.com

Colli Martani DOC Sangiovese Rubro 2003

Schwarzrot; rußig-vegetale Nase; vegetale Frucht, etwas rustikal, herb-bitter; schmeckt ziemlich vegetal, aber auf der Flasche steht Sangiovese. (85% Sangiovese, 15% Merlot.) (80 000 Fl.; L.5088; eine Abfüllung; Merum 2006-5) Privatpreis ab Hof: #

Nero della Cervara Umbria IGT 2003 ★★ – ★★★

Dunkles Rubin; Noten von Kaffee und Pfirsichmarmelade; saftig, fruchtig, viel Süße, etwas herb im Abgang. (50% Merlot, 50% Cabernet Sauvignon.) (6000 Fl.; L.508; eine Abfüllung; Merum 2006-5) Privatpreis ab Hof: #

Tordimaro, Orvieto (TR) 40 000 Fl./11 Hektar

Tel. 0763 304227; Fax 0763 304085; www.tordimaro.com; tordimaro@tiscali.it

Orvietano Rosso DOC Cabernet 2004

Schwarzviolett; marmeladig-holzige Noten; dicht, opulent, unflüssig, Röstung, keine Eleganz, keine Frucht, endet holzbetont. (80% Cabernet Sauvignon, 20% Cabernet Franc.) (2500 Fl.; L.#; eine Abfüllung; Merum 2006-5) Privatpreis ab Hof: #

Orvietano Rosso DOC Cabernet 2003

Undurchdringliches Rubin; Holznoten, marmeladig; kraftvoll, opulent-marmeladig, fett, süß, unelegant, keine Frucht, nicht lang. (80% Cabernet Sauvignon, 20% Cabernet Franc.) (3000 Fl.; L.400503; eine Abfüllung; Merum 2006-5) Privatpreis ab Hof: #

Orvietano Rosso DOC Sangiovese 2004

Undurchsichtiges, dunkles Rubin; Röstung, verbrannte Marmelade; viel Süße, keine Frucht, dafür bittere, trocknende Tannine. (100% Sangiovese.) (2500 Fl.; L.#; eine Abfüllung; Merum 2006-5) Privatpreis ab Hof: #

Orvietano Rosso DOC Sangiovese 2003

Ziemlich dunkles Rubin; reife, fast flüchtige Frucht; viel Süße, gewisse Frucht, Röstung, herb im Abgang. (100% Sangiovese.) (2500 Fl.; L.410503; eine Abfüllung; Merum 2006-5) Privatpreis ab Hof: #

Torrello Umbria IGT 2005

Dunkles, purpurnes Rubin; kompottige Nase, Noten von Haferbrei und Holunder; im Gaumen dicht und opulent, anonyme Frucht, trocknendes Tannin, bitter. (60% Sangiovese, 30% Barbera, 10% Montepulciano.) (6500 Fl.; L.#; eine Abfüllung; Merum 2006-5) Privatpreis ab Hof: #

Torrello Umbria IGT 2004 ★★ – ★★★

Mittleres Rubin; würzige Fruchtnoten, macht neugierig; Süße, reife Frucht, etwas Holunder, angenehm, herbes Tannin, recht lang. (70% Sangiovese, 20% Barbera, 10% Montepulciano.) (12 000 Fl.; L.390503; eine Abfüllung; Merum 2006-5) Privatpreis ab Hof: #

Viticoltori Associati, Marsciano (PG) 11 000 000 Fl./# Hektar

Tel. 075 8748989; Fax 075 8748958; www.viniumbri.it; info@viniumbre.it

Umbria IGT Sangiovese 2005

Dunkles, undurchdringliches Rubin; unfertige Nase, fehlt auch Frische; dicht und füllig, fehlt Fruchtfrische, trocknendes Tannin. (100% Sangiovese.) (50 000 Fl.; L.#; mehr als eine Abfüllung; Merum 2006-5) Privatpreis ab Hof: Euro #

Veneto

Venetien ist heute mit fast 900 Millionen Litern die produk-
tivste Weinregion Italiens. Die bekannteren Appellationen des
Veneto liegen eine neben der anderen an den Ausläufern der
Dolomiten zwischen Gardasee im Westen bis hin zur Grenze
mit Friaul im Osten. Eine Reihe der bekanntesten italienischen
Rot- und Weißweine stammen aus dieser Region. Neben preis-
günstigen, simplen Weinen entstehen überall auch Topweine.

Amarone

Der Amarone ist und bleibt einer der überwältigendsten
Weine, die es gibt. Weine von der Konzentration, der Vielschichtigkeit und dem Charakter eines großen Amarone sind
selten. Es wäre aber nicht korrekt zu glauben, dass die Beson-
derheit eines großen Amarone ausschließlich auf der Technik
des Antrocknens der Trauben beruht. Zu einem Teil ist das
sicher der Fall, aber der Einfluss der Traubensorten und der
Lagen ist ebenfalls entscheidend. Falsch wäre auch anzuneh-
men, dass die Art des Antrocknens keinen großen Einfluss auf
den Weincharakter hätte. Das simple, rationelle Konzentrieren
der Traubeninhaltsstoffe ist nicht zu verwechseln mit dem
„Appassimento". Wenn die Trauben für den Amarone wochen-
lang, ja monatelang bei Wintertemperaturen auf Schilfmatten
oder in Holzkistchen liegen, dann trocknen sie nicht nur aus,
sondern in den Beeren und auf ihrer Oberfläche spielen sich
komplexe chemische und biologische Prozesse ab, die den
Geschmack bereichern.

Warmluftgetrocknete Trauben und mit Vakuumverdamp-
fer konzentrierte Moste ergeben marmeladiges, zwar alkohol-
starkes und süßes, aber banales Zeug, uninteressante Weine
ohne Tiefe und Finesse, die mit einem echten Amarone nichts
zu tun haben.

Wenn die Grenze des Valpolicella zum Amarone fließend
ist (siehe Valpolicella), dann gilt das auch umgekehrt. Manche
Amarone sind sehr einfach, ohne Amarone-Charakter und
gehörten eigentlich als Valpolicella etikettiert. Andere lassen
den typischen Passito-Charakter vermissen und sind am Geruch nicht als Amarone identifizierbar. Ihr Alkohol, die Süße
und die Marmeladearomen lassen vielmehr vermuten, dass
hier jemand mit rascher Konzentrierung versucht hat, einen

Amarone auf die kostengünstige Art zu basteln. Ein großer Amarone ist ein Wein voller Geheimnisse, Nuancen, Tiefen und Aromen, die sich nicht immer präzise beschreiben lassen. Es geht nicht nur um Konzentration, es geht um Geschmacksreichtum. Die Konzentrierung von charakterarmen Trauben bringt noch lange keine charaktervollen Weine; nur hochwertige Valpolicella-Trauben vermögen einen hochwertigen Amarone zu ergeben.

Produktionsregeln Amarone della Valpolicella DOC

Traubensorten: Corvina veronese (40–70 %), Rondinella (20–40 %), Molinara (5–25 %), andere Sorten (bis 15 %); Höchstertrag: 12 000 kg Trauben/ha; Mindestalkohol: 14,0 Vol.-%.

Accordini Igino, Pedemonte (VR)   78 000 Fl./6 Hektar
Tel. 045 7701985; Fax 045 7701985; www.accordini.it; accordini@accordini.it

Amarone della Valpolicella Classico DOC Alzaro 2000
Mittleres Rubin; leicht schweißige Holznoten, Butter, kaum Frucht; Süße, Holzgeschmack, karamellige Frucht, Alkohol, Mittelgewicht, dann trockenes Tannin. (4700 Fl.; L.#; mehr als eine Abfüllung; Merum 2004-6) Privatpreis ab Hof: #

Amarone della Valpolicella Classico DOC Le Bessole 2001
Dunkles Rubin; frisch-marmeladige Noten, Holunder; kraftvoll, nicht tiefe Frucht, kein Passito-Charakter, etwas Holz, wirkt irgendwie unfertig, leicht bitteres Tannin. (7800 Fl.; L.#; mehr als eine Abfüllung; Merum 2007-1) Privatpreis ab Hof: Euro 18,00

Amarone della Valpolicella Classico DOC Le Bessole 2000
                                         ★★★★ JLF
Recht dunkles Rot; intensive, tiefe Noten von Beerenmarmelade, Blüten, Honig, Schwarztee, sehr einladend; auch im Gaumen tolle Frucht, sehr tief, herbes Tannin, saftig, sehr lang; wird mit den Stunden immer besser; wuchtiger und gleichzeitig eleganter Amarone. (12 500 Fl.; L.#; mehr als eine Abfüllung; Merum 2004-6) Privatpreis ab Hof: #

Accordini Stefano, San Pietro in Cariano (VR)   55 000 Fl./8 Hektar
Tel. 045 7701733; Fax 045 7701733; www.accordinistefano.it; stefano.accordini@tin.it

Amarone della Valpolicella Classico DOC Acinatico 2000   ❀
Mittelintensives Rot; Marmeladenoten und Holz; Süße, Alkohol, Frucht ist vom Holz verbraucht, im Abgang nicht angenehme Holzaromen, speckig im Abgang. (10 000 Fl.; L.01-03; eine Abfüllung; Merum 2004-6) Privatpreis ab Hof: #

Amarone della Valpolicella Classico DOC il Fornetto 2000   ❀
Ziemlich intensives, reifendes Rubin; gereifte, rußige Holznoten; auch im Mund gereiftes Holz, Süße, keine Frucht. (3000 Fl.; L.01-05; eine Abfüllung; Merum 2007-1) Privatpreis ab Hof: Euro 55,00

Aldegheri, Sant'Ambrogio (VR)   1 000 000 Fl./42 Hektar
Tel. 045 6861356; Fax 045 7732817; www.cantinealdegheri.it; info@cantinealdegheri.it

Amarone della Valpolicella Classico DOC 2001   ★★ – ★★★ JLF
Recht intensives, warmes Rubin; einladende, warme Passito- und Reifenoten, vegetale Note, einladend; kraftvolles Mittelgewicht, ausgewogen, rund, vegetale Frucht, reif, angenehm. (25 000 Fl.; L.P174; mehr als eine Abfüllung; Merum 2007-1) Privatpreis ab Hof: Euro 49,00

Amarone della Valpolicella Classico DOC 1999

Mittleres Rubin; nicht überaus klare Holznoten, schweißig; Mittelgewicht, Süße, wenig Frucht, keine Tiefe, einfach, Kaffee, endet trocknend. (15 000 Fl.; L.0071W; mehr als eine Abfüllung; Merum 2004-6) Privatpreis ab Hof: #

Amarone della Valpolicella Classico DOC 1995 ★★ – ★★★

Mittleres Rot; eher verhaltene, schweißig-fruchtige Noten; runder Ansatz, viel Süße, schwach gerösteter Kaffee, gutes Tannin, geschmeidig, Butter, saftig, lang; dürfte konzentrierter sein. (5000 Fl.; L.0118W; eine Abfüllung; Merum 2004-6) Privatpreis ab Hof: #

Allegrini, Fumane (VR) 900 000 Fl./100 Hektar

Tel. 045 6832011; Fax 045 7701774; www.allegrini.it; info@allegrini.it

Amarone della Valpolicella Classico DOC 2001 ★★ – ★★★

Dunkles Rubin; fruchtige, tiefe, vegetale Nase, feine Röstung; kräftiges Mittelgewicht, vegetale Frucht, kaum Passito-Charakter, zu wenig Amarone-artig, recht interessanter, vielschichtiger Wein, leicht bitter. (125 000 Fl.; L.34; mehr als eine Abfüllung; Merum 2007-1) Privatpreis ab Hof: Euro 41,00

Amarone della Valpolicella Classico DOC 2000

Dichtes Dunkelrot; Noten von Räucherspeck, Rosinen; Süße, trocknendes Tannin, Räucherspeck, keine Frucht, bitter-trockener Abgang. (100 000 Fl.; L.31; mehr als eine Abfüllung; Merum 2004-6) Privatpreis ab Hof: Euro #

Antolini, Marano (VR) 15 000 Fl./8 Hektar

Tel. 045 7755351; Fax 045 6546187; www.antolinivini.it; info@antolinivini.it

Amarone della Valpolicella Classico DOC 2003 ★★ – ★★★

Mittleres Rubin; Noten von Zwetschgenkompott, Passito-Noten; kompottige Frucht, Süße, gewisse Länge, trocknet. (7000 Fl.; L.0106; eine Abfüllung; Merum 2007-1) Privatpreis ab Hof: Euro 22,00

Amarone della Valpolicella Classico DOC 2001

Dunkelrot; Holznoten stehen vor der Amarone-Frucht; geschliffener Ansatz, wenig Frucht, Alkohol, Kaffee, einfach, recht angenehm. (1333 Fl.; L.4187; eine Abfüllung; Merum 2004-6) Privatpreis ab Hof: #

Amarone della Valpolicella Classico DOC 2000

Mittelintensives Rubin; nicht sehr frische Passito-Noten; Kraft, eingepasste Süße, recht tief, müsste frischer und fruchtiger sein, gute Länge. (1333 Fl.; L.3216; eine Abfüllung; Merum 2004-6) Privatpreis ab Hof: #

Arduini, San Pietro in Cariano (VR) 18 000 Fl./7 Hektar

Tel. 045 7725880; Fax 045 7725880; www.arduinivini.it; arduinivini@yahoo.it

Amarone della Valpolicella Classico DOC 2001

Mittleres Rubin; Noten von Trockenfrüchten, Pflanzenrinde, nicht frisch; Mittelgewicht, etwas einfach, nicht fruchtig, nicht lang. (4000 Fl.; L.212 06; mehr als eine Abfüllung; Merum 2007-1) Privatpreis ab Hof: Euro 14,40

Baltieri, Mizzole (VR) 50 000 Fl./30 Hektar

Tel. 045 567616; Fax 045 8869525; www.baltieri.it; info@baltieri.it

Amarone della Valpolicella DOC Sortilegio 2000

Recht dunkles Rot; Amarone-Noten; im Gaumen herrscht Holz vor, Frucht ist vorhanden, gute Länge, aber etwas trockenes Tannin. (# Fl.; L.03 353; # Abfüllungen; Merum 2004-6) Privatpreis ab Hof: Euro #

Bertani, Grezzana (VR) 1 800 000 Fl./180 Hektar

Tel. 045 8658444; Fax 045 8658400; www.bertani.net; bertani@bertani.net

Amarone della Valpolicella Classico DOC 1998

Mittelintensives, gereiftes Rubin; etwas zu matt, gereifte Frucht; recht kraftvoll, saftig, gewisses Tannin, müde Frucht. (100 000 Fl.; L.5486; mehr als eine Abfüllung; Merum 2007-1) Privatpreis ab Hof: Euro #

Amarone della Valpolicella Classico DOC 1997 ★★ – ★★★

Ziemlich helles Rot; verhaltene Passito-Noten; Kraft, Süße, elegant und fein, Mittelgewicht, gute Länge, etwas bitter. (80 000 Fl.; L.5317; mehr als eine Abfüllung; Merum 2004-6) Privatpreis ab Hof: #

Amarone della Valpolicella Valpantena DOC Villa Arvedi 2002

Mittleres Rubin; verhaltene Nase, etwas Leder und Holz; Mittelgewicht, nicht sehr fruchttief, gewisse Frucht, fehlt Konzentration, leicht trocknend. (40 000 Fl.; L.65580 05091425; eine Abfüllung; Merum 2007-1) Privatpreis ab Hof: Euro #

Bolla, Verona (VR)   15 000 000 Fl./400 Hektar

Tel. 045 8090911; Fax 045 8670912; www.bolla.it; bolla@bolla.it

Amarone della Valpolicella Classico DOC 1999

Mittleres Rot; einfache Marmeladenoten; im Gaumen karg, Süße, kaum Frucht, korrekt, aber nicht exzellent, mittlere Länge, herbes Tannin. (75 000 Fl.; L.3189.2; eine Abfüllung; Merum 2004-6) Privatpreis ab Hof: #

Amarone della Valpolicella Classico DOC Le Origini 1998

Ziemlich helles Rot; Noten von Leder, unklare Passito-Noten; matte Frucht, schmal, fehlt Konzentration und Fruchtfrische. (10 500 Fl.; L.2309.2; eine Abfüllung; Merum 2004-6) Privatpreis ab Hof: #

Bonazzi Dario e Fabio, San Pietro in Cariano (VR)   15 000 Fl./10 Hektar

Tel. 045 7702469; Fax 045 6800710; www.bonazziwine.it; info@bonazziwine.it

Amarone della Valpolicella Classico DOC 2000

Mittelintensives Rubin; Noten von Pfirsichkompott und Leder; Leder auch im Mund, Mittelgewicht, kaum Frucht, wenig Süße, endet bitter. (2900 Fl.; L.160605; eine Abfüllung; Merum 2007-1) Privatpreis ab Hof: Euro 16,00

Boscaini Carlo, Sant'Ambrogio (VR)   35 000 Fl./14 Hektar

Tel. 045 7731412; Fax 045 7731412; www.boscainicarlo.it; info@boscainicarlo.it

Amarone della Valpolicella Classico DOC S. Giorgio 2003   ★★ – ★★★

Dunkles, violettes Rubin; recht tiefe Fruchtnoten; mittelkonzentriert, nicht warm, verhalten, recht angenehm, ausgewogen. (5500 Fl.; L.03/06; eine Abfüllung; Merum 2007-1) Privatpreis ab Hof: Euro 15,00

Amarone della Valpolicella DOC S. Giorgio 2000   ★★★ JLF

Eher helles Rot; Noten von Beerenmarmelade, Laub und Holunder; Süße, Holunderfrucht, rund, geschmeidig, Tiefe, lang, sehr eleganter Amarone. (4000 Fl.; L.02-02; eine Abfüllung; Merum 2004-6) Privatpreis ab Hof: Euro 12

Brigaldara, San Floriano (VR)   150 000 Fl./35 Hektar

Tel. 045 7701055; Fax 045 6834525; www.valpolicella.it/brigaldara; brigaldara@valpolicella.it

Amarone della Valpolicella Classico DOC 2003   ★★★

Dunkles Purpurrubin; dichte, vegetale Noten, sehr frisch; viel Süße, vegetale und Passitofrucht, Kraft, konzentriert, Länge, herbes Traubentannin. (70 000 Fl.; L.01/06; eine Abfüllung; Merum 2007-1) Privatpreis ab Hof: Euro 25,00

Amarone della Valpolicella Classico DOC 2000   ★★ – ★★★

Dunkelrot; Noten von Rinde, Passito, Holz; Amarone-Frucht, Röstung, etwas Holz, vegetale Frucht, Holztannin, gute Länge. (60 000 Fl.; L.04/04; # Abfüllungen; Merum 2004-6) Privatpreis ab Hof: Euro #

Amarone della Valpolicella DOC Case Vecie 2001   ★★★ – ★★★★ JLF

Dunkles Rubin; Noten von Trüffeln und frischer Beerenkonfitüre, fruchtig, tief, einladend; kraftvoll, fruchtig, saftig, frische Beerenkonfitüre, frisch, ausgewogen, trinkig, lang. (13 000 Fl.; L.01/05; eine Abfüllung; Merum 2007-1) Privatpreis ab Hof: Euro 25,00

Amarone della Valpolicella DOC Case Vecie 1999   ★★★

Mittleres Rubin; intensive Amarone-Nase, Früchtekompott; Kraft, viel Frucht, Süße, saftig, ein typischer, unvermurkster Amarone. (5000 Fl.; L.07/03; eine Abfüllung; Merum 2004-6) Privatpreis ab Hof: #

Brunelli, San Pietro in Cariano (VR)
90 000 Fl./10 Hektar

Tel. 045 7701118; Fax 045 7702015; www.brunelliwine.com;
info@brunelliwine.com

Amarone della Valpolicella Classico DOC Campo del Titari 1999

Undurchdringliches Rubin; Noten von Vanille, Rauch, Ruß; Süße, Vanille, Rauchspeck, riecht und schmeckt nicht nach Wein. (3600 Fl.; L.2-135; eine Abfüllung; Merum 2004-6) Privatpreis ab Hof: #

Amarone della Valpolicella Classico DOC
Cengia Campo Inferi 2000

Intensives, undurchdringliches Rot; nicht ganz frisch, dicht, aber keine wirkliche Frucht; konzentriert, wenig Frucht, Süße, speckig, rauchig, trocknend. (4500 Fl.; L.3-002; eine Abfüllung; Merum 2004-6) Privatpreis ab Hof: #

Amarone della Valpolicella Classico DOC Titari 2001

Dunkles Rubin; flüchtig-rußige, auch fruchtige Nase; Süße, sehr streng, rußig, Kaffee, trocknet. (3600 Fl.; L.5-330; eine Abfüllung; Merum 2007-1) Privatpreis ab Hof: Euro #

Buglioni, San Pietro in Cariano (VR)
70 000 Fl./16 Hektar

Tel. 045 6760603; Fax 045 6760678; www.buglioni.it; buglioni@buglioni.it

Amarone della Valpolicella Classico DOC 2000

Recht intensives Rubin; RRR-Nase (Röstung, Rauch und Ruß); Röstung, Rauchspeck, keine Frucht, bitteres Tannin, Röstung hängt nach. (10 000 Fl.; L.103; eine Abfüllung; Merum 2004-6) Privatpreis ab Hof: Euro #

Bussola Tommaso, Negrar (VR)
100 000 Fl./15 Hektar

Tel. 045 7501740; Fax 045 2109940; www.bussolavini.com; info@bussolavini.com

Amarone della Valpolicella Classico DOC BG 2002   ★★★ JLF

Recht dunkles Rubin; reifende Amarone-Noten, Tiefe; viel Süße und Kraft, reife Amarone-Frucht, recht tief, saftig, lang. (30 000 Fl.; L.05140; eine Abfüllung; Merum 2007-1) Privatpreis ab Hof: Euro 36,00

Amarone della Valpolicella Classico DOC BG 2001   ★★ – ★★★

Mittleres Rubin; dichte Amarone-Nase mit Noten von Trockenfrüchten, Rumtopf, Alkohol, einladend; viel Kraft, Amarone-Frucht, Säure, viel Tannin, Tiefe, Länge; nach anfänglicher Begeisterung tritt nach einem Tag das Holz penetrant hervor. (10 000 Fl.; L.04171; eine Abfüllung; Merum 2004-6) Privatpreis ab Hof: #

Amarone della Valpolicella Classico DOC TB 2001   ★★★★

Mittelintensives, reifendes Rubin; reifende, dichte, typische Amarone-Noten, Trockenfrüchte, Rumtopf, macht neugierig; Kraft, Wärme, viel Süße, sehr konzentriert und saftig, vielschichtige Frucht, lang. (8000 Fl.; L.06075; eine Abfüllung; Merum 2007-1) Privatpreis ab Hof: Euro 65,00

Amarone della Valpolicella Classico DOC TB 2000   ★★★★

Mittelintensives Rubin; dichte, intensive, süße Passito-Noten mit einer Spur Edelfäule, überaus einladend; Süße, sehr konzentriert, geschmeidiger Ansatz, Tabak, Frucht, tolle Tiefe, herrliches Tannin, saftig und lang; nach Tagen noch frisch. (8000 Fl.; L.03353; eine Abfüllung; Merum 2004-6) Privatpreis ab Hof: #

Amarone della Valpolicella Classico DOC
TB Vigneto Alto 2000   ★★★★

Mittleres Rubin; typische Amarone-Nase, Noten von getrockneten und eingekochten Beeren, tief; Konzentrat, Süße, tiefe Frucht, herbes Tannin, lang, beeindruckender Amarone; bleibt bei geöffneter Flasche lange frisch. (9000 Fl.; L.03352A; eine Abfüllung; Merum 2004-6) Privatpreis ab Hof: #

C.V.B. S.R.L., Villabella (VR)
Fl./# Hektar

Tel. 045 7612758; Fax 045 7610283; #

Amarone della Valpolicella Classico DOC Vigneti di Negrar
Conti di Numio 1998

Mittleres Rot; unklare Nase, Kompott; Süße, zu schmal für Amarone, einfach auch im Abgang. (# Fl.; L.330A2; # Abfüllungen; Merum 2004-6) Privatpreis ab Hof: Euro #

Amarone della Valpolicella DOC 1998

Ziemlich helles Rot; unklare Nase; Mittelgewicht, keine Amarone-Frucht, zu schlank und einfach für Amarone, kurz. (# Fl.; L.99M2; # Abfüllungen; Merum 2004-6) Privatpreis ab Hof: Euro #

Cà La Bionda, Marano (VR)   100 000 Fl./22 Hektar

Tel. 045 6801198; Fax 045 6831168; www.calabionda.it; calabionda@libero.it

Amarone della Valpolicella Classico DOC 2000

Mittelintensives Rot; nicht frische Nase; Mittelgewicht, fehlt Passito-Frucht, Alkohol, herbes Tannin, nicht sehr lang. (20 000 Fl.; L.80P200; eine Abfüllung; Merum 2004-6) Privatpreis ab Hof: #

Amarone della Valpolicella Classico DOC Ravazzól 2000   ❧

Mittelintensives Rubin; Noten von Plastik, Ruß, Passito; Süße, rohes Eichenaroma, nicht geschmeidig, fehlt Fruchttiefe, trocknendes Tannin. (15 000 Fl.; L.44A; eine Abfüllung; Merum 2004-6) Privatpreis ab Hof: #

Amarone della Valpolicella Classico DOC Ravazzól 2001   ❧

Recht dunkles Rubin; ziemlich laute Holznoten; recht kraftvoll, Holzwürze, nicht fruchttief, endet auf Holzgeschmack und Holztannin. (12 000 Fl.; L.46A; eine Abfüllung; Merum 2007-1) Privatpreis ab Hof: Euro 45,00

Cà Rugate, Montecchia di Crosara (VR)   450 000 Fl./40 Hektar

Tel. 045 6176328; Fax 045 6176329; www.carugate.it; carugate@carugate.it

Amarone della Valpolicella DOC 2003

Mittelhelles Rubin; fast stechende Fruchtnoten; viel Süße, herb, saftig, sehr fruchtig, gewisses Holz, recht lang, Karamell, trocknet. (4000 Fl.; L.25.05.06; eine Abfüllung; Merum 2007-1) Privatpreis ab Hof: Euro 26,00

Campagnola Giuseppe, Marano (VR)   5 000 000 Fl./75 Hektar

Tel. 045 7703900; Fax 045 7701067; www.campagnola.com; campagnola@campagnola.com

Amarone della Valpolicella Classico DOC 2001   ★★ – ★★★

Dunkelrot; verhaltene Noten von Rosen, Mirabellen, einladend; gute Kraft, recht geschmeidig und elegant, Alkohol, viel Süße, angenehm. (80 000 Fl.; L.345/3/L; mehr als eine Abfüllung; Merum 2004-6) Privatpreis ab Hof: #

Amarone della Valpolicella Classico DOC
Centenario 2003   ★★ – ★★★

Dunkles Rubin; dichte Nase, süßlich-vegetale Frucht; auch im Gaumen vegetale Frucht, viel Süße, herb, nicht warm, gute Länge, herbes Tannin. (30 000 Fl.; L.#; mehr als eine Abfüllung; Merum 2007-1) Privatpreis ab Hof: Euro 28,00

Camporeale/Lavarini, Arbizzano (VR)   25 000 Fl./3 Hektar

Tel. 045 7514253; Fax 045 7514243; www.camporealevini.it; camporeale@camporealevini.it

Amarone della Valpolicella Classico DOC 2002   ★★ – ★★★

Recht intensives Rubin; kompottige Noten; wenig Frucht, recht konzentriert, recht angenehm, aber knappe Tiefe. (5000 Fl.; L.48; eine Abfüllung; Merum 2007-1) Privatpreis ab Hof: Euro 18,00

Amarone della Valpolicella Classico DOC 1999

Mittelhelles Rot; verhaltene Kompottnoten, keine Tiefe; Süße, Säure, Butter, bitteres Tannin, unausgewogen. (2800 Fl.; L1303; eine Abfüllung; Merum 2004-6) Privatpreis ab Hof: #

Cantina di Soave, Soave (VR)   30 000 000 Fl./4200 Hektar

Tel. 045 6139811; Fax 045 7681203; www.cantinasoave.it; cantina@cantinasoave.it

Amarone della Valpolicella DOC Rocca Sveva 2000   ★★ – ★★★

Mittleres Rubin; etwas schweißige Fruchtnoten; kraftvolle Mittelgewicht, etwas Süße, feine Frucht, rund, saftig, angenehm. (18 000 Fl.; L.6038'A; # Abfüllungen; Merum 2007-1) Privatpreis ab Hof: Euro 49,00

Amarone della Valpolicella DOC Rocca Sveva 1998 ★★ – ★★★

Mittelintensives Rot; Noten von Frucht und Holunder, einladend; viel Süße, Frucht und Karamell, angenehme Säure, recht einfach, Kaffee, Länge auf gutem Tannin. (# Fl.; L.3142'C; eine Abfüllung; Merum 2004-6) Privatpreis ab Hof: #

Castellani Michele, Valgatara Marano (VR)   350 000 Fl./50 Hektar

Tel. 045 7701253; Fax 045 7702076; www.castellanimichele.it; castellani.michele@tin.it

Amarone della Valpolicella Classico DOC
i Castei Campo Casalin 2001   ★★ – ★★★

Dunkles Rubin; vielschichtig, Kaffee, Mischung aus balsamischen und Passito-Noten; kraftvoll, Fruchttiefe, Kaffee, leicht trockenes Tannin, ausgewogen, rund, lang. (20 000 Fl.; L.05/335; mehr als eine Abfüllung; Merum 2007-1) Privatpreis ab Hof: Euro 35,00

Cesari, Cavaion (VR)   11 500 000 Fl./100 Hektar

Tel. 045 6260928; Fax 045 6268771; www.cesari-spa.it; cesari-spa@cesari-spa.it

Amarone della Valpolicella Classico DOC 2000

Mittleres, frisches Rot; Noten von Holz- und Marmelade, nicht sehr tief; Süße, gewisse Frucht, einfache Struktur, rund, angenehm. (150 000 Fl.; L.24123; mehr als eine Abfüllung; Merum 2004-6) Privatpreis ab Hof: #

Amarone della Valpolicella DOC Bosan 2000

Ziemlich dunkles Rubin; verhaltene Frucht, Noten von Röstung; Mittelgewicht, keine Frucht, keine Tiefe, Süße, Cola, Röstung, trocknet. (30 000 Fl.; L.13066; mehr als eine Abfüllung; Merum 2007-1) Privatpreis ab Hof: Euro 36,00

Amarone della Valpolicella DOC Il Bosco 2001

Recht dunkles, violettes Rubin; Röstnoten; Röstnoten überwiegen auch im Mund, Mittelgewicht, weder fruchtig noch tief, noch lang. (28 175 Fl.; L.13066; mehr als eine Abfüllung; Merum 2007-1) Privatpreis ab Hof: Euro 28,00

Conati Marco, Fumane (VR)   15 000 Fl./6 Hektar

Tel. 045 6839130; Fax 045 6839130; #

Amarone della Valpolicella Classico DOC 1999   ★★ – ★★★

Mittleres Rubin; nicht sehr freigiebige Marmeladenoten; dichte Struktur, Süße, herbes Tannin, präsente Frucht, Karamell, recht lang. (2500 Fl.; L.22-06-03; eine Abfüllung; Merum 2004-6) Privatpreis ab Hof: #

Corte Aleardi, Sant'Ambrogio (VR)   60 000 Fl./7 Hektar

Tel. 045 7701379; Fax 045 7701563; www.cortealeardi.com; info@cortealeardi.com

Amarone della Valpolicella Classico DOC 2001   ★★ – ★★★

Recht dunkles Rubin; gewisse Frucht, gedörrte Bananen; auch im Gaumen fruchtig, gewisse Tiefe, etwas trockenes Tannin, feine Süße. (8000 Fl.; L.306; mehr als eine Abfüllung; Merum 2007-1) Privatpreis ab Hof: Euro 30,00

Amarone della Valpolicella Classico DOC 1999

Mittelhelles Rot; Kompottnoten, uneingebundene Barriquenoten; im Gaumen eher schmaler Wein mit vorstehender Süße und aufgesetztem Barrique-Geschmack, Säure und bitteres Tannin. (5000 Fl.; L.285; mehr als eine Abfüllung; Merum 2004-6) Privatpreis ab Hof: Euro #

Corte Antica/Benedetti, Sant'Ambrogio (VR)   42 000 Fl./12 Hektar

Tel. 045 6801736; Fax 045 6831512; www.cantine-benedetti.com; info@cantine-benedetti.com

Amarone della Valpolicella Classico DOC 2003

Mittleres Rubin; recht tiefe Amarone-Noten, getrocknete Bananen, etwas angewelkt; recht konzentriert, gekochte Kartoffeln, knappe Frucht. (7300 Fl.; L.03 AM 01; eine Abfüllung; Merum 2007-1) Privatpreis ab Hof: Euro 21,60

Corte Campagnola, Marano (VR)   25 000 Fl./4 Hektar

Tel. 045 7701237; Fax 045 7701237; www.cortecampagnola.it;
info@cortecampagnola.it

Amarone della Valpolicella Classico DOC
Gli Archi 2003   ★★★★ JLF

*Mittleres Rubin; Amarone-Nase mit Noten von getrockneten Früchten, Heu, etwas Rumtopf;
runder Ansatz, gute Konzentration, ausgeprägt fruchtig, Tiefe, saftig, eingepasste Süße,
recht geschmeidig, lang. (7000 Fl.; L.#; mehr als eine Abfüllung; Merum 2007-1) Privatpreis ab Hof:
Euro 25,00*

Amarone della Valpolicella Classico DOC Gli Archi 2000 ★★★ JLF

*Ziemlich helles Rot; Noten von Kaffee und Johannisbeermarmelade; Kraft, gute Tiefe, prä-
sente Frucht, ausgewogen, sehr fein, gutes Tannin, Länge, Kaffee, lang. (8000 Fl.; L.03 329;
eine Abfüllung; Merum 2004-6) Privatpreis ab Hof: #*

Corte Lenguin/Silvio Vantini, San Floriano (VR)   30 000 Fl./10 Hektar

Tel. 045 7701406; Fax 045 7701406; cortelenguin@libero.it

Amarone della Valpolicella Classico DOC 2000

*Recht intensives Rot; verhaltene Passito-Frucht; aufdringliche Röstung, viel Süße, herbes
Tannin, Holz hängt nach. (10 000 Fl.; L.04/118; mehr als eine Abfüllung; Merum 2004-6) Privatpreis ab Hof: #*

Amarone della Valpolicella Classico DOC La Masua 2000

*Dunkelrot; müde Röstaromen, Noten von angebrannter Marmelade; süßlich, Röstung,
Rauchspeck. (5000 Fl.; L.4/101; mehr als eine Abfüllung; Merum 2004-6) Privatpreis ab Hof: #*

Corte Rugolin, Marano (VR)   60 000 Fl./10 Hektar

Tel. 045 7702153; Fax 045 6831600; www.corterugolin.it; rugolin@libero.it

Amarone della Valpolicella Classico DOC
Monte Danieli 2001   ★★ – ★★★

*Mittleres Rubin; Noten von Kaffee, Trockenfrüchten; Mittelgewicht, Säure, saftig, Frucht, im
Abgang etwas Röstung, Kaffee und Konfitüre. (10 000 Fl.; L.0305; eine Abfüllung; Merum
2007-1) Privatpreis ab Hof: Euro 30,00*

Amarone della Valpolicella Classico DOC Monte Danieli 1999

*Ziemlich dunkles Rot; Noten von Backpflaumen, Holz, recht tief; Kraft, strenge Tanninstruk-
tur, viel Süße, wenig Frucht, herb. (# Fl.; L.1104; # Abfüllungen; Merum 2004-6) Privatpreis ab
Hof: Euro #*

Corte Sant'Alda, Mezzane di Sotto (VR)   80 000 Fl./17 Hektar

Tel. 045 8880006; Fax 045 8880477; www.cortesantalda.it; info@cortesantalda.it

Amarone della Valpolicella DOC 1999

*Dunkelrot; nicht frische Holz- und Kompottnoten; auch im Gaumen matt, etwas Holz, fehlt
Fruchtfrische, endet trocken. (# Fl.; L.174-04; # Abfüllungen; Merum 2004-6) Privatpreis ab Hof:
Euro #*

Amarone della Valpolicella DOC Mithas 2000   ☁

*Intensives, reifendes Rubin; ältliche Holznoten; Holzwürze, keine Frucht, trocknend. (3000 Fl.;
L.120-06; eine Abfüllung; Merum 2007-1) Privatpreis ab Hof: Euro #*

Corteforte, Fumane (VR)   20 000 Fl./3 Hektar

Tel. 045 6839104; Fax 045 6839104; www.corteforte.com; corteforte@corteforte.it

Amarone della Valpolicella Classico DOC 2000   ★★★

*Reifendes, mittelintensives Rubin; intensive, interessante Noten von Gummi, Rumtopf, Bee-
renmarmelade, tief; recht kraftvoll, ausgewogen, rund, fruchtig, Butter, gute Tiefe und
Länge, reif. (8500 Fl.; L.AAE/1; eine Abfüllung; Merum 2007-1) Privatpreis ab Hof: Euro 30,00*

Amarone della Valpolicella Classico DOC 1999   ★★★ – ★★★★

*Recht dunkles Rot; nach Belüftung komplexe Nase, Noten von Pilzen, Laub, mineralisch, ein-
ladend; auch im Gaumen mineralische Aromen, ausgewogen, rund, fein, elegant, tief mit
schöner Länge. (8000 Fl.; L.#; eine Abfüllung; Merum 2007-1) Privatpreis ab Hof: Euro 30,00*

Amarone della Valpolicella Classico DOC 1998 ★★★ – ★★★★

Eher helles Rot; tiefe Fruchtnoten, tolle Tiefe, sehr einladend; im Gaumen sehr fruchtig, ge-schmeidig, eingepasstes Holz, Süße, saftig, lang. (8000 Fl.; L.22103; eine Abfüllung; Merum 2004-6) Privatpreis ab Hof: #

Amarone della Valpolicella Classico DOC Osan 1999 ★★★★

Recht intensives, reifendes Rubin; kräuterig-vegetal-fruchtige Noten, tolle, tiefe Nase; rund, Süße, ausgewogen, tiefe Frucht, geschmeidig, Holunder, Länge. (3000 Fl.; L.099E/1; eine Abfüllung; Merum 2007-1) Privatpreis ab Hof: Euro 30,00

Amarone della Valpolicella Classico DOC Vigneti di Osan 1997 ★★ – ★★★

Mittleres Rot; Noten von Holz, roter Frucht; sehr konzentriert und dicht, aber sehr streng, etwas Holzgeschmack, Frucht, gewisse Tiefe, Länge, aber leicht bitter. (3000 Fl.; L.22103; eine Abfüllung; Merum 2004-6) Privatpreis ab Hof: #

Costa Calda, Fumane (VR) 35 000 Fl./6 Hektar

Tel. 045 8620966; Fax 045 8621055; tecno@iol.it

Amarone della Valpolicella Classico DOC 2002

Dunkles, gereiftes Rubin; gereifte, warme Nase; Kraft, Süße, altes Holzaroma, zu fort-geschritten, nicht lang, trocknet. (5250 Fl.; L.505; eine Abfüllung; Merum 2007-1) Privatpreis ab Hof: Euro 28,80

CS Castelnuovo del Garda, Castelnuovo del Garda (VR) 3 000 000 Fl./1200 Hektar

Tel. 045 7570522; Fax 045 7570076; www.cantinadelgarda.it; info@cantinacastelnuovo.it

Amarone della Valpolicella Classico DOC Ca' Vegrar 2003

Ziemlich dunkles Rubin; etwas matte Nase; recht konzentriert, kaum fruchtig, fehlen Wärme und Fruchttiefe, nicht lang. (10 000 Fl.; L.G051; eine Abfüllung; Merum 2007-1) Privatpreis ab Hof: Euro 13,00

CS Valpantena, Quinto di Verona (VR) 3 000 000 Fl./600 Hektar

Tel. 045 550032; Fax 045 550883; www.cantinavalpantena.it; info@cantinavalpantena.it

Amarone della Valpolicella DOC Falasco 2000

Dunkelrot; Rauchnoten, Holz- und Marmelade; Kraft, Holzgeschmack, Rauch, keine Frucht, im Abgang klebrig-hölzern-matt. (50 000 Fl.; L.4128; mehr als eine Abfüllung; Merum 2004-6) Privatpreis ab Hof: #

CS Valpolicella, Negrar (VR) 6 000 000 Fl./500 Hektar

Tel. 045 6014300; Fax 045 6014399; www.cantinanegrar.it; dominiveneti@libero.it

Amarone della Valpolicella Classico DOC Domini Veneti Vigneti di Jago 1998

Dunkelrot; kompottige Nase, Holznoten; viel Süße, Restsüße, dichte Frucht, dann trocknen-des Holztannin, bitter, verbrannt, Länge auf Holzaroma. (26 000 Fl.; L.#; mehr als eine Abfül-lung; Merum 2004-6) Privatpreis ab Hof: #

Amarone della Valpolicella DOC Domini Veneti Manara 1997 ★★ – ★★★

Dunkelrot; intensive Nase, schweißige Noten von getrockneten Früchten, Gewürzen, tief; viel Kraft, viel bitter-süßes Tannin, dicht, tiefe Frucht, lang. (5000 Fl.; L.#; eine Abfüllung; Merum 2004-6) Privatpreis ab Hof: #

Cubi Valentina, Fumane (VR) 60 000 Fl./13 Hektar

Tel. 045 7701806; Fax 045 7725188; www.valentinacubi.it; info@valentinacubi.it

Amarone della Valpolicella Classico DOC Morar 2001

Mittleres Rubin; Vanillenoten; Mittelgewicht, Vanille und Holz auch im Gaumen, nicht tief, etwas einfach, trocknend. (# Fl.; L.06235; # Abfüllungen; Merum 2007-1) Privatpreis ab Hof: Euro #

Amarone della Valpolicella DOC Morar 2000

Mittelintensives, reifendes Rubin; reifende, holzwürzige Noten; holzwürzig, auch im Mund viel Süße, Nullfrucht, trocken. (2935 Fl.; L.05276; eine Abfüllung; Merum 2007-1) Privatpreis ab Hof: Euro 30,00

Amarone della Valpolicella DOC Morar 1998

Reifes Rubin; gereifte Holzwürze, rußig; kraftvoll, nicht sehr fruchtig, würzig, röstig. (2748 Fl.; L.05275; eine Abfüllung; Merum 2007-1) Privatpreis ab Hof: Euro 33,00

Amarone della Valpolicella DOC Morar 1997

Mittleres, gereiftes Rubin; Noten von Ruß und Kakaopulver; im Gaumen kraftvoll, rund, Schokogeschmack, leider kaum Frucht, herbes Tannin. (2930 Fl.; L.05274; eine Abfüllung; Merum 2007-1) Privatpreis ab Hof: Euro 37,00

Dal Forno Romano, Cellore d'Illasi (VR)   29 000 Fl./25 Hektar

Tel. 045 7834923; Fax 045 6528364; www.dalforno.net; az.dalforno@tiscalinet.it

Amarone della Valpolicella DOC Monto Lodoletta 1999

Undurchdringliches Rubin; Noten von Tinte, Holz, Rauchspeck, kalter Kamin, riecht nicht nach Wein; überaus dicht und konzentriert und überaus trockenes Tannin, Frucht ist nicht festzustellen, zu streng, zu stark von Röstaromen geprägt, trocknet den Mund aus; dieser Wein ist zwar der konzentrierteste aller verkosteten Amarone, aber er widerspricht vollständig dem, was ich mir unter einem großen, eleganten Amarone vorstelle. (9000 Fl.; L.3.112; eine Abfüllung; Merum 2004-6) Privatpreis ab Hof: #

Degani, Marano (VR)   30 000 Fl./5 Hektar

Tel. 045 7701850; Fax 045 7701850; aldo.degani@tin.it

Amarone della Valpolicella Classico DOC La Rosta 2000

Mittelintensives Rot; Noten von Eichenholz und Passito-Trauben; mittlere Konzentration, Säure, wenig Frucht, schon nach wenigen Stunden bloßliegendes Neuholz, etwas karg, mittlere Länge. (7000 Fl.; L.4042; mehr als eine Abfüllung; Merum 2004-6) Privatpreis ab Hof: #

Fabiano, Sona (VR)   890 000 Fl./84 Hektar

Tel. 045 6081111; Fax 045 6080838; www.fabiano.it; info@fabiano.it

Amarone della Valpolicella Classico DOC 2001

Mittelhelles Rot; Ledernoten, nicht klar; Mittelgewicht, keine Tiefe, kaum Frucht, recht rund. (30 000 Fl.; L.6186; mehr als eine Abfüllung; Merum 2007-1) Privatpreis ab Hof: Euro 21,60

Amarone della Valpolicella Classico DOC 1999

Mittleres Rot; müde Nase, keine Frucht; schlankes Mittelgewicht, keine Frucht, Restsüße, Säure, einfach, etwas bitter. (30 000 Fl.; L.3350; mehr als eine Abfüllung; Merum 2004-6) Privatpreis ab Hof: #

Farina, San Pietro in Cariano (VR)   400 000 Fl./10 Hektar

Tel. 045 7701349; Fax 045 6800137; www.farinawines.com; info@farinawines.com

Amarone della Valpolicella Classico DOC 2003

Recht dunkles Rubin; Holznoten; im Gaumen Holunder, saftig, herbes Tannin, nicht fruchtig, trocknet dann etwas. (50 000 Fl.; L.06-274; mehr als eine Abfüllung; Merum 2007-1) Privatpreis ab Hof: Euro 15,85

Amarone della Valpolicella Classico DOC 2000

Mittelintensives Rot; Holz- und Marmeladenoten; Süße, mittlere Konzentration, wenig Tiefe, nach Belüftung offenliegende Holzaromen, etwas schlank. (40 000 Fl.; L.04 297; mehr als eine Abfüllung; Merum 2004-6) Privatpreis ab Hof: #

Amarone della Valpolicella Classico DOC
Remo Farina Monte Fante 1998

Mittelintensives, reifendes Rubin; Passito- und Holznoten; altes Holz, trockenes Tannin, müde. (7000 Fl.; L.05-120; mehr als eine Abfüllung; Merum 2007-1) Privatpreis ab Hof: Euro 30,00

Fasoli Gino, Colognola ai Colli (VR)   250 000 Fl./16 Hektar

Tel. 045 7650741; Fax 045 6170292; www.fasoligino.com; fasoligino@fasoligino.com

Amarone della Valpolicella Classico DOC Alteo 2001

Mittleres, reifendes Rubin; stechend, Holz, gereift; im Gaumen Restsüße, Cola, endet herb. (2000 Fl.; L.5340; eine Abfüllung; Merum 2007-1) Privatpreis ab Hof: Euro 36,00

Amarone della Valpolicella Classico DOC Alteo 1999

Ziemlich helles Rot; Noten von Plastik und Marzipan; konzentriert, Restsüße, Säure, Holz, trockenes Tannin, Restsüße hängt nach. (Biowein.) (3000 Fl.; L.4.132; # Abfüllungen; Merum 2004-6) Privatpreis ab Hof: #

Fattoria Garbole, Tregnago (VR)   # Fl./2,5 Hektar

Tel. 045 7809020; Fax 045 7809020; www.fattoriagarbole.it;
fattoriagarbole@tiscalinet.it

Amarone della Valpolicella DOC 2001

Gereiftes Dunkelrot; unklare Noten von Stroh, Heu, Trockenfrüchten; auch im Gaumen nicht klar, Süße, Kaffee, Stroh, fehlt Frische, speckiger Abgang. (1000 Fl.; L.33-04; eine Abfüllung; Merum 2004-6) Privatpreis ab Hof: #

Fornaser, San Pietro in Cariano (VR)   25 000 Fl./4 Hektar

Tel. 045 7701651; Fax 045 7701651; www.fornaser.com; info@fornaser.com

Amarone della Valpolicella Classico DOC Monte Faustino 1998

Dunkelrot; nicht frische Noten von altem Holz; Restsüße, Holzgeschmack, einseitig, unausgewogen, inkomplett, trocknend. (# Fl.; L.390; eine Abfüllung; Merum 2004-6) Privatpreis ab Hof: #

Galtarossa, San Pietro in Cariano (VR)   35 000 Fl./80 Hektar

Tel. 045 6838307; Fax 045 6800275; www.tenutegaltarossa.com;
info@tenutegaltarossa.com

Amarone della Valpolicella DOC 2003

Mittelintensives Rubin; Noten von Röstung und etwas Holz; intensive, röstig-vegetale Frucht, saftig, Süße, Säure, Röstung dominiert. (10 000 Fl.; L.#; eine Abfüllung; Merum 2007-1) Privatpreis ab Hof: Euro 39,00

Amarone della Valpolicella DOC 2000   ★★★

Helles Rot; Passito-Noten, Holunder, Gummi, Holz; Kraft, Amarone-Frucht, etwas Neuholz, viel Süße, Tiefe, sonst ausgewogen, gutes Tannin, Frucht auch im Abgang, lang. (10 000 Fl.; L.3-098; eine Abfüllung; Merum 2004-6) Privatpreis ab Hof: #

Gamba, Marano (VR)   40 000 Fl./5,5 Hektar

Tel. 349 3154527; Fax 045 6801714; www.vini-gamba.it; info@vini-gamba.it

Amarone della Valpolicella Classico DOC
Le Quare 2003   ★★ – ★★★

Mittelhelles Rubin; vegetale Fruchtnoten, nicht sehr tief; frisch-vegetal-fruchtig, Mittelgewicht, nicht süßlich, nicht warm, angenehm, recht lang. (7000 Fl.; L.53; mehr als eine Abfüllung; Merum 2007-1) Privatpreis ab Hof: Euro 30,00

Guerrieri-Rizzardi, Bardolino (VR)   600 000 Fl./100 Hektar

Tel. 045 7210028; Fax 045 7210704; www.guerrieri-rizzardi.it;
mail@guerrieri-rizzardi.it

Amarone della Valpolicella Classico DOC 2000   ★★ – ★★★

Mittleres, reifendes Rot; flüchtige Passitonoten; Süße, Passitofrucht, saftig, ziemlich herb. (8500 Fl.; L.04-23; eine Abfüllung; Merum 2007-1) Privatpreis ab Hof: Euro 30,70

Amarone della Valpolicella Classico DOC 1998
★★★ – ★★★★ JLF

Mittelhelles Rot; kompottige Nase, Holunder; warm, marmeladige Frucht, Butter, recht rund, geschmeidig, saftig-herbes Tannin, ausgewogen, Länge. (15 000 Fl.; L.03-076; eine Abfüllung; Merum 2004-6) Privatpreis ab Hof: #

Amarone della Valpolicella Classico DOC
Calcarole 2000   ★★ – ★★★

Mittleres Rubin; Passito- und Kompottnoten, einladend; Süße, recht kraftvoll, Frucht, herb und recht lang. (3500 Fl.; L.04-237; eine Abfüllung; Merum 2007-1) Privatpreis ab Hof: Euro 42,50

I Saltari, San Pietro di Lavagno (VR)   30 000 Fl./8 Hektar

Tel. 045 982134; Fax 045 982134; www.saltari.it; saltari@saltari.it

Amarone della Valpolicella DOC Vigne di Turano 2000

*Mittelhelles Rubin; verhalten, Kompott- und Marmeladenoten; im Gaumen müde, kaum
Tiefe, Mittelgewicht, Säure, unausgewogen, bitteres Tannin. (6000 Fl.; L.3245; eine Abfüllung;
Merum 2004-6) Privatpreis ab Hof: #*

Il Sestante/Tommasi, Pedemonte (VR)   45 000 Fl./8 Hektar

Tel. 045 7701266; Fax 045 6834166; www.tommasiwine.it; info@tommasiwine.it

**Amarone della Valpolicella Classico DOC
Monte Masua 2000**   ★★ – ★★★

*Dunkelrot; Kaffee- und mit Belüftung Himbeernoten, recht tief; Kraft, viel Frucht, Tannin,
Kaffee, mittlere Tiefe und Länge. (12 000 Fl.; L.100103; mehr als eine Abfüllung; Merum 2004-
6) Privatpreis ab Hof: #*

La Costa, Romagnano (VR)   9000 Fl./18 Hektar

Tel. 045 8650111; Fax 045 907521; www.agricosta.it; agricosta@tiscali.it

**Amarone della Valpolicella Valpantena DOC
Zecchini Vigneto Calandra 2001**

*Eher helles Rubin; vegetale Noten, auch Kaffee, Holz, Röstung, Gummi; kraftvoll, ausgeprägt
vegetales Aroma, Holz, gute Säure, recht tief, viel Süße, viel Röstung (6000 Fl.; L.047-04; eine
Abfüllung; Merum 2004-6) Privatpreis ab Hof: #*

La Giaretta, Marano (VR)   40 000 Fl./10 Hektar

Tel. 045 7701791; Fax 045 6801441; www.cantinalagiaretta.com;
info@cantinalagiaretta.com

Amarone della Valpolicella Classico DOC 2003

*Mittleres Rubin; strauchig-pflanzliche Noten, Holz; im Gaumen Mittelgewicht, Süße, knappe
Frucht, dann bitteres Tannin. (15 000 Fl.; L.6137; mehr als eine Abfüllung; Merum 2007-1)
Privatpreis ab Hof: Euro 18,00*

Amarone della Valpolicella Classico DOC i Quadretti 2000

*Dunkles, warmes Rubin; Noten von Trüffeln, leider auch Kandis und Ruß; sehr konzentriert,
Schokolade, Holz dominiert zu stark, Säure, saftig, recht lang, trockenes Tannin. (3000 Fl.;
L.5221; eine Abfüllung; Merum 2007-1) Privatpreis ab Hof: Euro 30,00*

Le Bertarole, Fumane (VR)   15 000 Fl./7 Hektar

Tel. 045 6839220; Fax 045 6839220; www.lebertarole.it; info@lebertarole.it

Amarone della Valpolicella Classico DOC Le Marognole 2000

*Reifendes Rubin; nicht sehr klare, kompottige Noten; recht kraftvoll, etwas Süße keine Frucht,
leicht trocknend, kurz. (# Fl.; L.03/2005; mehr als eine Abfüllung; Merum 2007-1) Privatpreis ab
Hof: Euro 22.00*

Amarone della Valpolicella Classico DOC Le Marognole 1998

*Mittleres Rot; sehr verhaltene Noten von Holz und Frucht; gute Kraft, holzgeprägt, trocke-
nes Tannin, kaum Frucht, trocknet nach. (5000 Fl.; L.02/2003; eine Abfüllung; Merum 2004-6)
Privatpreis ab Hof: #*

Le Ragose, Negrar (VR)   150 000 Fl./20 Hektar

Tel. 045 7513241; Fax 045 7513171; www.leragose.com; leragose@leragose.com

Amarone della Valpolicella Classico DOC 2001   ★★ – ★★★

*Mittleres Rubin; Reifenoten, auch fruchtig, etwas schweißig, Holz; recht konzentriert, gewisse
Süße und Säure, etwas knappe Frucht, balsamisch, recht herb im Abgang. (50 000 Fl.;
L.3-2005; mehr als eine Abfüllung; Merum 2007-1) Privatpreis ab Hof: Euro 26,00*

Amarone della Valpolicella Classico DOC 1999

*Recht intensives Rot; Noten von Zypressenholz; Zypressenholz auch im Gaumen, zu ein-
seitig, keine Frucht. (120 000 Fl.; L.8-2003; mehr als eine Abfüllung; Merum 2004-6) Privatpreis
ab Hof: #*

Amarone della Valpolicella Classico DOC
Marta Galli 2001 ★★ – ★★★
Recht intensives Rubin; balsamische Holznoten, auch Passito-Frucht; Eukalyptus-Aroma, saftig, Frucht von balsamischen Noten überdeckt, ausgewogen, recht lang. (2000 Fl.; L.14-2005; eine Abfüllung; Merum 2007-1) Privatpreis ab Hof: Euro 32,00

Amarone della Valpolicella DOC Marta Galli 1998
Mittleres Rubin; Zypressennoten stehen vor Passito-Frucht; auch im Gaumen Zypressenholz, an sich sehr schöne Struktur und gutes Tannin, aber der Geschmack ist zu einseitig von diesen harzigen Noten geprägt. (3000 Fl.; L.6-2003; eine Abfüllung; Merum 2004-6) Privatpreis ab Hof: #

Le Salette, Fumane (VR)   200 000 Fl./35 Hektar
Tel. 045 7701027; Fax 045 6831733; www.lesalette.it; info@lesalette.it

Amarone della Valpolicella Classico DOC La Marega 2002   ★★★
Violettes, recht intensives Rubin; Noten von getrockneten Beeren, einladend; Süße, recht kraftvoll, saftig, reife Birnen mit Schokolade, feinherb. (10 000 Fl.; L.04.06; mehr als eine Abfüllung; Merum 2007-1) Privatpreis ab Hof: Euro 21,00

Amarone della Valpolicella Classico DOC La Marega 2000
Dunkles Rot; verhalten; wenig auffällig auch im Gaumen, knappe Frucht, einfach, etwas trockenes Tannin. (20 000 Fl.; L.76/04; mehr als eine Abfüllung; Merum 2004-6) Privatpreis ab Hof: #

Amarone della Valpolicella Classico DOC
Pergole Vece 2001   ★★★★
Dunkles Rubin; konzentrierte Passitonoten; sehr kraftvoll und konzentriert, dichte Frucht, herbes, angenehmes Tannin, Süße, lang. (6000 Fl.; L.04/05; eine Abfüllung; Merum 2007-1) Privatpreis ab Hof: Euro 37,00

Amarone della Valpolicella Classico DOC Pergole Vece 2000
Mittelintensives Rot; Holz- und tiefe Amarone-Noten; viel Süße, leider auch rohe, uneingebaute Holzaromen, Frucht hält zusammen mit Röstung an. (6500 Fl.; L.83.0.; eine Abfüllung; Merum 2004-6) Privatpreis ab Hof: #

Lenotti, Bardolino (VR)   1 000 000 Fl./55 Hektar
Tel. 045 7210484; Fax 045 6212744; www.lenotti.com; info@lenotti.com

Amarone della Valpolicella Classico DOC 2003
Dunkles Rubin; staubige Nase; kaum Frucht; recht konzentriert, kühl, keine Amarone-Frucht, herb, fehlen Wärme und Tiefe. (12 000 Fl.; L.28076; eine Abfüllung; Merum 2007-1) Privatpreis ab Hof: Euro #

Amarone della Valpolicella Classico DOC 2000
Recht dunkles Rubin; müde Vanille-Holz-Noten, fehlen Frische und Tiefe; Süße, Holzaroma, gewisse Frucht, langweilig. (20 000 Fl.; L.11123; mehr als eine Abfüllung; Merum 2004-6) Privatpreis ab Hof: #

Lonardi Giuseppe, Marano (VR)   30 000 Fl./7 Hektar
Tel. 045 7755154; Fax 045 7755154; www.lonardivini.it; privilegia@lonardivini.it

Amarone della Valpolicella Classico DOC 2001   ★★ – ★★★
Mittelintensives Rubin; Noten von Tinte, etwas Leder, vegetale Frucht; fruchtiger-flüssiger Ansatz, Mittelgewicht, saftig, recht angenehm, gewisse Tiefe und Länge. (10 000 Fl.; L.06/52; mehr als eine Abfüllung; Merum 2007-1) Privatpreis ab Hof: Euro 25,00

Amarone della Valpolicella Classico DOC 2000
Mittleres Rot; Passito-Noten; Kraft, Frucht etwas vom Holz gebremst, dann hinten gewisse Amarone-Frucht, mittlere Länge. (9000 Fl.; L.#; mehr als eine Abfüllung; Merum 2004-6) Privatpreis ab Hof: #

Manara, San Pietro in Cariano (VR)   70 000 Fl./11 Hektar
Tel. 045 7701086; Fax 045 7704805; www.manaravini.it; info@manaravini.it

Amarone della Valpolicella Classico DOC 2002
Mittleres Rubin; fehlt Frische, zu matt und welk; auch im Gaumen temperamentlos, müsste fruchtiger und tiefer sein. (12 000 Fl.; L.3016; mehr als eine Abfüllung; Merum 2007-1) Privatpreis ab Hof: Euro 18,00

Amarone della Valpolicella Classico DOC 2000

Recht dunkles Rot; verhaltene Nase; konzentriert, Süße, knappe Frucht, trocknendes Tannin. (6000 Fl.; L.3013; eine Abfüllung; Merum 2004-6) Privatpreis ab Hof: #

Amarone della Valpolicella DOC Postera 2001

Mittleres Rubin; gereifte Holznoten; auch im Mund gereiftes Holz, Nullfrucht, untief und kurz. (7000 Fl.; L.1006; mehr als eine Abfüllung; Merum 2007-1) Privatpreis ab Hof: Euro 22,00

Amarone della Valpolicella Classico DOC Postera 2000

Mittelintensives Rot; nicht intensive Holz-Fruchtnoten; saftige Säure, Cola-Geschmack, keine Passito-Aromen, trocken. (6000 Fl.; L.1005; eine Abfüllung; Merum 2004-6) Privatpreis ab Hof: #

Marchesi Fumanelli, San Pietro in Cariano (VR)   10 000 Fl./25 Hektar

Tel. 045 7704875; Fax 045 6831392; www.squarano.com; info@squarano.com

Amarone della Valpolicella Classico DOC 2003

Dunkles, violettes Rubin; staubige Noten, Holz; Alkohol, viel Süße, wenig Fruchttiefe, bitter. (10 000 Fl.; L.143/06E; eine Abfüllung; Merum 2007-1) Privatpreis ab Hof: Euro 30,00

Marion, Marcellise (VR)   25 000 Fl./6 Hektar

Tel. 045 8740021; Fax 045 8740914; www.marionvini.it; info@marionvini.it

Amarone della Valpolicella DOC 1999

Mittelhelles Rot; Röstung, dann grüne Noten; grüne Aromen, an sich interessante Frucht, dann klebrige Süße, trocknet nach. (4000 Fl.; L.#; eine Abfüllung; Merum 2004-6) Privatpreis ab Hof: #

Masi, Gargagnago (VR)   10 000 000 Fl./# Hektar

Tel. 045 6832506; Fax 045 6832535; www.masi.it; masi@masi.it

Amarone della Valpolicella Classico DOC Campolongo di Torbe 2000   ᘻ

Intensives, reifendes Rubin; ältliche Holznoten; im Gaumen Jod, viel Süße, Ruß. (14 700 Fl.; L.03/06; eine Abfüllung; Merum 2007-1) Privatpreis ab Hof: Euro 84,50

Amarone della Valpolicella Classico DOC Costasera 2000   ★★ – ★★★

Recht intensives Rot; Noten von Früchten, Schweiß und Rinde; viel Süße, Säure, Alkohol, Butter, knappe Frucht, angenehme Länge. (320 000 Fl.; L.A4/04126; mehr als eine Abfüllung; Merum 2004-6) Privatpreis ab Hof: #

Amarone della Valpolicella Classico DOC Mazzano 2000   ᘻ

Recht dunkles, reifendes Rubin; jodig-rußige Noten; Ruß auch im Mund, etwas Süße, Nullfrucht, keine Komplexität, kurz. (14 400 Fl.; L.03/06; eine Abfüllung; Merum 2007-1) Privatpreis ab Hof: Euro 98,50

Amarone della Valpolicella Classico DOC Mazzano 1999

Mittelintensives Rot; rote Marmeladenoten; Teer; Kraft, viel gutes Tannin, gewisse Frucht, Butter, Beigeschmack von Jod, wäre sonst angenehm. (13 900 Fl.; L.#; eine Abfüllung; Merum 2004-6) Privatpreis ab Hof: #

Amarone della Valpolicella Classico DOC Serego Alighieri Vaio Armaron 1999   ★★ – ★★★

Mittleres Rot; einladende Passito-Noten; recht kraftvoll, herbes Tannin, gute Süße, Trockenfrüchte, rund, mittlere Länge. (42 000 Fl.; L.A3/03024; eine Abfüllung; Merum 2004-6) Privatpreis ab Hof: #

Mazzi Roberto, Negrar (VR)   45 000 Fl./7 Hektar

Tel. 045 7502072; Fax 045 7502072; www.robertomazzi.it; info@robertomazzi.it

Amarone della Valpolicella Classico DOC Punta di Villa 2003   ★★ – ★★★

Mittleres Rubin; fruchtige Noten, Cassis, Passito-Charakter, Holunder, Butter, recht tief und einladend; kraftvoll, Süße, recht fruchttief, dezente Röstung, saftig, angenehm, recht lang, herbes Tannin, nicht sehr Amarone-fruchtig. (10 000 Fl.; L.0306; eine Abfüllung; Merum 2007-1) Privatpreis ab Hof: Euro 40,00

Amarone della Valpolicella Classico DOC Punta di Villa 2000

Mittleres Rot; leicht röstige Noten, Holunder, Heu, Kompott; viel Kraft, saftig, Frucht, Alkohol, feine Röstung, leider viel Holz, viel Tannin, Länge. (8000 Fl.; L.018; eine Abfüllung; Merum 2004-6) Privatpreis ab Hof: #

Monte Dall'Ora, San Pietro in Cariano (VR)   32 000 Fl./6 Hektar

Tel. 045 7704462; Fax 045 7704462; montedallora@virgilio.it

Amarone della Valpolicella Classico DOC 1999   ★★ – ★★★

Ziemlich helles Rot; nicht intensive Nase, Kompott- und Stroh-Noten, Trockenfrüchte; im Gaumen eher schlank, Passito-Aromen, nicht sehr dicht, rundes Tannin. (1000 Fl.; L.04 059; mehr als eine Abfüllung; Merum 2004-6) Privatpreis ab Hof: #

Amarone della Valpolicella Classico DOC I Pavoni 2001

Mittleres, frisches Rubin; verhalten, gereifte Holznoten; kraftvoll, Süße, keine Frucht, gereift, nicht tief und nicht lang, trocknet. (4500 Fl.; L.0632A; eine Abfüllung; Merum 2007-1) Privatpreis ab Hof: Euro #

Montecariano, San Pietro in Cariano (VR)   17 000 Fl./20 Hektar

Tel. 045 6838335; Fax 045 6834812; www.montecariano.it; montecariano@montecariano.it

Amarone della Valpolicella Classico DOC 2001   ⋰⋱

Mittelintensives Rubin; Noten von überreifen Früchten und Holzschrank; auch im Gaumen alte Holznoten, daneben gewisse Frucht, allerdings ist der Wein zu stark vom Holz verändert, trocknet. (6000 Fl.; L.150.06.2; mehr als eine Abfüllung; Merum 2007-1) Privatpreis ab Hof: Euro 24,00

Montecí, Fumane (VR)   50 000 Fl./80 Hektar

Tel. 045 7151188; Fax 045 6756591; www.vinisanmichele.com; info@vinisanmichele.com

Amarone della Valpolicella Classico DOC
Costa delle Corone 2000

Mittleres, reifendes Rubin; flüchtige Steinfrucht-und Passitonoten; viel Süße, präsente Frucht, endet zu herb. (3400 Fl.; L.M01; eine Abfüllung; Merum 2007-1) Privatpreis ab Hof: Euro 25,00

Amarone della Valpolicella Classico DOC San Michele 2000

Reifendes Dunkelrot; nicht sehr frische, komponierig-balsamische Noten; reifende Frucht, matt, trocknet. (9950 Fl.; L.M05; eine Abfüllung; Merum 2007-1) Privatpreis ab Hof: Euro 16,80

Montresor, Verona (VR)   3 500 000 Fl./150 Hektar

Tel. 045 913399; Fax 045 8342456; www.vinimontresor.it; info@vinimontresor.it

Amarone della Valpolicella Classico DOC
Cantina Privata 2002   ★★ – ★★★

Recht dunkles Rubin; staubige, nicht warme Fruchtnoten; auch im Gaumen Kirschenfrucht, gewisse Tiefe, rund, recht angenehm, wirkt jung, wenig Passito-Charakter. (30 000 Fl.; L.F124; mehr als eine Abfüllung; Merum 2007-1) Privatpreis ab Hof: Euro #

Amarone della Valpolicella Classico DOC
Capitel della Crosara 2000   ★★ – ★★★

Mittleres Rubin; Noten von Vanille, Tabak, Schokolade; recht kraftvoll, Süße, Tabak, auch Passitofrucht, angenehm. (15 000 Fl.; L.E160; eine Abfüllung; Merum 2007-1) Privatpreis ab Hof: Euro #

Amarone della Valpolicella Classico DOC
Capitel della Crosara 2000   ★★★★ JLF

Mittleres Rot; tiefe Noten von Erdbeermarmelade, Holunder, Gummi; Mittelgewicht, herrlich tiefe, intensive Frucht, Süße, ausgewogen, elegant, lang auf intensiven Fruchtnoten, wird bei geöffneter Flasche immer besser. (6000 Fl.; L.D 099; mehr als eine Abfüllung; Merum 2004-6) Privatpreis ab Hof: #

Amarone della Valpolicella Classico DOC
Castelliere delle Guaite 1999   ★★ – ★★★

Mittelhelles Rot; Passito-Noten, auch Bananenschalen, Äpfel; im Gaumen Kaffee, viel Süße, recht tief, gutes Tannin, saftig, recht lang. (3300 Fl.; L.#; eine Abfüllung; Merum 2004-6) Privatpreis ab Hof: #

Musella, San Martino Buon Albergo (VR)   120 000 Fl./30 Hektar

Tel. 045 973385; Fax 045 8956287; www.musella.it; maddalena@musella.it

Amarone della Valpolicella DOC 2001

Mittelintensives, warmes Rubin; Passitonoten, Röstung, Ruß; Kraft, Süße, gewisse Frucht, süßlicher Röstgeschmack dominiert den Wein im Abgang, trocknet nach. (22 000 Fl.; L.5150; eine Abfüllung; Merum 2007-1) Privatpreis ab Hof: Euro 26,00

Amarone della Valpolicella DOC 1999   ★★ – ★★★

Mittelintensives Rot; Noten von Frucht, Holz und Marzipan, macht neugierig; dicht und konzentriert, Marzipan, viel Tannin, Frucht, eingepasstes Holz, recht lang, trocknet etwas. (14 000 Fl.; L.#; eine Abfüllung; Merum 2004-6) Privatpreis ab Hof: #

Nicolis Angelo, San Pietro in Cariano (VR)   180 000 Fl./42 Hektar

Tel. 045 7701261; Fax 045 6800551; www.vininicolis.com; info@vininicolis.com

Amarone della Valpolicella Classico DOC 2001

Recht dunkles Rubin; etwas stechende, nicht fruchtige, eher holzgeprägte Noten; Kaffeearoma, nicht fruchtig, trocknet etwas. (25 000 Fl.; L.011; eine Abfüllung; Merum 2007-1) Privatpreis ab Hof: Euro 7,20

Amarone della Valpolicella Classico DOC 2000

Dunkelrot; Holznoten stehen neben und vor der Frucht; viel Säure, mittlere Konzentration, Holz, trocknendes Tannin, keine Frucht im Abgang. (20 000 Fl.; L.0803; eine Abfüllung; Merum 2004-6) Privatpreis ab Hof: #

Amarone della Valpolicella Classico DOC Ambrosan 2001

Recht intensives Rubin; rußige Holznoten, keine Fruchttiefe; Kraft und Süße, etwas Röstung, keine Frucht, Röstung hängt nach, bitter. (20 000 Fl.; L.012; mehr als eine Abfüllung; Merum 2007-1) Privatpreis ab Hof: Euro 7,20

Amarone della Valpolicella Classico DOC Ambrosan 2000

Dunkelrot; breite, nicht frische Holznoten, müde Nase; Restsüße, Säure, keine Frucht, trocknet die Zunge weg. (20 000 Fl.; L.0703; eine Abfüllung; Merum 2004-6) Privatpreis ab Hof: #

Novaia, Marano (VR)   30 000 Fl./7 Hektar

Tel. 045 7755129; Fax 045 7755046; www.novaia.it; info@novaia.it

Amarone della Valpolicella Classico DOC 2001   ★★ – ★★★

Recht dunkles Rubin; erdige Fruchtnoten, Himbeeren, Gummi; kraftvolles Mittelgewicht, nicht sehr warm, kaum Süße, präsente Frucht, im Abgang etwas trocken. (3000 Fl.; L.5 211; eine Abfüllung; Merum 2007-1) Privatpreis ab Hof: Euro 25,00

Pasqua, Verona (VR)   18 000 000 Fl./200 Hektar

Tel. 045 8432111; Fax 045 8432211; www.pasqua.it; info@pasqua.it

Amarone della Valpolicella Classico DOC 2000   ★★ – ★★★

Mittleres Rubin; Noten von Himbeersirup, Holunder, auch Passito-Noten; Himbeeren auch im Gaumen, gutes Tannin, kraftvoll, Mittelgewicht, rassige Säure, wenig Passito-Charakter, sehr angenehm, Länge. (30 000 Fl.; L.4-040; mehr als eine Abfüllung; Merum 2004-6) Privatpreis ab Hof: #

Amarone della Valpolicella Classico DOC
Cecilia Beretta Terre di Cariano 2001   ★★ – ★★★

Recht intensives, reifendes Rubin; Noten von Rumtopf, Trockenfrüchten, auch Holz; Süße, Reifearomen, rund, recht fruchttief und lang, etwas herbes Tannin. (20 000 Fl.; L.06-097C; mehr als eine Abfüllung; Merum 2007-1) Privatpreis ab Hof: Euro 30,00

Amarone della Valpolicella Classico DOC
Villa Borghetti 2002   ★★ – ★★★

Recht dunkles, warmes Rubin; recht intensive, balsamische Noten, auch Fruchttiefe; saftig, warm, rund, Fruchttiefe, Kraft, im Abgang wird Holz spürbar, leicht klebriges Holztannin. (40 000 Fl.; L.06-193C; mehr als eine Abfüllung; Merum 2007-1) Privatpreis ab Hof: Euro 22,00

Amarone della Valpolicella Classico DOC Villa Borghetti 1999

Mittleres Rot; Noten von Himbeermarmelade, daneben auch ältliche Holznoten (Kleiderschrank); Mittelgewicht, Süße, präsente Frucht, Butter, herbes Tannin. (60 000 Fl.; L.3-133; mehr als eine Abfüllung; Merum 2004-6) Privatpreis ab Hof: #

Amarone della Valpolicella DOC
Cecilia Beretta Terre di Cariano 1999

Mittleres Rot; müde Nase, keine Frucht; Amarone-Frucht, Restsüße, dürfte konzentrierter sein, herbes Tannin. (25 000 Fl.; L.3-085; eine Abfüllung; Merum 2004-6) Privatpreis ab Hof: #

Amarone della Valpolicella DOC Sagramoso 2001   ★★ – ★★★

Dunkles Rubin; erst verhalten, dann Himbeerkonfitüre, vegetale Frucht, Holunder; sehr konzentriert, kraftvoll, kaum restsüß, herbes Tannin, gute Tiefe, wenig Passito-Charakter, saftig, recht lang. (15 000 Fl.; L.06-097C; mehr als eine Abfüllung; Merum 2007-1) Privatpreis ab Hof: Euro 27,00

Quintarelli, Negrar (VR)   55 000 Fl./12 Hektar

Tel. 045 7500016; Fax 045 6012301; giuseppe.quintarelli@tin.it

Amarone della Valpolicella Classico DOC
Monte Cà Paletta 1995   ★★★

Mittleres Rot; dichte Nase, vegetale, Laub- und Passito-Noten, tief; Restsüße, dann tiefe Frucht, bestes Tannin, lang; wäre toller Amarone ohne die spürbare Restsüße. (9000 Fl.; L.1.2001; eine Abfüllung; Merum 2004-6) Privatpreis ab Hof: Euro #

Recchia, Negrar (VR)   100 000 Fl./52 Hektar

Tel. 045 7500584; Fax 045 7501970; www.recchiavini.it; info@recchiavini.it

Amarone della Valpolicella Classico DOC Cà Bertoldi 2000

Recht intensives Rubin; nicht frische, holzgeprägte Nase, matt; kraftvoll, aber keine Frucht, trockenes Tannin, süßlich, Geschmack von Ruß und Angebranntem, ziemlich bitter. (5000 Fl.; L.4123; mehr als eine Abfüllung; Merum 2007-1) Privatpreis ab Hof: Euro 24,00

Amarone della Valpolicella Classico DOC
Masùa di Jago 2003   ★★ – ★★★

Mittleres, frisches Rubin; recht frische Frucht, etwas kompottig; Mittelgewicht, gewisse Frucht, Süße, kräftig, recht angenehm. (10 000 Fl.; L.6033; mehr als eine Abfüllung; Merum 2007-1) Privatpreis ab Hof: Euro 10,40

Righetti Cesare, Negrar (VR)   7000 Fl./3 Hektar

Tel. 045 7500288; Fax # ; #

Amarone della Valpolicella Classico DOC Colle Cerè 2000   ★★★

Mittelintensives Rot; Passito- und Maische-Noten; saftiger Ansatz, Süße, Passito-Frucht, recht tief, gutes Tannin, typisch, sehr lang. (# Fl.; L.04-04; # Abfüllungen; Merum 2004-6) Privatpreis ab Hof: Euro #

Righetti Luigi, Valgatara (VR)   # Fl./# Hektar

Tel. 045 7701190; Fax 045 7704930

Amarone della Valpolicella Classico DOC 2000

Ziemlich helles Rot; nicht sehr klare Kompottnoten; einfach, kompottig, kein Amarone, aber ohne Passito-Frucht, zu schmal, leicht bitter. (# Fl.; L.#; # Abfüllungen; Merum 2004-6) Privatpreis ab Hof: Euro #

Roccolo Grassi, Mezzane di Sotto (VR)   33 000 Fl./13,5 Hektar

Tel. 045 8880089; Fax 045 8889000; www.roccolograssi.it; roccolograssi@libero.it

Amarone della Valpolicella DOC 2000   ★★ – ★★★

Dunkles Rot; Neuholz- und Fruchtnoten; Neuholz auch im Gaumen, viel Süße, Alkohol, auch viel Frucht, Frucht hält an, schöne Länge. (3800 Fl.; L.04-04; eine Abfüllung; Merum 2004-6) Privatpreis ab Hof: #

Roncolato, Soave (VR)   75 000 Fl./12 Hektar

Tel. 045 7675104; Fax 045 7675935; www.cantinaroncolato.com; antonioroncolato@libero.it

Amarone della Valpolicella DOC 2000

Mittelhelles Rot; gewisse Konfitüre- aber keine Passitonoten; viel Süße, fehlt die Konzentration, einfache Frucht, nicht tief, soweit recht angenehm. (4013 Fl.; L.91.05; eine Abfüllung; Merum 2007-1) Privatpreis ab Hof: Euro 20,00

San Rustico, Marano (VR) 200 000 Fl./20 Hektar

Tel. 045 7703348; Fax 045 6800682; www.sanrustico.com; info@sanrustico.it

Amarone della Valpolicella Classico DOC 2000

Helles Rubin; verhalten, kompottige Frucht, wenig Tiefe; Mittelgewicht, angenehme Frucht, nicht sehr ausdrucksstark, einfach, knappe Länge. (10 000 Fl.; L.4096; mehr als eine Abfüllung; Merum 2004-6) Privatpreis ab Hof: #

Amarone della Valpolicella Classico DOC
Vigneti del Gaso 2001 ★★ – ★★★

Recht dunkles Rubin; eher verhalten, Zwetschgenmarmelade; Mittelgewicht, recht fruchtig, saftig, angenehm. (10 000 Fl.; L.6079; # Abfüllungen; Merum 2007-1) Privatpreis ab Hof: Euro #

Amarone della Valpolicella Classico DOC Vigneti del Gaso 1999

Mittleres, frisches Rot; Stroh- und Marmeladenoten, kein Passito-Charakter; vorstehende Süße, Butter, gewisse Frucht, wenig Tiefe, Alkohol, nicht lang, etwas einfach. (5000 Fl.; L.4131; mehr als eine Abfüllung; Merum 2004-6) Privatpreis ab Hof: #

Sant'Antonio, Colognola ai Colli (VR) 300 000 Fl./50 Hektar

Tel. 045 7650383; Fax 045 6171098; www.tenutasantantonio.it; info@tenutasantantonio.it

Amarone della Valpolicella DOC
Antonio Castagnedi 2003 ★★★ – ★★★★

Recht intensives Rubin; Passitonoten, vegetal, recht tief; Kraft, recht konzentriert, angenehm schoko-bitteres Tannin, saftig, viel Süße, gute Länge. (40 000 Fl.; L.01/06; eine Abfüllung; Merum 2007-1) Privatpreis ab Hof: Euro 25,00

Amarone della Valpolicella DOC
Campo dei Gigli 2000 ★★ – ★★★

Recht dunkles Rubin; würzige, dunkle Frucht, Tiefe; kraftvolles Mittelgewicht, leicht holzgestört, Säure, wertvolle Frucht, recht tief, frisch, gewisse Länge, arg herbes Tannin. (18 000 Fl.; L.06/04; eine Abfüllung; Merum 2007-1) Privatpreis ab Hof: Euro 50,00

Amarone della Valpolicella DOC
Campo dei Gigli 1999 ★★ – ★★★

Mittleres Rubin; vegetale Noten, Holz, Rauch; dichter, fruchtiger Ansatz, vegetale Frucht, saftige Säure, trockenes Tannin, Tiefe, etwas Butter und Röstung, Charakter, lang. (9500 Fl.; L.02.04; eine Abfüllung; Merum 2004-6) Privatpreis ab Hof: #

Amarone della Valpolicella DOC
Selezione Antonio Castagnedi 2000 ★★★

Mittelintensives Rubin; intensive Fruchtnoten; vegetale Frucht auch im Gaumen, Kaffee, recht angenehm, viel Süße, herbes Tannin, Röstung, lang. (30 000 Fl.; L.06.04; eine Abfüllung; Merum 2004-6) Privatpreis ab Hof: #

Santa Sofia, San Pietro in Cariano (VR) 550 000 Fl./38 Hektar

Tel. 045 7701074; Fax 045 7703222; www.santasofia.com; info@santasofia.com

Amarone della Valpolicella Classico DOC 2003

Mittleres Rubin; Holz- und Fruchtnoten; Mittelgewicht, gewisse Frucht, dann bitter-trockenes Tannin. (60 000 Fl.; L.170706; mehr als eine Abfüllung; Merum 2007-1) Privatpreis ab Hof: Euro 29,00

Amarone della Valpolicella Classico DOC 1998

Mittelhelles, frisches Rot; nicht intensive Noten von altem Holz, roter Beerenmarmelade; viel Süße, Holz und einfache Frucht, wenig Tiefe, trockenes Tannin. (50 000 Fl.; L.280403; mehr als eine Abfüllung; Merum 2004-6) Privatpreis ab Hof: #

Santi/GIV, Illasi (VR) 1 600 000 Fl./70 Hektar

Tel. 045 6520077; Fax 045 6520044; www.giv.it; com@giv.it

Amarone della Valpolicella DOC 2003 ★★ – ★★★

Mittleres Rubin; holundrige Fruchtnoten, auch Himbeeren; saftig, trinkig, gute Säure, Kaffee, Holunder, Butter, ausgewogen, frisch, feinherbes Tannin, gute Länge. (70 000 Fl.; L.6-214; mehr als eine Abfüllung; Merum 2007-1) Privatpreis ab Hof: Euro 25,00

Amarone della Valpolicella DOC 2000

Mittelintensives Rot; Holunder-Noten; gute Fruchtsüße, Rauch, herbes Tannin, neben Frucht auch etwas Rauchspeck im Abgang. (50 000 Fl.; L.4-037 09:01; mehr als eine Abfüllung; Merum 2004-6) Privatpreis ab Hof: #

Amarone della Valpolicella DOC Proemio 2003 ★★ – ★★★

Mittleres Rubin; Fruchtnoten, Passito, Holz; Mittelgewicht, saftig, gewisse Frucht, recht angenehm, herbes Tannin. (14 000 Fl.; L.6-193; eine Abfüllung; Merum 2007-1) Privatpreis ab Hof: Euro 34,90

Amarone della Valpolicella DOC Proemio 1999

Mittleres Rot; kompottige Nase mit Noten von Erdbeermarmelade, Holunder; viel Süße, herbkraftvoller Ansatz, ansprechende Frucht, allerdings von Anfang weg bitter, im Abgang Holzaromen. (11 000 Fl.; L.#; mehr als eine Abfüllung; Merum 2004-6) Privatpreis ab Hof: #

Sartori, Negrar (VR)   # Fl./25 Hektar

Tel. 045 6028011; Fax 045 6020134; www.sartorinet.com; sartori@sartorinet.com

Amarone della Valpolicella Classico DOC 2000

Ziemlich dunkles Rubin; Noten von Zwetschgenmarmelade, einfach, wenig Passito-Charakter; kraftvoll, knappe Frucht, einfach, wenig Amarone-Charakter. (100 000 Fl.; L.3349/15:06/B411; mehr als eine Abfüllung; Merum 2004-6) Privatpreis ab Hof: #

Amarone della Valpolicella Classico DOC Corte Brà 1998

Mittelintensives Rot; müde Nase; auch im Gaumen müde Frucht, gibt nichts her, im Abgang dann trockenes Tannin, Vanille. (35 000 Fl.; L.3298/13:26/B362; eine Abfüllung; Merum 2004-6) Privatpreis ab Hof: #

Scriani, Fumane (VR)   30 000 Fl./8 Hektar

Tel. 045 6839251; Fax 045 6839251; www.scriani.it; info@scriani.it

Amarone della Valpolicella Classico DOC 2001 ★★ – ★★★

Mittelintensives Rubin; marmeladig-kompottige Frucht; recht konzentriert, Säure, Süße, etwas herb, dann recht lang. (6000 Fl.; L.08; eine Abfüllung; Merum 2007-1) Privatpreis ab Hof: Euro 22,80

Amarone della Valpolicella Classico DOC 2000

Ziemlich intensives Rubin; verhalten, Strohnoten, nicht fruchtig, keine Tiefe; Mittelgewicht, wenig Amarone-Charakter, trocknet nach. (5000 Fl.; L.#; eine Abfüllung; Merum 2004-6) Privatpreis ab Hof: #

Speri, San Pietro in Cariano (VR)   350 000 Fl./60 Hektar

Tel. 045 7701154; Fax 045 7704994; www.speri.com; info@speri.com

Amarone della Valpolicella Classico DOC
Monte Sant'Urbano 2000

Mittleres Rubin; verhaltene Noten von dunklen Steinfrüchten; Kirschen- und Zwetschgenfrucht, auch Holzaroma, Restsüße, herbes Tannin. (80 000 Fl.; L.4078; mehr als eine Abfüllung; Merum 2004-6) Privatpreis ab Hof: #

Sterza David, Fumane (VR)   20 000 Fl./5 Hektar

Tel. 045 7704201; Fax 045 7704201; www.davidsterza.it; sterzadavid@libero.it

Amarone della Valpolicella Classico DOC 2001

Recht dunkles Rubin; knappe Frucht, etwas matt; fehlt Frucht, kaum Süße, wirkt matt. (6000 Fl.; L.01; eine Abfüllung; Merum 2007-1) Privatpreis ab Hof: Euro 24,00

Tedeschi, Pedemonte (VR)   500 000 Fl./20 Hektar

Tel. 045 7701487; Fax 045 7704239; www.tedeschiwines.com; tedeschi@tedeschiwines.com

Amarone della Valpolicella Classico DOC 2001

Dunkles Rubin; etwas stechende Frucht mit Noten von Pflanzenschalen; konzentriert, kraftvoll, Süße, auch Frucht, fehlt Tiefe, trocken-bitter im Abgang. (80 000 Fl.; L.6b6; mehr als eine Abfüllung; Merum 2007-1) Privatpreis ab Hof: Euro 26,50

Amarone della Valpolicella Classico DOC 2000   ★★ – ★★★

Mittelhelles Rubin; Holundernoten, wenig Frucht; Mittelgewicht, knappe Frucht, Holunder, herbes Tannin, Säure, gewisse Länge. (75 000 Fl.; L.1b1; mehr als eine Abfüllung; Merum 2004-6) Privatpreis ab Hof: #

Amarone della Valpolicella Classico DOC Monte Olmi 2001

Dunkles, warmes Rubin; flüchtige Noten von Passitofrucht; viel Süße, Kraft, leider dann sehr herb, gewisse Tiefe und Länge, aber zu trocken. (10 000 Fl.; L.2b1; mehr als eine Abfüllung; Merum 2007-1) Privatpreis ab Hof: Euro 46,00

Amarone della Valpolicella Classico DOC
Monte Olmi 2000   ★★ – ★★★

Mittelintensives Rot; helle Noten von Beerenmarmelade, Holunder, einladend; auch im Gaumen die selbe Frucht, Butter, Mittelgewicht, gefällt, leider im recht langen Abgang dann etwas trocknend. (9000 Fl.; L.1b3; eine Abfüllung; Merum 2004-6) Privatpreis ab Hof: #

Tezza, Polano (VR)   100 000 Fl./25 Hektar

Tel. 045 550267; Fax 045 8709840; www.tezzawines.it; info@tezzawines.it

Amarone della Valpolicella DOC Brolo delle Giare 2000

Dunkelrot; dichte Nase, intensive Frucht- und Holznoten; auch im Gaumen Holz, aber auch viel Frucht, Tiefe, Kraft, Rasse, saftige Säure, dann leider trockenes Holztannin (4500 Fl.; L.3003; eine Abfüllung; Merum 2004-6) Privatpreis ab Hof: #

Amarone della Valpolicella Valpantena DOC
Brolo delle Giare 2002

Mittleres, warmes Rubin, Noten von Vanille, Trockenfrüchten; Schnapsfrüchte, Vanille, nicht sehr tief. (6700 Fl.; L.#; mehr als eine Abfüllung; Merum 2007-1) Privatpreis ab Hof: Euro #

Amarone della Valpolicella Valpantena DOC
Brolo delle Giare 2001

Mittleres Rubin; Holznoten, auch Fruchttiefe; Mittelgewicht, etwas geschliffen, wenig Tiefe, nicht lang, nicht fruchtig, trocknet. (4500 Fl.; L.5011; eine Abfüllung; Merum 2007-1) Privatpreis ab Hof: Euro #

Amarone della Valpolicella Valpantena DOC
Monte delle Fontane 2002

Mittleres, warmes Rubin; nicht frische Noten von Ruß und Jod, keine Frucht; konzentriert, kraftvoll, keine Frucht, herb-bitter im Finale. (10 000 Fl.; L.6007; mehr als eine Abfüllung; Merum 2007-1) Privatpreis ab Hof: Euro #

Amarone della Valpolicella Valpantena DOC
Monte delle Fontane 2000

Mittelhelles Rot; Holz- und Holunder-Noten; im Gaumen gewisse Amarone-Frucht, leider hat das Holz einigen Schaden angerichtet und trocknet den Wein im Abgang aus. (10 000 Fl.; L.4001; mehr als eine Abfüllung; Merum 2004-6) Privatpreis ab Hof: #

Tinazzi Eugenio, Lazise (VR)   900 000 Fl./# Hektar

Tel. 045 6470697; Fax 045 6471117; www.tinazzi.it; info@tinazzi.it

Amarone della Valpolicella Classico DOC
Cà de' Rocchi La Bastia 2003

Dunkelrubin; rindige Noten von Holz und Röstung stehen vor der Frucht; kräftig, konzentriert, Butter, Röstung, herb-bitteres Tannin. (8000 Fl.; L.20906; mehr als eine Abfüllung; Merum 2007-1) Privatpreis ab Hof: Euro 22,60

Tommasi, Pedemonte (VR)   900 000 Fl./135 Hektar

Tel. 045 7701266; Fax 045 6834166; www.tommasiwine.it; info@tommasiwine.it

Amarone della Valpolicella Classico DOC 2001   ★★ – ★★★

Mittleres Rubin; schweißige Noten, Holunder, Leder, nicht klar; im Gaumen kräftig, rund, süß, dann allerdings bitter im Finale. (65 000 Fl.; L.#; # Abfüllungen; Merum 2007-1) Privatpreis ab Hof: Euro 19,95

Amarone della Valpolicella Classico DOC 2000

Dunkelrot; kompottige Frucht; gereifte Frucht, Alkohol, Tannin, herb-trocknend. (60 000 Fl.; L.101202; eine Abfüllung; Merum 2004-6) Privatpreis ab Hof: #

Amarone della Valpolicella Classico DOC Cà Florian 2001

Dunkles Rubin; nicht sehr klare Passitonoten; Wärme, Süße, wenig Frucht, herb im Finale. (7000 Fl.; L.#; # Abfüllungen; Merum 2007-1) Privatpreis ab Hof: Euro 42,95

Amarone della Valpolicella Classico DOC Cà Florian 2000   ★★ – ★★★

Dunkelrot; Holz-, Kaffee und Marmeladenoten; Süße Butter, recht vielschichtige Frucht, herbes Tannin, schöne Länge. (7000 Fl.; L.140103; eine Abfüllung; Merum 2004-6) Privatpreis ab Hof: #

Trabucchi, Illasi (VR)   65 000 Fl./20 Hektar

Tel. 045 7833233; Fax 045 6528112; www.trabucchivini.it; azienda.agricola@trabucchi.it

Amarone della Valpolicella DOC 2002

Dunkles Rubin; röstige Passitonoten; Kraft, konzentriert, Frucht, viel Röstung, recht lang, leicht bitter und röstig im Abgang. (4000 Fl.; L.07-05; eine Abfüllung; Merum 2007-1) Privatpreis ab Hof: Euro 35,00

Amarone della Valpolicella DOC 2000

Mittelhelles Rot; nicht fruchtig, Holznoten; Süße, viel Säure, knappe Frucht, Holzgeschmack, unausgewogen. (13 000 Fl.; L.255-03; eine Abfüllung; Merum 2004-6) Privatpreis ab Hof: #

Valetti, Calmasino (VR)   70 000 Fl./8 Hektar

Tel. 045 7235075; Fax 045 7235075; www.valetti.it; valetti@valetti.it

Amarone della Valpolicella Classico DOC 2001

Dunkles Rubin; kompottig-marmeladige Frucht; mittlere Konzentration, herb und hart, nicht fruchttief, nicht lang. (1500 Fl.; L.6-112; eine Abfüllung; Merum 2007-1) Privatpreis ab Hof: Euro 21,00

Vaona, Marano (VR)   20 000 Fl./10 Hektar

Tel. 045 7703710; Fax 045 7703799; www.vaona.it; info@vaona.it

Amarone della Valpolicella Classico DOC Pegrandi 2000

MIttelintensives Rubin; nicht frische, jodig-rauchige Passito-Noten; Süße, präsente Frucht, nicht sehr vielschichtig, viel Süße, nicht trocknend. (3000 Fl.; L.A802; eine Abfüllung; Merum 2004-6) Privatpreis ab Hof: #

Venturini Massimino, San Floriano (VR)   80 000 Fl./12 Hektar

Tel. 045 7701331; Fax 045 7701331; www.viniventurini.com; azagrventurinimassimino@tin.it

Amarone della Valpolicella Classico DOC 2001

Mittelintensives Rubin; gereift, mehr würzig als fruchtig; Mittelgewicht, recht rund, fehlt Fruchttiefe, trocken. (16.000 Fl.; L.06010; mehr als eine Abfüllung; Merum 2007-1) Privatpreis ab Hof: Euro 16,50

Amarone della Valpolicella Classico DOC 2000

Dunkelrot; verhaltene Nase, Noten von Lakritze, Holz, Frucht; Kraft, dichte Struktur, wenig Amarone-Frucht, Amarone-Charakter ist von Holzstruktur etwas verstellt, recht angenehm im Finale, fehlt aber Frucht auf der ganzen Linie. (15 000 Fl.; L.04079; eine Abfüllung; Merum 2004-6) Privatpreis ab Hof: #

Villa Canestrari, Colognola ai Colli (VR)   100 000 Fl./18 Hektar

Tel. 045 7650074; Fax 045 7650074; www.villacanestrari.com; info@villacanestrari.com

Amarone della Valpolicella DOC Plenum 2003

Mittelintensives Rubin; ledrig-fruchtige Nase; recht kraftvoll, viel Süße, gewisse Fruchttiefe, endet auf Holz. (10 500 Fl.; L.#; eine Abfüllung; Merum 2007-1) Privatpreis ab Hof: Euro 21,00

Amarone della Valpolicella DOC Plenum 2001

Mittelintensives Rubin; flüchtig-kompottige Fruchtnoten; Mittelgewicht, Süße, Säure, wenig Amarone-Charakter, endet trocknend. (10 500 Fl.; L.#; eine Abfüllung; Merum 2007-1) Privatpreis ab Hof: Euro 21,00

Amarone della Valpolicella DOC Plenum 2000

Mittelhelles Rubin; verhalten, nicht sehr frisch, fehlt Frucht; wirkt auch im Gaumen müde, Süße, wenig Frucht, ziemlich kurz. (2500 Fl.; L.401; mehr als eine Abfüllung; Merum 2004-6) Privatpreis ab Hof: #

Villa Erbice, Mezzane di Sotto (VR)   90 000 Fl./15 Hektar

Tel. 045 8880086; Fax 045 8880333; agricolavillaerbice@virgilio.it

Amarone della Valpolicella DOC Tremenel 2000

Recht dunkles Rubin; Passitonoten, Vanille, Holzwürze; im Mund vorwiegend holzwürzig, gewisse Frucht, trocknet. (5200 Fl.; L.6.28; eine Abfüllung; Merum 2007-1) Privatpreis ab Hof: Euro 30,00

Amarone della Valpolicella DOC Vigneto Tremenel 1998

Recht dunkles Rot; balsamische Noten, Holz, Leder, kaum Frucht; im Gaumen Gewürznoten, Lorbeer, Vanille, altes Holz, kaum Frucht, gewisse Länge. (2800 Fl.; L.03.21; eine Abfüllung; Merum 2004-6) Privatpreis ab Hof: #

Villa Monteleone, Sant' Ambrogio (VR)   30 000 Fl./6 Hektar

Tel. 045 7704974; Fax 045 6800160; www.villamonteleone.com; info@villamonteleone.com

Amarone della Valpolicella Classico DOC 2000

Dunkelrot; verhaltene, nicht fruchtige, nicht klare Nase; kraftvolles Mittelgewicht, Süße, keine Frucht, Holz, keine Tiefe, trocknend. (# Fl.; L.04-04; eine Abfüllung; Merum 2007-1) Privatpreis ab Hof: Euro 28,00

Amarone della Valpolicella Classico DOC
Campo San Paolo 1998

Mittelintensives Rot; Noten von Gewürzen, Vanille, Holz; auch im Gaumen holzdominiert, kaum Frucht, fehlt Fruchttiefe, endet trocknend. (3200 Fl.; L.03-03; eine Abfüllung; Merum 2004-6) Privatpreis ab Hof: #

Villa Spinosa, Negrar (VR)   35 000 Fl./18 Hektar

Tel. 045 7500093; Fax 045 7500093; www.valpolicella.it; villaspinosa@valpolicella.it

Amarone della Valpolicella Classico DOC 1999

Mittleres Rot; Noten von Jod, Butter; Süße, kaum Frucht, Jod, herbes Tannin, nicht tief. (10 000 Fl.; L.4.11.1; eine Abfüllung; Merum 2007-1) Privatpreis ab Hof: Euro 20,00

Amarone della Valpolicella Classico DOC 1998

Mittleres Rot; Holznoten; Mittelgewicht, kaum Frucht, Holzaromen, trocknendes Tannin, bitter, Holz hängt nach. (12 000 Fl.; L.3.11.5; eine Abfüllung; Merum 2004-6) Privatpreis ab Hof: #

Villabella, Calmasino (VR)   500 000 Fl./170 Hektar

Tel. 045 7236448; Fax 045 7236704; www.vignetivillabella.com; info@vignetivillabella.com

Amarone della Valpolicella Classico DOC
Fracastoro 2000   ★★ – ★★★

Intensives Rubin; balsamische Noten; im Gaumen Karamell, einseitiges Aroma von aromatischem Heu, saftig, marmeladige Beerenfrucht. (30 000 Fl.; L.6.146; eine Abfüllung; Merum 2007-1) Privatpreis ab Hof: Euro 28,00

Amarone della Valpolicella Classico DOC Fracastoro 1999

Dunkles Rot; nicht tiefe Holz- und Passito-Noten; Mittelgewicht, Gewürzaromen, Lorbeer, bitter, matte Frucht, trockenes Tannin. (20 000 Fl.; L.4.069; eine Abfüllung; Merum 2004-6) Privatpreis ab Hof: #

Viviani, Negrar (VR)   70 000 Fl./10 Hektar

Tel. 045 7500286; Fax 045 7500286; www.cantinaviviani.com; viviani@cantinaviviani.com

Amarone della Valpolicella Classico DOC 2000

Dunkelrot; nicht sehr großzügige Nase, verhalten-vegetale Corvina-Noten; Kraft und Struktur, streng, Süße, Kaffee, zu wenig Tiefe und Länge. (9000 Fl.; L.3 190; eine Abfüllung; Merum 2004-6) Privatpreis ab Hof: #

Amarone della Valpolicella Classico DOC Casa dei Bepi 2001

Ziemlich intensives Rubin; holzwürzige Noten von vegetaler Frucht; konzentriert und kraft-voll, rund, kaum fruchtig, nicht überaus tief, Holz im Abgang, streng. (4000 Fl.; L.6 090; eine Abfüllung; Merum 2007-1) Privatpreis ab Hof: Euro 42,00

Amarone della Valpolicella Classico DOC Casa dei Bepi 1999

Mittelhelles Rubin; ausgeprägte Noten von Röstung, Himbeeren und neuer Eiche; sehr kon-zentriert, Süße, dann Frucht, Holzaromen, schmeckt verbrannt, trocken. (6000 Fl.; L.4140; eine Abfüllung; Merum 2004-6) Privatpreis ab Hof: #

Zecchini, Grezzana (VR)   13 000 Fl./18 Hektar

Tel. 045 8650111; Fax 045 907521; www.agricosta.it; agricosta@tiscali.it

Amarone della Valpolicella Valpantena DOC Calandra 2002

Mittleres Rubin; schwitzig-flüchtige, holzbetonte Nase; Süße, gewisse Frucht, Säure, herb im Abgang. (6700 Fl.; L.150-05; eine Abfüllung; Merum 2007-1) Privatpreis ab Hof: Euro 26,00

Zenato, Peschiera (VR)   1 500 000 Fl./70 Hektar

Tel. 045 7550300; Fax 045 6400449; www.zenato.it; info@zenato.it

Amarone della Valpolicella Classico DOC 2001   ★★ – ★★★

Dunkles Rubin; röstig-fruchtige Nase; Süße, kraftvoll, interessante Frucht, feine Röstung, recht tief und lang, feinbitter. (50 000 Fl.; L.886; mehr als eine Abfüllung; Merum 2007-1) Privatpreis ab Hof: Euro 24,00

Amarone della Valpolicella Classico DOC 2000   ★★ – ★★★

Dunkelrot; tiefe Noten von Himbeermarmelade, mit Belüftung Holz; rund, ausgewogen, wenig Passito-Frucht, mit Belüftung tritt das Holz hervor, sonst geschmeidig, recht fruchttief, ausgewogen, lang. (60 000 Fl.; L.1124; eine Abfüllung; Merum 2004-6) Privatpreis ab Hof: #

Amarone della Valpolicella Classico DOC Riserva Sergio Zenato 2001   ★★ – ★★★

Dunkles Rubin; holzwürzige Nase mit Amarone-Noten; konzentriert, Süße, Amarone-Frucht, etwas Holz, herbes Tannin, gute Länge. (# Fl.; L.3555; eine Abfüllung; Merum 2007-1) Privatpreis ab Hof: Euro 50,00

Amarone della Valpolicella DOC Riserva Sergio Zenato 1998   ★★★

Mittleres Rubin; intensive Noten frischer Beerenmarmelade, vegetale Noten, sehr einladend; intensive Frucht, viel Süße, eingepasstes Holz, saftig, Kaffee-Marmeladefrucht hält an, herb-bitteres Tannin wird von der Fruchtsüße kompensiert, recht lang. (6000 Fl.; L.294; eine Abfül-lung; Merum 2004-6) Privatpreis ab Hof: #

Zeni, Bardolino (VR)   900 000 Fl./25 Hektar

Tel. 045 7210022; Fax 045 6212702; www.zeni.it; zeni@zeni.it

Amarone della Valpolicella Classico DOC 2001   ★★ – ★★★

Mittelintensives Rot; Noten von Steinfruchtmarmelade, Kaffee und Holunder; recht fruchtig auch im Gaumen, saftig, herbes Tannin, gute Länge. (50 000 Fl.; L.2168401; mehr als eine Abfüllung; Merum 2004-6) Privatpreis ab Hof: #

Amarone della Valpolicella Classico DOC barriques 2003

Dunkles Rubin; röstige Noten; konzentriert, gewisse Süße, nicht tief, bleibt irgendwie kühl, nicht lang, trocknet. (# Fl.; L.1200601; # Abfüllungen; Merum 2007-1) Privatpreis ab Hof: Euro #

Amarone della Valpolicella Classico DOC Vigne Alte 2000

Dunkelrot; nicht ganz klare Noten von Stroh, Holz, kaum Fruchtsüße; Säure, mittlere Kon-zentration, gewisse Frucht, Kaffee, nach wenigen Stunden trennt sich das Holz vom Wein, wenig Amarone-Frucht. (10 000 Fl.; L.1077406; mehr als eine Abfüllung; Merum 2004-6) Privat-preis ab Hof: Euro #

Amarone della Valpolicella Classico DOC Vigne Alte 2003

Dunkles Rubin; nicht fruchtige, etwas matte Nase; auch im Gaumen fehlt Fruchtfrische, nicht warm, nicht geschmeidig, endet bitter. (# Fl.; L.2139603; # Abfüllungen; Merum 2007-1) Privatpreis ab Hof: Euro #

Zonin, Gambellara (VI)   25 000 000 Fl./1800 Hektar

Tel. 0444 640119; Fax 0444 640201; www.zonin.it; zonin@zonin.it

Amarone della Valpolicella DOC Maso Laito 1998   ★★ – ★★★

Mittleres, frisches Rot; Holunder-Noten, Laub, rote Frucht, einladend; Mittelgewicht, ausgewogen, rund, gutes Tannin, Holunder, saftig, Butter. (12 000 Fl.; L.A4015; mehr als eine Abfüllung; Merum 2004-6) Privatpreis ab Hof: #

Bardolino

Wie ein guter Bardolino schmecken soll? Das kommt darauf
an, ob er aus dem klassischen Gebiet am See oder aus dem
südlichen Teil des Anbaugebietes stammt. Der Classico soll
hellfarben sein, einen blumigen Duft verströmen, geschmeidig, vegetal-fruchtig und feinherb schmecken, während der
Bardolino aus den reicheren Böden um Custoza, Castelnuovo
und Valeggio dunkler ist, in der Nase breitere, dunkelfruchti-
gere, stets ausgeprägte pflanzliche Noten aufweist und im
Gaumen mit einem stattlichen Körper und stets einem leicht
bitteren, sehr angenehmen Tannin ausgestattet ist. Die vor
allem in südlichen Bardolino oft präsente vegetale Frucht
stammt übrigens nicht vom zweifelhaften Zusatz von Cabernet, sondern von der traditionellen Sorte Corvina. Sie kann
dem Wein ausgesprochen grüne Aromen verleihen, die sehr
reizvoll sind und das Geschmacksbild auch des Valpolicella
sowie des Amarone beeinflussen können. Mit sehr wenigen
Ausnahmen kann der Bardolino Superiore DOCG nicht empfohlen werden. Bezüglich der DOCG-Version des Bardolino
haben die Produzenten offenbar noch immer keine klaren Vorstellungen, wie er geartet sein soll. Eleganz scheint jedenfalls
beim Superiore nicht das Ziel zu sein. Manche komplett ver-
unglückten Exemplare habe ich aus der Wertung genommen,
andere blieben drin, machen aber keinen sehr vorteilhaften
Eindruck.

Produktionsregeln Bardolino DOC

Traubensorten: Corvina (35–65 %), Rondinella (10–40 %),
Molinara, Cabernet, Barbera und andere (bis 20 %, jedoch
höchstens 10 % pro einzelne Sorte); Höchstertrag: 13 000 kg
Trauben/ha; Mindestalkohol: 10,5 Vol.-%.

Produktionsregeln Bardolino Superiore DOCG

Traubensorten: Corvina (35–65 %), Rondinella (10–40 %),
Molinara, Cabernet, Barbera und andere (bis 20 %, jedoch
höchstens 10 % pro einzelne Sorte); Höchstertrag: 9000 kg
Trauben/ha; Mindestalkohol: 12 Vol.-%.

Bertani, Grezzana (VR)   1 800 000 Fl./180 Hektar

Tel. 045 8658444; Fax 045 8658400; www.bertani.net; bertani@bertani.net

Bardolino DOC Le Nogare 2006   ★★ – ★★★

Helles, purpurnes Rot; frische, recht vegetale Frucht, einladend; Süße, saftig, etwas marme-
ladige Frucht, feinbitter. (60 000 Fl.; L.75747 05221405; mehr als eine Abfüllung; Merum 2007-
4) Privatpreis ab Hof: Euro 10,00–11,00

Cantina di Soave, Soave (VR)   30 000 000 Fl./4200 Hektar

Tel. 045 6139811; Fax 045 7681203; www.cantinasoave.it;
cantina@cantinasoave.it

Bardolino Classico DOC Rocca Sveva 2006   ★★ – ★★★

Frisches, helles Rot; beerige Noten; viel Süße, Säure, gewisse Frucht, etwas unausgewogen,
recht angenehm. (40 000 Fl.; L.07124-1; eine Abfüllung; Merum 2007-4) Privatpreis ab Hof:
Euro 13,20

Cavalchina, Custoza (VR)   240 000 Fl./25 Hektar

Tel. 045 516002; Fax 045 516257; www.cavalchina.com;
cavalchina@cavalchina.com

Bardolino DOC 2006   ★★★ – ★★★★

Mittelhelles, purpurnes Rot; vegetale, beerige Fruchtnoten, auch Holunder; ausgesprochen
frisch und fruchtig, ausgewogen, saftig, feinbitter, lang. (30 000 Fl.; L.70478; mehr als eine
Abfüllung; Merum 2007-4) Privatpreis ab Hof: Euro 4,95

Bardolino Superiore DOCG Santa Lucia 2005

Dunkles Purpurrot; verhalten, fehlt Frische; konzentriert, keine Frucht, zu matt, trocknet.
(13 000 Fl.; L.6325; eine Abfüllung; Merum 2007-4) Privatpreis ab Hof: Euro 7,10

Cesari, Cavaion (VR)   11 500 000 Fl./100 Hektar

Tel. 045 6260928; Fax 045 6268771; www.cesari-spa.it; cesari-spa@cesari-spa.it

Bardolino Classico DOC 2006   ★★ – ★★★

Mittleres purpurnes Rot; würzig-marmeladige Frucht; recht fruchtig, etwas breit, feinherb,
dürfte noch fruchtfrischer sein. (150 000 Fl.; L.#; mehr als eine Abfüllung; Merum 2007-4)
Privatpreis ab Hof: Euro 2,82

Bardolino DOC Essere 2006

Mittelhelles Purpurrot; brotig-marmeladige, aber auch vegetale Noten; im Gaumen fehlt
Temperament, gewisse Frucht, zu matt. (350 000 Fl.; L.#; mehr als eine Abfüllung; Merum 2007-
4) Privatpreis ab Hof: Euro 3,30

Corte Fornello/Venturelli, Valeggio (VR)   100 000 Fl./14 Hektar

Tel. 045 7950429; Fax 045 7950429; www.cortefornello.com;
info@cortefornello.com

Bardolino DOC 2006

Mittleres Rot; müde Holznoten; Holzaroma, keine Frucht, müde. (25 000 Fl.; L.51.07; mehr als
eine Abfüllung; Merum 2007-4) Privatpreis ab Hof: Euro 4,50

Bardolino Superiore DOCG Riflesso Rubino 2004

Mittleres Rubin, säuerliche Holznoten; holzgeprägt, Süße, trocknet. (7000 Fl.; L.298.06; eine
Abfüllung; Merum 2007-4) Privatpreis ab Hof: Euro 6,90

Corte Gardoni, Valeggio (VR)   200 000 Fl./25 Hektar

Tel. 045 7950382; Fax 045 6370270; www.cortegardoni.it;
cortegardoni@hotmail.com

Bardolino DOC Le Fontane 2006   ★★★

Mittleres, purpurnes Rot; kirschig-pfeffrige Fruchtnoten; Süße, recht konzentriert, herbes
Tannin, fruchtig, lang. (60 000 Fl.; L.07 074; mehr als eine Abfüllung; Merum 2007-4) Privatpreis
ab Hof: Euro #

Bardolino Superiore DOCG 2005

Mittleres Rot; aromatische Noten; kraftvoll, kompottig, herb, Säure, zu breit und unge-
schmeidig, herb im Abgang. (8000 Fl.; L.06 332; # Abfüllungen; Merum 2007-4) Privatpreis ab
Hof: Euro #

Corte Giara, Fumane (VR)   800 000 Fl./71,3 Hektar

Tel. 045 6832011; Fax 045 7701774; www.allegrini.it; info@allegrini.it

Bardolino DOC Pagus 2006

Frisches, helles Rot; etwas kompottige Frucht; breit, kompottige Frucht, nicht geschmeidig, trocknet. (# Fl.; L.7011; # Abfüllungen; Merum 2007-4) Privatpreis ab Hof: Euro 5,00

CS Castelnuovo del Garda,
Castelnuovo del Garda (VR)   3 000 000 Fl./1200 Hektar

Tel. 045 7570522; Fax 045 7570076; www.cantinadelgarda.it; info@cantinacastelnuovo.it

Bardolino Classico DOC Ca' Vegar 2006

Mittelhelles Rubin; Zwetschgenmus; saftig, kompottig, Süße, zu breit, gewisse Länge, etwas bitter. (75 000 Fl.; L.H144; mehr als eine Abfüllung; Merum 2007-4) Privatpreis ab Hof: Euro 10,00

Bardolino Superiore DOCG Prà dell'Albi Bosco del Gal 2003

Mittelhelles Rot; breite Noten von roter Beerenmarmelade, auch vegetale Note; altes Holz, etwas Vanille, fehlt Frische, matt. (5000 Fl.; L.H085; eine Abfüllung; Merum 2007-4) Privatpreis ab Hof: Euro 15,00

Fabiano, Sona (VR)   890 000 Fl./84 Hektar

Tel. 045 6081111; Fax 045 6080838; www.fabiano.it; info@fabiano.it

Bardolino Classico DOC Il Torcolo 2006

Hellrot; nicht klare, würzige Nase, fehlt Fruchtfrische; keine Frucht, nicht geschmeidig, kurz. (# Fl.; L.#; # Abfüllungen; Merum 2007-4) Privatpreis ab Hof: Euro #

Guerrieri-Rizzardi, Bardolino (VR)   600 000 Fl./100 Hektar

Tel. 045 7210028; Fax 045 7210704; www.guerrieri-rizzardi.it; mail@guerrieri-rizzardi.it

Bardolino Classico DOC 2006   ★★★ JLF

Helles, purpurnes Rot; fruchtig-vegetale Noten; saftig, sehr fruchtig, recht schlank, trinkig, lang. (100 000 Fl.; L.07-038; mehr als eine Abfüllung; Merum 2007-4) Privatpreis ab Hof: Euro 6,80

Bardolino Classico DOC Tacchetto 2006   ★★★★ JLF

Helles Rubin; einladende Frucht mit vegetalen und Rosennoten, recht tief; kraftvoll, saftig, sehr fruchtig, Süße, lang; toller Bardolino! (20 000 Fl.; L.07-089; mehr als eine Abfüllung; Merum 2007-4) Privatpreis ab Hof: Euro 9,50

Bardolino Classico Superiore DOCG Munus 2005

Mittleres Rot; Reife- und Holundernoten; Reife auch im Gaumen, sehr reif, recht ausgewogen, holzwürzig, Holunder-Frucht, etwas bitter. (13 300 Fl.; L.07-054; eine Abfüllung; Merum 2007-4) Privatpreis ab Hof: Euro 12,90

Lamberti/GIV, Lazise (VR)   9 000 000 Fl./195 Hektar

Tel. 045 6260600; Fax 045 7235772; www.cantinelamberti.it; com@giv.it

Bardolino Classico DOC Santepietre 2006   ★★ – ★★★

Mittelhelles Rot; Noten von vegetaler Frucht; viel Süße, spürbare Säure, präsente Frucht, herb. (520 000 Fl.; L.7095 11:49; # Abfüllungen; Merum 2007-4) Privatpreis ab Hof: Euro 5,50–6,80

Le Fraghe, Cavaion (VR)   70 000 Fl./28 Hektar

Tel. 045 7236832; Fax 045 6260183; www.fraghe.it; info@fraghe.it

Bardolino DOC 2006   ★★ – ★★★

Mittelhelles Rot; etwas marmeladige Fruchtnoten, Holunder; im Gaumen saftig und breitfruchtig, Beerenmarmelade, viel Süße, etwas zu wenig filigran. (35 000 Fl.; L.7114; mehr als eine Abfüllung; Merum 2007-4) Privatpreis ab Hof: Euro 6,50

Le Tende, Lazise (VR)   100 000 Fl./10 Hektar

Tel. 045 7590748; Fax 045 6499224; www.letende.it; info@letende.it

Bardolino Classico DOC 2006   ★★★ JLF

Frisches Hellrot; feinvegetale Noten von Erdbeermarmelade; saftig, Süße, recht fruchtig, angenehm und recht lang. (35 000 Fl.; L.17127; eine Abfüllung; Merum 2007-4) Privatpreis ab Hof: Euro #

Bardolino Classico Superiore DOCG 2005

Mittelhelles Rot; säuerliche, etwas ledrige Noten; keine Frucht, säuerlich, matt. (15 000 Fl.; L.17178; mehr als eine Abfüllung; Merum 2007-4) Privatpreis ab Hof: Euro #

Lenotti, Bardolino (VR)   1 000 000 Fl./55 Hektar

Tel. 045 7210484; Fax 045 6212744; www.lenotti.com; info@lenotti.com

Bardolino Classico DOC 2006

Mittleres, purpurnes Rubin; kompottige Nase, fehlt Fruchtfrische; kompottig auch im Mund, zu breit und matt. (80 000 Fl.; L.22057; mehr als eine Abfüllung; Merum 2007-4) Privatpreis ab Hof: Euro 3,10

Bardolino Classico DOC Le Giare 2006

Mittleres Rubin; kompottige Noten, nicht fruchtfrisch; kompottig auch im Mund, dann bitter. (20 000 Fl.; L.04047; mehr als eine Abfüllung; Merum 2007-4) Privatpreis ab Hof: Euro 4,10

Bardolino Superiore DOCG Le Olle 2005

Mittelintensives Rubin; Kompott- und Holznoten; breit, viel Süße, dann bitter. (20 000 Fl.; L.18047; eine Abfüllung; Merum 2007-4) Privatpreis ab Hof: Euro 7,50

Marchesini Marcello, Lazise (VR)   50 000 Fl./6 Hektar

Tel. 045 7580731; Fax 045 7580731; www.marcellomarchesini.it; marcellomarc@libero.it

Bardolino Classico DOC 2006   ★★ – ★★★

Hellrot; würzig-vegetale Nase, Brot; Süße, gewisse Frucht, Holunder, recht saftig, recht lang, etwas herb im Abgang. (6600 Fl.; L.11607; mehr als eine Abfüllung; Merum 2007-4) Privatpreis ab Hof: Euro #

Monte del Frà/Bonomo, Sommacampagna (VR)   900 000 Fl./118 Hektar

Tel. 045 510490; Fax 045 8961384; www.montedelfra.it; info@montedelfra.it

Bardolino DOC 2006   ★★ – ★★★

Mittleres, purpurnes Rot; vegetale Fruchtnoten; recht kraftvoll, Süße, gewisse Frucht, etwas zu temperamentarm. (200 000 Fl.; L.04.05.07; mehr als eine Abfüllung; Merum 2007-4) Privatpreis ab Hof: Euro 5,00

Montresor, Verona (VR)   3 500 000 Fl./150 Hektar

Tel. 045 913399; Fax 045 8342456; www.vinimontresor.it; info@vinimontresor.it

Bardolino DOC Le Banche di San Lorenzo 2006   ★★ – ★★★

Mittelintensives, purpurnes Rubin; kirschige Bardolino-Frucht; konzentriert, vegetal-fruchtig, saftig, recht lang, etwas trocken im Abgang. (80 000 Fl.; L.G04161; mehr als eine Abfüllung; Merum 2007-4) Privatpreis ab Hof: Euro 9,50

Pasqua, Verona (VR)   18 000 000 Fl./200 Hektar

Tel. 045 8432111; Fax 045 8432211; www.pasqua.it; info@pasqua.it

Bardolino Classico DOC 2006   ★★ – ★★★

Mittleres, junges Rot; etwas kompottige Frucht; recht fruchtig, Säure, nicht sehr geschmeidig, gewisse Länge, leise bitter. (800 000 Fl.; L.07-155; eine Abfüllung; Merum 2007-4) Privatpreis ab Hof: Euro 5,04

Poggi, Affi (VR)   150 000 Fl./62 Hektar

Tel. 045 7236222; Fax 045 7235044; www.cantinepoggi.com; info@cantinepoggi.com

Bardolino Classico DOC 2006

Hellrot; matt-staubige Fruchtnoten; im Gaumen Säure, gewisse Frucht, matt. (35 000 Fl.; L.0708; mehr als eine Abfüllung; Merum 2007-4) Privatpreis ab Hof: Euro 4,20

Raval, Bardolino (VR)   90 000 Fl./12 Hektar

Tel. 045 7236569; Fax 045 7236569; serena128@libero.it

Bardolino Classico DOC 2006   ★★★ – ★★★★★ JLF

Helles, frisches Rot; feine Beerenfrucht; recht schlank, Erdbeerfrucht, Säure, Süße, saftig, filigran, trinkig. (60 000 Fl.; L.4026; mehr als eine Abfüllung; Merum 2007-4) Privatpreis ab Hof: Euro 3,00

Bardolino Classico Superiore DOCG 2005

Mittleres Rot; Kandiszucker, aufgeschnittener Apfel; breite Frucht, Säure, Süße, unge-schmeidig, wird dann schmal im Abgang, temperamentarm, trocken. (6200 Fl.; L.4034; eine Abfüllung; Merum 2007-4) Privatpreis ab Hof: Euro 5,00

Santa Sofia, San Pietro in Cariano (VR)   550 000 Fl./38 Hektar

Tel. 045 7701074; Fax 045 7703222; www.santasofia.com; info@santasofia.com

Bardolino Classico DOC 2006   ★★ – ★★★

Frisches, helles Rot; frische, erdbeerfruchtige Nase; saftig, fruchtig, recht fein, etwas herb, gute Länge. (60 000 Fl.; L.060607; mehr als eine Abfüllung; Merum 2007-4) Privatpreis ab Hof: Euro 6,00

Santi/GIV, Illasi (VR)   1 600 000 Fl./70 Hektar

Tel. 045 6520077; Fax 045 6520044; www.giv.it; com@giv.it

Bardolino Classico DOC Ca' Bordenis 2006   ★★★

Helles Purpurrot; würzig-vegetale Noten, einladend; saftig, frische Frucht, feines Tannin, recht lang, angenehm. (75 000 Fl.; L.7-114 11:49; eine Abfüllung; Merum 2007-4) Privatpreis ab Hof: Euro 2,40

Seiterre/Tenuta San Leone, Valeggio (VR)   300 000 Fl./60 Hektar

Tel. 045 7945498; Fax 045 6369665; www.seiterre.com; info@seiterre.com

Bardolino Superiore DOCG Montesalionze 2005

Dunkles Rubin; Noten von Klempnerhanf, Holz; Vanille, seltsames Holz, keine Frucht, Süße. (12 500 Fl.; L.220307; eine Abfüllung; Merum 2007-4) Privatpreis ab Hof: Euro 8,00

Tantini Giovanna, Castelnuovo del Garda (VR)   20 000 Fl./12 Hektar

Tel. 045 7575070; Fax 045 7575070; www.giovannatantini.it; info@giovannatantini.it

Bardolino DOC 2006

Mittelhelles Rubin; würzig-marmeladige, auch vegetale Noten; gewisse Fülle, nicht ge-schmeidig, Tannin, etwas bitter. (6500 Fl.; L.15; eine Abfüllung; Merum 2007-4) Privatpreis ab Hof: Euro 6,50

Tommasi, Pedemonte (VR)   900 000 Fl./135 Hektar

Tel. 045 7701266; Fax 045 6834166; www.tommasiwine.it; info@tommasiwine.it

Bardolino DOC Villa Fontana 2006

Mittelhelles purpurnes Rubin; nicht klare Frucht; Süße, nicht ausgeprägte Frucht, etwas Leder, breit. (12 000 Fl.; L.070607; mehr als eine Abfüllung; Merum 2007-4) Privatpreis ab Hof: Euro 3,75

Villabella, Calmasino (VR)   500 000 Fl./170 Hektar

Tel. 045 7236448; Fax 045 7236704; www.vignetivillabella.com; info@vignetivillabella.com

Bardolino Classico DOC Morlongo 2006

Helles Purpurrot; kompottige Nase; gewisse Frucht, recht saftig, Säure, herb. (30 000 Fl.; L.7.124; mehr als eine Abfüllung; Merum 2007-4) Privatpreis ab Hof: Euro 6,50

Bardolino Classico Superiore DOCG Terre di Cavagion 2005

Dunkles Rot; müde, hölzern-marmeladige, auch ledrige Noten; gereift, nicht klar, Holz, keine Frucht, trocken. (25 000 Fl.; L.#; mehr als eine Abfüllung; Merum 2007-4) Privatpreis ab Hof: Euro 9,00

Zenato, Peschiera (VR)   1 500 000 Fl./70 Hektar

Tel. 045 7550300; Fax 045 6400449; www.zenato.it; info@zenato.it

Bardolino DOC 2006   ★★ – ★★★

Hellrot; vegetale Noten, Erdbeeren; feine Süße, etwas breit, recht saftig und lang. (160 000 Fl.; L.1577; # Abfüllungen; Merum 2007-4) Privatpreis ab Hof: Euro 5,00

Prosecco di Conegliano Valdobbiadene

Prosecco ist der Name einer Traubensorte, die im gesamten östlichen Veneto (Provinz Treviso) angebaut wird. Die Trauben werden zum Teil zu Frizzante, zum Teil zu Spumante verwertet, ein Teil mit DOC-Bezeichnung, ein Teil ohne diese. Die Schwierigkeit ist, dass unter demselben Namen hochwertige DOC-Spumante aus der Appellation Conegliano Valdobbiadene neben unerfreulichen Billig-Frizzante stehen.

Wer auf Qualität achtet, sollte deshalb auf jeden Fall in einen Spumante mit Ursprungsbezeichnung investieren. Im Falle des Prosecco steht das Kürzel DOC heute tatsächlich auch für Qualität. Nicht immer für Topqualität, aber stets für anständige, präsentable Mindestqualität.

Prosecco begeistert, wenn er frisch ist, wenn er nach Früchten duftet, nach Birnen, grünen oder gelben Äpfeln, nach Passionsfrucht. Prosecco muss ausgewogen sein, fein im Schaum, vor allem aber darf er nicht das geringste Zeichen von Müdigkeit aufweisen, auch Hefearomen sind unerwünscht. Wie Prosecco nicht schmecken soll: neutral, mit Hefearomen, pappig-süß, säuerlich, dünn, und vor allem müde.

Zur Restsüße: Ein ganz trockener Prosecco ist kein Prosecco. Selbst die zarteren Brut müssen ein paar Gramm Restzucker aufweisen, sonst kann die aromatische Frucht sich nicht entfalten. Aber die Süße ist eine zweischneidige Sache; ist ein Minimum an Süße notwendig, kann ein Mehr zu viel sein.

Eine Warnung: Wer den herrlichen Geschmack des Prosecco-Originals kennenlernen möchte, sollte beim Kauf dringend auf die Jahrgangsangabe achten. Prosecco ist ein Frischprodukt, in der Regel ist er nach einem Jahr sein Geld nicht mehr wert. Leider steht aber auf den meisten Flaschen kein Jahrgang. Das ist zwar nicht seriös, aber leider legal. Verlangen Sie bei Ihrem Händler daher einen Prosecco mit Jahrgangsangabe; wenn Sie es nicht tun, dann auf Ihr eigenes Risiko…

Produktionsregeln des Prosecco Conegliano e Valdobbiadene DOC

Traubensorten: Prosecco (85–100 %), Verdiso, Bianchetta, Perera und Prosecco Lungo (bis 15 %); Höchstertrag: 12 000 kg Trauben/ha; natürlicher Mindestalkohol Grundwein: 9,0 Vol.-%; Mindestalkohol Spumante und Frizzante: 11,0 Vol.-%.

Adami, Vidor (TV)
520 000 Fl./10 Hektar

Tel. 0423 982110; Fax 0423 982130; www.adamispumanti.it;
info@adamispumanti.it

Prosecco di Valdobbiadene DOC Brut Bosco di Gica s. a. ★★★
Hellgelb; zitronige Birnennoten, sehr zart; fein, zarte Frucht, schlank, angenehme Herbe, zitronig, ausgewogen, geschmeidig, gute Länge. (220 000 Fl.; L.17 7; Februar 2007; Merum 2007-3) Privatpreis ab Hof: Euro 9,00

Prosecco di Valdobbiadene DOC
Dry Vigneto Giardino 2006 ★★★
Warmes Hellgelb; nicht intensive Fruchtnoten; geschmeidig, Süße, Birnenfrucht, sehr angenehm. (27 000 Fl.; L.117; März 2007; Merum 2007-3) Privatpreis ab Hof: Euro 10,00

Prosecco di Valdobbiadene DOC
Extra Dry Dei Casel s. a. ★★★ – ★★★★
Mittleres Hellgelb; intensive Frucht, grüne und gelbe Äpfel; geschmeidig, fruchtig, feine Struktur, saftig, gefällt sehr gut. (110 000 Fl.; L.22 7; Mai 2007; Merum 2007-3) Privatpreis ab Hof: Euro 9,00

Prosecco di Valdobbiadene
Superiore di Cartizze DOC Dry s. a. ★★★ – ★★★★
Intensives Hellgelb; Noten von Apfel, Zitrus, Blüten; geschmeidier Schaum, gehaltvoll, viel Süße, recht tiefe Frucht, kräftig, lang auf Frucht. (12 000 Fl.; L.03 7; Februar 2007; Merum 2007-3) Privatpreis ab Hof: Euro 15,00

Althea/Marika Drusian, Valdobbiadene (TV)
100 000 Fl./10 Hektar

Tel. 0423 982151; Fax 0423 980000; www.vinialthea.com; info@vinialthea.com

Prosecco di Valdobbiadene DOC Extra Dry s. a. ★★ – ★★★
Hellgelb; Blüten- und frische Fruchtnoten; recht ausgewogen, saftig, frische Frucht, angenehm. (50 000 Fl.; L.24.07; Mai 2007; Merum 2007-3) Privatpreis ab Hof: Euro 9,00

Prosecco di Valdobbiadene DOC Brut s. a. ★★★
Mittleres Hellgelb; feine Frucht, Blütennoten; geschmeidiger Schaum, ausgewogen, angenehm, nicht sehr fruchtbetont, Süße, gefällt durch seine Frische, Geschmeidigkeit und die Ausgewogenheit. (10 000 Fl.; L.11.07; Mai 2007; Merum 2007-3) Privatpreis ab Hof: Euro 9,00

Andreola Orsola, Farra di Soligo (TV)
350 000 Fl./20 Hektar

Tel. 0438 989379; Fax 0438 898822; www.andreolaorsola.it;
info@andreolaorsola.it

Prosecco di Valdobbiadene Superiore di Cartizze DOC Dry 2006
Hellgelb; Wollnoten; auch im Gaumen Wolle, sehr süß, fehlt Frucht. (4000 Fl.; L.12 02; Januar 2007; Merum 2007-3) Privatpreis ab Hof: Euro 12,36

Valdobbiadene Prosecco DOC Brut Dirupo 2006
Hellgelb; hefig-gemüsige Noten; nicht fruchtig, zu süß. (40 000 Fl.; L.04 07; April 2007; Merum 2007-3) Privatpreis ab Hof: Euro 5,82

Valdobbiadene Prosecco DOC Dry 2006
Hellgelb; Erdnussnoten, Wolle; im Gaumen ziemlich breit, fehlt Frucht, hefebetont. (7000 Fl.; L.12 06; Februar 2007; Merum 2007-3) Privatpreis ab Hof: Euro 7,00

Valdobbiadene Prosecco DOC Extra Dry Dirupo 2006
Hellgelb; strauchige Noten, Hefe, auch fruchtig; viel Süße, zu breit, nicht frische Frucht, recht geschmeidig. (50 000 Fl.; L.04 2 07; April 2007; Merum 2007-3) Privatpreis ab Hof: Euro 5,82

Astoria, Refrontolo (TV)
900 000 Fl./32 Hektar

Tel. 0423 6699; Fax 0423 665077; www.astoria.it; info@astoria.it

Prosecco di Conegliano DOC Dry Anniversario s. a. ★★ – ★★★
Leuchtendes, mittleres Gelb; intensive Nase, Holunderblüten, unreife Birnen; geschmeidig, fruchtig auch im Mund, Birne, Aprikose, saftig. (13 000 Fl.; L.BD502 A01+23; März 2007; Merum 2007-3) Privatpreis ab Hof: Euro 15,95

Prosecco di Valdobbiadene DOC
Extra Dry Tenuta Val de Brun 2006 ★★ – ★★★
Warmes Hellgelb; intensive Frucht, sehr einladend; fruchtig, nicht supergeschmeidig, saftig, spürbare Süße. (50 000 Fl.; L.#; Februar 2007; Merum 2007-3) Privatpreis ab Hof: Euro 14,95

Prosecco di Valdobbiadene
Superiore di Cartizze DOC Dry s. a. ★★★

Goldenes Hellgelb; einladende Aprikosenfrucht; geschmeidig, frisch, fruchtige Süße, Aprikosen, gute Säure, saftig. (26 000 Fl.; L.BE444 A.023; März 2007; Merum 2007-3) Privatpreis ab Hof: Euro 15,95

Bellenda/Cosmo, Vittorio Veneto (TV) 1 000 000 Fl./38 Hektar

Tel. 0438 920025 ; Fax 0438 920015; www.bellenda.it; info@bellenda.it

Prosecco di Conegliano Valdobbiadene DOC
Extra Dry Miraval 2006

Warmes Hellgelb; hefebetont; nicht aromatisch, wirkt etwas matt, hefebetont, süß. (80 000 Fl.; L.CI013; # Abfüllungen; Merum 2007-3) Privatpreis ab Hof: Euro 6,50

Prosecco di Conegliano Valdobbiadene DOC
Brut San Fermo 2006

Hellgelb; Erdnussnoten, Wolle; Erdnuss, eher breit, nicht fein. (100 000 Fl.; L.CI.012; # Abfüllungen; Merum 2007-3) Privatpreis ab Hof: Euro 6,50

Bellussi, Valdobbiadene (TV) 1 300 000 Fl./# Hektar

Tel. 0423 982147; Fax 0423 982077; www.bellussi.com; export@bellussi.com

Prosecco di Valdobbiadene DOC Dry s. a. ★★ – ★★★

Mittleres Hellgelb; Blütennoten, nicht komplett frisch; mittelgeschmeidig, reife Birnenfrucht, Süße, nicht sehr aromatisch. (50 000 Fl.; L.0527; Februar 2007; Merum 2007-3) Privatpreis ab Hof: Euro #

Valdobbiadene DOC Extra Dry Belcanto di Belussi s. a.

Hellgelb; Hefe-, Frucht- und Blütennoten; frisch, hefebetont, nicht geschmeidig, müsste fruchtiger sein. (80 000 Fl.; L.#; April 2007; Merum 2007-3) Privatpreis ab Hof: Euro #

Bepin de Eto/Ettore Ceschin,
San Pietro di Feletto (TV) 800 000 Fl./90 Hektar

Tel. 0438 486877; Fax 0438 486877; www.bepindeeto.it; info@bepindeeto.it

Prosecco di Conegliano Valdobbiadene DOC
Extra Dry 2006 ★★ – ★★★

Warmes Hellgelb; Noten von Rhabarber, Apfel; fruchtiger Ansatz, feiner Schaum, recht ausgewogen, Süße. (80 000 Fl.; L.2303; März 2007; Merum 2007-3) Privatpreis ab Hof: Euro 5,00

Bernardi, Refrontolo (TV) 250 000 Fl./# Hektar

Tel. 0438 894153; Fax 0438 84542; www.cantinabernardi.it; bernardi@cantinabernardi.it

Conegliano Valdobbiadene Prosecco DOC
Dry Arnere s. a. ★★ – ★★★

Intensives Hellgelb; Frucht; reife, etwas breite Frucht, Süße, recht lang. (50 000 Fl.; L.659; Januar 2007; Merum 2007-3) Privatpreis ab Hof: Euro 7,00

Prosecco di Conegliano Valdobbiadene DOC Brut s. a.

Intensives Hellgelb; eher schwere Aromen, nicht frischfruchtig; konzentriert, Säure, Süße, reif-fruchtig, etwas opulent, zu breit. (40 000 Fl.; L.#; Januar 2007; Merum 2007-3) Privatpreis ab Hof: Euro 6,00

Prosecco di Conegliano Valdobbiadene DOC
Extra Dry 2006 ★★★

Hellgelb; frische Noten von gelbem Apfel und Zitrone; geschmeidig, schöne Frische, saftig, fruchtig, gefällt. (60 000 Fl.; L.647; Januar 2007; Merum 2007-3) Privatpreis ab Hof: Euro 6,00

Bisol Desiderio, Valdobbiadene (TV) 630 000 Fl./63 Hektar

Tel. 0423 900138; Fax 0423 900577; www.bisol.it; bisol@bisol.it

Prosecco di Valdobbiadene DOC Brut Crede 2006 ★★★

Hellgelb; feine, fruchtige Noten; geschmeidiger Schaum, fein, zarte Frucht, feine Süße, lang. (99 000 Fl.; L.LB 467877 7110; März 2007; Merum 2007-3) Privatpreis ab Hof: Euro 8,70

Prosecco di Valdobbiadene
Superiore di Cartizze DOC Dry 2006   ★★ – ★★★

Intensives Hellgelb; Noten von Gebäck, frischem Apfelkompott; fruchtig auch im Mund, angenehm, Süße, recht geschmeidig, Akazienhonig im Abgang. (45 000 Fl.; L.HB 207207 7082; März 2007; Merum 2007-3) Privatpreis ab Hof: Euro 15,54

Bortolin Angelo, Guia di Valdobbiadene (TV)   200 000 Fl./7 Hektar

Tel. 0423 900125; Fax 0423 901015; www.spumantibortolin.com;
info@spumantibortolin.com

Prosecco di Valdobbiadene Superiore di Cartizze DOC Dry s. a.

Warmes Hellgelb; Erdnuss, Wolle; hefegeprägt, nicht geschmeidig. (4000 Fl.; L.50105; Januar 2007; Merum 2007-3) Privatpreis ab Hof: Euro 12,00

Valdobbiadene Prosecco DOC Brut 2006   ★★★

Hellgelb; frische Apfelnoten; geschmeidig, Süße und feiner Schaum, feine Frucht, recht lang. (40 000 Fl.; L.70103; Mai 2007; Merum 2007-3) Privatpreis ab Hof: Euro 5,30

Valdobbiadene Prosecco DOC Extra Dry s. a.   ★★ – ★★★

Hellgelb; hefig-fruchtige Noten; recht kraftvoll, Säure, gewisse Frucht, viel Süße, nicht sehr ausgewogen, gute Länge. (70 000 Fl.; L.70113; Mai 2007; Merum 2007 3) Privatpreis ab Hof: Euro 5,30

Valdobbiadene Prosecco DOC
Extra Dry Desiderio 2006   ★★ – ★★★

Warmes Hellgelb; Blüten- und Fruchtnoten; feiner Schaum, Frucht, zu viel Süße. (12 000 Fl.; L.00701; Mai 2007; Merum 2007-3) Privatpreis ab Hof: Euro 8,30

Bortolin Fratelli, Valdobbiadene (TV)   300 000 Fl./20 Hektar

Tel. 0423 900135; Fax 0423 901042; www.bortolin.com; info@bortolin.com

Prosecco di Valdobbiadene DOC Brut s. a.   ★★ – ★★★

Warmes Hellgelb; Noten von Holunderblüten; strukturiert, recht kräftig, interessante Tiefe, spürbare Süße, recht lang, aber wenig Prosecco-fruchtig. (85 000 Fl.; L.#; Januar 2007; Merum 2007-3) Privatpreis ab Hof: Euro 6,00

Prosecco di Valdobbiadene DOC Extra Dry s. a.   ★★ – ★★★

Intensives Hellgelb; Noten von reifen, gelben Äpfeln und Bananen; auch im Gaumen fruchtig, unreife Birne, recht ausgewogen, nicht supergeschmeidig. (90 000 Fl.; L.0705; März 2007; Merum 2007-3) Privatpreis ab Hof: Euro 6,00

Bortolomiol, Valdobbiadene (TV)   2 000 000 Fl./5 Hektar

Tel. 0423 974911; Fax 0423 975066; www.bortolomiol.com;
info@bortolomiol.com

Valdobbiadene Prosecco DOC Extra Dry Bandarossa 2006   ★★★

Recht intensives Hellgelb; frische, melonig-apfelige Frucht; sehr geschmeidig, wolkiger Schaum, Fruchttiefe, betonte Süße. (100 000 Fl.; L.52.07; Februar 2007; Merum 2007-3) Privatpreis ab Hof: Euro 13,50

Valdobbiadene Prosecco DOC Prior Brut s. a.   ★★★

Hellgelb; intensive Noten von gelbem Apfel, Obstblüten; feiner Schaum, zartfruchtig, gewisse Süße, ausgewogen, geschmeidig. (110 000 Fl.; L.67.07; Februar 2007; Merum 2007-3) Privatpreis ab Hof: Euro 9,50

Bortolotti, Valdobbiadene (TV)   955 000 Fl./0 Hektar

Tel. 0423 975668; Fax 0423 975526; www.bortolotti.com; info@bortolotti.com

Prosecco di Valdobbiadene DOC Brut s. a.   ★★★ – ★★★★

Mittleres Hellgelb; frischfruchtige Noten von Äpfeln, frische Apfeltorte, Obstblüten, einladend; sehr schöne Frucht auch im Mund, supergeschmeidig, eingepasste Süße, lang. (110 000 Fl.; L.2-02-40.07; Februar 2007; Merum 2007-3) Privatpreis ab Hof: Euro 6,00

Prosecco di Valdobbiadene DOC Dry UB s. a.   ★★ – ★★★

Intensives Hellgelb; reduzierte Nase, auch Frucht; recht geschmeidig, viel Süße, gewisse Frucht im Abgang, dürfte feiner sein. (21 000 Fl.; L.1-03'5.07; März 2007; Merum 2007-3) Privatpreis ab Hof: Euro 6,00

Prosecco di Valdobbiadene DOC Extra Dry s. a. ★★ – ★★★

Warmes Hellgelb; ausgeprägte Frucht, reife Golden Delicious, sehr einladend; fruchtig auch im Gaumen, geschmeidig, strukturiert, etwas zu viel Süße. (235 000 Fl.; L.3-03-42.07; März 2007; Merum 2007-3) Privatpreis ab Hof: Euro 5,80

**Prosecco di Valdobbiadene DOC
Extra Dry U. Bortolotti 47 s. a.** ★★ – ★★★

Warmes Hellgelb; hefig-apfelfruchtige Noten; nicht sehr geschmeidig, viel Süße, etwas breite Frucht, gute Länge. (39 000 Fl.; L.1-02-38.07; Februar 2007; Merum 2007-3) Privatpreis ab Hof: Euro 7,50

Cà Vittoria/Tenute Aleandri, Conegliano (TV) 350 000 Fl./30 Hektar

Tel. 0422 765571; Fax 0422 765091; www.tenutealeandri.it;
tenutealeandri@tenutealeandri.it

Prosecco Conegliano Valdobbiadene DOC Dry 2006

Blasses Hellgelb; hefige Noten, Wolle, Holunderblüten; auch im Gaumen hefegeprägt, viel Süße, fehlt Frucht. (50 000 Fl.; L.080.07; April 2007; Merum 2007-3) Privatpreis ab Hof: Euro #

**Prosecco Conegliano Valdobbiadene DOC
Extra Dry Riva dei Ciliegi s. a.**

Hellgelb; Blüten- und Apfelnoten; reife Frucht, mittelgeschmeidiger Schaum, endet zu breit. (150 000 Fl.; L.093.07; April 2007; Merum 2007-3) Privatpreis ab Hof: Euro #

Canella, San Donà di Piave (VE) 2 500 000 Fl./# Hektar

Tel. 0421 52446; Fax 0421 330262; www.canellaspa.it; info@canellaspa.it

Prosecco di Conegliano DOC Extra Dry s. a.

Hellgelb; Erdnussnoten, fehlt Frucht; etwas grober Schaum, kaum Frucht. (700 000 Fl.; L.07EZ7; Juni 2007; Merum 2007-3) Privatpreis ab Hof: Euro 4,00

Prosecco di Valdobbiadene DOC Extra Dry Deroa 2006

Hellgelb; säuerliche, hefebetonte Nase; süßlich, wenig Frucht, nicht ausgewogen, fehlt Fruchtfrische. (150 000 Fl.; L.SB03/07; Mai 2007; Merum 2007-3) Privatpreis ab Hof: Euro 4,20

Canevel, Valdobbiadene (TV) 600 000 Fl./12 Hektar

Tel. 0423 975940; Fax 0423 975961; www.canevel.it; info@canevel.it

**Prosecco di Valdobbiadene DOC
Extra Dry Millesimato 2006** ★★ – ★★★

Hellgelb; hefebetonte Fruchtnoten; betont süß, feiner Schaum, reife Frucht, angenehm, dürfte temperamentvoller sein. (22 000 Fl.; L.4; März 2007; Merum 2007-3) Privatpreis ab Hof: Euro 9,60

Valdobbiadene Prosecco DOC Extra Dry 2006 ★★ – ★★★

Hellgelb; gemüsige Frucht, Sellerie; feiner Schaum, feine Struktur, zarte Frucht, feine Süße, recht geschmeidig. (330 000 Fl.; L.10; April 2007; Merum 2007-3) Privatpreis ab Hof: Euro 7,50

Carmina, Conegliano (TV) 360 000 Fl./15 Hektar

Tel. 0438 23719; Fax 0438 411974; www.carmina.it; info@carmina.it

Conegliano Prosecco DOC Extra Dry s. a. ★★ – ★★★

Hellgelb; frisch, zitronige Frucht, Senffrüchte, dahinter auch Melonen; sahniger Schaum, fruchtig, saftig, eine Spur zu breit im Abgang. (150 000 Fl.; L.unleserlich; April 2007; Merum 2007-3) Privatpreis ab Hof: Euro 7,00

Prosecco di Conegliano Valdobbiadene DOC Brut s. a.

Mittleres Hellgelb; verhalten, Noten von Holunderblüten; feine Säure, Süße, müsste fruchtiger sein. (70 000 Fl.; L.70171; Februar 2007; Merum 2007-3) Privatpreis ab Hof: Euro 7,00

**Prosecco di Conegliano Valdobbiadene DOC
Extra Dry Cuvée Speciale 2006** ★★ – ★★★

Recht intensives Hellgelb; Blütennoten, gewisse Frucht, nicht intensiv; Dosenfrüchte, gewisse Süße, saftig, recht geschmeidig. (10 000 Fl.; L.71170; März 2007; Merum 2007-3) Privatpreis ab Hof: Euro 9,50

Carpenè Malvolti, Conegliano (TV) 5 100 000 Fl./26 Hektar

Tel. 0438 364626; Fax 0438 364671; www.carpene-malvolti.com;
quality@carpene-malvolti.com

Prosecco di Conegliano DOC Cuvée Brut s. a.

Hellgelb; Erdnussnoten, nicht fruchtig; fehlt Frucht, matt, zu süß, nicht ausgewogen.
(350 000 Fl.; L.07124 3-18; Februar 2007; Merum 2007-3) Privatpreis ab Hof: Euro 6,20

Prosecco di Conegliano DOC Dry Cuvée Oro s. a.

Mittleres Hellgelb; Woll- und Erdnussnoten; viel Süße, gewisse Frucht, breit, fehlen Temperament und Feinheit. (350 000 Fl.; L.07129-4-19; Februar 2007; Merum 2007-3) Privatpreis ab
Hof: Euro 6,20

Prosecco di Conegliano DOC Extra Dry s. a.

Hellgelb; Blüten- und Erdnussnoten; Säure, Süße, knappe Frucht, nicht ausgewogen.
(300 000 Fl.; L.07072-4-11CPE N.020670658; Februar 2007; Merum 2007-3) Privatpreis ab Hof:
Euro 6,20

Case Bianche/Martino Zanetti,
Pieve di Soligo (TV) 500 000 Fl./40 Hektar

Tel. 0438 841608; Fax 0438 980110; www.martinozanetti.it;
info@martinozanetti.it

Prosecco di Conegliano Valdobbiadene DOC
Brut Vigna del Cuc 2006 ★★ – ★★★

*Mittleres Hellgelb; frische Grünapfel-Frucht; Frische, spürbare Säure, Grünapfel, feine Süße,
nicht überaus geschmeidig.* (100 000 Fl.; L.716; April 2007; Merum 2007-3) Privatpreis ab Hof:
Euro 8,00

Prosecco di Conegliano Valdobbiadene DOC
Extra Dry 2006 ★★ – ★★★

Hellgelb; frische Grünapfel-Noten; wirkt im Gaumen etwas schlank, spürbare Säure, wertvolle Grünapfel-Frucht, nicht ganz ausgewogen, ziemlich trocken. (120 000 Fl.; L.#; April 2007;
Merum 2007-3) Privatpreis ab Hof: Euro 8,00

Ciodet, Valdobbiadene (TV) 140 000 Fl./1 Hektar

Tel. 0423 973131; Fax 0423 905301; www.ciodet.it; spumanticiodet@libero.it

Valdobbiadene Prosecco DOC
Extra Dry Villa dei Cedri Millesimato s. a. ★★ – ★★★

Hellgelb; Blütennoten, gelber Apfel; geschmeidiger Schaum, recht ausgewogen, angenehm.
(10 000 Fl.; L.0207; März 2007; Merum 2007-3) Privatpreis ab Hof: Euro 6,00

Col Vetoraz, Valdobbiadene (TV) 700 000 Fl./12 Hektar

Tel. 0423 975291; Fax 0423 975571; www.colvetoraz.it; info@colvetoraz.it

Valdobbiadene Prosecco DOC Brut 2006 ★★ – ★★★

*Mittleres Hellgelb; frische Noten von Obst, einladend; recht kräftig, gewisse Frucht, etwas
viel Süße, geschmeidig.* (230 000 Fl.; L.2107; # Abfüllungen; Merum 2007-3) Privatpreis ab Hof:
Euro #

Valdobbiadene Prosecco DOC Dry 2006 ★★★

*Warmes Hellgelb; dezente, frische Noten von grünen und gelben Äpfeln; Süße, sehr feiner
Schaum, fruchtig, angenehm, lang auf Frucht.* (87 000 Fl.; L.3107; # Abfüllungen; Merum 2007-
3) Privatpreis ab Hof: Euro #

Valdobbiadene Prosecco DOC Extra Dry 2006 ★★★ – ★★★★

*Mittleres Hellgelb; einladende Noten reifer, gelber Äpfel; geschmeidig, ziemlich süß, aber
strukturiert und fruchtig, Grünapfel, lang.* (260 000 Fl.; L.2907; # Abfüllungen; Merum 2007-3)
Privatpreis ab Hof: Euro #

Colsaliz, Refrontolo (TV) 200 000 Fl./15 Hektar

Tel. 0438 894026; Fax 0438 978129; www.colsaliz.it; info@colsaliz.it

Prosecco di Valdobbiadene DOC Brut 2006

*Mittelintensives Hellgelb; nicht fruchtig, nicht ganz klar; süßer Schaum, nicht frische Frucht,
etwas matt, viel Süße.* (20 000 Fl.; L.7353; Januar 2007; Merum 2007-3) Privatpreis ab Hof:
Euro 12,50

Prosecco di Valdobbiadene DOC Extra Dry 2006 ★★★

Intensives Hellgelb; Noten reifer, gelber Früchte; Frucht im Ansatz, Süße, geschmeidiger Schaum, Birnenfrucht hält an, recht tief und lang. (6600 Fl.; L.7311; März 2007; Merum 2007-3) Privatpreis ab Hof: Euro 5,00

Conte Collalto, Susegana (TV) 800 000 Fl./135 Hektar

Tel. 0438 73538; Fax 0438 73538; www.collalto.it; collalto@collalto.it

Prosecco di Conegliano e Valdobbiadene DOC
Brut s. a. ★★ – ★★★

Hellgelb; frische Noten von Grünapfel; fast pfeffrige Grünapfel-Noten, etwas viel Süße, saftig, nicht überaus geschmeidig. (30 000 Fl.; L.101.07; April 2007; Merum 2007-3) Privatpreis ab Hof: Euro #

Prosecco di Conegliano e Valdobbiadene DOC Extra Dry s. a.

Warmes Hellgelb; Hefenoten, Apfel-Frucht; viel Süße, kaum Frucht, zu breit. (90 000 Fl.; L.100.07; April 2007; Merum 2007-3) Privatpreis ab Hof: Euro #

CS Colli del Soligo, Pieve di Soligo (TV) 4 000 000 Fl./700 Hektar

Tel. 0438 840092; Fax 0438 82630; www.collisoligo.com; info@collisoligo.com

Prosecco di Conegliano e Valdobbiadene DOC Brut s. a.

Hellgelb; Apfel- und Hefenoten; im Gaumen etwas breit und süßlich, fehlen Frucht und Feinheit, leicht bitter. (400 000 Fl.; L.1S213; April 2007; Merum 2007-3) Privatpreis ab Hof: Euro #

Prosecco di Valdobbiadene DOC Extra Dry Col de Mez s. a.

Mittleres Hellgelb; eher hefige als fruchtige Nase; recht ausgewogen, Süße, müsste fruchtbetonter sein. (300 000 Fl.; L.1S229; April 2007; Merum 2007-3) Privatpreis ab Hof: Euro #

CS Produttori Valdobbiadene, Valdobbiadene (TV) 7 500 000 Fl./663 Hektar

Tel. 0423 982070; Fax 0423 982097; www.valdoca.com; valdoca@valdoca.com

Valdobbiadene Prosecco DOC 2006

Hellgelb; verhalten, reifer Apfel; im Gaumen gewisse Frucht, zu süß, etwas breit. (10 000 Fl.; L.07 086 18B1; März 2007; Merum 2007-3) Privatpreis ab Hof: Euro 8,00

Valdobbiadene Prosecco DOC Brut Val d'Oca s. a. ★★ – ★★★

Hellgelb; aromatische Noten, Aprikosen; recht kräftig, Frucht von Aprikosen, recht geschmeidig, etwas breit. (200 000 Fl.; L.07 122 1C1; Mai 2007; Merum 2007-3) Privatpreis ab Hof: Euro 6,05

Valdobbiadene Prosecco DOC
Extra Dry Val d'Oca 2006 ★★ – ★★★

Warmes Hellgelb; Noten reifer Golden Delicious, einladend; süßer, ziemlich geschmeidiger Schaum, Golden Delicious, recht ausgewogen. (450 000 Fl.; L.07 124 2E2; Mai 2007; Merum 2007-3) Privatpreis ab Hof: Euro 6,05

De Faveri, Vidor (TV) 700 000 Fl./12 Hektar

Tel. 0423 987673; Fax 0423 987933; www.defaverispumanti.it; info@defaverispumanti.it

Prosecco di Valdobbiadene DOC
Brut (bottiglia nera) s. a. ★★★ – ★★★★

Hellgelb; Noten von reifen, gelben Äpfeln, einladend; fruchtiger Schaum, fast trocken, ausgewogen, geschmeidig, frische Säure, sehr angenehm. (90 000 Fl.; L.4 07; Mai 2007; Merum 2007-3) Privatpreis ab Hof: Euro 5,20

Prosecco di Valdobbiadene DOC
Brut (normale Flasche) s. a. ★★ – ★★★

Hellgelb; reiffruchtige Apfelnase; gewisse Frucht, fehlt etwas das Temperament, dürfte noch lebendiger sein. (120 000 Fl.; L.7 07; Mai 2007; Merum 2007-3) Privatpreis ab Hof: Euro 4,00

Prosecco di Valdobbiadene DOC
Dry (bottiglia nera) s. a. ★★ – ★★★

Warmes Hellgelb; Birnennoten; viel Süße, Birnenfrucht, nicht superfein, etwas breit und süß. (35 000 Fl.; L.5 07; Mai 2007; Merum 2007-3) Privatpreis ab Hof: Euro 5,20

Prosecco di Valdobbiadene DOC
Extra Dry (normale Flasche) s. a.   ★★ – ★★★
Hellgelb; Zitrus- und Apfelnoten, einladend; geschmeidig, fruchtig, Säure, feine Süße, angenehm. (200 000 Fl.; L.14 07; Mai 2007; Merum 2007-3) Privatpreis ab Hof: Euro 4,00

Drusian Francesco, Valdobbiadene (TV)   800 000 Fl./40 Hektar
Tel. 0423 982151; Fax 0423 980000; www.drusian.it; drusian@drusian.it
Prosecco di Valdobbiadene DOC Brut s. a.   ★★★ – ★★★★
Helles Hellgelb; frische, süße Blütennoten; Frische auch im Gaumen, feine Frucht, saftig, zart, ausgewogen und geschmeidig. (150 000 Fl.; L.25-07; Mai 2007; Merum 2007-3) Privatpreis ab Hof: Euro 9,00
Prosecco di Valdobbiadene DOC Dry 2006   ★★ – ★★★
Intensives Hellgelb; etwas breite, hefebetonte Apfelnoten; sehr süß, reife Frucht, etwas opulent. (10 000 Fl.; L.05.07; Mai 2007; Merum 2007-3) Privatpreis ab Hof: Euro 12,00
Prosecco di Valdobbiadene DOC Extra Dry s. a.   ★★★
Hellgelb; hefige Blütennoten, zitronige Frucht; feiner Schaum, feine Frucht, strukturiert, sehr geschmeidig, saftig, angenehm. (450 000 Fl.; L.24.07; Mai 2007; Merum 2007-3) Privatpreis ab Hof: Euro 9,00

Fasol Menin, Valdobbiadene (TV)   25 000 Fl./8 Hektar
Tel. 0423 974262; Fax 0423 905603; www.fasolmenin.com;
myprosecco@fasolmenin.com
Valdobbiadene Prosecco DOC Brut s. a.   ★★★
Hellgelb; frische Grünapfel-Noten; auch im Mund grüner Apfel, fein, ausgewogen, lang und geschmeidig, etwas Butter. (7000 Fl.; L.17 06; April 2007; Merum 2007-3) Privatpreis ab Hof: Euro 4,50
Valdobbiadene Prosecco DOC Extra Dry s. a.   ★★ – ★★★
Mittleres Hellgelb; dezente Apfelnoten, frisch; geschmeidig, Golden Delicious, feine Süße, etwas knappe Säure. (18 000 Fl.; L.17 06; April 2007; Merum 2007-3) Privatpreis ab Hof: Euro 4,50

Frassinelli, Mareno di Piave (TV)   60 000 Fl./12 Hektar
Tel. 0438 30119; Fax 0438 30119; www.frassinelli.it; info@frassinelli.it
Prosecco Conegliano Valdobbiadene DOC Extra Dry s. a.
Hellgelb; gewisse Frucht, verhalten; nicht überaus geschmeidig, knappe Frucht, Süße. (10 000 Fl.; L.0376; April 2007; Merum 2007-3) Privatpreis ab Hof: Euro 4,20

Furlan, San Vendemiano (TV)   100 000 Fl./17 Hektar
Tel. 0438 778267; Fax 0483 478996; www.furlanvini.com; info@furlanvini.com
Prosecco Conegliano Valdobbiadene DOC Extra Dry s. a.
Mittleres Hellgelb; hefegeprägte Nase, Butter, nicht fruchtig; etwas breit im Gaumen, butterig, nicht fruchtig. (10 000 Fl.; L.0207; April 2007; Merum 2007-3) Privatpreis ab Hof: Euro 4,20

Iris Vigneti, Mareno di Piave (TV)   180 000 Fl./20 Hektar
Tel. 347 8239797; Fax 0438 489937; www.irisvigneti.it; info@irisvigneti.it
Prosecco di Valdobbiadene DOC Brut s. a.
Hellgelb; Noten von Wolle, Holunderblüten; im Gaumen süßlich, nicht sehr fruchtig, Hefe. (20 000 Fl.; L.T15; März 2007; Merum 2007-3) Privatpreis ab Hof: Euro 6,00

La Casa Vecchia/Follador Mario,
Valdobbiadene (TV)   30 000 Fl./76 Hektar
Tel. 0423 900160; Fax 0423 900160; www.lacasavecchia.it; info@lacasavecchia.it
Valdobbiadene Prosecco DOC Extra Dry s. a.
Intensives Hellgelb; gereifte, buttrige Nase; auch im Gaumen ausgeprägte Butternoten, nicht fein, nicht aromatisch. (8000 Fl.; L.107; März 2007; Merum 2007-3) Privatpreis ab Hof: Euro 5,90

La Farra, Farra di Soligo (TV)   220 000 Fl./18 Hektar
Tel. 0438 801242; Fax 0438 801504; www.lafarra.it; info@lafarra.it
Prosecco di Valdobbiadene DOC Brut s. a.
Warmes Hellgelb; Erdnussnoten, auch frischer Apfel; spürbare Süße, geschmeidiger Schaum, knappe Frucht, zu süß, nicht ausgewogen und zu wenig fruchtgeprägt. (18 000 Fl.; L.7 06; April 2007; Merum 2007-3) Privatpreis ab Hof: Euro 8,00

Prosecco di Valdobbiadene DOC Extra Dry s. a.

Recht intensives Hellgelb; erdnussige Noten, viel Süße, nicht geschmeidig, zu breit und unausgewogen. (80 000 Fl.; L.7 14; April 2007; Merum 2007-3) Privatpreis ab Hof: Euro 8,00

La Marca, Oderzo (TV) 10 000 000 Fl./7000 Hektar

Tel. 0422 814681; Fax 0422 814069; www.lamarca.it; export@lamarca.it

Prosecco Conegliano Valdobbiadene DOC Extra Dry Cuvée s. a.

Hellgelb; Noten von Birnenblüten, Johannisbrot; gewisse Frucht, etwas breit, müsste frischer sein, eingepasste Süße. (25 000 Fl.; L.#; März 2007; Merum 2007-3) Privatpreis ab Hof: Euro 9,80

Prosecco di Conegliano Valdobbiadene DOC Extra Dry s. a. ★★ – ★★★

Hellgelb; intensive Noten von vollreifen, gelben Äpfeln; intakte Frucht, ausgewogen, feine Struktur, recht lang. (500 000 Fl.; L.07124R15; Mai 2007; Merum 2007-3) Privatpreis ab Hof: Euro 8,80

La Tordera, Vidor (TV) 200 000 Fl./33 Hektar

Tel. 0423 985362; Fax 0423 871023; www.latordera.it; info@latordera.it

Prosecco di Valdobbiadene DOC Brut s. a. ★★★ – ★★★★

Hellgelb; süße Fruchtnoten, Obstblüten; sehr feiner Schaum, fast sahnige Geschmeidigkeit, recht kraftvoll, ausgewogen, Frucht auch im Abgang. (50 000 Fl.; L.B7225; April 2007; Merum 2007-3) Privatpreis ab Hof: Euro 6,00

Prosecco di Valdobbiadene DOC Extra Dry s. a. ★★★ – ★★★★

Hellgelb; intensive, frische zitronige Noten, reifer Apfel; geschmeidiger Schaum, fruchtig, ausgewogen, gefällt sehr. (50 000 Fl.; L.#; Februar 2007; Merum 2007-3) Privatpreis ab Hof: Euro 6,00

Prosecco di Valdobbiadene Superiore di Cartizze DOC Dry s. a. ★★★ – ★★★★

Recht intensives Hellgelb; recht tiefe Apfel- und Marzipannoten; geschmeidig, süß, Golden Delicious, lang, endet schön. (10 000 Fl.; L.C01/07; März 2007; Merum 2007-3) Privatpreis ab Hof: Euro 11,40

Valdobbiadene DOC Dry Cru 2006 ★★★ – ★★★★

Recht intensives Hellgelb; Kaltgärnoten, Frucht; Süße, geschmeidig, Rasse durch gute Säure, Frucht auch im Abgang, Länge. (6000 Fl.; L.A7192; April 2007; Merum 2007-3) Privatpreis ab Hof: Euro 7,32

Le Colture, Valdobbiadene (TV) 520 000 Fl./45 Hektar

Tel. 0423 900192; Fax 0423 900511; www.lecolture.it; info@lecolture.it

Valdobbiadene Prosecco DOC Brut Fagher s. a. ★★★

Hellgelb; feine Noten von frischen Äpfeln; intakte Frucht auch im Gaumen, geschmeidig, ausgewogen, strukturiert, lang. (10 537 Fl.; L.07.42; Februar 2007; Merum 2007-3) Privatpreis ab Hof: Euro 7,30

Valdobbiadene Prosecco DOC Dry Cruner s. a. ★★★

Hellgelb; Blüten- und Grünapfel-Noten; geschmeidiger Schaum, feine Frucht, strukturiert, fast herb, ausgewogen. (12 620 Fl.; L.07.24; Februar 2007; Merum 2007-3) Privatpreis ab Hof: Euro 7,90

Valdobbiadene Prosecco DOC Extra Dry Pianer s. a. ★★ – ★★★

Hellgelb; frische, einladende Noten von Äpfeln; frisch, fruchtig, recht geschmeidig, saftig, spürbare Süße, dadurch zu unausgewogen. (12 620 Fl.; L.07.07; März 2007; Merum 2007-3) Privatpreis ab Hof: Euro 7,20

Valdobbiadene Superiore di Cartizze DOC Dry s. a. ★★ – ★★★

Hellgelb; Kaltgärnoten, Frucht; feiner Schaum, präsente Frucht, viel Süße, dadurch nicht ganz ausgewogen. (6467 Fl.; L.07.50; Februar 2007; Merum 2007-3) Privatpreis ab Hof: Euro 13,00

Le Contesse, Vazzola (TV) 230 000 Fl./25 Hektar

Tel. 0438 28795; Fax 0438 28931; www.lecontesse.it; lecontesse@lecontesse.it

Prosecco Coneglieno e Valdobbiadene DOC
Extra Dry Cuvée s. a. ★★ – ★★★

Hellgelb; Blütennoten; nicht supergeschmeidig, gewisse Frucht, Süße, angenehm. (50 000 Fl.; L.07101R; März 2007; Merum 2007-3) Privatpreis ab Hof: Euro #

Le Manzane, San Pietro di Feletto (TV) 350 000 Fl./40 Hektar

Tel. 0438 486606; Fax 0438 787881; www.lemanzane.it; info@lemanzane.it

Prosecco Coneglieno Valdobbiadene DOC Brut s. a. ★★ – ★★★

Hellgelb; Noten von Zitrus; recht ausgewogen, Frucht, recht angenehm, geschmeidig, dürfte im Gaumen noch fruchtiger sein. (100 000 Fl.; L.7 124; Mai 2007; Merum 2007-3) Privatpreis ab Hof: Euro #

Prosecco di Coneglieno Valdobbiadene DOC Extra Dry s. a.

Hellgelb; Noten reifer Früchte; Süße, nicht sehr geschmeidig, herb, zu breit, zu matt. (120 000 Fl.; L.7 054; Februar 2007; Merum 2007-3) Privatpreis ab Hof: Euro 3,25

Le Vigne di Alice, Carpesica (TV) 35 000 Fl./5 Hektar

Tel. 0438 920818; Fax 0438 920819; www.levignedialice.it; cinzia@levignedialice.it

Prosecco di Coneglieno Valdobbiadene DOC Extra Dry s. a.

Intensives Hellgelb; Erdnussnoten; auch im Gaumen Erdnuss, nicht fein, keine Frucht. (18 000 Fl.; L.CI.028; März 2007; Merum 2007-3) Privatpreis ab Hof: Euro 8,00

Prosecco di Valdobbiadene DOC Brut Doro s. a.

Intensives Hellgelb; nicht fruchtig, Wolle- und Erdnussnoten; auch im Gaumen erdnussig, breit, kraftvoll, süßlich, nicht geschmeidig. (# Fl.; L.CI029; März 2007; Merum 2007-3) Privatpreis ab Hof: Euro 8,00

Malibran/Favrel Maurizio, Susegana (TV) 50 000 Fl./7 Hektar

Tel. 333 2119461; Fax 0438 780135; www.malibranvini.it; info@malibranvini.it

Valdobbiadene Prosecco DOC Brut Ruio s. a. ★★ – ★★★

Hellgelb; feine Noten von roten Äpfeln, einladend; geschmeidiger Schaum, Frucht, angenehm, wird hinten durch die Süße dann etwas breit. (20 000 Fl.; L.#; April 2007; Merum 2007-3) Privatpreis ab Hof: Euro 4,80

Valdobbiadene Prosecco DOC Extra Dry Gorio s. a. ★★ – ★★★

Hellgelb; zitronige Fruchtnoten, frisch; geschmeidig, feine Frucht, Süße, strukturiert, müsste im Finale noch etwas frischer sein. (20 000 Fl.; L.#; April 2007; Merum 2007-3) Privatpreis ab Hof: Euro 4,80

Marsuret, Valdobbiadene (TV) 150 000 Fl./40 Hektar

Tel. 340 1545056; Fax 0423 904726; www.marsuret.it; info@marsuret.it

Prosecco di Valdobbiadene DOC Brut s. a. ★★★

Hellgelb; frische Apfelnoten; frischfruchtig, angenehm, feine Süße, recht lang und saftig, tolle Frucht, wenn auch nicht supergeschmeidig. (15 000 Fl.; L.704; April 2007; Merum 2007-3) Privatpreis ab Hof: Euro 7,00

Prosecco di Valdobbiadene DOC Dry Cuvée Agostino s. a. ★★★

Mittleres Hellgelb; kaltgärige Fruchtnoten, grüner Apfel; feine Frucht, grüner Apfel, Süße, gute Säure, im Gleichgewicht, feine Struktur, frisch. (8000 Fl.; L.6355; März 2007; Merum 2007-3) Privatpreis ab Hof: Euro 8,00

Prosecco di Valdobbiadene DOC Extra Dry s. a. ★★★

Intensives Hellgelb; frische Apfelnoten; im Gaumen reife Golden Delicious, geschmeidig, betonte Süße, fein, saftig und lang. (100 000 Fl.; L.7095; April 2007; Merum 2007-3) Privatpreis ab Hof: Euro 7,00

Prosecco di Valdobbiadene Superiore di Cartizze DOC Dry s. a.

Mittleres Hellgelb; nicht sehr frische Frucht; im Gaumen frische und gereifte Frucht, viel Süße, etwas überreif und zu breit. (13 000 Fl.; L.6230; April 2007; Merum 2007-3) Privatpreis ab Hof: Euro 14,00

Maschio/Riunite, Vazzola (TV) 6 000 000 Fl./# Hektar

Tel. 0522 905711; Fax 0522 905777; www.cantinemaschio.it; elottici@riunite.it

Prosecco di Conegliano DOC Brut Maschio dei Cavalieri s. a.

Hellgelb; Noten von nasser Wolle und Gebäck, nicht fruchtfrisch; auch im Gaumen hefe-geprägt, nicht fruchtig, süß. (50 000 Fl.; L.6310 1321; November 2006; Merum 2007-3) Privat-preis ab Hof: Euro 4,50

Prosecco di Conegliano DOC Extra Dry s. a.

Mittelintensives Hellgelb; gereifte Frucht und Butternoten; geschmeidig, butterig, süß, keine Prosecco-Frucht. (400 000 Fl.; L.7089 1213; März 2007; Merum 2007-3) Privatpreis ab Hof: Euro 4,30

Prosecco di Valdobbiadene DOC Brut Maschio dei Cavalieri s. a.

Hellgelb; hefig-erdnussige Noten; Erdnuss auch im Gaumen, kaum Frucht, viel Süße. (100 000 Fl.; L.7052 1019; Februar 2007; Merum 2007-3) Privatpreis ab Hof: Euro 5,00

Masottina, Conegliano (TV) 2 000 000 Fl./50 Hektar

Tel. 0438 400775; Fax 0438 402034; www.masottina.it; info@masottina.it

Prosecco di Conegliano e Valdobbiadene DOC
Dry s. a. ★★ – ★★★

Mittelintensives Hellgelb; einladende Frucht, Tiefe; fruchtig, nicht überaus geschmeidig, etwas süß, spürbar wertvolle Basis. (6000 Fl.; L.G0402T/2 10:49; April 2007; Merum 2007-3) Privatpreis ab Hof: Euro 9,50

Prosecco di Conegliano e Valdobbiadene DOC
Extra Dry s. a. ★★ – ★★★

Hellgelb; gelbfruchtige, reife Fruchtnoten; recht fruchtig auch im Gaumen, ausgewogen, dürfte noch geschmeidiger sein. (250 000 Fl.; L.G0227T/2 17:08; Februar 2007; Merum 2007-3) Privatpreis ab Hof: Euro 9,50

Prosecco di Valdobbiadene
Superiore di Cartizze DOC Dry s. a. ★★ – ★★★

Mittleres Hellgelb; dezente Fruchtnote, Zitrus; geschmeidig, strukturiert, Aprikosen, recht viel Süße. (11 000 Fl.; L.G0402T/1; April 2007; Merum 2007-3) Privatpreis ab Hof: Euro 21,00

Mass Bianchet, Colbertaldo di Vidor (TV) 30 000 Fl./15 Hektar

Tel. 0423 987427; Fax 0423 987427; www.massbianchet.com; info@massbianchet.com

Prosecco di Valdobbiadene DOC Extra Dry s. a.

Mittleres Hellgelb; säuerliche Nase, fast stechende Noten von Senffrüchten; im Gaumen fruchtig, allerdings etwas breit und schwer, zu wenig geschmeidig. (6600 Fl.; L.#; Januar 2007; Merum 2007-3) Privatpreis ab Hof: Euro 4,00

Merotto, Col San Martino (TV) 400 000 Fl./12 Hektar

Tel. 0438 989000; Fax 0438 989800; www.merotto.it; merottosnc@tin.it

Conegliano Prosecco DOC Dry Primavera di Barbara 2006

Mittleres Hellgelb; Butter-Hefe-Honig-Noten, nicht aromatisch; geschmeidig, Butter, gewisse Birnenfrucht, im Gaumen besser als in der Nase, aber zu süß. (25 000 Fl.; L.08/07; Februar 2007; Merum 2007-3) Privatpreis ab Hof: Euro 11,00

Prosecco di Valdobbiadene
Superiore di Cartizze DOC Dry s. a. ★★ – ★★★

Hellgelb; einladende Apfelfrucht; fruchtig, geschmeidig, recht schlank, feine Säure, einge-passte Süße, angenehm. (15 000 Fl.; L.21/07; Mai 2007; Merum 2007-3) Privatpreis ab Hof: Euro 17,50

Valdobbiadene Prosecco DOC Brut Bareta s. a. ★★★

Mittleres Hellgelb; einladende Noten von reifem, gelbem Apfel; schaumig, fein, Fruchtreife, fast trocken, gewisse Herbe im Abgang. (26 000 Fl.; L.23/06; Dezember 2006; Merum 2007-3) Privatpreis ab Hof: Euro 9,50

Valdobbiadene Prosecco DOC Dry Colle Molina 2006 ★★★

Hellgelb; feine, frische Fruchtnoten, etwas Zitrone und grüner Apfel; fein und geschmeidig, frische Apfelfrucht, ausgewogen, herb in Finale. (50 000 Fl.; L.20/07; Mai 2007; Merum 2007-3) Privatpreis ab Hof: Euro 10,50

407

Valdobbiadene Prosecco DOC
Extra Dry Colbelo s. a. ★★ – ★★★

Hellgelb; Noten von Golden Delicious; Säure, Süße, reife Apfelfrucht, etwas breit im Abgang. (200 000 Fl.; L.04/07; Februar 2006; Merum 2007-3) Privatpreis ab Hof: Euro 9,50

Mionetto, Valdobbiadene (TV) 8 000 000 Fl./0 Hektar
Tel. 0423 9707; Fax 0423 975766; www.mionetto.it; mionetto@mionetto.it

Prosecco di Valdobbiadene DOC
Extra Dry Cru de Cru s. a. ★★ – ★★★

Mittelintensives Hellgelb; Bananen- und Grünapfel-Noten; Zitronen, Säure, Süße, Frucht reifer Äpfel. (50 000 Fl.; L.7AB; Januar 2007; Merum 2007-3) Privatpreis ab Hof: Euro 12,00

Prosecco di Valdobbiadene
Superiore di Cartizze DOC Dry s. a. ★★ – ★★★

Mittleres Hellgelb; Birnenblüten und Gelbapfel-Noten; feine Birnenfrucht, strukturiert, recht ausgewogen, nicht lang. (90 000 Fl.; L.7A6; Januar 2007; Merum 2007-3) Privatpreis ab Hof: Euro 19,00

Montesel, Colfosco di Susegana (TV) 120 000 Fl./12 Hektar
Tel. 0438 781341; Fax 0438 480875; www.monteselvini.it; info@monteselvini.it

Prosecco di Conegliano Valdobbiadene DOC
Brut Riva dei Fiori 2006 ★★ – ★★★

Hellgelb; Apfelnoten, Hefe; hefig-fruchtig, zu süßlich, recht geschmeidig. (20 000 Fl.; L.2107; Januar 2007; Merum 2007-3) Privatpreis ab Hof: Euro 4,00

Prosecco di Conegliano Valdobbiadene DOC
Dry Millesimato s. a. ★★★

Hellgelb; frische Frucht- und Blütennoten; viel Süße, intakte Frucht, strukturiert, Länge. (20 000 Fl.; L.4207; Februar 2007; Merum 2007-3) Privatpreis ab Hof: Euro 4,40

Nino Franco, Valdobbiadene (TV) 1 000 000 Fl./2,5 Hektar
Tel. 0423 972051; Fax 0423 975977; www.ninofranco.it; info@ninofranco.it

Prosecco di Valdobbiadene DOC Brut s. a. ★★★
Goldenes Hellgelb; intensiv apfelfruchtige Nase; Fülle, reife, aber ausgeprägte und saubere Frucht, Süße und feine Struktur. (160 000 Fl.; L.7130; Mai 2007; Merum 2007-3) Privatpreis ab Hof: Euro #

Prosecco di Valdobbiadene DOC
Brut Rive di San Floriano 2006 ★★★

Intensives, grünliches Hellgelb; intensive Nase, Kaltgärnoten, Apfel, auch Rosmarin; recht kräftig, frisch, Frucht, strukturiert. (30 000 Fl.; L.7058; Februar 2007; Merum 2007-3) Privatpreis ab Hof: Euro #

Prosecco di Valdobbiadene DOC
Dry Primo Franco 2006 ★★ – ★★★

Mittleres Gelb; intensive Noten von reifen, gelben Äpfeln; auch im Mund ausgeprägt fruchtig, recht geschmeidig, viel Süße, dadurch etwas opulent. (60 000 Fl.; L.7101; März 2007; Merum 2007-3) Privatpreis ab Hof: Euro #

Prosecco di Valdobbiadene DOC Rustico s. a.
Hellgelb; Honignoten, Apfel; etwas knappe Frucht, Süße, nicht geschmeidig, Blütenhonig im Abgang. (550 000 Fl.; L.7029; Januar 2007; Merum 2007-3) Privatpreis ab Hof: Euro #

Perlage, Farra di Soligo (TV) 900 000 Fl./20 Hektar
Tel. 0438 900203; Fax 0438 900195; www.perlagewines.com; info@perlagewines.com

Valdobbiadene Prosecco DOC Canah s. a.
Hellgelb; breite Frucht, fehlt Frische; etwas grob, wenig Frucht. (Biowein.) (60 000 Fl.; L.#; Mai 2007; Merum 2007-3) Privatpreis ab Hof: Euro 5,10

Valdobbiadene Prosecco DOC Col di Manza Extra Dry s. a.
Mittleres Hellgelb; breite Nase, nicht fein, Hefe und aufgeschnittene Früchte; recht feiner Schaum, nicht aromatisch, ziemlich matt. (Demeter/Biowein.) (15 000 Fl.; L.#; März 2007; Merum 2007-3) Privatpreis ab Hof: Euro 6,80

Riccardo/Francesca Bottarel, Vidor (TV)   35 000 Fl./10 Hektar

Tel. 0423 985248; Fax 0423 989049; www.prosecco.com; info@prosecco.com

Prosecco di Valdobbiadene DOC Extra Dry s. a.   ★★ – ★★★

Mittleres Hellgelb; apfelfruchtige Nase, frisch; süßlich, breitfruchtig, recht frisch, geschmeidig. (6800 Fl.; L.1366; Mai 2007; Merum 2007-3) Privatpreis ab Hof: Euro 7,00

Prosecco di Valdobbiadene Superiore di Cartizze DOC Dry 2006

Recht intensives Hellgelb; Frucht, einladend; Süße, etwas breite, reife Frucht, nicht aromatisch, zu opulent, fehlt Frische. (1800 Fl.; L.77; Februar 2007; Merum 2007-3) Privatpreis ab Hof: Euro 12,00

Roccat/Clemente Codello, Valdobbiadene (TV)   60 000 Fl./7 Hektar

Tel. 0423 972839; Fax 0423 971772; www.roccat.com; info@roccat.com

Prosecco di Valdobbiadene DOC
Extra Dry Col Biancheta s. a.   ★★★

Hellgelb; verhaltene Noten grüner Äpfel; geschmeidiger Schaum, feine Struktur, Frucht, saftige Säure, ziemlich trocken, gute Länge. (# Fl.; L.89 07; März 2007; Merum 2007-3) Privatpreis ab Hof: Euro 4,75

Ruggeri, Valdobbiadene (TV)   # Fl./# Hektar

Tel. 0423 9092; Fax 0423 973304; www.ruggeri.it; ruggeri@ruggeri.it

Prosecco di Valdobbiadene
Superiore di Cartizze DOC Dry s. a.   ★★ – ★★★

Warmes Hellgelb; Kaltgärnoten, grüner Apfel; geschmeidiger Schaum, Apfelfrucht, viel Süße, gute Säure, recht lang, aber zu süß. (80 000 Fl.; L.7E07E 08:17; # Abfüllungen; Merum 2007-3) Privatpreis ab Hof: Euro 16,00

Valdobbiadene Prosecco DOC
Dry Santo Stefano s. a.   ★★ – ★★★

Recht intensives Hellgelb; zitronige Noten, frischer Apfel; sehr süß, Frucht, strukturiert, durch die Süße unausgewogen. (110 000 Fl.; L.74G07E 16:00; # Abfüllungen; Merum 2007-3) Privatpreis ab Hof: Euro 9,00

Valdobbiadene Prosecco DOC
Extra Dry Giall'Oro s. a.   ★★★ – ★★★★

Mittleres Hellgelb; frische Noten von grünen Äpfeln; saftig, sehr geschmeidig, fruchtig, ausgewogen. (500 000 Fl.; L.68E07E 13:45; # Abfüllungen; Merum 2007-3) Privatpreis ab Hof: Euro 8,00

Valdobbiadene Prosecco DOC Quartese s. a.   ★★★

Hellgelb; grüne Apfel- und feine Birnenblütennoten; geschmeidig, fruchtig, feine Süße, strukturiert, recht lang. (160 000 Fl.; L.73E07E 07:37; # Abfüllungen; Merum 2007-3) Privatpreis ab Hof: Euro 8,00

San Giuseppe, San Pietro di Feletto (TV)   220 000 Fl./18 Hektar

Tel. 0438 450526; Fax 0438 651664; www.aziendaagricolasangiuseppe.it; vini.sangiuseppe@libero.it

Prosecco di Conegliano DOC Brut 2006

Warmes Hellgelb; Wolle- und Fruchtnoten; recht geschmeidiger Schaum, dann süßlich, knappe Frucht, streng. (30 000 Fl.; L.#; Januar 2007; Merum 2007-3) Privatpreis ab Hof: Euro 8,00

Prosecco di Conegliano DOC Extra Dry 2006   ★★ – ★★★

Hellgelb; Noten von Butter, Hefe, Apfel; geschmeidig, Frucht, Süße, recht ausgewogen. (130 000 Fl.; L.0507; März 2007; Merum 2007-3) Privatpreis ab Hof: Euro 8,00

Sanfeletto, San Pietro di Feletto (TV)   150 000 Fl./# Hektar

Tel. 0438 486832; Fax 0438 486030; www.sanfeletto.it; sanfeletto@sanfeletto.it

Prosecco di Conegliano-Valdobbiadene DOC
Brut s. a.   ★★ – ★★★

Blasses Hellgelb; hefebetont; gewisse Säure, etwas breit, wenig Frucht, müsste frischer sein. (20 000 Fl.; L.7059; Februar 2007; Merum 2007-3) Privatpreis ab Hof: Euro 4,35

Prosecco di Conegliano-Valdobbiadene DOC
Extra Dry s. a.   ★★ – ★★★

Blasses Hellgelb; Noten von Holunderblüten; viel Süße, recht geschmeidig, Holunder-fruchtig, angenehm. (15 000 Fl.; L.7079; März 2007; Merum 2007-3) Privatpreis ab Hof: Euro 4,35

Scandolera, Vidor (TV)   100 000 Fl./17 Hektar
Tel. 0423 985107; Fax 0423 985107; www.scandolera.it; info@scandolera.it

Prosecco di Valdobbiadene DOC
Brut Costa d'Oro s. a.   ★★ – ★★★

Hellgelb; Noten von Senffrüchten, Gebäck; kraftvoll, nicht geschmeidig, angenehme, aber nicht erwünschte Hefeprägung, recht vielschichtig, kaum Primärfrucht; erinnert mehr an einen Metodo Classico. (20 000 Fl.; L.unleserlich; April 2007; Merum 2007-3) Privatpreis ab Hof: Euro #

Prosecco di Valdobbiadene DOC
Extra Dry Vigneti del Fait s. a.

Intensives Hellgelb; Eukalyptus-, Salbei-Noten; dieselbe Aromatik im Gaumen, recht rund und ausgewogen, fehlt jedoch Prosecco-Aromatik, recht gut als Schaumwein, aber zu fremdartig. (50 000 Fl.; L.#; März 2007; Merum 2007-3) Privatpreis ab Hof: Euro #

Scuola Enologica, Conegliano (TV)   45 000 Fl./7 Hektar
Tel. 0438 453617; Fax 0438 453618; www.scuolaenologica.cerletti.it; scuolaenologica.cerletti@tin.it

Conegliano Prosecco DOC Extra Dry s. a.
Warmes Hellgelb; rauchige Hefenoten; breit im Ansatz, viel Süße, marmeladige Frucht. (21 000 Fl.; L.07059 4-09; Februar 2007; Merum 2007-3) Privatpreis ab Hof: Euro 3,50

Sommariva/Palazzo Rosso,
San Pietro di Feletto (TV)   80 000 Fl./35 Hektar
Tel. 0438 784316; Fax 0438 784839; www.sommariva-vini.it; info@sommariva-vini.it

Prosecco di Conegliano DOC Brut s. a.
Blasses Hellgelb; Wolle, gewisse Frucht; recht zart, im Gaumen besser als in der Nase, Süße. (40 000 Fl.; L.0710; März 2007; Merum 2007-3) Privatpreis ab Hof: Euro 6,80

Prosecco di Conegliano DOC Dry s. a.
Hellgelb; Erdnussnoten, gereifte Frucht; auch im Mund Erdnuss, viel Süße, kaum Frucht, im Abgang gereift. (15 000 Fl.; L.705; April 2007; Merum 2007-3) Privatpreis ab Hof: Euro 7,40

Sorelle Bronca, Vidor (TV)   230 000 Fl./20 Hektar
Tel. 0423 987201; Fax 0423 989329; www.sorellebronca.com; info@sorellebronca.com

Prosecco di Valdobbiadene DOC Brut s. a.   ★★ – ★★★
Hellgelb; eher breite, vollreif-fruchtige Noten; auch im Mund konzentriert, reife Apfelfrucht, fast opulent, dürfte beschwingter sein. (100 000 Fl.; L.7 138; Mai 2007; Merum 2007-3) Privatpreis ab Hof: Euro 4,80

Prosecco di Valdobbiadene DOC Extra Dry s. a.
Blasses Hellgelb; nicht komplett klare Noten von Senffrüchten; feiner Schaum, viel Süße, Senffrüchte auch im Gaumen, durch die Süße unausgewogen, zu breit. (100 000 Fl.; L.27 143; Mai 2007; Merum 2007-3) Privatpreis ab Hof: Euro 4,80

Prosecco di Valdobbiadene DOC Extra Dry Particella 68 s. a.
Hellgelb; blütig-rauchig-fruchtige Noten; viel geschmeidiger Schaum, etwas breite Frucht, Säure und viel Süße, nicht ausgewogen. (8000 Fl.; L.7068; März 2007; Merum 2007-3) Privatpreis ab Hof: Euro 6,40

Spagnol, Vidor (TV)   200 000 Fl./28 Hektar
Tel. 0423 987177; Fax 0423 987177; www.spagnolaziendagricola.it; spagnolvini@email.it

Valdobbiadene Prosecco DOC Brut Col del Sas s. a.   ★★ – ★★★
Hellgelb; zitronig-fruchtige Nase, dezent, nicht tief; spürbare Süße, gewisse Frucht, dürfte feiner sein. (12 000 Fl.; L.0617; Januar 2007; Merum 2007-3) Privatpreis ab Hof: Euro #

Valdobbiadene Prosecco DOC Dry Col del Sas s. a.

Mittleres Hellgelb; müde Birnennoten; viel Süße, hefige Fruchtnoten, wirkt etwas matt. (5000 Fl.; L.0617; Januar 2007; Merum 2007-3) Privatpreis ab Hof: Euro #

Valdobbiadene Prosecco DOC
Extra Dry Col del Sas s. a. ★★ – ★★★

Hellgelb; verhaltene Fruchtnoten; mittelgeschmeidig, viel Süße, etwas knappe Frucht, herbes Finale. (50 000 Fl.; L.0617; Februar 2007; Merum 2007-3) Privatpreis ab Hof: Euro #

Terra Serena, Conegliano (TV) 2 000 000 Fl./7 Hektar

Tel. 0438 201107; Fax 0438 394935; www.vinicolaserena.com; info@vinicolaserena.com

Prosecco Conegliano Valdobbiadene DOC Extra Dry s. a.

Warmes Hellgelb; Reifenoten; geschmeidiger Schaum, reife Frucht, Struktur, wirkt ziemlich trocken, zu reif. (1 200 000 Fl.; L.07113; # Abfüllungen; Merum 2007-3) Privatpreis ab Hof: Euro 4,20

Toffoli Vincenzo, Refrontolo (TV) 80 000 Fl./10 Hektar

Tel. 0438 894240; Fax 0438 894556; www.proseccotoffoli.it; toffoli@nline.it

Prosecco di Conegliano-Valdobbiadene DOC s. a. ★★★

Helles Goldgelb; Noten reifer, gelber Früchte; sehr geschmeidig, reife Früchte, kraftvoll, vielschichtig, passende Süße, lang. (20 000 Fl.; L.677; Februar 2007; Merum 2007-3) Privatpreis ab Hof: Euro 5,20

Prosecco di Conegliano-Valdobbiadene DOC
Brut s. a. ★★ – ★★★

Intensives Hellgelb; fruchtige Noten und Rosmarin; Rosmarin auch im Mund, recht angenehm, süßlich, nicht überaus fein. (20 000 Fl.; L.4 624; März 2007; Merum 2007-3) Privatpreis ab Hof: Euro 5,20

Valdo, Valdobbiadene (TV) 5 000 000 Fl./125 Hektar

Tel. 0423 9090; Fax 0423 975750; www.valdo.com; export@valdo.com

Prosecco di Valdobbiadene DOC Cuvée del Fondatore s. a.

Recht intensives Hellgelb; Noten von reifen Früchten, Apfelschale; gereiftes Aroma, fehlen Lebendigkeit und Fruchtfrische. (100 000 Fl.; L.0060646667000 230207 10:55; Februar 2007; Merum 2007-3) Privatpreis ab Hof: Euro 20,00

Prosecco di Valdobbiadene DOC Cuvée di Boj s. a. ★★★

Hellgelb; frische Nase, einladende Apfelnoten; saftig, geschmeidig, frisch, ausgeprägt fruchtig. (500 000 Fl.; L.0610645681001 180407 11:32; April 2007; Merum 2007-3) Privatpreis ab Hof: Euro 15,00

Prosecco di Valdobbiadene DOC Marca Oro s. a.

Intensives Hellgelb; gemüsig-hefige, breitfruchtige Noten; gewisse Frucht, nicht geschmeidig, zu breit. (2 000 000 Fl.; L.0660624659005 190207 14:42; Februar 2007; Merum 2007-3) Privatpreis ab Hof: Euro 12,00

Venegazzù/Conte Loredan Gasparini, Volpago del Montello (TV) 600 000 Fl./# Hektar

Tel. 0423 870024; Fax 0423 620898; www.venegazzu.it; export@venegazzu.com

Prosecco di Valdobbiadene DOC
Extra Dry Cuvée Casa Bianca s. a. ★★ – ★★★

Mittleres Hellgelb; etwas fremdartige Noten von Holunderblüten; holundrige Frucht, ziemlich süß, nicht sehr geschmeidig. (20 000 Fl.; L.22 07; Januar 2007; Merum 2007-3) Privatpreis ab Hof: Euro 7,00

Vettori, San Pietro di Feletto (TV) 30 000 Fl./4,5 Hektar

Tel. 0347 2401131; Fax 0438 34812; www.vinivettori.it; info@vinivettori.it

Conegliano Prosecco DOC Brut s. a. ★★ – ★★★

Hellgelb; schalige, nicht süße Fruchtnoten; recht kraftvoll, viel Süße, kräftig, nicht sehr geschmeidig. (6000 Fl.; L.13G6; Februar 2007; Merum 2007-3) Privatpreis ab Hof: Euro 7,00

Conegliano Prosecco DOC Extra Dry s. a.   ★★ – ★★★
Hellgelb; Noten von Apfelkompott; Süße, eher breite Frucht, recht angenehm. (4000 Fl.; L.27D7; April 2007; Merum 2007-3) Privatpreis ab Hof: Euro 7,00

Villa Sandi, Crocetta del Montello (TV)   2 800 000 Fl./300 Hektar
Tel. 0423 665033; Fax 0423 860924; www.villasandi.it; info@villasandi.it

Prosecco di Valdobbiadene DOC Brut s. a.   ★★★
Hellgelb; intensive, recht tiefe Fruchtnoten; mittelfruchtig, geschmeidig, feine Süße, ausgewogen. (65 000 Fl.; L.7/023A 15:01; Januar 2007; Merum 2007-3) Privatpreis ab Hof: Euro 8,00

Prosecco di Valdobbiadene DOC Dry Cuvée s. a.   ★★★
Hellgelb; intensive Frucht, süß und einladend; recht geschmeidig, saftig, gute Säure, spürbare Süße, recht lang auf Frucht. (60 000 Fl.; L.7/096 12:56; April 2007; Merum 2007-3) Privatpreis ab Hof: Euro 11,00

Prosecco di Valdobbiadene DOC Extra Dry s. a.   ★★ – ★★★
Mittleres Hellgelb; warme Apfelnoten; Süße, Apfelfrucht, herb im Abgang. (600 000 Fl.; L.7/095 16:39; April 2007; Merum 2007-3) Privatpreis ab Hof: Euro 8,00

Zardetto, Conegliano (TV)   1 700 000 Fl./25 Hektar
Tel. 0438 394969; Fax 0438 394970; www.zardettoprosecco.com; info@zardettoprosecco.com

Conegliano Prosecco DOC Brut Bubbly 2006
Hellgelb; Noten von Erdnuss, etwas Gummi, gewisse Frucht; auch im Gaumen erdnussbetont, kaum Frucht, leicht bitter. (250 000 Fl.; L.07102; April 2007; Merum 2007-3) Privatpreis ab Hof: Euro 4,39

Conegliano Prosecco DOC Dry Zeta 2006
Hellgelb; Erdnussnoten, Selleriekraut; viel Süße, fehlt Frucht, breit. (100 000 Fl.; L.07 107; April 2007; Merum 2007-3) Privatpreis ab Hof: Euro 5,23

Soave

Der Soave ist auf Grund seiner Tradition, seines Territoriums und seiner Sortenzusammensetzung eine Appellation, die echte Terroirweine hervorbringen kann. Das Produktionsreglement schreibt die Sortenzusammensetzung, das Anbaugebiet, die Höchstmengen und anderes vor. Aber es ist die im Produktionsgebiet herrschende Weinkultur, die festlegt, wie ein Soave zu schmecken hat. Dabei ist richtig und natürlich, dass diese Definition in ständigem Wandel ist. Ein Appellationswein ist ein Original, an dessen Verwirklichung Dutzende von Winzern unentwegt arbeiten.

Der Ideal-Soave muss innerhalb der naturgegebenen, traditionellen Möglichkeiten – Böden, Lagen, Sorten – des Soave liegen. Es bringt höchstens kurzfristig Vorteile, wenn die Qualität den Journalisten und der Nachfrage zuliebe künstlich verändert wird. Röstaromen, Honig-Holz-Aromen durch Ausbau in kleinen Holzfässchen, Überkonzentration durch Maschinen, Überreife durch zu späte Lese, unausgewogene Süße, tiefe Säure, ausgeprägte Butteraromen mögen manchen Leuten gefallen, gehören aber nicht zu den angeborenen Merkmalen des Soave. Von den Massen charakterloser Weine – auch sie dürfen sich Soave nennen – aus den weiten Flächen längs der Autobahn mitten in der Ebene mal ganz zu schweigen…

Für einen Kellermeister ist es wohl das Schwierigste, das richtige Maß herauszufinden, zu spüren, bis wohin Önologie der Typizität eines Weins förderlich ist, und ab wann sie diese überdeckt. So zeigt der Basis-Soave mancher Betriebe einfach oft die größere Individualität und ist ausgewogener als ihr vermeintlicher Spitzenwein.

Produktionsregeln Soave DOC

Traubensorten: Garganega (mindestens 70 %), Trebbiano di Soave, Chardonnay, Weißburgunder (bis 30 %); Höchstertrag: 15 000 kg (Classico und Colli Scaligeri: 14 000 kg) Trauben/ha; Mindestalkohol: 10,5 Vol.-% (Classico und Colli Scaligeri: 11,5 Vol.-%); frühester Verkauf: 1. Dezember (Classico: 1. Februar) nach der Lese.

Produktionsregeln Soave Superiore DOCG

Traubensorten: Garganega (mindestens 70 %), Trebbiano di Soave, Chardonnay, Weißburgunder (bis 30 %); Höchstertrag: 10 000 kg Trauben/ha; Mindestalkohol: 12 Vol.-%; frühester Verkauf: 1. September des auf die Lese folgenden Jahres.

413

Recioto di Soave

Recioto ist ein Süßwein. So definiert, ist das Soll rasch erfüllt. Da der Recioto aber einer der vielversprechendsten italienischen Dessertweine ist, darf man mehr als Süße erwarten. Er soll schon in der Nase verführerisch riechen, nach kandierten Früchten, Rosinen, tropischen Früchten, Ananas, Orangeat, Grapefruit, Passionsfrucht, Sellerie, eingemachten Williamsbirnen… Auch Botrytisnoten stehen ihm gut an. Dieses Bukett soll sich im Gaumen bestätigen, von der Süße getragen den Mund füllen und dort minutenlang verweilen.

Die Konzentration eines Recioto darf extrem sein, solange sie nicht für sich alleine steht, sondern Trägerin einer vielschichtigen Frucht ist. Mattigkeit, Unfrische, Mostigkeit, spürbares Holz, Fremdaromen aller Art werden von uns mit Nichtbewerten quittiert. Mit Abzug bestraft wurden auch Recioto mit deutlichen Sauvignon-Noten.

Wie der Gewürztraminer ist auch der Recioto mit seiner Süße und seinem Alkohol kein Wein, von dem man mehr als ein paar Schlückchen trinken kann. Schon deshalb muss bereits ein kleiner Schluck Geschmackswelten öffnen. Umso eher, als ein Süßwein im Gegensatz zu einem essensbegleitenden Rotwein, Weißwein oder Perlwein im Prinzip verzichtbar ist. Vom Recioto muss und darf man Großartiges erwarten! Mittelmaß verdient keine Gnade.

Produktionsregeln Recioto di Soave DOCG

Traubensorten: Garganega (mindestens 70 %), Trebbiano di Soave, Chardonnay, Weißburgunder (bis 30 %), nicht aromatische andere weiße Sorten (bis 5 %); Höchstmenge: 9000 kg Trauben/ha; Mindestalkohol: 12 Vol.-% und mindestens 70 g/l Restzucker (Spumante: Mindestalkohol: 11,5 Vol.-% und mindestens 70 g/l Restzucker); Verkauf: nicht vor dem 1. September des auf die Ernte folgenden Jahres.

Balestri Valda, Soave (VR) 45 000 Fl./13 Hektar

Tel. 045 7675393; Fax 045 7675963; www.vinibalestrivalda.com;
info@vinibalestrivalda.com

Recioto di Soave Classico DOCG 2002

*Intensives Bernsteinbraun; holzgereifte Passitonoten; Kraft, kaum Frucht, reif, nicht tief, herb
im Abgang, zu holzgeprägt. (5200 Fl.; L.5; eine Abfüllung; Merum 2006-6)* Privatpreis ab Hof:
Euro 10,00

Soave Classico DOC 2005

*Goldenes Hellgelb; Noten von Erdnüssen, Hefe, keine Frucht; füllig, saftig, Süße, auch Frucht,
aber geprägt von hefigen Aromen, gewisse Länge. (32 000 Fl.; L.4; mehr als eine Abfüllung;
Merum 2006-5)* Privatpreis ab Hof: #

Bertani, Grezzana (VR) 1 800 000 Fl./180 Hektar

Tel. 045 8658444; Fax 045 8658400; www.bertani.net; bertani@bertani.net

Soave Classico Superiore DOCG 2004

*Goldenes Hellgelb; fruchtige Noten; Mittelgewicht, keine Frucht, Süße, herb, nicht lang.
(30 000 Fl.; L.05543 02281503; eine Abfüllung; Merum 2006-5)* Privatpreis ab Hof: Euro #

Soave DOC Sereole 2005 ★★ – ★★★

*Goldgelb; intensive Nase, Noten tropischer Früchte, Sellerie; Fülle, intensive Frucht, reif, ge-
wisse Länge. (100 000 Fl.; L.65585 05161519; eine Abfüllung; Merum 2006-5)* Privatpreis ab Hof:
Euro #

Bisson, Soave (VR) 40 000 Fl./8 Hektar

Tel. 045 7680775; Fax 045 7680775; vinibisson@tin.it

Soave Classico DOC 2005 ★★ – ★★★

*Helles Goldgelb; ansprechende Sellerienoten, weiße Frucht; spürbare Säure, Sellerie, recht
saftig, Butter, feinherb. (# Fl.; L.26109; # Abfüllungen; Merum 2006-5)* Privatpreis ab Hof: Euro #

Soave DOC 2005

*Warmes Hellgelb; Noten von Butter und Sellerie; sehr butterig im Gaumen, breit, etwas zu
einseitig. (11 000 Fl.; L.36067; mehr als eine Abfüllung; Merum 2006-5)* Privatpreis ab Hof: #

Bixio, San Bonifacio (VR) 10 000 Fl./2 Hektar

Tel. 045 7610758; Fax 045 7610283; info@bixiovini.com

Recioto di Soave Classico DOCG il Mondello 2000

*Bernstein; gereifte Nase; gereifte Aromen, Teer, kaum Frucht, Teer auch im Abgang, Holz
hängt nach. (4500 Fl.; L.08A4; # Abfüllungen; Merum 2006-6)* Privatpreis ab Hof: Euro 8,20

Cà Rugate, Montecchia di Crosara (VR) 450 000 Fl./40 Hektar

Tel. 045 6176328; Fax 045 6176329; www.carugate.it; carugate@carugate.it

Recioto di Soave DOCG La Perlara 2004 ★★★

*Warmes Goldgelb; neben Holunderblüten auch Pfirsich- und Passionsfruchtnoten, tief; ölig,
süß, Holunderblüten, feines Holz. (10 000 Fl.; L.24.02.06; eine Abfüllung; Merum 2006-6)*
Privatpreis ab Hof: Euro 10,70

Soave Classico DOC Monte Alto 2004

*Goldgelb; eigenartige, nicht weinige Nase, Erdnuss, Gebäck, Zimt, Hefe; im Gaumen Vanille
und Kamille, zu matt, keine Frucht. (15 000 Fl.; L.17.01.06; eine Abfüllung; Merum 2006-5)*
Privatpreis ab Hof: #

Soave Classico DOC Monte Fiorentine 2005 ★★★ JLF

*Helles Goldgelb; intensive, frische Frucht mit Zitrusnoten, etwas Sellerie; Zitrus auch im
Gaumen, betonte Säure, mineralisch, fein und vielschichtig, Länge. (40 000 Fl.; L.16.02.06;
mehr als eine Abfüllung; Merum 2006-5)* Privatpreis ab Hof: #

Soave Classico DOC San Michele 2005 ★★★

*Goldenes Hellgelb; intensive fruchtig-gemüsige Nase, einladend; aromatische Frucht, wird
dann recht schlank, fein strukturiert, angenehm. (200 000 Fl.; L.16.05.06; mehr als eine
Abfüllung; Merum 2006-5)* Privatpreis ab Hof: #

Cambrago, Colognola ai Colli (VR)   85 000 Fl./14 Hektar
Tel. 045 7650745; Fax 045 6150062; casavini4@vinicolacambrago.191.it

Recioto di Soave DOCG i Cèrceni 2003   ★★ – ★★★
Warmes Goldgelb; nicht intensive Passito-Nase; auch im Gaumen verhalten, nicht sehr konzentriert, gewisse Frucht, fehlt Tiefe, etwas Holz. (2300 Fl.; L.6401; eine Abfüllung; Merum 2006-6) Privatpreis am Hof: Euro 12,00

Soave Classico DOC I Cérceni 2005   ★★★
Goldenes Hellgelb; recht tiefe Fruchtnoten; Frucht mit Holunderblüten, saftig, angenehm, Länge. (40 000 Fl.; L.060201; mehr als eine Abfüllung; Merum 2006-5) Privatpreis ab Hof: #

Soave DOC Vigne Maiores 2005   ★★★
Warmes Hellgelb; frische Fruchtnoten; feine Süße, schlank-ausgewogen, fruchtig, angenehm, lang. (30 000 Fl.; L.060101; mehr als eine Abfüllung; Merum 2006-5) Privatpreis ab Hof: #

Campagnola Giuseppe, Marano (VR)   5 000 000 Fl./75 Hektar
Tel. 045 7703900; Fax 045 7701067; www.campagnola.com; campagnola@campagnola.com

Soave Classico DOC Le Bine 2005
Hellgelb; nicht sehr frische Fruchtnoten; Süße, eher schlank, einfach. (40 000 Fl.; L.089/6/L; mehr als eine Abfüllung; Merum 2006-5) Privatpreis ab Hof: Euro #

Cantina del Castello, Soave (VR)   120 000 Fl./12 Hektar
Tel. 045 7680093; Fax 045 6190099; www.cantinacastello.it; cantinacastello@cantinacastello.it

Soave Classico DOC Castello 2005   ★★ – ★★★
Hellgelb; verhaltene Frucht; spürbare Süße, zarte Frucht, dürfte etwas tiefer sein. (100 000 Fl.; L.366; eine Abfüllung; Merum 2006-5) Privatpreis ab Hof: Euro 5

Soave Classico DOC Pressoni 2005   ★★ – ★★★
Goldenes Hellgelb; verhalten, Fruchtnoten mit Hefe; gewisse Frucht, Süße, etwas opulent, bremst im Abgang, knappe Länge. (12 000 Fl.; L.536; mehr als eine Abfüllung; Merum 2006-5) Privatpreis ab Hof: Euro 7

Cantina di Soave, Soave (VR)   30 000 000 Fl./4200 Hektar
Tel. 045 6139811; Fax 045 7681203; www.cantinasoave.it; cantina@cantinasoave.it

Recioto di Soave Classico DOCG
Rocca Sveva Mida 2003   ★★ – ★★★
Bernstein; intensive Frucht, reife Melone, Papaya, Passionsfrucht; Süße, recht ölig, etwas weniger explosiv als in der Nase, Butter, das Holz dämpft. (9000 Fl.; L.6039'A; eine Abfüllung; Merum 2006-6) Privatpreis ab Hof: Euro 10,00

Soave Classico DOC Rocca Sveva 2005
Hellgelb; ansprechende, verhaltene Frucht; Frucht mit etwas Röstung, Holzwürze, gute Säure, bremst etwas im Finale. (60 000 Fl.; L.6125'A; mehr als eine Abfüllung; Merum 2006-5) Privatpreis ab Hof: #

Soave Classico DOC Villa Rasina 2005   ★★ – ★★★
Goldenes Hellgelb; recht tiefe Fruchtnoten; schwächer ausgeprägte Frucht im Gaumen, kühler Charakter, recht angenehm. (70 000 Fl.; L.6174-1B; mehr als eine Abfüllung; Merum 2006-5) Privatpreis ab Hof: #

Soave Classico Superiore DOCG
Rocca Sveva Castelcerino 2004   ★★ – ★★★
Hellgelb; Zitrusnoten; eher schlank, feine Struktur, Süße, röstig-fruchtig, insgesamt angenehm. (40 000 Fl.; L.5325'A; eine Abfüllung; Merum 2006-5) Privatpreis ab Hof: #

Coffele, Soave (VR)   120 000 Fl./27 Hektar
Tel. 045 7680007; Fax 045 6198091; www.coffele.it; info@coffele.it

Recioto di Soave Classico DOCG Le Sponde 2004   ★★★★
Bernsteingelb; intensive, tiefe Passitonoten, etwas Botrytis; Kraft, ölig, angenehme Süße, Aprikosenmarmelade, feine Botrytis, frische Säure, im Abgang Butter, Karamell und Marmelade, lang. (7000 Fl.; L.RE 2306; eine Abfüllung; Merum 2006-6) Privatpreis ab Hof: Euro 12,50

Soave Classico DOC 2005 ★★ – ★★★

Goldenes Hellgelb; verhaltene, nicht sehr spritzige, eher kompottige Frucht; im Gaumen strukturiert, gedämpfte Frucht, ausgewogen, angenehm. (65 000 Fl.; L.2806; eine Abfüllung; Merum 2006-5) Privatpreis ab Hof: #

Soave Classico DOC Alzari 2004 ★★★

Helles Goldgelb; dichte, fruchtige Noten; Süße, recht tiefe Frucht, eher tiefe Säure, saftig, mittlere Länge. (6000 Fl.; L.AL2206; eine Abfüllung; Merum 2006-5) Privatpreis ab Hof: #

Soave Classico DOC Cà Visco 2005 ★★ – ★★★

Warmes Hellgelb; Frucht mit Noten getrockneter Aprikosen; recht kraftvoll, etwas breit, nicht sehr elegant, gute Säure, gewisse Länge. (25 000 Fl.; L.CNAA1706; mehr als eine Abfüllung; Merum 2006-5) Privatpreis ab Hof: #

CS di Monteforte, Monteforte d'Alpone (VR)   800 000 Fl./1200 Hektar

Tel. 045 7610110; Fax 045 7613740; www.cantinadimonteforte.it; tobin@cantinadimonteforte.it

Recioto di Soave Classico DOCG Il Sigillo 2003

Bernsteingelb; verhalten; auch im Gaumen kaum Ausdruck, Kraft, Süße, Säure, aber kaum Frucht, Holz im Abgang. (6800 Fl.; L.073.05; eine Abfüllung; Merum 2006-6) Privatpreis ab Hof: Euro 7,08

Soave Classico DOC Clivus 2005 ★★ – ★★★

Helles Goldgelb; intensive Noten weißer, eingelegter Früchte, Sellerie; saftig im Ansatz, Frucht, etwas Sellerie, feine Säure, dann fehlen Temperament und Fruchttiefe im Abgang. (12 500 Fl.; L.054-06; eine Abfüllung; Merum 2006-5) Privatpreis ab Hof: #

Soave Classico DOC Il Vicario 2005 ★★★ – ★★★★ JLF

Goldgelb; intensive, süße, reiche Frucht; kraftvoll, fruchtig, strukturiert, reich, aber nicht opulent, sehr saftig und trinkig, lang auf Frucht. (10 500 Fl.; L.067-06; eine Abfüllung; Merum 2006-5) Privatpreis ab Hof: #

Soave DOC Clivus 2005

Goldenes Hellgelb; gewisse Frucht, Butter; gewisse Frucht, feine Säure, nicht flüssig, nicht lang. (40 000 Fl.; L.122-06; mehr als eine Abfüllung; Merum 2006-5) Privatpreis ab Hof: Euro #

CS Montecchia, Montecchia di Crosara (VR)   1 184 680 Fl./1400 Hektar

Tel. 045 7450094; Fax 045 6544154; www.cantinadimontecchia.com; cantina@cantinadimontecchia.com

Soave Classico DOC Cà Vecchie i Fossili 2005

Goldenes Hellgelb; verhalten, Akazienblüten; einfach, nicht tief, kaum Frucht, leicht bitteres Schwänzchen. (# Fl.; L.1319; eine Abfüllung; Merum 2006-5) Privatpreis ab Hof: Euro #

Soave Classico DOC Le Crosare 2005

Helles Goldgelb; verhalten; Akazienblüten, kraftvoll, kaum Frucht, müsste feiner und eleganter sein. (# Fl.; L.#; eine Abfüllung; Merum 2006-5) Privatpreis ab Hof: Euro #

Soave DOC Colli Scaligeri Collineri 2005

Hellgelb; Frucht mit feinen Aprikosennoten; verhalten im Gaumen, wenig Ausdruck, leicht aromatisch, korrekt, etwas einfach und zu matt. (# Fl.; L.#; # Abfüllungen; Merum 2006-5) Privatpreis ab Hof: Euro #

Dama del Rovere, Monteforte d'Alpone (VR)   30 000 Fl./4,5 Hektar

Tel. 374 3409282; Fax 045 6175556; www.damadelrovere@com; info@damadelrovere.com

Soave Classico DOC Tremenalto 2005 ★★ – ★★★

Warmes Hellgelb; Frucht mit Blütennoten; saftig, nicht sehr fruchtig, aber angenehm frisch, gute Länge. (25 000 Fl.; L.030606T; mehr als eine Abfüllung; Merum 2006-5) Privatpreis ab Hof: #

Soave Classico DOC Tremenalto 2004

Warmes Hellgelb; Frucht und Hefenoten; Kraft, nicht fruchtig, hefegeprägt, herb, kurz. (25 000 Fl.; L.23405; mehr als eine Abfüllung; Merum 2006-5) Privatpreis ab Hof: #

Fasoli Gino, Colognola ai Colli (VR)   250 000 Fl./16 Hektar
Tel. 045 7650741; Fax 045 6170292; www.fasoligino.com;
fasoligino@fasoligino.com

Recioto di Soave DOCG San Zeno 2003   ★★ – ★★★

Intensives Bernstein; intensive Noten von getrockneten Beeren, etwas Speck; Süße, rauchig, ölig, Passitofrucht, tief und lang, etwas Rauchspeck auch im Abgang. (4000 Fl.; L.5.103; eine Abfüllung; Merum 2006-6) Privatpreis ab Hof: Euro 17,00

Soave DOC Borgoletto 2005   ★★ – ★★★

Helles Goldgelb; süße Fruchtnoten, reife Ananas; konzentriert, fruchtig auch im Gaumen, dazu Butter, Süße, Fülle, angenehm. (100 000 Fl.; L.6.166; mehr als eine Abfüllung; Merum 2006-5) Privatpreis ab Hof: #

Soave DOC Pieve Vecchia 2004

Goldgelb; sehr intensive Nase mit Noten von getrockneten Früchten, Honig, Holz, Teer; im Gaumen Restsüße, Säure, sehr konzentriert, Holz; sicher beeindruckende Leistung, aber als trockener Weißwein nicht bewertbar. (12 000 Fl.; L.6.153; eine Abfüllung; Merum 2006-5) Privatpreis ab Hof: #

Fattori, Monteforte d'Alpone (VR)   120 000 Fl./30 Hektar
Tel. 045 7460041; Fax 045 6549140; www.fattoriandgraney.it; t.fattori@tiscali.it

Soave Classico DOC 2005   ★★ – ★★★

Goldenes Hellgelb; nicht intensive Fruchtnoten; gewisse Frucht, nicht tief, einfach, angenehm. (40 000 Fl.; L.03.06; mehr als eine Abfüllung; Merum 2006-5) Privatpreis ab Hof: #

Soave Classico DOC Motto Piane 2005

Goldgelb; recht süße Apfelnoten; viel Süße, nicht ausgewogen, zu opulent, Alkohol, nicht ausgeprägte Frucht, nicht lang, zu matt. (12 000 Fl.; L.04.06; eine Abfüllung; Merum 2006-5) Privatpreis ab Hof: #

Gini, Monteforte d'Alpone (VR)   200 000 Fl./40 Hektar
Tel. 045 7611908; Fax 045 6101610; www.ginivini.com; info@ginivini.com

Recioto di Soave Classico DOCG Col Foscarin 2004   ★★★

Bernstein; tiefe Noten von Trockenbeeren und Edelfäule; Süße, kraftvoll, tiefe Frucht, Passito- und Botrytisaromen, nach 24 Stunden auch gewisse Eichennoten, sehr lang. (6000 Fl.; L.R 13; eine Abfüllung; Merum 2006-6) Privatpreis ab Hof: Euro 10,20

Recioto di Soave DOCG Renobilis 2001   ★★★★

Mittleres Bernstein; tiefe Nase, Noten von Passitofrucht, Botrytis; süß und dicht, fruchtig, Holz ist eingebaut, feine Teernote, saftig, sehr lang. (3000 Fl.; L.RE8; eine Abfüllung; Merum 2006-6) Privatpreis ab Hof: Euro 19,00

Soave Classico DOC 2005   ★★★

Goldenes Hellgelb; Noten von Banane und Ananas, einladend; fruchtiger, saftiger Ansatz, recht fruchtig, fein und zart. (120 000 Fl.; L.C 70; mehr als eine Abfüllung; Merum 2006-5) Privatpreis ab Hof: #

Soave Classico DOC La Frosca 2005   ★★ – ★★★

Goldenes Hellgelb; verhaltene Noten reifer, weißer Früchte; im Ansatz saftig, fruchtig, Süße, Pfirsich, im Abgang dann etwas bremsend. (25 000 Fl.; L.F 23; mehr als eine Abfüllung; Merum 2006-5) Privatpreis ab Hof: #

**Soave Classico Superiore DOCG
Contrada Salvarenza 2004   ★★★ – ★★★★**

Helles Goldgelb; tiefe, fruchtige Nase; Kraft, sehr konzentriert, Süße, strukturiert, saftig, feinbitter im Abgang, lang auf wertvoller Frucht. (15 000 Fl.; L.#; eine Abfüllung; Merum 2006-5) Privatpreis ab Hof: #

Guerrieri-Rizzardi, Bardolino (VR)   600 000 Fl./100 Hektar
Tel. 045 7210028; Fax 045 7210704; www.guerrieri-rizzardi.it;
mail@guerrieri-rizzardi.it

Recioto di Soave DOCG 2003   ★★ – ★★★

Warmes Goldgelb; recht tiefe Fruchtnoten, Holz; viel Süße, gewisse Frucht, etwas Holz, Kraft, Länge. (2600 Fl.; L.05-312; eine Abfüllung; Merum 2006-6) Privatpreis ab Hof: Euro 11,00

Soave Classico DOC 2005

Hellgelb; Fruchtnoten, nicht sehr tief; einfach, gewisse Frucht, Säure, recht angenehm. (86 000 Fl.; L.06-067; mehr als eine Abfüllung; Merum 2006-5) Privatpreis ab Hof: #

Soave Classico DOC Costeggiola 2005 ★★★ JLF

Goldenes Hellgelb; dichte Fruchtnoten, etwas Gummi; recht kraftvoll, Süße, Frucht und Gummi, saftig, trinkig, recht lang. (20 000 Fl.; L.06-069; mehr als eine Abfüllung; Merum 2006-5) Privatpreis ab Hof: #

Inama, San Bonifacio (VR) 300 000 Fl./45 Hektar

Tel. 045 6104343; Fax 045 6131979; www.inamaaziendaagricola.it; info@inamaaziendaagricola.it

Soave Classico DOC 2005 ★★★

Helles Goldgelb; intensive fruchtig-harzige Nase; sehr fruchtig auch im Gaumen, harzig, nicht opulent, recht ausgewogen, Süße, recht lang. (130 000 Fl.; L.D1806; mehr als eine Abfüllung; Merum 2006-5) Privatpreis ab Hof: #

Soave Classico DOC Vigneti di Foscarino 2004

Goldgelb; Harznoten; auch im Gaumen Harz, kaum Frucht, konzentriert, Süße, zu einseitig harzbetont. (26 000 Fl.; L.L3005; eine Abfüllung; Merum 2006-5) Privatpreis ab Hof: #

Soave Classico DOC Vigneto du Lot 2003

Helles Goldgelb; stark holzgeprägt, harzig; Harz auch im Gaumen, viel Süße, keine Frucht. (13 000 Fl.; L.B1605; eine Abfüllung; Merum 2006-5) Privatpreis ab Hof: #

La Cappuccina, Monteforte d'Alpone (VR) 190 000 Fl./28 Hektar

Tel. 045 6175036; Fax 045 6175755; www.lacappuccina.it; lacappuccina@lacappuccina.it

Soave DOC 2005

Helles Goldgelb; Noten von Butter; auch im Gaumen vor allem Butter, zu einseitig. (90 000 Fl.; L.321; mehr als eine Abfüllung; Merum 2006-5) Privatpreis ab Hof: #

Soave DOC Fontégo 2005 ★★ – ★★★

Goldenes Hellgelb; nicht frischfruchtige, eher kompottige Noten; im Gaumen fehlen Frische und Fruchttiefe, etwas Butter, zu breit, gewisse Länge. (19 000 Fl.; L.309; mehr als eine Abfüllung; Merum 2006-5) Privatpreis ab Hof: #

Le Albare/Stefano Posenato, Montecchia di Crosara (VR) 15 000 Fl./6,5 Hektar

Tel. 045 6175131; Fax 045 6175953; www.vignadellostefano.it; info@vignadellostefano.it

Soave Classico DOC Vigna dello Stefano 2005 ★★ – ★★★

Helles Goldgelb; Zitrusnoten, Zitronenschale; runder Ansatz, recht saftig, ausgewogen, strukturiert, feinbitter, angenehm. (7000 Fl.; L.46; mehr als eine Abfüllung; Merum 2006-5) Privatpreis ab Hof: #

Soave DOC Vigna dello Stefano 2005

Warmes Hellgelb; nicht ganz klar, gewisse Frucht; im Ansatz etwas breit, fehlt Spannung, korrekt, aber fehlt Frucht. (8000 Fl.; L.46; mehr als eine Abfüllung; Merum 2006-5) Privatpreis ab Hof: #

Le Mandolare, Brognoligo (VR) 50 000 Fl./25 Hektar

Tel. 045 6175083; Fax 045 6176970; www.cantinalemandolare.com; info@cantinalemandolare.com

Recioto di Soave Classico DOCG Le Schiavette 2004 ★★ – ★★★

Warmes Goldgelb; süße, röstunterstütze Noten von vollreifen, tropischen Früchten; ölige Textur, süß, fruchtig, röstgeprägt, im Abgang etwas Ruß. (3000 Fl.; L.13/06; eine Abfüllung; Merum 2006-6) Privatpreis ab Hof: Euro 9,00

Soave Classico DOC Corte Menini 2005 ★★ – ★★★

Warmes Hellgelb; warme Fruchtnoten; rund, kraftvoll, recht saftig, etwas breit, knappe Frucht, hinten leicht bitter. (30 000 Fl.; L.22/06; mehr als eine Abfüllung; Merum 2006-5) Privatpreis ab Hof: #

Soave Classico DOC Il Roccolo 2005

Goldenes Hellgelb; feine Fruchtnoten, auch Stroh; Kraft, Süße, etwas opulent, Vanille, zu unflüssig und überladen. (10 000 Fl.; L.12/06; mehr als eine Abfüllung; Merum 2006-5) Privatpreis ab Hof: #

Soave Classico Superiore DOCG Monte Sella 2004 ★★ – ★★★

Helles Goldgelb; nicht sehr intensiv, aber recht tief, etwas Holz; saftig, Blütenaroma, konzentriert, tief, kraftvoll, lang mit Honigaroma und Holz. (5000 Fl.; L.21/06; mehr als eine Abfüllung; Merum 2006-5) Privatpreis ab Hof: #

Lenotti, Bardolino (VR)　　　　　　　　1 000 000 Fl./55 Hektar
Tel. 045 7210484; Fax 045 6212744; www.lenotti.com; info@lenotti.com

Soave Classico DOC Capocolle 2005 ★★ – ★★★

Helles Goldgelb; intensive Noten von Sellerie, Ananas, einladend; eher schlank, recht fruchtig, Sellerie, recht angenehm. (20 000 Fl.; L.05046; eine Abfüllung; Merum 2006-5) Privatpreis ab Hof: #

Marcato, Roncà (VR)　　　　　　　　400 000 Fl./60 Hektar
Tel. 045 7460070; Fax 045 7461003; www.marcatovini.it; marcato@marcatovini.it

Recioto di Soave DOCG Il Duello 2003

Intensives Bernstein; nicht intensive, rauchige Passitonoten; Mittelgewicht, nicht konzentriert, kaum Frucht, wenig Tiefe. (7000 Fl.; L.#; eine Abfüllung; Merum 2006-6) Privatpreis ab Hof: Euro 9,40

Recioto di Soave DOCG Spumante 2004

Helles Bernstein, perlend; Noten von getrockneten Beeren, fehlt Fruchtfrische; perlend, süß, Alkohol, knappe Frucht, zu wenig geschmeidig, zu breit. (6000 Fl.; L.051222; eine Abfüllung; Merum 2006-6) Privatpreis ab Hof: Euro 6,30

Soave Classico DOC Tenuta Barche 2005 ★★ – ★★★

Goldgelb; fruchtig, feine Butter, Sellerie; Kraft, Süße, Sellerie, Butter, etwas opulent, auch saftig, recht lang. (40 000 Fl.; L.060315; eine Abfüllung; Merum 2006-5) Privatpreis ab Hof: #

Soave Classico Superiore DOCG Il Tirso 2004 ★★★

Helles Goldgelb; intensive Fruchtnoten, sehr einladend; verspricht enorm viel in der Nase, hält im Gaumen etwas weniger, Süße, Frucht, Zitrus, feine Säure, mittlere Länge. (13 000 Fl.; L.050728; eine Abfüllung; Merum 2006-5) Privatpreis ab Hof: #

Soave DOC Colli Scaligeri i Prandi 2005

Goldgelb; Butter-Honignoten; konzentriert, Säure, Butter, etwas Sellerie, nicht ausgewogen, ungeschmeidig, zu butterig, leicht bitter. (70 000 Fl.; L.060302; eine Abfüllung; Merum 2006-5) Privatpreis ab Hof: #

Masi, Gargagnago (VR)　　　　　　　10 000 000 Fl./# Hektar
Tel. 045 6832506; Fax 045 6832535; www.masi.it; masi@masi.it

Soave DOC Colbaraca 2005

Warmes Hellgelb; Noten von Zitrus; nicht sehr fruchtig, feine Säure, Süße, etwas matt, Honig im Abgang. (40 000 Fl.; L.A6/06089; eine Abfüllung; Merum 2006-5) Privatpreis ab Hof: #

Monte del Frà/Bonomo, Sommacampagna (VR)　900 000 Fl./118 Hektar
Tel. 045 510490; Fax 045 8961384; www.montedelfra.it; info@montedelfra.it

Soave DOC 2005 ★★ – ★★★

Goldenes Hellgelb; feine Fruchtnoten; Süße, gewisse Frucht, einfach, angenehm. (50 000 Fl.; L.185; mehr als eine Abfüllung; Merum 2006-5) Privatpreis ab Hof: #

Monte Tondo, Soave (VR)　　　　　　130 000 Fl./29 Hektar
Tel. 045 7680347; Fax 045 6198567; www.montetondo.it; info@montetondo.it

Recioto di Soave DOCG 2002

Intensives, dunkles Goldgelb; intensive Nase, Passito- und Holznoten; kraftvoll, wenig Frucht, Butter, dann herb und holzgeprägt. (3000 Fl.; L.0604; eine Abfüllung; Merum 2006-6) Privatpreis ab Hof: Euro 10,00

Soave Classico DOC Casette Foscarin 2004

Goldenes Hellgelb; reife, aber recht tiefe Fruchtnoten; matte Frucht, gewisse Säure, allerdings zu wenig lebendig, wirkt etwas müde. (15 000 Fl.; L.0306; eine Abfüllung; Merum 2006-5) Privatpreis ab Hof: #

Soave Classico DOC Monte Tondo 2005

Goldenes Hellgelb; etwas matte Noten von weißen, reifen Früchten; im Gaumen weniger fruchtig als erhofft, strukturiert, gewisse Säure, zu temperamentlos. (30 000 Fl.; L.3035; # Abfüllungen; Merum 2006-5) Privatpreis ab Hof: #

Soave Classico Superiore DOCG
Foscarin Slavinus 2003 ★★ – ★★★

Helles Goldgelb; Fruchtnoten, recht tief; viel Süße, strukturiert, gute Säure, Süße, noch erstaunlich lebendig. (6000 Fl.; L.2975; eine Abfüllung; Merum 2006-5) Privatpreis ab Hof: #

Montresor, Verona (VR) 3 500 000 Fl./150 Hektar

Tel. 045 913399; Fax 045 8342456; www.vinimontresor.it; info@vinimontresor.it

Soave DOC Castello di Soave 2005 ★★ – ★★★

Goldenes Hellgelb; nicht intensive Frucht; Süße, gute Säure, gewisse Frucht, einfach, recht angenehm. (# Fl.; L.F142; mehr als eine Abfüllung; Merum 2006-5) Privatpreis ab Hof: #

Nardello Daniele, Monteforte d'Alpone (VR) 18 000 Fl./14 Hektar

Tel. 045 7612116; Fax 045 7612116; www.nardellovin.it; info@nardellovin.it

Recioto di Soave DOCG Suavissimus 2003

Warmes Gelb; verhalten, kaum Frucht; eher schlank, viel Süße, Kamille, im Abgang Karamell. (2000 Fl.; L.0105; eine Abfüllung; Merum 2006-6) Privatpreis ab Hof: Euro 8,00

Soave Classico DOC Meridies 2005

Goldenes Hellgelb; blütenartige Noten; schwache Frucht, nicht tief, Säure, fehlen Spannung und Tiefe, einfach und matt. (14 000 Fl.; L.0106; mehr als eine Abfüllung; Merum 2006-5) Privatpreis ab Hof: #

Niero Maria Patrizia, Roncà (VR) 20 000 Fl./18 Hektar

Tel. 045 7460788; Fax 045 7460788; www.cortemoschina.it; info@cortemoschina.it

Recioto di Soave DOCG Corte Moschina 2002

Warmes Goldgelb; Holznoten; eher schlank, Süße, holzgeprägt, nicht fruchtig. (# Fl.; L.40 1; eine Abfüllung; Merum 2006-6) Privatpreis ab Hof: Euro 9,65

Soave DOC Corte Moschina 2005 ★★ – ★★★

Helles Goldgelb; Noten von getrockneten weißen Früchten; eher schlank, saftig, knappe Frucht, recht angenehm. (# Fl.; L.601; eine Abfüllung; Merum 2006-5) Privatpreis ab Hof: #

Pasqua, Verona (VR) 18 000 000 Fl./200 Hektar

Tel. 045 8432111; Fax 045 8432211; www.pasqua.it; info@pasqua.it

Recioto di Soave DOCG in Brà 2003 ★★★

Warmes Goldgelb; feine Passitonoten; Süße, gewisse Frucht, Karamell, nicht superkomplex, aber ausgewogen und angenehm, Passitofrucht, Butter. (6000 Fl.; L.05-348C; mehr als eine Abfüllung; Merum 2006-6) Privatpreis ab Hof: Euro 8,50

Soave Classico DOC 2005

Goldenes Hellgelb; verhaltene Fruchtnoten; Säure, etwas Rauch, kaum Frucht, herb. (100 000 Fl.; L.06-179A; mehr als eine Abfüllung; Merum 2006-5) Privatpreis ab Hof: #

Soave Classico DOC Cecilia Beretta Brognoligo 2005 ★★ – ★★★

Goldgelb; recht süße Blütennase; Süße, recht kraftvoll, Frucht, gute Tiefe, feine Struktur, feinbitter, ein bisschen Honig, mittlere Länge. (40 000 Fl.; L.06-097C; mehr als eine Abfüllung; Merum 2006-5) Privatpreis ab Hof: #

Soave Superiore DOCG Sagramoso 2004

Goldgelb; nicht intensive Frucht; im Gaumen kraftvoll, aber matt, keine Frucht, viel Butter, etwas Säure. (60 000 Fl.; L.06-041C; mehr als eine Abfüllung; Merum 2006-5) Privatpreis ab Hof: #

Pieropan, Soave (VR) 300 000 Fl./35 Hektar

Tel. 045 6190171; Fax 045 6190040; www.pieropan.it; info@pieropan.it

Soave Classico DOC 2005 ★★ – ★★★

Goldenes Hellgelb; Zitrusnoten; Zitrus auch im Gaumen, Frische, ausgewogen, recht saftig und lang. (200 000 Fl.; L.19.05.06; mehr als eine Abfüllung; Merum 2006-5) Privatpreis ab Hof: #

Soave Classico DOC Calvarino 2004 ★★ – ★★★

Helles Goldgelb; Zitrusnoten, gute Tiefe; Mittelgewicht, recht saftig, gewisse Frucht, wenig Süße, sonst ausgewogen, etwas zu trocken, mittlere Länge. (50 000 Fl.; L.20.03.06; mehr als eine Abfüllung; Merum 2006-5) Privatpreis ab Hof: #

Soave Classico DOC La Rocca 2004

Helles Goldgelb; Zitrusfrüchte, etwas Holz; viel Süße, Zitrusfrucht, Röstung, nicht sehr tief, etwas Holz auch im Abgang, opulent, fehlt Eleganz. (# Fl.; L.22.03.06; mehr als eine Abfüllung; Merum 2006-5) Privatpreis ab Hof: #

Prà, Monteforte d'Alpone (VR)   200 000 Fl./20 Hektar

Tel. 045 7612125; Fax 045 7610326; grazianopra@libero.it

Recioto di Soave Classico DOCG delle Fontane 2004 ★★ – ★★★

Bernsteingelb; eher verhalten; im Gaumen eher Mittelgewicht, nicht sehr fruchtig, Holz-Marzipangeschmack, etwas Vanille, gute Länge. (3500 Fl.; L.RC05; eine Abfüllung; Merum 2006-6) Privatpreis ab Hof: Euro 12,00

Soave Classico DOC 2005 ★★★ – ★★★★ JLF

Helles Goldgelb; nicht intensive, recht tiefe Fruchtnoten; kräftig, präsente Frucht, ausgewogen, dicht, frisch, saftige Säure, gute Länge, gefällt sehr. (130 000 Fl.; L.7MAG; mehr als eine Abfüllung; Merum 2006-5) Privatpreis ab Hof: Euro #

Soave Classico DOC Colle Sant'Antonio 2004

Helles Goldgelb; Fruchtnoten; vorstehende Süße, gewisse Frucht, nicht ausgewogen, Holz hängt nach. (# Fl.; L.8MAG; mehr als eine Abfüllung; Merum 2006-5) Privatpreis ab Hof: Euro #

Soave Classico DOC Monte Grande 2005 ★★★

Helles Gold; recht tiefe Noten von frischer und getrockneter Ananas, macht neugierig; kraftvoll, tiefe Frucht, kraftvoller Wein, saftig, mittellang. (# Fl.; L.6MAG; mehr als eine Abfüllung; Merum 2006-5) Privatpreis ab Hof: Euro #

Soave Classico DOC Staforte 2004 ★★ – ★★★

Helles Goldgelb; einladende Fruchtnoten, auch Apfelringe; auch im Gaumen Frucht, Tiefe, interessant, mittellang. (6600 Fl.; L.1G; eine Abfüllung; Merum 2006-5) Privatpreis ab Hof: Euro #

Roccolo Grassi, Mezzane di Sotto (VR)   33 000 Fl./13,5 Hektar

Tel. 045 8880089; Fax 045 8889000; www.roccolograssi.it; roccolograssi@libero.it

Recioto di Soave DOCG La Broia 2003 ★★ – ★★★

Warmes Gold; etwas stechende Passitonoten; Süße, kraftvoll, etwas ölig, Senffrüchte, nicht uninteressant, aber für mich zu viel Holz. (3800 Fl.; L.#; eine Abfüllung; Merum 2006-6) Privatpreis ab Hof: Euro 9,00

Soave Superiore DOCG La Broia 2004

Warmes Hellgelb; würzige, hefegeprägte Nase; im Gaumen rund, aber ohne Frucht, zu temperamentlos, etwas Holz im Abgang. (6500 Fl.; L.07-05; eine Abfüllung; Merum 2006-5) Privatpreis ab Hof: #

Roncolato, Soave (VR)   75 000 Fl./12 Hektar

Tel. 045 7675104; Fax 045 7675935; www.cantinaroncolato.com; antonioroncolato@libero.it

Recioto di Soave DOCG Il Fiore 2001 ★★ – ★★★

Mittleres Gelb; verhalten, kaum Frucht; viel Süße, gewisse Frucht, mittlere Länge. (3750 Fl.; L.01.04; eine Abfüllung; Merum 2006-6) Privatpreis ab Hof: Euro 7,00

Soave Classico DOC Carcera 2005

Warmes Hellgelb; leicht vegetale Fruchtnoten, frisch, einladend; nicht sehr fruchtig, fehlen Tiefe und Länge. (30 000 Fl.; L.2.06; mehr als eine Abfüllung; Merum 2006-5) Privatpreis ab Hof: #

Soave Classico DOC Il Nicolaio 2003

Helles Goldgelb; Noten von Honig, Butter, Gummi, auch Trockenfrüchte; viel Süße und Butter, keine Frucht. (3300 Fl.; L.1.04; eine Abfüllung; Merum 2006-5) Privatpreis ab Hof: #

Soave Classico DOC Monteleon 2005

Warmes Hellgelb; einfache Zitrusnoten; nicht sehr temperamentvoll, wirkt etwas matt, nicht viel Frucht, leicht bitter. (15 000 Fl.; L.1 06; mehr als eine Abfüllung; Merum 2006-5) Privatpreis ab Hof: #

Santa Sofia, San Pietro in Cariano (VR) 550 000 Fl./38 Hektar

Tel. 045 7701074; Fax 045 7703222; www.santasofia.com; info@santasofia.com

Recioto di Soave Classico DOCG 2004

Intensives Bernsteingelb; recht tiefe Passitonoten; viel Süße, gewisse Frucht, etwas breit.
(5928 Fl.; L.151205; eine Abfüllung; Merum 2006-6) Privatpreis ab Hof: Euro 10,50

Soave Classico DOC Montefoscarino 2005

Goldenes Hellgelb; nicht frische Nase, keine Frucht; recht kraftvoll, keine Frucht, nicht lang.
(45 000 Fl.; L.040706; mehr als eine Abfüllung; Merum 2006-5) Privatpreis ab Hof: #

Santi/GIV, Illasi (VR) 1 600 000 Fl./70 Hektar

Tel. 045 6520077; Fax 045 6520044; www.giv.it; com@giv.it

Soave Classico DOC Vigneti di Monteforte 2005 ★★ – ★★★

Helles Goldgelb; süße Frucht mit Sellerie und Butter; Fülle, Sellerie, feine Süße, Butter, gute Länge. (65 000 Fl.; L.6-156; mehr als eine Abfüllung; Merum 2006-5) Privatpreis ab Hof: Euro #

Sartori, Negrar (VR) # Fl./25 Hektar

Tel. 045 6028011; Fax 045 6020134; www.sartorinet.com; sartori@sartorinet.com

Recioto di Soave DOCG Vernus 2004 ★★ – ★★★

Helles Bernsteingelb; nicht sehr intensive Passitonoten; Mittelgewicht, gute Süße, gute Säure, gewisse Frucht, angenehm. (# Fl.; L.6.159; eine Abfüllung; Merum 2006-6) Privatpreis ab Hof: Euro 12,50

Soave Classico DOC 2005

Hellgelb; frische, einfache Frucht; schlank, im Gaumen dann butter- statt fruchtgeprägt, im Abgang Honig, zu untrinkig. (# Fl.; L.6157/12:11/B248; mehr als eine Abfüllung; Merum 2006-5) Privatpreis ab Hof: #

Soave Classico DOC Vigneti di Sella 2005

Warmes Hellgelb; recht intensive Frucht, Zitrus; saftig, gewisse, etwas fremdartige Frucht, Holunderblüten, Süße, feinbitter, Honigaroma. (# Fl.; L.6073/10:10/B118; eine Abfüllung; Merum 2006-5) Privatpreis ab Hof: #

Suavia, Fittà di Soave (VR) 100 000 Fl./12 Hektar

Tel. 045 7675089; Fax 045 7675991; www.suavia.it; info@suavia.it

Soave Classico DOC 2005 ★★ – ★★★

Helles Goldgelb; Noten von Sellerie und Butter, intensiv; kräftig, Sellerie, dann Butter, rustikal-herzhafter, charaktervoller Wein, Länge. (60 000 Fl.; L.603; mehr als eine Abfüllung; Merum 2006-5) Privatpreis ab Hof: #

Soave Classico DOC Monte Carbonare 2005 ★★★

Goldenes Hellgelb; Frucht mit Sellerie und Butter; im Gaumen trotz Butter dank guter Säure saftig und rassig, Frucht und frisches Selleriearoma, sehr saftig und lang, tolle Struktur.
(30 000 Fl.; L.714; mehr als eine Abfüllung; Merum 2006-5) Privatpreis ab Hof: #

Tamellini, Soave (VR) 105 000 Fl./15 Hektar

Tel. 045 7675328; Fax 045 7675328; piofrancesco.tamellini@tin.it

Recioto di Soave DOCG Vigna Marogne 2002 ★★★★★

Intensives, leuchtendes Bernstein; intensive Noten von Orangen, Grapefruit, Passionsfrucht, reifen Ananas, Holunderblüten, sehr tief und einladend; Orangen auch im Gaumen, Holunderblüten, Süße, frische Säure, ausgewogen, tiefe Frucht, sehr lang. (5600 Fl.; L.6/04; eine Abfüllung; Merum 2006-6) Privatpreis ab Hof: Euro 10,20

Soave Classico DOC 2005 ★★★ – ★★★★

Goldelb; intensive, enorm süße und vielschichtige Frucht; fruchtig, eingepasste Süße, intensiver, aber nicht opulenter Wein, ausgeprägte Frucht, schöne Tiefe, Länge auf Frucht.
(91 800 Fl.; L.2/06; mehr als eine Abfüllung; Merum 2006-5) Privatpreis ab Hof: #

Soave Classico DOC Le Bine 2004

Helles Goldgelb; röstige Frucht; recht kraftvoll, fruchtige Nase, gewisses Holzaroma, im Abgang dann nicht die erwartete Fruchttiefe, nicht lang, Holz bleibt im Mund zurück, herb.
(8600 Fl.; L.4/05; eine Abfüllung; Merum 2006-5) Privatpreis ab Hof: #

Tenuta Solar/Egidio Bolla,
Monteforte d'Alpone (VR)   8500 Fl./7 Hektar

Tel. 045 6100050; Fax 045 6100684; tenuta_solar@libero.it

Soave Classico DOC Le Bancole 2005

Goldenes Gelb; grobe, nicht klare, etwas bierige Nase; breit auch im Gaumen, gewisse Säure,
Hefe, nicht fruchtig, nicht fein. (2500 Fl.; L.01-06; eine Abfüllung; Merum 2006-5) Privatpreis ab
Hof: Euro 3

Soave Classico Superiore DOCG Le Caselle 2004   ★★ – ★★★

Goldenes Hellgelb; süße, einladende Frucht; auch im Gaumen fruchtig, Sellerie, eingepasste
Süße, angenehm. (5200 Fl.; L.01-05; eine Abfüllung; Merum 2006-5) Privatpreis ab Hof: #

Terre dei Monti/Bruno Martinelli,
Monteforte d'Alpone (VR)   30 000 Fl./5 Hektar

Tel. 045 6100867; Fax 045 6175469; terredeimonti@libero.it

Recioto di Soave DOCG L'eredità 2003   ★★★

Bernstein; verhaltene Nase; reife Passitoaromen, getrocknete Aprikosen, ausgewogen, dichte
Frucht, saftig, Länge. (3500 Fl.; L.567; eine Abfüllung; Merum 2006-6) Privatpreis ab Hof: Euro 9,00

Soave Classico DOC 2005

Warmes Hellgelb; nicht tiefe, verhaltene Noten; eher leicht, Säure, allerdings knappe Frucht,
zu einfach. (20 000 Fl.; L.642; eine Abfüllung; Merum 2006-5) Privatpreis ab Hof: #

Soave Classico DOC Valentina 2005

Goldgelb; Röstaromen und Frucht; im Gaumen herrscht Röstung vor, ziemlich ölig, Röstung
bis in den Abgang. (7000 Fl.; L.567; eine Abfüllung; Merum 2006-5) Privatpreis ab Hof: #

Tommasi, Pedemonte (VR)   900 000 Fl./135 Hektar

Tel. 045 7701266; Fax 045 6834166; www.tommasiwine.it; info@tommasiwine.it

Soave Classico DOC Le Volpare 2005

Goldenes Hellgelb; verhalten; süßlich, nicht tief, matt. (35 000 Fl.; L.190406; mehr als eine
Abfüllung; Merum 2006-5) Privatpreis ab Hof: #

Vicentini Agostino, Colognola ai Colli (VR)   60 000 Fl./20 Hektar

Tel. 045 7650539; Fax 045 6170166; www.vinivicentini.com;
vicentini@vinivicentini.com

Recioto di Soave DOCG 2004   ★★★★

Intensives Goldgelb; intensive, tiefe Noten reifer, gelber Früchte, Ananas, Papaya; ölige Textur,
viel, aber nicht vorstehende Süße, Harz, reiche, tiefe Frucht, sehr lang. (4000 Fl.; L.08.05; eine
Abfüllung; Merum 2006-6) Privatpreis ab Hof: Euro 10,50

Soave Classico Superiore DOCG Il Casale 2004

Goldgelb; Noten von getrockneten Trauben, gereift; Süße, kraftvoll, Apfelringe, Brot, inte-
ressant, gewisse Länge; wären tolle Aromen für einen Franciacorta, aber für Weißwein zu
müde. (4800 Fl.; L.12.05; eine Abfüllung; Merum 2006-5) Privatpreis ab Hof: #

Soave DOC Vigneto Terre Lunge 2005   ★★ – ★★★

Warmes Hellgelb; Frucht, Akazienblüten, dürfte lebendiger sein; Süße, kraftvoll, auch im
Mittelteil präsent und fruchtig, etwas Butter, dann Länge mit Honig. (30 000 Fl.; L.03.06; mehr
als eine Abfüllung; Merum 2006-5) Privatpreis ab Hof: #

Villa Canestrari, Colognola ai Colli (VR)   100 000 Fl./18 Hektar

Tel. 045 7650074; Fax 045 7650074; www.villacanestrari.com;
info@villacanestrari.com

Recioto di Soave DOCG 2001

Mittelhelles Bernstein; holzbetonte Passitofrucht, Möbelpolitur; gewisse Frucht, viel Süße,
Holz auch im Abgang. (# Fl.; L.504; eine Abfüllung; Merum 2006-6) Privatpreis ab Hof: Euro 13,00

Soave Superiore DOCG Àuge Plenum 2004

Goldgelb; intensive Nase, holzwürzig; holzwürzig-fruchtig, zu viel Süße, breit, zu opulent.
(7000 Fl.; L.603; eine Abfüllung; Merum 2006-5) Privatpreis ab Hof: #

Villa Erbice, Mezzane di Sotto (VR) 90 000 Fl./15 Hektar
Tel. 045 8880086; Fax 045 8880333; agricolavillaerbice@virgilio.it

Recioto di Soave DOCG Liorsi 2002
Warmes Goldgelb; nicht frische Honig- und Marzipannoten, erdig; auch erdiger Geschmack, Süße, etwas eigenartig, recht lang. (4000 Fl.; L.5.21; eine Abfüllung; Merum 2006-6) Privatpreis ab Hof: Euro 15,00

Soave Classico Superiore DOCG Vigneto Panvinio 2003
Goldgelb; verhalten, keine Frucht, Reifenoten; viel Süße, Holzgeschmack, breit, keine Frucht, Holz hängt nach. (3100 Fl.; L.4.15; eine Abfüllung; Merum 2006-5) Privatpreis ab Hof: #

Soave Superiore DOCG 2004
Warmes Hellgelb; nicht frische Hefenoten, kaum Frucht; Süße, keine Frucht, nicht lang. (7000 Fl.; L.06.27; eine Abfüllung; Merum 2006-5) Privatpreis ab Hof: #

Visco & Filippi, Castelcerino (VR) 50 000 Fl./19 Hektar
Tel. 045 7675005; Fax 045 7675835; www.cantinafilippi.it; info@cantinafilippi.it

Recioto di Soave DOCG Calprea 2003
Warmes Goldgelb; vorherrschende Röstaromen, Kaffee, getoastetes Brot; recht konzentriert, holzgeprägt, Frucht wird von der Röstung verdeckt, gebrannter Zucker. (3000 Fl.; L.05 04; eine Abfüllung; Merum 2006-6) Privatpreis ab Hof: Euro 9,50

Soave DOC Colli Scaligeri Filippi 2005 ★★ – ★★★
Goldenes Hellgelb; recht intensive Noten überreifer Früchte, einladend; Fülle, Süße, kompottfruchtig, etwas Gummi, etwas opulent, gute Länge. (18 000 Fl.; L.128/06; eine Abfüllung; Merum 2006-5) Privatpreis ab Hof: #

Valpolicella

Trinkige, fruchtige Valpolicella sind heute nicht mehr oft anzutreffen: Den herrlich saftigen, naturbelassenen Valpolicella gibts fast nicht mehr! Besonders von den Qualitätsproduzenten kommen nur noch hochkonzentrierte fast-Amarone. Auch manche hier hoch bewerteten Valpolicella gehören dazu. Die Grenze zwischen Valpolicella und Amarone ist fließend geworden.

Natürlich gibt es auch hier wie überall die dünnen, bitteren Tröpfchen, absolut uninteressante Massenprodukte, die nicht der Rede wert sind. Wo hingegen Qualitätswille herrscht, äußert er sich oft in Opulenz. Die Jungweine werden nicht nur auf den Amarone-Trestern noch mal angereichert (Ripasso-Verfahren), man verstärkt die Konzentration auch mit angetrockneten Trauben und opfert manchmal beträchtliche Amarone-Partien, um den Valpolicella aufzuladen. Für die „Qualitätsverbesserung" kommen auch immer häufiger Maschinen zum Einsatz.

Das Valpolicella besteht aus verschiedenen Teilgebieten: im Westen das Classico-Gebiet mit den Tälern Marano, Negrar und Fumane, dann im Osten das offiziell erst 1968 dem Valpolicella zugeschlagene Anbaugebiet mit den Tälern Valpantena, Mezzane und Illasi. Früher waren die Unterschiede der Weine dieser Täler so groß, dass sie in den Gasthäusern von Verona unter ihren eigenen Namen ausgeschenkt wurden: Wein aus dem Valle d'Illasi, Wein aus dem Valpantena, Wein von Negrar, von Fumane, etc. Die einstmalige Verschiedenheit der Weine ist der modernen Önologie und dem Konzentrationswettkampf zum Opfer gefallen, so dass es heute leider unmöglich geworden ist, diese Ursprungsdifferenzen zu erkennen.

Produktionsregeln Valpolicella DOC

Traubensorten: Corvina veronese (40–70 %), Rondinella (20–40 %), Molinara (5–25 %), andere lokale Sorten (bis 15 %), davon „fremde" Sorten: bis 5 %; Höchstertrag: 12 000 kg Trauben/ha; Mindestalkohol: 11,0 Vol.-% (Superiore: 12,0 Vol.-%).

Accordini Igino, Pedemonte (VR)   78 000 Fl./6 Hektar
Tel. 045 7701985; Fax 045 7701985; www.accordini.it; accordini@accordini.it
Recioto della Valpolicella Classico DOC Le Viole 2003★★ – ★★★
Schwarzviolett; beerige Cassis- und Kaffeenoten; recht konzentriert, beerige Frucht, saftig, Kaffee, nicht sehr tief. (7500 Fl.; L.#; eine Abfüllung; Merum 2006-6) Privatpreis ab Hof: Euro 16,00
Valpolicella Classico Superiore DOC Le Bessole 2004 ★★ – ★★★
Dunkelpurpur; Noten von Cassisaromen; saftig, fruchtig, Tiefe, konzentriert, herbes Tannin, Vollblut, recht lang, etwas opulent. (# Fl.; L.#; eine Abfüllung; Merum 2007-1) Privatpreis ab Hof: Euro 7,00
Valpolicella Classico Superiore DOC Ripassà 2003
Schwarzrubin; fett-marmeladig-rußig-röstige Nase; Röstung, keine Frucht, Ruß, bitter. (11 400 Fl.; L.#; eine Abfüllung; Merum 2007-1) Privatpreis ab Hof: Euro 11,00

Accordini Stefano, San Pietro in Cariano (VR)   55 000 Fl./8 Hektar
Tel. 045 7701733; Fax 045 7701733; www.accordinistefano.it; stefano.accordini@tin.it
Recioto della Valpolicella Classico DOC
Acinatico 2003   ★★ – ★★★
Schwarzpurpur; Frucht- und Holznoten; viel Süße, ausgeprägtes Cassisaroma, viel Süße, etwas Röstung, etwas herbes Tannin, lang auf Frucht. (6000 Fl.; L.01-06; eine Abfüllung; Merum 2006-6) Privatpreis ab Hof: Euro 18,00
Valpolicella Classico DOC 2005   ★★★
Mittleres Rubin; intensive, recht fruchtige Nase mit etwas Holz; kraftvoll, vegetal-fruchtig, saftig, recht tief und lang, herbes Tannin. (16 000 Fl.; L.01-06; mehr als eine Abfüllung; Merum 2007-1) Privatpreis ab Hof: Euro 5,00
Valpolicella Classico Superiore DOC Ripasso Acinatico 2004
Dunkles Rubin; flüchtige Röstnoten; viel Süße, Röstaromen, trocknet. (16 000 Fl.; L.01-06; mehr als eine Abfüllung; Merum 2007-1) Privatpreis ab Hof: Euro 9,00

Aldegheri, Sant' Ambrogio (VR)   1 000 000 Fl./42 Hektar
Tel. 045 6861356; Fax 045 7732817; www.cantinealdegheri.it; info@cantinealdegheri.it
Recioto della Valpolicella Classico DOC 2003   ★★ – ★★★
Schwarzrot; verhaltene, vegetale Marmeladenoten; Cassis; mittlere Kraft, süße, vegetale Frucht, nicht sehr konzentriert, aber angenehm ausgewogen. (5000 Fl.; L.P160; eine Abfüllung; Merum 2006-6) Privatpreis ab Hof: Euro 31,00

Allegrini, Fumane (VR) 900 000 Fl./100 Hektar

Tel. 045 6832011; Fax 045 7701774; www.allegrini.it; info@allegrini.it

La Grola Veronese IGT 2003

Dichtes Rubin; würzig-marmeladige Nase; rund, wenig Temperament, holzwürzig, fehlt Frucht, trocknend, nicht tief. (# Fl.; L.22; # Abfüllungen; Merum 2007-1) Privatpreis ab Hof: Euro #

Palazzo della Torre Veronese IGT 2003

Mittelintensives Rubin; etwas breite, marmeladige Holznoten; Mittelgewicht, keine Frucht, holzgezehrt, Holz auch im Abgang, freudlos. (# Fl.; L.#; # Abfüllungen; Merum 2007-1) Privatpreis ab Hof: Euro #

Recioto della Valpolicella Classico DOC Giovanni Allegrini 2003

Schwarzviolett; intensive Frucht-, Röst- und Trüffelnoten; Röst- und Gewürznoten dominieren den Wein, trocknendes Holztannin, schade, Nase ist vielversprechend. (23 000 Fl.; L.52; eine Abfüllung; Merum 2006-6) Privatpreis ab Hof: Euro 28,00

Valpolicella Classico DOC 2005

Recht dunkles Rubin; Holz- und Fruchtnoten; Kraft, knappe Frucht, eher bitter, Länge, trocknet nach. (300 000 Fl.; L.06; mehr als eine Abfüllung; Merum 2007-1) Privatpreis ab Hof: Euro 7,50

Antolini, Marano (VR) 15 000 Fl./8 Hektar

Tel. 045 7755351; Fax 045 6546187; www.antolinivini.it; info@antolinivini.it

Recioto della Valpolicella Classico DOC 2004 ★★★

Purpurnes, recht dunkles Rubin; fruchtige Passito-Noten, fein vegetal, einladend; Mittelgewicht, Süße, intakte, frische Frucht, sehr angenehm. (3000 Fl.; L.0306; eine Abfüllung; Merum 2006-6) Privatpreis ab Hof: Euro 12,00

Valpolicella Classico Superiore DOC Ripasso 2004

Mittleres Rot; kompottig, nicht frisch; Süße, gute Säure, kompottige Frucht, herb. (3000 Fl.; L.0206; eine Abfüllung; Merum 2007-1) Privatpreis ab Hof: Euro 12,00

Arduini, San Pietro in Cariano (VR) 18 000 Fl./7 Hektar

Tel. 045 7725880; Fax 045 7725880; www.arduinivini.it; arduinivini@yahoo.it

Recioto della Valpolicella Classico DOC 2004

Mittelintensives Rubin; Passito- und Mostnoten, unfertig, nicht tief; Mittelgewicht, viel Süße, nicht ausgewogen, wenig Frucht. (1800 Fl.; L.277/05; eine Abfüllung; Merum 2006-6) Privatpreis ab Hof: Euro 13,80

Valpolicella Classico Superiore DOC Le Senge 2003

Mittelhelles, frisches Rubin; kompottig, leicht jodig und etwas matt; im Gaumen Süße, fehlt Fruchtfrische, leicht jodig. (4000 Fl.; L.157.06; eine Abfüllung; Merum 2007-1) Privatpreis ab Hof: Euro 4,80

Valpolicella Classico Superiore DOC Ripasso El Casal 2003

Mittelhelles Rubin; abgestandene Maischenoten, zu wenig frisch; konzentriert, kraftvoll, Süße, aber zu wenig frische Frucht. (4000 Fl.; L.8006; eine Abfüllung; Merum 2007-1) Privatpreis ab Hof: Euro 7,20

Begali Lorenzo, San Pietro in Cariano (VR) 50 000 Fl./8 Hektar

Tel. 045 7725148; Fax 045 7725148; www.begaliwine.it; tiziana@tiscalinet.it

Recioto della Valpolicella Classico DOC 2003 ★★★

Schwarzviolett; verhalten fruchtig; sehr konzentriert, viel Süße, Kaffee, Cassis, saftig, dicht, gute Länge. (4000 Fl.; L.5080G; eine Abfüllung; Merum 2006-6) Privatpreis ab Hof: Euro 25,00

Valpolicella Classico Superiore DOC 2005

Mittleres, purpurnes Rubin; reduziert, mit Belüftung Kirschennoten; auch im Gaumen kirschenfruchtig, etwas mastig, nicht elegant, herbes Tannin. (5000 Fl.; L.60524; eine Abfüllung; Merum 2007-1) Privatpreis ab Hof: Euro 5,00

Valpolicella Classico Superiore DOC La Cengia 2004 ★★★

Mittleres Rubin; einladende, balsamisch-fruchtige Nase; geschmeidig, Fülle, Frucht, Tannin, ausgewogen, feinbitter im Abgang. (15 000 Fl.; L.60109; eine Abfüllung; Merum 2007-1) Privatpreis ab Hof: Euro 8,00

Bertani, Grezzana (VR) 1 800 000 Fl./180 Hektar
Tel. 045 8658444; Fax 045 8658400; www.bertani.net; bertani@bertani.net
Recioto della Valpolicella Valpantena DOC 2004 ★★ – ★★★
Dunkles Violett; dunkle, dichte Nase, auch frische Himbeernoten; Aromen von Himbeeren und Veilchen, mittlere Süße, ausgewogen, müsste etwas konzentrierter sein, angenehm. (10 000 Fl.; L.65551 03161548; eine Abfüllung; Merum 2006-6) Privatpreis ab Hof: Euro #
Valpolicella Classico DOC Villa Novare 2005 ★★★
Mittelhelles Rubin; kirschenfruchtige Nase, frisch, einladend; kraftvoll, dicht, gutes Tannin, Frucht, viel Süße, recht tief und lang. (120 000 Fl.; L.65605 06151033; mehr als eine Abfüllung; Merum 2007-1) Privatpreis ab Hof: Euro #
Valpolicella Classico Superiore DOC
Villa Novare Ognisanti 2003 ★★ – ★★★
Mittelhelles Rubin; verhaltene, holzwürzige Frucht; Süße, recht saftig, herbes Tannin, gewisse Frucht, gute Länge. (30 000 Fl.; L.05587 05171346; eine Abfüllung; Merum 2007-1) Privatpreis ab Hof: Euro #

Bonazzi Dario e Fabio, San Pietro in Cariano (VR) 15 000 Fl./10 Hektar
Tel. 045 7702469; Fax 045 6800710; www.bonazziwine.it; info@bonazziwine.it
Valpolicella Classico DOC Gargaron 2005
Helles, purpurnes Rot; nicht komplett klare, staubige, fast bonbonartige Fruchtnoten; Süße, Bonbonfrucht, nicht tief und nicht lang. (3400 Fl.; L.01/06/06; eine Abfüllung; Merum 2007-1) Privatpreis ab Hof: Euro 3,00
Valpolicella Classico Superiore DOC
Campo Camparsi 2003 ★★★ JLF
Hellrot; intensive, fruchtige Nase, rote Beeren, Holunder; süßer Ansatz, reif-fruchtig, supergeschmeidig, Holunder, Butter, saftig, lang. (3500 Fl.; L.150205; eine Abfüllung; Merum 2007-1) Privatpreis ab Hof: Euro 6,00
Valpolicella Classico Superiore DOC Ripasso 2002 ★★ – ★★★
Mittleres Rot; Noten von Stachelbeeren; viel Süße, balsamische Noten, recht saftig, aber wenig Struktur, endet etwas bitter. (3300 Fl.; L.280605; eine Abfüllung; Merum 2007-1) Privatpreis ab Hof: Euro 7,20

Boscaini Carlo, Sant'Ambrogio (VR) 35 000 Fl./14 Hektar
Tel. 045 7731412; Fax 045 7731412; www.boscainicarlo.it; info@boscainicarlo.it
Recioto della Valpolicella Classico DOC
La Sengia 2004 ★★ – ★★★
Mittleres Rubin; reifende Recioto-Noten, süße und vegetale Aromen; runder, ausgewogener Ansatz, Kaffee-Aroma, ausgewogen, eingepasste Süße, herbes, schoko-bitteres Tannin. (4200 Fl.; L.8-05; eine Abfüllung; Merum 2006-6) Privatpreis ab Hof: Euro 9,60
Valpolicella Classico Superiore DOC La Preosa 2003 ★★ – ★★★
Mittelhelles Rubin; welk in der Nase; reife Fruchtnoten, saftig, geschmeidig, trinkig; Abzug für Nase. (6500 Fl.; L.9-05; eine Abfüllung; Merum 2007-1) Privatpreis ab Hof: Euro 5,10
Valpolicella Classico Superiore DOC Ripasso Zane 2004
Mittelhelles Rot; beerenmarmeladige, jodige Noten; Vanillegeschmack, Süße, keine Tiefe. (8000 Fl.; L.02-06; mehr als eine Abfüllung; Merum 2007-1) Privatpreis ab Hof: Euro 8,00

Brigaldara, San Floriano (VR) 150 000 Fl./35 Hektar
Tel. 045 7701055; Fax 045 6834525; www.valpolicella.it/brigaldara; brigaldara@valpolicella.it
Recioto della Valpolicella Classico DOC 2003 ★★★
Dunkles, purpurnes Rubin; vegetale Fruchtnoten, macht neugierig; auch im Gaumen vegetale Frucht, eingepasste Süße, herbes Tannin, saftig, gute Länge. (5000 Fl.; L.10/05; # Abfüllungen; Merum 2006-6) Privatpreis ab Hof: Euro #
Valpolicella Classico DOC 2004 ★★★ JLF
Mittleres, purpurnes Rubin; fruchtige Nase, Konfitürenoten; Mittelgewicht, rund, fruchtig, Kirschenkonfitüre, saftig, ausgewogen, komplett, lebendig, gefällt. (80 000 Fl.; L.01/06; eine Abfüllung; Merum 2007-1) Privatpreis ab Hof: Euro 6,00

Brunelli, San Pietro in Cariano (VR) 90 000 Fl./10 Hektar

Tel. 045 7701118; Fax 045 7702015; www.brunelliwine.com;
info@brunelliwine.com

Recioto della Valpolicella Classico DOC 2002 ★★ – ★★★

*Recht intensives Rubin; Noten von Marasken, Kirschen; viel Süße, Kirschenfrucht, saftig,
nicht sehr tief, etwas einfach, aber angenehm und rund.* (3000 Fl.; L.5-120; eine Abfüllung;
Merum 2006-6) Privatpreis ab Hof: Euro #

Valpolicella Classico Superiore DOC Ripasso Pà Rionda 2004

*Mittleres Rot; Noten von Eukalyptus, nicht frisch; Süße, herbes Tannin, nicht fruchtig, bitter
im Abgang.* (9000 Fl.; L.6-061; eine Abfüllung; Merum 2007-1) Privatpreis ab Hof: Euro #

Buglioni, San Pietro in Cariano (VR) 70 000 Fl./16 Hektar

Tel. 045 6760603; Fax 045 6760678; www.buglioni.it; buglioni@buglioni.it

Recioto della Valpolicella Classico DOC
Il Recioto 2004 ★★ – ★★★

Schwarzviolett; Noten von Kaffee, Marmelade; dicht, konzentriert, Kaffee, strenges Tannin.
(4000 Fl.; L.106; eine Abfüllung; Merum 2006-6) Privatpreis ab Hof: Euro 14,00

Valpolicella Classico DOC 2005 ★★★

*Recht dunkles Rubin; intensive Fruchtnoten, etwas Erde, Cassismarmelade; kraftvoll, fruch-
tig, schwarze Johannisbeeren, konzentriert, nicht sehr flüssig, lang.* (16 000 Fl.; L.106; eine
Abfüllung; Merum 2007-1) Privatpreis ab Hof: Euro 9,00

Bussola Tommaso, Negrar (VR) 100 000 Fl./15 Hektar

Tel. 045 7501740; Fax 045 2109940; www.bussolavini.com; info@bussolavini.com

Recioto della Valpolicella Classico DOC 2004 ★★ – ★★★

*Dunkles Rubin; holzwürzige Frucht; konzentriert, fruchtig, Holzwürze, Kaffee, recht lang,
bitteres Tannin.* (5000 Fl.; L.06016; eine Abfüllung; Merum 2006-6) Privatpreis ab Hof: Euro 20,00

Valpolicella Superiore DOC TB 2003

*Mittleres Rubin; intensive, holzwürzige Nase, Vanille; Süße, Zimt, Gewürz, Vanille, nicht ele-
gant, endet bitter und trocken.* (30 000 Fl.; L.06073; eine Abfüllung; Merum 2007-1) Privatpreis
ab Hof: Euro 22,00

Cà La Bionda, Marano (VR) 100 000 Fl./22 Hektar

Tel. 045 6801198; Fax 045 6831168; www.calabionda.it; calabionda@libero.it

Recioto della Valpolicella Classico DOC
Le Tordare 2003 ★★★ – ★★★★

*Dunkles Violett; einladende, frische, tiefe Recioto-Frucht, macht neugierig; kraftvoll, Frucht-
tiefe, frisch, feine Säure, saftig, fruchtgebundene Süße, ausgewogen, recht lang.* (7000 Fl.;
L.2003R; eine Abfüllung; Merum 2006-6) Privatpreis ab Hof: Euro 20,00

Cà Rugate, Montecchia di Crosara (VR) 450 000 Fl./40 Hektar

Tel. 045 6176328; Fax 045 6176329; www.carugate.it; carugate@carugate.it

Recioto della Valpolicella DOC L'Eremita 2004

*Schwarzviolett; dichte, fruchtige Nase, Zitrus, Holz; enorm konzentrierter Wein, sehr viel
Süße, sehr fruchtig, Extremwein, dann leider bitteres Holztannin; schade, besäße eine tolle
Basis.* (3000 Fl.; L.04.11.05; eine Abfüllung; Merum 2006-6) Privatpreis ab Hof: Euro 14,50

Valpolicella DOC Rio Albo 2005 ★★ – ★★★

*Mittelhelles purpurnes Rot; frische, fruchtige Nase, vegetale Noten; Fülle, Kraft, Frucht, Teer,
dürfte noch temperamentvoller sein, geht etwas in die Breite.* (80 000 Fl.; L.04.04.06; mehr als
eine Abfüllung; Merum 2007-1) Privatpreis ab Hof: Euro 4,90

Valpolicella Superiore DOC Campo Lavei 2004

*Mittleres, frisches Rubin; Noten von Beerenmarmelade, etwas Holz; konzentriert, leider Holz-
geschmack und trocknendes Holztannin, ungeschmeidig, trocknend.* (20 000 Fl.; L.09.03.06;
eine Abfüllung; Merum 2007-1) Privatpreis ab Hof: Euro 9,40

Campagnola Giuseppe, Marano (VR)   5 000 000 Fl./75 Hektar

Tel. 045 7703900; Fax 045 7701067; www.campagnola.com; campagnola@campagnola.com

Recioto della Valpolicella Classico DOC
Casotto del Merlo 2004   ★★ – ★★★

Schwarzviolett; ausgeprägt pflanzliche Noten; sehr konzentriert, ausgeprägt pflanzliche Noten, etwas Holz, viel Süße und viel herbes Tannin, lang. (10 000 Fl.; L.321.5.M; eine Abfüllung; Merum 2006-6) Privatpreis ab Hof: Euro 16,00

Valpolicella Classico Superiore DOC Ripasso Le Bine 2004

Mittleres Rubin; Kompottnoten; Vanille, kaum Frucht, zu einseitig vanillig und süßlich. (80 000 Fl.; L.222/6/F; mehr als eine Abfüllung; Merum 2007-1) Privatpreis ab Hof: Euro 8,50

Camporeale/Lavarini, Arbizzano (VR)   25 000 Fl./3 Hektar

Tel. 045 7514253; Fax 045 7514253; www.camporealevini.it; camporeale@camporealevini.it

Recioto della Valpolicella Classico DOC
Campo Reale 2004   ★★ – ★★★

Dunkles Violett; nicht intensive, recht tiefe Fruchtnoten, etwas Hanf; im Gaumen sehr fruchtig, viel Süße, gute Länge; im Gaumen überzeugender als in der Nase. (3000 Fl.; L.49; eine Abfüllung; Merum 2006-6) Privatpreis ab Hof: Euro 15,00

Valpolicella Classico DOC 2005   ★★ – ★★★

Mittleres Rot; Beerennoten; viel Süße, gewisse Frucht, gewisse Saftigkeit, feinbitteres Tannin, wirkt etwas dickflüssig. (7000 Fl.; L.18; eine Abfüllung; Merum 2007-1) Privatpreis ab Hof: Euro 3,90

Cantina di Soave, Soave (VR)   30 000 000 Fl./4200 Hektar

Tel. 045 6139811; Fax 045 7681203; www.cantinasoave.it; cantina@cantinasoave.it

Valpolicella Superiore DOC Rocca Sveva 2003   ★★ – ★★★ JLF

Mittelhelles, purpurnes Rubin; vegetale Fruchtnoten, auch reife Erdbeeren, einladend; fruchtig, saftig, flüssig, feinherbes Tannin, reif, eher einfach, aber gefällt. (60 000 Fl.; L.6136'A; # Abfüllungen; Merum 2007-1) Privatpreis ab Hof Euro 14,50

Castellani Michele, Valgatara Marano (VR)   350 000 Fl./50 Hektar

Tel. 045 7701253; Fax 045 7702076; www.castellanimichele.it; castellani.michele@tin.it

Recioto della Valpolicella Classico DOC
I Castei Monte Fasenare 2003

Recht intensives Rubin; nicht klare Reifenoten, Holz; auch im Gaumen gereift, fehlt Fruchtfrische. (5000 Fl.; L.05/318; eine Abfüllung; Merum 2006-6) Privatpreis ab Hof: Euro 28,00

Valpolicella Classico Superiore DOC
Ripasso Costamaran i Castei 2004   ✲✲✲

Mittleres Rubin; Röst- und Holznoten, auch Marmelade; röstgeprägt, verholzt, trocknet, ungeschmeidig. (30 000 Fl.; L.06/149; mehr als eine Abfüllung; Merum 2007-1) Privatpreis ab Hof: Euro 12,00

Cesari, Cavaion (VR)   11 500 000 Fl./100 Hektar

Tel. 045 6260928; Fax 045 6268771; www.cesari-spa.it; cesari-spa@cesari-spa.it

Recioto della Valpolicella Classico DOC 2003   ★★ – ★★★

Dunkles Rubin; einladende Recioto-Nase mit typisch vegetalen Noten; runder Ansatz, konzentriert, recht ausgewogen, nicht sehr fruchttief, herbes Tannin. (12 000 Fl.; L.14125; eine Abfüllung; Merum 2006-6) Privatpreis ab Hof: Euro #

Valpolicella Superiore DOC Ripasso Bosan 2004   ✲✲✲

Dichtes Rubin; nicht intensiv, Holznoten, keine Tiefe; viel Süße, Röstung, dann trocknendes Tannin. (40 000 Fl.; L.12066; mehr als eine Abfüllung; Merum 2007-1) Privatpreis ab Hof: Euro 10,50

Valpolicella Superiore DOC Ripasso Mara 2004

Recht dunkles Rubin; holzwürzige, röstige Nase; Röstung, eher knappe Frucht, etwas herbes Tannin. (150 000 Fl.; L.22036; mehr als eine Abfüllung; Merum 2007-1) Privatpreis ab Hof: Euro 7,80

Corte Aleardi, Sant'Ambrogio (VR)   60 000 Fl./7 Hektar

Tel. 045 7701379; Fax 045 7701563; www.cortealeardi.com;
info@cortealeardi.com

Valpolicella Classico Superiore DOC
Ripasso Bure Alto 2001   ★★ – ★★★

Mittelintensives Rot; rote Marmeladefrucht, Mittelgewicht, ausgewogen, nicht flüssig, etwas herb. (12 000 Fl.; L.308; mehr als eine Abfüllung; Merum 2007-1) Privatpreis ab Hof: Euro 12,00

Corte Campagnola, Marano (VR)   25 000 Fl./4 Hektar

Tel. 045 7701237; Fax 045 7701237; www.cortecampagnola.it;
info@cortecampagnola.it

Recioto della Valpolicella Classico DOC Gli Archi 2003   ★★★

Recht dunkles Purpurrubin; reifende Recioto-Noten; kräftiges Mittelgewicht, nicht ausgeprägte Süße, recht dicht, mittlere Tiefe, etwas herb. (1500 Fl.; L.04.349; eine Abfüllung; Merum 2006-6) Privatpreis ab Hof: Euro 16,00

Valpolicella Classico Superiore DOC Gli Archi 2004

Mittelhelles Rot; Kompottnoten; Süße, einfach, zu matt. (9000 Fl.; L.68/06; mehr als eine Abfüllung; Merum 2007-1) Privatpreis ab Hof: Euro 8,00

Corte Figaretto, Verona (VR)   25 000 Fl./4 Hektar

Tel. 045 8700753; Fax 045 8700753; www.cortefigaretto.it;
maurobustaggi@alice.it

Valpolicella Valpantena DOC Altarol 2005

Frisches, mittleres Rot; nicht sehr klare, grüne Fruchtnoten; marmeladig im Gaumen, vegetale Frucht, fehlt Temperament, viel Süße, gewisse Länge, zu unflüssig. (10 000 Fl.; L.306; mehr als eine Abfüllung; Merum 2007-1) Privatpreis ab Hof: Euro 4,50

Valpolicella Valpantena Superiore DOC Ripasso 2004   ★★★

Mittelhelles, purpurnes Rubin; vegetale Fruchtnoten; auch im Gaumen vegetale, sehr präsente Frucht, feines Leder, viel Süße, saftig, gute Länge. (9300 Fl.; L.506; mehr als eine Abfüllung; Merum 2007-1) Privatpreis ab Hof: Euro 6,90

Corte Rugolin, Marano (VR)   60 000 Fl./10 Hektar

Tel. 045 7702153; Fax 045 6831600; www.corterugolin.it; rugolin@libero.it

Recioto della Valpolicella Classico DOC 2003   ★★★ – ★★★★

Schwarzviolett; tiefe, holunderige Marmeladenoten; Mittelgewicht, Holunder und Frucht, frische Säure, saftig, mittlere Süße, ausgewogen, gutes Tannin. (5000 Fl.; L.0906; eine Abfüllung; Merum 2006-6) Privatpreis ab Hof: Euro 16,00

Valpolicella Classico Superiore DOC Ripasso 2003   ★★ – ★★★

Mittleres Rubin; würzige, süßliche Fruchtnoten, Holunder, Trockenfrüchte; Süße, saftig, etwas Röstung, Fülle, kräftig, lang, etwas zu trocken im Abgang. (20 000 Fl.; L.4805; eine Abfüllung; Merum 2007-1) Privatpreis ab Hof: Euro 11,00

Corte Sant'Alda, Mezzane di Sotto (VR)   80 000 Fl./17 Hektar

Tel. 045 8880006; Fax 045 8880477; www.cortesantalda.it; info@cortesantalda.it

Recioto della Valpolicella DOC 2004

Dunkles, rötliches Violett; holzwürzige Noten und Trockenfrüchte; recht kraftvoll, eingepasste Süße, Röstung, trocknendes Holztannin. (3000 Fl.; L.136-06; eine Abfüllung; Merum 2006-6) Privatpreis ab Hof: Euro #

Valpolicella DOC Ca' Fui 2005   ★★ – ★★★

Recht intensives, purpurnes Rubin; erst nicht klare Nase, mit Belüftung Kirschenfrucht; Mittelgewicht, frisch, vegetale Frucht, leicht bitter, flüssig. (30 000 Fl.; L.168-06; mehr als eine Abfüllung; Merum 2007-1) Privatpreis ab Hof: Euro #

Valpolicella Superiore DOC 2003

Mittleres Rubin; holzbetonte, nicht vielschichtige Nase; holzwürzig, Mittelgewicht, nicht fruchtig, matt. (15 000 Fl.; L.340-05; eine Abfüllung; Merum 2007-1) Privatpreis ab Hof: Euro #

Corteforte, Fumane (VR) 20 000 Fl./3 Hektar

Tel. 045 6839104; Fax 045 6839104; www.corteforte.com; corteforte@corteforte.it

Recieto della Valpolicella Classico DOC 2001 ★★ – ★★★

Dunkles Rubin; intensive Passito-Noten; recht kraftvoll, viel Süße, tief, herbes Tannin, etwas Holz im Abgang. (2500 Fl.; L.03 01; eine Abfüllung; Merum 2006-6) Privatpreis ab Hof: Euro 27,00

Recioto della Valpolicella Classico DOC
Amandorlato 2000 ★★ – ★★★

Mittelhelles Rot; Reifenoten, reife Frucht; Süße, Reife, recht rund, eingepasste Süße, gewisse Länge. (2500 Fl.; L.04/00; eine Abfüllung; Merum 2006-6) Privatpreis ab Hof: Euro 27,00

Valpolicella Classico Superiore DOC
Ripassato Bertarole 2002 ★★★ JLF

Ziemlich helles Rot; holundrig-fruchtige Nase; fruchtig auch im Gaumen, saftig, ausgewogen, trinkig. (6000 Fl.; L.VBE/1; eine Abfüllung; Merum 2007-1) Privatpreis ab Hof: Euro 12,00

Valpolicella Classico Superiore DOC
Ripassato Bertarole 2001 ★★★ – ★★★★ JLF

Hellrot; warme Holundernoten, einladend; rund, sehr geschmeidig, Holundernoten, Frucht, recht tief, saftig, trinkig, lang. (8000 Fl.; L.01/01; eine Abfüllung; Merum 2007-1) Privatpreis ab Hof: Euro 12,00

Costa Calda, Fumane (VR) 35 000 Fl./6 Hektar

Tel. 045 8620966; Fax 045 8621055; tecno@iol.it

Recioto della Valpolicella Classico DOC 2003

Dunkles Rubin; gewisse Cassis- und Kaffeenoten, nicht fruchtfrisch; im Gaumen knappe Frucht, etwas matt, trocknendes Tannin. (1380 Fl.; L.605; eine Abfüllung; Merum 2006-6) Privatpreis ab Hof: Euro 18,00

Valpolicella Classico DOC 2005

Hellrot; nicht ganz klar, staubig-mineralische Noten, knappe Frucht; schlank, gewisse Saftigkeit, gewisse Frucht, herb. (1500 Fl.; L.206; eine Abfüllung; Merum 2007-1) Privatpreis ab Hof: Euro 5,40

CS Castelnuovo del Garda,
Castelnuovo del Garda (VR) 3 000 000 Fl./1200 Hektar

Tel. 045 7570522; Fax 045 7570076; www.cantinadelgarda.it; info@cantinacastelnuovo.it

Recioto della Valpolicella Classico DOC Ca' Vegrar 2003

Schwarzrubin; nicht intensive Nase, etwas mostige Nase; konzentriert, nicht sehr süß, Kandis, wirkt verbrannt, nicht lang. (# Fl.; L.F249; # Abfüllungen; Merum 2006-6) Privatpreis ab Hof: Euro #

Valpolicella Classico Superiore DOC Ca' Vegrar 2004

Mittelhelles, purpurnes Rot; nicht klare, blasse Fruchtnoten, fehlt Frische; auch im Gaumen matt, kaum Frucht, nicht tief, nicht lang. (25 000 Fl.; L.G117; mehr als eine Abfüllung; Merum 2007-1) Privatpreis ab Hof: Euro 4,50

Cubi Valentina, Fumane (VR) 60 000 Fl./13 Hektar

Tel. 045 7701806; Fax 045 7725188; www.valentinacubi.it; info@valentinacubi.it

Recioto della Valpolicella Classico DOC Meliloto 2001 ★★★

Dunkles, purpurnes Rubin; süße Recioto-Nase, Holundernoten; nicht sehr süß, tanninreich, intensive Recioto-Frucht, Schokolade, feinbitteres Tannin. (6170 Fl.; L.#; eine Abfüllung; Merum 2006-6) Privatpreis ab Hof: Euro 18,00

Valpolicella Classico DOC Iperico 2005

Helles, purpurnes Rot; nicht frische Fruchtnoten; marmeladig, breit, Süße, fehlt Frische, ohne Feinheiten. (# Fl.; L.06172; # Abfüllungen; Merum 2007-1) Privatpreis ab Hof: Euro #

Valpolicella Classico Superiore DOC Iltabarro 2004 ★★ – ★★★

Mittelhelles, purpurnes Rubin; süße, auch vegetale Fruchtnoten; im Gaumen vegetale Frucht, saftig, angenehm, endet herb, Süße, etwas zu schlank. (6570 Fl.; L.06237; eine Abfüllung; Merum 2007-1) Privatpreis ab Hof: Euro 10,00

Valpolicella Classico Superiore DOC Ripasso Arusnatico 2003

Mittelhelles, frisches Rubin; vegetale, kirschige, holzwürzige Noten; eher schlankes Mittelgewicht, Säure, knappe Frucht, etwas Süße. (6636 Fl.; L.06236; eine Abfüllung; Merum 2007-1) Privatpreis ab Hof: Euro 12,50

Fabiano, Sona (VR)   890 000 Fl./84 Hektar

Tel. 045 6081111; Fax 045 6080838; www.fabiano.it; info@fabiano.it

Recioto della Valpolicella Classico DOC Rugola 2003

Recht intensives, leicht bräunliches Rubin; Gewürznoten, Cola, Lorbeer, müde; alte Holzaromen, keine Tiefe, keine Frucht, matt. (5000 Fl.; L.5322; # Abfüllungen; Merum 2006-6) Privatpreis ab Hof: Euro #

Valpolicella Classico Superiore DOC La Piazzola 2004

Mittleres Rot; Noten von Reife, Trockenfrüchten; kaum Frucht, Mittelgewicht, feine Süße, einfach. (# Fl.; L.6193F; # Abfüllungen; Merum 2007-1) Privatpreis ab Hof: Euro 4,30

Farina, San Pietro in Cariano (VR)   400 000 Fl./10 Hektar

Tel. 045 7701349; Fax 045 6800137; www.farinawines.com; info@farinawines.com

Valpolicella Classico Superiore DOC Ripasso Montecorna 2002

Dunkles Rubin; müde, holzwürzige Nase; dicht, konzentriert, holzgeprägt, trocknendes Tannin. (20 000 Fl.; L.06-350; mehr als eine Abfüllung; Merum 2007-1) Privatpreis ab Hof: Euro 7,70

Fasoli Gino, Colognola ai Colli (VR)   250 000 Fl./16 Hektar

Tel. 045 7650741; Fax 045 6170292; www.fasoligino.com; fasoligino@fasoligino.com

Valpolicella DOC La Corte del Pozzo 2004   ★★ – ★★★

Helles, frisches Rot; recht einladend, Noten von Erdbeerkonfitüre, Stroh, auch vegetale Noten; Mittelgewicht, saftig, Süße, herb-trockenes Tannin. (Biowein.) (25 000 Fl.; L.6.060; mehr als eine Abfüllung; Merum 2007-1) Privatpreis ab Hof: Euro 5,90

Galtarossa, San Pietro in Cariano (VR)   35 000 Fl./80 Hektar

Tel. 045 6838307; Fax 045 6800275; www.tenutegaltarossa.com; info@tenutegaltarossa.com

**Valpolicella Classico Superiore DOC
Corte Colombara 2003**   ★★ – ★★★

Mittelhelles Rot; erdbeerfruchtige, auch vegetale Nase, etwas Holz; Mittelgewicht, Gummi, Butter, saftig, recht angenehm. (25 000 Fl.; L.5-291; eine Abfüllung; Merum 2007-1) Privatpreis ab Hof: Euro 19,90

Gamba, Marano (VR)   40 000 Fl./5,5 Hektar

Tel. 349 3154527; Fax 045 6801714; www.vini-gamba.it; info@vini-gamba.it

Recioto della Valpolicella Classico DOC Le Quare 2003   ★★★

Mittleres Rubin; vegetale Kaffeenoten; Mittelgewicht, viel Süße, herb-vegetale Frucht, saftig, originell, lang, schoko-bittereres Tannin. (5000 Fl.; L.#; eine Abfüllung; Merum 2006-6) Privatpreis ab Hof: Euro 20,00

Valpolicella Classico DOC Le Quare 2004

Ziemlich helles Rubin; nicht sehr klare, pfeffrig-kompottige Noten; pfeffrig auch im Geschmack, eher schlank, etwas herb. (10 000 Fl.; L.266; eine Abfüllung; Merum 2007-1) Privatpreis ab Hof: Euro 5,00

Guerrieri-Rizzardi, Bardolino (VR)   600 000 Fl./100 Hektar

Tel. 045 7210028; Fax 045 7210704; www.guerrieri-rizzardi.it; mail@guerrieri-rizzardi.it

Valpolicella Classico Superiore DOC Ripasso Pojega '04   ★★★ JLF

Mittelintensives Rubin; ausgeprägte Holundernoten; rund, ausgewogen, feine Säure, Süße eingebaut, saftig und flüssig, Holunderfrucht, gute Länge. (33 000 Fl.; L.06-138; mehr als eine Abfüllung; Merum 2007-1) Privatpreis ab Hof: Euro 9,80

433

La Giaretta, Marano (VR)   40 000 Fl./10 Hektar

Tel. 045 7701791; Fax 045 6801441; www.cantinalagiaretta.com;
info@cantinalagiaretta.com

Valpolicella Classico Superiore DOC i Quadretti 2003

*Mittleres, reifendes Rubin; Holzwürze, Zwetschgenkompott; viel Süße, barriquewürzig, keine
Frucht, fehlt Frische, trocken. (3000 Fl.; L.5196; eine Abfüllung; Merum 2007-1) Privatpreis ab Hof:
Euro 16,00*

Valpolicella Classico Superiore DOC Ripasso 2004

*Mittleres Rubin; intensive Fruchtnoten, Himbeermarmelade, einladend; fruchtig, rund,
Vanille, ausgewogen, saftig, ziemlich trocknend, Vanille bleibt hängen. (15 000 Fl.; L.6144;
mehr als eine Abfüllung; Merum 2007-1) Privatpreis ab Hof: Euro 9,00*

Le Bertarole, Fumane (VR)   15 000 Fl./7 Hektar

Tel. 045 6839220; Fax 045 6839220; www.lebertarole.it; info@lebertarole.it

Valpolicella Classico DOC Le Filagne 2004

*Mittleres, frisches Rubin; flüchtig-fruchtige Nase; saftig, fruchtig, unkompliziert, etwas
trocken. (# Fl.; L.04/2005; mehr als eine Abfüllung; Merum 2007-1) Privatpreis ab Hof: Euro 4,20*

Valpolicella Classico Superiore DOC Ripasso 2001

*Mittleres Rot; nicht fruchtig, müde, etwas Holz; viel Süße, gewisse Frucht, ziemlich trock-
nend. (# Fl.; L.02/2005; mehr als eine Abfüllung; Merum 2007-1) Privatpreis ab Hof: Euro 7,80*

Le Ragose, Negrar (VR)   150 000 Fl./20 Hektar

Tel. 045 7513241; Fax 045 7513171; www.leragose.com; leragose@leragose.com

Recioto della Valpolicella DOC 2003   ★★★★★ JLF

*Purpurnes Rubin; intensive Trüffelnoten, Himbeeren, dahinter dichte Recioto-Frucht, Frucht
bleibt tagelang frisch; geschmeidiger Ansatz, saftig, sehr rund, tolle, tiefe Frucht, Himbeeren, eingepasste Süße, elegant, lang, unvergesslich. (2000 Fl.; L.1-2005; eine Abfüllung; Merum
2006-6) Privatpreis ab Hof: Euro 16,50*

Valpolicella Classico Superiore DOC Le Sassine 2003   ★★★

*Mittleres Rubin; balsamische Noten, auch vegetale Frucht; rund, konzentriert, saftige Säure,
etwas balsamisch, butterig, Süße, lang. (15 000 Fl.; L.2-2006; mehr als eine Abfüllung; Merum
2007-1) Privatpreis ab Hof: Euro 9,20*

Valpolicella Classico Superiore DOC
Ripasso Marta Galli 2002   ★★ – ★★★

*Helles Rubin; feine, vegetale Frucht mit balsamischen Noten, Holzschrank; im Gaumen
ausgeprägte balsamische Noten, Zypressenholz, recht saftig, angenehm. (# Fl.; L.17-2005;
Abfüllungen; Merum 2007-1) Privatpreis ab Hof: Euro #*

Le Salette, Fumane (VR)   200 000 Fl./35 Hektar

Tel. 045 7701027; Fax 045 6831733; www.lesalette.it; info@lesalette.it

Recioto della Valpolicella Classico DOC
Pergole Vece 2003   ★★★ JLF

*Dunkles, purpurnes Rubin; dichte Recioto-Nase, fruchtige Passito-Aromen, Zwetschgen-
kompott; kraftvoll, fruchttief, ausgewogen, schöne Tiefe, saftig, gute Länge. (2500 Fl.;
L.28/05; eine Abfüllung; Merum 2006-6) Privatpreis ab Hof: Euro 20,00*

Valpolicella Classico DOC 2005   ★★ – ★★★

*Mittleres, frisches Rubin; intensive Frucht, leicht vegetal; auch im Gaumen vegetale Frucht,
kompottig, Säure, herb, saftig. (65 000 Fl.; L.33/05; mehr als eine Abfüllung; Merum 2007-1)
Privatpreis ab Hof: Euro 6,00*

Valpolicella Classico Superiore DOC Cà Carnocchio 2003

*Mittelintensives Rubin; etwas staubige, nicht fruchtige Nase; Mittelgewicht, viel Süße,
unflüssig, nicht trinkig, unflüssig, trocken im Abgang. (10 000 Fl.; L.06.06; mehr als eine
Abfüllung; Merum 2007-1) Privatpreis ab Hof: Euro 15,00*

Valpolicella Classico Superiore DOC
Ripasso I Progni 2003 ★★ – ★★★

Leicht purpurnes, mittelhelles Rubin; nicht sehr klare, vegetale Noten; recht kraftvoll, fruchtig, viel Süße, herbes Tannin, Charakter, aber durch Süße unausgewogen. (20 000 Fl.; L.38/05; mehr als eine Abfüllung; Merum 2007-1) Privatpreis ab Hof: Euro 11,00

Lenotti, Bardolino (VR) 1 000 000 Fl./55 Hektar
Tel. 045 7210484; Fax 045 6212744; www.lenotti.com; info@lenotti.com

Valpolicella Classico DOC 2005 ★★ – ★★★
Helles purpurnes Rot; reduktive, vegetale Fruchtnoten, frisch; frisch-fruchtig auch im Gaumen, saftig, leicht vegetal, angenehm, Süße, nicht sehr lang. (40 000 Fl.; L.14076; eine Abfüllung; Merum 2007-1) Privatpreis ab Hof: Euro 4,00

Valpolicella Classico Superiore DOC
Ripasso Le Crosare 2004 ★★ – ★★★

Mittleres Rubin; rote Beerennoten, etwas Leder; recht konzentriert, gewisse Frucht, viel Süße, recht angenehm. (20 000 Fl.; L.13096; eine Abfüllung; Merum 2007-1) Privatpreis ab Hof: Euro #

Lonardi Giuseppe, Marano (VR) 30 000 Fl./7 Hektar
Tel. 045 7755154; Fax 045 7755154; www.lonardivini.it; privilegia@lonardivini.it

Recioto della Valpolicella Classico DOC Le Arele 2003
Dunkles Rubin; nicht sehr klare Frucht- und Holznoten, fehlt Frische; recht kraftvoll, Holzgeschmack, viel Süße, keine Fruchttiefe. (3500 Fl.; L.05/364; eine Abfüllung; Merum 2006-6) Privatpreis ab Hof: Euro 18,00

Valpolicella Classico DOC 2005 ★★ – ★★★
Mittleres, purpurnes Rot; vegetale Fruchtnoten; kraftvoll, Frucht, Tannin, saftig, eingepasste Süße, gefällt. (6000 Fl.; L.067137; eine Abfüllung; Merum 2007-1) Privatpreis ab Hof: Euro 4,00

Manara, San Pietro in Cariano (VR) 70 000 Fl./11 Hektar
Tel. 045 7701086; Fax 045 7704805; www.manaravini.it; info@manaravini.it

Recioto della Valpolicella Classico DOC El Rocolo 2002
Mittleres Rubin; holzwürzige Nase; recht kraftvoll, viel Süße, Holzgeschmack, nicht originell. (3000 Fl.; L.8008; eine Abfüllung; Merum 2006-6) Privatpreis ab Hof: Euro 14,00

Valpolicella Classico DOC 2004 ★★ – ★★★
Eher helles Rot; verhaltene, vegetale Frucht, einladend; Mittelgewicht, kompottige Frucht, zu unflüssig, feine Süße, leicht trocknendes Tannin. (20 000 Fl.; L.5049; mehr als eine Abfüllung; Merum 2007-1) Privatpreis ab Hof: Euro 3,80

Valpolicella Classico Superiore DOC Ripasso Le Morete 2003
Mittleres Rubin; holzgeprägte Nase; keine Frucht; Mittelgewicht, Süße, kaum Frucht, trockenes Tannin, etwas bitter. (20 000 Fl.; L.7010; mehr als eine Abfüllung; Merum 2007-1) Privatpreis ab Hof: Euro 10,00

Marchesi Fumanelli, San Pietro in Cariano (VR) 10 000 Fl./25 Hektar
Tel. 045 7704875; Fax 045 6831392; www.squarano.com; info@squarano.com

Valpolicella Classico DOC 2005
Mittelhelles Rubin; strauchige Noten, nicht komplett klare Frucht; herb, gewisse Frucht, strauchig, etwas einfach, rustikales Tannin. (15 000 Fl.; L.90.06; eine Abfüllung; Merum 2007-1) Privatpreis ab Hof: Euro 7,50

Valpolicella Classico Superiore DOC Squarano 2000
Mittleres, reifendes Rot; Ledernoten; recht kraftvoll, auch im Gaumen Leder, herb, leicht bitter im Abgang. (20 000 Fl.; L.28.08.02; eine Abfüllung; Merum 2007-1) Privatpreis ab Hof: Euro 14,00

Masi, Gargagnago (VR) 10 000 000 Fl./# Hektar
Tel. 045 6832506; Fax 045 6832535; www.masi.it; masi@masi.it

Recioto della Valpolicella Classico DOC
Serego Alighieri Casal dei Ronchi 2004

Dunkles Rubin; fruchtig-animalische Nase, etwas Jod; Mittelgewicht, gewisse Frucht, etwas rustikal und trocknend. (# Fl.; L.05/06; eine Abfüllung; Merum 2006-6) Privatpreis ab Hof: Euro 34,95

Valpolicella Classico Superiore DOC Serego Alighieri 2001

Recht dunkles Rubin; intensive Frucht, auch Jod; recht kraftvoll, Süße, Jod stört, trockenes Holztannin. (55 000 Fl.; L.A5/05286; eine Abfüllung; Merum 2007-1) Privatpreis ab Hof: Euro 19,90

Mazzi Roberto, Negrar (VR)   45 000 Fl./7 Hektar

Tel. 045 7502072; Fax 045 7502072; www.robertomazzi.it; info@robertomazzi.it

Valpolicella Classico Superiore DOC Poiega 2003

Dunkelrot; intensive Holundernoten, etwas Ruß; kraftvoll, trocknendes Tannin, Butter, saftig, recht lang, endet zu bitter. (10 000 Fl.; L.0206; eine Abfüllung; Merum 2007-1) Privatpreis ab Hof: Euro 18,00

Mizzon, San Pietro in Cariano (VR)   6000 Fl./5 Hektar

Tel. 045 7725705; Fax 045 6858063; www.cantinamizzon.com; info@cantinamizzon.com

Recioto della Valpolicella Classico DOC 2001   ★★ – ★★★

Sehr dunkles Rubin; intensive süß-vegetale, röstige Fruchtnoten, Kaffee, einladend; kräftiges Mittelgewicht, Kaffeearoma, reife Bananen, viel Süße, lang. (1000 Fl.; L.03027; eine Abfüllung; Merum 2006-6) Privatpreis ab Hof: Euro 24,00

Valpolicella Classico Superiore DOC 2004   ★★★ JLF

Helles Rot; fruchtige Noten; fruchtig, holundrig, Butter, angenehm, saftig, gute Länge. (2000 Fl.; L.06/029; # Abfüllungen; Merum 2007-1) Privatpreis ab Hof: Euro 6,00

Valpolicella Classico Superiore DOC 2001   ★★ – ★★★

Mittleres Rot; Kompott- und Marmeladenoten, balsamisch; Harz, Mittelgewicht, saftig, recht rund, gute Länge. (1500 Fl.; L.03026; mehr als eine Abfüllung; Merum 2007-1) Privatpreis ab Hof: Euro 7,20

Monte Dall'Ora, San Pietro in Cariano (VR)   32 000 Fl./6 Hektar

Tel. 045 7704462; Fax 045 7704462; montedallora@virgilio.it

Recioto della Valpolicella Classico DOC
Sant'Ulderico 2003   ★★ – ★★★

Dunkles Rubin; Frucht- und Holznoten; recht rund und ausgewogen, Kraft, saftig, klassische Recioto-Frucht, gewisses Holz, herbes Tannin. (# Fl.; L.05220B; # Abfüllungen; Merum 2006-6) Privatpreis ab Hof: Euro #

Valpolicella Classico DOC 2005   ★★ – ★★★

Mittelhelles, purpurnes Rot; würzige, kompottige Nase; etwas breit, herbe Frucht, etwas rustikal. (32 000 Fl.; L.14906; eine Abfüllung; Merum 2007-1) Privatpreis ab Hof: Euro #

Valpolicella Classico Superiore DOC 2003

Mittelintensives Rot; müde Holznoten; auch im Gaumen Holz, Süße, keine Frucht, rustikal. (7000 Fl.; L.0631; eine Abfüllung; Merum 2007-1) Privatpreis ab Hof: Euro #

Montecariano, San Pietro in Cariano (VR)   17 000 Fl./20 Hektar

Tel. 045 6838335; Fax 045 6834812; www.montecariano.it; montecariano@montecariano.it

Valpolicella Classico Superiore DOC 2001

Mittleres Rot; Noten von Erde und Spargel; erdig auch im Gaumen, viel Süße, dann trocknend. (6000 Fl.; L.072.04,2; eine Abfüllung; Merum 2007-1) Privatpreis ab Hof: Euro 9,00

Monteci, Fumane (VR)   50 000 Fl./80 Hektar

Tel. 045 7151188; Fax 045 6756591; www.vinisanmichele.com; info@vinisanmichele.com

Recioto della Valpolicella Classico DOC San Michele 2002

Recht intensives, reifendes Rubin; gewisse Holznoten, kaum Frucht; Holz dominiert auch im Gaumen, keine Frucht, eher knappe Süße, nicht lang. (1100 Fl.; L.M09; # Abfüllungen; Merum 2006-6) Privatpreis ab Hof: Euro 16,80

Valpolicella Classico Superiore DOC
Ripasso Costa delle Corone Tenazio 2002

Dunkelrot; reif-würzig-flüchtig-fruchtige Nase; viel Süße, überreif-fruchtig, Süße, endet ziemlich bitter. (2000 Fl.; L.M13; eine Abfüllung; Merum 2007-1) Privatpreis ab Hof: Euro 14,00

Valpolicella Classico Superiore DOC San Michele 2004

Mittleres Rubin; nicht klar, kompottige Noten, Holunder; Süße, Mittelgewicht, Butter, recht fruchtig, soweit angenehm; Abzug für Nase. (2000 Fl.; L.M14; eine Abfüllung; Merum 2007-1) Privatpreis ab Hof: Euro 7,00

Montresor, Verona (VR)   3 500 000 Fl./150 Hektar

Tel. 045 913399; Fax 045 8342456; www.vinimontresor.it; info@vinimontresor.it

Recioto della Valpolicella DOC Re Teodorico 2003   ★★ – ★★★

Sehr dunkles Violett; vegetale Fruchtnoten, nicht intensiv; mittlere Kraft, Säure, gewisse Frucht, gewisse Süße, nicht überaus konzentriert. (6000 Fl.; L.E355; eine Abfüllung; Merum 2006-6) Privatpreis ab Hof: Euro #

Valpolicella Classico DOC
Primo Ripasso Castelliere delle Guaite 2003   ★★ – ★★★

Recht dunkles Rubin; holzbetonte, fruchtige Noten; sehr konzentriert, saftig, dicht, Röstung, Süße, trocknet etwas. (9000 Fl.; L.F082; eine Abfüllung; Merum 2007-1) Privatpreis ab Hof: Euro #

Valpolicella Classico DOC
Ripasso Capitel della Crosara 2004   ★★ – ★★★

Dunkles Rubin; dichte, intensive Marmelade- und Kaffeenoten; sehr konzentriert, ziemlich opulent, Süße, im Verhältnis eher wenig Säure, Röstung, viel Tannin, etwas bitter, wirkt überladen. (50 000 Fl.; L.F052; mehr als eine Abfüllung; Merum 2007-1) Privatpreis ab Hof: Euro #

Valpolicella Classico DOC Castel San Pietro 2005   ★★★ JLF

Mittleres, purpurnes Rot; frische, vegetal-fruchtige Nase, einladend; Süße, saftig, sehr fruchtig, frische Säure, etwas Butter, angenehm und trinkig. (150 000 Fl.; L.F121; mehr als eine Abfüllung; Merum 2007-1) Privatpreis ab Hof: Euro #

Musella, San Martino Buon Albergo (VR)   120 000 Fl./30 Hektar

Tel. 045 973385; Fax 045 8956287; www.musella.it; maddalena@musella.it

Recioto della Valpolicella DOC 2003

Recht dunkles Rubin; holzwürzig, Rauchspeck, Ruß; viel Süße, viel Röstung, einseitig, austauschbar. (2000 Fl.; L.#; eine Abfüllung; Merum 2006-6) Privatpreis ab Hof: Euro 18,00

Valpolicella Superiore DOC Ripasso 2003

Helles Rubin; würzige Nase, Gumminoten, Eiche, kaum Frucht; im Gaumen recht konzentriert, dann trocken und bitter. (50 000 Fl.; L.6089; eine Abfüllung; Merum 2007-1) Privatpreis ab Hof: Euro 10,00

Valpolicella Superiore DOC Vigne Nuove 2004

Mittelhelles, purpurnes Rubin; Holz- und Holundernoten; kraftvoll, Süße, Frucht, herbes Holztannin. (25 000 Fl.; L.5363; eine Abfüllung; Merum 2007-1) Privatpreis ab Hof: Euro 7,00

Nicolis Angelo, San Pietro in Cariano (VR)   180 000 Fl./42 Hektar

Tel. 045 7701261; Fax 045 6800551; www.vininicolis.com; info@vininicolis.com

Recioto della Valpolicella Classico DOC 2003   ★★★ JLF

Dunkles, purpurnes Rubin; Noten von Frucht, Zwetschgenkompott; kraftvoller Ansatz, recht tiefe Frucht, saftig und ausgewogen, eingepasste Süße, recht lang, gutes Tannin. (7000 Fl.; L.004; eine Abfüllung; Merum 2006-6) Privatpreis ab Hof: Euro 7,20

Valpolicella Classico DOC 2005

Mittelhelles, frisches Rot; holzwürzige Fruchtnoten; im Gaumen gewisse Frucht, gewisse Holzprägung, leicht bitter. (30 000 Fl.; L.016; eine Abfüllung; Merum 2007-1) Privatpreis ab Hof: Euro 4,80

Valpolicella Classico Superiore DOC 2003

Mittleres Rubin; Gumminoten, überreife Früchte; Kraft, Säure, Süße, fehlen Frucht und Frische, trocknet. (25 000 Fl.; L.003; eine Abfüllung; Merum 2007-1) Privatpreis ab Hof: Euro 7,20

Valpolicella Classico Superiore DOC Ripasso Seccal 2003

Recht intensives Rubin; reife Frucht; Mittelgewicht, knappe Frucht, verhalten, fehlt Temperament, zu matt, endet leicht bitter. (25 000 Fl.; L.008; eine Abfüllung; Merum 2007-1) Privatpreis ab Hof: Euro 7,20

Novaia, Marano (VR)   30 000 Fl./7 Hektar

Tel. 045 7755129; Fax 045 7755046; www.novaia.it; info@novaia.it

Recioto della Valpolicella Classico DOC 2003

Mittelintensives Rubin; nicht lebendige Nase, nicht tief; auch im Gaumen fehlt das Temperament, trockenes Tannin, aber nicht tief. (5000 Fl.; L.5 364; eine Abfüllung; Merum 2006-6) Privatpreis ab Hof: Euro 18,00

Valpolicella Classico DOC 2004   ★★ – ★★★

Mittleres Rot; ausgeprägte Holunder- und Gumminoten, einladend; rund, samtig, etwas unflüssig, gute Tiefe und Länge. (12 000 Fl.; L.6 041; mehr als eine Abfüllung; Merum 2007-1) Privatpreis ab Hof: Euro 10,00

Valpolicella Classico Superiore DOC I Cantoni 2003   ★★ – ★★★

Mittelhelles Rubin; Noten von Gummi, Kakao, macht neugierig; Reife, Mittelgewicht, gute Süße, ausgewogen, angenehm. (4000 Fl.; L.6092; eine Abfüllung; Merum 2007-1) Privatpreis ab Hof: Euro 20,00

Valpolicella Classico Superiore DOC Ripasso 2003   ★★ – ★★★

Mittelhelles purpurnes Rot; vegetal-pfeffrige Noten, Kakao; schlankes Mittelgewicht, vegetale Frucht, viel Süße, angenehm. (6000 Fl.; L.6138; eine Abfüllung; Merum 2007-1) Privatpreis ab Hof: Euro #

Pasqua, Verona (VR)   18 000 000 Fl./200 Hektar

Tel. 045 8432111; Fax 045 8432211; www.pasqua.it; info@pasqua.it

Valpolicella Classico DOC Villa Borghetti 2005

Mittleres Rubin; marmeladige, holzbetonte Nase, Cola, nicht fruchtig, nicht tief; kraftvoll, herbes Tannin, nicht fruchtig, leicht bitter. (200 000 Fl.; L.06-254B; mehr als eine Abfüllung; Merum 2007-1) Privatpreis ab Hof: Euro 7,00

Valpolicella Superiore DOC
Cecilia Beretta Roccolo di Mizzole 2003   ★★ – ★★★

Frisches, mittleres Rubin; feine, reiffruchtige, holzwürzige Nase; Mittelgewicht, rund, herbes Tannin, Süße, gute Länge. (# Fl.; L.06-130A; # Abfüllungen; Merum 2007-1) Privatpreis ab Hof: Euro 6,00

Valpolicella Superiore DOC Ripasso Cecilia Beretta 2003

Mittelintensives Rot; rotfruchtige Nase; Fülle, marmeladig, müsste temperamentvoller sein, trockenes Tannin, nicht trinkig. (30 000 Fl.; L.06-053C; mehr als eine Abfüllung; Merum 2007-1) Privatpreis ab Hof: Euro 11,00

Valpolicella Superiore DOC
Ripasso Sagramoso 2003   ★★ – ★★★

Mittleres Rot; vegetal-würzige Nase; Mittelgewicht, gewisse Frucht, saftig, herbes Tannin, Süße, dürfte lebendiger sein. (80 000 Fl.; L.06-124B; mehr als eine Abfüllung; Merum 2007-1) Privatpreis ab Hof: Euro 10,00

Valpolicella Superiore DOC Sagramoso 2004   ★★ – ★★★

Mittleres, junges Rubin; verhalten fruchtig, macht neugierig; recht konzentriert, gewisse Frucht, etwas trocken im Finale. (40 000 Fl.; L.06-199A; mehr als eine Abfüllung; Merum 2007-1) Privatpreis ab Hof: Euro 7,00

Quintarelli, Negrar (VR)   55 000 Fl./12 Hektar

Tel. 045 7500016; Fax 045 6012301; giuseppe.quintarelli@tin.it

Recioto della Valpolicella Classico DOC 1995   ★★★★★ JLF

Dunkelrot; Noten von Trockenfrüchten, fein vegetale Noten; konzentriert, rund, Trockenfrüchte, Heu, dicht, Tiefe, sehr vielschichtig, eingepasste Süße, sehr lang auf nussigen Aromen, großes Weinerlebnis. (5800 Fl.; L.1.04; eine Abfüllung; Merum 2006-6) Privatpreis ab Hof: Euro #

Valpolicella Classico Superiore DOC 1999   ★★★

Reifendes, mittleres Rot; vegetale Fruchtnoten, Laub, Trockenfrüchte, Schokolade, etwas flüchtig, macht neugierig; Kraft, Süße, tiefe Frucht, Tabak, vielschichtig, lang, herb im Abgang. (9300 Fl.; L.172.06; eine Abfüllung; Merum 2007-1) Privatpreis ab Hof: Euro #

Valpolicella Classico Superiore DOC 1998   ★★ – ★★★

Mittleres, reifendes Rot; etwas flüchtige, aber tiefe Noten von Trockenfrüchten, balsamisch; Süße, herb, etwas unausgewogen, gute Tiefe, recht lang, herb im Abgang. (21 000 Fl.; L.111.06; mehr als eine Abfüllung; Merum 2007-1) Privatpreis ab Hof: Euro #

Recchia, Negrar (VR) 100 000 Fl./52 Hektar

Tel. 045 7500584; Fax 045 7501970; www.recchiavini.it; info@recchiavini.it

Recioto della Valpolicella Classico DOC 2003

Dunkles Rubin; Noten von Blüten, Ruß, auch Frucht; Flieder-, Röst- und Rußnoten auch im Gaumen, aber keine Recioto-Frucht, wenig Süße, nicht lang. (5000 Fl.; L.5261; mehr als eine Abfüllung; Merum 2006-6) Privatpreis ab Hof: Euro 11,00

Valpolicella Classico DOC 2005

Mittleres Rot; Holznoten, fehlen Frucht und Frische; gewisse Frucht, breit, fehlt Frische, breit, nicht trinkig. (15 000 Fl.; L.6085; mehr als eine Abfüllung; Merum 2007-1) Privatpreis ab Hof: Euro #

Valpolicella Classico Superiore DOC
Masùa di Jago 2004 ★★ – ★★★

Mittelhelles Rubin; holzgeprägte, kompottige Fruchtnoten; etwas viel Süße, recht konzentriert, Kaffee, saftig, etwas herb im Abgang, angenehm. (12 000 Fl.; L.6128; mehr als eine Abfüllung; Merum 2007-1) Privatpreis ab Hof: Euro 4,20

Valpolicella Classico Superiore DOC Ripasso Le Muraie 2003

Mittelintensives Rubin; Noten von Leder und Teer; kraftvoll, gewisse Frucht, Leder, bitter. (6000 Fl.; L.6200; mehr als eine Abfüllung; Merum 2007-1) Privatpreis ab Hof: Euro 8,40

Valpolicella Classico Superiore DOC
Ripasso Masùa di Jago 2003 ★★ – ★★★

Mittelhelles Rubin; Noten von Holunder, vegetale Frucht, einladend; Süße, Kraft, saftig, recht tief, etwas bitter, Länge. (10 000 Fl.; L.6046; mehr als eine Abfüllung; Merum 2007-1) Privatpreis ab Hof: Euro 5,40

Righetti Gianluigi, Arcè di Pescantina (VR) 50 000 Fl./80 Hektar

Tel. 045 7151188; Fax 045 6756591; www.vinisanmichele.com; info@vinisanmichele.com

Valpolicella Classico Superiore DOC Ripasso San Michele 2002

Mittleres Rubin; schwitzig-flüchtige Nase; flüssiger Ansatz, dann viel Süße, kompottige Frucht, etwas bitter im Abgang. (16 000 Fl.; L.21; # Abfüllungen; Merum 2007-1) Privatpreis ab Hof: Euro 9,90

Roccolo Grassi, Mezzane di Sotto (VR) 33 000 Fl./13,5 Hektar

Tel. 045 8880089; Fax 045 8889000; www.roccolograssi.it; roccolograssi@libero.it

Recioto della Valpolicella DOC 2003 ★★ – ★★★

Dunkles Rubin; Holz- und Fruchtnoten, Eukalyptus; viel Kraft, viel Süße, saftig, etwas arg viel Holz, aber enorm viel Substanz und viel Frucht, lang, allerdings herbes Tannin; Edelbiber, (2400 Fl.; L.02-06; eine Abfüllung; Merum 2006-6) Privatpreis ab Hof: Euro #

Valpolicella Superiore DOC 2003

Mittelintensives Rubin; holzwürzige Nase, Holunder; Süße, Kraft, herbes Tannin, etwas opulent, Holz bleibt hängen. (16 500 Fl.; L.01-06; eine Abfüllung; Merum 2007-1) Privatpreis ab Hof: Euro 18,00

Roncolato, Soave (VR) 75 000 Fl./12 Hektar

Tel. 045 7675104; Fax 045 7675935; www.cantinaroncolato.com; antonioroncolato@libero.it

Valpolicella DOC Santa Barbara 2003 ★★ – ★★★

Helles, frisches Rot; feinvegetale Fruchtnoten; vegetale Frucht und viel Süße, frisch, saftig, recht angenehm. (3200 Fl.; L.04.05; eine Abfüllung; Merum 2007-1) Privatpreis ab Hof: Euro 5,50

San Rustico, Marano (VR) 200 000 Fl./20 Hektar

Tel. 045 7703348; Fax 045 6800682; www.sanrustico.it; info@sanrustico.it

Recioto della Valpolicella Classico DOC
Vigneti del Gaso 2003 ★★ – ★★★

Dunkles Rubin; nicht intensive Noten von getrockneten Früchten, etwas Jod, dürfte lebendiger sein; Mittelgewicht, saftig, fruchtig, nicht sehr tief, angenehm. (3000 Fl.; L.5076; eine Abfüllung; Merum 2006-6) Privatpreis ab Hof: Euro 19,00

Valpolicella Classico DOC 2005   ★★ – ★★★ JLF

Helles, purpurnes Rot; einfache, frische, vegetale Fruchtnoten; eher schlank, angenehm, gewisse Frucht, trinkig, angenehm. (20 000 Fl.; L.6023; mehr als eine Abfüllung; Merum 2007-1) Privatpreis ab Hof: Euro 4,50

Valpolicella Classico Superiore DOC Ripasso Vigneti del Gaso 2002   ★★ – ★★★

Mittleres, frisches Rot; frische, etwas vegetale Frucht; saftig, fruchtig, einfach, Süße. (15 000 Fl.; L.6068; mehr als eine Abfüllung; Merum 2007-1) Privatpreis ab Hof: Euro 7,50

Sant'Antonio, Colognola ai Colli (VR)   300 000 Fl./50 Hektar

Tel. 045 7650383; Fax 045 6171098; www.tenutasantantonio.it; info@tenutasantantonio.it

Recioto della Valpolicella DOC Argille Bianche 2000

Dunkles Rubin; vegetale Frucht, Röstung; recht kräftig, viel Süße, Röstung, herbes Tannin, nicht tief. (7000 Fl.; L.0205; eine Abfüllung; Merum 2006-6) Privatpreis ab Hof: Euro 22,00

Valpolicella DOC 2005   ★★★ – ★★★★

Mittleres, frisches Rubin; feine, vegetale Fruchtnoten, frisch, einladend; intensive, vegetale Frucht, saftig und lang, schöner, betont fruchtiger Valpolicella, feines Tannin, lange Frucht. (100 000 Fl.; L.06/06; mehr als eine Abfüllung; Merum 2007-1) Privatpreis ab Hof: Euro 7,00

Valpolicella Superiore DOC La Bandina 2003

Recht dunkles Rubin; holzwürzige Nase, marmeladig; auch im Gaumen dominanter Holzgeschmack, trocknendes Holztannin. (45 000 Fl.; L.01/06; eine Abfüllung; Merum 2007-1) Privatpreis ab Hof: Euro 16,00

Valpolicella Superiore DOC Ripasso Monti Garbi 2003

Recht intensives Rubin; röstige Noten von Kirschenmarmelade; Süße, fehlt Saftigkeit, unflüssig, röstig, trockenes Tannin. (90 000 Fl.; L.01/06; eine Abfüllung; Merum 2007-1) Privatpreis ab Hof: Euro 12,00

Santa Sofia, San Pietro in Cariano (VR)   550 000 Fl./38 Hektar

Tel. 045 7701074; Fax 045 7703222; www.santasofia.com; info@santasofia.com

Recioto della Valpolicella Classico DOC 2001

Schwarzrubin; erdige Cassis-Noten; recht kraftvoll, viel Süße, Säure, erdiges Aroma, Cassis, nicht eigentlich fruchtig. (10 486 Fl.; L.010404; eine Abfüllung; Merum 2006-6) Privatpreis ab Hof: Euro 22,00

Valpolicella Classico DOC 2005   ★★ – ★★★

Mittleres, purpurnes Rot; vegetal-fruchtige Noten, nicht intensiv; saftig, flüssig, ziemlich schlank und einfach, aber angenehm. (80 000 Fl.; L.200906; mehr als eine Abfüllung; Merum 2007-1) Privatpreis ab Hof: Euro 6,50

Santi/GIV, Illasi (VR)   1 600 000 Fl./70 Hektar

Tel. 045 6520077; Fax 045 6520044; www.giv.it; com@giv.it

Valpolicella Classico DOC Le Caleselle 2005   ★★ – ★★★

Helles Rubin; rote Fruchtnoten; saftig, herb, gewisse Frucht, eher einfach, herbes Tannin, angenehm. (115 000 Fl.; L.6-172; mehr als eine Abfüllung; Merum 2007-1) Privatpreis ab Hof: Euro 12,00

Valpolicella Classico Superiore DOC Ripasso Solane 2004   ★★★

Mittleres, leicht purpurnes Rot; Eukalyptus- und Erdbeernoten, einladend; saftig, etwas Eukalyptus, Butter, rund, angenehm. (265 000 Fl.; L.6-152; mehr als eine Abfüllung; Merum 2007-1) Privatpreis ab Hof: Euro 16,50

Scriani, Fumane (VR)   30 000 Fl./8 Hektar

Tel. 045 6839251; Fax 045 6839251; www.scriani.it; info@scriani.it

Recioto della Valpolicella Classico DOC Maddalena 2003   ★★★ – ★★★★ JLF

Dunkles, violettes Rubin; Noten von Kaffee, Holunder, Cassis; viel Süße, kraftvoll, Kaffee, Holunder, saftig, lang, süß und feinbitter wie Amaro. (4000 Fl.; L.03; eine Abfüllung; Merum 2006-6) Privatpreis ab Hof: Euro 13,60

Valpolicella Classico DOC 2005 ★★ – ★★★

Mittleres Rubin; reduktive, dann mit Belüftung fruchtige Nase; dicht, recht konzentriert, Ripasso-Frucht, etwas breite Süße, etwas bitter. (8000 Fl.; L.01; eine Abfüllung; Merum 2007-1) Privatpreis ab Hof: Euro 5,20

Valpolicella Classico Superiore DOC Ripasso 2003 ★★ – ★★★

Mittelintensives Rubin; vegetale Fruchtnoten, macht neugierig; konzentriert, saftig, fruchtig, Süße, etwas zu bitter. (8000 Fl.; L.02; eine Abfüllung; Merum 2007-1) Privatpreis ab Hof: Euro 8,50

Speri, San Pietro in Cariano (VR) 350 000 Fl./60 Hektar

Tel. 045 7701154; Fax 045 7704994; www.speri.com; info@speri.com

Recioto della Valpolicella DOC La Roggia 2003 ★★ – ★★★

Schwarzviolett; nicht komplett klare Recioto-Frucht, Zwetschgennoten; mittlere Konzentration, Passitofrucht, gewisse Holznote, herbes Tannin. (10 000 Fl.; L.5054; eine Abfüllung; Merum 2006-6) Privatpreis ab Hof: Euro #

Valpolicella Classico DOC 2005 ★★ – ★★★ JLF

Frisches, mittelhelles Purpurrubin; kirschenfruchtige Nase mit vegetalen Noten; frische, vegetale Frucht, Säure, saftig, feinherbes Tannin, recht lang. (100 000 Fl.; L.0152; mehr als eine Abfüllung; Merum 2007-1) Privatpreis ab Hof: Euro #

Valpolicella Classico Superiore DOC La Roverina 2004

Mittleres Rubin; ledrige Fruchtnoten; auch vegetale Frucht, nicht geschmeidig, endet breit. (70 000 Fl.; L.6250; mehr als eine Abfüllung; Merum 2007-1) Privatpreis ab Hof: Euro #

Valpolicella Classico Superiore DOC Sant'Urbano 2003

Dunkles Rubin; nicht sehr klare Marmelade- und Holznoten; dicht, konzentriert, viel Tannin, kaum Frucht, streng, endet trocknend. (80 000 Fl.; L.6075; mehr als eine Abfüllung; Merum 2007-1) Privatpreis ab Hof: Euro #

Sterza David, Fumane (VR) 20 000 Fl./5 Hektar

Tel. 045 7704201; Fax 045 7704201; www.davidsterza.it; sterzadavid@libero.it

Recioto della Valpolicella Classico DOC 2003 ★★★

Schwarzviolett; dichte Birne und Schokolade; konzentriert, auch im Gaumen Birne, dichte, frische Frucht, recht tief, ausgewogen, lang. (2000 Fl.; L.03; eine Abfüllung; Merum 2006-6) Privatpreis ab Hof: Euro 18,00

Valpolicella Classico Superiore DOC Ripasso 2004

Mittelintensives Rubin; matte Holznoten, keine Frucht; herb, kaum Frucht, Süße, Tannin. (10 000 Fl.; L.02; eine Abfüllung; Merum 2007-1) Privatpreis ab Hof: Euro 12,00

Tedeschi, Pedemonte (VR) 500 000 Fl./20 Hektar

Tel. 045 7701487; Fax 045 7704239; www.tedeschiwines.com; tedeschi@tedeschiwines.com

Recioto della Valpolicella Classico DOC Monte Fontana 2003

Schwarzrubin; Holznoten stehen vor Frucht; saftig, frische Säure, gewisse Frucht, trocknendes Tannin, im Gaumen besser als in der Nase (Abzug). (3000 Fl.; L.2b2; mehr als eine Abfüllung; Merum 2006-6) Privatpreis ab Hof: Euro 30,00

Valpolicella Classico Superiore DOC Nicalò 2004

Mittelintensives Rubin; süß-flüchtige Noten von roter Beerenkonfitüre, Holunder, etwas flüchtig; Süße, Kraft, saftig, herb im Abgang. (50 000 Fl.; L.1b2; mehr als eine Abfüllung; Merum 2007-1) Privatpreis ab Hof: Euro 8,50

Tezza, Poiano (VR) 100 000 Fl./25 Hektar

Tel. 045 550267; Fax 045 8709840; www.tezzawines.it; info@tezzawines.it

Recioto della Valpolicella Valpantena DOC
Brolo delle Giare 2003

Schwarzrubin; knappe Frucht, nicht sehr klare Noten von Klempnerhanf; im Gaumen leider eher müde, fehlt Fruchtfrische, matt. (3600 Fl.; L.6008; eine Abfüllung; Merum 2006-6) Privatpreis ab Hof: Euro #

Valpolicella DOC Ripasso Ma Roat 2004

Mittleres Rot; Röstnoten; einfache Struktur, viel Süße, nicht tief, Röstgeschmack. (# Fl.; L.6018; mehr als eine Abfüllung; Merum 2007-1) Privatpreis ab Hof: Euro #

Valpolicella Valpantena Superiore DOC
Ripasso Brolo delle Giare 2002

Recht dunkles Rot; holzwürzige Noten von Trockenfrüchten; kraftvoll, überholzt, reif, herb, nicht geschmeidig. (13 300 Fl.; L.6009; mehr als eine Abfüllung; Merum 2007-1) Privatpreis ab Hof: Euro #

Valpolicella Valpantena Superiore DOC
Ripasso Monte delle Fontane 2002

Mittelintensives Rot; nicht klare, müde Noten von Holz, auch Marmeladefrucht; konzentriert, süß, nicht sehr fruchtig, reif, etwas grob, gewisse Länge. (13 300 Fl.; L.6006; mehr als eine Abfüllung; Merum 2007-1) Privatpreis ab Hof: Euro #

Tinazzi Eugenio, Lazise (VR)   900 000 Fl./# Hektar

Tel. 045 6470697; Fax 045 6471117; www.tinazzi.it; info@tinazzi.it

Valpolicella DOC de' Rocchi 2005   ★★ – ★★★

Mittelhelles Rubin; Ausbaunoten, jodige Frucht; runder Ansatz, Frucht, viel Süße, recht angenehm. (40 000 Fl.; L.26106; mehr als eine Abfüllung; Merum 2007-1) Privatpreis ab Hof: Euro 6,10

Valpolicella Superiore DOC
Ca' de' Rocchi Ripasso Monterè 2004

Mittelintensives Rubin; reifende Fruchtnoten; bitter, jodig, süßlich, keine Frucht. (35 000 Fl.; L.18806; eine Abfüllung; Merum 2007-1) Privatpreis ab Hof: Euro 11,90

Tommasi, Pedemonte (VR)   900 000 Fl./135 Hektar

Tel. 045 7701266; Fax 045 6834166; www.tommasiwine.it; info@tommasiwine.it

Recioto della Valpolicella Classico DOC
Fiorato 2003   ★★ – ★★★

Dunkles violettes Rubin; Noten von Kaffeejoghurt, vegetale Noten; vegetale Frucht, viel Süße, Kaffeearoma, angenehm, nicht sehr tief. (20 000 Fl.; L.141205; # Abfüllungen; Merum 2006-6) Privatpreis ab Hof: Euro 9,95

Valpolicella DOC Ripasso 2004

Mittleres Rubin; etwas ledrige Kirschenfrucht; konzentriert, viel Süße, herbes Tannin, Leder, nicht geschmeidig, leicht bitter. (70 000 Fl.; L.020206; # Abfüllungen; Merum 2007-1) Privatpreis ab Hof: Euro 8,50

Trabucchi, Illasi (VR)   65 000 Fl./20 Hektar

Tel. 045 7833233; Fax 045 6528112; www.trabucchivini.it; azienda.agricola@trabucchi.it

Recioto della Valpolicella DOC 2003

Mittelintensives Rubin; röstige Recioto-Nase; konzentriert, Süße, Röstung dominiert leider komplett die Frucht, schade, geschmacklich zu einseitig, trockenes Tannin. (5000 Fl.; L.08-05; eine Abfüllung; Merum 2006-6) Privatpreis ab Hof: Euro 24,00

Valpolicella Superiore DOC Terre del Cereolo 2002

Dunkelrot; intensive, etwas flüchtige Holznoten; kräftig, Süße, Kaffee, dann herb-bitter. (15 000 Fl.; L.05-05; eine Abfüllung; Merum 2007-1) Privatpreis ab Hof: Euro 16,00

Valpolicella Superiore DOC Terre di San Colombano 2003   ★★★

Mittelintensives Rubin; fruchtige Nase, schöne Tiefe; fruchtig, Mittelgewicht, saftig, feinbitter, jung, gute Länge. (16 000 Fl.; L.04-05; eine Abfüllung; Merum 2007-1) Privatpreis ab Hof: Euro 12,00

Valetti, Calmasino (VR)   70 000 Fl./8 Hektar

Tel. 045 7235075; Fax 045 7235075; www.valetti.it; valetti@valetti.it

Valpolicella Classico DOC 2005

Mittleres Rubin; marmeladig-kompottige, eher breite Nase, nicht frisch; Mittelgewicht, müde Frucht, keine Frische, etwas bitter. (6500 Fl.; L.6-238; mehr als eine Abfüllung; Merum 2007-1) Privatpreis ab Hof: Euro 3,75

Venturini Massimino, San Floriano (VR)   80 000 Fl./12 Hektar

Tel. 045 7701331; Fax 045 7701331; www.viniventurini.com;
azagrventurinimassimino@tin.it

Recioto della Valpolicella Classico DOC 2004   ★★ – ★★★

Dichtes Schwarzpurpur; nicht intensive, etwas mostige Beerenfruchtnoten; konzentriert, nicht sehr fruchtig, dezente Süße, nicht mächtig, gewisse, vegetale Frucht, leicht bitter im Abgang. (2000 Fl.; L.05110; eine Abfüllung; Merum 2006-6) Privatpreis ab Hof: Euro 13,00

Valpolicella Classico Superiore DOC Ripasso Semonte Alto 2003

Mittleres Rubin; breite kompottige, auch etwas jodige Frucht; im Gaumen kraftvoll, Süße, saftig, aber kompottige Frucht, nicht geschmeidig, etwas Jod, ungestüm. (14 000 Fl.; L.06082; mehr als eine Abfüllung; Merum 2007-1) Privatpreis ab Hof: Euro 8,00

Villa Bellini, San Pietro in Cariano (VR)   12 000 Fl./3,5 Hektar

Tel. 045 7725630; Fax 045 7725400; www.villabellini.com;
archivino@villabellini.com

Valpolicella Classico Superiore DOC Taso 2003   ★★ – ★★★

Mittelhelles Rubin; helle Steinfruchtnoten; kraftvoll, fruchtig, Süße, saftig, Marzipan, herbes Tannin. (Biowein.) (3500 Fl.; L.100306; eine Abfüllung; Merum 2007-1) Privatpreis ab Hof: Euro 20,00

Villa Canestrari, Colognola ai Colli (VR)   100 000 Fl./18 Hektar

Tel. 045 7650074; Fax 045 7650074; www.villacanestrari.com;
info@villacanestrari.com

Recioto della Valpolicella Classico DOC L'Amandorlato 1999   ★★ – ★★★

Sehr dunkles Rubin; süße, tiefe Fruchtnoten; im Gaumen dann leider zu bitter, nicht viel Süße, feine Frucht, recht lang auf Bitterton. (1200 Fl.; L.306; eine Abfüllung; Merum 2006-6) Privatpreis ab Hof: Euro 30,00

Recioto di Valpolicella DOC 2003

Mittelintensives Rubin; nicht restlos klare Cassis-Frucht; viel Süße, etwas Holz, knappe Frucht, nicht tief, trocknet etwas. (2200 Fl.; L.604; eine Abfüllung; Merum 2006-6) Privatpreis ab Hof: Euro 15,00

Valpolicella Superiore DOC Ripasso i Lasi Plenum 2003   ★★ – ★★★

Eher helles Rubin; Eukalyptusnoten; Eukalyptus auch im Gaumen, auch fruchtig, flüssig und recht saftig, angenehm. (23 000 Fl.; L.607; eine Abfüllung; Merum 2007-1) Privatpreis ab Hof: Euro 7,50

Villa Erbice, Mezzane di Sotto (VR)   90 000 Fl./15 Hektar

Tel. 045 8880086; Fax 045 8880333; agricolavillaerbice@virgilio.it

Valpolicella Superiore DOC Monte Tombole 2002

Mittelintensives Rubin; holzwürzig-röstige Marmeladenoten; konzentriert, herbes Tannin, keine Frucht, trocknet. (7700 Fl.; L.06.32; eine Abfüllung; Merum 2007-1) Privatpreis ab Hof: Euro 15,00

Villa Monteleone, Sant' Ambrogio (VR)   30 000 Fl./6 Hektar

Tel. 045 7704974; Fax 045 6800160; www.villamonteleone.com;
info@villamonteleone.com

Recioto della Valpolicella Classico DOC Pal Sun 2001   ★★ – ★★★

Schwarzrot; süße Noten von Rumtopf, kandierten Früchten, Himbeeren; kraftvoll, spürbares Tannin von Anfang weg, Frucht und Holzwürze, endet auf ziemlich trockenem Holztannin; wäre ohne das viele Holz viel schöner. (# Fl.; L.RE01-130606; eine Abfüllung; Merum 2006-6) Privatpreis ab Hof: Euro 24,00

Valpolicella Classico DOC Campo Santa Lena 2005

Mittelintensives Rubin; holzwürzige Nase, fehlen Frische und Frucht; holzbetont, fehlen Fruchtfrische und Trinkigkeit, Süße, keine Frucht. (# Fl.; L.SL05-130606; eine Abfüllung; Merum 2007-1) Privatpreis ab Hof: Euro 6,20

443

Valpolicella Classico Superiore DOC
Campo San Vito '02 ★★ – ★★★

Dunkles Rubin; holzwürzige, leicht flüchtige Frucht; kraftvoll, Butter, recht saftig, endet herb. (# Fl.; L.SV02-11-05; eine Abfüllung; Merum 2007-1) Privatpreis ab Hof: Euro 14,00

Villa Spinosa, Negrar (VR) 35 000 Fl./18 Hektar

Tel. 045 7500093; Fax 045 7500093; www.valpolicella.it;
villaspinosa@valpolicella.it

Recioto della Valpolicella Classico DOC
Francesca Finato Spinosa 2003

Dunkles Rubin; Holz-, Röstung- und Passitonoten; ziemlich konzentriert, holzwürzig, angenehme Süße, dann trockenes Tannin und Röstung im Abgang. (5000 Fl.; L.5.10.4; eine Abfüllung; Merum 2006-6) Privatpreis ab Hof: Euro 15,00

Valpolicella Classico DOC 2004 ★★ – ★★★

Mittleres Rubin; kompottig, Noten von Zimt, Pfeffer; kompottig, zimtig, saftig, Süße, Frucht, herb. (10 000 Fl.; L.5.10.1; eine Abfüllung; Merum 2007-1) Privatpreis ab Hof: Euro 5,00

Valpolicella Classico Superiore DOC Jago 2001

Helles, frisches Rot; nicht frische Noten von Kakao und Trockenfrüchten; herb im Ansatz, gewisse Tiefe, Süße, aber bleibt herb, nicht geschmeidig. (10 000 Fl.; L.5.10.2; eine Abfüllung; Merum 2007-1) Privatpreis ab Hof: Euro 10,00

Villabella, Calmasino (VR) 500 000 Fl./170 Hektar

Tel. 045 7236448; Fax 045 7236704; www.vignetivillabella.com;
info@vignetivillabella.com

Valpolicella Classico Superiore DOC Ripasso 2001

Recht dunkles Rot; Heunoten; auch im Gaumen Heu, Tabak, Vanille, keine Frucht, rechtsaftig, rund, bitter. (35 000 Fl.; L.6.165; mehr als eine Abfüllung; Merum 2007-1) Privatpreis ab Hof: Euro 10,50

Viviani, Negrar (VR) 70 000 Fl./10 Hektar

Tel. 045 7500286; Fax 045 7500286; www.cantinaviviani.com;
viviani@cantinaviviani.com

Recioto della Valpolicella Classico DOC 2003 ★★★

Schwarzviolett; stark vegetale, kräuterig-medizinische Noten; sehr konzentriert und süß, auch fruchtig, feine Säure, gute Süße, dann strenges Tannin. (# Fl.; L.6 263; eine Abfüllung; Merum 2006-6) Privatpreis ab Hof: Euro 34,00

Valpolicella Classico Superiore DOC Campo Morar 2003

Mittelhelles Rubin; balsamische Zwetschgenfrucht; saftig, etwas viel Süße, Holz, nicht flüssig. (7000 Fl.; L.6 186; eine Abfüllung; Merum 2007-1) Privatpreis ab Hof: Euro 15,00

Zecchini, Grezzana (VR) 13 000 Fl./18 Hektar

Tel. 045 8650111; Fax 045 907521; www.agricosta.it; agricosta@tiscali.it

Recioto della Valpolicella Valpantena DOC Calandra 2001

Dunkles Rubin; ausgeprägt vegetale Fruchtnoten, Holz; Mittelgewicht, viel Süße, gewisse Holzwürze, dann auch Ruß. (5500 Fl.; L.340-03; eine Abfüllung; Merum 2006-6) Privatpreis ab Hof: Euro 18,00

Valpolicella Valpantena Superiore DOC Calandra 2003

Helles Rubin; nicht klare, überreife Noten; Süße, reife Frucht, saftig, leicht bitter. (6600 Fl.; L.08-06; eine Abfüllung; Merum 2007-1) Privatpreis ab Hof: Euro 9,00

Zenato, Peschiera (VR) 1 500 000 Fl./70 Hektar

Tel. 045 7550300; Fax 045 6400449; www.zenato.it; info@zenato.it

Valpolicella Superiore DOC 2003 ★★ – ★★★

Recht dunkles Rubin; dunkle Marmeladenoten, tief, süß und einladend; Kraft, saftig, viel Süße, schokobitter. (300 000 Fl.; L.1856; mehr als eine Abfüllung; Merum 2007-1) Privatpreis ab Hof: Euro 6,60

Valpolicella Superiore DOC Ripassa 2003

Schwarzrubin; jodig-holzwürzige Nase; sehr konzentriert, auch im Gaumen holzwürzig, vorstehende Süße, marmeladige Frucht, endet trocknend-bitter. (300 000 Fl.; L.1496; mehr als eine Abfüllung; Merum 2007-1) Privatpreis ab Hof: Euro 11,50

Zeni, Bardolino (VR)
900 000 Fl./25 Hektar

Tel. 045 7210022; Fax 045 6212702; www.zeni.it; zeni@zeni.it

Recioto della Valpolicella Classico DOC 2005 ★★ – ★★★

Dunkles Rotviolett; pflanzliche Noten, eher verhaltene Nase; konzentrierte Frucht, grüner Kaffee, viel Süße, knappe Tiefe, gewisse Länge. (4000 Fl.; L.1212601; eine Abfüllung; Merum 2006-6) Privatpreis ab Hof: Euro 25,00

Valpolicella Classico Superiore DOC Ripasso Marogne 2004

Recht dunkles Rubin; holzwürzige Marmeladenoten, fehlt Frische; Süße, kaum Frucht, herbes Tannin, müsste fruchtfrischer sein. (20 000 Fl.; L.1254605; mehr als eine Abfüllung; Merum 2007-1) Privatpreis ab Hof: Euro 10,00

Valpolicella Classico Superiore DOC Vigne Alte 2004 ★★ – ★★★

Mittelhelles, frisches Rot; nicht überaus klare, kompottige Noten; Mittelgewicht, saftige Säure, gewisse Frucht, nicht sehr tief, angenehm. (# Fl.; L.325605; mehr als eine Abfüllung; Merum 2007-1) Privatpreis ab Hof: Euro #

Metodo Classico Schaumweine

Bisol Desiderio, Valdobbiadene (TV)
630 000 Fl./63 Hektar

Tel. 0423 900138; Fax 0423 900577; www.bisol.it; bisol@bisol.it

Eliseo Bisol Cuvée del Fondatore Metodo Classico Brut Millesimato 2000 ★★ – ★★★

Reifendes Gelb; intensive Nase, Honig, reife gelbe Früchte; kraftvoll, Reife, recht vielschichtig, feine Süße, charaktervoll, etwas opulent. (40% Chardonnay, 20% Pinot nero, 40% Weißburgunder.) (4180 Fl.; L.18 ottobre 2006; Oktober 2006; Merum 2007-1) Privatpreis ab Hof: Euro 28,45

Metodo Classico Brut Rosé 1999 ★★ – ★★★

Zwiebelschalenrosa; intensive Hefe- und Frucht-Noten, Butter; fruchtig, recht tief, Butter, mittelfein, recht lang, opulent, eingepasste Süße, im Abgang gewisser Bitterton. (100% Pinot nero.) (4648 Fl.; L.23 maggio 2006; 23. Mai 2006; Merum 2007-1) Privatpreis ab Hof: Euro 25,10

Metodo Classico Pas Dosé Extra Brut Millesimato 2000

Mittleres, warmes Gelb; recht tiefe Nase, Blütennoten; Gummi, Butter, Reifearomen, recht geschmeidig, aber etwas bitter. (60% Chardonnay, 35% Weißburgunder, 5% Pinot nero.) (13 520 Fl.; L.24 maggio 2006; 24. Mai 2006; Merum 2007-1) Privatpreis ab Hof: Euro 23,40

Carpenè Malvolti, Conegliano (TV)
5 100 000 Fl./26 Hektar

Tel. 0438 364626; Fax 0438 364671; www.carpene-malvolti.com; quality@carpene-malvolti.com

Metodo Classico Millesimato Brut 2003 ★★ – ★★★

Warmes Hellgelb; interessante Pinot- und Fruchtnoten; feiner Schaum, Frucht, Butter, Süße, recht tief, aber für meinen Geschmack zu süß. (70% Chardonnay, 20% Pinot nero, 10% Weißburgunder.) (55 000 Fl.; L.06292-285; September 2006; Merum 2007-1) Privatpreis ab Hof: Euro 10,90

Casa Cecchin, Montebello (VI)
20 000 Fl./7 Hektar

Tel. 0444 649610; Fax 0444 649610; www.casacecchin.it; info@casacecchin.it

Lessini Durello DOC

Brut Metodo Classico Millesimato 2000 ★★★

Intensives Hellgelb; Hefe- und Reifenoten; feiner Ansatz, hefegeprägt, spürbare Säure, recht fein, Tiefe, gefällt gut, eingepasste Süße. (85% Durella, 15% Pinot nero.) (4000 Fl.; L.#; Januar 2006; Merum 2007-1) Privatpreis ab Hof: Euro 9,60

Cesarini Sforza, Ravina (TN)   1 200 000 Fl./# Hektar

Tel. 0461 246047; Fax 0461 249512; www.cesarinisforza.com; export@la-vis.com

Trento DOC Brut Rosé Tridentum s. a.   ★★ – ★★★

Intensives Rosa; zarte Fruchtnoten, Hefe; recht fein, feine Struktur, saftig, etwas Butter, leider viel Süße, recht lang. (100% Pinot nero.) (20 000 Fl.; L.28606; 2006; Merum 2007-1) Privatpreis ab Hof: Euro 15,00

Trento DOC Brut Tridentum 2002   ★★ – ★★★

Warmes, mittleres Gelb; intensive Butter-Noten; kraftvoll, Butter, gewisser Bitterton, recht geschmeidig. (80% Chardonnay, 20% Pinot nero.) (160 000 Fl.; L.28306; August 2006; Merum 2007-1) Privatpreis ab Hof: Euro 13,00

Fongaro, Roncà (VR)   50 000 Fl./6 Hektar

Tel. 045 7460240; Fax 045 7460240; matteofongaro@libero.it

Lessini Durello DOC
Brut Metodo Tradizionale Classico (schwarzes Etikett) 2003

Recht intensives Gelb; intensiv fruchtige Nase, Senffrüchte; auch im Gaumen fruchtig, mittelfein, nicht sehr tief, leicht bitter im Abgang, Holz hängt etwas nach. (100% Durella.) (4000 Fl.; L.#; 13. 11. 06; Merum 2007-1) Privatpreis ab Hof: Euro 15,00

Lessini Durello DOC
Metodo Tradizionale Classico (lila Etikett) 2003   ★★ – ★★★

Intensives, zitroniges Gelb; Hefe- und Zitrusnoten, Grapefruit; recht fein, fruchtig, Butter, originell, etwas opulent mit seiner Frucht und der Süße. (100% Durella.) (6000 Fl.; L.#; 13. 11. 06; Merum 2007-1) Privatpreis ab Hof: Euro 12,00

Marcato, Roncà (VR)   400 000 Fl./60 Hektar

Tel. 045 7460070; Fax 045 7461003; www.marcatovini.it; marcato@marcatovini.it

Lessini Durello DOC Metodo Tradizionale 2001   ★★ – ★★★

Intensives Gelb; hefige Noten, Orangennoten; mittelfeiner Ansatz, fruchtig, etwas Butter, spürbare Säure, originell. (85% Durella, 15% Pinot nero.) (30 000 Fl.; L.#; Dezember 2006; Merum 2007-1) Privatpreis ab Hof: Euro 10,00

Wallenburg, Trento (TN)   150 000 Fl./6 Hektar

Tel. 045 913399; Fax 045 8342456; www.vinimontresor.it; info@vinimontresor.it

Metodo Classico Brut Rosé Cuvée Costantinopoli s. a.

Frisches Blassrosa mit Blauschimmer; Reifenoten; angenehmes Reifearoma, dann überwältigende Süße. (70% Pinot nero, 30% Chardonnay.) (6000 Fl.; L.#; Juni 2006; Merum 2007-1) Privatpreis ab Hof: Euro 25,00

Trento DOC Brut Corte Imperiale s. a.   ★★ – ★★★

Recht intensives Gelb; intensive Frucht mit Hefenoten; recht fein und unverschnörkelt, zart, etwas Süße, Flieder, recht lang, feinbitter. (70% Chardonnay, 30% Pinot nero.) (10 000 Fl.; L.#; Juni 2006; Merum 2007-1) Privatpreis ab Hof: Euro 18,00

Zamuner Daniele, Sona (VR)   40 000 Fl./5 Hektar

Tel. 045 8342168; Fax 045 8343750; www.zamuner.it; info@zamuner.it

Brut Metodo Tradizionale s. a.   ★★ – ★★★

Gereiftes Gelb; verhaltene Reifenoten, auch Frucht; feiner Schaum, gewisse Süße, recht vielschichtig, etwas breit im Abgang. (40% Chardonnay, 60% Pinot nero.) (5000 Fl.; L.#; Oktober 2006; Merum 2007-1) Privatpreis ab Hof: Euro 11,50

Brut Metodo Tradizionale 2000

Helles Bernsteingelb; Reife- und Likörnoten; im Gaumen fein, etwas störende Süße, kraftvoll, Butter, Reifenote. (75% Pinot nero, 15% Chardonnay, 10% Pinot Meunier.) (17 000 Fl.; L.#; Oktober 2006; Merum 2007-1) Privatpreis ab Hof: Euro 14,40

Brut Metodo Tradizionale 1998

Gereiftes Gelb; mit Belüftung Reifenoten, gewisse Tiefe; feiner Ansatz, gereift, Reife auch im Abgang (70% Pinot nero, 20% Pinot Meunier, 10% Chardonnay.) (2500 Fl.; L.#; September 2006; Merum 2007-1) Privatpreis ab Hof: Euro 18,50

Die italienischen Regionen und ihre DOC-Weine

Abruzzen
Controguerra DOC
Montepulciano d'Abruzzo Colline Teramane DOCG
Montepulciano d'Abruzzo DOC
Trebbiano d'Abruzzo DOC

Aostatal
Valle d'Aosta DOC

Apulien
Aleatico di Puglia DOC
Alezio DOC
Brindisi DOC
Cacc'è Mmitte di Lucera DOC
Castel del Monte DOC
Copertino DOC
Galatina DOC
Gioia del Colle DOC
Gravina DOC
Leverano DOC
Lizzano DOC
Locorotondo DOC
Martina Franca (oder: Martina) DOC
Matino DOC
Moscato di Trani DOC
Nardò DOC
Orto Nova DOC
Ostuni DOC
Primitivo di Manduria DOC
Rosso Barletta DOC
Rosso Canosa DOC
Rosso di Cerignola DOC
Salice Salentino DOC
San Severo DOC
Squinzano DOC

Basilikata
Aglianico del Vulture DOC
Terra dell'Alta Valdagri DOC

Emilia Romagna
Albana di Romagna DOCG
Bosco Eliceo DOC
Cagnina di Romagna DOC
Colli Bolognesi DOC
Colli Bolognesi Classico Pignoletto DOC
Colli d'Imola DOC
Colli di Faenza DOC
Colli di Parma DOC
Colli di Rimini DOC
Colli di Romagna Centrale DOC
Colli di Scandiano e di Canossa DOC
Colli Piacentini DOC
Lambrusco di Sorbara DOC
Lambrusco Grasparossa di Castelvetro DOC
Lambrusco Salamino di Santa Croce DOC
Pagadebit di Romagna DOC
Reggiano DOC
Reno DOC

Romagna Albana Spumante DOC
Sangiovese di Romagna DOC
Trebbiano di Romagna DOC

Friaul
Carso DOC
Colli Orientali del Friuli DOC
Collio Goriziano (oder: Collio) DOC
Friuli Annia DOC
Friuli Aquilea DOC
Friuli Grave DOC
Friuli Isonzo DOC
Friuli Latisana DOC
Lison-Pramaggiore DOC
Ramandolo DOCG

Kalabrien
Bivogni DOC
Cirò DOC
Donnici DOC
Greco di Bianco DOC
Lamezia DOC
Melissa DOC
Pollino DOC
San Vito di Luzzi DOC
Sant'Anna di Isola Caporizzuto DOC
Savuto DOC
Scavigna DOC
Verbicaro DOC

Kampanien
Aglianico del Taburno DOC
Aversa DOC
Campi Flegrei DOC
Capri DOC
Castel San Lorenzo DOC
Cilento DOC
Costa d'Amalfi DOC
Falerno del Massico DOC
Fiano di Avellino DOCG
Galluccio DOC
Greco di Tufo DOCG
Guardia Sanframondi (oder: Guardiolo) DOC
Ischia DOC
Penisola Sorrentina DOC
Sannio DOC
Sant'Agata dei Goti DOC
Solopaca DOC
Taburno DOC
Taurasi DOCG
Vesuvio DOC

Latium
Aleatico di Gradoli DOC
Aprilia DOC
Atina DOC
Bianco Capena DOC
Castelli Romani DOC
Cerveteri DOC

Cesanese del Piglio DOC
Cesanese di Affile (oder: Affile) DOC
Cesanese di Olevano Romano DOC
Circeo DOC
Colli Albani DOC
Colli della Sabina DOC
Colli Etruschi Viterbesi DOC
Colli Lanuvini DOC
Cori DOC
Est! Est!! Est!!! di Montefiascone DOC
Frascati DOC
Genazzano DOC
Marino DOC
Montecompatri Colonna DOC
Nettuno DOC
Orvieto DOC
Tarquinia DOC
Velletri DOC
Vignanello DOC
Zagarolo DOC

Ligurien

Cinque Terre und Cinque Terre Sciacchetrà DOC
Colli di Luni DOC
Colline di Levanto DOC
Golfo del Tigullio DOC
Ormeasco di Pornassio (oder: Pornassio) DOC
Riviera Ligure del Ponente DOC
Rossese di Dolceacqua (oder: Dolceacqua) DOC
Val Polcèvera DOC

Lombardei

Botticino DOC
Capriano del Colle DOC
Cellatica DOC
Franciacorta DOCG
Garda Bresciano DOC
Garda Colli Mantovani DOC
Garda DOC
Lambrusco Mantovano DOC
Lugana DOC
Moscato di Scanzo (Scanzo) DOC
Oltrepò Pavese DOC
Rosso di Valtellina DOC
San Colombano al Lambro DOC
San Martino della Battaglia DOC
Sforzato di Valtellina DOCG
Terre di Franciacorta DOC
Valcalepio DOC
Valtellina Superiore DOCG

Marken

Bianchello del Metauro DOC
Colli Maceratesi DOC
Colli Pesaresi DOC
Conero DOCG
Esino DOC
Falerio dei Colli Asolani (oder: Falerio) DOC
I Terreni di Sanseverino DOC
Lacrima di Morro d'Alba DOC
Offida DOC
Rosso Conero DOC
Rosso Piceno DOC
Verdicchio dei Castelli di Jesi DOC
Verdicchio di Matelica DOC
Vernaccia di Serrapetrona DOC

Molise

Biferno DOC
Molise DOC
Pentro d'Isernia DOC

Piemont

Albugnano DOC
Alta Langa DOC
Asti und Moscato d'Asti DOCG
Barbaresco DOCG
Barbera d'Alba DOC
Barbera d'Asti DOC
Barbera del Monferrato DOC
Barolo DOCG
Boca DOC
Brachetto d'Acqui (oder: Acqui) DOCG
Bramaterra DOC
Canavese DOC
Carema DOC
Cisterna d'Asti DOC
Colli Tortonesi DOC
Collina Torinese DOC
Colline Novaresi DOC
Colline Saluzzesi DOC
Cortese dell'Alto Monferrato DOC
Cortese di Gavi (oder: Gavi) DOCG
Coste della Sesia DOC
Dolcetto d'Alba DOC
Dolcetto d'Acqui DOC
Dolcetto d'Asti DOC
Dolcetto delle Langhe Monregalesi DOC
Dolcetto di Diano d'Alba (oder: Diano d'Alba) DOC
Dolcetto di Dogliani DOC
Erbaluce di Caluso (oder: Caluso) DOC
Fara DOC
Freisa d'Asti DOC
Freisa di Chieri DOC
Gabiano DOC
Gattinara DOCG
Ghemme DOCG
Grignolino d'Asti DOC
Grignolino del Monferrato Casalese DOC
Langhe DOC
Lessona DOC
Loazzolo DOC
Malvasia di Casorzo d'Asti DOC
Malvasia di Castelnuovo Don Bosco DOC
Monferrato DOC
Nebbiolo d'Alba DOC
Piemonte DOC
Pinerolese DOC
Roero DOC
Rubino di Cantavenna DOC
Ruché di Castagnole Monferrato DOC
Sizzano DOC
Valsusa DOC
Verduno Pelaverga DOC

Sardinien

Alghero DOC
Arborea DOC
Campidano di Terralba DOC
Cannonau di Sardegna DOC
Carignano del Sulcis DOC
Girò di Cagliari DOC
Malvasia di Bosa DOC
Malvasia di Cagliari DOC

Mandrolisai DOC
Monica di Cagliari DOC
Monica di Sardegna DOC
Moscato di Cagliari DOC
Moscato di Sardegna DOC
Moscato di Sorso Sennori DOC
Nasco di Cagliari DOC
Nuragus di Cagliari DOC
Sardegna Semidano DOC
Vermentino di Gallura DOCG
Vermentino di Sardegna DOC
Vernaccia di Oristano DOC

Sizilien

Alcamo DOC
Cerasuolo di Vittoria DOCG
Contea di Sclafani DOC
Contessa Entellina DOC
Delia Nivolelli DOC
Eloro DOC
Etna DOC
Faro DOC
Malvasia delle Lipari DOC
Mamertino di Milazzo (oder Mamertino) DOC
Marsala DOC
Menfi DOC
Monreale DOC
Moscato di Noto DOC
Moscato di Pantelleria, Passito di Pantelleria und
    Pantelleria DOC
Moscato di Siracusa DOC
Riesi DOC
Sambuca di Sicilia DOC
Santa Margherita di Belice DOC
Sciacca DOC
Vittoria DOC

Südtirol

Kalterersee DOC
Südtiroler DOC

Toskana

Ansonica Costa dell'Argentario DOC
Barco Reale di Carmignano DOC
Bianco dell'Empolese DOC
Bianco della Valdinievole DOC
Bianco Pisano di San Torpè DOC
Bianco Pitigliano DOC
Bolgheri und Bolgheri Sassicaia DOC
Brunello di Montalcino DOCG
Candia dei Colli Apuani DOC
Capalbio DOC
Carmignano DOCG
Chianti Classico DOCG
Chianti DOCG
Colli dell'Etruria Centrale DOC
Colli di Luni DOC
Colline Lucchesi DOC
Cortona DOC
Elba DOC
Montecarlo DOC
Montecucco DOC
Monteregio di Massa Marittima DOC
Montescudaio DOC
Morellino di Scansano DOC
Moscadello di Montalcino DOC
Orcia DOC

Parrina DOC
Pomino DOC
Rosato di Carmignano DOC
Rosso di Montalcino DOC
Rosso di Montepulciano DOC
San Gimignano DOC
Sant'Antimo DOC
Sovana DOC
Val d'Arbia DOC
Val di Cornia DOC
Valdichiana DOC
Vernaccia di San Gimignano DOCG
Vin Santo del Chianti Classico DOC
Vin Santo del Chianti DOC
Vin Santo di Montepulciano DOC
Vino Nobile di Montepulciano DOCG

Trentino

Casteller DOC
Kalterersee DOC
Teroldego Rotaliano DOC
Trentino DOC
Trento DOC
Valdadige DOC

Umbrien

Assisi DOC
Colli Alti Tiberini DOC
Colli Amerini DOC
Colli del Trasimeno (oder: Trasimeno) DOC
Colli Martani DOC
Colli Perugini DOC
Lago di Corbara DOC
Montefalco DOC
Montefalco Sagrantino DOCG
Orvieto DOC
Rosso Orvietano DOC
Torgiano DOC
Torgiano Riserva DOCG

Veneto

Arcole DOC
Bagnoli di Sopra (oder: Bagnoli) DOC
Bardolino DOC
Bardolino Superiore DOCG
Bianco di Custoza DOC
Breganze DOC
Colli Berici DOC
Colli di Conegliano DOC
Colli Euganei DOC
Conegliano Valdobbiadene DOC
Corti Benedettini del Padovano DOC
Gambellara DOC
Garda DOC
Lessini DOC
Lison-Pramaggiore DOC
Lugana DOC
Merlara DOC
Montello e Colli Asolani DOC
Piave DOC
Recioto di Soave DOCG
Riviera del Brenta DOC
San Martino della Battaglia DOC
Soave DOC
Soave Superiore DOCG
Valdadige DOC
Valpolicella DOC
Vicenza DOC

Weinausdrücke

Acidità: Säure
Acidulo: säuerlich
Alcool: Alkohol
Agricoltore: Landwirt
Amabile: süßlich
Amaro: bitter, im Volksmund auch: trocken
Amarone: DOC-Wein aus angetrockneten Valpolicella-Trauben
Amarognolo: leicht bitterer Nachgeschmack
Ambrato: bernsteinfarben (wie Vin Santo, Marsala, Vernaccia di Oristano)
Annata: Jahrgang
Aromatico: zu den aromatischen Sorten gehören z.B. Moscato, Gewürztraminer, Bracchetto, Prosecco
Asciutto: trocken
Azienda Agricola: Landwirtschaftsbetrieb/Bauernhof
Azienda Vitivinicola: Weingut
Baglio: Gehöft in Sizilien
Bianco: weiß
Bicchiere da vino: Weinglas
Botte: Fass
Bottiglia: Flasche
Brut: Schaumwein mit bis zu 15 g/l Restzucker
Cantina: Weinkeller
Cantina Sociale: Kellereigenossenschaft
Casa Vinicola: Weinhaus; kauft Trauben und/oder Wein zu
Cascina: Hof oder Gut (Nord- und Mittelitalien)
Cerasuolo: kirschrot; auch Name von DOC-Weinen: Cerasuolo di Vittoria DOCG (Sizilien), Montepulciano d'Abruzzo Cerasuolo DOC (Abruzzen)
Charmat oder **Martinotti:** Produktion von Spumante und Frizzante mit Zweitgärung im Drucktank
Chiaretto: Rosé
Classico: Kerngebiet eines DOC-Gebietes, z.B. Chianti Classico, Bardolino Classico
Coltivatore diretto: Landwirt
Consorzio: Konsortium, Zusammenschluß von Erzeugern zur Kontrolle und zum Schutz der Ursprungsbezeichnung

Contadino, Colono: Bauer
Degustazione: Verkostung
DOC/DOCG: kontrollierte (und garantierte) Ursprungsbezeichnung
Dolce: süß
Enologia: Önologie
Enologo oder **Enotecnico:** Önologe (auch Weinküfer)
Enoteca: Weinladen
Etichetta: Etikett
Ettaro: Hektar
Ettolitro: Hektoliter
Extra Dry: Schaumwein mit 12 bis 20 g/l Restzucker
Extra Brut: Schaumwein mit 0 bis 6 g/l Restzucker
Fattoria: Gutsbetrieb (Mittelitalien) mit mehreren Höfen
Fermentazione: Gärung
Fermentazione : biologischer Säureabbau (aggressive Äpfelsäure wird
malolattica: von Mikroorganismen zu milderer Milchsäure vergoren)
Fiasco: bauchige, strohumflochtene Chianti-Flasche
Frizzante: Perlwein (bis 1–2,5 bar Kohlensäuredruck)
Frizzantino: spritziger Wein
Fusto: kleines Fass
Gradazione alcoolica: Alkoholgehalt (in Volumen-%)
Gusto: Geschmack
IGT: Indicazione geografica tipica (siehe dort)
Imbottigliato da: abgefüllt von
Imbottigliato: Erzeugerabfüllung von
all'origine da:
Indicazione Geografica : Tafelwein mit Herkunftsbezeichnung (Gegenstück der
Tipica (IGT): Landweine und der französischen Vins de Pays)
Invecchiato: durch Lagerung gereift
Liquoroso: Wein mit hohem Alkohol- und Zuckergehalt, meist gespritet
Litro: Liter
Macerazione carbonica: Kohlensäuremaischung; Vergären von ganzen Beeren unter Druck (von Bedeutung beim Novello)

Malolattica: biologischer Säureabbau (aggressive Äpfelsäure wird von Mikroorganismen zu milderer Milchsäure vergoren)

Marchio depositato: eingetragene Schutzmarke

Metodo Classico: Schaumwein mit klassischer Flaschengärung (Abkürzung: mc); früher: Metodo Champenois, seit 1994 ist diese Bezeichnung außerhalb der Champagne verboten

Mezzadria: Halbpacht

Mezzadro: Halbpächter

Novello: entsprechend dem Beaujolais Nouveau (siehe Macerazione carbonica)

Passito: meist süßer Wein aus angetrockneten Trauben

Podere: kleines Gut

Produttore: Erzeuger

Profumo: Geruch, Duft

Recioto: Süßwein aus angetrockneten DOC-Trauben (Recioto di Soave: weiß, Recioto della Valpolicella: rot)

Riserva: bei DOC- oder DOCG-Weinen mit vorgeschriebener Mindestlagerzeit

Rosato: rosé

Rosso: rot

Rubino: rubinrot

Sapore: Geschmack

Sec: auch Dry: Schaumwein mit 17 bis 35 g/l Restzucker

Secco: trocken, herb

Semisecco: auch Demi-sec oder abboccato: Schaum- oder Perlwein mit 33 bis 50 g/l Restzucker

Spumante: Schaumwein (ab 3 bar Kohlensäuredruck)

Stravecchio: sehr alt

Superiore: Bezeichnung für DOC-/DOCG-Weine, die besonderen Qualitätsanforderungen genügen müssen

Tappo di sughero: Zapfen aus Naturkork

Tenuta: großer Hof, großes Weingut

Uva: Traube

Uvaggio: Sortenzusammensetzung

Vecchio: alt

Vendemmia: Weinlese, auch: Jahrgang

Vendemmia tardiva: Spätlese

Vigna, Vigneto: Lage, Weinberg

Vignaiolo, Viticoltore: Winzer, Weinbauer

Vino da taglio: Verschnittwein

Vino da tavola (VDT): Tafelwein; niedrigste Qualitätsstufe. VDT-Etiketten dürfen weder die Sorten noch die Herkunft, noch den Jahrgang angeben

Vite: Rebe

Vitigno: Rebsorte

Vivace: leicht perlend

VQPRD: Vino di qualità prodotto in una regione determinata (selten für DOC)

VSQPRD: Vino spumante di qualità prodotto in una regione determinata (selten für DOC-Spumante)

Der ultimative Weintest!

Der einzig verlässliche Prüfstand für einen Wein ist der Esstisch. Egal, wie ein Wein in der Blindverkostung, bei der
Dutzende von Proben hintereinander geschlotzt und aus-
gespuckt werden, abschneidet, der verlassene Esstisch macht
die zuverlässigsten Aussagen über die Güte eines Weins: In
der leersten Flasche war stets das beste Tröpfchen!

Die JLF-Spielregeln

JLF – „Je leerer die Flasche, desto besser der Wein" – ist
eine ironisch-lustvolle Provokation des tierischen Ernstes, mit
dem sich manche dem Thema Wein nähern. Bei Merum sind
wir im Gegensatz zu vielen schreibenden Kollegen der Über-
zeugung, dass ein Wein nicht in erster Linie „groß", sondern
zuallererst einmal „gut" sein müsse. Wir sind noch immer der
Meinung, Wein hätte etwas mit Trinken zu tun, mit Vergnügen,
mit frohem Beisammensein.

Der JLF-„Test" lässt sich mit verdeckten oder mit offenen
Flaschen durchführen. Wir ziehen unverdeckte Flaschen des-
halb vor, weil verdeckten Flaschen der Ruch von Arbeit und
Professionalität anhaftet, …und das stört unseren Trinkspaß.

JLF heißt: Lasst uns trinken, erst den besten Wein, dann
den zweitbesten… wobei natürlich jeder Tafelgenosse seinen
Lieblingswein selbst bestimmt.

Damit der ironisch „Test" genannte JLF-Abend tatsächlich
eine Aussage ergibt, sind Spucken und Auskippen der Gläser
verboten. Was man sich in die Gläser gießt, muss ausgetrunken
werden. Verpönt ist deshalb auch ungefragtes gegenseitiges
Einschenken.

Wer einen JLF-Abend organisieren will, sollte abschätzen,
wie viele vollzählende Mittrinker dabei sein werden. Halb-
abstinente Begleiter und Begleiterinnen sollten für die Berech-
nung der Flaschenzahl außer Acht gelassen werden. Die
Erfahrung zeigt, dass man für acht JLF-Teilnehmer acht
Flaschen öffnen sollte. Mindestens ein gemeinsamer Nenner –
der Jahrgang zum Beispiel, und/oder die Traubensorte, oder
die Appellation – sollte bei der Wahl der Weine berücksichtigt
werden. Das Resultat fällt umso deutlicher aus, je unterschiedlicher die ausgewählten Weine sind.

Damit der Abend für jeden Einzelnen zum Erfolg wird,
empfiehlt es sich, für die Teilnehmer je ein Blatt vorzubereiten,

auf dem die Weine aufgelistet sind und Platz für Notizen zur Verfügung steht.

Es empfiehlt sich, dass die Teilnehmer die Weine bereits vor dem Essen probieren. Allerdings nur jeweils ein winzig-kleines Schlückchen (Spucken ist ja verboten), wenn möglich sollte man sogar zu zweit von einem Glas probieren. Die Flaschen werden dann auf dem Esstisch verteilt und jeder darf von den Weinen trinken, die ihm schmecken. Jeder bedient sich selbst, erst nur ganz, ganz wenig von jedem Wein, dann mehr von seinen Favoriten. Egoistisches Wegtrinken ist ausdrücklich erlaubt! Gegenseitiges Beeinflussen auch.

Dem Gastgeber sei empfohlen, den „Test" abzubrechen oder zumindest zu unterbrechen, wenn ein Viertel oder ein Drittel der Flaschen leer sind und die Gäste beginnen, sich langsam über die Weine ihrer zweiten Wahl herzumachen. In diesem Moment sollte der Gastgeber den Weinrest in den Flaschen mit dem Metermaß messen und das Resultat festhalten. Dann gilt: JLF (je leerer die Flasche…), umso besser der Wein!

JLF-Regeln in Kürze:

♦ Man rechnet pro Teilnehmer – ideal sind acht Personen – eine Flasche Wein.

♦ Die Flaschen können verdeckt oder unverdeckt aufgestellt werden.

♦ Man beschränkt sich auf ein Weinthema (Appellation, Sorte, Jahrgang, Region…)

♦ Die Gäste probieren von jeder Flasche ein kleines Schlückchen und lassen dann zum Essen ihrer Vorliebe freien Lauf.

♦ Spucken und Auskippen der Gläser sind streng verboten!

♦ Um in der italienischen Weingeographie weniger Bewanderten die Orientierung über die verschiedenen Weine zu vereinfachen, empfiehlt es sich, für die JLF-„Tester" eine Liste der Weine vorzubereiten, auf der die Eindrücke festgehalten werden können.

♦ Meinungsäußerungen, gegenseitiges Beeinflussen und egoistisches Wegtrinken des Lieblingsweins sind ausdrücklich erlaubt.

♦ Wenn die ersten zwei oder drei Flaschen leer sind, misst der Gastgeber mit dem Metermaß die Weinreste in den Flaschen und dann gilt: JLF (je leerer die Flasche…), umso besser der Wein!

Beispiel:

„2005er-JLF-Test" vom 16. September 2007 mit 8 Personen. (Diverse Antipasti mit Franciacorta DOCG Claro 2002 von Barboglio de Gaioncelli und Trento DOC 1998 Riserva del Fondatore 976 von Letrari, Speck-Walnuss-Kuchen, Roastbeef.)

0 cm

Rossese di Dolceacqua DOC Superiore 2005
Foresti (Camporosso Mare/Ligurien)

0 cm

Südtiroler Vernatsch DOC Fass Nr. 9 2005
Kellerei Girlan (Girlan/Südtirol)

5 cm

Südtiroler Lagrein DOC 2005
Kandlerhof (St. Magdalena/Südtirol)

13 cm

Sangiovese di Romagna DOC Le More 2005
Castelluccio (Modigliana/Romagna)

15 cm

Sangiovese Umbria IGT 2005
La Carraia (Orvieto/Umbrien)

16 cm

Etna Rosso DOC Feudo di Mezzo 2005
Tenuta delle Terre Nere (Randazzo/Sizilien)

17 cm

Teroldego Rotaliano DOC Lealbere 2005
Zeni (Grumo/Trentino)

17 cm

Nero d'Avola Sicilia IGT 2005
Morgante (Grotte/Sizilien)

**Weitere JLF-„Test"-Resultate finden Sie
regelmäßig im Merum-Heft.**

Extra Vergine Olivenöl

Ein Extra Vergine muss absolut fehlerfrei sein. Das schreibt die geltende EU-Gesetzgebung vor. Das heißt, dass persönliche Meinung und Geschmackssache erst dann beginnen können, wenn ein Extra Vergine ohne jeden sensorischen Makel ist. Diese Reintönigkeit kann aber nur von speziell geschulten Fachleuten in offiziell anerkannten Verkostergruppen (Panels) festgestellt werden.

Neben einer reintönigen, frischen, stets grünen Frucht (je nach Sorte: Gras, Artischocken, grüne Tomaten, etc.) weist ein vollwertiges Extra Vergine immer auch eine gewisse Bitterkeit und eine spürbare Schärfe („Kratzen im Hals") auf. Das Gesetz legt fest, dass neben einer recht langen Liste von Bezeichnungen für Fehlaromen von offiziellen Olivenöl-Verkostern nur drei Ausdrücke für positive sensorische Merkmale benutzt werden dürfen: „fruchtig", „bitter" und „scharf". Andere positive Adjektive sind in offiziellen Tests nicht vorgesehen.

Gewisse Noten wie Butter, Heu, Kakao, Wein, süße, reife Früchte, schwarze Johannisbeeren, Kakao, eingelegte Oliven oder Ähnliches mögen Nichtprofis für positive Aromen halten, für Fachleute sind es jedoch unverkennbare Zeichen einer qualitativen Schädigung des Öls, verursacht durch eine unsachgemäße Verarbeitung. Nimmt der Profi diese Aromen bei einem Öl wahr, wird er es zu Vergine (Nativ) Olivenöl oder in schlimmeren Fällen zu Lampantöl deklassieren.

Steht die Mängelfreiheit eines Öls fest, sind auch Meinungen von Nicht-Profis brauchbar und sinnvoll. Allerdings nur dann, wenn sie nicht zusammengefasst in einem Mittelwert, sondern als Einzelmeinungen publiziert werden. Denn nicht jedem schmeckt die ausgeprägte, fast aromatische Frucht mancher sizilianischer oder spanischer Öle, nicht alle mögen die Schärfe toskanischer Öle. Diese gegensätzlichen Geschmacksvorlieben zu summieren und daraus eine Durchschnittsnote zu errechnen, ergibt kein sinnvolles Resultat.

Anders verhält es sich mit Fachpanels, bei denen die Abweichung der Einzelwertungen eine bestimmte Größe nicht überschreiten darf. Tester, die zu oft neben der Panel-Mehrheit liegen, werden nach Hause geschickt. Nicht um Individualität geht es bei einem offiziellen Olivenöl-Panel, sondern um die Objektivierung des sensorischen Urteils.

Aus diesen Gründen verzichtet die Merum-Redaktion darauf, die Olivenöle für die Merum Selezione sowie „Vino Grappa Olio" selber zu testen, sondern vertraut diese Aufgabe den Panels der Vereinigung professioneller Olivenöl-Verkoster (ANAPOO, Florenz) an. Der Auftrag an die Verkoster lautet, aus den Hunderten angestellter Olivenöle die auszuwählen, die den strengen gesetzlichen Vorgaben entsprechen.

Die Autoren garantieren zusammen mit den Verkostern der ANAPOO nur für die Qualität der einzelnen verkosteten Chargen. Olivenöl ist ein verderbliches Produkt: Andere als die verkosteten Chargen oder schlecht gelagerte Flaschen könnten somit von minderer Qualität sein.

Für die Ölverkostung wurden sämtliche uns bekannten Ölproduzenten Italiens angeschrieben und um Musteranstellung gebeten. Allerdings haben wir ausschließlich Produzenten-Öle zugelassen, also Öle von landwirtschaftlichen Betrieben, Genossenschaften und Ölmühlen. Anbieter, die ausschließlich Öle zukaufen und diese abfüllen, wurden nicht zur Musteranstellung eingeladen.

Auf den folgenden Seiten werden 284 Olivenöle vorgestellt. Es handelt sich dabei um eine Auswahl aus insgesamt 1186 in den letzten vier Jahren getesteten Ölen. Diese Extra Vergine sind nicht mehr im Handel. Für den Leser ist diese Selektion gleichwohl aufschlussreich: Da ein gutes Olivenöl kein Zufallsprodukt ist, kann er davon ausgehen, dass der entsprechende Produzent auch für den aktuellen Jahrgang hohe Qualität anzubieten hat.

Bei unserem Test wurden die grob fehlerhaften Öle zuerst anhand einer Geruchsprobe eliminiert. Nur sauber riechende Öle gelangten in das eigentliche Geschmacks-Panel. Pro Sitzung wurden mindestens fünf, höchstens aber acht Öle verkostet. In „Vino Grappa Olio" werden alle Öle vorgestellt, die den strengen Testern aus Florenz keinen Grund zur Beanstandung lieferten, deren Frucht also durch keinerlei oxidative oder enzymatische Phänomene gestört war. Die aufgeführten Öle sind echte Extra Vergine mit einer Frucht, die für die Sorten und die Herkunft der Oliven typisch ist.

Ab Öl-Jahrgang 2006 (Merum-Ausgabe 2/2007) werden die Öle ohne sensorische Mängel (= echte Extra Vergine) der Übersichtlichkeit zuliebe in drei Qualitätsstufen unterteilt: hervorragende Extra Vergine: drei Herzen, gute Extra Vergine: zwei Herzen und korrekte Extra Vergine: ein Herz.

Zu jedem der selektionierten Öle und ihren Produzenten findet der Leser des Weiteren eine Reihe von Informationen: Produzentenname mit Gemeinde und Provinz, Telefon- und Faxnummer, E-Mail und Homepage, Anzahl Bäume, die mittlere Ölproduktion sowie der Betriebstyp (Landwirtschaftsbetrieb mit oder ohne eigene Ölmühle, sowie reine Ölmühle ohne eigene Oliven). Des Weiteren sind vermerkt: die Art der Ölmühle, die Olivensorten sowie die Chargennummer, das Ablaufdatum des getesteten Öls und – wo angegeben – der Jahrgang.

Betriebstyp: Olivenöl wird von Olivenproduzenten, Ölmühlen sowie reinen Abfüllern in den Handel gebracht. Manche Produzenten verfügen über eine eigene Ölmühle, andere nicht. Es kann nützlich sein zu wissen, wer hinter einem Extra Vergine steht: ein Landwirtschaftsbetrieb ohne eigene Ölmühle, ein Landwirtschaftsbetrieb mit eigener Ölmühle oder eine Ölmühle.

Ölmühle/Verarbeitungsmethode: Um ein Öl interpretieren zu können, ist es nützlich zu wissen, mit welcher Technologie es gewonnen wurde: Bei den traditionellen (diskontinuierlichen) Verfahren unterscheidet man die Verarbeitung der Oliven mit Mühlsteinen und Extraktion mittels hydraulischer Presse sowie die Verarbeitung der Oliven mit Mühlsteinen und Extraktion im Decanter; bei den modernen (kontinuierlichen) Verfahren werden die Oliven in einer Mühle (Verarbeitung mit Kernen) oder einer Entkernungsmaschine (Verarbeitung ohne Kerne) zerkleinert, in Mischwerken bearbeitet und im Decanter extrahiert. (Detaillierte Beschreibung der verschiedenen Verfahren im Merum Dossier Olivenöl 2007.)

Olivensorten: Nur bei einem echten Extra Vergine, dessen Typizität also nicht durch Fehlaromen gestört ist, lässt sich der Einfluss der Sorten (und des Ursprungs) auf die Aromen des Öls erkennen.

Chargennummer (L. …) und Haltbarkeit: Die Bewertungen beziehen sich ausschließlich auf die betreffenden Chargen. Die Zahlen hinter den Chargennummern sind Angaben zur Haltbarkeit. Manche Erzeuger geben ein exaktes Datum an, andere Monat und Jahr, andere nur das Jahr. Das Gesetz sagt über die Haltbarkeitsfrist nichts aus, es ist dem Produzenten überlassen, diese festzulegen.

Sensorische Beschreibung: Die ANAPOO-Verkoster sind Techniker. Die Sprache, die sie für die Beschreibungen verwenden, ist weit weniger phantasievoll als die von Weinjournalisten. Die Aufgabe der Profiverkoster besteht in erster Linie darin, ein Öl sensorisch zu analysieren, also Fehlaromen oder Reintönigkeit festzustellen und Unausgewogenheiten aufzuspüren. Die Verkostung der Öle dient Agronomen und Extraktionstechnologen dazu, den Olivenproduzenten und Ölmüllern konkrete Ratschläge zur Qualitätsverbesserung zu geben oder ein Öl der seiner Qualität entsprechenden Kategorie zuzuordnen. So wird denn in den Kommentaren zwar versucht, die Öle in wenigen Worten zu charakterisieren, aber nicht – wie in einem Weinführer – sie dem Leser schmackhaft zu machen.

Der Gehalt an **Polyphenolen** ist ein wichtiger Maßstab für die Qualität eines Öls. Diese Stoffe wirken sich stark auf die sensorische Qualität und die gesundheitlichen Vorzüge aus, da sie bedeutende antioxidative Wirkung besitzen: Je höher der Gehalt an Polyphenolen, desto gesünder und haltbarer, aber auch bitterer und schärfer ein Öl. Nicht nur der Gesamtgehalt der Polyphenole ist ausschlaggebend für die Ölqualität, auch der Zustand dieser Substanzen: Je höher der Anteil an Polyphenolen hohen und mittleren Molekulargewichtes, desto intakter die antioxidative Wirkung. (342/459: Die erste Zahl bezeichnet die Summe der Polyphenole mittleren und hohen Molekulargewichtes, die zweite den Gesamtpolyphenolgehalt eines Öls.)

Tocopherol (Vitamin E) besitzt antioxidative Wirkung und schützt vor allem das LDL-Cholesterin vor oxidativen Angriffen; es werden zudem eine ganze Reihe weiterer positiver Auswirkungen auf die menschliche Gesundheit vermutet. Je höher der Tocopherol-Gehalt, desto größer der gesundheitliche Wert eines Öls.

Schluss mit falschem „Extra Vergine"!

In Merum weisen wir immer wieder darauf hin, dass laut den geltenden Vorschriften neun von zehn Flaschen Extra Vergine falsch etikettiert sind. In Wirklichkeit handelt es sich um einfache Vergine, nicht selten gar um gemeines, nicht verkehrsfähiges Lampantöl. Die Gesetzgebung zum Olivenöl ist lückenhaft und lähmt sowohl die Transparenz des Angebots als auch die Qualitätskontrolle. „Extra Vergine" ist die allerhöchste Qualitätskategorie des Olivenöls, allerdings heute praktisch auch die einzige. Niemand fühlt sich mehr genötigt, ein mittelmäßiges Öl als „Vergine" zu bezeichnen; das „Vergine" ist vom Markt verschwunden, denn „Extra Vergine" verkauft sich besser. Die gesetzlose Situation bevorteilt die Lebensmittelindustrie, die riesige Mengen von minderwertigem Öl ungehindert als Extra Vergine anbietet.

Drei Forderungen im Interesse der Konsumenten und der Qualitätsproduzenten:

Jahrgangsangabe

Extra Vergine Olivenöl ist ein verderbliches Produkt. Nur selten geben Hersteller jedoch den Erntejahrgang auf dem Etikett an. Die Jahrgangsangabe (etwa „Winter 2006/2007") auf Extra Vergine-Flaschen sollte selbstverständlich und obligatorisch sein.

Angabe des Abfülldatums

Auf jeder Ölflasche muss eine Mindesthaltbarkeit angegeben werden. Diese ist allerdings nicht in jedem Falle gleich lang, weil sie dem Gutdünken des Abfüllers überlassen ist. Viel nützlicher und aufschlussreicher wäre – neben der Jahrgangsangabe – die Angabe des Abfülldatums.

Angabe der Polyphenole

Einer der wichtigsten Indikatoren für die Qualität eines Olivenöls ist der Polyphenolgehalt. Polyphenole sind Antioxidantien und von großer Wichtigkeit für die Haltbarkeit des Öls sowie für die menschliche Gesundheit. Auf jedem Extra Vergine-Etikett sollte der Polyphenolgehalt in Milligramm pro Liter zusammen mit der angewandten Bestimmungsmethode, dem ausführenden Labor und dem Analysedatum angegeben werden.

Kaufen Sie keine trüben Öle!

Sämtliche Substanzen, die dem Öl gefährlich werden könnten, sitzen im wässrigen Teil der Olive oder des Öls. Es ist daher fahrlässig, trübes Öl abzufüllen und zu verkaufen. Niemals – dies ein dringender Rat an die Leser! –, niemals sollte man trübes Öl oder eines mit Bodensatz kaufen. Falls es noch nicht unangenehm riecht, wird es dies bald tun. Qualitätsbewusste Produzenten filtern ihr Öl unmittelbar nach der Pressung. Anbieter, die „unfiltriert" auf ihre Etiketten schreiben, gehören nicht unbedingt zur Avantgarde der Qualitätsentwicklung…

Abruzzen

Presutti Natale, Sant'Angelo (PE)

3500 Bäume; mittl. Ölproduktion: 2500 Liter; Landwirtschaftsbetrieb ohne eigene Ölmühle; kontinuierliches Verfahren (Verarbeitung mit Kernen)

Tel. 051 334285; Fax 051 220128; www.oliodellangelo.com; liviopresutti@libero.it

Extra Vergine Aprutino Pescarese DOP Olio dell'Angelo 2004

Feine Noten von reifen Oliven; Bestätigung des Geruchseindruckes durch Mandel- und Nussaroma im Gaumen, Bitterkeit macht sich nur im Nachgeschmack durch dezentes Artischocken-Aroma bemerkbar, etwas dickflüssig, leichte, spät einsetzende Schärfe. (L. 06/2006 L. 12/04; für dieses Öl verwendete Sorte(n): Dritta, Leccino; Merum 4/2005)

Ranieri, Rosciano (PE)

250 Bäume; mittl. Ölproduktion: 1200 Liter; Landwirtschaftsbetrieb mit eigener Ölmühle; kontinuierliches Verfahren (Verarbeitung mit Kernen)

Tel. 085 8505419; Fax 085 8509846; www.frantoioranieri.it; info@frantoioranieri.it

Extra Vergine Aprutino Pescarese DOP 2005

Olivenfrucht, im Gaumen etwas reif, leichte Schärfe. (L. # 30 apr. 2007; für dieses Öl verwendete Sorte(n): Leccino 70%, Dritta 20%, Frantoio 5%, Intosso 5%; Merum 3/2006)

Apulien

Cooperativa Agricola Fortore, Torremaggiore (FG)

Bäume; mittl. Ölproduktion: # Liter; Landwirtschaftsbetrieb mit eigener Ölmühle; kontinuierliches Verfahren (Verarbeitung mit Kernen)

Tel. 0882 385111; Fax 0882 385333; www.fortore.it; coop@fortore.it

Extra Vergine Terrae Maioris s.a.

Gewisse Frucht, im Gaumen etwas temperamentlos, gewisse Schärfe. (L. #; für dieses Öl verwendete Sorte(n): Provenzale; Merum 3/2006)

Duca Carlo Guarini, Scorrano (LE)

20 000 Bäume; mittl. Ölproduktion: 50 000 Liter; Landwirtschaftsbetrieb mit eigener Ölmühle; kontinuierliches Verfahren (Verarbeitung mit Kernen)

Tel. 0836 460288; Fax 0836 460288; www.ducacarloguarini.it; info@ducacarloguarini.it

Extra Vergine s.a.   ♥

Helles Gelbgrün; recht ausgeprägt, nicht ganz klar, nach Oliven, varietal, zarter Salbeiduft; im Ansatz getrocknete Mandeln, dann an Salbei erinnernde Noten, leichte Bitterkeit mit dezenter Adstringenz, leichte Schärfe. (L. # 30 11 08; für dieses Öl verwendete Sorte(n): Cellina Scorranese 80%, Ogliarola 20%; Merum 2/2007)

Galantino, Bisceglie (BA)

10 000 Bäume; mittl. Ölproduktion: 80 000 Liter; Landwirtschaftsbetrieb mit eigener Ölmühle; diskontinuierliches Verfahren mit Mühlsteinen und Decanter

Tel. 080 3921320; Fax 080 3951834; www.galantino.it; oliogalantino@oliodiloliva.net

Extra Vergine L'Affiorato 2004

Feiner Olivenduft; feiner Geschmack, Fruchtigkeit mittelreifer Oliven, mittlere Dichte am Gaumen, rund. (L. 30/01/07 L. C13; für dieses Öl verwendete Sorte(n): Ogliarola 60%, Coratina 20%, andere 20 %; Merum 4/2005)

Emilia Romagna

Cooperativa Brisighellese, Brisighella (RA)

\# Bäume; mittl. Ölproduktion: 20 000 Liter; Ölmühle; kontinuierliches Verfahren (Verarbeitung mit Kernen)

Tel. 0546 81103; Fax 0546 81497; www.brisighello.net; info@brisighello.net

Extra Vergine Brisighella DOP 2004

Dezenter Olivenduft in der Nase; im Gaumen überwiegen Schärfe und Bitterkeit, aufgewogen durch den Geschmack frischer Mandeln, im Abgang leicht unausgewogen. (L. 21/12/04; für dieses Öl verwendete Sorte(n): Nostrana di Brisighella; Merum 4/2005)

Extra Vergine Brisighella DOP 2005

Gewisse Frucht, im Gaumen adstringierend und etwas bitter. (L. 60178/39 12/2007; für dieses Öl verwendete Sorte(n): Nostrana di Brisighella 90%, andere Sorten 10%; Merum 3/2006)

SIAR/Tenuta Pennita, Terra del Sole (FC)

511 Bäume; mittl. Ölproduktion: 2000 Liter; Landwirtschaftsbetrieb ohne eigene Ölmühle; kontinuierliches Verfahren (Verarbeitung mit Kernen)

Tel. 0543 754007; Fax 0543 767451; www.lapennita.it; info@lapennita.it

Extra Vergine Monte Poggiolo s.a. ♥♥

Helles Gelbgrün; ausgeprägt nach unreifen Oliven; im Ansatz getrocknete Mandeln, Gras, Artischocken, sehr ausgeprägte Bitterkeit, leicht holzig, anhaltende, ausgeprägte Schärfe; nicht ganz ausgewogen. (L. 1206 30 giu. 2008; für dieses Öl verwendete Sorte(n): Nostrana di Brisighella, Ghiacciola, Correggiolo; Merum 2/2007)

Tenuta Pennita, Terra del Sole (FC)

511 Bäume; mittl. Ölproduktion: 2000 Liter; Landwirtschaftsbetrieb ohne eigene Ölmühle; kontinuierliches Verfahren (Verarbeitung mit Kernen)

Tel. 0543 754007; Fax 0543 767451; www.lapennita.it; info@lapennita.it

Extra Vergine Monte Poggiolo denocciolato 2003

Gelbes Öl; deutlich weich im Mund, leicht, es überwiegen Geschmacksnoten von Mandeln und sehr reifen Oliven, Schärfe und unreife Noten fehlen praktisch völlig. (L. 12/2005 L. 03/TA; für dieses Öl verwendete Sorte(n): Correggiolo, Frantoio, Nostrana di Brisighella; Merum 3/2004)

Extra Vergine Monte Poggiolo metodo tradizionale s.a.

Feine Olivenfrucht, im Gaumen süße Mandeln und reife Oliven, leichte Schärfe. (L. 1105 31 ago. 2007; für dieses Öl verwendete Sorte(n): Correggiolo 50%, Nostrana di Brisighella 25%, Ghiacciola 25%; Merum 3/2006)

Kalabrien

Bilotti Maurizio, Mongrassano (CS)

10 000 Bäume; mittl. Ölproduktion: 40 000 Liter; Landwirtschaftsbetrieb mit eigener Ölmühle; kontinuierliches Verfahren (Verarbeitung mit Kernen)

Tel. 0984 524893; Fax 0984 524991; www.agricolabilotti.com; maurizio.bilotti@tiscali.it

Extra Vergine Carolea e Tondina 2004

Fruchtnoten von mittelreifen Oliven in Nase und Gaumen, anhaltende Bitterkeit und Schärfe. (L. 20 06 06; für dieses Öl verwendete Sorte(n): Carolea 60%, Tondina calabrese 40%; Merum 4/2005)

Librandi, Cirò Marina (KR)

23 000 Bäume; mittl. Ölproduktion: 20 000 Liter; Landwirtschaftsbetrieb mit eigener Ölmühle; kontinuierliches Verfahren (Verarbeitung mit Kernen)

Tel. 0962 31518; Fax 0962 370542; www.librandi.it; librandi@librandi.it

Extra Vergine s.a.

Noten reifer Oliven, im Geschmack süße Mandeln, auch Nüsse. (L. F1105 dicembre 2007; für dieses Öl verwendete Sorte(n): Carolea 50%, Frantoio 20%, Tondo Stroncolese 20%, Leccino 10%; Merum 3/2006)

Librandi Pasquale, Vaccarizzo Albanese (CZ)

27 280 Bäume; mittl. Ölproduktion: 170 000 Liter; Landwirtschaftsbetrieb mit eigener Ölmühle; kontinuierliches Verfahren (Verarbeitung mit Kernen)

Tel. 0983 84068; Fax 0983 84068; www.oliolibrandi.it; info@oliolibrandi.it

Extra Vergine Bio 2003

Grüngelbes Öl; angenehm und sauber im Mund, mittelfruchtig mit bitteren Noten von Karden und Artischocken, leicht adstringierend, spät einsetzende, anhaltende Schärfe. (L. 30. 06. 2005 L. 503; für dieses Öl verwendete Sorte(n): Nocellara del Belice; Merum 3/2004)

Extra Vergine Bio s.a.

Intensive Noten von Rosmarin und grünen Oliven, im Gaumen neben der Olivenfrucht auch süße Mandeln, ausgewogene Bitterkeit und Schärfe; außergewöhnliches Extra Vergine. (L. 1/305 30.06.2007; für dieses Öl verwendete Sorte(n): Nocellara del Belice; Merum 3/2006)

San Giorgio/Fazari, San Giorgio Morgeto (RC)

20 000 Bäume; mittl. Ölproduktion: 80 000 Liter; Ölmühle; kontinuierliches Verfahren (Verarbeitung mit Kernen)

Tel. 0966 940569; Fax 0966 949686; www.oleariasangiorgio.it; info@oleariasangiorgio.it

Extra Vergine L'Ottobratico s.a.

In der Nase grasige Fruchtigkeit; im Gaumen der Geschmack von frischen Mandeln und Gras, ganz dezentes Tomatenaroma. (L. 06 06 L. 104; für dieses Öl verwendete Sorte(n): Ottobratica; Merum 4/2005)

Stancati Maria Vittoria, San Pietro in Guarano (CS)

5500 Bäume; mittl. Ölproduktion: 5000 Liter; Landwirtschaftsbetrieb ohne eigene Ölmühle; kontinuierliches Verfahren (Verarbeitung mit Kernen)

Tel. 0984 838615; Fax 0984 838615; bioagri.stancati@tin.it

Extra Vergine Padula Carolea 2004

Sehr dezente Olivennoten; im Gaumen das Aroma grüner Oliven und die charakteristische Bitterkeit, leicht adstringierend, Schärfe. (Bioanbau.) (L. 2006 L. 01-05; für dieses Öl verwendete Sorte(n): Carolea; Merum 4/2005)

Kampanien

Consiglio Fabio, Pontecagnano (SA)

2000 Bäume; mittl. Ölproduktion: 3000 Liter; Landwirtschaftsbetrieb ohne eigene Ölmühle; kontinuierliches Verfahren (Verarbeitung mit Kernen)

Tel. 089 381230; Fax 089 381230; www.masseria-casella.com; info@masseria-casella.com

Extra Vergine Chiusa dei Langobardi s.a.

Feine Fruchtigkeit; sehr delikat im Geschmack, süßliche Noten getrockneter Mandeln und reif geernteter Oliven, keine Bitterkeit und nur leichte, angenehme Schärfe. (L. 28 06 06; für dieses Öl verwendete Sorte(n): Frantoio 40%, Leccino 40%, Moraiolo 10%, Pendolino 10%; Merum 4/2005)

I Capitani, Torre Le Nocelle (AV)

1200 Bäume; mittl. Ölproduktion: 9000 Liter; Landwirtschaftsbetrieb mit eigener Ölmühle; kontinuierliches Verfahren (Verarbeitung mit und ohne Kerne)

Tel. 0825 969182; Fax 0825 22624; www.icapitani.com; icapitani@icapitani.com

Extra Vergine Aurum Silvae Ravece s.a.

Feine Noten von Oliven und grasige Aromen; im Gaumen deutlicher Geschmack von frischen Früchten mit einer pikanten Note, die zum Ende hin immer deutlicher hervortritt. (L. 30-06-2006; für dieses Öl verwendete Sorte(n): Ravece ; Merum 4/2005)

San Comaio/Raffaele Caruso, Zungoli (AV)

1000 Bäume; mittl. Ölproduktion: 8000 Liter; Landwirtschaftsbetrieb mit eigener
Ölmühle; kontinuierliches Verfahren (Verarbeitung mit Kernen)
Tel. 0825 845159 - 845013; Fax 0825 845013; www.sancomaio.it;
sancomaio@libero.it

Extra Vergine San Comaio Ravece s.a.

Erinnert an frische Oliven und reife Tomaten; im Gaumen breit, lang anhaltend und ange-
nehm, auch wenn die Aromen von Oliven und Tomaten im Abgang fast etwas überreif wir-
ken, Schärfe im Rachen etwas zu dezent, um den Mund richtig sauber zurückzulassen. (L.
31. OTT. 2006; für dieses Öl verwendete Sorte(n): Ravece; Merum 4/2005)

Zamparelli Vincenzo, Cerreto Sannita (BN)

5000 Bäume; mittl. Ölproduktion: 6000 Liter; Landwirtschaftsbetrieb ohne eigene
Ölmühle; kontinuierliches Verfahren (Verarbeitung mit Kernen)
Tel. 0824 861117; Fax 0824 861117; www.zamparellifarm.it;
info@zamparellifarm.it

Extra Vergine Ortice raccolta precoce s.a. ♥♥

Mittleres grünliches Gelb; ausgeprägt nach unreifen Oliven, varietale Noten; im
Mund frische Mandeln und reife Oliven, kaum bitter, leicht adstringierend, im Ende
ausgeprägte, anhaltende Schärfe. (L. 03 31 LUG. 2008; für dieses Öl verwendete Sorte:
Ortice; Merum 2/2007)

Extra Vergine Reciopella Raccolta Tardiva 2004

Dezenter Duft, der an reife Oliven erinnert; angenehm fruchtiger Geschmack von reifen Oli-
ven; gehört zur Kategorie der milden Öle. (L. 31 LUG 2006-L.03; für dieses Öl verwendete
Sorte(n): Reciopella ; Merum 4/2005)

Latium

Cetrone, Sonnino (LT)

20 000 Bäume; mittl. Ölproduktion: 30 000 Liter; #; #
Tel. 0773 949008; Fax 0773 979707; www.cetrone.it; info@cetrone.it

Extra Vergine fruttato medio s.a. ♥♥

Intensives, helles Grün; sehr ausgeprägt, Tomaten, Gras; imAnsatz frische Mandeln,
dezent süßlich, reifeOliven, eine Spur Karden, kaum Bitterkeit, leichte, schnell
abklingende Schärfe. (L. T002/346/2006 11.06.2008; für dieses Öl verwendete Sorte: Itrana;
Merum 2/2007)

Extra Vergine Itrana fruttato medio s.a.

Intensive Noten von grünen Oliven und Blättern, dickflüßig, anhaltende Schärfe. (L.
001/028/006 28/07/2007; für dieses Öl verwendete Sorte(n): Itrana; Merum 3/2006)

Spagnoli Augusto, Nerola (RM)

8000 Bäume; mittl. Ölproduktion: 20 000 Liter; Landwirtschaftsbetrieb mit eigener
Ölmühle; kontinuierliches Verfahren (Verarbeitung mit Kernen)
Tel. 0774 644047; Fax 0774 683040

Extra Vergine DOP Sabina Bio 2003

Gelbgrüne Farbe; rund im Gaumen, Mandeltöne, zart fruchtig, Geschmack von reifen Oli-
ven, feine Schärfe, leicht bitter mit Noten von Karden und frischgemähtem Gras. (L. 30-09-
2005 L. 01; für dieses Öl verwendete Sorte(n): Carboncella 80%, Frantoio 15%, Leccino 2%, andere
3%; Merum 3/2004)

Extra Vergine Fiecciara Bio s.a.

Nicht intensive Olivenfrucht, etwas dickflüssiger Ansatz, mittlere Bitterkeit und Schärfe.
(L. 12 30-06-2007; für dieses Öl verwendete Sorte(n): Fiecciara; Merum 3/2006)

Ligurien

Ranise, Imperia (IM)

1200 Bäume; mittl. Ölproduktion: 4000 Liter; Landwirtschaftsbetrieb ohne eigene Ölmühle; diskontinuierliches Verfahren mit Mühlsteinen und Decanter

Tel. 0183 767966; Fax 0183 763700; www.ranise.it; info@ranise.it

Extra Vergine Riviera Ligure Riviera dei Fiori DOP 2004

Auffallender Pinienkern-Duft; im Geschmack süßliche Mandelnote, sehr angenehm auch die fruchtigen Noten reifer Oliven; sehr angenehm wegen seiner Ausgewogenheit. (L. #; für dieses Öl verwendete Sorte(n): Taggiasca; Merum 4/2005)

Marken

Del Carmine, Ancona (AN)

8000 Bäume; mittl. Ölproduktion: 13 000 Liter; Landwirtschaftsbetrieb mit eigener Ölmühle; kontinuierliches Verfahren (Verarbeitung mit Kernen)

Tel. 071 889403 ; Fax 071 889403; www.aziendadelcarmine.it; info@aziendadelcarmine.it

Extra Vergine Oleo de la Marchia Ascolana s.a.

Im Ansatz frische Mandeln, erinnert an die Fruchtigkeit mittelreifer Oliven, fruchtiger Eindruck, leicht bitter, adstringierend und anhaltend. (L. 01 12 06 L.1; für dieses Öl verwendete Sorte(n): Ascolana; Merum 4/2005)

Extra Vergine Oleo de la Marchia Frantoio s.a.

Im Gaumen getrocknete Mandeln und die Fruchtigkeit von Oliven, die zum richtigen Zeitpunkt geerntet wurden, Bitterkeit, etwas müde. (L. 01 12 06 L.2; für dieses Öl verwendete Sorte(n): Frantoio; Merum 4/2005)

Extra Vergine Oleo de la Marchia Leccino s.a.

Feiner Duft von frischen Oliven; im Ansatz der Eindruck frischer Mandeln, angenehmer Olivengeschmack, leicht bitter mit guter Schärfe, im Abgang nicht ganz ausgewogen. (L. 01 12 06 L. 3; für dieses Öl verwendete Sorte(n): Leccino; Merum 4/2005)

Extra Vergine L'Olio del Carmine s.a.

Recht ausgewogen, gewisse Frucht, leicht scharf. (L. 04 31/08/07; für dieses Öl verwendete Sorte(n): Leccino 60%, Frantoio 30%, Pendolino 10%; Merum 3/2006)

Extra Vergine Oleo de la Marchia Ascolana s.a.

Aromen von frischen Kräutern, im Gaumen grüne Frucht, bitter und scharf; sehr gutes Extra Vergine. (L. 01 31/08/07; für dieses Öl verwendete Sorte(n): Ascolana; Merum 3/2006)

Extra Vergine Oleo de la Marchia Leccino s.a.

Nicht sehr ausgeprägte Frucht, etwas adstringierend. (L. 03 31/08/07; für dieses Öl verwendete Sorte(n): Leccino; Merum 3/2006)

Giacani Gianni, Jesi (AN)

Bäume; mittl. Ölproduktion: # Liter; Ölmühle; kontinuierliches Verfahren (Verarbeitung mit Kernen)

Tel. 0731 605653; Fax 0731 224542; www.frantoio.net; info@frantoio.net

Extra Vergine Dàbere Aroli Gran Crù 2004

In der Nase reife Oliven; süßlicher Ansatz, mandelartig, nussig, leicht bitter, angenehme Schärfe. (L. 30-06-2006; für dieses Öl verwendete Sorte(n): Raggia 40%, Rosciola 30%, Carbonella 30%; Merum 4/2005)

Extra Vergine Gran Crù 2003

Gelbgrüne Farbe; deutlicher Geschmack von Mandeln und reifen Oliven; die Schärfe zeigt sich spät und persistent, die Bitterkeit ist die der Karde (süßlich) und leicht adstringierend. (L. 30 giu. 2005; für dieses Öl verwendete Sorte(n): Leccino 50%, Frantoio 50% ; Merum 3/2004)

Mancinelli Stefano, Morro d'Alba (AN)

1400 Bäume; mittl. Ölproduktion: 1500 Liter; Landwirtschaftsbetrieb mit eigener Ölmühle; kontinuierliches Verfahren (Verarbeitung mit Kernen)
Tel. 0731 63021; Fax 0731 63521; www.mancinelli-wine.com; manvin@tin.it

Extra Vergine Terre dei Goti 2004

Leichte Noten von frischen Oliven und Gras; im Ansatz süßliche Mandel und reife Olive, im Ende mit leichter Schärfe. (L. GIU 2006; für dieses Öl verwendete Sorte(n): #; Merum 4/2005)

Rosini Benito/Iris Piersigilli, San Paolo di Jesi (AN)

1000 Bäume; mittl. Ölproduktion: # Liter; Landwirtschaftsbetrieb mit eigener Ölmühle; kontinuierliches Verfahren (Verarbeitung mit Kernen)
Tel. 0731 58422; Fax 0731 779176; www.oliorosini.it; info@oliorosini.it

Extra Vergine La Raggia s.a.

Ausgeprägte, grüne Olivenfrucht, frische Mandeln und Oliven im Gaumen, ausgewogene Bitterkeit und Schärfe; sehr gutes Extra Vergine. (L. 5/338 30/06/2007; für dieses Öl verwendete Sorte(n): Raggia; Merum 3/2006)

Molise

Principessa Marina Colonna, San Martino in Pensilis (CB)

24 000 Bäume; mittl. Ölproduktion: 45 000 Liter; Landwirtschaftsbetrieb mit eigener Ölmühle; kontinuierliches Verfahren (Verarbeitung mit Kernen)
Tel. 0875 603009; Fax 0875 603002; www.marinacolonna.it; mcolonna@alfanet.it

Extra Vergine Molise DOP 2004

Intensive, angenehme Noten von Oliven, daneben auch Früchte und Gemüse; im Gaumen Geschmack von eher reifen als unreifen, aber frischen, gesunden Oliven, schwache Aromen von Trockenfrüchten, sehr harmonisch, da die ausgeprägte Bitterkeit und Schärfe sich die Waage halten. (L. 04/D; für dieses Öl verwendete Sorte(n): Peranzana und Rosciola ; Merum 4/2005)

Sardinien

Accademia Olearia, Alghero (SS)

13 000 Bäume; mittl. Ölproduktion: # Liter; Ölmühle; kontinuierliches Verfahren (Verarbeitung mit Kernen)
Tel. 079 980394; Fax 079 970954; www.accademiaolearia.it; commerciale@accademiaolearia.it; bosana@tiscali.it

Extra Vergine s.a.

Noten von reifen Oliven und Gras; im Gaumen Aromen von grünen und reifen Oliven, im Abgang leicht adstringierend. (Bioanbau.) (L. 31.08.06 L. B49/5; für dieses Öl verwendete Sorte(n): Bosana 60%, Biancolilla 20%, Semidana 20%; Merum 4/2005)

Andrea Mu/Aini Annetta, Berchidda (SS)

1230 Bäume; mittl. Ölproduktion: # Liter; Landwirtschaftsbetrieb ohne eigene Ölmühle; kontinuierliches Verfahren (Verarbeitung mit Kernen)
Tel. 079 704315; Fax 079 704315

Extra Vergine Sant'Andrea s.a. ♥

Mittleres Gelb, dezent nach Oliven; im Mund sehr reife (L. 00201807 #; für dieses Öl verwendete Sorte: Bosana; Merum 2/2007)

Argei, Gergei (NU)

3000 Bäume; mittl. Ölproduktion: 28 000 Liter; Ölmühle; kontinuierliches Verfahren (Verarbeitung mit Kernen)
Tel. 070 240341; Fax 070 240427; www.argei.it; olioargei@tin.it

Extra Vergine Non Filtrato s.a.

Feine, fruchtige Noten von aromatischen Kräutern; angenehm aromatisch, kaum Bitterkeit, feine, aber anhaltende Schärfe, Mund bleibt angenehm sauber. (L. L. 006 05 08 06; für dieses Öl verwendete Sorte(n): Mallocrina; Merum 4/2005)

Argiolas, Serdiana (CA)

5000 Bäume; mittl. Ölproduktion: 5000 Liter; Landwirtschaftsbetrieb mit eigener Ölmühle; kontinuierliches Verfahren (Verarbeitung mit Kernen)
Tel. 070 740606; Fax 070 743264; www.cantine-argiolas.it; info@cantine-argiolas.it

Extra Vergine Iolao 2004

Typische Aromen von Mittelmeermacchia sowohl in der Nase wie im Gaumen; harmonisch mit scharfem Nachgeschmack, sehr würzig. (L. 2006; für dieses Öl verwendete Sorte(n): Tonda di Cagliari 70%, Pitz'e Carroga 30%; Merum 4/2005)

Atzori Francesco, Cabras (OR)

700 Bäume; mittl. Ölproduktion: 4500 Liter; Landwirtschaftsbetrieb mit eigener Ölmühle; kontinuierliches Verfahren (Verarbeitung mit Kernen)
Tel. 0783 290576; Fax 0783 392231; www.vitivinicolatzori.it; info@vitivinicolatzori.it

Extra Vergine Aromi del Sinis s.a.   ♥

Mittleres, grünliches Gelb, ausgeprägt, reife Oliven, varietal; im Ansatz reife Olivenfrucht, Mandel, kaum Bitterkeit, leichte Schärfe im Ende; etwas dickflüssig. (L. # 28.02.08; für dieses Öl verwendete Sorte(n): Semidana 90%, Olieddu 10%; Merum 2/2007)

Cannavera, Dolianova (CA)

5000 Bäume; mittl. Ölproduktion: 5000 Liter; Landwirtschaftsbetrieb ohne eigene Ölmühle; kontinuierliches Verfahren (Verarbeitung mit Kernen)
Tel. 070 741405; Fax 070 741405; a.cannavera@virgilio.it

Extra Vergine 2004

Intensiv fruchtig in der Nase, Duft von halbreifen Oliven, angenehme Noten von Tomaten; im Gaumen Mandeln, Walnüsse, spät einsetzende Schärfe, sehr angenehmes Öl. (L. GIUGNO 2006 L. CA.01; für dieses Öl verwendete Sorte(n): Tonda di Dolia, Pitz'e Carroga u.a.; Merum 4/2005)

Copar, Dolianova (CA)

Bäume; mittl. Ölproduktion: 90 000 Liter; Ölmühle; kontinuierliches Verfahren (Verarbeitung mit Kernen)
Tel. 070 741329; Fax 070 743980; www.oliocopar.it; info@oliocopar.it

Extra Vergine Colline Sarde Dolianova Fruttato s.a.

In der Nase fruchtig, Tomaten und frisches Gras; im Gaumen süßlich, an Mandeln erinnernd, nur ganz leichte, angenehme Bitterkeit, angenehme Schärfe. (L. 04 06 L.13; für dieses Öl verwendete Sorte(n): Bosana 40%, Tonda di Cagliari 30%, Pitz'é Carroga (Bianca) 30%; Merum 4/2005)

Cosseddu, Seneghe (OR)

5000 Bäume; mittl. Ölproduktion: 20 000 Liter; Landwirtschaftsbetrieb ohne eigene Ölmühle; kontinuierliches Verfahren (Verarbeitung mit Kernen)
Tel. 0783 54247; Fax 0783 54247; www.tiscalinet.it/cosseddu; f.cosseddu@tiscalinet.it

Extra Vergine Sartos Fruttato s.a.

Fruchtigkeit grüner Oliven im Duft; im Gaumen frische Mandeln, gefolgt von grasigen Aromen, an Artischocken erinnernd, endet mit angenehmer Bitterkeit und Schärfe. (L. 06 2006 L. 695; für dieses Öl verwendete Sorte(n): Bosana 60%, Terza 40%; Merum 4/2005)

Manca Domenico, Alghero (SS)

20 000 Bäume; mittl. Ölproduktion: 850 000 Liter; Landwirtschaftsbetrieb mit eigener Ölmühle; kontinuierliches Verfahren (Verarbeitung mit Kernen)
Tel. 079 977215; Fax 079 977349; www.sangiuliano.it; info@sangiuliano.it

Extra Vergine San Giuliano Bio 2003

Gelbgrüne Farbe; intensiv fruchtig mit Noten frischer Mandeln auf der Zungenspitze, die grasigen Noten erinnern an Tomaten und unreife Oliven, während die Bitterkeit vornehmlich von Karden stammt, Schärfe nicht intensiv, aber deutlich im Hals wahrnehmbar; ziemlich harmonisch. (L. 27 05 05 L. 148 U; für dieses Öl verwendete Sorte(n): Bosana, Semidana, Frantoio; Merum 3/2004)

Mastinu Pietro, Seneghe (OR)

1000 Bäume; mittl. Ölproduktion: 6000 Liter; Landwirtschaftsbetrieb ohne eigene Ölmühle; kontinuierliches Verfahren (Verarbeitung mit Kernen)

Tel. 0783 54533; Fax 0783 54533; www.oliosena.it; oliosena@tiscali.it

Extra Vergine S'Ena 2004

Noten grüner Oliven; auch im Gaumen grüne Oliven, ausgeprägte Bitterkeit und Schärfe, allerdings harmonisch. (L. 30 AGO. 2006; für dieses Öl verwendete Sorte(n): Bosana 40%, Semidana 40%, Manna 20%; Merum 4/2005)

Olio Sardegna, Ittiri (SS)

1000 Bäume; mittl. Ölproduktion: 20 000 Liter; Ölmühle; kontinuierliches Verfahren (Verarbeitung mit Kernen)

Tel. 079 444074; Fax 079 444212; www.oliosardegna.it; oliosardegnasrl@tiscalinet.it

Extra Vergine Gocce di Coros Fruttato (bottiglia normale) s.a.

Ausgeprägte Olivenfrucht, im Gaumen süße Mandeln, reife Oliven, fast nicht bitter, leichte Schärfe, ausgewogen; sehr gutes Extra Vergine. (L. # #; für dieses Öl verwendete Sorte(n): Bosana; Merum 3/2006)

Soletta, Codrongianos (SS)

200 Bäume; mittl. Ölproduktion: 10 000 Liter; Landwirtschaftsbetrieb ohne eigene Ölmühle; kontinuierliches Verfahren (Verarbeitung mit Kernen)

Tel. 079 435067; Fax 079 435067; www.tenutesoletta.it; tenutesoletta@libero.it

Extra Vergine Fruttato 2004

In der Nase feine, aber klare Noten von reifen Oliven; im Ansatz an Banane und reife Früchte erinnernd, dann Bitterkeit von frischen Oliven, gefolgt von leichter, aber anhaltender Schärfe. (L. 30 06 06; für dieses Öl verwendete Sorte(n): Bosana; Merum 4/2005)

Sizilien

Cinque Colli Giaquinta Sebastiano, Chiaramonte Gulfi (RG)

3400 Bäume; mittl. Ölproduktion: 7000 Liter; Ölmühle; diskontinuierliches Verfahren mit Mühlsteinen und Decanter

Tel. 0932 921643; Fax 0932 921123; www.cinquecolli.it; info@cinquecolli.it

Extra Vergine 2006 ♥♥

Helles Gelbgrün; ausgeprägt, unreife Oliven, geschnittenes Gras; im Gaumen Olivenfrucht, leicht bitter, adstringierend und tanninartig, erinnert an Karden undArtischocken, im Ende dezente Schärfe. (L. # 30.06.2008; für dieses Öl verwendete Sorte: Tonda Iblea; Merum 2/2007)

Colicchia Michele, Marsala (TP)

Bäume; mittl. Ölproduktion: # Liter; Ölmühle; kontinuierliches Verfahren (Verarbeitung mit Kernen)

Tel. 0923 981318; Fax 0923 981318; www.oleificiocolicchia.it; oleificiocolicchia@libero.it

Extra Vergine Se.Vi. 2003

Gelbes Öl; in der Nase von geringer bis mittlerer Intensität, anfangs mit reichlichen Walnussnoten; Geschmack von reif geernteten Oliven, schwache Schärfe, erinnert am Gaumen an Thymian. (L. 30-12-2005; für dieses Öl verwendete Sorte(n): Cerasuola; Merum 3/2004)

Extra Vergine Se.Vi. 2004

Dezent fruchtig; im Geschmack reife Oliven, dicht, angenehm, an der Grenze zur Überreife. (L. 30-12-2006; für dieses Öl verwendete Sorte(n): Cerasuola; Merum 4/2005)

Extra Vergine Artemisia s.a.

Typische, sehr varietale Noten, auch florale Eindrücke; im Geschmack etwas weniger ausgeprägt, fast reife Oliven, mittlere Dichte am Gaumen. (L. 30-12-2006 L. 3; für dieses Öl verwendete Sorte(n): Nocellara del Belice; Merum 4/2005)

467

Extra Vergine Fronde s.a.

Intensive Noten unreifer Oliven, fruchtig, etwas adstringierend und scharf. (L. 2 30 12 2006; für dieses Öl verwendete Sorte(n): Biancolilla; Merum 3/2006)

Consiglio Angela, Castelvetrano (TP)

7000 Bäume; mittl. Ölproduktion: 15 000 Liter; Landwirtschaftsbetrieb ohne eigene Ölmühle; kontinuierliches Verfahren (Verarbeitung mit Kernen)

Tel. 0924 904364; Fax 0924 904364; www.tenutarocchetta.it ; consiglioangela@libero.it

Extra Vergine Baglio Seggio Fiorito Delicato 2003

Gelbgrüne Farbe; sehr intensiver Duft von frischen, reifen Tomaten; im Gaumen bestätigt sich die Frucht, die bitteren Noten fehlen beinahe vollständig, die Schärfe ist von geringer Intensität. (L. 16 OTT. 2005; für dieses Öl verwendete Sorte(n): Nocellara del Belice 30%, Biancolilla 35%, Cerasuola 35%; Merum 3/2004)

Cutrera, Chiaramonte Gulfi (RG)

3000 Bäume; mittl. Ölproduktion: 10 000 Liter; Ölmühle; kontinuierliches Verfahren (Verarbeitung mit Kernen)

Tel. 0932 926187; Fax 0932 926187; www.frantoicutrera.it; olio@frantoicutrera.it

Extra Vergine Primo Bio s.a.   ♥♥

Mittelintensives Gelbgrün; ausgeprägt, unreife Oliven, varietal, geschnittenes Gras; im Gaumen leicht nach Mandel, dann Olivenfrucht, leicht bitter, adstringierend, endet mit spät einsetzender mittlerer Schärfe. (L. 4 GIU 2008; für dieses Öl verwendete Sorte: Tonda Iblea; Merum 2/2007)

Extra Vergine Primo DOP Monti Iblei Gulfi 2003

Gelbgrünes Öl; leicht fruchtig; im Auftakt Mandelnoten, etwas milchiger Eindruck wie von unreifer Walnuss und säuerlichem Apfel (Typ Renette); schwache Schärfe, bittere Karde und Kräuter. (L. 1 11 2005 L. 03/04 1434; für dieses Öl verwendete Sorte(n): Tonda Iblea; Merum 3/2004)

Extra Vergine Monti Iblei Gulfi DOP Primo 2006   ♥

Mittelintensives Gelbgrün; Duft unreifer Oliven, nicht ganz klar, geschnittenes Gras, Verblühtes; im Mund frische Mandeln, Olivenfrucht, leichte Schärfe, dezent adstringierend, leicht scharf. (L. 6 GIU 2008; für dieses Öl verwendete Sorte: Tonda Iblea; Merum 2/2007)

Extra Vergine Monti Iblei Gulfi DOP Primo 2004

Klare fruchtige Noten mittlerer Intensität; im Gaumen fruchtige Noten grüner Oliven, bitter und scharf. (L. L 6 08 2006 AN04/05 0505; für dieses Öl verwendete Sorte(n): Tonda Iblea; Merum 4/2005)

D'Alì, Trapani (TP)

3000 Bäume; mittl. Ölproduktion: 1500 Liter; Landwirtschaftsbetrieb ohne eigene Ölmühle; kontinuierliches Verfahren (Verarbeitung mit Kernen)

Tel. 0923 28890; Fax 0923 28890; www.tenutazangara.it; zangara@cinet.it

Extra Vergine Valle del Belice DOP Tanghello 2006   ♥♥♥

Mittelintensives Gelbgrün; sehr ausgeprägt, sowohl reife wieunreife Oliven, auch ausgeprägte Tomaten-Noten; im Ansatz Mandeln, reife Oliven, die mittlere, leicht adstringierende Bitterkeit erinnert an Karden, intensive Schärfe, lang anhaltend; sehr gutes Extra Vergine. (L. 12 06/08; für dieses Öl verwendete Sorte: Nocellara del Belice; Merum 2/2007)

Disisa, Monreale (PA)

10 000 Bäume; mittl. Ölproduktion: 40 000 Liter; Landwirtschaftsbetrieb mit eigener Ölmühle; kontinuierliches Verfahren (Verarbeitung mit Kernen)

Tel. 091 588557; Fax 091 588557; www.oliodisisa.com; info@oliodisisa.com

Extra Vergine s.a.

Kaffeenoten, intensiver Geschmack von grünen Oliven, angenehm bitter und scharf; sehr gutes Extra Vergine. (L. # 30. lug. 2007; für dieses Öl verwendete Sorte(n): Cerasuola; Merum 3/2006)

Extra Vergine Val di Mazara DOP Tesoro 2005

Feine Olivennoten, im Gaumen reife Oliven, dickflüssig, mittlere Schärfe und Bitterkeit. (L. # 6 ago. 2007; für dieses Öl verwendete Sorte(n): Biancolilla 33%, Nocellara 33%, Cerasuola 33%; Merum 3/2006)

Eurocantina/Vito Savasta, Chiaramonte Gulfi (RG)

2700 Bäume; mittl. Ölproduktion: 8000 Liter; Landwirtschaftsbetrieb ohne eigene Ölmühle; kontinuierliches Verfahren (Verarbeitung mit Kernen)

Tel. 0932 927510; Fax 0932 927510; www.eurocantina.com; info@eurocantina.com

Extra Vergine Monti Iblei Gulfi DOP Goccia Iblea 2006   ♥♥

Mittelintensives Gelbgrün; ausgeprägter Duft unreifer Oliven; im Ansatz frische Mandeln, dann Gras und dezente Bitterkeit von Karden, sehr ausgeprägte Schärfe, ausgewogen. (L. 1 31/12/2008; für dieses Öl verwendete Sorte: Tonda Iblea; Merum 2/2007)

Extra Vergine Monti Iblei Gulfi DOP Goccia Iblea 2005

Recht ausgeprägte, varietale Frucht. (L. 1 30/12/2007; für dieses Öl verwendete Sorte(n): Tonda Iblea; Merum 3/2006)

Fontanasalsa, Trapani (TP)

10 000 Bäume; mittl. Ölproduktion: 55 000 Liter; Landwirtschaftsbetrieb mit eigener Ölmühle; kontinuierliches Verfahren (Verarbeitung mit Kernen)

Tel. 0923 59112; Fax 0923 59112; www.fontanasalsa.it; fontanasalsa@hotmail.com

Extra Vergine DOP Valli Trapanesi Falconero 2003

Gelbgrüne Farbe; fein und doch ausgeprägt fruchtig; es überwiegen Noten von frischen, gesunden und reifen Oliven, im Abgang eine späte Schärfe, die aber nicht lange anhält und daher angenehm ist. (L. 31-12-05 L. 03 05; für dieses Öl verwendete Sorte(n): Cerasuola 70%, Nocellara 20%, Biancolilla 10%; Merum 3/2004)

Extra Vergine Gemini (tosko-sizilianischer Blend) 2003

Gelbgrün die Farbe; klar ausgeprägte Duftnoten von mittlerer Intensität; im Gaumen sehr grasig, Noten von Artischocken und Oliven, die im richtigen Reifezustand geerntet wurden; insgesamt ganz leicht unharmonisch durch die Schärfe, doch bleibt der Mund sauber. (L. 30/11/05; für dieses Öl verwendete Sorte(n): Cerasuola (siz.) 50%, Correggiolo (tosk.) 35%, Moraiolo (tosk.) 15%; Merum 3/2004)

Extra Vergine Nocellara 2003

Gelbgrüne Farbe; feine Duftnoten erinnern an reife Oliven; Schärfe wenig ausgeprägt, deutlich wahrnehmbar grüne Tomate und Gras; ganz leicht unharmonisch, weil die Bitterkeit an die von Wintersalat erinnert. (L. L. imb. 10/5/2004; für dieses Öl verwendete Sorte(n): Nocellara; Merum 3/2004)

Gafà Sergio, Chiaramonte Gulfi (RG)

600 Bäume; mittl. Ölproduktion: 2000 Liter; Landwirtschaftsbetrieb ohne eigene Ölmühle; kontinuierliches Verfahren (Verarbeitung mit Kernen)

Tel. 0932 921117; Fax 0324 73003; www.lacasadilucia.it; kuma.go@tiscali.it

Extra Vergine Monti Iblei Gulfi DOP La Casa di Lucia 2006   ♥

Mittelintensives Gelbgrün; sehr ausgeprägt, unreife Oliven, varietal, Tomaten, nicht ganz klar; im Mund Olivenfrucht, mittlere, anhaltende Bitterkeit, adstringierend, endet mit leichter Schärfe. (L. 1 Lug 2008; für dieses Öl verwendete Sorte: Tonda Iblea; Merum 2/2007)

Extra Vergine Monti Iblei Gulfi DOP La Casa di Lucia 2004

In der Nase fruchtige und florale Noten mittlerer Intensität; im Gaumen dezente, jedoch frische Noten von Oliven. (L. 1/9/06 L 1; für dieses Öl verwendete Sorte(n): Tonda Iblea 90%, Carolea, Nocellara, Moresca 10%; Merum 4/2005)

Extra Vergine Monti Iblei Gulfi DOP La Casa di Lucia 2005

Intensives, grasgrünes Aroma, im Gaumen dickflüssig, gewisse Schärfe. (L. # mag 07; für dieses Öl verwendete Sorte(n): Tonda Iblea; Merum 3/2006)

Giorgio Rollo, Chiaramonte Gulfi (RG)

2120 Bäume; mittl. Ölproduktion: 10 000 Liter; Landwirtschaftsbetrieb ohne eigene Ölmühle; kontinuierliches Verfahren (Verarbeitung mit Kernen)

Tel. 0932 682686; Fax 0932 682686; www.aziendarollo.it; info@aziendarollo.it

Extra Vergine Monti Iblei Gulfi DOP Letizia 2006   ♥♥

Mittelintensives Gelbgrün; ausgeprägt, unreife Oliven, Tomate, nicht ganz klar; im Mund reife Oliven, dezent süßlicher Eindruck, leichte Bitterkeit, im Ende mittlere, anhaltende Schärfe, etwas dickflüssig.

(L. 1 30 06 2008; für dieses Öl verwendete Sorte: Tonda Iblea; Merum 2/2007)

Guccione Dara, Alia (PA)

2100 Bäume; mittl. Ölproduktion: 6000 Liter; Landwirtschaftsbetrieb mit eigener Ölmühle; kontinuierliches Verfahren (Verarbeitung mit Kernen)

Tel. 091 586610; Fax 091 324808; www.lavalledeltorto.it; lavalledeltorto@lavalledeltorto.it

Extra Vergine Lalia Bio 2003

Gelbgrüne Farbe; wenn die Noten in der Nase auch nicht intensiv sind, lassen sich doch Noten von Mandeln und Pinienkernen erkennen, dazu Apfel und andere grasigen Noten (Endivie); klare, süße Noten im Auftakt, eine schöne, breite Schärfe im Abgang, ausgesprochen harmonisch, wenn auch eine Spur adstringierend. (L. 1/1/2005; für dieses Öl verwendete Sorte(n): Nocellara 70%, Biancolilla 20%, Cerasuola 10%; Merum 3/2004)

Gulino, Chiaramonte Gulfi (RG)

1000 Bäume; mittl. Ölproduktion: 10 000 Liter; Landwirtschaftsbetrieb mit eigener Ölmühle; kontinuierliches Verfahren (Verarbeitung mit Kernen)

Tel. 0932 922138; Fax 0932 921249; www.oleoficiogulino.com; info@oleoficiogulino.com

Extra Vergine Monti Iblei Gulfi DOP Erbesso 2004

Nicht intensive Olivenaromen, florale Noten; im Gaumen süßliche, aber frische Aromen, Mandeln, floral, Bitterkeit und Schärfe mittel ausgeprägt und im Gleichgewicht. (L. #; für dieses Öl verwendete Sorte(n): Tonda Iblea; Merum 4/2005)

La Uliva/Marco Alabiso, Riesi (CL)

1600 Bäume; mittl. Ölproduktion: 6000 Liter; Landwirtschaftsbetrieb ohne eigene Ölmühle; kontinuierliches Verfahren (Verarbeitung mit Kernen)

Tel. 0934 921619; Fax 0934 921619; www.lauliva.it; lauliva@libero.it

Extra Vergine Feudo del Violino s.a.   ♥♥

Mittleres, grünliches Gelb; recht ausgeprägt nach unreifen Oliven, nicht ganz klar; im Gaumen frische Mandeln, Olivenfrucht, auch Noten von Kräutern, insbesondere Salbei; mittlere Bitterkeit, dezent adstringierend, im Ende dann mittlere Schärfe. (L. # 31-MAR-2008; für dieses Öl verwendete Sorte(n): Nocellara Etnea 60%, Carolea 20%, Giaraffa 20%; Merum 2/2007)

Mandranova, Palma di Montechiaro (AG)

10 000 Bäume; mittl. Ölproduktion: 30 000 Liter; Landwirtschaftsbetrieb mit eigener Ölmühle; kontinuierliches Verfahren (Verarbeitung mit Kernen)

Tel. 091 6120463; Fax 091 6120463; www.mandranova.it; mandranova@enter.it

Extra Vergine s.a.

Dezenter Olivenfrucht; deutlicher Geschmack von grünen Oliven mit anhaltender Bitterkeit und Schärfe, nicht ganz harmonisch. (L. 30-04-06 L2/110105; für dieses Öl verwendete Sorte(n): Nocellara del Belice; Merum 4/2005)

Extra Vergine Nocellara del Belice s.a.   ♥♥♥

Mittelintensives grünliches Gelb; ausgeprägt nach unreifen Oliven, nach Gras und Blättern; im Mund ausgeprägte Bitterkeit unreifer Oliven, leicht adstringierend, dezentes Aroma von Karden, dann sehr ausgeprägte, feine Schärfe; sehr gutes Extra Vergine. (L. 612/100107 30/06/2008; für dieses Öl verwendete Sorte: Nocellara del Belice; Merum 2/2007)

Oleificio Gulino/Erbesso, Chiaramonte Gulfi (RG)

1050 Bäume; mittl. Ölproduktion: 10 000 Liter; Ölmühle; kontinuier_liches Verfahren (Verarbeitung mit Kernen)

Tel. 0932 922138; Fax 0932 921249; www.oleificiogulino.com; info@oleificiogulino.com

Extra Vergine Monti Iblei Gulfi DOP 2006 ♥♥♥

Mittleres Gelbgrün; sehr ausgeprägt nach Gras, dezent nach Tomaten; im Gaumen frisches Gras, varietale Noten, Tomate, nur leicht bitter, jedoch mit ausgeprägter Schärfe; sehr gutes Extra Vergine. (L. # 30/05/2008; für dieses Öl verwendete Sorte: Tonda Iblea; Merum 2/2007)

Planeta, Menfi (AG)

22 725 Bäume; mittl. Ölproduktion: 60 000 Liter; Landwirtschaftsbetrieb mit eigener Ölmühle; kontinuierliches Verfahren (Verarbeitung mit Kernen)

Tel. 091 327965; Fax 091 6124335; www.planeta.it; marketing@planeta.it

Extra Vergine Val di Mazara DOP 2006 ♥♥

Helles Gelbgrün; ausgeprägt nach reifen Oliven, varietal, reife Tomate, nicht ganz klar; im Gaumen frische Mandel, mittlere, adstringierende Bitterkeit, endet mit leichter Schärfe. (L. 1 05-2008; für dieses Öl verwendete Sorte(n): Nocellara 63%, Biancolilla 22%, Cerasuolo 15%; Merum 2/2007)

Rosso, Chiaramonte Gulfi (RG)

2500 Bäume; mittl. Ölproduktion: 8000 Liter; Landwirtschaftsbetrieb ohne eigene Ölmühle; kontinuierliches Verfahren (Verarbeitung mit Kernen)

Tel. 335 6633052; Fax 0932 621442; www.agrobiologica-rosso.it; agrobiologicarosso@tiscali.it

Extra Vergine Monti Iblei Gulfi DOP Villa Zottopera 2006 ♥

Mittelintensives Gelbgrün; eher dezent nach reifen Oliven duftend, nicht ganz klar; im Gaumen reife Olivenfrucht, getrocknete Mandeln, kaum Bitterkeit, leichte Schärfe. (L. 01 30/03/2008; für dieses Öl verwendete Sorte: Tonda Iblea; Merum 2/2007)

Extra Vergine Monti Iblei Gulfi DOP Villa Zottopera 2005

Gewisse Olivenfrucht, auch im Gaumen, Schärfe. (L. 1 30/06/2007; für dieses Öl verwendete Sorte(n): Tonda Iblea 90%, Verdese 5%, Biancolilla 5%; Merum 3/2006)

Extra Vergine Rosso 2006 ♥♥

Intensives, leuchtendes Hellgrün; ausgeprägt, varietale Noten, Tomaten, nicht völlig klar; im Ansatz Gras, dann unreife, varietale Olivenfrucht, leichte, adstringierende Bitterkeit, erinnert an Karden, endet mit dezenter Schärfe. (L. 01 30/04/2008; für dieses Öl verwendete Sorte: Tonda Iblea; Merum 2/2007)

Team 4x4, Buccheri (SR)

3000 Bäume; mittl. Ölproduktion: 4000 Liter; Landwirtschaftsbetrieb mit eigener Ölmühle; kontinuierliches Verfahren (Verarbeitung mit Kernen)

Tel. 0931 880156; Fax 0931 880256; www.oliotereo.it; oliotereo@oliotereo.it

Extra Vergine Tereo 2005

Olivenfrucht mit Noten von Tomaten, auch im Gaumen. (L. TOI 05 30 sett. 2007; für dieses Öl verwendete Sorte(n): Tonda Iblea; Merum 3/2006)

Terraliva/Giuseppina Frontino, Bucheri (SR)

1700 Bäume; mittl. Ölproduktion: 10 000 Liter; Landwirtschaftsbetrieb ohne eigene Ölmühle; kontinuierliches Verfahren (Verarbeitung mit Kernen)

Tel. 0931 414863; Fax 0931 414863; www.terraliva.com; info@terraliva.com

Extra Vergine Monti Iblei Monte Lauro DOP Cherubino Bio 2006 ♥

Intensives Gelbgrün; ausgeprägt, unreife Oliven, auch etwasTomate, nicht ganz klar; mittlere Bitterkeit und Schärfe. (L. 01 06 lug. 2008; für dieses Öl verwendete Sorte: Tonda Iblea; Merum 2/2007)

Extra Vergine DOP Monti Iblei Monte Lauro Cherubino 2003

Gelbgrüne Farbe; mittelintensive Duftnoten, anfangs deutlich wahrnehmbar frische Mandel, dann grüne Tomate; Geschmack von Oliven, die im rtigen Reifezustand gelesen wurden; keine übertriebene Schärfe, leicht adstringierend. (L. 19 OTT. 2005; für dieses Öl verwendete Sorte(n): Tonda Iblea; Merum 3/2004)

Extra Vergine Cherubino 2004

Deutliche Noten von geschnittenem Gras; Fruchtigkeit im Gaumen von mittlerer Intensität, ausgeprägte grasige Bitterkeit im Ende. (Bioanbau.) (L. 03 SET. 2006 L. 1-62 05; für dieses Öl verwendete Sorte(n): Tonda Iblea; Merum 4/2005)

Extra Vergine Monti Iblei Monte Lauro DOP 2005

Intensive, aromatische Olivenfrucht, auch im Gaumen frische Oliven, mit grasigen Aromen, Tomate, mittlere Bitterkeit und spürbare Schärfe; sehr gutes Extra Vergine. (L. # 10 AGO 2007; für dieses Öl verwendete Sorte(n): Tondo Iblea; Merum 3/2006)

Titone, Trapani (TP)

4900 Bäume; mittl. Ölproduktion: 10 000 Liter; Landwirtschaftsbetrieb mit eigener Ölmühle; kontinuierliches Verfahren (Verarbeitung mit Kernen)

Tel. 0924 981444; Fax 0924 981444; www.titone.it; info@titone.it

Extra Vergine s.a.

In der Nase feine Olivenaromen; fruchtiger Geschmack reifer Oliven, mittlere Dichte, angenehm. (Bioanbau.) (L. 30 GIU 2006 L. 2-0101; für dieses Öl verwendete Sorte(n): Cerasuola 50%, Nocellare del Belice 30%, Biacolilla 10%, andere 10%; Merum 4/2005)

Extra Vergine Bio s.a.   ♥

Helles Gelbgrün; ausgeprägt, nach reifen Oliven, wahrscheinlich varietal; verhaltene Bitterkeit, aber sehr ausgeprägte Schärfe, etwas zu dickflüssig, recht ausgewogen. (L. T2A0102 30. giu. 2008; für dieses Öl verwendete Sorte(n): Nocellara del Belice, Cerasuolo; Merum 2/2007)

Extra Vergine Titone Bio 2003

Gelbgrünes Öl; mittelintensive Duftnoten, deutlich wahrnehmbar die grasigen Töne, begleitet von leichter, frischer Mandel; sehr angenehm die Schärfe und die Bitterkeit, die an Artischocke und Karde erinnern; eindeutig harmonisch. (L. 30 GIU 2005 A; für dieses Öl verwendete Sorte(n): Nocellara und Cerasuola 85%, Biancolilla 10%, andere 5%; Merum 3/2004)

Extra Vergine Valli Trapanesi DOP Bio 2006   ♥

Mittelintensives Gelb; ausgeprägt nach reifen Oliven, varietal, nicht ganz klar; im Gaumen getrocknete Mandeln und Oliven, kaum bitter, leichte, spät einsetzende Schärfe, etwas dickflüssig. (L. T1A0102 30 GIU 2008; für dieses Öl verwendete Sorte(n): Nocellara del Belice 34%, Cerasuola 46%, Biancolilla 20%; Merum 2/2007)

Toskana

Altesino, Montalcino (SI)

9000 Bäume; mittl. Ölproduktion: 8700 Liter; Landwirtschaftsbetrieb ohne eigene Ölmühle; kontinuierliches Verfahren (Verarbeitung mit Kernen)

Tel. 055 8301001; Fax 055 8301231; www.altomena.it; info@altomena.it

Extra Vergine Bio s.a.   ♥♥

Mittelintensives Gelb; recht ausgeprägt, unreife Oliven, etwas Kaffee; schon im Ansatz ausgeprägte Bitterkeit mit deutlicher Adstringenz, ausgeprägte, leicht hölzern wirkende Fruchtigkeit, mittlere bis (L. 1716 DICEMBRE 2007; für dieses Öl verwendete Sorte(n): Frantoio, Moraiolo, Pendolino, Leccino; Merum 2/2007)

Extra Vergine Olio d'Altesi 2004

Dezente grasige Noten; im Gaumen frische Mandeln, gewisse Frucht, heftige Bitterkeit und anhaltende Schärfe. (L. 4330; für dieses Öl verwendete Sorte(n): Frantoio 60%, Leccino 30%, Correggiolo 10%; Merum 4/2005)

Altomena, Pelago (FI)

9000 Bäume; mittl. Ölproduktion: 6500 Liter; Landwirtschaftsbetrieb ohne eigene Ölmühle; kontinuierliches Verfahren (Verarbeitung mit Kernen)

Tel. 055 8301001; Fax 055 8301231; www.altomena.it; info@altomena.it

Extra Vergine Bio s.a.

Frische Mandeln, etwas bitter und scharf. (L. 3195 Giugno 2007; für dieses Öl verwendete Sorte(n): Frantoio 89%, Moraiolo 6%, Leccino 2%, Pendolino 3%; Merum 3/2006)

Extra Vergine Bio Castello di Altomena Pendolino s.a.

Süße Mandeln, rund, mittelfruchtig, feine Schärfe; sehr gutes Extra Vergine. (L. # #; für dieses Öl verwendete Sorte(n): Pendolino; Merum 3/2006)

Arte Olearia, San Casciano Val di Pesa (FI)

13 500 Bäume; mittl. Ölproduktion: 50 000 Liter; Landwirtschaftsbetrieb mit eigener Ölmühle; kontinuierliches Verfahren (Verarbeitung mit Kernen)

Tel. 055 8242276; Fax 055 8242276; www.cultivarplus.it; info@cultivarplus.it

Extra Vergine Cultivarplus Frantoio s.a. ♥

Intensives, leuchtendes Hellgrün; recht ausgeprägt, Oliven und geschnittenes Gras, nicht ganz klar; im Gaumen getrocknete Mandeln, reife Olivenfrucht, leichte Bitterkeit, ausgeprägte Schärfe. (L. F001 06/2007; für dieses Öl verwendete Sorte: Frantoio; Merum 2/2007)

Extra Vergine Cultivarplus Monovarietale Correggiolo s.a. ♥♥

Intensives, leuchtendes Hellgrün; ausgeprägt, varietal, Kaffee; im Ansatz frische Mandeln, Olivenfrucht, mittlere Bitterkeit, tanninartig und adstringierend, erinnert an Artischocken und Karden, ausgeprägte Schärfe; charakteristisches, toskanisches Öl. (L. # 30/06/2008; für dieses Öl verwendete Sorte: Correggiolo; Merum 2/2007)

Extra Vergine Frantoio 2005

Frische Olivenfrucht, gerösteter Kaffee, bitter und scharf; sehr gutes Extra Vergine. (L. 11/2005 10/11/2006; für dieses Öl verwendete Sorte(n): Frantoio; Merum 3/2006)

Extra Vergine Moraiolo 2005

Reife Oliven, ausgeprägte Schärfe und Olivenfrucht im Abgang; sehr gutes Extra Vergine. (L. 11/2005 10/11/2006; für dieses Öl verwendete Sorte(n): Moraiolo; Merum 3/2006)

Badia al Guardo, Radda in Chianti (SI)

1500 Bäume; mittl. Ölproduktion: 1500 Liter; Landwirtschaftsbetrieb ohne eigene Ölmühle; kontinuierliches Verfahren (Verarbeitung mit Kernen)

Tel. 0577 740755 cel. 347 6121 989; Fax 0577 740755; www.chiantiverde.com; olio@capovento.it

Extra Vergine Toscano IGP Capovento 2004

Dezente Noten von ziemlich reifen Oliven; Bitterkeit, etwas dickflüssig, nicht ganz harmonisch. (L. 31-05-06; für dieses Öl verwendete Sorte(n): Correggiolo 70%, Frantoio 20%, Moraiolo 10%; Merum 4/2005)

Barone Ricasoli, Gaiole (SI)

5000 Bäume; mittl. Ölproduktion: 4000 Liter; Landwirtschaftsbetrieb ohne eigene Ölmühle; kontinuierliches Verfahren (Verarbeitung mit Kernen)

Tel. 0577 7301; Fax 0577 730225; www.ricasoli.it; barone@ricasoli.it

Extra Vergine Castello di Brolio 2006 ♥

Helles Gelbgrün; recht ausgeprägt, unreife Oliven, varietal; im Gaumen unreife Oliven, ausgeprägte tannin_artige Bitterkeit, Artischocke, auch adstringierend und leicht holzig, anhaltende, mittlere Schärfe. (L. 002/06 GIUGNO 2008; für dieses Öl verwendete Sorte(n): Correggiolo 30%, Moraiolo 30%, Leccino 30%; Merum 2/2007)

Basciano/Renzo Masi, Rufina (FI)

3000 Bäume; mittl. Ölproduktion: 4500 Liter; Landwirtschaftsbetrieb ohne eigene Ölmühle; kontinuierliches Verfahren (Verarbeitung mit Kernen)

Tel. 055 8397034; Fax 055 8399250; masirenzo@virgilio.it

Extra Vergine 2004

Verhaltene Noten von frischen Oliven; im Gaumen Artischocken und Kräuter mit ausgeprägter, beinahe adstringierender Bitterkeit. (L. 30 Novembre 2007 L. 5 026; für dieses Öl verwendete Sorte(n): Frantoio 90%, Moraiolo 5%, Pendolino 5%; Merum 4/2005)

Extra Vergine Fattoria di Basciano 2005

Gewisse Frucht, ausgeprägte Schärfe. (L. # 30 novembre 2007; für dieses Öl verwendete Sorte(n): Frantoio 90%, Moraiolo 5%, Pendolino 5%; Merum 3/2006)

Borgo Scopeto/Caparzo, Castelnuovo Beradenga (SI)

5105 Bäume; mittl. Ölproduktion: 4000 Liter; Landwirtschaftsbetrieb ohne eigene
Ölmühle; kontinuierliches Verfahren (Verarbeitung mit Kernen)
Tel. 0577 848390; Fax 0577 849377; www.borgoscopeto.com;
caparzo@caparzo.com

Extra Vergine Chianti Classico DOP 2004

Feine Noten von frischen Oliven; im Gaumen fein, mit Aromen von grünen Oliven und Kräutern. (L. 31 LUGLIO 2006 L. 4355; für dieses Öl verwendete Sorte(n): Frantoio 80%, Leccinno 15%, andere 5%; Merum 4/2005)

Extra Vergine Chianti Classico DOP 2005

Recht ausgewogen und fruchtig, leichte Schärfe. (L. 6009 31 luglio 2007; für dieses Öl verwendete Sorte(n): Frantoio 80%, Leccino 15%, andere Sorten 5%; Merum 3/2006)

Cafaggio, Impruneta (FI)

3850 Bäume; mittl. Ölproduktion: 5000 Liter; Landwirtschaftsbetrieb ohne eigene
Ölmühle; kontinuierliches Verfahren (Verarbeitung mit Kernen)
Tel. 055 2012085; Fax 055 2314633; www.castellodicafaggio.com;
info@cafaggio.com

Extra Vergine 2003

Leuchtend grüne Farbe; mittelintensive Noten von geschnittenem Gras und frischen Oliven; deutlich wahrnehmbar sind bittere, leicht astringierende Karden- und Artischockennoten, Grasaroma, nachklingende leichte Schärfe im Gaumen und Hals, markant und anhaltend. (L. 30.06.05; für dieses Öl verwendete Sorte(n): Frantoio 70%, Moraiolo 10%, Leccino 8%, Pendolino 6%, andere 6%; Merum 3/2004)

Extra Vergine 2005

Nicht intensive Frucht; betonte Bitterkeit von grünen Oliven, Artischocken, wenig Schärfe, dadurch nicht ganz so harmonisch, insgesamt angenehm. (Bioanbau.) (L. #; für dieses Öl verwendete Sorte(n): Frantoio 40%, Moraiolo 35%, Leccino 15%, andere 10%; Merum 4/2005)

Campriano/Elena Lapini, Greve in Chianti (FI)

446 Bäume; mittl. Ölproduktion: 500 Liter; #; #
Tel. 055 853688; Fax 055 853688; campriano1@virgilio.it

Extra Vergine Chianti Classico DOP 2004

Mittelintensive Noten von Oliven und Artischocken; im Gaumen ebenfalls fruchtig, allerdings nicht ganz harmonisch wegen ausgeprägter Bitterkeit, die an Artischocken erinnert, weniger ausgeprägt Gras und Schärfe. (L. #; für dieses Öl verwendete Sorte(n): Moraiolo, Frantoio und andere; Merum 4/2005)

Caprandole, Pontassieve (FI)

2343 Bäume; mittl. Ölproduktion: 3000 Liter; Landwirtschaftsbetrieb ohne eigene
Ölmühle; kontinuierliches Verfahren (Verarbeitung mit Kernen)
Tel. 055 8309607; Fax 055 8309607; caprandole@tin.it

Extra Vergine 2003

Hellgrüne Farbe; mittelintensive Frucht mit deutlichen Olivennoten; im Gaumen überwiegen die bitteren Noten von unreifen bis halbreifen Oliven, was sich in Noten von Feldgemüse und Artischocken zeigt; leichte Mandelnoten im Auftakt und ein etwas scharfer Abgang machen dieses Öl zu einem angenehmen, harmonischen Produkt. (Bioanbau.) (L. 20/6/2005; für dieses Öl verwendete Sorte(n): Frantoio 50%, Moraiolo 30%, Leccino 15%, Pendolino 5% ; Merum 3/2004)

Carpineto, Greve (FI)

4800 Bäume; mittl. Ölproduktion: 3800 Liter; Landwirtschaftsbetrieb ohne eigene
Ölmühle; kontinuierliches Verfahren (Verarbeitung mit Kernen)
Tel. 055 8549062; Fax 055 8549001; www.carpineto.com; info@carpineto.com

Extra Vergine Sillano s.a.   ♥♥

Mittleres Gelbgrün; nach reifen Oliven; im Gaumen getrocknete Mandeln, reife Olivenfrucht, leicht bitter, im Ende mittelintensive, anhaltende Schärfe. (L. 07/FI01 Giugno 2008; für dieses Öl verwendete Sorte(n): Frantoio 70%, Moraiolo 15%, Leccino 15%; Merum 2/2007)

Casa al Brandi, Reggello (FI)

4800 Bäume; mittl. Ölproduktion: 5500 Liter; Landwirtschaftsbetrieb ohne eigene
Ölmühle; kontinuierliches Verfahren (Verarbeitung mit Kernen)

Tel. 055 860172

azag.casalbrandi@tiscalinet.it

Extra Vergine Bio 2006 ♥♥

*Intensives Gelbgrün; ausgeprägt, unreife Oliven, klar varietal, Kaffee und Mokka; im Ansatz
deutlich Noten unreifer Oliven, ausgeprägte Bitterkeit, leicht adstringierend, Aroma von Karden, mittlere, anhaltende Schärfe; etwas dickflüssig.* (L. B 31 03 2008; für dieses Öl verwendete
Sorte(n): Frantoio 60%, Moraiolo 30%, Pendolino 10%; Merum 2/2007)

Casa del Bosco, Tavarnelle Val di Pesa (FI)

900 Bäume; mittl. Ölproduktion: 2000 Liter; Landwirtschaftsbetrieb ohne eigene
Ölmühle; kontinuierliches Verfahren (Verarbeitung mit Kernen)

Tel. 055 8077484; Fax 055 8061180; www.casadelbosco.it; info@casadelbosco.it

Extra Vergine Toscano delle Colline di Firenze IGP 2006 ♥

*Mittelintensives, leuchtendes Gelbgrün; recht ausgeprägt, nach reifen Oliven, nicht völlig
klar; im Mund über-raschend angenehm mit mittlerer Bitterkeit und leichter Schärfe.* (L. 02/06
30 giugno 2008; für dieses Öl verwendete Sorte: Frantoio; Merum 2/2007)

Extra Vergine Toscano Colline di Firenze IGP 2004

*Feiner Olivenduft in der Nase; im Gaumen sehr ausgeprägt mit adstringierender Bitterkeit,
dadurch nicht ganz ausgewogen.* (L. 02/04; für dieses Öl verwendete Sorte(n): Frantoio 30%,
Moraiolo 30%, Leccino 30%, andere 10%; Merum 4/2005)

Extra Vergine Toscano IGP Frantoio 2005

Fruchtige Nase, gerösteter Kaffee, im Gaumen rund; sehr gutes Extra Vergine. (L. 02/05 31
maggio 2007; für dieses Öl verwendete Sorte(n): Frantoio; Merum 3/2006)

Casa Emma, Barberino Val d'Elsa (FI)

1400 Bäume; mittl. Ölproduktion: 1700 Liter; Landwirtschaftsbetrieb ohne eigene
Ölmühle; kontinuierliches Verfahren (Verarbeitung mit Kernen)

Tel. 055 8072239; Fax 0571 667707; www.casaemma.com;

casaemma@casaemma.com

Extra Vergine Chianti Classico DOP 2004

*Im Duft an frisches Gemüse erinnernd; im Gaumen reife Oliven, leichte Schärfe, angenehm
fruchtiger Eindruck.* (L. 1/04; für dieses Öl verwendete Sorte(n): Frantoio 70%, Moraiolo 15%,
Leccino 10%, Pendolino 5%; Merum 4/2005)

Casa Sola, Barberino Val d'Elsa (FI)

4100 Bäume; mittl. Ölproduktion: 4000 Liter; Landwirtschaftsbetrieb ohne eigene
Ölmühle; kontinuierliches Verfahren (Verarbeitung mit Kernen)

Tel. 055 80752028; Fax 055 8059194; www.fattoriacasasola.com;

casasola@chianticlassico.com

Extra Vergine Chianti Classico DOP 2004

*Besonders reife Aromen in der Nase; im Geschmack fast etwas unausgewogen wegen sei-
ner adstringierenden Schärfe, Noten von frischen Oliven.* (L. 1/05; für dieses Öl verwendete
Sorte(n): Moraiolo 45%, Frantoio 35%, Leccino, Pendolino 20%; Merum 4/2005)

Extra Vergine Chianti Classico DOP 2005

*Frische Olivenfrucht, im Gaumen frische Mandeln und frische Oliven, ausgewogene Bitter-
keit und Schärfe; sehr gutes Extra Vergine.* (L. 1-06 2007; für dieses Öl verwendete Sorte(n):
Moraiolo 45%, Frantoio 35%, Leccino und Pendolino 20%; Merum 3/2006)

Castel Ruggero/Folco Lorenzo Pellegrini, Greve (FI)

1610 Bäume; mittl. Ölproduktion: 4000 Liter; Landwirtschaftsbetrieb ohne eigene
Ölmühle; kontinuierliches Verfahren (Verarbeitung mit Kernen)

Tel. 338 2061703; Fax 055 2343685

lpcastelruggero@msn.com

Extra Vergine Chianti Classico DOP Ruggente 2006 ♥♥

Helles Gelbgrün; ausgeprägt, nach Oliven; reife Olivenfrucht, Mandel; dezente Bitterkeit; leichte, anhaltende Schärfe. (L. 01/2006 30 APRILE 2008; für dieses Öl verwendete Sorte(n): Frantoio 60%, Moraiolo 30%, Leccino 10%; Merum 2/2007)

Castello del Trebbio, Pontassieve (FI)

9500 Bäume; mittl. Ölproduktion: 7000 Liter; Landwirtschaftsbetrieb ohne eigene Ölmühle; kontinuierliches Verfahren (Verarbeitung mit Kernen)
Tel. 055 8304900; Fax 055 8304003; www.vinoturismo.it; trebbio@tin.it

Extra Vergine Toscano IGP 2006 ♥

Intensives Gelbgrün; dezente Fruchtigkeit sehr reifer Oliven; im Mund leichte Bitterkeit, Aroma reifer Oliven, dann ausgeprägte, peperoncinoartige Schärfe, dadurch leicht unausgewogen. (L. 12/05 30.09.08; für dieses Öl verwendete Sorte(n): Leccino, Frantoio; Merum 2/2007)

Extra Vergine Toscano IGP 2005

Feine Kaffeenoten, im Gaumen Artischocken, bitter und scharf. (L. 12/05 30. 09. 2007; für dieses Öl verwendete Sorte(n): Frantoio, Leccino, Moraiolo; Merum 3/2006)

Extra Vergine Toscano IGP Leccino del Corno 2005

Gewisse Frucht, ziemlich scharf im Abgang. (L. 12/05 30. 09. 2007; für dieses Öl verwendete Sorte(n): Leccino del Corno; Merum 3/2006)

Castello di Cacchiano, Monti in Chianti (SI)

4700 Bäume; mittl. Ölproduktion: 3200 Liter; Landwirtschaftsbetrieb ohne eigene Ölmühle; kontinuierliches Verfahren (Verarbeitung mit Kernen)
Tel. 0577 747018; Fax 0577 747157; cacchiano@chianticlassico.com

Extra Vergine Chianti Classico DOP 2004

Verhaltener Duft mittelreifer Oliven; Ansatz geprägt vom Geschmack frischer Mandeln, dann Bitterkeit von Artischocken und angenehme Schärfe, sehr ausgewogen. (L. dicembre 2006 L. 02/04; für dieses Öl verwendete Sorte(n): Correggiolo 60%, Moraiolo 25%, Leccino 10%, Pendolino 5%; Merum 4/2005)

Castello di Collemassari, Cinigiano (GR)

2000 Bäume; mittl. Ölproduktion: 2500 Liter; Landwirtschaftsbetrieb ohne eigene Ölmühle; kontinuierliches Verfahren (Verarbeitung mit Kernen)
Tel. 0564 990496; Fax 0564 990498; www.collemassari.it; info@collemassari.it

Extra Vergine 2004

Anfangs frische Mandeln gepaart mit dem fruchtigen Eindruck grüner Oliven, leicht adstringierend, endet auf dezenter Schärfe. (L. 01/07 L. 01; für dieses Öl verwendete Sorte(n): Frantoio 50%, Olivastra 25%, Leccino 15%, Moraiolo 10%; Merum 4/2005)

Castello di Montozzi/Bartolini Baldelli, Pergine Valdarno (AR)

3245 Bäume; mittl. Ölproduktion: 4500 Liter; Landwirtschaftsbetrieb ohne eigene Ölmühle; kontinuierliches Verfahren (Verarbeitung mit Kernen)
Tel. 055 2313403; Fax 055 2313403; www.bartolinibaldelli.it;
marco@bartolinibaldelli.it

Extra Vergine 2003

Grüne Farbe mit gelben Reflexen; mittlere Aromenintensität, Noten von gemähtem Gras; im Gaumen ist der Geschmack von Oliven zu erkennen, die im grünen bis halbreifen Zustand geerntet wurden, präsente Schärfe und bittere Noten von Karden; leicht tanninhaltig und wenn auch nicht perfekt harmonisch, dennoch charakteristisch für diesen Jahrgang. (L. #; für dieses Öl verwendete Sorte(n): Frantoio 20%, Moraiolo 50%, Leccino 30%; Merum 3/2004)

Castello di Poppiano/Guicciardini, Montespertoli (FI)

23 000 Bäume; mittl. Ölproduktion: 9500 Liter; Landwirtschaftsbetrieb mit eigener Ölmühle; kontinuierliches Verfahren (Verarbeitung mit Kernen)
Tel. 055 82315; Fax 055 82368; www.conteguicciardini.it; poppiano@mclink.it

Extra Vergine Laudemio Antico Podere La Costa 2003

Leuchtend grünes Öl; mittelintensiv fruchtig; am Gaumen treten intensiv grasige, bittere Artischockennoten und Peperoncino-Schärfe hervor. (L. 04021; für dieses Öl verwendete Sorte(n): Frantoio 90%, Moraiolo 7%, Pendolino 3%; Merum 3/2004)

Castello Il Palagio, Mercatale Val di Pesa (FI)

8000 Bäume; mittl. Ölproduktion: 28 000 Liter; Landwirtschaftsbetrieb mit eigener Ölmühle; kontinuierliches Verfahren (Verarbeitung mit Kernen)

Tel. 055 821630; Fax 055 8218157; www.palagio.net; info@palagio.net

Extra Vergine DOP Chianti Classico 2003

Grüne Farbe mit gelben Reflexen; eher verhaltene Noten von Artischocke und Karden; im Gaumen auch Noten von Mandeln und halbreifen Oliven, begleitet von leichter Schärfe, im Abgang leicht adstringierende Bitterkeit der Artischocke. (L. 02/2003; für dieses Öl verwendete Sorte(n): Frantoio 30%, Moraiolo 58%, Leccino 10%, Pendolino 2%; Merum 3/2004)

Extra Vergine Chianti Classico DOP di sole olive Frantoiane 2004

Mittelintensive Aromen von frisch geschnittenem Gras und Artischocke; im Gaumen harmonisch, Oliven, Artischocken-Bitterkeit, frisches Gras und Schärfe. (L. #; für dieses Öl verwendete Sorte(n): Frantoio; Merum 4/2005)

Extra Vergine Chianti Classico DOP Frantoiane 2005

Aromen frischer Oliven, im Gaumen frische Mandeln und Oliven, ausgeprägte Schärfe. (L. 02/2005 31-03-2007; für dieses Öl verwendete Sorte(n): Frantoio; Merum 3/2006)

Extra Vergine Chianti Classico DOP Frantoio 2006 ♥♥

Mittelintensives Gelbgrün; eher dezent, reife Oliven; im Ansatz leicht süßlicher Eindruck getrockneter Mandeln, dezente Bitterkeit, leicht adstringierend, mittlere, auf der Zunge spürbare Schärfe. (L. 01/2006 30-04-2008; für dieses Öl verwendete Sorte: Frantoio; Merum 2/2007)

Extra Vergine Chianti Classico DOP Moraiole 2005

Noten unreifer Oliven, auch im Gaumen frische Olivenfrucht, ziemlich bitter und scharf. (L. 02/2005 31-03-2007; für dieses Öl verwendete Sorte(n): Moraiolo; Merum 3/2006)

Castello Sonnino, Montespertoli (FI)

3500 Bäume; mittl. Ölproduktion: 4000 Liter; Landwirtschaftsbetrieb ohne eigene Ölmühle; kontinuierliches Verfahren (Verarbeitung mit Kernen)

Tel. 0571 609198; Fax 0571 657027; www.castellosonnino.it; info@castellosonnino.it

Extra Vergine Laudemio 2006 ♥

Mittleres, grünliches Gelb; recht ausgeprägt, nach reifen Oliven; dezent Mandel, eine leicht nussig, dann Artischocke und geschnittenes Gras, mittlere Bitterkeit und leichte Schärfe. (L. # 30.5.08; für dieses Öl verwendete Sorte(n): Frantoio 60%, Moraiolo 30%, Pendolino 10%; Merum 2/2007)

Extra Vergine Laudemio 2005

Gewisse Frucht in Nase und Gaumen, ausgeprägte Schärfe. (L. # 30. 06.07; für dieses Öl verwendete Sorte(n): Frantoio 60%, Moraiolo 20%, Leccino 15%, Pendolino 5%; Merum 3/2006)

Extra Vergine Laudemio 2004

Feiner Olivenduft; im Gaumen ausgewogene Schärfe, angenehmer Geschmack von frischen Mandeln, dann mittelintensiver Geschmack von grünen Oliven. (L. 30/06/2005 L. 41010; für dieses Öl verwendete Sorte(n): Frantoio 60%, Moraiolo 20%, Leccino 15%, Pendolino 5%; Merum 4/2005)

Castelnuovo Tancredi, Buonconvento (SI)

1469 Bäume; mittl. Ölproduktion: 1000 Liter; Ölmühle; kontinuierliches Verfahren (Verarbeitung mit Kernen)

Tel. 0577 806090; Fax 0577 806090; www.castelnuovotancredi.com; castelnuovotancredi@virgilio.it

Extra Vergine Terre di Siena DOP Bio 2005

In der Nase Blütennoten, im Gaumen reife Mandeln und getrocknete Blüten. (L. 01/05 05/2007; für dieses Öl verwendete Sorte(n): Frantoio 40%, Leccino 50%, Maurino 5%, Pendolino 5%; Merum 3/2006)

Col d'Orcia, Montalcino (SI)

4840 Bäume; mittl. Ölproduktion: 6000 Liter; Landwirtschaftsbetrieb ohne eigene Ölmühle; kontinuierliches Verfahren (Verarbeitung mit Kernen)

Tel. 0577 80891; Fax 0577 844018; www.coldorcia.it; info@coldorcia.it

Extra Vergine 2004

In der Nase feiner Duft von grünen Oliven; dieselben Aromen auch im Geschmack, Bitterkeit und Schärfe in perfekter Harmonie. (L. 31 Dicembre 2006; für dieses Öl verwendete Sorte(n): Frantoio 70%, Leccino 30%; Merum 4/2005)

Extra Vergine s.a.

Noten von grünen Oliven, angenehm bitter und scharf; sehr gutes Extra Vergine. (L. # 31 dicembre 2007; für dieses Öl verwendete Sorte(n): Frantoio 70%, Leccino 30%; Merum 3/2006)

Colognole, Rufina (FI)

6272 Bäume; mittl. Ölproduktion: 8000 Liter; Landwirtschaftsbetrieb ohne eigene Ölmühle; kontinuierliches Verfahren (Verarbeitung mit Kernen)

Tel. 055 8319870; Fax 055 8319605; www.colognole.it; info@colognole.it

Extra Vergine Laudemio 2006   ♥

Mittelintensives Gelbgrün; intensiv, unreife Oliven, varietale Noten von Kaffee, nicht völlig klar; ausgeprägt fruchtig, nach unreifen Oliven, mittlere tanninartige Bitterkeit, erinnert an Artischocken, im Ende mittlere Schärfe. (L. 327/06 Giugno 2008; für dieses Öl verwendete Sorte(n): Frantoio, Leccino, Moraiolo; Merum 2/2007)

Extra Vergine Laudemio 2005

Gewisse Olivennoten, im Gaumen reife Oliven, dickflüssig, nur leicht bitter und scharf. (L. P1 Giugno 2007; für dieses Öl verwendete Sorte(n): Frantoio 80%, Leccino 10%, Moraiolo 10%; Merum 3/2006)

Extra Vergine Laudemio 2004

Feiner Duft von grünen Oliven; Geschmack leicht adstringierend mit Noten grüner Oliven von mittlerer Intensität, harmonisch und angenehm. (L. GIUGNO 2006 L. 02; für dieses Öl verwendete Sorte(n): Frantoio 80%, Leccino 20%; Merum 4/2005)

Conte Ferdinando Guicciardini/Castello di Poppiano, Montespertoli (FI)

22 000 Bäume; mittl. Ölproduktion: 11 000 Liter; Landwirtschaftsbetrieb mit eigener Ölmühle; kontinuierliches Verfahren (Verarbeitung mit Kernen)

Tel. 055 82315; Fax 055 82368; www.conteguicciardini.it; info@conteguicciardini.it

Extra Vergine s.a.   ♥♥♥

Mittelintensives Gelbgrün; ausgeprägte Noten von unreifen Oliven, varietal-blättriges Aroma; im Ansatz frische Mandeln gefolgt von satter Fruchtigkeit unreifer Oliven, ausgeprägt bitter, etwas adstringierend, ausgeprägte anhaltende Schärfe; sehr gutes Extra Vergine. (L. # GIUGNO 2008; für dieses Öl verwendete Sorte(n): Frantoio 80%, Leccino 5%, Moraiolo 15%; Merum 2/2007)

Extra Vergine Laudemio Antico Podere La Costa 2006   ♥♥♥

Mittelintensives Gelbgrün; ausgeprägte Noten von unreifen Oliven, Kaffee; im Ansatz unreife Oliven, leicht adstringierende, mittlere Bitterkeit, anhaltende, recht ausgeprägte Schärfe; sehr gutes Extra Vergine. (L. # GIUGNO 2008; für dieses Öl verwendete Sorte(n): Frantoio 95%, Leccino 5%; Merum 2/2007)

Extra Vergine Laudemio Antico Podere La Costa 2004

Deutliche Noten von frisch geschnittenem Gras; im Gaumen sehr angenehm, da sehr harmonisch, Frucht von grünen Oliven und Artischocke. (L. #; für dieses Öl verwendete Sorte(n): Frantoio 90%, Moraiolo, Pendolino 10%; Merum 4/2005)

Falchini, San Gimignano (SI)

2200 Bäume; mittl. Ölproduktion: 1100 Liter; Landwirtschaftsbetrieb ohne eigene Ölmühle; kontinuierliches Verfahren (Verarbeitung mit Kernen)

Tel. 0577 941305; Fax 0577 940819; www.falchini.com; casalefalchini@tin.it

Extra Vergine Laudemio 2005

Nicht sehr charaktervoll, recht rund, nicht ausgeprägte, reife Frucht. (L. # Giugno 2007; für dieses Öl verwendete Sorte(n): Moraiolo 35%, Frantoiano 40%, Leccino 20%, andere Sorten 5%; Merum 3/2006)

Fattoria di Artimino, Carmignano (PO)

18 500 Bäume; mittl. Ölproduktion: 25 000 Liter; Landwirtschaftsbetrieb ohne eigene Ölmühle; kontinuierliches Verfahren (Verarbeitung mit Kernen)
Tel. 055 8751424; Fax 055 8751480; www.artimino.com; fattoria@artimino.com

Extra Vergine Villa Artimino s.a. ♥♥
Helles Gelbgrün; recht ausgeprägt nach reifen Oliven; im Ansatz die dezente Süße getrockneter Mandeln, leichte bis mittlere Bitterkeit, Karden, ausgeprägte Schärfe; etwas zu dickflüssig. (L. # 8/7/2008; für dieses Öl verwendete Sorte(n): Frantoio 49%, Moraiolo 48%, Leccino 2%, Pendolino 1%; Merum 2/2007)

Fattoria di Bagnolo/Marchesi Bartolini Baldelli, Impruneta (FI)

6327 Bäume; mittl. Ölproduktion: 8000 Liter; Landwirtschaftsbetrieb ohne eigene Ölmühle; kontinuierliches Verfahren (Verarbeitung mit Kernen)
Tel. 055 2313403; Fax 055 2313403; www.bartolinibaldelli.it;
marco@bartolinibaldelli.it

Extra Vergine Fattoria di Bagnolo 2004
Mittelintensive Frucht in Nase und Gaumen, ausgeprägte, sehr angenehme Schärfe und gewisse Artischocken-Bitterkeit. (L. #; für dieses Öl verwendete Sorte(n): Frantoio 90%, Moraiolo 5%, Leccino 5%; Merum 4/2005)

Extra Vergine s.a. ♥♥
Mittelintensives Gelbgrün; eher dezent, reife Oliven, zart varietal, nicht ganz klar; im Gaumen ebenfalls reife Oliven, leichte bis mittlere Bitterkeit und Schärfe, letztere anhaltend. (L. # 12/01/08; für dieses Öl verwendete Sorte: Frantoio; Merum 2/2007)

Extra Vergine Frantoio s.a.
Noten von grünen Oliven, auch im Gaumen, ziemlich adstringierend. (L. 22 11 06; für dieses Öl verwendete Sorte(n): Frantoio; Merum 3/2006)

Fattoria Le due Arbie/Agricola Sviluppo, Castelnuovo Berardenga (SI)

1210 Bäume; mittl. Ölproduktion: 600 Liter; Landwirtschaftsbetrieb ohne eigene Ölmühle; kontinuierliches Verfahren (Verarbeitung mit Kernen)
Tel. 0577 356982; Fax 0577 356982; agrisvi.ammi@virgilio.it

Extra Vergine 2004
In der Nase ausgeprägter Duft grüner Oliven; im Geschmack vereinen sich Bitterkeit und Schärfe mit der angenehmen Fruchtigkeit von perfekt ausgereiften Oliven. (L. #; für dieses Öl verwendete Sorte(n): Correggiolo 82%, Leccino 10%, Moraiolo 5%; Merum 4/2005)

Felsina, Castelnuovo Berardenga (SI)

10 406 Bäume; mittl. Ölproduktion: 7000 Liter; Landwirtschaftsbetrieb mit eigener Ölmühle; kontinuierliches Verfahren (Verarbeitung mit Kernen)
Tel. 0577 355117; Fax 0577 355651; www.felsina.it; info@felsina.it

Extra Vergine Raggiolo denocciolato 2006 ♥♥
Mittelintensives Gelbgrün; klare varietale Noten von unreifen Oliven, ausgeprägt nach Kaffee; im Ansatz unreife Oliven, dann Kaffee und Artischocken, ausgeprägte Bitterkeit, leicht adstringierend, im Ende mittlere Schärfe, etwas dickflüssig. (L. FERA6FFSI DICEMBRE 2008; für dieses Öl verwendete Sorte: Raggiolo; Merum 2/2007)

Fonterutoli, Castellina in Chianti (SI)

3700 Bäume; mittl. Ölproduktion: 30 000 Liter; Landwirtschaftsbetrieb ohne eigene Ölmühle; kontinuierliches Verfahren (Verarbeitung mit Kernen)
Tel. 0577 73571; Fax 0577 735757; www.fonterutoli.com;
fonterutoli@fonterutoli.com

Extra Vergine Chianti Classico DOP 2006 ♥
Helles Gelbgrün; recht ausgeprägt nach unreifen Oliven, nicht ganz klar; reife Olivenfrucht, kaum bitter, leichte Schärfe. (L. 15 DIC. 2006 2008; für dieses Öl verwendete Sorte(n): Frantoio 60%, Leccino 15%, Moraiolo 15%, Pendolino 10%; Merum 2/2007)

Extra Vergine Chianti Classico DOP 2005
Schwach fruchtig, auch im Gaumen, feine Schärfe. (L. 02006 2007; für dieses Öl verwendete Sorte(n): Frantoio 60%, Leccino 15%, Moraiolo 15%, Pendolino 10%; Merum 3/2006)

Fontodi, Panzano in Chianti (FI)

4734 Bäume; mittl. Ölproduktion: 6000 Liter; Landwirtschaftsbetrieb ohne eigene Ölmühle; kontinuierliches Verfahren (Verarbeitung mit Kernen)

Tel. 055 852005; Fax 055 852537; www.fontodi.com; fontodi@fontodi.com

Extra Vergine Chianti Classico DOP 2003

Intensives Grün; das Öl weist die typischen Eigenschaften dieses Jahrgangs auf, der von an-haltender Trockenheit geprägt war; klare Noten von Artischocken und Karden; auch im Gau-men dieselbe Frucht begleitet von einer leichten, angenehmen, nicht persistenten Schärfe; eindeutig grasiges Öl. (Bioanbau.) (L. 013; für dieses Öl verwendete Sorte(n): Frantoio 10%, Moraiolo 10%, Leccino 5%, Correggiolo 75%; Merum 3/2004)

Extra Vergine Chianti Classico DOP Bio 2006   ♥♥♥

Intensives, leuchtendes Hellgrün; sehr ausgeprägt nach unreifen Oliven, varietale Noten von Kaffee; im Ansatz frische Mandeln, dann die ausgeprägte Fruchtigkeit unreifer Oliven, auch Karden und frisches Gras, starke, leicht adstringierende Bitterkeit, ausgeprägte und anhal-tende Schärfe. Nach dem Motto: Ist es zu stark, bist du zu schwach! Ein sehr gutes, unver-wechselbar toskanisches Extra Vergine. (L. 106 2008; für dieses Öl verwendete Sorte(n): Correggiolo 90%, Moraiolo 10%; Merum 2/2007)

Extra Vergine Chianti Classico DOP Bio 2005

Gewisse Frucht, ausgeprägt bitter und scharf. (L. 051 2007; für dieses Öl verwendete Sorte(n): Correggiolo 90%, Moraiolo 10%; Merum 3/2006)

Franci, Montenero d'Orcia (GR)

3000 Bäume; mittl. Ölproduktion: 6000 Liter; Ölmühle; kontinuierliches Verfahren (Verarbeitung mit Kernen)

Tel. 0564 954000; Fax 0564 954154; www.frantoiofranci.it; info@frantoiofranci.it

Extra Vergine Le Trebbiane Selezione fruttato medio 2006 ♥♥♥

Mittelintensives, leuchtendes Hellgrün; sehr ausgeprägte undklare varietale Noten, Kaffee; im Mund die Fruchtigkeit perfekt gereifter Oliven, Intensität steigert sich im Verlauf, ausge-prägte Bitterkeit mit Kardenaroma, endet mit mittlerer Schärfe, Bitterkeit, Schärfe und Frucht sind in perfekter Balance; sehr gutes Extra Vergine. (L. 04 30 11 08; für dieses Öl verwendete Sorte(n): Frantoio, Moraiolo, Leccino, Olivastra Seggianese; Merum 2/2007)

Extra Vergine Le Trebbiane fruttato medio 2005

Noten unreifer Oliven, Kaffee, im Gaumen unreife Oliven, mittlere Bitterkeit und Schärfe; sehr gutes Extra Vergine. (L. # 30-11-07; für dieses Öl verwendete Sorte(n): Frantoio, Moraiolo, Leccino, Olivastra Seggianese; Merum 3/2006)

Extra Vergine Olivastra Seggianese Selezione fruttato leggero 2006   ♥♥

Mittelintensives Gelbgrün; ausgeprägt, unreife Oliven, wahrscheinlich varietal; im Gaumen ausgeprägt, mittelreife Oliven, mittlere, leicht adstringierende Bitterkeit, eher leichte Schärfe. (L. 03 30.11.08; für dieses Öl verwendete Sorte: Olivastra Seggianese; Merum 2/2007)

Extra Vergine Toscano IGP 2005

Noten von geröstetem Kaffee, im Gaumen unreife Oliven, mittlere Bitterkeit, dann recht scharf. (L. # 30. 11. 07; für dieses Öl verwendete Sorte(n): Frantoio 50%, Rest: Moraiolo, Leccino, Olivastra Seggianese; Merum 3/2006)

Extra Vergine Villa Magra Gran Cru 2006   ♥♥

Mittelintensives Gelbgrün; sehr ausgeprägt, unreife Oliven, varietale Noten von Kaffee; im Mund unreife Oliven, Intensität nimmt im Verlauf zu, die ausgeprägte Bitterkeit erinnert an Karden und Artischocken, endet mit mittlerer Schärfe. (L. 03 30.11.08; für dieses Öl verwen-dete Sorte(n): Frantoio 60%, Moraiolo 40%; Merum 2/2007)

Extra Vergine Villa Magra Gran Cru 2005

Aroma unreifer Oliven, Kaffee, im Gaumen frische Mandeln und unreife Oliven, feinbitter und pikant; sehr gutes Extra Vergine. (L. # 30. 11. 07; für dieses Öl verwendete Sorte(n): Fran-toio 60%, Moraiolo 40%; Merum 3/2006)

Extra Vergine Villa Magra Gran Cru 2003

Grüngelbe Farbe; deutlich grasiges Aroma, auch gerösteter Kaffee; im Gaumen Noten von unreifen Oliven, grünen Blättern, Gras, leicht adstringierend, nicht anhaltende Peperoncino-Schärfe im Hals. (L. #; für dieses Öl verwendete Sorte(n): Frantoio 50%, Moraiolo 40%, Leccino 10%; Merum 3/2004)

Extra Vergine Villa Magra Selezione fruttato intenso 2006 ♥

Helles Gelbgrün; recht ausgeprägt nach unreifen Oliven, Kaffee und geschnittenes Gras; erst deutlich nach Mandeln, dann unreife Oliven, fruchtig, mittlere Bitterkeit, anhaltende, mittlere Schärfe. (L. 03 30.11.08; für dieses Öl verwendete Sorte(n): Frantoio 50%, Moraiolo 35%, Leccino 15%; Merum 2/2007)

Extra Vergine Villa Magra fruttato intenso 2005

Olivenfrucht, etwas dickflüssig, süße Mandeln, etwas bitter und scharf. (L. # 30-11-07; für dieses Öl verwendete Sorte(n): Frantoio 50%, Moraiolo 35%, Leccino 15%; Merum 3/2006)

Fubbiano, Capannori (LU)

2600 Bäume; mittl. Ölproduktion: 2000 Liter; Landwirtschaftsbetrieb mit eigener Ölmühle; kontinuierliches Verfahren (Verarbeitung mit Kernen)

Tel. 0583 978011; Fax 0583 978344; www.fattoriadifubbiano.it; fubbiano@fattoriadifubbiano.it

Extra Vergine Toscano IGP s.a.

Im Geruch Oliven und Gras; im Ansatz frische Mandeln, grüne Oliven, adstringierende Bitterkeit und Schärfe. (L. L. 01; für dieses Öl verwendete Sorte(n): Frantoio 90%, andere 10%; Merum 4/2005)

Extra Vergine Lucca DOP 2006 ♥♥

Mittelintensives Gelbgrün; ausgeprägt, varietal, etwas Kaffee; im Ansatz frische Mandeln, dann varietale Olivenfrucht, mittlere Bitterkeit, dezent adstringierend, mittelscharf. (L. 01 31 Agosto 2008; für dieses Öl verwendete Sorte(n): Frantoio 90%, andere 10%; Merum 2/2007)

Extra Vergine Lucca DOP 2005

Kaffeenoten, ziemlich scharf und bitter. (L. 01 31 Agosto 2007; für dieses Öl verwendete Sorte(n): Frantoio 90%, andere Sorten 10%; Merum 3/2006)

Grassi Giacomo, Lucolena (FI)

355 Bäume; mittl. Ölproduktion: 500 Liter; Landwirtschaftsbetrieb ohne eigene Ölmühle; kontinuierliches Verfahren (Verarbeitung mit Kernen)

Tel. 333 8702132; Fax #; giacomo.dudda@libero.it

Extra Vergine Chianti Classico DOP Moraiolo 2004

Feiner Duft von reifen Oliven; im Gaumen nicht vollständig ausgewogen wegen seiner Bitterkeit und Schärfe und dem Eindruck von unreifen Oliven. (L. 2006 L. 02/04; für dieses Öl verwendete Sorte(n): Moraiolo; Merum 4/2005)

Extra Vergine Pendolino 2004

Klare grasige und florale Noten, mittlere Intensität; im Gaumen anfangs leicht bittere Mandel, gefolgt vom angenehmen Geschmack reifer Oliven, rund, kaum bitter, leichte, aber anhaltende Schärfe. (L. 2006 L. 1/4; für dieses Öl verwendete Sorte(n): Pendolino; Merum 4/2005)

Extra Vergine Chianti Classico DOP Moraiolo 2006

Noten überreifer Oliven, auch im Gaumen Olivenfrucht, leicht adstringierend und scharf. (L. 02/05 2007; für dieses Öl verwendete Sorte(n): Moraiolo; Merum 3/2006)

Grassi Rolando, Greve in Chianti (FI)

435 Bäume; mittl. Ölproduktion: 650 Liter; Landwirtschaftsbetrieb ohne eigene Ölmühle; kontinuierliches Verfahren (Verarbeitung mit Kernen)

Tel. 333 8702132; giacomo.dudda@libero.it

Extra Vergine Chianti Classico DOP L'Olinto 2004

Duft von perfekt ausgereiften Oliven; im Mund geschmackvoll mit deutlicher Schärfe, allerdings nicht vollends ausgewogen. (Bioanbau.) (L. 2006 L. 02/04; für dieses Öl verwendete Sorte(n): Frantoio; Merum 4/2005)

Extra Vergine Chianti Classico DOP L'Olinto Frantoio Bio 2006

Mittelintensives Gelbgrün; ausgeprägt, unreife Oliven, varietal, dezent nach Kaffee duftend; im Mund unreife Oliven, varietale Frucht, mittlere Bitterkeit, leicht adstringierend und tanninartig, anhaltende, mittlere Schärfe. (L. 02/06 2008; für dieses Öl verwendete Sorte: Frantoio; Merum 2/2007)

Extra Vergine Chianti Classico DOP L'Olinto Frantoio Bio 2005

Intensive Noten grüner Oliven, etwas breit und dickflüssig, reife Oliven, mittlere Bitterkeit und Schärfe. (L. 02/05 2007; für dieses Öl verwendete Sorte(n): Frantoio; Merum 3/2006)

Grati, Pontassieve (FI)

12 000 Bäume; mittl. Ölproduktion: 30 000 Liter; Landwirtschaftsbetrieb ohne eigene Ölmühle; kontinuierliches Verfahren (Verarbeitung mit Kernen)
Tel. 055 8397008; Fax 055 8399041; www.grati.it; info@grati.it

Extra Vergine Villa di Vetrice 2006

Mittelintensives Gelbgrün; ausgeprägt, nach unreifen Oliven; im Mund anfangs frische Mandeln, dann Gras, etwas Kaffee, mittlere Bitterkeit von Karden, leichte Schärfe. (L. # #; für dieses Öl verwendete Sorte(n): Frantoio, Moraiolo, Pendolino; Merum 2/2007)

Grevepesa, Mercatale Val di Pesa (FI)

13 000 Bäume; mittl. Ölproduktion: 30 000 Liter; Ölmühle; kontinuierliches Verfahren (Verarbeitung mit Kernen), Tel. 055 821911; Fax 055 8217920; www.castellidelgrevepesa.it; info@castellidelgrevepesa.it

Extra Vergine Chianti Classico DOP Clemente VII 2004

Typisches Öl dieser DOP mit mittelintensiver Aromatik, angenehme Noten von frischem Gras und Artischocke; im Gaumen dieselbe Frucht mit Olivenaromen, Bitterkeit und Schärfe im Gleichgewicht und Pinienkernen im Abgang. (L. #; für dieses Öl verwendete Sorte(n): Frantoio 45%, Moraiolo 35%, Leccino 10%, Pendolino 10%; Merum 4/2005)

Grignano/Mida Milano, Pontassieve (FI)

17 500 Bäume; mittl. Ölproduktion: 25 000 Liter; Landwirtschaftsbetrieb mit eigener Ölmühle; kontinuierliches Verfahren (Verarbeitung mit Kernen)
Tel. 055 8398490; Fax 055 8395940; www.fattoriadigrignano.com; info@fattoriadigrignano.com

Extra Vergine Frantoio s.a.

Mittleres grünliches Gelb, ausgeprägt, unreife Oliven, dezent Kaffee; im Ansatz frische Mandeln, dann reife Olivenfrucht, mittlere Bitterkeit, leicht adstringierend, Karden, spät einsetzende, recht ausgeprägte Schärfe. (L. 7/023 06/08; für dieses Öl verwendete Sorte: Frantoio; Merum 2/2007)

Extra Vergine Laudemio 2006

Helles Gelbgrün, sehr ausgeprägt, unreife Oliven, varietale Noten von Kaffee; im Ansatz frische, grüne Mandeln, unreife, varietale Olivenfrucht, ausgeprägte und adstringierende Bitterkeit, ausgeprägte, anhaltende Schärfe; sehr gutes Extra Vergine. (L. 6/325 MAGGIO 2008; für dieses Öl verwendete Sorte(n): Frantoio 80%, Moraiolo 10%. Leccino 10%; Merum 2/2007)

Extra Vergine Laudemio 2005

Feine, olivenfruchtige Aromen, im Gaumen halbreife Oliven, wertvolle Schärfe; sehr gutes Extra Vergine. (L. 5/334 maggio 2007; für dieses Öl verwendete Sorte(n): Frantoio; Merum 3/2006)

Extra Vergine Laudemio 2004

Sehr intensives Öl in Gaumen und Nase, Noten unreifer Oliven; auch im Gaumen grüne Oliven, scharf und bitter mit sauberem Abgang, die Geschmackseindrücke sind im Gleichgewicht, mit der aromatischen Intensität ein eigentliches Gewürz und dementsprechend einzusetzen. (L. #; für dieses Öl verwendete Sorte(n): Frantoio ; Merum 4/2005)

I Bonsi/Budini Gattai, Reggello (FI)

18 000 Bäume; mittl. Ölproduktion: 1750 Liter; Landwirtschaftsbetrieb mit eigener Ölmühle; kontinuierliches Verfahren (Verarbeitung mit Kernen)
Tel. 055 8652118; Fax 055 8652956; www.agriturismoibonsi.it; info@agriturismoibonsi.it

Extra Vergine Laudemio 2004

Mittelintensive Olivenaromen; nicht überaus harmonisch, Geschmack von grünen Oliven und viel Schärfe, nicht sehr ausgeprägte Bitterkeit. (L. #; für dieses Öl verwendete Sorte(n): Frantoio 70%, Moraiolo 20 %, Leccino 10%; Merum 4/2005)

I Greppi di Silli/Miciolo, Mercatale Val di Pesa (FI)

1470 Bäume; mittl. Ölproduktion: 2000 Liter; Landwirtschaftsbetrieb ohne eigene Ölmühle; kontinuierliches Verfahren (Verarbeitung mit Kernen)
Tel. 055 8217956; Fax 055 8218401; www.igreppidisilli.it; info@igreppidisilli.it

Extra Vergine Leccio del Corno 2006 ♥

Mittelintensives Gelbgrün; nicht ganz klar, recht ausgeprägt nach Oliven; im Mund getrocknete Mandeln, leicht adstringierende Bitterkeit, spät einsetzende, leichte Schärfe. (L. DC-1106 31 Dicembre 2008; für dieses Öl verwendete Sorte: Leccio del Corno; Merum 2/2007)

Il Casalone, San Casciano Val di Pesa (FI)

4200 Bäume; mittl. Ölproduktion: 4300 Liter; Landwirtschaftsbetrieb ohne eigene Ölmühle; kontinuierliches Verfahren (Verarbeitung mit Kernen)
Tel. 335 6072257; Fax 055 687819; rolandovignoli@virgilio.it

Extra Vergine Chianti Classico DOP Il Casalone 2004

In der Nase deutliche Noten von grünen Oliven und Schärfe; im Gaumen durch angenehmen Geschmack grüner Oliven bestätigt, adstringierend und scharf. (L. 2006 L. 03-04, für dieses Öl verwendete Sorte(n): Frantoio 70%, Correggiolo 20%, Moraiolo 10%; Merum 4/2005)

Extra Vergine Maurino s.a. ♥♥♥

Mittelintensives grünliches Gelb; sehr ausgeprägt, varietal-aromatisch, frisches Gras, eine Spur grüner Apfel; im Mund frische Mandel und reife Olivenfrucht, dezent bitter, endet mit leichter bis mittlerer Schärfe; sehr gutes Extra Vergine. (L. # 06/2008; für dieses Öl verwendete Sorte: Maurino; Merum 2/2007)

Extra Vergine s.a.

Noten von grünen Oliven, im Gaumen reife Oliven, Artischocke, feine Schärfe. (L. # #; für dieses Öl verwendete Sorte(n): Correggiolo 75%, Moraiolo 20%, Pendolino 5%; Merum 3/2006)

Il Casone, Piano di Mommio (LU)

1350 Bäume; mittl. Ölproduktion: 1300 Liter; Landwirtschaftsbetrieb ohne eigene Ölmühle; kontinuierliches Verfahren (Verarbeitung mit Kernen)
Tel. 0584 998025; Fax 0584 997338; www.ilcasone1729.com; info@ilcasone1729.com

Extra Vergine Lucca DOP 2005

Zarte Noten von reifen Oliven und Mandeln, im Gaumen dieselben Aromen, feine Schärfe, kaum bitter; sehr gutes Extra Vergine. (L. Hans 2007; für dieses Öl verwendete Sorte(n): Frantoio 80%, Leccino 10%, Maurino 5%, Quercetano 5%; Merum 3/2006)

Il Colle, Chiusi (SI)

3800 Bäume; mittl. Ölproduktion: 1800 Liter; Landwirtschaftsbetrieb ohne eigene Ölmühle; kontinuierliches Verfahren (Verarbeitung mit Kernen)
Tel. 0578 20359; Fax 0578 227244; www.oliocolle.it; info@oliocolle.it

Extra Vergine 2004

Erinnert im Geruch deutlich an süßliche frische Mandeln; im Gaumen gleiche Frucht, eher dickflüssig. (L. 1; für dieses Öl verwendete Sorte(n): Leccino 50%, Frantoio 40%, Pendolino 10%; Merum 4/2005)

Il Comune 176, Scansano (GR)

2000 Bäume; mittl. Ölproduktion: 3000 Liter; Landwirtschaftsbetrieb ohne eigene Ölmühle; kontinuierliches Verfahren (Verarbeitung mit Kernen)
Tel. 0546 599203; Fax 0546 599203; azienda.periccioli@tiscali.it

Extra Vergine Lo Staiale s.a.

Dezenter fruchtiger Duft, angenehm; die Bitternoten im Gaumen harmonieren nicht ganz perfekt mit den anderen Geschmackseindrücken. (L. #; für dieses Öl verwendete Sorte(n): Moraiolo 80%, Frantoio 10%, Leccino 10%; Merum 4/2005)

Il Fornacino/Lidia Saletti, Castelnuovo Berardenga (SI)

4000 Bäume; mittl. Ölproduktion: 4000 Liter; Landwirtschaftsbetrieb ohne eigene Ölmühle; kontinuierliches Verfahren (Verarbeitung mit Kernen)
Tel. 0577 724041; Fax 0577 725282; www.sitemrapolano.it/ilfornacino; ilfornacino@sitemrapolano.it

Extra Vergine Chianti Classico DOP 2006   ♥♥

Mittelintensives Gelbgrün; ausgeprägt, Oliven und geschnittenes Gras, nicht ganz klar; im Gaumen unreife Olivenfrucht, leichte bis mittlere Bitterkeit, adstringierend, mittlere Schärfe, etwas dickflüssig. (L. 1/06 2008; für dieses Öl verwendete Sorte(n): Correggiolo 30%, Frantoio 30%, Moraiolo 15%, Leccino 20%, Pendolino 5%; Merum 2/2007)

Extra Vergine DOP Chianti Classico 2003

Intensives, dunkles Grün; mittlere Duftintensität, Noten von Blättern und frisch gemähtem Gras; deutlich wahrnehmbare Artischocke im Hals, begleitet von ausgewogener Schärfe, der ein Eindruck von frischen Mandeln vorausgeht; gefällt sehr. (L. #; für dieses Öl verwendete Sorte(n): Frantoio + Correggiolo 80%, Moraiolo 10%, Leccino 8%, Pendolino 2%; Merum 3/2004)

Il Lecceto, Trequanda (SI)

20 000 Bäume; mittl. Ölproduktion: 15 000 Liter; Landwirtschaftsbetrieb ohne eigene Ölmühle; kontinuierliches Verfaren (Verarbeitung mit Kernen)
Tel. 0577 665358; Fax 0577 665358; www.lecceto.com; il_lecceto@libero.it

Extra Vergine Toscano IGP Bio 2005

Süße Mandeln, etwas adstringierend, Schärfe. (L. 05/3 11/2007; für dieses Öl verwendete Sorte(n): Frantoio und, Correggiolo 40%, Moraiolo 20%, Leccino 20%, andere Sorten 20%; Merum 3/2006)

Il Melograno, San Casciano (FI)

3650 Bäume; mittl. Ölproduktion: 4600 Liter; Landwirtschaftsbetrieb ohne eigene Ölmühle; kontinuierliches Verfahren (Verarbeitung mit Kernen)
Tel. 02 29000990; Fax 02 26111962; www.panettone.it; panigada.g@panettone.it

Extra Vergine 2003

Leuchtend grünes Öl; mittelintensive Aromen vor allem von frischen, gesunden Oliven; Fruchtaromen mittlerer Intensität, ausgesprochen harmonisch, angenehm durch die bitteren Noten, die man aufgrund der Aromen von frischem Gras und der Schärfe nicht erwartet; schönes Beispiel für ein Öl, das in der Nase und im Gaumen an die Ausgangsfrucht, die Olive, erinnert. (L. 120304; für dieses Öl verwendete Sorte(n): Frantoio 30%, Moraiolo 30%, Leccino 30%, Pendolino 10%; Merum 3/2004)

Il Poggione, Montalcino (SI)

12 000 Bäume; mittl. Ölproduktion: 11 000 Liter; Landwirtschaftsbetrieb mit eigener Ölmühle; kontinuierliches Verfahren (Verarbeitung mit Kernen)
Tel. 0577 844029; Fax 0577 844165; www.tenutailpoggione.it; info@ilpoggione.it

Extra Vergine 2006   ♥

Mittelintensives Gelbgrün; dezent nach reifen Oliven; im Gaumen Mandel, leichte Bitterkeit und Schärfe; sehr mildes Öl. (L. 19 30 4 08; für dieses Öl verwendete Sorte(n): Correggiolo 40%, Moraiolo 60%; Merum 2/2007)

Extra Vergine 2005

Einladende Olivenfrucht, auch im Gaumen, etwas adstringierend und scharf; sehr gutes Extra Vergine. (L. 1 31 05 07; für dieses Öl verwendete Sorte(n): Moraiolo 50%, Frantoio 47%, Olivastra 3%; Merum 3/2006)

Extra Vergine 2004

Eher dezent in der Nase, nicht ganz frisches Gras; leicht süßliche, mandelartige Aromen im Gaumen, gefolgt von einem Bitterton, der an Artischocken erinnert, und Schärfe. (L. 31 5 06 L.02; für dieses Öl verwendete Sorte(n): Moraiolo 70%, Correggiolo 30%; Merum 4/2005)

L'Erta di Quintole/Filippo Legnaioli, Impruneta (FI)

2100 Bäume; mittl. Ölproduktion: 3500 Liter; Landwirtschaftsbetrieb ohne eigene Ölmühle; kontinuierliches Verfahren (Verarbeitung mit Kernen)
Tel. 055 2011423; Fax 055 2011423; www.ertadiquintole.it; info@ertadiquintole.it

Extra Vergine Buondelmonte 2003

Grüne Farbe mit deutlichen gelbgrünen Reflexen; mittelintensiver Duft von halbreifen Oliven; im Gaumen grasig, leicht bitter und scharf; harmonisch, sehr angenehm. (Bioanbau.) (L. 23.01.2005; für dieses Öl verwendete Sorte(n): Frantoio 40%, Moraiolo 30%, Leccino 20%, Pendolino 5%, andere 5%; Merum 3/2004)

Extra Vergine 2004

Ein beeindruckendes Öl mit mittelintensiver Frucht in Nase und Gaumen, Aromen von unreifen Oliven, Artischocke, frisch geschnittenem Gras und Kräutern, angenehm bitter und ausgeprägt scharf. (Bioanbau.) (L. #; für dieses Öl verwendete Sorte(n): Frantoio 60%, Lecino 20%, Pendolino 10%, Moraiolo 10%; Merum 4/2005)

Extra Vergine Bio s.a.

Recht intensive Olivenfrucht, reife Frucht im Gaumen, pikantes Finale. (L. # apr 07; für dieses Öl verwendete Sorte(n): Frantoio 80%, Moraiolo 5%, Leccino 10%, Pendolino 5%; Merum 3/2006)

La Colombaia, Impruneta (FI)

4500 Bäume; mittl. Ölproduktion: 1000 Liter; Landwirtschaftsbetrieb ohne eigene Ölmühle; kontinuierliches Verfahren (Verarbeitung mit Kernen)
Tel. 055 216321; Fax 055 284666; www.villadibagnolo.it; info@villadibagnolo.it

Extra Vergine Toscano Colline di Firenze IGP 2006 ♥

Mittelintensives Gelbgrün; ausgeprägt nach unreifen Olivenduftend; im Ansatz eine Spur frische Mandel, dezent Artischocken, mittlere bis ausgeprägte Bitterkeit unreifer Oliven, mittlere Schärfe, etwas dick_flüssig. (L. # 31 mag. 2008; für dieses Öl verwendete Sorte(n): Frantoio 50%, Moraiolo 30%, andere 20%; Merum 2/2007)

Extra Vergine Toscano Colline di Firenze IGP Terre del Cotto Frantoio 2006 ♥♥

Mittleres Gelbgrün; nicht ganz klar, recht ausgeprägt nach Oliven duftend; im Mund getrocknete Mandeln, dann reife Olivenfrucht, eine Spur Karden, leichte Bitterkeit und mittlere Schärfe. (L. # 31 mag. 2008; für dieses Öl verwendete Sorte: Frantoio; Merum 2/2007)

La Croce/Zari, Castellina in Chianti (SI)

4000 Bäume; mittl. Ölproduktion: 5000 Liter; Landwirtschaftsbetrieb ohne eigene Ölmühle; kontinuierliches Verfahren (Verarbeitung mit Kernen)
Tel. 0577 740668; Fax 0577 740668; lacrocezari@virgilio.it

Extra Vergine Chianti Classico DOP 2005

Nicht intensives Aroma reifer Oliven, nicht sehr charaktervoll. (L. 0106 2007; für dieses Öl verwendete Sorte(n): Frantoio 40%, Moraiolo 30%, Leccino 20%, Maurino 10%; Merum 3/2006)

La Maritana, Arezzo (AR)

1600 Bäume; mittl. Ölproduktion: 500 Liter; Landwirtschaftsbetrieb ohne eigene Ölmühle; kontinuierliches Verfahren (Verarbeitung mit Kernen)
Tel. 0575 21926; Fax ; www.lamaritana.it; info@lamaritana.it

Extra Vergine s.a.

Mittelintensiver Duft von Oliven und Gras; im Geschmack Eindruck von grünen Oliven, Bitterkeit nicht ganz eingebunden. (L. 28 Feb. 2007; für dieses Öl verwendete Sorte(n): Frantoio 50%, Moraiolo 25%, Leccino 20%, Pendolino 5%; Merum 4/2005)

La Querce, Impruneta (FI)

2574 Bäume; mittl. Ölproduktion: 4200 Liter; Landwirtschaftsbetrieb ohne eigene Ölmühle; kontinuierliches Verfahren (Verarbeitung mit Kernen)
Tel. 055 2011380; Fax 055 2011380; www.laquerce.com; info@laquerce.com

Extra Vergine La Querce 2004

Intensive Frucht; im Gaumen Aroma von unreifen Oliven, die feine, zu Schärfe tendierende Bitterkeit ist die von Olivenblättern, ausgesprochene Schärfe, insgesamt harmonisch. (L. #; für dieses Öl verwendete Sorte(n): Frantoio 38%, Moraiolo 25%, Leccino 23%, Pendolino und andere 14%; Merum 4/2005)

Extra Vergine s.a. ♥

Mittleres Gelbgrün; eher dezent, reife Oliven; auch im Mund reife Oliven, leichte Bitterkeit, mittlere, anhaltende Schärfe. (L. # 31 DIC. 2007; für dieses Öl verwendete Sorte(n): Frantoio 35%, Leccino 30%, Moraiolo 25%, andere 10%; Merum 2/2007)

Extra Vergine s.a.

Zarte Olivennoten, im Gaumen reife Olivenfrucht, nur zarte Schärfe. (L. conf. 20 gen. 2006 30 gen. 2007; für dieses Öl verwendete Sorte(n): Frantoio 35%, Moraiolo 30%, Leccino 25%, andere Sorten 10%; Merum 3/2006)

La Ranocchiaia, San Casciano (FI)

1007 Bäume; mittl. Ölproduktion: 1200 Liter; Landwirtschaftsbetrieb ohne eigene Ölmühle; kontinuierliches Verfahren (Verarbeitung mit Kernen)

Tel. 055 822192; Fax 055 641101; www.laranocchiaia.it; gianluca.grandis@tiscali.it

Extra Vergine Correggiolo 2006 ♥♥

Mittelintensives Gelbgrün; ausgeprägte Olivenfrucht; frische Mandeln und reife Oliven; mittel bitter, adstringierend, im Ende ausgeprägte, anhaltende Schärfe. (L. # 30/06/2008; für dieses Öl verwendete Sorte: Correggiolo; Merum 2/2007)

La Romita, San Giovanni d'Asso (SI)

2300 Bäume; mittl. Ölproduktion: 3000 Liter; Landwirtschaftsbetrieb mit eigener Ölmühle; kontinuierliches Verfahren (Verarbeitung mit Kernen)

Tel. 0577 845186; Fax 0577 845201; www.romita.it; romita@romita.it

Extra Vergine Flos Olei 2004

Dezent süßlich, erinnert an reife Oliven, im Gaumen harmonisch mit ausgewogener Bitterkeit und Schärfe. (Bioanbau.) (L. L. 18.01.05; für dieses Öl verwendete Sorte(n): Moraiolo, Oriolo, Correggiolo, Frantoio; Merum 4/2005)

Lavacchio, Pontassieve (FI)

8000 Bäume; mittl. Ölproduktion: # Liter; #; #

Tel. 055 8317472; Fax 055 8317395; www.fattorialavacchio.com; info@fattorialavacchio.com

Extra Vergine Bio s.a. ♥

Mittelintensives Gelbgrün; eher dezent, nach mittelreifen Oliven; im Mund ausgeprägte Bitterkeit mit stark holzigem und ausgeprägt tanninartigem Charakter, spät einsetzende, ausgeprägte Schärfe. (L. 06/AG maggio 08; für dieses Öl verwendete Sorte(n): Frantoio 60%, Moraiolo 30%, Leccino 5%, Pendolino 5%; Merum 2/2007)

Le Corti, San Casciano Val di Pesa (FI)

15 900 Bäume; mittl. Ölproduktion: 7000 Liter; Landwirtschaftsbetrieb mit eigener Ölmühle; kontinuierliches Verfahren (Verarbeitung mit Kernen)

Tel. 055 829301; Fax 055 8290089; www.principecorsini.com; info@principecorsini.com

Extra Vergine Chianti Classico DOP Bio 2005

Noten von reifen Oliven, im Gaumen süße Mandeln, leicht bitter und angenehm scharf; sehr gutes Extra Vergine. (L. 01/06 07/07; für dieses Öl verwendete Sorte(n): Frantoio 70%, Moraiolo 15%, Leccino 15%; Merum 3/2006)

Le Farnete, Carmignano (PO)

1500 Bäume; mittl. Ölproduktion: 3200 Liter; Landwirtschaftsbetrieb mit eigener Ölmühle; kontinuierliches Verfahren (Verarbeitung mit Kernen)

Tel. 0571 910078; Fax 0571 583399; www.enricopierazzuoli.com; info@enricopierazzuoli.com

Extra Vergine 2004

Dezente Fruchtigkeit von Oliven, die kurz nach dem optimalen Reifezeitpunkt geerntet wurden; im Gaumen Bestätigung der fast reifen Olivenfrucht. (L. 4313; für dieses Öl verwendete Sorte(n): Moraiolo 60%, Frantoio 40%; Merum 4/2005)

Le Fonti, Poggibonsi (SI)

4800 Bäume; mittl. Ölproduktion: 7000 Liter; Landwirtschaftsbetrieb ohne eigene Ölmühle; kontinuierliches Verfahren (Verarbeitung mit Kernen)

Tel. 0577 935690; Fax 0577 935690; fattoria.lefonti@tin.it

Extra Vergine Chianti Classico DOP 2006 ♥

Mittelintensives Gelb; recht ausgeprägt, reife Oliven; im Gaumen Mandel, Olivenfrucht, leicht bitter, ausgeprägte, anhaltende Schärfe. (L. 1/07 2008; für dieses Öl verwendete Sorte: Frantoio; Merum 2/2007)

Extra Vergine Chianti Classico DOP 2005

Etwas laute Fruchtnoten, dickflüssig, etwas bitter und scharf. (L. 01/06 2007; für dieses Öl verwendete Sorte(n): Frantoio 40%, Correggiolo 25%, Moraiolo 20%, andere Sorten 15%; Merum 3/2006)

Extra Vergine Chianti Classico DOP 2004

Intensiver Geruch grüner Oliven mit klaren vegetalen Noten; auch im Gaumen deutlich vegetaler Eindruck, Fruchtigkeit grüner Oliven, mittelintensiv, besonders angenehm die deutlichen Noten von Artischocken. (L. 2006 L. 01/05; für dieses Öl verwendete Sorte(n): Frantoio 40%, Correggiolo 25%, Moraiolo 20%, Leccino 7%, andere 8%; Merum 4/2005)

Le Lastrucce, Sesto Fiorentino (FI)

3250 Bäume; mittl. Ölproduktion: 4500 Liter; Landwirtschaftsbetrieb ohne eigene Ölmühle; kontinuierliches Verfahren (Verarbeitung mit Kernen)
Tel. 055 401060; Fax 055 4026000; www.lelastrucce.it; info@lelastrucce.it

Extra Vergine 2004

Sehr dezente Noten reifer Oliven; im Gaumen bestätigt sich der Eindruck frischer Oliven, nicht ganz ausgewogen auf Grund von Adstringenz und Schärfe. (Bioanbau.) (L. 10.NOV.2004; für dieses Öl verwendete Sorte(n): Moraiolo 55%, Frantoio u. Leccino 35%, Maurino u. andere 10%; Merum 4/2005)

Le Sorgenti/Gabriele Ferrari, Bagno a Ripoli (FI)

1639 Bäume; mittl. Ölproduktion: 3000 Liter; Landwirtschaftsbetrieb ohne eigene Ölmühle; kontinuierliches Verfahren (Verarbeitung mit Kernen)
Tel. 055 696004; Fax 055 696921; www.fattoria-lesorgenti.com; info@fattoria-lesorgenti.com

Extra Vergine s.a.

Frisches Olivenaroma, mittlere Schärfe. (L. 01/05 #; für dieses Öl verwendete Sorte(n): Frantoio 70%, Moraiolo 20%, Leccino 5%, Piangente 5%; Merum 3/2006)

Le Vigne/Pettini Andrea, Montenero d'Orcia (GR)

4500 Bäume; mittl. Ölproduktion: 5500 Liter; Landwirtschaftsbetrieb ohne eigene Ölmühle; kontinuierliches Verfahren (Verarbeitung mit Kernen)
Tel. 0564 954116; Fax 0564 954116; www.aziendalevigne.com; info@aziendalevigne.com

Extra Vergine Le Vigne 2004

In der Nase dezente Noten von Gras und Heu; im Gaumen eine etwas holzartige Bitterkeit, begleitet von leichter Schärfe, auf Grund der Adstringenz nicht ganz ausgewogen. (L. 30. GIU. 2006; für dieses Öl verwendete Sorte(n): Frantoio 60%, Moraiolo 30%, Leccino 10%; Merum 4/2005)

Lilliano, Castellina in Chianti (SI)

7000 Bäume; mittl. Ölproduktion: 6000 Liter; Landwirtschaftsbetrieb ohne eigene Ölmühle; kontinuierliches Verfahren (Verarbeitung mit Kernen)
Tel. 0577 743070; Fax 0577 743036; www.lilliano.it; info@lilliano.it

Extra Vergine Chianti Classico DOP 2006 ♥♥

Helles Gelbgrün; recht ausgeprägter Olivenduft; im Mund ausgeprägte Olivenfrucht, mittlere Bitterkeit, leicht adstringierend, mittlere, anhaltende Schärfe. (L. 421206 2008; für dieses Öl verwendete Sorte(n): Frantoio 50%, Moraiolo 20%, Leccino 20%, Pendolino 10%; Merum 2/2007)

Extra Vergine Chianti Classico DOP 2004

Mittelintensive Noten von grünen Oliven und Blättern; im Gaumen sehr interessant, angenehm und harmonisch, der Ansatz ist geprägt von dezentem Geschmack frischer Mandeln, dann Noten von grünen, frischen Oliven, harmonische Schärfe, gut mit den anderen Komponenten des Öls verwoben. (L. 41/04; für dieses Öl verwendete Sorte(n): Frantoio 50%, Moraiolo 20%, Leccino 20%, Pendolino 10%; Merum 4/2005)

Malenchini, Bagno a Ripoli (FI)

12 000 Bäume; mittl. Ölproduktion: 12 000 Liter; Landwirtschaftsbetrieb ohne eigene Ölmühle; kontinuierliches Verfahren (Verarbeitung mit Kernen)

Tel. 055 642602; Fax 055 646987; www.malenchini.it; info@malenchini.it

Extra Vergine s.a.

Intensiv fruchtige Noten von geschnittenem Gras und grünen Oliven; Schärfe auf der Zunge und später im Abgang, vorher angenehme Artischocken-Bitterkeit. (L. 0104 VI 06; für dieses Öl verwendete Sorte(n): Frantoio 60%, Leccino 30%, Moraiolo 5%, Pendolino 5%; Merum 4/2005)

Extra Vergine s.a.

Reife Oliven in Nase und Gaumen, etwas dickflüssig, ausgewogene Schärfe. (L. 206 2007; für dieses Öl verwendete Sorte(n): Frantoio, Leccino, Moraiolo; Merum 3/2006)

Mannucci Droandi, Montevarchi (AR)

1317 Bäume; mittl. Ölproduktion: 3500 Liter; Landwirtschaftsbetrieb ohne eigene Ölmühle; kontinuierliches Verfahren (Verarbeitung mit Kernen)

Tel. 055 9707276; Fax 055 9708735; www.chianticlassico.com; mannuccidroandi@tin.it

Extra Vergine Chianti Classico DOP 2004

Leichte Noten von frischen Oliven und Kräutern; im Gaumen hauptsächlich grüne Oliven, gefolgt von ausgedehnter, langanhaltender Schärfe. (Bioanbau.) (L. fine 2006 L01/04; für dieses Öl verwendete Sorte(n): Moraiolo 59%, Frantoio 17%, Leccino 16%, andere 8%; Merum 4/2005)

Marchesi De' Frescobaldi, Firenze (FI)

60 000 Bäume; mittl. Ölproduktion: 25 000 Liter; Landwirtschaftsbetrieb mit eigener Ölmühle; kontinuierliches Verfahren (Verarbeitung mit Kernen)

Tel. 055 27141; Fax 055 211527; www.frescobaldi.it; info@frescobaldi.it

Extra Vergine Laudemio 2006   ♥

Mittelintensives Grün; recht ausgeprägt, unreife Oliven, nicht ganz klar; getrocknete Mandel im Ansatz, dann Gras, mittlere, tanninartige Bitterkeit, erinnert an Artischocken, ausgeprägte und anhaltende Schärfe auf der Zunge. (L. 6/331 2008/05; für dieses Öl verwendete Sorte(n): Frantoio 80%, Moraiolo 10%, Leccino 10%; Merum 2/2007)

Extra Vergine Laudemio 2005

Grüne Oliven, auch im Gaumen, ausgewogene Bitterkeit und Schärfe. (L. 5/328 2007-05; für dieses Öl verwendete Sorte(n): Frantoio, Moraiolo, Leccino; Merum 3/2006)

Extra Vergine Laudemio 2004

Duft von mittlerer Intensität mit der klaren Fruchtigkeit von Oliven; im Ansatz der Eindruck frischer Mandeln, der schnell überdeckt wird von ausgeprägten Artischocken-Noten, Karden und grünen Oliven, im Rachen feine Perperoncino-Schärfe. (L. 05/2006 L. 4/329; für dieses Öl verwendete Sorte(n): Frantoio, Moraiolo, Leccino; Merum 4/2005)

Miciolo/Alfani, Mercatale Val di Pesa (FI)

1470 Bäume; mittl. Ölproduktion: 2000 Liter; Landwirtschaftsbetrieb ohne eigene Ölmühle; kontinuierliches Verfahren (Verarbeitung mit Kernen)

Tel. 055 8217956; Fax 055 8218401; www.igreppidisilli.it; info@igreppidisilli.it

Extra Vergine Alfani I Greppi di Silli Leccino 2004

Dezenter Duft nach reifen Oliven; im Gaumen dicht, scharf, mit dem Aroma von Oliven und Gras, mittelintensiv. (L. GIUGNO 2006 L. LCC 26.05; für dieses Öl verwendete Sorte(n): Leccino; Merum 4/2005)

Extra Vergine I Greppi di Silli Frantoio s.a.

Intensive Olivenfrucht, im Gaumen frische Mandeln, spürbare Schärfe; sehr gutes Extra Vergine. (L. FR-11-05 Dicembre 2007; für dieses Öl verwendete Sorte(n): Frantoio; Merum 3/2006)

Extra Vergine I Greppi di Silli Gocce d'Oro s.a.

Fruchtige Nase, im Gaumen süße Mandeln, im Abgang Schärfe. (L. LMI-PD-1105 Dicembre 2007; für dieses Öl verwendete Sorte(n): Madonna Impruneta 60%, Pendolino 40%; Merum 3/2006)

Montecucco/Leonato Alessandri, Cinigiano (GR)

8000 Bäume; mittl. Ölproduktion: 1200 Liter; Landwirtschaftsbetrieb mit eigener
Ölmühle; kontinuierliches Verfahren (Verarbeitung mit Kernen)
Tel. 0564 999029; Fax 0564 999028; www.tenutadimontecucco.it;
info@tenutadimontecucco.it

Extra Vergine Toscano IGP 2004
*In der Nase grüne Oliven; im Ansatz getrocknete Mandeln, holzartige Bitterkeit und Ad-
stringenz, leichte, anhaltende Schärfe auf der Zunge.* (L. 31-05-2006; für dieses Öl verwendete
Sorte(n): Frantoio 25%, Leccino 70%, Pendolino 5%; Merum 4/2005)

Montereggi, Fiesole (FI)

10 000 Bäume; mittl. Ölproduktion: 10 000 Liter; Landwirtschaftsbetrieb mit
eigener Ölmühle; kontinuierliches Verfahren (Verarbeitung mit Kernen)
Tel. 055 540014; Fax 055 540014; www.montereggi.com; info@montereggi.com

Extra Vergine 2004
*Intensive Noten von unreifen Oliven; im Gaumen nicht harmonisch, betont bitter und scharf,
mit Aroma von reifen Oliven.* (L. #; für dieses Öl verwendete Sorte(n): Frantoio 36%, Leccino
28%, Morellino 32 %, Rossellino und Pendolino 4%; Merum 4/2005)

Monticchio, Bagno a Ripoli (FI)

2500 Bäume; mittl. Ölproduktion: 3000 Liter; Landwirtschaftsbetrieb ohne eigene
Ölmühle; kontinuierliches Verfahren (Verarbeitung mit Kernen)
Tel. 055 6510727; Fax 055 633270; www.fattoriamonticchio.com;
monticchio@virgilio.it

Extra Vergine Chianti Classico DOP 2003
*Gelbgrüne Farbe; erinnert in der Nase an geschnittenes Gras mit Noten von frischem Heu;
im Mund besonders scharf, deutlich die Bitterkeit von Artischocken und Feldkarden, dadurch nicht komplett harmonisch.* (L. A3080; für dieses Öl verwendete Sorte(n): Moraiolo 50%,
Frantoio u. Correggiolo 35%, Leccino 10%, Pendolino 5%; Merum 3/2004)

Extra Vergine Chianti Classico DOP 2004
*Olivenduft; leicht aggressiv im Gaumen mit anhaltendem Bitterton im Nachgeschmack, un-
ausgewogen.* (L. 04/2006 L. A5001; für dieses Öl verwendete Sorte(n): Moraiolo 70%, Frantoio
20 %, Leccino 8%, Pendolino 2%; Merum 4/2005)

Montorio/Baldi Pappini Lazzeri Dianora, Quarrata (PT)

4300 Bäume; mittl. Ölproduktion: 6000 Liter; Landwirtschaftsbetrieb ohne eigene
Ölmühle; kontinuierliches Verfahren (Verarbeitung mit Kernen)
Tel. 0573 750265; Fax 0573 750265; www.paginegialle.it/fattoriamontorio;
lazzeripaolo@genie.it

Extra Vergine s.a. ♥♥
*Intensives mittleres Grün; eher ausgeprägt, varietale Noten von Kaffee; im Mund getrock-
nete Mandel und Olivenfrucht, nur leichte Bitterkeit und Schärfe, etwas dickflüssig.* (L.
8011106 31-12-2007; für dieses Öl verwendete Sorte(n): Moraiolo, Frantoio, Piangente, Leccino;
Merum 2/2007)

Extra Vergine s.a.
*Dezent fruchtige Noten in der Nase; bitter und adstringierend im Geschmack; Geruchs- und
Geschmackseindruck stimmen nicht ganz überein.* (L. 31-12-2005 L. 625105; für dieses Öl ver-
wendete Sorte(n): Moraiolo 80%, Frantoio 10%, Leccino 5%, Pendolino 5%; Merum 4/2005)

Mori Dario, San Casciano Val di Pesa (FI)

1802 Bäume; mittl. Ölproduktion: # Liter; Landwirtschaftsbetrieb ohne eigene
Ölmühle; diskontinuierliches Verfahren mit Mühlsteinen und hydraulischer Presse
Tel. 055 822043; Fax 055 822043; www.poderesanpierino.it;
poderesanpierino@libero.it

Extra Vergine Chianti Classico DOP Podere San Pierino 2004
*Nicht intensive Noten von halbreifen Oliven; Artischocken-Bitterkeit, Peperoncino-Schärfe
und frisch geschnittenes Gras, alles nicht sehr intensiv.* (L. #; für dieses Öl verwendete Sorte(n):
Moraiolo 40%, Frantoio 38%, Pendolino 9%, Leccino 8%, andere 5%; Merum 4/2005)

Nannoni Angela, Pontassieve (FI)

2600 Bäume; mittl. Ölproduktion: 1000 Liter; Landwirtschaftsbetrieb ohne eigene Ölmühle; kontinuierliches Verfahren (Verarbeitung mit Kernen)

Tel. 328 0027792; Fax 055 8398986; www.agriturismo-varinaldi.it; angela.nannoni@tiscali.it

Extra Vergine 2004

Nicht sehr intensive Noten von Olive, Karde und Artischocke; übereinstimmende Frucht im Gaumen, intensiv, aber harmonisch. (L. #; für dieses Öl verwendete Sorte(n): Hauptsorte Frantoio, daneben Leccino, Pendolino, Maurino und Morellino; Merum 4/2005)

Nozzole/Folonari, Greve (FI)

4809 Bäume; mittl. Ölproduktion: 5000 Liter; Landwirtschaftsbetrieb ohne eigene Ölmühle; kontinuierliches Verfahren (Verarbeitung mit Kernen)

Tel. 055 859811; Fax 055 859823; www.tenutefolonari.it; _folonari@tenutefolonari.com

Extra Vergine Chianti Classico DOP 2006   ♥♥

Mittelintensives Gelbgrün; sehr ausgeprägt, varietal, Kaffee; im Ansatz unreife Oliven, dann Karden und Artischocken, mittlere Bitterkeit, im Ende ausgeprägt scharf. (L. 06 GIUGNO 2008; für dieses Öl verwendete Sorte(n): Frantoio 46%, Moraiolo 34%, Leccino 10%, Correggiolo 10%; Merum 2/2007)

Olivo d'Oro/Cattani Roberto, Suvereto (LI)

5000 Bäume; mittl. Ölproduktion: 7300 Liter; Landwirtschaftsbetrieb mit eigener Ölmühle; kontinuierliches Verfahren (Verarbeitung mit Kernen)

Tel. 0565 828268; Fax 0565 828268

Extra Vergine Toscano IGP 2005

Reife Nase, im Gaumen reife Oliven, ziemlich adstringierend, gute Schärfe. (L. 03 07 giu. 2007; für dieses Öl verwendete Sorte(n): Moraiolo 55%, Frantoio 26%, Leccino 9%, andere Sorten 10%; Merum 3/2006)

Olivodoro, Suvereto (LI)

5000 Bäume; mittl. Ölproduktion: 4000 Liter; Landwirtschaftsbetrieb mit eigener Ölmühle; kontinuierliches Verfahren (Verarbeitung mit Kernen)

Tel. 0565 828268; Fax 0565 828268

Extra Vergine Toscano IGP 2004

Sehr dezente Fruchtigkeit gesunder, recht reif geernteter Oliven; im Gaumen Bitterkeit und Schärfe, nicht überaus harmonisch. (L. 03 GIU 2006; für dieses Öl verwendete Sorte(n): Moraiolo 59%, Frantoio 23%, Leccino 9%, andere 9%; Merum 4/2005)

Parri, Montespertoli (FI)

7667 Bäume; mittl. Ölproduktion: 13 500 Liter; Landwirtschaftsbetrieb mit eigener Ölmühle; kontinuierliches Verfahren (Verarbeitung mit Kernen)

Tel. 0571 674057; Fax 0571 604057; www.fattorieparri.it; info@fattorieparri.it

Extra Vergine Toscano IGP 2006   ♥♥

Intensives mittleres Grün; eher dezent, nach Oliven, eine Spur Kaffee, nicht ganz klar; im Gaumen getrocknete Mandeln, mittlere Bitterkeit und Schärfe, gute Ausgewogenheit. (L. # 29/05/08; für dieses Öl verwendete Sorte(n): Frantoio 61%, Leccino 12%, Moraiolo 27%; Merum 2/2007)

Extra Vergine Toscano IGP 2005

Ansprechende Olivennoten, auch im Gaumen, etwas dickflüssig, gute Schärfe im Abgang. (L. # 30/05/2007; für dieses Öl verwendete Sorte(n): Frantoio 61%, Leccino 12%, Moraiolo 27%; Merum 3/2006)

Extra Vergine Toscano IGP 2004

Duft perfekt ausgereifter Oliven; leichtes Artischocken-Aroma, begleitet von spät einsetzender Schärfe im Gaumen und im Abgang, angenehme Bitterkeit. (L. 30/05/2006; für dieses Öl verwendete Sorte(n): Frantoio 61%, Moraiolo 27%, Leccino 12%; Merum 4/2005)

Pian di Maggio/Monica Clementi, Roccalbegna (GR)

1350 Bäume; mittl. Ölproduktion: 5000 Liter; Landwirtschaftsbetrieb mit eigener Ölmühle; diskontinuierliches Verfahren mit Mühlsteinen und Decanter

Tel. 0564 980194; Fax 0564 980194; www.piandimaggio.it; info@piandimaggio.it

Extra Vergine s.a.

Frische Olivenfrucht, etwas ausgeprägte Bitterkeit (L. # 28 mag 2007; für dieses Öl verwendete Sorte(n): Leccino; Merum 3/2006)

Podere Gli Scassi, Massa e Cozzile (PT)

1500 Bäume; mittl. Ölproduktion: 1500 Liter; Landwirtschaftsbetrieb ohne eigene Ölmühle; kontinuierliches Verfahren (Verarbeitung mit Kernen)

Tel. 0572 919036; Fax 0572 919037; www.scassi.it; info@scassi.it

Extra Vergine 2005

Mittelintensive Frucht, fruchtig auch im Gaumen, ausgeprägte Bitterkeit und Schärfe. (L. 1/12.2005 maggio 2007; für dieses Öl verwendete Sorte(n): Leccino 40%, Frantoio 30%, Moraiolo 10%, Pendolino und andere Sorten 20%; Merum 3/2006)

Podere Il Casino, Seggiano (GR)

280 Bäume; mittl. Ölproduktion: 1200 Liter; Landwirtschaftsbetrieb ohne eigene Ölmühle; kontinuierliches Verfahren (Verarbeitung mit Kernen)

Tel. 0564 950473; Fax 0564 950473; www.podereilcasino.net; info@podereilcasino.net

Extra Vergine Olivastra Seggianese 2005

Noten von grünen Oliven, im Gaumen neben unreifen Oliven auch frische Mandeln, Schärfe. (L. # #; für dieses Öl verwendete Sorte(n): Olivastra; Merum 3/2006)

Podere Torcilacqua, Tavarnelle V.P. (FI)

1200 Bäume; mittl. Ölproduktion: 2000 Liter; Landwirtschaftsbetrieb ohne eigene Ölmühle; kontinuierliches Verfahren (Verarbeitung mit Kernen)

Tel. 335 6254581; Fax 055 8071598; www.agriturismotorcilacqua.it; mauro.bianchi@net1.it

Extra Vergine Chianti Classico DOP 2006   ♥♥

Mittleres Gelbgrün; ausgeprägt, nach unreifen Oliven, varietal, Kaffee, nicht ganz klar; im Ansatz dezent, dann recht ausgeprägt nach Karden, auch geschnittenes Gras, mittlere Bitterkeit mit leichter Adstringenz, mittlere Schärfe. (L. # 2-nov. 2008; für dieses Öl verwendete Sorte(n): Moraiolo 30%, Frantoio 30%, Leccino 30&, Pendolino 10%; Merum 2/2007)

Poggio agli Ulivi/Marchesi Lucifero, Firenze (FI)

1500 Bäume; mittl. Ölproduktion: 300 Liter; Landwirtschaftsbetrieb ohne eigene Ölmühle; kontinuierliches Verfahren (Verarbeitung ohne Kerne)

Tel. 055 680626; Fax 055 680626; www.marchesilucifero.com; poggioagliulivi@marchesilucifero.com

Extra Vergine 2004

Nicht intensive Aromen; im Gaumen intensiver, Karden-Bitterkeit, Schärfe, unreife und reife Oliven, etwas unharmonisch. (L. #; für dieses Öl verwendete Sorte(n): Moraiolo, Frantoio, Leccino, Pendolino; Merum 4/2005)

Poggio di Montepescoli, Pelago (FI)

1400 Bäume; mittl. Ölproduktion: 1400 Liter; Landwirtschaftsbetrieb ohne eigene Ölmühle; kontinuierliches Verfahren (Verarbeitung mit Kernen)

Tel. 055 8301000; Fax 055 8301000; www.montepescoli.it; montepescoli@tin.it

Extra Vergine 2005

Nicht überaus intensive Fruchtnoten; auch im Gaumen nicht sehr intensiv, unreife und reife Oliven, nicht ausgeprägte Schärfe, eher zu bitter; interessantes, aber nicht harmonisches Öl. (Bioanbau.) (L. #; für dieses Öl verwendete Sorte(n): Frantoio 60%, Moraiolo 30%, Leccino 10%; Merum 4/2005)

Extra Vergine Bio s.a.

Intensive Noten unreifer Oliven, im Gaumen neben Frucht viel Bitterkeit und Schärfe. (L. 02/05 05/2007; für dieses Öl verwendete Sorte(n): Frantoio 70%, Moraiolo 25%, Leccino 5%; Merum 3/2006)

Poggio Torselli, San Casciano Val di Pesa (FI)

2700 Bäume; mittl. Ölproduktion: 2000 Liter; Landwirtschaftsbetrieb ohne eigene Ölmühle; kontinuierliches Verfahren (Verarbeitung mit Kernen)

Tel. 055 8290241; Fax 055 8290771; www.poggiotorselli.it; poggiotorselli@telematicaitalia.it

Extra Vergine Chianti Classico DOP 2004

Dezenter Olivenduft; im Gaumen nicht ganz ausgewogen aufgrund der Bitterkeit und Schärfe, deutliche Noten von grünen Oliven. (L. entro il 2006 L. 01/04; für dieses Öl verwendete Sorte(n): Frantoio 90%, Leccino, Moraiolo, Pendolino 10%; Merum 4/2005)

Extra Vergine Chianti Classico DOP 2005

Recht fruchtig, im Gaumen reife Oliven, etwas dickflüssig, nicht übertriebene Bitterkeit und Schärfe. (L. 0105 #; für dieses Öl verwendete Sorte(n): Frantoio 80%, Moraiolo 10%, Leccino und Pendolino 10%; Merum 3/2006)

Poggiopiano/Mauro Galardi, Fiesole (FI)

4037 Bäume; mittl. Ölproduktion: 5000 Liter; Landwirtschaftsbetrieb ohne eigene Ölmühle; kontinuierliches Verfahren (Verarbeitung mit Kernen)

Tel. 055 6593020; Fax 055 6593020; www.poggiopiano.it; info@poggiopiano.it

Extra Vergine Bio 2006   ♥♥

Intensives Gelbgrün; recht ausgeprägt; im Mund dezent nach getrockneten Mandeln, dann eine Spur Artischocke, mittlere Bitterkeit und Schärfe. (L. 11 04/08; für dieses Öl verwendete Sorte(n): Frantoio 60%, Moraiolo 30%, Leccino 10%; Merum 2/2007)

Extra Vergine Galardi Bio 2005

Süßliche Frucht, im Gaumen Olive und Walnuss, mittlere Schärfe. (L. 4A 04/07; für dieses Öl verwendete Sorte(n): Frantoio 60%, Moraiolo 30%, Leccino 10%; Merum 3/2006)

Pruneti, Greve in Chianti (FI)

6200 Bäume; mittl. Ölproduktion: 6500 Liter; Landwirtschaftsbetrieb mit eigener Ölmühle; kontinuierliches Verfahren (Verarbeitung mit Kernen)

Tel. 055 855319; Fax 055 855319; www.pruneti.it; info@pruneti.it

Extra Vergine Chianti Classico DOP Viuzzo Bio 2006   ♥

Mittleres, grünliches Gelb, recht ausgeprägt, reife und unreife Oliven; im Gaumen Mandeln und Olivenfrucht, leicht bitter, mittlere Schärfe, recht persistent. (L. # 30 11 07; für dieses Öl verwendete Sorte(n): Frantoio 40%, Moraiolo 30%, Leccino 30%; Merum 2/2007)

Extra Vergine Chianti Classico DOP 2004

Recht intensive Noten von unreifen Oliven; auch im Gaumen das Aroma von grünen Oliven, mittelintensive Schärfe und Bitterkeit von Karden und Artischocken, Geschmack von Olivenblättern. (L. #; für dieses Öl verwendete Sorte(n): Moraiolo 40%, Frantoio 30%, Correggiolo 20%, Leccino 10%; Merum 4/2005)

Querciavalle/Losi, Castelnuovo Berardenga (SI)

600 Bäume; mittl. Ölproduktion: 1500 Liter; Landwirtschaftsbetrieb ohne eigene Ölmühle; kontinuierliches Verfahren (Verarbeitung mit Kernen)

Tel. 0577 356842; Fax 0577 356842; www.aziendagricolalosi.it; info@aziendagricolalosi.it

Extra Vergine Chianti Classico DOP 2006   ♥♥

Mittelintensives Gelbgrün; ausgeprägt, Duft sowohl von reifen als auch unreifen Oliven, geschnittenes Gras; getrocknete Mandeln im Ansatz, leichte Bitterkeit, leichte bis mittlere Schärfe; ausgewogen. (L. 1/06 2008; für dieses Öl verwendete Sorte(n): Correggiolo 90%, Leccino 10%; Merum 2/2007)

Riseccoli, Greve in Chianti (FI)

200 Bäume; mittl. Ölproduktion: 17 000 Liter; Landwirtschaftsbetrieb ohne eigene Ölmühle; kontinuierliches Verfahren (Verarbeitung mit Kernen)

Tel. 055 853598; Fax 055 8546575

info@riseccoli.com

Extra Vergine 2006 ♥♥

Mittelintensives Gelbgrün; eher dezent nach Oliven, nicht ganz klar; im Ansatz getrocknete Mandeln, reife Olivenfrucht, mittlere Bitterkeit, mit Tendenz zu Holzigkeit, im Ende Schärfe, ausgeprägt und anhaltend. (L. 01/06 FEBBRAIO 2008; für dieses Öl verwendete Sorte(n): Moraiolo 40%, Pendolino 45%, Leccino 10%, Frantoio 5%; Merum 2/2007)

Rocca di Montegrossi, Gaiole in Chianti (SI)

1000 Bäume; mittl. Ölproduktion: 1500 Liter; Landwirtschaftsbetrieb ohne eigene Ölmühle; kontinuierliches Verfahren (Verarbeitung mit Kernen)

Tel. 0577 747977; Fax 0577 747836; rocca_di_montegrossi@chianticlassico.com

Extra Vergine Chianti Classico DOP 2006 ♥

Mittelintensives Grün; recht ausgeprägt, nicht ganz klar, varietal; im Mund reife Oliven, nur leicht bitter, ausgeprägte, am Gaumen spürbare Schärfe, etwas dickflüssig. (L. 330 06 12/08; für dieses Öl verwendete Sorte(n): Correggiolo 90%, Moraiolo 10%; Merum 2/2007)

Extra Vergine Chianti Classico DOP 2004

Feiner Duft mit den grünlichen Noten frischen Gemüses; im Gaumen das Aroma reifer Oliven mit der Bitterkeit von Artischocken und einer ausbalancierenden Schärfe. (L. 12.06 L. 308 04; für dieses Öl verwendete Sorte(n): Correggiolo; Merum 4/2005)

Extra Vergine Chianti Classico DOP 2005

Noten von unreifen Oliven, etwas dickflüssig, unreife Olivenfrucht, pikant. (L. 315 05 02 08; für dieses Öl verwendete Sorte(n): Correggiolo; Merum 3/2006)

Sagna/Ladislav Kunc, Castellina in Chianti (SI)

3253 Bäume; mittl. Ölproduktion: # Liter; Landwirtschaftsbetrieb ohne eigene Ölmühle; diskontinuierliches Verfahren mit Mühlsteinen und Decanter

Tel. 0577 740493; Fax 0577 740493; www.poderesagna.com; poderesagna@inwind.it

Extra Vergine 2004

Deutliche Noten von Kaffee; Geschmack von grünen Oliven, ausgeprägte Noten von geschnittenem Gras, stark bitter und tanninhaltig, im Ende leichte Schärfe. (Bioanbau.) (L. GIUGNO 2006 L. 109; für dieses Öl verwendete Sorte(n): #; Merum 4/2005)

San Fabiano, Arezzo (AR)

4500 Bäume; mittl. Ölproduktion: 5000 Liter; Landwirtschaftsbetrieb ohne eigene Ölmühle; kontinuierliches Verfahren (Verarbeitung mit Kernen)

Tel. 0575 24566; Fax 0575 370368; www.fattoriasanfabiano.it; info@fattoriasanfabiano.it

Extra Vergine Toscano IGP 2004

Anhaltende, fast medizinale Bitterkeit, stark unausgewogen wegen des bitteren, adstringierenden Eindrucks, mittlere Intensität, nur leicht fruchtig, praktisch keine Schärfe. (L. 01/12/2006; für dieses Öl verwendete Sorte(n): Frantoio 60%, Moraiolo 20%, Leccino 20%; Merum 4/2005)

San Felice, Castelnuovo Berardenga (SI)

16 000 Bäume; mittl. Ölproduktion: 3000 Liter; Landwirtschaftsbetrieb mit eigener Ölmühle; kontinuierliches Verfahren (Verarbeitung mit Kernen)

Tel. 0577 39911; Fax 0577 359223; www.agricolasanfelice.it; info@agricolasanfelice.it

Extra Vergine Campogiovanni 2004

Noten von frisch geschnittenem Gras; im Gaumen feine Artischocken-Noten, anhaltende Bitterkeit und Schärfe. (L. 2006 L. 05012; für dieses Öl verwendete Sorte(n): #; Merum 4/2005)

Extra Vergine Chianti Classico DOP 2006   ♥♥

Mittelintensives Grün; sehr ausgeprägt, klar und varietal, Kaffee, frisches Zypressenholz; im Mund ausgeprägt nach unreifen Oliven, mittlere Bitterkeit von Karden und Artischocken, adstringierend und leicht tanninartig, ausgeprägte, anhaltende Schärfe (L. 01/06 2008; für dieses Öl verwendete Sorte(n): Frantoio 75%, Moraiolo 15%, Leccino 10%; Merum 2/2007)

San Jacopo/Pasquini, Reggello (FI)

2200 Bäume; mittl. Ölproduktion: 300 Liter; Landwirtschaftsbetrieb mit eigener Ölmühle; kontinuierliches Verfahren (Verarbeitung mit Kernen)

Tel. 055 869260; Fax 055 8696020; www.frantoiopasquini.it; info@frantoiopasquini.it

Extra Vergine Toscano Colline di Firenze IGP s.a.   ♥♥

Intensives Gelbgrün; nicht ganz klar, aber ausgeprägt, unreife Oliven; dezent nach frischen Mandeln, mittlere bis ausgeprägte Bitterkeit, die an Artischocken erinnert, leichtes Tannin, sehr ausgeprägte Schärfe. (L. # 31.12.2008; für dieses Öl verwendete Sorte(n): Frantoio, Moraiolo, andere; Merum 2/2007)

Selvapiana, Rufina (FI)

9500 Bäume; mittl. Ölproduktion: # Liter; Landwirtschaftsbetrieb ohne eigene Ölmühle; kontinuierliches Verfahren (Verarbeitung mit Kernen)

Tel. 055 8369848; Fax 055 8316840; www.selvapiana.it; selvapiana@tin.it

Extra Vergine 2004

Duft von perfekt ausgereiften Oliven; im Geschmack das süßliche Aroma reifer, geschälter Mandeln, dann Eindruck von trockenem Holz, gefolgt von spät einsetzender, unausgewogener Schärfe im Rachen. (L. 30/06/2006 L. 2004-7; für dieses Öl verwendete Sorte(n): Frantoio 90%, Leccino, Moraiolo 10%; Merum 4/2005)

Talente, San Casciano Val di Pesa (FI)

8185 Bäume; mittl. Ölproduktion: 12 000 Liter; Landwirtschaftsbetrieb mit eigener Ölmühle; kontinuierliches Verfahren (Verarbeitung mit Kernen)

Tel. 055 8290179; Fax 055 8290179; agricolatalente@libero.it

Extra Vergine Chianti Classico DOP Cassiano 2004

Feine Noten von reifen Oliven in der Nase; im Gaumen ausgewogen zwischen den süßlichen, an frische Mandeln erinnernden Aromen im Ansatz sowie der folgenden Bitterkeit von Karden und der Schärfe, die erst spät im Gaumen einsetzt; sehr angenehm auch wegen der guten Übereinstimmung der Geruchs- und Geschmackseindrücke. (L. L. 01/04; für dieses Öl verwendete Sorte(n): Frantoio 80%, Moraiolo 10%, Leccino 10%; Merum 4/2005)

Tenimenti Ruffino, Greve (FI)

3445 Bäume; mittl. Ölproduktion: 5000 Liter; Landwirtschaftsbetrieb mit eigener Ölmühle; kontinuierliches Verfahren (Verarbeitung mit Kernen)

Tel. 055 6499711; Fax 055 6499700; www.ruffino.it; info@ruffino.it

Extra Vergine Laudemio Tenuta di Santedame 2003

Grüne Farbe mit gelblichen Tönen; mittlere Duftintensität, deutliche Noten von Oliven und Gras; am Gaumen harmonisch mit fruchtigen Olivennoten, etwas glatt im Mund, angenehm nachklingende Schärfe, untermalt von Mandeln. (L. TGGB; für dieses Öl verwendete Sorte(n): Frantoio 40%, Moraiolo 55%, Pendolino 5%; Merum 3/2004)

Tenuta Cantagallo e Le Farnete, Capraia e Limite (Fi)

4000 Bäume; mittl. Ölproduktion: 9000 Liter; Landwirtschaftsbetrieb mit eigener Ölmühle; kontinuierliches Verfahren (Verarbeitung mit Kernen)

Tel. 0571 910078; Fax 0571 583399; www.enricopierazzuoli.com; info@enricopierazzuoli.com

Extra Vergine Laudemio Cantagallo 2006   ♥♥

Mittleres helles Grün; dezenter Duft nach recht reifen Oliven; auch im Mund eher reife Oliven, angenehme, leichte Bitterkeit, anhaltende, mittlere Schärfe; sehr ausgewogen. (L. 6306 Ottobre 2008; für dieses Öl verwendete Sorte(n): Moraiolo 50%, Frantoio 40%, Leccino 10%; Merum 2/2007)

Tenuta di Bagnolo/Marchesi Pancrazi, Montemurlo (PO)

3500 Bäume; mittl. Ölproduktion: 3000 Liter; Landwirtschaftsbetrieb mit eigener Ölmühle; kontinuierliches Verfahren (Verarbeitung mit Kernen)
Tel. 0574 652439; Fax 0574 657247; www.pancrazi.it; info@pancrazi.it

Extra Vergine Laudemio Villa di Bagnolo 2004

Noten von grünen Oliven; im Gaumen ausgewogener Geschmack mit Bitternoten von Artischocken und Karden und Schärfe. (L. 30/06/2006; für dieses Öl verwendete Sorte(n): Frantoio 40%, Moraiolo 30%, Leccino 20%, Rossellino 10%; Merum 4/2005)

Tenuta Campo al Mare/Folonari, Greve (FI)

700 Bäume; mittl. Ölproduktion: 800 Liter; Landwirtschaftsbetrieb ohne eigene Ölmühle; kontinuierliches Verfahren (Verarbeitung mit Kernen)
Tel. 055 859811; Fax 055 859823; www.tenutefolonari.it;
_folonari@tenutefolonari.it

Extra Vergine Campo al Mare 2006 ♥♥

Mittelintensives Gelbgrün; recht ausgeprägt, Oliven, dezent nach wilden Kräutern duftend; im Ansatz getrocknete Mandeln, dann unreife Oliven, Karden, leichtadstringierende, mittlere Bitterkeit, ausgeprägte, andauernde Schärfe. (L. 06 GIUGNO; für dieses Öl verwendete Sorte(n): Frantoio 30%, Moraiolo 20%, Leccino 20%, Grenignolo di Bolgheri 30%; Merum 2/2007)

Tenuta La Fuga/Folonari, Montalcino (SI)

750 Bäume; mittl. Ölproduktion: 700 Liter; #; #
Tel. 055 859811; Fax 055 859823; www.tenutefolonari.it;
folonari@tenutefolonari.it

Extra Vergine La Fuga 2006 ♥♥

Mittelintensives Gelbgrün; ausgeprägt nach unreifen Olivenduftend, varietal; frische Mandel, Oliven, ausgeprägt bitter, leicht tanninartig, ausgeprägte Schärfe im Rachen, etwas dickflüssig. (L. 06 GIUGNO 2008; für dieses Öl verwendete Sorte(n): Frantoio 45%, Moraiolo 35%, Leccino 10%, Pendolino 10%; Merum 2/2007)

Terre di San Gorgone, Reggello (FI)

6000 Bäume; mittl. Ölproduktion: 2500 Liter; Landwirtschaftsbetrieb ohne eigene Ölmühle; kontinuierliches Verfahren (Verarbeitung mit Kernen)
Tel. 055 860110; Fax 055 860110; www.terredisangorgone.com;
info@terredisangorgone.com

Extra Vergine s.a. ♥

Mittleres, grünliches Gelb; eher dezent, reife Oliven, nicht ganz klar; im Ansatz getrocknete Mandel, dann reife Olivenfrucht, leichte Bitterkeit, mittlere, anhaltende Schärfe. (L. # #; für dieses Öl verwendete Sorte(n): Frantoio 60%, Moraiolo 25%, Leccino 10%, Pendolino 5%; Merum 2/2007)

Travignoli, Pelago (FI)

4000 Bäume; mittl. Ölproduktion: 3000 Liter; #; #
Tel. 055 8361098; Fax 055 8361098; www.travignoli.com; info@travignoli.com

Extra Vergine Laudemio 2006 ♥♥♥

Mittelintensives grünliches Gelb; intensiv fruchtig, nach Kaffee und frischem Gras duftend; im Mund ausgeprägte Bitterkeit, leicht holzig und tanninartig, erinnert an Artischocken, ausgeprägte Schärfe, lang anhaltend; sehr gutes Extra Vergine mittypisch toskanischem Charakter. (L. 6/100 giugno 2008; für dieses Öl verwendete Sorte(n): Frantoio 90%, Moraiolo 10%; Merum 2/2007)

Villa Calcinaia/Conti Capponi, Greve in Chianti (FI)

1800 Bäume; mittl. Ölproduktion: 1000 Liter; Landwirtschaftsbetrieb ohne eigene Ölmühle; diskontinuierliches Verfahren mit Mühlsteinen und Decanter
Tel. 055 854008; Fax 055 854008; www.villacalcinaia.it; ufficio@villacalcinaia.it

Extra Vergine Chianti Classico DOP Bio 2006 ♥

Mittleres, grünliches Gelb; eher dezent, duftet nach Oliven; im Gaumen getrocknete Mandeln, reife Olivenfrucht, dezent bitter, leichte Schärfe. (L. 01/06 2008; für dieses Öl verwendete Sorte(n): Correggiolo 63%, Moraiolo 37%; Merum 2/2007)

495

Villa Calcinaia/Conti Capponi, Greve in Chianti (FI)

1800 Bäume; mittl. Ölproduktion: 1000 Liter; Landwirtschaftsbetrieb ohne eigene
Ölmühle; diskontinuierliches Verfahren mit Mühlsteinen und Decanter
Tel. 055 854008; Fax 055 854008; www.villacalcinaia.it; ufficio@villacalcinaia.it

Extra Vergine Chianti Classico DOP Bio 2005

Noten reifer Oliven, auch im Gaumen, mittlere Bitterkeit und Schärfe im Abgang. (L. 1/05
2007; für dieses Öl verwendete Sorte(n): Correggiolo, Moraiolo; Merum 3/2006)

Villa Cerna, Castellina in Chianti (SI)

1000 Bäume; mittl. Ölproduktion: 450 Liter; Ölmühle; kontinuierliches Verfahren
(Verarbeitung mit Kernen)
Tel. 0577 54311; Fax 0577 543150; www.villacerna.it; info@villacerna.it

Extra Vergine Chianti Classico DOP 2005

Aroma reifer Mandeln, dickflüssig, Olivenfrucht, leichte Bitterkeit und Schärfe. (L. 01 2007;
für dieses Öl verwendete Sorte(n): Correggiolo; Merum 3/2006)

Villa S. Andrea, San Casciano Val di Pesa (FI)

10 000 Bäume; mittl. Ölproduktion: 7000 Liter; Landwirtschaftsbetrieb mit eigener
Ölmühle; diskontinuierliches Verfahren mit Mühlsteinen und hydraulischer Presse
Tel. 055 8244114; Fax 055 8244255; www.villas-andrea.it; marketing@villas-
andrea.it

Extra Vergine Chianti Classico DOP 2004

*Ausgesprochen grüne Farbe; nicht sehr intensive Frucht; sehr dichter Geschmack, fast dick-
flüssig, die Karden-Bitterkeit ist mit der Schärfe und der Frucht im Gleichgewicht, Oliven-
blätter.* (L. #; für dieses Öl verwendete Sorte(n): Frantoio 50%, Leccino 30%, Moraiolo 20%; Merum
4/2005)

Trentino

Letrari, Rovereto (TN)

500 Bäume; mittl. Ölproduktion: 400 Liter; Landwirtschaftsbetrieb ohne eigene
Ölmühle; kontinuierliches Verfahren (Verarbeitung mit Kernen)
Tel. 0464 480200; Fax 0464 401451; www.letrari.it; info@letrari.it

Extra Vergine L'Olio 2004

*In der Nase süßliche Noten von getrockneter Mandel; Geruchseindruck bestätigt sich im
Gaumen durch den Geschmack von Mandelpaste; sehr reifes Öl.* (L. 25.11.2006 L.002; für
dieses Öl verwendete Sorte(n): Frantoio, Leccino, Casaliva; Merum 4/2005)

Umbrien

Attone/Annaelisa Valentini, Bevagna (PG)

9000 Bäume; mittl. Ölproduktion: 15 000 Liter; Landwirtschaftsbetrieb mit eigener
Ölmühle; kontinuierliches Verfahren (Verarbeitung mit Kernen)
Tel. 0742 360817; Fax 0742 361575

Extra Vergine Barone del Colle 2004

*Dezente Fruchtnoten von Oliven und frischem Gras; eher grüne Oliven auch im Gaumen,
leicht adstringierende Bitterkeit, feine Schärfe, die den Mund sauber macht, keine süßlichen
Aromen, sehr angenehm, wenn auch durch die Bitterkeit nicht komplett ausgewogen.* (L. 2;
für dieses Öl verwendete Sorte(n): Moraiolo 50%, Frantoio 30%, Leccino 19%, andere 1%; Merum
4/2005)

Batta, Perugia (PG)

3400 Bäume; mittl. Ölproduktion: 6000 Liter; Landwirtschaftsbetrieb mit eigener Ölmühle; kontinuierliches Verfahren (Verarbeitung mit Kernen)
Tel. 075 5724782; Fax 075 5724782; giovanni.batta@tin.it

Extra Vergine Bio 2006 ♥

Mittelintensives grünliches Gelb; recht ausgeprägt, Oliven, eine Spur Kaffee, nicht ganz klar; im Mund mittlere Bitterkeit, adstringierend und tanninartig, erinnert an Karden und Artischocken, mittlere Schärfe; etwas dickflüssig. (L. 689 31 Maggio 2008; für dieses Öl verwendete Sorte(n): Frantoio, Leccino, Dolce Agogia, Moraiolo; Merum 2/2007)

Extra Vergine Bio 2005

Fruchtiges Öl, im Gaumen süße Mandeln, ziemlich bitter und scharf; sehr gutes Extra Vergine. (L. 28 30 maggio 2006; für dieses Öl verwendete Sorte(n): Frantoio 50%, Leccino 20%, Dolce Agiogia 20%, Moraiolo 10%; Merum 3/2006)

Colonna Mauro, Gualdo Cattaneo (PG)

650 Bäume; mittl. Ölproduktion: 1000 Liter; Landwirtschaftsbetrieb ohne eigene Ölmühle; kontinuierliches Verfahren (Verarbeitung mit Kernen)
Tel. 0742 920202; Fax 0742 91178; www.lecasegialle.it; lecasegialle@tiscali.it

Extra Vergine Le Case Gialle 2004

Dezenter Duft, der an geschnittenes Gras erinnert; im Geschmack sehr angenehm mit denselben Aromen, frisch geschnittenes Gras, wilde Kräuter und Rosmarin, sehr spät einsetzende, feine Schärfe, lang anhaltend, hinterlässt den Gaumen angenehm sauber. (Bioanbau.) (L. 20/08/06 L. 479 T 40276; für dieses Öl verwendete Sorte(n): Moraiolo 95%, andere 5%; Merum 4/2005)

Lungarotti, Torgiano (PG)

10 900 Bäume; mittl. Ölproduktion: 20 000 Liter; Landwirtschaftsbetrieb ohne eigene Ölmühle; kontinuierliches Verfahren (Verarbeitung mit Kernen)
Tel. 075 988661; Fax 075 9886650; www.lungarotti.it; lungarotti@lungarotti.it

Extra Vergine Cantico s.a. ♥

Mittleres grünliches Gelb; recht ausgeprägt, leicht nach geschnittenem Gras, nicht ganz klar; im Mund eher reife Olivenfrucht, ausgeprägte und adstringierende Bitterkeit, mittlere Schärfe. (L. 0911AB 30.06.2008; für dieses Öl verwendete Sorte(n): Frantoio 65%, Leccino 15%, Moraiolo 20%; Merum 2/2007)

Extra Vergine Umbria Colli Martani DOP 2004

In der Nase feiner Duft von grünen Oliven; im Geschmack mittelintensive Bitterkeit und die Fruchtigkeit grüner Oliven, mittlere Schärfe, hinterlässt den Gaumen sauber; sehr angenehm. (L. 31.12.2006 L.15 11Z; für dieses Öl verwendete Sorte(n): Frantoio 65%, Moraiolo 20%, Leccino 15%; Merum 4/2005)

Extra Vergine Umbria Colli Martani DOP 2005

Feinaromatische Frucht, im Gaumen recht adstringierend, gute Schärfe. (L. 111AA 30. 06. 2007; für dieses Öl verwendete Sorte(n): Frantoio 65%, Leccino 15%, Moraiolo 20%; Merum 3/2006)

Metelli, Foligno (PG)

13 000 Bäume; mittl. Ölproduktion: 40 000 Liter; Landwirtschaftsbetrieb mit eigener Ölmühle; kontinuierliches Verfahren (Verarbeitung mit Kernen)
Tel. 0742 67552; Fax 0742 67552; www.metelli.it; metelli@metelli.it

Extra Vergine Umbria Colli Assisi Spoleto DOP Fruttato 2004

Feiner Olivenduft; im Gaumen etwas dickflüssig, ausgeprägter Geschmack von frischen, halbreifen Oliven. (L. 30/09/2006 L. FR1/180105; für dieses Öl verwendete Sorte(n): Moraiolo 80%, Frantoio 10%, Leccino 10%; Merum 4/2005)

Spacchetti, Montefalco (PG)

3150 Bäume; mittl. Ölproduktion: 5000 Liter; Landwirtschaftsbetrieb ohne eigene Ölmühle; kontinuierliches Verfahren (Verarbeitung mit Kernen)
Tel. 0742 379317; Fax 0742 379859; www.tiscali.it/azag-spacchetti; az.ag.spacchetti@libero.it

Extra Vergine Olio di Montefalco Gusto Fruttato 2004

Dezente Fruchtigkeit frischer Oliven; leicht süßlich mandelartig im Ansatz, dann sehr schnell ausgeprägte Artischocken-Bitterkeit und leichte Schärfe. (L. 30 APR 2006 L. 0310 F; für dieses Öl verwendete Sorte(n): Moraiolo 82%, Frantoio 11%, Leccino 7%; Merum 4/2005)

Viola, Foligno (PG)

5000 Bäume; mittl. Ölproduktion: 25 000 Liter; Landwirtschaftsbetrieb mit eigener Ölmühle; kontinuierliches Verfahren (Verarbeitung mit Kernen)

Tel. 0742 67515; Fax 0742 392203; www.viola.it; info@viola.it

Extra Vergine Il Sincero Moraiolo 2005

Feine Noten unreifer Oliven, auch im Gaumen, ausgeprägte Schärfe. (L. SIN0105 28-06-2007; für dieses Öl verwendete Sorte(n): Moraiolo; Merum 3/2006)

Extra Vergine Inprivio fruttato leggero 2006

Helles Gelbgrün; eher dezenter Duft, mittelreife Oliven, nicht ganz klar; im Gaumen Mandel, Olivenfrucht, ausgeprägt bitter, leichte Schärfe. (L. IPR0106 20/05/2008; für dieses Öl verwendete Sorte(n): Frantoio 70%, Leccino 30%; Merum 2/2007)

Extra Vergine Umbria Colli Assisi Spoleto DOP Colleruita 2006 ♥♥

Helles Gelbgrün; recht ausgeprägt, Duft von unreifen Oliven, nicht ganz klar; im Ansatz nach frischen Mandeln, dann ausgeprägte Bitterkeit, die an Artischocken erinnert, leichte Schärfe. (L. V01-CRD0106 10/06/2008; für dieses Öl verwendete Sorte(n): Moraiolo 70%, Frantoio 20%, Leccino 10%; Merum 2/2007)

Grappa

Grappa ist in allen Qualitäten erhältlich, von widerlich über ordinär bis begeisternd. Bei steigender Qualität mit rasch abnehmender Verfügbarkeit. Von den rund 40 Millionen Grappa-Flaschen, die jährlich erzeugt werden, ist leider nur ein kleiner Bruchteil der Rede wert. Der einfache Grund dafür ist, dass nur aus frischen Traubentrestern gute Grappa entstehen kann. Da aber „Frische" ein rasch vergänglicher Zustand ist und die großen Brennereien monatelang brennen müssen, um die Berge ausgepresster Weinhäute abzuarbeiten, ist das Meiste, was aus den Destillen läuft, minderwertig und eigentlich nicht zum Verzehr geeignet. Um diese Minderwertigkeit zu kaschieren, „runden" die meisten Abfüller ihre Grappa mit Zuckersüße ab. Nur wenige Brenner – die besten! – verfügen über den Mut und den Starrsinn, ihre Grappa so abzufüllen, wie sie aus dem Alambik tropft: komplett trocken. Dies obschon die breite Kundschaft offenbar den Gesüßten den Vorzug gibt.

Grasig-ranzige Fuseldämpfe, likörartige Süße und künstliche Aromen sind heute leider typisch für den allergrößten Teil des Grappa-Angebotes. Aber es gibt auch eine ganze Reihe erfreulicher und wenige Dutzend wirklich hervorragende Destillate, die den Namen Grappa tragen.

Bei Grappa-Verkostungen lassen sich die Frische und die Qualität der gebrannten Trester bestens erkennen und oft gelingt es sogar, die destillierte Sorte herausfinden – vor allem bei aromatischen Sorten. Kenner vermögen die Brennmethode zu erriechen und in Einzelfällen sogar den Brennmeister. Drei Elemente prägen den Charakter und die Qualität einer Grappa: Ausgangsmaterial, Brennapparat und die Hand des Brenners.

Stark wird die Grappa vom Brennsystem geprägt: kontinuierlich mit Dampf, periodisch mit Dampf oder periodisch mit Bagnomaria. Jedes dieser drei Grundsysteme besitzt seine besonderen Vorteile, jedes seine Tücken und mit jedem entsteht aus dem gleichen Ausgangsmaterial eine andere Grappa. Ausschlaggebend für die aromatische Sauberkeit einer Grappa und ihre Harmonie im Gaumen ist bei allen Systemen aber die Tresterqualität.

„Vino Grappa Olio" stellt ausschließlich Grappa von echten Brennereien vor. Sogenannte Winzer-Grappa von Weingütern, die keinen eigenen Brennapparat besitzen, sind nicht

Thema dieses Führers. Aus Gründen persönlicher Vorlieben wurden zudem ausschließlich klare Grappa angefordert und beurteilt. Im Holz ausgebaute und in der Barrique parfümierte Destillate wurden nicht berücksichtigt.

Wie verkostet wird: Neben dem direkten Beschnüffeln des Destillates – man sollte das Glas nicht brüsk, sondern nur sehr langsam von unten her der Nase nähern – sind auch die Aromen des geleerten Glases und der Nachgeschmack im Mund wichtig für die Beurteilung. Diese ohne den störenden Einfluss des Alkohols gewonnenen Eindrücke runden das Bild ab und schärfen es.

Die rund 100 Grappa wurden in mehreren Durchgängen und über einen längeren Zeitraum getestet. Auch wenn man nur wenig in den Mund nimmt, die Proben ausspuckt und den Gaumen ab und zu mit Milch spült, wird die Zunge arg in Mitleidenschaft gezogen. Pausen sind daher wichtig. Gaumen und Organismus zuliebe sollte man während der Verkostung reichlich Wasser trinken.

Die Grappa-Verkostung war für mich als Liebhaber dieses Destillates überaus nützlich. Ich weiß nun, wo ich mir meinen Nachschub besorgen werde, ohne zu riskieren, mir nutzlose Staubfänger fürs Schnapsregal einzubrocken. Beeindruckend ist die Dominanz der Trentiner und Südtiroler bei den Top-Grappa. Auch einzelne Brenner des Veneto und des Friauls sind vorne mit dabei, während die Piemontesen durch unsaubere und aromatisierte Destillate enttäuschen.

Die Wertungen: Ich unterscheide zwischen Grappa, die ich nicht trinken würde (keine Wertung), Grappa, von denen ich gerne ab und zu ein Schlückchen nehme (♥), solche, von denen ich gerne mein täglich Gläschen trinke (♥♥), und Grappa, die ich verstecke, wenn Besuch kommt (♥♥♥).

PS: Alles über Herstellung, Qualität, Fälschung, Kontrolle, Unsitten, Gesetz, Kultur, Produktionszahlen, Fachausdrücke im Merum-Grappa-Dossier: zu bestellen auf www.merum.info

Bepi Tosolini, Povoletto (UD)

100 000 Flaschen Gesamtproduktion/Bagnomaria

Tel. 0432 664144; Fax 0432 664147; www.bepitosolini.it; info@bepitosolini.it

Grappa Vigna Nuova

Nicht intensiv, etwas Gummi, nicht frische Trester; schlank, wenig Charakter, nicht frisch, zu süßlich. (38 Vol.-%; 12 000 Flaschen; L. #; Merum 2/2006)

Berta, Mombaruzzo (AT)   500 000 Liter Gesamtproduktion/Dampf periodisch

Tel. 0141 739528; Fax 0141 739531; www.distillerieberta.it; info@distillerieberta.it

Grappa Unica

Nicht sauber, künstlich wirkendes Pfirsicharoma, fremdartig; aufgesetztes Pfirsicharoma, Zucker, Alkohol, breit, likörartig, Pfirsich hängt nach. (43 Vol.-%; 5000 Flaschen; L. 04159; Merum 2/2006)

Bertagnolli, Mezzocorona (TN)   10 000 Liter Gesamtproduktion/Bagnomaria

Tel. 0464 603800; Fax 0461 605580; www.bertagnolli.it; info@bertagnolli.it

Grappa del Trentino di Teroldego

Welke Trester- und Hefenoten; etwas neutral im Gaumen, wäre recht gut, aber zu süßlich, dadurch unausgewogen. (42 Vol.-%; 19 000 Flaschen; L. 0530; Merum 2/2006)

Grappa del Trentino Traminer   ♥

Noten von Hefe, aromatische Frucht; aromatisch, zu viel Süße, dadurch unausgewogen. (42 Vol.-%; 4000 Flaschen; L. 05327; Merum 2/2006)

Brunello, Montegalda (VI)   70 000 Liter Gesamtproduktion/Dampf periodisch

Tel. 0444 737253; Fax 0444 737040; www.brunello.it; paolo@brunello.it

Grappa Carmenère dei Colli Berici '03   ♥

Vegetale Frucht, etwas stechend, fein pilzig; angenehmes, vegetales Fruchtaroma, süßlich, etwas rustikal. (44 Vol.-%; 1360 Flaschen; L. 050609; Merum 2/2006)

Grappa Veneta di Amarone 1999

Etwas stechend, nicht fruchtig; rustikal, grasig, süßlich, nicht ausgewogen, nicht fein. (40 Vol.-%; 2160 Flaschen; L. 051122; Merum 2/2006)

Capovilla, Rosà (VI)   10 000 Liter Gesamtproduktion/Bagnomaria

Tel. 0424 581222; Fax 0424 588028; capovilladistillati@virgilio.it

Grappa Amarone 2000   ♥♥

Mit Belüftung Frucht mit Noten von Trockenbeeren, Laub, Blätter; Frucht, Pilz, recht ausgewogen und fein, tief, Länge. (41 Vol.-%; 7070 Flaschen; L. #; Merum 2/2006)

Grappa Traminer 2000   ♥♥

Fruchtig-aromatische Noten, fein, sauber; fein, rund, trocken, klar, aromatisch, lang. (41 Vol.-%; 292 Flaschen; L. 73 05; Merum 2/2006)

Castel Juval/Unterortl, Kastelbell-Tschars (BZ)

700 Liter Gesamtproduktion/Bagnomaria

Tel. 0473 667580; Fax 0473 672745; www.unterortl.it; familie.aurich@dnet.it

Grappa Riesling   ♥♥♥

Nicht intensiv, floral, Anis, sehr fein; auch im Gaumen fein, Anis, Tiefe, Lakritze, sehr elegant und filigran, ausgewogen, sehr lang. (42 Vol.-%; 300 Flaschen; L. 1-05-2002; Merum 2/2006)

Castelli Giuseppe, Cortemilia (CN)   # Liter Gesamtproduktion/kontinuierlich

Tel. 0173 81093; Fax 0173 81093; distcastelli@libero.it

Grappa di Barolo 1999

Nicht klar, müde, keine Frucht, etwas stechend; grob, keine Feinheit, rustikal, Erde, getrocknete Bananen. (43 Vol.-%; 10 000 Flaschen; L. #; Merum 2/2006)

Grappa di Dolcetto

Stechende Noten, dahinter auch Frucht; stechend, zu süß, rustikal, aufgesetzte Frucht bleibt hängen. (45 Vol.-%; 15 000 Flaschen; L. #; Merum 2/2006)

Cavazza Domenico, Montebello Vicentino (VI)

Liter Gesamtproduktion/Bagnomaria

Tel. 0444 649166; Fax 0444 440038; www.cavazzawine.com;
info@cavazzawine.com

Grappa di Cabernet   ♥♥

Intensive, saubere, fruchtige Nase, tief, sehr einladend; überaus fein, rund, ausgewogen, lang. (43 Vol.-%; 1200 Flaschen; L. #; Merum 2/2006)

Ceretto, Alba (CN)   2800 Liter Gesamtproduktion/Dampf periodisch

Tel. 0173 282582; Fax 0173 282382; www.ceretto.com; ceretto@ceretto.com

Grappa

Noten von verbranntem Gummi, Hefe; süßlich, schlank, gewisse Tresterfrucht, Süße dominiert, Pfirsicharoma. (42 Vol.-%; 4000 Flaschen; L. 01.05; Merum 2/2006)

Grappa di Moscato   ♥

Nicht sehr frisches Moscato-Aroma, fehlt Frische; Kraft, gewisse Frucht, viel Süße. (42 Vol.-%; 3000 Flaschen; L. #; Merum 2/2006)

Ceschia, Nimis (UD)   # Liter Gesamtproduktion/Dampf periodisch

Tel. 0432 790071; Fax 0432 797013; www.ceschia.it; ceschia@ceschia.it

Grappa Classica

Sticht, nicht klar, gewisse Tresternoten, Azeton; rustikal, süßlich, fehlt Frische. (50 Vol.-%; # Flaschen; L. #; Merum 2/2006)

De Negri, Vittorio Veneto (TV)

100 000 Liter Gesamtproduktion/Dampf periodisch

Tel. 0348 53352; Fax 0348 53352; www.grappadenegri.com;
info@grappadenegri.com

Grappa   ♥

Etwas grobe Nase, stechend, Tresterfrucht; recht schlank, leider süßlich, rustikal, gewisse Länge. (40 Vol.-%; 20 000 Flaschen; L. 1376; Merum 2/2006)

Grappa Sgnapa

Stechende Nase, keine Frucht, nicht sauber; süßebetont, rustikal, nicht sauber, brandig. (# Vol.-%; 2000 Flaschen; L. #; Merum 2/2006)

Grappa di Prosecco

Rustikale Nase, Pilze, Teer, gewisse Frucht; süßlich, fruchtig, übertriebene Süße verdeckt Struktur, zu unausgewogen, Pfirsicharomen hängen nach. (40 Vol.-%; 20 000 Flaschen; L. 1305; Merum 2/2006)

Domenis, Cividale del Friuli (UD) # Liter Gesamtproduktion/Dampf periodisch

Tel. 0432 731023; Fax 0432 701153; www.domenis.it; info@domenis.it

Grappa Storica

Rustikal, angewelkte Trester, etwas grob; rustikal, zu süßlich, nicht fruchtig, Gummi. (50 Vol.-%; # Flaschen; L. #; Merum 2/2006)

Grappa Storica Nera

Nicht sehr klar, angewelkte Früchte, rustikal; süßlich, nicht klar, breit, keine Feinheiten. (50 Vol.-%; # Flaschen; L. #; Merum 2/2006)

Grappa Secolo

Welke Tresternoten, würzig, kaum Frucht, verbrannter Gummi; viel Alkohol, kraftvoll, strukturiert, vegetale Frucht, rustikal. (60 Vol.-%; # Flaschen; L. #; Merum 2/2006)

Falkenstein, Naturns (BZ)   600 Liter Gesamtproduktion/Bagnomaria

Tel. 0473 666054; Fax 0473 666054; falkenstein.naturns@rolmail.net

Grappa Riesling   ♥♥♥

Verhalten, sehr filigrane, auch florale Frucht, sauber; fein, zart, Charakter, lang, trocken, überaus elegant. (42 Vol.-%; 700 Flaschen; L. 2002; Merum 2/2006)

Grappa Gewürztraminer   ♥♥♥

Aromatisch, vielschichtig; fruchtig, sehr fein und ausgewogen, fast zart, ausgedehnte Länge. (42 Vol.-%; 500 Flaschen; L. 2002; Merum 2/2006)

Fischerhof/Mauracher, Girlan-Eppan (BZ)

700 Liter Gesamtproduktion/Bagnomaria

Tel. 0471 660627; Fax 0471 673756; www.fischerhof-mauracher.it;
info@fischerhof-mauracher.it

Grappa Treber ♥

Kräuternoten, getrocknete Pilze; Alkohol, gewisse Tresterfrucht, recht angenehm, einfach.
(42 Vol.-%; # Flaschen; L. 7012; Merum 2/2006)

Grappa Lagrein ♥♥

Noten von Anis, feine Tresternoten; auch im Gaumen Anis, ausgewogen, feine Struktur, saftig, lang. (42 Vol.-%; # Flaschen; L. 402; Merum 2/2006)

Grappa Fragolino ♥

Verhaltene, frische Tresternoten, Honig; Honig-Frucht, sauber, fein, zart, dürfte strukturierter sein. (42 Vol.-%; # Flaschen; L. 12; Merum 2/2006)

Grappa Muskateller ♥♥

Nicht intensiv, fruchtig, frische Birne; nicht sehr aromatisch, aber fein, rund, angenehm, endet frisch und sauber. (42 Vol.-%; # Flaschen; L. #; Merum 2/2006)

Franceschini, Cavaion (VE)   25 000 Liter Gesamtproduktion/Dampf periodisch

Tel. 045 7235059; Fax 045 7235059; www.distilleriafranceschini.it;
distilleriafranceschini@virgilio.it

Grappa Bianca di Bardolino ♥♥

Nicht intensiv, frische Tresterfrucht; gewisse Tiefe, rund, ausgewogen, strukturiert, etwas Gummi, lang. (43 Vol.-%; 15 000 Flaschen; L. 25058; Merum 2/2006)

Grappa Bianca di Amarone ♥♥

Warme Noten von Hefe, Brot, Trester, frisch und fein; Fülle, volle Frucht, rund, ausgewogen, lang, wertvoll. (45 Vol.-%; 10 000 Flaschen; L. 0904A; Merum 2/2006)

Grappa di Amarone Etichetta nera ♥♥

Tresternoten, Butter, etwas Gummi, grüner Tee, tief; auch im Gaumen Tiefe, Fülle, Alkohol, eingepasste Süße, Frucht. (45 Vol.-%; # Flaschen; L. 2955A; Merum 2/2006)

Francoli, Ghemme (NO)   500 000 Liter Gesamtproduktion/kontinuierlich

Tel. 0163 84711; Fax 0163 844750; www.francoli.it; francoli@francoli.it

Grappa Barbera del Piemonte

Nicht frisch, unklar, welk, pilzig; welk auch im Gaumen, süßlich, fehlt Frische, nicht klar, Noten von feuchtem Stroh, Bananen. (41,5 Vol.-%; 33 250 Flaschen; L. #; Merum 2/2006)

Giovi, Valdina (ME)   # Liter Gesamtproduktion/periodisch

Tel. 090 9942256; Fax 090 9926114; giovisrl@tiscalinet.it

Grappa di Nero d'Avola 2004 ♥♥♥

Tiefe Nase, Hagebutten, sehr apart, sehr tief; sehr fein, Süße, feine Frucht, sehr angenehm, lang. (42 Vol.-%; 4500 Flaschen; L. 0490; Merum 2/2006)

Gobetti Carlo, Costermano (VE)   2500 Liter Gesamtproduktion/Bagnomaria

Tel. 045 6279000; Fax 045 6279000; www.distilleriacarlogobetti.it;
info@distilleriacarlogobetti.it

Acquavite di Vinaccia Bardolino ♥♥

Hefenoten, Schokolade, Gummi, Trester, sehr tief, Alkohol, sauber; harzig, fruchtig, vielschichtig, trotz Alkohol ausgewogen, lang. (50 Vol.-%; 671 Flaschen; L. 30 settembre 2003; Merum 2/2006)

Acquavite di Vinaccia Custoza 2003 ♥♥

Dichte Nase, Alkohol, Fruchttiefe, getrocknete Banane, Nuss, Alkohol; Fülle, Frucht, tief, sehr dicht, kraftvoll, Länge. (50 Vol.-%; 731 Flaschen; L. 15 Giugno 2005; Merum 2/2006)

Acquavite di Vinaccia Amarone 1997 ♥♥

Noten von Trockenfrüchten, Heu, Harz, recht tief, Alkohol; charaktervoll, sehr kraftvoll, harzige, auch vegetale Frucht, dicht, lang. (50 Vol.-%; 2500 Flaschen; L. 16 agosto 2004; Merum 2/2006)

503

Istituto Agrario San Michele, San Michele all'Adige (TN)

5000 Liter Gesamtproduktion/Bagnomaria

Tel. 0461 615253; Fax 0461 615352; www.ismaa.it; cantina@ismaa.it

Grappa Rebo ♥♥

Nicht intensiv, harzige Frucht; fein, schlank, süßlich, gewisse Struktur, angenehm. (43 Vol.-%; 900 Flaschen; L. 5240; Merum 2/2006)

Grappa Castel San Michele ♥

Leicht angewelkte Tresternoten, etwas Jod, aromatische Noten; Frucht, süßlich, dadurch etwas unausgewogen. (43 Vol.-%; 2000 Flaschen; L. #; Merum 2/2006)

Grappa Pinot nero ♥♥

Intensive Nase, Tresternoten, Heu, Hefe, einladend; kraftvoll, saftig, Charakter, etwas Gummi, leichte Süße, lang. (43 Vol.-%; 1000 Flaschen; L. 5131; Merum 2/2006)

Grappa di Cabernet ♥♥

Nicht intensive Frucht, sehr fein; fruchtig, schöne Tiefe, recht trocken, rund, recht lang. (43 Vol.-%; 1000 Flaschen; L. 5067; Merum 2/2006)

Grappa Müller Thurgau ♥

Feine Hefenoten, Trester; Frucht, etwas aggressiv, süßlich, wenig Frucht. (43 Vol.-%; 1600 Flaschen; L. #; Merum 2/2006)

Grappa di Moscato ♥♥♥

Aromatisch, Rosennoten, Noten von Anis; auch im Gaumen Anis, interessant, strukturiert, feine Süße. (43 Vol.-%; 1800 Flaschen; L. 5343; Merum 2/2006)

Mangilli, Flumignano di Talmassons (UD)

Liter Gesamtproduktion/Dampf periodisch

Tel. 0432 766248; Fax 0432 765308; www.mangilli.com; mangilli@mangilli.com

Grappa Bianca

Rustikale Nase, nicht frische Trester, vegetal, aufgesetzte Zimt-Kaugummi-Aromen; intensiv im Gaumen, rustikal, zu süßlich, im Abgang bleibt penetrantes Pfirsicharoma hängen. (40 Vol.-%; # Flaschen; L. #; Merum 2/2006)

Grappa Friulana Bianca

Rustikal-fruchtig, nicht komplett frisch; aufgesetzte Aprikosenfrucht, süßlich, eindimensional, Geschmack hängt nach. (45 Vol.-%; # Flaschen; L. 5-334; Merum 2/2006)

Marolo, Alba (CN)

Liter Gesamtproduktion/Bagnomaria

Tel. 0173 33144; Fax 0173 361240; www.marolo.com; grappe@marolo.com

Grappa di Barolo Monfalletto 2004 ♥

Viel Alkohol, erst angenehme Tresternoten, dann auch etwas aufgesetzte Frucht; auch im Gaumen viel Alkohol, viel Süße, Aroma von weißen Pflaumen, kraftvoll. (50 Vol.-%; 1500 Flaschen; L. 050451; Merum 2/2006)

Grappa di Barbaresco 2003

Aufgesetzt aromatische Steinfruchtnase, feine Tresternoten; süßlich, aufgesetzte Frucht, viel Süße. (44 Vol.-%; 2000 Flaschen; L. 030394; Merum 2/2006)

Grappa di Brunello 2003

Stechende Noten, Steinfrucht; aggressiv, aufgesetztes Pfirsicharoma, süßlich. (44 Vol.-%; 1500 Flaschen; L. 041001; Merum 2/2006)

Grappa di Dolcetto

Intensiv, pfirsichfruchtig; breite, aufgesetzte Frucht, recht rund, aber Frucht wirkt deplatziert und bleibt hängen. (44 Vol.-%; 2000 Flaschen; L. 051181; Merum 2/2006)

Grappa di Arneis

Stechend, rustikal; aufgesetzte Aromen, süßlich, Pfirsicharoma und Süße bleiben hängen, Aroma nach Minuten noch im Gaumen. (42 Vol.-%; 1500 Flaschen; L. 041264; Merum 2/2006)

Grappa di Vermentino 2003

Pfirsichfrucht, Alkohol; Alkohol, intensive, aufgesetzte Frucht, Süße. (44 Vol.-%; 800 Flaschen; L. 041545;; Merum 2/2006)

Marzadro, Nogaredo (TN)

700 000 Liter Gesamtproduktion/Bagnomaria und kontinuierlich

Tel. 0464 304555; Fax 0464 304556; www.marzadro.it; info@marzadro.it

Grappa Trentina ♥
Intensiv, Tresternoten; mild, recht tief, ein bisschen süßlich (nicht übertrieben), gute Länge.
(43 Vol.-%; # Flaschen; L. #; Merum 2/2006)

Grappa Marzemino
Welke Nase, Plastiknoten, fehlt Frische; im Gaumen fruchtiger, süßlich, etwas breit. (41 Vol.-%; # Flaschen; L. 68l05; Merum 2/2006)

Nardini, Bassano del Grappa (VI)

3 000 000 Liter Gesamtproduktion/Dampf periodisch

Tel. 0424 227741; Fax 0424 220477; www.nardini.it; nardini@nardini.it

Acquavite
Noten welker Trester, Bananen, unfrisch, nicht klar; süßlich, unfrisch, keine Frucht, kurz.
(50 Vol.-%; 2 800 000 Flaschen; L. 29305; Merum 2/2006)

Nonino, Pavia di Udine (UD)

700 000 Liter Gesamtproduktion/Dampf periodisch

Tel. 0432 676331; Fax 0432 676038; www.nonino.it; info@nonino.it

Grappa Schioppettino 2000 ♥♥♥
Teerige Frucht, Eichenlaub, Tee; im Gaumen recht mild, trocken, schöne Tiefe, Charakter, fein, angenehm und lang. (45 Vol.-%; 4740 Flaschen; L. C6; Merum 2/2006)

Grappa Cuvée 2003 ♥
Nicht intensive Noten von Trester, etwas Harz; Traubenaroma, Alkohol, insgesamt recht fein und schlank, etwas Süße, einfach, korrekt, gute Länge. (40 Vol.-%; 20 000 Flaschen; L. 23 12 05; Merum 2/2006)

Pilzer, Faver (TN)   30 000 Liter Gesamtproduktion/Bagnomaria

Tel. 0461 683326; Fax 0461 680689; www.pilzer.it; info@pilzer.it

Grappa l'aqua màter ♥♥
Alkohol, verhaltene Noten von Zitrus, kandierte Früchte; kraftvoll, frisch, fruchtig, ausgewogen, saftig, recht lang. (43 Vol.-%; 1000 Flaschen; L. #; Merum 2/2006)

Grappa di Teroldego ♥♥
Verhalten, sauber, schwache Frucht; fein, recht dicht, nicht sehr fruchtig, angenehm, trocken, recht lang. (43 Vol.-%; 5000 Flaschen; L. 4260; Merum 2/2006)

Grappa dal Trentino Nosiola ♥♥
Feine, leicht welke Tresternoten, nussige Noten, vielschichtig; Süße, Struktur, Länge, rund, fruchtig, fein, lang. (43 Vol.-%; 3000 Flaschen; L. 5047; Merum 2/2006)

Grappa Müller Thurgau ♥♥
Recht frisch, intensiv, Noten von Hefe; nicht sehr aromatisch, kräftig, eingepasste Süße, mittlere Länge. (43 Vol.-%; 6000 Flaschen; L. 5111; Merum 2/2006)

Grappa Moscato giallo ♥♥♥
Intensive, aromatische Noten von Rosen, Kamille; rund, sehr fein und ausgewogen, lang, sehr schönes Destillat. (43 Vol.-%; 3000 Flaschen; L. 5097; Merum 2/2006)

Grappa di Moscato Rosa l'aqua màter ♥♥
Dezente Rosennoten; sehr fein und rund, feines, nicht sehr ausgeprägtes Aroma, recht lang.
(45 Vol.-%; 1500 Flaschen; L. #; Merum 2/2006)

Grappa di Traminer ♥♥♥
Intensive Nase, frisch, aromatisch, einladend; kraftvoll, fruchtig, sauber, trocken, strukturiert, lang. (43 Vol.-%; 5000 Flaschen; L. 5103; Merum 2/2006)

Plunhof, Kastelruth (BZ)   700 Liter Gesamtproduktion/Bagnomaria

Tel. 0471 706137; Fax 0471 707505

Grappa Der Rosenmuskateller ♥♥
Noten von Rosen, Marzipan, feine Butter, sehr fein, einladend; rund, geschmeidig, ausgewogen, mild, fein, trocken, aromatisch lang. (42 Vol.-%; 200 Flaschen; L. 6. Dez. 2005; Merum 2/2006)

Grappa Gewürztraminer ♥♥
Aromatische Noten, Bittermandeln; aromatisch, fein, rund, trocken, angenehm, anhaltendes Traminer-Aroma. (42 Vol.-%; 200 Flaschen; L. 6. Dez. 2005; Merum 2/2006)

Pojer & Sandri, Faedo (TN)   10 500 Liter Gesamtproduktion/Bagnomaria
Tel. 0461 650342; Fax 0461 651100; www.pojeresandri.it; info@pojeresandri.it

Grappa di Besler Biank ♥♥
Saubere, frische Nase, Noten von frischem Heu, fruchtig, blumig, komplex, einladend; fein, kräftig im Alkohol, strukturiert, tiefe Frucht, sehr lang. (48 Vol.-%; 300 Flaschen; L. BB 0405; Merum 2/2006)

Grappa di Besler Ross ♥♥
Noten von Heu, Hefe, Butter; runder Ansatz, Hefe, Alkohol, recht vielschichtig, kraftvoll, gewisse Tiefe. (48 Vol.-%; 250 Flaschen; L. BR 0102; Merum 2/2006)

Grappa Rosso Faye ♥♥♥
Feine Tresterfrucht, feine Hefe, Gummi, sauber, tief, warm, einladend; kraftvoll, fruchtig, aber nicht aromatisch, sehr reich, komplett, fein und mächtig zugleich, lang. (48 Vol.-%; 900 Flaschen; L. RF M05; Merum 2/2006)

Grappa Chardonnay ♥♥♥
Ansprechend, intensive Noten von Trester, etwas Gummi, fruchtig; kräftig, Charakter, Anis, trocken, vielschichtig, Länge. (48 Vol.-%; 1750 Flaschen; L. CG+H 0305; Merum 2/2006)

Grappa Müller Thurgau ♥♥♥
Frische, fruchtige Nase, Hefe; blumige Frucht, Kraft, Charakter, kernig, kraftvoll, trocken, lang. (48 Vol.-%; 1900 Flaschen; L. MT M05; Merum 2/2006)

Grappa Traminer ♥♥♥
Noten von frischen Trestern, Williamsbirne, aromatische Frucht, Blüten; kraftvoll, fruchtig, Tiefe, Charakter, sehr ausgewogen, vielschichtig, komplett, lang. (48 Vol.-%; 2000 Flaschen; L. TR M05; Merum 2/2006)

Poli Francesco, Vezzano (TN)   30 000 Liter Gesamtproduktion/Bagnomaria
Tel. 0461 340090; Fax 0461 340090; www.francescopoli.it;
francescopoli@francescopoli.it

Grappa del Trentino di Cabernet ♥♥
Frische Tresternoten, tief; kraftvoll, vegetale Frucht, wirkt recht trocken, recht lang. (42 Vol.-%; 2950 Flaschen; L. 510168; Merum 2/2006)

Grappa del Trentino di Nosiola ♥
Hefe- und Tresternoten, recht einladend; im Gaumen rund, kraftvoll, feine Frucht, zu süßlich, sauber, lang. (42 Vol.-%; 2950 Flaschen; L. 55259; Merum 2/2006)

Grappa Traminer ♥
Verhalten, nicht sehr aromatisch; würzig, fein, wenig aromatisch, gewisse Süße. (42 Vol.-%; 30 000 Flaschen; L. 511168; Merum 2/2006)

Poli Giovanni, Vezzano (TN)   60 000 Liter Gesamtproduktion/Bagnomaria
Tel. 0461 8641 19; Fax 0461 8641 19

Grappa del Trentino Cabernet ♥♥
Noten von frischen Champignons, fruchtig, tief; sehr fein, ausgewogen, etwas süß wirkend, fruchtig, mittlere Länge. (43 Vol.-%; 3500 Flaschen; L. CA24; Merum 2/2006)

Grappa del Trentino Teroldego ♥
Fruchtige Tresternase, sehr einladend; frisch, ausgesprochen fruchtig, die Süße wirft die Grappa etwas aus dem Gleichgewicht (Abzug), dann wieder wertvolle Länge; schade, wäre schöne Grappa. (43 Vol.-%; 4800 Flaschen; L. TE15; Merum 2/2006)

Grappa del Trentino Müller Thurgau ♥♥
Nicht intensiv, feine Frucht, Pilznoten, auch Vanille; intensive Frucht, rund, ausgewogen, etwas spürbare Süße. (43 Vol.-%; 5500 Flaschen; L. MT15; Merum 2/2006)

Pravis, Lasino (TN)   10 000 Liter Gesamtproduktion/Bagnomaria
Tel. 0461 564305; Fax 0461 564565; info@pravis.it

Grappa del Trentino La Robusta ♥♥
Frische Nase, fruchtige Tresternoten, einladend; kraftvoll, sauber, angenehm, rund, trocken, fein. (43 Vol.-%; 3600 Flaschen; L. R01; Merum 2/2006)

Roner, Tramin (BZ)

900 000 Liter Gesamtproduktion/Bagnomaria und kontinuierlich

Tel. 0471 864000; Fax 0471 864090; www.roner.com; info@roner.com

Grappa Bianca

Nicht frisch, riecht oxidiert, etwas Gummi, sticht; süßlich, dünn, ohne Struktur, fehlt Charakter. (40 Vol.-%; 50 000 Flaschen; L. #; Merum 2/2006)

Grappa Pinot Noir 2003 ♥

Nicht intensive Nase, fein, Mandarine; rund, blumig, etwas süßlich, nicht viel Struktur, dürfte charaktervoller sein, angenehm, gewisse Länge. (43 Vol.-%; 12 000 Flaschen; L. 200404; Merum 2/2006)

Rovero, Asti (AT)

30 000 Liter Gesamtproduktion/Bagnomaria

Tel. 0141 592460; Fax 0141 598287; www.rovero.it; info@rovero.it

Grappa Barbera ♥

Frucht, harzig, sauber; gewisse Struktur, fruchtig, kräftig, etwas zu viel Süße. (46 Vol.-%; 8000 Flaschen; L. GRBA 04; Merum 2/2006)

Grappa Ciabot Mentin Ginestra ♥

Intensive Nase, Noten von Harz; kräftig, Süße, dicht, harzig, nachhängender Nachgeschmack. (49 Vol.-%; 5000 Flaschen; L. GRCM01; Merum 2/2006)

Grappa di Dolcetto ♥

Tresternase, intensiv; harzig, etwas Gummi, Hefe, zu viel Süße. (47 Vol.-%; 8000 Flaschen; L. GRDO 00; Merum 2/2006)

Schiavo, Costabissara (VI)

18 000 Liter Gesamtproduktion/periodisch

Tel. 0444 971025; Fax 0444 971025; www.schiavograppa.com; info@schiavograppa.com

Grappa Vera di Clinto

Etwas stechend, Teer, auch Tiefe; Teer, Frucht, vegetale Frucht, Hefe, rustikal. (43 Vol.-%; 5000 Flaschen; L. 31005; Merum 2/2006)

Grappa Amarone

Etwas rustikale, nicht komplett klare Nase, verbrannter Gummi; rustikal, nicht fruchtig, etwas süßlich. (40 Vol.-%; 8000 Flaschen; L. 101105; Merum 2/2006)

Grappa el Cào

Aromatische Noten, nicht sehr klar, sticht etwas; im Gaumen aromatische und vegetale Frucht, recht lang, rustikal. (Cabernet, Fragolino, Merlot.) (40 Vol.-%; 8000 Flaschen; L. 71105; Merum 2/2006)

Segnana/Lunelli, Trento (TN)

140 000 Liter Gesamtproduktion/Bagnomaria

Tel. 0461 972311; Fax 0461 972380; www.ferrarispumante.it; f.barbera@ferrarispumante.it

Grappa del Trentino Classica ♥

Nicht intensiv, etwas Trester, Trockenfrüchte; Süße, gewisse Frucht, recht angenehm, Süße, müsste mehr Frische und Frucht zeigen. (43 Vol.-%; 15 000 Flaschen; L. 51712; Merum 2/2006)

Grappa Pinot nero ♥

Tresternoten, verbrannter Gummi; vegetale Frucht, recht strukturiert, süßlich, etwas Gummi auch im Abgang, nicht fein. (42 Vol.-%; 8000 Flaschen; L. 41761; Merum 2/2006)

Grappa Trentina Müller Thurgau ♥

Aromatisch, nicht überaus frische Tresternoten; rustikal, Süße, nicht sehr fein. (42 Vol.-%; # Flaschen; L. 52702; Merum 2/2006)

Sibona, Piobesi d'Alba (CN)

120 000 Liter Gesamtproduktion/Dampf periodisch

Tel. 0173 814914; Fax 0173 619129; www.distilleriasibona.it; info@distilleriasibona.it

Grappa di Nebbiolo ♥

Etwas welke Tresternoten, Hefe, Anis, nicht fruchtig; im Gaumen Banane und Anis, etwas temperamentlos, zu viel Süße. (42 Vol.-%; 7000 Flaschen; L. 5.300.86NBB; Merum 2/2006)

Grappa del Piemonte Chardonnay   ♥

Aromatische Noten, Rosen, nicht komplett frisch, nicht typisch für Chardonnay; rund, aromatisch, ausgewogen, viel Anis, erträglich süß, wertvoll; allerdings nicht typisch für Chardonnay (Abzug). (42 Vol.-%; 8500 Flaschen; L. 4.117.CHD; Merum 2/2006)

Unterthurner, Marling (BZ)   4000 Liter Gesamtproduktion/Bagnomaria

Tel. 0473 447186; Fax 0473 447001; www.unterthurner.it;
stephan.unterthurner@unterthurner.it

Grappa Burggräfler   ♥♥♥

Sehr feine Nase, zarte, aber präsente Fruchtnoten, etwas Butter; auch im Gaumen sehr fein und sauber, feine Frucht, frische Trester, feine und gleichzeitig kraftvolle Grappa, lang. (50 Vol.-%; 2300 Flaschen; L. 32105; Merum 2/2006)

Grappa Rosenmuskateller Priami   ♥♥

Nicht sehr aromatisch, etwas Gummi, angenehm; recht ausgewogen, aromatische Frucht, fein, zart, lang. (42 Vol.-%; 1000 Flaschen; L. 1.601; Merum 2/2006)

Grappa Merlot 2003   ♥♥

Angenehme Nase, etwas Gummi, leicht vegetale Frucht; im Gaumen rund und klar, Frucht, frisch, ausgewogen, recht lang. (42 Vol.-%; # Flaschen; L. 2004; Merum 2/2006)

Venegazzù/Conte Loredan Gasparini, Volpago del Montello (TV)

                         20 000 Flaschen Gesamtproduktion/Bagnomaria

Tel. 0423 870024; Fax 0423 620898; www.venegazzu.com; info@venegazzu.com

Grappa Capo di Stato   ♥♥

Nicht intensiv, verhalten, feine Fruchtnoten, Apfelschnitze, Alkohol; fein auch im Gaumen, tief, harmonisch, sauber, feine Süße, komplex, lang. (50 Vol.-%; 5000 Flaschen; L. 196/4; Merum 2/2006)

Villanova, Farra d'Isonzo (GO)

                       # Liter Gesamtproduktion/Bagnomaria und Dampf periodisch

Tel. 0481 889311; Fax 0481 888513; www.tenutavillanova.com;
info@tenutavillanova.com

Grappa Val di Rose Tradizionale   ♥♥

Aromatische Nase, Harz, Rosennoten, frisch, sauber; fein, aromatisch-fruchtig, Harz, ausgewogen, etwas Süße, lang. (43 Vol.-%; 10 000 Flaschen; L. #; Merum 2/2006)

Grappa Cabernet Val di Rose   ♥♥

Volle, warme Nase, sauber, unreife Melone, frisch; auch im Gaumen frisch, weich, fruchtig, vielschichtig, Süße, lang. (43 Vol.-%; 3500 Flaschen; L. #; Merum 2/2006)

Grappa Sauvignon Valdirosa   ♥♥

Sehr fein, Trester- und Quittenaroma, einladend; kraftvoll und fein zugleich, fruchtig, ausgewogen, fein, feine Süße. (43 Vol.-%; 3500 Flaschen; L. #; Merum 2/2006)

Index der Produzenten

| Index |

| Index |